武進年鉴 2022

WUJIN YEARBOOK

常州市武进区人民政府 主办
常州市武进区地方志办公室 编

方志出版社
Publishing House of Local Records

图书在版编目（CIP）数据

武进年鉴．2022 / 常州市武进区地方志办公室编．—
北京 ：方志出版社，2022.10
ISBN 978-7-5144-5340-9

Ⅰ．①武… Ⅱ．①常… Ⅲ．① 武进区－2022－年鉴
Ⅳ．①Z525.34

中国版本图书馆CIP数据核字（2022）第219049号

责任编辑：陈菁
责任校对：刘玉霞
责任印制：梅中英
出 版 者：方志出版社
地　　址：北京市朝阳区潘家园东里 9 号（国家方志馆4层）
邮　　编：100021
网　　址：http://www.zgfzcb.cn
发　　行：方志出版社图书营销中心（010-67110500）
印　　刷：常州市武进第三印刷有限公司
开　　本：889毫米×1194毫米　1/16
印　　张：25
字　　数：864千字
版　　次：2022年10月第1版
印　　次：2022年10月第1次印刷
定　　价：180.00元

年度荣誉 2021

NIANDURONGYU

全国投资潜力百强区第 1 名

全国科技创新百强区第 1 名

全国新型城镇化质量百强区第 1 名

全国综合实力百强区第 3 名

中国工业百强区第 6 位

中国城区高质量发展水平百强区第 13 名

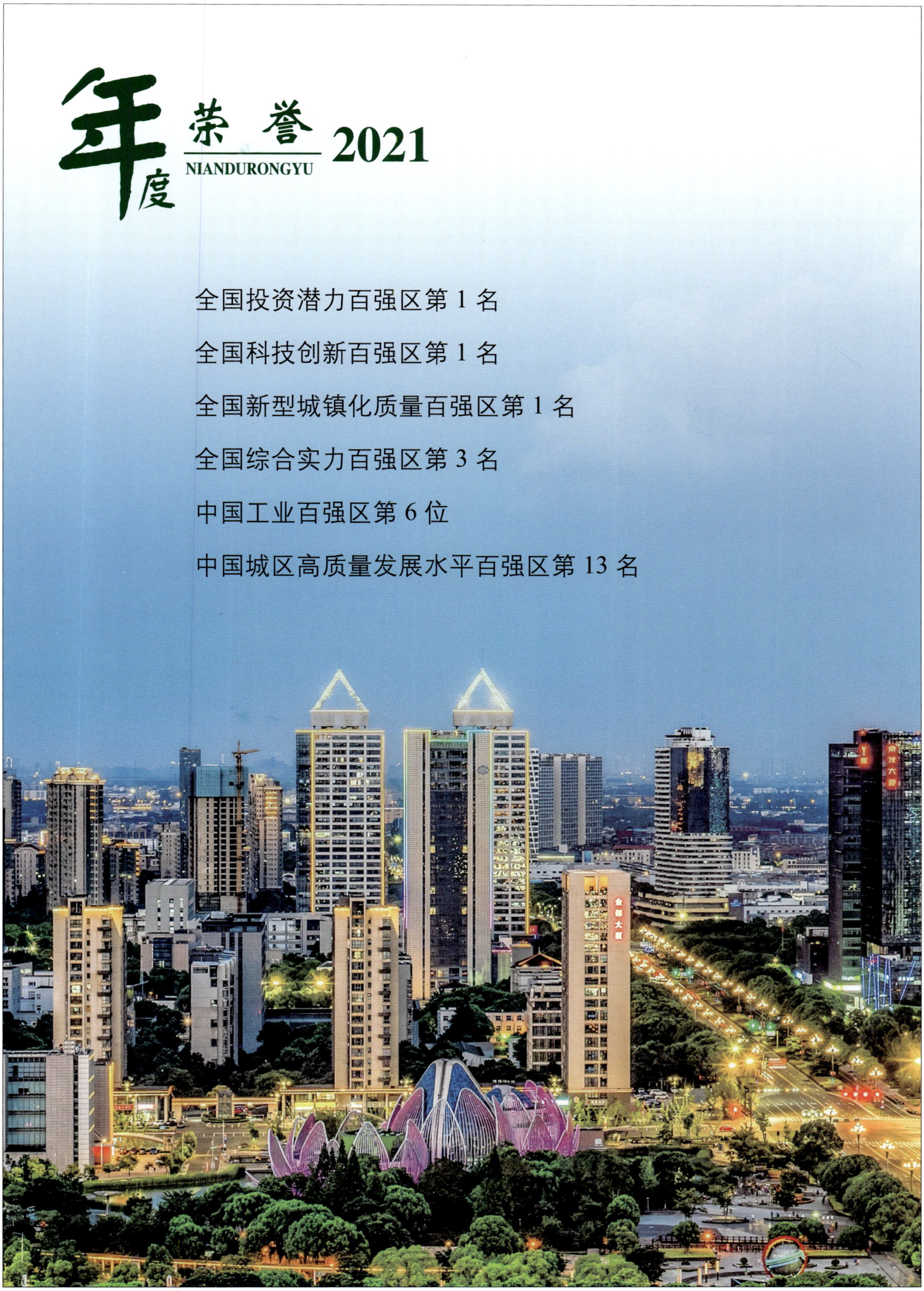

新中国成立以后，武进人民在党的领导下艰辛探索社会主义现代化建设。1993 年，武进县政府驻地由常州同城迁至湖塘镇。翌年，武进全国社区建设和社会发展综合试验区县级城镇规划建设示范项目列入《中国 21 世纪议程》。30 年大开发大建设，坚持走“生态优先，绿色发展”的道路，2007 年荣膺“国际花园城市”称号，被誉为常州“金南翼”。

1.主城区远眺

(摄于 2022 年 8 月)

2.绿色建筑群

(摄于 2022 年 8 月)

3.龙江高架穿越中心城区

(摄于 2022 年 8 月)

落日熔金，霓虹初上。当天际最后一抹余晖消失在地平线上，花都水城武进灯火阑珊，城市夜未央。主城区灿若繁星，把街市装扮成繁华的不夜城；西太湖水光溶溶，天幕下显露出“最美湖湾城”。

1. 花园街商圈万达广场（摄于2022年8月）
2. 滨湖新城西太湖揽月湾（摄于2022年8月）
3. 新天地夜公园（摄于2022年9月）

2

3

常州市武进区庆祝中国共产党成立100周年座谈会暨全区“两优一先”表彰会
1

庆祝中国共产党成立100周年座谈会暨全区“两优
2

祝中国共产党成立100周年座谈会暨全区
3

区庆祝中国共产党成立100周年座谈会暨全区“两优一
4

永远跟党走
武进区庆祝中国共产党成立100周年文艺汇演
5

2021 年，武进各界共庆党的百年华诞，表彰先进，弘扬时代精神，坚守初心使命。持续推动党史学习教育走深走实，打造党史“实境课堂”。实施“红帆领航”计划，推进“有事‘吾’来办，实践‘武’先行”活动，全区 172 个重点项目、339 件惠民实事、45 件县处级以上党员领导干部领办项目全部完成。

1～4 组图. 7 月 1 日，常州市武进区庆祝中国共产党成立 100 周年座谈会暨全区“两优一先”表彰会召开，表彰优秀共产党员、优秀党务工作者和先进基层党组织

5～6 组图. 6 月 29 日，常州市武进区举行庆祝中国共产党成立 100 周年文艺会演，并为全区近 4000 名“光荣在党 50 年”代表颁发纪念章

7. 4 月 7 日，王苏民将军（左）在洛阳镇天井村王诤将军故居为区委理论学习中心组讲述父亲的红色故事

8. 6 月 20 日，雪堰镇城西回民村党总支在石榴树下上党课

武进以“明理、增信、崇德、力行”为目标，创新理论学习形式，推出“听吾说”理论宣讲品牌，举办各类基层主题宣讲4863场，线上、线下受众人数超50万人次。

1. 4—7月，举行武进区庆祝中国共产党成立100周年系列活动之“学史力行·阳湖逐梦——第二届阳湖学习达人挑战赛”
2. 4月12日，区委党史学习教育领导小组举行武进党史系列读本赠书仪式
3. 全区各级庆祝中国共产党成立100周年，举办各种形式的纪念活动，重温入党誓言，以昂扬姿态迈步新征程。图为4月24日礼嘉镇举办庆祝建党100周年红色毅行活动
4. 百张笑脸喜迎建党百年

4

1

2021 年武进新冠肺炎疫情发生以来，区疫情防控应急指挥部第一时间迅速完成平急机制转换，各级各部门全面进入应急防控状态，迅速开展流调溯源、核酸筛查，细化落实管控措施，凝聚防疫合力，保障企业生产、学校上课，居民生活正常安定。

2

3

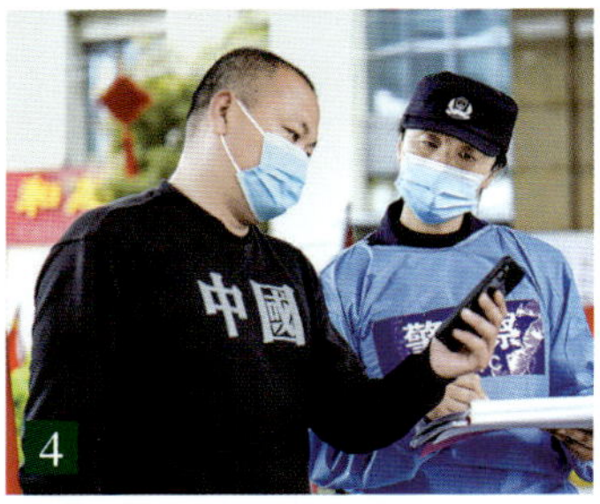

4

5

6

1. 武进区疫情防控指挥部召开会议
2～3 组图. 区领导带队到商超等重点场所督查，调研重点企业生产经营情况和防疫工作
4～6 组图. 区公安分局集结警力，从严从快做好流调溯源工作，区疾控中心流调队员及时讨论流调信息
7～9 组图. 医护人员昼夜不停、风雨无阻，深入社区、农村开展核酸检测采样工作，阻断疫情扩散蔓延
10～11 组图. 武进租包机接对口帮扶汉滨籍员工到武进复工
12～14 组图. 教育系统疫情之下开启“云”教学，有序返校复学
15. 武进药企加班抢产防疫急需药品
16. 全面接种新冠疫苗“加强针”
17～18 组图. 武进应急感染防疫医疗队支援扬州市、江宁区抗击疫情
19～20 组图. “银发奶奶”和青年志愿者忙碌在社区抗疫一线

7

8

9

10

11

12

15

13

14

17

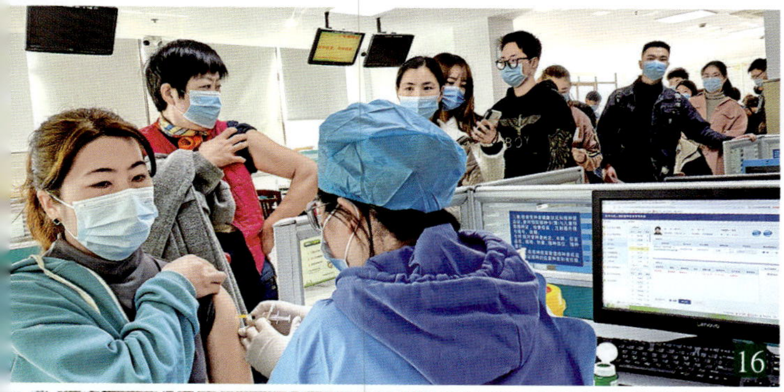
16

18

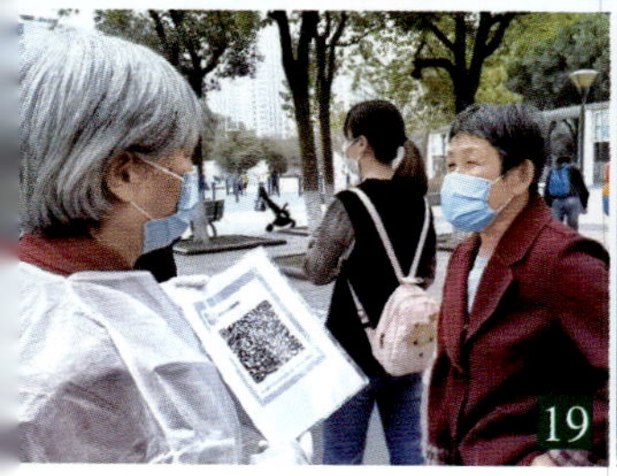
19

20

1

2

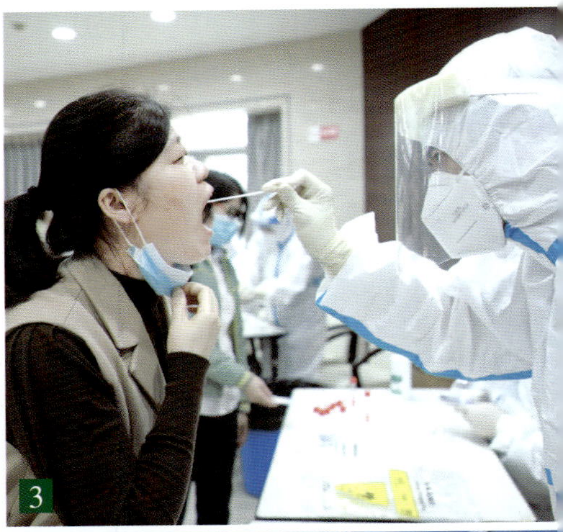
3

8

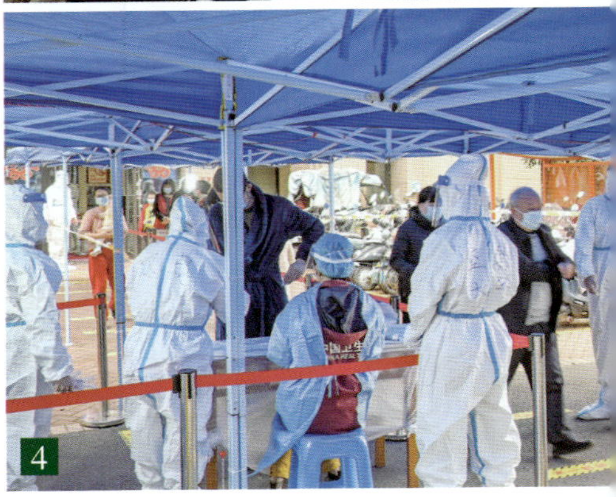
4

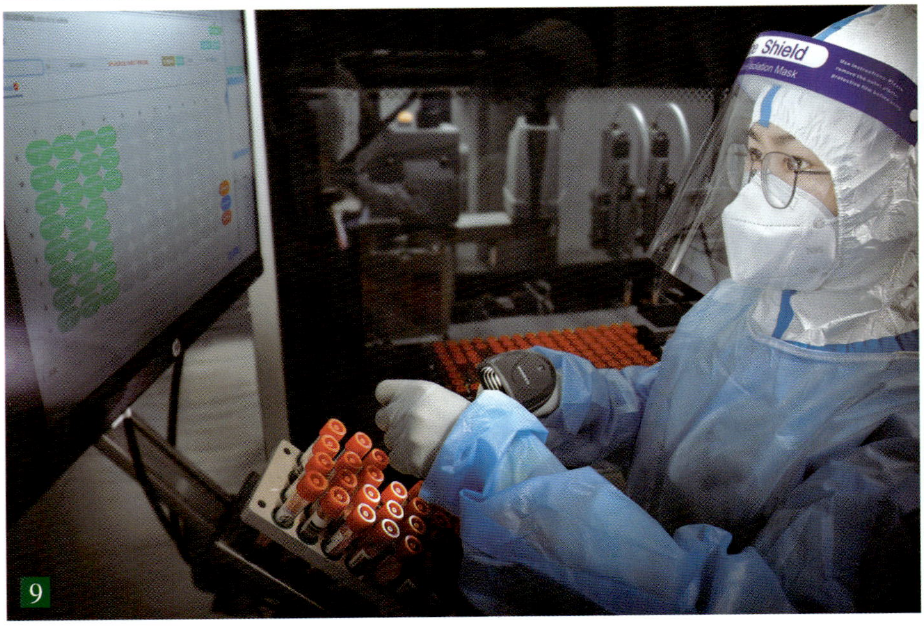
9

5

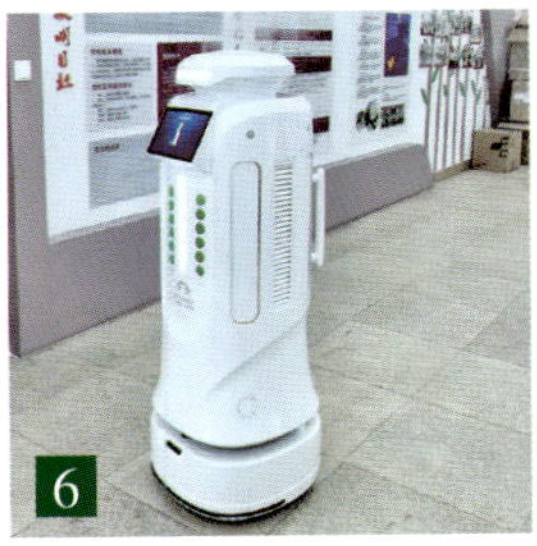
6

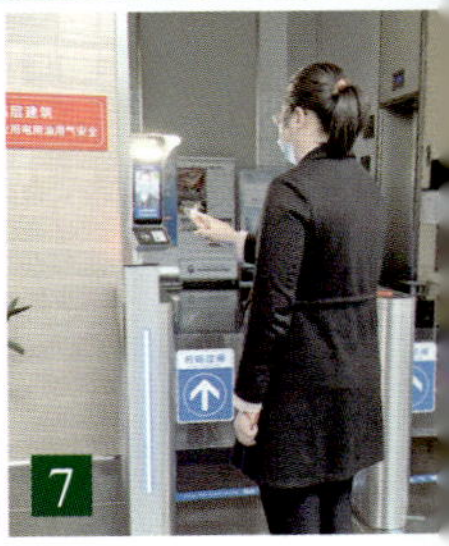
7

11 月 2 日晚，湖塘镇御城小区突发外地关联病例疫情，全区上下闻声先动，抢抓黄金“24 小时”处置期；居民众志成城，守望相助；医务工作者逆行出征；党员干部迅速响应，迎难而上；社区物管工作者通宵达旦、不辞辛劳，高效、彻底打赢疫情防控歼灭战，得到省、市领导高度肯定。人民至上，生命至上。在此次疫情防控阻击战中，全区组织领导有力有序，累计有医务人员、公安干警、社区工作者、机关干部和各类志愿者 3.85 万人次下沉防疫一线，33 个小时阻断社区疫源传播链，有效控制住疫情蔓延。

1. 11 月 2 日晚，武进公安分局连夜抽调警力组织疫情防控
2. 区疾控中心第一时间召开流调会议，部署排查工作
3～4 组图. 11 月 3 日凌晨，医务人员在封控小区开展核酸检测
5～7 组图. 11 月 5 日，武进公安开启 5G 安防巡逻机器人，全天候监测御城小区疫情
8. 11 月 7 日晚，区新冠肺炎疫情防控战时指挥部召开工作会议
9. 建立常州市首个核酸检测“火眼”实验室
10. 爱心企业安启国际贸易公司捐赠 10 吨猪肉
11. 融媒体记者在封控区采访
12～14 组图. 机关、社区志愿者和快递小哥抗疫群像
15. 11 月 16 日，封控 14 天的御城小区解封，居民自发在阳台挥舞国旗，感恩党和政府关怀、社会各界支持

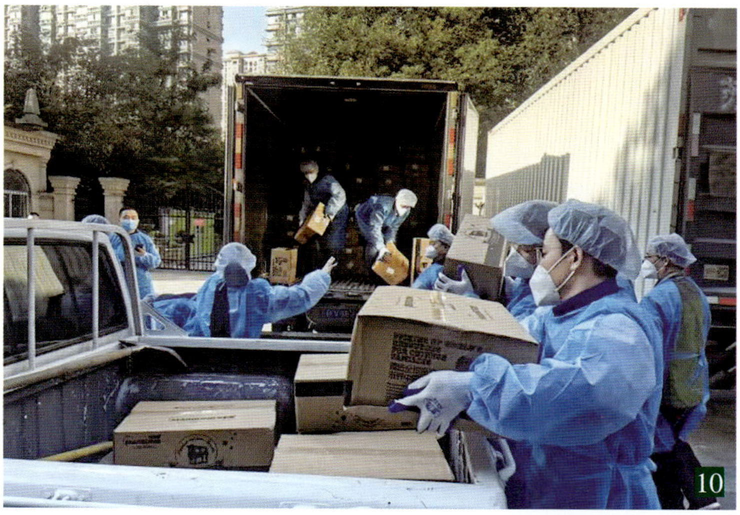
10

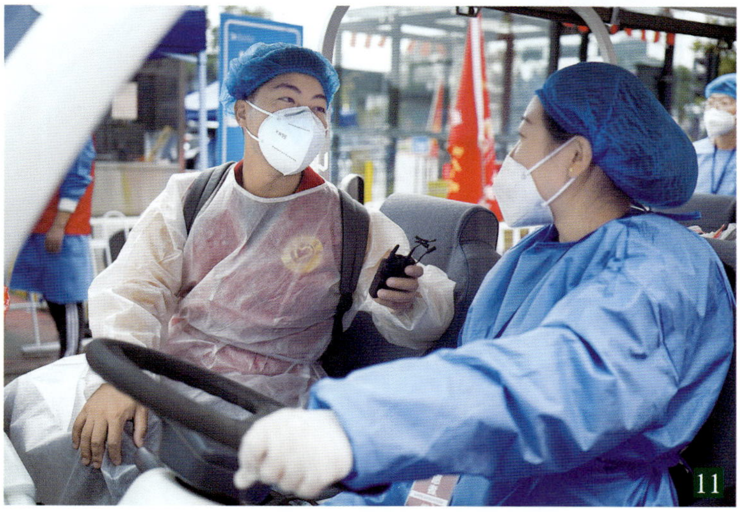
11

12

13

14

15

2021武进区"双招双引"推进大会暨二季度重大项目集中签约仪式
2021 WUJIN INVESTMENT AND TALENT INTRODUCTION PROMOTION CONFERENCE & SIGNING CEREMONY OF MAJOR PROJECTS
2021.4.29 武进
生态滨湖区 现代智造城

1

2

双招双引能手金牌奖
曾小林

3

2021年创新发展大会

4

突出贡献奖

5

武进贯彻常州市“重大项目攻坚突破年”部署要求，探索招商引资和招才引智整合发展，通过项目与企业一起招、技术与人才一起引，不断提升“双招双引”工作质量效益。精准对接在国内外取得突出成果的武进名人，吸引他们回家乡创业。强化“以民引外”，鼓励境外上市，推进产业共赢发展，累计引进总投资3000万元以上项目超300个。区重点项目完成投资555亿元，170个项目建成投资。

6

7

1. 4月29日，2021年武进区“双招双引”推进大会暨二季度重大项目集中签约仪式举行
2~3组图. 10月20日，武进国家高新区高质量发展大会召开，现场表彰“双招双引”能手
4~5组图. 3月6日，常州西太湖科技产业园召开2021年创新发展大会，表彰突出贡献企业、优秀领军人才
6. 9月30日，2021武进区重点项目集中开工仪式举行
7~8组图. 10月18日，武进在南京开展“名城名校合作行，创新创业赢未来”活动，签订人才创新创业和“产学研”合作项目13个
9. 6月18日，江苏晶雪节能科技股份有限公司登陆深交所创业板

8

9

1

2

3

4

5

武进高新区实施产业创新、城市更新、生态焕新、民生建新、管理革新“五新”工程，推进产业创新发展、城市能级提升、人才高度集聚。2021 年，完成地区生产总值 545 亿元，在国家高新区综合评价中排名第 35 位，比 2020 年提升 3 个位次。

1. 武进高新区鸟瞰（摄于 2022 年 8 月）
2. 第 10 万辆理想 ONE 电动汽车下线
3. 获江苏省省长质量奖企业——江苏龙城精锻集团高端精密件制造车间
4. 金石机器人常州股份有限公司生产的桁架机器人在国内排名第一
5. 万帮星星充电科技有限公司“极光”冲电桩获国际 F1 设计大奖
6. 位于武进高新区的综合保税区（摄于 2016 年 8 月）
7. 坐落于武进高新区的常州科教城（摄于 2022 年 8 月）
8. 建设中的中国以色列常州创新园（摄于 2022 年 8 月）

6

7

8

1

2

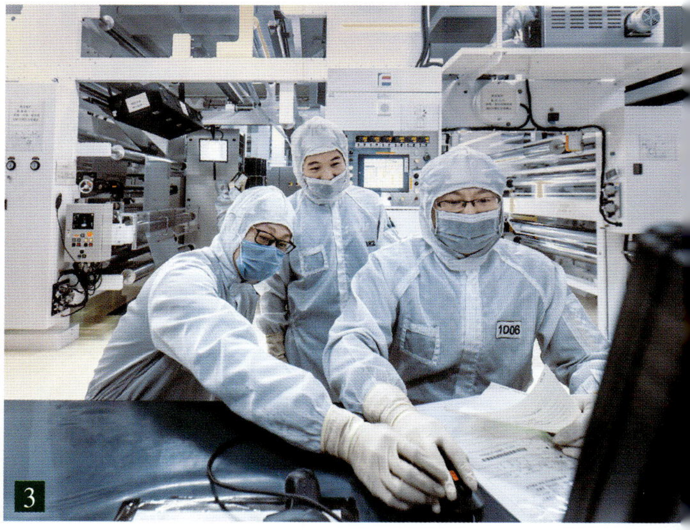
3

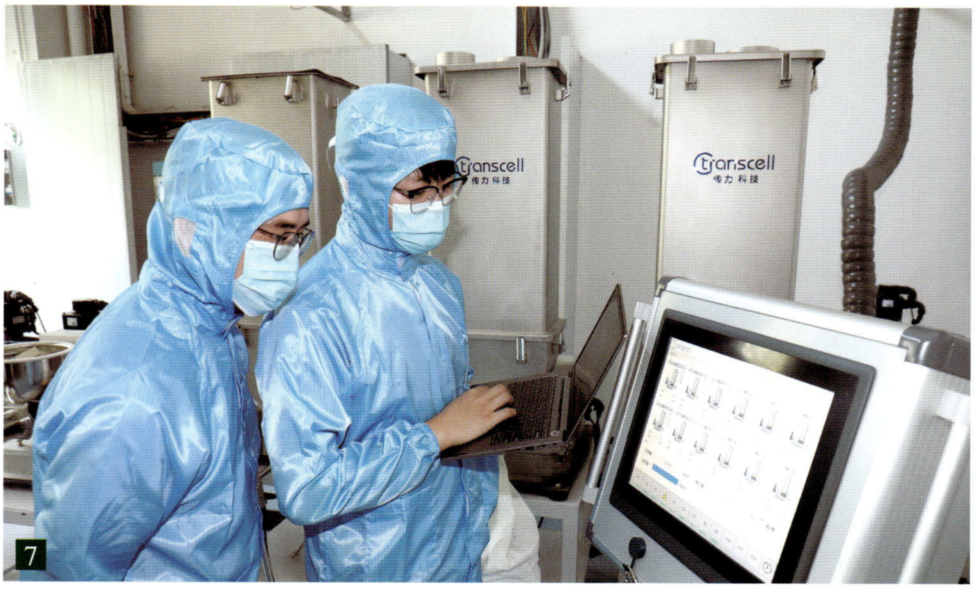

7

常州西太湖科技产业园重点打造先进碳材料、健康、数字经济和智能智造四大产业。2021 年，拥有各级各类专精特新企业 55 家，其中，国家级专精特新“小巨人”企业 9 家，国家级制造单项冠军企业 1 家，省级、市级专精特新“小巨人”企业分别达到 15 家和 30 家。武进绿建区入选国家小型微型企业创业创新示范基地。

4

5

1. 江苏省特色小镇——常州石墨烯小镇（摄于 2017 年 7 月）
2. 2021 年度石墨烯“碳达峰、碳中和”技术应用示范企业——常州二维碳素科技有限公司车间（摄于 2014 年 9 月）
3. 江苏省 2021 年“潜在独角兽”企业——常州富烯科技股份有限公司智能模切车间（摄于 2021 年 4 月）
4. 西太湖医药科技国际创新中心（摄于 2020 年 10 月）
5. 常州国家医疗器械国际创新园（摄于 2020 年 5 月）
6. 江苏中科朗恩斯车辆科技有限公司印制电路板智能制造车间（摄于 2022 年 9 月）
7. 武进绿建区联东 U 谷首个投产项目——传动智能机械（常州）有限公司车间（摄于 2021 年 8 月）
8. 中节能（常州）环保科技园一期项目（摄于 2021 年 8 月）
9. 常州首个国际化社区——西太湖国际社区（摄于 2021 年 7 月）

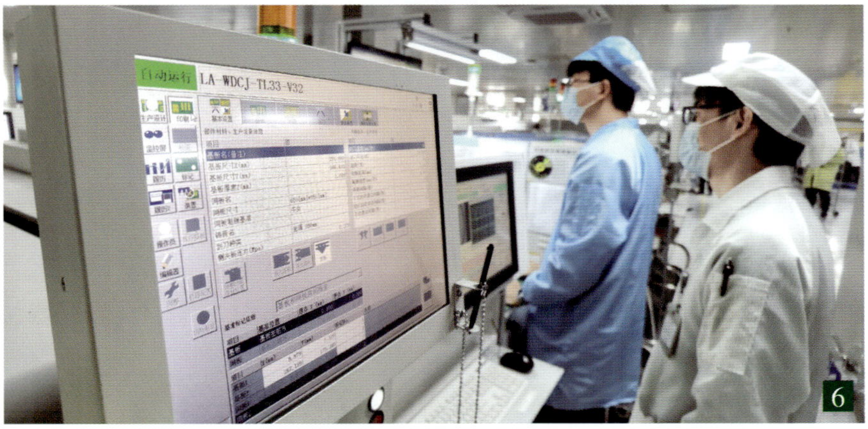

6

8

9

1

2

3

5

4

6

7

武进筑牢乡村振兴耕基，建设高标准生态农田，推动产业振兴，促进农民增收致富。2021年，完成6个国家高标准农田建设项目1133.33公顷（累计完成6246.67公顷），中央、省、市、区四级财政投资1.32亿元，巩固和提高了全区粮食产能，实现农业生产、农业生态系统以及农田生态景观的综合功能。2021年，武进农产品绿色优质率高出全国平均水平20%，被确定为省级生态循环农业试点区（县）之一。

8

9

10

1. 前黄镇联庆村高标准农田（摄于2021年9月）
2. 江苏（武进）水稻研究所专家查看水稻新品种长势
3. 地产绿色生态优质大米“阳湖红”
4. 前黄镇农户实现稻鱼生态循环种养双赢，其中稻鸭共作亩增效益1000元
5. 全省首个滆湖“以渔控藻”先行试验区开展鱼苗放养工作
6. 河蟹养殖户沈玉兴（右）依靠绿色科技养殖体系，亩产河蟹达150千克
7. 建国家庭农场蟹池套养罗氏沼虾，亩产沼虾40千克、增收1600元
8. 全国花木之乡嘉泽镇七彩花田（摄于2020年4月）
9. 全域美丽乡村——湟里镇葛庄村（摄于2021年10月）
10. 7月10日凌晨，常州—华北流向专机首航满载28吨“阳湖牌”水蜜桃运抵华北地区各大批发市场
11. 7月19日，江苏省优质桃果评比暨首届“阳湖杯”桃王评比在武进举行
12. “新农人”直播带货

11

12

武进区位优越，地处长三角地理中心，南枕太湖，衔滆湖，北通长江，与南京、上海、杭州三大都市等距100千米。外连交通大动脉，4条铁路、5条高速、京杭大运河穿境而过，常州奔牛国际机场可直达国内37个城市和部分国际城市。内畅城乡微循环，地铁、高架、快速公交（BRT）、农村公交通达，共享单车方便“最后一公里”出行。

1. 常州地铁一号线武进段（摄于2022年9月）
2～3 组图. 常州地铁一号线车箱和站台（摄于2022年9月）
4. 长虹路高架与龙江路高架枢纽（摄于2022年9月）
5. 苏南沿江高速公路与在建的沿江高铁武进段（摄于2022年9月）
6. 常武中路潮汐车道，早晚车流量高峰前由“导流机器人”调整南北向车道（摄于2022年8月）
7. 沪宁城际高铁穿越武进（摄于2010年6月）
8. 常州奔牛国际机场停机坪（摄于2022年9月）
9. 京杭大运河武进段（摄于2022年8月）

5

6

7

8

9

武进感时代新变，绘水乡安居新景。持续攻坚重点水利工程建设，实施中心城区和太、滆两湖水环境治理，聚焦生态创新河湖长制，全面开展幸福河湖建设，村前屋后沟、溪、浜、塘沿岸设人行步道及亲水平台，水环境质量大幅提升。2021年，武进获评国家级节水社会达标县（区）、全国区级第一家水利安全标准建设达标单位，建管双优水利建设工作获省政府通报表扬。

1. 国家重点水利环保项目新孟河延伸拓浚工程——前黄枢纽工程 （摄于2021年4月）
2~4组图. 江苏省生态河道建设示范样板——永安河景观 （摄于2022年9月）
5. 全省首个太湖小流域试点工程——洛阳镇戴溪片区综合整治（摄于2021年12月）
6. 省级生态河道——嘉泽镇士桥浜 （摄于2021年10月）

武进区高水平制定实施一批服务乡村振兴的示范引领政策，加快推进美丽乡村建设，切实改善农民住房条件，全面提升农村人居环境质量。2021年，全区各镇、街道编制37个农民自建区规划，建成15个自建区，总建筑面积60万平方米。在“三块地”改革中，武进区在全国33个试点地区中率先取得12项重大突破，形成一批可复制、能推广、利修法的制度文件，彰显出江苏特点、常州特色、武进模式，为土地管理法修订出台提供了实践样本。武进区农村土地制度改革试点成效入选“伟大历程——庆祝中华人民共和国成立70周年大型成就展”。

7. 嘉泽镇姬山村农民自建区（摄于2020年5月）
8. 前黄镇盛德家园农民自建区（摄于2021年8月）
9. 花木之乡嘉泽镇一角（摄于2020年10月）
10. 花木之乡湟里镇一角（摄于2013年8月）

2021年，武进全面完成10个大类、54个重点民生实事项目目标任务。教育资源持续增加，文化品牌、全域旅游创建活动持续开展，医疗条件、养老水平持续改善，全面小康成果惠及全区人民。

1. 5月22日，华东师范大学附属常州西太湖学校奠基
2. 武进锡剧团编演的《玉兰花开》入选江苏省庆祝中国共产党成立100周年舞台艺术精品创作工程
3. 2月7日，在中心城区开展家庭医生签约活动

4～8组图. 7月4日，2021年“花都水城·浪漫武进”文化旅游节暨龙城夜未央·武夜尽欢畅活动在太湖湾AAAAA级旅游度假区开幕。其间，文旅、农旅、体旅、商旅全域整合发展，美景游览、美食品尝、文化体验和体育健身活动丰富多彩

9～12组图. 武进区委、区政府对标人民群众的共同期盼，持续增进民生福祉，建设家门口的健身广场，金东方社区被评为全国示范性老年社区

花都水城
浪漫武進
4

6

7

5

亿家和餐饮公司
静逸大饭店
8

9

10

11

12

《武进年鉴（2022）》编纂委员会

《武进年鉴（2022）》编辑部

地　址　江苏省常州市武进区行政中心1号楼东侧二楼　　邮政编码　213159
电　话　（0519）86310155　86310472　86312826　86310473（传真）
网　址　www.wjsz.org.cn　　邮　箱　wjnj88@163.com

《武进年鉴（2022）》审稿人

（按姓氏笔画排列）

万家东	王　伟	王　斌	王志刚	王丽莉
王贤方	王栋梁	王保华	王洪新	王新宇
尤霄峰	毛　兴	卞曙光	邓韶雄	左燕钢
卢光南	叶彩萍	叶馨远	白晗丹	印见琴
冯越超	朱志伟	朱宏英	朱建刚	任　捷
庄代远	祁　斌	纪佩来	严　波	严　琳
李　博	李　媛	李　甜	李云辉	李秋萍
杨　铭	杨　琳	杨丹珂	杨欣婷	杨育才
杨美英	吴　玲	吴　柯	吴晓峰	吴海涛
何伟杰	何泽宇	应书清	冷亚春	羌云庆
汪志南	沈　雷	沈　超	沈惠芬	张　谦
张　露	张小锋	张志杰	张建新	陆　尧
陆卫东	陆红林	陈　健	陈　涛	陈月波
陈名恭	陈建强	陈晓阳	陈黎云	邵　云
武绍光	林春雷	金丽英	周　丹	周培根
周嫣倩	单志伟	赵　鼎	赵　璐	赵沁芝
赵春丽	姚文虎	姚绍洋	夏建飞	顾　青
顾祺波	钱　瑜	钱建忠	钱继东	倪文达
徐　宁	徐正华	徐鸿飞	徐新波	殷中华
殷锡峰	奚惠芳	高　吉	高立华	唐蕴东
陶　可	陶春健	陶美娟	符　伟	符一波
符敏霞	章　钧	巢　鹰	巢云芳	巢剑锋
蒋　燕	蒋亚军	蒋志刚	蒋迪平	蒋金标
鲁　东	曾文军	强　雨	潘　军	潘　凌
魏　峰				

武进区主要机构全称、简称对照表

全　　称	简　称	全　　称	简　称
中共常州市武进区委员会	区委	常州市武进区城市管理局	区城管局
常州市武进区人民代表大会常务委员会	区人大常委会	常州市武进区文体广电和旅游局	区文体广旅局
常州市武进区人民政府	区政府	常州市武进区卫生健康局	区卫健局
政协常州市武进区委员会	区政协	常州市武进区市场监督管理局	区市场监管局
中共常州市武进区纪律检查委员会	区纪委	常州市武进区地方金融监督管理局	区金融监管局
常州市武进区监察委员会	区监委	常州市武进区生态文明建设办公室	区生态办
中共常州市武进区委办公室	区委办	常州市自然资源和规划局武进分局	武进自然资源和规划分局
常州市武进区人大常委会办公室	区人大办	国家税务总局常州市武进区税务局	区税务局
常州市武进区政府办公室	区政府办	中国人民银行常州市武进支行	人民银行武进支行
政协常州市武进区委员会办公室	区政协办	共青团常州市武进区委员会	团区委
常州市武进区人民武装部	区人武部	常州市武进区妇女联合会	区妇联
常州市武进区人民法院	区法院	常州市武进区科学技术协会	区科协
常州市武进区人民检察院	区检察院	常州市武进区文学艺术界联合会	区文联
中共常州市武进区委组织部	区委组织部	常州市武进区工商业联合会	区工商联
中共常州市武进区委宣传部	区委宣传部	常州市武进区残疾人联合会	区残联
中共常州市武进区委统一战线工作部	区委统战部	武进区关心下一代工作委员会	区关工委
中共常州市武进区委政法委员会	区委政法委	中共江苏常州经济开发区工作委员会	常州经开区党工委
中共常州市武进区委网络安全和信息化委员会办公室	区委网信办	江苏常州经济开发区管理委员会	常州经开区管委会
		中共武进高新技术产业开发区工作委员会	武进高新区党工委
常州市武进区委机构编制委员会办公室	区委编办	武进高新技术产业开发区管理委员会	武进高新区管委会
中共常州市武进区委巡察工作办公室	区委巡察办	中共常州西太湖科技产业园（江苏武进经济开发区）工作委员会	西太湖科技产业园（武进经发区）党工委
中共常州市武进区委老干部局	区委老干部局		
中共常州市武进区委党史工作委员会	区委党史工委	常州西太湖科技产业园（江苏武进经济开发区）管理委员会	西太湖科技产业园（武进经发区）管委会
常州市武进区地方志办公室	区地方志办		
中共常州市武进区委员会党校	区委党校	中共常州市武进绿色建筑产业集聚示范区工作委员会	武进绿建区党工委
常州市武进区行政学校	区行政学校		
常州市武进区融媒体中心	区融媒体中心	武进绿色建筑产业集聚示范区管理委员会	武进绿建区管委会
常州市武进区发展和改革局	区发改局	中国国民党革命委员会武进区基层委员会	民革武进区基层委员会
常州市武进区科学技术局	区科技局	中国民主同盟武进区基层委员会	民盟武进区基层委员会
常州市武进区工业和信息化局	区工信局	中国民主建国会武进区基层委员会	民建武进区基层委员会
常州市公安局武进分局	武进公安分局	中国民主促进会武进区基层委员会	民进武进区基层委员会
常州市武进区财政局	区财政局	中国农工民主党武进区委员会	农工民主党武进区委
常州市武进区人力资源和社会保障局	区人社局	中国致公党武进区基层委员会	致公党武进区基层委员会
常州市武进区住房和城乡建设局	区住建局		

编辑说明

1.《武进年鉴》以马克思列宁主义、毛泽东思想、邓小平理论、“三个代表”重要思想、科学发展观、习近平新时代中国特色社会主义思想为指导，坚持辩证唯物主义和历史唯物主义的立场、观点和方法。其宗旨是全面、客观、系统地记述年度武进区自然、政治、经济、文化、社会等方面的基本情况和发展状况，为决策者提供参考依据，为社会多层面提供资讯。

2.《武进年鉴》是由中共武进区委、武进区人民政府主管，区委党史工委、区地方志办公室主办，有关部门共同参与编纂的年度资料性文献，创刊于 1988 年，逐年出版发行。

3.《武进年鉴》采用分类编辑法，主体内容分为类目、分目、条目 3 个层次，部分信息资料较少的行（事）业合设一个类目，部分分目设子分目，条目为记述内容的主要形式。《武进年鉴(2022)》卷首设“图片专辑”，有类目 34 个、分目（子分目）209 个，收录条目 1055 个、照片 359 幅（随文照片 230 幅）、表格 94 个、图表 1 个。

4.《武进年鉴（2022)》“人物·荣誉栏”类目设“新任区级领导”“先进个人”“先进集体”分目。“新任区级领导”收录 2021 年 4 月 1 日至 2022 年 4 月 30 日任职的武进区委、人大、政府、政协领导。“组织机构与负责人名录”收录时间下限为 2022 年 4 月 30 日。为记述方便，设“武进区主要机构全称、简称对照表”。

5.《武进年鉴（2022)》稿件、资料均由区各级、各部门和驻武进单位提供，部门和单位负责人审稿，经《武进年鉴》编纂委员会和区委保密委员会办公室审核。全书采用法定计量单位，由区统计局提供，地区生产总值、增加值、工农业产值（除注明者外）均按当年价计值。因统计口径原因，年鉴供稿单位提供的个别数据与区统计部门的统计数据或不一致。

6.《武进年鉴（2022)》配备多重检索系统，卷首有内文总目和目录、类目、分目、子目中英文对照目录，卷中有部分条目横向参见，卷末有条目主题、表格、随文图片、人名、书名索引。为方便读者阅读，编者制作掌上《武进年鉴（2022)》，全书文字和图片链接由武进区人民政府网站（网址：www.wj.gov.cn）发布。

总　目

目 录
Contents

专 记

大事记

区情概览

中共常州市武进区委

常州市武进区人大

常州市武进区政府

常州市武进区政协

常州市武进区纪委监委

民主党派·党外知识分子联谊会·工商联

群众团体

法　治

军　事

产业园区

农　业

工　业

商贸服务业

对外及港澳台经济合作

旅游业

金融业

城乡发展

交通 · 水利

生态环境

信息化建设

经济管理

科技创新

教　育

文　化

体 育

卫生健康

社会生活

应急管理

镇·街道

人物 · 荣誉栏

附 录

索 引

Contents

Mass Organizations

Rule of Law

Military

Industrial Parks

Agriculture

Industry

Commercial and Trade Service Industry

Foreign and Hong Kong, Macao and Taiwan Economic Cooperation

Tourism

Financial Industry

Urban and Rural Development

Transportations · Water Conservancy

Ecologic Environment

Information Construction

Economic Management

Scientific and Technological Innovation

Education

Culture

Sports

Hygiene and Health

Social Life

Emergency Management

Towns & Sub-district Offices

Figures & Honors List

Appendices

Indexes

专 记
Special Records

栏目编辑　万向阳

全面深化改革

【概况】 2021年，武进区深入贯彻落实中央和省委、市委关于全面深化改革的决策部署，聚焦"532"发展战略，聚力"两湖"创新区建设，按照"高标准打造一区一城、全方位争创第一唯一"的目标，制定出台《区委全面深化改革委员会2021年工作要点》和任务分解表，梳理汇总重点改革项目32项，深入推进"上级有要求、发展有需要、百姓有期盼"的改革项目，为全区高质量发展提供有力的制度保障。国家双创区域示范基地建设、农村宅基地制度改革试点等国家级、省级改革试点工作持续推进，中以常州创新园作为中以两国合作的标志性项目得到国家主席习近平充分肯定，国家双创区域示范基地建设获得国务院督查激励表彰，武进区位列全国科技创新百强区第一，入选首批江苏省创新型示范县（市、区）建设名单，武进宅基地资格权管理3.0版本在全国推广。

（李俊亮）

【国家双创区域示范基地建设】 2021年，按照国家双创区域示范基地建设要求，武进区于5月成立双创区域示范基地建设专班，出台《武进区双创示范基地三年建设方案（2021—2023）》《武进区创业带动就业示范专项行动工作方案》等政策文件，以中以常州创新园、石墨烯创新中心等平台为工作重点，推进创新人才培育，提高创业带动就业水平，开创双创工作新局面。全区实现创业带动就业2.56万人，制造业单项冠军企业、国家工业强基工程项目总数位居全国县（市、区）首位，中以常州创新园与常州大学共同获批成为"新型研发机构科教融合培养产业创新人才"揭榜任务承担单位。开展"龙城英才计划"领军人才创业项目面谈评估活动，签约落户优质项目115个，居全市第一，创历史新高。深度融入长三角一体化战略，石墨烯专业委员会积极开展长三角区域合作，推进组建国家石墨烯制造业创新中心；与上海市杨浦区、合肥高新区、嘉兴市南湖区和宁波市鄞州区持续开展长三角联盟双创券通用通兑试点，武进区订单数量、合同数额、兑付金额均居首位。培育建设各类载体平台，武进高新区获批2021年科技部机器人及智能装备创新型产业集群试点、江苏省机器人特色产业基地、江苏省机器人及智能装备科技成果产业化基地，江南石墨烯研究院与中国航发集团合作共建国家创新中心，石墨烯创新中心获评工业和信息化部专精特新"小巨人"企业服务示范平台。优化创新创业服务体系，江苏现代轨道交通产业孵化基地和常州医疗器械创业服务中心被认定为国家级孵化器，常州经开区科创中心、武智沃客众创空间、畅空间Changspace、三艾科创中心4个众创空间被认定为省级众创空间。举办2021年中以创新合作与产业投资大会、中欧低碳技术项目合作大会、武进英才计划长三角邀请赛等双创特色活动，有效营造良好的创新创业氛围。

（李俊亮　陈　露）

【推进农村宅基地制度改革试点】 2021年，武进区紧扣全国新一轮农村宅基地制度改革任务要求，围绕宅基地所有权、资格权、使用权"三权分置"，稳慎有序地推进各项改革试点工作。逐步完善

嘉泽镇农民自建区　　（供图/区融媒体中心 摄于2021年8月）

"1+N"政策体系，出台宅基地资格权认定、有偿使用有偿退出、宅基地管理办法、农房更新改善等9个政策性文件。基本摸清"人地房"基础数据，完成全域196个农村集体经济组织共15.7万户、51.1万人的资格权认定，并建成数据库。武进宅基地资格权管理3.0版本经验被农业农村部以工作简报刊发，在全国推广相关经验做法。推进宅基地管理数字化，率先开发建成"一个系统运行、六大模块管理"的宅基地综合管理信息系统（宅基地所有权、资格权、使用权、审批管理、执法管理、共享发布六大模块管理），推行宅基地和建房"二合一"全流程电子化审批模式，于9月30日发放全国首张宅基地和建房（规划许可）电子批准书。《武进探路宅基地数字化管理》在全国核心期刊发表。探索政府贴息宅基地建房按揭贷款金融服务制度，全面推行宅基地有偿使用制度，"三个融合"宅基地改革实践案例入选"学习强国"平台。有序推进农房更新改善建设试点，年内基本完成12个农民自建区规划编制，礼嘉镇何墅村等5个自建区开工建设，改革红利持续释放。

【深化省级新时代"两个健康"先行区创建】 2021年，武进区按照国家和省、市关于创建新时代"两个健康"先行区的批示要求和总体部署，以创建国家级新时代"两个健康"先行区为目标，深入探索、先行先试。推进一批行动计划。围绕政治领航、区域强磁、产业跃升、服务提质、法治护航"五大工程"，着力推进"两个健康"体系提升行动、"红绿蓝"商会建设行动、减税降费助企行动等17项行动计划，探索形成一系列具有武进个性的引领性、突破性、创新性政策举措，为全省、全市提供可复制、可推广的经验做法。开展系列对接请示工作。4月1日，到全国工商联汇报武进区创建新时代"两个健康"先行区工作情况。6月17日，全国工商联副秘书长、经济部部长林泽炎一行调研武进区新时代"两个健康"先行区创建工作，肯定武进区"非武不栖、进无止境"人才周、审批服务"十个办"等创建成果以及智能机器人、石墨烯、新能源汽车、医疗健康等特色产业品牌。省工商联转呈全国工商联《关于支持常州市武进区创建全国新时代"两个健康"先行区县（区）级试点的请示》，获得全国工商联副主席黄荣的批示和肯定。开展企业走访活动。深入贯彻落实市委、市政府关于开展向全市民营企业家"送服务、解难题、办实事"活动要求，以创建新时代"两个健康"先行区为引领，区领导带头走访优势产业链企业，收集并回复办理63个涉企问题，帮助企业解决发展的痛点、堵点问题，强化政企沟通，构建"亲""清"政商关系。

【自主改革探索】 2021年，武进区围绕当前发展过程中的突出问题，进一步补短板、创特色、增优势，在经济体制、民主法治、生态文明体制等领域开展一系列自主改革探索，有效化解相关发展难题。

经济体制改革　实施工业园区更新工程，印发《武进区园区更新实施方案》，制订园区更新总体规划，明确园区规划建设标准、产业主导方向、更新合作模式、产业扶持政策，统筹推进工业园区形态更新、产业创新升级、发展活力再造，新增省级智能车间9个、市级智能车间12个，超亿元技改项目新增入库17个。深入实施"科技创新燎原计划"，挖掘和支持细分行业排名前列的企业创建国家级、省级资质，培育更多的"隐形冠军"类企业，推荐申报独角兽企业1家、潜在独角兽企业9家。探索"双招双引"武进模式，出台《武进区"双招双引奔跑计划"三年行动方案（2021—2023年）》《关于优化招引工作机制、加快项目攻坚突破的实施意见》，设立武进长三角协同创新中心（上海）、武进大湾区协同创新中心（深圳），编制"大招商"机制实施方案，建立"大招商"格局，有效破除招引工作中存在的瓶颈和制约。

民主法治领域改革　区人大坚持问题导向，认真开展调查研究，探索帮助"一府一委两院"（人民政府、监察委员会、人民法院、人民检察院）发现问题、解决问题的新方式，创新"互联网＋专题询问"，实现专题询问从线下向线上延伸拓展，提升人大专题询问监督质效。区政协深化"有事好商量"协商议事，开展"一村一员一室、助力乡村振兴"工作，推动全区政协委员积极投身乡村振兴第一线，建成各具特色的"委员工作室"29个，成为委员履职新平台、服务群众新载体、凝心聚力新纽带。7月26日，《人民政协报》以《焕发新乡土时代的芬芳》为题作专题报道。

文化体制改革　深化构建网络综合治理体系，推动以短视频、海报、动图、H5等群众喜闻乐见的形式呈现重大主题，《孤灯不孤，万家灯火，等你归来！》《刚刚，御城小区31栋开了一场"灯光秀"》等抗疫短视频获得好评。开展"饭圈文化整治""网剑专项行动"等活动，营造风清气正的网络空间，互联网违法和有害不良信息举报工作获省委网信办通报表扬。

民生领域改革　推进城乡社区设施改造提升工程，全面落实"规划建设、政治功能、服务内容、设施配置、管理运行、基本保障"建设标准，完成省、市级城乡社区综合服务中心新建和改造提升项目5个，并顺利通过验收，实现硬件设施、软件功能"双提升"。推进江苏（武进）技能人才服务产业园建设，于5月建成投用，全年引进各类服务机构28家，通过职业技能等级认定工种9个，完成技能培训超3万人次，被列为江苏省紧盯产业发展、加快培育高质量技能人才推出的10项措施之一。推进医防医养融合新模式，制定实施《关于选派区三级公立医院业务骨干下基层帮扶家庭医生团队的实施意见》，推行"5+3+2"家庭医生服务模式，开展预约上门和家庭病床服务，全区16家医疗机构组建家庭医生团队194个，完成重点人群签约29.1万人，预约上门服务超5000次。

社会治理与司法体制改革　推动区域社会治理现代化，率先出台《"十四五"社会治理专项规划》，通过制度化、网格化、项目化、协同化、智能化手段，持续构建党建引领发展圈、多元共治朋友圈、风险隐患防控圈、基层基础智能圈，依托治安防控体系建设的"云"上防控项目获得全省重大改革创新项目金奖。实施网格化服务管理"四领先"工程，制定《加强专属网格治理助力平安武进建设的指导意见》，探索推进网格城管融合工作，在湖塘镇开展"三网融合"试运行，以网格化服务管理为载体，推动文明城市、长效管理等工作与网格治理深度融合。创新应急管理“互联网＋安全监管＋应急调度”联动机制，推进应急指挥中心规范化、标准化建设，组建区级专业应急救援队伍24支，开发运行企业监管“安全码上查”App，在全区7000多家工业企业推广运用，实现企业安全风险管控精密智治。

生态文明体制改革　推进生态环境损害赔偿制度改革，深入落实省、市生态环境损害赔偿制度改革要求，出台《生态环境损害赔偿磋商工作暂行办法》《生态环境损害赔偿资金管理办法》等文件，完善工作制度，着力破解“企业污染、群众受害、政府买单”的现实困局，完成案例实践21起。推动“河长制”工作向小微水体延伸，印发《常州市武进区小微水体河长制实施细则》，建立完善小微水体河长制体系，全区4229个小微水体均落实专人管护，建成“水清岸绿、人水和谐”的小微水体示范村（社区）11个。12月22日，《人民日报》以《小微水体、大家共治》为题报道武进区葛庄村小微水体治理经验。

党的建设制度改革　深入推进武进党建“红盟矩阵”建设，健全“一核四域”基层党建工作体系，围绕乡村振兴、生态文明等重点领域，以开放、融合、高效和共享为原则，指导、培育有条件的党组织成立党建红盟40余家，在全市率先发布党建联盟建设“十条标准”、率先成立城市党建“头雁”学院、率先开展首届“领航计划”训练营，打响武进党建工作品牌。探索建立科学有效的干部培养管理机制，全面启动青年干部人才选育“菁选计划”，深化“武进优才”计划，开展年轻干部“微澜论坛”，举办“武进讲坛”“吾进大学堂”等主体班次，强化领导干部履职实绩的动态管理，提高干部研判工作质效。深化“干部人才市场”建设，优化干部资源配置，完善“严治厚爱”干部管理工作体系。

纪律检查体制改革　健全完善监督体系，出台《专项治理专班实施方案》，开展漠视侵害残疾人权益、清风护航优化营商环境等12个专项治理，明确每个专项治理牵头领导、责任部门、配合单位和责任举措。在全市率先试点开展农村集体资金资产违规出借出租问题专项治理，共立案31件，追回资金1992万余元。

（李俊亮）

党史学习教育

【概况】 2021年，武进区认真学习贯彻习近平总书记重要讲话精神，根据《中共中央关于在全党开展党史学习教育的通知》和省委、市委《关于开展党史学习教育的实施方案》要求，成立区委党史学习教育领导小组，下设办公室，组织召开动员会议，在全区部署开展以专题学习、专题培训、专题党课、专题宣讲、专题研究宣传阐释、专题民主生活会和组织生活会、“我为群众办实事”实践活动（“六专题一实践”）为重点的党史学习教育，通过“学党史、悟思想、办实事、开新局”，引领广大干部强化以史为鉴、共赴梦想的坚定信念，提升坚定捍卫“两个确立”、坚决做到“两个维护”的政治定力，砥砺人民至上、造福百姓的初心使命，激发踔厉奋发、笃行不怠的豪情壮志，并取得党史学习教育丰硕成果。

【“学党史”入脑入心】 2021年，武进区采取以上率下引领学、群众覆盖广泛学、重要节点深化学、线上线下灵活学，引导广大党员干部读原著、学原文、悟原理。区委率先垂范，先后到王诤故居、常州三杰纪念馆、武进革命烈士陵园等地，开展理论学习中心组党史“实境课堂”学习6次、集中交流研讨7次。党史学习教育区委宣讲团组织集中式、点单式宣讲218场，武进区“听吾说”理论宣讲品牌矩阵被党史学习教育官网推广。发挥新时代文明实践中心（所、站）阵地作用，全区新时代文明实践三级书记带头示范宣讲累计开展4932场，直接受众24万余人。区委老干部局和湖塘镇、高新区北区分别推出“桑榆云讲堂”“红色故事会”“小北前线”等线上“云直播”课堂，洛阳、雪堰、前黄等地发挥红色教育基地功能开展主题活动，嘉泽镇、南夏墅街道等地推出系列红色打卡寻访活动，讲好党史故事，传承红色基因。全区干部群众开展缅怀祭扫、重温入党誓词等活动1634次，“永远跟党走”“红颂百年”等红色文艺活动深受欢迎，“红歌里的党史故事”“学史力行、阳湖逐梦”阳湖学习达人挑战赛反响热烈。通过党史学习教育，广大党员干部深化了对党百年奋斗的光辉历程、重大成就、历史经验的把握，更加坚定了弘扬伟大建党精神、共赴伟大梦想的信心和决心。

4月30日，金东方颐养园邀请张太雷的3个外孙女走进武进“庭院课堂”，讲述张太雷故事　（供图/区融媒体中心）

4月16日，“学史力行、阳湖逐梦”第二届阳湖学习达人挑战赛前黄专场
（供图／区融媒体中心）

【“悟思想”见行见效】 2021年，围绕学懂、弄通、做实习近平新时代中国特色社会主义思想，区委常委会带头强化“第一议题”意识，及时跟进学习领会习近平总书记重要讲话指示精神30余次，到王诤将军故居开展党史学习教育第一次集体活动，重温入党誓词，感悟初心使命。区委常委会成员带头开展中共十九届六中全会、江苏省第十四次党代会、常州市第十三次党代会精神宣讲。区委举办全区党政主要领导干部政治能力培训班，进一步把牢政治方向，提高政治能力，锤炼严实作风。全区各级党组织和领导干部坚持把加强政治训练、党性锻炼放在突出位置，广泛开展学习宣传，严肃党内政治生活，开好专题组织生活会和民主生活会，开展主题党日活动。全区中小学校在思想政治课中加强以党史学习教育为重点的“四史”（中共党史、新中国史、改革开放史和社会主义发展史）教育，在全市率先成立新时代大中小学一体化思政课联盟。通过党史学习教育，广大党员干部深刻领会“两个确立”的决定性意义，进一步增强“四个意识”、坚定“四个自信”、做到“两个维护”，坚决当好“两个确立”的坚定捍卫者、忠实践行者。

【“办实事”用心用情】 2021年，武进区坚持把党史学习教育与“我为群众办实事”实践活动、“两在两同”（同人民想在一起、干在一起，风雨同舟、同甘共苦）建新功行动和“有事‘吾’来办、实事‘武’先行”活动融合推进。全区各级各部门累计深度走访群众1507户、企业398家，梳理重点项目172个、惠民实事339件，结对共建村（社区）233个，认领志愿服务“微实事”2253件。特别是面对突发疫情，广大党员干部奋战在最前沿，高效打赢了疫情防控歼灭战，得到省、市领导的高度肯定和广大群众的一致好评。落实就业优先政策，采集、开发就业岗位6.6万个；有序推进老小区改造项目9个，惠及居民2494户；建立小微水体河长体系4229个，小微水体满意度达95%以上；完成改（扩）建学校12所，全年增加学位6590个；组建家庭医生团队194个，完成重点人群签约29.1万人，开展家庭医生预约上门服务5160次；完成居家养老服务中心改造提升3家、老年人家庭居家适老化改造103户；推进乡村“复兴少年宫”建设，首个“儿童社区”示范点落地；启动“武有吾善·童乐同享——困境儿童帮扶计划”，建成“梦想小屋”22间，精准扶贫困境儿童552名。家庭医生签约项目被列为省党史学习教育典型案例，“三全”家庭教育实事项目被中央主流媒体报道。通过党史学习教育，广大党员干部进一步强化了公仆意识和为民情怀，务实解决了一批群众的操心事、烦心事，赢得了市民的真心点赞。

【“开新局”善作善成】 2021年，武进区坚持把学党史与谋长远相结合，召开区第十三次党代会，紧紧围绕“强富美高”总目标，扛起“高标准打造‘一区一城’、全方位争创‘第一唯一’”发展使命；召开区委十三届二次全会，发出贯彻“532”发展战略（长三角交通、创新、产业、生态、文旅五大中轴，长三角产业科技创新、现代物流、休闲度假三个中心，城乡融合发展、统筹发展和安全两个示范区）、争当现代化建设标杆的动员令。坚持把学党史与抓大事相结合，中以常州创新园保持合作机制、合作模式、合作成果3个全国领先，被习近平总书记称为中以创新合作的标志性项目。抢抓“两湖”创新区建设发展机遇，启动建设“长三角最美湖湾城”。坚持把学党史与促发展相结合，在新冠肺炎疫情冲击、多重挑战叠加的背景下，不断推动经济社会稳中向好，全年完成地区生产总值2950亿元，增长9.5%，实现“十四五”发展精彩开篇。

（顾惜梅）

新冠肺炎疫情防控

【概况】 2021年，武进区坚持新型冠状病毒性肺炎（简称“新冠肺炎”）动态清零总方针，认真落实“外防输入、内防反弹”防控策略，压紧、压实疫情防控属地、行业主管部门、专业单位、个人四方防控责任，细化疫情防控工作方案，完善多部门联防联控机制，健全区、镇、村三级防控体系，建成新冠病毒核酸应急检测基地，开展新冠肺炎疫情应急防控、常态化防控，经受住南京、扬州及常州疫情的考验，为常州市成为全国多点散发疫情中首个没有续发病例城市做出贡献。在南京禄口机场和扬州新冠肺炎疫情发生后，组织摸排有南京、扬州旅居史人员30528人，全部开展核酸采样检测。先后启用枫泽山庄、西太湖度假村、海缘大酒店、明都国际会议中心、沁悦酒店、区委党校、瑞廷西郊酒店、家和馨宾馆、万运酒店等10个集中隔离医学观察场所，对涉中高风险地区返武进人员和密切接触者开展集中医学观察，累计隔离1641人。分批次派出48名医务人员到南京支援流行病学调查（简称“流调”）、核酸采样等工作，45名医务人员到扬州支援核酸采样、院感管理、康复医疗等工作。报告境外输入和本土确诊病例各1例，治愈出院2例。

【新冠病毒核酸应急检测基地建成】 8月6日，武进区新冠病毒核酸应急检测基地在西太湖花卉博览园建成，成为常州首个新冠病毒核酸检测“火眼”实验室。该基地由区经发集团出资1200余万元建设，由3个气膜舱组成，分别作为试剂准备区、样品处理区、扩增区，共容纳检测设备30多台，成为规模化、标准化的核酸检测平台，建成投用后日检测能力达3万管，加上其他实验室，全区日检测能力最大达5.8万管。

【新冠肺炎疫情应急防控】 11月2—17日，严格按照《常州市关于加强新冠肺炎疫情防控工作的通告》要求，武进区第一时间成立新冠肺炎疫情防控战时联合指挥部，下设综合协调、流调溯源、社会面和社区防控、交通管控、核酸检测、医疗救治、隔离管控、物资保障、新闻宣传、监督、转运11个工作组，企业防控、学校防控、农村防控、医废消毒、后勤保障、“12345”群众诉求回应6个工作专班，做好新冠肺炎疫情应急防控工作。区疾控中心紧急抽调公卫人员200名，组成流调队50支、消毒队10支、采样队10支，排查重点场所68处，完成环境采样331份、环境消毒33.11万平方米；精准划定封控区1个、管控区2个，排查出密接人员543人、次密接人员781人。区新冠肺炎疫情防控指挥部（简称“区疫情防控指挥部”）严格落实封控区、管控区居民封控管控管理，实行小区只进不出、人员足不出户和足不出区；在沪武高速等高速道口设置离常查验点8个，在342省道等国、省干线设置离常查验点5个，在县乡道设查验管控点25处、村道设查验管控点27处，按照非必须不离常原则、确需离常须持有48小时内核酸检测阴性证明的要求查验；启用隔离点8个、隔离房间1281间。6家发热门诊24小时开诊，配置核酸快速检测仪，发挥哨点监测作用。全区完成封控区五轮、管控区四轮核酸采样9万余人次。各医疗机构开设核酸采样点19个，共完成社会面群众核酸检测41万余人次。从11月17日零时起，湖塘御城由中风险地区调整为低风险地区，同步解除现有封控区、管控区和防范区疫情管控措施。其间，确诊1例本地新冠肺炎病例，实现精准打赢疫情防控阻击战。

【新冠肺炎疫情常态化防控】 武进区严格落实入境人员集中隔离医学观察管理措施。2020年8月至2021年8月，枫泽山庄承担每周五从日本大阪飞常州奔牛机场入境人员集中隔离任务，由武进中医医院负责全程健康管理，严格落实14天集中隔离医学观察，先后隔离入境人员2657人。做好密接及涉中高风险地区人员健康管理工作。根据省、市大数据推送信息及协查函，排查密接及次密接人员3146人，落实集中隔离管理；摸排涉中高风险地区返武进人员和南京、扬州涉疫人员2035人，落实集中隔离医学观察；涉中高风险地区所在地级市低风险地区返回武进人员5.3万人，到就近医院免费参加核酸检测，结果均为阴性。落实人物同防，对进口冷链和进口货物从业人员等29类重点人群开展核酸检测，2021年累计检测人员77.84万人次，检测结果全部为阴性。完善应急预案，于12月制定《2021年武进区新冠肺炎全员核酸检测实施预案》，选定储备核酸采样点234个，设置采样台800个，具备1天完成全员核酸采样、2天完成全员核酸检测的能力。提升应急处置能力，在部分乡镇（街道）开展应急处置演练、全员核酸应急演练4次。加强应急人员储备，培训流调队伍150支、核酸采样人员2700名、核酸检测人员75名、环境消毒人员90名、心理咨询人员110名。提升核酸检测能力，于8月建成常州首个新冠病毒核酸检测“火眼”实验室，武进区最大核酸检测能力达每日5.8万管。区疫情防控指挥部推进综合协调组实体化运作，抽调区卫健局、区公安局、区市场监管局、区商务局、区交通局、区委政法委（网格办）等部门业务技能精、政治素质好、协调能力强的人员，于12月13日建立实体化运作工作专班，定人、定岗、定责，统筹协调全区疫情常态化防控各项工作。

开展查控点值守　　（供图/区融媒体中心 摄于2021年7月）

【新冠疫苗接种】 2021年，武进区成立新冠疫苗接种工作领导小组，制定新冠疫苗接种实施方案，召开专题会议，部署开展新冠疫苗接种工作。培训新冠疫苗接种人员1800多名，在12个乡镇卫生院开设新冠疫苗接种点，增设高新区、科教城、湖塘镇、雪堰镇、高新区北区、西湖街道6个集中接种点，改装新冠疫苗接种车5辆，由区疾控中心统一调度新冠疫苗配送车3辆，于8月11日启动12～17岁人群新冠疫苗接种，11月1日启动3～11岁人群新冠疫苗接种。至年底，全区累计接种新冠疫苗263.92万剂次。其中，18岁及以上首针接种103.78万人，首针接种率96.37%，全程免疫102.67万人，全程免疫接种率95.34%；12～17岁人群首针接种6.74万人，全程免疫6.69万人；3～11岁人群首针接种11万人，全程免疫6392人，加强免疫接种第三针23.48万人，未发生严重不良反应。

（郑冰研）

大事记

Chronicle of Main Events

栏目编辑　颜　赶

1月

4日　全区首个“24小时自助法院”在湖塘镇为民服务中心投用。

是日　中天钢铁集团的汽车轮毂用轴承钢S55C、高强度紧固件用热轧盘条10B21等4个产品，入选中国钢铁工业协会公布的“2020年冶金产品实物质量品牌培育产品名单”。

5—6日　武进区政协十四届五次会议举行。会议审议并通过区政协十四届常委会工作报告、提案工作情况报告，赞同区政府工作报告以及其他书面报告；选举郑政平为区政协副主席、袁涛为区政协常委。

6日　在全国优秀农民工和农民工工作先进集体表彰大会上，江苏恒立液压科技有限公司史欣兵和中天钢铁集团有限公司蒋彩琴获“全国优秀农民工”称号。

6—8日　武进区十六届人大五次会议举行。会议审议区政府工作报告、国民经济和社会发展第十四个五年规划和二〇三五年远景目标纲要、2020年国民经济和社会发展计划执行情况及2021年计划安排、2020年预算执行情况和2021年预算草案、人大常委会工作报告、人民法院工作报告、人民检察院工作报告，并通过相应决议；选举陈志良为区人民政府区长、孙金才为区人大常委会副主任。

8日　常州太湖湾露营谷入选首批国家5C自驾车旅居车营地，全省唯一。

15日　武进区召开新冠肺炎疫情防控工作部署会议，传达国务院和省新冠肺炎疫情防控电视电话会议精神，要求各地各部门抓紧、抓细、抓实各项防控措施，确保疫情不出现反弹。

24日　湖塘镇商会获评2019—2020年度全国“四好”商会。

27日　武进区安全生产工作暨省委危化品安全生产专项巡视整改推进会召开。

28日　易电行物联网技术及服务有限公司在纳斯达克交易所上市，成为2021年武进首家登陆海外资本市场的企业。

是月　常州第六元素材料科技股份有限公司、常州铭赛机器人科技股份有限公司、柳工常州机械有限公司等10家企业入选2020年度省级专精特新“小巨人”企业名单，总数位列全市第一。

是月　白鹤滩—江苏 ±800千伏特高压直流输电工程苏2施工标段N8006基础在横林镇卫星村浇筑完成，成为“白江工程”江苏段的首基基础。该工程是国家“西电东送”战略部署的重点工程，途经溧阳、武进和常州经开区，新建线路69.5千米、杆塔162基。

2月

3日　武进智慧农机系统取得国家版权局颁布的“计算机软件著作权登记证书”，成为全省首个获此证书的农机管理系统。

7日　湟里镇西墅村、遥观镇勤新村被司法部、民政部命名为第八批“全国民主法治示范村（社区）”。

19日　武进区召开创新发展大会，深入实施创新驱动发展战略，明确2021年创新发展重点任务。

22日　武进区重点项目集中开工暨常州芯创天地项目开工仪式在武进高新区举行。此次集中开工智能制造装备、新一代信息技术、新材料、新能源汽车及汽车核心零部件、新医药及生物技术产业等领域重点项目55个，计划总投资505亿元，年度计划投资137.7亿元。

3月

2日　武进区获评2020年度农村人居环境整治工作全省第一等次。

4日　江苏江南烯元石墨烯科技有限公司承担制定的《石墨烯材料包装、标志、存储、安全和质量证明书一般规定》标准提案通过立项审查，被列入2021年度第一批江苏省地方标准立项项目名单。

5日　武进区召开党史学习教育动员会议，深入学习贯彻习近平总书记在党史学习教育动员大会上的重要讲话精神，全面落实中央和省委、市委动员会议精神，扎实开展党史学习教育，动员全区上下学党史、悟思想、办实事、开新局，努力在新征程上展现更大作为。

8—9 日 武进区考察团在无锡市江阴市、苏州市吴江区、佛山市顺德区等地考察学习城市建设、城市更新项目、乡村振兴样板区、特色田园乡村建设、村级工业园改造提升等方面先进做法。

10 日 湖南省长沙市党政代表团在武进区考察交流。

是日 2021 年武进区定兵大会召开，实行集体定兵、择优定兵、公开定兵。

11 日 省安全生产督导组在武进区督导安全生产工作。

19 日 常州市首个“开门接电”示范区在武进高新区建成揭牌。

22 日 工业和信息化部“先进制造业集群决赛”优胜者名单揭晓，常州市新型碳材料集群（含江南石墨烯研究院、石墨烯产业集聚区）入选第二批决赛优胜者名单。

23 日 以色列驻沪总领事馆商务领事韩宁伟一行在武进区考察。

是日 武进、金坛两地在全市率先启动联合河长制工作机制，开展跨界河湖协同共治。

24 日 武进区农村产业融合发展示范园入选《第三批国家农村产业融合发展示范园创建名单》，为全市首个。

25 日 中共中央政治局常委、国务院总理李克强在江苏常州考察，首站到江苏恒立液压股份有限公司，详细询问产品、技术研发情况，鼓励企业在开放合作中不断创新，以恒心立恒业。与当地 10 多家制造业企业负责人交流提高制造业企业研发费用加计扣除比例的激励政策，希望企业以市场化、普惠性政策“四两拨千斤”，推动企业加大创新力度。

26 日 第十四届全国运动会女子曲棍球资格赛暨 2021 年全国女子曲棍球冠军杯在武进曲棍球基地开赛。

29 日 武进区“乡村振兴红盟”启动仪式暨首期村（社区）“头雁讲坛”举行，南京师范大学、扬州大学和江苏（武进）水稻研究所等单位签署党建共建协议和战略合作协议，省农业农村厅副厅长蔡恒在“头雁讲坛”作乡村振兴主旨报告。

是日 武进区获评 2016—2020 年度“全国科普示范县（市、区）”。

30 日 中国机械工业联合会执行副会长宋晓刚一行调研武进区机器人产业。

是日 世特科流体动力系统（常州）有限公司新工厂在武进高新区奠基。

31 日 省政法队伍教育整顿驻常指导组在武进区调研指导政法队伍教育整顿工作。

4 月

1—2 日 中天钢铁集团有限公司获得“钢铁行业‘十三五’突出贡献奖”。

6 日 区委理论学习中心组在洛阳镇王诤故居开展“学史忆初心、奋进新征程”党史学习实境课堂教育，王诤将军长子王苏民将军讲述王诤将军的红色故事。

8 日 江苏大禹水务有限公司混改成立，成为武进区首家引进外资参与混改的国有企业。

9 日 河海大学—安康医疗智能医疗装备创新研发中心在武进揭牌。

12 日 阳湖印记“日日锦江呈锦祥，清溪倒照映山红”亮相第十七届中国杜鹃花展览会武进展区。

15 日 全国政法队伍教育整顿中央第六督导组在武进区开展下沉督导。

20 日 国家统计局副局长盛来运一行在武进区调研。

21 日 省政协副主席王荣平一行在武进区调研，了解耕地保护、现代化种业建设和乡村振兴建设情况。

22 日 区委理论学习中心组“庆祝武进解放 72 周年”专题学习会暨党史学习教育市委宣讲团宣讲报告会举行，庆祝武进解放 72 周年，缅怀历史、学史明志、知史励行。

是日 中国石化江苏常州石油嘉泽加油站分布式光伏发电项目投运，成为全国第一座实现碳中和的加油站。

27 日 英国驻沪总领馆双边关系领事何伟杰一行考察中欧（常州）绿色创新园。

28 日 副省长马欣一行在武进区检查文化和旅游领域安全生产工作。

29 日 武进区“双招双引”推进大会暨二季度重大项目集中签约仪式举行，集中签约项目 45 个，总投资 426 亿元。

是日 “新艺大运河”——武进、吴中、广陵区新的社会阶层人士庆祝中国共产党成立 100 周年工艺美术作品展暨武进区乡土人才作品展开幕。

是日 武进区庆祝“五一”国际劳动节暨第二届“武进工匠”故事分享会举行，弘扬劳模精神，激励广大职工争当爱岗敬业、精益求精的高素质劳动者。

是月 中天钢铁集团有限公司自主研发的加热炉智慧信息平台获国家实用新型专利授权。

是月 武进区获评江苏省自然资源节约集约利用模范县（市、区）。

5 月

8 日 中共常州市武进区第十二届委员会第十一次全体会议召开，审议通过《关于召开中国共产党常州市武进区第十三次代表大会的决议（草案）》，决定中国共产党常州市武进区第十三次代表大会定于 2021 年 7 月召开。

11—12 日 省人大常委会常务副主任、党组副书记李小敏率省人大执法检查组调研武进区开展《中华人民共和国固体废物污染环境防治法》执法检查情况。

13日 副省长潘贤掌在武进区调研水环境治理工作。

是日 中国电子学会副秘书长梁靓一行及新华社、《科技日报》、中新社等媒体在武进区调研机器人产业发展情况。

15日 中国医疗器械行业协会植入物临床应用与技术发展趋势研讨会在西太湖科技产业园举行。

16日 国家体育总局水上运动管理中心2021年摩托艇运动驾照考试在西太湖奇峰体育水上运动基地举行。

17日 省生态环境保护专项督察组进驻武进，启动武进区生态环境保护专项督察。

18日 常州钢研极光增材制造有限公司投产。

是日 第十三届“阳湖”果品节暨“阳湖”水蜜桃推介系列活动启动。

19日 武进中医医院长虹分院获“工伤康复定点医疗机构”授牌，成为全区首个工伤康复定点医疗机构。

20日 副省长陈星莺在武进区调研新冠病毒疫苗接种工作，实地察看牛塘镇新冠疫苗集中接种点。

是日 江苏（武进）技能人才服务产业园开园。

22日 华东师范大学附属常州西太湖学校在西太湖科技产业园奠基。

24日 政法队伍教育整顿中央第六督导组江苏小组在武进区督导。

28日 柳工东部研发制造基地项目建设暨常州市工程机械行业高质量发展推进会召开。

是日 武进高新技术产业开发区（含武进综合保税区）、中国以色列常州创新园及苏澳合作园区被纳入中国（江苏）自由贸易试验区联动创新发展区。

29日 常州及武进经贸代表团拜访上海思路迪生物技术有限公司，签署战略合作协议。

是日 冯仲云教育基地在横林镇落成揭幕，成为全区首个以介绍抗联历史为内容的红色文化项目。

31日 全国人大代表、澳门特区立法会议员、澳门科技协进会会长崔世平率澳门科技界长三角地区考察团访问武进区，双方深入探讨增进两地在科技创新领域的交流合作。

6月

1日 武进区实行内地居民婚姻登记跨省通办、市内通办试点。

2日 常州西太湖电子商务产业园、横林电子商务产业园入选2021—2022年度江苏省电子商务示范基地。

是日 以色列驻华大使潘绮瑞一行参观以色列中心展厅、常州固立高端装备创新中心。

是日 中国电信集团公司革命传统教育基地在洛阳镇王诤将军纪念馆揭牌。

3—4日 “驻沪日资机构武进行”活动举行，日中经济协会上海事务所所长笹原信一行到访。

6日 2021年全国“放鱼日”江苏同步增殖放流活动启动仪式在武进滆湖水域举行，共放流鲢、鳙等鱼类200万尾。

7日 省人大常委会副主任王燕文一行在武进区专题调研“七五”普法开展情况和“八五”普法准备情况。

是日 中国工业经济联合会工业大奖办主任李子源一行在武进区调研江苏恒立液压股份有限公司，听取有关碳达峰、碳中和意见建议。

是日 富维海诺汽车科技（常州）有限公司落户西太湖科技产业园，项目总投资3亿元。

8日 省人大常委会副主任邢春宁一行调研新纶复合材料科技(常州)有限公司。

11日 水利部、生态环境部调研组调研武进《太湖流域管理条例》执行情况。

12日 武进区人民政府和常州科教城管委会合作办学签约，打造高质量的基础教育品牌学校。

是日 “我们的节日·端午”——常州市非物质文化遗产展示展演展销暨武进区第二届非遗购物节举行。

17日 全国工商联调研组在武进区调研新时代“两个健康”先行区创建工作。

18日 2021“智造创领时代、开放共赢未来”常州国际智造峰会暨国际创新成果发布洽谈会在武进区召开。华中科技大学教授、中国工程院院士、中国机械工程学会理事长李培根，中国工程院院士、南京航空航天大学校长单忠德等专家出席。

是日 江苏晶雪节能科技股份有限公司“云”上市仪式举行，登陆深交所创业板。

是日 2021年“阳湖”水蜜桃推介发布会暨国家农产品地理标志产品授牌仪式举行。

21日 中欧低碳合作交流大会暨绿色创新发展国际示范区创建启动仪式在武进区举行。

22日 省委常委、统战部部长杨岳一行在武进走访调研常州大学、津通（常州）国际工业园、瑞声科技园等地。

23日 武进区“科技燎原·校企同行”校政企合作创新发展大会举行。

24日 江苏省委党史学习教育第二巡回指导组调研武进党史学习教育开展情况。

25日 武进革命烈士纪念馆新馆开馆仪式暨建党百年图片展举行。

28日 贝塔斯曼迈睿集团华东区域总部项目签约入驻武进高新区。

是日 由常州液压成套设备厂有限公司参与建设的金沙江白鹤滩水电站首批机组安全准点投产发电。

29日 “永远跟党走”武进区庆祝中国共产党成立100周年文艺会演在凤凰谷大剧院举行。

30日 江苏恒立液压股份有限公司等4家企业被认定为2021年度江苏省工业设计中心，武进区认定数量居常州市第一。同时，2017年度认定（复核）的3家省级工业设计中心通过复核。

7月

1日 武进区召开庆祝中国共产党成立100周年座谈会暨全区“两优一先”表彰会，回顾总结中国共产党在武进100年的光辉历程和奋斗实践，表彰武进区优秀共产党员100名、优秀党务工作者100名和先进基层党组织100个。

是日 国际首条配置PSM的高线／大盘卷生产线技改工程项目在中天钢铁集团有限公司八轧厂五线开工建设。

3日 2021“花都水城·浪漫武进”文化旅游节暨“龙城夜未央·武夜尽欢畅”夜生活节开幕。

5日 三鑫重工机械有限公司、常州同泰高导新材料有限公司、马拉兹（江苏）电梯导轨有限公司经江苏省节能技术服务中心现场复核合格，并经工业和信息化部确认，继续保留绿色工厂称号。

6日 省人大常委会副主任曲福田一行在武进高新区调研。

7日 省人大常委会副主任陈震宁一行就关于完善碳排放相关政策的代表建议在武进督办调研。

8日 武进区慈善总会第四届全体会员大会召开。会议选举产生新一届理事会，张建新当选为理事会会长。

是日 2021“武进英才计划”长三角邀请赛暨“创赢慧谷”西太湖首届创新创业大赛在上海举行。

9日 武进区限额项目交易平台在全省率先上线“标证通”手机CA，实现了长三角投标互通互认，解决交易时限性、地域性难题，这是武进区打造亲商富商一流营商环境的又一典型案例。

18日 2021年江苏省桃产业发展论坛、优质桃果评比暨武进区首届“阳湖杯”桃王评比活动在武进区举行。武进区获金奖12个、银奖15个，位居县区级第一。

19日 2021年“英才汇龙城，携手共奋进”校政企人才合作暨第九届长三角（常州）百校百企人才交流洽谈会武进专场活动举行。

是日 江苏晶雪节能科技股份有限公司、快克智能装备股份有限公司、常州铭赛机器人科技股份有限公司、征图新视（江苏）科技股份有限公司、三鑫重工机械有限公司、常州市武进广宇花辊机械有限公司6家企业获第三批国家级专精特新“小巨人”企业称号。

23日 省军区政委张孟滨一行在武进区调研。

24日 武进区召开领导干部会议，宣布省委、市委对武进区党政主要领导调整的决定：乔俊杰任中共常州市武进区委委员、常委、书记，武进国家高新技术产业开发区党工委书记；李林不再担任中共常州市武进区委书记、常委、委员，武进国家高新技术产业开发区党工委书记职务；恽淇丞任中共常州市武进区委委员、常委、副书记，提名为常州市武进区人民政府区长候选人；陈志良不再担任中共常州市武进区委副书记、常委、委员，武进国家高新技术产业开发区党工委副书记、管委会主任职务，常州市武进区人民政府区长职务。会上，李林、陈志良、乔俊杰、恽淇丞分别表态发言。

26—28日 中国共产党常州市武进区第十三次代表大会召开。区委书记乔俊杰代表中国共产党常州市武进区第十二届委员会向大会作题为《高标准打造“一区一城”，全方位争创“第一唯一”，努力争当全省现代化建设排头兵》的报告。这次大会在全面回顾过去五年工作和总结经验的基础上，科学确定今后五年全区经济社会发展的指导思想、奋斗目标和工作举措，提出进一步加强和改进党的领导和党的建设的方针措施，选举产生中国共产党常州市武进区第十三届委员会、纪律检查委员会和出席中国共产党常州市第十三次代表大会的代表。

是月 《武进抗战纪事》出版。

是月 “武进区创新保险运行机制增强农民抗灾防险能力”项目入选全国农村改革试验项目。

8月

2日 江苏武进队获得第十四届全运会群众组三人篮球男子城市街道（社区）组冠军。

3日 武进区行政审批局、公共资源交易中心在全省率先推出建设工程招投标“交易贷”服务。

4日 2020年赛迪营商环境百强区榜单发布，武进区名列全国第25位。

是日 武进高新区入选2021年度省知识产权战略推进计划立项名单，获批创建省知识产权保护示范园区。

6日 武进区首次全员核酸检测应急演练在南夏墅街道全域开展。

7日 常州市首个核酸检测“火眼”实验室在西太湖花博园完成安装调试。

16日 常州市祝庄园艺有限公司和江苏绿沺农业科技股份有限公司入选2021年度江苏省农业科技型企业。至此，全区累计省农业科技型企业达14家。

17日 2021年全国百强区榜单发布，武进区位列2021年中国城区高质量发展水平百强区第13名。

25日 中天钢铁集团有限公司第三炼钢厂以5G技术为核心的“5G+数字工厂”上线投用。

29日 万邦数字能源股份有限公司、江苏川羽高分子材料科技有限责任公司、常州纵慧芯光半导体科技有限公司3家企业选送的项目入选第九届中国江苏人才创新创业大赛组委会向全球发布的60个入围“揭榜领题”赛项目名单。

30日 前黄建明家庭农场、前黄西塘家庭农场、礼嘉盛绿家庭农场、前黄天一家庭农场获评省级示范家庭农场。全区累计拥有省级示范家庭农场27家，位居全市第一。

31日 武进高新区在全省率先开展政企共担电力接入工程试点。

9月

3日 武进3个项目在第六届“创客中国”暨2021年江苏省中小企业创新创业大赛总决赛中胜出，获奖数量全市第一。

5—6日 武进区驰援扬州应急核酸采集医疗队和感控骨干医疗队31名队员全部平安凯旋。

6日 武进区第二届退役军人创业创新大赛决赛举行。

8日 省委常委、省委政法委书记、苏南运河省级河长费高云在武进区开展河长制巡河工作，在常州经开区推进挂钩联系重大项目。

是日 《2021中国市辖区高质量发展报告》和《2021年中国镇域高质量发展报告》公布，武进区位列全国市辖区高质量发展第3位，湖塘镇位列全国镇域高质量发展全国第20位。

15日 副省长胡广杰在武进区专题调研农机装备产业链发展情况。

17日 水利部副部长陆桂华一行在武进区调研太湖流域水治理情况。

是日 省长吴政隆在武进区检查调研疫情防控、企业创新发展、生态环境保护等工作。

27日 在第十四届全运会中，赵帅、陈大祥、张影、罗甜甜、赵富阳、闵珠、于源源、宋琛茜、顾艳超、陈可怡等武进籍运动员共为江苏代表团夺得金牌10枚、铜牌2枚，创造武进历届全运会最好成绩。

28日 《光明日报》刊发2021年中国中小城市高质量发展指数研究成果，武进区荣获2021年度全国投资潜力百强区、2021年度全国科技创新百强区及2021年度全国新型城镇化质量百强区“三个第一”，实现连续8年荣获全国综合实力百强区第3名。

29日 中证武进发展指数发布，成为全国县区首个上市公司指数。

30日 2021年武进区重点项目集中签约和集中开工仪式暨移远通信智能制造中心项目开工仪式在武进高新区举行。此次共有52个项目集中开工，计划总投资270亿元，年度计划投资45亿元。

是日 武进区在全国率先启动宅基地数字化审批管理工作，发出全国首张农村宅基地和建房（规划许可）电子批准书。

10月

8日 武进区实行外国人工作许可、居留许可“一窗受理、两证联办、限时办结、一并发证”工作制度。

9日 徐州市党政代表团在武进区考察交流。

是日 “日出阳湖·风雅江南”第九届市民艺术节在武进区第二图书馆开幕。

13日 第九届中国国际骨科、生物材料及口腔医学产业投资峰会在武进区召开。

是日 盐城市党政代表团在武进区考察交流。

17日 2021常州西太湖半程马拉松暨大运河马拉松系列赛（常州站）在花博园开赛，1.5万名选手参赛。

19日 南通市海门区党政代表团在武进区考察交流。

20日 省政协副主席姚晓东，中国工程院院士、南京航空航天大学校长单忠德为武进高新区高质量发展研究会揭牌。

是日 辽宁省葫芦岛市党政代表团在武进区考察交流。

21日 武进高新区启动省知识产权保护示范园区创建。

是日 常州工业职业技术学院与印度尼西亚UNTAG大学线上签约，成立常州工业职业技术学院印尼分院。

24日 武进区运动员沈俊彤和队友在全国第十一届残运会女子4×50米自由泳接力中夺得银牌，并打破世界纪录。

25日 淮安市党政代表团在武进区考察交流。

是日 江苏龙城精锻集团有限公司获2021年江苏省省长质量奖，全市唯一。

28日 陕西省安康市汉滨区党政代表团在武进区开展对口协作交流活动。

是日 江苏省环保集团有限公司与武进区人民政府签订战略合作协议，揭牌成立江苏中吴长润环能科技有限公司。

是日 省委第三巡视组在武进召开涉粮问题专项巡视工作情况汇报会。

是日 第10万辆理想ONE在理想汽车常州基地下线。

29日 陕西省安康市汉滨区党政代表团在武进区考察交流。

是月 常州经开区入选第四批江苏省大众创业万众创新示范基地。

11 月

6 日 副省长陈星莺在武进区湖塘镇御城小区专题督查疫情防控工作。

8 日 江苏海鸥冷却塔股份有限公司入围国家制造业单项冠军示范企业，江苏国茂减速机股份有限公司生产的齿轮减速机入围国家制造业单项冠军产品。

12 日 “湟里—官林两地综合行政执法合作框架协议”签订，探索以镇级为主导的综合行政执法跨区域一体化发展的新路径。该合作模式为全省首例。

17 日 武进区入选第四轮省农村改革试验区，并承担“探索以村级服务站（点）为最小网格的农产品质量监管机制”“水稻稳产保供生态综合补偿机制集成改革”两项改革试验任务。

18 日 新孟河延伸拓浚工程重要组成部分，常州首座双线交通船闸——前黄船闸运行，成为《通航建筑物运行管理办法》生效后全省第一座通过行政许可的通航建筑物。

20 日 陕西省安康市平利县党政代表团在武进区开展对口协作交流活动，举行武进—平利 2021 年苏陕协作工作联席会议。

22 日 武进区入选 2021—2025 年度第二批全国科普示范县（市、区）创建单位。

26 日 武进人民医院、江苏洛凯机电股份有限公司、常州第六元素材料科技股份有限公司、常州华森医疗器械有限公司和常州今创风挡系统有限公司 5 家单位获批设立江苏省博士后创新实践基地称号。

28 日 常州经开区党工委书记顾伟国带领党政企代表团在陕西省安康市平利县开展对口协作工作。

30 日 武进区委副书记、代区长恽淇丞率党政代表团在陕西省安康市汉滨区开展对口协作工作。

是月 武进区湖塘桥实验小学入选第三批全国中小学中华优秀传统文化传承学校名单。

12 月

2 日 2021 常州经开区群众文化艺术节暨运河文化节专场文艺演出举行。

7 日 副省长马欣在武进区调研整体推进苏锡常都市圈职业教育改革创新、打造高质量发展样板情况。

8 日 江苏（武进）技能人才服务产业园入围省级高技能人才专项公共实训基地拟建设单位名单，全市唯一。

9 日 江苏省绿色建筑博览园和天虹大明 1921 创意园入选 2021 年省级工业旅游区名单。

是日 春秋淹城旅游区上榜首批江苏省文化和旅游产业融合发展示范区建设单位名单。

是日 江苏恒立液压股份有限公司被省科技厅评为“2021 年度江苏省企业技术创新奖企业”。全省仅 5 家企业获评。

10 日 副省长胡广杰带队在武进区调研中以常州创新园建设发展情况。

是日 江苏绿和环境科技有限公司入选国家发展改革委公布的大宗固体废弃物综合利用骨干企业名单，全市唯一。

14 日 江苏武进建工集团承建的常州市轨道交通工程控制中心及综合管理用房工程获得中国建设工程鲁班奖。

14—17 日 武进作家张羊羊作为常州市唯一的作家代表，在北京参加第十一次全国文代会、第十次全国作代会。

15 日 2021 第五届中以创新创业大赛创新总决赛在常州科教城举行。

是日 中国美术家协会会员、一级美术师、国家艺术基金评审专家周俊炜著作《恽南田》在西太湖美术馆首发。

16 日 省委副书记、代理省长许昆林在武进调研，强调要坚守实体经济，加快动能转换，筑牢现代产业体系坚实基础。

是日 武进区位列“中国工业百强区”榜单第六、全省第一。

18 日 江苏淹城野生动物世界在全省率先实现红熊猫人工育幼。

是日 永安河水利风景区获评 2021 年度省级水利风景区。

20 日 武进供销雅浦村综合服务社开业，是常州市供销总社首家农村综合服务示范社。

24 日 武进绿色建筑产业园入选 2021 年度国家小型微型企业创业创新示范基地。

25 日 国家骨科与运动康复科技创新与成果转化大会在中以常州创新园会议会展中心举行。

29 日 区委十三届二次全体会议在区行政中心召开。常州市委常委、武进区委书记乔俊杰代表区委常委会作题为《贯彻“532”发展战略、争当现代化建设标杆，以高质量发展优异成绩向党的二十大献礼》的报告。会议号召全区上下坚决扛起“争当表率、争做示范、走在前列”光荣使命，深入贯彻“532”发展战略，高标准打造“一区一城”，以“一园一城一示范”为着力点，全面实施“六个跃升行动”、全力争当现代化建设标杆，以高质量发展优异成绩迎接中共二十大胜利召开。

30 日 淮安市金湖县党政代表团在武进区考察交流。

是日 “中以常州创新园共建计划”推介会在线上举行。

31 日 《武进年鉴（2020）》获评第八届全国地方志优秀成果（年鉴类）一等年鉴。

是月 武进区 4 家企业产品获得 2021 年度江苏省首台（套）重大装备认定。

区情概览

Overview of Wujin District

栏目编辑　万向阳

自然地理

【地理位置】 武进区位于长江三角洲太湖平原西北部，北纬31°20′～31°48′、东经119°40′～120°12′，濒太湖，衔滆湖，东临无锡，西毗常州金坛、镇江丹阳，南接无锡宜兴，北靠常州天宁、钟楼，总面积1065.26平方千米。

【地貌地形】 武进境内形成剥蚀和湖积的基本地貌，地形总体呈西南高、北东低。有海拔30米及以上的山丘39座，最高的牛肩顶头179.4米，均分布在东南、东北诸镇，为天目山余脉。大椒山、小椒山位于太湖之中。有大小河流1048条，每平方千米陆地有1.82千米河道，是典型的江南水网地区。京杭运河横贯东西，新孟河、德胜河、藻江河、北塘河、舜河形成南北向运北水系，孟津河、扁担河、武宜运河、采菱港、武进港等形成南北向运南水系。湟里河、北干河、中干河西起金坛洮湖，东入滆湖。太滆运河西起滆湖，东入太湖。众多次级河道与骨干河道相接，形成较为完善的灌排、航行系统。

【自然资源】 武进位于亚热带北缘，光温适宜，雨水充沛，土地肥沃，物产丰富，素有"鱼米之乡"之称。植物资源丰富，东部雪堰、潘家低山丘陵地区盛产茶叶和桃、梨、葡萄等水果。有滆湖、阳湖、宋剑湖等自然湖泊，河港汊荡纵横交错，淡水渔业资源丰富，适宜于鱼、蟹、虾、蚌等水产养殖。矿产资源主要有潘家、芙蓉等地的优质矿泉水，新安等地的白泥、紫砂、陶土等。

（方　志）

【气候】 气温　2021年（1—12月），全区平均气温17.8℃，较常年偏高1.7℃，位列历史第一高值。冬季（2020年12月—2021年2月）平均气温6.5℃，比常年偏高1.8℃，与2016年并列为历史第二高值，仅次于2019年的7.2℃；春季（3—5月）平均气温16.9℃，比常年偏高1.7℃；夏季（6—8月）平均气温27.8℃，比常年偏高0.8℃；秋季（9—11月）平均气温19.7℃，比常年偏高1.8℃。一年中，2月、3月、9月气温异常偏高，6月、10月显著偏高，1月、4月、5月偏高，其余月份正常（偏均值小于1℃）。年极端最高气温37.6℃，年极端最低气温−8.4℃。日最高气温≥35.0℃的高温日为12天，日最低气温≤0℃的低温日为26天。

降水　2021年（1—12月），全区降水量1142.6毫米，比常年偏多38.4毫米，属正常年份。冬季（2020年12月—2021年2月）降水量96.1毫米，比常年偏少46.4毫米；春季（3—5月）降水量209.1毫米，比常年偏少58.1毫米；夏季（6—8月）降水量653.3毫米，比常年偏多150.9毫米；秋季（9—11月）降水量194.2毫米，比常年偏多2.1毫米。各月降水时间分布不均，异常偏多的有8月，显著偏多的有7月；异常偏少的为12月，显著偏少的为6月，偏少的有1月、3月、4月；其他月份正常。6月13日入梅，较常年（6月18日）偏早5天，7月11日出梅正常（常年为7月10日），梅期28天，较常年（22天）偏长6天。梅雨量为149.3毫米，较常年偏少36%。

日照　2021年（1—12月），全区日照时数1863.8小时，比常年偏少110.0小时，属正常年份。冬季（2020年12月—2021年2月）日照时数438.7小时，比常年偏多41.2小时；春季（3—5月）日照时数431.9小时，比常年偏少67.8小时；夏季（6—8月）日照时数412.0小时，比常年偏少165.2小时；秋季（9—11月）日照时数515.3小时，比常年偏多15.9小时。1月、2月、11月、12月偏多，7月、8月偏少，其余月份均正常。

（雷正翠）

历史文化

【建置沿革】 武进在5000多年前就有人类定居、繁衍生息。郑陆寺墩、横林青墩出土的文物表明，新石器时代武进境内已形成原始村落。到春秋时期已有城池出现，淹城（在今武进中心城区）是国内迄今为止保存最为完整的西周至春秋早期地面城池遗址。春秋战国时期，武进称延陵邑，为吴国季札封地。秦置延陵县，汉改称毗陵县、毗坛县，西晋太康二年（281年）置毗陵郡、县，分丹徒、曲阿以东地区置武进县，西晋永嘉五年（311年）改称晋陵郡、晋陵县。此后，晋陵、武进两县时分时合，数易其名。清雍正四年（1726年）分置武进、阳湖两县，清宣统三年九月（1911年11月）合并为武进县。1949年4月23日，武进解放，县城析出建立常州市。1983年3月，实行市管县体制，武进属常州市管辖。1993年7月18日，武进县政府驻地由常州市区迁至湖塘镇。1995年6月8日，国务院批准武进撤县设市。2002年4月，武进撤市设区。2015年4月28日，国务院批准撤销常州市武进区和戚墅堰区，设立新的武进区，以原武进区（不含奔牛镇、郑陆镇、邹区镇）和戚墅堰区的行政区域为新设立的武进区行政区域。

【地名由来】 三国吴大帝孙权崇尚武功，曾以统一大业为己任，于嘉禾三年（234年）诏复丹徒为武进，取以武而进之意，故名。西晋太康二年（281年），晋武帝恢复丹徒旧称，并分丹徒、曲阿以东地区置武进县。

【历史名人】 武进历史上曾出过1500多名进士，其中科考状元佘中、霍端友、陈祖仁、杨廷鉴、吕宫、赵熊诏、钱维城、庄培因、孙廉（武状元）9人和特科状元萧立、刘纶2人，名列全国县级城市前三名。春秋时期政治家、外交家、音乐鉴赏家季札受封延陵（今武进属之），南朝齐高帝萧道成、梁武帝萧衍故里在南兰陵（武进，今常州市新北区），梁昭明太子萧统组织编纂《昭明文选》。至清代，武进有以庄存与为代表的今文经学派、以恽敬为代表的阳湖文派、以张惠言为代表的常州词派、以恽南田为代表的常州画派等。中医孟河医派名家众多，清末民国初有“吴中名医甲天下，孟河名医冠吴中”之说。清代史学家、诗人赵翼所著《廿二史札记》为清代三大史学名著之一，其诗句“江山代有才人出，各领风骚数百年”至今传诵。李宝嘉的《官场现形记》开创中国近代谴责小说之先河。现代有中共早期领导人、革命活动家瞿秋白、张太雷、恽代英，中共早期革命活动家董亦湘，抗日救国“七君子”中的李公朴、史良，东北抗日联军著名将领冯仲云，著名外交活动家章汉夫、冯铉和谢启美，两院院士秦仁昌、吴阶平、许学彦等57人，著名画家刘海粟、谢稚柳、吴青霞，著名戏剧家洪深、吴祖光、阿甲，小说家高晓声，诗人严辰等，誉满中外。

【方言】 武进方言属吴语，是北吴语片（太湖片）中常州小片的代表，在语音上较完整地保留了古全浊声母的体系，诸如冻≠洞、富≠父、记≠忌。有声母28个、韵母42个和声调7个（阴平、上声、阴去、阴入、阳平、阳去、阳入），古代平、上、去、入4个声调各以声母清浊为条件分成阴、阳2个调类，只是阳上和阳去不分，诸如稻=盗、妇=附、舅=旧。武进方言与其他吴语一样，有一部分字有文、白两读的现象，文言读舌面音声母，白话读舌根音声母。一般来说，文言音接近普通话，有少数词语受北方方言影响带有“官话”色彩。语助词“佬”出现频率较高，可以附在名词性成分、动词性成分和形容词成分的后面，构成“佬”字短语，表示不同的语法功能，诸如铁佬、木头佬和晓得佬、开心佬及好佬、甜佬等。武进地方话内部差别表现在语音上，东部的横林、崔桥等地有些字带有无锡口音，南部的漕桥、东安等地有些字音与宜兴相近，西南部的夏溪、湟里等地语音受到金坛话影响。武进方言受到日益普及的普通话影响，尤其是年轻人口音发生了一定的变化。

（方　志）

区划 · 人口

【行政和经济区划】 2021年，全区（含常州经开区）有镇11个、街道5个，辖行政村188个、社区132个；有国家级高新区1个、综合保税区1个、省级高新区（筹）1个、省级经济开发区2个、省级旅游度假区1个、省级现代农业产业园区1个，以及住房和城乡建设部首个授牌的绿色建筑产业集聚示范区。

【人口】 2021年年末，全区（含常州经开区）常住人口171.72万人，其中户籍人口99.51万人，人口密度934.37人/平方千米（按户籍人口计算）。户籍总人口中，男性482185人，女性512961人。户籍人口出生率5.95‰，死亡率7.28‰，人口自然增长率−1.35‰。

2021年武进区区划和人口情况表

表1

镇、街道和开发区	面　积（平方千米）	行政村（个）	社　区（个）	年末户籍人口（人）
湖塘镇	59.04	—	45	192841
牛塘镇	34.64	9	6	47554
洛阳镇	55.75	18	3	51865
雪堰镇	104.75	25	4	77416
前黄镇	103.59	20	4	66417
礼嘉镇	57.84	14	3	48615
嘉泽镇	101.49	19	5	75021
湟里镇	86.10	16	3	62479
横林镇	46.67	15	6	51228
遥观镇	44.70	15	7	46610
横山桥镇	58.23	19	4	59567
武进高新区（含高新区北区、南夏墅街道）	78.22	12	20	114233
西太湖科技产业园（含武进经发区、西湖街道）	48.21	3	5	27191
丁堰街道	10.18	3	4	15019
潞城街道	16.77	—	6	24928
戚墅堰街道	4.73	—	7	34162

（方　志）

民族 · 宗教

【民族】 武进区居民以汉族为主。2021年，全区有户籍登记的少数民族族别36个，常住少数民族人口3400多人，外来流动少数民族人口1.6万人。回民聚居村1个（雪堰镇城西村），回民聚居组1个（雪堰镇夏墅村后承村民小组），水族聚居点1个（丁堰街道蓝山湖社区）。

【宗教】 武进宗教有佛教、道教、伊斯兰教、天主教和基督教。西晋泰始年间（265—274年），道教传入武进。南北朝时期，佛教在武进已广泛流传。元初，伊斯兰教随陇、豫等地回族迁徙武进而传入，大部分人居住在雪堰镇的陡门塘和仁庄村小坞里。天主教于清道光年间（1821—1850年）传入武进。基督教于清光绪二十八年（1902年）由苏州教会派宣教士罗格恩到常州传教而传入。“文化大革命”期间，宗教场所被拆毁或占用，民间散居道士纷纷转业，宗教活动停止。中共十一届三中全会后，武进宗教事业得到恢复性发展，宗教信仰受到尊重和保护，寺庙、教堂恢复开放。2021年，武进区有依法登记的宗教活动场所41个，其中佛教25个、道教5个、基督教11个。

（方　志）

风景名胜

【太湖湾旅游度假区】 位于武进区雪堰镇境内，南濒太湖，面积39.6平方千米。以低山丘陵为主，山丘占总面积的66%。大气环境达国家一级标准，植物生长茂盛，植被良好，有乔木、灌木、草本植物百余种，鸟类70多种。太湖湾沿湖岸线长7.8千米，有山头19座、山坞11个，大、小水库8座，临湖山湾7个，湖中大、小椒山2座。文化底蕴深厚，有春秋五霸之一吴王阖闾的都城、全国重点文物保护单位阖闾城遗址，晋代蓼莪寺、宋代龟山书院和王孝子墓、陈烈帝墓等古迹，以及中共早期革命活动家董亦湘故居、中国近代资产阶级思想家吴稚晖故居。2007年获“国家旅游名片”称号，2009年5月被命名为“全国龙舟竞赛基地”，2020年12月被文化和旅游部认定为国家级旅游度假区。区内环球动漫嬉戏谷2012年11月创成国家AAAA级旅游景区，中华孝道园2014年12月创成国家AAAA级旅游景区。

【春秋淹城旅游区】 位于武进中心城区，规划总面积7.6平方千米，分为春秋淹城遗址、淹城春秋乐园、淹城野生动物世界、淹城传统商业街坊和宝林禅寺五大旅游景区。春秋淹城遗址占地面积300公顷，为国内保存最为完整的西周至春秋早期地面城池遗址。1988年被列为全国重点文物保护单位，2007年被国家旅游局命名为“中国第一水城”。淹城春秋乐园是一个以文化游乐与文化休闲相结合的人文主题公园，2010年4月29日开园，景点淹城春秋王宫2011年5月1日建成开放，“春秋水战”水上互动游乐项目2014年5月1日开放。淹城野生动物世界占地面积133.33公顷，是以野生动物生态散养为特色，集动物野趣观赏、休闲娱乐、科普教育于一体的大型综合性主题公园。淹城传统商业街坊由丰乐坊、常乐坊、怡乐坊3条古街组成。宝林禅寺位于淹城遗址西北约1000米处，始建于南朝梁武帝时期，2015年10月重建开放，宝林观音阁高91.9米，供奉39.9米高的三面十方观世音菩萨。春秋淹城旅游区于2010年5月通过国家AAAA级旅游景区认定，2012年9月获“全国低碳旅游示范区”称号，2017年4月国家AAAAA级旅游景区揭牌。

【西太湖旅游度假区】 武进区依托苏南第二大淡水湖——滆湖，打造西太湖旅游度假区，规划总面积约24平方千米（水域面积14平方千米、揽月湾8平方千米、花博园2平方千米），拥有黄金水岸线14千米，绿化覆盖率超过40%，是西太湖科技产业园独具滨湖生态优势的核心地带，被誉为“城市后花园”。该度假区分布西太湖揽月湾、“滆湖之星”观光塔、中国花卉博览园、西太湖影视基地、雅集园等精品旅游景点，拥有刘海粟夏伊乔艺术馆、油灯博物馆、陈履生美术馆等文化旅游载体，集聚武进曲棍球基地、武进网球馆、奇峰水上运动俱乐部、米兰游艇俱乐部、DS赛车场等体育旅游体验项目，承办第八届中国花卉博览会、西太湖国际马拉松赛、环太湖国际公路自行车赛、中国热气球公开赛、西太湖国际音乐节等品牌赛事活动，成为常州武进地区环境质量佳、文化体育氛围浓郁、广受游客青睐的户外休闲旅游度假胜地。

（方　志）

地方特产

【淡水鱼类】 武进是苏南著名的淡水鱼养殖基地，鱼类养殖面积4649公顷，其中大水面生态增殖放养面积3333.3公顷。主要淡水鱼除鲢、鳙、草、青、鲤、鲫、鳊等大宗鱼类外，还精养和温控养殖大口黑鲈、鳜鱼、鲟鱼等10多种名贵鱼类。2021年，生产成鱼3.02万吨，产值4.47亿元。

虾蟹类养殖品种主要有中华绒螯蟹、日本沼虾等。2021年，全区虾蟹类产量3372吨，产值4.38亿元。

【太湖“三白”】 太湖“三白”即银鱼、白鱼、白虾，为中国五大淡水湖之一太湖的特产。银鱼无刺，鲜嫩爽口，主要出口到日本和东南亚国家，供应上海、南京、杭州等大中城市高档饭店。白鱼肉质细腻，刺软。白虾壳薄、晶莹，味道鲜美。

【茶叶】 主要产区为雪堰、潘家、漕桥、横山桥等地的丘陵地区。以高品质绿茶碧螺春茶、“阳湖新月”绿茶为主。潘家城湾茶场所产“阳湖新月”绿茶是江苏省名牌产品，“雪堰”碧螺春茶为中国名牌产品。2021年，全区茶园面积164公顷，茶叶产量28.93吨。

【水蜜桃】 主要产区为雪堰、潘家、洛阳、漕桥等地。雪堰、潘家两地在民国时期种植水蜜桃，桃子色润汁丰、口感甜爽，因地近无锡而被称为“无锡水蜜桃”。2021年，全区桃园面积2500公顷，桃产量3.8万吨。武进“阳湖”水蜜桃于2018年6月通过中国森林认证，2021年6月获国家农产品地理标志产品授牌。

【葡萄】 全区各地普遍种植葡萄，主要产区为礼嘉、洛阳等地。在推广种植“巨峰”“藤稔”等丰产品种的同时，引进种植"夏黑""黑峰"等新品种，果肉坚实味甜。礼嘉镇葡萄文化小镇入围省农业特色小镇培育名单，"礼嘉"葡萄于2020年4月获得地理标志证明商标专用权。2021年，全区葡萄种植面积1266.67公顷，产量1.99万吨。

（方　志）

经济社会发展

【经济建设】 2021年，武进区始终把做强产业作为推动高质量发展的主抓手，坚守主业、深耕实业，实现产业综合竞争力新跨越。工业经济逆势上扬，全年规模以上工业总产值增长超23%，规模以上工业增加值增长超12%。其中，高端装备产业规模突破1000亿元，智电汽车产业规模突破500亿元。由江南石墨烯研究院牵头的常州市新型碳材料集群入围国家先进制造业集群竞赛决赛优胜者名单。服务行业提质扩容，全年服务业增加值增长8.6%，社会消费品零售总额增长10%，创成市级"三新"经济示范企业2家，总量连续三年保持全市第一，新增写字楼超10万平方米。全年争取上级服务业发展专项资金超5000万元，总量占全市一半以上。现代农业亮点纷呈，12个水稻新品种通过省级及以上审定，全区粮食生产全程机械化率保持在96%以上。武进区获评2021年全国县域农业农村信息化发展水平先进县，现代农业产业示范园入选首批省级示范园，嘉泽镇荣获全国"一村一品"示范镇称号。项目攻坚突破，长海高性能玻纤、恒立高性能电动缸、汇川新能源汽车等重大项目落户，太阳诱电、移远通信等76个重大项目开工，江苏理工学院新校区项目进展顺利，区重点项目完成投资555亿元。深化改革，强化创新驱动，武进区入选江苏省首批创新型示范县（市、区）建设名单。创新园区提档升级。武进高新区在国家级高新区的综合排名上升至第35位，全国首个知识产权保护示范园区建设启动，与中以常州创新园、苏澳合作园区一起被纳入中国（江苏）自由贸易试验区联动创新发展区。西太湖科技产业园在全国医疗器械国际创新园考评中排名第一，石墨烯小镇连续三年获评省级优秀特色小镇。武进绿建区获批国家级公共机构节能示范单位和国家小型微型企业创业创新示范基地。创新平台能级跃升，中以常州创新园集聚155家企业，保持合作机制、合作模式、合作成果三个全国领先，被称为中以创新合作的标志性项目，40个"高科技、国际化、犹太+"科技型项目落户。苏澳合作园区建设有效突破，苏澳双方签署"十四五"框架合作协议，达成项目化发展合作共识，商业保理项目签约。创新要素加速集聚，全年新增高新技术企业405家，新认定潜在独角兽企业10家、瞪羚企业27家，万人有效发明专利拥有量达56.1件，被认定为国家级专精特新"小巨人"企业7家，上榜全国制造业单项冠军企业4家，获评省百强创新型企业4家，恒立液压获得省企业技术创新奖。深化对外开放，实际使用外资及港澳台资9.6亿美元，进出口总额突破千亿元关口；核准境外投资项目31个，武进方面协议投资额2.9亿美元，墨西哥恒立有限公司成为全区首个超亿美元境外投资项目。发挥"金融活水"作用，龙城金谷（南区）集聚各类金融机构468家、注册资本348亿元。新增上市企业3家，累计42家，总量蝉联全市第一。全国县区首个上市公司指数"中证武进发展指数"发布，总规模50亿元的国经创投基金启动。全年实现地区生产总值2951.58亿元，增长13.2%；一般公共预算收入216.55亿元，增长10.9%；实际使用外资及港澳台资9.6亿美元，进出口总额突破千亿元关口；居民人均可支配收入增长9%。武进区获得2021年全国投资潜力百强区、科技创新百强区、新型城镇化质量百强区3个第一，位列"中国工业百强区"第六，连续8次获评全国综合实力百强区第三名。

【政治建设】 2021年，武进区全面落实新时代党的建设总要求，充分发挥党的领导核心作用。深入开展党史学习教育，把党史学习教育作为贯穿全年的重大政治任务，持续推动党史学习教育走深走实，全年组织理论中心组学习近2000次、交流研讨近3400次、集中学习超8200次；坚持把"两在两同"建新功行动与"我为群众办实事"实践活动有机融合、一体推进，全区172个重点项目、339件惠民实事、45件县处级以上党员领导干部领办项目全部完成；创新理论学习形式，深入推进"七个一百"，打造党史"实境课堂"，实施"红帆领航"计划，创新推出"听吾说"理论宣讲品牌。加强思想政治建设，深入学习宣传贯彻中共十九大和十九届历次全会精神，引领全区上下坚定捍卫"两个确立"，坚决做到"两个维护"；广泛开展意识形态领域风险隐患集中排查整治专项行动，政治安全和意识形态安全更加牢固；夯实基层组织基础，高质量完成区委、镇党委、村（社区）"两委"（村委会、居委会）换届工作，有序推进人大、政府、政协换届工作；健全"一核四域"（以"红盟矩阵"党建品牌建设为核心，分别以蝶变、守望、领航、强翼为主题，深化拓展农村、城市、"两新"、机关四大领域）基层党建工作体系，深化"红盟矩阵"建设，累计建成各类红盟40余家，在全市率先发布党建联盟建设"十条标准"，成立城市党建"头雁"学院，开展首届"领航计划"训练营，进一步打响武进党建工作品牌。加强干部培养管理，坚持为发展选干部、凭实绩用干部，选优配强各级领导班子；全面启动青年干部人才选育"菁选计划"，举办"武进讲坛""吾进大学堂""微澜论坛"等主体班次，提升全区党员干部能力。加强党风廉风作风建设，深入开展政法队伍教育整顿，专项工作得到中央第六督导组充分肯定；深入开展粮食购销领域腐败问题专项整治，坚决遏制耕地"非农化"、防止"非粮化"；高质量完成区委巡察全覆盖，查处力度全面提升，源头治理不断深化，廉政教育持续加强，"不敢腐、不能腐、不想腐"一体推进机制有力构建。广泛凝聚各界智慧力量，区人大及其常委会深化监督方式创新，"四式监督法"获得中央政治局委员、全国人大常委会副委员长王晨肯定；区政协充分发挥政治协商、民主监督和参政议政作用，得到全国政协副主席张庆黎的充分肯定，获评全省政协系统先进集体。进一步巩固最广泛的统一战线，新时代"两个健康"先行区创建工作得到全国工商联充分肯定。

【文化建设】 2021年，武进区持续推进文化建设，建成开放武进第二图书馆和"秋白书苑"7家，"文化进万家"活动深入开展，西太湖半程马拉松赛等活动成功举行，锡剧《城里城外》获第五届江苏省文华奖优秀节目奖，相声《中国时尚范儿》获江苏省曲艺、喜剧小品邀请赛二等奖。区图书馆接待读者79.6万人次，区文化馆服务公众32万人次，区博物馆接待群众29.8万人次，凤凰艺术团开展送综艺下乡演出200场，锡剧团开展送戏下乡200场。区融媒体中心全年播音6570小时、播出电视节目6716小时，发行《武进日报》每期3.5万份，广播电视作品获得省级及以上奖项6个、市级奖项58个，被“学习强国”平台录用130多篇，被《人民日报》新闻客户端、江苏卫视等省级及以上媒体录用160多篇。

【社会建设】 2021年，武进区坚持把城乡统筹协调作为目标导向，加快推进城镇更新、园区更新、农村更新，高效开展国土空间规划编制工作，“两湖”创新区概念规划、核心区城市设计形成初步成果，城市展示馆建成开放。完善基础设施网络，苏锡常南部高速建成通车，南沿江城际铁路和武进站建设进展顺利，青洋路二期、花海大道一期、环太湖“四好农村路”一体化全面示范路等工程按序实施。提升群众居住品质，中凉、福康宁等12个老旧小区改造完成，建成开放口袋公园13个，惠及居民3000余户。开展城市精细化管理十大专项行动，武宜路、花园街等21条精品街道焕然一新，中凉、福康宁等12个老旧小区改造完成，文明城市测评指数稳居省、市前列，新时代文明实践“一所一品牌、一站一特色”加速形成。落实“增存挂钩”（新增建设用地计划指标分配与存量建设用地消化相挂钩）制度，完成征迁面积372万平方米，有效盘活存量建设用地超466.67公顷，武进区获评省自然资源节约集约利用模范区，海绵城市示范城市创建通过省级验收。深入实施乡村振兴战略，切实尊重农民意愿，因地制宜创造“更舒适的居住条件”，礼嘉镇何墅村、洛阳镇岑村村等5个农民自建区开工建设，雪堰镇城湾村、前黄镇坊东村、牛塘镇塘口村等12个省级绿美村庄通过验收，嘉泽镇跃进村入选全国乡村治理示范村，武进农村人居环境整治工作荣获全省第一等次。农村集体经济组织股改全部完成，在全市率先实现平台财务核算初始化村级全覆盖。坚持以人民为中心的发展思想，对标人民群众的共同期盼，持续增进民生福祉。扩大就业促进增收，全年新增就业岗位12.3万个，城乡居民人均可支配收入达5.8万元。深入实施全民参保计划，企业退休人员养老金实现“十七连增”。武进成为全市长期护理保险唯一试点，多层次医疗保障制度基本形成。全年下发慈善救助资金、社会公益事业补助资金6547万元。持续解决民生领域突出问题，10大类重点民生实事项目高质量完成。办好人民满意的教育，新建、改扩建学校25所，全年增加学位超8000个。创新开展积分入学工作，严格落实“双减”（减轻义务教育阶段学生作业负担和校外培训负担）工作，课后服务实现义务教育阶段学校全覆盖。公共医疗服务能力显著提升，武进人民医院通过“三甲”医院评审，武进第四人民医院创成江苏省社区医院，4家卫生院创成省级农村区域医疗卫生中心。养老服务提档升级，全区养老床位总量达7269张，提供居家养老上门服务32.9万人次，金东方颐养园创成全国示范性老年友好型社区。坚持人民至上、生命至上，慎终如始抓好“外防输入、内防反弹”，持续提高常态化全链条精准防控水平；出现突发外地关联病例疫情后，抢抓黄金处置期，坚决高效、干净、彻底打赢疫情防控歼灭战，为常州市成为全国多点散发疫情中首个没有续发病例城市做出武进贡献；建成核酸检测“火眼”实验室，18周岁及以上人群新冠肺炎疫苗全程免疫接种率超95%。深入推进安全生产三年专项整治，所有工业企业完成安全生产风险报告，整治提升“危污乱散低”企业882家，出租房安全整治、城镇燃气居民安全使用专项行动顺利推进，生产安全事故起数、死亡人数分别下降43.9%和23.3%；武进区通过创建省级安全发展示范城市现场评议。

10月17日，常州西太湖半程马拉松举行 （供图／区融媒体中心）

【生态文明建设】 2021年，武进区加快淘汰落后产能，坚决遏制“两高”（高耗能、高排放）项目盲目发展，全面推进省级生态环境保护专项督察反馈问题整改工作，连续14年高质量实现太湖安全度夏，常州洮滆片区获批全国流域水环境综合治理与可持续发展试点，$PM_{2.5}$平均浓度下降15.8%，国省考断面中优Ⅲ类水质断面占比78.9%。重点区域餐饮油烟行业整治成效初显，汽车喷涂绿岛项目率先建成，1448家企业完成挥发性有机物综合治理。水环境治理力度加大，滆湖近岸带水生态修复启动区项目完成建设，新孟河主体工程基本完成，滆湖湖区“以渔控藻”生态修复工程先试先行并在全省推广，镇村小微水体面貌焕然一新，跨界骨干河湖全部建立联合河长制。武南污水处理二厂一期试运行，城镇污水管网空白区基本消除，全区污水处理能力提高到55.6万吨／日。中心城区生活垃圾中转运输实现一体化，建成区和行政村实现生活垃圾分类设施全覆盖，建筑垃圾治理和资源化利用工作经验被住房和城乡建设部在全国推广。

（方 志）

中共常州市武进区委

CPC Committee of Wujin District of Changzhou

栏目编辑　王国新

决策部署

【中共常州市武进区第十三次代表大会】　7月26—28日，在武进区假日酒店召开，到会代表330名。区领导乔俊杰、恽淇丞、顾伟国、丁一、唐家中、刘志峰、赵天晟、王照江、薛红霞（女）、徐治国、张龙、李德森、周永强、毛建国、王文一出席会议。大会审议通过区委书记乔俊杰代表中国共产党常州市武进区第十二届委员会作题为《高标准打造“一区一城”，全方位争创“第一唯一”，努力争当全省现代化建设排头兵》的报告，区纪委书记唐家中代表中共常州市武进区纪律检查委员会作党的纪律检查工作报告；全面总结中国共产党常州市武进区第十二次代表大会以来的工作，讨论确定全区今后五年经济和社会发展的奋斗目标、推进发展的战略方针和工作举措，进一步加强和改进党的建设任务及主要措施；选举产生中国共产党常州市武进区第十三届委员会，委员30名、候补委员6名，乔俊杰、恽淇丞、丁一、唐家中、赵天晟、刘志峰、王照江、薛红霞（女）、徐治国、张龙、李德森当选为区委常委，乔俊杰当选为区委书记，恽淇丞、丁一当选为区委副书记；选举产生中国共产党常州市武进区第十三届纪律检查委员会，委员15名，唐家中、王明源、莫建刚、周栋、顾忠泽、丁文柯、谈亚玉当选为区纪委常委，唐家中当选为区纪委书记，王明源、莫建刚当选为区纪委副书记；选举出席中国共产党常州市第十三次代表大会代表91名；一致通过《中国共产党常州市武进区第十三次代表大会关于中国共产党常州市武进区第十二届委员会报告的决议》《中国共产党常州市武进区第十三次代表大会关于中共常州市武进区纪律检查委员会报告的决议》。大会动员全区共产党员和广大干部群众同心同德，艰苦奋斗，为高标准打造“一区一城”，全方位争创“第一唯一”，争做全市智造名城主引擎、争当全省现代化建设排头兵而努力奋斗。

7月26日，中共常州市武进区第十三次代表大会在武进区假日酒店开幕

（摄影 / 陆　新）

【区委十三届二次全会】　12月29日在区行政中心召开，区四套班子领导出席会议。常州市委常委、武进区委书记乔俊杰代表区委常委会作题为《贯彻“532”发展战略、争当现代化建设标杆、以高质量发展优异成绩向党的二十大献礼》的报告。全会坚持全面贯彻中共十九届六中全会和中央经济工作会议精神，贯彻落实省、市党代会精神以及市委十三届二次全会精神，回顾总结2021年工作成绩，研究部署2022年工作任务。全会动员全区上下乘势而上、开拓进取，坚决扛起“争当表率、争做示范、走在前列”的光荣使命，全面贯彻“532”发展战略，奋力谱写“强富美高”新江苏现代化建设武进篇章。全会认为，2021年，全区上下坚持以习近平新时代中国特色社会主义思想为指导，按照中央和省委、市委决策部署，立足新发展阶段，贯彻新发展理念，融入新发展格局，在创新、产业、城乡、民生、营商环境五个方面争先奋进，经济社会保持稳中向好态势，成功实现“十四五”发展精彩开篇。全会指出，各级党组织和广大党员干部要把学习贯彻中共十九届六中全会精神、省第十四次党代会精神和市第十三次党代会精神作为重大政治任务，切实增强政治自觉、思想自觉和

行动自觉，确保总书记重要指示精神和中央、省委、市委决策部署在武进不折不扣落地见效。武进要坚决扛起三大光荣使命，围绕区党代会提出的“高标准打造‘一区一城’，全方位争创‘第一唯一’”的发展主题，审时度势、因势而谋，把打造“一园一城一示范”作为武进应势而动、乘势快上的最大契机和最好着力点，以敢为人先、当争一流的胆识豪情，以真抓实干、迎难而上的担当作为，努力为“生态滨湖区”增加底色，为“现代智造城”争创特色，为“第一唯一”提升成色，奋力走在现代化建设最前沿，谱写高质量发展新篇章。

【全区党建工作暨作风建设会议】 3月26日在区行政中心召开，区四套班子领导出席会议。会议动员全区各级党组织和广大党员干部深入学习习近平新时代中国特色社会主义思想，中共十九大和十九届二中、三中、四中、五中全会精神，认真落实中央和省委、市委关于党的建设和作风建设的最新要求，坚持以高质量党建引领高质量发展，压紧压实管党治党责任，持之以恒抓好作风建设，为“十四五”开好局、起好步，高标准打造“一区一城”提供坚强保障。要求各级党组织要抓牢政治建设，全面增强政治领导力。毫不动摇坚持党的领导，一刻不松地增强政治素养，动真碰硬强化政治监督，坚决做到政治上旗帜鲜明、思想上同心同向、行动上紧紧跟随。要常抓作风建设，持续优化服务保障力。持之以恒纠“四风”、持续深入减负担、精准服务提效能、建章立制管长远，鼓起严抓的狠劲、真抓的拼劲、常抓的韧劲，扎实推进作风建设各项任务，在服务保障发展上展现更大的担当。要抓实基层基础，有效提升组织战斗力。要着重基础，建强堡垒，不断擦亮“红盟矩阵”品牌，持续增强基层党组织的政治功能，进一步发挥战斗堡垒作用；要着眼未来，优化队伍，高标准、严要求抓好抓牢“三级换届”，大力选拔忠诚、干净、担当的高素质干部，不断提高各级干部领导现代化建设的能力水平。要着力发展，体现担当，用活用好用足“三项机制”，持续优化队伍质态，提振干部精气神，旗帜鲜明为敢于担当、踏实做事、不谋私利的干部撑腰鼓劲；要抓严监督执纪，充分释放纪律震慑力。深刻把握“惩、治、防”辩证统一关系，充分释放惩治震慑、惩戒挽救、教育警示的叠加效应，努力实现“不敢腐、不能腐、不想腐”一体推进战略目标，真正让党员干部因敬畏而不敢、因制度而不能、因觉悟而不想。要抓好庆典契机，不断提升党建凝聚力。庆祝建党100周年是党和国家政治生活中的大事，各单位要加强统筹协调，周密组织实施，搞好党史学习教育、办好系列庆祝活动、守好意识形态防线、当好团结奋进纽带，确保取得良好效果。会议强调，各级党组织和党员干部要紧密团结在以习近平同志为核心的党中央周围，高举习近平新时代中国特色社会主义思想伟大旗帜，坚定信心、攻坚克难、善作善成，努力推动全区党建、作风建设迈上新台阶，为武进争当全省现代化建设排头兵，确保实现“十四五”良好开局作出更大的贡献。会上，区委表彰了2020年度“阳湖先锋”、第二批“五星党组织”“十佳书记项目”“优秀书记项目”和文明城市建设有关先进集体和个人。

【领导干部研讨会】 12月11日在区行政中心召开，乔俊杰、恽淇丞、江建文、石伟东、丁一等区四套班子领导参加。与会领导结合分管工作，围绕经济发展、社会治理、公共安全、民生保障等调研主题，系统总结全年工作，全面梳理明年工作，对全区下一步的发展思路再谋划、发展重点再明确、发展举措再深化。常州市委常委、武进区委书记乔俊杰从“怎么看、怎么办、怎么干”三个问题出发，肯定2021年的发展成绩，分析当前所处的形势，明确2022年的发展方向和工作重点，并强调要毫不松懈地抓好常态化疫情防控和安全生产工作。会议指出，2021年面对经济下行、疫情反弹等风险挑战，全区上下坚持以习近平新时代中国特色社会主义思想为指导，坚定捍卫“两个确立”，坚决做到“两个维护”，全面贯彻中央、省、市精神，全力以赴保稳定，凝心聚力谋发展，实现“十四五”发展的良好开局。全区经济发展稳中有进，改革创新焕发活力，城乡面貌加快改善，民生福祉显著提升，党的建设坚强有力，人大、政协工作走在全市前列。特别是面对新冠肺炎疫情的再次挑战，武进的防控成果得到省领导的充分肯定。面对日趋错综复杂的新环境，要因势而谋，准确把握历史方位，把握新发展阶段，贯彻新发展理念，融入新发展格局。要应势而动，精准锚定战略定位，全力打造“一园一城一示范”，在空间上做加法，在产业上做乘法，提升发展层级，为科技创新、产业集聚提供载体。要乘势而上，全力干出发展地位，努力做到“同心同向同担当”，提高政治判断力、政治领悟力、政治执行力，把战略定位干成发展地位，锤炼敢于担当的宽肩膀，磨砺能担重任的铁肩膀，不断开创武进改革发展的新辉煌。会议要求，全区上下要重点打好产业质量提升战，打造产业地标，振兴乡镇产业，深化区镇联动。打好项目推进突破战，明确项目招引“导向标”，提高招商队伍“战斗力”，跑出项目建设“加速度”。打好创新驱动突围战，发挥平台支撑引领作用，突出企业创新主体地位，加快高层次人才引进步伐。打好资源要素关键战，拓宽资金渠道，破解空间制约，优化营商环境。打好城乡齐美攻坚战，着力提升功能品质，持续加强城市管理，全面推进乡村振兴，大力改善生态环境。打好民生福祉保卫战，补齐教育短板，完善交通网络，保障“一老一小”，维护大局稳定，做好疫情防控平急转换，坚决打击非访行为，严防重大安全事故。

【区委常委会2021年工作要点】 3月24日，《中共常州市武进区委常委会2021年工作要点》出台，明确全区上下必须以习近平新时代中国特色社会主义思想为指导，全面贯彻中共十九大和十九届二中、三中、四中、五中全会以及中央经济工作会议精神，深入学习贯彻习近平总书记在全国两会上的重要讲话精神和全国两会精神，深入落实省、市委全会精神，着眼“争当表率、争做示范、走在前列”，坚持稳中求进工作总基调，立足新发展阶段，贯彻新发展理念，融入新发展格局，以推动高质量发展为主题，以深化供给侧结构性改革为主线，以改革创新为根本动力，以满足人民群众日益增长的美好生活需要为根本目的，大力弘扬常州精神，落实全市“重大项目攻坚突破年”活动的要求，扎实做好“六稳”“六保”工作，围绕“争先奋进年”工作主题，勇争一流再出发，创造更多第一、唯一，高标准打造生态滨湖区、现代智造城，争当全省现代化建设排头兵，确保实现“十四五”规划良好开局，以优异成绩庆祝建党100周年。

【建立区级领导工作专班推进重点工作的实施意见出台】 5月11日，《中共常州市武进区委关于建立2021年区级领导工作专班推进重点工作的实施意见》出台，成立区级领导工作专班30个，推动各级各部门改革创新、高效联动，创造更多第一、唯一，以点上工作大突破带动面上工作大提升。该意见明确各工作专班对承担的重点工作全权负责，落实对应市级专班下达的各项目标任务。专班牵头区领导切实加强对专班工作的组织领导，做到艰巨任务亲自承担、关键环节亲自协调、工作推进亲自调度、进展情况亲自督导、突出问题亲自研究，抓实抓细各项工作。各牵头单位要充分发挥牵头抓总作用，全程跟踪工作进展，及时发现存在问题，整合各方资源力量，强力推进专班任务落实。各责任单位要树立全局观念，积极主动配合，创造性地开展工作。要组建相对固定、精干专业的工作小组，保障各项工作有序推进、见到实效。

【省委第三巡视组对武进开展涉粮问题专项巡视】 10月12日至11月19日，省委第三巡视组对武进开展涉粮问题专项巡视。10月12日，常州市委涉粮问题联动巡察组第三专项组对武进区开展涉粮问题专项巡察工作动员会召开。10月20日，区委召开常委会，传达学习省委涉粮问题专项巡视巡察工作相关精神，部署涉粮问题专项巡视相关工作。10月28日，省委第三巡视组对武进开展涉粮问题专项巡视工作情况汇报会召开，常州市委常委、武进区委书记乔俊杰汇报全区涉粮工作情况。报告指出，武进在常州市开展粮食安全责任制考核中，2016—2019年连续三年考核均为优秀，2020年度考核为满分。2020—2021年，武进未发生粮食购销领域的重大价格违法问题。会议明确，武进坚决以最诚恳的态度、最严格的标准、最严谨的作风，全力配合好巡视巡察工作。针对巡视巡察反馈意见，做到诚恳接受、照单全收、主动认领、狠抓整改，确保反馈意见件件有落实、事事有回音、条条见成效。11月2日，区委召开常委会会议，讨论研究涉粮问题专项巡视巡察相关工作。会议强调，全区上下要切实提高政治站位，进一步增强对粮食安全极端重要性的认识，自觉把接受巡视巡察作为当前重要的政治任务，确保在此次省委涉粮问题专项巡视工作中交出一份满意的答卷。11月9日，区委召开常委会会议，专题研究部署涉粮巡查工作。会议传达省委涉粮问题专项巡视组相关要求并强调：全区上下要认真领会，不折不扣贯彻落实好省委涉粮问题专项巡视组各项工作要求，慎终如始抓好巡视整改，努力以整改工作的实际成效彰显政治忠诚、践行“两个维护”。

（吕逸昕）

组织工作

【概况】 2021年，区委组织部全面贯彻落实全国、全省、全市组织部长会议精神，紧扣市委“532”发展战略、区委“一园一城一示范”部署要求，统筹推进基层党建、干部、人才工作，实施“三百三进”计划（开展百个党建活动、实施百个书记项目、提升百个红色阵地，引导千名干部进基层、万名党员进课堂、万名群众进阵地）、党内关心关爱工程、“两在两同”（同人民想在一起、干在一起，风雨同舟、同甘共苦）建新功行动，推进党建联盟标准化建设。深化基层党建，按时完成区委、镇党委、村（社区）“两委”（党组织书记、村委会主任）换届。创设首个由政府主导的科创人才基金，印发《“双招双引”三年行动方案》，建成全省首个技能人才服务产业园，创建运营全市首个国际人才社区。年末，武进区有党组织3231个（含常州经开区），其中基层党委120个、党总支327个、党支部2784个；有党员74731名，其中，女党员22852名，占31%。年内发展党员2170名，其中，35岁及以下1473名，占68%；女党员870名，占40%；大专及以上文化党员1959名，占90%。蒋健获评全国优秀党务工作者，蒋中敏获评江苏省优秀共产党员，新誉集团党委获评江苏省先进基层党组织。张晓美等11人获评常州市优秀共产党员，马晓峰等13人获评常州市优秀党务工作者。

【统筹推进“三百三进”计划】 2021年，区委组织部围绕中国共产党成立100周年，统筹推进“三百三进”计划。举办“百年阳湖红、奋进新征程”融媒体新闻行动、“红歌里的党史故事”暨“党课开讲啦”等党建活动253个。围绕发展主攻点、工作重点和难点，组织实施基层党建书记项目92个，并从中评选出“十佳书记项目”，全力打造区域性工作样板。加强各领域党建阵地扶持力度，新建（提升改造）红色阵地92个，评选出王诤故居、李公朴故居等“十大红色打卡地”。聚焦武进实际，围绕“蝶变、守望、领航、强翼”四个主题，精选基层党建典型案例30个，编印《武进基层党建之路》，

4月27日，武进区“学党史、映初心”红马甲千场宣讲“四进”启动仪式

（供图/区委组织部）

系统总结中国特色社会主义新时代武进各领域党建工作的实践与探索。

【实施党内关心关爱工程】 2021年，区委组织部积极开展省、市、区“两优一先”推荐评选，全区获评全国优秀党务工作者1人、省优秀共产党员1人、省先进基层党组织1个。颁发“光荣在党50年”纪念章4038枚、20年及以上“老支书”纪念铭座86个、辛勤耕耘奖23个，激励广大党员汲取榜样力量，勇于担当作为。“七一”前夕，走访慰问获党内功勋荣誉表彰的党员、生活困难党员、老党员、老干部、烈士遗属等782人，发放慰问金98.5万元。

【区委、镇党委、村（社区）“两委”换届完成】 2021年，区委组织部严格贯彻上级部署要求，坚持党对换届工作的全面领导，聚焦“选出好干部、配出好班子、树立好导向、形成好气象”的目标，扎实做好走访调研、程序把关、干部考察、换届风气监督等工作，完成区委、镇党委、村（社区）“两委”（党组织书记、村委会主任）换届。2月，233个行政村（社区）“两委”完成换届。5月底，8个乡镇党委完成换届。7月27—29日，中共常州市武进区第十三次代表大会胜利召开，完成区委换届。换届后，各级干部队伍和领导班子结构得到进一步优化。村（社区）党组织书记、村委会主任“一肩挑”比例达99%；镇党委委员和领导班子成员具有大学及以上学历达95%以上。

【“两在两同”建新功行动】 2021年9月9日，区委组织部出台《关于在全区党员干部中开展“两在两同”建新功行动的实施意见》，启动“亮作风促深入基层，亮责任促补强短板，亮承诺促担当作为，亮实绩促服务提质，在落实‘532’发展战略中争当先锋”实践活动（简称“四亮四促一争先”实践活动）。年内，发放专项资金382万元，引导全区233个村（社区）办好“开门一件事”（新“两委”班子上任后为人民群众所办的第一件实事）1.8万件，形成为民办实事、攻坚项目等优秀成果236个；实施“强弱项、补短板”项目50个，其中县处级及以上党员领导领办项目45个，推进老小区改造项目9个、惠及居民2494户；围绕新冠肺炎疫情防控、扶贫帮困等，常态化开展党员志愿服务，认领志愿服务“微实事”2253件，服务群众近40万人次。

【党建联盟标准化建设】 2021年，区委组织部深入推进“红盟矩阵”全域党建品牌建设，在全市率先发布《党建联盟建设标准化指导意见》，以开放性为基本原则，明确“党建引领、自主自愿、资源集聚、运行高效”等10类党建联盟建设标准。年内，各级党组织聚焦“532”“一园一城一示范”建设，落实党建联盟建设标准，打造基层党建共同体，集聚各类资源和各方工作力量，推动乡村振兴、产业升级、生态环保等重点工作的落地落实。“乡村振兴红盟”创新推出“惠三农办实事百千万行动”，推动百名农技专家下乡，开展千名职业农民培训、打造万亩农业示范基地等活动，探索党建引领乡村振兴的武进路径。“山水红盟”发布“12个党建重点项目”，整合35个党建示范点，绘制党建文化路线导航图鉴，为地方发展注入“红色动能”。“融驿家红盟”实施“小循环、大融合”工作模式，牵头组织开展金融机构、律师事务所等进企业活动，通过多种形式为联盟企业提供资金支持1500余万元。至年末，全区累计建成各类红盟40余个。

【全域党建推进】 2021年，区委组织部加强农村、城市、“两新”组织、机关四大领域基层党建，推动全域过硬。联合区退役军人事务局、人社局、财政局等部门出台《推进退役军人到村（社区）工作的实施办法》，将符合条件的退役军人纳入村（社区）“两委”及其后备梯队管理，选聘若干名退役军人进入村（社区）干部队伍，培养若干名退役军人成为优秀“AAAAA”村（社区）书记，担任村（社区）“两委”成员的退役军人比例动态保持一定比例。开展“金融惠农”活动，向各镇选派8名金融副镇长和16名驻村金融副书记，帮助联建村找准发展路径、支持创新创业、提供资金帮扶，形成一批可复制、易推广的金融服务乡村振兴有效模式。挂牌成立全市首个城市党建“头雁”学院，聘任优秀社区书记、党校教师、优秀党务工作者等“名师”11名，全年承接常州市村（社区）党组织书记培训班等6班次。开展“两单一响应”（社区点单、街道下单、部门响应）试点工作，创新建立“12345”工作法［以“一个核心”凝聚共识，通过社区与镇级各职能部门、驻区单位“两级循环”密切联系，依托区、镇（街道）、村（社区）三级党建工作协调委员会互联互通机制、党员干部走访联系群众机制、在职党员社区报到机制“三项机制”厘清脉络，设立需求、资源、项目、评价“四张清单”整合资源，建立“镇党委—社区党组织—网格党支部—楼栋党员中心户—楼道党员”为架构的“五体联动”新模式］，打造党建引领基层治理新格局，洛阳镇岑村村通过“民生茶社”宣传政策、调解纠纷、听取民意的做法被《人民日报》报道。构建“四级五专五化”（以“初级、中级、高级、特级”为标准；以“专门渠道进入，选配规范化；专业能力培训，培养精准化；专职资格认证，进退制度化；专项实绩考核，管理常态化；专属待遇保障，激励立体化”）专业化建设体系，首批获认证党务工作者中特级1人、高级3人、中级28人、初级52人。打造“领航计划”训练营，通过初任培训、进修培训、年度轮训等方式，系统轮训全区各领域“两新”组织党组织书记720人，实现“两新”党组织书记培训全覆盖。开展“说学树唱”系列活动，“说”即举办区级机关“书记说”活动，邀请来自不同领域、不同岗位、不同年龄层次的5名党组织书记分享工作经验；“学”即举办第二届区级机关学习达人挑战赛，以赛促学推动党史学习教育走心走实，参与人数超5万人；“树”即评选十佳“先锋旗帜”党建品牌，全方位、多角度展示机关党建的发展历程、工作成效及党员干部队伍的精神风貌；“唱”即开展“红歌里的党史故事”暨“党课开讲啦”活动，组织34个区级机关部门编排演绎10堂沉浸式党课，共吸引7.2万人收看，引领广大党员群众奋进新征程、建功新时代。

【年轻干部淬火锻炼】 2021年，区委组织部聚焦“532”战略、“一园一城一示范”建设，加强专业干部统筹调配和力量倾斜，围绕经济管理、招商引资、规划建设等领域，专项配备优秀年轻干部。健全培养机制，创新开展“雄鹰计划”训练营、年轻干部“一线课堂”、青年干部“微澜论坛”等活动，相关工作做法被《常州日报》头版头条刊载。创新引入机制，深化“武进优才”计划，实施“就在吾径”百名南大学子暑期实践项目，成为南京大学党政实习实践第二大基地。全面启动青年干部人才选育“菁选计划”，面向国内外一流高校，计划3年内招引优秀青年干部人才100名。建立激励机制，于10月出台《年轻干部“建功‘十四五’，奋进新征程”实践锻炼的实施意见》，选派20余名年轻干部到中央部委、基层一线实践锻炼，得到全国人大、国家发展改革委、科技部致信表扬。

【公务员精准招录】 2021年，区委组织部实施“以责定岗”，推动公务员职位设置更精准。针对区内87家单位、1335个不同类别岗位，制定“岗位说明书”，明确岗位任职条件和人员配备要求，鼓励符合条件的人员参加岗位竞聘，实现以责定岗、因岗择人。创新实施“年度增人计划”预审制度，贴合各单位干部年龄结构、专业配备等情况，充分发挥公务员转任、区内选调、军转安置等手段，盘活现有干部存量。系统实施公务员“新芽计划”，通过“活力机关”“雄鹰计划”“基层一线实践锻炼计划”等活动，帮助提升能力水平。抽调业务骨干，设置政策咨询、报名审核、应急处置等小组，开展公务员考录集中会审，全面了解考生的真实表现，考准考实政治品德和政治素养。武进区精准招录公务员的相关做法获评全省公务员招录亮点工作，被《江苏组工信息》刊载报道。

【“双招双引”三年行动方案出台】 4月29日，武进区出台《“双招双引”三年行动方案》，加速构建创新链与人才链双向融合、产业链与资本链双轮驱动的“双招双引”武进模式。该方案提出人才引育“138”目标，计划三年内新引进顶尖人才10名以上、市级及以上创新创业领军人才300名以上，各类人才总量增加8万人以上。实施领军人才提升工程，引进众创项目345个，各类技能人才培训、评价、服务机构超过120家，开展职业技能培训超过10万人次，实现每万名劳动力中高技能人才数达1200人以上。加强产才融合，锚定智能制造、集成电路、碳材料等重点产业，链式培育产业集群，力争在三年内新引进“三高一资”（高科技、高成长性、高层次人才、社会资本参与）优质科技型项目600个。创新人才招引方式，成立总规模1亿元的“蒲公英”科创人才基金，引导优秀人才企业抢抓资本市场机遇。实施“引才合伙人”计划，做强以色列（江苏）创新中心离岸孵化器，在北京、上海、深圳设立协同创新中心，打造“3+3+N”（依托中以常州创新园、驻日、驻德功能机构三个海外驻点机构，强化“飞地”引才；在北京、上海、深圳三地相继设立协同创新中心，创新协同引才；深化平台机制建设，打造N个平台，推进体系引才）驻外人才招引格局。

7月19日，“英才汇龙城、携手共奋进”校政企人才合作暨第九届长三角（常州）百校百企人才交流洽谈会武进专场举行　（供图/区人社局）

【西太湖国际人才社区投运】 5月20日，常州西太湖科技产业园创建的全市首个国际人才社区——西太湖国际人才社区投入运营。该社区为O2O社会生活共同体和创新创业服务平台，集创业基地、社区服务、公共空间和长租公寓、商业配套四大功能于一体，以国际人才需求为导向，面向常州乃至长三角外资企业投资人、创始人，外籍高层次人才以及海外来华短期访问、项目合作、旅游考察的商旅客户等人群。拥有酒店式公寓220套、公共服务空间1000平方米，为外籍创新创业人才提供语言普及、创业辅导等服务，并提供最低100万元创业支持和50万～900万元综合贡献奖励。社区附近有江南石墨烯研究院、中以生物医药研究院等研发机构，为国际人才提供创新创业良好平台；有威雅公学、常州西太湖外国语学校、西太湖医院等，提供健全的公共服务；有“秋白书苑”西太湖外文馆、“湖湾集市”、商业综合体——星河公园等，为人才交流提供舒适环境，使国际人才“引得进”更“留得住”。至年末，社区为国际人才提供安居服务17人次。

【“人口集聚、人才引育”武进行动】 5月20日，武进区建成全省首个技能人才服务产业园，人力资源和社会保障部领导进行专题调研，做法被《中国组织人事报》报道。7月19日，举办第九届长三角（常州）百校百企人才交流洽谈会武进专场活动，南京大学、武汉大学等全国123所高校负责人与江苏美淼环保科技有限公司等常州市158家重点企业代表面对面座谈，60余所高校与100余家企业达成初步合作意向。10月16日、18日，武进承办的两场“龙城英才计划”推介会分别在武汉、南京举行，现场签约人才创新创业项目和产学研合作项目27个。11月5日，在广东深圳举办“武进英才计划”长三角、粤港澳大湾区邀请赛，组织智能装备、电子信息、节能环保、轨道交通、智电汽车、机器人、集成电路产业相关技术项目同台竞技，引进项目20个。持续优化人才生态，通过“资者见智”平台为人才企业提供资金支持超6.6亿元，升级打造人才公寓4688套，相关工作做法被《新华日报》《江苏组工信息》刊载推介。

【"蒲公英"科创人才基金设立】 6月，武进区创设首个由政府主导的科创人才基金——"蒲公英"科创人才基金，基金总规模1亿元。该基金组织通过发挥综合金融手段对人才创新创业的引领支撑作用，支持处于种子期和初创期、拥有创新技术和创新商业模式、具有成长潜力的创新创业企业快速发展，重点支持领军型创新创业人才创办的科技型企业。按照市场化、专业化原则，以直接股权投资方式为主进行项目投资，采取同股同权投资、让利性股权投资、固定收益回报投资等方式，积极探索与科教城和各镇、开发区的协同投资模式，逐步形成更加灵活的投资机制。至年末，投资柯泰光芯（常州）测试技术有限公司等人才及科创企业5家，投资总额1450万元。

【机关作风"四抓四提升"行动】 2021年，武进区实施"四抓四提升"行动（抓专班建设，提升作风建设组织；抓效能建设，提升发展环境软实力；抓纪律建设，提升作风整治震慑力；抓机制建设，提升长效管理延续力），进一步加强机关作风建设。完善专班推进机制，瞄准作风建设顽疾，推动作风建设项目化管理，实施作风建设创新攻坚项目134项，走访重点企业8家、重大项目6个。深化"放管服"改革，大力推进"一网通办"，至年末，武进区政务服务一体化平台注册用户4500多人，办理政务服务事项1426个，年均办件1万余件，累计办件6.92万件，入网办件数量居全市前列。开展民生实事督查行动，保障全区10项重点民生实事全面兑现。开展明察暗访80余次，其中暗访区级机关部门23个、镇（村）服务窗口40余个，发现并处置问题20余个。组织开展"网上民调""满意度评价"等工作，参评人员累计达1.2万人，总体满意度达93.5%。高质量办好《武进政风热线》等栏目，全年播出节目40期，从严从实开展作风建设考核，促进机关作风持续优化，武进区作风建设考核位列全市作风考核第一方阵。

（高　婷）

宣传工作

【概况】 2021年，区委宣传部牢牢把握举旗帜、聚民心、育新人、兴文化、展形象的使命任务，围绕"开局'十四五'、开启新征程"，突出庆祝中国共产党成立100周年，牵头开展党史学习教育，扎实推进理论武装、新闻宣传、文明创建、文化发展等工作，服务全区新冠肺炎疫情防控和经济社会发展大局。全区文化企业数量超3000家，其中规模以上企业187家，实现文化产业增加值88.89亿元，占GDP比重5.98%。年内，评选表彰2021年度"阳湖先锋"集体5个、个人10人，获"学习强国"平台录用有效稿件635篇，武进区获评江苏省冬训工作示范县（市、区）。

【理论学习教育】 2021年，区委理论学习中心组发挥示范引领作用，围绕"学习'常州三杰'革命精神、凝聚高质量发展奋进力量""习近平总书记在中国共产党成立100周年大会上的重要讲话精神"等主题，开展集中学习16次、研讨交流7次。坚持纪实管理平台常态运行，严格落实"三个五"（五个有：年初有计划、学前有安排、学习有重点、学后有成效，年终有总结；五项制度：双向旁听制度、重点发言人制度、联系点制度、个人自学制度、考核检查制度；五张表：年初发放课题收集表、双月统筹双向旁听表、每季度制定季度安排表、日常填写请假报备表、年终形成学习通报表）学习管理制度，全面执行巡学旁听机制，对全区37家单位开展巡学旁听。实施《常州市"红帆领航"新时代文明实践理论宣讲三年行动计划》，创新推出"听吾说"理论宣讲品牌，相关经验介绍入选党史学习教育中央官网和《常州日报》头版头条。举办"听吾说党史、学习开新局"全区基层理论宣讲现场推进会暨"学习强国"江苏平台线下活动武进专场，启动"永远跟党走、奋进新征程"百姓名嘴风采展示活动，开展"奋斗百年路、启航新征程"领导干部新时代文明实践宣讲、"学党史、映初心"红马甲千场宣讲"四进"（进机关、进社区、进企业、进学校）等活动4932场。推进新思想"六进"（进社区、进农村、进机关、进校园、进企业、进网络）工作，推动党的创新理论飞入寻常百姓家。创新组织基层党员冬训，相关冬训做法和"冬训微课"在省有关宣传平台发布，武进区获评全省冬训工作示范县（市、区），洛阳镇、嘉泽镇获评全省冬训工作示范乡（镇、街道），戚清萍获评全省冬训工作先进个人。强化"学习强国"学习平台运用，全区党员注册率82.2%，日均参与度保持在90%以上，被录用有效稿件635篇。

【先进典型选树】 2021年，武进区围绕高质量发展，评选出一批在打造"创新开放高地、智能制造基地、滨湖生态宝地、安居乐业福地"以及防疫抗疫中尤其是在"争第一、创唯一"工作中表现突出、成绩显著的个人和集体。经推荐申报、公众投票、评委评审、社会公示等程序，区委、区政府于3月发文通报表彰，万能、庄亚娟、何春明、张伟东、陈枫、邵建荣、贺鹏岳、顾志平、顾虎清、

3月2日，湖塘镇"蒲公英"理论宣讲队队员们走进位于南街社区的"老街红枫"理论宣讲点，给居民朋友们讲述党史故事

（供图/区委宣传部）

谈剑波获“阳湖先锋”个人称号，区水利局河湖长制综合协调科、自然资源和规划局武进分局自然资源利用管理科、区疾病预防控制中心、区工信局中小企业科、江苏泛亚微透科技股份有限公司获“阳湖先锋”集体称号。积极申报“最美常州人”等先进典型，牛塘镇丫河村党总支书记张伟东获评常州市“最美基层干部”，礼嘉绿诚家庭农场总经理陆琴霞获评“江苏最美基层高校毕业生”，牛塘镇司法所副所长王晓明获评常州市“最美法治人物”，江苏恒立液压股份有限公司邱永宁获评常州市“最美科技工作者”，武进税务分局彩虹舟志愿服务队获评常州市“学雷锋示范点”。

【新闻宣传】 2021年，区委宣传部策划制作《践行嘱托开新局》《贯彻落实十九届五中全会精神》《争先奋进、辉煌“十三五”》《奋斗十四五、基层在行动》《三个更新》《共同富裕、武进探索》等系列采访报道，庆祝全面建成小康社会取得伟大历史性成就，全方位展现“强富美高”新武进建设取得的重大阶段性成果，全面展现武进贯彻落实市、区党代会精神，在实施“532”发展战略上争先进位，在推进“两湖”创新区、“最美湖湾城”建设上聚力攻坚的事迹。与中央和省、市主流媒体开展战略合作，聚焦武进生态保护、智能制造、隐形冠军、“双招双引”（招商引资、招才引智）、武进高新区成立25周年等主题，形成一批高质量的对外宣传稿件。《小爪极闯出大市场》《科技创新，广聚英才》《江苏武进“最强大脑”助力治水》等稿件在《人民日报》发表，《常州武进区专精特新企业集聚发展的启示》《提“智”创“新”武进发力“长三角中轴崛起”》被新华社智库分析报告、《江苏要情动态》刊发。累计在人民网、新华网等中央级媒体发稿500篇，在省级及以上媒体发稿2000篇，“今日武进”“微武进”等区级媒体发稿超1.4万篇。御城小区新冠肺炎防控期间，组织采制发布短视频33条，平均每篇阅读超5万人次，反映防疫黑科技的《今天御城被一只“狗”圈粉了！》阅读量超225万人次、点赞超3.5万人次，传递人性温情的《孤灯不孤，万家灯火，等你归来！》和《一场不完美的灯光秀》等视频被我苏视频、腾讯视频等媒体转发。

【党史学习教育主题宣传】 2021年，区委宣传部围绕党史学习教育主题宣传，开展“百年阳湖红，奋进新征程”融媒体新闻行动，邀请中央和省级、市级、区级媒体记者共同参与采访报道，通过讲述瞿秋白、张太雷、恽代英等武进先烈可歌可泣的英雄事迹，集中展示区基层党建书记项目显著成效，发掘和统筹武进优秀红色教育资源等，用党的奋斗历程和伟大成就鼓舞斗志、明确方向，用党的光荣传统和优良作风坚定信念、凝聚力量，进一步振奋全区人民奋进新征程、谱写新篇章的精气神。加强与《人民日报》《新华日报》等中央主流媒体和《扬子晚报》《现代快报》等省级媒体的对接联系，全面报道武进区鲜活、生动的实例，以及群众看得见、摸得着的实效，积极营造党史学习教育良好氛围，累计在中央级媒体发稿300余篇，在省级及以上媒体发稿近1000篇。区融媒体中心推出《我眼里的老党员》《我是党员我骄傲》等报道，开设《红色印记、铭刻党史》等专栏，推出《百诗咏百年、弦歌献给党》诗词专刊，做到党史学习教育天天有、角度新。

【新闻出版管理】 2021年，区委宣传部坚持把新闻出版发行产品的内容安全放在首位，完成印刷企业年检302家、出版物零售单位核验197家、出版物单位网上销售备案28家，依法注销营业不正常的出版物零售单位33家。通过微信、短信等线上宣传和服务企业上门宣传等形式，及时将安全生产各项政策、精神、要求及时传达到各印刷企业，与250家印刷企业签订安全生产责任状。开展印刷行业危化品调查统计和集中攻坚工作，建立区、镇两级危化品专项治理工作机制，核实确认使用油性油墨和溶剂的印刷企业97家，联合专业机构每月组织专项检查，处置发现的重大隐患，并输入安全生产三年行动计划平台进行备案。

【“扫黄打非”进基层】 2021年，武进区加强镇、街道“扫黄打非”基层站点建设，于5月召开全区“扫黄打非”工作会议，印发《关于开展“扫黄打非·正道2021”集中行动的通知》《关于开展“扫黄打非·新风2021”集中行动的通知》《关于开展2021年“绿书签行动”系列宣传活动的通知》等文件，制定《相关部门2021年“扫黄打非”工作任务清单》《各镇、开发区、街道2021年“扫黄打非”工作任务清单》，开展“扫黄打非·新风”集中行动、“扫黄打非·正道”集中行动、“绿书签行动”等系列专项行动，推进“扫黄打非”进基层。湖塘镇花东社区创成全省“扫黄打非”基层示范点，湖塘镇东方社区获评2021年度常州市“扫黄打非”进基层先进集体。

【区域文化建设】 2021年，区委宣传部紧扣文化惠民工程，助力文化产业发展，推动文化事业建议，打造文化强区品牌。

繁荣群众文化　全面开展群众性主题宣传教育活动，形成全区上下庆祝中国共产党成立100周年的浓厚氛围。印发《关于做好“七一”前后社会氛围营造和公共环境布置工作的通知》，组织做好主干道道旗布置、标语悬挂、公益小品设置等，大力营造“党的盛典、人民的节日”社会氛围。组织开展“百团颂百年，永远跟党走”系列群文广场演出200场。4—10月，联合武进博物馆开展“缅怀革命先驱，传承红色基因”——庆祝建党100周年云讲解系列活动。5—10月，举办第九届市民艺术节，开展展演、讲堂、比赛等活动39项。6月29日，在凤凰谷举办庆祝中国共产党成立100周年文艺会演，区四套班子领导及观众5万余人观看。6月29日至7月7日，在环太湖艺术城举办“红颂百年”武进艺术作品展，展出书画、摄影、工艺美术等作品282件。6月30日至8月31日，常州主题图片展武进展厅在常州奥体国际会展中心展出，共组织2万余人参观。6—7月，联合区文联开展“红颂百年”主题系列文艺活动，举办“红颂百年系列演出——‘百年风华正青春’，学党史、诵党恩、跟党走”音乐诗文朗诵会及“唱支赞歌给党听”歌舞专场、“梨园春色别样红”戏曲专场演出。7月6日，组织由12个武进区级机关144人组成的机关联队合唱方阵，参加“百年筑梦、壮丽航程”常州市庆祝中国共产党成立100周年歌咏文艺演出。7月，在武进市民广场莲花馆举办“2021紫金文化艺术节常州·武进分会场文艺汇演”。9月，联合区委党史工委、区退役军人事务局举办“百年征程守初心，薪火传承砥砺行”图片展，展现中国共产党成立后100年间，武进党组织领导人民群众站起来、富起来、强起来的沧桑历史，以及武进百年风雨、百年成就。

发展文化产业 落实文化产业扶持引导政策，助推春秋淹城遗址公园改造提升工程，统筹推进京杭大运河武进段沿线开发建设与运河保护利用，举办西太湖半程马拉松、太湖湾音乐节、西太湖音乐节，打响长三角音乐旅游“武进IP”。顺应“互联网+”发展新潮流，举办文化产业发展培训班2期，并建立联席会议机制，推进整合式创新。推进数字技术、网络技术在广播电视领域的应用，重视版权保护，拓展跨区域数字经济空间。年末，全区有文化企业（不含常州经开区）3000家，其中规模以上企业187家。全年完成文化增加值88.89亿元，占GDP比重5.98%。

推进文化精品生产 围绕建党百年重要时间节点，加大重大题材文艺作品的规划引导，电视剧《王牌部队》获常州市专项资金扶持，青少年法治题材电影《冬雪暖阳》于9月在院线上映。区锡剧团创作的锡剧《城里城外》获第五届江苏省文华奖“优秀节目奖”，作家协会吴亚频的小说《冬日暖阳》、书法家协会徐勇的书法作品、摄影家协会黄孝亚的摄影作品等获省级及以上奖项。

【第四届武进区全民阅读活动】 4月23日，区委宣传部启动“百年风华、书香武进”第四届武进区全民阅读活动，发布《论中国共产党历史》等建党百年必读的首批10本好书。年内，采用经典诵读、阳湖学习达人赛、现场实境课堂、网上云诵读、汇报演出、赠书、读书讲座等形式，利用电视、广播、影院和社区电子屏滚动播出《阅动乡村》视频、阅读电子地图和“拍一拍”小动画，借助区融媒体微信、视频公众号和电视滚动字幕、公益广告等媒介宣传全民阅读标语，开展“主题读物领读”“品牌活动领读”“分众群体领读”“领读阵地建设”四大板块、18类活动。9—11月，举办“书香武进、阅动乡村”常州市首届邻里读书节暨武进区第二届乡村阅读节，开展地摊书集、乡村领读、邮政微党课等系列活动，形成湖塘镇“全民阅读燎原工程”、礼嘉镇“百年正青春，书香润礼嘉”、牛塘镇“书香牛塘”读书月等特色品牌，建成“阳湖书房”9家、“秋白书苑”5个、实体书店193家、农家书屋208个以及阳湖微书房12个。其中，拨云汇智慧产业园“秋白书苑”为常州市首个由民营企业建设并运营的“秋白书苑”，礼嘉镇华渡馆为常州市首个村级“秋白书苑”。

（王元霆）

精神文明建设

【概况】 2021年，武进区贯彻落实中央和省、市宣传思想工作会议精神，以培育和践行社会主义核心价值观为主线，围绕典范性文明城市建设和深化新时代文明实践建设重点，积极开展各类群众性精神文明创建活动，全面深化公民思想道德建设、未成年人思想道德建设、新时代文明实践中心建设和文明城市创建，着力提升城乡社会文明程度与市民文明素质。年内，全区入选“常州好人”14人、“江苏好人”3人，蒋晓美入选“中国好人”；入选“常州市道德模范”2人、市级及以上“新时代好少年”5人。

【公民思想道德建设】 2021年，武进区贯彻落实《新时代公民道德建设实施纲要》和《新时代爱国主义教育实施纲要》，围绕提升市民素质和道德水平，营造宣传氛围，开展选树道德典型、深化道德讲堂、组织细胞创建等实践活动。各级各部门着眼凡人善举，广泛选树各类典型，形成月度推、年度评的良好机制。年内，蒋晓美入选“中国好人”，沈凌云、戴小萍、季文斌3人入选“江苏好人”，王丽雯、徐洁芬、孔菊珍、叶云岳、杨静芳、庄世杰、唐何兴、杨生初、吴如方、李国平、顾金荣、许志刚、王华生、徐红秀14人入选“常州好人”，蒋健、李东芹2人入选“常州市道德模范”。完善关爱礼遇道德模范的机制，广泛建立“善行义举榜”，在节日期间慰问道德模范、身边好人，邀请身边好人参与四仪教育、新时代文明实践等活动，举办“德润阳湖、丹心向党”道德讲堂暨武进区2020年度“身边好人”学习表彰活动。结合党史学习教育，组织开展各类爱国主义学习教育活动。印发《武进区道德讲堂工作要点》，创新道德讲堂开展方式，灵活采取总堂承办和分堂举办相结合的办法，举办网上道德讲堂，把道德讲堂学习与各类道德实践相结合。加强文明行为养成教育，组织开展“邻里守望”“邻里节”等活动，印发《武进市民文明手册》12万份、文明城市宣传折页10万份、《常州市民文明行为促进条例》6000份。以新一轮文明创建申报为契机，进一步推动创建工作制度化、规范化、常态化，把农村乡风民风建设与人居环境建设、文化生活提升、民生幸福工程、精准扶贫、“厕所革命”等内容紧密结合；推动窗口单位服务态度、服务流程、服务设施提升，推进文明单位创建上水平；推动家风建设，突出开展“传家训、立家规、扬家风”活动，促进学生爱国情感培育和文明行为养成。组织开展2019—2021年度省级、市级文明村镇、文明单位、文明校园等创建申报，区级及以上文明村镇创建率超70%。

2月5日，“留武过大年、思念不断线”志愿服务活动 （供图／区委宣传部）

【新时代文明实践建设】 2021年，武进区始终坚持目标导向，强化答卷意识，聚焦重点任务，真正把文明实践中心试点工作做深、做透、做细。实践阵地全域覆盖，在莲花馆建设中心，整合现有的资源形成组合式文明实践阵地群。建成文明实践所11个、文明实践站207个，文明实践点3172个，打造线下15分钟必达服务圈。运用数字化技术，打造互通共融的新时代文明实践"智慧云"平台，以图文形式全面展示全区新时代文明实践阵地活动信息、供需对接动态等，实现项目活动动态发布，个性需求随时预约，数据分析科学精准。对照新时代文明实践所（站）评估体系14个方面、50多条细则，评选表彰优秀所11个、示范站16个。以奖代补打造"一所一品牌、一站一特色"，形成礼嘉镇"葡萄架下的文明实践"、前黄镇杨桥村"民俗文化精品体验路线"等特色品牌。将新时代文明实践中心（所、站）建设与全国文明典范城市对接，按照文明城市测评细化标准，推动基层做强长板、补齐短板。志愿力量全员参与，组建多层次、广覆盖的志愿服务队伍，全区形成了"总队、支队、队"三级志愿服务体系。组建29支区级机关和11支镇（街道）级常备支队，800多支特色志愿服务队，在线注册志愿者数超30万人，形成"党群携手，全民参与"的文明实践服务格局。工作方法全市推广，针对广大群众所需所求，开创性提出"五个三"工作法。即推动"阵地、人员、项目"三类资源大统筹，实行"区、镇、村"三级书记先带头，汇聚"资源、需求、服务"三张清单解民忧，切实做到"贴耳讲、贴心帮、贴身乐"三贴近，"矛盾纠纷必到必解、困难诉求必到必帮、红事白事必到必引"三必到。解决谁来做、在哪做、做什么、如何做等问题，把文明实践工作做细做实。亮点品牌全线打响，倾情打造"520"公益日，在5月20日举办全区新时代文明实践现场推进会，开展"文明实践、志愿同行"公益大集市，进行志愿服务项目的交流展示。进一步增强志愿先进价值认同，每年开展武进区"文明实践、志愿同行"优秀志愿服务评选活动，已评选表彰了100名区优秀志愿者，60个区优秀志愿服务项目，40个区优秀志愿服务组织，给予奖补资金。根据群众关心的热点问题，紧扣文明实践服务中心工作的宗旨，年均梳理发布200余个志愿服务项目，开展主题性实践活动近2000场次，参与群众近60万人次。

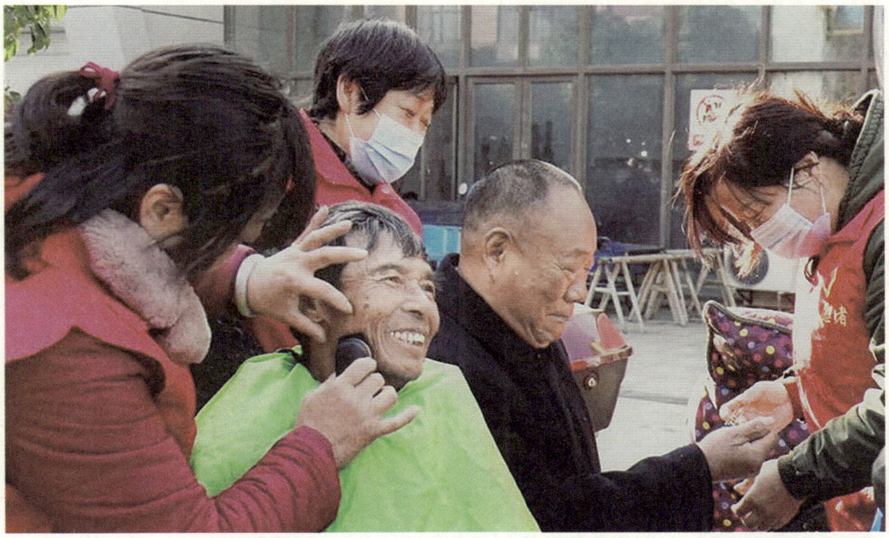

3月4日，学雷锋志愿服务集中行动传递爱与温暖　（供图/区委宣传部）

【文明创典范城市创建】 2021年，武进区围绕全国文明创典范城市建设要求和目标任务，制定文明城市建设"三年行动计划"、十大专项行动方案、重点工作项目表，明确任务和推进序时进度，每季度召开点评会，定期总结问题，部署下阶段工作重点。印发《武进区创建典范性文明城市考核办法》，推行日巡查、季测评、年考评机制。优化指挥体系，明确由相关区领导牵头负责指导、协调和督促12个工作组开展工作。将文明城市建设工作列为区领导工作专班，将要求细化为7项重点任务与16项指标，制定10类重点攻坚专题，由区相关部门组织现场督办，推进全力攻坚。组织区四套班子领导分成11组，实地指导督促全区重点项目和镇村，区纪委全程参与。创新推进文明城市建设与城镇长效管理、农村人居环境整治三项融合，全面实行路长制，着力破解主次干道管理难问题。针对城市道路、菜场、公益广告、商贸体等组织相关部门召开现场会，全力攻难点、通堵点。组织社区、镇村、路长制单位参加区级分类培训，通过讲座加实地模拟测评的形式巩固培训效果。将文明城市建设有关要求纳入城市道路改造一起规划推进，积极推动"口袋公园"和景观小品建设，提升城市品位。组织区级季度测评，对镇、村和社区小区分别考评并排名，考评和排名情况在季度点评会上公布，有力推动各项目标任务的高标准完成。

【未成年人思想道德建设】 2021年，武进区对未成年人工作实施目标化管理，加强对未成年人思想道德建设工作的指导，在加强常规工作的基础上创特色亮点。深入开展"新时代好少年"推选宣传，向市文明办推荐12名常州市"新时代好少年"候选人，高也博、戴欣辕、李佳旺、纪依含及"子原依佳"志愿者队获市级及以上"新时代好少年"称号。在武进清英外国语学校发布2020—2021年度武进区"新时代好少年"名单，通过《武进日报》、"今日武进"微信公众号等媒介宣扬，在全区广大青少年中大力营造见贤思齐、崇德向善的良好氛围。组织征文、摄影、手抄报竞赛，开展"党旗飘飘、砥砺奋进"青少年读书教育活动、"童心向党·梦圆中华"青少年庆祝建党100周年合唱比赛、"星火常传、青春向党"十四岁青春仪式观摩活动、"学史崇德、童心向党"我们的节日·清明活动、"五彩少年宫、缤纷童年梦"学校少年宫成果展示现场会、"青苗夏令营"等系列活动，促进未成年人全面发展。开展"童心向党"青少年学党史、"星火常传、逐梦成长"青少年党史学习教育实践系列活动，激励和引导广大青少年了解党的光辉历史、感悟党的初心使命、领会党的创新理论、体认党的精神谱系、传承党的红色基因、坚定共产主义信念，争做德智体美劳全面发展的社会主义建

表 2 2021 年武进区乡村“复兴少年宫”试点单位一览表

级 别	名 称	级 别	名 称
区 级	常州市武进区乡村复兴少年宫	镇（街道）级	武进区雪堰镇乡村复兴少年宫
镇（街道）级	武进区雪堰镇乡村复兴少年宫	村 级	牛塘镇青云村乡村复兴少年宫
	武进区牛塘镇乡村复兴少年宫		湟里镇西墅村乡村复兴少年宫
	武进区湟里镇乡村复兴少年宫		嘉泽镇成章村乡村复兴少年宫
	武进区嘉泽镇乡村复兴少年宫		洛阳镇岑村村乡村复兴少年宫
	武进区洛阳镇乡村复兴少年宫		雪堰镇楼村村乡村复兴少年宫
	武进区礼嘉镇乡村复兴少年宫		礼嘉镇蒲岸村乡村复兴少年宫
	武进区前黄镇乡村复兴少年宫		西湖街道长汀村乡村复兴少年宫
	武进区南夏墅街道乡村复兴少年宫		南夏墅街道南苑社区乡村复兴少年宫
	武进区西湖街道乡村复兴少年宫		前黄镇运村村乡村复兴少年宫

设者和接班人。启动武进区乡村“复兴少年宫”建设试点工作，印发《关于开展武进区乡村“复兴少年宫”建设试点工作的实施方案》，委托武进区青少年活动中心建设区级乡村“复兴少年宫”，依托全区 9 个乡镇和涉农街道新时代文明实践所建设镇级乡村“复兴少年宫”，遴选 9 个村（涉农社区）新时代文明实践站建设村级乡村“复兴少年宫”。全区 19 个试点单位整合活动阵地，设置活动课程，招募师资力量，完善经费保障，有序推进试点工作。

（王元霆）

统战工作

【概况】 2021 年，区委统战部发挥统一战线作用，服务中心大局，扎实推进多党合作、民族宗教、新时代“两个健康”先行区创建、港澳台事务、光彩事业、“梧桐同心”品牌建设等工作，全力促进政党、民族、宗教、阶层、海内外同胞关系和谐。在全省试点开展新时代“两个健康”先行区创建，形成“非武不栖、进无止境”人才周、审批服务“十个办”等创建成果以及智能机器人、石墨烯、新能源汽车、医疗健康等特色产业品牌。印发《关于进一步深化“发挥统战优势、服务一区一城”五大行动的意见》，建立健全民族宗教、非公经济、海外统战、新阶层人士等领域统战工作的协调机制。开展政党协商创优行动，夯实多党合作基础。成立区欧美同学会（归国留学生联谊会），开展“侨武青春”海归人才面对面等招引侨智活动。建立台籍教授“人才库”，编印《武进区涉台法规暨文件汇编》，完成台资企业联谊会和台属联谊会换届。开展民宗和谐共建行动，推进宗教活动场所安全专项治理。成立“梧桐同心红盟”，开展“学党史 进基地 办实事 解难题”主题活动。举办全区统战理论政策培训班、统一战线宣传信息员培训班。12 月，接受《中国共产党统一战线工作条例》贯彻落实情况省委专项督查，获省委督查组高度肯定。年内，报送信息近 200 条、宣传文章 50 余篇，被人民网、《团结报》等中央媒体录用 6 篇，被省统战网录用 10 篇，向第十三届长三角党外知识分子主题论坛递交高质量征文 2 篇。梧桐同心基地李公朴生平事迹展览馆入选全省统战系统“庆百年华诞、创同心家园——百家统一战线基地巡礼”活动案例。区委统战部获全市统战工作实践创新成果奖、全市统战理论政策研究创新成果一等奖、全市统战信息工作先进单位和全市统战宣传工作先进单位一等奖。

【深化省级新时代“两个健康”先行区创建】 内容参见“专记”类目 P1 同名条目。

6 月 11 日，武进区统一战线庆祝中国共产党成立 100 周年“同心向党、争先奋进”主题快闪活动　（供图 / 区委统战部）

【推进多党合作】 2021年，区委统战部协助制定《2021年度中共常州市武进区委与区各民主党派政治协商计划》，印发《2021年度区各民主党派、党外知识分子联谊会工作指导意见》，明确全年协商内容9项。加强政治引领，推进“不忘合作初心，继续携手前进”主题教育活动，指导各民主党派团体开展习近平总书记在中国共产党成立100周年大会上的重要讲话精神学习活动，通过看展览、听讲座、谈感想等方式，推动党史学习教育，增进对中国共产党和中国特色社会主义的政治认同、思想认同、理论认同、情感认同。区委统战部组织党派团体骨干成员及优秀信息员参加为期5天的统战理论政策培训班。在宝林寺举办“同庆百年伟业、同心砥砺前行”主题书画展，征集、展出民主党派团体书画家作品35幅。各民主党派团体不断加强自身建设，民建武进区基层委员会新增委员2名，致公党武进区基层委员会完成届中调整，成立农工民主党西太湖支部、党外知识分子联谊会西太湖分会，新建党派成员之家2个。

【维护宗教领域和谐稳定】 2021年，区委统战部部署开展宗教领域安全发展示范城市创建工作，召开全区民族宗教工作会议暨安全生产专项整治三年行动推进会，印发《武进区宗教活动场所应急管理和安全专项整治基础台账》，举办全区寺院安全培训，联合区应急管理局、消防大队、武进公安分局等部门在宝林寺开展宗教活动场所突发事故综合应急救援演练，全面推动宗教活动场所安全专项治理。年内，排查整改全区宗教活动场所安全隐患237处，整改率100%。开展宗教活动场所法人登记工作，完成宝林寺、同心堂、吴黄寺法人登记，如来寺取得不动产登记证。加强对基督教私设聚会点、民间信仰活动场所的管理，指导区三自爱国会拟定“以堂带点”工作规约，研究制定《武进区基督教“以堂带点”聚会点年度工作评估办法（试行）》，完成挂牌赋码登记民间信仰点1处。开展宗教专项工作，在区委统一战线工作领导小组、民宗工作领导小组框架内成立专项整治工作专班，制定出台关于宗教专项工作的实施方案2个。引导宗教界助力新冠肺炎疫情防控，11月，区佛教协会、道教协会、基督教三自爱国会向湖塘御城新冠肺炎疫情防控指挥中心捐赠资金6.35万元、抗疫物资价值10万元。

【省级“红石榴家园”创建】 区委统战部门于1月印发《武进区“红石榴家园”创建活动方案》，召开少数民族联络员学习座谈会、“红石榴家园”创建座谈会，组织民宗干部实地参学府东社区“红石榴家园”，开展民族团结进步宣传月活动，推进民族工作省级“红石榴家园”创建活动，高质量发展民族团结进步事业。城西回民村、前黄中心小学创成全省第二批“红石榴家园”，嘉泽镇、牛塘镇创成全市首批“红石榴家园”。推进少数民族流动人口市民化和基本公共服务均等化，帮助解决在武进创业的少数民族人口子女入托、入学38人。加大清真网点安全检查力度，做好清真餐饮店清真标志牌审批发放工作。依法保障清真餐饮店合法权益，为清真餐饮店出具从业人员免费体检材料70多份。7月，常州“红石榴家园”武进工作站在湖塘府东社区开展“疆心比心·情系河南”爱心捐赠活动，募集爱心款1.53万元。全年向656人发放少数民族清真食品补贴11.81万元。

【新的社会阶层人士统战工作】 2021年，区委统战部、区新联会推进新的社会阶层人士统战工作，服务经济社会高质量发展。4月，开展“新艺大运河、同庆一百年”武进、吴中、广陵新的社会阶层人士庆祝中国共产党成立100周年工艺美术作品展，发起成立“大运河新阶层艺术联盟”，用匠心匠品献礼中国共产党百年华诞。组织会员参加“凝聚新力量、献礼一百年”南通学习考察活动，学习贯彻中共中央总书记习近平视察江苏重要讲话指示精神，传承弘扬张謇精神，争做爱国报国、实干创新、坚忍不拔、遵纪守法的楷模。10月，组织会员参加为期3天的深圳考察学习活动，参观华为全球总部深圳基地、松山湖新园区以及腾讯总部、深圳物联网协会、瑞声科技总部，并开展座谈交流。11月，组织会员企业家参加在上海举办的2021中小企业数字经济全球论坛。年内，对照省、市实践创新基地建设要求，挖掘打造江苏（武进）技能人才服务产业园创新实践基地、网络人士创新基地、湖塘镇“湖塘悦舍，与武同行”武进人才公寓基地等，完善“常州新力·梧桐新叶”示范点建设体系。武进区梧桐同心广场入围省委统战部“庆百年华诞、创同心家园——百家统一战线基地巡礼”名单。

【港澳台统战工作】 2021年，区委统战部贯彻落实港澳专项工作，依托香港武进同乡会和澳门常州联谊会，借助节日慰问、人才论坛等契机，加强思想政治引领、广泛凝聚共识。走访慰问港胞港眷40余人次，走访调研福隆控股集团、常州晶贝珍珠有限公司、世特科流体动力系统（常州）有限公司等港资企业10余家，协调解决1家港企新冠肺炎疫情防控期间企业用地开发逾期罚款问题、

10月13—15日，武进区新联会组织青年企业家到深圳考察学习（供图/区委统战部）

1名港胞社保香港转内地问题、3名港胞子女武进入学问题。持续做好新冠肺炎疫情防控期间港胞港眷往返香港、武进的对接服务工作。开展文化交流活动，于3月承办在常港澳同胞体验智能常州线下交流活动，11月举办“传承传统文化·武港同心同行”在武港澳同胞联谊活动。

坚持对台工作大政方针，夯实工作基础。3月，举办“梧桐同心、春风送岗”台企联公益专场招聘会，中天钢铁集团、今创集团等100家企业参加，提供制造加工、教育、金融、商贸流通等就业岗位3900多个，现场达成就业意向近300人。4月，举办涉台法律风险防范知识讲座，台企负责人、管理人员及台谊会会员、涉台婚姻家庭代表近30人参加。5月，先后走访调研常州大学、江苏理工学院、常州信息职业学院，召开座谈会，建立台籍教授“人才库”。6月，开展“台籍博士武进行”活动，组织近30名高校博士、重点台企高管走进理想汽车常州基地等重点企业，并帮助台企与驻武进高校建立“院企合作”框架协议，缓解台企“招人难”困境。7月，国台办经济局副局长袁野一行调研西太湖科技产业园“海峡两岸（常州）健康产业合作示范区”常州国家医疗器械国际创新园。9月，承办常州台资企业安全生产及法治宣讲专题沙龙，组织“三胞”眷属中秋联谊座谈会。10月，召开服务台资企业政策对接协调会，编发《武进区涉台法规暨文件汇编》。与市台办联合调研武进台企有序用电背景下生产经营现状，并协调解决有关台企用电问题。

【海外统战工作】 2021年，区委统战部以联络联谊、为侨服务、文化交流、招引侨智、组织建设为抓手，广泛凝聚海内外侨心侨力，服务武进高质量发展大局。2月，邀请海外社团和华侨华人、留学生100多名，录制“海外武进人给家乡人民新年祝福”视频。牵线海外华文教育编辑部开展网上缔结友好学校活动，星河实验小学、淹城初级中学、常州市高级职业技术学校分别与德国埃尔朗根中文学校、华尔中文学校、海尔布隆中文学校结为友好学校。组织省前黄高中、湖塘实验中学老师参与“一带一路”华文教育直播培训工作。3月，在

6月17日，全国工商联副秘书长、经济部部长林泽炎（里中）一行调研武进区新时代“两个健康”先行区创建工作 （供图/区委统战部）

湖塘镇永定社区举办“春送健康”进社区活动。3月21日，与委内瑞拉华助中心签署友好合作协议，搭建商贸、投资、文化交流平台，扩大与海外侨社的友好合作关系。11月，开展“侨武青春”海归人才面对面活动，为海归人才提供就业指导、创业助力、联谊交流，加强企业与海外归国人员的深度交流与合作。12月，成立武进区欧美同学会(武进区留学人员联谊会)，选举张翀昊为会长。指导嘉泽镇、西湖街道、武进高新区侨联换届，武进高新区、西湖街道侨联创建省级华侨华人创新创业服务中心，通过省委统战部调研考核，获专项经费支持。

【“美丽武进、幸福家园”同心惠民教育共建光彩三年行动】 3月，区委、区政府两办联合印发《关于开展“美丽武进、幸福家园”同心惠民教育共建光彩三年行动的实施意见》，动员组织广大企业家和社会各界人士，参与“同心惠民教育共建光彩三年行动”。年内，全区新建千万元光彩基金2个、百万元光彩基金20个，实际到账光彩资金3699万元，投入使用光彩资金3797万元，实施光彩项目286个。区光彩事业促进会捐赠100万元，与常州市委统战部共同设立葫芦岛市兴城教育帮扶光彩基金，支持葫芦岛市培养基础教育人才、开展贫困家庭教育帮扶、奖助品学兼优学生等。区光彩事业促进会获评江苏省5A级社会组织。

【“梧桐同心”统战品牌建设】 2021年，区委统战部组建同心志愿服务队，开展新时代文明实践志愿服务、“梧桐微爱”同心助残等活动，扩大“梧桐同心”统战品牌影响。6月，成立“梧桐同心红盟”，启动2021年度“梧桐同心红盟”实践活动共建项目。采用“1+5+N”同盟共建模式，即由统战系统各基层党组织主导，与民主党派、民族宗教、非公经济、新的社会阶层等五大领域同心公益联盟相联合，扎根N个“梧桐同心基地”开展党建共建活动，通过汇聚人心引领学、畅通渠道自主学、丰富形式集中学、实境课堂感悟学和深入基地实践学，深入基层梧桐同心基地，开展各类社会服务。开展全区统一战线庆祝建党100周年“同心向党、争先奋进”主题快闪、庆祝中共建党100周年知识竞赛等活动。开办“同心·微讲堂”干部成长课堂11期，采取统战干部轮流讲课的形式，加强成员交流，提升能力素质。

（顾珂迪）

机构编制管理

【概况】 2021年，区委编办围绕服务全区中心工作，统筹配置机构编制资源，组织开展基层治理体系改革试点，着力提升机构编制监督检查质效。全年发文调整部门机构编制事项54件，审核编制使用计划121名（行政编制51名、事业编制70名），涉及区外人才引进21名。新增入库科级职数23名(其中正科级1名)。

【机构编制调整】 2021年，区委编办结合区委、区政府中心工作，优化机构设置和编制使用。在区农业农村局增挂区乡村振兴局牌子，在区文体广电和旅游局增挂区文物局牌子，在区新时代文明实践指导中心增挂区网络安全应急指挥中心牌子，将区体育彩票管理中心调整至区体育管理服务中心挂牌，将区检察官培训中心更名为区检务保障中心。撤销区交通建设工程质量监督站、区城乡建设档案馆（常州市武进区城乡建设档案管理处），在常州市武进区建设工程管理中心增挂区城乡建设档案馆牌子。完善区卫生疾控体系建设，优化武进中医医院编制结构，助力三甲中医医院创建，调整恢复常州市武进国家高新区人民医院牌子，提升区域营商环境。新设武进区学府小学、实验学校、科教城小学和科教城初中4所学校。

【基层整合审批服务执法力量改革】 2021年，区委编办深化基层整合审批、服务、执法力量"三整合"改革，保证基层有人有物有权办事。采用"专人驻点"报备跟踪模式，重点建设湟里镇"省级先行先试示范点"，推进基层治理现代化。出台《关于明确武进区镇（街道）"属地管理"事项的实施意见》和《武进区镇（街道）"属地管理"事项主体责任和配合责任清单》，规范准入机制，为基层减负。牵头梳理并公布《武进区镇（街道）权力事项清单》，推进依法行政。武进区基层"三整合"改革的经验做法被中国机构编制网、"学习强国"平台刊发。

【区级机关部门高质量发展绩效考核】 区委编办围绕区委、区政府重点工作目标任务，制定印发《2021年度区级机关部门服务高质量发展考核实施方案》，全面评价全区高质量发展成效。全区62个部门和单位参加考核，考核项目由重点工作目标、管理工作目标、争先进位目标3个部分组成，包含区重点工作（专班推进）督查、全面深化改革、区政府工作目标任务完成情况、一类目标、安全生产工作情况、职责履行和机构编制执行情况等9个具体考核指标，由区委办、区政府办、区发改局、区委编办等10个考核责任部门牵头制定考核实施细则，发挥考核激励作用，激发全区干部担当实干。

（陈　渊）

台湾事务

【概况】 2021年，区台办深入贯彻中央对台决策部署，围绕区委中心工作，服务发展大局，探索推动两岸融合发展的新路径。全区新批台资项目12个，总投资2635.88万美元。47家台资工业企业完成营收134.9亿元、外贸出口13.5亿美元，分别比2020年增长11.7%和13.2%。发挥部门和板块的联动机制，积极服务台企台胞，协助解决生产生活中遇到的实际困难。主动与区卫健局对接，做好在武进的170余名台胞新冠疫苗接种登记工作。会同区教育局等相关部门解决11名台胞子女入学问题。协调办理台企求助问题6个，开展联谊活动10余次。12月，第七届苏台青少年科技创意创新大赛在南京、常州、台湾三地同步举办，常州市武进高级中学承办开幕式。12月，武进区召开台资企业联谊会第三届会员大会，刘中兴当选为会长。召开台属联谊会第八次会员代表大会，赵明当选为会长。年内，区台办报送涉台宣传信息稿件80余篇，被常州市台湾事务政务网录用70余篇，《师生缘海峡情——记情系家乡的知名教育家余宗玲》被第七期《两岸关系》杂志刊载，调研文章《对台北市武进同乡会工作的实践与思考》被省台办《台湾工作动态》录用，《发展壮大爱国统一力量亟须加强统战与对台工作深度连接：亟须破解台湾地区大陆同乡会三重困境》等多篇信息被省级平台录用。

【优化台资企业营商环境】 3月，区台办会同区人社局、区台企联、区新联会等单位，开展"梧桐同心·春风送岗"台企联公益专场招聘会，支持台资企业复工复产。7月，国台办经济局副局长袁野一行调研西太湖海峡两岸（常州）健康产业合作示范区常州国家医疗器械国际创新园，走访部分台资企业。市台办领导和区委常委、统战部部长、副区长李德森等围绕细胞治疗前沿技术、医疗生物科技、半导体芯片等关键领域和重点板块，开展高密度调研，切实增强企业发展信心。武进台资企业参加"首届长三角两岸青年创新创业大赛"，巴斯特医药科技（常州）有限公司的"新型细胞外基质复合高端生医材料研究"

12月13日，武进区台属联谊会第八次会员代表大会在区行政中心召开，图为全体代表合影　（供图／区台办）

6月16日，“武台一家亲、台籍博士武进行”活动在武进高新区举行

（供图／区台办）

项目和向日葵心理服务中心的“CPDP心理健康风险控管评估系统”项目成功晋级决赛。区台办先后承办常州台资企业安全生产及法治宣讲专题沙龙，召开服务台资企业政策对接协调会，进一步优化营商环境。11月，光宝科技(江苏）有限公司、常州高青购物中心有限公司、常州威材新材料科技有限公司、晶品光电（常州）有限公司、兴勤（常州）电子有限公司、常州市盛辉药业有限公司等单位获第三届江苏省紫峰奖。年内，江苏海鸥冷却塔股份有限公司获2021年度工业和信息化部第六批制造业单项冠军产品，江苏瓯堡纺织染整有限公司、常州市盛辉药业有限公司通过2021年度工业和信息化部两化融合管理体系贯标评定，晶品光电（常州）有限公司（LED芯片智能制造车间）获评2021年度江苏省智能制造示范车间，琉明光电（常州）有限公司获评2021年度江苏省“企业上云”四星级企业，光宝科技（常州）有限公司获评2021年度江苏省绿色工厂。

【“武台情·一家亲”服务品牌建设】 2021年，区台办以“武台情·一家亲”品牌建设为抓手，积极搭建平台，拓宽渠道，深化武进、台湾两地在基层板块、教育、科技、医疗器械等领域的交流合作。4月，联合富克斯流行广场“梧桐同心”基地举办涉台法律风险防范知识讲座，宣讲惠台政策，征求意见建议，积极推动各项惠台措施落细落实。5月，配合上级有关部门调研入驻武进西太湖健康产业发展中心的光宝医疗器械（常州）有限公司、三丰东星医疗器材（江苏）有限公司、江苏博铼生技医疗科技有限公司等台资企业发展运营情况。6月，在武进高新区举办“武台一家亲、台籍博士武进行”活动，江苏理工学院、常州信息职业学院的台籍博士老师以及光宝科技（常州）有限公司等重点台资企业高管等20余人参加活动，探索校企合作新模式，促进台企台胞融合发展。深入基层社区走访调研，更新52户涉台婚姻家庭、31户常住台胞家庭基础信息，了解相关诉求，密切社区与台胞家庭的感情链接。端午、中秋等节日，组织走访慰问台胞台属活动。

（杨伟铭）

侨　务

【概况】 2021年年末，全区常住人口中有归侨15人、侨眷8000余人，在海外的华侨华人5000余人，分布在世界近40个国家和地区，相对集中于美国、加拿大、日本、英国等国家和中国香港地区；有侨资、侨属企业880余家。年内，区侨办、侨联夯实基层侨联组织建设，召开区侨联八届六次全委（扩大）会议，推进嘉泽镇、武进高新区、西太湖科技产业园基层侨联换届。拓展海外联谊，与委内瑞拉华助中心签订友好合作协议，深化为侨服务，开展海外武进人给家乡人民贺新年、“侨武青春”海归人才面对面线上金融专场等活动。5—6月，深入基层、实地走访，对武进籍海外留学生、归国留学生、在武进的归国留学生开展全面摸底调查，建立完善全区留学人员信息库，收录留学人员1345人。开展“四季四送”品牌活动，走访慰问困难归侨侨眷、侨界代表人士100余人次，发放困难补助、慰问金3万余元；举办常州市中医惠侨首站精通国际工业园活动。牵线海外华文教育编辑部开展网上缔结友好学校活动，常州市高级职业技术学校、淹城初级中学、星河实验小学3所中小学分别与德国埃尔朗根中文学校、华尔中文学校、海尔布隆中文学校结为友好学校。助力华文教育培训工程，先后邀请江苏省前黄高级中学、湖塘实验中学的3名老师为马来西亚等国家华

9月22日，“中医惠侨”活动首站走进津通国际工业园　（供图／区侨办）

文学校专题授课3场。开展新冠肺炎疫情常态化防控，为广大侨胞提供抗疫、归国等政策咨询。据不完全统计，全年接收涉侨捐赠1000多万元。武进高新区、西太湖科技产业园创成省级华侨华人创新创业服务中心。

【基层侨联组织建设】 2021年，区侨办、侨联深入推进基层侨联组织换届，指导嘉泽镇、武进高新区、西太湖科技产业园3个基层侨联组织完成换届工作，进一步夯实侨联组织工作基础。4月14日，嘉泽镇召开第二次归侨侨眷代表大会，刘建刚当选为主席。11月24日，西太湖科技产业园召开第二次归侨侨眷（留学人员）代表大会，顾锁娟当选为主席。12月30日，武进高新区召开第二次归侨侨眷（留学人员）代表大会，贡毅当选为主席。至年末，全区10个基层侨联组织均完成换届。

【海外联谊活动】 春节前夕，区侨办、侨联联络海外华人社团、武进籍海外华人华侨（家庭）、海外留学生、港澳同胞和武进外经企业，以“拜年”为主题，录制拜年视频，大年初一至初七在武进电视台播放，展现广大海外人士心系祖国、心系家乡，对家乡以及家乡人民的美好祝愿之情。

3月21日，委内瑞拉华助中心主任李锦盛、梅里达省商会会长冯福潮、巴里纳省商会会长何琪练、玻利瓦尔省商会名誉会长郑连发、加纳雷省商会名誉会长冯英略、加纳雷省商会常务委员冯文端、拉蜡省商会副会长甄卓尧等一行访问武进，参观中国以色列常州创新园、西太湖科技产业园等地，了解武进创新创业政策和发展情况。

【侨送健康系列活动】 3月17日，区侨办、侨联在湖塘镇永定社区开展“春送健康”进社区义诊活动，邀请武进中医医院大内科主任钱卫东作“心血管疾病的防治”讲座，服务留学生家属和社区居民等50多人次。6月18日，邀请常州市第一人民医院营养科主任顾红柳为武进高新区北区香溢澜桥社区60多名归侨侨眷作“‘营养与健康’从会吃开始”健康讲座，并为留学生家属和社区居民提供健康咨询。9月22日，承办2021年“中医惠侨”进园区活动，首站走进津通国际工业园。常州市中医医院资深专家袁群作“亚健康保健调养”专题讲座，6名医护人员为园区侨商侨企高管和员工代表提供口腔检查、推拿刮痧、耳穴贴敷、保健茶饮等中医义诊。

【“侨武青春”海归人才面对面·线上金融专场活动】 2月19日，在常州市高级职业技术学校举行“侨武青春”海归人才面对面·线上金融专场活动。现场设置“走进武进”“走进企业”展示区域，来自银行、证券、理财等金融行业的9家企业和32名海归人才参加面对面交流，来自心理咨询、人力资源领域的3名导师应邀在线参与互动。经交流选择，达成就业意向10余个。

（寿鹤婷）

3月20日，区委统战部和委内瑞拉华助中心签署友好合作协议 （供图/区侨办）

老干部工作

【概况】 2021年年末，武进区有离休干部104人，其中武进直属83人、代管（含垂直条线部门）18人、易地安置3人；副处级及以上退休干部110人。有离退休干部党支部（总支）85个和卫健系统、教育系统、区级机关事业单位退休干部协会3个。年内，区委老干部局统筹抓好离退休干部党建工作、服务管理、作用发挥，团结带领全区广大离退休干部讲政治、献余热、做贡献，为全区经济社会发展增添正能量。区委老干部局门户网站全年发布信息785篇，“武进桑榆”微信公众号推送消息352条，累计上报工作信息45篇，被“学习强国”江苏平台录用1篇及人民网（江苏频道）、新华社（江苏频道）、我苏网、省委老干部局网站和微信公众号等媒体平台录用17篇。区委老干部局获评武进区推进高质量发展争先创优先进集体，纪佩来、王敏分别获评常州市优秀基层党务工作者和武进区优秀基层党务工作者，“桑榆”品牌获评2021年度区级机关十佳先锋旗帜品牌，“情暖桑榆”红盟获评武进区“两在两同建新功”行动十佳为民办实事奖。

【离退休干部党建工作】 2021年，区委老干部局组织全区85个离退休干部党支部开展党史学习教育，按照“七个一”（一次动员大会、一场理论学习、一次实地参观、一次专题调研、一堂书记党课、一次实践活动、一次组织生活会）开展活动，促进广大离退休干部学史明理、学史增信、学史崇德、学史力行。举办全区党史学习教育老干部专场报告会1场，推送基层支部党史学习教育系列报道13期。6月25日，武进区离退休干部政治生活馆开馆，为全区离退休干部提供一个学习教育、锤炼党性的新平台。年内，该馆分别接受省委组织部副部长、老干部局局长、离退休干部工委书记江桦等省、市、区领导考察调研，得到高度评价和充分肯定。开展全区离退休干部庆祝建党100周年系列活动7项，举办全区离退休干部主题党日活动1次，展出老干部书画、摄影、诗词作品114件，征集“忆党史赞成就”主题征文稿件156篇（其中3篇获评全省

6月24日，区委书记李林为四套班子老领导颁发光荣在党50年纪念章
（供图/区委老干部局）

老干部主题征文三等奖），播映红色影片10场，组织10008人次参加党史知识“云竞赛”，通报表扬系列活动先进老干部146人。开展支部书记讲党课、专家老师授课、宣讲团送课、“桑榆云讲堂”活动，全年送理论宣讲到基层24场，推送自制微党课视频50期、“纪萍说案”普法语音8期、学习参考资料40期，组织收看全国、全省离退休干部网上专题报告会10场。区妇联、区审计局、区委党史工委、高新北区4家单位单独成立离退休干部党支部。年内，区财政局离退休干部党支部获评全省“百佳离退休干部党支部”，全区创成市级离退休干部“六有一提升”达标支部10个、市级示范支部4个，通报表扬全区离退休干部党组织建设优秀支部32个、优秀骨干17人。

【离退休干部服务管理】 2021年，区委老干部局举办老干部情况通报会、庆祝中国共产党成立100周年老干部座谈会、“光荣在党50年”纪念章颁发、百岁离休干部看望慰问等活动，落实离休干部生活补贴增发、离休干部提高享受按副省（部）级标准报销医疗费待遇、离休干部提高高龄护工费补贴标准等政策。健全完善“干部随管理成长、管理伴干部一生”的闭环体系，印发《关于健全完善干部荣誉退休制度的通知》，明确开展专题谈心谈话、安排服务保障对接、举办荣誉退休仪式、加强思想政治引领、引导发挥优势作用、丰富精神文化生活六项制度，细化荣誉退仪式流程。9月29日，举办全区首次区管干部荣誉退休仪式。针对离退休干部养、医、教、学、乐、为六个方面的供需矛盾，以党建为媒、红盟为介，分别由区卫健局、文体广旅局等部门牵头，组建“情暖桑榆”红盟，构建离退休干部新型服务保障体系。年内，红盟单位共发布首批实事项目9个。开展“桑榆爱心基金”帮扶活动，帮扶特困对象51户，发放帮扶款15.1万元。申报市级帮扶特困老干部4人。

【离退休干部作用发挥】 2021年，区委老干部局完善以三级组织体系、四种活动方式、五项服务内容、六支特色团队为主要内容的“3456”志愿服务模式，加强与区经研会（老促会）、农业农村局、法院等单位联动，推动老干部发挥作用更加规范化、常态化、系统化。组织“新春送福”“520现场展示”等集中活动4次，开展义诊等专项志愿服务48次，特色团队老干部巡访团、健康咨询团、新苗育才工作室等坚持每周常态化履职，全年提供服务74次。5月14日，承办全市“银发生辉”志愿者队伍负责人现场观摩会，观摩湖塘镇永定社区老干部作用发挥和包丽娜新苗育才工作室工作开展情况。9月29日，举办“银发当争辉永远跟党走”全区离退休干部庆祝建党100周年暨“银发生辉”工程成果展示主题活动，常州市各辖区老干部局负责人，武进区级机关、各镇（街道）、开发区分管领导及退休干部共500多人参加。在全区离退休干部党员中开展“两在两同”（始终同人民想在一起、干在一起，风雨同舟、同甘共苦）建新功行动、“争当老有所为先锋”实践活动，涌现出“武进军休老兵张志明争当疫情防控先锋”“前黄雅韵艺术团上演防疫‘文艺轻骑兵’”“潘家老干部‘桑榆巡逻队’助力新冠疫苗接种”等典型样板。实施“桑榆进基层，治理当先锋”志愿服务项目，围绕“培育良好风尚、矛盾纠纷调解、文明城市建设、社区事务管理、网格事项巡查”在21个村（社区）开展试点，开展活动487次，参与老干部633人次，服务14万余人次。年内，评选2021年度“最美桑榆”17人，通报表扬2021年度全区“银发生辉”工程暨“桑榆进基层，治理当先锋”志愿服务项目优秀团队（工作室）8个、志愿服务优秀个人25人，星级社区（村）6个，优秀社区（村）15个。

（王　敏）

党校工作

【概况】 2021年，区委党校（区行政学校）按照区委统一部署，立足实际，紧扣主课主业，实施党建引领强化工程、主课主业对标工程、服务发展融入工程、疫情防控助力工程、制度机制再造工程，推进武进党校事业高质量发展。举办各类培训256期，参训21529人次。其中，主体班次38期，参训3036人次。完成区级及以上科研课题26个，在省级及以上刊物发表学术论文12篇，编印《学习参考》6期。学校获江苏省文明单位、常州市文明单位标兵等称号。

【实施干部教育培训“七彩课程”】 2021年，区委党校按照《2021年全区干部（人才）教育培训工作要点》，整合资源，打造形成“政治红魂”“创新紫核”“智造蓝海”“营商橙新”“城乡绿动”“民生金暖”“素能靛基”七大培训模块，实现干部教育培训精准优质化。

3月29日，“发扬‘三牛’精神、锻造基层铁军”全区基层党组织书记系列培训班开班。年内，举办全区新任村（社区）党组织书记培训班、武进区社区党组织书记培训班、全区村党组织书记示范培训班、武进区区级机关党组织书记培训班、武进区“两新”组织党务工作者专业化建设培训班、全区首届“两新”组织“领航计划”训练营、全市村（社区）党组织书记培训班7期。在课程设置上，围绕习近平新时代中国特色社会主义思想、百年党史、基层治理、美丽乡村建设、“两新”党建、廉政教育等内容，运用理论教学与现场教学相结合、实景课堂与学员论坛相融合的教学形式，夯实基层党建。

4月7日，武进区年轻干部“雄鹰计划”训练营启动，区级机关和乡镇、街道、开发区38家单位的49名年轻干部参加。该训练营采用分段集训的模式，横跨10个月，总课时近40天。在课程设置上，坚持“请进来教”与“走出去学”相结合，全力打造“吾进大学堂”，邀请专家教授围绕大数据、工业智造、乡村振兴、生态环保等内容进行专题授课，补齐年轻干部治理能力、专业知识等方面短板。同时强化区情教育，邀请武进区领导和板块负责人授课，以“吾看武进”为主题，加强现场教学点建设，构建“读、看、讲、议、评”相结合的五环教学模式，提升年轻干部综合能力素养。

6月3—19日，武进区新任乡科职干部培训班举办，37家单位、48人参训。该培训班设置政治能力提升、发展格局提振、治理水平提标3个单元，开设政治理论、创新经济、社会治理等课程，开展“回望百年征程，重温入党初心”主题党日、中共十九届五中全会精神专题研讨等班级活动，推进参训干部适应新身份、认识新形势、应对新问题、锚定方向、振奋精神，更好地为武进高质量发展贡献智慧和力量。

9月17日，武进区党政主要领导政治能力提升培训班开班，区各板块、部门主要领导干部共计70余人参加，区委书记乔俊杰出席开班仪式并讲话。该培训班分2期进行，重点聚焦革命传统文化，开设“毛泽东、习近平论长征精神及当代启示”“从伟人身上汲取信仰的力量——毛泽东思想解读”等理论课程，寻访毛泽东、刘少奇等伟人足迹，重温红色记忆，感悟伟大建党精神。通过培训，深化对习近平总书记关于提高政治能力的重要论述的认识，不断提升党政主要领导干事创业的能力水平。

10月28日至11月3日，全市村（社区）党组织书记培训班举办，69人参训。该培训班围绕习近平总书记在中国共产党成立100周年大会上的重要讲话精神及乡村振兴的重要论述、常州市第十三次党代会精神与高质量发展内涵、全市乡村振兴和基层社会治理等内容，辅以实景课堂与头雁讲坛，为参训学员提供全方位、深层次的培训与体验。

11月24日，武进区镇（街道）党政领导干部“新时代、新担当、新作为”主题培训班开班，年内共举办3期，全区镇（街道）党政领导干部136人参训。该培训班设置政治理论、农业农村、基层治理、疫情防控、安全生产、生态环保等课程，并组织学员以代表领读、分组研讨等形式学习江苏省第十四次党代会报告，为争做“532”发展战略先行者打下坚实的理论基础。

【“学党史、践初心”百年百课系列宣讲】 2021年，区委党校围绕深入学习宣传贯彻习近平新时代中国特色社会主义思想，紧扣中国共产党成立100周年主线，面向全区基层党组织开展“学党史、践初心”百年百课系列宣讲，内容涵盖党史学习、理论政策、党性修养、“一区一城”和能力素质等主题共100个专题。发挥理论宣传的主力军作用，成立红雁宣讲队，组织骨干教师参加中共十九届六中全会精神宣讲团、习近平总书记在中国共产党成立100周年大会上的重要讲话精神宣讲团、市十三次党代会精神宣讲团、区党史学习教育宣讲团，深入部门、镇村、企业和基层单位，以报告会、专题讲座等形式，开展具有针对性的理论宣讲活动200余场，受众2万余人次。

【调查研究与决策咨询】 2021年，区委党校围绕全区中心工作和经济社会发展的热点难点开展调研，深入开展决策咨询工作，及时反映思想理论动态，提出有价值的对策建议。调研文章获省委党校课题优秀结项2篇、良好结项1篇，环太湖课题获重点结项1篇，市委党校党建专项课题获重点结项1篇。与区法院、区委组织部合作的课题《党建引领共建共治共享构建新时代“武进之治”的司法样板》获全区“两在两同”建新功行动“十佳调研成果”，并获区委书记乔俊杰批示；与区人大合作的课题《关于加强武进区居家养老服务工作的调查与思考》获区长恽淇丞批示。3门关于武进地域特色的专题课程入选《常州百年党史专集》，12个“百年精神、薪火相传”系列微党课视频被列为全区“远程教育培训周”活动的主要内容。围绕习近平总书记在中国共产党成立100周年大会上的重要讲话精神，在《武进日报》上开设“学党史，习思想”理论宣传专栏，刊发理论文章14篇。

【区委党校太湖湾分校投入试运行】 11月2日，区委党校太湖湾分校投入试运行，首期培训班雪堰镇2021年度镇村干部培训班开班。该分校由区委党校按照“资源共享、优势互补、共建双赢”的原则，与武进太湖湾旅游度假区管理办公室共建，旨在整合太湖湾优质资源，做强太湖文旅组团，进一步拓展党员、干部培训阵地，提高区委党校培训工作水平，增强服务地方经济社会发展的能力。至年末，累计培训400人次。

（李　琳）

11月，各单位在区委党校太湖湾分校开展“沉浸式”党性教育　（摄影／金子洋）

常州市武进区人大

People's Congress of Wujin District of Changzhou

栏目编辑　王国新

人大重要会议

【区十六届人民代表大会第五次会议】 1月6—8日，在武进假日酒店会议中心召开。会议听取和审议《武进区人民政府工作报告》《武进区国民经济和社会发展第十四个五年规划和二〇三五年远景目标纲要》《武进区2020年国民经济和社会发展计划执行情况及2021年计划安排报告》《武进区2020年预算执行情况和2021年预算草案》《武进区人大常委会工作报告》《武进区人民法院工作报告》《武进区人民检察院工作报告》，批准以上报告并通过相应决议。会议选举陈志良为区人民政府区长，孙金才为区人大常委会副主任；票决产生2021年重点民生实事项目。

1月6日，常州市武进区十六届人民代表大会第五次会议在武进假日酒店会议中心开幕　（摄影/陆　新）

【区十六届人大常委会会议】 2021年，区十六届人大常委会共召开常委会会议7次，听取和审议政府、法院、检察院专项工作报告11项，作出决议、决定5项，任免国家机关工作人员88人次。邀请非区人大常委会委员的镇（街道）人大负责人42人次、区人大代表28人、选民14人列席各次会议。

第三十六次会议　2月25日在区行政中心召开。会议批准区政府关于提请审议2021年第一批政府投资项目建设计划的议案，审议通过区人大常委会2021年工作要点、区人大常委会规范性文件备案审查办法及对区十六届人大代表王某某采取取保候审强制措施的报告。接受是峰辞去区人民政府副区长职务的请求。免去陈建荣区人大常委会财政经济工委主任职务、陈方根区人大常委会城市建设环境资源工委主任职务、陆为农区人大常委会教育科学文化卫生工委主任职务、徐晓燕区人大常委会教育科学文化卫生工委副主任职务、许岳兴区人大常委会法制和内务司法（民族宗教侨务）工委主任职务、俞建东区人大常委会人事代表工委主任职务、许勤丰区人大常委会农业和农村工委主任职务、高兴国区人大常委会西湖街道工委主任职务。任命王腊美为区人大常委会教育科学文化卫生工委主任、任争辉为区人大常委会教育科学文化卫生工委副主任、徐晓东为区人大常委会法制和内务司法（民族宗教侨务）工委主任、丁晓瑾为区人大常委会人事代表工委副主任、高国华为区人大常委会农业和农村工委主任、闵贤俊为区人大常委会西湖街道工委主任。审议通过其他人事任免事项。

第三十七次会议　4月1日在区行政中心召开。会议审议通过有关人事任免事项，免去王勇区统计局局长职务、吴嫔区商务局局长职务、冯民区政府研究室主任职务，任命胡文伟为区人大常委会财政经济工委主任、冯民为区人大常委会城市建设环境资源工委主任、陈刚为区人大常委会人事代表工委主任、王勇为区商务局局长、陈江为区统计局局长。审议通过区人民法院法官进网格参与社会治理工作情况报告、区人民检察院认罪认罚从宽制度执行情况报告。

第三十八次会议　6月2日在区行政中心召开。会议审议通过有关人事任免事项，免去顾群区人大常委会戚墅堰街道工委主任职务、薛康区人大常委会潞城街道工委主任职务、吴晓东区人大常委会南夏墅街道工委主任职务、金小庆区人大常委会西湖街道工委副主任职务，任命黄盛英为区人大常委会研究室主任、杨永清为区人大常委会戚墅堰街道工委主任，审议通过其他人事任免事项。批准区人民政府《关于提请审议原武高实验楼修缮工程等6个项目列入区2021年政府投资项目建设计划的议案》。评议部门工作及国家机关工作人员，开展融媒体询问及满意度测评。

第三十九次会议　7月26日在区行政中心召开。会议审议有关人事任免事项，接受陈志良辞去区人民政府区长职务的请求、徐治国辞去区人民政府副区长职务的请求，任命恽淇丞为区人民政府副区长、代理区长，任命贾东为区人民政府副区长。审议通过其他人事任免事项。批准区人民政府关于提请审议2021年第二批政府投资项目建设计划的议案、2020年财政决算的报告、2020年本级预算执行及其他财政收支情况的审计工作报告。

第四十次会议　9月30日在区行政中心召开。会议审议通过有关人事任免事项，接受李磊辞去区人民政府副区长职务的请求，任命李德森为区人民政府副区长。审议通过其他人事任免事项。审议通过2020年度全区国有资产管理情况报告、2021年上半年国民经济和社会发展计划执行情况报告、关于开展第八个五年法治宣传教育的决议、区十六届人民代表大会第五次会议人大代表建议办理情况报告、调整区十六届人大常委会代表资格审查委员会组成人员的决定、区镇两级人民代表大会换届选举有关问题的决定、设立区镇两级选举委员会的决定、《中华人民共和国社区矫正法》实施情况报告，并组织专题询问。

第四十一次会议　11月5日在区行政中心召开。会议审议通过有关人事任免事项，接受朱文俊辞去区人民检察院检察长职务的请求，任命朱岩、王栋为区人民政府副区长，任命张娟为区人民检察院副检察长、检察委员会委员、检察员，决定张娟代理区人民检察院检察长职务。审议通过其他人事任免事项，接受部分区、镇选举委员会组成人员辞职请求。审议2021年预算收支计划调整情况、2021年环境状况和环境保护目标完成情况。

第四十二次会议　12月17日在区行政中心召开。会议讨论通过区人大常委会工作报告和法制委员会、监察和司法委员会、财政经济委员会、社会建设委员会4个专委会工作报告，决定将这些报告提交区十七届人民代表大会第一次会议通过。审议通过区十七届人大代表资格审查报告、《关于召开区十七届人民代表大会第一次会议的决定》、规范性文件备案审查工作情况。审议通过2021年区重点民生实事项目实施情况报告，开展满意度测评。

【区十六届人大常委会主任会议】 2021年，区人大常委会召开主任会议11次，听取讨论决定重大事项、年度工作安排、重点建议办理、部门工作评议、民生实事、环境保护、安全生产、房地产建设等专题汇报22项。

【纪念武进人大设立常委会40周年】 2021年4月30日，区人大工作会议暨纪念武进人大设立常委会40周年大会在区行政中心召开，区人大常委会主任江建文主持会议，区领导李林、陈志良、石伟东及区委常委，区人大常委会、区人民政府全体领导，区人民法院院长、检察院检察长出席会议。常州副市长、武进区委书记李林发表重要讲话。武进人大常委会设立于1981年，40年间，历届武进人大及其常委会坚持党的领导、人民当家做主、依法治国有机统一，履职尽责，开拓进取，为武进改革发展稳定做出重要贡献。高效能推进监督工作，紧扣县（市、区）委中心工作，在常州市率先开展预算联网监督。持续关注社会热点难点问题，每年提出30余条针对性意见、建议，推动解决实际问题。高水准决定重大事项，坚持决定前调查研究、审议时严格把关、决议后跟踪督办，先后就改革发展、生态保护、疫情防控等重大事项作出一系列决议决定，有力助推经济社会发展重大部署落地落实。高质量发挥代表作用，在全市率先试点镇年中人代会和街道议政代表会，开展“寻找最美人大代表”等活动，切实保障人大代表参政履职、代表人民行使当家做主的权利。

（田扬中）

人大监督

【执法检查】 3—8月，区人大常委会组建执法检查组，开展《中华人民共和国社区矫正法》贯彻实施情况执法检查。5月，接待省人大常委会对《中华人民共和国固体废物污染环境防治法》贯彻实施情况开展执法检查。10月，配合市人大常委会对《常州市公共汽车客运条例》贯彻实施情况开展执法检查。

【调研视察】 2021年，区人大常委会围绕经济社会、民生事业，组织开展专题调研6次、视察活动2次。

4月30日，全区人大工作会议暨纪念武进人大设立常委会40周年大会在区行政中心召开

（供图/区人大办）

3月23日，调研法院、检察院工作。调研组走访阳湖市民茶室、区人民法院诉讼服务中心、区人民检察院未检专业化办案区及院史陈列室，观看专题片，听取相关情况介绍，对“两院”创新工作思路，推进各类特色工作、亮点品牌给予肯定，要求“两院”进一步创新举措，更好地将工作融入社会治理，为推进社会治理体系和治理能力现代化提供更专业、高效的司法保障。

4月，调研全区花木业提档升级情况。调研组听取相关部门关于花木产业提档升级工作情况汇报，实地调研嘉泽镇、湟里镇，并外出考察学习，提出更新观念、统筹规划、做强龙头、注重科技、加强服务等建议。

5月，调研全区智造业发展情况。调研组听取关于提升全区智能制造发展工作的汇报，视察全区智能制造试点示范建设情况，提出强化组织领导、政策扶持、人才引育、考核激励等建议。

6月，调研全区城市垃圾处理情况。调研组听取关于城市垃圾处理工作的汇报，提出提高重视程度、加强顶层设计、推进源头减量、坚持建管并重等建议。

7月2日，视察人大代表重点建议办理工作。视察组就高新区北区“关于加强校园欺凌开展综合治理的建议”办理情况，听取相关工作汇报，提出加强教育宣传的针对性、畅通信息报送渠道、研究校园安全机制等工作要求。

7月，调研全区居家养老工作情况。调研组听取区民政局、财政局和有关镇、街道、服务机构的专题情况汇报，调研走访湖塘镇、牛塘镇、礼嘉镇、高新区北区，并到周边先行地区学习经验，提出强化政府主导、加大资金投入、加强专业队伍建设、理顺监管体制等建议。

8月，调研全区农业政策性保险工作情况。调研组调研走访雪堰镇、前黄镇，听取区财政局、农业农村局和保险经办机构专题汇报，提出加强体系建设、拓展创新险种、引导产业发展、提高参保意识等意见。

9月23日，视察全区重点民生实事项目。视察组视察江苏（武进）技能人才服务产业园、武进区机关幼儿园龚家分园、牛塘中心小学校舍改扩建工程、湟里镇河南（上马槽）小微水体项目，察看项目运营情况，听取情况汇报，要求相关部门和全区上下共同发力，进一步加快重点民生实事项目建设，补强短板弱项，完善功能配套，持续提升全区人民群众的幸福指数。

【评议工作】 2021年4月9日，区人大常委会启动评议区交通运输局、市场监管局和人社局3个部门的工作，评议区人社局、交通运输局、市场监管局、教育局、科技局5名部门负责人和12名法官、检察官共17名国家机关工作人员的履职情况。通过走访、座谈、视察等形式深入基层调研，广泛收集社会各界意见建议。6月2日，区十六届人大常委会第三十八次会议对被评议部门的工作、国家机关工作人员的履职情况进行集中评议，开展满意度测评，结果均为满意。其中，区人社局满意票32票，区交通运输局满意票33票，区市场监管局满意票33票，17名国家机关工作人员满意票均为33票。

【“听百案、议百事、评百员”活动】 2021年，区人大常委会继续组织开展“听百案、议百事、评百员”活动，促进司法公正规范，增强人大监督实效。组织人大代表旁听各基层人民法院依法公开审理、执行的刑事、民事、行政等诉讼类案件，旁听庭审结束后，评议法官、检察官、律师等人员。全年组织旁听经济纠纷、工伤保险、行政诉讼等庭审评议活动7场，参与代表49人次，评议法官7人、检察官2人、律师12人，评议结果均为优良。

（田扬中）

8月29日，区人大常委会评议部门及机关工作人员，并开展融媒体询问

（供图/区人大办）

代表工作

【代表建议意见督办】 2021年，全区有各级人大代表515名，其中全国人大代表1名、省人大代表5名、市人大代表106人、区人大代表403人。区十六届人民代表大会第五次会议期间，共收到代表建议106件，其中综合经济类27件、城建城管类42件、社会管理类13件、社会事业类21件、社会保障类3件，分别交由61个单位办理。所有建议在规定期限内全部答复完毕，其中所提问题已经解决、基本解决或措施已经落实的74件，占69.8%；正在推进解决和列入规划逐步解决的14件，占13.2%；因条件限制暂时难以解决或供有关部门参考的14件，占13.2%；需向上级反映或留作参考的4件，占3.8%。根据第三方调查机构调查问卷结果显示，承办单位与代表见面率和答复率均达100%，代表对建议办理结果表示满意和基本满意的为99%。年末，评选出优秀代表建议15件。

【区人大常委会首次领办“1号建议”】 2021年，区人大常委会首次领办“1号建议”——《关于把“社区网格化管理”和“基层减负”作为2021年度区人大

5月9日，全国人大常委会副委员长吉炳轩（右一）考察立华牧业股份有限公司、江苏（武进）水稻研究所、武进区湖塘镇花东社区人大代表之家 （供图/区人大办）

常委会调研课题的议案》。组建课题调研组，制定调研工作方案，深入基层了解情况，与建议领衔代表沟通交流，外出考察学习先进经验，形成《全区网格化管理工作推进情况的调查与思考》专项调研报告。报告全面总结全区网格化工作成效、运作机制、人员编制、资金保障等情况，深入分析网格化管理工作，提出凝聚共识、厘清权责、整合资源、建好队伍、鼓励自治5条建议，供区委、区人民政府决策参考。

【“人大代表之家”示范点建设】 2021年，区人大常委会全面推进“人大代表之家”示范点建设，于5月制定出台《关于创建“人大代表之家”示范点、促进代表履职平台提档升级的意见》。各镇、街道按照“示范引路、以点带面、全面提升、务求实效”的要求，围绕增强服务功能、完善制度体系、拓展活动平台等重点，加快推进示范点建设。至年末，全区建成“人大代表之家”示范点16个，成为代表学习培训、接待选民、知政议政、服务群众、述职评议的主要履职平台。

【人大信息化建设】 2021年，区人大常委会按照“统一平台、数据互联、性能安全、服务全面”的建设思路，升级和改版人大工作软件系统，形成人大宣传以武进人大门户网站、武进人大微信公众号为主，代表履职以“武进人大”App为主，履职监督以代表建议办理系统、规范性文件备案审查系统、预算联网监督系统为主，内部管理以OA协同办公系统、电子阅文系统、电子表决系统为主的人大信息化系统建设格局。信息技术在人大行使职权、信息公开、服务代表、提高效率等方面的作用不断显现，人大工作整体水平得到进一步提高。

【代表及选民联系活动】 2021年，区人大常委会开展“代表走访月”“代表集中接待选民月”“主任接待日”“代表直通车”活动，坚持邀请代表及选民列席人大和“一府一委两院”（人民政府、监察委员会、人民法院、人民检察院）重要会议、活动，广泛吸纳专业代表参加视察、调研、评议、专题询问，使代表参与到人大工作各方面、各环节、全过程。全年走访各级代表及选民700余人次，邀请代表选民列席会议、参加活动700余人次，收集各类意见建议364条。

【街道议政代表会制度推行】 10月27日，区人大常委会出台《关于建立街道议政代表会制度的实施意见（试行）》，全面推行街道议政代表会制度，进一步完善优化民主决策、民主管理、民主监督机制。10月28日，潞城街道召开潞城街道议政代表会成立大会暨第一届议政代表大会第一次会议，聘任于亚芳等46人为潞城街道议政代表。

【实行重点民生实事项目票决制】 1月6日，区人大代表在区十六届人民代表大会第五次会议上票决产生“增加教育资源供给、改善医疗服务条件、促进就业稳定增长、关心关爱职工身心健康、关爱困难弱势群体、优化养老服务水平、老旧小区改造、农村人居环境提升、道路畅行和精品街道建设、加强公共安全基础保障能力建设”等十大类、54个2021年度区级重点民生实事项目。7—8月，按照《武进区重点民生实事监督办法（试行）》《2021年武进区重点民生实事项目实施情况督查工作方案》要求，区人大常委会实地督查项目建设情况。9月，区人大常委会全体委员视察民生实事项目。12月，区十六届人大常委会第四十二次会议听取和审议区人民政府关于区重点民生实事项目实施情况报告，并开展专题询问和满意度测评，54个项目的测评结果均为满意。

【区、镇人大换届选举】 9—12月，区、镇两级人大开展换届选举。区、镇两级人大深入调查研究，周密制定方案，精心组织指导，严格选举纪律，确保换届选举工作顺利进行。选举期间，区选委会召开工作会议4次，举办培训班64期，培训4159人，张贴公告3885份，悬挂宣传横幅2257幅，制作板报850块，电子显示屏宣传1227条，电视广播、报刊、微信公众号宣传报道156次，印发“致全区选民的一封信”100万份。参加区人大代表选举的登记选民总数98.29万人，投票选举94.29万人，参选率95.93%。参加镇级代表选举的登记选民总数65.94万人，投票选举64.07万人，参选率97.16%。579名区人大代表正式候选人、1363名镇人大代表正式候选人分别与选民见面，见面率均为100%。至12月10日，区、镇两级完成人大代表选举，共选出区十七届人大代表415名、镇人大代表983名。

（田扬中）

常州市武进区政府

People's Government of Wujin District of Changzhou

栏目编辑　王国新

重要会议与活动

【区政府常务会议】 1月19日，区政府第四十九次常务会议在区行政中心召开。会议传达学习中共中央总书记习近平在省部级主要领导干部学习贯彻中共十九届五中全会精神专题研讨班开班式上的重要讲话精神和上级相关重要会议精神，听取关于落实全国、省、市精神文明建设表彰会议精神的情况的汇报，审议并原则通过《2021年政府工作报告目标任务分解落实方案》《2021年常州市武进区重点民生实事项目责任分解落实方案》和《关于加强出租房安全管理工作的实施方案》。

2月6日，区政府第五十次常务会议在区行政中心召开。会议集体学习《政府督查工作条例》，听取安全生产、新冠肺炎疫情防控、社会稳定和生态环境保护相关情况和2020年武进区区长质量奖评价工作情况的汇报，集体约谈各镇、开发区、板块主要负责人，审议并原则通过《关于开展2021年全区“重大项目攻坚突破年”活动的实施意见》《2021年区级重点产业项目投资计划表》《武进区2021年第一批政府投资项目建设计划表》《2021年度国有公司项目投资计划表》《2021年全区主要经济社会发展预期目标任务分解表》《2020年度经济工作先进光荣册》《关于推进智造名城主引擎建设的实施意见（2021—2023)》《关于推进武进区科技创新能级跃升的实施意见（2021—2023)》《关于明确镇（街道）“属地管理”事项的实施意见》《2021年全区安全生产工作要点》和《关于进一步深化安全生产三年专项整治工作的实施意见》。

4月1日，区政府第五十一次常务会议在区行政中心召开。会议集体学习中央、省、市纪委全会精神，听取武进区对口支援协作合作2020年度工作成效及2021年工作计划情况和全区信访重点工作情况的汇报，审议并原则通过《2021年武进区金融工作要点》《常州市武进区关于全面推进乡村振兴加快农业农村现代化的实施意见》《武进区加快推进现代农业产业高质量发展实施意见（2021—2023年）》《武进区“双招双引奔跑计划”三年行动方案（2021—2023年）》《武进区驻外协同创新中心建设实施方案（试行）》《关于建立区领导挂钩联系特色优势产业链工作机制的通知》《常州市武进区人民政府关于调整武进区工业用地出让起始价的通知》《常州市武进区人民政府工作规则》《武进区国有企业改革三年行动计划（2021—2023年）》《武进区创建典范性文明城市三年行动计划（2021—2023年）》《武进区创建典范性文明城市考核办法（试行）》《武进区重点道路全面推行“路长制”实施方案》《关于调整武进区文明城市建设工作领导小组成员的通知》《武进区2021年“打造一流营商环境”任务分解表》《武进区创建省级安全发展示范城市实施方案》《2021年开发区党工委管委会、镇党委政府、街道党工委办事处和区安委会成员单位履行安全生产工作责任考核评价指标》和《常州市武进区2021年法治政府建设工作要点》。

5月20日，区政府第五十二次常务会议在区行政中心召开。会议集体学习《中华人民共和国长江保护法》，听取关于部分项目拟列入2021年第二批政府投资计划并先行实施情况和打击治理通信网络新型违法犯罪工作情况的汇报，审议并原则通过《常州市武进区重大行政决策程序实施细则》《武进区关于“聚焦产业腾飞聚力能级跃升全面推进高质量发展”的实施意见》《全区农村人居环境整治提升五年行动实施意见（2021—2025年）》《2021年武进区深入打好污染防治攻坚战工作方案》《2021年武进区太湖、滆湖安全度夏应急防控实施方案》《〈关于创新驱动高质量发展的实施意见〉武进区重点任务分工方案及目标任务分解表、2021年工作进度安排表》《武进区促进3岁以下婴幼儿照护服务发展实施方案》《2021年武进区统计工作要点》《常州市武进区应急救援队伍建设管理实施办法》《关于进一步加强全区消防工作的实施意见》和《武进区“危污乱散低”出清提升行动实施方案》。

6月15日，区政府第五十三次常务会议在区行政中心召开。会议传达学习中共中央总书记习近平在青海考察时的重要讲话精神，向巴基斯坦世界环境日主题活动的贺信精神和中共中央总书记习近平、国务院总理李克强对湖北十堰市张湾区艳湖社区集贸市场燃气爆炸事故作出的重要指示批示，传达全国安全防范工作视频会议及省、市相关会议精神，审议并原则通过《武进区“筑牢安全生产底线护航建党100周年”专项行动实施方案》，听取全区生产安全事故情况和吸取湖北十堰“6·13”燃气爆炸事故教训、举一反三情况、信访工作情况和全区“双过半”工作情况的汇报，部署相关重点工作。

6月25日，区政府第五十四次常务会议在区行政中心召开。会议集体学习《中华人民共和国安全生产法》，听取2020年度全区推进高质量发展争先创优先进集体和先进个人评选表彰工作情况、2020年国家土地例行督察和2020年国家土地卫片执法检查工作情况、实施生活垃圾收运处置一体化工作情况、武进区第七次全国人口普查主要数据情况和区政府表彰奖励“区见义勇为先进个人”情况的汇报，审议并原则通过《武进区关于推进城镇更新、园区更新、农村更新的实施意见》《关于深化农村宅基地制度改革加快推进农房更新改善工作的意见》《武进区重点建设项目信用承诺审批实施方案》《区化工产业安全环保整治提升领导小组2021年工作要点》《武进区2021年第二批政府投资项目建设计划》和《武进区全面落实国务院安委会开展深化江苏安全生产专项整治指导工作实施方案》。

8月20日，区政府第五十五次常务会议在区行政中心召开。会议集体学习《中央纪委国家监委发布的第一批执纪执法指导性案例》，听取被征地农民社会保障工作情况、完善重大项目推进机制的情况和武进区清理规范工资津贴补贴工作情况的汇报，审议并原则通过《2021年度常州市武进区政府重大行政决策事项目录》《武进区引导化工生产企业转型发展的若干政策》《武进区2021年度对口支援协作合作工作要点》《江理工新校区建设及（城市）片区更新总体方案》和《2021年全区综合考核文件》。

9月8日，区政府第五十六次常务会议在区行政中心召开。会议集体学习中共中央总书记习近平关于统计工作的重要讲话指示批示摘要、《关于深化统计管理体制改革提高统计数据真实性的意见》《统计违纪违法责任人处分处理建议办法》《防范和惩治统计造假、弄虚作假督察工作规定》和《现行统计法律法规清单》，听取关于武进区坚决遏制“两高”项目盲目发展情况的汇报，审议并原则通过《常州市武进区贯彻落实省督察办生态环境保护专项督察反馈意见整改方案》《健康武进行动实施方案》《常州市武进区菜市场改造提升及规范管理三年行动方案（2021—2023年）》《常州市武进区应急管理“十四五”规划》《武进区区长质量奖管理办法》《常州市武进区行政复议体制改革实施方案》《关于应对疫情影响重点支持服务业相关企业稳定发展的若干举措》和《常州市武进区相关建制镇和开发区相对集中行使的行政处罚权目录清单》。

11月18日，区政府第五十七次常务会议在区行政中心召开。会议集体学习《关于进一步推进受贿行贿一起查的意见》和《中共中央、国务院关于深入打好污染防治攻坚战的意见》，听取省级环保专项督察反馈意见整改情况、2021年武进区再次调整城乡居民基本养老保险基础养老金情况、滆湖流域综合治理情况、武进区新市民学校整治工作计划、全区安全生产工作情况和信访工作情况的汇报，审议并原则通过《常州市武进区贯彻落实“532”发展战略的实施意见》《2021年武进区区级机关职能工作目标考核实施细则》《区委、区政府拟通报表扬的村（社区）干部人员名单》《常州市武进区镇（街道）权力清单》《关于深入推进武进区村级医疗卫生人才管理机制改革工作的实施意见（试行）》《常州市武进区关于深化“危污乱散低”出清提升行动的意见》《关于对一批政务服务事项动态调整的通知》《关于全面推行林长制的实施意见》《关于进一步规范行政执法加强行政执法监督工作的实施意见》《关于做好村（社区）股份经济合作社换届工作的指导意见》《2021年预算收支计划调整草案》《2022年一般公共预算安排计划草案》《2022年政府性基金预算安排计划草案》《2022年国有资本经营预算安排计划草案》和《2022年社会保险基金预算安排计划草案》。

10月29日，区长悍淇丞（左二）调研江苏唯德康医疗科技有限公司

（供图／西太湖科技产业园）

12月21日，区政府第五十八次常务会议在区行政中心召开。会议集体学习《中华人民共和国乡村振兴促进法》，传达《住建部关于广州市大规模迁移砍伐城市树木有关问题的通报》精神，听取全区绿化工作情况、中以（常州）数字谷规划初步方案和既有建筑安全隐患排查整治工作的汇报，审议并原则通过《武进区新型职业农民扶持办法（试行）》《关于支持机器人产业发展若干政策》《关于进一步严格执行江苏省化工生产企业关闭退出验收标准的通知》《武进区智电汽车产业高质量发展工作方案》《关于优化招引工作机制，加快项目攻坚突破的实施意见》《武进区产业投资基金管理办法》《关于贯彻落实深化国有企业和国有资本审计监督的实施意见》《常州市武进区政务数据资源共享管理暂行办法》《常州市武进区“十四五”市场监督管理发展规划（2021—2025）》《常州市武进区城镇燃气安全“三查三全三化”排查整治工作方案》《平安常州建设先进集体和先进个人推荐名单》和《常州市武进区2021年法治政府建设工作报告》。

12月26日，区政府第五十九次常务会议在区行政中心召开。会议传达学习全省安全生产电视电话会议暨省安委会全体（扩大）会议和省、市关于坚决遏制“两高”项目盲目发展工作电视电话会议及常州市科协第十二次代表大会的精神，听取2021年武进区重点民生实事项目实施情况、《常州市武进区人民政府中核环保有限公司战略合作协议》相关情况、拟调整武进城区禁止燃放烟花爆竹区域情况和全区安全生产专项整治督导工作情况的汇报，审议并原则通过《2022年武进区重点民生实事候选项目》《关于坚决遏制“两高”项目盲目发展的工作方案》《2022年政府工作报告》和《2021年国民经济和社会发展计划执行情况及2022年计划安排的报告》。

【经济协作与招商活动】 2021年，区政府组织开展经济协作与招商重大活动近20次，开工、签约产业重点项目180多个，总投资近1300亿元；落实对口援疆、援陕经济协作项目125个。

1月22日，中以常州创新园项目线上集中签约仪式举行，6个重点项目签约进驻。2月22日、9月30日，先后在武进高新区举行重点项目集中开工仪式，集中开工常州芯创天地、移远通信智能制造中心等项目107个，总投资775亿元。5月24日，举行“智汇武进 产学共赢”集中签约，签约平台项目9个。

开展国内重大招商活动5次。瑞声科技（香港）有限公司高端声学元器件项目、江苏恒立液压股份有限公司滚珠丝杆、电动缸项目和苏州汇川联合动力系统有限公司新能源汽车动力总成项目等11个项目签约落户武进高新区，总投资360亿元。在“对话德国”——江苏德国合作交流大会上，武进高新区与德国BM内饰材料公司、德国诺马集团达成全面合作协议。江苏嘉轩智能工业科技股份有限公司的智能滚筒及永磁电机、福建省巨泰智能科技有限公司的物联网电源、索普瑞玛（中国）建材有限公司的SBS防水卷材二期等项目落户西太湖科技产业园。中国（常州）数字城市与智能建造研究院、北京广联达才良科技有限公司总部和研发基地、江苏智用仁恒新能源装备有限公司总部基地等项目签约落户武进绿建区。

开展重大经济协作活动9次。2月5日，武进区政府与江苏银行常州分行签订全面战略合作协议。4月20日，交通银行常州分行和武进区政府签署总额160亿元合作框架协议，与武进区财政局、区医保分局签署合作协议，与武进区四大政府平台、制造业代表百佳年代和西太湖影视基地签署战略合作协议。6月3—4日，武进区举办“驻沪日资机构武进行”活动，接待JETRO、日中经济协会、三菱日联银行等18家日资机构客商近30人，参观考察安川机器人、理想汽车常州生产基地，并参加武进投资环境推介会。10月28—30日，陕西省安康市汉滨区委书记范传斌带领党政代表团到武进区开展对口协作交流，武进区与汉滨区签订“十四五”对口协作框架协议，武进绿建区与汉滨区五里工业集中区签订合作框架协议，洛阳镇与汉滨区双龙镇签订对口协作框架协议。11月20日，陕西省安康市平利县党政代表团到武进区开展对口协作交流活动。11月30日，区委副书记、代区长恽淇丞带领武进区党政代表团，在陕西省安康市汉滨区开展苏陕对口协作工作。12月16日，江苏省林业局、常州市林业局和武进区人民政府签订林木种苗和林下经济产业高质量发展战略合作协议。12月30日，江苏省科技厅、常州市人民政府和以色列创新署联合主办线上“中国以色列常州创新园共建计划推介会”，100家以色列企业参加线上对接活动。

（李月峰）

人才人事管理

【概况】 2021年，区人社部门做好机构改革后的岗位设置工作，开辟专业技术人才“招聘绿色通道”，实施“政策纳才、活动聚才、项目揽才、生态留才”战略，加快助推新时代人才强区建设。建立全省首个高层次人才服务联盟，绘制全市首张辖市区人才地图。大力引进青年人才，实施青春留常、人口集聚等专项计划，组织第七季就业创业先锋汇、第九届长三角（常州）百校百企人才交流洽谈会、“名城名校合作行”“创新创业赢未来”等活动。全年审核拨付“青年人才生活居住双资助”4442人次，发放产业创新人才资助2208万元。全区新增各类人才2.6万人，新增众创项目117个。年末，全区人才资源总量37.03万人。

【事业单位人事管理】 2021年，区人社局妥善做好机构改革后的岗位设置工作，指导32家事业单位做好重新设岗、人员调整、岗位重新聘用等工作。事业单位公开招聘42人，其中高层次人才招聘6人。开辟专业技术人才招聘“绿色通道”，加快卫健系统人才选拔，招聘高层次和紧缺专业人才92人、编内医生43人，协助区疾控中心在卫健系统内选拔专业人员15人。招聘编制教师333人、备案聘用教师212人，向区级事业单位选调分流区融媒体中心工作人员19人。完成事业单位工作人员年度考核，确定记功64人、优秀等次2028人、合格等次9690人、基本合格等次3人、不合格等次5人、不定等次514人。开展脱贫攻坚专项奖励，21人被嘉奖、3人被记功，1人被省人社厅记大功，区畜牧兽医中心被常州市人社局给予集体记功。做好新冠肺炎疫情防控期间医疗卫生机构等单位工作人员待遇核定工作，对支援南京、扬州等地新冠肺炎疫情防控工作的医务人员85人发放临时性工作补助，人

10月15日，“名城名校合作行、创新创业赢未来”暨“龙城英才计划”推介会在武汉举行

（供图/区人社局）

均600元／天；对直接参与疫情防控的一线值守人员2765人发放值守工作补助，人均717元；对基层医疗卫生机构2530人发放疫苗接种工作补贴，人均1575元；对20家承担防控任务重、风险程度高的医疗卫生机构等事业单位增核一次性专项绩效资金622万元。做好全区事业单位工作人员年度考核增资工作，人均增资85元／月。完成事业单位1.3万名工作人员奖励性绩效工资审批，人均核定2.5万元；发放一次性专项绩效合计1.2万人，人均1.1万元；专项绩效奖合计1866人，人均发放7.4万元；增核奖励性绩效合计217人，人均发放1万元。完成事业单位“1+X”绩效工资审批，教育系统学校7363人，人均发放专项绩效5.6万元；公立医院1859人，人均专项发放绩效工资5.5万元；其他事业单位264人，人均增加专项绩效7.9万元。做好高层次人才年薪制工资审核，实行高层次人才年薪制，人均27万元。做好事业单位“4090”工作人员乡镇工作补贴调整工作，人均增资391元／月。落实事业单位3597名工作人员带薪年休假制度，人均发放金额2万元。建立区级机关事业单位社会化用工绩效考核分配制度，1421名社会化用工人员信息纳入人事编制管理信息系统管理，人均增资1.1万元／年。组织优秀事业单位人员参加健康疗养，在职和离退休人员参加健康体检，共计181人。办理事业单位人员抚恤金、遗属补助等审批152人次。做好区“高质量发展”争先创优表彰奖励工作，表彰先进集体100个、先进个人200人，先进个人人均奖励6000元；向市推荐“五大明星城”建设先进集体18个、先进个人21人；向省推荐脱贫攻坚暨对口帮扶支援合作先进集体4个、先进个人5人。做好区创建示范活动工作，向省推荐保留“武进区和谐劳动关系企业创建”项目1个。

【“武进英才计划”实施】 2021年，武进区打响“武进英才”聚才品牌，举办“武进英才计划”长三角和大湾区邀请赛，开展“龙城英才计划”第15～18批领军人才创业项目面谈评估活动，签约落户优质项目115个，居全市第一。攻坚江苏省“双创计划”，申报创业类项目11个，入选7个，数量占全市的58.3%。开拓博士后招录渠道，组织设站企业参加博士后招录武汉站、南京站对接活动，招录博士后13人，博士后在站44人，均蝉联全市第一。8名博士后入选国家、省博士后科研计划，获上级资助35万元；3名博士后入选首届中国博士后创新创业大赛总决赛江苏代表队。万帮集团“智能连接器”项目入选全国首届博士后创新创业大赛，江苏洛凯机电股份有限公司、常州市武进人民医院、常州第六元素材料科技股份有限公司、常州华森医疗器械有限公司、常州今创风挡系统有限公司5家单位获批设立江苏省博士后创新实践基地。

6月20日，“青春心向党、携手新武进”武进区首届青年人才交流交友活动举行

（供图／区人社局）

【人才发展环境优化】 2021年，区人社局进一步优化人才发展生态，建立全省首个高层次人才服务联盟，为各类人才提供政策落地服务“全流程”、投资融资服务“全帮办”、行政审批服务“全周期”、人力资源服务“全要素”、安居宜居服务“全配套”、便捷出行服务“全领域”、教育关怀服务“全链条”、医疗健康服务“全方位”、生活休闲服务“全时段”和培训交友服务“全覆盖”的“十全”人才服务。至年末，西太湖国际人才社区、西太湖创客工寓、湖塘人才公寓、蓝领人才公寓等45家单位被纳入武进高层人才服务联盟第一批单位，全方位提供政策咨询、投融资对接、医疗健康、青年交友、生活休闲等十大类、30项服务，开展青年人才交友、政策沙龙会、网络直播等活动8场次，服务各类人才近2万人次。全力帮助企业解决融资难题，走访领军人才企业174家（常州经开区51家），为83家企业拨付区级创业扶持资金4368万元（常州经开区400万元），为6名人才争取市级创业扶持资金296万元，累计为人才企业获得无抵押“人才贷”4.51亿元。451名高层次人才被纳入武进英才“荣誉工程”，可享受子女入学、医疗健康等九大类、27项高质量服务。打造人才沟通交流平台，举办各类高层次人才活动26场。

（张连惠）

信访工作

【概况】 2021年，区信访工作部门全力抓好信访矛盾化解、责任落实、基层基础等重点工作，维护群众合法权益，促进社会和谐。全年受理信访总量2725件次，比2020年下降10%，群众来信、网上投诉分别下降14%、29%。圆满完成全国两会、中国共产党成立100周年大庆重要时期信访工作任务，全区信访形势呈现“总体平稳、结构向好、秩序规范、质效提升、群众满意”的良好态势。

【信访积案化解攻坚】 2021年，武进区抓好治理重复信访、化解信访积案专项工作，化解中央信访工作联席会议办公室交办案件160件，完成化解总量的91%。开展重点积案化解专班工作，化解市交办重点信访积案10件，超额完成市定目标。开展城乡建设领域信访问题专项整治，建设领域重点信访事项化解率达78%，超额完成省指标要求。

【信访工作基层基础建设】 2021年，武进区区、镇两级均调整党政主要领导担任信访工作联席会议召集人，充分发挥联席会议排查分析研判作用，每季度召开各板块和区级部门联席座谈会，及时分析存在的问题。加强信访业务标准化建设，全区阳光信访系统及时受理率、群众满意率、网信占比等指标在全市持续领先。创新开展重点案件“一案一档”建设，共建档案51卷。全面加强各镇(街道）信访工作基础建设，基层信访工作部门形成有信访接待室牌子、有专职信访干部、有健全的工作制度和工作台账、有必要的办公条件和经费保障、有坚强的组织领导的“五有”工作新格局。

【信访工作责任落实】 2021年，区委常委会、区政府常务会议先后5次专题听取信访工作汇报，部署重点任务。区主要领导先后12次对信访工作作出批示，包案化解重点信访积案10件。区党政领导参与信访接待119人次，会办化解重点信访事项47件。区信访局常态化开展重点工作督查，印发全区信访工作约谈办法，全年召集、约谈板块主要领导3轮，全面压实信访工作责任。区信访部门推进“我为群众办实事”实践活动做深做实，开展党员干部挂钩联系重点信访群众工作，全面展示信访部门、信访干部为民解难、为党分忧的精神风貌。

（魏海波）

外事及港澳事务

【概况】 2021年，全区因公出国团组4批、18人次，接待外宾11批、300余人次。区外事部门按照“计划控制、总量管理”的原则，从严审批因公出国团组，确保出访团组精简、高效。加强因公出国人员政治纪律、外事纪律、财经纪律等方面的学习教育。密切武进与各国驻沪总领馆联系，扩大武进影响力。推动与港澳地区的交流合作，实现双边互利共赢。为减小新冠肺炎疫情对武进国际合作的影响，全区各部门、板块创新方式，采取视频连线、线上路演、高峰论坛、平台网站等多种方式与国际伙伴开展交流合作。

【武进与港澳交流合作】 3月9日，香港贸易发展局华东、华中首席代表吕剑和江苏代表张厦一行访问武进区，考察西太湖影视基地与华视网聚（常州）文化传播有限公司，探讨利用香港影视展等相关平台，推动武进影视及文创企业对接海外资源，促进互利合作。

5月31日至6月1日，由全国人大代表、澳门特区政府立法会议员、澳门科技协进会会长崔世平担任团长，澳门中联办经济部副部长朱宏担任顾问的澳门科技界长三角地区考察团21人访问常州市。31日，常州副市长、武进区委书记李林会见该考察团，双方深入探讨进一步增进两地在科技创新领域的交流和合作。6月1日，该考察团实地参观中以常州创新园，并座谈交流。

10月27日，全区19家港澳企业的代表参加“江苏省港澳投资企业法律服务月”——常州专场活动，听取有关政策及法律、法规解读，以及涉港澳投资典型案例分析。

【对外交流与合作】 4月27日，英国驻沪总领馆双边关系领事何伟杰率英国各省市代表和英中贸易协会、英国皇家特许测量师学会、英国建筑研究院、中国国际商会建设行业分会等机构代表一行10人，参观武进区城市展示馆和江苏省绿色建筑博览园，就加强资源共享、产业对接等合作事宜进行座谈。

5月6日，市、区友协组织在常外籍人士代表30余人参加“走进西太湖，体验国际社区”专场活动，实地参观西太湖国际社区公寓设施，体验公共服务区、创业孵化区、外文图书馆等“一站式”国际化服务平台。

5月20日，西太湖国际人才社区启动。法国驻上海总领事馆商务领事皮埃尔·穆西，中国法国工商会等商会、协会代表参加活动。

5月26日，由房德之星·常州GREEN+共享空间主办，奥地利驻沪总领事馆商务处、常州市生产力发展中心、常州市武进绿色建筑产业集聚示范区、中国（上海）自由贸易试验区海外人才离岸创新创业基地联合主办的“欧洲之星”奥地利专场投融资路演对接会在绿维大厦举行。奥地利驻沪总领馆官员、武进绿建区相关领导及企业家和创投机构、金融专家等80余人参加活动。

6月2日，中以常州创新园举办“2021中以创新合作与产业投资大会”，中以两国政府、企业、研发及投资机构代表150余人与会，以色列驻华大使潘绮瑞、江苏省副省长齐家滨等应邀出席。会上，创新平台、中以合作、战略投资三大类、10个项目签约。

6月3—4日，“驻沪日资机构武进行”活动在武进区举行，JETRO、日中经济协会、三菱日联银行等18家日资机构近30名客商参加，参观考察安川机器人、理想汽车常州生产基地，并出席武进投资环境推介会。

6月21日，“智荟中欧·绿创未来”中欧低碳合作交流大会暨绿色创新发展国际示范区创建启动仪式在武进绿建区举行。工业和信息化部国际经济技术合作中心副主任李毅锴，法国驻沪总领馆经济参赞穆西石（Pierre Moussy），常州市、武进区领导陈金虎、方国强、李林、陈志良、江建文、石伟东、施小平、李磊参加活动。

6月24日，瑞穗银行（中国）有限公司虹桥支行助理总经理平井大辅、日中贸易经济中心上海代表处顾问罗和庆一行参观考察武进绿建区。

9月6日，法国埃顿集团客商参访武进。

10月26日，中国—瑞士绿色建筑发展论坛暨瑞士阿尔卑斯山区可持续建筑获奖作品展在武进区举行，瑞士驻上海总领事馆总领事曾礼惟、副总领事高奕帆，常州市、武进区领导石江水、李德森参加活动。

10月27日，瑞士驻上海总领事馆总领事曾礼惟一行考察常州西太湖科技产业园，先后参观常州富烯科技股份有限公司、常州第六元素材料科技股份有限公司、西太湖国际社区。

（何伟杰）

对口支援与合作

对口援疆

【概况】 2021年，武进区对口支援伊犁州尼勒克县工作组（简称“武进援疆工作组”）围绕新疆工作总目标，深入贯彻第三次中央新疆工作座谈会和第八次全国对口援疆工作会议精神，结合尼勒克县实际，扎实推进智力援疆、产业援疆、文旅润疆、医疗援疆、教育援疆和交流交往等工作，助力尼勒克县进一步巩固脱贫攻坚成果，加快经济高质量发展。全年投入援疆资金8512万元，实施援疆项目26个，尼勒克县武进民生产业园三期项目、唐布拉景区建设项目、基层阵地及公共服务管理设施建设项目等全面竣工投运，尼勒克县医疗体系建设提升项目完成投资700万元，尼勒克县全域旅游示范区创建配套建设工程完成投资3000余万元。组织完成《尼勒克县草原治理规划及生态牧业咨询规划》《尼勒克县农产品发展规划》编制工作。组织招商活动10次，推进国家电力投资集团等农牧光互补项目落地。引进医疗、教育、招商、农业等行业柔性人才40人次，命名授牌尼勒克县农作物病虫害防治工作室等优秀专家工作室12个。尼勒克县武进民生产业园被江苏省对口支援伊犁州前方指挥部批准设立“江苏援疆（武进）产业园”，武进援疆工作组被中共江苏省委、江苏省人民政府通报表扬，工作组组长徐治国获评全省脱贫攻坚暨对口帮扶支援合作先进个人，裴晓冬获评新疆维吾尔自治区民族团结一家亲活动2021年度先进个人。

尼勒克县黑蜂科技馆　（供图/武进援疆工作组 摄于2021年11月）

【智力援疆】 2021年，武进援疆工作组坚持把人才援疆作为提升受援地发展软实力的关键，突出需求导向，统筹人才引进，实施专业化、高层次的人才培养计划，帮助当地建设一支带不走的高素质干部人才队伍。根据尼勒克县干部人才项目“十四五”规划和各单位的实际需求，排定全县党政干部培训、医疗人才培训、教育人才培训、其他专业技术人才培训及创业就业培训等项目的年度计划，全年举办各类培训10余个班次，集中培训3500余人次，线上培训1.1万人次。聚焦受援地各工作条线所急所需，实施尼勒克县柔性引才项目，持续做好柔性人才援疆工作，引进医疗、教育、招商、农业等行业柔性人才40人次，解决技术上的难题，发挥示范帮带作用。实施尼勒克县高层次人才培养项目，加大培养高层次紧缺人才培养力度，认真选拔培养县拔尖人才，建设优秀专家工作室，命名授牌尼勒克县农作物病虫害防治工作室等优秀专家工作室12个，选拔拔尖人才20人，发放引进高层次紧缺人才安家费33万元，均由援疆项目资金予以保障。

6月23日，伊犁州特色旅游农产品研究发展中心在尼勒克县揭牌

（供图/武进援疆工作组）

【产业援疆】 2021年，武进援疆工作组围绕尼勒克县产业发展实际，通过实地调研、干部座谈、专家咨询等方式，遵循客观规律，梳理产业逻辑，形成“能源强支撑、畜牧补短板、农业提规模、旅游增业态、城市快集聚”的产业合作思路与方向。重点在畜牧业发展方面，邀请中国畜牧业协会草业分会会长卢欣石，按照“以草养畜、农牧光互补”思路，牵头编写《尼勒克县草原治理规划及生态牧业咨询规划》；开展尼勒克县肉牛及奶业发展调研，形成符合全县实际的调研报告，创新研制移动挤奶车项目，并实现市场规模化量产。在农业发展方面，邀请中国农科院农产品加工所围绕尼勒克县的“一条鱼、一勺蜜、一瓶水”等特色农产品，牵头编制《尼勒克县农产品发展规划》。6月，由尼勒克县和中国农科院农产品加工所联合实施的伊犁特色旅游农产品研发中心项目开工建设。积极克服新冠肺炎疫情影响，分别在北京、成都、重庆、阿勒泰等地召开招商引资推介会，主动外出招商10次，拜访相关企业20余家。围绕养牛产业，拜访中物国融（天津）商贸有限公司、重庆市清江实业（集团）有限公司、浙江我武生物科技股份有限公司、北京佰仁医疗科技股份有限公司等养牛及牛制品应用企业，与多家肉牛养殖企业初步达成合作意向。围绕光伏产业，加快推进国家电力投资集团等农牧光互补项目

落地，完成投资30亿元。围绕三文鱼产业，支持新疆天蕴有机农业有限公司加大投入，依托中国农科院农产品加工所科研实力，拓展三文鱼产业链及其深度应用，完成投资3亿元。积极发挥尼勒克县武进民生产业园产业承载能力，吸纳就业2000余人次，园区被江苏省对口支援伊犁州前方指挥部批准设立“江苏援疆（武进）产业园”。

【文旅润疆】 2021年，武进援疆工作组按照文化润疆的新要求，围绕旅游项目体系化建设的方向，在援疆项目上予以重点倾斜，在完成尼勒克县唐布拉景区建设项目的基础上，大力实施尼勒克县全域旅游示范区创建配套建设工程，投入资金超3000万元。做好文旅融合文章，重点把握尼勒克县的旅游定位，与中青旅等国内龙头企业合作，编制尼勒克县全域旅游规划；细化、深化全县全域旅游节点两年行动计划，改造提升唐布拉、乔尔玛等节点风景旅游区基础设施，着重解决“三难一不畅”（停车难、加油难、如厕难、通信不畅）问题，在提升游客体验感上下功夫。建好文化展示平台，利用援疆资金，重点建设黑蜂科技文化馆、乔尔玛革命烈士纪念馆、镶和农耕文化馆“三馆”，进一步弘扬展示尼勒克县的蜂蜜文化、红色文化和农耕文化。突出精品示范带动，武进援疆工作组主动联系常州文联知名作家，以尼勒克县为背景题材，完成长篇小说《尼勒克之恋》的创作工作。孟克特古道精品景区建设项目和草原生态文化馆项目进场施工。同时，以尼勒克县为题材的精品歌曲创作、唐布拉精品宣传册等也完成创作。加强招商引资，依托尼勒克县孟克特、伊森布谷、巴尔盖提温泉以及种蜂场特色民宿基地等优质旅游资源项目，引进杭州知名民宿“宿集营造社”。

【教育援疆】 2021年，武进援疆工作组围绕高中阶段“武进班”开展教育“组团式”援疆，把关注高考作为教育援疆的重点工作，持续促进当地高中教育水平的提高。以教科研引领为切入点，开展讲座8次、公开课教学6次，为尼勒克县师生带来先进教育理念。做好援疆教师中期轮换工作，选派业务水平高、责任心强的一线教师组成轮换团队。集中援疆教师资源，全部对接尼勒克县武进高级中学。以购买服务方式，用援疆资金补贴尼勒克县武进实验学校校聘教师。推进青蓝工程，扩大帮带效能。强化“输血＋造血”式人才培养策略，助力学校青年教师成长，努力培养一支带不走的优秀教师队伍。深入推进“武进名师云端万里行”活动，为受援学校师生提供到武进的课堂体验和观摩学习机会。积极参与送教下乡活动，通过送课、听课、评课以及讲座的形式，将教育援疆的作用辐射至各乡镇场学校。积极对接武进区爱心企业和社会组织，实施尼勒克县在内地高校就读家庭困难生补贴项目，江苏春为项目管理有限公司捐资6万元帮助尼勒克贫困生30人，武进区星火爱心助学协会捐资8万元帮助80人。

【医疗援疆】 2021年，武进援疆工作组投入援疆资金700万元，实施尼勒克县医疗体系建设提升项目。完成县人民医院DSA手术室配套及县中医院康复中心（包含成人康复及儿童康复中心）建设，设备已投入使用。为尼勒克县乡镇场卫生院采购配套救护车，提高紧急救护能力。从尼勒克县人民医院选派心内科医生和护士各1人，到武进人民医院胸痛中心跟学3个月。全年开展医院科内业务讲座35次、院内业务讲座15次，为尼勒克县培训医务人员200余人次。引进实施经皮椎弓根螺钉技术、颈椎前路髓核减压植骨融合技术、中医正骨治疗各类骨折及关节脱位技术骨科新技术3项，在临床推广黑蜂蜂蜜调制的中医“新消肿膏”治疗膝关节退行性病变。柔性引进常州市武进人民医院大外科主任兼普外科主任戎亚雄，通过开展腹腔镜胆囊手术，为尼勒克县人民医院普外科进行腹腔镜标准化手术操作演示。工作组5名援疆医生与10名尼勒克医生结成“师徒”对子，促进受援地医生专业水平的不断提高。年内，全体援疆医生根据尼勒克卫健委安排，参加疫苗接种30轮次。

【武进区与尼勒克县两地交往交流】 2021年，武进援疆工作组积极推动武进区与尼勒克县两地交往交流。探索拓展“电商＋消费扶贫”模式，新设尼勒克农产品销售门店1家、专柜2个，依托传统商超、电商平台，进一步放大消费扶贫效应。举办武进—尼勒克消费扶贫年货节，带动尼勒克农特优产品销售2000余万元。组织乔尔玛红色文化交流交往活动，进一步弘扬独库公路筑路老兵的“天山精神”。组织苏绣—柯赛绣交流交往活动，邀请苏绣传人姚建萍女士赴尼勒克县开展技术指导和文化交流；组织江苏常州收藏家李强的版画藏品在尼勒克县展出，将版画艺术和新疆美景进行有机结合。工作组常态化与少数民族结亲戚，经常性开展走访活动，捐赠鸡苗、树苗，开展送医疗下乡、庭院环境整治等帮扶活动。年内，武进区审计、卫健、金融等后方单位赴尼勒克县开展考察交流活动30余批次。

（巢云方）

苏绣传人姚建萍应邀在尼勒克县指导刺绣技术

（供图／武进援疆工作组 摄于2022年9月）

对口合作与扶贫

【概况】 2021年，武进区与陕西省安康市汉滨区、平利县对口协作，围绕“十四五”规划对口支援协作合作目标，分解落实各项任务，及时筹措运用对口援建资金，高效、有序实施援建项目，努力实现人才智力支援合作更加深化、产业支援促进就业更加有力、基本公共服务体系建设更加完善、文化教育支援内涵更加丰富，对口地区群众获得感、幸福感、安全感进一步提升。全年实施援陕项目99个，落实全区3所学校、7家医院、6个镇（街道）、11个村（社区）和1家企业参与结对帮扶，帮助受援地区农村劳动力实现劳务协作转移就业1043人、脱贫人口实现劳务协作转移就业720人；采购、帮助销售结对地区农畜牧产品和特色手工艺产品金额1.07亿元。支援汉滨区洪涝灾害灾后重建资金100万元，动员社会力量投入帮扶资金及捐物折款合计680余万元，其中安康武进希望小学宿舍大楼建设资金440万元。武进区卫健局向汉宾区捐赠医疗设备8台（件）价值280.8万元。10月底前，与结对县区进行互访，签订对口协作框架协议。

实施援疆项目26个，投入援疆资金8000余万元。援助重庆云阳县30万元。推进南北挂钩合作共建园区建设，武进高新区阜宁工业园、武进经济开发区射阳工业园区落实进区项目6个、总投资16.89亿元，分别完成工业产品销售收入135.83亿元、54.4亿元。

（杨姗菁）

【武进高新区阜宁工业园】 武进高新区阜宁工业园为南北挂钩合作项目，2021年投入基础设施建设资金2.5亿元，落实进区项目2个，投资总额12.19亿元。其中，外资项目1个、投资额326万美元。园区累计落实进区项目57个、总投资27.17亿元，进区外资项目11个、总投资1.6亿美元。全年完成工业产品销售收入135.83亿元、进出口总额3.6亿美元，一般公共预算收入2.3亿元。

【武进经济开发区射阳工业园】 2021年，武进经济开发区射阳工业园投入基础设施建设资金574万元。落实入园工业项目4个，总投资额4.7亿元。园区完成销售收入65.1亿元，其中规模以上工业企业完成销售收入54.4亿元，一般公共预算收入1.45亿元。

（左喜平）

机关事务管理

【概况】 2021年，区机关事务管理中心深化机关事务管理体制机制改革，加强以资产管理为基础的集中统一管理，深入推进法治化、标准化、信息化建设和区级机关新冠肺炎疫情防控工作，不断提升保障水平和管理效能。全年完成各类会务服务1700多次、维修1600多次，办理各类车辆和人脸识别登记1100多人次，新增安防监控探头99个。推进和完成区委党校改造工程、武进国防园教育训练中心修缮改造项目、凤凰谷垂直绿化提升项目、行政中心护城河生态养护工程等工程项目，区第四人民医院获江苏省住建厅节能改造专项资金。区机关事务管理中心获评常州市反恐怖防范工作先进集体、武进区出租房安全管理工作先进集体。

【区级机关公物仓建成运行】 10月，建成投入试运行，成为全省县区级首个区级机关公物仓实体公物仓。区机关事务管理中心按照“节约、简朴、实用”的原则，利用武进市民广场地下室闲置资源改建为公物仓，面积3000多平方米，设置家具展示区、电器设备区、办公设备区、大型仓储区、普通办公区等功能分区。至年末，该公物仓收纳10大类资产。年内，区机关事务管理中心先后制定印发《武进区区级行政事业单位国有资产公物仓管理实施细则（暂行）》《关于印发常州市武进区区级行政事业单位通用办公设备和办公家具配置标准的通知》《关于印发武进区区级行政事业单位办公家具集中统一采购实施意见的通知（暂行）》等相关管理办法，进一步规范区级机关公物仓办公家具、设备采购、保管、使用等工作。

【节约型机关建设】 2021年，区机关事务管理中心围绕节约型机关建设，引进社会资本800多万元，实施3家单位的合同能源节能改造工程，综合节能率均达15%以上。全区306家公共机构常态化实施“光盘行动”等反浪费食品活动，开展生活垃圾分类志愿者服务400多次，实现垃圾分类全覆盖。在行政中心设立智能可回收物回收箱6个，分类收集废纸、废塑料、危险废弃物、废弃电器电子产品等废旧物品。完善全区306家公共机构名录库建设，调整入库范围，做到应录尽录，夯实计量统计基础。建设行政中心能耗监测平台，加强计量器具配备，严格实行能源资源分户、分类、分项计量，重点用能系统和部位分项计量器具配备率达100%。8月23日，承办2021年常州市公共机构节能宣传周启动仪式，开展多种形式的节能宣传活动，印发节能宣传倡议书1200多份，在社会各界广泛营造“节能降碳、绿色发展”的氛围。

（顾　叶）

8月23日，区机关事务管理中心承办常州市公共机构节能宣传周线上启动仪式

（供图/区机关事务管理中心）

常州市武进区政协

Chinese People's Political Consultative Conference in Wujin District, Changzhou

栏目编辑　王国新

重要会议

【政协常州市武进区第十四届委员会第五次会议】 1月5—6日在武进假日酒店会议中心召开，政协委员364人出席，在武进的省、市政协委员及各镇（街道）统战委员列席。常州市副市长、区委书记李林在开幕式上作题为《争先再出发，奋进新征程，同心同向谱写“十四五”发展精彩开篇》的讲话。会议审议并通过区政协主席、党组书记石伟东代表区第十四届委员会常务委员会所作的工作报告和区政协副主席、党组副书记单骏初代表区第十四届委员会常务委员会所作的提案工作报告。与会委员列席人大常州市武进区十六届五次会议，听取区委副书记、代区长陈志良所作的《政府工作报告》，并参与分组讨论。会议选举郑政平为区政协副主席，增补选举袁涛为区政协常委。会议审议通过区政协十四届五次会议提案审查报告和区政协十四届五次会议决议。

【政协常州市武进区常委会会议】 2021年，政协常州市武进区十四届常委会举行5次会议，即第二十二次至第二十六次会议。1月5日，第二十二次会议在武进假日酒店会议中心召开，听取区委常委、组织部部长赵天晟关于增补区政协十四届委员会副主席、常务委员候选人提名情况的介绍，协商大会选举办法（草案），审议大会选举工作人员建议名单。1月6日，第二十三次会议在武进假日酒店会议中心召开，听取各党小组、讨论组汇报讨论情况，审议通过区政协十四届委员会副主席、常务委员候选人名单，审议大会选举办法（草案）、区政协十四届五次会议关于提案审查情况报告（草案）和区政协十四届五次会议决议（草案）。4月1日，第二十四次会议在区行政中心召开，协商通过《武进区政协2021年工作要点和年度协商计划》、人事任免和委员调整事项，同意增补朱红兴、查伟明、闻洁3人为区政协第十四届委员会委员。6月3日，第二十五次会议在区行政中心召开，协商通过《关于镇、街道政协工作委员会主任人选的建议方案》。12月16日，第二十六次会议在区行政中心召开，听取副区长王晓航代表区政府所作的区政协十四届一次会议以来提案办理情况通报，协商讨论区政协十四届委员会常委会工作报告、提案工作报告等区政协十五届一次会议有关事项，协商通过区政协十五届委员会委员名单，同意撤销顾卫东区政协第十四届委员会委员资格。会议决定区政协十五届一次会议于2022年1月3—6日召开。

（王　勋）

1月5日，区政协十四届五次会议在武进假日酒店会议中心开幕　（摄影／陆　新）

专题协商

【概况】 2021年，区政协充分发挥专门协商机构作用，聚焦协商主业，打造“协商为民、助力发展”工作品牌，组织开展区政协常委会议协商、主席会议协商、专委会对口协商、界别协商等多个层次的协商活动，创新开展“一村一员一室 助力乡村振兴”工作。全年以“武协建”形式报送协商成果12篇，均获区委、区政府领导批示并转交相关部门落实。

【政协常委会议协商】 2021年，区政协聚焦区委中心工作，围绕“助力乡村振兴，建设生态滨湖区”“重视知识产权，建设现代智造城”两个课题，通过“有事好商量”融媒体直播的方式开展专题协商2场。4月16日，区政协在区行政中心举办“助力乡村振兴、建设生态滨湖区”融媒体直播协商议事会，区委副书记、政法委书记丁一，副区长徐俊，区级机关部门、镇（街道）和板块分管负责人，“智库”成员、村（社区）和政协委员代表等130余人参加现场协商，近5万名网民通过武进新闻网、“爱武进”App等在线上参与协商，共同为助推武进乡村振兴建言献策。会议形成《关于“助力乡村振兴、建设生态滨湖区”的调研与建议》，获常州市副市长、区委书记李林批示，转交相关部门落实。6月23日，区政协在区行政中心举办“重视知识产权、建设现代智造城”融媒体直播协商议事会，副区长施小平，区级机关部门、镇（街道）和板块分管负责人，政协委员代表，“智库”成员等110余人和近4万名网民参与协商。会议形成《关于“重视知识产权，创造更多第一唯一，建设现代智造城”的调研与建议》，获常州市副市长、区委书记李林和区委副书记、区长陈志良批示，转交相关部门落实。

【政协主席会议协商】 6月4日，区政协召开“抢抓机遇，加快建设中欧（常州）绿色创新园”主席（扩大）会议，副区长施小平应邀参加。会议听取绿建区关于中欧（常州）绿色创新园建设情况、提案和委员工作委员会关于调研情况的汇报，区政府办（外事办）、区委编办及区发改局、科技局等围绕“紧抓碳达峰、碳中和发展机遇”“积极进行孵化器申报”等方面提出意见建议，会议形成《关于抢抓机遇，加快建设中欧（常州）绿色创新园的调研与建议》，获常州市委常委、武进区委书记乔俊杰和区委副书记、代区长恽淇丞批示，转交相关部门落实。6月18日，区政协召开主席（扩大）协商会议，围绕“推进水环境治理”“把握细胞治疗产业新机遇，打造西太湖健康医疗高地”两个课题进行协商，副区长郑孝义应邀参加。《关于“把握细胞治疗产业新机遇，打造西太湖健康医疗高地”的调研和建议》《关于推进我区水环境治理的调研与建议》等报告，获常州市副市长、武进区委书记李林和区委副书记、区长陈志良批示。8月6日，区政协召开主席会议专题协商会，围绕“加强武进区中小学生综合素质教育”“把握太湖湾国家级旅游度假区契机，打造长三角‘微度假’胜地”两个课题开展协商，副区长贾东应邀参加。会议形成《关于加强武进区中小学生综合素质教育的调研与建议》《关于把握太湖湾国家级旅游度假区契机，打造长三角“微度假”胜地的调研与建议》，获常州市委常委、武进区委书记乔俊杰和区委副书记、代区长恽淇丞批示，转交相关部门落实。

【对口协商和界别协商】 2021年，区政协各专委会开展对口协商活动，其中“推进我区养老服务工作高质量发展”“提高农业企业发展竞争力”“老旧小区改造”“加快推进公共图书馆服务体系建设”“规范宗教事务管理”等课题对口协商成果显著。3—6月，区政协社法民宗和港澳台侨委员会开展“规范宗教事务管理”对口协商调研，会同区民宗局召开专题座谈会，实地考察横山桥镇三圣寺和白龙观，提出相关意见建议，推进全区宗教事务规范管理工作。4月，区政协环境资源和城乡建设委员会围绕“老旧小区改造”开展调研，与区住建局就老旧小区改造工作展开深入协商，提出建设性意见和建议。5—6月，区政协提案和委员工作委员会通过召开座谈会、实地调研等方式，详细了解全区养老服务工作情况，形成《关于推进我区养老服务工作高质量发展的调研与建议》，获常州市委常委、武进区委书记乔俊杰批示，转交相关部门落实。6—10月，区政协教文卫体和文史委员会围绕“加快推进公共图书馆服务体系建设”课题，通过实地调研、座谈交流，提出的理念更新、智慧化建设、读者服务等建议，被区文体广电和旅游局吸收采纳。7月23日，区政协经济科技和农业农村委员会在深入调研基础上，召开“提高农业企业发展竞争力”对口协商会，副区长徐俊应邀参加，形成《关于“提高农业企业发展竞争力”的调研与建议》，报送区委、区政府。年内，区政协22个界别活动组聚焦城乡建设、产业发展、生态环境、民生事业发展等方面，认真开展调查研究并积极建言献策，为党委政府决策提供参考。

【“有事好商量”协商议事】 2021年，武进区政协创新开展“一村一员一室助力乡村振兴”工作，推进“有事好商量”协商议事工作常态长效开展。全区409名政协委员下沉基层一线，分别联系299个村（社区）“有事好商量”协商议事室（社情民意信息联系点），认真开展“五微”（“微”联系、“微”协商、“微”建议、“微”服务、“微”监督），当好“五员”（宣传员、协商员、信息员、服务员、监督员），有效密切联系群众、广泛凝聚共识、助力乡村振兴。全区广大政协委员围绕就业增收、文明新风、家庭教育、医疗健康、交通出行等人民群众关注的热点难点问题，组织开展协商议事活动1200多次，助力解决基层社会治理问题700多个，为全区乡村振兴做出贡献。年内，全国政协副主席、党组副书记张庆黎，省政协主席、党组书记黄莉新，常州市政协主席白云萍，常州市副市长、区委书记李林等充分肯定区政协“一村一员一室助力乡村振兴”工作，《人民政协报》、“人民政协网”等媒体报道该项工作。

（王　勋）

民主监督·文史研究

【概况】 2021年，区政协围绕增强人民获得感、幸福感、安全感的具体问题，扎实推进民主监督、提案办理和反映社情民意信息工作，有效推动一批区重点工作和民生实事问题的解决。11月，区政协领导调研督导南夏墅街道、雪堰镇和洛阳镇等地新冠肺炎疫情防控工作8次，督促落实各项防控措施，切实保障人民群众生命健康安全。年内，区政协编印出版《武进名片（2021）》《“有事好商量”协商议事工作实践》《一村一员一室助力乡村振兴——“有事好商量”协商议事案例汇编》3部文史资料著作。

【政协民主监督】 2021年，区政协创新方式方法，通过深入调查研究，拓宽协商平台，做实监督过程、深入推进民主监督。围绕助推一流营商环境、强化安全生产管理、科技创新平台载体建设、优化滨湖生态宝地、建设安居乐业福地、加快打造智能制造基地、坚持常态化疫情防控等课题，向区发改局、行政审批局等部门派驻7个民主监督小组，开展重点监督。各民主监督小组通过召开专题座谈会、调研走访、学习考察等方式，开展常态化、全过程民主监督，形成《“助推一流营商环境”专项民主监督建议报告》《关于推进我区科技创新平台建设的调研与建议》《关于“强化安全生产管理”的调研与建议》等一系列监督成果，有效促使受派部门改进工作。

【政协提案督办】 区政协十四届五次会议期间，共收到提案256件，立案218件。5月19—20日，区人大、区政府和区政协组成联合督查组，在区教育局、住建局、农业和农村局、卫生健康局4个部门现场督办建议提案办理工作，协调解决提案办理工作中的难点问题。区政协健全重点提案领办督办机制，确定区政协重点提案17件，分别由区领导领办和区政协领导督办。10月11日，市委常委、区委书记乔俊杰领办“精准帮扶我区中小企业发展”重点提案并召开专题会议，区政协主席、党组书记石伟东参加，听取区科技局、财政局、人社局、商务局、市场监督管理局等单位提案办理情况的汇报，并与提案人座谈交流。10月21日，区委副书记、代区长恽淇丞领办“安置房办证难点堵点问题”重点提案并召开专题会议，区政协副主席郑政平参加，听取区住建局、自然资源和规划分局、不动产登记交易中心等提案办理情况汇报，并与提案人座谈交流。区领导丁一、赵天晟、薛红霞、李德森等领办“关于新形势下进一步推进扫黑除恶工作的建议”“关于加强农村基层干部能力素质培训的建议”等重点提案，与承办单位、提案人“面对面”协商交流，协商解决提案办理中的有关问题，有效推动区重点工作和民生实事的落地落实。在各方共同努力下，提案办理满意率达100%。年底，区政协评选出“关于优化重大项目推进机制的建议”等优秀提案26件。

【社情民意信息办理】 2021年，武进政协深入发挥社情民意“直通车”作用，收到社情民意信息168条，编报简报11期。其中，4期得到区委、区政府主要领导批示，31条信息被市政协录用报送省政协，《电子警察逐利执法凸显监管漏洞，亟待加强》《我市医美行业乱象亟待整治》被市委书记陈金虎批示，《关于青年节活动如何“更进一步”的建议》等14条信息被省政协录用报送全国政协；《探索“一村一员一室助力乡村振兴”工作》等3条信息被全国政协录用（1条信息获国务院领导批示、2条信息被转送国家相关部）。年底，区政协获评2021年度全市社情民意信息工作先进单位，1人获评2021年度全市社情民意信息工作先进个人，《关于在新冠疫肺炎情背景下规范宗教活动的建议》等3条信息获评全市优秀社情民意信息。

【编印出版文史资料著作3部】 2021年，区政协充分发挥文史资料“存史、资政、团结、育人”的社会功能，牵头区融媒体中心等部门联合编印出版《武进名片2021》《“有事好商量”协商议事工作实践》《一村一员一室助力乡村振兴——“有事好商量”协商议事案例汇编》3部文史资料著作。《武进名片（2021）》一书，图文并茂地展示了“强富美高”新武进风采。《“有事好商量”协商议事工作实践》一书，回顾总结2020—2021年武进政协“有事好商量”协商议事工作实践，全面展现“协商为民、助力发展”的履职足迹。《一村一员一室助力乡村振兴——“有事好商量”协商议事案例汇编》一书，从区、界别组、镇（街道）、园区、村（社区）、委员企业等层面，精心选取140多个典型案例汇编成册，供政协委员相互学习借鉴。

表3 2021年度武进区政协优秀提案情况表

提案人	案由
孙益辉	关于优化重大项目推进机制的建议
金宏平	关于精准帮扶我区中小企业发展的对策建议
顾建光	关于加快民营经济持续发展的建议
张亚琴等2人	制定扶持政策助力我区瞪羚企业快速发展
王中元	关于进一步规范房产中介市场的建议
黄小国等2人	合理谋划精准布局全力保障我区猪肉供应
蒋洁艳	创新驱动战略下常州经开区高新技术企业创新能力培育与提升对策与建议
李　滨	关于推进武进智能微电机产业融合发展转型升级的建议
蒋晓美等2人	关于学校接送停车交通阻塞问题的思考与建议
朱丽娜	关于加强老旧小区安全宣传提升居民安全意识的建议
科技界组	关于合理规划、正确引导，解决中心城区停车难问题的建议
新闻出版界	关于在小区增设充电桩的建议
杨　敏等3人	关于加快牛塘片区规划道路等基础设施建设的建议
陈　捷	关于我区安置房办证难点堵点问题的有关建议
须红霞等2人	关于分阶段推进垃圾分类落到实处的建议
梅建中等2人	关于完善提升城市综合治理的建议
陈　尧	关于运河景观带（工农桥—惠济桥）建设的建议
周　敏	关于进一步加强我区中小学生心理健康教育的建议
任韧等4人	关于改进武进区教师队伍绩效发放形式的建议
周义红	关于加快落实我区区级公立医院债务化解的建议
周小宇	关于加强农村基层干部能力素质培训的建议
陆献新等14人	关于继续提升风范气度大美武进新形象的建议
王中元等2人	关于新形势下进一步推进扫黑除恶工作的建议
中共组	关于增强企业安全生产主体责任意识的建议
医药卫生界组	关于经开区医养融合特色小镇建设的建议
张　云	关于加强社会化服务背景下的集体食堂食品安全监管的建议

（王　勋）

常州市武进区纪委监委

Supervisor Committee of Commission for Discipline Inspection of Wujin District of Changzhou

栏目编辑　王国新

综　述

【概况】 2021年，区纪委监委全面落实中央、省、市纪委和区委部署要求，坚持稳中求进工作总基调，增强“四个意识”、坚定“四个自信”、做到“两个维护”，坚守职责定位，奋力担当作为。配合区委统筹推进“创新发展”、农村集体“三资”管理专项巡察，开展省委危化品安全生产专项巡视反馈问题整改情况的专项督查，发挥监督保障执行、促进完善发展作用，坚持正风肃纪，标本兼治，实现对权力运行全过程监督，推动纪检监察工作高质量发展，全区党风廉政建设和反腐败工作取得新成效。坚决向违纪违法行为亮剑，全年受理各类信访举报243件，立案333件。严肃查处贪污贿赂、滥用职权等职务违法犯罪，坚持行贿受贿一起查，共留置12件、12人，移送检察机关12件、12人。《我将无我、不负人民，在弘扬周恩来精神中砥砺前行》获全省纪检监察系统“学恩来精神、守初心使命”主题征文活动一等奖，顾忠泽获评全省纪检监察系统先进工作者。区纪委监委获评2021年度常州市纪检监察系统绩效考评优秀单位。

3月26日，中共常州市武进区第十二届纪委检查委员会第六次全会在区行政中心召开　（供图/区纪委监委）

【“两个维护”践行】 2021年，区纪委监委深入学习中共十九届五中全会和中共中央总书记习近平视察江苏重要讲话指示精神，坚决有力抓好贯彻落实。贯彻落实《中共中央关于加强对“一把手”和领导班子监督的意见》，紧盯责任和权力，探索监督的有效办法，着重监督“一把手”和领导班子提高政治判断力、政治领悟力、政治执行力。坚决打赢新冠肺炎疫情防控阻击战，成立18个督查组，对疫情防控工作开展“全天候”监督检查，发现问题214个，现场反馈督促整改，相关做法被中央纪委国家监委网站、“学习强国”平台、《新华日报》等媒体宣传推介。全面试行服务保障“532”发展战略暨清风护航优化营商环境行动，统筹推进清风助企、清风惠企、清风护企三大活动，营造“亲”“清”政商交往氛围。围绕安全生产、优化民营经济发展环境、生态环境保护、乡村振兴等党中央重大决策部署，做好贯彻落实情况的监督检查，确保上级决策部署到哪里，监督检查就跟进到哪里，“两个维护”就落实到哪里。

【政治生态优化】 2021年，区纪委监委联合区委组织部印发《严肃换届纪律加强换届风气监督工作方案》，把严肃换届纪律的各项要求落实到换届工作全过程，营造纪律严明、风清气正的换届环境。坚持严管厚爱结合、激励约束并重，严把选人用人廉洁关，积极开展容错纠错、信访举报失实澄清，上报容错纠错典型案例8个，为受到不实举报的9名干部澄清事实，回复党风廉政意见89批、4728人次。

【巡察工作】 2021年，区委深入贯彻中央和省委、市委巡视巡察决策部署，统筹开展专项巡察。对区科技局、区工信局、区人社局3家单位开展“创新发展”专项巡察，发现突出问题七大类、42项，督促相关单位及时整改到位，着力推动、解决科创项目“引育转”领域的突出问题。采取“重点巡+面上巡”的方式，对全区8个镇、2个街道、20个重点村（社区）开展农村集体“三资”管理专项巡察，共移交问题线索31条，立案44件。成立粮食购销领域正风肃纪反腐领导小组，统筹配合专项巡视巡察和腐败问题专项整治工作，相关工作得到省委第三巡视组专门批示肯定，相关经验做法被省纪委内网介绍。配合市委第六巡察组对区委政法委开展提级巡察，对区检察院党组和湖塘镇、牛塘镇7个村（社区）党组织开展提级巡察“回头看”。抽调区应急管理局等部门30余人成立4个督查小组，开展省委危化品安全生产专项巡视反馈问题整改情况的专项督查，问题整改完成率达100%。开展被巡察单位整改成效满意度测评，对整改不力的单位和个人严肃问责追责。

（李　琦）

监督检查

【概况】 2021年，区纪委监委牢牢抓住监督这个基本职责、第一职责，精准监督、创新监督，在推进全区治理体系和治理能力现代化中，充分发挥监督保障执行、促进完善发展作用。严格依据党章党规党纪和宪法法律法规履行职责，做深做实日常监督，完善监督体系，切实提升监督质效，实现对权力运行的全过程监督。强化上级纪委对下级党组织的监督，盯紧“关键少数”，围绕权力运行各个环节，完善机制，推动权力在阳光下运行。年内，精准运用监督执纪“四种形态”处理732人。

【监督体系健全完善】 2021年，区纪委监委根据区委统一部署，持续推进健全完善监督体系改革项目，统筹衔接“四项监督”（巡察监督、纪律监督、监察监督、派驻监督），通过精准高效监督，切实将各职能部门的思想和行动统一到区委决策部署上来。学习贯彻中共中央办公厅印发的《党委（党组）落实全面从严治党主体责任规定》，推动党委（党组）主体责任和纪委监督责任贯通联动、一体落实。以提升监督质效保障高质量发展专班为抓手，建立信息互通、力量整合、工作联动等机制，推动巡察、纪检监察监督与组织、审计、财会、统计等监督协作配合，变“单兵出击”为“协同作战”，增强监督合力。

【监督质效提升】 2021年，区纪委监委精准运用“四种形态”教育挽救干部，把惩和治结合起来，推动纪法情理贯通融合，提升监督质效。全年处理干部732人，其中运用第一、第二种形态处理合计占比91.5%，教育大多数效果充分彰显。深化派驻机构改革，运用片区协作机制，提升派驻工作质效，派驻纪检监察组全年立案39件、39人，较上年增长2.9%。强化3个派出监察员办公室职能，在全省率先试点运用派出监察员办公室数据统计模块，全区3个派出监察员办公室处置问题线索143条，以监委名义立案76件，较上年增长43.4%。

【党员干部日常监督】 2021年，区纪委监委坚守监督职责定位，综合运用走访、调研、督查、谈心谈话等方法，推动监督落地见效。坚持提醒在先，加强对全区党员领导干部的警示提醒，向全区领导干部发送廉政短信7000余条。紧盯元旦、春节、“五一”、端午等重要时间节点，推动各级纪检监察机关和相关职能部门常态化开展督查检查，共派出督查组350余个，检查党政机关、企事业单位等375个次，检查商场、超市、烟酒店等1800余家。

（李　琦）

正风肃纪

【概况】 2021年，区纪委监委锲而不舍贯彻落实中央八项规定及其实施细则精神，持续释放越往后盯得越紧、执纪越严的强烈信号，推动化风成俗。发扬“钉钉子”精神，紧盯国有企事业单位、社会组织、基层组织等领域，加强监督检查，持续纠治享乐主义、奢靡之风。深化整治形式主义、官僚主义，纠“四风”树新风并举，整治群众身边腐败和不正之风。

【政法队伍教育整顿】 2021年，区纪委监委成立教育整顿执纪监督领导小组，制定《教育整顿执纪监督工作方案》。区纪委书记为全区政法干警作廉政教育报告，并将廉政教育延伸至基层政法条线，不断营造“自查从宽、被查从严”的氛围。统筹使用审查调查、监督检查、派驻和基层纪委力量，室、组、地联动办案，抽调12名业务骨干组建3个问题线索核查组，逐条核实、从快处置教育整顿中发现的问题线索。全年处置问题线索74条，其中，立案31件，留置3人。

【作风顽疾整治】 2021年，区纪委监委坚持全面从严、一抓到底，对歪风陋习露头就打。紧盯违规发放津补贴、违规收受礼品礼金、违规公款吃喝等“老三难”典型问题，密切关注“四风”问题隐形变异新动向、新表现，对“天价茶”“天价烟”等背后的享乐奢靡问题和换届之年可能存在的违规吃喝、送礼等歪风发出工作提示，坚决防范、深挖细查，防止问题萌发坐大。持续纠治教育医疗、养老社保、食品药品安全等关系民生领域的不正之风，严肃查处贪污侵占、吃拿卡要等行为。严格查处违反中央“八项规定”精神问题42起66人，通报曝光典型案例20批40起54人。

【“急难愁盼”问题专项治理】 2021年，区纪委监委围绕群众身边的“急难愁盼”问题，坚持以小切口解决大问题，制定出台《武进区纪委监委专项治理专班实施方案》，开展漠视侵害残疾人权益、欺诈骗取医保基金等12个问题专项治理。在清风护航优化营商环境专项治理中，清风助企、清风惠企、清风护企多措并举，有力营造政商“亲”“清”交往氛围；率先在全市试点开展农村集体资金资产违规出借出租专项治理，共形成问题线索75条，立案52人，处分28人，追回违规出借资金3367万元，中央纪委国家监委网站、《新华日报》等媒体宣传推广相关做法。

（李　琦）

审查调查

【概况】 2021年，区纪委监委主动应对反腐败斗争新形势新挑战，始终保持拧严的主基调，强化精准办案，做深以案促改，抓实廉洁教育，在“三不”（不敢腐、不能腐、不想腐）一体推进上取得新成效。坚持无禁区、全覆盖、零容忍，坚持重遏制、强高压、长震慑，坚决查处各类违纪违法案件和腐败问题，严肃查处国企、政法、土地等重点领域贪污贿赂、滥用职权、徇私舞弊等职务违法和职务犯罪，强化行贿受贿一起查，持续强化不敢腐的震慑。坚持政治责任与办案质量相统一，强化精准思维、规范办案程序、把握执纪执法尺度，提升审查调查工作的规范化、法治化水平，实现政治效果、纪法效果、社会效果有机统一。

【纪检监察信访举报办理】 2021年，区纪委监委扎实做好平台派驻版系统应用的推进工作，开展常态化检查，加强业务指导，督促整改，不断强化对派驻版、基层版系统的有效应用，两个系统全年分别办理信访件188件、17件。制定《领导干部接访工作方案》，建立委领导定包案对象、定包案责任、定包案化解“三定”包案工作机制，着力解决疑难信访问题，全区纪检监察机关共接收信访举报243件。建立健全失实澄清机制，对检举控告类问题线索初核查否的，按照标准严格把关；认定检举控告失实的，及时在一定范围、以适当方式做好澄清正名工作。全年共为9名受到不实举报的党员干部澄清事实。

【违纪违法案件查处】 2021年，区纪委监委坚决向违纪违法行为亮剑，坚持以高质量办案“清障”，坚决查处各类违纪违法案件和腐败问题，做到有力震慑。全区纪检监察机关立案333件，其中重点行业领域案件115件、“一把手”违纪违法案件13件，查处乡科级干部21人。严肃查处贪污贿赂、滥用职权等职务违法犯罪，坚持行贿受贿一起查，留置12件、12人，移送检察机关12件、12人。开展粮食购销领域腐败问题专项整治，督促引导12名党员干部主动说明问题，立案8人，留置1人。强化无安全不办案理念，筑牢审查调查安全防线，将审查调查和安全工作一体推进。10月，在各辖市区率先成立监督审查技术室，打造具备电子数据提取、数据分析、司法衔接功能的专业化电子数据调查实验室，全面推进建立“审查调查＋信息化”合成调查模式，围绕审查调查主责主业，提升获取数据、分析数据、运用数据能力。承办全省纪检监察系统监督审查技术现场展示和业务培训班。

【腐败源头治理】 2021年，全区各级纪检监察机关深挖腐败问题根源，查找制度机制漏洞，共发放提醒函38份，制发纪检监察建议25份，督促相关地区和部门完善制度机制。对相关负责人实行约谈，传导压力、传递责任，推动切实落实整改措施，建立健全机制，发挥案件治本功能。完善领导干部个人重大事项报告和核查制度，严格规范领导干部配偶、子女及其配偶经商办企业行为。深入开展回访教育，与受处分人员开展回访谈话，帮助卸下思想包袱。全年开展回访120余人次，做好释纪释法、解压疏导工作，帮助受处分人员端正态度、卸下包袱，实现惩前毖后、治病救人。

（李　琦）

廉政教育

【概况】 2021年，区纪委监委常态开展纪律教育和警示教育，创新方式方法，拓展“武家吾廉”等廉洁文化阵地载体，发放《清风传家》《严以治家》《企业廉洁文化建设》等读本，推进廉洁文化教育走深走实。策划开展形式多样的廉洁教育系列活动，引导全区党员干部养成修身律己、崇德向善、礼让宽容、勤俭持家的良好家风，以好家风促进好党风、好政风、好民风的形成，营造崇尚廉洁、风清气正的社会环境。深化开展“打铁必须自身硬”专项行动，坚持业务和队伍建设“两手抓两手硬”，带头建设让党中央放心、人民群众满意的模范机关。

【廉洁文化建设】 2021年，区纪委监委会同区委宣传部、区妇联开展主题为“廉爱同行·让家更有力量”家庭助廉活动，通过向领导干部及家属代表赠阅《清风传家》《严以治家》书籍，宣读廉爱同行倡议书等活动，筑牢家庭“护廉网”，守好家庭“廉洁门”。开展“武家吾廉、家庭助廉”百场廉洁家风故事汇活动，由领导干部带头讲，最美家庭、五好文明家庭示范讲，营造崇尚廉洁、风清气正的社会环境。开展“清风助企”系列活动，以企业廉洁风险防控为主题，成立“清风助企”宣讲团，制作宣讲菜单，由企业自行选择老师、课题入企业宣讲。选择部分典型企业腐败案例，编写《企业廉洁文化建设》读本，发放2100余册，引导树立“廉洁从业、诚信守法、行为规范、道德高尚”的企业清廉文化，营造风清气正的营商环境。

【警示教育活动】 4月8日，区委召开政法队伍教育整顿廉政教育报告暨警示教育大会，区委常委、区纪委书记、区监委主任唐家中为全区政法干警作廉政教育专题报告，引导党员干部筑牢拒腐防变的思想堤坝。年内，区纪委监委利用身边案例拍摄《拂尘》警示教育片，以发生在身边的事，教育身边的人，增强廉政教育效果，引导党员干部知敬畏、存戒惧、守底线。结合武进区非物质文化遗产“堆花糕团”，精心创作包公断案、青莲盛开等系列廉洁主题作品，制作短视频《巧手堆花寓清廉》，相继在中央纪委国家监委网站、清风扬帆网播出。开展反腐倡廉“走基层”宣传教育活动，纪委领导班子成员带头深入基层单位开展党风廉政宣讲。组织全区新拟任科级领导干部任前廉政法规知识考试，进一步增强领导干部的法纪观念和廉洁自律意识。

【“打铁必须自身硬”专项行动】 2021年，区纪委监委持续深入开展“打铁必须自身硬”专项行动，建设政治素质高、忠诚干净担当、专业化能力强、敢于善于斗争的纪检监察铁军。将党史学习教育纳入纪委监委年度机关党建工作要点，制定党史学习教育方案，发放学习资料600余册。组织全体纪检监察干部积极参与省、市党史知识竞赛，开展“讲党史、悟初心、感党恩”读书分享会，引导全体党员感悟革命先辈的无私奉献精神。组织观看微党课、参加党史网络培训班，以“微故事、微视频、微感悟”为载体，营造“处处有课堂、时时被熏陶、人人受教育”的氛围。认真执行《关于加强新时代纪检监察干部监督工作的意见》，提醒干部严格执行“八小时外”社会交往活动有关规定。采取书面通报、案例教学、观看警示教育片等形式分级分类开展警示教育，引导纪检监察干部提高自律意识。组织纪检监察干部参加政治素质能力专题培训，参加省、市纪检监察业务培训，提升纪检监察干部履职能力。推荐2名干部到上级纪委监委挂职锻炼，抽调业务骨干22人次参加中央和省、市纪委监委重点案件查办。选树正面典型，鼓励纪检监察干部勇挑重担、竞相出彩，形成正向激励氛围。

（李　琦）

民主党派·党外知识分子联谊会·工商联

Democratic Parties · Friendship Association of Non-party Intellectual · The Association of Industry and Commerce

栏目编辑　王国新

民主党派 · 党外知识分子联谊会

【概况】 2021年年末，武进有民革武进区基层委员会、民盟武进区基层委员会、民建武进区基层委员会、民进武进区基层委员会、农工民主党武进区委、致公党武进区基层委员会、九三学社武进区基层委员会7个民主党派组织和武进区党外知识分子联谊会。民主党派和党外知识分子联谊会共有成员845人，其中省人大代表1人（常委1人）、省政协委员2人、市人大代表18人、市政协委员19人（常委5人），区人大代表16人（常委4人）、区政协委员143人（常委28人）、特约人员57人。民主党派、无党派人士担任领导干部47人，其中处级6人、正科职（级）9人、副科职（级）32人，另有国企、事业单位相当于科级以上党外干部6人。

年内，武进区各民主党派、党外知识分子联谊会以庆祝中国共产党成立100周年为主线，加强党史学习，进一步凝聚思想共识；以“组织建设年”为契机，不断完善规章制度，加强规范化建设；围绕区委、区政府中心工作，认真履行参政党职能，为全区“十四五”规划开好局、起好步建言献策；发挥界别特色优势，广泛开展社会服务，彰显党派团体作为。民进武进区基层委员会获评民进中央“信息工作先进集体”，农工党武进区委获评农工党中央“农工党脱贫攻坚先进集体”。

【武进区各民主党派团体庆祝中国共产党成立100周年系列活动】 2021年，武进区各民主党派、党外知识分子联谊会开展庆祝中国共产党成立100周年系列活动，抒发与中国共产党长期共存、互相监督、肝胆相照、荣辱与共的赤诚情怀，表达永远跟党走的坚定信念，进一步凝聚起奋进新时代的共识与力量。民革武进区基层委员会组织骨干党员参观“党旗飘扬、龙城奋进”常州庆祝中国共产党成立100周年主题展览。民盟武进区基层委员会举行“坚守合作初心，凝聚奋进力量”专题座谈会，学习习近平总书记在庆祝中国共产党成立100周年大会上的重要讲话精神。民建武进区基层委员会举办党史读书演讲比赛，激发广大会员坚守初心跟党走、砥砺前行担使命的爱国热情和奋斗激情。民进武进区基层委员会开展“观博展，思党恩”活动，参观文史展、书画展、名人展和戏衣展，了解武进人文历史和社会发展情况，激发会员履职热情。农工党武进区委组织党员在王诤故居和南宅实验学校开展“学百年党史、聚合作初心”主题教育，参观“党旗飘扬、龙城奋进”常州市庆祝中国共产党成立100周年主题展，举行座谈会畅谈学习体会。致公党武进区基层委员会召开专题会议学习习近平总书记在中国共产党成立100周年大会上的重要讲话精神。九三学社武进区基层委员会开展上门康复志愿服务，为重残群众办实事。武进区党外知识分子联谊会在王诤故居开展红色主题教育，增强党史学习教育的效果。

【民主党派制度建设】 2021年，武进区各民主党派、党外知识分子联谊会以“组织建设年”为契机，不断完善规章制度，加强规范化建设。民进武进区基层委员会将制度建设放在年度工作首位，制定《民进会员入会须知》《民进武进区基层委员会例会制度》《民进武进区基层委员会调研制度》《委员联系制度》《交流

2021年武进区民主党派、党外知识分子联谊会基本情况表

表4

单位名称	成员（人）							提案、议案（件）	
	人数	人大代表			政协委员			总数	优秀提案
		省	市	区	省	市	区		
民革武进区基层委员会	51	—	2	2	—	—	12	15	2
民盟武进区基层委员会	123	1	4	—	—	3	21	16	2
民建武进区基层委员会	132	—	2	4	1	4	16	9	1
民进武进区基层委员会	123	—	2	6	—	3	19	28	1
农工民主党武进区委	221	—	2	3	1	6	34	31	6
致公党武进区基层委员会	54	—	1	1	—	1	10	8	1
九三学社武进区基层委员会	55	—	1	—	—	1	11	8	1
区党外知识分子联谊会	86	—	3	1	—	2	20	17	2

平台学习管理制度》等文件制度。农工党武进区委先后修订印发《农工党武进区委主委办公会议议事规则》《农工党武进区委委员（扩大）会议议事规则》《农工党武进区委优秀支部、优秀党务工作者和优秀党员考评办法》，加强组织规范化建设。民盟武进区基层委员、民建武进区基层委员、致公党武进区基层委员、九三学社武进区基层委员会坚持严格落实主委会、主委办公会会议规程和领导班子议事规则等制度，不断健全民主讨论机制，实现科学民主决策。武进区党外知识分子联谊会召开会长会议，研究确立学习制度、联系制度、信息宣传工作等制度。

7月18日，民建武进区基层委员会与武进区党外知识分子联谊会联合举办第二次“同心护蕾”公益义拍义卖活动

（供图/区委统战部）

【民主党派参政议政】 2021年，武进区各民主党派、党外知识分子联谊会履行参政议政职能，提出提案132件，完成调研课题44个，报送信息205条。其中《关于优化重大项目推进机制的建议》《关于精准帮扶我区中小企业发展的对策建议》《关于加快民营经济持续发展的建议》等16篇提案被评为区政协优秀提案。顾燕《关于在新冠肺炎疫情背景下规范宗教活动的建议》、万琴凤《电子警察逐利执法凸显监管漏洞，亟待加强》、周义红《关于新冠疫苗接种问题的思考与建议》等20条信息被评为区政协优秀社情民意。

【民主党派社会服务】 2021年，武进区各民主党派发挥自身优势，积极开展各类社会服务。民革武进区基层委员会组织党员参与“我为帮扶下一单”消费帮扶活动，购买贵州省纳雍县特色农产品，帮助脱贫群众增加收入。民盟武进区基层委员会的霞光同心驿站在牛塘卢家巷社区开展“勿忘我手脑训练营”，坚持每周为社区送上不同形式的讲座、服务、慰问等活动。驿站的“勿忘我”——提升脑力预防脑退化助老服务项目获评区民政局十佳优秀公益项目。民建武进区基层委员会与武进区党外知识分子联谊会联合举办第二期“同心护蕾”公益义拍义卖活动，筹集爱心款5.73万元资助新市民小学。民进武进区基层委员会先后两次向前黄中心小学捐赠帮困助学资金共1万元，首轮为期三年的“春风行动”完美收官。农工党武进区委持续推进“健康百千万工程”品牌建设，在雪堰镇、前黄镇、湖塘镇和中天钢铁集团有限公司等单位开展健康咨询讲座义诊、关爱新市民子女等活动15场，参与党员70余人次，受益群众、学生1000余人次。致公党武进区基层委员会持续打造“致爱行”品牌，开展端午节等传统假日慰问老人活动，在武进夕阳红康乐中心设立致公服务基地，持续打造社会服务特色品牌。九三学社武进区基层委员会依托同心健康驿站为残疾群众送微心愿150个，为困境残疾人家庭无障碍改造及配置康复辅具79户；举办武进区第六届同心助残与爱同行慈善义卖，筹集善款43.9万元。

【民进武进区基层委员会被民进中央评为“民进全国反映社情民意信息工作先进集体”】 在12月1日召开的民进中央反映社情民意信息主题年工作会暨2021年参政议政年会上，民进武进区基层委员会获评“民进全国反映社情民意信息工作先进集体”。民进武进区基层委员会下设5个支部，有会员123人。2019—2020年，民进武进区基层委员会共报送社情民意信息352条，其中被全国政协录用3条（1条获国务院领导批示）、民进中央录用18条、江苏省政协录用25条、民进江苏省委录用198条，江苏省委统战部录用2条。另有5条信息被常州市委书记陈金虎等市区领导批示，有效推动了问题的解决和落实。

【农工党武进区委获评农工党中央“农工党脱贫攻坚先进集体”】 在2021年7月召开的农工党脱贫攻坚总结表彰大会上，农工党武进区委获评农工党中央“农工党脱贫攻坚先进集体”。农工党武进区委是武进区唯一的民主党派地方组织，下设12个基层组织，有党员221名。2017—2020年，农工民主党武进区委围绕上级脱贫攻坚部署开展了大量卓有成效的工作。据不完全统计，农工党武进区委累计捐款225余万元，举办义诊、讲座、培训等活动72场次，服务群众近万人次，为打赢脱贫攻坚战做出积极贡献。

（安永彬）

武进区工商业联合会

【概况】 2021年，武进区工商业联合会（简称“区工商联”）推进“铸魂领航、赋能接力、提质创新、改革强基”四大行动，加强政治引领，创新服务模式，强化队伍建设，夯实组织基础，加力新生代企业家培养，充分展示工商联组织在全区经济社会发展中的地位和作用。年内，新增会员企业912家，累计4311家。年末，全区有镇（街道）、开发区商会10家、行业商会（同业公会）17家、各级青商会11家、异地商会4家、专业商会3家、市场商会1家，会员企业经济总量占全区经济总量的80%以上。区工商联推进新时代“两个健康”先行区建设，选树瑞声光电科技（常州）有限公司、新誉集团有限公司、百兴集团有限公司、江苏金鼎电器有限公司、常州市武进广宇花辊机械有限公司5家企业为首批武进区“五清”民营企业典型，推进“落实‘两个健康’体系提升行动”“新常商培育行动”“‘红绿蓝’商会建设行动”等创建行动计划17项。与全国民营经济研究会、省社科院联合开展“两个健康”评价指标体系建设，完成指标框架和软件构建，科学反映武进“两个健康”发展情况。新时代“两个健康”先行区创建纳入武进“十四五”规划。会员企业入围中国民营企业500强企业3家、中国民营企业制造业500强企业6家、江苏民营企业制造业200强企业10家、江苏民营企业制造业100强企业7家、江苏民营企业制造业创新100强企业6家。区工商联获2020—2021年度全国五好县级工商联、全国工商联系统2021年实践创新成果奖、2021年度民营企业调查点工作先进基层单位等荣誉。

【区工商联第十一次会员代表大会】 12月8日，武进区工商业联合会第十一次会员代表大会在武进假日酒店召开，参会代表328人。省工商联党组成员、副主席陈京，常州市委常委、武进区委书记乔俊杰出席并讲话。大会审议通过区工商联主席桑遥所作的题为《创新引领汇聚合力、全力服务“两个健康”、为武进争当全省现代化建设排头兵贡献工商联力量》的工作报告，选举产生武进区工商联第十一届执行委员会。第十一届一次执委会选举产生区工商联第十一届执行委员会主席、常务副主席、副主席、秘书长和常务委员，桑遥当选为主席，蒋建平当选为常务副主席，莫珺等30人当选为副主席。

【商会组织规范化建设】 2021年，区工商联强化自身建设，夯实组织基础。3月30日，常州市武进区模具行业商会成立，司兵闯当选为会长，有会员单位110家。年内，区工商联加强商会党的建设，向10家基层商会和16家行业商（协）会派驻专职党建指导员，开展各类党建活动40余场次，区工商联所属商会组建党组织33家。区机械装备业商会、房地产业商会、医药医疗器械业商（协）会、青年企业家商会4家商会通过AAAAA级社会组织复评，工商联所属商会AAAA级以上社会组织累计17家。

【民营经济人士主题教育】 2021年，武进区工商联围绕贯彻落实中共十九大和十九届二中、三中、四中、五中、六中全会精神以及习近平新时代中国特色社会主义思想，持续加强全区民营经济人士主题教育，开展重点企业家座谈会、政企座谈会、新一代企业家培训班、专题党课、政策宣讲会等主题活动120余场。结合中国共产党成立100周年，开展“武商心向党”主题活动，组织党史学习、革命传统教育活动34场次。4月13—17日，开展青年企业家“学党史·悟思想”暨“走长征路·筑强国梦”学习教育活动,组织23名企业家到遵义、南通参观学习。7月21日，举办“与先锋同行”学习交流活动，组织青年企业家学习全国优秀党务工作者、岑村村党总支书记、常州欧凯电器有限公司董事长蒋健做法经验。年内，开展全区“爱国敬业创新诚信守法贡献”表彰活动，表彰先进会员企业84家、先进商会7家。

12月8日，武进区工商业联会第十一次会员代表大会召开　（供图/区工商联）

【服务民营企业高质量发展】 2021年，区工商联加强政企沟通、院企产学研对接和企业管理培训，助推全区经济转型升级。9月18日，承办武进区“擦亮现代智造名片、打造两湖创新高地”重点企业家座谈会，听取武进区未来的发展方向和重大战略，并提出针对性意见与建议。9月24日，承办常州市民营企业家队伍建设“百千万工程”2021武进万人班，参训学员121人。年内，举办区工商联常执委座谈会6场，传递企业需求、增进政企沟通。举办第27期企业经理人培训班，组织线上、线下公益培训6期，参训人员超过6000人次。各级商会举办安全、管理等培训39场次，参训人员超过6000人次。区工商联及商会开展院企产学研对接活动31场，举办银企对接讲座20余场，组织企业家参加免费健康体检和健康咨询活动600人次。组织法律讲座6场，为17家企业提供上门免费法律服务，提供专项法律服务220余次，排查法律隐患60余条，提出风险防控建议40余条。

【企情调研】 2021年，区工商联围绕全区经济发展大局，加强企情调研，努力提升服务水平。2月，组织工业系统行业商会，采取问卷调查、实地走访，收集整理800余家规模以上会员企业春节后开复工情况，分析原因，提出建议，为区委、区政府掌握情况、做出决策提供参考。年内，新时代“两个健康”先行区创建调研成果被中央统战部《调研参考》刊发，获全国政协副主席、全国工商联主席高云龙和副省长马秋林批示肯定，并获全国统战理论政策研究创新成果三等奖。

（许建勋）

群众团体

Mass Organizations

栏目编辑　王国新

武进区总工会

【概况】 2021年年末，武进区总工会（简称“区总工会”）下辖镇总工会8个、街道总工会2个、国家级开发区总工会1个、省级开发区总工会1个、旅游区管委会工会2个、系统（局）工会9个和直属单位工会10个。全区有独立基层工会2937个、联合基层工会276个，覆盖单位11053家。全区职工总数47.22万人，会员44.46万人，入会率94.16%。

年内，区总工会紧扣“争当表率、争做示范、走在前列”总目标，扎实推进职工思想政治引领、产业工人队伍建设改革、职工维权服务等重点工作。组织开展党史学习教育，印发《关于开展党史学习教育的实施方案》《关于开展党史学习教育专题学习的工作方案》，整理部署“我为群众办实事”项目清单24项。加强基层党组织建设，完成党总支部和各党支部换届选举。贯彻落实《武进区非公有制企业和社会组织党工建工作指导员管理暂行办法》，深化党工共建工作。开展“颂歌献给党”职工系列文化活动、文艺轻骑兵送文化进基层活动20余场次。发挥武进各类工运媒体正面引导作用，开通“武进职工”抖音号，《常州武进：劳模工匠走进思政课堂，用匠心筑教育》《常州武进：全面小康路上，一个职工也不能少》被“学习强国”平台录用。全面启动武进区“劳模工匠进校园、思政教师进企业”活动，挖掘、整合劳模先进资源和学校思政教师资源，组建16人的讲师团宣讲劳模、工匠精神。统筹推进安全生产工作，开展“安康杯”竞赛、“安全隐患随手拍”等活动。优化模范职工之家的培育、推荐、评选和复评机制，表彰2020年度武进区模范职工之家30个、武进区优秀工会工作者80人，复查区级模范职工之家72个，复核省级及以上模范职工之家26个；为94名百人及以上非公企业工会主席发放工作补贴。万桦（常州）新材料科技有限公司干法车间获评全国工人先锋号，庄惠芬、严成等8人获评江苏省劳动模范。区总工会获评2021年度常州市辖市（区）总工会年度考核优胜单位、武进区推进“高质量发展”争先创优先进集体。

9月26日，武进区总工会第四届“创新引领未来、创业成就梦想”职工创新创业大赛决赛在武进区行政中心一楼西侧会议室举行　（供图／区总工会）

【关爱职工行动】 2021年，区总工会深入推进区委、区政府为民办实事项目——关爱职工行动。组织优秀职工1.55万人、劳模217人参加免费体检，组织女职工4666人参加“两癌”（宫颈癌、乳腺癌）筛查及体检。为6.12万名职工办理医疗互助保障保险，为1.14万名一线环卫工人、公安辅警、城市协管员、快递员等特殊岗位职工购买意外伤害保险。组织3223名职工参加心理健康体检，其中926人参加职业心理体检。开展“工会进万家”活动，入户走访慰问困难职工家庭40户，发放慰问金及慰问品价值5.74万元。组织开展“惠职工·送服务”工会服务在身边活动10场，把职工服务宣传送到企业车间、食堂一线，惠及职工8000人。勠力同心抗击新冠肺炎疫情，与团区委、区妇联联合开展“留武过牛年、云上大团圆”活动，号召外来务工人员“留武过新年、线上叙亲情”，出资90万元采购4.5万份手机流量包，免费发放给留在武进过年的外来务工人员。区总工会领导带队走访慰问御城小区、医学观察集中隔离点9个、高速交通查验卡口13个及区疾控中心等一线抗疫人员，赠送慰问品及抗疫物资价值35万元。开展“来自魅力桃乡的问候——关爱优秀外来职工暑期行动”，慰问优秀外来务工人员家庭389户，发放水蜜桃778箱、慰问金额10万余元。举办武进区总工会2021年农民工专场招聘会，700多名求职者参加交流洽谈，达成初步意向近300人。组建2021年区总工会红娘志愿者队伍，举办工会红娘培训班1期，全区各级工会举办职工主题交友活动20余场次。创建企事业单位爱心母婴室26个，为19个新建区级职工书屋赠送图书1万余册、价值30万元。

【职工技能素质提升】 2021年，区总工会联合区人社局承办常州市第十六届职工职业技能竞赛电工技能竞赛，武进区选手闻旭龙获大赛第二名，被授予“技术能手”称号。4月，与区住建局联合开展建筑行业职业技能竞赛，评出砌筑组一等奖、抹灰组一等奖各1名。4—5月，牵头组织常州工程职业技术学院、常州信息职业技术学院等驻常高职院校在洛阳镇、雪堰镇、湟里镇等离城区较远乡镇的9家企业开展“校企合作企业行”活动，推动校企双方在培养后备人才、技术改造升级、产品研发创新、职工技能培训、学生实习就业等方面精准对接。5—12月，联合区人社局开展“技行武进”2021年武进区系列职业技能大赛，举办茶艺师、保育员、砌筑工、电子商务师等职业技能竞赛10场次，全区2513名选手报名参赛，有10名选手获“武进技能状元”称号，2109名选手通过岗位技能大比武理论和实操双及格晋升为高级工职业资格。8—9月，与区网信办联合开展网络安全技能竞赛，评出党政机关组一等奖、工业企业组一等奖各1名。9月，与区应急管理局联合开展化工行业安全技能竞赛，3名选手分获前3名并代表武进区参加常州市安全生产技能竞赛选拔赛。年内，区总工会根据职工需求和企业实际，为企业提供安全生产、职业素养、职场礼仪、思想道德、党史辅导、民法典解读等通识课程以及数控、电工、电焊等技能培训课程151个；组织开展培训180期，惠及职工1.15万人次。落实“农民工学历与能力提升行动计划”，帮助323名职工利用业余时间提升学历层次，发放补贴资金18.06万元。

【新时代武进产业工人队伍建设改革】 2021年，区总工会坚持“党建带工建，工建促产改”，落实《新时代武进产业工人队伍建设改革实施方案》，建立全区产业工人队伍建设改革联席会议制度，牵头协调成员单位落实部门工作职责。3月，印发《新时代武进产业工人队伍建设改革试点工作方案》，在全区精心选取21家单位作为新时代武进产业工人队伍建设改革（简称“产改”）试点培育单位。6月4日，召开新时代武进产业工人队伍建设改革第二次联席会议暨工作推进会，进一步推动武进产改试点工作向纵深推进。年内，产改工作被纳入2021年度区人大常委会领导重点督办内容，全区20多家企业启动产改工作，东方润安集团实施QC小组管理，旷达科技集团实施岗位技能评定激励机制，江苏龙城精锻有限公司建立员工岗位技能晋升待遇分级管理体系，江苏洛凯机电股份有限公司实施“洛凯学院”校企合作人才培育机制，对于畅通产业工人成长发展通道、提升职工收入和技能素质、带动企业技术创新和增产增效发挥积极作用。博世汽车部件（苏州）有限公司常州分公司入选省产改试点培育单位，通过开展“双元制+职工发展体系”叠加赋能行动，为培养高素质产业工人队伍注入强大动力，成为武进产改的“靓丽名片”。至年末，全区有省产改试点培育单位1家、省产改试点巩固单位2家、市产改试点培育单位4家、区产改试点单位21家。

【职工创新创业】 2021年，区总工会继续推进小额保证保险贷款管理工作，帮助有创业愿望的困难职工、高校毕业生及复退军人等群体，为其创业起步阶段提供有力支持。全年为274家企业发放贷款5250万元，为286家企业发放贷款贴息保费补贴308.59万元。7—9月，开展第四届“创新引领未来创业成就梦想”职工创新创业大赛，机械制造、人工智能、生物医药、环保科技等领域68家企业及创业团队报名参赛。经过初赛，10个项目进入决赛。常州谙美生物科技有限公司获一等奖，江苏贝叶斯机器人有限公司和良甜生物医药科技江苏有限公司获二等奖，常州懒人园艺有限公司等7家单位获三等奖。其中，常州谙美生物科技有限公司和江苏贝叶斯机器人有限公司获常州市总工会第四届职工创新创业创意大赛总决赛二等奖。年内，组织相关企业参加省、市职工十大科技创新成果、十大先进操作法、十大发明专利评选活动，新誉轨道交通科技有限公司陆斌的“一种电容异常检测系统及其工作方法”被认定为江苏省职工十大科技创新成果之一，新誉轨道交通科技有限公司严成的“铝合金厚板型材焊接操作法”被认定为常州市职工十大先进操作法之一。

【第二届“武进工匠”评选】 1月，武进区劳动竞赛委员会印发通知，在全区各

4月29日，武进区召开庆祝“五一”国际劳动节暨第二届“武进工匠”故事分享会
（供图/区总工会）

行各业技能劳动者中评选第二届“武进工匠”。评选活动坚持公开、公平、公正的原则，重点聚焦先进制造业、现代服务业、战略性新兴产业和武进优势产业等领域，重点关注基层一线、操作岗位的劳动者，不受年龄、性别、学历、荣誉等条件限制，通过基层推荐、社团推荐和个人自荐的方式推荐申报。经资格审查、专家评审、集中公示等环节，最终评选出“武进工匠”10人。4月，区政府发出《常州市武进区人民政府关于命名第二届“武进工匠”的决定》，授予潘红波、陈旭、梁修影、张凯、杨立业、王烨超、张仙燕、陈波、杨春生、朱凯10人“武进工匠”称号。4月29日，武进区召开庆祝“五一”国际劳动节暨第二届“武进工匠”故事分享会，10名武进工匠结合自己岗位实际交流分享成功经验。

【万桦（常州）新材料科技有限公司干法车间获评全国工人先锋号】 2021年4月27日，万桦（常州）新材料科技有限公司干法车间被中华全国总工会认定为全国工人先锋号。该车间组建于2003年11月，有职工29人，主要生产各种PU鞋用、沙发用、球用、装饰用复合材料。始终坚持精益生产，从“人、机、料、法、环”五大影响产品质量的环节着手改造涂布机，实现精密涂布机的涂布刀精度由0.02毫米提高到0.005毫米，产品刀距由0.15毫米下降到0.12毫米，每年节约成本20万元。2020年，生产PU复合材料211.4万米，一级品率达97.22%。2020年4月，干法车间获评江苏省工人先锋号。

（储家浩）

共青团常州市武进区委员会

【概况】 2021年，全区有团（工）委116个、团总支120个、团支部2192个，专（兼）职团干部3805人，团员33422人。其中，直属团组织42个，新发展团员1957人。团区委以习近平新时代中国特色社会主义思想为指引，坚持“为党育人”宗旨，勇担“后继有人”重任，履行引领凝聚青年、组织动员青年、联系服务青年的基本职责，不断提升组织力、引领力、服务力和大局贡献度，取得各项工作进展。8个镇、213个村（社区）团组织完成换届，新建社会领域团组织274个。开展党史宣讲900余场次，组织10万余名青少年开展《红色记忆地图》红领巾寻访打卡等学习实践活动。组织40支青年突击队、30余个青年文明号、1400余名团员青年开展“两在两同·青春建功”行动。各级团组织举办武进特色优势农产品宣传推介活动1000余场次，帮助农户实现经济效益80余万元，推介落实“新农菁英贷”金额800余万元。紧扣武进“两湖”创新区建设，启动青年发展友好型示范城区建设，建成青年驿站5家。武进共青团获评2021年度全省共青团工作先进单位，考核名次位列苏南板块县（市区）第一。

【团的基层组织建设】 2021年，团区委统筹推进全区基层团组织集中换届工作，充实基层团干部力量，8个镇、213个村（社区）团组织完成换届工作，换届后村（社区）“两委”委员担任团组织书记比例超过85%。全面推动社会领域团建工作，在民营企业、楼宇中心、社会组织新建团组织274个，位居全市第一。新发展团员1927名，其中社会领域新发展团员187名。扎实做好4290名毕业生团员组织关系转接工作，学社衔接率达99%。探索“团组织＋青年之家＋社会组织”运行机制，推动团的组织、工作、阵地在基层有机融合，新增阖闾城村“青年之家”、秋白书苑等线下、线上兼具特色和人气的团属阵地5个，提供基础团务、文化学习、社会实践等项目服务，真正将“青年之家”建成团员青年愿意来、信得过、留得住的“精神家园”，该项工作受到团省委副书记张迎春高度肯定。实施项目化管理模式，引导各基层团组织聚焦主责主业，形成自身特色基层团建品牌项目，全面激活基层团组织“自转”动能。常态化联系青年，深化“一专一站两联”工作机制（拓展团的专门委员会建设，打通县域团代表联络站建设，建立团的委员会成员联系团代表、团代表联系团员青年的“两联”工作机制），初步构建“委员—代表—团员青年”的扁平化联系路径，把服务项目带下去、把青年诉求带上来，全年开展活动30余场，服务群众600余人次。

【青少年党史学习教育】 2021年，团区委深入开展“学党史、强信念、跟党走”学习教育，以“七个一百”系列活动（百场宣讲强信念、百首赞歌庆华诞、百幅作品靓乡村、百场直播助振兴、百项行动勇争先、百场寻访担使命、百项服务践初心）为主抓手，分层分类引领全区青少年在百年党史中汲取精神营养。因地制宜打造“实境课堂”，举办“学史忆初心，奋进新征程”王诤将军故居实境课堂、“缅怀我们的外祖父”张太雷红色故事实境课堂、“‘疫’路有你，未来有我”云队课等沉浸式团课3场，把本土红色故事讲活讲透。推出“青口说爱你·三行情诗献礼百年”活动、“青春游武”云课堂、重走长征路等活动，帮助青少年加速从学到悟的内化过程。组建

4月30日，实境课堂《缅怀我们的外祖父》成功举办，张太雷外孙女谢雪涓、谢文娟、张子娟受邀出席
（供图/团区委）

"武进'芯'青年"青年讲师团、67支"红领巾宣讲团"，开展"百年党史青年说"主题宣讲100余场、"国旗下的微宣讲"800余次，让百年党史浸润青少年心田。坚持党建带团建、带队建，擦亮"五彩靓武进"少先队工作品牌，加强组织化动员，广泛开展《红色记忆地图》红领巾寻访打卡等学习实践活动，覆盖青少年10万余人。相关做法在党史学习教育中央官网、团省委信息专报、《人民日报》、新华网等平台宣传报道。

【"青"字号品牌建设】 2021年，团区委积极响应团省委"两在两同·青春建功"行动，主动将各项工作深深嵌入党政中心工作"大棋盘"，团结引领广大团员青年在"强富美高"新武进建设中建功立业。充分发挥"号手岗队"示范带动作用，组织10支青年突击队、30余个青年文明号、1000余名青年投身全区重大项目建设。武进国家高新区移远通信项目规建青年突击队、蓝蜻蜓审批服务青年突击队获评市优秀青年突击队。武进城区新冠肺炎疫情发生后，团区委第一时间发出抗疫倡议书，组织30支青年突击队、400余名团员青年进驻15个服务点，接续奋战在核酸检测、应急值守、卡口排查、物资保障、心理疏导第一线，联动青联委员筹集智能大白、小域无人机等赋能科技防疫。启动"建功'十四五'、奋进新征程"实践锻炼活动，推出江理工校地融合、典范性文明城市创建等实践项目7项，为130名年轻干部搭建建功平台。

【"YOUNG HOO新农人"乡村振兴∞动能计划实施】 2021年，团区委实施"YOUNG HOO新农人"乡村振兴∞动能计划，开展"YOUNG HOO新农人"直播带货挑战赛，吸引98支队伍、460人参与，宣传推介水蜜桃、葡萄、花卉等武进特色优势农产品，累计直播1000余场次，帮助农户实现经济效益80余万元。年内，利用直播平台开展"新农菁英贷"线上推介活动7次，发放贷款13笔、800余万元。联合驻武进高校团委打造"新农人实训创造营"线下实体阵地，开展电商技能培训13场，800余人参训。通过以赛代练，充分发掘培养复合型青年农业人才，部分直播团队获得平台公司签约意向。

12月21日，"星火红盟"党团共建品牌发布会活动在常州大学西太湖校区举行
（供图／团区委）

【青少年爱心帮扶行动】 2021年，团区委深入推进"我为青少年办实事"实践活动，围绕青少年"最需、最盼、最忧"事项，办暖人心、聚人心的爱心帮扶实事。实施"梦想改造+"关爱计划，建成"梦想小屋"22间，为困境青少年募集爱心资金100余万元。联合高校、社会组织、机关等单位实施常态化精准帮扶，开设"小水滴"公益课堂、"菁牛青苗"夏令营等公益项目，开展亲情陪伴、学业辅导、社会融入等常态化关爱活动50余场。实施"我要上大学"助学项目，募集爱心助学金19万元。7月，开展"苏豫同舟、风雨同行"爱心项目，组织青少年为河南特大暴雨灾区捐赠63万元。

【服务青年发展】 2021年，团区委突出"以青年为本"的宗旨意识，倾心服务青少年全面发展。紧扣武进"两湖"创新区建设，率先启动建设青年发展友好型示范城区，成立工作专班，到上海、苏州、武汉等地开展专项调研，制定建设方案。坚持"走出去"和"引进来"相结合，常态化开展"名城名校合作行"系列活动，建立大学生联络服务站。突破区域、层级限制，发起建立省、市、区三级团委共建和全省36所重点高校参与、10余个党政部门协同的"星火红盟"招才引智平台。新建青年驿站5家，为到武进择业创业青年人才提供7天、最长不超过3个月的免费住宿。至年末，青年驿站120套人才安居房投用，承载毕业生300余人次，毕业季可滚动接收7200余人次。同时配套上线"武小栖"服务管家小程序，满足青年舒适居住、就业创业、便捷生活等需求。青年驿站试运行期间，帮助10多名大学生顺利入住，4名大学生就业落户。连续第二年开展"留武过年"系列活动，为在武进过年的外地青年2000余人发放礼包，切实增强青年人才城市归属感和幸福感。

（陆旻雯）

武进区妇女联合会

【概况】 2021年年末，全区有镇（街道）、开发区妇联13个、机关事业单位妇联35个、村（社区）妇联219个。年内，区妇联确立"思想引领聚人心、服务发展高质量、家庭建设树新风、维权关爱零距离、改革赋能强基础"的工作导向，组织全区各级妇联开展党史学习教育，实施基层妇联组织固本提质"磐石工程""巾帼好声音"思想引领及"吾爱武家·幸福万家"家庭文明建设项目，加强"春蕾红盟"党建联盟、"绽放爱的希望"维权、"圆梦微心愿"困境妇女儿童关爱帮扶等工作品牌建设，深度打造新时代文明实践妇联模式。全年获全国、省、市各类扶持资金30余万元。选树武进区三八红旗手19人、美丽女性88人、优秀巾帼志愿服务队20支、优秀巾帼志愿服务项目10个。武进区"在你身边"文明实践巾帼志愿阳光站获评全国文明实践巾帼志愿"阳光站"。区妇联获评第三届江苏女性融媒体创意大赛全国邀请赛优秀组织奖、江苏省妇联优秀融媒体工作案例奖。区妇联“妇联好声音”思想引领项目、“春蕾”红盟困境帮扶项目获评常州市妇联优秀创新项目。“武梦女儿红”党建工作品牌被评为武进区十佳“先锋旗帜”党建品牌。蒋丽获评全国维护妇女儿童权益先进个人。邵丹薇、蒋晓美获评全国巾帼建功标兵。孙英、蒋晓美获评江苏省三八红旗手，徐洁芬获评江苏省巾帼建功标兵。胡菁菁获评全省优秀妇女工作通讯员。尹玲家庭获评全国最美家庭，吴锁金家庭、周维芬家庭获评江苏省最美家庭。江苏龙城精锻有限公司终检站获评全国巾帼文明岗，武进高新区北区新城域社区居委会、新誉庞巴迪牵引系统有限公司电机线圈班获评江苏省巾帼文明岗。武进高新区北区喜盈门社区获评江苏省巾帼志愿服务十大优秀社区之一。《八场直播，30万人一起学党史》《党史学习进家庭》被《人民日报》宣传报道。武进区妇联和妇女儿童发展工作获《人民日报》《新华日报》、“学习强国”平台、《中国妇女报》《女性之声》等新闻媒体宣传报道81次。

【妇联系统党史学习教育】 3月15日，区妇联召开党史学习教育动员会议，全面启动党史学习教育工作。6月29日，联合区纪委监委和区委组织部、宣传部、党史工委举办“永远跟党走”庆祝中国共产党成立100周年“学史力行、巾帼逐梦”主题党日活动暨党史学习家庭挑战赛，现场发布为民办实事项目、武进区亲子红色研学路线3条，授牌“巾帼学习社”红色打卡点10个。年内，举办党史学习教育领导干部读书班2次。举办“巾帼初心向党、勇争第一唯一”纪念三八国际妇女节111周年主题活动，推出“依法维权、社会治理家力量”“凝心聚力、砥砺奋进谋发展”“感恩母爱、共忆青春她芳华”“稳岗留工、春风送暖‘职’等你”“初心砥砺、致敬巾帼奋斗者”“传承引领、培育文明新风尚”“使命担当、执委履职谱情怀”“向党表白、巾帼礼赞新时代”八大主题、11场活动直播和轮播，引领30万人次学党史。聚焦“我为群众办实事”实践活动，开展“我为妇女办实事·巾帼大走访”，实施“我为群众办实事”重点民生项目2个、惠民实事项目18个。联合区纪委监委、区委宣传部开展“党史学习进家庭、强国赋能家力量”和“学习强国”进家庭活动，在全区建设百个党史领学家庭，开展百场廉洁家风故事汇，打造百个“学习强国”互动空间站（点）。

【实施基层妇联建设“磐石工程”】 2021年，区妇联坚持党建带妇建，实施固本提质“磐石工程”，夯实基层妇联组织建设。稳妥推进镇、村级妇联集中换届工作，全区13个镇（街道）、开发区和219个村（社区）妇联完成换届。加强新兴领域妇联组织建设，新建中以常州创新园、常州靓宇焊割有限公司等新兴领域妇联组织20个。开展“在你身边”妇女微家增量提质建设，全区新增“一亩田”妇女微家、花海创客妇女微家、爱嘉乡妇女微家等妇女微家40个。加强干部队伍建设，为全区妇联干部量身打造增能“晨雁计划”，开设全区基层妇联干部“晨雁计划”训练营，以直播教学资源共享回看的形式，覆盖区、镇、村三级妇联干部，累计服务妇联干部2.8万人次。强化妇联执委履职制度，发布2021年度妇联执委领办项目，由区妇联53名执委带头，带动各级妇联3300多名执委实施“一人一实事”工程，进一步提升妇联执委履职能力和服务妇女儿童的本领。建立八大妇女儿童及家庭工作联盟，培育壮大各类女性人才队伍，发挥巾帼群体优势和伙伴效应，进一步延展妇联服务妇女群众的工作手臂。

6月29日，“学史力行、巾帼逐梦”主题党日活动暨党史学习家庭挑战赛

（供图 / 区妇联）

【“春蕾红盟”党建联盟行动】 2021年，区妇联联合常州大学瞿秋白政府管理学院及区法院、区检察院、区发改局、区教育局、武进公安分局、区民政局、区总工会、团区委、区关工委、区网格管理中心、新誉集团12个单位，整合构建“基层党建共同体”，打造“春蕾红盟”党建联盟品牌。将女童助学为重点的求学圆梦行动、女童保护为重点的安全健康行动、女童结对帮扶为形式的牵手成长行动、女童研学为载体的社会实践行动四大行动作为工作内涵，联合红盟单位开展“社工人才共育”行动、“且听花开”行动、“儿童友好”行动等十大合作共建行动以及X件为民办实事项目，构建“4+10+X”长效机制。汇聚更多仁心善举，形成关爱女童教育、安全、健康的多方位帮扶体系，共同促进儿童全面发展，在推进共同富裕进程中让女童共享美好生活。

【实施“妇联好声音”思想引领项目】 2021年，区妇联组织镇（街道）、村（社区）实施“妇联好声音”思想引领项目，打造“空中课堂”13个，开设“巾帼讲堂”百场，实现线上、线下同频共振，理论实践双轮驱动。组建“百年初心巾帼说”宣讲队走进红色文化场馆、田间地头、直播课堂等，面向全区广大妇女群众和家庭开展分众化、互动化、沉浸式宣讲630余场。组织女企业家开展学党史、唱红歌、“向党表白礼赞新时代”快闪等系列主题活动。5月20日，在武进

3月8日，区妇联举办"巾帼好声音"直播活动 （供图/区妇联）

市民广场开展新时代文明实践"文明花开幸福家"巾帼志愿服务项目，深化"巾帼好声音"宣讲品牌、"美丽庭院"建设、巾帼创业创新服务、"平安家庭"建设、"最美家庭"建设和"圆梦微心愿"品牌等，打造新时代文明实践"妇联模式"。年内，实施"武梦课堂"女性素质提升工程，发布新一轮课程菜单，全区各级妇联开展《好父母决定孩子的一生》《更年期健康管理》等家庭教育、健康教育开放式讲座近1000场，培训妇女近1万人次。建设"数智妇联"，运用大数据分析、新媒体技术、融媒体手段，赋能"阳湖女声"微信号、视频号两大融媒体平台；推进"幸福e家"婚姻家庭治理平台建设，服务基层社会治理；开办"巾帼直播"间，孵化培育巾帼创新创业基地，构建线上、线下一体，内宣外宣联动的主流舆论宣传格局。

【"巾帼创业花"女性发展工作品牌建设】 2021年，区妇联着力打造"巾帼创业花"女性发展工作品牌，深化女性创新创业基地建设，培育固立高端装备创新园、高新区武智沃客等区级服务基地4个，孵化守拙园家庭农场、智语绘园林管养智能化项目等20个。西太湖国际人才社区项目获省级巾帼创新创业大赛决赛优胜奖，"星星充电"成为全省唯一一家由女性创办的独角兽企业。举办"妇联培你去上岗"劳动技能培训班，培训125人。培育巾帼农业项目市级优秀项目7个、省级优秀项目1个。组织巾帼助农公益直播带货活动，推介完成农产品和文旅产品销售10万元；巾帼公益助农项目获评武进区优秀志愿服务项目。实施千岗联动、岗村结对实事项目26项，举办"妇联带你去招聘"线上、线下女性专场招聘会，提供岗位1800余个。组织百名女企业家走进常州科技明星企业，组织18名女企业家骨干参观考察深圳华为、腾讯公司。制定《美丽庭院建设实施意见》，将美丽庭院建设纳入全区农村人居环境整治提升五年行动，嘉泽镇跃进村、湟里镇西墅村获评常州市"美丽庭院示范村"，嘉泽镇跃进村获评省级美丽家园示范点。年内，区妇联评选表彰区级巾帼奋斗者80人、巾帼建功标兵60人、区巾帼文明岗30个、巾帼建功先进集体60个。胡丽敏、蒋晓美带动广大妇女在服务发展大局中建功立业的事迹，入选全国妇联联合人民网举办的"百千万职业女性风采展"专栏。

【实施"吾爱武家·幸福万家"家庭文明建设项目】 2021年，区妇联实施"吾爱武家·幸福万家"家庭文明建设项目。落实省政府民生实事，建设省级家庭教育指导服务示范社区8个，建成市级首批"儿童友好社区"1个。贯彻实施《中华人民共和国家庭教育促进法》，以"一社区一特色一品牌"为目标，因地制宜开展丰富生动的社区家庭教育指导服务，喜盈门社区的家庭教育指导模式被央视新闻报道。联合区纪委监委、区文明办开展"廉爱同行 让家更有力量"国际家庭日主题活动，线上开展"最美家力量'四史'践初心"最美家庭带头学"四史"红色诵读活动4期，引领广大家庭做社会文明的建设者、红色基因的传承者。投入引导资金11万元，在全区24所小学、幼儿园建设各具特色的校园家风馆，推动好家风的力量在阳湖大地蔚然成风。开展"童心向党·献礼百年"庆"六一"主题活动，引导少年儿童厚植爱党爱国爱社会主义美好情怀。打造"武家幸福课"科学家教课堂，举办家庭教育、科学健康开放式讲座6期，帮助广大妇女和家庭学习先进教育理念和教育方式，推动科学家庭教育。评选区级最美家庭642户、五好文明家庭93户，带动全区广大家庭共筑社会文明新风尚。

【"绽放爱的希望"维权工作】 2021年，区妇联拓展融媒体普法宣传方式，组织"三八"维权周、"1125"法治宣传周、"法眼看婚姻"网络直播专场，5000多人次在线观看。湖塘镇妇联"湖小美普法"《遇到家暴怎么办》反家暴系列漫画在"学习强国"平台推送。开展"送法下基层""法润她心、武家幸福"法律进家庭活动15场，举办《中华人民共和国民法典》《中华人民共和国反家庭暴力法》专题讲座4期。12月28日，在区行政中心召开武进区平安家庭建设工作会议，总结加强部门协作联动、深化平安家庭建设经验，推动平安家庭建设融入区域社会治理。联合区检察院实施"安巢暖蕾"行动，回收调查问卷1.64万份，改造"花蕾空间"4户，筑牢女童安全保护"一米方圆"。在武进区婚姻登记大厅设立婚姻辅导室，帮助离婚冷静期家庭30户，个案帮扶75人次，举办线上、线下婚姻家庭课堂29期。实施"吾爱武家"妇女议事会法治惠民实事项目，让更多的妇女参政议政，让法治理念走进千家万户。

【"圆梦微心愿"困境妇女儿童关爱帮扶】 2021年，区妇联开展"把爱带回家、圆梦微心愿"活动，为全区93户困难儿童家庭送上红色绘本书籍、小书架等物品，帮助200名贫困儿童圆梦微心愿。向1000名低保家庭和困难家庭妇女赠送"美丽人生"妇女健康公益保险，保额7000万元。为1000名困境妇女和新兴行业妇女开展HPV免费筛查，向1万名新市民妇女等赠送免费"两癌"（乳腺癌和宫颈癌）筛查，不断提高妇女儿童健康保障水平。组织开展“99公益日”活动，邀请社会各界5支爱心队伍共同在线助力，募集资金25万余元，全部用于关爱慰问活动。

（胡菁菁　濮梦佳）

武进区科学技术协会

【概况】 2021年，武进区有区科学技术协会（简称“科协”）1个、镇科协8个、街道科协2个、开发区科协2个、企业科协44个、区级学（协）会18个，有科普教育基地105个，其中国家级科普基地7个、省级16个。全区各级科协及所属团体根据《武进区科协系统深化改革实施方案》要求，积极为科技工作者服务，为创新驱动发展服务，为提高全民科学素质服务，为党委、政府科学决策服务。全年开展科普宣传、学术交流、科技对接等活动500余次。年内，立项《“国际化智造名城”发展定位下常州智能制造地标性产业集群建设的路径研究》软课题研究项目16个、科普和学术项目26个，创成市级科普教育基地4个、综合示范学校省级1所、市级2所，省级科普惠农服务站1个，新增区级科普教育基地7个。11月，武进区入选中国科协2021—2025年度全国科普示范县（市、区）创建单位。

【武进区入选中国科协2021—2025年度全国科普示范县（市、区）创建单位】 11月，中国科协办公厅发出《关于公布2021—2025年度第二批全国科普示范县（市、区）创建单位的通知》，武进区榜上有名。武进区高度重视公民科学素质建设，在组织领导、经费投入、机制建设、载体建设等方面大力保障，以科普惠民为着力点，以增强科普服务能力为核心，以科普资源共建共享为抓手，推动新时代科普工作加快转型升级，实现全民科学素质稳步提升。全区建有国家级科普基地7个、省级科普基地14个、市级科普基地38个、区级科普基地124个、市级特色科普馆36个。年内，区畜牧兽医学会、滋心心理服务中心、老科技工作者协会等按时完成换届。区科协广泛开展“科普电影进社区”“科普魔幻秀校园巡演”“科普旅游电子导航”“科普惠民‘救’在身边”等品牌科普活动，广受社会各界好评。积极推进“海外智力为国服务行动计划”，全市首个国家海智基地再次落户武进高新区。区科技成果转移中心吸引23所高校入驻，精准开展产学研对接活动，累积促成各类产学研合作项目239项，合同金额9211万元，到账2807万元。

【科普和学术项目管理】 2021年，区科协结合新时代文明实践活动，组织开展各类线上、线下科普活动。深入各村、社区播放科普电影40场，举办科技讲座、科普培训班20期，培养农民良好生活习惯，提高农民科学种殖、养殖技能。2月，组织开展石墨烯科普知识网上竞赛，强化科技创新理念。联合区教育局举办国际数棋、航空模、机器人等科技竞赛，激发青少年探索科学奥秘的兴趣和热情，增强青少年的动手实践和实际操作能力。6月，参加“落实安全责任、推动安全发展”安全宣传咨询日活动，普及安全科普知识；嘉泽镇科协、雪堰镇科协举办校园消防安全应急科普演习活动，提升未成年人防灾避险和应急救护能力。9月，联合区红十字会举办应急救护科普培训班，增强公众应急救护能力，掌握基本应急救护技能。11月，指导基层科协及学会协会开展抗疫科普，向社区、学校发放防疫科普挂图、抗疫科普漫画和防疫知识海报，定期通过科普公众号发布防疫知识，增强公众的抗疫防范意识与相关知识储备。年内，区科协推进科普项目实施，激发全社会参与科普活动、科普阵地建设的热情，营造良好的社会化科普氛围。全年立项科普阵地建设项目类和科学普及活动开展类项目26项。

【科普教育基地创建】 2021年，区科协推荐科普功能强、科普效果明显的科普教育基地、合作社等单位参加各级各类创建活动。嬉戏族集团有限公司、江苏灵灵淹城野生动物世界完成2021—2025年度全国科普教育基地创建申报工作。王诤将军故居、江苏美淼环保科技有限公司、常州中进医疗器材股份有限公司、常州市一亩田现代农业有限公司4家单位创成市级科普教育基地。红十字青少年中医药科普馆、花海e站电子商务中心、湟里镇蒋堰村农业技术科普馆、嘉新社区防灾减灾展览馆、太湖湾露营谷、“百草园”课程实景基地、嘉泽镇新时代文明实践所7家单位创成区级科普教育基地。雪堰镇新康村农地股份专业合作社被评为常州市科普惠农服务站。

【实施“成果转移直通车、精准对接校企通”项目】 2021年，区科协依托区科技成果转移中心平台，实施“成果转移直通车、精准对接校企通”项目。6月23日，与区科技局联合承办“科技燎原·校企同行”校政企合作创新发展大会，常州大学、常州工学院新签约入驻区科技成果转移中心。12月17日，与区工商联、区科技成果转移中心三方共同签订合作协议，助力校企合作、促进产学双赢。年内，区科技成果转移中心凝聚入驻高校院所的科研资源，探索校地合作新机制，发挥技术转移服务团队和技术交易公共服务平台作用，持续开展科技信息服务及人才培养、科技咨询服务、高校技术转移服务、“政产学研”合作等业务，促进科技成果在武进落地转化。开展各类“产学研”对接活动60场，邀请专家139人次，服务企业226家，发布高校科技成果390项，达成“产学研”合作意向协议59项；深入高新技术企业了解科技难题和需求，挖掘企业创新需求103项；校企联合申报江苏省科技奖13项，引进常州市创新人才1人、武进区创新人才1人、常州市龙城英才计划领军型创业人才3人，促成校企合作项目58项、合同金额2860万元。“成果转移直通车、精准对接校企通”项目获评全区“两在两同”建新功十佳创新案例优胜成果。

【“科创江苏”两湖创新区创新创业人才项目路演暨2021武进高新区第七届海智对接交流会】 12月17日在武进高新区举行，智能制造、新一代信息技术、生命科学、新材料等产业领域代表120人参加。该活动由武进国家高新区管委会、武进区科协联合举办，江苏省科协党组成员、副主席李千目出席会议并致词，上海理工大学教授、博导韩森，长三角国家技术创新中心信息技术事业部副主任张赟分别发表主题演讲。活动现场，举行江苏省产业技术研究院企业联合创新中心授牌仪式，向13家企业颁发2021苏南国家自主创新示范区首次认定瞪羚企业、潜在独角兽企业、独角兽企业奖牌，聘请清华大学自动化系长聘教授王凌、华中科技大学机械学院党委书记高亮、北京航空航天大学交通学院副院长田大新为武进区科技顾问，组织“新一代聚氨酯涂料固化剂的生物创制”“消灭型餐厨垃圾生物降解系统研发及其产业化”等8个项目参加路演与技术对接，并达成合作签约项目4个，以色列trendlines集团、insightec公司分别与常州华森医疗器械有限公司、健一医疗科技（常州）有限公司签约，区科协、工商联、科技成果转移中心三方合作签约。

【科协创新发展大讲堂】 2021年，区科协围绕科技创新、学科前沿、行业热点等主题，开展各类学术交流活动。举办常州智慧医疗与康复器材技术发展学术论坛，探讨智慧医疗与康复器材最新发展技术和趋势，为武进健康产业发展问诊把脉。依托“科技工作者之家”，举办2期“创新发展大讲堂”，对话创新创业，解读创新发展政策，分享创新发展心得，激发创新发展动能。采用“线上直播＋线下研讨”方式，承办第二届苏南国际转移机构研讨会、第一届中欧国际合作交流座谈会，以科技创新为引领，形成发展新动能。区畜牧兽医学会等学会举办培训讲座、交流研讨、科普宣传等活动13场次。

（戴冬蕾）

武进区文学艺术界联合会

【概况】 2021年，武进区有文艺家协会8个、基层文联10个、挂靠社团3个，会员2000余人。其中，国家级协会会员60余人、省级协会会员200余人、市级协会会员1000余人。围绕庆祝中国共产党成立100周年，区文联组织开展系列文艺演出活动，举办“红颂百年”艺术作品展、“日出阳湖”征文大赛、笔墨芳华——女子七人书法雅集等主题文艺活动20场次。区戏剧曲艺家协会开展文化惠民、送戏下乡演出200余场。全年刊发《武进文艺》2期，47件文艺作品获省级及以上奖项。

【庆祝中国共产党成立100周年“红颂百年”系列主题文艺活动】 2021年，武进区开展庆祝中国共产党成立100周年“红颂百年”系列主题文艺活动。5月28—30日，在新天地北广场举办“百年风华正青春”——“学党史·诵党恩·跟党走”音乐诗文朗诵会、“唱支赞歌给党听”歌舞专场演出、“梨园春色别样红”戏曲专场演出，通过朗诵、歌舞、戏曲等形式，礼赞党的生日，讲好武进故事，展现武进发展成果，累计现场观众1万余人次，线上观众10余万人次。6月29日至7月7日，在常州环太湖艺术城举办“红颂百年”艺术作品展，展出175位文艺工作者作品282件，包括描绘革命圣地画作、书写领袖经典语录书法作品、记录社会发展摄影作品以及工艺美术作品，体现“红色精神”和“阳湖精神”。

5月28日，区文联在新天地北广场举办“学党史、颂党恩、跟党走”音乐诗文朗诵会

（供图／区文联）

【第十五期文艺家读书班】 5月7—8日，区文联举办武进区第十五期文艺家读书班，邀请省文联主席章剑华、省文联原副主席徐昕分别作“文化高原与文艺高峰”“党百年自我革命的理论与实践”专题讲座。组织文艺家到理想汽车常州基地、中以常州创新园参观采风，走进溧阳水西村的新四军江南指挥部纪念馆、新四军江南指挥部旧址等地参观体验、实境学习。其间，评选表彰优秀文艺创作成果42件、优秀文艺工作者22人。

【文艺惠民系列活动】 2月，区文联开展“春天的问候”文艺惠民系列活动，组织书法家协会、美术家协会会员在前黄杨桥景区免费为村民定制春联，在武进博物馆举办春联展暨送春联活动，举办庆祝中国共产党成立100周年“南田遗韵·阳湖情怀”迎春书画线上展示活动。3—9月，开展“深化先锋行动，助力文明创建”新时代文明实践党员志愿服务。在湖塘综合文化服务中心举办朗诵艺术公益实训班3期，邀请赵树建、马美婷等朗诵名师培训朗诵爱好者。抗击新冠肺炎疫情期间，制作发布《夜拍御城——一起坚守，赢得胜利》等防疫短视频作品数十件，每件作品点击量均在10万次以上。

（葛　岩）

武进区残疾人联合会

【概况】 2021年，全区新增残疾人616人，累计持证残疾人16970人。其中，肢体残疾9921人，视力残疾1961人，听力残疾1220人，言语残疾62人，智力残疾2047人，精神残疾1551人，多重残疾208人。区残联认真落实党史学习教育相关部署，成立武进残联党总支，下设残联机关支部和助残联合支部。以残联党组为核心，集中区镇两级“残疾人之家”、助残公益组织、康复机构、残疾人五大专门协会、助残企业等资源和力量，组建“阳光助残红盟”，抓住党建引领红色主引擎，依托全区“残疾人之家”主阵地，整合各自组织优势、发展优势、服务优势，构建党建共同体，从局部用力走向整体推进，更好地服务

5月20日，九三学社武进区基层委员会开展为残疾群众送康复活动

（供图/区委统战部）

残疾群众，为残疾群众办实事。全面落实残联改革，在各镇均配备理事长和专职委员，明确各村（社区）"两委"班子残疾人工作的分工及职责，并按照《关于规范常州市残疾人专职委员管理的意见》落实薪酬待遇。年内，区残联副主席、副理事长赵美娟获评全国残疾人工作先进个人，区残联获第五届全国残联专职委员知识竞赛"区县级组织奖"。

【残疾人社会保障】 2021年，区残联强化兜底保障职能，困难残疾人生活补贴从860元/月增至940元/月，重度残疾人护理补贴从120元/月增至130元/月。全年向困难残疾人和重度残疾人发放两项补贴经费6792.31万元，其中向6861名残疾人发放生活补贴6205.91万元，向4986名残疾人发放护理补贴586.40万元。向132名残疾人机动轮椅车主发放燃油补贴3.43万元，向71名残疾车主发放养老金补贴77.02万元；走访4254户贫困残疾人家庭，发放慰问金225.39万元；为全区1.69万名残疾人购买保险，共计保额73.45万元；落实31名残疾学生和低保残疾人家庭子女助学金8.35万元。组织集中评残11次、上门评残24次，完成残疾证等级评定650人，新增残疾人616人，期满复核换证453人。

【残疾人精准康复】 2021年，区残联组织实施"三助一免"（助行、助听、助视，免费发放辅助器具和持证精神病人免费服药）康复救助工程、0～14周岁残疾儿童抢救性康复工程和贫困残疾人家庭无障碍改造，为58名残疾人安装助听器、31名残疾人装配假肢、56名残疾人安装矫形鞋，发放轮椅、拐杖等辅具958件，为909名贫困精神病患者办理免费服药手续、271名贫困和肇事肇祸精神病人办理入院治疗手续，为437名0～14周岁残疾儿童发放救助补贴、4名听障儿童发放人工耳蜗补助，完成45户贫困残疾人家庭无障碍改造。贯彻落实《江苏省残疾预防和残疾人康复实施办法》，加强全区居民残疾预防及健康意识，减少残疾发生，减轻残疾程度，与常州谱瑞眼科医院签订"眼健康关爱工程"合作协议，全年实施免费白内障手术30例。5月13日，8个残疾儿童康复机构与8所学校一对一签订合作协议，全面启动康教结合工作，提升全区特殊教育水平。

【残疾人就业创业】 2021年，区残联完善就业帮扶机制，通过订单式培训进一步提高残疾人专项技能及就业率，充分发挥区级无障碍电影院、残疾人文体活动室和多功能网络化会议室功能，与"残疾人之家""调配中心""教培中心"达到最大程度的有机结合，满足残疾人"一站式"享有政务、教育、就业、康复和文体等服务需求。25个"残疾人之家"托养残疾人650人，新增残疾人就业77人，实名制培训316人，辅助就业283人。扶持自主创业19人，发放扶持金36.35万元。常州市武进区励志残疾人之家服务中心的"线上、线下齐头并进，励志助残就业增收"项目、武进区同心助残驿站的"333精准助残"项目在常州市助残脱贫攻坚项目选拔赛中被评为"常州市助残脱贫攻坚优秀项目"，武进区绿康按摩中心的"打造一流全国盲人按摩实训基地，助力盲人有尊严就业"项目被评为"常州市助残脱贫攻坚特色项目"。

【残疾人权益保障】 2021年，全区有助残社会组织22家，助残志愿者1500余人。5月16日，围绕第三十一次"全国助残日"，区残联在富克斯流行广场组织大型健残互助广场活动，提供心理疏导、疾病义诊、盲人按摩、法律援助和无障碍产品实地测试等13类助残项目。8月10—13日，举办残疾人法律知识网络竞赛，200余名

12月3日，区残联与心家园公益助残服务中心联合举办残疾人趣味运动会

（供图/区残联）

持证残疾人、残疾人工作者参加。12月，与区心家园公益助残服务中心举办残障人趣味运动会，参加300余人。年内，区残联组织残疾人参加常州市残联组织的“用手语唱红歌”“庆祝建党100周年书画作品展”等活动。区残疾人五大协会和社会组织联合开展“用心聆听花开”“第二届环淹城融爱徒步行”“观看无障碍电影”等活动30余场，参加5000余人次。

（谢　悦）

武进区红十字会

【概况】 2021年，武进区有各级红十字会组织115个，有红十字志愿者服务基地15个、特色志愿服务队6个、志愿服务项目5个，新注册志愿者765人，累计5400余人。全区各级红十字会组织发扬“人道、博爱、奉献”精神，贯彻落实《中华人民共和国红十字会法》和《中国红十字会章程》，以省、市红十字会核心业务体系建设要求为指导，完善工作体系，巩固基层基础，开展“三救三献”（灾害救援、人道救助、应急救护，献血、捐献造血干细胞、捐献遗体与器官）核心业务工作，服务百姓，助困群众，累计发放各类救助金、困难人群慰问金86.5万元。举办武进区“岑村杯”红十字应急救护技能大赛、红十字应急救护知识竞赛、“博爱送万家”“博爱光明行”及线上应急救护培训等活动，加强红十字人道救助和应急救护培训。区红十字会获中国红十字会总会报刊宣传先进集体、中国红十字会总会2021年抗击新冠肺炎疫情暨红十字应急救护知识竞赛单位组织一等奖等荣誉，常州东方特钢有限公司和中天钢铁集团有限公司获中国红十字会总会人道勋章，8个红十字组织和53名红十字会员获全国和省、市荣誉。

【人道救助】 2021年，区红十字会继续推进“博爱天使、爱心驿站”红十字“双癌”（一个家庭有2个或2个以上成员罹患癌症）、白血病等大病特困家庭专项救助活动，对新增符合救助条件的52户“双癌”家庭和16名白血病患者分别给予爱心救助5000元／户和3000元／人，共发放爱心救助款30.8万元。持续开展“博爱送万家”救助活动，深入全区各镇（街道）、开发区慰问困难家庭1200余户，发放食用油、大米、牛奶、被子、毛毯等救助物资和慰问金合计40万元。5月，实施武进“博爱光明行”救助项目，帮助辖区内建档立卡贫困人员和75岁及以上白内障患者施行复明手术，减轻医疗负担。至年底，共救助88人，按500元／人的救助标准发放救助金4.4万元。持续做好红十字爱心病房项目，对符合条件的10名困难病人，按照1000～3000元／人标准发放红十字人道救助金1.9万元。积极推进临时救助，及时回应区内紧急临时救助申请，发放临时救助和转交定向捐赠救助资金9.4万元。

【纪念世界红十字日系列活动】 5月8日，结合纪念第74个“世界红十字日”开展“红十字博爱周”系列活动，宣传普及红十字知识，提高群众知晓率，增强救护意识，提高救护技能。与基层红十字会联合开展大型义诊义治和无偿献血、捐献造血干细胞和捐献人体器官“三献”专题广场宣传活动。在礼嘉镇嬉乐湾景区举办“红十字‘救’在身边”——纪念“5·8”世界红十字日宣传活动，举行红十字文化主题公园开园揭牌仪式。组织红十字应急救护知识竞赛活动，企业员工、社区居民、在校师生等1万余人参加。联合区委统战部、武进慈善总会、区残联、区工商联举办2021年“同心助残”大型义卖活动，弘扬红十字人道精神。

【红十字“三献”活动】 2021年，区红十字会通过武进电视台、《武进日报》等媒介宣传无偿献血、捐献造血干细胞志愿者典型事迹和捐献知识，组织“天使相髓”志愿队队员参与“三献”宣传活动，增强志愿者捐献自豪感。协助市中心血站开展献血宣传59场次，累计动员近1万人次，无偿献血270余万毫升，献血总量居全市首位。造血干细胞捐献入库登记178人次，2名志愿者成功捐献非血缘关系造血干细胞，累计22例。11月，联合区文明办、区级机关工委开展“‘两在两同’建新功、三献服务暖阳湖”活动，报名200余人，173人成功献血5.29万毫升，有效缓解冬季的供血压力。

【应急救护培训】 2021年，区红十字会加强救护师资队伍的技能培训，选派1人参加中国红十字会总会救护培训师资提高班、6名红十字骨干志愿者参加省救护培训师资初训班。扎实推进区重点民生实事项目“开展AED相关设备技能培训9000人次”，制定细化实施方案，编制培训课件，安排责任心强、业务技能专的救护培训师提供救护技能培训；举办武进区“岑村杯”红十字应急救护技能大赛，12支红十字应急救护代表队参赛，集中展示全区红十字应急救护队伍的能力与水平，普及应急救护知识和技能；定期组织救护讲师团成员深入企业、校园、村（社区）开展救护培训，普及急救知识。全年培训初级救护员1034人，参加普及救护知识培训8188人次。

（郝　培）

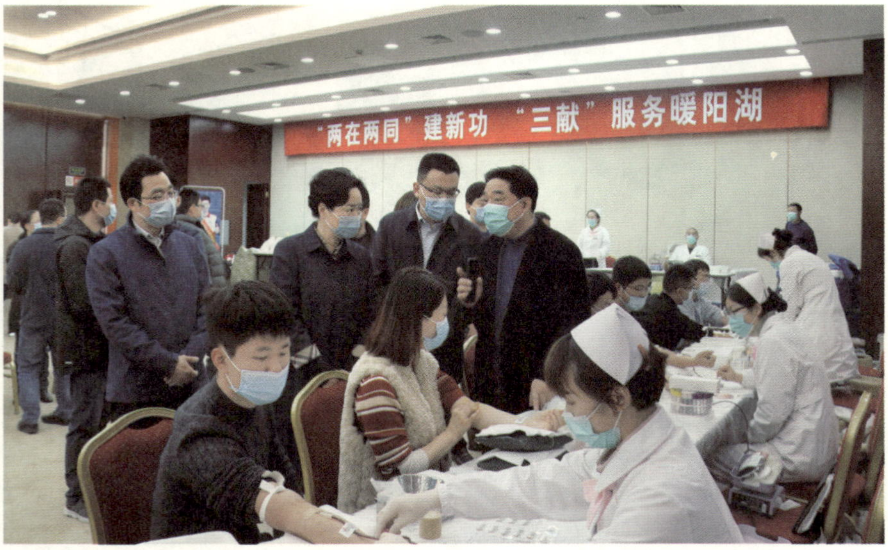

11月26日，区红十字会开展“两在两同”建新功 三献服务暖阳湖——机关献血活动

（供图／区红十字会）

武进区关心下一代工作委员会

【概况】 2021年，全区有各级关心下一代工作组织693个，常态化参与关心下一代志愿活动的“五老”（老干部、老专家、老模范、老教师、老战士）人员2061人；有各级校外教育辅导站227个，参加校外辅导的志愿者1302人，辅导学生7.4万人次；电子阅览室181个，参加电子阅览室活动学生3.4万人次。有思想道德宣讲员266人，撰写宣讲稿309篇，开展宣讲280余场，接受教育3.3万人次。区关工委贯彻落实区委《关于进一步加强新时代“党建带关建”工作的实施意见》精神，积极实施新时代青少年培养工程，开展“颂建党百年，做时代新人”主题教育系列活动，推进优秀示范辅导站、“五有五好”民营企业关工委创建工作。全区各级关工委共开展各类主题教育活动220场次，参与学生2.3万人次。年内，区关工委表彰关心下一代工作先进集体50个、先进个人100人。礼嘉镇关工委、湖塘镇关工委、湟里镇关工委分别获评全省关心下一代工作优秀集体，前黄镇朱秀春、湟里镇蒋建华等6人获评全省关心下一代工作优秀个人，35名学生获省关心下一代周报社“冰凌花”奖学金。

【优秀示范辅导站创建】 2021年，区关工委立足基层实际、注重内涵，持续推进全区校外教育辅导站示范创建工作。4月15日，在湟里镇西墅村承办市关工委2021年优秀辅导站创建工作现场会。4月29日，在西湖街道长汀村举办2021年度校外教育示范辅导站创建培训班。6月10日，召开市优秀辅导站申报和“回头看”工作会议。年内，区财政从教育附加中安排专项资金50万元，按以奖代补的方式奖励优秀辅导站。至年末，全区创建示范辅导站27个，累计103个，示范辅导站占比达48%。其中，湖塘镇永定社区、洛阳镇岑村村2个辅导站和礼嘉镇大路村、牛塘镇青云村、西湖街道长汀村3个辅导站分获省、市级表彰，共获奖励资金17万元。

【“五有五好”民营企业关工委创建】 2021年，区关工委落实党对民营经济领域关心下一代工作的要求，坚持“以块为主、条块结合”的领导体制和工作机制，组织开展“五有五好”（有组织、有队伍、有制度、有活动、有效果；领导班子建设好、“五好”作用发挥好、制度健全执行好、活动经常效果好、探索创新成果好）民营企业关工委达标创建工作。在各镇（街道）、开发区关工委和市场监管分局共同推进、培育下，江苏龙城精锻有限公司等62家民营骨干企业申报创建“五有五好”民营企业关工委。经区关工委、区市场监管局和区民营经济关工委审核，一次性认定2019—2021年度3个批次全区“五有五好”民营企业关工委120个。

【“颂建党百年，做时代新人”主题教育活动】 4月9日，区关工委在湖塘镇花园小学举行“颂建党百年，做时代新人”主题教育活动启动仪式，推动全区关心下一代主题教育贯彻深入开展。8—9月，参加省关工委组织的“庆祝建党百年，童心永向党，筑梦新辉煌”演讲比赛，撰写相关征文和演讲稿1800余篇。湖塘镇关工委代表武进向省关工委报送《小学校，大教育》主题教育活动专题片。武进区在全省“童声齐颂建党百年”征稿活动中获奖和一等奖作品数分别占全省的11.5%与18%。前黄高级中学、星辰实验学校等学校学生书画作品入选省关工委宣传工作会议展板。各级关工委开展各类比赛320余场，洛阳镇、牛塘镇、武进高新区北区关工委选送的作品获区级比赛一等奖，雪堰镇、礼嘉镇、湖塘镇、洛阳镇关工委获省创作演讲比赛优秀组织奖。

【条线关工委工作创新】 2021年，武进区政法、教育等条线关工委创新工作，区委政法委召开政法系统关工委工作会议，印发《关于开展武进区政法机关老干部志愿队伍“老少共建”工作的实施意见》，推进政法机关老干部志愿队伍“老少共建”工作。立足“可视”丰富学法资源，扩容“青少年可视化法治教育资料库”，区检察院《学会说不》获得省青少年法治教育创新成果一等奖；立足“可游”丰富法治阵地，形成“五个一”（一个2000平方米基地、一块“史良班”牌子、一支法治教育工作者队伍、一个法治主体课程体系、一本《初中生法治教育三十讲》读本）的创新社会治理重点项目；立足“可听”丰富教学模式，武进公安分局选派45名优秀干警担任50余所学校法制副校长或辅导员，抽调25名民警组成武进公安反诈宣讲团，开展宣讲300余场次；立足“可动”丰富普法品牌，武进公安分局“阿亮警官护雏工作室”、区检察院“春晖工作室”、区司法局“民生茶社”等普法项目在青少年普法教育中发挥重要作用。区教育局关工委积极推进关工委优质化建设，更新充实青少年学生和青年教职工的“需求菜单”和退休教师工作队伍的“资源菜单”，把青少年帮扶落到实处，获评江苏省教育系统关心下一代工作先进集体。

（陈　辅）

4月9日，“颂建党百年，做时代新人”主题教育活动启动仪式在花园小学举行

（供图/区关工委）

法 治

Rule of Law

栏目编辑 张怡菁

政法委及综治

【概况】 2021年，武进区坚持战疫情、保安全、护稳定、促发展、惠民生，推进平安法治建设，加快实施区域社会治理现代化，政法工作综合绩效位居全市第一方阵。护航发展大局，开展“排风险、建清单、除隐患、保稳定”专项行动、平安护企系列活动，推进民生幸福提标工程，高质量完成重点民生项目、惠民实事近60项，建成全市首条遥控导流机器人智慧潮汐车道。深化平安建设，开展平安交通、平安校园、平安医院、平安景区等系列创建，防范遏制重特大安全事故。创新社会治理，出台“十四五”社会治理专项规划，构建区域治理技术防控新体系，群众安全感99.17%。推进网格服务提质增效，打造“网格+”风险监管体系等特色亮点11个。加强政法队伍教育整顿，排查整改顽瘴痼疾19类、68个。年内，武进区被常州市推荐为平安中国建设示范区，区委政法委党支部获评全省机关党建工作先进集体。

【发展大局护航】 2021年，武进区开展“排风险、建清单、除隐患、保稳定”专项行动，完成庆祝中国共产党成立100周年、中共十九届六中全会和省、市、区党代会等安保维稳任务。各级调解组织调处矛盾纠纷1.9万件，参与重大项目、土地风险评估164个，备案153个。服务经济发展，推动常州大诚纺织集团有限公司破产清算和矛盾化解，依托平安护企、“执破合力”等系列活动，盘活资产超54亿元，释放土地房产资源99万平方米。区委政法委连续第三年开展政法机关保障服务民营经济健康发展十大专项行动，牵头开展平安护企等系列活动，为企业挽回经济损失1400余万元，提出风险防控法律建议200余条。推动民生幸福提标工程稳步开展，指导督促15个责任部门落地落实重点任务五大类19项、36个。统筹提供积分入学学位近6500个，发放入学准入卡5000余张，有效保障流动人口子女入学。

【平安建设】 2021年，武进区推动扫黑除恶长效常治，调整区扫黑除恶斗争领导小组，出台常态化实施意见，围绕“黄赌毒骗”“套路贷”（假借民间借贷名义，通过虚增债务、伪造资金走账流水、肆意认定违约和虚假诉讼等手段，非法占有他人财产的犯罪行为）、“网络黑恶”等突出黑恶问题，组织排摸投资类公司或门店1500余家，600余家风险企业被纳入非法集资涉稳风险排查整治平台。排查整治社会治安重点地区，12个挂牌整治重点地区全部完成整治。推进电信网络诈骗专项打击、反诈宣传，电信网络诈骗发案数比2020年下降23.3%。排查整治出租房7万余户，重大安全隐患整改率100%。道路交通事故、安全生产事故、工矿商贸事故数量以及死亡人数均下降超10%。

【社会治理创新】 2021年，武进区出台《常州市武进区“十四五”社会治理规划》，纳入“十四五”国民经济发展规划纲要、区委全面深化改革委员会年度重点工作、党的发展建设5年规划和“532”发展战略规划，召开全区区域社会治理现代化暨平安武进建设推进大会，深化社会治理创新，取得阶段性工作成效。成功打造

武进公安机关抓捕涉众投资案件犯罪嫌疑人现场

（供图/区委政法委 摄于2018年12月）

湟里镇西墅村、西湖街道聚新家园社区等市域社会治理示范点6个，群众安全感99.17%。开展创新治理“双二十”工程（社会治理创新重点项目20项、法治惠民实事项目20项），“道路交通安全主动防控工程”等重点项目2个分获创新市域社会治理一、二等奖，“131”（强化党建引领社区治理，先锋、治理、服务3支网格员队伍共联共治等“一核三联一融合”内容）城市社区治理品牌、“以分换风”积分自治模式等特色亮点以及武进基层社会治理经验在全市推广。以治安防控云平台为依托，推动技防城市扩面升级，建成智慧技防小区180个，占比超60%。辖区所有学校完成智慧技防校园建设任务，超额完成省、市考核要求。

【网格服务提质增效】 2021年，武进区有综合网格804个、专属网格109个。区委政法委深化整合集成改革和网格治理，删减归并网格事项近940项，创新设置网格公示牌1.6万个、网格巡访点2500余处，全年流转处置事项18.8万件，走访服务近48万次。发挥“大数据+网格化+铁脚板”机制作用，助力乡村振兴战略、城镇长效综合管理、小化工百日专项整治、公共安全监管、警网联动反诈宣传等重点工作，共排查市场主体2000余家，入户反诈宣传6.5万次。开展集成式“一体化”宣传，累计走访居民30余万户次，发放资料175万份，网格知晓率位居全市第一。打响“12345”政务服务“五精”品牌（业务精通、派单精准、办单精细、研判精确、服务精心），受理派发工单5.6万件，按时办结率达100%。构筑“外防输入、内防反弹”新冠肺炎疫情防控屏障，网格工作人员巡查走访居民43万户次，按时完成133万人核酸检测预登记，100余名网格员获评省、市、区疫情防控先进个人等称号。

【政法队伍教育整顿】 2021年，武进区围绕学习教育、查纠整改、总结提升3个环节，开展政法队伍教育整顿。组织干警填报“自查自纠事项报告表”2000余份，组织领导干部撰写政治忠诚剖析材料40份。研究制定正风肃纪、干警能力素质提升、政法干部交流轮岗等制度文件101件。邀请社会各界代表，召开教育整顿专题座谈会16场，收集整理意见建议86条，全部落实反馈。发挥专职网格员优势，组织开展登门见面活动，发放政法队伍建设征求意见单10万余份。联合武汉大学等高校，培训政法业务骨干100余人，提升政法干警法律适用等能力水平。开展政治轮训25场次，召开警示教育大会67场次，选树许榴琴等区级政法英模18人。累计排查整改顽瘴痼疾19类、68个，处置政法系统问题线索74条，收到并办结上级交办线索236条，建立健全长效机制100余项。年内，武进区政法队伍教育整顿群众满意度达99.06%。

（张以宽）

【法治武进建设】 2021年，武进区贯彻落实习近平法治思想，推进依法治区，破解法治建设领域重点难点问题。落实党政主要负责人履行推进法治建设第一责任人职责，召开区委全面依法治区委员会第三次会议，拟定《武进区法治建设规划纲要（2021—2025年）》，开展学习贯彻习近平法治思想高质量推进武进法治建设课题调研活动，分层分级举办培训班55次、座谈会10次。落实党委（党组）文件、规范性文件等合法合规性审查制度和党内规范性文件备案审查制度，报备率、及时率、规范率均达100%。组织政府及部门领导班子成员旁听法院庭审活动1次。在治理环境污染、加强食品药品安全、提升百姓遵纪守法意识等方面，重点推出公共法律服务角进基层等法治惠民实事项目20个，组织“法治零距离”公众开放日活动，接待群众3000余人次，开展法治建设满意度调查分析，2021年武进区法治建设群众满意度91.26%。

（王　煜）

法治政府建设

【概况】 2021年，武进区推进落实中共中央、国务院《法治政府建设实施纲要（2021—2025年）》及省、市决策部署，把法治政府建设贯穿政府工作全过程各领域，为武进高质量发展提供法治保障。强化法治政府建设责任制落实，将法治政府建设纳入发展总规划、年度工作计划、高质量考核和党建考核指标体系，完善领导干部述职述廉述法制度，健全绩效评估指标体系和评估机制。规范行政决策行为，出台《常州市武进区重大行政决策程序实施细则》。加强行政权力运行监督，深化政务公开，主动公开政府信息4668条。做好行政复议应诉，召开武进区推进行政争议实质性化解暨行政复议与行政审判联席会议。优化法治营商环境，提出创优服务举措15项。提升政务服务水平，推出新生儿出生、退役士兵接收安置等“一件事”套餐办理73个，累计办理1.3万件。深化镇域综合行政执法体制改革，雪堰镇试点设立村级综合行政执法服务站，湟里镇与宜兴市官林镇签订湟里—官林两地综合行政执法合作框架协议，加强执法联动。

【行政决策行为规范】 2021年，武进区制定出台《常州市武进区重大行政决策程序实施细则》，规范重大行政决策公众参与、专家论证、风险评估、合法性审查、集体讨论程序。建立健全公众参与、跟踪反馈等制度，完善执行主体向决策机关报告决策执行情况机制。实行重大行政决策目录化规范管理，公布区政府年度重大行政决策事项3个。开门纳谏征集意见建议，向人大代表、政协委员、名优律师、民主党派和重点民营企业等征集意见建议，依法科学民主决策。加强党政机关法律顾问和公职律师工作，20名法律顾问和42名法律顾问智库专业人士为区委、区政府决策办事提供法律专业领域智力支持，参与重大决策、重要文件、重要合同审查论证及重大涉法事务处理6次。

【行政权力运行监督】 2021年，武进区深化政务公开，召开新闻发布会11场，举办在线访谈21场，开展意见征集和网上调查29次，网上直播18次。主动公开重点工程、财政审计、公益救助、社保就业、征地拆迁、科教文卫等政府信息4668条。主动接受人大监督、政协监督和司法监督。收到常州市建议提案21件、区人大代表建议106件、区政协提案218件，均按时办结。加强执法监督，动态调整各镇、开发区相对集中行使行政处罚权目录清单并向社会公布。推动行政执法规范化建设，细化行政执法公示内容，强化信息化执法手段，加强重大执法决定法制审核。公布重点领域涉企常用行政处罚自由裁量标准和免罚清单，强化包容审慎监管和柔性执法。推进“双随机、一公开”全覆盖，30个区级部门联合开展“双随机”监管49次，检查市场主体5353户。

【行政复议应诉】 2021年，武进区出台《常州市武进区行政复议体制改革实施方案》，明确由区政府统一行使本级行政复议职责，从行政复议受理、审理、决定、执行、指导监督、工作机制、工作保障等方面，推进行政复议规范化建设。完善行政复议委员会制度建设，加强行政复议文书说理性，实行行政复议决定书网上公开，提升复议公信力。出台行政诉讼败诉案件报告规定，促进行政机关依法行政。收到行政复议申请88件，受理80件，不予受理8件，审结65件（含2020年度结转8件），其中维持19件、撤回终止11件、驳回复议申请21件、撤销责令11件、确认违法3件。落实行政机关负责人出庭应诉制度，强化行政机关主要负责人出庭考核。年内，行政应诉案件行政机关负责人出庭应诉率100%，发生以区政府为被告的行政诉讼案件10件（经复议的诉讼案件4件），审结7件，其中驳回起诉3件、驳回诉讼请求3件、移送管辖1件。

【法治营商环境优化】 2021年，武进区出台《武进区进一步优化营商环境若干措施》第一批和第二批，提出强化金融要素保障、加强知识产权保护等创优服务举措25项。开展“减证便民”行动，公布武进区第一批实行告知承诺证明事项清单，共办件1580件。出台《重点建设项目信用承诺审批实施方案》，为区级及以上重点项目67个提供帮办代办服务。推广企业开办专区，实现银行免费代办、免公章刻制费用“双免服务”，取消名称预先核准环节，推行企业名称自主申报，缩短企业开办时间。企业开办专区完成企业全流程办结5809件，在1.5个工作日内完成企业开办比例达98%。打造信用建设试点“2+N”品牌（地区试点、行业试点以及一批试点单位），确定常州西太湖科技产业园、武进绿建区等19个单位为第一批信用建设试点单位，全区信用监测排名连续五年位列常州辖市区第一名。

（王　煜）

公　安

【概况】 2021年，武进公安机关紧扣省公安厅、市公安局“六六战略”（实施创新警务、主动警务等六大警务，开展砺剑工程、织网工程等六大工程）工作部署，履行战疫情、护稳定、保平安、促发展职责，创造安全稳定社会环境。全年破获刑事案件2861件，破案率达30.9%，抢夺、抢劫案件11件和现行命案9件全部破获，故意杀人、故意伤害致人重伤或死亡、强奸、抢劫、贩毒、放火、爆炸、投毒破案率达94%，破获涉毒刑事案件13件，成功打掉恶势力犯罪团伙3个；公诉犯罪嫌疑人1923人，其中侵财公诉704人，抓获刑事案件犯罪人员数、移送起诉数分别比2020年上升4%和7.4%。推进打击治理电信网络诈骗专项行动，打掉电信网络诈骗和“两卡”（电话卡、银行卡）犯罪团伙16个，捣毁“灰黑产”（黑产是直接触犯国家法律的网络犯罪，灰产是游走在法律边缘，为黑产提供辅助的争议行为）犯罪窝点11个，冻结涉诈账户3045个，成功侦破公安部挂牌督办网络诈骗案件。打击侵害企业权益违法犯罪，侦破侵害企业权益案件31件，为企业挽回经济损失1400余万元，成功侦办“周某等人非法经营案”得到市委书记和市长批示肯定。年内，11个集体、55名民警获三等功及以上荣誉，网络安全保卫大队获评全国公安机关成绩突出青年集体，二级警长庄献锋获评全国公安系统二级英模。

【公共安全监管】 2021年，武进区推进群租房、出租房安全管理，武进公安分局牵头区消防救援大队等11个业务部门搭建“1+11”工作专班，开发出租房安全管理App，分类制定出租房安全隐患整治标准，构建党政主导、公安牵头、部门联动、社会参与联动共治格局。累计核查出租房8.5万户，整改5万余户，其中8440户群租房和1.35万户5～9人出租房重大隐患全部整改到位。加强危化品领域安全监管，重点监管“三类危化品”（剧毒、易制爆、易制毒）单位441个，审核危化品从业人员2256人，转移处置剧毒、易制爆化学品1824千克，完成易制爆单位治安防范达标创建89个。

【公安机关新冠肺炎疫情防控】 2021年，武进公安分局围绕社会及社区新冠肺炎疫情防控，坚守流调溯源、数据导控、面上管控、社区防控、通道查控、舆情导控、隔离点管理等重要阵地，加强疫情防控力量、机制和手段，筑牢“外防输入、内防反弹”安全屏障。11月，武进区出现疫情后，武进公安机关核查反馈涉疫人员数据1.69万条，参与流调密接541人、次密接893人，牵头启用隔离点8个，严守交通查验点13个，关停行业场所3100余个，创新运用无人机、机器狗开展高风险部位宣传引导治安巡逻，成立“帮帮团”“先锋队”等解决封控、管控区群众就医、采购等方面需求问题，抗疫做法得到省、市、区领导高度评价，隔离点管理工作得到区委书记批示肯定。

【社会治安立体防控体系升级】 2021年，武进区加强智能泛在感知网建设，新建全结构化监控800余路、治安监控千余路，改造升级电子警察卡口设备654套，启用电子围栏22套，安装校园智能人脸识别设备324套，完成治安监控、人像监控、道路监控视图信息采集工作。建强快反突击队、“阳湖铁骑”等专业队伍，每日投放铁骑组5个、武装巡逻组2个和专职巡防300人，做好武装巡逻、机关夜巡、战时勤务、先期处警等工作，盘查人员43万人次、车辆6万余辆次，通过巡逻盘查抓获违法犯罪嫌疑人1.2万人。加强反恐处突能力建设，立足随时应对可能发生暴恐袭击、非法聚集、个人极端等突发情况，定岗定责落实“135分钟”处置要求（突发暴力恐怖袭击或个人极端严重暴力事件后，公安机关先期处置警力必须严格按照核心区域1分钟、中心区域3分钟、其他区域5分钟时限要求，到达事件现场实施高效处置工作），制定完善处置预案16份，开展应急处突演练22次，组织校园反恐培训50余场。升级合成作战“点睛”平台，围绕人、地、案、事、物等要素，搭建风险库、人员库、线索库、案件库等数据资源库，数据化警务工作，推动警务数据全量入网上云、按需共享，构建网络畅通、信息联通、平台贯通、数据融通“一盘棋”应用格局，平台建设经验在全省创建全国社会治安防控体系建设示范城市现场会上交流推广。

【公安执法管理】 2021年，武进区加强公安机关执法主体建设，落实民警学法考试、所队长执法办案、执法资格等级考试等制度，常态化组织庭审旁听、法制培训、执法考试等活动，提升民警法治素养和执法水平。加强执法问题排查整治，结合政法队伍教育整顿活动，开展6个大类、3196件案件“回头看”专项检查，排查梳理顽瘴痼疾16个，建立长效防范整治机制11项。落实执法监督责任，完善盯警盯案和执法问题检查、执法安全巡查、执法责任倒查“二盯三查”机制，审核行政拘留2033人、强制隔离戒毒28人、社区戒毒32人、刑事拘留释放700人、取保候审2194人。建成湖塘智能执法办案中心，开发智慧执法监督模型，提升执法管理精细化、信息化水平。年内，南夏墅、湖塘等4个派出所被市公安局评定为四星及以上案件管理室。

【基层警务工作】 2021年，武进区实施“平安前哨”工程，建成示范哨点10个和必建哨点134个，试点应用“智慧警网云控平台”，打造“数据一网清、管理一网通、服务一网办”社区“云治”新格局。实施全民反诈工程，区委常委会、区政府常务会议专题听取打击治理电信网络诈骗犯罪工作汇报，联动宣传、教育、住建等部门开展无诈社区、无诈校园、无诈企业创建活动，组建公安宣讲团和警企、警校等反诈联盟50余个、反诈志愿者队伍20余支，推动将全民反诈纳入见义勇为奖励范畴，电信网络诈骗发案数比2020年下降23.3%。实施“强基安网”工程，系统构建网信、通管、市监协同治网和要素共管模式，创新实施“红黄绿”分级监管、闭环等级保护等网络安全基础工作新机制，走访检查涉网企业1151家，采集有效信息2万余份，查处从事危害网络安全活动案、非法利用信息网络案等“四类案件”18件。

【公安专项行动】 2021年，武进公安机关推进“团圆”“断卡”（清理整治涉诈电话卡、物联网卡以及关联互联网账号）、“云剑”等专项行动。在“团圆”行动中，受理群众求助59件，破获拐卖儿童积案1件，抓获拐卖儿童积案嫌疑人2人，组织认亲和协助外地认亲17件。在“断卡”行动及相关掩饰、隐瞒犯罪所得等案件侦办中，反诈中心坚持梳理“断卡”线索，立足武进开卡、贩卡线索，梳理公安部部推线索，共研判梳理银行卡、电话卡线索650余条，打掉收贩“两卡”犯罪团伙16个、396人，抓获涉“两卡”类犯罪嫌疑人272人。冻结涉诈新账户3045个，续冻涉诈账户15974个，累计冻结资金3.05亿元。派员参与公安部打击境外涉诈回流人员行动，采取强制措施5人。在“云剑”行动中，成功打掉网上诈骗团伙16个，抓获犯罪嫌疑人679人。破获公安部挂牌督办“6·9”网络购物诈骗专案、河南商丘籍网络店铺代运营诈骗专案、广州手机壳代加工诈骗专案等大要案件。侦破涉案金额超100万元电信网络诈骗案件4件，追赃挽损483万元。

【见义勇为表彰奖励】 2021年，武进区以“弘扬见义勇为精神，倡导见义勇为行为，服务见义勇为人员”为宗旨，紧扣《江苏省奖励和保护见义勇为人员条例》精神，加力表彰、奋力宣传，提升见义勇为工作效能。组织见义勇为集中表彰奖励活动8次，召开表彰会15场次。表彰奖励武进区见义勇为积极分子47人，发放奖金25.3万元；奖励治安积极分子27人，发放奖金2.75万元；奖励物业服务从业人员43人，发放奖金4.45万元。在受到表彰奖励的人员中，有40人奋不顾身抢险救灾，挽救他人生命21人；有21人挺身而出勇抓盗窃等犯罪嫌疑人30人，犯罪嫌疑人中刑事拘留、取保候审、逮捕11人，治安处罚19人。年内，走访慰问见义勇为人员121人，发放慰问金20.3万元。

【出入境管理】 2021年，武进区贯彻新冠肺炎疫情防控总体部署要求，坚持“非必要不出境”工作方针，通过实质性审查、宣传引导等方式，减少人员跨境流动，做好公民出国境防疫宣传和政策指导，维护正常出入境秩序。19个出入境受理点办理出入境证件4704份，受理量处于历史低位，没有发生群众投诉和材料质量事故。出入境大队开展法治宣传教育及反诈宣传共3场，参与外籍人员500余人。常态化开展涉外用工专项排查，规范相关行业、场所涉外用工行为，实现精确打击、长效治理，查处违反出入境管理法律案件53件，行政处罚37人，处罚非法聘用单位8个，遣送出境6人，侦办妨害国（边）境管理犯罪案件1件，提起公诉2人。

（周世民）

【道路交通安全管理】 2021年，武进公安交警部门以庆祝中国共产党成立100周年安保为主线，按照道路交通事故预防“减量控大”（减少交通事故、减少人员伤亡、减少财产损失，严防群死群伤重特大事故）、预防道路交通事故“百日整治”等系列部署要求，构建农村道路交通安全主动防控体系，提升道路交通治理标准化、规范化、科技化水平。制定9个镇和街道，17个职能部门和3类、320家企业单位责任清单，构建农村交通安全责任、监管、防控、科技、宣传和评价六大体系，提升道路交通本质安全、常态安全、全域安全水平，道路交通安全主动防控工程获全市创新市域社会治理优秀项目一等奖。实施“千灯万带”工程，排摸整改重点道路安全隐患69处，完善农村道路交通设施2688处、坡改平路口127个，整改完成关键任务119项和自查问题376个。开展源头隐患清零，逐一体检排查、分级销号管理渣土车、校车等重点车辆739辆，倒查整治致人重伤及以上交通事故风险企业23家、道路隐患220余处。推进“戴盔亮尾”工程，推动企业将员工佩戴头盔纳入上下班制度考核，引导企业为员工配备安全头盔3.76万个、粘贴电动车反光标志2.9万张。现场查处各类交通违法行为26万件，比2020年下降8.92%。其中，查处电动车违法行为20.7万件；查获酒驾醉驾1442件，涉酒交通事故下降23.72%；查处超限超载782件；查处危险品运输车重点违法和旅游客车违法行为500件。年内，武进区发生交通事故106113件，上升17.72%。其中，交通死亡事故132件、死亡134人，分别下降12.58%和12.42%。

【道路交通畅行工程】 2021年，武进区针对群众出行难、停车难等瓶颈性问题，推进职能部门和属地党委政府成立专班，实施道路交通畅行工程。开展“一校一策”治理，在校园周边增设道板和路内停车泊位1248个。开展“静夜行动”，查扣非法改装车126辆。加快智能交通体系布局，改造升级390个路口路段道路感知设施，完成县域“全域绿波”建设,实现“绿波”协调控制主干道14条，完成105个路口智能灯控升级和26个路口信号灯配时优化，建成全市首条遥控导流机器人智慧潮汐车道，道路通行效率提高18%。开展专业设备补盲建设，信号联网覆盖灯控路口543个，依托北斗监管数据监管重点车辆370辆，建立一车一档1300份，配置国、省道货车靠右通行监测系统和动态称重设施。“3.20”道路监控网覆盖密度达城市1千米、公路1.5千米。完善车内人像采集网，配置900万像素超级卡口。

（周燕敏）

检 察

【概况】 2021年，区检察院履行法律监督职责，为武进区改革发展和法治建设提供有力司法保障。全年办理刑事、民事、行政、公益诉讼、诉讼监督、司法救助等案件2283件。其中，批准逮捕447件，提起公诉1356件，办理民事行政及公益诉讼案件254件。案件监督管理部门公开案件程序信息2729件、法律文书1293份，公布重要案件信息198件，接待律师查询872人次。区检察院发挥检察履职推动社会治理作用，针对高架沿线部分路段窨井盖脱管、湖塘路桥小商品市场存在消防安全隐患等问题发出检察建议15份。办理诈骗失业保险金案入选最高人民检察院检察机关依法追诉诈骗犯罪典型案例。区检察院获评全国检察宣传先进单位，未成年人检察办案团队获评全省优秀办案团队，微电影《学会说“不”》获评第二届江苏省政法系统关工委青少年法治教育创新成果一等奖。

【刑事检察和刑事诉讼监督】 2021年，区检察院刑事检察部门依法打击各类刑事犯罪，批准逮捕447件、623人，提起公诉1356件、1943人。起诉涉枪涉爆、危险驾驶、重大责任事故等犯罪358人，起诉故意杀人、抢劫、强奸等严重暴力犯罪28人。起诉非法吸收公众存款、集资诈骗等涉众型经济犯罪16件、24人。办理非法倾倒有害物质、非法出售珍贵濒危野生动物等破坏环境资源犯罪13件21人。落实“少捕慎诉慎押”刑事司法政策，对31件涉企案件民营企业经营者或业务骨干依法不捕8人、不诉18人。加强侦查活动监督，在武进公安分局设立派驻检察室，加强刑事立案和侦查活动监督，依法监督公安机关立案27件、撤案44件、追捕30人、追诉23人，发出书面纠正违法检察建议58件。深化刑事审判监督，依法提出刑事抗诉和再审检察建议2件，提请上级检察机关抗诉1件。强化刑事执行监督，对监督中发现的问题，提出书面检察建议20件，均得到采纳和整改。注重人权保障，及时对没有继续羁押必要的犯罪嫌疑人19人建议变更强制措施。

【未成年人检察】 2021年，区检察院未成年人检察部门坚持宽容不纵容，对涉嫌轻微犯罪并有悔罪表现的未成年人，不捕11人，相对不起诉、附条件不起诉65人。依法批捕、起诉未成年犯罪嫌疑人19人。对8件侵犯未成年人人身权益的案件，民事支持起诉撤销其监护权。针对校外培训机构利用不公平格式条款侵权等问题，组织开展联合突击检查20余次,制发公益诉讼诉前检察建议14件，立案查处涉嫌无照经营培训机构1个，整改不规范培训机构2个。与区妇联联合开展“安巢暖蕾”项目,通过走访到户、教育引导、安装遮帘等，改善未成年人居住环境。年内，未成年人检察办案团队获评全省优秀办案团队，未成年人检察部门及其干警郭辰晨均获常州市关心下一代工作2021年度贡献奖。

【民事行政、公益诉讼和控告申诉检察】 2021年，区检察院民事行政检察部门审查办理民事、行政审判和执行活动监督案件93件，发出各类检察建议86件。做好不支持监督案件的释法说理和息诉服判工作，推进行政非诉执行专项监督与行政争议实质性化解工作。公益诉讼检察部门立案公益诉讼案件36件，提起刑事附带民事公益诉讼9件，发出诉前检察建议24件，通过办案挽回国有财产损失204万元。开展烈士纪念设施保护、无障碍环境建设等专项监督，推动隐患问题整治4件。控告申诉检察部门依法妥善办理群众信访203件，开展涉法涉诉律师评析78件，7日内回复率、3个月内完成办理过程和结果答复率均达100%。重视弱势群体司法保护，办理国家司法救助案件36件，发放救助金28.5万元。推进刑事和解、公开听证工作，促成刑事和解20件，召开公开听证会4次。

【诈骗失业保险金案入选最高人民检察院典型案例】 2021年，区检察院办理的昝某、凡某某、林某某等人诈骗失业保险金案入选最高人民检察院检察机关依法追诉诈骗犯罪典型案例。在办案过程中，区检察院积极追诉追赃，与公安、人社等部门沟通协商，依法为150名工人追缴被骗失业保险金48万元。主动引导补充侦查，引导侦查机关比对笔记535份，调取嫌疑人转账、聊天记录，精准确定诈骗犯罪数额。深化社会治理成效，针对办案中发现的失业保险金监管漏洞问题，向区社保中心制发检察建议，并跟踪监督整改。在涉案企业开展走访调研和法治宣传，加强企业内部工作人员管理，健全工人法治意识。

（潘人杰）

法 院

【概况】 2021年，区法院围绕“努力让人民群众在每一个司法案件中感受到公平正义”目标，忠实履行宪法和法律赋予的职责，以高质量司法护航武进高质量发展。受理案件20729件（含旧存1697件），审执结18725件，解决争议标的额108.86亿元。其中,审结刑事案件1329件，比2020年下降4.3%，判处罪犯1754人；审结家事纠纷997件，上升13.9%；审结普通民商事案件10411件，上升16.8%；审结知识产权案件454件，下降0.44%；审结行政案件（含非诉行政案件的审查）641件，上升128%；执结案件（不含财产保全执行案件、恢复执行案件）5198件，执行到位金额37.66亿元。深化“一站式”诉讼服务建设,系统集成诉前调解、立案登记、送达保全等诉讼服务，实现“一站全办”。全年诉前调解纠纷7156件，调解成功2680件，调解成功率37.45%。推动诉讼事项跨区域跨层级办理，跨域立案（当事人通过就近法院向有管辖权的异地法院提交立案登记申请，就近法院通过立案登记系统将材料转交给有管辖权的法院进行立案工作）数比2020年增长31.43%，构建起“家门口起诉”新模式。推广使用诉讼费网上支付平台，启用24小时自助服务中心，实现诉讼服务不打烊、群众办事少跑腿。年内，区法院获评全省法院援藏援疆工作先进集体、全省法院类型化纠纷诉调工作先进集体，刑事审判庭获评全省法院扫黑除恶专项斗争先进集体，办公室获评全市法院信息工作先进集体。

【民商事审判】 2021年，区法院发挥司法促发展、稳预期、保民生作用，审结民商事案件10411件，涉案标的额45.77亿元。完善打击“套路贷”和虚假诉讼长效机制，斩断黑恶势力非法敛财通道，审结借款合同类案件1965件，占全院民事案件结案总数的18.87%。服务民营经济发展，开展“巡回审判进民企”“普法宣传润百企”等系列活动。与西太湖科技产业园签订高质量司法服务高质量发展协议，共同化解重大矛盾纠纷38件。引导壮大新业态新模式，审结涉电子商务、人工智能、现代物流等行业纠纷215件。合理平衡当事人利益，妥善化解涉疫纠纷163件，引导各方共担风险、共克时艰。创新知识产权纠纷调解机制，通过“微解纷”平台协同常州市知识产权保护中心协调案件100余件。

【刑事审判】 2021年，区法院依法惩治各类刑事犯罪，保障人民生命财产安全，筑牢社会安定和谐底线。审结刑事案件1329件、1754人，分别比2020年下降4.3%和9.7%，其中审结故意伤害、抢劫、强奸等严重暴力犯罪案件111件、128人。加大危害食品药品安全犯罪惩治力度，受理审结案件9件，涉及食品安全、个人信息保护方面的刑事附带民事公益诉讼案件13件。依法严惩电信网络诈骗、侵犯公民个人信息犯罪，受理“两卡”类（非法买卖电话卡、银行卡用于电信网络诈骗及其他信息网络犯罪）犯罪案件43件。编印发放“反诈白皮书”3000余册，组织召开新闻发布会，提升全民反诈能力。严惩危害经济安全犯罪，审结非法吸收公众存款、集资诈骗等涉众型经济犯罪等案件7件，涉案金额达5.49亿元。

【行政审判集中管辖】 2021年，区法院落实全市法院行政案件集中管辖改革要求，妥善审理全市原属于其他基层人民法院管辖的一审行政诉讼案件，承担全市85%左右行政诉讼一审案件，审结行政案件（含非诉行政案件的审查）641件，比2020年上升128%。落实行政案件集中管辖要求，坚持监督与支持并重，促进提升依法行政水平。推进行政机关负责人出庭应诉，行政机关负责人出庭应诉率达99.13%，提升依法行政水平。加强司法与行政良性互动，发布行政审判集中管辖年报，开展政府和法院联动联络会议35场次，发出司法建议5件，开展对外讲座培训8次，累计培训1000多人次，助力法治政府建设。发挥源头治理作用，批量化解涉及湖塘镇旧城改造、永安河拓浚矛盾纠纷，降低城市建设成本。

【执行攻坚】 2021年，区法院优化整合执行力量，配强资产处置团队，合理设置资产处置流程，围绕营商环境考核指标，通过资产处置、“执转破”等方式，助力化解存量矛盾、盘活沉睡资源。受理“执转破”破产审查案件42件，审理破产案件45件，比2020年增加60.71%；执转破案件平均审理天数112天，促进破产案件平均审理期限缩短9天。成功办理“花开富贵”玫瑰园破产重整案件，900多名农民工3200万元工资全部清偿。依法保障园区更新工作，形成高质量司法服务高质量发展西太湖模式，相关经验做法被市委政法委认可推广。创新资产处置方式，优化“法院＋辅拍机构”工作模式，网拍成交量238件，拍卖成交率89.47%，成交金额3.87亿元，平均溢价率27.42%。巩固扩大“基本解决执行难”三年攻坚成果，构建“切实解决执行难”长效机制，执行结案（不含财产保全执行案件、恢复执行案件）5198件，最大限度维护胜诉当事人合法权益。强化执行联动，建立由区委政法委牵头、13个成员单位组成的联席会议制度，与武进公安分局、不动产登记交易中心等部门建立财产查控、失信联合惩戒等机制。优化执行模式，建成执行指挥中心综合楼，推进“854模式”（集中办理立案信息核对和初次接待、制作发送格式化文书等事务性工作8类，保障视频会商、4G单兵连通、执行公开等技术服务5类，承担繁简分流管理、流程节点管理等管理职责4项）迭代升级，实现执行案件“中间库”和“执行事务中心”实质化运行，提升执行工作规范化、精细化、智能化水平。

【审判改革】 2021年，区法院推进审判权运行机制改革，构建以法官为核心、以审判业务需求为导向的专业化新型审判团队57个。员额法官人均结案333件，比2017年改革前增长45.61%，案件再审审查率和改判、发回重审率持续保持低位，审判质效得到提升。加强和改进审判管理，制定院庭长和法官权力清单，确保依法独立公正行使审判权。院庭长发挥示范导向作用，实现办案常态化，审结案件11838件，占结案总数53.05%。深化民事诉讼程序繁简分流机制改革，60.87%民商事案件以速裁模式结案，实现简案快审目标。推行类案集中审理、要素式审判，引进审判辅助事务外包服务，加快审判节奏。推进智慧审判、智慧执行、智慧服务、智慧管理建设，促进司法与现代科技融合。“指尖”立案8205件，“云端”审判154次，“隔空”调解3122次，“线上”执行9480次。使用简案文书智能生成和集中送达系统，以人工智能提升审判质效。推进电子卷宗随案同步生成和深度应用，便利法官高效办案、院庭长同步监管、当事人及时获取诉讼服务。

（薛 莲）

司法行政

【概况】 2021年，武进区有基层司法所11个，其中区司法局垂直管理司法所1个（原武进高新区北区司法所更名为新城司法所）。有公证处1个、律师事务所38个（含常州经开区5个）、基层法律服务所7个、人民调解组织（机构）229个。有公证员7人、执业律师470人（含兼职律师、公司律师、公职律师）、基层法律服务工作者35人、专职和兼职人民调解员998人。全区司法行政系统开展各类法治宣传教育活动200余场，发放宣传资料2万份。区司法局受理法律援助案件1758件，挽回损失1350余万元。各级调解组织受理矛盾纠纷15682

第七届司法日法律服务活动　（供图 / 区司法局 摄于 2018 年 4 月）

件，调解成功 15590 件。律师代理案件 1.5 万件，担任企业法律顾问 1200 家，法律服务收费超 2 亿元。基层法律服务工作者代理诉讼案件 603 件，办理法律事务 902 件，法律服务收费 293 万元。

【普法宣传】 2021 年，武进区启动“八五”普法规划，发布区级机关单位年度普法依法治理工作联动事项，明晰各单位部门宣传职责、宣传节点，用好“三单一书”（普法责任清单、重点工作提示单、重点任务督办单以及履职责任评价书）制度，增强普法工作合力。各普法成员单位联动开展农民工学法活动周、“法润武进·春风行动”、宪法宣传月、“美好生活·民法典相伴”等主题活动 200 余场，接待群众咨询 3 万余人次。区司法局获 2021 年中国普法微信公众号“党内法规专项答题”活动优秀组织奖。

【法律服务】 2021 年，武进区提升改造区公共法律服务中心以及雪堰、西湖等镇级公共法律服务中心。探索村（社区）公共法律服务角建设，完成“法律门诊”示范创建 21 个。改版“法润武进”网络服务平台，完善“12348”热线平台服务机制，线上、线下提供全天候法律服务 5 万余件次。成立石墨烯小镇“产业链 + 法律服务”联盟，为产业链企业收购股权、企业合作、买卖、设备购销、工程建设等提供法律服务 200 余次。为民营企业提供精准法律服务，5 个法律服务专业组累计走访中小企业 900 余家，提供“一对一”免费服务 876 次。开展“法援惠民生 · 拓展工程”，强化重点困难群众帮扶，办理法律援助案件 1758 件，挽回各类损失 1350 万元。武进公证处、江苏正气浩然律师事务所获评全省公共法律服务工作成绩突出集体，江苏远舟律师事务所获评全省法律援助“十优”办案单位。

【行政执法监督】 2021 年，武进区出台《关于进一步规范行政执法加强行政执法监督工作的实施意见》，整合区、镇两级法治力量，建立“镇（开发区）+ 主管部门 + 司法行政”基层行政执法监督体系。设立武进区民营企业行政执法监督联系点 11 个，聘任特邀监督员，建立各司法所与执法监督联系点结对联络机制，畅通社会监督渠道，提高执法监督实效。监督检查市场监管、应急管理等重点执法领域 7 个，举办行政执法人员和镇（街道）行政执法监督员法治培训，参训 125 人。部署综合执法制式服装和标识配发工作，开展第一批全国统一行政执法证件换发工作。规范行政执法和刑事司法衔接涉嫌犯罪案件移送工作，民营企业产权、知识产权保护、食品药品安全、安全生产、环境保护等领域共移送涉嫌犯罪案件并立案 78 件。

【社会矛盾化解】 2021 年，武进区扩大人民调解工作覆盖面，成立常州绿色建筑产业商会、武进合肥商会、常州市河南商会、区交通运输事业服务中心人民调解委员会 4 个。联合区妇联创建市级标准化家事调解室 18 个。注重纠纷隐患排查，动员组织调解员 5126 人次深入责任网格片区排查纠纷，了解社情民意和纠纷信息。针对城乡接合部等重点地区，环境污染、拆迁等重点领域和重点行业，开展重点排查 12 轮次，排查发现矛盾纠纷 1087 件，预防纠纷 204 件。运用“苏解纷”等非诉讼纠纷解决综合平台，实现小矛盾不出村、较复杂矛盾不出镇、重大矛盾不出区的目标。各级人民调解组织调解矛盾纠纷 15682 件，成功化解 15590 件，调解成功率 99%。

【特殊人群管理】 2021 年，武进区接收社区矫正对象 523 人，解除矫正 496 人，在册社区矫正对象 717 人；接收刑满释放人员 102 人，在册刑满释放人员 2236 人，接回重点刑满释放人员 26 人；在册后续照管对象 192 人。区司法部门开展审前调查 119 件、释前评估 8 件、居住地变更 54 件；请假报备 292 人次，未发生重大重新犯罪案件。推动区、镇两级全部成立社区矫正委员会，强化党委政府统一领导、司法行政部门组织实施、相关部门协同配合、社会力量广泛参与的齐抓共管责任机制。严格执行请假管理、信息化核查等制度，严防社区矫正对象脱管、漏管和重新犯罪。贯彻落实省司法厅《后续照管工作规范》，加强与区禁毒大队沟通协调，构建资源共享、信息互通后续照管平台，帮助后续照管对象再就业，定期实行跟踪回访，确保持续保持戒治操守。

【公证】 2021 年，武进区办理公证事项 6133 件，公证业务收费 660 万元，分别增长 2.1%、4.9%。其中，国内民事公证 2885 件、经济公证 308 件，涉外民事公证 1187 件、经济公证 84 件，涉港澳台公证 55 件，安置房公证 1614 件。发挥公证职能作用，服务企业发展，办理赋予强制执行公证 16 件、新建成品住房样板房证据保全公证 4 件。服务民生实事，办理湖塘镇、遥观镇等 2850 余套定向商品房、1450 余户安置户选房现场监督公证，办理南夏墅街道、西湖街道等安置房和定向商品房产权公证 1614 件。加强公证质量监管，在全省公证卷宗质量检查活动中，武进公证处卷宗合格率达 100%。

（王　煜）

军事

Military

栏目编辑　张怡菁

人民武装

【概况】 2021年，武进区坚持以习近平新时代中国特色社会主义思想为指导，深入贯彻习近平强军思想，聚力练兵备战，强力正风肃纪，深化国防动员工作，圆满完成多样化军事任务。推进基层武装部（民兵连）规范化建设，辖区各武装部完成规范化建设达标验收。投资400余万元维护修缮区民兵训练基地，改善训练保障条件。参与新冠肺炎疫情防控，组织民兵维护社区核酸检测演练秩序、做好保障工作。组建民兵志愿者服务队，协助参加涉疫小区抗疫封闭式管控。落实国防教育纳入各级党校必修课程，加强学校国防教育指导，结合“八一”建军节、“全民国防教育日”和传统节日，开展爱国主义国防教育系列活动。做好学生军训工作，全年军训学生1.6万人。落实党管武装原则制度，召开区人武部党委第一书记任职宣布大会，区委书记乔俊杰任第一书记。年内，区人武部被省军区表彰为全面建设先进人武部，区人武部机关党支部被省军区党委表彰为江苏省军区先进基层党组织。

【思想政治建设】 2021年，区人武部坚持政治建军首位首抓，集中组织党委中心组理论学习12次，学习习近平总书记在中国共产党成立100周年大会上的重要讲话和中共十九届六中全会精神，贯彻军委主席负责制。学习贯彻《中国共产党军队党的建设条例》《中国共产党军队党委（支部）工作条例》，落实述责述廉，加强民主集中制建设，严肃党内政治生活。关注意识形态领域斗争，开展“四反”（反渗透、反心战、反策反、反窃密）教育，坚定理想信念，确保思想纯洁稳定。组织红色教育基地现场教学、红色影片观影、党史专家授课、预征新兵入伍宣誓。4月，组织全体干部职工参观瞿秋白纪念馆、王诤故居，缅怀先烈，重温入党誓词。发动辖区专武干部、民兵骨干开展“我为群众办实事”活动，走访慰问困难军属、退役军人、伤残军人，帮助解决实际问题。

2021年12月，区民兵应急分队开展反恐维稳训练　　（供图／区人武部）

【国防动员】 2021年，武进区推进国防动员和后备力量建设，组织修订完善国防动员计划、方案、预案，提升国防动员援战能力。升级改造指挥信息系统，提高协同指挥能力。开展民兵专项潜力调查，核实基干民兵队伍党员和退役军人等信息数据，组织民兵整组方案对接和企业编兵重点、难点问题攻关。围绕作战所需、援战所能，完善重点潜力核查，完成潜力数据库建设。完成辖区应急、专业、特殊三类力量基干民兵和普通民兵整组任务，基干民兵专业对口率、退伍军人比例和党员比例均符合上级标准要求。10月，接受省军区年度民兵工作检查，考评成绩优秀。11月，组织区国防动员委员会成员单位，参加上级动员课题演练，提升战时国防动员组织实施能力。年内，按照征兵“五率”（报名率、上站率、合格率、择优率、退兵率）考核标准，突出征兵重点，在全区重点企业建立职工带编入伍工作机制，鼓励企业适龄青年参军入伍。聘请廉洁征兵监督员全程参与征兵环节，圆满完成首次“一年两征”任务。

【战备训练】 2021年，区人武部严格按照军事训练大纲要求，每周组织机关干部开展军事理论、动员业务固强补弱和体能训练，强化指挥员备战打仗能力，在江苏省军区和常州军分区考核中成绩良好。辖区应急、专业和特殊分队基干民兵，完成集中轮训备勤和“跨区域联训，分专业轮训”训练演练任务。其中，雪堰镇、湖塘镇等6个镇民兵应急排成建制参加训练。前黄镇、横林镇和横山桥镇完成常州军分区演训考核验收任务。4—6月，组织专武干部参加常州军分区集中轮训，民兵连（排）长和专业分队技术骨干15人参加常州军分区2个批次的训练。7月，组织辖区民兵1人参加全省比武竞赛，5人参加全市民兵军事训练“四会”（会讲、会做、会教、会做思想工作）教练员考核比武，成绩均稳居第一方阵。

（周建平）

武装警察

【概况】 2021年，武警常州支队武进中队（简称“武进中队”）坚持以习近平强军思想为引领，深入学习贯彻习近平总书记在庆祝中国共产党成立100周年大会上重要讲话精神，完成以执勤处突为中心的各项任务，为庆祝中国共产党成立100周年营造安全稳定环境。依托常州市“党旗飘扬，龙城奋进主题展览”和新四军江南指挥部等红色资源，开展“党史馆里讲党课，军史馆里话军魂”活动，坚定官兵革命理想信念。加强政治环境建设，建成中队荣誉室、文化墙等设施，铸牢官兵军魂意识。年内，上士吴民达在上级组织的军人运动会中获负重组合练习第二名，荣立三等功。

【执勤战备】 2021年，武进中队积极迎接党的百年华诞，提高战备意识，加强联勤武装巡逻等常态执勤工作，确保目标单位万无一失、社会面安全稳定。严格按纲施训、科学组训、依法治训，落实年度军事训练工作。全年协助武进区看守所完成押解勤务100余次，出动兵力100余人次。

（周　亮）

人民防空

【概况】 2021年，武进人防部门推进人防指挥与信息化建设，完善区人防信息平台，更新信息化资源基础数据，提高人防信息化应用水平。加强人防工程建设监管，完成项目配建人防工程质量交底、在建工程现场质量监督、竣工备案和归档工作，规范人防工程维护管理。开展人防宣传主题活动，建成星韵学校等人防教育场馆2个，深化人防知识教育普及。报送武进人防工作信息45篇，被省级及以上媒体录用10篇。

【人防指挥与信息化建设】 2021年，区人防部门加强区人防基本指挥所日常管理，保证市国防动员指挥所（市军分区联合指挥所）始终处于良好备战状态。升级改造镇（街道）基本指挥所和疏散地域指挥所，每月开展区、镇（街道）和疏散地域指挥所联通操作训练。完善机动指挥体系建设，迭代更新机动指挥所，每周开展机动指挥所开设、联通等训练，每季度参加市机动指挥所联合拉动训练。落实人防警报建设专项规划，新增布点建设警报器5台。9月18日，组织开展防空警报统一试鸣活动，警报鸣响率100%，组织61个社区和12所学校开展防空袭疏散掩蔽演练、人防知识宣传等活动。加强人防专业队伍建设和训练，完成年度人防专业队编组，提升战时消除空袭后果和平时处置突发事件综合应急能力。推进省人防综合信息平台应用和管理，持续管理和更新信息数据。完成《武进区重要经济目标防护救援方案》编制，并通过专家评审。

【人防工程建设管理】 2021年，武进区宣传贯彻《江苏省人民防空工程建设使用规定》，推行重点人防工程审批会办机制，落实防空地下室配建要求，新增人防车位3300余个。区人防部门利用江苏省人防工程质量监督管理平台，落实“交底、检查、约谈”三项制度，推行“双随机、一公开”监督抽查方式，强化事中、事后监管，完成配建人防工程质量交底、在建工程现场质量监督，以及配建人防工程竣工备案和归档工作。完善人防工程巡查维护社会化、专业化机制，依托社会化巡查力量，做好人防工程巡查、维护保养工作，开展人防工程标识标牌更新。组织开展人防工程安全生产大检查，排查和整改垃圾杂物乱堆放、电气线路私拉乱接、改变平时使用用途等常见安全隐患，实现全年人防行业安全生产零事故。

【人防宣传教育】 2021年，区人防部门结合国际民防日、安全生产月和法制宣传日等重要时间节点，组织社区、学校开展人防演练和宣传教育活动，发放人防知识宣传资料2万余份。组织开展全区警报试鸣日人防宣传系列活动，在武进电视台播放人防宣传公益广告。向中小学校发放小学《人防知识读本》、初中《人防知识》累计2万余册，保障小学四年级、初中二年级人防课程正常开设。星韵学校和洛阳初级中学分别建成人防教育场馆，其中星韵学校人防教育场馆创建为省级人防知识进校园示范点。

（陆文强）

星韵学校人防教育场馆　（供图/区人防办　摄于2021年9月）

产业园区

Industrial Parks

栏目编辑　陈　蓉

江苏常州经济开发区

【概况】 江苏常州经济开发区（简称“常州经开区”）于2015年6月挂牌成立，总面积181.3平方千米，辖镇、街道各3个和行政村52个、社区33个，常住人口42万人，其中户籍人口23万人。2021年，常州经开区紧扣“苏南智造新高地，开放融合先行区”新定位和“争创国家级经济技术开发区，勇当全市现代化建设先行军”新要求，持续推进“对标一流、争先进位”高质量发展三年作战计划，扎实开展“勇当先行攻坚年”主题活动，聚焦社会治理创新、营商环境优化、东方新城建设、教育强区建设等重点领域，推进产业转型升级、重大项目招引、科技创新发展，启动实施工业智造“8843”计划、工业园区更新，全面推进现代服务业，各项事业呈增速加快、结构优化、效益提升态势。园区拥有各类市场主体4.58万家、高新技术企业295家、上市企业11家、“新三板”挂牌企业20家。全年完成地区生产总值1000.33亿元，可比价增长9.8%，增速位列全市第二；一般公共预算收入63.22亿元，比2020年增长13%；规模以上工业总产值2309.61亿元，增长24.6%；固定资产投资增长7.5%；第三产业增加值、进出口总额、注册外资实际到账三项指标增速位列全市第一。在省商务厅发布的2020年度全省经济开发区高质量发展综合考核评价中，位列第4位，较2019年度跃升2位，较成立时跃升56位，其中经济发展指标连续两年保持第一位。

【常州经开区工业智造“8843”计划启动】 2021年，常州经开区立足产业特色，打造成色更足的工业制造强区，聚焦先进交通装备、功能新材料、绿色家居、智能电机四大特色产业，启动实施工业智造“8843”计划，即“十四五”期间，壮大育强800亿元先进交通装备产业集群、800亿元功能新材料产业集群、400亿元绿色家居产业集群和300亿元智能电机产业集群。科学有效开展工业企业效益综合评价及其结果应用，对5142家工业企业实施分类管理、分类扶持。至年底，四大特色产业有规模以上工业企业354家，实现产值1547.73亿元，增长24.62%，占规模以上工业总产值的67.01%。常州经开区入选全国整县（市、区）屋顶分布式光伏开发试点，获评全国首批绿色产业示范基地、江苏省第四批“大众创业万众创新示范基地”、江苏省工业互联网示范工程第三批“互联网＋先进制造业”基地。举办2021数字赋能智能制造高峰论坛、工业互联网标识解析综合型二级节点路演（中天钢铁站）等活动。江苏日盈电子股份有限公司获评2021年江苏省工业互联网发展示范企业（标杆工厂类）。中天钢铁集团有限公司实施的项目入选工业和信息化部“5G+工业互联网”集成创新应用项目试点示范、“工业互联网平台＋供应链协同解决方案”试点示范，投资建设全省首套智能废钢项目，上线全国首个室外高精度智慧废钢判级系统，成立智能管控中心。江苏长海复合材料股份有限公司、江苏雷利电机股份有限公司被认定为国家制造业单项冠军。江苏兰陵高分子材料有限公司被认定为国家专精特新“小巨人”企业，新增省级“小巨人”企业（制造类）1家、专精特新产品3个。中车戚墅堰机车车辆工艺研究所有限公司获全国质量标杆工业企业（产业基础能力提升方向）称号，公司“运用‘1234’精益管理模式打造世界一流高铁核心零部件品牌的最佳实践”经验在全国推广。中车汽车零部件有限公司被认定为省级质量标杆。中天钢铁集团有限公司研制的电动批头用合金工具钢S2、钢帘线用盘条通过“江苏精品”认证。常州恒益电机有限公司、江苏靓时新材料科技股份有限公司获评省级企业技术中心。常州市凯迪电器股份有限公司、江苏靓时新材料科技股份有限公司被认定为省级工业设计中心。中天钢铁集团有限公司被认定为省信用管理示范企业。光大环保技术装备（常州）有限公司的“生活垃圾焚烧发电一体化处理装备绿色设计平台”案例入选工业和信息化部、财政部等主编的《绿色制造系统集成项目典型案例》。全年新增“新三板”挂牌企业4家、股改企业16家，累计有上市企业11家、“新三板”挂牌企业20家。

【常州经开区实施工业园区更新】 6月30日，常州经开区召开工业园区更新工作动员部署会，发出《常州经开区园区更新工作实施意见》，启动工业园区更新工作，按照“总体规划、分步实施、试点先行”原则，3年整治提升老旧工业园区200公顷以上，建成一批容积率高、环境影响小、投入产出好的土地集约节约、布局合理、产业先进的全新工业园区。年内，常州经开区成立园区更新工作专班，负责指导、协调、服务、监管等日常工作，各部门、乡镇加强联动，加快建设横林镇绿色家居产业园一期、遥观镇宋剑湖创新智慧港、横山桥镇八方工业园一期3个启动区项目。横林镇绿色家居产业园启动区开展签约腾退攻坚工作，完成控制性详细规划修改、建设工程设计方案总平面图初稿设计、土地测绘勘界等工作，筹集一级开发资金，完成项目备案。遥观镇宋剑湖创新智慧港完成签约腾退、规划调整，筹措一级开发资金，明确二级开发主体，完成项目备案、工程设计方案总平面图设计、土地测绘勘界工作，开展施工图设计。横山桥镇八方工业园一期启动企业与民房的签约工作，完成一级开发资金筹措工作，完成控制性详细规划修改工作，明确二级开发主体，签订投资合作框架协议，完成建设工程设计方案总平面图初稿设计。

【常州经开区重大项目招引建设】 2021年，常州经开区开展“勇当先行攻坚年”活动。10月14日，举行重点项目集中签约仪式，26个项目集中签约，总投资195亿元。其中，产业项目21个，涵盖新材料、高端装备制造、生物科技、电子信息等战略性新兴产业；现代服务业项目5个，包括高端酒店、企业总部、研发总部及中车产教融合基地。全年签约落地产业项目53个，总投资超540亿元。其中，100亿元以上项目1个，50亿元及以上、100亿元以下项目6个，30亿元以上、50亿元以下项目3个，10亿元以上、30亿元以下项目7个。推进重点产业项目152个，完成投资284.7亿元，其中新建项目开工69个，项目竣工投运84个。日盈智能网联驾驶辅助系统项目等4个项目进入省重大项目库，涵盖新一代信息技术、新材料高端装备和现代物流等重点领域。

日盈智能网联驾驶辅助系统项目 2021年3月，被纳入省重点项目。由江苏日盈电子股份有限公司建设，于8月开工，占地面积6.67公顷，建筑面积约16万平方米，新建厂房、办公用房、研发中心及配套设施，购置设备5000台（套），总投资30亿元，达产后可年产5G智能网联驾驶辅助系统3350万套。

坤泰高效混合动力变速器项目 2021年3月，被纳入省重点项目。由坤泰车辆系统（常州）有限公司建设，于2018年6月开工。建设综合研发楼、生产厂房等建筑14万平方米，引进混合动力变速器生产线、电驱动系统生产线、制动系统生产线等生产设备100台（套），解决混合动力变速器匹配整车空间不足问题，弥补混动车型无法有效利用发动机高效区域缺陷，克服换挡机构结构复杂且易失效问题。总投资35亿元，达产后可年产专用混合动力变速箱30万套、电驱动系统10万套、制动系统40万件。

长海高性能玻纤复合材料项目 2021年3月，被纳入省重点项目。由江苏长海复合材料股份有限公司建设，于2020年9月开工。一期项目总投资10.5亿元，新建联合厂房面积7.1万平方米，生产高模量高强度玻纤及复合材料和低介电常数玻纤及织物，运用于大尺寸风电叶片、5G智能手机、5G通信基站、高性能印刷线路板、雷达器材等产品及航空航天领域，达产后可成为国内首个高性能纤维复合材料智能制造基地。

顺丰智慧物流（电商）产业园项目 2021年3月，被纳入省重点项目。由深圳市丰泰产业园投资有限公司投资建设，于9月开工。一期项目总投资约11亿元，用地面积13.33公顷，规划建筑面积13.3万平方米，建设顺丰智能分拣中心、供应链中心、电商物流中心、冷链物流中心、JIT（准时制）物流中心和产业综合服务中心，建成后可带动就业3000人以上，成为辐射华东、华中的苏南陆运枢纽之一。

【常州经开区科技创新】 2021年，常州经开区实施创新驱动发展战略，出台《关于推进创新发展的实施意见》，明确提升源头创新能力、推动产业转型升级、发挥企业创新主体作用、建设多层次创新创业平台、强化金融对创新的支撑作用、优化创新创业生态6个方面、12项重点任务，推动资源优先向创新配置，力量优先向创新集聚，政策优先向创新倾斜。12月，常州经开区被省发展改革委认定为大众创业万众创新示范基地（融通创新方向）。全年发放科技扶持和奖励资金7300万元，其中省高新技术企业培育资金1715万元。立项省级及以上科技项目3个，由中车戚墅堰机车车辆工艺研究所有限公司、江苏兰陵高分子材料有限公司、光大环保技术装备（常州）有限公司、常州博瑞电力自动化设备有限公司主持参与的7个项目获江苏省科学技术奖，其中一等奖2个、二等奖1个、三等奖4个。新增高新技术企业100家，累计295家，新增潜在独角兽企业2家、市级瞪羚企业51家，中车戚墅堰机车车辆工艺研究所有限公司、今创集团股份有限公司入选“2020江苏省百强创新型企业”。新增省级工程技术研究中心2个，与省产业技术研究院共建企业联合创新中心1个，建设常州市企业研究院3个，累计拥有省级及以上研发机构100个。轨道交通产业孵化园2.2期、宋剑湖科创园孵化器等重点项目有序推进，常州轨道交通创新中心科创综合体建成投运，江苏现代轨道交通产业孵化基地在省科技企业孵化器绩效评价中获评良好，中车戚墅堰机车车辆工艺研究所有限公司刘云清劳模工作室入选全国示范性劳模

3月，常州经开区重点项目集中开工　（供图/常州经开区）

和工匠人才创新工作室。组织“名城名校合作行，创新创业赢未来”活动周活动，成立1亿元人才发展基金，建设高端人才公寓5025套，东方·青年人才社区成为全市首个高标准青年人才公寓综合体。入选省“双创”人才项目7个，全年引进人才近8000人，人才资源总量增至10.97万人。出台《关于加快推进知识产权、质量品牌和标准化高质量发展的若干政策》，通过25条奖励政策激发企业创新活力，其中首次提出知识产权服务业集聚区机构政策、高价值专利奖励、知识产权保险业务资助等9条新政。至年底，常州经开区获授权专利5701件，其中发明专利299件，万人有效发明专利拥有量44.44件。常州经开区申报的产业知识产权运营中心项目获批江苏省2021年度专利转化专项计划项目，省级开发区唯一，常州市地板协会知识产权保护联盟在横林镇成立，推动联盟企业开展知识产权保护和“正版正货”承诺。

【常州经开区体制机制改革】 2021年，常州经开区持续深化相对集中行政许可权改革，深入实施“一件事+”改革，打通办事难点、堵点，整合梳理办事流程，企业申请材料压缩至1份，全部事项办结时间缩减至0.5个工作日，办件材料和时限均减少50%，实现准入即准营。审批流程持续优化，企业开办全流程平均用时压减至0.66天，工业建设项目施工许可审批环节进一步压缩，平均总用时7.4个工作日。行政审批“1230”目标落地见效，基本实现1天完成企业注册、30天拿到施工许可证、2天完成不动产登记加速落实。探索全生命周期政务服务，在江苏政务服务网常州经开区旗舰店上线“民办职业培训学校全生命周期政务服务”专栏，推动和服务社会各类优质资源兴办职业技能培训机构。擦亮“经开事精心办”政务服务品牌，首创为民服务“零号窗口”，开通政务服务“跨省通办”，率先推出首批100个应用场景“免证办”，政务服务便捷度和群众满意度全面提升。

【常州经开区城乡融合发展】 2021年，常州经开区实施“农业高质量发展三年行动计划（2021—2023年）”，首次发布惠农政策体系，全年实施农业项目5个，

美丽乡村市级示范点——五一村　　（供图/常州经开区 摄于2022年9月）

年华牧业3万头现代化生猪养殖基地投运，启动耕地非粮化整治专项行动，启动400公顷高标准农田建设。推进基础设施建设，专班推动312国道（常州经开区段）、232省道（常州经开区段）快速化改造等6条重点道路建设，建成东城路、延陵东路等精品街道8条，辖区骨干路网结构进一步完善，形成“七纵七横”14条主干道，总里程121千米。实施城建项目44个，东方大道综合提升工程、延陵东路景观提升工程等24个项目竣工。推进核心片区建设，举行文化活动中心暨东方新城重点项目集中开工仪式，文化活动中心、科技金融中心、东方智慧产业园等8个重点项目集中开工，总投资52.1亿元。全年完成征迁面积145万平方米，新增建设用地146.67公顷，出让商住地块37.87公顷。55个规划发展村启动美丽宜居村庄创建，五一村美丽乡村被列为市级示范点。横林镇双蓉村、狄坂村等集聚点完成拆旧，遥观镇宋剑湖生态修复案例获评江苏省首届最美生态修复案例，横山桥镇芙蓉片区、周刘家村高标准推进现代化宜居农房建设，“新鱼米之乡”风貌初现。

【常州经开区补齐民生短板】 2021年，常州经开区全力攻坚锻长补短，进一步释放高质量发展的民生红利，完成民生支出36.7亿元，占财政支出的73.4%。“教育强区”攻坚成果丰硕，16个重点项目开工建设，芙蓉初中改扩建等3个项目竣工投运。中小学、幼儿园实现集团化办学全覆盖，常州经开区实验小学、常州市武进区遥观中心小学、常州市武进区崔桥小学、常州市武进区横林初级中学、常州市武进区横山桥初级中学5所学校创成常州市义务教育“新优质学校”，新增省级智慧校园7所。“卫生强基”三年行动计划全面启动，建成街道社区卫生服务中心和村卫生室（社区卫生服务站）4个，新增市级特色专科2个，3个医疗卫生机构达到“优质服务基层行”国家推荐标准。横山桥人民医院与常州市第二人民医院的理事会管理下的院府合作紧密型医联体建设登上2021年全国医院医联体建设实践案例（县域医共体典范单位）榜单，创成江苏省社区医院。新增城镇就业14702人，净增参保11636人，人均可支配收入58295.5元，增长9.1%。建成6家“秋白书苑”，在全市率先实现镇（街道）“秋白书苑”全覆盖，“秋白书苑”遥观光大环境馆入选江苏省“最美公共文化空间”打造对象，常州戚墅堰机厂入选第五批国家工业遗产名录，天虹大明1921创意园获评省级工业旅游区，大运河工业遗产展览馆建成开放。成立常州经开区体育总会、老年人体育协会和单项体育协会5个（足球协会、乒乓球协会、舞蹈运动协会、跆拳道协会、社会体育指导员协会），举办2021CBDF中国国际标准舞精英赛，开展足球、广场舞等区级群众体育赛事8项次。开展送戏、送综艺下乡150场，举办社教活动和公益培训18期，送书下乡8000多册。

【常州经开区生态治理】 2021年，常州经开区接受省生态环境保护专项督查，

有力有序推进反馈问题整改，“环保百日攻坚”行动见成效。聚力攻坚大气改善，成立常州经开区大气国控站点工作专班，推进 VOCs、重点行业污染和大气污染源治理，$PM_{2.5}$ 年均浓度比 2020 年下降 10.2%，降幅居全市第一，优良天数比率 74.7%。聚力攻坚水质提升，国考五牧断面、省考戚墅堰断面水质全部实现Ⅲ类水标准。全年整治公厕 26 座、河道 7 条，建设污水管网 7.1 千米以及 32 个自然村生活污水治理设施。完成常青泵站迁改工程、横山桥镇区及芙蓉片区雨污分流改造项目，修复大运河（横林段）、潞横河等 2 处驳岸，完成杨岐内河水系连通工程。完成 43 条河道活水 1.2 亿立方米，劣Ⅴ类河道基本消除。革新河、黄桥港被认定为市级“五好河道”，奚巷村、狄坂村、洪庄村创成市级小微水体示范村。聚力攻坚土地环境治理，新增重点监管企业 39 家，监测完成 6 家土壤污染重点监管单位周边土壤和地下水，推进 144 个自然村、28 个规划发展村生活污水整治。光大环保能源（常州）有限公司获评全国十佳环保设施开放单位、江苏省“企业绿色发展领跑者”，戚墅堰街道新城和昱文萃苑小区创成省垃圾分类达标小区。

【常州经开区获评全国首批绿色产业示范基地】 2021 年 1 月，常州经开区被国家发展改革委认定为全国首批绿色产业示范基地。常州经开区创新推进“绿色”产业化，培育发展以节能装备制造产业、新能源与清洁能源产业和传统产业绿色化转型升级为代表的绿色产业体系，健全绿色发展激励体系，发挥政府在市场化、多元化生态保护补偿中的引导作用，运用财政奖补、贴息、风险补偿等手段，推动产业向规模化、绿色化、循环化和集约化方向发展，构筑具有国际竞争力的高端绿色制造基地。2020 年，常州经开区规模以上绿色主导产业企业 212 家，实现绿色主导产业产值 1194.13 亿元，分别占规模以上工业企业的 34.5%、61.3%。其中，节能电机制造产业依托江苏雷利电机股份有限公司、常州宝捷电机制造有限公司、常州祥明智能动力股份有限公司等大型企业，初步形成集研发、定型、配件生产、整套装配、销售、培训、品牌维护等为一体的智能微电机产业链；绿色建筑材料产业以横林镇崔桥片区为主要承载体，通过土地规划和政策引导促进企业加大创新投入，重点发展节能墙体材料、外墙保温材料、节能玻璃等新型绿色建筑材料；新能源汽车关键零部件制造产业招引落地坤泰汽车系统（常州）股份有限公司、常州星源新能源材料有限公司等龙头企业，建设坤泰新能源汽车变速箱、星源锂离子电池隔膜、凯迪驾驶智能辅助系统等重大项目，构建具有自主可控的新能源汽车关键零部件产业链；智能电网产品及装备产业引导和推动企业转型发展，联合建立涵盖发电、输电、配电、用电、储能的智能电网综合集成示范工程，在全国范围内率先形成智能电网多个领域技术的综合测试、实验和示范基地；太阳能发电装备制造产业领域聚集一批新型能源发展型企业，稳步发展硅片、电池片及太阳能组件生产制造，重点拓展薄膜太阳能电池、光伏发电系统组件及下游光伏应用产品的研发和产业化项目，形成集群发展优势。园区推动传统行业企业绿色化转型，中天钢铁集团有限公司先后投入 120 亿元，实施节能减排、循环利用工程 110 余项，光大环保能源（常州）有限公司建成国内首个建在城市社区、无围墙、全开放、超低排放且建有诸多便民惠民设施的发电厂，2 家企业均获评国家级绿色工厂。

【常州经开区获评省工业互联网示范工程第三批“互联网＋先进制造业”基地】 11 月，常州经开区经省工业和信息化厅认定，入选江苏省工业互联网示范工程第三批“互联网＋先进制造业”基地，江苏日盈电子股份有限公司获评 2021 年江苏省工业互联网发展示范企业（标杆工厂类）。常州经开区统筹推进工业互联网和数字化转型工作，先后出台《常州经开区推进高质量发展若干政策行动计划》《关于推进制造业与互联网融合发展的实施意见》《常州经开区加快推进“企业上云”三年行动计划》等政策，成立工业互联网发展领导小组，每年下达支持资金超 1000 万元，推进制造业与互联网融合发展。2021 年，针对工业互联网企业需求，举办“金融育企资本助力”乡镇行、“金融服务进园区”等专场对接活动，推出人才贷、高企贷、设备融资租赁等金融产品，累计服务企业超 200 家，帮助企业解决投融资困难 100 件。至 2021 年年底，常州经开区光纤入企率 100%，应用企业超 700 家，标识注册量超 2 亿个，建成二级节点平台 2 个，5G 站点近 2000 个，基本实现 5G 网络、NB-IoT（窄带物联网）网络区域全覆盖。累计实施国家级制造业与互联网融合发展试点示范项目 4 个、国家工业互联网试点示范项目 2 个、国家级智能制造示范项目 1 个、省级工业互联网相关项目 2 个，拥有省级以上工业互联网平台 3 个、省级智能工厂 1 个、省级互联网标杆工厂 4 个、省级示范智能车间 21 个、五星级上云企业 7 家。

【东方·青年人才社区开业】 6 月 23 日，常州经开区东方·青年人才社区开业仪

东方·青年人才社区　　（供图 / 常州经开区 摄于 2022 年 9 月）

式举行。该社区位于常州经开区五一路东侧、山水路北侧，紧邻轨道交通2号线五一路站和沪宁城际铁路戚墅堰站，由东方控股自主投资建设和运营管理，总投资3.87亿元，占地面积4.87公顷，有菁英人才公寓1栋、青年公寓4栋、商业配套服务建筑1栋，配备“青禾荟”“青年之家”等共享空间，配套“青年驿站”100个，为创业就业的青年人才提供免费短期“拎包入住”服务和就业创业咨询，是全市首个高标准人才公寓。其中，一期占地面积2.4公顷，可提供人才公寓952套，于2019年5月开工建设，2021年6月建成投用。开业仪式上，常州市凯迪电器股份有限公司、常州星源新能源材料有限公司等8家重点企业首批签约入驻，举行入住人才代表钥匙交接仪式。

【常州轨道交通创新中心投运】 6月24日，常州轨道交通创新中心投运暨常州轨道交通产业展示馆开馆仪式举行。该中心坐落于江苏戚墅堰轨道交通产业园，建筑面积2.2万平方米，以“产业展示、双创孵化、产业加速”为主体，配套人才、科技、知识产权、投资融资等服务，推动智能运维、区块链技术等前沿新兴科技在行业内应用。引进以中车戚研所轨道交通新材料研发中心等为代表的研发平台类项目，以常州检标院检验检测与标准认证一站式服务平台等为代表的检验检测类项目，以常州轨道交通发展有限公司常州地铁员工实训基地等为代表的综合服务类项目，累计入驻法人主体和项目单位20多个（家）。活动现场，中国中车科学家、常州市首席专家万升云工作室和中国科技金融促进会财经专家工作委员会、常州市综合交通运输学会轨道交通专业委员会3个工作平台签约落户常州经开区；中车戚研所轨道交通新材料研发中心、创业邦智能制造产业创新平台、江苏瑞一量子环保设备研发中心3个研发平台类项目，常州检标院检验检测与标准认证一站式服务平台、逸发新材料研究院粘接及复合材料检测中心、交铁认证轨道交通检验检测认证中心3个检验检测类项目，常州地铁员工实训基地、思维脉动众创空间、权航高价值专利培育中心3个综合服务类项目签约入驻常州轨道交通创新中心。60余个科创团队入驻常州轨道交通创新中心。常州轨道交通产业展示馆展陈面积1590平方米，分干线轨道交通和城市轨道交通两大主题，综合运用3D投影、VR、全息成像、声光电交互沙盘等前沿科技，集中展示常州轨道交通产业的发展历程和产业实力，展示中车戚墅堰机车有限公司、中车戚墅堰机车车辆工艺研究所有限公司、常州中车轨道交通车辆有限公司、新誉集团有限公司以及数十家科研机构和配套企业情况，陈列地铁整车、有轨电车整车、机车驾驶舱以及荣膺“中国工业大奖”的高速动车齿轮箱在内的数十个核心产品。

【2021常州企业成长与创新资本合作洽谈会暨第五届宋剑湖论坛】 10月29日，2021常州企业成长与创新资本合作洽谈会暨第五届宋剑湖论坛在常州经开区白金汉爵大酒店举办，产业界、金融界和政府界代表350余人参会交流。该论坛由常州市发展改革委、常州经开区管委会主办，常州经开区科技金融局承办，常州市创业投资协会、常州龙城金谷运营管理有限公司、创业邦协办，主题是“优化区域创新生态，激发创新主体活力”。活动采用“线上＋线下”模式举行，视频回顾常州创业投资发展历程，展示创投助推创新创造成果。如是金融研究院院长管清友，企业绿色发展研究院院长、中科院创投董事长吴乐斌，创业邦创始人兼CEO南立新，施耐德电气高级副总裁、创新及投资中国区负责人谢佶隽，联想创投执行董事顾正斌等嘉宾作主旨演讲，围绕经济形势研判与展望、“双碳”（碳达峰、碳中和）战略下的投资机遇与挑战、上市公司再融资对地区高质量发展的作用研究等热点话题展开深度解读。活动现场，长三角智能制造企业创投联盟成立，联盟由常州施耐德电气有限公司、天合光能股份有限公司、常州强力电子新材料股份有限公司、江苏雷利电机股份有限公司等10家国内外知名企业联合发起，计划开展产业参访、行业研讨、项目对接等交流与合作。常州经开区管委会和常州龙城金谷运营管理有限公司签订战略合作协议，共同打造项目投融资长效对接机制、项目培育优先承接机制、服务平台联创共建机制和社会资本投资带动机制，形成“募＋投”“产＋融”全过程合作创新生态链。常州清源创新创业投资合伙企业（有限合伙）等8个投资机构入驻龙城金谷，南京巨石创业投资有限公司等9个投资机构与常州企业集中签约，投资总规模8.5亿元。常州经开区策划推出《上市公司再融资对常州高质量发展的作用研究》白皮书，通过数据、案例等，论证分析上市企业再融资助力企业转型升级、推动区域经济高质量发展情况，为政府激发上市企业资本运营潜能提供决策支撑。分设智能制造和“碳中和”2个分论坛，智能智造专场邀请施耐德电气高级副总裁、创新及投资中国区负责人谢佶隽作“智能制造的未来进化”主题演讲，常州分音塔科技有限公司等5家企业开展

常州轨道交通创新中心　　（供图/常州经开区　摄于2022年9月）

项目路演；“碳中和”专场邀请联想创投集团执行董事顾正斌作“碳中和愿景下的投资战略”主题演讲，中车戚墅堰机车有限公司等5家企业开展项目路演。

（任　可）

武进高新技术产业开发区

【概况】 武进高新技术产业开发区（简称“武进高新区”）地处常州市南翼，1996年3月获省政府批准设立，1997年7月挂牌成立，2012年8月经国务院批准升级为国家高新技术产业开发区。行政区域面积79平方千米，规划控制面积182平方千米，总人口24万余人，下辖社区20个、行政村12个。2021年，武进高新区围绕“滨湖科创城、智造武高新”定位，实施产业创新、城市更新、生态焕新、民生建新、管理革新“五新”工程，推进产业创新发展、城市能级提升、人才高度集聚。至年底，累计引进30多个国家和地区的企业1万多家，有世界500强企业投资项目25个，上市及“新三板”挂牌企业30家，高新技术企业309家，拥有中国以色列常州创新园、武进综合保税区、高新区众创服务中心、阿里巴巴创新中心（常州武进）、中汽研（常州）汽车工程研究院有限公司等重要平台。全年完成地区生产总值545亿元，增长9.5%；一般公共预算收入43.5亿元，增长9.3%；工业投资93.06亿元，增长23.5%；规模以上工业总产值1296.05亿元，全部工业开票销售1547.37亿元，分别增长24.5%、27%；实际到账外资及港澳台资5.3亿美元，增长12.8%；第三产业增加值181.6亿元，限额以上消费品零售总额74.3亿元，分别增长6.2%、11.9%；居民人均可支配收入56861元，增幅9.25%。武进高新区获批江苏省大中小企业融通型特色载体，被纳入中国（江苏）自由贸易试验区联动创新发展区，在科技部火炬中心公布的国家高新区综合评价中位列第35位。

【“4+2+1”主导产业转型发展】 2021年，武进高新区坚持以产业为根本，以项目为支撑，继续聚焦高端装备、节能环保、电子和智能信息、新型交通、机器人及系统集成、智电汽车和集成电路“4+2+1”主导产业，推动主导产业“链式”集聚。全年新签项目中主导产业项目占80%，主导产业规模以上企业实现产值1176.1亿元、开票销售收入1243.2亿元，分别占规模以上工业产值和开票销售收入的90.7%、91.4%。

高端装备产业　重点发展现代工程机械、数控机床、智能纺机、智能农机、机器人和关键零部件领域，探索智能制造集成服务，加快建设常州固立高端装备创新中心等创新载体，推动重点企业做大做强，成为全国有影响力的高端装备产业集聚地，新引进红运机械、今创本质环保、华彩食品机械、洛源科技、恒立电动缸等重点项目11个，全年规模以上企业完成销售收入505.91亿元，较2020年增长26.1%。常州市钱璟康复股份有限公司获评2020年国家体育产业示范单位，江苏龙城精锻有限公司获江苏省省长质量奖（全市唯一），江苏易电行电动科技有限公司在美国纳斯达克上市，常州电站辅机股份有限公司在北京证券交易所上市。快克智能装备股份有限公司、万帮数字能源股份有限公司、常州惠明精密机械有限公司、常州数控技术研究所生产的工业装备获批苏锡常首台（套）重大装备，柳工常州机械有限公司、万帮数字能源股份有限公司、贝亲母婴用品（常州）有限公司等6家企业的智能车间获批江苏省示范智能车间，江苏国茂减速机股份有限公司、柳工常州机械有限公司、常州今创风挡系统有限公司的工程中心获批江苏省工程中心，江苏国茂减速机股份有限公司获批国家级绿色工厂、部级制造业单项冠军，光宝科技（常州）有限公司获批省级绿色工厂，快克智能装备股份有限公司、常州铭赛机器人科技股份有限公司获批国家级专精特新“小巨人”企业，江苏南方精工股份有限公司等13家企业获批省级专精特新企业。万帮数字能源股份有限公司通过五星级认定江苏省星级上云企业，新誉集团有限公司、快克智能装备股份有限公司、万帮数字能源股份有限公司3家企业入选第二批江苏省先进制造业和现代服务业深度融合试点企业，武进高新区入选第二批江苏省先进制造业和现代服务业深度融合试点区域。

节能环保产业　重点发展LED照明、太阳能光伏、绿色电力装备等领域，拓展能源互联网领域，新引进舒朋士、纳佰光伏两大重点项目，全年规模以上企业完成销售收入104.4亿元，增长59.5%。

电子和智能信息产业　紧抓5G产业发展机遇，推动电子元器件等产品升级，向5G器件、通信终端设备和工业信息服务领域拓展，构建电子和智能信息产业差异化竞争优势，新引进瑞声小腔体扬声器、易尔通、圣创半导体、力德宝等重点项目7个，全年规模以上企业完成销售收入266.01亿元。

新型交通产业　重点发展轨道交通、智电汽车等领域，形成产业集聚优势，新引进齐丰机械、博俊、汇川、新发展等重点项目16个，全年规模以上企业完成销售收入366.88亿元，增长51.2%。

智电汽车产业　重点打造智电汽车产业生态，形成涵盖新能源整车、改装车、动力及传动系统、底盘及转向系统、车身附件以及新能源核心零部件、智能网联、汽车电子、检测等环节的汽车产业链条，其中，新能源整车及核心零部件、动力及传动系统领域优势突出，集聚了一批以理想汽车、万帮数字能源、龙城精锻、中瑞电子等为代表的细分领域头部企业，打造多个“行业领先”“全国第一”的产品品牌。新引进博俊、汇川、亿诺科、众信联合、诺马二期、理想汽车二基地、新发展等重点项目15个，全年规模以上企业完成销售收入300.73亿元，增长91.3%。理想汽车在香港证券交易所主板上市，理想ONE汽车成为首个国内单款产量突破10万辆的造车新势力产品。

机器人产业　顺应人工智能发展趋势，加快工业机器人、服务机器人领域优质项目集聚，形成涵盖机器人本体、核心零部件、系统集成产品、配套服务的产业链，新引进安川一体化增资、卡诺普机器人、李群自动化机器人、洛源伺服驱动器等重点项目4个，全年规模以上企业完成销售收入80.52亿元，增长49.1%。

集成电路产业　聚焦化合物半导体，以化合物半导体制造、特色集成电路设计、半导体核心材料与设备为产业发展重点方向，积极布局终端应用制造产业，形成产业配套齐全、服务功能完善、上下游贯通、规模效应明显的集成电路产业集聚区，新引进圣创半导体、力德宝微电子、财盈半导体等重点项目3个，全年规模以上企业完成销售收入1.83亿元，较2020年增长71.3%

【武进高新区招商引资】 2021年，武进高新区新签重大项目50个（含欧美项目6个），主导产业项目占80%。其中，总投资超100亿元（或10亿美元）项目1个，总投资50亿元（或5亿美元）以上、100亿元（或10亿美元）以下项目2个，总投资30亿元（或3亿美元）以上、50亿元（或5亿美元）以下项目2个，总投资10亿元（或1亿美元）以上、30亿元（或3亿美元）以下项目3个。全年完成实际到账外资及港澳台资5.3亿美元，增长12.8%，占武进区的63%。

【武进高新区重大项目建设】 2021年，武进高新区集聚优势资源，有序推进项目建设，全年实施省重点项目2个，均为新建项目，投资额15.3亿元；实施市重点在库项目45个，其中，新建项目26个，开工21个，投资额137.5亿元；实施区重点在库项目73个，其中新建项目41个，开工35个，投资额161.8亿元。

世特科流体动力系统（常州）有限公司新工厂　由香港德昌电机集团投资设立，2021年3月30日奠基，总投资1.05亿美元，其中一期建设研发工程大楼、设备大楼和厂房，计划于2022年6月建成。引进全新自动化生产及测试设备，应用数字化及自动化设计，研发、制造和销售新能源车用电子油泵、汽车发动机及变速箱用机油泵和真空泵等产品。新工厂是世特科集团流体动力解决方案全球最大的生产基地，投产后可年产汽车关键零部件超过400万套。

常州钢研极光增材制造有限公司　由北京钢研高纳科技股份有限公司、钢研投资有限公司、常州武南汇智创业投资有限公司共同设立，5月18日投产，总投资10亿元。项目分两期进行，一期租赁厂房约4800平方米，设备投资2亿元；二期追加设备投资5亿元，打造高端研发及生产制造中心，开展先进后处理及材料测试分析，研发3D打印新材料，制造高端精密增材，应用于航空航天、民用高端制造等行业。达产后可实现年产值约10亿元、入库税收约6000万元。

柳工东部基地二期工程　由柳工常州机械有限公司投资建设，规划建设厂房面积17万平方米，5月28日投产，总投资52.4亿元。年内建成2号联合厂房、拆装车间、客户体验中心、再制造车间、调试车间等建筑单体，建筑面积11.97万平方米。购置加工中心、RGV输送线、总装线、智能立体库、智能焊接线等设备858台（套），项目达产后可年产大型工程机械3000台、矿山机械4000台。

5月28日，柳工东部基地二期工程投产　（供图/武进高新区）

江苏曦日新能源科技有限公司　是首个从中国以色列常州创新园孵化的产业化项目，生产基地位于武进高新区凤翔科技园，标准厂房建筑面积1.2万平方米，6月16日开业，一期投资8000万元。建设全自动高速智能生产线，为AI智能跟踪系统提供解决方案，达产后可年产太阳能智能跟踪系统超6吉瓦。

常州顺风太阳能2.5吉瓦单晶PERC电池项目　由常州顺风太阳能科技有限公司投资建设，6月28日投产，总投资4.8亿元，建有高效电池生产线5条，全线兼容182毫米/210毫米大尺寸硅片，生产182毫米硅片时可实现每小时上下料产量9500片，月入库180兆瓦，年产能2.16吉瓦，生产210毫米硅片可实现年产能2.5吉瓦。是国内自动化程度、智能程度最高的太阳能电池生产项目之一。

移远通信智能制造中心项目　由常州移远通信技术有限公司投资建设，9月30日开工，总投资30亿元，其中固定资产投资13亿元。新增自行研发定制智能化生产线40条，配套高自动化测试线120条，建成后可年产超小尺寸和超低功耗的5G通信模组、IOT窄带物联网模组、车规级物联网模组、多模双频高精度GNSS定位模组2亿片，产品广泛应用于5G基站、5G移动终端、智电汽车、智慧能源、智慧城市、工业应用、医疗健康和农业环境等领域。

大象至尚（常州）信息技术有限公司　由大象慧云信息技术有限公司投资建设，总投资3亿元，定位华东区区域总部、全国交付运维中心，利用常州在长三角的地理优势和苏浙沪的人才优势，在已有产品体系基础上拓展业务、提高产能，达产后可实现年开票销售收入2亿元。

武高新工业污水处理（一期）项目　由常州武高新道胜生态有限公司投资建设，位于南夏墅街道，总占地面积近4万平方米，12月31日开工，总投资约5亿元，主要处理武进高新区管理范围内工业污水，兼顾前黄、礼嘉、洛阳三镇工业污水，设计处理规模3万吨/日，远期规模达5万吨/日。

【武进高新区科技创新】 2021年，武进高新区加快培育创新型企业，打造创新平台载体，优化创新创业生态，启动创建省知识产权保护示范园区。全年完成高新技术产业产值785亿元，增长13.2%，占规模以上工业总产值的60.5%。创新型企业加快建设，新认定高新技术企业107家，认定通过率51.7%，高新技术企业保有量增至309家。新增独角兽企业1家（万帮数字能源股份有限公司）、潜在独角兽企业4家、瞪羚企业18家，分别累计1家、5家、50家。科技项目支撑明显，全年立项省级科技计划项目6个，争取项目经费2440万元，立项市级科技计划项目34个，争取项目经费1240万元。4件专利获第22届中国专利优秀奖，3个项目获江苏省科学技术奖。江苏恒立液压股份有限公司登上福布斯“2021中国最具创新力企业榜”，获“江苏省科技创新发展奖优秀企业”称号及江苏省企业技术创新奖，系全市唯一。新誉集团有限公司董事长周立成获“江苏省科技创新发展奖先进个人”称号。瑞声光电科技（常州）有限公司、江苏恒立液压股份有限公司获评“2021江苏省百强创新型企业”。全年获专利授权6350件，其中发明专利1204件，有效发明专利拥有量5688件，万人有效发明专利拥有量237件。平台建设日趋完善，新增江苏省产业技术研究院企业联合创新中心4个，江苏恒立液压股份有限公司、常州节卡智能装备有限公司、江苏龙城精锻集团有限公司布局海外研发中心，武智沃客众创空间获评省级专业化众创空间。江苏德速智能机械股份有限公司、常州恒创热管理有限公司的技术中心获批江苏省企业技术中心，柳工常州机械有限公司、江苏国茂减速机股份有限公司获批江苏省工程研究中心，常州中车柴油机零部件有限公司、常州纵慧芯光半导体科技有限公司等13家公司的工程技术研究中心获评江苏省工程技术研究中心，累计拥有省级及以上“三站三中心”173家。人才引培成效显著，入选江苏省双创计划人才（团队）11个，签约“龙城英才计划”项目32个，招引“三高一资”（高新技术、高端人才、高成长性、有社会资本投入）型科技项目23个，入选“国家重大人才工程B类”专家4人。产学研合作有效推进，组织园区企业参加“名城名校合作行、创新创业赢未来”“武进区企业与常州科教城科研院所产学研专题对接会”，赴成都、西安产学研对接，达成产学研合作意向62个，实施42个，完成技术合同认定登记成交额24.2亿元，增长27%。

【武进高新区城市建设】 2021年，武进高新区继续围绕南夏墅城市副中心打造、与常州科教城融合发展、与前黄镇一体化规划建设等重点方向，着力打造武进城际站周边、中以常州创新园扩建、环滆湖重点片区等区域。开展《高新区国土空间规划》编制前期工作，完善《武进城际站周边地区城市设计》《中以常州创新园发展规划》，优化《环滆湖重点片区城市设计》《武进区工业用地布局规划》《武进区城市消防专项规划》《武进区教育设施布局专项规划(2021—2035)》。推进基础配套设施建设，全年建成凤栖路（武南路—龙跃路）、西湖路（武宜南路—凤栖路）、凤翔路（龙潜路—龙翔路）、龚杭路（降子路—聚湖路）、龙运路（新平路—西湖路）、新吉路（长沟河—龙庆路东段）、龙嘉路（长沟河—龙庆路北段）、新亮路（南湖路—工业路）、潘巷路（凤林路—武宜南路）等道路。新开工建设幼儿园2所，常州市武进高新区南河幼儿园、常州市武进高新区龚家幼儿园、常州市武进区南夏墅初级中学及常州市武进区庙桥初级中学扩建工程竣工投用；星湖广场购物中心开业，引进餐饮、超市、影院等，布局面积1.3万平方米的异国风情街；开通微循环交通线9条，投放“美团”共享电单车3073辆。继续完善城市管理，制定《武进高新区精细城管实施方案》，研究开发“智慧城市管理”App，落实三级管理体制，完善园区生态环境，有序推进“蓝天、碧水、净土”三大保卫战。

【武进高新区营商环境建设】 2021年，武进高新区深化落实“1+1+X”项目服务机制（打破部门及人员的固定形态，由高新区投资促进服务局牵头，投资促进服务局的一名分管领导做服务专员，指定一名工作人员为服务联络员来配合服务专员做好联络跟踪服务，相关职能部门及国有公司分管领导和业务骨干

现代滨湖科技产业新城——武进高新区　　（供图/区融媒体中心　摄于2016年6月）

为服务辅导员组成的服务团队，为项目进区至竣工投产提供全过程跟踪服务)，为项目全周期保驾护航。全年推进服务项目129个，武进高新区政务服务大厅各窗口累计办理事项1701件，好评率100%，市场准入窗口办理审批业务11253件，新增法人市场主体1627家，比2020年增长7.2%。推进省级以上开发区区域评估工作，降低项目建设制度性交易成本；落户全市首个“开门接电”示范区，示范区内企业可享受高压办电“三零”(零距离、零等待、零投资) 服务；出台全省首个政企共担客户红线外电力接入工程政策，园区2021年3月1日后取得土地使用权的企业可享受红线外电力接入工程“零投资”特惠政策成果，常州移远通信技术有限公司向省供电公司争取到35千伏用电业扩配套资金项目 (全市唯一)，配套资金约1500万元。编制国土空间规划近期实施方案，保障规划衔接期项目用地，“园区保”业务签约银行13家，白名单授信企业82家，授信金额8.03亿元，放款5.37亿元，余额企业55家，放款余额3.4亿元，比2020年增长91.6%。

(王晓芳)

【武进综保区】 位于武进高新区，东至凤林路、南至武进大道、西至淹城路、北至阳湖路，前身是武进出口加工区，2015年1月升格为综合保税区(简称“综保区”)，批准面积1.15平方千米，实际围网验收面积1.08平方千米，2018年因企业发展需要，面积缩减至0.95平方千米。有公路转关监管点、进口商品展示中心两大平台，具有仓储物流对外贸易、国际采购、分销配送、商品展示等功能。其中，进口商品交易展示中心展示十多个进口商入区业务以及澳大利亚、美国、西班牙、新西兰等国家的商品200余种。2021年，武进综保区推进招商引资，优化企业通关环境，加快产业转型升级和对外开放合作，累计有各类企业53家。武进综保区管理局联合海关、税务部门，落实《国务院关于促进综合保税区高水平开放高质量发展的若干意见》要求，落地实施一般纳税人资格试点、委托加工、四自一简、优化信用管理、简化进出区管理、便利货物流转、开展检测维修、促进研发创新等举措9项。受中美贸易摩擦、电子产业深度调整以及3家生产型企业出区的影响，全年完成实际进出口额10.07亿美元、工业总产值100.49亿元，分别比2020年增长15.9%、4.5%。根据海关绩效评估结果，武进综保区绩效评估结果为B类。

(衡　波)

【武进高新区获批创建省知识产权保护示范园区】 2021年6月，武进高新区被省知识产权局列入2021年度江苏省知识产权战略推进计划立项名单，成为全省唯一入选的园区。10月21日，武进高新区省知识产权保护示范园区创建启动大会召开，计划通过三年示范建设，建成专利、商标、地理标志等知识产权统一运营、管理、服务体系。园区历来重视知识产权工作，先后建成“智慧园区”知识产权线上公共服务平台、武进高新区知识产权维权分中心、武进区人民法院“双创”巡回审判点、国家海外知识产权纠纷应对指导中心江苏分中心工作站——中以常州创新园工作站、武进高新区知识产权保护与调解中心。在管理体系上，实行“双轮驱动”模式，由区市场监督管理局高新区分局负责知识产权保护，武进高新区知识产权局负责知识产权创造、运用和管理，将知识产权工作纳入园区年度考核体系，知识产权工作经费列入科技专项经费预算。在政策体系上，“十三五”期间，园区先后出台《武进高新区“十三五”知识产权发展规划纲要》《国家知识产权示范园区建设工作方案 (2019年7月—2022年6月)》等，执行《关于建立和完善知识产权行政与司法协同联动、民事与刑事相互衔接的知识产权保护体系的实施意见》及《关于促进中国以色列常州创新园科技创新的若干政策措施(试行)》等文件精神，重点支持知识产权创造、保护和服务。在执法维权上，推进中国 (常州) 知识产权保护中心建设，建立武进高新区知识产权维权分中心，打造了“12315”“12345”“OA投诉举报平台”等维权平台，在重点商超、企业设立消费维权服务站5个，在中国以色列常州创新园设立知识产权巡回法庭，建立企业知识产权案件审理、执行快捷通道，获批商务部应对贸易摩擦工作站，挂牌成立武进区人民法院“双创”巡回审判点，2019—2021年，累计受理知识产权投诉举报96件，涉案金额500余万元，罚没80余万元；与市、区知识产权部门联合开展维权援助和行政执法6场，立案查处商标案件17件，查处专利侵权行为104件；累计为快克智能装备股份有限公司、卡尔迈耶 (中国) 有限公司等80多家企业提供知识产权纠纷调处服务，协助顶呱呱彩棉服饰有限公司在安徽等地现场维权。在知识产权运用上，建立专利导航、专利预警及重大项目知识产权评议制度，制定“一产业一导航”专利导航工作计划，完成机器人及智能装备产业、化合物半导体产业专利导航项目，为“双招双引”提供决策支持；2020年，与北京大学、南京航空航天大学等高校共建技术成果转移中心25个，与常州科教城和在常6所高校签订支撑园区及高校建设知识产权全链条体系协议并出台《武进高新区关于与常州科教城共建知识产权全链条体系的实施办法 (试行)》，当年转化运用发明专利170件；通过江苏省中以产业技术研究院和“中以创新汇”等国际专利技术转移平台，2021年对接以色列创新和专利转化项目80多个，促成以色列技术转移项目6个，园区涉外技术合同成交额达1.46亿元；出台专利质押融资支持政策，为科技型、高成长性企业发展提供金融支持，2021年，常州龙骏天纯环保科技有限公司等6家企业质押专利18件，质押金额5000万元。至2021年年底，园区落户知识产权服务机构40多个，拥有国家级知识产权人才4人、省知识产权领军骨干人才1人、专利代理师63人、知识产权中高级职称工程师32人、知识产权从业人员640人，万人有效发明专利拥有量达237件。

【武进高新区建成全市首个“开门接电”示范区】 2021年3月19日，常州市首个“开门接电”示范区在武进高新区揭牌。该示范区位于淹城路以东、常武路以西、武进大道以南、南湖路以北区域，由国网常州供电公司结合武进高新区区域重点建设规划，编制“开门接电”示范区配网目标网架规划及过渡方案，实行区域电网规划和国土空间规划“一张

3月19日，“开门接电”示范区在武进高新区揭牌　　（供图/武进高新区）

网”融合，将配电网提前延伸建设至待开发用电地块红线外。总面积11.2平方千米，首期工程投资3000万元，新增电缆里程10.76千米，新设环网柜9台，新建管沟里程2.89千米，供电容量合计2.4万千伏安。示范区内企业“开门”就可以直接插线取电，无须落户后办理接电，无须额外建设配套电力设备，享受高压办电零距离、零等待、零投资的“三零”服务，可大幅减少办电环节，提高运转效率。

【万帮数字能源股份有限公司被认定为独角兽企业】 11月，江苏省生产力促进中心发布2021年江苏省高新区独角兽企业和瞪羚企业评估结果，万帮数字能源股份有限公司入选苏南国家自主创新示范区独角兽企业，成为武进区首家独角兽企业。该公司成立于2014年10月，有研发人员近1000人，专注研发智造新能源汽车充电设备，开发拓展智慧云平台，从事能源全链路业务交易，是高新技术企业、国内电动汽车充电设备智造领域龙头企业、国家级绿色工厂、工业和信息化部制造业单项冠军示范企业。建有江苏省电动汽车智能高效充电系统关键工程技术研究中心、省级博士后创新实践基地和省级制造业创新中心，拥有物联网、能源动态管理、大功率定制及V2X（车用无线通信）等核心研发技术，研发智能交直流设备、充电枪头总成、电源模块、智能电柜、换电设备等硬件产品及数字云平台、App开发、智慧能源管理系统等软件产品，提供云安装和云售后等直面用户的服务，核心品牌是“星星充电”。先后承接多个省部级国家重大科技专项，累计申请专利800余件，其中发明专利占60%，产品取得国家等级保护三级认证和ISO 27001信息安全管理体系认证。公司开创性采用“云一管一端”（硬件＋软件＋服务）商业模式，销售市场覆盖全国300多个城市和地区，曾获“APEC2021中国数字经济产业示范样本50强”企业、充电桩行业最佳产品设计奖、充电桩行业最佳运营服务创新奖、中国充电桩行业产品创新技术金奖等荣誉。

【“科创江苏”两湖创新区创新创业人才项目路演暨2021武进高新区第七届海智对接交流会】 内容参见“群众团体”类目P61同名条目。

【江苏易电行电动科技有限公司在美国纳斯达克上市】 内容参见“金融业”类目P129相关内容。

【武进高新区“海湖红盟”党建品牌发布】 12月16日，武进高新区党工委发布党建品牌“海湖红盟”。“海湖”体现高新区海纳百川、开放包容、兼收并蓄、大气和谐的园区品质，“红盟”即红色的联盟，具体指高新区多层次、全域化、多样性的党建共建组织体系。武进高新区形成以“海湖红盟”为统揽，机关事业单位、农村、社区、非公企业、社会组织、国有企业、离退休干部等领域为支撑的“一核七域”党建品牌建设体系，全面引领园区经济发展和社会治理。其中，在机关事业单位打造“南风红盟”“先锋领航”“红蓝星”等党建品牌，在农村打造“新联心”“三和”家园、“桐心同德”等党建品牌，在社区打造“诚善致远，福泽万家”“暖心110”“红领域”等党建品牌，在非公企业打造“牵引力党建”“三恒三立”“星火互联”等党建品牌，在社会组织打造“清音”党建品牌，在国企打造“精益红领”“三管三联、国资标杆”等党建品牌，在离退休干部打造“海湖桑榆”党建品牌。

（王晓芳）

中国以色列常州创新园

【概况】 中国以色列常州创新园（简称“中以常州创新园”）位于常州科教城内，启动区总面积22万平方米，成立于2015年1月，是首个由中以两国政府签约共建的创新示范园区，在全国中以合作领域内保持合作机制、合作模式、合作成果“三个领先”，先后被科技部认定为国家科技合作基地、国家医疗器械国际创新园，被国家发展改革委认定为中以高技术产业合作重点区域之一，建成江苏省中以产业技术研究院、以色列江苏创新中心、中以创新汇等一批创新平台及载体。2021年，围绕打造长三角产业科技创新中心、“两湖”创新区等市、区重点发展战略，成立中以常州创新园能级提升工作专班，围绕政策研究、机构机制、空间和产业规划、外事联络、综合协调等方面推进园区能级提升。编制完成《中以常州创新园“十四五”发展战略规划》，经市政府常务会议审议通过。设立中以天使投资专项资金，揭牌成立中以科创学院。举办2021中以创新合作与产业投资大会、中以常州创新园共建计划推介会、第五届中以创新创业大赛、国家骨科与运动康复科技创新与成果转化大会等活动。2021年11月17日，国家主席习近平在同以色列总统赫尔佐格通话中指出，中以常州创新园是中以双方合作打造的标志性项目。至年底，园区获批成为中国（江苏）自由贸易试验区联动创新发展区，“‘你好以色列（Shalom Israel）'——中以常州创新园外宣工作探索 2.0”获评 2021 年全省对外宣传工作创新奖。园区集聚以色列独资及中以合作企业 155 家，新增中以科技合作项目 40 个，涵盖智能制造、生命科学、新材料、现代农业等产业领域，全年实现销售收入 8.5 亿元。

【中以常州创新园产业发展】 2021 年，园区围绕“争当中国以色列创新合作领航者”目标使命，推动中以创新合作走向深化。聚焦智能制造、生命健康、现代农业、节能环保、新材料等领域，新增签约落户“高科技、国际化、犹太 +”科技型项目 40 个，常州艾立贝医疗科技有限公司、江苏璟和技创机器人有限公司、固航科技（常州）有限公司、江苏曦日新能源科技有限公司、安普未来（常州）生物科技有限公司等重点项目投产运营。其中，江苏曦日新能源科技有限公司是园区首个成功孵化的产业化项目，主营太阳能 AI 跟踪支架系统与固定支架智能制造，是全球领先的 AI 智能跟踪系统解决方案提供商及智能制造服务商，生产基地位于武进高新区凤翔科技园，拥有 1.2 万平方米标准厂房，一期总投资 8000 万元，建成全自动高速智能生产线，年产能超 6 吉瓦；常州市小域智能科技有限公司是园区首个获得社会资本投资的科技型创业项目，主营无人机应急伞降设备及各类航空飞行器的减速伞降和回收系统，项目估值超 5000 万元。新增 5 家以色列企业申报“中国以色列常州创新园共建计划”，6 家企业通过以色列创新署审核，4 家“共建计划”企业落户园区。园区企业全年完成销售收入总计 8.5 亿元，实现税收 2100 万元。

【中以常州创新园科技创新】 2021 年，园区积极推进中以科技创新合作，积极招引科技创新人才。新增市“龙城英才计划”项目 10 个、常州市科技计划国际合作项目 2 个，江苏小牛电动科技有限公司与以色列 IRP 公司合作的“轻量化新型智能低碳两轮车合作研发”项目立项“江苏—以色列产业研发合作计划”第十七轮合作项目，园区企业获常州市创新创业大赛一等奖 1 个、三等奖 2 个。引进国家级人才团队 2 个（杨弋团队、唐佩福团队），新增硕士及以上学历创业就业人才 70 余人。中以技术合作方面，6 项合作项目达成协议，单项技术合作标的最高 80 万美元，中以研究院公共服务平台开展 AES 装配执行系统、压铸机床专用控制系统、三轮全向移动平台控制系统等技术研发服务 12 项。设立国家海外知识产权纠纷应对指导中心江苏分中心中以常州创新园工作站，加强国际知识产权保护工作。

【中以科创学院揭牌】 10 月，经国家发展改革委、科技部认定，江苏省中以产业技术研究院与常州大学获批成为“新型研发机构科教融合培养产业创新人才”揭榜任务承担单位，共建中以科创学院。10 月 19 日，中以科创学院在全国大众创业万众创新活动周江苏分会场启动仪式上揭牌成立。学院位于中以常州创新园 10 号楼，实行理事会领导下的院长负责制，主要培养智能制造与机器人产业创新人才，形成可复制推广的产业创新人才培养经验。

【中以常州创新园天使投资专项资金设立】 2021 年 11 月，该专项资金由省科技厅、常州市政府联合设立，由市财政局出台专项资金管理办法，面向机器人与智能制造、生命健康、环保及现代农业、新一代信息技术等产业领域，重点支持获得天使投资或社会化投资的以色列独资、中以合资、中以合作等企业，由市财政给予专项资金首期规模 5000 万元保障，并由省级按 1∶1 配套支持。专项资金对获得天使投资及其他投资的企业，按企业融资额由省、市财政资金共同给予配比支持，支持资金与企业融资额配比额度不超过 1∶1。专项资金不占有企业股权，以企业自主管理为主，消除创业企业初期股权出让困扰。按照鼓励创新、宽容失败的原则，分类处理专项资金，对获得下一轮融资或被整体收购的，在企业下一轮融资或被整体收购前按原价退出；对企业解散清算或破产倒闭的，根据审计（清算）结果，收回结余专项资金，转入专项资金池，其余资金转为拨款，不再收回。

【2021 中以创新合作与产业投资大会】 6 月 2 日在中吴宾馆举行，以色列驻华大使潘绮瑞、以色列驻沪总领事爱德华，省、市相关领导和部门负责人，以色列驻华使领馆相关人员，中以创新合作战略研究中心专家，中以两国科技企业、投资机构、高校院所代表等 150 余人出席。大会由常州市政府主办，武进区政府、中以常州创新园管理办公室承办，主题是“链接中以，赋能创新”。会上，集中签约中以创新合作平台项目 2 个、中以合作项目 6 个、战略投资合作项目 2 个，国家海外知识产权纠纷应对指导中心江苏分中心中以常州创新园工作站揭牌，Unistream（青瓴科创）青年科创发展中心、“中以常州创新园杯”首届江苏省大学生机器人（硬科技）创新创业挑战赛等项目集中启动。

6 月 2 日，中以创新合作与产业投资大会举行　（供图 / 中以常州创新园）

【2021第五届中以创新创业大赛创新总决赛】 12月15日在中吴宾馆举行。该比赛由科技部国际合作司支持，中国科学技术交流中心和以色列创新署联合主办，常州市政府合作举办，中以常州创新园承办，主要以线上的形式开展，经过海选和分领域决赛，生命健康、智能技术、绿色技术3个领域共9家企业入围创新总决赛。经过角逐，Cognata公司承担的自动驾驶仿真模拟平台项目、Watersight公司承担的端到端的人工智能水质量监控解决方案、OCON Healthcare公司承担的球形宫内药物输送平台项目分获第一、二、三名，URE-BLUE公司承担的先进通信材料项目获“最佳人气奖”，D-Fence公司承担的压感周边入侵检测系统项目获“最具潜力奖”。

【国家骨科与运动康复科技创新与成果转化大会】 12月25日在中以常州创新园会议会展中心举行，国内骨科与运动康复领域的专家和医疗器械企业代表100余人参加会议。该大会由国家骨科与运动康复临床医学研究中心、江苏省中以产业技术研究院主办，主题是“加强科技创新，推动成果转化”，共同推进骨科与运动康复领域的创新成果转化落地，实现医工结合、协同创新。会上，国家骨科与运动康复临床医学研究中心产业创新中心（中国·常州）揭牌成立，解放军总医院骨科医学部关节外科主任柴伟等70余位专家围绕骨科医疗技术相关研究方向作主题演讲、课题宣讲和产品展示。

（刘文宗）

常州西太湖科技产业园（江苏武进经济开发区）

【概况】 常州西太湖科技产业园（江苏武进经济开发区）简称西太湖科技产业园（武进经发区），位于西太湖（滆湖）北侧核心地带，实际管辖面积70.5平方千米（含滆湖水域14平方千米），沿江高速、常泰高速、312国道等干线公路，常州高架、延政西路、长虹西路等城市主干道和京杭大运河穿境而过，交通便捷。2006年成立武进经发区，2013年挂牌西太湖科技产业园，2015年获批筹建省级高新区，拥有西太湖医药科技国际创新中心、常州石墨烯科技产业园、常州西太湖细胞治疗前沿技术研究院、南京工业大学常州西太湖产业学院等重要平台，是苏南国家自主创新示范区、苏南现代化建设示范区的重点平台。2021年，园区持续发展高端医疗健康、新材料、新智造、新经济“一高三新”产业，出台《关于推进常州西太湖科技产业园创新发展的实施意见》等政策，促进重大项目招引、科技创新发展。拥有境内外上市企业9家，高新技术企业142家。全年实现地区生产总值186.15亿元，比2020年增长12%；完成规模以上工业产值274.02亿元，增长24.4%，完成工业总投资27.00亿元，增长56.1%；实现规模以上服务业营收79.56亿元，增长58.5%；完成限额以上批零住餐销售额54.62亿元，增长52.1%；一般公共预算收入18.76亿元，增长12.34%；外资及港澳台资到账资金2.26亿美元，增长151%；居民人均可支配收入5.31万元，增长8%。西太湖科技产业园（武进经发区）电子商务产业园蝉联电子商务示范基地称号，园区在省级经开区综合排名中位列第23位，较2020年度上升3位。

【“一高三新”产业建设】 2021年，西太湖科技产业园（武进经发区）加快产业优化升级步伐，开展产业链精准招商、基金招商，深化营商环境建设，推动项目融资，持续推进高端医疗健康、新材料、新智造、新经济“一高三新”产业发展。累计招引项目98个，签约金新科创园50亿元项目1个、巨泰电子节能物联网等10亿元项目3个。

高端医疗健康产业　全年引进延陵电子总部用地项目、思哲科精密医疗器件租赁项目、上海细胞治疗集团细胞存储项目等健康产业项目33个，累计384个，聚集健康产业企业430余家，获二类及以上医疗器械产品注册证499张。常州西太湖细胞治疗前沿技术研究院投入运营，承办中国骨科、生物材料及数智化医疗产业投资峰会，中国医疗器械行业协会植入物临床应用与技术发展趋势研讨会等活动，健康产业服务业集聚发展示范区入选市首批现代服务业高质量发展示范区。在科技部国际合作司对医疗器械创新园考评中，常州国家医疗器械国际创新园排名第一。该产业全年实现销售超75亿元，增长18%，园区在全国生物医药产业园区综合竞争力排名中位列第34位。

新材料产业　全年引进石墨烯相关项目10个，包括烯聚新材料、万华激光、华睿芯、半导体材料等优质研发和中试项目，其中第六元素研发总部用地项目总投资1.2亿元。江南石墨烯研究院作为集群促进机构组织常州市新型碳材料集群在全国决赛中胜出，成为全市唯一的国家先进制造业集群，研究院获评2021年度江苏省生产性服务业优秀服务机构。江苏省石墨烯创新中心获评工业和信息化部专精特新“小巨人”企业服务示范平台。石墨烯产业全年完成相关产值近44亿元，增长超10%。

西太湖科技产业园细胞治疗项目签约　（供图/区融媒体中心 摄于2020年11月）

新智造产业 集聚江苏小牛电动科技有限公司、江苏海鸥冷却塔股份有限公司、江苏晶雪节能科技股份有限公司、常州联德电子有限公司、新纶科技（常州）有限公司等行业龙头企业和隐形冠军。年内，新增国家级专精特新“小巨人”企业2家、省级“小巨人”企业8家、省级专精特新产品3个，4家企业入选潜在独角兽企业，9家企业入选瞪羚企业。江苏海鸥冷却塔股份有限公司获评第六批国家制造业单项冠军示范企业，永旭晟机电科技（常州）有限公司的YXS-L型自动穿经机获得2021年江苏省首台（套）重大装备认定。

新经济产业 发展城市经济、文化旅游和科技金融等生产性服务业，建有西太湖互联网产业园、西太湖影视产业基地、龙城金谷（南区）等新经济产业平台。市级金融平台龙城金谷（南区）累计集聚基金投资等机构472个，认缴注册资本370.26亿元，对外投资项目515个，投资金额120.6亿元。西太湖电商产业园（互联网产业园）获评江苏省首批服务贸易基地，蝉联省电商示范基地，常州西太湖健康产业服务业集聚发展示范区入选常州市首批现代服务业集聚发展示范区。发展生态旅游、文化旅游、体育旅游、会展旅游等，成功举办第八届西太湖半程马拉松赛和“西太湖杯”王者荣耀挑战赛等赛事。

【西太湖科技产业园重大项目建设】 2021年，西太湖科技产业园（武进经发区）优化区级及以上重点项目建设全程代办服务制度、重点项目领导挂钩联系机制，推进服务联动，加快项目聚集。实施区级及以上重点项目51个，其中，新建项目34个，竣工项目11个。全年新增市重点任务8个，认定新增入库8个。全年新增区重点任务18个，认定新增入库27个。

小牛电动智慧出行全球研发与制造基地二期项目 由江苏小牛电动科技有限公司实施，用地约6.13公顷，新建厂房9万平方米，新增组装线、主要设备和研发实验室，于1月开工，总投资5.8亿元，达产后可年产电动车100万台。

新科智能显示终端项目 由江苏常州武新产业投资有限公司实施，用地6.13公顷，新建生产、办公用房等8.8万平方米，购置电视机总装线、SMT贴片机等生产检测设备30台（套），于4月开工，总投资6亿元，达产后可年产各类电子显示器100万台（套）。

恒丰航空航天特种合金导体材料项目 由常州恒丰特导股份有限公司实施，用地面积3.33公顷，新建厂房、研发中心等3万平方米，新增多线拉丝机、中拉机、并线机、绞线机、压延机等生产设备300台（套），于4月开工，总投资5.12亿元，达产后可年产超维细合金导体5000吨。

荣声医用柔性材料项目 由江苏荣声医疗科技发展有限公司实施，用地面积2.53公顷，新建厂房约4万平方米，新增进口非织造布生产线、无菌车间清洁设备等主要设备约100台（套），于10月开工，总投资3亿元，达产后可年产医用柔性材料2800万米。

南翔骨科医疗器械项目 由常州市南翔医疗器械有限公司实施，用地面积1.83公顷，新建厂房2.7万平方米，新增自动纵切车床、立式镗铣加工中心等主要设备30台（套），于10月竣工，总投资1.5亿元，达产后可年产骨科医疗器械5万套。

【西太湖科技产业园科技创新】 2021年，西太湖科技产业园（武进经发区）出台《关于推进常州西太湖科技产业园创新发展的实施意见》，从人才引育、企业服务、金融服务等方面优化区域创新生态，激发创新主体活力，增强创新策源能力，推动产业链、创新链、人才链、资金链深度融合。重点打造“2+4+X”科创平台体系（“2”是常州西太湖细胞治疗前沿技术研究院和江南石墨烯研究院，“4”是上海交大科技园、常州大学科技园、南京工业大学产业学院、常州医疗器械产业研究院，“X”是一批以企业为主体的产业创新平台），常州西太湖细胞治疗前沿技术研究院建成投运。石墨烯创新中心主导制定江苏省地方标准3项，参与制定住房和城乡建设部标准、国家级标准各1项。合作共建的大学科技园等4个平台招引科技项目50个，累计集聚项目超100个。探索以赛引才新模式，组织2021“武进英才计划”长三角邀请赛暨“创赢慧谷”西太湖首届创新创业大赛，10个项目直通“龙城英才计划”。全年新增入选“龙城英才计划”28个、市领军型创新人才6人、省“双创计划”3个。国成仪器（常州）有限公司董事长董国材被省政府表彰为2021年度江苏留学回国先进个人。江苏嘉轩智能工业科技股份有限公司申报的高效智能自驱动永磁滚筒的研发和产业化项目入选省科技成果转化专项资金项目，获项目经费1400万元。永旭晟机电科技（常州）有限公司研制的YXS-L型自动穿经机获2021年度江苏省首台（套）重大装备认定，常州恒丰特导股份有限公司、常州集硕医疗器械有限公司等11家企业和锂电池负极材料智能化生产线等14个产品入选《常州制造创新产品首购和推广应用推荐目录》。至年底，申报市级及以上科技计划88个，获立项32个，其中省级3个，获项目经费2040万元；新增市级及以上“三站三中心”23个，其中省级6个；启动知识产权示范园区建设，全年获专利授权1386件，其中发明专利160件，有效发明专利拥有量749件；新认定高新技术企业25家，有效高新技术企业累计142家，完成规模以上高新技术产业产值163.25亿元，增长8.33%，占规模以上工业产值的59.58%。

【西太湖科技产业园产城融合】 2021年，西太湖科技产业园（武进经发区）主动融入“两湖”创新区战略布局，重点衔接《常州两湖创新区概念规划》《常州两湖创新区核心区城市设计》《常州市环滆湖地区发展战略与城市设计》及《环滆湖片区重点地区城市设计》，推进《常州西太湖科技产业园国土空间总体规划》编制工作，确定国土空间规划近期实施方案，结合西太湖实际发展需求，优化、细化“三线”划定，形成生态保护红线、永久基本农田保护红线、城镇开发边界初步方案。石墨烯小镇烯望创智港基本竣工，龙城金谷建成投用，特色小镇考核连续三年获省级优秀。出让住宅地块、商业地块各1宗，全年住宅去化超30万平方米。常州西太湖国际社区顺利启用，常州大学二期建设加快推进，西湖街道公共卫生服务中心主体竣工，园区内循环公交体系进一步优化完善。加大基础设施投入，全年建成西江路等市政道路3条、云帆桥等桥梁

《滨湖新城》　　（摄影 / 阚俊 摄于 2021 年 4 月）

6 座，合计里程 0.84 千米。城市精细化管理、网格化社会治理位居全市前列。

【常州新型碳材料集群获评国家级先进制造业集群决赛优胜者】 2021 年 4 月，常州市新型碳材料集群在先进制造业集群全国决赛中胜出，被工业和信息化部认定为优胜者，成为全国重点集群培育对象，是常州市唯一入围的制造业集群。自 2008 年起，常州市布局以碳纤维和石墨烯为代表的新型碳材料产业，形成“一核、两区、多基地”的产业空间布局。其中，“一核”为江南石墨烯院，作为集群促进机构助力常州市新型碳材料集群获胜；“两区”其中之一是以常州西太湖科技产业园为核心的石墨烯产业集聚区。江南石墨烯研究院围绕江苏省新型碳材料集群共性关键技术问题和企业服务需求，坚持“搭建平台，引进人才，孵化企业，培育产业”发展路径，整合集群内产品中试平台、检验检测平台、知识产权服务平台、产权交易平台等公共服务平台，整合新型研发机构、企业技术中心、产学研平台等创新资源，通过搭建双创平台，积聚高层次人才团队，推动新型碳材料企业间的创新协作，构建推动创新协作、促进开放发展、提供专业服务、引领行业自律四大核心服务能力，助推新型碳材料集群成为具有国际竞争力的产业生态集群。至 2021 年年底，园区累计集聚石墨烯相关企业 180 多家，完成从研发设计到应用生产的全产业链布局，涌现出常州第六元素材料股份有限公司、常州二维碳素科技股份有限公司、常州富烯科技股份有限公司、常州中超石墨烯电力科技有限公司、常州市碳索新材料科技有限公司等石墨烯行业领军企业，形成原创性石墨烯产品 150 余种，10 多项科技成果为全球首创。

【江南石墨烯研究院获评 2021 年度省生产性服务业优秀服务机构】 11 月，江南石墨烯研究院被省工业和信息化厅认定为 2021 年度省生产性服务业优秀服务机构。研究院拥有综合性研发及孵化基地，总面积 3.4 万平方米，拥有总价值 3000 多万元的各类仪器设备 200 多台（套），建成省级分析测试中心，与瑞典查尔莫斯理工大学、美国德克萨斯大学达拉斯分校、东南大学、南京工业大学、中科院苏州纳米所、哈尔滨工业大学等国内外知名高校院所建立稳定合作关系，累计承担各类研发和平台项目 100 多个，是全国钢标委薄层石墨材料工作组承担单位，承担和参与一批石墨烯领域的国家标准编制；是科技部科技服务业行业试点单位、国家标委会石墨烯标准化推进工作组分组单位、江苏省石墨烯创新中心牵头单位、江苏省石墨烯产业技术创新战略联盟秘书处单位，与新华社合作，共同发布《新华（常州）全球石墨烯指数报告》。研究院以新一代信息技术、航空航天装备、海洋工程和高技术船舶、节能环保、新能源等国家重点领域的发展需求和石墨烯行业的重要创新需求为导向，引领石墨烯技术创新突破、成果转移转化和应用产业化，具备健全的创新创业服务、知识产权服务、信息资源服务、产学研合作服务、检测与标准服务、投融资服务、人才培养服务等公共服务体系，大幅减少企业硬件投入，助推研发提速、创新加速。累计培育孵化团队（企业）33 个，年服务企业 150 多次。研究院先后获评科技部科技服务行业试点单位、国家级科技企业孵化器、新型碳材料集群促进机构。

【西太湖细胞治疗前沿技术研究院投运】 2021 年 10 月，常州西太湖细胞治疗前沿技术研究院投入运营。该研究院位于西太湖揽月湖畔广场南楼，由中国医学科学院（北京协和医学院）张建民教授团队与常州市政府共同发起成立，总投资 3.17 亿元，建设面积 7980 平方米，拥有研发人员 15 人，配备全自动多功能细胞处理系统、自动细胞扩增系统、纳米流式检测仪、超高通量流式细胞分析系统、小动物活体成像平台、高分辨质谱仪等设备 81 种、228 台。依托中国农工民主党在医药卫生领域的人才、资源、行业优势，围绕国家核心战略需要，打造国际领先的细胞治疗技术平台，抢占细胞治疗行业技术制高点，打造全球性细胞治疗研发产业国际合作基地。

【2 家企业在“创业板”上市】 内容参见“金融业”类目 P129 相关条目。

【西太湖国际人才社区启动】 内容参见“中共常州市武进区委”类目 P21 相关条目。

【2021 年“武进英才计划”长三角邀请赛暨“创赢慧谷”西太湖首届创新创业大赛】 7 月 8 日，在上海市举行。该活动由区人才工作领导小组办公室、区科技局、区人社局、区商务局、常州西太湖科技产业园管委会联合主办，聚焦以医疗器械为代表的大健康产业、以石墨烯为代表的先进碳材料产业等重点领域，推动创新链与人才链、产业链与资本链互融互通，助推区域高质量创新发展。长三角地区 40 余个项目报名参赛，24 个项目通过选拔进入决赛。决赛分生物医药组、新材料组和智能装备组 3 个专场展开路演。经专家评审，12 个科技含量高、创业前景好的优质项目获奖。比赛以“人才＋项目＋资本”模式推动

产业与金融良性互动，15个优质投资、金融机构受邀现场观看项目路演，实时沟通对接。比赛现场，4个“龙城英才计划”项目、西太湖—上海慧谷创业共建创新基地战略合作项目签约，6名人才获颁“武进英才”荣誉工程卡。

【“湖湾红盟”党建品牌发布】 11月30日，常州西太湖科技产业园发布“湖湾红盟”党建品牌。“湖湾红盟”主要由园区行政职能部门、科研院校机构、园区企业、商会等社团组织等四大类群体构成，由园区党工委核心统领，针对不同产业链，下设伟驰“融驿家”、石墨烯产业“C智+”、互联网产业“e联+”、健康产业“创医家”4个特色产业党建联盟，有成员单位56个。“湖湾红盟”紧密围绕园区“一高三新”产业，针对联盟内企业的共性需求、个性需求，发挥桥梁纽带作用，成功为多家碳材料产业缓解用电难题，定期举办合作交流会，“一对一”“面对面”解读答疑，构建携手抓党建、共同促发展的党建新格局。

（周　健）

住房和城乡建设部（武进）绿色建筑产业集聚示范区

【概况】 住房和城乡建设部（武进）绿色建筑产业集聚示范区（简称“武进绿建区”），位于武进中心城区西南部、西太湖东岸线，紧邻龙江路高架和江宜高速，核心区面积约3平方千米，是部省共建、全国唯一的绿色建筑产业集聚示范区。2021年，园区突出示范引领和产业集聚，加快构建“一核引领、全区联动、辐射长三角”的发展格局，全面建设中欧（常州）绿色创新园、全国绿色建筑推广示范先行区和长三角建筑科技创新中心，聚焦绿色建材、智能装备、设计检测认证与智慧城市产业，推进和落户中国（常州）数字城市与智能建造研究院、广联达才良总部和研发基地、仁恒新能源装备总部基地等优质重大科技项目。围绕大院大所招引、科技人才项目提质增效、高企三年倍增计划三大方向，新增区重点产业项目7个，年度总投资超4亿元，竣工面积超8万平方米，联东U谷·常州国际企业港、拨云汇智慧产业园等双创载体竣工投运；招引江苏诺旭科技有限公司、江苏卓每智能科技有限公司、盎锐（常州）信息科技有限公司等科技项目15个，其中国家级顶尖人才项目2个、市“龙城英才计划”项目10个；新增高新技术企业7家，累计13家。加快建设中欧（常州）绿色创新园，围绕绿色低碳节能领域，引进中欧暖通人才创新港、威卢克斯主动式建筑应用研究基地、欧本德弗（中国）装配式建筑设计研究院等项目，其中中欧暖通人才创新港项目实现当年签约当年投运，累计入驻商家超30个，与同济大学、上海房德科创实业集团有限公司等14所（家）海内外高校及创新机构签约或建立合作意向。全年新增绿色建筑面积200多万平方米，审查装配式建筑面积150多万平方米，审查海绵城市专项34个，总占地面积130多万平方米。发挥科技辐射带动作用，引领全域绿色建筑产业企业创新发展，武进绿色建筑规模以上企业及资质企业增至463家，总产值超910亿元，比2020年增长13.75%。园区税收、销售、产值等保持30%以上的快速增长。

【绿色技术运用示范与实践推广】 2021年，武进绿建区新增绿色建筑面积200多万平方米，其中二星级及以上项目面积占比超85%，高星级绿色建筑项目数占比领跑全省；审查装配式建筑面积150多万平方米，占新开工民用建筑的30%以上，审查海绵城市专项34个，总占地面积130多万平方米。绿色学校春秋幼儿园、绿色社区璞悦春秋和悦隽公馆、省级建筑产业现代化示范项目美的国宾府等34个绿色建筑项目竣工投用。维绿大厦获全国绿色建筑创新奖二等奖，武进区创建海绵城市示范城市通过省级验收，海绵城市专项规划获省优秀国土空间规划（城乡规划）奖一等奖，“武进绿色城区智慧管理体系探索”项目立项常州市美丽宜居城市建设省级试点项目，长三角低碳循环创研谷项目、上海交大设计研究总院木结构研究中心与江苏华亚总部项目立项市级绿色建造试点项目。

【绿色建筑重大项目招引与建设】 2021年，武进绿建区围绕大院大所招引，引进中国（常州）数字城市与智能建造研究院、广联达才良总部和研发基地等绿色建筑产业项目11个。至年底，4个重点项目开工建设，长江经济带（常州）绿色发展科技园、拨云汇智慧产业园等7个重点项目竣工投产，竣工交付面积超8万平方米，完成投资超4亿元。

中国（常州）数字城市与智能建造研究院　由同济大学、武进绿建区、久瓴（江苏）数字智能科技有限公司三方共同建设，总投资22亿元，3月投入运营，初期使用武进绿建区既有载体600平方米。重点围绕数字城市与智能建造领域，联合同济大学组建重点实验室、工程中心、技术研究中心、企业合作中心等科创机构，打造研发平台和人才智库，孵化项目公司。围绕工业互联、云化设计、数字城市、高端装备等方向开展重大关键核心技术攻关，5年内建立拥有100余名高层次人才的科研队伍，新增自主知识产权2000件，立项国家或省级重

海绵城市技术在丰乐公寓小区推广应用　（供图/武进绿建区 摄于2020年5月）

大科技专项1～2个。

广联达才良总部和研发基地　由国内大型建筑数字化企业广联达科技股份有限公司出资建设，总投资5000万元，于2021年12月落户武进绿建区，前期使用维绿大厦500平方米场地办公。围绕精益建造板块，设立广联达精益建造总部及研发基地，打造建筑产业工人教育培训基地，成立产业基金投资智能建造和智慧建筑上下游产业初创企业，依托广联达科技股份有限公司的先进技术和市场占有量，为产业链内中小企业赋能。

仁恒新能源装备总部基地　由江苏智用仁恒新能源装备有限公司投资建设，12月开工，占地面积3.47公顷，建筑面积2万平方米，总投资1.3亿元。项目依托国投生物科技投资有限公司、江苏智用仁恒新能源装备有限公司及院士团队资源，在武进绿建区设立院士工作站，设计生产秸秆和其他有机作物纤维素乙醇项目中预处理工段专业设备，逐步完善产业链条，形成产业集群，推动生物质新能源产业发展，促进传统能源产业向新能源产业转型升级。

【拨云汇智慧产业园暨秋白书苑落成】 10月11日，拨云汇智慧产业园暨秋白书苑落成庆典在武进绿建区举行。拨云汇智慧产业园位于漕溪路西侧、西政路北侧，由江苏拨云智能科技有限公司建设，总投资1.2亿元，建成办公楼3幢，建筑面积3.3万平方米，是集绿色建筑、众创空间、科技孵化器、企业加速器、“秋白书苑”、文化艺术、商业服务等元素于一体的科技创业综合体，打造智慧建筑、智能装备产业方向高端孵化器。至2021年年底，入驻企业40多家。拨云汇智慧产业园秋白书苑由江苏拨云智能科技有限公司联合常州市图书馆打造，是全市首个民营企业投资创办的“秋白书苑”，建筑面积800平方米，有各类藏书2万册，具备图书借阅、休闲餐饮、商务洽谈、文化交流等功能，主要服务园区科技创新创业人才。

【维绿大厦获评全国绿色建筑创新奖二等奖】 4月，常州市武进绿色建筑研发中心维绿大厦被住房和城乡建设部评为2020年度全国绿色建筑创新奖二等奖。维绿大厦位于武进绿建区，是绿色建筑创研中心，总建筑面积3.77万平方米。项目关注办公环境健康舒适及建筑环保节能性能，兼顾建筑形态与体量的可识别性。坚持节能（Energy）、环保（Environment）、经济（Economic）的3E原则，采用被动式绿色设计手法，结合绿色建筑新技术新产品，实现绿色设计到节能运行的延伸。探索建筑节能减排工艺技术，坚持绿色、低碳、环保理念实施设计和建造，充分考虑区域气候特征，运用被动式绿色建筑手法，用最佳倾斜角度兼顾建筑物夏季自遮阳与冬季日照采光，吸收运用双层窗中置遮阳、生态屋面、垂直绿化、自然通风及中庭吹拔通风、导光管技术、太阳能光伏系统、地源热泵、溶液调湿新风机、人工湿地系统、透水地面、毛细管辐射系统、虹吸式屋面排水系统等绿色建筑技术21项，节能率可达65.3%，可再生能源利用率20%。综合测算显示，大厦年减排二氧化碳5860吨、二氧化硫117.17吨、氮氧化物64.68吨，相当于植树3200棵。通过能源综合利用和智慧运维管理，实际单位面积电耗仅为夏热冬冷地区同类建筑平均值的50%，是江苏省建筑行业绿色设计、绿色技术、绿色产品展示窗口和教育培训基地，曾获省绿色建筑创新项目二等奖，对后续建设绿色建筑有极大参考价值。

10月11日，拨云汇智慧产业园暨秋白书苑落成庆典举行　（供图/武进绿建区）

【绿建区打造低碳发展“三基地”入选全国绿色低碳典型案例】 9月，武进绿建区管委会申报的绿建区打造低碳发展“三基地”案例被生态环境部应对气候变化司认定为2021年绿色低碳典型案例（园区类），成为全市唯一入选的案例。低碳发展“三基地”，即低碳发展展示基地、低碳研究培训基地和低碳金融服务基地。作为低碳发展展示基地，武进绿建区建设并开放应对气候变化常州科普馆，先后开展世界环境日志愿者活动、绿色企业青年沙龙、青少年低碳社会实践等活动，征集“低碳生活、绿色发展”青少年活动作品800多个，接待参观2000人次。作为低碳研究培训基地，绿建区发挥“全国碳市场能力建设（上海）中心常州基地”职责，承担全国碳市场中各级政府、控排企业、金融机构及人员的碳能力建设，为省内控排企业、新能源企业、投资机构提供碳排放咨询、管理和金融服务。作为低碳金融服务基地，常州碳基地与中国节能协会碳交易产业联盟、复旦大学可持续发展中心等联合挂牌，在低碳人才引进、减排技术交流及项目落地、碳金融产品开发上广泛合作。参与全国碳市场首支“碳基金”建设，一期规模2000万元、二期规模5000万元完成募集，引导金融资本服务碳市场，引进专业碳基金机构，创新碳金融产品，创建以江苏省为基地服务全国的碳金融发展新中心。

【武进绿色建筑产业园获评国家小型微型企业创业创新示范基地】 12月，常州市武进绿色建筑产业园被工业和信息化部认定为2021年度国家小型微型企业创业创新示范基地，成为武进区首个、常州市唯一入选基地。该产业园成立于2012年，由江苏绿弘科技发展有限公司管理运营，规划占地面积约3000公顷，已开发建筑面积约120万平方米。围绕与绿色建筑相关的智能制造、新一代信息技术、人工智能、节能环保设备、低碳技术等产业主导方向，引进并服务创新型企业，建设联东U谷·常州国际企业港、拨云汇智慧产业园、绿建创研中心等服务业支撑平台6个。建立完善创业孵化服务体系和管理制度，创立“智慧绿谷”服务品牌，形成“一平台+六体系”（以基础服务平台为中心，配套创业、创新、人才、政策、市场营销、金融服务六大体系）的O2O创新服务模式，通过智慧园区管理服务平台实现管理、工作、生活智慧化，打造长三角建筑科技创新中心。组建常州市绿色建筑产业技术创新战略联盟，成立常州绿色建筑产业商会，设立规模1亿元的绿色发展基金。至2021年年底，累计服务企业618家，其中小微企业占78%，产业园全年实现营业收入68.98亿元、税收1.41亿元。

【绿和环境公司获评全国大宗固体废弃物综合利用骨干企业】 2021年12月，武进绿建区企业江苏绿和环境科技有限公司（简称“绿和环境公司”）被国家发展改革委评为大宗固体废弃物综合利用骨干企业，成为全市首家入选企业。绿和环境公司成立于2013年，坚持“让建筑垃圾绿色再生”理念，从事建筑垃圾及装修垃圾的无害化处置和资源化利用，在建筑垃圾分类收集、规范清运、处置再生、产品应用多个环节形成成熟产业链，建成并运营年处理160万吨的建筑垃圾资源化利用项目、年处理30万吨的装修垃圾无害化处置项目，被国家发展改革委列入节能循环经济和资源重大项目。在常州、苏州、无锡、南京等地建设建筑固废资源化工厂6个，累计处理建筑垃圾350万吨，节约填埋土地50多公顷，节约天然砂石300万吨，减少二氧化碳排放80万吨。公司先后与中国建筑科学研究院、湖南大学、南京工业大学、世界混凝土研究中心（WCCT）等科研院校建立技术开发合作关系，创建建筑垃圾绿色再生工程技术中心、江苏省研究生工作站作为技术支撑，针对建筑垃圾绿色再生工艺技术、再生骨料利用标准及产品应用展开研发，参与编制《建筑废弃物资源化利用技术指南》《碎砖瓦建筑垃圾再生砌墙砖》《固定式建筑垃圾处置技术规程》等标准规范，科技创新能力行业领先。

【武进区海绵城市专项规划获评省优秀国土空间规划（城乡规划）奖一等奖】 2021年3月，常州市武进区海绵城市专项规划被江苏省自然资源厅评为2020年度江苏省优秀国土空间规划（城乡规划）奖一等奖。2016年，武进区成功申报为江苏省首批海绵城市建设试点县（区），成立常州市武进区海绵城市建设领导小组办公室，武进绿建区主导、委托江苏省城市规划设计研究院编制《常州市武进区海绵城市建设综合规划（2017—2030）》，有效管控试点区域建设项目，系统推进全区海绵城市建设。2018年7月编制完成，12月经武进区政府批复实施。该规划通过基底条件适宜性分析，制定一套具有地方特色的管控指标体系，在海绵城市建设项目技术审查中提供支撑服务，有效保障省海绵城市试点区域内项目推进，指导作用较强。

【江苏省绿色建筑博览园获评省级工业旅游区】 内容参见“旅游业”类目P123相关条目。

【“智荟中欧、绿创未来”中欧低碳合作交流大会暨绿色创新发展国际示范区创建启动仪式在武进举行】 6月21日，该活动在武进绿建区举行，工业和信息化部国际经济技术合作中心副主任李毅锴，法国驻沪总领馆经济参赞Pierre Moussy（穆西石），中国欧盟商会碳市场工作组主席、ICF公司气候专家Huw Slater（胡瓦），施耐德电气副总裁陈蔚蔚，威卢克斯（中国）有限公司副总裁南普红，中欧绿色低碳、节能环保等领域的专家学者及国内外嘉宾200余人参加。活动由工业和信息化部国际经济技术合作中心、省政府外事办、省工业和信息化厅指导，市、区相关部门和上海芬兰商会、德国国际合作机构（GIZ）、英国威尔士政府上海办事处等32家国内外机构支持。活动现场，举行绿色创新发展国际示范区创建启动仪式，启动施耐德电气绿色智能制造常州创新示范计划；中欧暖通人才创新港揭牌，打造集展示、教学、销售、研发、生产于一体的国际大型暖通产业人才创新平台；西门子精密空调控制系统、施耐德电气绿色智能产线改造等3个中欧技术合作项目合作签约；威卢克斯主动式建筑应用研究基地、中欧智慧建房运营总部等6个平台载体项目落地签约，14个中欧暖通知名品牌集中入驻签约；“绿色智能制造及碳中和咨询助力企业可持续发展”“欧洲绿色建筑评价体系助力‘碳达峰、碳中和’”“冷暖领域中相变蓄能技术创新与低碳化”等5个项目路演，并与金融资本开展对接。

（张　丽）

6月21日，中欧低碳合作交流大会暨绿色创新发展国际示范区创建启动仪式在武进区举行（供图/武进绿建区）

农 业

Agriculture

栏目编辑 颜 赶

综 述

【概况】 2021年，武进区推进现代农业建设，新建高标准农田1600公顷，2016—2021年累计建设高标准农田6246.67公顷，总投资1.83亿元。全区水稻种植面积3881.67公顷、小麦种植面积1619公顷、花木种植面积7966.59公顷、果品种植面积4136.67公顷，蔬菜常年性耕地面积稳定在2133.33公顷，设施农业面积占耕地面积的21%，高效设施渔业比重超40%，农业综合机械化水平达94.17%。持续加力项目建设，编制《全区“十四五”农业农村重大项目规划》，累计入库农业农村重大项目27个（稳产保供项目2个、绿色发展项目5个、产业融合项目10个、要害工程3个、乡村建设项目7个），超额完成年度计划投资总额32.52亿元。推进农业园区建设，嘉泽镇国家级农业产业融合发展示范园通过评审，前黄镇武进现代渔业示范园（灵台片区）进展顺利。实施水稻等重要农业品种科技创新，创造“一年十二审”的科研成果。培育新型经营主体，推动万臻生态科技有限公司等4家企业股改，组建雪堰农业休闲观光产业联合体，江苏立华牧业股份有限公司入选2021年度农业产业化头部企业，新增农业龙头企业省级2家，累计国家级3家、省级9家、市级9家、区级7家，全年市级及以上农业龙头企业销售额达334.9亿元。创成示范家庭农场省级4家、市级29家和市级示范农民专业合作社7家。打造优势农产品品牌，深入实施优势农产品推广三年行动计划和“阳湖”水蜜桃产业提质跃升三年行动计划，推进“二品一标一基地”（绿色食品、有机农产品、农产品地理标志、绿色优质农产品基地）认证，“阳湖”水蜜桃入选国家农产品地理标志产品，武进区“阳湖”水蜜桃入选江苏省特色农产品优势区，全区累计有“二品一标”农产品87个、省级绿色优质农产品基地6个。举办2021年“中国农民丰收节”江苏重点会场暨常州武进首届滆湖赶湖节、第十三届“阳湖”果品节，打响武进农业产业名片。发展数字农业，新增550余套农业传感器设备接入省物联网管理服务平台，物联网应用占比超60%，武进区获评2021全国县域农业农村信息化发展先进县，江苏枫华农业集团有限公司“数字生猪养殖技术集成应用”项目入选江苏省数字农业农村新技术新产品优秀案例，全区规模以上农产品电商经营主体全年销售额达17.2亿元，增长23%。巩固国家农产品质量安全区创建成果，推进“追溯＋合格证”制度、村级服务站点建设、农业标准化推广、优质品牌认证、绿优基地建设，农产品质量总体合格率稳定在98%以上。实施职业农民培育，组织1991人参加各级农民教育培训，其中区级农业职业技能培训班1010人、省级高素质农民培训741人、新型农业经营主体及创新创业培训210人、新型职业农民函授大专定向培养30人。落实惠农政策，全年发放农业支持保护补贴（耕地地力保护）资金3558.2万元、水稻面积1.33公顷以上的规模种植户稻谷生产补贴244.1万元、绿色蔬菜规模种植补贴98.01万元，拨付2020年度农村生态补偿资金2793.59万元。推进农业保险高质量发展，武进区（不含常州经开区）开展农业保险品种27个，全年累计签单保费3794.77万元，增长3.04%。

9月26日，2021年“中国农民丰收节”江苏重点会场暨常州武进首届滆湖赶湖节在滆湖低碳湿地公园举行
（供图／区农业农村局）

表5 2021年武进区农业农村重大项目实施情况表

项目名称	建设规模（内容）	建设单位	建设地点	总投资（万元）	计划投资（万元）	完成投资（万元）	项目建设形象进度
生态水产养殖中心项目	建设生态养水塘面积1万平方米、种鱼越冬池面积2000平方米，配套钢结构连体大棚养殖房2000平方米、雨水收集池面积500平方米、配电房200平方米、物联网及湿地建设	武进区前黄鹏隆水产养殖中心	前黄镇	1000	1000	1000	完成土方工程、水池搭建、雨水收集池、大棚养殖房建设
礼嘉生猪现代化养殖项目	新建母猪楼房、肥猪楼房及配套附属设施，总建筑面积56843平方米	常州市志华牧业有限公司	礼嘉镇武南产业园	7000	7000	7000	完成母猪楼4层、肉猪楼5层及配套宿舍等建设
红太阳扩能配套设施二期建设项目	建设生产车间3000平方米、植脂末流水线1条、化验室净化工程项目2500平方米	常州市红太阳生物工程有限公司	洛阳镇东瞿路40号	2059	2000	2059	完成厂房建设，机器设备运行
果品加工交易中心建设	建设果品加工交易钢结构房屋1栋及配套设施	雪堰镇人民政府	阖闾城村	3000	3000	3000	完成钢结构房屋搭建，内部冷库设施完工
半塘生态园农旅综合体建设	主要建设约1万平方米果树、菜园、水产基地及农旅配套，建成集农业观光、餐饮住宿、休闲养生、亲子采摘、文化艺术于一体的农旅综合体项目	武进区雪堰双涵家庭农场	雪堰双涵家庭农场	3000	3000	3000	完成农业基础设施建设、农旅酒店框架搭建，内部设备安装调试
立华股份科研育种中心建设项目	建设2栋研发楼、1栋科研楼，总建筑面积6万平方米，同步实施水、电、气等配套工程；购置超速离心机、仿生消化仪、氨基酸分析仪、高效液相色谱仪等研发相关设备	江苏立华牧业股份有限公司	牛塘镇	23000	23000	23000	完成研发楼和科研楼土建、设备采购，内外部装修基本完工，完成全年目标任务
壹方创意休闲现代农业产业园（二期）项目	项目总占地面积16.12万平方米，其中农业板块占地约15.22万平方米，用于农业种植（特色景观作物种植、绿色农产品种植）、特种渔业养殖及沟渠、道路等农业园区相关配套设施建设；乡村旅游板块占地约8292平方米，拟建旅游配套主题特色住宿设施1.35万平方米	江苏壹方农业科技发展有限公司	嘉泽镇士桥村	23000	22000	23000	完成所有配套异国风情主体特色民宿的土建施工、外墙外立面装修，种植、水产养殖区、农业设施、园区景观施工中
常州万川园林农业产业园工程建设项目（二期）	主要建设休闲观光区、景观造型、科研中心办公楼等	常州市万川园林绿化工程有限公司	嘉泽镇满墩村委	4369	3000	4369	科研中心办公楼完工，完成观光区、景观造型区及配套基础设施和公共服务设施
武进区高标准农田建设项目（前黄、洛阳、礼嘉、雪堰）	通过项目区渠道、泵站、机耕道等的建设，形成高标准农田1132.2公顷	前黄镇、礼嘉镇、洛阳镇人民政府，洛阳镇洛东村委，雪堰镇许庄村委	相关村	2500	2500	2500	完成全年任务数
礼嘉、前黄美丽村庄示范点建设	在前黄镇丁舍村、礼嘉镇蒲岸村、何墅村开展美丽乡村建设，实施河道整治、道路改造、民房美化、文体设施等建设工程	礼嘉镇蒲岸、何墅村委，前黄镇丁舍村委	各相关镇、街道	2000	2000	2000	完成前黄镇丁舍村项目河道整治、墙面刷白、道路改造、文体广场等基础设施建设，开始绿化、菜园等细节施工；礼嘉镇蒲岸村广场完工，村庄刷白、窑文化广场、河道整治、步道等基本完工。何墅村村庄、河道整治、道路建设，刷白等基本完工

续表 5

项目名称	建设规模（内容）	建设单位	建设地点	总投资（万元）	计划投资（万元）	完成投资（万元）	项目建设形象进度
东南片区人居环境提升改造工程项目	结合美丽乡村建设、节约集约利用宅基地，改善农村居住条件，有序推进农村宅基地改革农民自建区建设试点，涉及3个镇农民自建区，项目占地总面积16万平方米，规划居住户数556户	雪堰镇、前黄镇、礼嘉镇人民政府	武进区	60000	60000	60000	完成雪堰镇、前黄镇、礼嘉镇建设进度年度计划数
常州市武进区西太湖塔下片区近岸带水生态修复项目	项目实施范围面积0.84平方千米，其中，退圩还湖面积0.51平方千米，排泥场面积0.33平方千米；实施内容包括水利工程、水生态修复工程、陆域景观工程和道路及配套设施工程等	常州市武进新农村建设发展有限公司	西湖街道	14900	14900	14900	完成堤防主体工程、地形塑造、主要水工建筑物，完成水生植物种植15万平方米
嘉泽姬山古镇农旅综合体项目	项目占地面积23.71万平方米，建筑面积16.9万平方米。同时包括相关配套设施，绿化场地、水电气	嘉泽镇人民政府	嘉泽镇	56000	56000	56000	观庄村、闵市村自建区建筑主体全面完工，绿化景观建设中，基本完成年度任务
横山桥镇周刘家村美丽乡村“六个一”建设项目	建设房屋270户，拟建设住宅及配套用房，同步实施环境绿化、道路、活动场地、地面停车场及水电气等综合配套设施。总建筑面积74250平方米，其中，住宅面积71680平方米，配套用房建筑面积2570平方米	横山桥镇人民政府	横山桥镇	4000	4000	4000	基本完成拆旧，一标段、二标段主体工程开始施工，完成2021年度任务数
横山桥镇芙蓉片区北集聚点建设项目	项目占地面积19.14万平方米，改造农户495户，具体范围为横山桥镇梁家桥、蓉湖、朝阳、双庙、东柳塘村的沿江高铁拆迁户	横山桥镇人民政府	横山桥镇	30000	30000	30000	一、二号地块257套房屋建设扫尾，年底竣工分房
狄坂片区美丽乡村建设	项目包含农村人居环境整治一期项目和集聚点建设项目，农村人居环境整治一期项目主要对村庄环境进行整治提升，集聚点建设项目总占地面积10.59万平方米，计划改造农户308户	横林镇人民政府	横林镇	2400	2400	2400	完成农村人居环境整治工程一期项目，将开展预验收，集聚点项目一期先行实施区进场施工，完成年度任务
湟里镇漏湖入湖河流整治工程项目	建设工程主要包括河道水环境提升4098平方米、水下森林重建工程2574平方米，径流缓冲带建设工程365平方米、面源污染拦截系统1537平方米；生态湿地建设6539平方米，结合乡村湿地与宣传教育系统建设新建维护栈道253米，设施亭1座；新增1处景观水系；加固改造自然教室1个，面积为325平方米；建设景观节点及生态驳岸修复区2处；构建农业废弃物秸秆收集转运体系；设置农业面源污染监测和预警点1个，在村后浜河道设置水质监测点1个	湟里镇人民政府	湟里镇	2100	2100	2100	除水质监测点基本完工，完成全年计划任务
河南村美丽乡村建设项目	在村内主干道路及河道旁合理布置绿化带；河道清淤后生态驳岸、种植水生植物、布置小景；建设村粮食基地“丰产园”，利用荒地归片整理成小菜园；道路硬化、路灯亮化，设置玻璃栈道、社员之家、打谷场等小景、挖掘文化主题；在村内集中区充分利用现有的景观河道建设体育设施场所	湟里镇河南村委	湟里镇	1800	1900	1800	基本完成全年计划任务

【高标准农田新增 1600 公顷】 2021 年，武进区持续推进高标准农田项目建设，改善农业生产基本条件，提高农业综合生产能力。完成高标准农田建设项目 14 个，即 2020 年度前黄镇、礼嘉镇、雪堰镇、南夏墅街道、洛阳镇、湟里镇、嘉泽镇周桥片、前黄镇杨桥片共 8 个国家级高标准农田建设项目，雪堰镇周桥村、嘉泽镇丰杨村、礼嘉镇毛家村、湟里镇武宜村、湟里镇葛庄村 5 个区级高标准农田建设项目，雪堰镇新康村高标准生态农田试点项目 1 个。新建高标准农田 1600 公顷，总投资 5394.39 万元。

【优势农产品推广】 区农业农村部门深入实施《武进区优势农产品推广三年行动计划》，按照《2021 年武进区优势农产品推广方案》，完善“品牌 + 宣传 + 推介 + 质保”体系，推进农业品牌建设，增强农产品市场竞争力。完成“阳湖”果品、“雪山”雪山鸡 2 个常州市十大农产品知名品牌三年培育工作，组织“戴溪”青鱼等 7 个产品申报常州市名优农产品。年内获绿色食品认证、续展 46 个，有机农产品认证 3 个，农产品地理标志产品认证 1 个，全区累计有“二品一标”农产品 87 个；洛阳水蜜桃绿色优质农产品基地创成省绿色优质农产品基地，累计 6 个，总面积 5020 公顷，全区绿色优质农产品占比突破 68%。武进区“阳湖”水蜜桃入选江苏省特色农产品优势区，“南园国色”牡丹籽油、“申新”大米 2 个品牌入选江苏省农业品牌目录，“阳湖”果品、“夏溪”花木入选常州市十大农产品区域公用品牌。

【武进区获评全国县域农业农村信息化发展水平先进县】 12 月，农业农村部信息中心公布 2021 全国县域农业农村信息化发展水平评价工作结果，武进区获评全国县域农业农村信息化发展先进县。武进区高度重视“互联网 +”现代农业融合发展，重点推动农业物联网技术在粮油、畜禽、园艺、水产等领域的推广和应用，以示范点带动面上智能化、数字化、自动化生产。开展“苏农云”、江苏省物联网管理平台工作对接，打造种植业大数据平台和武进区智慧渔业平台 2 个物联网示范点，江苏枫华农业集团有限公司数字生猪养殖技术集成应用项目入选江苏省数字农业农村新技术新产品新模式优秀案例。在全省率先开发微信“武进智慧农机”，促进全区农业机械化管理工作信息化、智能化水平提升。探索具有武进特色的“互联网 +”农产品出村进城实施路径，培育电商示范镇村、平台、企业，对评选出的 17 个电商示范平台、企业奖励补助 167 万元。出台新一轮武进区三年电商扶持政策，推进农产品电商转型发展。年内，组织企业 200 余人次参加省、市级电商培训 6 场次，开展“923”全球农产品直播、苏货直播、“YOUNG HOO 新农人”直播等 6 场，实现农产品电商（线上、线下）销售额达 17.15 亿元，增长 23%。

7 月 17—25 日，“YOUNG HOO 新农人”直播带货挑战赛第二阶段阳湖果品专场，常州纺织服装职业技术学院团队直播中 （摄影 / 李 昱 朱梦琪）

【农产品质量总体合格率在 98% 以上】 2021 年，武进区巩固国家农产品质量安全区创建成果，推进“追溯 + 合格证”制度，全区规模以上农业主体入网江苏省农产品质量追溯管理平台 7666 家，各类农业主体累计开具合格证 200 余万张。推进农产品质量安全村级服务站点建设，完成村级服务站提升 28 个、站点新建 8 个。加强信用体系建设，评定 A 级诚信单位 23 家。加强农业标准化推广，组织省级标准化试点申报，推荐常州市武进漕桥绿谷农业专业合作社等单位申报优质水稻生产循环农业标准化试点；支持区果品协会将“阳湖”水蜜桃生产技术规程提升为团体标准，申报常州市地方标准并已立项，有效提升农产品标准化生产水平。制定《武进区食用农产品“治违禁、控药残、促提升”三年行动方案》，聚焦问题突出农产品 11 种，实行入网监管，提高定量抽检频次。加强农产品质量安全监管，提升全区农产品定量抽检频次至 1900 余批次，抽检频率增加近 150%，发现不合格产品 9 批次；组织日常巡查 2000 余次，开展水产品质量安全、果品质量安全等专项检查 6 次和农产品生产大户、规模主体双随机抽查，累计发放各类宣传资料 4 万余份、告知短信 20 余万条。全区农产品质量总体合格率稳定在 98% 以上。

【新品种新技术推广】 2021 年，武进区推广水稻绿色种植技术，加快水稻产业转型升级，发展优良食味稻米品种，全区优良食味稻米品种占水稻种植面积的 60% 左右，逐步由南粳系列为主转向武运（育）系列为主，与前黄牌等区域稻米公共品牌融合发展，增强自主知识产权外延性，促进全区水稻产业可持续发展。改传统售粮向出售优质品牌大米转变，在前黄镇和雪堰镇完成“稻鸭共作”综合种养模式试点 37.33 公顷，通过减少化肥和农药的投入，实现大米品质显著提高，全区“稻鸭共作”大米均价超 16 元 / 千克，亩均效益超 2000 元。江苏立华牧业股份有限公司培育的花山鸡新品种配套系通过国家畜禽遗传资源委员会审定，成为全国首例屠宰加工型黄羽肉鸡新品种（配套系）。区水产站与中国水产科学研究院淡水渔业研究中心合作引进“太湖 2 号”青虾良种 2100 余千克，

雪堰镇新康村“稻鸭共作”（摄影 / 蒋青苹 陆新 摄于2021年6月）

在洛阳、前黄、湟里3个镇开展蟹塘套养试点养殖，加快虾蟹混养良种双覆盖。良种青虾养成规格同比增长8%～10%，实现亩均增效超300元。

【农业保险】 2021年，武进区开展农业保险品种27个，累计签单保费3794.77万元，增长3.04%。农业保险深度达1.01%，提前一年完成考核目标（>1%）。农业保险密度709元／人，完成考核目标(>550元／人)。三大主粮(小麦、水稻、玉米）农业保险覆盖率91.04%，完成考核目标（>80%）。武进区农业保险赔款主要为养殖险，全年处理农业保险理赔案件1546件，赔款1031.62万元。其中，政策性险种1254件，赔款658.31万元；商业性产品292件，赔款373.31万元。

【2021年“中国农民丰收节”江苏重点会场暨常州武进首届滆湖赶湖节】 9月26日，在滆湖低碳湿地公园举行，江苏省农业农村厅副厅长张建军，中国科学院南京湖泊地理研究所党委书记谷孝鸿，江苏省供销社党组成员、理事会副主任袁森林，常州市副市长许峥和武进区委副书记、代理区长恽淇丞出席。该活动以“庆丰收、感党恩”为主题，举办武进生态渔业发展共同体结盟仪式，设立乡村振兴促进法宣传专区、新时代文明实践宣传专区，发布寓意“米”和“鱼”的专属吉祥物“小武”“小进”，视频连线赶湖分会场活动，充分展示武进新“鱼米之乡”的生态治理成果和农业新成果、农村新风貌、农民新形象。

（叶 帆）

粮油作物种植业

【概况】 2021年，武进区粮食播种面积6.75千公顷，完成粮食总产4948万千克，分别比2020年增加800公顷和27万千克。其中，水稻种植面积3881.7公顷，平均亩产638千克，较2020年减少0.1千克；小麦种植面积1619公顷，平均亩产315千克，较2020年减少9千克。实施水稻等重要农业品种科技创新，创造“一年十二审”的科研成果。江苏（武进）水稻研究所联合种业单位选育的9个水稻新品通过江苏省审定，经农业农村部种业管理司公示通过，占到水稻品种总数的十分之一，“武字头”水稻成为苏南最大面积推广品种。推广以南粳系列为主的优质高效水稻品种和以扬麦系列为主的中、弱筋小麦品种，稻麦良种覆盖率100%；推广机插稻面积3453公顷，占水稻种植总面积的89%。开展轮作休耕，完成以水稻油菜轮作为主、搭配水稻绿肥轮作的国家耕地轮作试点面积1827.2公顷，落实秋播季以水稻绿肥轮作为主、搭配水稻油菜为辅的国家耕地轮作试点面积1533公顷。全区各镇开展粮食“绿色、高质、高效”创建活动，累计创建面积267公顷。

表6 2021年武进区粮油作物生产情况表

类 别	面 积（千公顷）	比2020年（±%）	总 产（万千克）	比2020年（±%）	亩 产（千克）	比2020年（±%）
全年粮食	6.75	1.25	4948.2	0.55	488.5	−0.73
夏 粮	1.82	4.57	811.7	1.79	298.1	−2.68
小 麦	1.62	4.63	765.8	1.70	315.4	−2.71
秋 粮	4.94	0.14	4136.6	0.32	558.5	0.18
稻 谷	3.88	1.76	3715	1.79	638.0	−0.02
油 料	0.39	17.47	77.3	18.20	132	0.76
油菜籽	0.35	20.69	70.2	19.59	135	0.00

【水稻品种通过省级审定12个】 2021年江苏（武进）水稻研究所培育的水稻新品种金武粳1号、武香糯109、武香粳671、武育粳377、武运6296、武育粳528、武科粳7375、金武软玉、武育糯180通过江苏省农作物品种审定委员会审定，审定编号分别为“苏审稻20210005”“苏审稻20210008”“苏审稻20210014”“苏审稻20210057”“苏审稻20210071”“苏审稻20210073”“苏审稻20210074”“苏审稻20210075”“苏审稻20210086”；中垦稻160、中垦稻180、武运粳245通过安徽省农作物品种审定委员会审定，审定编号分别为“皖审稻20210034”“皖审稻20210035”“皖审稻20211110”。

金武粳1号 由南农1号／台0206/2743杂交育成，属中熟中粳稻早熟品种，区试平均株高94.4厘米，结实率90.2%，千粒重26.0克。中感稻瘟病、白叶枯病、条纹叶枯病，感纹枯病，米质达三级标准。2019年生产试验，平均亩产669.8千克，比对苏秀867增产4.4%。适宜在江苏省淮北地区种植。

武香糯109 由镇稻683/香糯8333杂交育成，属迟熟中粳稻早熟品种，区试平均株高91.1厘米，结实率93.7%，千粒重28.2克。中感稻瘟病、白叶枯病，感纹枯病，抗条纹叶枯病，米质达三级标准。2020年生产试验，平均亩产686.7千克，比对武运粳27号增产6.0%。适宜在江苏省苏中及宁镇扬丘陵地区种植。

武香粳671　由扬辐粳8号/2807杂交育成，属早熟晚粳稻品种。区试平均株高101.3厘米，结实率93.8%，千粒重29.3克。中抗稻瘟病，中感白叶枯病、条纹叶枯病，感纹枯病，米质达二级标准。2020年生产试验，平均亩产691.0千克，比对武运粳23增产4.8%。适宜在江苏省沿江及苏南地区种植。

武育粳377　由4722/4690杂交育成，属迟熟中粳稻品种。区试平均株高97.5厘米，结实率90.5%，千粒重25.9克。中抗稻瘟病，中感白叶枯病、条纹叶枯病，感纹枯病，米质达二级标准。2020年生产试验，平均亩产679.4千克，比对淮稻5号增产6.2%。适宜在江苏省苏中及宁镇扬丘陵地区种植。

武运6296　由0237/武运粳7号杂交育成，属早熟晚粳稻品种。区试平均株高98.4厘米，结实率90.8%，千粒重26.2克。中感稻瘟病、白叶枯病、条纹叶枯病，高感纹枯病，米质达二级标准。2020年参加生产试验，平均亩产688.3千克，比对武运粳23增产3.3%。适宜在江苏省沿江及苏南地区种植。

武育粳528　由2749/武育粳20号杂交育成，属早熟晚粳稻品种。区试平均株高95.6厘米，结实率93.6%，千粒重27.9克。中感稻瘟病、白叶枯病、条纹叶枯病，感纹枯病。2020年生产试验，平均亩产694.7千克，比对武运粳23增产4.2%。适宜在江苏省沿江及苏南地区种植。

武科粳7375　由南粳46×武运粳30号/武运粳31号杂交育成，属早熟晚粳稻品种。区试平均株高99.8厘米，结实率93.4%，千粒重26.9克。中感稻瘟病、白叶枯病、条纹叶枯病，感纹枯病。2020年参加生产试验，平均亩产689.3千克，比对武运粳23增产3.4%。适宜在江苏省沿江及苏南地区种植。

金武软玉　由软3/2431杂交育成，属早熟晚粳稻品种。区试平均株高96.7厘米，结实率92.3%，千粒重26.2克。中感稻瘟病、白叶枯病，高感纹枯病，抗条纹叶枯病。2020年生产试验，平均亩产687.9千克，比对武运粳23增产3.1%。适宜在江苏省沿江及苏南地区种植。

武育糯180　由HZ1/4737杂交育成，属早熟晚粳糯稻品种。区试平均株高94.3厘米，结实率94.2%，千粒重27.8克。中抗稻瘟病，中感白叶枯病、条纹叶枯病，高抗纹枯病，米质达二级标准。2020年生产试验，平均亩产692.2千克，比对武运粳23增产3.8%。适宜在江苏省沿江及苏南地区种植。

中垦稻160　由4051（秀水122/武运粳7号/武运粳30号）/29185（2608/武粳15号）杂交育成，属中粳常规水稻品种，区试平均株高96.0厘米，结实率90.1%，千粒重25.7克。2019年，中感稻瘟病、稻曲病、白叶枯病。2020年生产试验，亩产577.51千克，较对照品种增产3.22%。适宜在安徽省一季中粳稻区推广种植。

中垦稻180　由徐稻3号/淮稻5号/淮稻6号/盐稻8号杂交育成，属中粳常规水稻品种。区域平均株高100.1厘米，结实率89.6%，千粒重26.2克。2019年，中感稻瘟病、白叶枯病，抗稻曲病。米质达三级标准。2020年生产试验，亩产582.39千克，较对照品种增产4.09%。适宜在安徽省一季中粳稻区推广种植。

武运粳245　由常农粳7号/软玉3号杂交育成，属晚粳常规水稻品种。区域试验平均株高91.8厘米，结实率83.6%，千粒重25.8克。2019年，中抗稻瘟病，中感稻曲病、白叶枯病。2020年生产试验，亩产620.04千克，较对照品种增产7.98%。适宜在安徽省双季晚粳稻区推广种植。

【粮油生产重大病虫害防治】　2021年，针对草地贪夜蛾继续危害区内粮油作物，武进区以玉米为主，设立监测点14个，包括常规性诱剂监测点13个、智能监测点1个，对玉米、蔬菜、水稻、果树、花木、草坪等作物开展性诱剂监测，监测范围覆盖所有涉农镇（街道）。动员做好草地贪夜蛾防控工作，培训50人次，开展田间指导20次、政府信息网站宣传1期，发放性诱剂诱捕器100套、诱芯100包、用药明白纸200张。全区开展病虫害总体防治，草地贪夜蛾危害面积、危害程度均轻于上年，小麦和水稻病虫害损失率控制在0.6%和0.7%。

【水稻病虫绿色防控示范区建设】　2021年，武进区分别在雪堰镇、前黄镇建设省、市级水稻病虫绿色防控示范区。

雪堰镇省级水稻病虫绿色防控示范区　核心区在新康村，面积73.3公顷，辐射水稻面积667公顷。在核心区示范应用农业、物理、生物等多种防控措施，设立技术展示牌，向项目区农户宣传绿色防控技术，组织技术培训1次、现场观摩会1次。在辐射区推广性迷向、性信息素诱杀、灯光诱杀等诱杀技术，生物农药和专业化统防统治等绿色防控技术。示范区较常规防治区减少化学农药用量37.9%，生物、物理等非化学农药的绿色防控技术覆盖率34.8%，绿色防控产品使用面积占比达100%。

前黄镇市级水稻病虫绿色防控示范区　核心区在大成村、联庆村、祝庄村、农场村、杨桥村，面积69.9公顷，辐

“植物医生”调查稻飞虱发生情况　（摄影/陆新 摄于2021年9月）

射水稻面积667公顷。按照省级绿色防控示范区建设标准示范应用同类绿色防控技术，组织技术培训1次、现场观摩会1次。示范区较常规防治区减少化学农药用量39.3%，生物、物理等非化学农药的绿色防控技术覆盖率31.1%，绿色防控产品使用面积占比达100%。

（叶　帆）

林果园艺业

【概况】 2021年，武进区引进种植水蜜桃、葡萄、梨等品种10余个，果品栽培面积4136.67公顷，其中种植桃树面积2500公顷、梨树面积233.33公顷、葡萄面积1266.67公顷，年产果品6271.55万千克，产值5.41亿元；茶园面积164公顷，茶叶产量2.89万千克，产值1426.68万元；蔬菜常年性耕地面积2133.3公顷，全年蔬菜播种面积（含复种）5420公顷，产量1.65亿千克，产值6.10亿元。12月，武进区报送的4份“红美人”柑橘样品，在南京市溧水区举办的江苏省第二届“红美人”柑橘优质果品鉴推介活动上，全部荣获金奖。

2021年，武进区花木种植面积7966.59公顷，较2020年略降。其中，苗木种植面积5978.53公顷、花卉种植面积123.6公顷、盆景种植面积27公顷、草坪种植面积1837.46公顷，年产苗木11.26亿株、盆栽植物2.24亿盆。全区有花木经纪人近万人，花木园林企业201家，花木市场中间商4000多人，从业总人数达7.79万人。嘉泽、湟里两大花木板块花木种植面积达7265.53公顷，占全区花木种植总面积的91.2%。全区花木销售额达19.9亿元，夏溪花木市场完成交易额215.6亿元。

【“阳湖”水蜜桃获国家农产品地理标志产品授牌】 6月18日，2021年武进区“阳湖”水蜜桃推介发布会暨国家农产品地理标志产品授牌仪式举行，“阳湖”水蜜桃国家农产品地理标志产品和武进区十大“阳湖”水蜜桃示范基地、十佳经纪人分获授牌。武进区注重特色优势产业培育，形成以雪堰、洛阳、礼嘉、前黄为核心的特色经济林果板块，全区果品种植面积4136.67公顷，其中水蜜桃种植面积2500公顷，先后引育栽培京红、日川、朝阳、白凤、湖景、霞晖等水蜜桃优良品种，“阳湖”果品品牌入选常州市十大农产品知名品牌、十大区域公用品牌和江苏省农业品牌目录，2021年“阳湖”水蜜桃品牌价值达11.35亿元。

7月18日，武进区举行首届“阳湖杯”桃王大赛　（供图／区融媒体中心）

【第十三届“阳湖”果品节暨“阳湖”水蜜桃推介系列活动】 5月18日，该活动在雪堰镇阖闾城村启动，至11月17日结束。活动由区农业农村局、区果品协会与顺丰速运联合主办，以“果香阳湖，甜蜜无尽”为主题，重点围绕“品牌培育、产销对接、专场推介、直播带货”，推出“阳湖”水蜜桃宣传语及短视频征集、示范基地及经纪人评选、上海专场推介会、门店展销等十大活动，全面扩大“阳湖”果品影响力。在果品节启动仪式上，区果品协会与顺丰速运、鲜丰水果，寻优农业与前黄农合联分别签订合作协议，授牌鲜丰水果、夜洋聚品、寻优农业为特约渠道销售商，授牌顺丰速运为官方推荐物流商。果品节期间，促成“阳湖”果品销往上海、浙江、山东、湖南等地，交易量超500万千克。通过线上销售渠道，全年完成果品销售额达亿元，增长5倍。

【江苏省桃产业技术发展论坛及优质桃果评比暨武进区首届“阳湖杯”桃王评比大赛】 7月18日，该大赛在武进举行。活动由江苏现代农业（桃）产业技术体系、江苏省园艺学会、江苏省农业科学院果树研究所、武进区人民政府联合主办，武进区农业农村局承办，全省从事桃科研、推广、生产的相关人员开展技术交流、优质桃果评比和基地观摩活动。此次评比，从204个新型农业经营主体和果农选送的321个样品中评出金奖50个、银奖60个。武进区获得金奖12个、银奖15个，其中常州市雪堰水蜜桃专业合作社选送的“湖景蜜露”被评为“阳湖杯”桃王。

（叶　帆）

畜牧业

【概况】 2021年，武进区严格落实“菜篮子”区长负责制，保障生猪、家禽等重要“菜篮子”产品生产和供给。推进畜禽种业创新发展，成功承办全省畜禽种业创新发展推进会，江苏立华育种有限公司揭牌成立，枫华农业生猪种苗引进和补栏增养项目、立华礼嘉楼房养猪场竣工投产，由江苏立华牧业股份有限公司培育的花山鸡新品种（配套系）通过国家畜禽遗传资源委员会审定，成为全国首例培育的屠宰加工型黄羽肉鸡新品种（配套系）；落实畜禽种业奖补政策，对持有种畜禽生产经营许可证的种猪场，按照能繁母猪不超过100元／头、种公猪不超过500元／头的标准实行奖补，共计补贴45万元。开展重大动物疫病春季防疫及犬类狂犬病防疫行动、夏季重大动物疫病集中补免和消毒灭源行动、重大动物疫病秋季集中防疫行动三大防疫行动，累计防疫高致病性禽流感275.67万羽次、新城疫197.8万羽次、猪口蹄疫18.75万头次、羊口蹄疫

表7　2021年武进区畜牧业生产情况表

项　目		单　位	指　标	比2020年（±%）
生猪	年末存栏	头	77789	65.82
	能繁母猪	头	4753	28.46
	年内出栏	万　头	10.93	49.37
	猪肉产量	吨	10878	3.93
羊	年末存栏	只	833	46.14
	年内出栏	只	197	−9.63
	羊肉产量	吨	29	−11.31
家禽	年末存栏	万　羽	74.98	21.31
	鸡	万　羽	71.32	22.80
	鸭	万　羽	2.64	−7.26
	鹅	万　羽	1.02	15.31
	年内出栏	万　羽	310.78	−9.75
	禽肉产量	吨	4701	−10.41
	禽蛋产量	吨	504	29.56

2000只次、猪瘟18.75万头次、高致病性猪蓝耳病10.78万头次、羊小反刍兽疫1700只次，防疫犬37108只，未发生区域性重大动物疫情。至年底，全区能繁母猪存栏0.48万头，生猪存栏7.78万头，出栏10.93万头，出栏数增长49.37%；家禽存栏74.98万羽（其中鸡71.32万羽、鸭2.64万羽、鹅1.02万羽），出栏310.78万羽，出栏数下降9.75%；山羊存栏833只，出栏197只，出栏数下降9.63%。年产肉类1.56万吨，禽蛋产量504吨。全年实现畜牧业总产值3.74亿元，较2020年增长21.04%。

【畜禽种业项目建设】 江苏立华育种有限公司　4月28日揭牌成立。该公司由江苏立华牧业股份有限公司投资设立，在立华股份现有育种研发能力的基础之上，进一步开展鸡、猪、鹅3个畜禽种业的研究，加快新品种的培育。

枫华农业生猪种苗引进和补栏增养项目　由常州市枫华牧业有限公司实施，2021年1—3月，该项目自丹阳市江苏康乐农牧公司引进苗猪16578头，获财政奖补资金331.56万元。

立华礼嘉楼房养猪场项目　由江苏立华牧业股份有限公司实施，于2021年10月开工，在礼嘉镇建设2栋楼房猪舍和相关配套设施，建筑面积5.5万平方米，其中1栋4层楼为母猪猪舍、1栋5层楼为肉猪猪舍。项目占地6.89万平方米，总投资约1.3亿元。项目建成后可常年存栏5000头母猪，可年出栏肉猪3万头。

（叶　帆）

渔　业

【概况】 2021年，武进区水产养殖面积2666.67公顷，水产品总量3.36万吨，产值8.45亿元。特种水产养殖面积1740公顷，覆盖率超85%，产量0.35万吨，产值5亿元。推进大宗淡水鱼及虾蟹两大产业体系建设、武进滨湖现在农业产业园一期与“两湖”（太湖、滆湖）渔区建设，开展水产养殖生态化改造66.67公顷以上，探索和熟化“稻鱼循环种养”等2项以上绿色养殖技术与模式。加强水生动物疫病防控与水产品质量管控，完善水产苗种产地检疫制度。辖区内未发生重大水生动物疫情和重大水产品质量安全事故。

【现代农业（河蟹）产业体系建设】 2021年，武进积极推进现代农业（河蟹）产业体系建设。组织技术培训与交流，重点开展水产投入品监管和大规格扣蟹高产育成技术、河蟹病害绿色防控等培训，举办技术培训4期，培训280余人次，入户指导380余人次，发放技术资料1000余份。开展特色服务，为全区养殖户提供河蟹大眼幼体引育技术跟踪服务和青虾良种引进服务，引进正宗“太湖2号”青虾良种2100余千克，虾蟹养殖户亩均增效超300元。推进河蟹品牌建设，扶持打造武进优质渔业企业品牌，以武进优质虾蟹为切入点，组织企业参加品牌推介和质量评选活动，启动“西太湖”大闸蟹、“阳湖”大闸蟹、“滆湖”大闸蟹等品牌商标注册，申报“西太湖”大闸蟹地理标志产品、区域公共品牌等。“西太湖”大闸蟹养殖企业参加第十五届“王宝和杯”全国河蟹大赛获“金蟹奖”2项。

养殖专家现场培训河蟹养殖技术　（供图/区农业农村局　摄于2022年2月）

表 8　2021 年武进区渔业指标完成情况表

项　目			单　位	指　标	比 2020 年（±%）
基本情况	养殖面积		公　顷	2686	−14.46
	其中：池塘养殖		公　顷	2657	−14.59
	围网养殖		公　顷	0	0
	河沟养殖		公　顷	29	0
	水产品产量		万千克	3361	3.32
	渔业产值		亿　元	8.45	−14.3
	鱼池改造面积		公　顷	317	47.44
	工厂化养殖水体		立方米水体	13440	−24.8
特种水产养殖	总面积		公　顷	1740	
	总产量		万千克	342.1	
	河蟹	面　积	公　顷	1057	−24.5
		产　量	万千克	215	−40.67
	青虾	面　积	公　顷	1035	−28.1
		其中：单养面积	公　顷	12	−14.28
		产　量	万千克	31.5	−54.61
		其中：单养产量	万千克	3.5	−22.56
	龟鳖	控温面积	公　顷	2	0
		养殖面积	公　顷	6	−50
	黄颡鱼面积		公　顷	7	40
苗种生产	淡水鱼苗产量		亿　尾	1.18	4.42
	扣蟹育苗量		千　克	18500	−12.32

（叶　帆）

农业产业化

【概况】 2021 年，武进区稳步推进农业产业化进程，通过项目带动、创先评优、教育培训等形式，助力新型农业经营主体成长。嘉泽镇（苗木）被农业农村部评为第十一批全国“一村一品”示范村镇、全国乡村特色产业十亿元镇亿元村，全区累计有全国“一村一品”示范镇 1 家、示范村 3 家（礼嘉镇秦巷村、洛阳镇阳湖村、雪堰镇城西回民村）。全年申报各级各类项目 51 个，共下达财政资金 622.2 万元。实施农业龙头企业培育项目 5 个，争取市级及以上财政资金 255 万元。新增江苏杰记农业科技有限公司、常州市龙凤谷生态旅游有限公司 2 家省级农业龙头企业，累计有区级及以上重点农业龙头企业 28 家，其中国家级 3 家、省级 9 家、市级 9 家、区级 7 家，全年实现销售额超 330 亿元。发展新型农业经营主体，培育市级“双百”示范农民专业合作社 7 家、市级“双百”示范家庭农场 29 家、省级示范家庭农场 4 家。大力发展休闲观光农业，组建雪堰农业休闲观光产业联合体，全区获江苏省主题创意农园认定 3 家、省级乡村休闲旅游农业农耕实践基地认定 2 个、省级乡村休闲旅游农业康美基地认定 3 个和省级休闲旅游农业精品企业（园区）三星级认定 1 家、五星级认定 1 家。武进区现代农业产业示范园入选首批省级现代农业产业示范园。

【嘉泽镇获评全国级荣誉 2 项】 内容参见“镇 · 街道”类目 P264 同名条目。

【新增省级农业龙头企业】 2021 年 12 月，武进区江苏杰记农业科技有限公司和常州市龙凤谷生态旅游发展有限公司被省农业农村厅认定为农业产业化省级龙头企业。

江苏杰记农业科技有限公司　成立于 2003 年，是一家集连锁超市、批发业务、信息科技、电商平台、本地农产品、品牌运营于一体的大型水果连锁企业，是常州市首家获得“江苏省放心消费单位”称号的市级水果龙头企业。自 2017 年开始，重点布局水果专业市场批发业务，在全国多地专业水果批发市场，以“全球鲜”品牌陆续开设批发档口，与国外 100 多个水果基地建立了密切合作关系，引进高品质进口水果。至 2021 年，拥有门店 50 余家，分布于常州市以及无锡市宜兴市。2021 年，营业收入突破 2.4 亿元，带动农户 800 余户。

常州市龙凤谷生态旅游有限公司　位于雪堰镇（沪宜 S48 高速公路南侧），

雪堰镇桃花盛开　（供图 / 区农业农村局 摄于 2020 年 3 月）

雪堰镇城西回民村康美基地 （供图 / 区农业农村局 摄于 2020 年 5 月）

临近全国首家动漫主题公园嬉戏谷和国家级旅游度假区太湖湾旅游度假区，交通便利，旅游区位优势明显。依据常武地区山水资源，以“动”和“静”结合的设计理念打造一个集农业休闲观光、生态休闲度假、农产品种植采摘与加工、农趣体验、游乐性、农业科普教育、拓展训练于一体的多功能旅游特色的生态园。2020 年，被评为全国休闲农业与乡村旅游精品四星级园区。2021 年，营业收入 2180 万元，接待游客 20 余万人次。

【新增省级示范家庭农场 4 家】 2021 年 8 月，武进区前黄建明家庭农场、前黄西塘家庭农场、礼嘉盛绿家庭农场、前黄天一家庭农场被省农业农村厅评为省级示范家庭农场。全区累计省级示范家庭农场 27 家，位居全市第一。

前黄建明家庭农场　位于前黄镇丁舍村北沿组，经营面积 3.53 万平方米，其中家庭承包经营面积 0.33 万平方米、流转土地面积 3.2 万平方米。现有拖拉机 1 台、农药机 2 台、喷水水泵 1 台、施肥机 1 台，种植桑树面积 2.66 万平方米、桃树面积 0.87 万平方米。

前黄西塘家庭农场　位于前黄镇环镇西路南侧，其中藕田面积 0.9 万平方米、龙虾垂钓中心面积 4.66 万平方米，总投资 200 余万元，是集农业种植、养殖、农产品深加工与休闲教育旅游为一体的规模化农庄。

礼嘉盛绿家庭农场　位于礼嘉镇毛家村，经营面积 6.66 万平方米。主要种植葡萄、水蜜桃、李子等。有全封闭大棚 4.33 万平方米、避雨栽培设施 2.33 万平方米，实现农场灌溉全自动化。

前黄天一家庭农场　位于前黄镇蒋排村，主要从事水稻、小麦的种植和销售。2016 年登记注册，配备了旋耕机、播种机、收割机、自走式机动喷药机械等大中小型农机具 50 余台，开展规模经营。

（叶　帆）

表 9

2021 年武进区休闲观光农业基地（企业）获省级认定情况表

类　　别	单 位 名 称	所在地
江苏省主题创意农园	半塘生态园乡野体验创意园	雪堰镇
	江南花都花木创意园	嘉泽镇
	辉宇无尘蓝莓创意园	礼嘉镇
省级乡村休闲旅游农业农耕实践基地	嬉乐湾生态农业示范园	礼嘉镇
	祝庄生态园艺农场	前黄镇
省级乡村休闲旅游农业康美基地	雪堰镇城西回民村康美基地	雪堰镇
	龙凤谷生态园	雪堰镇
	雪堰镇雅浦村康美基地	雪堰镇
省级休闲旅游农业精品企业（园区）三星级	常州市乐涵观光生态农业有限公司	雪堰镇
省级休闲旅游农业精品企业（园区）五星级	常州市龙凤谷生态旅游有限公司	雪堰镇

农业机械化

【概况】 2021 年，武进区被省农业农村厅列为第一批农业生产全程全面机械化示范县（区），围绕 2023 年建成省农业生产全程全面机械化示范县的目标，推进全程机械化、全面机械化、智能化信息化、绿色化应用、“宜机化”配套和服务能力提升 6 个方面建设。全区新增各类先进适用补贴农业机械 143 台（套），其中大中拖拉机 3 台、高性能联合收割机 1 台、高性能插秧机 2 台，享受补贴的农户共 111 户，共投入中央及省级财政补贴资金 123.524 万元。有农机专业合作社、农机作业服务公司等农机服务组织 34 个，农机服务组织作业面积占机械作业总面积超 80%。区农机部门大力扶持农机服务组织机库和维修点建设，确定维修点建设项目 1 个，建设区域农机维修中心 1 个。至年底，全区农机总动 20.02 万千瓦，其中柴油机动力 8.46 万千瓦、汽油机动力 2.29 万千瓦、电动机动力 9.26 万千瓦；机插秧面积 0.345 万公顷，占水稻种植面积的 88.9%。全区农业综合机械化率 94.17%，其中粮食生产机械化率 96.62%、特色农业机械化率 65.3%，农业机械化水平在全省保持领先地位。

【秸秆机械化还田全面实施】 5 月，根据《2021 年武进区秸秆机械化还田推进工作实施意见》要求，区政府与各镇政府签订秸秆机械化还田责任状，全面推进全区秸秆机械化还田工作。全区保有大中型秸秆还田机 253 台，配置秸秆切碎装置收割机 164 台。年内，完成秸秆机械化还田面积 4873.33 公顷，其中小麦秸秆机械化还田 1460 公顷、水稻秸秆机械化还田 3413.33 公顷。

（叶　帆）

工 业

Industry

栏目编辑 陈 蓉

工业经济运行

【概况】 2021年，武进区有国家级工业产业园区1个、省级工业产业园区1个，年主营业务收入2000万元以上（简称“规模以上”）工业企业1423家、超100亿元企业3家，高新技术企业836家。围绕“十四五”规划开局之年、建设工业明星城市和“一区一城”建设目标，武进区深入实施创新驱动战略，全力提升智能制造水平，聚焦特色产业链培育，有效应对疫情影响，推动工业经济稳中有进、量质并举。贯彻落实“制造强链”三年行动计划，加快培育特色优势产业链20条，以链式发展促集群发展。重点发展高端装备产业集群为引领，新一代信息技术、智电汽车、新材料、节能环保等特色产业集群，高端装备、智电汽车、新一代新技术三大产业产值规模近1500亿元。新型碳材料集群获国家先进制造业集群竞赛优胜。据中国信息通信研究院发布的2021年中国工业百强县、中国工业百强区榜单，武进区位列中国工业百强区全国第六、全省第一。工业企业入围2021年中国民营企业500强1家（东方润安集团有限公司）、中国制造业民营企业500强3家（东方润安集团有限公司、常州同泰高导新材料有限公司、江苏常发实业集团有限公司）、中国企业500强1家（东方润安集团有限公司），制造业上市企业累计25家，获省长质量奖1家、市长质量奖3家。

2021年，武进区工业经济总体运行平稳，稳中向好。工业投资稳中有升，比2020年增长27.9%；工业技改投入增长25.9%，占工业投资的52.4%。工业生产高位运行，全区规模以上工业累计完成产值3006.32亿元，增长23.7%。其中，重工业产值2323.63亿元、轻工业产值682.69亿元，分别增长24.4%和21.5%；十大产业链完成产值1593.43亿元，增长25.6%；高新技术产业产值1614.86亿元，占规模以上工业总产值的53.72%。规模以上工业增加值按可比价计算增长14.4%；完成工业开票销售收入4057.54亿元、规模以上工业营业收入3101.25亿元，分别增长27.5%、24.6%。实现规模以上工业利税总额265.38亿元、规模以上工业利润总额191.68亿元，分别增长22.3%、21.9%。重点企业支撑有力，销售收入百强工业企业累计完成产值1963.64亿元、销售收入2070.28亿元、利税188.13元，有效拉动工业发展，46家企业被评为2021年度常州市工业星级企业。能耗强度控制良好，工业用电量196.57亿千瓦时、用气量4.74亿立方米，分别增长12.1%、18.6%，规模以上工业综合能耗276.07万吨标准煤，增长8.0%。

（郭华亚）

【工业企业运行监测】 2021年，围绕年度工业经济目标任务，武进区发出《关于公布2021年武进区重点企业、高成长企业名单的通知》，筛选瑞声科技控股有限公司等重点企业50家、江苏华丽智能科技股份有限公司等高成长企业100家，组织定期和专题运行分析，调查和掌握新冠肺炎疫情防控、严峻复杂国际环境等内外部影响因素，及时提出重点问题和相关预测，加强重点行业、重点企业监测预警，培育新增长点，确保工业经济运行态势稳健向好。年内，50家重点企业累计完成产值1658.99亿元，占规模以上工业企业产值的55.18%，有力支撑工业发展。100家高成长企业累计完成产值456.08亿元，较2020年增长31.8%，高于规模以上工业企业产值平均增幅8.1个百分点。

2021年武进区50家重点工业企业主要经济指标完成情况表

表10　　　　单位：万元

主要经济指标 / 企业名称	产值		营收		利税		利润	
	2021年	比2020年（±%）	2021年	比2020年（±%）	2021年	比2020年（±%）	2021年	比2020年（±%）
瑞声科技控股有限公司	1043143.01	−10.77	1267147.70	1.19	101783.20	6.41	75442.00	41.52
江苏恒立液压股份有限公司	975390.00	26.21	994329.20	21.49	338871.70	11.84	293965.80	13.75
新誉集团有限公司	387201.36	−29.23	383805.80	−31.87	78758.80	−38.43	64146.00	−38.23

续表 10

主要经济指标 / 企业名称	产值		营收		利税		利润	
	2021 年	比2020年（±%）	2021 年	比2020年（±%）	2021 年	比2020年（±%）	2021 年	比2020年（±%）
重庆理想汽车有限公司常州分公司	1909273.00	126.99	2078093.20	147.90	121825.50	258.53	47769.40	177.90
光宝科技（常州）有限公司	713833.00	3.71	756724.10	9.23	17102.50	57.97	17102.50	57.97
江苏顺风光电科技有限公司	522573.80	204.86	548734.00	115.86	9785.00	/	6895.70	/
柳工常州机械有限公司	425303.94	−19.90	635413.50	−7.13	22898.70	−22.83	4309.80	−79.30
今创集团股份有限公司	224318.39	−17.37	237050.10	−21.31	33528.70	−19.59	27710.30	−18.32
江苏国茂减速机股份有限公司	288021.00	34.71	289257.30	34.12	55180.30	11.57	49458.10	21.52
常州新奥燃气发展有限公司	238784.00	21.20	237856.40	20.90	46754.30	−7.36	41539.60	−7.26
卡尔迈耶（中国）有限公司	248879.40	135.46	243817.20	114.79	54094.30	105.48	47757.80	111.08
万帮数字能源股份有限公司	214209.80	91.12	197820.30	130.13	28063.30	218.19	23587.60	259.98
纳恩博（常州）科技有限公司	396735.10	31.49	352447.80	16.16	14758.20	−49.23	11352.70	46.26
安川（中国）机器人有限公司	154426.40	57.44	155395.20	57.18	26337.50	101.08	22677.70	87.48
爱科（常州）农业机械有限公司	215785.60	51.18	213598.90	55.26	7124.00	68.07	6599.60	76.16
安费诺（常州）高端连接器有限公司	163443.07	5.30	156160.90	5.49	45279.20	−15.29	34233.90	−9.36
江苏龙城精锻集团有限公司	112582.40	19.02	100367.30	5.72	5972.10	−42.93	2732.30	−67.67
利优比压铸（常州）有限公司	102473.00	6.78	105185.70	8.66	−9876.80	/	−10674.20	/
灏讯电缆连接器制造（常州）有限公司	93688.10	0.60	93688.10	0.60	10710.70	−14.69	10169.00	−14.07
贝内克长顺生态汽车内饰材料（常州）有限公司	117578.60	34.43	114103.60	30.52	19675.50	28.57	18891.50	35.36
博世力士乐（常州）有限公司	99755.90	13.05	109953.20	14.18	24112.20	3.34	18353.80	7.91
斯泰必鲁斯（江苏）有限公司	88206.70	9.38	88167.70	15.16	16955.70	10.96	12915.90	1.85
快克智能装备股份有限公司	72641.70	37.09	69408.00	37.30	26345.40	54.81	22720.10	63.61
兴勤（常州）电子有限公司	75849.40	18.14	72056.90	18.14	12621.10	32.23	12116.00	34.29
常州华森医疗器械有限公司	46037.70	−10.45	46353.90	−10.12	17602.00	−39.82	14541.20	−36.62
江苏南方轴承股份有限公司	62094.40	28.26	57105.50	23.44	16569.70	58.58	14288.60	51.92
腾龙科技集团有限公司	117599.30	9.51	139407.20	25.74	14479.50	43.20	12856.10	57.63
碳元科技股份有限公司	27881.00	−46.29	25346.40	−46.28	1233.10	−70.71	0.10	/
江苏海鸥冷却塔股份有限公司	88443.00	43.76	70386.70	36.97	9978.60	107.26	8633.70	134.96
江苏南方卫材医药股份有限公司	52691.10	−51.84	50382.70	−53.94	3033.10	−74.71	686.00	−93.17
江苏小牛电动科技有限公司	315134.06	49.82	363419.40	54.92	29205.90	−5.89	20498.80	−11.39
江苏晶雪节能科技股份有限公司	60865.00	−7.46	85818.70	15.79	8534.20	−21.70	6763.60	−12.62
新纶电子材料（常州）有限公司	24321.80	−53.61	24321.90	−51.92	2008.10	−86.35	1403.50	−85.73
常州市武进广宇花辊机械有限公司	51081.20	−6.52	51178.90	−6.53	10900.90	18.94	7912.50	9.70
江苏瓯堡纺织染整有限公司	35980.68	−9.51	35234.60	−8.04	2712.90	−34.96	266.70	−44.85
江苏洛凯机电股份有限公司	83929.70	25.31	82849.30	27.77	7931.50	4.69	5103.70	−13.08
江苏南方通信科技有限公司	47677.51	18.30	47677.50	18.30	−1043.90	−117.43	−1991.70	/
旷达控股集团有限公司	175524.18	26.16	173462.60	21.99	18583.00	11.35	14074.20	16.38
中铁建电气化局集团轨道交通器材有限公司	68567.40	5.29	65632.90	1.54	3568.30	−18.72	2002.80	−29.37
江苏鑫和泰机械集团有限公司	34355.00	25.60	39309.00	26.06	3258.00	88.11	2562.00	148.50
常州康普药业有限公司	28642.00	2.94	25056.00	5.84	18939.00	8.14	16017.00	7.06
常州九盈铜业有限公司	339753.00	23.76	346695.00	28.85	739.00	−38.42	180.00	−62.11
江苏常发实业集团有限公司	717722.05	10.48	764085.70	16.90	31369.20	12.04	23131.70	16.52
百兴集团有限公司	261345.70	46.83	275082.90	54.54	20600.60	−9.28	16106.80	−7.27
江苏丰润电器集团有限公司	312801.86	28.07	339193.60	38.87	4801.30	/	−698.80	/
江苏泛亚微透科技股份有限公司	33146.50	8.17	29819.20	−2.69	7840.50	16.71	7254.90	13.53
三鑫重工机械有限公司	89646.80	7.07	83301.00	2.22	1338.50	−82.54	369.00	−93.01
东方润安集团有限公司	4509339.81	21.32	4709780.80	21.40	299261.10	154.22	188318.30	128.47
江苏金鼎电器有限公司	82638.00	46.15	82344.00	41.95	8625.00	41.25	5529.00	44.21
常州凯达重工科技有限公司	38662.50	4.42	35894.20	5.80	4556.50	−32.42	3634.60	−36.38
合计	16589977.92	23.19	17549721.70	25.13	1655286.70	21.38	1231217.20	18.67

说明：①表内企业按《区政府办公室关于公布2021年武进区重点企业、高成长企业名单的通知》中50家重点工业企业名单排序；②“/”表示本期或同期为负数

（万永吉）

【区级工业重点项目建设】 2021年，武进区实施区重点工业项目196个，完成投资205.8亿元，完成年度目标的107.4%。其中，投资额超10亿元项目5个。至年底，国茂高精密减速机和齿轮项目、龙城精锻汽车部件项目、小牛电动智慧出行全球研发与制造基地项目等86个项目竣工投产。

（朱梦斐）

工业转型升级

【概况】 2021年，武进区出台《关于聚焦产业腾飞，聚力能级跃升，全面推进高质量发展的实施意见》等政策，实施产业基础再造工程和质量提升行动，深化推进产业链、供应链协同发展，推动“162”九大先进制造业集群整体提升，打造高端装备、新能源、新材料、“一车一人一芯”（智电汽车、机器人、芯片）等产业标杆，全面增强制造业竞争能力。区工信部门坚持稳增长、调结构、促转型、强基础、补短板，以先进制造业集群培育为总抓手，推进产业链现代化，加强企业培育，狠抓有效投入，推动绿色转型，深化融合发展，助推工业经济平稳运行和高质量发展。全年争取省级及以上专项资金1.46亿元。

推动企业做大做强。通过政策引导推动企业“小升规”（小微企业规范升级为规模以上企业）和“防退规”（防止工业企业退出规模以上企业统计范围），强化“隐形冠军”类企业培育。制造业单项冠军企业（产品）新增2家（个）、通过复核企业3家；新增国家级专精特新“小巨人”企业6家，常州凯达重工科技有限公司、常州市钱璟康复股份有限公司获工业和信息化部支持专精特新中小企业高质量发展专项资金补助，大连理工研究院有限公司、江苏江南烯元石墨烯科技有限公司获工业和信息化部专精特新中小企业高质量发展示范平台补助资金支持；新增中小企业公共服务示范平台国家级1个、省级5个，新增小型微型企业创业创新示范基地国家级、省级各1个，3个中小企业公共服务示范平台项目获省转型升级资金支持，占全市的60%。

创新能力持续提升。聚焦产业重点方向，坚持把创新摆在发展的核心位置。江苏常发农业装备股份有限公司、新誉轨道交通科技有限公司获评江苏省关键核心技术（装备）攻关项目，争取项目资金超2300万元；新增省首台（套）重大装备4个，占全市的80%，新增市首台（套）重大装备及关键部件15个；入选省重点技术创新项目导向计划29个，其中新产品研发类15个、关键核心技术攻关类13个、标准领航产品类1个；新增省工业设计中心4个、省服务型制造示范企业（平台）6家（个），认定数均居全市第一；11个产品被列入省重点推广应用的新技术新产品。

智能制造加快升级。通过国家级两化融合管理体系贯标评定企业16家（其中复评2家）、省级两化融合管理体系贯标试点企业16家；常州天正工业发展股份有限公司的“长三角区域一体化工业互联网特色服务平台”被认定为2020年工业和信息化部示范专业特色工业互联网平台，“天正工业数据分类分级试点项目”获评2021年工业和信息化部工业信息安全能力提升示范试点项目，新增省级工业互联网标杆工厂1家；新增智能车间省级9个、市级12个，新增市级智能工厂3家、市级智能制造系统解决方案供应商2家；新增省上云企业五星级1家、四星级31家、三星级26家；新建及改造升级5G基站1237个，累计2717个；培育“5G+”融合应用项目10个，9家企业进入省工控安全防护星级企业培育名单。

绿色制造全力推进。组织企业申报绿色示范项目，新增绿色工厂国家级1家、省级3家、市级11家，江苏南方通信科技有限公司被认定为工业和信息化部绿色供应链示范企业；加大化工生产企业整治、转型提升力度，出台《引导化工生产企业转型发展的若干意见》，关闭退出化工生产企业11家；加大低端落后产能淘汰力度，重点围绕原材料、印染、铸造、电镀等行业，开展落后生产工艺装备排查和淘汰，关停取缔铸造企业10家。

（郭华亚）

【新增制造业单项冠军企业（产品）2家（个）】 2021年12月，江苏海鸥冷却塔股份有限公司、江苏国茂减速机股份有限公司生产的齿轮减速机分别被工业和信息化部认定为第六批制造业单项冠军企业（产品），武进区累计有制造业单项冠军企业9家，数量位居全省第一。

江苏海鸥冷却塔股份有限公司位于西太湖科技产业园（武进经济开发区），成立于1993年，是高新技术企业、江苏省服务型制造示范企业、CTI（美国冷却塔协会）会员单位，2017年在上海证券交易所上市。在国内较早从事冷却塔研发、设计及制造，建有江苏省超大型高效节能冷却塔工程技术研究中心，核心产品核电冷却塔生产设备、生产工艺均达国际领先水平，打破国外垄断，填补国内市场空白，补齐产业链关键领域的短板，通过欧盟CE认证，产品广泛应用于电力、石化、冶金等领域。拥有有效授权专利200余件，其中发明专利14件，参与制定冷却塔相关国际标准2项、国家标准6项、行业标准5项。

江苏国茂减速机股份有限公司位于武进高新区，是国茂减速机集团有限公司的控股子公司，2019年在上海证券交易所A股主板上市，是江苏省服务型制造示范企业、国家知识产权优势企业、江苏省绿色工厂。建有江苏省减速机传动机械工程技术研究中心、江苏省企业技术中心，建成齿轮减速机智能工厂，树立通用减速机行业智能制造标杆，自主研发的齿轮减速机，属动力和运动传递的重要核心配套装置，具有高精度、高承载、低噪声、锥面密封结构等特点，工艺达国际领先水平，适用于工程机械、智能物流与仓储、工业自动化、冶金、环保、化学工业、可再生能源、食品轻工、游乐设备、港口机械、资源开采等领域，在中高端减速机关键零部件领域实现进口替代，市场占有率全球第二、国内第一。公司累计拥有专利113件，其中发明专利20件、PCT发明专利1件。

【6家企业获评国家级专精特新“小巨人”企业】 2021年8月，武进区6家企业被工业和信息化部认定为第三批专精特新“小巨人”企业，累计11家。

常州铭赛机器人科技股份有限公司　成立于2008年，是高新技术企业，在高速高精度点胶机及包括压电喷射阀、精密点胶控制器产品领域掌握相关核心技术，获授权专利315件，其中发明专利77件。产品应用于精密电子和半导体领域，为三星、苹果、华为等国内外终端厂商提供产品，在精密点胶高端领域获终端厂商及其代工厂的高度认可。

三鑫重工机械有限公司 成立于2008年，主要研发制造高合金铸钢件、冶金轧辊，是高新技术企业、国家绿色工厂、重载机车技术创新战略联盟理事单位。建有省铸钢材料工程技术研究中心、省企业技术中心。主持制定标准1项，参与制定国家标准1项，获专利授权75件，其中发明专利19件。产品性能达国内领先水平，打破国外垄断，实现超超临界汽轮机组核心部件阀壳国产化。

征图新视（江苏）科技股份有限公司 成立于2009年，是机器视觉整体解决方案供应商，是高新技术企业。建有省机器视觉工程技术研究中心、省企业技术中心、省研究生工作站、省博士后创新基地，研制生产的3C偏光片智能无损视觉检测设备、消费类电子外观缺陷检测设备可替代国外检测设备，累计获专利授权、软件著作权288件，其中发明专利52件。

江苏晶雪节能科技股份有限公司 创立于1993年，专注研发、设计、生产、销售和服务冷库围护系统和工业建筑节能隔热保温材料，是高新技术企业，2021年6月在深圳证券交易所创业板上市。建有江苏省冷链物流设备与材料工程技术研究中心、江苏省工业设计中心、江苏省企业技术中心等，参与起草国家标准和行业标准10多项，拥有专利63件。

常州市武进广宇花辊机械有限公司 成立于2001年，研究开发各种压花压光辊筒和压花压光机械，是高新技术企业。压花辊及热轧机械销量国内领先，年销售额超5亿元，产品质量接近国际先进水平，价格低于同类进口产品，打破国外垄断。主导编制行业标准2项，累计获授权专利127件，其中发明专利25件。

快克智能装备股份有限公司 成立于1993年，致力于电子装联技术的创新研发，是高新技术企业。建有博士后工作站等研发机构（省级四中心），攻克精密焊接、高速点胶、精密贴合、运动控制、视觉算法等核心技术，引领电子焊接智能化发展，为精密电子组装及微组半导体封装检测领域提供智能装备解决方案。先后承担省部级项目9个，取得有效专利205件，其中发明20件。

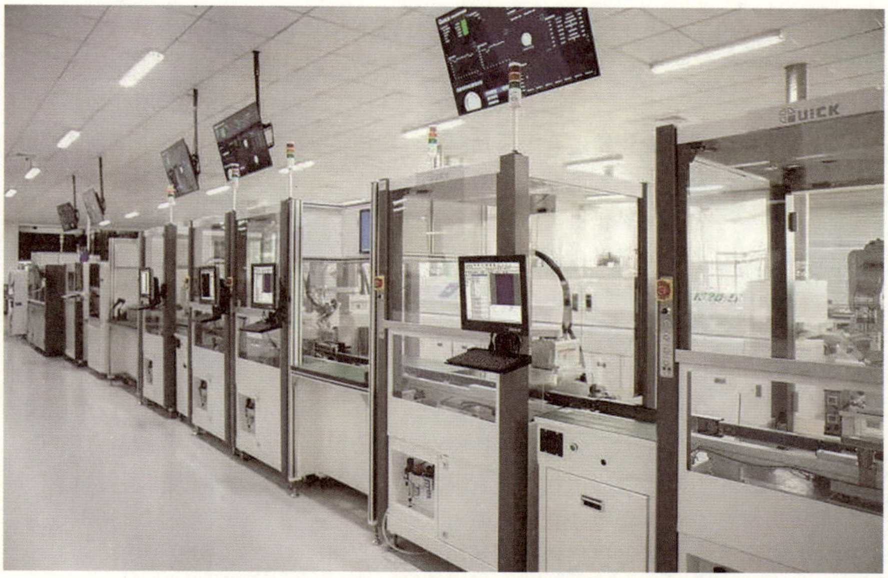

快克智能装备股份有限公司生产车间 （供图/区工信局 摄于2022年9月）

【31家企业获评省级专精特新“小巨人”企业】 12月，武进区31家企业被省工业和信息化厅评为2021年度江苏省专精特新“小巨人”企业，其中专精特新产品企业8家、“小巨人”企业（制造类）20家、“小巨人”企业（创新类）3家。

20家“小巨人”（制造类）企业2020年度主营业务收入在5000万元及以上或利税总额在800万元及以上，2018—2020年营业收入平均增长率或平均营业利润率在8%以上，主导产品（服务）市场占有率位居国内同行业前五，生产技术、工艺及产品质量性能国内领先，均建立市级及以上研发机构，研究开发费用占销售收入的比重不低于3%。其中，江苏南方轴承股份有限公司成立于1998年，专业研发、生产和销售精密滚针轴承及汽车零部件，产品领域扩展至超越离合器、单向滑轮总成及套圈类产品，技术质量水平国内同行业领先，是国内滚针轴承、超越离合器和国产化滚针轴承替代进口轴承的专业制造企业、高新技术企业；江苏恒立液压科技有限公司创建于2013年，是中国液压元件领军企业、工业和信息化部制造业单项冠军示范企业江苏恒立液压股份有限公司的全资子公司，研制生产的第一代小型挖掘机用斜盘式轴向柱塞变量泵HP3V80，在燃油经济性、输出效率上均优于国际标杆产品，在国内首次实现35兆帕核心液压元件自主化研制、国产工程机械全面自主化配套，产品国内市场占有率41.7%；江苏常发农业装备股份有限公司成立于2003年，专业研发、制造、销售大型农业机械装备，是高新技术企业、行业龙头企业，设有国家级企业技术中心，能自主设计开发拖拉机、收割机、插秧机、烘干机等整机产品，四缸及以下柴油发动机等，产品多功能化、智能化水平高。

3家“小巨人”（创新类）企业均为2014年之后成立的“四新”（新技术、新产业、新业态、新模式）创业创新类企业，拥有原创技术或产品，且具有高成长潜力。其中，纳恩博（常州）科技有限公司是九号有限公司的全资子公司，集研发中心、质量中心、制造中心、供应链中心等于一体，建有常州市智能短交通工程研究中心，研发科技人员占员工总数的35%以上，拥有授权专利400余件，参与制定国家标准2项，通过ISO 9001、ISO 14001等管理体系认证，产品多次获德国iF设计奖、红点最佳设计奖、红点设计大奖至尊奖等设计大奖和创新产品奖项。

8个省级专精特新产品销售收入均占企业主营业务收入的60%以上，拥有2件以上发明专利或实用新型专利，具有专有技术，关键性能指标水平领先，产品市场占有率均位居国内同类产品前十。其中，江苏德速智能机械股份有限公司成立于2009年，专注于综合切削加工中心刀库、主轴、转台、矿物质床

表 11

2021 年度武进区新增省级专精特新“小巨人”企业情况表

类　别	企　业　名　称	所在地
“小巨人”企业（制造类）	常州朗锐铸造有限公司	武进高新区
	江苏汤姆智能装备有限公司	武进高新区
	常州电站辅机股份有限公司	武进高新区
	江苏河马井股份有限公司	武进高新区
	江苏君华特种工程塑料制品有限公司	武进高新区
	江苏南方轴承股份有限公司	武进高新区
	江苏恒立液压科技有限公司	武进高新区
	常州威克医疗器械有限公司	西太湖科技产业园
	常州第六元素材料科技股份有限公司	西太湖科技产业园
	江苏唯德康医疗科技有限公司	西太湖科技产业园
	常州联德电子有限公司	西太湖科技产业园
	常州克劳诺斯特种轴承制造有限公司	西太湖科技产业园
	新纶科技（常州）有限公司	西太湖科技产业园
	常州瞻驰光电科技股份有限公司	西太湖科技产业园
	中铁建电气化局集团轨道交通器材有限公司	雪堰镇
	江苏常发农业装备股份有限公司	礼嘉镇
	江苏道宁药业有限公司	湖塘镇
	上药康丽（常州）药业有限公司	洛阳镇
	江苏常美医疗器械有限公司	洛阳镇
	马拉兹（江苏）电梯导轨有限公司	湟里镇
“小巨人”企业（创新类）	纳恩博（常州）科技有限公司	常州科教城
	恩泰环保科技（常州）有限公司	武进高新区
	常州集硕医疗器械有限公司	西太湖科技产业园
专精特新产品企业	江苏高凯精密流体技术股份有限公司	常州科教城
	江苏道金智能装备有限公司	常州科教城
	江苏德速智能机械股份有限公司	武进高新区
	常州安泰诺特种印制板有限公司	武进高新区
	常州科普动力机械有限公司	西太湖科技产业园
	常州久煜自动化设备有限公司	西太湖科技产业园
	江苏嘉轩智能工业科技股份有限公司	西太湖科技产业园
	江苏洛凯机电股份有限公司	洛阳镇

身，是集科研、生产和销售于一体的高新技术企业，建有省工程技术研究中心、省企业技术中心、市工业设计中心等研发平台，拥有动态检测室、恒温质检室、洁净组装室、寿命试验室等配套检测设施。主营产品圆盘式刀库拥有 29 项自主知识产权，其中，发明专利 4 件，其产品制造工艺属国内首创，技术指标处于国内领先、国际先进水平，完全可以替代进口，属于《中国制造 2025 行动纲要》十大领域中“高档数控机床和机器人”重点领域，属于江苏省 13 个先进制造业集群中“高端装备—数控加工装备”领域，国内市场占有率 23%。

（毛　丹）

【新增省级企业技术中心 7 个】 2021 年，武进区贯彻执行《江苏省省级企业技术中心认定管理办法》，加快构建以企业为主体、市场为导向、产学研深度融合的技术创新体系，发挥省级企业技术中心在企业技术创新体系和自主创新能力建设中的引导示范作用，稳步推进国家、省、市级企业技术中心建设。11 月，武进区 7 个企业技术中心被省工业和信息化厅、发展改革委、科技厅、财政厅和税务局认定为省级企业技术中心，分别是江苏晶雪节能科技股份有限公司技术中心、常州联德电子有限公司技术中心、江苏嘉轩智能工业科技股份有限公司技术中心、常州恒创热管理有限公司技术中心、江苏德速智能机械股份有限公司技术中心、上药康丽（常州）药业有限公司技术中心和常州敏杰电器有限公司技术中心。武进区累计有企业技术中心省级 62 个、国家级 2 个。

（沈　伟）

【9 个车间通过省级智能制造示范车间认定】 12 月，武进区 9 个工业企业生产车间被省工业和信息化厅认定为 2021 年度省级智能制造示范车间，分别是安费诺（常州）高端连接器有限公司的 5G 高速连接器智能制造车间、晶品光电（常州）有限公司的 LED 芯片智能制造车间、斯泰必鲁斯（江苏）有限公司的气弹簧智能制造车间、贝亲母婴用品（常州）有限公司的湿巾全自动智能制造车间、柳工常州机械有限公司的土方机械智能装配车间、万帮数字能源股份有限公司的交流充电桩智能总装车间、江苏中科朗恩斯车辆科技有限公司的印制电路板智能制造车间、常州敏杰电器有限公司的电梯控制及照明系统智能制造车间、江苏联同纸业科技有限公司的瓦楞纸智能制造车间。9 家企业均主动应用国产核心软件和核心装备开展智能设备投入和改造，建成智能化车间，车间均实现智能装备和设备联网，关键重要装备实现远程控制和运维；建立仓储模型和配送模型，实现最小库存、高效配送、可视化管理；车间作业可实时调度、实时监控，自动监测任务订单、物料与在制品、设备、人员等车间生产资源及能源消耗、车间环境，做到异常事件快速响应、自动恢复；生产过程广泛采用条形码、二维码电子标签等识别技术，实现对物料、半成品、成品流动的追踪与追溯，做到在线自动检测、报警、诊断分析、故障解除等；广泛应用计算机辅助设计及仿真系统、产品生命周期管理系统（PLM）、制造执行系统（MES）、企业资源计划管理系统（ERP）、供应链管理系统（SCM）等信息系统，实现车间内外联动协同，安全生产水平和经济效益得到明显提升。至年底，累计 50 个车间通过省级智能制造示范车间认定。

（谢晓燕）

【新增省级工业设计中心 4 个】 6 月，江苏恒立液压股份有限公司工业设计中心等4个工业设计中心被省工业和信息化厅认定为省级工业设计中心。武进区累计认定省级工业设计中心达20家。

江苏恒立液压股份有限公司工业设计中心 成立于2013年，建筑面积3000平方米，有专业工业设计人员182人，其中博士2人、硕士56人，高级职称9人。拥有三坐标测量仪、便携式粗糙度仪、工业扫描仪、超声波探伤仪、便携式课题检测仪等试验检测仪器，中型全自动数控活塞杆装配机、液压缸自动装配机、微机控制全自动金属摆锤冲击试验台等中试设备。定制设计各类高端液压系统及超大型特种油缸，产品广泛配套于行走机械、工业工程、海工船舶、能源科技、隧道工程等关键产业领域。2021年，中心为定制设计的超大缸径、超大活塞杆、超长行程海工油缸交付，装配于国内最大打桩专用工程船"水欣麒1号"，设计的挖掘机轴向重载柱塞泵高性能拟实数字试验台被认定为省首台（套）重大装备，为"一带一路"倡议中阿合作项目——迪拜光热超级工程3×200兆瓦槽式光热电站设计的专用液压缸交付，全面满足高温、多沙尘的严苛应用环境。累计获授权专利132件，其中发明专利6件。2021年，该中心设计的产品实现销售收入22亿元。

快克智能装备股份有限公司工业设计中心 成立于2013年，研发设计、实验基地面积4400平方米，工业设计团队76人。建成先进运动控制实验平台、工艺参数仿真平台、生产数据库等研发平台，例行实验室、静电安全实验室、分析实验室、检测中心等。核心产品电子装联精密焊接设备，主要应用于智能终端、新能源汽车、新能源、智能物联、半导体等行业领域，科技属性强、附加值高、国内外市场占有率高。参与承担国家高技术产业发展计划、省科技成果转化项目等省部级科研项目9个，曾获2020年江苏省科学技术奖二等奖、2020年国家专利优秀奖。累计拥有授权专利205件，其中发明专利20件，获软件著作权90项，主导和参与制定国家及行业标准7项。2021年，该中心设计的产品实现销售收入6.95亿元。

江苏孜航精密五金有限公司工业设计中心 成立于2013年，建筑面积1000平方米，有工业设计人员26人，配备CNC自动车床、850加工中心、住友射出成形机、数控车床、Explorer Classic三坐标等高端生产检测设备。主要生产吻合器组件、腔镜组件、包皮环切组件、套扎器、穿刺器五大类、20多种吻合器零部件，广泛应用于外科手术医疗器械领域，市场占有率行业领先，累计获授权专利77件，其中发明专利8件，参与制定企业标准5项。2021年，该中心设计的产品实现销售收入1.8亿元。

江苏中科朗恩斯车辆科技有限公司工业设计中心 成立于2016年，占地面积2500平方米，有工业设计人员41人，配备3D-X射线混合式检测装置、光学检测仪器、在线式锡膏印刷检测、单颗LED及LED灯具光色电测试系统、可程式恒温恒湿试验机、组装电路板测试机等设备。主要生产组合式LED模组、车灯调光器及智能车灯，配套国内外各大汽车主机厂，其中车灯调光电机产品国内占有率5%、中东地区市场占有率95%。累计拥有有效知识产权46件，其中发明专利4件。2021年，该中心设计的产品实现业务收入2.7亿元。

【新增省级服务型制造示范企业（平台）6家（个）】 2021年，武进区引导支持制造企业由主要提供产品制造向提供"产品＋服务"转型，促进制造与服务深度融合。6月，常州市武进长虹结晶器有限公司、三鑫重工机械有限公司、常州中进医疗器材股份有限公司、常州天正工业发展股份有限公司、万帮星星充电科技有限公司运营的星星充电智慧能源管理平台、常州百通企业管理咨询有限公司运营的百通企业管理一站式服务平台被省工业和信息化厅认定为省服务型制造示范企业（平台）。至年底，武进区累计有省级服务型制造示范企业（平台）27家（个）。

（沈娇露）

【博士吧科技型中小企业公共服务平台获评国家中小企业公共服务示范平台】 2021年12月，该平台被工业和信息化部认定为国家中小企业公共服务示范平台，认定有效期3年。平台位于常州科教城大连理工产业大厦，成立于2017年，由大连理工江苏研究院有限公司运营，前身为博士吧科技服务超市，平台项目建设、能力建设累计投资超3000万元。聚焦智能装备、机器人、高端装备研发与制造、精密制造、新能源、新材料等产业领域，面向武进科技型中小企业，辐射长三角地区企业，提供智改数转、技术开发、知识产权、政策信息宣讲、创业指导等服务，2019年至2021年，累计服务企业930多家次，服务活动参与人数超2000人次，曾获江苏省中小企业公共服务示范平台（三星级）、工业和信息化部首批支持的专精特新"小巨人"企业公共服务示范平台项目。至年底，武进区累计有国家中小企业公共服务示范平台2个，数量占全市的70%。

【新增省级中小企业公共服务示范平台6个】 12月，常州检验检测标准认证研究院等6个平台被省工业和信息化厅认定为省级中小企业公共服务示范平台。其中，常州检验检测标准认证研究院获评四星级中小企业公共服务示范平台，机械科学研究总院江苏分院有限公司、江苏秋泓环境检测有限公司、江苏恒唯智信息技术有限公司、常州飞凡医药信息咨询服务有限公司获评三星级中小企业公共服务示范平台，常州市科创公共服务有限公司复核为三星级中小企业公共服务示范平台。2021年，5个新认定平台深化产学研合作，强化人才等资源集聚，累计开展活动近1000场，在技术创新、专业培训、绿色生产等方面服务企业近2000家，服务人数近5000人，集聚社会服务机构近100家。武进区累计有省级中小企业公共服务示范平台17个。

【常州市武进绿色建筑产业园被认定为国家小型微型企业创业创新示范基地】 12月，由江苏绿弘科技发展有限公司运营的常州市武进绿色建筑产业园被工业和信息化部认定为国家小型微型企业创业创新示范基地。相关内容参见"产业园区"类目P90相关条目。

【中南高科常州武进创智云谷获评省小型微型企业创业创新示范基地】 12月，中南高科常州武进创智云谷被省工业和信息化厅认定为省小型微型企业创业创新示范基地，武进区累计有省小型微型企业创业创新示范基地10个。该基地位于牛塘镇虹西路186号，由常州锦麟科技产业园管理有限公司运营，总占地面积5.74公顷，总建筑面积7.98万平方米。有产业资源导入、产业服务两大核心板块，聚焦智能制造、电子信息、装备制造等产业，打造集产学研、产业链、投资孵化、运营服务于一体的服务平台，为基地企业提供全生命周期服务。形成“4+6+5”产业增值服务体系，即审批验收、行政代办、配套服务、物业服务四大基础服务，政策服务、综合金融、人力资源、科技创新、市场服务、基地活动六大增值服务，跨境转化平台、战略新兴产业平台、未来智慧基地平台、产业投资平台、智造业研修院五大服务平台。至年底，累计引进企业89家，均为小型微型企业，培育孵化规模以上企业6家、高新技术企业11家，累计带动就业1500多人，全年完成总产值11.4亿元。

（薛舒明）

重点特色产业

高端装备产业

【概况】 武进区高端装备制造产业主要研发生产智能制造装备、轨道交通装备、高端农机装备、工业机器人和其他专用装备。2021年，该产业有规模以上工业企业179家，完成产值651.35亿元，比2020年增长15.2%。产业骨干企业主要有江苏恒立液压股份有限公司、柳工常州机械有限公司等工程机械专用装备企业；安川（中国）机器人有限公司、快克智能装备股份有限公司、常州铭赛机器人科技股份有限公司、常州节卡智能装备有限公司、遨博（江苏）机器人有限公司等工业机器人企业；江苏今创交通设备有限公司、新誉集团有限公司、中铁建电气化局集团轨道交通器材有限公司等轨道交通装备企业；卡尔迈耶（中国）有限公司、五洋纺机有限公司、常州市武进广宇花辊机械有限公司等高端纺机制造企业；常州创胜特尔数控机床设备有限公司、常州市德速机械有限公司等数控设备生产企业。年内，区委、区政府出台《关于推进智造名城主引擎建设的实施意见（2021—2023）》《关于武进区机器人产业链卓越发展实施方案（2021—2023）》，新增国家级专精特新“小巨人”企业6家、省首台套重大装备4个，江苏常发农业装备股份有限公司承担的“全自动动力换挡重型拖拉机关键核心技术攻关”项目、新誉轨道交通科技有限公司承担的“城轨供电双向变流系统及储能系统”项目入选省关键核心技术（装备）攻关项目，江苏国茂减速机股份有限公司生产的齿轮减速机获评工业和信息化部制造业单项冠军产品。

【新增省首台（套）重大装备4个】 12月，武进区工业企业研制的YXS-L型自动穿经机等4个设备被省工业和信息化厅认定为2021年度江苏省首台（套）重大装备，武进区累计有省首台（套）重大装备78台（套）。YXS-L型自动穿经机由永旭晟机电科技（常州）有限公司研制，与人工穿经相比，系统穿经速度提高7倍，在理想情况下，极限穿经峰值达160根／分（普通环境140根／分），并发能力较国际惯用技术提高2倍，率先实现基于泛在纺织行业穿经方式结构升级，大大缩减穿经作业时间，节省大量人力成本，填补国内自动穿经机自主品牌空白，打破依赖进口的格局。挖掘机轴向重载柱塞泵高性能拟实数字试验台（HL-XT-210107）由江苏恒立液压科技有限公司与燕山大学、浙江大学联合研制，创造性开发参数自整定PID控制方法、基于非接触传感器和触发式采集的数据采集系统、功率回收系统、具有固定相位差的测点数据时序和空间拟合方法等核心技术，打破国外技术垄断，可全面满足国产挖掘机用柱塞泵实际应用工况下的测试要求。数字脑电图机（NSH0128）由博睿康科技（常州）股份有限公司研制，应用于神经外科癫痫手术前术前病灶的评估，技术、数据自主可控，是国内首款颅内脑电、全球首款获得医疗器械注册的1024导联数字脑电图机，打破进口品牌垄断。SP-5113ASI-LH型节能环保型多弧加溅射真空镀膜设备由常州翊迈新材料科技有限公司研制，用于生产新能源（氢能）汽车燃料电池金属双极板涂层，结构为连续线多腔室结构设计，借助自主研发的双级磁场增强过滤电弧源和等离子体在线监控系统技术，解决传统装备涂层大颗粒较多、合格率较低等问题，真空抽速、加热效率高，产能高，成本低，产品合格率97%，极板导电和耐蚀性可与国际设备产品媲美。

（张杏阳）

【国茂高精密减速机和齿轮项目竣工】 该项目由江苏国茂减速机股份有限公司于2018—2021年度实施，2021年12月竣工，总投资9.5亿元。其中，减速机项目用地面积13.4公顷，新建厂房面积9.4万平方米，购置卧式加工中心、立式加工中心、数控镗铣中心等生产设备215台（套），达产后可年产减速机35万台；齿轮项目利用公司原有厂房1.8万平方米，购置立式加工中心、数控立车、数控插齿机等生产设备232台（套），达产后可年产齿轮160万件。

江苏恒立液压科技有限公司研制的挖掘机轴向重载柱塞泵高性能拟实数字试验台（HL-XT-210107）
（供图／区工信局 摄于2022年8月）

【华创直升机传动系统项目竣工】 该项目由常州华创航空科技有限公司于2019—2021年度实施，2021年11月竣工。利用自有土地1.53公顷，新建厂房面积1.3万平方米，购置卧式加工中心、专用立式加工中心、熔炼生产线、磨齿机、三坐标检测仪、试车台等生产设备及配套软件131台（套），总投资6.5亿元，达产后可年产直升机传动系统200台（套）。

【恒立液压系统项目竣工】 该项目由江苏恒立液压科技有限公司于2019—2021年度实施，2021年6月竣工。利用公司原有土地，新建车间面积3.1万平方米，购置数控卧式加工中心、立式加工中心、折弯机等生产设备111台（套），总投资3亿元，达产后可年产液压系统5000套。

【柳工挖掘机智能化生产技术改造项目竣工】 该项目由柳工常州机械有限公司于2020—2021年度实施，2021年9月竣工。利用原有厂房，购置小型机平台机器人、智能化组队机器人、AGV配送小车、装配机器人等设施设备88台(套)，智能化改造挖掘机生产线，总投资2亿元，达产后可年产小型机结构件2.2万台（套）、小型挖掘机1.85万台、迷你挖掘机3500台。

（朱梦斐）

智电汽车产业

【概况】 武进智电汽车产业主要集中在武进国家高新区，建有理想汽车整车生产基地。2021年，该产业有规模以上工业企业近百家，完成产值399.21亿元，比2020年增长70%。产业骨干企业主要有万帮数字能源股份有限公司、江苏龙城精锻集团有限公司等，优质项目（企业）主要有博世力士乐（常州）有限公司、北京西门子汽车电驱动系统（常州）有限公司、斯泰必鲁斯（江苏）有限公司、斯佩尔汽车科技（常州）有限公司等，专业平台有中汽研（常州）汽车工程研究院有限公司等研发测试中心。理想汽车总交付量90491辆，比2020年增长177.4%，其中理想ONE汽车成为首个单款产量超10万辆的新势力产品，在全国105个城市建立零售中心220个。万帮数字能源股份有限公司获“APEC2021中国数字经济产业示范样本50企业”称号。

（张杏阳）

装配完成的理想ONE汽车　　（供图/区工信局 摄于2022年9月）

【斯佩尔高性能车用风机项目竣工】 该项目由斯佩尔汽车科技（常州）有限公司于2020—2021年度实施，2021年12月竣工。用地面积3.89公顷，建设车间及辅助用房2.58万平方米，购置超声波清洗机、注塑机、空压机等设备53台（套），总投资3.64亿元，达产后可年产高性能车用轴流式、离心式风机100万套。

【达亚汽车车身及底盘部件项目竣工】 该项目由常州达亚汽车配件有限公司于2018—2021年度实施，2021年12月竣工。收购新科空调土地6.35公顷，改建厂房3万平方米，购置机械冲床、冲压自动化、焊接线、铆接设备、液压机等设备143台（套），总投资3.5亿元，达产后可年产汽车底盘零部件、车身零部件、模具、检具、焊接夹具等汽车零部件1亿个。

【恒创散热片项目竣工】 该项目由常州恒创热管理有限公司于2020—2021年度实施，2021年12月竣工。利用自有厂房，购置双点冲床、落料清洗线、自动氩弧焊机、热轧机、光纤激光切割机等主辅设备370台（套），总投资1.3亿元，达产后可年产新能源汽车用和通信基站散热片3000万片。

【龙城精锻汽车部件项目竣工】 该项目由江苏龙城精锻有限公司于2020—2021年度实施，2021年9月竣工。利用自有厂房，购置数控车床、中频感应加热炉、模锻机等设备119台（套），总投资1.1亿元，达产后可年产汽车部件594万件。

（朱梦斐）

新一代信息技术产业

【概况】 武进区新一代信息技术产业主要分布在武进国家高新区和常州科教城内常州信息产业园等信息技术和软件产业集中区。2021年，该产业有规模以上工业企业48家，完成产值307.96亿元，比2020年下降2.1%。产业骨干企业主要有瑞声科技控股有限公司、安费诺（常州）高端连接器有限公司、光宝科技（常州）有限公司、常州纵慧芯光半导体科技有限公司等企业。年内，区委、区政府出台《武进区集成电路产业链跃升发展实施方案（2021—2023)》，重点推动常州集成电路生态产业园、长三角化合物半导体创新基地等平台及重点企业发展，集成电路相关企业累计20多家，涉及芯片设计、晶圆制造、封装测试及相关材料、装备生产等领域。常州纵慧芯光半导体科技有限公司获评2021年度苏南国家自主创新示范区潜在独角兽企业，建成江苏省产业技术研究院联合创新中心。瑞声科技控股有限公司入围2021年（第34届）中国电子元件百强企业，瑞声光电科技（常州）有限公司承担的1个项目获2021年度江苏省科学技术奖三等奖。

（张杏阳）

【年产2500万片子卡连接器、5000万片背板连接器技改扩建项目竣工】 该项目由安费诺（常州）高端连接器有限公司于2021年度实施，12月竣工。租用常州市溢华电子设备有限公司厂房1.65万平方米，改造内部设施，购置全自动装配机、自动检测机、高压测试机等设备178台（套），对原有产线实施技术改造。总投资1.2亿元，达产后可年产子卡连接器2500万片、背板连接器5000万片。

【新增年产204万片LED芯片项目竣工】 该项目由晶品光电（常州）有限公司于2021年度实施，12月竣工。利用原有厂房实施设施改造，购置自动显影机、PECVD化学气相沉积炉、ICP蚀刻机等设备77台(套),总投资1.2亿元，达产后可年产LED芯片204万片。

（朱梦斐）

节能环保产业

【概况】 2021年，武进区节能环保产业有规模以上工业企业90余家，完成产值172.94亿元，比2020年增长26.3%。产业骨干企业主要有常州常发制冷科技有限公司、江苏晶雪节能科技股份有限公司、江苏海鸥冷却塔股份有限公司、江苏绿和环境科技有限公司、常州翔宇资源再生科技有限公司等，拥有高新区节能环保科技产业园、武进绿色建筑产业集聚示范区等高层次产业平台。年内，江苏晶雪节能科技股份有限公司在创业板IPO上市交易，募集资金2.1亿元，成为中国冷库保温板行业首家上市公司，获评2021年国家级专精特新“小巨人”企业。江苏海鸥冷却塔股份有限公司获2021年工业和信息化部第六批制造业单项冠军企业称号。

（张杏阳）

【新科人居智能舒适系统（一期）项目竣工】 该项目由江苏新科环保科技有限公司于2019—2021年度实施，2021年11月竣工。用地面积27.33公顷，其中一期用地面积11.33公顷，新建厂房18万平方米，购置生产流水线10条及配套能效、环保排放、安全等测试设备，总投资10亿元，达产后可年产空气能及煤改电设备17万台、智能空调350万台、空气净化器及新风设备170万台。

【康普迪森冷链装备项目竣工】 该项目由康普迪森冷链装备（江苏）有限公司于2020—2021年度实施，2021年7月竣工。用地面积3.51公顷，新建厂房、办公楼、研发中心等面积3万平方米，购置发泡机、激光切割机、高速冲压机床、数控折弯机等主要设备，总投资3亿元，达产后可年产节能保温板材150万平方米、智能冷冻机组8500套。

【亿沣冷库材料项目竣工】 该项目由江苏亿沣冷链科技有限公司于2020—2021年度实施，2021年7月竣工。利用原有厂房和1.8万平方米新建厂房，购置金属面硬质聚氨酯夹芯板自动连续生产线、行车等设备共12台（套），总投资1.18亿元，达产后可年产金属面硬质聚氨酯夹芯板300万平方米。

（朱梦斐）

新能源产业

【概况】 2021年，武进区新能源产业有规模以上工业企业60余家，完成产值145.3亿元，比2020年下降53.1%。产业骨干企业有江苏顺风光电科技有限公司、江苏格林保尔光伏有限公司、常州吉鑫风能科技有限公司、常州九天新能源科技有限公司、天铂电力有限公司等。

（张杏阳）

【江苏顺风新能源科技有限公司进入符合《光伏制造行业规范条件》企业名单】 2021年12月，江苏顺风新能源科技有限公司通过工业和信息化部认定，被列入符合《光伏制造行业规范条件》企业名单（第十批）。武进区累计有4家企业申报并通过《光伏制造行业规范条件》公告，数量居全市第一。该公司成立于2018年，注册资本4亿元，专业从事高效PERC单晶太阳能电池片研发、生产和销售，是高新技术企业，拥有专利25件，具有年产晶硅太阳能电池1.5吉瓦的生产能力，平均电池产品转换率22.55%。

（高 艳）

【年产1.8吉瓦高效太阳能电池项目竣工】 该项目由江苏格林保尔光伏有限公司于2020—2021年度实施，2021年12月竣工。占地面积5.67公顷，建设车间及辅助用房，总建筑面积3.21万平方米，购置单晶槽式机、臭氧发生器、扩散炉等设备163台（套）。总投资10亿元，达产后可年产高效率、大尺寸单晶硅太阳能电池1.8吉瓦。

【常州顺风高效太阳能电池项目竣工】 该项目由常州顺风太阳能科技有限公司于2021年度实施，11月竣工。租用江苏顺风光电科技有限公司厂房1.42万平方米，实施设施改造。另租用常州顺风光电材料有限公司仓库，购置上下料机械手、在线插片机、空压机等设备183台（套），配套暖通、废水、制氮等公用辅助设施8台（套）。总投资4.98亿元，达产后可年产高效太阳能电池2.5吉瓦。

【比太黑硅异质结太阳能电池片生产示范线项目竣工】 该项目由常州比太黑硅科技有限公司于2020—2021年度实施，2021年9月竣工。租用厂房4000平方米，购置PECVD镀膜机、PVD镀膜机、丝网印刷机等设备22台（套），对原有产线实施技术改造，总投资1亿元，达产后可年产黑硅异质结（SHJ）太阳能电池片60兆瓦。

【九天光伏配件项目竣工】 该项目由常州九天新能源科技有限公司于2021年度实施,12月竣工。利用企业现有厂房1.4万平方米，租赁江苏九洲投资集团有限公司标准厂房5265.3平方米，实施厂房装修改造，购置键合机、自动焊锡机、汇流条一体机等设备153台（套）。总投资3000万元，达产后可年产光伏模块二极管3800万个、光伏接线盒5000万套、光伏电缆600万米、光伏焊带10000吨。

（朱梦斐）

新材料产业

【概况】 武进区新材料产业以石墨烯研发生产为代表，主要研发和生产新型功能材料、先进结构材料、共性基础材料。2021年，全区新材料产业有规模以上工业企业60余家，完成产值117.28亿元，比2020年增长19.9%。产业骨干企业主要有百兴集团有限公司、新纶科技（常州）有限公司、碳元科技股份有限公司、江苏泛亚微透科技股份有限公司、常州富烯科技股份有限公司等企业。常州第六元素材料科技股份有限公司获评2021年苏南国家自主创新示范区潜在独角兽企业、江苏省专精特新“小巨人”企业。常州西太湖科技产业园（武进经发区）累计培育石墨烯专精特新企业（产品）6家（个），形成区域性专精特新企业集聚。

（张杏阳）

【石墨烯先进碳材料产业】 武进区石墨烯先进碳材料产业主要布局在西太湖科技产业园，建有江苏省石墨烯创新中心、常州大学碳材料研究院、南京工业大学西太湖产业学院等新型研发平台，具备“研究院—众创空间—孵化器—加速器—产业园—特色小镇”于一体的创业孵化载体体系，形成涵盖研发设计、创业孵化、检验检测、标准制订、产品认证、知识产权、信息情报、市场推广、投资融资等功能于一体的公共服务体系，累计形成原创性石墨烯产品150余种、全球首创成果14个。2021年，武进区继续实施《先进碳材料产业发展三年行动计划（2021—2023年）》，推进石墨烯产业综合发展水平，引进第六元素研发总部用地项目等石墨烯项目10个，入选“龙城英才计划”项目2个。江南石墨烯研究院作为集群促进机构组织的常州市新型碳材料集群入选国家先进制造业集群，为全市唯一，获江苏省生产性服务业优秀服务机构、江苏省小型微型企业创业创新示范基地等荣誉；研究院作为主导单位制定的石墨烯国家标准《氧化石墨烯厚度测量》发布实施，是全国首批四大石墨烯国家标准之一，为氧化石墨烯产品指标提供检测依据；研究院分析测试中心结合企业和项目的共性检测需求进一步提升检测能力，增加全自动实验室反应量热器、差示扫描量热仪、加速量热仪等热学检测设备，检测服务范围从碳材料拓展至金属、陶瓷、高分子材料等；研究院测试中心共享预约系统新增常州检验检测标准认证研究院、南京工业大学2家单位近20台（套）检测设备，面向社会开展检测预约服务。江苏省石墨烯创新中心研发中试基地和孵化场地建成投用，完成石墨烯PTC（正温度系数效应）发热膜中试线二期、碳纳米管纤维薄膜中试线二期和石墨烯改性碳纤维复合材料实验室建设；创新中心全年开展研究项目8个，申请专利54件，新增授权发明专利2件；主导制定省地方标准3项，参与制定住建部标准、国家级标准各1项，获评工业和信息化部专精特新“小巨人”企业服务示范平台。产品认证中心申报CMA计量认证和CNAS实验室认可项目各37个，其中石墨烯及其制品相关项目19个、碳材料及其制品相关项目11个、光伏组件材料相关项目7个。举办2021常州市武进区石墨烯科普知识网络竞赛，围绕石墨烯材料在绿色建筑中的应用、石墨烯散热材料在光机电及航天照明产业中的应用举办江南石墨烯论坛2场，承办省人社厅专业技术人才知识更新工程2021年高级研修班，全年举办“石墨烯大联播”直播活动7场。至年底，武进区汇聚石墨烯产业团队40多个、企业160余家，完成以石墨烯为代表的先进碳材料产业产值近44亿元，比2020年增长10%。

（周　健）

国家石墨烯新材料高新技术产业基地　（摄影/周健 摄于2020年10月）

【辛格顿新材料项目竣工】 该项目由辛格顿（常州）电子科技有限公司于2020—2021年度实施，2021年11月竣工。用地面积6.67公顷，新建厂房、办公楼、研发中心等4.7万平方米，购置涂布机、行星搅拌机、高速分散机、复卷机、切卷机、分条机、贴合机等主要设备，总投资5亿元，达产后可年产各类高性能胶带和泡棉6000万平方米。

【百佳特种功能性聚酯薄膜项目竣工】 该项目由常州百佳年代薄膜科技股份有限公司于2020—2021年度实施，2021年12月竣工。利用自有厂房，购置原料干燥计量输送系统、挤出系统主机单螺杆、挤出系统主机双螺杆、铸片系统、边料回收系统、在线电焊处理等主辅设备35台（套），总投资2.2亿元，达产后可年产中厚型特种聚酯薄膜1.8万吨（EVA胶膜8000吨、BOPET薄膜10000吨）。

【德源薄膜材料项目竣工】 该项目由江苏德源材料科技有限公司于2020—2021年度实施，2021年8月竣工。用地面积1.58公顷，新建厂房1.2万平方米，购置薄膜改性专用材料生产线2条，总投资1.2亿元，达产后可年产薄膜改性专用材料2万吨。

（朱梦斐）

医疗健康产业

【概况】 2021年，武进区医疗健康产业有规模以上工业企业60余家，完成产值72.4亿元，比2020年下降4.3%。产业骨干企业主要有亚邦医药股份有限公司、常州康普药业有限公司、江苏南方卫材医药股份有限公司等医药企业；创生医疗器械（中国）有限公司、常州华森医疗器械有限公司、江苏唯德康医疗科技有限公司、常州鼎健医疗器械有限公司等医疗器械企业。武进区是全省乃至全国重要的新型医疗器械生产基地之一，产业基础和配套能力较强，常州西太湖科技产业园创成国家医疗器械国际创新园、国家医药外贸转型升级示范基地。园区累计集聚以医疗器械生产为主体的健康制造类企业184家，形成骨科植入物、体外诊断试剂、有源手术工具三大产业高点，以及卫生材料与敷料、骨科工具与植入物、齿科、康复器材、大外科手术器械以及体外诊断设备与耗材六大特色子产业群。年内，常州西太湖医院、常州西太湖细胞治疗前沿技术研究院等项目建成投用，常州桐树生物科技有限公司、常州朗合医疗器械有限公司获评2021年度苏南国家自主创新示范区潜在独角兽企业，4家医疗健康企业获评2021年度江苏省专精特新“小巨人”企业。

（张杏阳）

【南翔骨科医疗器械项目竣工】 该项目由常州市南翔医疗器械有限公司于2019—2021年度实施，2021年10月竣工。用地面积1.83公顷，新建厂房2.7万平方米，购置自动纵切车床、立式镗铣加工中心等主要设备30台（套），总投资1.5亿元，达产后可年产骨科医疗器械5万套。

【道宁药用辅料乳糖项目竣工】 该项目由江苏道宁药业有限公司于2020—2021年度实施，2021年9月竣工。用地面积1.98公顷，新建厂房2.3万平方米，购置高速混合制粒机、喷雾干燥机、涡轮粉碎机等生产设备65台（套），总投资1.3亿元，达产后可年产药用辅料乳糖5700吨。

【岑康医疗器械项目竣工】 该项目由江苏岑康医疗科技有限公司于2021年度实施，9月竣工。租赁厂房2000平方米，购置纯化水设备、恒温恒湿空调机组、超声波清洗机、激光打标机、超声波焊接机等生产设备20台（套），购置生物安全柜、维氏硬度计、拉力机、锋利度测试仪、影像仪等检验设备40台（套）。总投资5000万元，达产后可年产一次性及重复使用吻（缝）合器5万套、一次性使用腹腔镜用穿刺器3万套，一次性使用内窥镜保护套2万套。

【维卓致远骨科手术机器人项目竣工】 该项目由常州维卓致远医疗科技发展有限公司于2021年度实施，12月竣工。租赁厂房面积1180平方米，新增超声波清洗仪、蒸汽灭菌器等设备20台（套），总投资3000万元，达产后可年产骨科手术机器人100套、骨科手术机器人用耗材10万件。

（朱梦斐）

优势传统产业

【概况】 武进区优势传统产业主要包括纺织服装产业、绿色精品钢产业等。2021年，武进区纺织服装产业有规模以上工业企业100余家，完成产值156.72亿元，比2020年增长22.5%，产业骨干企业有江苏瓯堡纺织染整有限公司、江苏新光纺织有限公司、常州市兰贵人纺织品有限公司、常州市美尔娜服饰有限公司、全棉乐家科技（江苏）有限公司、常州群达纺织原料有限公司等。绿色精品钢产业有规模以上工业企业10余家，完成产值271.78亿元，比2020年增长8.8%，核心企业为常州东方特钢有限公司，有常州中钢精密锻材有限公司、山阳金属（常州）冷拉钢有限公司、常州市联谊特种不锈钢管有限公司等相关企业。东方润安集团有限公司入选2021年中国民营企业500强、中国企业500强、中国制造业民营企业500强。

（张杏阳）

【长虹高精度结晶器项目竣工】 该项目由常州市武进长虹结晶器有限公司于2020—2021年度实施，2021年8月竣工。利用企业原有厂房，购置数控立式加工中心、数控卧式加工中心、高精度龙门加工中心等主要设备65台（套），总投资1.2亿元，达产后可年产高精度结晶器铜管3万支。

【易高尔PVC地板及地板材料项目竣工】 该项目由江苏易高尔新材料科技有限公司于2020—2021年度实施，2021年9月竣工。租赁厂房9000平方米，购置自动化混料系统、挤出成型设备、自动化锯切开槽连线等主要设备，总投资1亿元，达产后可年产PVC地板360万平方米。

（朱梦斐）

重点企业选介

【东方润安集团有限公司】 成立于2010年，位于湟里镇，是集特钢制造、机械加工、工业服务于一体的产业集团，总资产200亿元，有常州东方特钢有限公司、马拉兹（江苏）电梯导轨有限公司、常州同泰高导新材料有限公司等分公司5家，员工5000余人。围绕钢铁、导轨、铜业领域，先后建成精品棒材线、精品型材线、高速电梯导轨线等生产线，配备德国普瑞特PRIMETALS连铸机、意大利达涅利连轧机、摩根轧机、全自动精校检测机、SCR-7000型连铸连轧机等进口生产设备，主要生产合金钢、弹簧钢、轴承钢、齿轮钢、电梯导轨钢、铜管等产品，应用于汽车、石油、电力、交通、机械、汽车线、电子线、光伏线

东方润安集团有限公司厂区　（供图/区工信局 摄于2020年12月）

等领域。集团优特钢产能330万吨，是华东地区优特钢精品棒材、型材主要供应商，是品质及市场份额全球领先的电梯导轨专业制造商，铜业板块涵盖铜材加工、国际贸易等，拥有年产40万吨精品铜杆、15万吨精品铜线、12万吨精密铜管的生产能力，是长三角地区颇具影响力的铜杆、铜线、铜管供应商。实施“精品发展、绿色发展、安全发展”三大发展战略，建有CNAS国家认证实验室，拥有专利126件，其中国家发明专利4件，“高品质电梯导轨用型钢的开发”项目获江苏省钢铁行业协会“十三五”江苏省钢铁行业科学技术一等奖，“连铸圆坯取代热轧棒材用于中小口径管用钢的开发”项目获“十三五”江苏省钢铁行业协会科学技术二等奖，汽车等速万向节用55热轧圆钢、P110级深井油套管用30Mn2Cr连铸圆钢等获市级高新技术产品认证，下属公司常州同泰高导新材料有限公司、马拉兹（江苏）电梯导轨有限公司获评国家级绿色工厂。集团先后获评中国优特钢行业最具影响力生产企业、江苏百强民营企业、江苏省民营企业就业先进单位、江苏省管理创新优秀企业、江苏省节水型企业、第六届全国文明单位等称号。2021年，完成工业产值450.93亿元，实现主营业务收入470.98亿元，位居2021中国企业500强第431位，中国民营企业500强第219位、中国民营制造业500强第121位。

【重庆理想汽车有限公司常州分公司】 创立于2015年7月，位于武进高新区，是重庆理想汽车有限公司的子公司、生产基地。2020年，理想汽车在美国纳斯达克证券市场正式挂牌上市，股票代码为“LI”。公司有员工3000多人，是重庆理想汽车有限公司的核心生产基地，数字化投入占总投入的10%以上，设计年产能10万辆，涵盖冲压、焊接、涂装、总装四大车间，其中焊装车间自动化率100%，获评2020年常州市智能车间，涂装、冲压车间自动化率均超96%，通过智能化系统进行控制实现无人化（少人化）生产，处于行业先进水平。2021年，公司获评常州市绿色工厂、常州市重大贡献奖、常州市工业五星企业、常州市纳税百强企业，完成工业产值190.93亿元，实现主营业务收入207.81亿元。

【瑞声科技控股有限公司】 成立于1993年，位于武进高新区，是享誉全球的精密制造龙头企业、中国电子元件业领军企业，也是工业和信息化部认定的“三料”（微型声学、触觉反馈、MEMS麦克风）制造业单项冠军示范企业，在美国、德国、中国香港地区设分公司。2005年在香港上市，是《财富》中国500强及中国制造业500强企业。主要生产微型电声器件、微型振动电机、陶瓷传感器、射频模块、微型摄像镜头等，涵盖声学、微机电、触控马达、射频及结构件、光学等新型微型技术器件领域，应用于移动终端、机器人、无人驾驶汽车等智能设备，为谷歌、微软、华为等国内外30多个知名品牌企业提供产品和技术方案服务，市场份额占全球的35%。公司坚持创新驱动发展策略，每年研发投入占营业收入的10%以上，有研发中心19个，拥有的知识产权组合不断增长，在全球范围内共获6034项专利，另有事287项专利正在申请中。在微型声学、精密光学、电磁传动、射频天线等领域拥有全部自主核心技术。在声学领域，为全球超90%的旗舰智能手机提供声学解决方案，与全球前六大手机品牌商达成长期战略合作伙伴关系。在光学领域，在全球率先实现WLG（晶圆级玻璃）镜片量产，是全球三大塑胶镜头供应商之一。在电磁传动领域，在全球率先研制X轴触控产品。在射频天线领域，先后开发出手机天线、基站天线等6种不同5G天线解决方案。在MEMS传感器领域，首次真正实现从电路设计、晶圆制造、芯片封测、器件封装的全产业链国产化。2017—2021年，连续5年获评江苏省百强创新型企业；2018年，研究成果“高精密高性能塑料注射成形技术及装备”获中国机械工业科学技术一等奖；2019年，研究成果“塑料注射成形过程形性智能调控技术及装备”获国家科技进步二等奖；2020年，获江苏省企业技术创新奖，专利“振动电机（ZL201510464827.2）”获中国专利奖优秀奖。2021年，在常州地区完成工业产值104.3亿元，实现营业收入126.7亿元。

【江苏恒立液压股份有限公司】 始创于1990年，位于武进高新区，是全球知名液压元件以及系统供应商，中国液压行业龙头企业。总资产超120亿元，年销售额超93亿元，有员工6000余人，2011年在上海证券交易所主板上市。先后在武进高新区建成恒立油缸、恒立铸造、恒立液压三大基地，出资并购上海立新、德国INLINE油泵等品牌工厂，在欧洲、美国、日本成立海外销售服务公司和海外工厂。产品从油缸发展到液压阀、液压泵、液压系统、精密铸件等，涉及工程机械、港口机械、船舶海事、新能源发电、特种车辆、盾构、水泥等行业，销往20多个国家和地区，服务全球各领域企业1200多家，包括美国卡特彼勒、日本神钢、日立建机、日本久保田等全球知名工程装备制造商。建有江苏省工程技术研究中心、江苏省企业技术中心、江苏省博士后科研工作站等，拥有亚洲最大高压油缸研发中心、省内唯一超高压油缸小型化轻量化设计工程技术研究中心，有专业技术研发人员550余人，年研发投入占销售额的6%以上，在国内外建设研发中心4个、制造基地9个，是高新技术企业、工业和信息化部制造业单项冠军示范企业、国家知识产权示范企业、中国绿色工厂、中国智能制造百强企业。其中，油缸生产基地有国际领先水平的油缸制造、自动化加工及测试设备1000多台（套），年产挖掘机油缸110万个、特种油缸24万个。2021年3月25日，接受中共中央政治局常委、国务院总理李克强考察。全年完成工业产值97.5亿元，实现主营业务收入99.4亿元。

【江苏顺风光电科技有限公司】 成立于2005年，位于武进高新区，主要从事太阳能电池及组件研发、生产、制造和技术服务，是高新技术企业。有员工2500人，2011年在香港联交所上市，2015年收购无锡尚德太阳能电力有限公司100%股权。公司年均研发经费投入占营业总收入的4%，与中国科学院微电子研究所、新加坡太阳能研究所等科研单位建立长期合作关系，确保技术储备充足，建有江苏省企业技术中心、江苏省工程技术研究中心、江苏省示范智能车间，主要产品单晶硅太阳能电池应用于光伏发电领域，转换效率长期居行业领先水平。拥有有效授权专利65件，其中发明专利16件、实用新型专利49件，2019年通过江苏省知识产权管理贯标绩效评价，曾获福布斯中国潜力企业、江苏省重点培育和发展的国际知名品牌等荣誉。2021年，完成工业产值52.22亿元，开票销售收入54.87亿元。

【江苏小牛电动科技有限公司】 成立于2014年，位于西太湖科技产业园，工厂一期项目占地面积5公顷，二期项目占地面积6.13公顷，主要致力于提供便捷环保的智能城市出行工具，是江苏省高新技术企业、江苏省融合创新工程示范试点企业、江苏省民营科技企业，2018年在美国纳斯达克挂牌上市，有员工709人，其中研发人员117人。自主研发7代NIUEnergy睿电TMAI动力锂电系统科技和NIUINSPIRE智能技术和大数据算法，研制NQi、MQi、UQi、GOVA等多系列电动自行车（电动摩托车），开发周边文化产品NIUPOWER和专业户外运动自行车NIU AERO等。其中，MQi、UQi系列电动车获得全球7项最主要设计奖项。2020年，公司在国际消费类电子产品展览会上发布首款达到L2级别的自动驾驶三轮电动摩托车TQi、首款小牛电动跨骑摩托车RQi，产品均支持5G通信。在全国开设门店3108家，有国际分销商29个，覆盖50个国家，为德国、法国等11个国家的13个共享电动车运营商提供基于SaaS的两轮电动车智能共享业务解决方案。为应对消费者需求放量，公司扩大产能储备，分2期建设小牛电动智慧出行全球研发与制造基地，集研发、生产、仓储、物流于一体，一期项目于2019年年底投产运营，二期项目于2021年8月竣工。2021年，完成工业产值31.5亿元，实现主营业务收入36.3亿元。

【江苏国茂减速机股份有限公司】 成立于2013年，位于武进高新区，是集减速机研发、制造、销售于一体的高新技术企业，2019年在上海证券交易所A股主板上市。占地面积53万平方米，员工2200余人，主要产品为齿轮减速机和摆线针轮减速机，年产量超70万台，广泛应用于工程机械、智能物流与仓储、工业自动化、冶金、环保、化学工业、可再生能源、食品轻工、游乐设备、港口机械、资源开采等通用机械行业领域，主要客户有宝钢股份、海亮集团、徐工集团、葛洲坝集团、振华重工、宝鸡石油、景津环保等行业龙头企业，配套出口全球数十个国家，“国茂”商标获评中国驰名商标。建有江苏省减速机传动机械工程技术研究中心和江苏省企业技术中心，先后获评江苏省服务型制造示范企业、国家知识产权优势企业、常州市市长质量奖、国家绿色工厂及制造业单项冠军等荣誉，已成为中国通用机械工业、减变速机行业标杆型专业制造服务企业与领军企业。2021年，完成工业产值28.8亿元，实现主营业务收入28.93亿元。

【旷达控股集团有限公司】 成立于2000年，位于雪堰镇，有全资和控股子公司、孙公司32家，员工近2200人，2010年在深圳中小企业板上市。以生产汽车座椅内装饰材料为主，涉足射频滤波器、机械封头制造、医疗养老、房地产、进出口贸易、实业投资等业务领域，是综合性现代化企业集团。下属企业旷达科技集团股份有限公司是国内行业龙头企业、国家重点高新技术企业，主要研发、生产和销售汽车内装饰材料，具备从有色差别化纤维生产到座套成品的完整产业链生产体系和先进的生产技术装备，是国内大型汽车座椅内装饰材料生产基地。集团建有国家级实验室、省级工程技术中心各1个，销售、售后网络遍布国内主要汽车生产基地，长期向全国60多家汽车代工制造商配套内饰用织物面料、内饰合成革、蒙面座套等产品，获得大众、通用等品牌汽车企业全球供应商资格，产品远销欧美，曾获第四届中国工业大奖提名奖、国家守合同重信用企业、江苏省优秀民营企业、中国汽车零部件百强企业等荣誉，多项产品获江苏省工业设计产品优秀奖，2019年获中国纺织联合会产品开发贡献奖。2020年，布局打造国内最优质的SAW（声表面波滤波器）滤波器公司，拥有国内先进SAW滤波器技术。2021年，在实现对日本NSD公司控股的基础上优化布局、拓展市场，为国内主要移动端类或模组类客户定制滤波器。集团下属常州旷达威德机械有限公司是中国压力容器封头行业龙头企业，拥有国家封头制造许可证A3证、美国机械工程师协会“U”钢印证书、美国压力容器NB注册资格、欧盟PED（压力设备）相关资格认证、CCS（中国船级社）认证，具有年产封头2.4万吨的能力，通过ISO 9001质量管理体系认证审核、ISO 14001环境管理体系认证，是中国特种设备安全与节能促进会常务理事单位，中国锻压协会副理事长单位(封头成形委员会主任委员)，中国化工装备协会常务理事单位，加盟中国压力容器学会、中国锅炉压力容器标准化委员会。2021年，完成工业产值17.6亿元，完成主营业务收入17.3亿元。

【安川（中国）机器人有限公司】 成立于2012年3月，位于武进高新区，是株式会社安川电机设立的海外首个机器人制造基地，总投资1.15亿美元，占地面积10公顷，有员工460人。主要生产工业用六轴机器人，年生产能力1.8万台，应用于汽车、电池相关、5G、新能源等新基础设施领域以及半导体、电子零件市场。2021年，完成工业产值15.44亿元，实现主营业务收入15.54亿元。

【博世力士乐（常州）有限公司】 成立于1996年3月，位于武进高新区，是德国博世集团的全资子公司，是集团在全球的三大油缸生产厂家之一，注册资本9750.52万美元，员工651人。主要从事水利水电液压启闭设备和特殊应用液压缸及成套液压系统的设计和生产，为工业及工厂自动化、行走机械以及可再生能源领域客户提供高质量液压系统及自动化装置，曾服务于巴拿马大运河、中国三峡工程、北京大剧院、上海大舞台等大型项目，产品广泛应用于水利工程、重工业、机械制造、通用工业、材料运输、船舶及港口机械设备等领域。2011年设立液压技术研发中心，总投资近9000万元，占地面积1.07万平方米，其中实验室面积4376平方米，配备先进试验设备，2014年被省科技厅认定为第十批江苏省外资研发机构，开发和设计重载型液压抽油机、紧凑型变频液压动力站、紧凑型标准液压动力站、中式盾构机推进缸、10通径方向阀变更、第二代电缸等。2021年，完成工业产值9.98亿元，实现主营业务收入11亿元。

（万永吉）

商贸服务业

Commercial and Trade Service Industry

栏目编辑　周小红

商贸流通

【概况】 2021年，武进区统筹推进疫情防控和经济社会发展，多措并举拉动消费增长，推动商贸流通业健康发展，提升商贸服务质量，市民消费热情充分释放。1—12月，全区消费品销售额同比增长31%，社会消费品零售总额750.7亿元，同比增长18.6%，位居全市前列；其中限额以上社会消费品零售总额234.49亿元，增长13%。

区商务局及时掌握市场供需变化，全力以赴保障疫情封控小区生活必需品供应。11月3—16日，免费发放生活物资9.7万份。建立应急保供绿色通道，为企业核发疫情防控应急物资运输车辆通行证8份，协助企业打通绿色通道，保障生活必需品物资运输畅通。开展汽车下乡、龙城嗨购节、消费促进月等惠民促销活动，发放消费券，鼓励消费，拉动增长。强化行业安全监管，与加油站和重点商贸流通企业签订安全生产承诺书。加强辖区商场、超市和商业综合体等人员密集场所的安全隐患排查，督促落实安全制度，确保全区流通领域零事故。春节黄金周期间，武进区10家重点流通企业累计实现销售额10616万元，同比2020年、2019年分别增长115.32%和30%；武进吾悦广场、武进万达广场共实现销售额6175.32万元，同比2020年、2019年分别增长293.79%和38.17%；2家样本餐饮企业共实现销售额136.61万元，同比2020年增长143.86%。武进各地市场秩序良好，没有发生流通领域安全事故。《武进区“十四五”成品油零售经营网点发展规划》通过专家评审。全年妥善处理商贸流通领域投诉纠纷706件，全区消费市场总体运行平稳。

11月，区商务局工作人员分组对城区9家大型商超、19家农贸市场开展疫情防控督查
（摄影 / 何晓丹）

【武进汽车下乡活动】 7月17日—10月30日，“同行相约有你 · 携手遇见未来”第九届武进汽车下乡暨2021乡镇巡展活动举行。该活动由区商务局主办，武进汽车城建设指挥部、区融媒体中心承办，江苏明都汽车集团、常州外汽汽车集团、中天集团、江苏宝尊集团、常州中诚吉利、常州浩邦本田等品牌汽车4S店参与，组织包括国产车、合资车、新能源车等车型70多款参展，累计收到订单200多个，收集意向客户2000余个。

【花园街商业街】 位于人民路以南、滆湖路以北，武宜路以东、和平路以西，以花园街为中轴线，涵盖百货、超市、餐饮和娱乐多种业态，至2021年运营商业项目有武进万达广场、新天地不夜城、新城上街、路劲又一城。

武进万达广场位于花园街北端，建筑面积59万平方米，是集超市、五星级酒店、影院、KTV、美食以及办公、居住于一体的城市综合体。2021年，实现销售额8.1亿元，总客流1400万人次，日均客流3.74万人。

路劲又一城位于花园街、长虹路高架的交会处，建筑面积18万平方米，是集旅游、购物、休闲、娱乐于一体的大型商业广场。2021年，在营运品牌有189个，其中代表性品牌有大润发、天空之城、耐克、阿迪、哥弟、阿玛施、千百度、百丽、启劲、九田家、钱小奴海鲜自助等，2021年实现销售额6.1亿元。

【武宜路商圈】 武宜路为贯通市区与武进中心城区南北方向的交通要道，沿途聚集武进吾悦广场、星河国际商业街、四季青购物中心等商业载体。

武进吾悦广场总建筑面积80万平方米，涵盖大型超市、购物中心、主题会所、会议中心、酒店式公寓、高端住宅等业态，汇集购物、美食、娱乐、休闲、亲子、超市、电影、步行街，运营商业品牌有348个，其中经营较好的品牌有易买得、孩子王、优衣库、海底捞、理想汽车、小米、哥老官、NIKE、同庆楼、苹果等，2021年实现销售额17.3亿元。

星河国际商业街总规模30万平方米，与武进吾悦广场、武进万达广场形成区域内商业业态同栖、互动，星河商业体运营项目有麦德龙、星河HOME、滨水商业、国际欢乐广场、国际风情广场，其中迪卡侬（健康运动基地）2021年销售额3709万元。

【武进乐购商圈】 位于湖塘镇常武路与定安路交会处，拥有华润万家超市、富克斯流行广场、武进购物中心、南洋广场等大型商业设施，以及周边住宅小区沿街商业。

武进购物中心总建筑面积16万平方米，设购物区、休闲餐饮区、主题休闲娱乐区、主题文化艺术区以及金融商务区，入驻主力商家深圳海港大酒楼、苏宁电器、莱蒙电脑城、海乐迪量贩KTV都是具备强大影响力品牌，是集时尚消费、休闲娱乐、文化数码、特色餐饮、商务办公于一体的时尚之城。商业体周边有华润万家超市、武进路桥小商品市场、湖塘皮革城、家家爱家具、苏宁电器、神采飞扬大型游乐公园等。

富克斯流行广场总营业面积4.8万平方米，运营品牌有周大福、潮宏基、老凤祥、钻石世家、欧珀莱、百丽、千百度、蹀愫、新秀丽、沙驰、VERO MODA、遐逸、哥弟、波司登、朝峰、玖姿、木子兰、莱芙艾迪尔、报喜鸟、太平鸟、GXG、耐克、阿迪、狼爪、富安娜、梦洁、水星家纺、好孩子、黄色小鸭、丽婴房等，2021年实现销售额4.8亿元。

（潘　磊）

【夏溪花木市场年交易额超215亿元】 夏溪花木市场聚集各类商户2200个，拥有花木经纪人3万多人、花农15万户、园林企业600多家，花木主产区涉及20多个省、市。2021年，该市场发挥优势和集聚效应，规范市场定位，主动把握消费需求和市场变化，全力助推花卉苗木产业转型升级，保持在全国花木类品牌中的龙头地位。完善“价格指数”“花木源”App、微信客户端、夏溪花木网等线上平台，加力组建花木领域信息化研发团队，重点探索花木行业电商发展新模式。3月，完成扬州世界园艺博览会夏溪花木市场园、常州馆两大主题作品。5月，选送花卉参加第十届中国花卉博览会江苏馆展陈。全年实现市场交易额达215.62亿元。

（应　彦）

【江苏明都汽车集团年销售额近70亿元】 江苏明都汽车集团有限公司是一家以汽车销售服务为核心、金融投资和高星级酒店为辅的多元化集团企业，总部位于武进区湖塘镇常武北路60号，拥有全资子公司42家、控股公司3家、参股公司2家，员工2800人，固定资产账面余额16.8亿元。代理汽车主流品牌25个，有品牌4S店42家，主要分布在常州、无锡、苏州、镇江、扬州、南通和湖南邵阳等地，同时经营汽车租赁、二手车置换等业务，是江苏省和常州市汽车销售服务领域的领军企业。2021年，该集团努力克服汽车行业受困新冠疫肺炎情和芯片短缺的影响，得益国家一系列拉动内循环的政策，全年完成销售额69.6亿元，销售总额同比2020年逆势增长并保持较好的市场份额。名列2021年度中国汽车经销商集团第61名，获评2020—2021年江苏省汽车销售服务30强企业。

（张宏伟）

粮食购销

【概况】 2021年，武进区有粮食收购备案企业24家，其中国有企业1家。推进“放心粮油”工程建设，年末拥有市级示范粮油销售及加工企业7家、区级“放心粮油销售店”18家。全年轮换地方储备小麦2.19万吨、粳稻2.46万吨，区地方储备粮管理符合规定要求。全区各类粮食收购主体理性参与粮食市场收购，完成全社会粮食收购12.86万吨，其中小麦4.72万吨、稻谷8.14万吨（粳稻7.74万吨、籼稻0.4万吨）。区粮食部门开展粮食产销对接，做好武进地区粮食收购，组织粮油经营企业建立粮食协作平台，实施与外地粮食生产基地的零距离衔接，全年签订协议粮食购销7.15万吨。按照要求落实应急成品粮油存储，由区发改局和财政局联合监管，优选部分粮食企业签订协议，确定全区粮油应急加工企业和粮油应急保供网点。

【粮食应急保供建设】 2021年，区粮食局按照武进区防疫指挥部指令，加强与属地政府沟通协调，每日跟踪监测粮食生产销售情况，督促大米加工厂抓紧时间安全生产，有效保证市场供应，确保“米袋子”安全。完善区级粮食应急网点建设，构筑以11家大米加工生产、2家粮食配送、22个应急供应网点为生产供应链，以2家大型超市生活物资采购、储备、配送能力为一线供应保障，实现2小时内组建1500人以上应急保障队伍，24小时内完成保障封控20万名人员的基本生活能力。11月，区发改局联合区商务局完成御城、绿地香颂、天安数码城1.5万人的生活物资应急保供。建立健全应急物资储备保障体系，公开采购2021年度57个品种区级生活应急保障物资，按规定做好储备保管轮换工作，确保应急成品粮、成品油、冻猪肉等储备规模到位、数量真实、管理规范，全面提升全区防重大自然灾害和处置突出事件的保障能力。

（唐　莉）

烟草专卖

【概况】 2021年，区烟草专卖局（分公司）下设专卖管理科（专卖稽查大队）、客户服务科、办公室（安全管理科）、法规科（监察科）4个科室，稽查中队4个，市场管理服务部3个，有员工109人（含一线专卖营销人员57人）。围绕高质量发展的目标，严把经济运行与疫情防控两个关口，稳步推进烟草专卖各项工作。新办烟草零售许可证696户，变更69户，延续845户，停业51户，恢复营业15户，补办7户，歇业374户，责令停业整顿37户，责令整顿恢复营业14户，审批注销216户，收回53户。至年末，全区持有烟草专卖零售许可证零售户6070户，完成卷烟销量4.61万箱，实现销售收入19.1亿元、税利6.77亿元，各项经济运行指标在全省排名第一方阵。

【烟草市场监管】 2021年，区烟草专卖局重点开展打假破网、违法户治理、电子烟监管、案件处理电子化等市场监管工作。全年案件查处实现案件数量、质量持续提升，查处各类违法案件555起，其中5万元以上案件102起，查获100万元以上假烟案件1起，总案值1713万余元，查获非法卷烟318.63万支。打假破网取得新成效，探索数据导侦，依托数据赋能提升内部效率，实现由发现线索进行追踪侦办，转向数据研判确定侦办结果。办结假烟网络案件2起，侦破2起，刑拘29人、逮捕18人、判刑18人。烟草市场监管构建新格局，聚焦违法大户、虚假户和违规户治理，全年打击违法大户94户次，累计取消违法违规卖烟大户经营资格26户。以"协同监管"平台为支撑，发现异常客户392户，累计处置367户。发挥治理一体化机制的新作为，与区市场监督管理局、检察院等单位共同推进"守护成长"专项行动，汇聚执法合力，增强监管震慑力，共清理中小学、幼儿园周边持证户22户，累计下架电子烟实体户114户，清理互联网虚假违法电子烟广告2条。案件处理建立新模式，探索案件处理全过程电子化，通过数据赋能提升案件办理流程准确性和时效性。区烟草专卖局获省烟草专卖局嘉奖令表彰3次。

【卷烟营销】 2021年，区烟草分公司全力优化现代卷烟零售终端体系，不断扩大"金丝利"流通品牌影响力，坚持"优中选优"选点标准，累计建成"金丝利"加盟终端22户、新现代终端221户，增加店铺会员1.1万户。围绕终端体系建设，拓展（金融、渠道、品牌）多项赋能，不断提升服务水平。深耕消费研判，依托"金丝利·家""问卷星"小程序等平台，开展节假日卷烟消费市场调研、调查等活动7次，全面分析消费动态变化趋势，为精准货源投放提供数据支撑。精心培育品牌，协同工业企业开展"迎新春送好礼""我的终端我维护""百人万店"陈列评比等主题营销活动。结合辖区特色，打造核心品牌培育阵地，建成品牌培育俱乐部2家、零售终端示范街4条。融入文明城市创建，倡导分烟理念，持续推进文明吸烟环境建设，建成吸烟亭20个、吸烟室1个、吸烟柱2146个，在省级分层对标组和全市系统中排名第一。组织结对共建活动178次，覆盖诚信互助小组33组，涉及零售客户2667户。以客户需求为导向，提供年货节会员促销、现场拉新助力、开口营销大赛策划等特色服务，平台拉新超15万人次，促进零售户店铺管理与盈利水平提升。

（张　珏）

物流业

【概况】 2021年，武进区有AAAAA级物流企业1家、AAAA级物流企业1家和网络货运平台企业3家，基本构建物流园区、物流中心、乡镇物流场站三级物流体系，基本形成以常州武进地区为中心，辐射周边城市、农村的区域性专业配送网络，实现快运快递网络基本覆盖。5月20日，亚邦物流中心与牛塘镇签订搬迁补偿协议，并停止营运。西太湖天众供应链管理仓储物流中心项目等建成运行。全区实现物流业增加值66.6亿元，可比价增长4.2%。

【西太湖天众供应链管理仓储物流中心项目试运行】 天众供应链管理仓储物流中心项目位于西太湖科技产业园河新路一侧，为常州西太湖互联网产业园物流基地的重要组成部分，占地面积11.3万平方米，总建筑面积6.84万平方米，建设包括电子商务仓储、快件分拨中心等，总投资5.2亿元，于2021年年底基本建成，进入试运行。至年末，入驻企业150余家。

【嘉浩常州冷链物流厂房及仓库建设项目建成投运】 嘉浩常州冷链物流厂房及仓库建设项目位于武进高新区龙江南路西侧、滆湖路南侧，占地面积8.67万平方米，建设包括物流仓储及增值服务功能在内的综合性供应链服务中心，总投资8656.8万美元。至2021年，该项目建成厂房面积9.5万平方米、冷库容量20余万立方米，主要从事高标准冷链仓储物流园建设、招商、管理及运营，实现年营业收入7亿元。

（何秋斌）

住宿餐饮业

【概况】 2021年，武进区有各类餐饮单位1万余家，从业人员5万多人，有三星级及以上旅游饭店14家。积极应对新冠肺炎疫情影响，出台专项扶持政策，举办文化旅游节、嗨购节等活动，推动消费复苏。区商务局联合区烹饪协会举办线上培训会，解读疫情防控政策，利用网络传播手段提升餐饮企业运营能力。区烹饪协会推广特产美食、助力餐饮行业发展，宣传特色景点、推动旅游产业转型升级。全年限额以上住宿餐饮业营业收入13.93亿元，增长21%。

【区阳湖菜文化研究会成立】 4月22日，常州市武进区阳湖菜文化研究会在明都枫泽大酒店成立。该研究会由武进职业教育中心校、常州市明都国际会议中心大酒店、常州明都枫泽山庄大酒店、明都金龙大酒店、常州工贸技工学校5家单位发起设立，以武进美食文化为源头，深挖武进特色美食，打造武进地方特色美食、食材，加强武进美食文化收集、整理、研发、包装、推广和品牌培育，推动武进美食品牌建设及连锁经营的持续发展，助力餐饮行业创新发展。

【苏面发展座谈会在武进召开】 5月18日，苏面发展座谈会在武进区召开，苏州市姑苏区苏面传习所6位专家应邀参加，与"武进招牌面"企业代表面对面交流，共同探讨苏州、常州两地面馆之间的交流与合作，分享打造品牌面馆与网红面馆的经验，并对后疫情时代餐饮企业如何创新服务手段、拓宽应收渠道，积极应对疫情影响深入探讨交流。

（潘　磊）

邮政快递

【概况】 2021年，武进邮政管理局（区邮政业发展中心）管辖快递法人企业和分支机构74家、邮政公司分支机构1家、快递营业网点415个、邮政支局48个和社区配送站631个，直接从业人员2130人。全行业落实落细疫情防控措施，确保寄递渠道安全畅通。武进邮政部门贯彻《常州市快递市场秩序整顿专项行动实施方案》《关于规范快递末端服务禁止违规收费的通告》，向社会公开征集有关问题线索，快递市场整顿初见成效。开展为期2个月的全行业整治，重点解决快递企业违反快递服务标准、末端违规收费、侵害用户个人信息安全、违规处理无着快件等行为，与市监部门联合执法4次，立案查处侵害用户权益案件2起。整治菜鸟驿站寄递服务的突出问题，落实快递末端设施保障政策，检查企业（营业网点）108家次，查处违法违规行为2起，约谈企业18家次，立案3起，罚款金额0.8万元。实施全区快递员权益保障内容扩展，落实快递从业人员岗前专项培训，促进邮政、快递行业从业人员素质和技能水平提升。全区快递服务企业完成业务量9567.06万件，实现快递业务收入18.64亿元，分别比2020年增长11.03%和下降2.74%，居民年人均使用快递100件。

【“快递进村”项目实施】 2021年，武进邮政管理局围绕实现快递村村通达的目标，推进“快递进村”工作。通过摸排武进区快递企业数据，针对7家快递企业开展快递测试。全区有快递末端网点281家，其中日派件量超300件的网点仅54家，占比19%。其中，较为偏远的农村地区雪堰镇楼村村、浒庄村、夏庄村、新康村和高新区塘洋村5个行政村未实现“村村通快递”，且仅有邮政、顺丰全面达成“快递进村”。9月15日，武进邮政管理局组织企业召开进村工作推进会议，协调邮政公司与主要品牌快递企业签订合作协议，引导快递企业利用菜鸟驿站、快递网点、商超代存点等，开展共配合作，提高主要品牌快递服务对建制村的通达率，打通服务群众“最后一公里”。至年末，武进135个建制村，各快递品牌企业全面进村通达率100%，完成全省快递进村阶段目标。

（何凯琳）

电子商务

【概况】 2021年，武进区加强基础设施和软环境建设，推进电子商务应用普及和发展。区商务局积极组织各类申报，获评2021—2022年度常州市电子商务示范企业7家、2021—2022年度省级电商示范基地1家、省级数字商务企业1家，共获上级扶持资金139.56万元。开展调研对接，走访企业20余家，了解在疫情常态化防控背景下的电商企业发展情况。推动国家农村产业融合发展示范园建设，帮助嘉泽镇梳理农村电商产业相关政策和配套奖励办法，扶持跃进村创客中心建设，组织常州花香缘园艺有限公司等企业申报省、市级示范企业，促进嘉泽镇农村电商产业发展，推进国家农村产业融合发展示范园建设。开展武进区电子商务企业的摸排梳理工作，建立区电商企业库，收录重点企业80余家。江苏焦点文化传媒有限公司、江苏嗨购网络科技有限公司、常州安科电子商务有限公司、常州市龙道电子商务有限公司、常州市青之峰网络科技有限公司、常州原疆电子商务有限公司、常州花香缘园艺有限公司7家电商企业获评2021—2022年度常州市电子商务示范企业。

【参加常州首届网上年货节】 1月28日至2月6日，武进区参加常州首届网上年货节。该网上年货节由常州市商务局、武进区人民政府、常州市工业和信息化局、常州市市场监督管理局、常州市邮政管理局共同指导，武进区商务局、常州市移动电子商务协会、常州市商业联合会、中国邮政集团有限公司常州市分公司、全国高校常州校友会联盟、常州市烹饪餐饮行业协会联合主办，开设“特色年味”和“新春年礼”两大主题板块，销售商品涵盖地产大米、蔬果、蛋奶、菌菇干货等常州农特产品和生活必需品，组织40多家常州知名酒店和中华老字号的鲜味年菜、年夜饭套餐及扶贫助农特色产品，坚果礼盒、美妆护肤、酒水饮料、电子产品等精品年货。同时，常州市100多家便利店、60多家水果门店以及100多家常州邮政网点开展线下广泛宣传，通过短视频、抖音、直播带货、社区团购等线上引流，引导消费者网上购买年货，鼓励商超、餐饮等传统商贸企业开展线上销售，通过线上、线下互补和融合发展模式销售年货。

【武进电商企业参与“双十一”购物节】 2021年，武进区各大电商企业积极备战“双十一”购物节，实现良好销售业绩。国美龙道（江苏）数字科技有限公司成立于2021年10月，是国美控股集团有限公司和常州龙道电子商务有

前黄镇的常州生鲜仓库，为常州、无锡、苏州、扬州等地59家门店、超市做蔬菜、水果配送。图中工作人员正在加工区做蔬果分拣包装

（摄影/蒋雯 摄于2022年4月）

限公司合办的电商企业，实现“双十一”整体销售额4.57亿元，其中单店24小时最高销售额2.3亿元，单品最高销售额1.09亿元。顶呱呱彩棉服饰有限公司抢抓“网红经济”风口，打造直播基地与新零售品牌集合工厂店，推动线上、线下产业联动，实现“双十一”线上销售额超8000万元。

【万帮星星充电科技有限公司获评江苏省数字商务企业】 2021年11月15日，江苏省第二批省级数字商务企业名单公布，万帮星星充电科技有限公司名列其中。该公司成立于2014年9月16日，注册资本2.85亿元，是国内新能源汽车充电设施龙头企业万帮数字能源股份有限公司的全资子公司，旗下拥有全资子公司70家，服务区域遍布江苏、浙江、上海、四川等地，综合实力全国排名第二，其自建平台接入的充电运营桩数量超80万根，覆盖城市超300个，占全国公共充电桩总量的30%。

（潘 磊）

房地产业

【概况】 2021年，全区新设房地产企业7家，年末具备有效开发资质企业86家，其中一级房地产企业5家、二级14家、暂二级65家、暂三级2家。全年完成房地产业投资额177.22亿元，其中住宅投资额150.45亿元，分别比2020年下降18.50%和15.70%；新开工面积119.27万平方米，其中住宅新开工面积91.44万平方米，分别比2020年下降50.5%和50%；竣工面积174万平方米，其中住宅面积133万平方米，分别比2020年下降11%和5.4%。

【土地资源经营管理】 2021年，区住建部门积极推动片区开发，有序推进长沟河西片区及淹城南片区等重点区域开发，加强土地储备，完善道路、绿化、公共设施等配套，提升土地资源价值。全区完成出让经营性土地24宗，面积131.55公顷，实现土地出让金收入230.55亿元。其中，武进区出让土地15宗、面积92.45公顷，实现土地出让金收入178.26亿元；常州经开区出让土地9宗、面积39.11公顷，实现土地出让金收入52.29亿元。

【房地产市场销售】 2021年，全区商品房销售面积248.2万平方米，其中住宅销售面积163.12万平方米，分别比2020年增长20.77%和13.14%。完成商品房销售额320.7亿元，其中住宅销售额279.02亿元，分别比2020年增长12.11%和11.29%。商品房销售均价12921元／平方米，其中住宅销售均价17106元／平方米，分别比2020年下降2.14%和1.63%。商品房批准预售面积241.10万平方米，其中住宅项目168.06万平方米，分别比2020年增长0.5%和下降4.95%。

【房地产市场管理】 2021年，武进区加强部门联动，开展市场检查，规范房地产市场秩序。制定房地产市场联合监督检查和房地产经纪机构市场行为监督管理抽查计划，开展房地产领域涉非涉稳风险暨地方金融领域扫黑除恶专项斗争排查活动，规范房地产开发企业经营行为。持续整顿房地产市场乱象，净化市场环境。提前把握市场节奏，加强市场调控能力。加强房地产开发数据管理和统计，要求开发商在审批商品房预售许可前对拟销售的商品房明确价格范围，严格实行明码标价和一房一价制度，对已批准预售的项目进行跟踪管理，对检查发现不按预售方案执行、频繁涨价的项目暂停销售合同网签。严格房产市场调控，促进市场平稳。做好疫情防控，督促房地产开发企业（营销中心）落实疫情防控措施。推进新建成品住房交付标准样板房管理，落实按照不同的装饰装修标准分别制作交付标准样板房的要求，严格检查标准样板房反映相应户型的真实性、结构尺寸和装饰装修标准，不得增加交付标准以外的其他装饰和布置。确保让业主即使在楼盘正负零预售时也可以放心、安心买房，减少后期小区交付矛盾。

【月桂江南里】 地处武进区西太湖核心位置，位于延政大道以北、绿杨路以西、菱香路以南、西太湖大道以东，占地面积17.7万平方米，由丹龙置业常州有限公司开发建设，以绿城创始人宋卫平“再造一座江南名园”为愿景，规划有中式合院、中式叠院、洋房、高层4种住宅产品，以及高端会所、商铺等配套设施，为常州首个具有超高标准的江南园林居住区，总建筑面积47万平方米，2021年完成房产销售278套、面积4.82万平方米。

（徐亚芬）

【房产管理】 2月，区住建局房管处升格为区房地产管理中心（简称“区房管中心”），辖区房地产管理处、房屋安全鉴定所、住房保障中心、白蚁防治所、房地产开发与市场处5个事业单位。年内，区房管中心以“房管创优、安居无忧”为工作目标，认真履行物业管理、城镇老旧小区改造、既有住宅加装电梯、城市危房和老旧房屋安全排查治理、绿色社区创建职能，推进各项工作取得新进展。加强对物管小区疫情防控的现场督导，做到防控无盲区，维护好小区秩序。印发《关于明确2021年武进区住宅小区物业管理工作考核办法和考核标准的通知》，加强对属地物业管理工作的指导和考核。开展物业企业创优指导，促进物业服务行业良性发展。全年检查住宅小区178个，出动检查561人次，全区通过市级示范物业管理项目验收10个、省级示范物业管理项目验收4个。推进党建引领物业管理服务工作，进一步规范业主大会、业委会工作流程，全区创成市级示范点项目30个、省级示范点项目1个。依托“武进房管”微信公众号，实现物业维修资金线上报修、缴存、查询等服务。全年受理物业维修资金申报业务1798户，审核拨付维修资金774.7万元；收缴房屋维修资金23942.59万元、消防电梯专项维修资金1319.27万元；通过产权转移前查询，补交维修资金470户、金额130万多元。落实宸运天赋花园、蓝爵华庭等6个小区前期物业招投标工作，完成9个住宅类物业合同备案并收取项目接管保证金33万元。

（杨 欣）

对外及港澳台经济合作

Foreign and Hong Kong, Macao and Taiwan Economic Cooperation

栏目编辑　周小红

融入“一带一路”建设

【概况】 2021年，武进区有“一带一路”项目9个，比2020减少7个，武进方面协议投资额3342.2万美元，比2020年下降76.16%。项目包括亚邦（孟加拉）化工与医药产业园开发有限公司筹建境外产业园、以色列江苏创新中心、中罗绿色建材产业园等。至年末，武进区有57家企业参与开拓和投资“一带一路”市场项目69个。

【“一带一路”平台建设】 2021年，武进区深入贯彻国家主席习近平同以色列总统赫尔佐格通电话时的重要讲话精神，全面落实两国元首达成的共识，推动中以常州创新园引进优质以色列创新企业和科技项目，并为企业落户、科技合作、技术对接、知识产权保护等提供“一站式”支持与服务。1月22日，中以常州创新园2021年首场项目集中签约，入驻重点项目6个。12月16日，4个中以合作项目云签约落户。2017—2021年，累计引进以色列独资（中以合资）企业155家，建成江苏中以产业技术研究院以色列江苏创新中心等重大创新平台载体。武进绿建区启动中欧智慧住宅研发运营中国部项目，由江苏稼恩科技发展有限公司运营，打造住宅为核心的产业价值链和家居类中欧跨境家居新零售数字平台，在罗马尼亚先行试点，创建中罗绿色建材产业园的离岸创新中心，并拓展至周边匈牙利、保加利亚等国家，搭建起中欧家居建材产业桥梁。

（潘　磊）

对外及港澳台贸易

【概况】 2021年，区商务部门创新服务举措，提升外贸工作质效。全年完成进出口总额593.2亿元，增长22.8%。其中，出口总额444亿元、进口总额149.2亿元，分别增长21%、28.6%。强化政策扶持，拓展企业盈利空间。1—12月，通过外贸贷为53家外贸企业放贷1.96亿元，有效帮助外贸企业拓宽融资渠道，缓解融资难融资贵问题。组织申报国家、省、市三级外经、外贸（含服务贸易）扶持资金，累计申报项目561个，获扶持资金3520.7万元。加强平台建设，促进跨境电商发展。重点推进跨境电商产业园建设，常州市武进区绿色建筑产业外贸创新集聚示范区获武进区外贸创新集聚示范区（园）认定，武进区跨境电商产业园入选首批常州市跨境电商产业园，并获省级跨境电子商务产业园认定。加强企业服务，助推企业开拓市场。组织企业参加线上对接会12场次，开展外贸业务知识培训5场次。进一步扩大“白名单”企业队伍，常州华森医疗器械有限公司等34家企业被纳入防疫物资出口“白名单”。围绕重点服务贸易企业，打造武进新名片。捷成华视网聚（常州）文化传媒有限公司、江苏时光信息科技有限公司入选国家文化出口重点企业，捷成华视网聚的海外影视融媒体传播项目入选国家文化出口重点项目名单。武进经济开发区被认定为文化服务领域基地，江苏嗨购网络科技有限公司、江苏明月软件技术有限公司被认定为数字服务领域重点企业。常州亚通杰威电机有限公司、江苏恒立液压科技有限公司、常州纳捷机电科技有限公司、光宝光电（常州）有限公司4家企业入选常州市外贸专利护航行动名单。

【区跨境电商产业园获省级跨境电子商务产业园认定】 2021年11月3日，武进跨境电商产业园被省商务厅认定为省级跨境电子商务产业园，并更名为常州市武进区跨境电商产业园。该产业园由江苏卓成新贸进出口有限公司建设运营，于2020年年初筹建，原址设在武进高新区津通国际工业园，2021年扩容至经纬大厦、常州科教城2个办公区，总建筑面积5800平方米。此外，投资筹建本地公共仓总面积3500平方米以及在美国西海岸租用公共仓面积2600平方米，为园区企业提供门到门的“一体化”仓储服务，于10月挂牌创业中心。至年末，集聚跨境电商企业和配套服务企业65家，其中跨境电商卖家企业56家、跨境电商平台类服务企业4家、周边专业型配套服务企业5家，初步形成以时尚家居、园艺用品和电子电器为特色的三大跨境电商产业集群，2021年完成出口金额2.12亿元。

【2家企业入选国家文化出口重点企业】 2021年7月27日，商务部网站发布2021—2022年度国家文化出口重点企业和重点项目，捷成华视网聚（常州）文化传媒有限公司和江苏时光信息科技有限公司入选国家文化出口重点企业名单，捷成华视网聚打造的海外影视融媒体传播项目入选国家文化出口重点项目名单。

捷成华视网聚（常州）文化传媒有限公司2021年完成服务出口额910.17万美元。江苏时光信息科技有限公司成立于2014年5月，建有软件研发中心、谱牒研究中心（位于常州谱牒馆）、基因研究中心（位于杭州浙江大学生命科学院），2021年完成服务出口额199.13万美元。

（潘　磊）

利用外资及港澳台资

【概况】 2021年，武进区秉承高质量发展导向，聚焦重大项目招引，持续优化引资结构，利用外资及港澳台资总体平稳。新增外资及港澳台资项目120个（新设项目86个、增资项目34个），新增协议注册外资及港澳台资10.22亿美元，增长2.65%；实际到账外资及港澳台资7.32亿美元，增长10.9%。设立总投资超亿美元项目4个，协议注册外资及港澳台资3000万美元以上项目19个。实际到账外资及港澳台资来源于15个国家和地区，其中，中国香港到账金额4.8亿美元，占全区总额的65.63%。到账金额500万美元以上的国家和地区有7个。

开展产业链招商，重点引进世界500强、欧美日和境内外上市企业投资项目。全区重大项目招引信息库有项目260个，累计总投资1028.5亿元，增加197.49亿元。其中，在谈项目188个，拟签约项目42个，拟批办项目30个。做强做优武进高新区、西太湖科技产业园两大开发区平台，优化功能定位，加速开发园区国际化进程，增强开发园区对重大项目的吸引力、承载力。5月，武进高新区、中以常州创新园、苏澳合作园区创成江苏自贸区联动创新发展区，西太湖国际人才社区、西太湖医院、外国语学校、中以国际创新村等项目建设有序推进。强化总部项目招商，推进总部经济发展载体建设和功能完善。举办项目集中签约、科技经贸洽谈会、深圳经贸活动等重大活动，推进项目招引，汇川新能源汽车零配件生产基地等重大项目签约落户。华衍环境投资（江苏）有限公司和敏博投资有限公司被认定为市级总部，武进区共有省级外资跨国公司地区总部7家、功能性机构2家，市级总部4家，总数居全市前列。太阳诱电（常州）有限公司、江苏智行融资租赁有限公司、瑞声光电科技（常州）有限公司、华衍环境投资（江苏）有限公司、江苏格林保尔光伏有限公司、开迈斯新能源科技有限公司、常州易电行企业管理有限公司、苏澳融资租赁（江苏）有限公司、常州宏智投资有限公司、常州恒煊贸易有限公司10家企业入选武进区2021年度利用外资及港澳台资十强企业，累计到账外资及港澳台资5.3亿美元，占全区的72.41%。

【武进长三角协同创新中心（上海）揭牌成立】 4月29日，武进长三角协同创新中心（上海）在武进区揭牌成立。该中心是武进区在上海设立的科技联络、招才引智、招商引资的重要平台，旨在助力武进融入长三角一体化。将聘请知名人士担任武进的城市合伙人，常态化、全方位地推介武进、引荐项目、促进合作，紧盯重大项目和“双创”人才招引工作，全力构建空间融合、资源协同的一体化发展新格局。

表12　2021年武进区实际到账金额500万美元以上的国家和地区情况表

国别、地区	到账金额（万美元）	占总额（%）
中国香港	48035.76	65.63
日　本	18048.23	24.66
中国澳门	3003.04	4.1
德　国	1912.55	2.61
美　国	692.47	0.95
卢森堡	691.7	0.95
柬埔寨	510	0.7

【开展重大项目集中签约】 4月29日，武进区举行2021“双招双引”推进大会暨二季度重大项目集中签约仪式，集中签约重大项目45个，总投资426亿元，涵盖产业类、科技创新及创业人才等三大类项目。9月30日，武进区举行重点项目集中签约和集中开工仪式，集中签约项目54个，涵盖智电汽车、智能装备、新材料、电子信息、高端服务业等领域，总投资超400亿元。其中，有总投资211亿元的江理工协同创新园项目、总投资10亿元的新能源驱动系统高端装备制造项目、总投资10亿元的汽车座椅舒适系统项目等。

【武进区重点产业项目咨询专家委员会成立】 2021年，武进区优化重大项目招引评估体系，建立完善专家咨询机制，于9月成立全区重点产业项目咨询专家委员会，为项目招引及决策出谋划策。经过推荐及意见征求，聘请首批成员16人。9月30日，在武进区重点项目集中签约和集中开工仪式上，有8位专家代表接受市领导颁发聘书。年内，该专家委员会结合武进产业优势，改善项目招引效率，促进项目投资，推动产业升级，助力武进打造新时代对外开放新高地。

（潘　磊）

境外经济合作

【概况】 2021年，武进区稳步推进“走出去”，全区备案境外投资项目（含增资）20个，其中新设项目14个；完成武进方面协议投资额2.51亿美元，比2020年增长59.55%，其中武进方面协议投资额1000万美元以上项目4个，增加2个。其中，“一带一路”项目9个，减少7个，武进方面协议投资额3342.2万美元，比2020年下降76.16%。6月，亚邦（孟加拉）化工与医药产业园开发有限公司通过备案，首个境外产业园开始筹建。9月，首个超亿美元境外投资项目墨西哥恒立有限公司获省商务厅备案。完成对外经济合作与投资企业的境外疫情防控办法，武进区境外企业积极参与“春苗行动”，五洋集团（越南）有限公司龚莉霞被中国驻胡志明市总领事馆授予“春苗行动”志愿者服务证书和奖章。

【首个超亿美元境外投资项目获备案】 2021年9月，墨西哥恒立有限公司获省商务厅备案，江苏恒立液压股份有限公司作为该项目唯一股东，协议投资额1.9亿美元，为武进区境外投资的首个超亿美元项目。该项目建于墨西哥新莱昂州蒙特雷市（Monterrey）圣塔卡琳娜（Santa Catarina）开发区，征用土地面积13.33公顷，建设厂房总面积6.8万平方米，达产后可形成年产工程机械用油缸20.04万个、特种油缸6.27万个以及泵、马达15万台的生产能力。

【首个境外产业园通过备案】 6月，武进区首个境外产业园——亚邦（孟加拉）化工与医药产业园开发有限公司通过省商务厅备案，江苏亚邦染料股份有限公司为该项目唯一股东。项目位于孟加拉国米尔沙来经济区，首期租赁土地面积40.47公顷，首期投资1200万美元，用于建设染料及中间体精细化工生产项目，预计3年初步建成。首期项目建成后，再增资并开展招商引资，逐步建成集精细化工生产链上、下游于一体的专题产业园。

（潘　磊）

口岸管理

【概况】 2021年，常州海关驻武进办事处突出“党建+”模式带动和促进外贸新动能，打造良好营商环境。落实关税集约化工作，在全关范围内调配人员集中审单，加快审核、办证速度，提升企业通关效率；响应国家支持汽车零部件再制造产业发展政策，深入了解企业进出口贸易需求、生产工艺流程等信息，助推保税再制造项目；密切关注“无感卡口、概要申报、无车辆运输”等改革运行状况，简化办理手续，提升物流速度；发挥关区首批试点单位的作用，继续当好特殊区域监管模式改革试点的标杆，推广汇总征税、保证保险、属地纳税人管理等改革举措，以优质服务吸引外口岸税源回流。全年监管进出口货物49.6万吨，货值19.6亿美元，审结报关单4.5万份，实际征收税收5.5亿元人民币，分别增长320.8%、69.6%、4.1%、0.6%。武进区完成外贸进出口额593.2亿元，增长22.8%，占常州市进出口总值的19.66%。

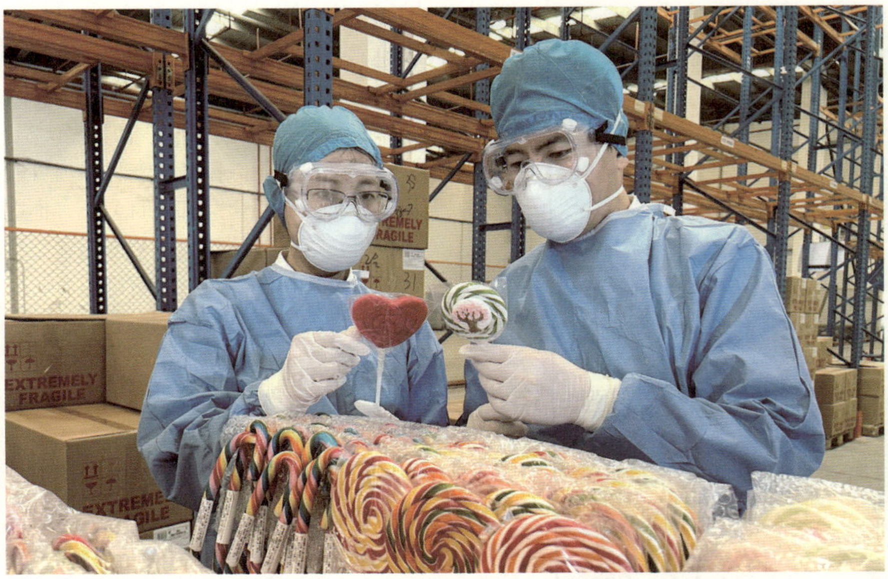

工作人员查验出口商品　　（供图/常州海关驻武进办事处 摄于2022年9月）

【海关提升监管成效】 2021年，常州海关驻武进办事处落实特殊区域日常管理规范，有效发挥监管设施效用，认真执行常规巡查和视频巡查制度。以特殊区域监管模式改革为契机，完善检视传统监管流程，明确物流监控重点环节管理制度。创新“远程视频约谈”监管手段，首次对辖区某企业实施远程视频约谈近45分钟，助力疫情防控期间进出口企业守法经营。结合武进辖区企业、进出口商品特点，引入风险分析机制，强化工业品目的地监管，特别是对进口医疗器材重点监管，提升进出口检验监管有效性，严把进出口商品质量关。加强进出口食品安全监管，在目的地查验中重点关注涉证涉税情况。1—12月，办理货物检验检疫（主要是机电、食品、轻纺等产品）2539批次，上升27%，其中进口1582批次、出口957批次，检验检疫总金额1.61亿美元。检出不合格并技术整改80批次，退运6批次，销毁10批次。落实加工贸易内销征税便利化措施，加强归类审价和原产地管理，提高归类审价水平，严格价格质疑、磋商等审价程序。及时查处价格瞒骗和伪报归类税的偷税漏税、走私违规案件，以查促税。始终保持打击走私高压态势，紧盯重点领域、重点商品、重点地区，保持打击洋垃圾等走私违法行为，全年未发现洋垃圾等走私违法行为。全年处置案件35起。

【海关深化优质服务】 2021年，常州海关驻武进办事处进一步深化“放管服”改革，规范精简行政审批事项，落实“注销便利化、多证合一”等措施。落实企业问题清零机制，建立一对一联络员机制，着力协调解决实际问题。开展送政策下乡活动，加强一企一策优惠政策宣传和扶持，举办线上、线下宣讲会5次，参训200余人。助力江苏特色农产品拓展国外市场，出口韩国首批常州白果14吨。保障春耕物资高效通关，做到随到随检、合格即放，帮助企业缩短通关时间。引导企业规范申报，给予进口企业最大限度通关便利，保障通关各环节全程流畅。办理武进特色产品银鱼等食品出口报检956批次，出具卫生证、兽医证、健康证各类证书807份，进口食品218批次，出具证书199余份。持续跟进高端数据机床保税展示需求，制定个性化监管方案，完善设备销售出区的通关流程，销售货值105万欧元。跟进企业信用培育，江苏恒立液压股份有限公司及新誉庞巴迪牵引系统有限公司通过AEO高级认证，全区累计有AEO高级认证企业11家。做好原产地证书签发，开展相关政策宣传引导，优化原产地证签证流程，全年签发证书2.5万份、关税减免额7000万美元。

（周学文）

旅游业

Tourism

栏目编辑　周小红

旅游开发

【概况】 2021年，武进区致力于旅游产业融合，发展全域旅游。坚持“一古一今一生态”（淹城、太湖湾、西太湖）发展定位，着力推动重点项目建设，积极开发休闲旅游、研学旅游、乡村旅游、工业旅游、体育旅游等旅游新业态。推动国家级全域旅游示范区创建，召开全域旅游推进专班工作会议。推进旅游品牌创建，江苏省绿色建筑博览园创成武进区首个绿色建筑主题公园、首个江苏省工业旅游区，雪堰镇雅浦村、湟里镇西墅村和嘉泽镇跃进村创成常州市乡村旅游重点村。至年末，全区拥有国家级旅游度假区1个、国家AAAAA级旅游景区1个、国家AAAA级旅游景区2个、国家AAA级旅游景区1个、国家乡村重点村1个和省星级乡村旅游示范区(点)8个、省级工业旅游示范点1个、省级自驾游基地2个、国家五星级自驾运动营地1个。有三星级及以上酒店11家，其中五星级酒店2家（九洲喜来登酒店、明都紫薇花园酒店）、四星级酒店5家。旅行社25家，其中省四星级旅行社1家（常州广电大陆国际旅行社有限公司）。全年旅游接待1431.12万人次，实现旅游总收入171.89亿元，旅游业增加值72亿元。

（朱丽春）

2021年武进区主要旅游景区景点情况表

表13

类　别	名　称	地　址
国家级旅游度假区	太湖湾旅游度假区	雪堰镇
国家AAAAA级旅游景区、省级自驾游基地	中国春秋淹城旅游区	武宜南路588号
	淹城野生动物世界	武宜南路588号
	淹城宝林禅寺	虹西路98号
	淹城春秋乐园	武宜南路588号
国家AAAA级旅游景区	环球动漫嬉戏谷	雪堰镇太北路1号
国家AAAA级旅游景区	中华孝道园	雪堰镇环湖路101号
五星级自驾运动营地	太湖湾露营谷	礼嘉镇太北路66号
国家AAA级旅游景区	西太湖影视产业基地	西太湖大道1号
省级自驾游基地	明都紫薇园	嘉泽镇晨山村
四星乡村旅游点、全国重点村	雪堰镇城西回民村	雪堰镇城西回民村
四星乡村旅游点	江苏嬉乐湾生态农业示范园	礼嘉镇南环路66号
三星乡村旅游点	随园盆景园（舍园）	武进经发区禾香路6号（江苏营特集团）
三星乡村旅游点	雪堰镇太滆村	雪堰镇太滆村
三星乡村旅游点	谷神庄园	雪堰镇嬉戏路16号
三星乡村旅游点	南山村	雪堰镇雪堰桥
江苏省工业旅游区	江苏省绿色建筑博览园	延政西大道19号

【太湖湾露营谷入选首批国家5C自驾车旅居车营地】 2021年1月8日，中国旅游车船协会受文化和旅游部资源开发司委托公布首批5C、4C自驾车旅居车营地，太湖湾露营谷入选全国首批5C自驾车旅居车营地，为江苏省唯一入选单位。10月13日，太湖湾露营谷获5C自驾车旅居车营地授牌。该露营谷位于太湖湾旅游度假区内，占地面积47公顷，总投资3.5亿元，于2018年9月25日试运营，2019年3月23日开园。整个园区三面环山、环境空气质量达国家一级标准，是集房车营地、户外拓展、农趣体验和生态游乐于一体的创新营地。2021年，太湖湾露营谷举办跨年迎新季、踏青露营季、啤酒音乐季、梦幻灯光秀、菊花展等活动，接待游客30万人次，营业收入3000万元。

（蒋　薇）

【江苏省绿色建筑博览园入选省工业旅游区】 2021年12月，江苏省绿色建筑博览园被省文化和旅游厅认定为江苏省工业旅游区，成为武进区首个省工业旅游区。该博览园位于武进绿建区内，建成于2015年，由江苏武进绿锦建设有限公司建设、江苏绿弘科技发展有限公司运营，总投资2亿元，总占地面积13.6公顷，是全国唯一的以绿色建筑为主题的博览园。园内建有形态各异、各

3月，淹城野生动物世界高空漂流项目建成开放　　（摄影／蒋　雯）

具特色的建筑14栋，吸收引进国外先进技术和形态，汇集南京旭建工业化生态智慧示范屋、圣戈班低能耗舒适性建筑和以集装箱为载体的集绿阁等绿色建筑展示房屋，集中展示钢结构、钢混结构、木结构等建筑结构体系，广泛应用太阳能与建筑一体化、可再生能源、雨水收集等可复制推广技术。14栋示范建筑均获二星级绿色建筑设计标识，是武进绿建区绿色建筑技术展示窗口。园内环境优美、风景宜人，游客服务体系完备，免费提供轮椅、婴儿车等服务，先后承办江苏省“保护母亲河，争当‘河小青’”推进会、“美丽武进，我是行动者”世界环境日志愿服务主题活动、“绿建金秋·颂歌献给党”职工文化活动等。至2021年年底，累计接待游客10万多人次。

（蒋　哲）

【西太湖影视产业基地获评国家AAA级旅游景区】 2021年11月30日，西太湖影视产业基地被评为国家AAA级旅游景区。该基地位于西太湖畔，由捷成世纪文化产业集团、江苏西太湖文化旅游产业有限公司、江苏武进经济发展集团等联合投资建设，占地面积378公顷，是以近代、当代、现代题材内外场景及配套服务和文旅融合发展为主营业态，以影视场景联盟、影视教育培育、文化创意商业等为衍生业态的文旅综合体，于2016年6月对外开放。项目一期占地面积20公顷，建有近现代及当代风格影视文旅场景区和影视公寓等建筑群，其中摄影棚面积超6万平方米，最大的电影摄影棚高22米、面积超1.8万平方米，内设办公室、监狱、医院、百乐门等影视景观。2021年，该基地开放全新文旅融合项目——“毗陵有梦”大型实景剧本杀，吸引大量年轻人群体参与体验。接待电视剧《人民警察》《迷航昆仑虚》、电影《维和防暴队》、网剧《逆时针》等剧组超40个，入驻影视企业和名人工作室81家，接待游客10万人次，实现开票金额2.74亿元、税收收入537.98万元。

（周　健）

【投运景区网红项目2个】 *嬉戏谷网红悬崖秋千项目*　位于环球动漫嬉戏谷景区圣殿山顶，面朝太湖，背靠嬉戏谷，建设15米单人秋千1个、20米单人秋千1个和8米双人秋千1个，摆幅达170°，从2021年11月1日起投运。

淹城野生动物世界恐龙岛主题水上乐园项目　占地面积1公顷，历经2年建成，由巨型玻璃滑道和环湖恐龙小岛两部分组成，包括呐喊喷泉、水上碰碰船、恐龙机械竞技等活动内容，从2021年3月29日起投运。

（蒋　薇　狄苏湘）

乡村旅游

【概况】 2021年，武进区按照《常州市乡村振兴战略实施规划（2018—2022）》以及《常州市乡村旅游重点村基本要求与评价（试行）标准》要求，深入挖掘乡村自然生态、历史人文等资源，高起点规划建设，发展乡村旅游，助力乡村振兴。开展“阳湖”果品节、礼嘉葡萄文化音乐节、滆湖赶湖节、雪堰桃花节、嘉泽花朝节、前黄桑葚采摘节等农业特色节庆活动，积极营造休闲旅游氛围。雪堰镇雅浦村、湟里镇西墅村、嘉泽镇跃进村入选常州市乡村旅游重点村。至年末，全区有乡村旅游重点村4个，其中全国乡村旅游重点村1个、常州市乡村旅游重点村3个。

【入选常州市乡村旅游重点村3个】 1月25日，首批常州市乡村旅游重点村公布，武进区雪堰镇雅浦村、湟里镇西墅村入选。11月9日，嘉泽镇跃进村入选第二批常州市乡村旅游重点村。

游客在雪堰镇城湾村杨梅园采摘橘子　　（摄影／刘建中　摄于2019年5月）

雪堰镇雅浦村　位于太湖之滨，南临太湖、东依无锡马山、西接宜兴，区位优势得天独厚，辖区面积5平方千米，有村民小组21个，农户810多户，总人口2688人。雅浦村注重在乡村旅游重点村建设过程中植入传统特色文化元素，提升乡村旅游内涵，坚持“村、景、文、游、业”五位一体彰显地方特色，建设文化装点的美丽乡村。全村发展果蔬采摘、观光特色农业种植项目，依托雅浦黄酒酿造的“非遗＋文创”实力，创建成为常州市乡村旅游重点村。

湟里镇西墅村　位于湟里镇西南部，辖区面积6.63平方千米，其中耕地面积100公顷、水域面积8公顷，拥有自然村18个（已拆迁6个），设村民小组35个，有户籍人口4583人，流动人口1300人。西墅村充分挖掘自然村落的传统习俗，结合美丽乡村建设打造田园综合体，并依托东方润安菜园子的农业项目，引旅游业入村、助农民增收，实现“富民、强村”的西墅样本。

嘉泽镇跃进村　位于嘉泽镇西北部，村域面积2.3平方千米，拥有自然村18个，设村民小组21个，有农户736户、总人口1896人。跃进村积极探索乡村治理、花木电商产业＋旅游创新发展模式，打造“有景有游有人有产，有特色有能力有未来”的美丽乡村。至2021年，跃进村建成乡村振兴实践馆、创客中心（花海e站）、农民新集中居住区、花漾市集、七天造园体验、乡村民俗音乐会、懒人园艺物流基地等网红打卡点，形成“花漾跃进、创智田园”主题的新农村面貌。

（蒋　哲）

旅游营销与服务

【概况】 2021年，武进区努力克服疫情常态化影响，推进各类旅游营销与服务工作。成功举办“花都水城·浪漫武进”文化旅游节暨“龙城夜未央·武夜尽欢畅”夜生活节，组织相关部门人员参加甘肃、上海、南京等地旅游推介会。年内，新增省工业旅游区1个、国家AAA级旅游景区1个以及常州市乡村旅游重点村3个，新增旅行社2家。组织全域旅游讲解员培训班，制作重点文旅项目宣传折页，做好旅游线路规划，扩大武进旅游影响力。加强服务和指导，切实帮助文旅企业缓解运营压力。西太湖影视基地获省级现代服务业（广播电视）发展专项资金100万元，太湖湾研学旅游大营地获省级文化和旅游发展专项资金100万元，嬉乐湾智能化种植休闲旅游观光项目、双涵生态乐园共获市级旅游发展专项资金（产业发展类）80万元。

表14　2021年武进区三星及以上旅游饭店情况表

名　称	星级	床位数量（张）	地　址
九洲喜来登酒店	五星	383	延政西大道1号
明都紫薇花园酒店	五星	240	嘉泽镇环湖西路98号
常州明都大饭店	四星	336	常州市和平北路258号
常州金鼎明都国际大酒店	四星	219	湟里镇金鼎路28号
西太湖明都国际会议中心	四星	353	武进经发区禾香路118号
金色南都国际大酒店	四星	110	环府路58号
明都枫泽山庄大酒店	四星	350	嘉泽章庄
金龙大酒店	三星	140	湖塘镇人民中路1号
新苑宾馆	三星	230	环府路18号
锦海石头大酒店	三星	48	雪堰镇漕桥金三角东路61号
锦海城市大酒店	三星	130	钟楼区会馆滨路11号

表15　2021年武进区旅游基本线路情况表

类　别	线　路　安　排
精品旅游线	情侣甜蜜游（亲子天伦游）：（1）环球动漫嬉戏谷—中华孝道园—竺山湖小镇—太滆渔村—城西回民村；（2）淹城春秋乐园—淹城野生动物世界—春秋淹城遗址公园—淹城传统商业街—西太湖影视产业基地—揽月湾 文物古迹游：宝林寺—武进博物馆—春秋淹城遗址公园—杨桥古村—中华孝道园 度假休闲游：太湖湾旅游度假区—春秋淹城旅游区 春光烂漫游：花博园—淹城春秋乐园（樱花）—潘家林果园（桃花、梨花）—雪堰镇谢家村（桃花）—雪堰镇费巷茶场（摘茶、品茶） 个性骑行游：（1）环球动漫嬉戏谷—环山路—太滆渔村—竺山湖小镇—中华孝道园—环湖路；（2）淹城—延政西路—绿色建筑博览园—西太湖影视基地—环湖北路—云杉路—揽月湾
自驾乡村游线路	嬉乐湾农业生态园—雪堰镇城西回民村—雪堰镇谢家村—太滆渔村 西太湖影视基地—揽月湾—观光塔—和渼亲子乐园
太湖湾旅游度假区“微度假”路线	动感之旅：龙凤谷—环球动漫嬉戏谷—全国龙舟竞赛基地—城西回民村农家乐—竺山湖小镇 静心之旅：中华孝道园—竺山湖小镇—吴都阖闾城遗址—城西回民村农家乐 微度假体验：竺山湖小镇—环球动漫嬉戏谷—中华孝道园—城西回民村农家乐—全国龙舟竞赛基地—吴都阖闾城遗址 美丽乡村游：太湖湾北广场—城西陡门塘—雅浦村—太滆美食街—太湖湾修心谷
综合线路	武进一日游：（1）淹城春秋乐园—淹城野生动物世界—淹城传统商业街；（2）环球动漫嬉戏谷—中华孝道园 武进二日游：（1）淹城春秋乐园—淹城野生动物世界—淹城传统商业街—西太湖影视基地—揽月湾；（2）环球动漫嬉戏谷—中华孝道园—竺山湖小镇—太湖湾旅游度假区—城西回民村

（朱丽春）

【2021“花都水城·浪漫武进”文化旅游节】 6—10月举行，推出淹城春秋乐园造浪水狂欢、华灯夜肆，淹城野生动物世界暑期系列活动、暑期夜公园，嬉戏谷太湖电子音乐节，第十三届“阳湖”果品节，太湖湾露营谷山谷清凉节等活动17项。7月3日，2021“花都水城·浪漫武进”文化旅游节暨“龙城夜未央·武夜尽欢畅”夜生活节开幕式在环球动漫嬉戏谷举行。

（吴玲波）

9月，太湖湾露营谷首届菊花展　（供图/太湖湾旅游度假区管理办公室）

【太湖湾淘春季】 3—6月，太湖湾旅游度假区管理办公室和雪堰镇联合举办太湖湾淘春季，以“花开雪堰、追梦桃源”为主题，将桃园赏花游和踏青跑等活动结合，展示湾镇融合的独特魅力。3月20日，在太湖湾露营谷举办2021第七届雪堰桃花节暨太湖湾淘春季开幕式，同时举行爱心果园授牌仪式，雪堰丰香果园家庭农场与常州市锜灏体育文化传播有限公司的农企合作签约，并发布七彩文旅线路及雅浦村、陡门塘多个赏花点。开展“桃”跑计划——太湖湾春季踏青跑。活动首日，线上、线下参与活动人数突破1万人。4月，举办太湖湾露营谷“凡尔赛懒人节”。5月1—3日，举行太湖湾音乐节。此外，城西村还推出“美丽乡村行”活动，联合农家乐、住宿餐饮等单位发放旅游、农产品等惠民消费券。举办“论道新雪堰”讲座，邀请专家为雪堰镇高质量发展出谋划策。开展“点亮微心愿，春风暖人心”大型新时代文明实践活动、微心愿认领、爱心果园公益活动等14项。

【太湖湾音乐节】 5月1—3日、10月4—7日，第三届太湖湾音乐节暨嬉戏谷十周年庆、第四届太湖湾音乐节先后在环球动漫嬉戏谷举行。两届音乐节按照“市场化、品牌化、国际化”的运作要求，汇聚隔壁老樊、五条人乐队、赵雷等56组知名乐队，rapper和独立音乐人，演出囊括民谣、嘻哈、摇滚、流行多种音乐风格，打造集音乐、时尚、美食、文化、旅游于一体的太湖湾特色品牌，吸引全国各地游客累计15万人次。太湖湾音乐节抓住“五一”“十一”，活动结合安全、疫情防控的要求，设立封闭式“园中园”音乐节模式，一票双玩，确保安全保障到位。太湖湾音乐节成为具有标杆意义的音乐节，充分释放文商旅体融合发展综合效应，进一步打响太湖湾旅游度假区的品牌影响力。

太湖湾音乐节夜场表演　（供图/太湖湾旅游度假区管理办公室 摄于2022年8月）

【太湖湾露营谷首届菊花展】 9月19日至10月31日，在太湖湾露营谷举行。该届菊花展占地面积超3000平方米，展出中国传统菊花品种近100个，摆放菊花超10万株，其中主题展区由蘑菇、瓢虫、汽车、丰收、蝴蝶、生肖、国庆、戏剧造型的八大主题展区组成，呈现“秋丛绕舍似陶家，遍绕篱边日渐斜”的自然意境。游客赏菊的同时，还能品尝菊花茶、菊花糕、菊花酒等养生美食。

（蒋　薇）

【淹城品牌旅游宣传】 2021年，春秋淹城旅游区与新华日报社、扬子晚报社等媒体保持良好合作，加强优秀传统文化、党建廉洁文化、武进民俗文化、淹城品牌等内容宣传，开展旅游促销活动286场、节庆促销活动37场、主题活动35次。发挥旅游区官网、微信公众号等自媒体宣传功能，联合全域旅游新媒体矩阵，及时发布旅游区动态信息。讲述淹城故事，传播文化声音，利用抖音平台开展全员推广，春秋乐园抖音官方号粉丝数量增长4倍，粉丝量超3万人，流量曝光8000万次，平台互动率最高达2.79%。开展淹城旅游品牌创建，春秋淹城旅游区入选首批江苏省文化和旅游产业融合发展示范区建设单位和江苏省首批水利遗产名录。

【春秋文化品牌活动】 2021年，春秋淹城旅游区延续春游“汉服季”主题，举办第二届汉服同袍会，与腾讯合作打造“五一王者荣耀之春秋游园会”，举办汉服主题系列活动；延续“我们的节日·端午”系列，举办“原味端午”非遗造物节和国风文武大比拼活动；在春秋乐园推出暑期“造浪水狂欢”、秋游季“千年古城梦回聊斋”主题活动，彰显淹城特色；在野生动物世界推出主题夜间活动，全面提升游客游玩体验。创编全新演艺节目，在大舞台演出《国潮年·中国年》《复活的历史》和青铜人复活剧，充分展现园区文化特色。串联诸子百家园节目，推出特色巡游类节目，增强游客参与度。编排红色主题儿童故事《党史里的小英雄》等节目，受到游客们赞誉。

【春秋文化研学】 2021年，春秋淹城旅游区围绕“春秋淹城，研学之城”的定位，持续优化春秋淹城优秀传统文化宣传教育课程。结合党史学习主题教育，推出系列学党史课程，开展编钟红歌课堂——“没有共产党就没有新中国”创编教学，将水上课堂内容更新优化为弘扬常州“三杰”精神和“永争第一、耻为二手”的常州精神，弘扬红色革命文化。推进研学旅行，开发“石头记——鹅卵石上画党史”互动研学课程，同时将淹城遗址露营产品演变为不过夜的露营初体验和精品高端过夜露营2种，全年接待学员5000余人次。9月，淹城遗址公园被命名为江苏省爱国主义教育基地。

（狄苏湘）

景区景点

【太湖湾旅游度假区】 位于武进区雪堰镇境内，东至雪马路，西至232省道，南濒太湖，北至锡宜公路，规划控制范围30平方千米，核心区域18.6平方千米，属太湖低平原地带，湖岸曲折、山脉连续、湖湾相连，有山头19座，山坞11个，大、小水库8座，临湖有山湾7个，黄金湖岸线长7.8千米，湖中有大、小椒山岛。区内以低山丘陵为主，植物生长茂盛，植被良好，大气环境达国家一级标准。文化底蕴深厚，有全国重点文物保护单位阖闾城遗址和宋代龟山书院及蓼莪寺、王孝子墓等古迹，以及中共早期革命活动家董亦湘故居、中国近代资产阶级思想家吴稚晖故居。太湖湾旅游度假区于2002年8月成立，2012年8月升格为省级旅游度假区，2020年12月被文化和旅游部认定为国家级旅游度假区。坚持走市场需求型、产品导向型发展道路，持续开展“淘春季、嬉水季、赏秋季、感恩季”四季活动，形成“春赏花、夏摘果、秋品鲜”等特色项目，打响“微度假·太湖湾”品牌，先后获评“国家旅游名片”“亚洲金旅奖”“全国电子竞技运动基地”“中国创意产业最佳园区奖”等称号，先后建成环球动漫嬉戏谷、中华孝道园2个国家AAAA级旅游景区，太湖湾露营谷1个首批国家5C自驾车旅居车营地，太湖湾教育大营地1个江苏省中小学生劳动教育与综合实践优秀基地。

2021年，太湖湾旅游度假区围绕环球动漫嬉戏谷、中华孝道园、太湖湾露营谷三大景区，以饱览太湖山水、穿越奇幻世界、感悟孝道文化、闲憩田园农家为特色，推进集生态休闲、运动康养、主题娱乐、文化体验、乡村田园、商务会议于一体的全域旅游发展，举办太湖湾音乐节、万圣节、首届菊花展、山谷清凉节等大型活动15场，完成旅游接待322万人次，实现旅游总收入33.7亿元。

（蒋　薇）

【春秋淹城旅游区】 位于武进中心城区，总面积3.22平方千米。景区内古淹城遗址具有2700多年历史，其“三城三河”建筑形制是国内现存最为完整、独特的春秋地面城池遗址，1988年被列为全国重点文物保护单位。春秋淹城旅游区依托淹城遗址的核心文化资源，以“文化休闲型旅游目的地”的功能定位，开发建成淹城遗址公园、淹城春秋乐园、淹城野生动物世界、淹城传统商业街坊和宝林寺五大旅游区域主题景点30余处，2011年创成国家AAAA级旅游景区，2017年创成国家AAAAA级旅游景区和全国春秋文化旅游知名品牌创建示范区，2018年入选“中国优质服务100强”，2019年获最美中国文化旅游目的地、全域旅游人气目的地、优质人气户外主题景区、主题景区品牌影响力TOP10等称号，2020年获评全域旅游自驾游目的地、全域旅游优质人气目的地、全域旅游优质人气景区TOP10、美丽中国春天100景、全域旅游优质休闲景区等称号。

2021年，春秋淹城旅游区统筹开展常态化疫情防控工作，深入推进国企改革，积极融入大运河文化带建设，促进文旅融合高质量发展。全面启动AAAAA级旅游景区复核整改工作，春秋乐园从5月1日起，委托景尚旅游集团运营管理。稳步推进春秋淹城遗址公园改造提升工程，开展各项文旅惠民活动，全年旅游接待268万人次，实现旅游总收入28.4亿元，游客满意指数达95.06%，入选首批江苏省文化和旅游产业融合发展示范区建设单位名单和江苏省首批水利遗产名录，被评为江苏省爱国主义教育基地。

（狄苏湘）

3月，淹城遗址公园樱花盛开　（供图/区融媒体中心）

金融业

Financial Industry

栏目编辑　周小红

金融管理与服务

【概况】 2021年，武进区加快金融改革创新，保持金融业稳健发展势头，金融市场秩序整体平稳、活力增强，在支持企业复工复产、维护经济社会稳定运行中发挥积极作用。至年末，全区有银行业金融机构28家，其中商业银行市级分行6家；地方金融组织35家，其中小贷公司10家、融资性担保公司5家、典当行14家、融资租赁公司5家、商业保理公司1家；证券分公司1家，证券营业部13家。常州龙城金谷基金小镇于2020年10月落户西太湖科技产业园，至年末，龙城金谷（南区）累计集聚投资机构458家、认缴注册资本346亿元，其中2021年度招引投资机构249家，注册资本112.8亿元。

龙城金谷（南区）是常州市首个基金产业集聚区，图为龙城金谷金融企业总部社区的建设现场　（摄影/陆新　摄于2021年11月）

【加强地方金融组织监管】 2021年，武进区10家小贷公司贷款余额14.06亿元，增长3.92%。14家典当企业典当总额9.56亿元。5家融资担保公司为585户企业(个人）提供融资担保贷额43.78亿元，担保业务余额增长42.18%。5家融资租赁法人机构融资租赁资产总额14.72亿元，增长371.05%。1家商业保理公司发放保理融资款本金1.48亿元，受让应收账款余额5.43亿元。区金融监管局配合上级监管部门开展地方金融组织年审评级、现场检查、约谈、名单制管理，审核地方金融组织新设申请和变更备案等材料，保质保量完成监管工作。

【金融服务实体经济】 2021年，区金融监管局积极引导各类普惠金融服务主体借助现代技术，降低金融交易成本，延伸服务半径，拓展普惠金融服务广度和深度，大力发展“三农”金融。至年末，银行业金融机构各项贷款余额3429.67亿元，增加475.98亿元，增长16.11%。全区搭建金融机构、企业与政府三方常态化沟通交流平台，完成江苏银行、交通银行、江南银行与武进区政府的战略合作签约，并推进签约银行的贷款资金投放，工商银行投放贷款87亿元，农业银行投放贷款95.24亿元，江苏银行投放贷款64.78亿元，交通银行投放贷款33.57亿元。依托省综合金融服务平台，推出区级子平台武进金融超市，打造银行信贷产品线上汇集地，构建具有武进特色的产业链金融模块。全区接入平台企业数14883家，融资金额38.45亿元，累计解决需求金额181.56亿元。重点解决银企信息不对称问题，促进银企双方互信互惠，提高金融服务针对性和实效性。征集意向银行并适当引进合适的投融资机构，共同开展转贷业务，全年提供转贷专项资金36笔、服务企业19家、发放贷款3.57亿元。

【金融生态环境建设】 2021年，区金融监管局开展岁末年初风险隐患排查、农民资金互助非法集资风险排查、涉嫌非法集资风险集中排查和常态化排查活动，会同区市场监管局、属地开展涉金融字样市场主体联合抽查，开展现场排查企业4家。选择非法集资活动高发频发的特殊时间段，会同属地和处非成员单位密集开展防范非法金融活动（简称“防非”），每季度不少于一次宣传教育。开展春节期间防非宣传教育和防非宣传进社区、进乡村活动，在《武进日报》设立金融专版，总结处非集中宣传活动及典型案例。按照工作程序，对上级和其他方面转来的涉嫌非法集资线索，第一时间布置排查到位。联合有关部门和属地处置有关线索12起，非法集资刑事立案6件，下降14%，增量风险得到有效遏制。加强信息沟通，建立信息共享机制，合力防范和化解金融风险，全力帮助企业渡过资金紧张难关。制定全区金融突发事件应急预案，定期跟踪金融风险信息，全年编发《武进金融风险信息月报》12期，提供区委、区政府领导决策。

【金融产品创新】 2021年，武进区在开发区推出“园区保”产品，建立风险共担机制，加大融资担保扶持力度，为区内企业融资降本增效。年末，“园区保”合作银行达13家，为58户企业累计投放贷款4.59亿元，在保余额3.01亿元。在8个乡镇创新推出“振兴保”业务，年末，“振兴保”合作银行8家，完成13家小微企业投放贷款6200万元。

（夏菘成）

企业上市

【概况】 2021年，武进区新增上市企业3家，分别是易电行物联网技术及服务有限公司（简称“易电行”）在美国纳斯达克上市、苏文电能科技股份有限公司（简称“苏文电能”）和江苏晶雪节能科技股份有限公司(简称“晶雪节能”)在深交所创业板上市。新增“新三板”挂牌企业4家，分别为江苏飞扬粉末科技股份有限公司、江苏鼎智智能控制科技股份有限公司、常州诚磊阀门科技股份有限公司、江苏奥琳斯邦装备科技股份有限公司。至年末，全区（含常州经开区）累计上市企业42家、“新三板”挂牌企业48家。

【新增上市企业3家】 易电行　2021年1月27日，易电行物联网技术及服务有限公司在美国纳斯达克上市，股票简称“EZGO”，首发募集资金7242万元。该公司是一家拥有运营子公司和可变利益实体且所有业务和资产都在中国的控股公司，目标打造中国领先的短途运输解决方案提供商，依托物联网产品和服务平台，初步形成以销售电子自行车（简称“电动自行车”）和电池、电动自行车租赁为主，电池组销售、电池组交易、充电桩业务为辅的商业模式。从事锂电池交易、锂电池租赁和销售，设计、制造、租赁和销售电动自行车和电动三轮车，销售、特许经营和经营电动自行车和其他电子设备的智能充电桩。

苏文电能　2021年4月27日，苏文电能科技股份有限公司在深交所创业板上市，股票代码“300982”，首发募集资金5.553亿元。该公司是以电力咨询设计业务为主导，涵盖电力咨询设计、电力工程建设、电力设备供应和智能用电服务业务的一站式（EPCO）供用电品牌服务商。业务立足江苏，拓展至上海、安徽、浙江、山东、湖南等省市。是国家高新技术企业、江苏省民营科技企业、江苏省勘察设计质量管理先进单位、江苏省优秀云服务商，品牌“苏文电能”为江苏省著名商标，在区域电力服务市场具有较高的品牌价值和市场影响力。

晶雪节能　2021年6月18日，江苏晶雪节能科技股份有限公司在深交所创业板上市，股票代码“301010”，首发募集资金2.11亿元。该公司是一家专注于冷库围护系统节能隔热保温材料（金属面节能隔热保温夹芯板及配套产品）研发、设计、生产和销售的高新技术企业，同时涉足工业建筑围护系统节能隔热保温材料制造领域。“晶雪”商标为中国驰名商标。公司主要为冷链物流、食品加工、商场超市、酒店及航空配餐、生物制药、精细化工、精密电子等行业提供相关冷库围护系统解决方案，与冷库制冷系统、控制管理系统组成节能冷库系统和工业建筑节能厂房系统，用于需要恒温环境的食品、药品等生产、储存和物流。

【上市企业再融资和兼并重组】 2021年，武进区一批上市企业积极开展再融资和并购重组，在项目投资、技术研发、提高效益、资本运作等方面发挥作用。江苏雷科防务科技股份有限公司定增融资6.02亿元，用于收购爱科特剩余30%股权及毫米波雷达研发中心建设项目。新城悦服务集团有限公司配股融资10.4亿港元。江苏国茂减速机股份有限公司增资全资子公司捷诺传动系统（常州）有限公司2亿元，与天津华瑞达企业管理合伙企业（有限合伙）、沈惠萍、王洪新、杜宝珍共同增资中重科技（天津）股份有限公司。江苏泛亚微透科技股份有限公司以现金方式收购上海大音希声新型材料有限公司60%股权，标的公司100%股权的整体估值2.6亿元。常州腾龙汽车零部件股份有限公司非公开发行股票募集资金总额5.94亿元。

【“中证武进指数”发布】 9月29日，武进编制并经证监会审核同意发布“中证武进发展指数”，成为全国县区首个上市公司指数。该指数选取部分武进区上市公司作为指数样本，以综合展现武进区上市公司股价表现，增强武进区上市公司资本市场吸引力，打响“武进市值”“阳湖金融”工作品牌。

（夏菘成）

银　行

【概况】 2021年，武进区有银行金融机构28家、金融网点198个，在册从业人员2974人。年末，全区金融机构本外币各项存款余额4087.65亿元，比年初增加417.39亿元，增长11.37%。其中，个人存款余额1672.29亿元，增长12.76%；金融机构本外币各项贷款余额3448.92亿元，比年初增加484.59亿元，增长16.35%。其中，中长期贷款余额2011.45亿元，增长18.84%。金融机构票据融资余额183.25亿元，比年初增加27.81亿元，增长17.89%。金融机构不良贷款率0.39%，下降0.21个百分点。全年银行结益71.46亿元，增长48.82%。

【银行业金融支持实体经济】 2021年，武进区召开金融工作座谈会和现场调研座谈会，制定《关于金融助力“一区一城”建设的实施意见》和《2021年武进区银行业金融机构工作考核办法》，引导全区金融机构提高政治站位，认真落实小微企业延期还本付息与普惠小微企业信用贷款支持政策，加大贷款展期、续贷力度，助力小微企业经营发展，护航“六稳”“六保”工作。全区金融机构累计为12178家贷款主体办理延期、展期手续，惠及贷款本金261.99亿元，延期率87.09%。至年末，全区普惠小微信用贷款余额91.67亿元，较年初增加28.89亿元，增幅46.01%。

【银行业金融创新】 2021年，武进区实施金融支持科技创新专项计划，制定《2021年武进区金融支持科技创新专项行动实施方案》，组织召开全区金融支持创新发展推进会，印发《武进区金融惠企信贷产品汇编》和《武进区科技型企业白名单》，引导金融机构加大对科技创新企业的信贷资金投入，辖区科技型企业表内外授信余额472亿元，其中新增授信92.54亿元。深化智能制造装备产业链普惠金融（征信）试验工作。通过“1+4”工作架构和“123+N”工作体系（“人行＋政府”凝聚合力、“人行＋征信”科技赋能、“人行＋银行”创新服务、“人行＋保险”护航保障；一个方案、两份报表、三项机制、N项措施），深入推进智能制造装备产业链普惠金融，带动全区制造业中长期建设和创新升级贷款投放，全区（不含常州经开区）制造业企业贷款余额较年初增加64.88亿元，增长13.40%，贷款增量份额占比16.87%，普惠型金融重点领域贷款占比14.37%，综合指数在常州辖市区中位列第一。推动农建地抵押贷款试点扩面。巩固农建地抵押贷款试点成效，拓宽农村企业融资渠道，盘活农村闲置资产，有效缓解辖区中小企业抵押品不足和企业担保链风险问题，农建地抵押贷款余额19.28亿元，较年初增加3.09亿元，增长19.09%；首贷户增加130户，发放贷款4.05亿元。开展农房财产权（含宅基地使用权）抵押贷款试点。指导辖区银行参与武进农村宅基地制度改革和自建区建设，探索农房财产权（含宅基地使用权）抵押融资功能，鼓励农房更新贷款等金融产品创新，通过“江南乡村安居贷”产品提供礼嘉镇何墅村42户农民贷款1757万元。

（王雪恺）

4月20日，武进区金融支持创新发展推进会召开　（供图/人民银行武进支行）

【人民银行武进支行】 2021年，人民银行武进支行认真贯彻党中央关于经济金融工作的重大决策部署，围绕“创新、实干、特色”建设目标，依托“阳湖红盟·金融矩阵”党建品牌，坚持全面从严治党，深化模范机关创建，优化系统治理水平，践行金融为民使命，为地方经济金融高质量发展做出积极贡献。

经理国库　准确、及时、高效办理各类政府预算收支业务，办理预算收入入库889.99亿元，拨款支出665.01亿元，退库126.05亿元。落实减税降费政策，办理个所税年度汇算清缴退税业务19.46万笔，金额0.8亿元；代扣代缴手续费退税0.69万笔，金额0.33亿元；制造业中小微企业缓缴退税3.1万笔，金额2.15亿元。办理省级企业养老保险费收入41.35万笔，金额59.39亿元。

征信管理　完善征信信息安全管理内控制度，按期开展自查自纠，筑牢信息安全防线。做好柜面查询，提升代理点查询服务效率。构建征信宣传常态化机制，探索共建征信教育基地。完善农信体系建设，将农信体系建设情况纳入各镇（区）金融生态环境建设考评指标体系和金融机构执行人民银行政策评价范畴。推进信用建档，建立农户基础信息档案8.09万户、新型农业经营主体基础信息档案750家。

外汇管理　制定《跨境人民币创新试点示范区工作方案》，召开工作推进会和政策宣讲会3次，发放跨境人民币结算宣传折页和金融服务手册，组织5家银行和40家企业签订跨境人民币综合服务协议。全区涉外主体跨境人民币结算收支总额折合32.46亿美元，同比增加6.55亿美元，增长25.29%。推进

表16　2021年武进区银行业金融机构网点情况表

机构名称	网点（个）	人员（人）	机构名称	网点（个）	人员（人）
人民银行	1	34	兴业银行	2	29
农发银行	1	21	民生银行	3	25
工商银行	14	225	浙商银行	1	12
农业银行	31	435	渤海银行	1	46
中国银行	15	261	江苏银行	3	67
建设银行	28	391	南京银行	1	178
交通银行	4	55	苏州银行	1	79
邮储银行	36	296	上海银行	1	65
中信银行	1	20	江南农商行	39	447
光大银行	2	17	江阴农商行	1	64
华夏银行	2	39	无锡农商行	1	34
广发银行	1	15	首都银行	1	6
平安银行	3	27	武进村镇银行	1	42
招商银行	2	27	合计	198	2974
浦发银行	1	17			

说明：表格内数据不含常州经开区

贸易投资便利化政策落地，开展银企座谈60余次，惠及银企350余家次。

金融服务　支付服务。推进“断卡”行动，与公安、商业银行建立风险信息共享机制；推广移动支付，扩大公共服务和便民场景覆盖面；推动农村普惠金融服务点提质增效，指导建设单位探索拓展服务点非支付结算功能。现金服务。制定《2021年武进区雪堰镇现金服务示范区深化方案》，稳步推动现金服务示范区建设，举办银行业金融机构服务技能竞赛。指导辖区各银行保障现金供应和纪念币发行，规范小面额人民币兑换服务，做好假币收缴等。全年暗访示范区网点16个、其他网点30个，收缴假币3541张、面额30.69万元。开展拒收现金整治工作，妥善处理有关投诉11起。宣教服务。推进金融知识纳入国民教育体系工作，在春季学期开展课程18节，在秋季学期开展课程11节，覆盖人民币知识、国库与国债、信用与征信等主题，惠及1700余人。举办银行业金融机构业务知识与技能竞赛，全区26个银行机构代表队60名业务骨干参赛。开展金融知识宣传活动10余次，营造良好的金融环境。

（王雪恺）

【工商银行武进支行】 2021年，工商银行武进支行辖营业部1个、营业网点14个，离行式自助银行5个，有员工227人。该支行坚持重点服务支持实体经济，保持信贷投放力度，加大对社会民生、先进制造业、普惠小企业、群众消费等市场板块的营销拓展，保持良好的风险控制水平。至年末，人民币各项存款余额254亿元，其中对公存款余额168亿元。人民币各项存款较年初新增21亿元，其中对公存款增量12亿元、储蓄存款增量8.9亿元。本外币公司类贷款余额179亿元，增量16亿元；银监口径普惠贷款新增7.3亿元，普惠客户净增272户。本外币个人贷款余额67亿元，增量15亿元，其中个人按揭贷款新发放量19亿元。年末不良贷款余额1371万元，不良率0.06%，不良贷款率继续保持双降目标。加强内控案防工作，实施重点环节、重点岗位和重点业务的合规管理，内部管理得分位列各支行前列。

（蔡　静）

【农业银行武进支行】 2021年，农业银行武进支行设营业部1个、营业网点30个，有员工433人。该支行突出高质量发展的总导向，优化资源配置，加大有效投放，全力支持武进区经济社会发展。服务实体经济和“三农”质效提升，支持江苏理工学院搬迁、中天南通等重大项目累计获批金额78.8亿元，实现投放42.64亿元；营销拓展大中型客户，申报晶雪节能、德速机械等优质企业授信金额4.5亿元；深化普惠金融服务，银保监口径普惠贷款余额40.1亿元，比年初增加12.64亿元。投放全市首单“常信贷”“市场e贷”产品，首次申报“厂房贷”，全年准入“园区保”“常信贷”增量近9000万元。个人按揭贷款继续增长，全年累放个人住房贷款26.08亿元，比年初增加10.46亿元。存款业务质量加速优化，客群维护紧盯源头性资金项目，做大夏溪和长虹2个重点专业市场结算量，营销蒋公案社区、江苏理工大学项目等拆迁资金1.8亿元。强化高净值和私行客户建设，建立团队转推荐机制，新增私行客户200户，私行客户资产管理规模增量11.87亿元。推进票据流量业务，完成票据业务流量192.7亿元，增长33%，累计保证金存款7.5亿元，形成低成本日均存款3.1亿元。强化源头资金营销，营销龙运建设项目资金、立华牧业和南卫股份限售股解禁业务。全面聚集发展动能，家校通业务新上线学校32所、老师和家长6.82万户，新增掌银客户9500户，家校通使用人数、使用人次均居全市第一。分期业务完成信用卡分期金额10.92亿元，列全市第一、全省第三。保费规模及中收同业间业务攀升，代理保险保费4.46亿元，系统内贡献度29.9%。代理期保费9216万元，增幅40.5%。加强风控案防能力，实现不良贷款大幅双降。开展电信网络诈骗治理活动，综合管理部被常州市公安局授予“集体三等功”，运营财会部及长虹、湖塘支行协助公安部门破获地下钱庄洗钱案件。至年末，各项贷款余额275.1亿元，比年初增加47.7亿元；各项存款余额401.5亿元，比年初增加29.8亿元；不良贷款余额6637万元，比年初减少2.29亿元，贷款不良率下降1.05个百分点。实现营业收入11.5亿元，拨备后利润10.06亿元。

（王佳丽）

【中国银行武进支行】 2021年，中国银行武进支行设营业部1个、营业网点14个、离行式自助区2个，有员工257人。该支行围绕转型创新和渠道效能，推动劳动组合优化，加强公私联动，提升营销交叉合力。创新业务，成功叙做全国首笔IGTB NET新版企业网银理财功能测试。聚焦重点行业，助力实体经济发展，大公司实体经济新增批复客户20户，总金额20.51亿元；实体经济新增投放386户，总金额44.53亿元。做优普惠金融，助力小微企业，全年核批小微企业新客户275户，公司普惠重点领域口径贷款余额13.16亿元，其中新增5.26亿元；个金普惠余额6.17亿元，其中新增2.51亿元。办理股权激励资金收汇2197.6万美元、结汇2225万美元，叙做国内信用证福费廷7.55亿元人民币，叙做汇出汇款融资2.63亿美元，揽储大额外币资本金1.03亿美元。围绕消费、财富、网络、跨境四大金融开拓市场，打造跨境金融服务品牌。开展跨境宣传活动65场，结售汇交易金额3618万美元，新增零售贷款6.74亿元，银行卡分期发放5.53亿元，拥军卡代发额3784万元。年末，本外币存款余额196.72亿元，新增15.92亿元；本外币贷款余额163.72亿元，新增27.27亿元。中国银行武进支行获评武进区年度执行人民银行政策A类银行、连续第6年获评武进区外汇局A类银行，营业部获评中国银行江苏省分行优秀网点、中国银行常州分行优秀集体。

（邓灵芝）

【建设银行武进支行】 2021年，建设银行武进支行辖营业网点28个，拥有自助设备84台（其中28个网点73台、8个离行自助行11台），有员工395人。该支行纵深推进新金融实践，聚力提升发展质效，守牢风险合规案防底线，实现各项业务高质量发展。服务区域经济发展。支持重大项目建设，获批城市更新贷项目2单、总金额33.5亿元，新增大中型制造业客户19户、授信总金额7.42亿元，大中型制造业非贴贷款较年初新增3.46亿元。助力社会治理，上线武进农村集体经营性建设用地网上系统、乡镇级建设工程招投标系统，上线智慧村务综合服务平台、常州分行首单农村集体三资监管平台，签约武进区文体广旅局预付卡资金监管平台等。国际业务能力加强，外币存款规模和份额提升明显，外币时点存款26145万美元，新增13988万美元。普惠金融质效领先，普惠贷款余额38.47亿元，新增10.53亿元；普惠客户3199户，新增559户；新增“惠懂你”生态连接平台2个，落地“创业者港湾”联盟店2家。住房租赁落地数字房产智慧建筑项目，托管存房2000套。助力乡村振兴，组建乡金团队，涉农贷款余额15.18亿元，新增2.02亿元；搭建“裕农通”普惠金融服务点144个，实现行政村全覆盖。创新业务，首次承销武进高新区2021年度第一期定向债务融资工具3亿元，落地伟驰控股发债资金托管业务3.5亿元。参与百佳年代股权融资，落地武进区重点产业投资基金等账户3个，落地武进区村支书职业年金项目账户管理和托管业务。至年末，一般性存款日均余额308亿元，日均新增25.76亿元；各项贷款余额246亿元，新增28.89亿元；实现主营业务收入9.14亿元，增长11.15%；拨备前利润7.11亿元，增长14.13%，税前利润6.73亿元，实现经济增加值3.04亿元。年末，该支行获江苏省银行业2021年度“平安之星”称号。

（向　攀）

【交通银行武进支行】 2021年，交通银行武进支行辖营业部1个、二级支行3个，配套自助银行4个和ATM机9台，有员工55人。该支行统筹经营发展和安全，保持和巩固“稳中有进、稳中提质”的发展态势。至年末，人民币各项存款年均余额70.62亿元，比年初减少4.48亿元；人民币各项贷款年均余额85.96亿元，比年初增加6.16亿元；国际结算量9.09亿美元，比年初增加3.24亿美元；不良资产率0.26%，经营利润2.22亿元。是年，戴俊杰获评交通银行江苏省分行“优秀党务工作者”称号，尹艺如获评交通银行江苏省分行“教育培训先进个人”和交通银行总行“创课杯”最佳网络课程一等奖。

（周东英）

【农发银行武进支行】 农发银行武进支行是武进区唯一一家农业政策性银行，有员工21人。2021年，该支行坚持做精做细传统业务，拓展涉农领域，支持农业产业发展。投放各类粮食贷款3.13亿元，其中发放夏粮收购贷款1.42亿元、秋粮收购贷款1.71亿元，有效保障武进地区粮食收购业务平稳运行。信贷支持乡村振兴，实施横山桥卫生院项目、常州经开区环境综合整治（一期）项目、常州经开区美丽乡村项目以及地方污水处理项目等。至年末，各项贷款余额67.83亿元，各项存款余额11.61亿元，实现账面利润6219.62万元。

（徐　斌）

【江南农村商业银行】 2021年，江南农村商业银行在武进区域（含武进支行、高新区支行、经开区支行）设有营业网点51个，有员工590人。该银行坚守“支农支小”战略定位和绿色金融发展理念，紧扣“稳中求进”工作基调，紧盯发展导向，紧抓措施落地，抓客户、拓市场、控风险、提质效，取得各项业务新发展。聚焦拓展大零售客群，私行业务快速发展，互联网金融业务、场景银行建设加快拓展；开展“万企联万村、共走振兴路”联建活动，落地“苏科贷”“厂房融”等场景类产品，推进“增信融”“链信融”智能装备行业产品，构建多层次客群，加快信贷投放，助力地方经济高质量发展。至年末，本外币存款余额956.62亿元，增加125.61亿元，增长15.12%，占武进区市场份额的23.40%，存款总量、增量均居区域排名第一。其中，单位存款余额469.53亿元，增加49.26亿元；个人存款487.09亿元，增加76.35亿元。本外币贷款余额587.18亿元，增加85.13亿元，增长16.96%，占武进区市场份额的17.02%，贷款总量、增量均居区域首位。其中，对公贷款余额381.72亿元，制造业贷款余额197.52亿元（不含贴现），占对公贷款余额的51.74%。

（诸冬梅）

保　险

【概况】 2021年，武进区实现保费总收入39.24亿元，增加0.98亿元，增长2.57%。其中，财产类保险收入11.25亿元，下降4.74%；人寿类保险收入27.27亿元，增长4.22%。全区保险业务支出14.59亿元，增加0.73亿元，增长5.25%。其中，财产类保险支出6.49亿元，增长7.41%；人寿类保险支出7.77亿元，增长1.73%。

（王雪恺）

【人保财险武进支公司】 位于武进区延政中大道22号，内设个人客户事业群、法人客户事业群和政府事业群，配套职能部门2个、理赔分中心1个，有专业销售团队11个和农网团队3个，网点覆盖武进区域各重点乡镇，有员工103人。2021年，该公司积极发挥保险功能，履行社会职责，承保武进区政策性农业保险、乡村振兴保险、公众责任险，以及工商预防项目等民生、公共资产类保险项目。深入开展政企互动，参与社会安全管理，为武进区域经济发展和民生福祉保驾护航。全年业务发展稳中有进，完成保费收入6.78亿元，增长5.78%，保费总额占武进区域市场份额的44.52%。全年处理各类赔案4.02万件，缴纳各类税费6656.59万元。

（胡兰琳）

【中国人寿保险武进支公司】 位于武进区广电路8号铂安国际A座16楼，辖湖塘、湟里、前黄、雪堰、夏溪、奔牛、邹区营业网点7个，有正式员工59人，持证销售人员1026人。2021年，该公司深化高质量发展转型，推进安康关爱行动、农村小额保险及慈善大病救助保险等民生安全保障。全年实现新单保费2.88亿元，占武进区域市场份额的43.05%。短险保费收入突破1亿元。全年处理赔付案2.4万件、金额7486.7万元，保险满期及各类给付案20.33万件、金额7314.8万元。

（张　倩）

【太平洋财产保险武进支公司】 2021年，该公司辖湖塘、前黄营销服务部2个，有员工30人。全年完成保费收入2.62亿元。其中，车险保费收入2.08亿元，下降0.05%；非车险保费收入5332万元，增长29.42%。1—12月，车险综合成本率96.84%，非车险综合成本率89.46%，

表 17

2021 年武进区保险业务情况表

项目／险种	保险业务总收入（万元）本期累计	其中 人民保险	太平洋保险	平安保险	保险业务总支出（万元）本期累计	其中 人民保险	太平洋保险	平安保险
财产保险小计	112527.76	58328.55	25814.21	28385.00	64874.59	33351.37	14673.22	16850.00
企财险	9969.58	2707.23	1612.35	5650.00	4276.53	904.21	392.32	2980.00
运输工具及责任险	92664.27	48222.38	21706.89	22735.00	56047.77	28468.16	13709.61	13870.00
货运险	268.03	227.64	40.39	—	63.63	48.14	15.49	—
家财险	526.34	480.85	45.49	—	100.46	76.09	24.37	—
其他	9099.54	6690.45	2409.09	—	4386.20	3854.77	531.43	—
责任保险	7170.83	7170.83	—	—	3353.62	3353.62	—	—
人身保险小计	272714.93	112699.81	115428.28	44586.84	77676.79	41770.88	24106.72	11799.19
养老年金险类	78940.00	62147.84	—	16792.16	12220.47	12220.47	—	—
意外短期险类	5620.55	4920.68	614.76	85.11	2308.90	2145.22	163.68	—
健康险类	23767.82	17262.25	1170.85	5334.72	21262.45	8751.16	712.10	11799.19
寿险类	164386.56	28369.04	113642.67	22374.85	41884.97	18654.03	23230.94	—
总计	392413.52	178199.19	141242.49	72971.84	145905.00	78475.87	38779.94	28649.19

全险种综合成本率 95.65%，全险种支出赔款 1.42 亿元。

（施　敏）

【太平洋人寿保险武进中心支公司】 2021 年，该公司在武进区域下辖湖塘、礼嘉、洛阳、横林、怀德北路营销服务部 5 个，拥有营销持证业务员 1156 人。贯彻长航理念，积极转型，摒弃短期行为，发掘增募源头，培育有效客户。加强队伍建设，坚持“访量为先、专业为基、荣誉为魂”的营销理念，不断提升队伍专业能力，实现各业务条线保持健康发展态势。全年实现保费收入 11.54 亿元，占全区市场份额的 38.09%；受理理赔案 4372 件，各类给付 60877 件；赔款支出金额 5222.53 万元，各类给付金额 11882.9 万元。

（刘　丹）

【平安产险武进支公司】 位于武进区延政中路经纬大厦，辖基层网点 4 个（横山桥、前黄、孟河 3 个营销服务部和钟楼支公司），有员工 17 人。2021 年，该公司平安产险平台理赔专家全程在线，解答客户疑问、解决车险理赔难题。至 6 月，平安产险家用车“一键理赔”功能使用率达 92%。全年完成保费收入 2.8 亿元，其中车险保费 2.27 亿元、财产险保费 3097 万元、意健险保费 2552 万元。

（章佳英）

证　券

【概况】 2021 年，武进区有证券营业部 13 家，年内新开证券交易账户 4.41 万户，年末累计证券交易账户 29.96 万户，完成交易量 5917.95 亿元，比上年增长 229.29%。

（夏嵇成）

【中信证券常州环府路营业部】 位于武进区外环府路 39 号，有员工 60 余人。2021 年，该营业部积极克服复杂的市场环境影响，围绕公司整体战略目标，结合所在区域经济发展和营业部经营模式，明确以经纪业务为基础、财富管理为重点、机构业务为品牌、集团协同为优势、队伍建设为核心的工作思路，各项工作平稳有序开展，业绩持续增长。做好存量客户有效服务，着力开发新增客户。采取线上、线下多措并举，增加与存量客户的互动。7 月，联合中信银行常州分行举办第五届中期策略会，现场客户超 330 人。与银行做好零售端协同合作，加强与政府部门合作，举办债券业务、产业强链等平台客户活动，进一步做强中信品牌，提升市场影响力。至年末，权益类产品保有量突破 20 亿元，财富配置业务为中信证券江苏分公司规模和单数第一名；保有单数入围中信证券总公司全系统前五名，协同投行综合组 IPO 项目落地 3 单、规模超 5 亿元。是年，该营业部获评 2021 年度常州市现代服务业四星企业。

（郑　欢）

【中信建投证券常州广电西路营业部】 位于武进区广电西路 539 号，有资质从业人员 13 人。开展证券经纪、证券投资咨询，与证券交易、证券投资活动有关的财务顾问、证券承销与保荐、证券资产管理、融资融券、证券投资基金代销、代销金融产品、销售贵金属制品等，开展约定购回、债券承揽等业务，提供高端机构与个人客户多元化融资渠道。2021 年，新增客户 1.3 万户，年末客户超 3 万户，客户资产总额 124.43 亿元，实现股票及基金交易量 754.42 亿元，金融产品销售总规模 2.17 亿元。

（朱　青）

【东北证券常州花园街证券营业部】 位于武进区花园街 168 号 H-12，有员工 10 人。2021 年，该营业部提供经纪业务、投资顾问、融资融券、股权质押、港股通、约定购回、股票期权、IB、科创板等金融服务，协助有关企业和个人开展投融资项目、“新三板”和申请网下配售资格等，开展基金申购赎回、基金场外转场内及基金定投等理财业务，年末投资账户 1.4 万户。

（陆大荣）

城乡发展

Urban and Rural Development

栏目编辑　颜　赶

乡村振兴战略实施

【概况】 2021年，武进区全面贯彻中央和省、市“三农”决策部署，以实现农业农村现代化为主要目标，深入实施乡村振兴战略，全力落实高质量发展要求，统筹疫情防控和“三农”发展，促进农业转型升级、农村全面进步、农民持续增收。武进区获评全省乡村振兴战略实绩考核年度重点任务完成第一等次。

统筹推进乡村振兴　挂牌成立区乡村振兴局，研究出台《关于全面推进乡村振兴加快农业农村现代化的意见》《2021年度常州市武进区推进乡村振兴战略实绩考核实施方案》等文件，编制《武进区“十四五”农业农村发展规划》，并将乡村振兴工作纳入高质量考核和督查检查工作重点，统筹推进乡村振兴战略实施，保障全区粮食和重要农产品供给、农业现代化、乡村建设、乡村治理、体制机制创新等工作任务有效落实，“三农”工作重心从脱贫攻坚转向乡村振兴新的发展阶段。

建设美丽宜居环境　加强村庄特色风貌引导，与美丽乡村建设、传统村落保护相结合，编制农民自建区建设试点规划37个，累计建成交付农民自建区15个。启动农村人居环境整治提升五年行动，建立健全考核管理机制，累计打造美丽宜居村庄300多个，开展农村人居环境整治行政村131个。武进区在全市第四季度农村人居环境长效管护考评中位列第二名。深入实施美丽乡村建设，建成前黄镇丁舍村、湟里镇河南村等精品美丽乡村示范项目11个。

推进农业绿色发展　开展生态环境隐患排查及国省考断面周边农田排查，重点做好省环保专项督察涉农问题整改。完善农村生活污水处理PPP项目设施监管机制，全区486套设施运行稳定，累计处理农村生活污水400余万吨。完成水产养殖清退面积1666.67公顷、水产养殖生态化改造602公顷。保障太湖安全度夏，全年打捞太湖蓝藻21万吨，产生藻泥3613吨，实现资源化利用100%。开展绿色农药推广、耕地轮作休耕、农药包装废弃物和废旧农膜回收利用、商品有机肥推广、秸秆综合利用等工作，将全区155家农资经营店纳入农药包装废弃物回收体系，累计回收农药包装废弃物37.68吨，农业废弃物综合利用率超97%。

横林镇双蓉村美丽乡村建设　　（供图/区融媒体中心 摄于2020年12月）

深化农村综合改革　紧扣全国新一轮农村宅基地制度改革任务要求，围绕宅基地所有权、资格权、使用权“三权分置”，出台宅基地资格权认定、有偿使用有偿退出、宅基地管理办法、农房更新改善等政策性文件9个，为全国宅基地制度改革提供“武进样本”。基本摸清“人、地、房”基础数据，探索形成“一次认定、相对固定、长期稳定、动态调整”的“三定一动”宅基地资格权认定管理3.0版本，高效完成全域196个农村集体经济组织共15.7万户、51.1万人的资格权认定，并建成数据库。开发建成宅基地综合管理信息系统，推行宅基地和建房“二合一”全流程电子化审批模式，于9月30日发放全国首张宅基地和建房（规划许可）电子批准书。推进农房更新改善建设试点，基本完成12个农民自建区规划编制，礼嘉镇何墅村等5个自建区开工建设。推进省级“新型职业农民制度改革”试验，探索形成协会专项培训、学历提升教育等新型职业农民培育模式，建立规范统一的认定标准，通过第一批新型职业农民认定5名。“水稻稳产保供生态综合补偿机制集成改革”和“构建农产品质量安全数字化＋网格化精准监管机制”被列入省级和全国农村改革试验区拓展试验任务。

【农村集体产权制度改革全面完成】 2021年，区农业农村部门深入实施农村集体产权制度改革，至10月底全面完成村(社区）股份制改革。开展省农村产权制度改革信息系统内成员资格重复人员筛重工作，完成6000余名成员资格重复人员处理手续。11月，出台《关于做好村（社区）股份经济合作社换届工作的指导意见》，引导村（社区）股份经济合作社任期逐步与村“两委”（村党支部委员会和村民自治委员会）任期同步。

【农村人居环境整治提升五年行动启动实施】 2021年5月，武进区出台《全区农村人居环境整治提升五年行动实施意见（2021—2025年）》《武进区农村人居环境整治提升与维护工作考核办法》，全面启动以“美丽乡村建设”为引领、“清理农村垃圾、清洁水体环境、清理公共空间”为核心、“整治厕所区域、沿线区域、边缘区域、庭院区域”为重点、“有制度、有队伍、有经费、有示范引领、有督查评价”为保障的“一美、三清、四治、五有”农村人居环境整治提升五年行动。区农业农村局加强指导检查，开展对村庄风貌管控、垃圾处置、水环境管护、厕所管护、道路沿线管护、田容田貌管控6个方面共25项的综合评价，组织现场督查2次，涉及8个镇（街道）、46个行政村、93个自然村；开展检查考评2次，覆盖行政村131个，促进农村人居环境工作由“点上美”向“面上洁”提升。武进区2020年度农村人居环境整治工作获全省第一等次。

【全国首张农村宅基地和建房（规划许可）电子批准书发放】 2021年9月，经个人申请、村组审核、在线受理、公开公示后，武进区发放全国首张农村宅基地和建房（规划许可）电子批准书。武进区于2020年9月入选全国新一轮农村宅基地制度改革试点地区以后，致力于探索宅基地数字化管理，于2021年6月建成涵盖基础信息（土地规划利用、资格权管理、使用权流转）管理、审批管理、违法执法管理、共享发布六大功能模块的宅基地综合管理信息系统，实现基础数据动态管理、审批办理全程电子化服务、执法监管“网格化＋数字化”管理。

（叶　帆）

城乡规划

【概况】 2021年，区自然资源和规划部门实施“空间规划引领、资源利用提效、生态修复保护、治理能力提升、基础支撑保障”五大工程，形成科学高效国土空间规划体系和开发保护格局。根据2020年度国土变更调查结果，全区总面积883.99平方千米，其中建设用地248.83平方千米、农用地401.92平方千米、未利用地233.24平方千米。全年办理用地预审与选址意见书83份，用地面积293.39公顷；建设用地规划许可证56份，用地面积165.65平方千米；建设工程规划许可175份，建筑面积465.80平方千米，规划核实164个，核实面积622.76平方千米。全面完成农村集体土地所有权确权登记成果更新，建立全区各地籍子区调查数据库。推进武进区级自然资源项目的统一确权登记，完成武南河、永安河、大通河、永胜河、长沟河、里底河、龚巷河等12条河流确权登记工作。开展武进区“十四五”时期城乡低效用地调查，建立低效用地调查数据库。构建多元联动的矛盾纠纷解决机制，办理信访事项76件、网上信访114件，实现信访事项办结率和报结率两个100%。武进自然资源和规划分局被省自然资源厅评为2020年度全省自然资源法治建设工作成绩突出单位、全省自然资源系统“七五”普法先进集体、2019—2020年全省自然资源信访工作成绩突出集体。武进区获2020年度“江苏省自然资源节约集约利用模范县（市、区）”称号；“重大项目用地保障”项目入选党建服务“532”战略武进区十佳攻坚项目；“美丽乡村、自然为民”“先锋自然、共绘苏乡”2个项目分获2020年度、2021年度武进区优秀志愿服务项目；“武小绘”自然资源青年测绘突击队被团市委评为2020年度全市“重大项目强化攻坚年”优秀青年突击队。武进规划勘测设计院测绘资质升至甲级。

【国土空间规划编制】 2021年，区自然资源和规划部门落实“以人民为中心”的发展理念，印发《常州市武进区国土空间规划（2020—2035年）编制武进分局工作方案》，形成“1+5+X”初步成果（“1个主体规划+5个专题研究+X个专项规划”）。深入推进基数转换工作，同步开展生态红线、永久基本农田核实整改补足和城镇开发边界划定工作，形成阶段性成果。充分发挥区镇联动机制，

嘉泽镇跃进村自建区　（供图/区融媒体中心 摄于2019年11月）

同步推进区镇两级国土空间规划编制。《武进区国土空间规划近期实施方案》通过省政府审批，争取省重点项目周转指标9.8公顷。开展“两湖”创新区概念规划和核心区城市设计，高质量完成环滆湖重点片区城市设计、高架路沿线城市设计、工业空间布局规划研究等规划编研工作，动态推进高新区芯创天地、外围乡镇等控制性详细规划修编。围绕“优空间格局、优资源配置、优住房条件、优人居环境、优治理水平”五优原则，推进湟里镇河南村、嘉泽镇成章村、礼嘉镇何墅村、洛阳镇岑村村“五优农居”示范工程申报及相关工作。按需推进村庄规划编制工作，年内完成4个镇辖区内9个村庄的规划报批及备案工作。组织开展常州市“共绘苏乡”规划师下乡活动，设立全区首个“规划师下乡岑村工作站”。

（常文涛）

城镇建设

【概况】 2021年，区住建部门围绕“城镇更新”主线，编制《武进区城镇更新实施方案》，推动乡镇集镇区更新十项工程，推进城镇片区开发，打造“形态小而美，功能聚而合”的高质量集镇发展片区，促进低效城镇片区转型发展、人居环境改造提升、城镇综合治理水平提高。加强市政设施建设与养护，重点实施绿化精品道路工程、区管道路人行道道板改造（一期）工程、城区桥梁专项维修工程，累计投资约5400万元，完成路面修补面积1万多平方米，整体改造道板3.2万平方米，更换栏杆长度2.6千米，路灯设施完好率达95%以上，路灯亮灯率达98%以上。深化生态绿城建设，建成开放口袋公园13个，配合常州市完成国家生态园林城市创建任务。推进镇村建设，加强重点中心镇和特色小镇建设，开展特色田园乡村创建和传统村落保护，礼嘉镇礼嘉村鱼池入选省级传统村落名录。

【实施市政建设重点项目3个】 *绿化精品道路工程* 包括常武路（312国道—延政路）疏绿工程及延政东大道（夏城路—常武路）特色化工程。在保留原有落叶彩叶乔木骨架树种的基础上，疏解林下郁闭的中层灌木和退化的色块，新增特色花卉及地被植物，形成“一路一特色”的植物景观，营造绿量充沛、特色显著、通行舒畅的绿化特色道路，塑造简洁明快、特色鲜明的城市新街景。在延政东大道补种大花月季及沿围墙栽种攀缘月季，打造以月季为特色的四季色彩变换的城市新景观。该工程于2021年10月开工，计划2022年1月完工，总投资1000万元。

区管道路人行道道板改造（一期）工程 包括鸣新路（武宜路—常武路）南侧、武宜中路（里底河—长虹路）东侧、降子路（长安路—虹北路）西侧三段，主要对人行道及场地实施路面整体改造。该工程涉及人行道和停车场面积共计2.24万平方米，于9月28日开工，12月16日完工，总投资830万元。

城区桥梁专项维修工程 根据城区桥梁定期检测结果及城市桥梁养护技术规范，对阳湖大桥、武进大桥、新龙大桥、湖滨大桥及龙江路高架南延段实施裂缝封闭、压力注浆、贴碳纤维布、更换伸缩缝及止水胶条等作业，于10月22日开工，12月14日完工，总投资约220万元。

延政西路 （供图/区融媒体中心 摄于2019年5月）

【市政设施养护】 2021年，区住建部门组织市政道路养护投入约2600万元，完成武南路、人民路、武宜路、鸣新路、夏城路、虹北路、淹城路等路段冷补料沥青填筑面积1208平方米，玉塘路、花园街、马元路、内环府路、定安路、常武路、浒路墩路、夏城路段人行道道板修复面积9150平方米、侧平石更换610米，以及人民路、府北路、虹北路、广电路、星火路等破损道路坑塘填补，并铣刨和重新摊铺部分沥青路面，累计完成路面修补面积1万多平方米；完成人民西路（马家巷—东龙路）道板、路面及河道栏杆集中整治，完成龚杭路（四季新城段）、外环府路（府东路—府西路）道板整体改造，以及新龙大桥（非机动车道侧）栏杆整体更换，累计改造道板面积3.2万平方米，更换栏杆长度2.6千米。投入公园绿地养护约1400万元，完成绿化补种面积14万平方米，绿化垃圾清运总量9000吨。投入照明设施养护约1400万元，维修各类路灯及配电设施4200余盏次，恢复损毁或被盗电缆1350余米，实现路灯设施完好率超95%、路灯亮灯率超98%。实施龙江路高架南延桥下路灯改造工程，共更换和安装路灯灯具1271套，总投资约225万元；开展长虹西快速路照明设施维修整治工程，总费用约90万元；完成花园广电路灯变、武宜长虹路灯变、武宜滆湖路灯变、武南湖滨路灯变4台箱变改造，总投资68万元；修复四季新城金典、阳湖名城、南甸苑、御城、莱蒙城等小区楼宇亮化灯具。文慧园通过常州市三星级公园认定。

【重点中心镇和特色小镇建设】 根据省住建厅《关于开展2021年度小城镇建设整治项目申报的通知》要求，武进区进

省级宜居示范居住区——花东二村C区　（供图/区融媒体中心　摄于2021年7月）

一步加强重点中心镇和特色小镇建设，重点设计、建设礼嘉重点特色镇。区住建局按照省特色田园乡村、传统村落建设标准要求，深入调研村庄实际情况，组织开展特色田园乡村创建和传统村落保护，牵头做好现场督查和指导服务，帮助各镇分析村庄建设情况，提出改进方案，推动试点村庄项目建设，探索创建模式和建设经验。12月，礼嘉镇礼嘉村鱼池入选省级传统村落名录。至年底，武进区累计省级特色田园乡村4个、省级传统村落10个，分别位列全市第三、第一。

【建设行业安全生产管理】 2021年8月，区住建局调整安全生产领导小组职责分工及成员，充分发挥建筑施工、城镇燃气、城市地下管网3个专委会作用，全面推进建设行业安全管理。开展宣传教育，落实安全生产各方责任，强化行业安全生产监管，构建安全生产长效监管机制；扎实开展安全生产专项整治三年行动，推进建设行业危化品使用安全专项整治，加强既有房屋、城市市政设施运行、人防系统安全管理；积极配合安全发展示范城市创建，全面开展城市玻璃幕墙、老旧房屋、农村危房、建筑施工、城镇燃气、市政设施、人防工程安全隐患排查整治；建立健全安全生产防范体系，开展安全风险隐患预想预防，强化督查检查，推进双重预防机制建设，建设行业安全生产形势持续稳中向好。

（徐亚芬）

【老旧小区改造】 2021年，武进区立足于完善小区居住环境，推进老旧小区改造，包括雨污管网分流、道路及人行道板修复、绿化移植、停车位建设、路灯亮化照明、技防和消防设施改造提升等改造内容，重点开展飞线整治及小区充电桩增设，总投资9151.27万元，改造总建筑面积21.45万平方米，惠及中凉、花东、夏雷、东庄4个社区65幢住宅、2494户居民。至年底，老旧小区改造项目全部完工并通过竣工验收。其中，中凉花园1～11幢于年底通过省级宜居示范居住区市级验收，花东二村C区被省住建厅评为2019—2020年度省级宜居示范居住区项目。

（杨　欣）

征收与补偿

【概况】 2021年，区房屋征收与补偿管理中心（简称“征补中心”）围绕武进区“一园一城一示范”目标，结合全区城乡发展要求，秉承“依法征迁，情暖万家”服务理念，编制《全区2021年度征迁计划和安置任务》，印发《关于进一步规范全区征收集体土地上房屋补偿安置工作的通知》，开展征迁项目遗留问题“清零”行动，推进全区项目征迁与安置工作。全年计划征迁项目29个，启动19个，完成湖塘镇武进人民医院南院二期、阳湖生态净水厂、江理工项目湖塘段、高新区沿江城际铁路武进站综合交通枢纽工程等项目签约9个。安置在外过渡户1567户，分配房源2723套。其中，香聚雅苑定向商品房分配涉及湖塘镇拆迁项目13个、社区10个、拆迁户1281户，定向商品房2246套。全年办理安置房权证10373套，超额完成年初制定的10000套安置房办证任务。至年底，累计完成72个安置小区、66948套安置房办证。

【征迁项目遗留问题“清零”行动】 4—10月，区征补中心组织开展征迁项目遗留问题“清零”行动。主动与征迁项目遗留问题“清零”行动重点板块对接，加强业务指导，深入一线调研，掌握最新信息，研究制定对策。联合区相关部门组成督查组，采取现场查看和听取汇报相结合等方式，督查全区征迁项目重点板块“清零”行动开展情况，针对重点、难点、堵点问题制定可行方案，促进“清零”工作有效落实。严格按照职责分工，发挥拆迁指挥部牵头抓总核心职能，优化区镇联动机制，协调区相关部门与重点板块打好配合，集中力量形成攻坚合力。其间，累计完成征迁项目遗留问题16户（以房屋完成腾空拆除为统计口径），其中西湖街道8户、南夏墅街道4户、湟里镇2户、湖塘镇1户、牛塘镇1户。妥善化解信访矛盾，共接待群众来访36次，督促实施主体调处事项6起，受理信访事项5起，协助处理的市长信件、区长信件和纪委转办案件等材料全部办结。

（孔瑞鑫　徐亚芬）

公用事业

【供水】 2021年，区水务部门聚焦供水安全和供水水质保障，启动湖滨水厂移址新建项目前期工作，完成中天名园二次供水改造工程、供水企业次氯酸钠消毒工艺改造，实现水源地面貌提升，实现水气联动报装“一窗受理”和“一单申请”。武进区自来水供水量1.73亿立方米，售水量1.52亿立方米。新增自来水用户2.12万户，用户总数55.68万户。

【排水】 2021年，武进区加快污水收集处理系统建设，建成污水管网13千米，累计1420千米。加快污水处理厂提改扩建，武南二厂一期（10万吨／日）进水试运行，漕桥、湟里污水处理厂改扩建工程完成，阳湖生态净水厂和滨湖厂二期工程前期工作启动。年内新增污水处理能力12万吨／日，全区污水处理能力达39.55万吨／日。推进排水老旧管网修复向板块倾斜，完成排查修复150千米、非开挖修复1305处。完善排水信息一张网建设，落实排水管网1420千米和排水泵站115个的专业管护，并纳入GIS信息平台管理。城镇污水处理厂共处理污水10013.22万吨，城区生活污水集中处理率97.1%，集镇区生活污水处理率89.7%，城镇生活污水处理率94.3%。

（石贤锋）

【供电】 2021年，武进区全社会用电量236.02亿千瓦时，其中工业用电量196.57亿千瓦时，分别比2020年增长12.55%、12.14%。完成电力投资9.6亿元，建设白鹤滩—江苏±800千伏直流输变电工程（常州段）、南沿江铁路常州东牵引站220千伏供电工程等11个重点输变电项目，建成投运江苏常州中吴（常州南）500千伏变电站220千伏送出工程、江苏常州延政—白荡π入和平变等220千伏线路工程、江苏常州革新110千伏输变电工程3个输变电项目。新增变电容量10万千伏安、电力线路178.12千米。

光伏发电　推进分布式光伏发电项目应用，备案光伏项目企业101家，备案容量75.54兆瓦。新增非居民并网用户61户，并网容量46.73兆瓦；新增居民并网用户58户，并网容量0.81兆瓦。推进全区首个大规模分散式风电项目——武进区前黄镇30兆瓦分散式风力发电项目，并网发电。

（金　婷　许秀萍）

【供气】 2021年，武进区新建天然气管道175.32千米，全社会天然气消费量7.5亿立方米，比2020年增加16%。其中，工业用天然气5.4亿立方米，商业用天然气0.6亿立方米，城乡居民用天然气1.4亿立方米。推进天然气进村入户，新增配套通气行政村19个，新增天然气居民用户2.29万户，累计45.55万户，比2020年增加5%，实现乡镇天然气利用全覆盖。全区有经营性汽车加气站6座，全年汽车用压缩天然气销量756万立方米，增加2%；销售液化天然气719万立方米，增加19%。

（徐亚芬）

【公交】 2021年，区交通运输部门推进公交惠民工程，优化公交线路2条。延伸326路至秋水路揽月湾回车场，填补孟津路（凤苑路—秋水路）和揽月湾公交空白，解决孟津路周边和揽月湾的公交出行问题；将217路终点站由东升村调整至湖塘科技产业园，解决因东升村拆迁带来的公交回车场取消的问题，方便湖塘科技产业园往市区方向的出行。协调公安交警部门、先行集团对存在安全隐患的9个站棚实施迁移，并调整标志标线。对市民需求强烈的“长河花园”“张家村”“延政路花园街”3个公交站点，安装公交站棚6个。

（何秋斌）

位于前黄镇的九洲裕光大型风光互补发电厂　（摄影／陆新　摄于2021年11月）

建筑行业管理

【概况】 2021年，武进区加强建设工程造价管理，发放《常州造价信息》250份，核定类别和工期项目42个、竣工项目安全文明施工费8个；核查甲级资质承诺制企业2家，审核甲级资质延期申请2家，“双随机”检查咨询企业6家，处理造价投诉2起。加强扬尘管控，以各国控点为中心，统筹兼顾扬尘防治和保障施工，加强部门、板块联动，强化监管内容和频次，加大查处力度。加强建筑市场管理，按照《常州市建筑业企业信用考核实施细则（2021版）》，开展外来企业进区备案和建筑市场综合大检查；按照《保障农民工工资支付条例》，抓好农民工实名制管理、工资专用账户、农民工保证金、按月足额支付工资四项制度的落实。加强施工安全和工程质量管理，全区获评2021年度江苏省建筑施工标准化星级工地项目26个，建筑工程项目获评江苏省“扬子杯”优质工程奖7项、常州市优质结构工程奖40项、武进区优质结构工程奖40项。江苏武进建工集团公司承建的常州市轨道交通工程控制中心及综合管理用房工程获“中国建设工程鲁班奖”。至年底，有建筑企业768家（含劳务企业64家）。其中，一级资质企业64家（总承包企业26家、专业承包企业38家），二级资质企业316家（总承包企业77家、专业承包企业239家），三级资质企业299家（总承包企业234家、专业承包企业65家），不分等级企业25家，企业资质类别涵盖房屋建筑施工、市政施工、装饰、钢结构、机电安装等领域和专业。全区施工企业完成总产值约388亿元，比2020年增长9%；全员劳动生产率35.36万元／人，期末从业人员11.8万人。全年累计施工面积2605万平方米，其中年内新开工面积731万平方米。全年新增办理许可证建筑工程210项，总面积394.1万平方米，造价109.44亿元。

【建筑市场监管】 2021年，区住建部门落实建筑企业信用动态考核制度，核查外来施工企业信用89家次，抽查在建工程项目118个，发出整改通知59份。强化建筑业企业诚信建设，推行建筑市场与施工现场联动管理，净化全区建筑市场环境。开展全区建筑工程款和农民工工资支付情况专项排查，排查项目125个，开出整改通知56份。全年收缴农民工工资保证金5306万元，接待拖欠农民工工资投诉128批次，涉及农民工1015人、款额6042万元。开展建筑行业安全生产各项专项检查10余批次，配合相关部门开展重点排查整治大型起重机械、深基坑、高大支模、防高坠等方面安全隐患，日常巡查工程项目547个次，查出安全隐患2778条，处理安全投诉48起，开出整改通知455份、停工通知19份。开展日常质量分部巡查656次，其中桩基巡查81次、基础巡查185次、隐蔽巡查122次、主体巡查268次，开出整改通知193份，处理质量投诉44起。参与工程竣工验收233项，预验收43项，办理竣工验收备案工程158项。加强对全区混凝土搅拌站的巡查力度和巡查频次，分别于5月和11月组织混凝土企业质量现场检查。全年开出档案验收合格证明136个，接收凭证169个，接收电子档案项目116个、声像档案项目145个、档案入库项目119个共4835册。

【扬尘管控治理】 2021年，区住建部门全力做好在建工程扬尘管控治理，加强监督执法，大气环境质量有效改善。开展工地扬尘防治日常检查878批次，开出整改通知95份、全面停工通知15份，移交扬尘立案处罚19起，罚金38万元。开展扬尘防治考评99次，督促143家单位工地现场安装视频监控和$PM_{2.5}$、PM_{10}在线监测系统，检查建筑工程非道路移动机械17台。开展扬尘防治月度联合督查11次，检查工地45个。10月，开展大气污染防治“百日攻坚行动”，组织扬尘检查超300批次，开出整改通知50余份，对20个项目开展扬尘土方作业专项检查，开出整改通知1份、停工通知3份，移交处罚3起。

【武建集团一项承建工程获“鲁班奖”】 2021年12月，江苏武进建工集团有限公司（简称“武建集团”）承建的常州市轨道交通工程控制中心及综合管理用房工程（简称“控制中心项目”）获中国建筑行业工程质量“中国建设工程鲁班奖”（简称“鲁班奖”）。控制中心项目是常州市城市轨道交通日常运输组织的指挥中枢，作为城市的名片工程、民心工程，武建集团以创“鲁班奖”为工程质量目标，建立健全质量保证体系，坚持“样板引路、过程控制、统一标准、统一做法、精工细作、一次成优”的质量控制标准，新技术应用水平达到国内领先，全面展现公司精细化管理和塑造精品工程的水平。

2021年武进区建筑企业施工产值超5亿元企业情况表

表18

单 位 名 称	资质等级	产 值（亿元）
江苏成章建设集团有限公司	A1	38.25
江苏武进建工集团有限公司	A1	31.02
常州晋陵电力实业有限公司	A3	30.81
常州市戴溪建筑工程有限公司	A1	14.55
常州利骏建筑工程有限公司	A2	13.29
江苏丰润建设有限公司	A1	12.56
中绿建欣达建设工程有限公司	A1	12.38
常州市科豪建设集团有限公司	A1	9.98
常州明大建设工程有限公司	A1	9.40
江苏环泰建设有限公司	A1	8.25
江苏广亚建设集团有限公司	A1	7.01
常州市神州建设有限公司	A1	6.46
江苏常虹钢结构工程有限公司	B1	6.44
常州伟业混凝土有限公司	B4	5.57
江苏佰拓建设有限公司	A1	5.41
江苏雪湖建设工程有限公司	A1	5.23
江苏华盛建设工程有限公司	A1	5.00

2021年武进区获省级及以上建筑工程质量奖情况表

表19

奖 项	项 目 名 称 及 内 容	施 工 单 位
中国建设工程鲁班奖	常州市轨道交通工程控制中心及综合管理用房工程	江苏武进建工集团有限公司
江苏省“扬子杯”优质工程奖	古方路南侧、夏城路西侧地块一期一标段（21#、23#、27#、28#及地下车库）施工总承包工程	江苏成章建设集团有限公司
	常州市武进中医医院综合大楼工程	江苏华盛建设工程有限公司
	常州康复医院迁建一期景观绿化工程	江苏金世纪环境建设有限公司
	常州市武进区人民路教育培训中心建设项目装饰装修工程	江苏日臣建设工程有限公司
	联想控股联泓新材料创新研发大厦幕墙工程	江苏晶象建设工程有限公司
	联想控股联泓新材料创新研发大厦机电安装及消防分包工程	江苏新有建设集团有限公司
	常州市武进区火炬路教育培训中心建设项目机电安装及消防分包	江苏天目建设集团有限公司

（徐亚芬）

城乡管理

【概况】 区城管局（区综合行政执法局）设置市容管理、政策法规、监督考评等科室7个，辖区城市管理综合行政执法大队（正科级参公事业单位）、区环境卫生管理处（副科级事业单位）、区特种垃圾管理站（一般事业单位）事业单位3个。2021年，区城管局深化长效管理，完善长效管理考评办法，建立沟通协调机制、问题整改督查机制，构建问题采集、任务派遣、督办跟踪、处置反馈、核查结案的闭环式处置流程。深化综合执法体制改革，结合各属地板块基层综合执法局组建、运转及执法办案情况，开展实地走访和指导服务，每月定期对队伍管理、案卷制作、制度规范、服务水平等方面进行综合性督查考核。牵头建立“城市管家”党建红盟，发挥成员单位党组织战斗堡垒作用及党员先锋模范作用，优化长效管理考评体系，统筹靓化市容环境，深入推进垃圾治理，改造提升环卫设施。全年开展城市长效管理督查100余次，查纠、整治未整改问题50余处；发出“武进停车场备案证”42张，到期续办26张，新增公共停车泊位1415个，纳入常州市智慧停车平台管理公共停车泊位8226个，均超额完成常州市下达的指标任务；试行城区垃圾收运一体化，实现生活垃圾无害化处理率100%；启动马杭转运站、便捷驿站改造项目，新建、改造城区公厕7座和农村公厕51座。全年受理政风热线、市长信箱、市民来信来访等信访53件，办结率100%；承办区人大议案、政协提案共7件（其中主办1件、协办6件），办复率100%。

【深化城镇长效管理】 2021年，区城管局完善长效管理考评办法，进一步理顺考评机制，明确二、三类部门长效管理职责；建立问题整改督查机制，构建问题采集、任务派遣、督办跟踪、处置反馈、核查结案的闭环式处置流程；按照“减少重复考核，避免混淆交叉，执行最高标准”的原则，探索融合城镇长效管理考评、文明城市检查存在的交叉内容和区域，推行共性问题一方考评、多方运用；引入第三方信息采集服务，将日常考评职能划入第三方机构，促使考评工作由主观判断向客观评价转变、由临时抽查向全程监测转变；探索智慧执法，在城区部分农贸市场安装网络视频，实时监管周边市容秩序，落实市容环卫责任。牵头开展菜市场改造提升行动，9月，出台菜市场专项考核办法和菜市场改造提升奖励资金管理办法，开展对全区范围内菜市场、生鲜店的巡查和41个菜市场的专项考核，共发现问题2000余处，全部完成整改。聚焦失分、短板、整改三大方面，组织道路专项巡查考评，由区4个考评组逐个巡查市考评数据库中的96条道路，共发现整治问题649处。推进市委督办问题解决，与西湖街道共同制定“聚新家园小区环境整治方案”，完成健身设施增加、停车位改造、岸坡整治等任务，并于年底通过验收。

江苏绿和环境科技有限公司员工通过数字化系统查看工厂运行情况

（摄影/徐芊卉 摄于2021年8月）

【市容环境优化提升】 2021年，区城管局按照《武进区精品示范路创建三年行动方案（2021—2023年）》，牵头推进武宜路、花园街（长虹路—延政中大道段）区级精品街道创建，统筹镇级精品街道创建工作。建成延政路、长虹路等路口非机动车红灯等候区遮阳棚15个。开展市容专项整治，排查各类广告安全隐患919处，均整改完成。开展乱张贴乱涂写综合治理，做好全区镇、街道等板块数据汇总上报工作，报送复机40余个、停机50余个。开展围墙栅栏专项整治，收集、整理各镇、部门问题共计79个，全部整改完成。开展报刊亭清理，配合移除中国邮政旧报刊亭12个、《常州日报》旧报刊亭3个，并及时修复相关道板及周边设施。

【垃圾分类处置】 2021年，区城管局按照生活垃圾“两定一撤”（生活垃圾定时定点投放收运，撤销小区单元垃圾桶）和“四分类”（可回收物蓝色桶、有害垃圾红色桶、其他垃圾黑色桶、厨余垃圾绿色桶）实施要求，积极引导居民参与垃圾分类，组织创建省级垃圾分类达标小区26个、市级垃圾分类达标小区11个、“两定一撤”小区14个、“四分类”小区5个和全域市场化街道（镇）1个。全年处理生活垃圾60.03万吨（中心城区27.26万吨、乡镇32.77万吨），其中焚烧处置垃圾34.02万吨、卫生填埋垃圾26万吨，实现生活垃圾无害化处理率100%。引导和培育常州春秋华城公司（简称“春秋华城公司”）、绿和环境科技有限公司（简称“绿和公司”），落实安全生产和环保要求，提高全区资源化处置效率。全年资源化处置建筑装潢垃圾84.45万吨，其中春秋华城公司资源化处置城区装修垃圾6.52万吨、乡镇装修垃圾1.22万吨，绿和公司资源化处置城区装修垃圾6.87万吨、拆迁垃圾69.84万吨。落实常州市餐厨废弃物收运扩面工作要求，收运城区餐厨垃圾2.13万吨、乡镇餐厨垃圾1.44万吨、科教城餐厨垃圾2010.37吨。区环卫处、区城市管理综合行政执法大队和属地城管联合开展餐厨废弃物整治7次，共出动60余人次，随机检查饭店57家，检查辖区内各店面餐厨分类及餐厨桶安置情况35次，发现不规范处置现象83起，并全部整改到位。

【城管设施建设】 区城管局贯彻落实区政府2021年第54次常务会议纪要精神，将武进区生活垃圾收运处置工作授权给道胜环境产业有限公司设立的项目公司以ABO模式委托运营，于11月20日完成城区垃圾转运站移交，试行城区垃圾收运一体化，进一步提高全区垃圾转运效率。根据常州市城管局与武进区人民政府签订的夹山垃圾填埋场资产及运营权移交协议，区城管局派驻专人进驻夹山垃圾填埋场跟班学习，统筹推进资产交接、人员交接、机构设置、运营管理、安全生产、环境保护和项目建设等事项，保障从2022年1月1日起由武进区全面履行夹山垃圾填埋场运营监管职责。

【渣土管理】 2021年，区城管局实行城区16个新开工地、367辆渣土运输车（其中新型智能渣土车219辆、篷布式渣土车148辆）"一车一档"管理，共受理审批383件，核发处置证6684张，处置渣土274.85万立方米。开具渣土消纳联系单54份，指导属地政府加强辖区内渣土消纳场地的监管，现场勘查核准通过万科东地块、恒大御景二期、常州科教城人才公寓、中以产业园等城区内消纳场19个，核准通过景瑞地产项目地块、常州东港东部地块、科教城碧桂园项目地块等城区内新开工地16个。现场整改工地出入口保洁不到位、道路污染等不规范行为49起，指导整改运输车辆密闭不到位、道路污染等不规范行为71起。

（崔　畅　周　喆）

房屋安全管理

【推进既有住宅加装电梯工作】 2021年，武进区推进全区既有住宅加装电梯工作，继首批既有住宅加装电梯试点项目——南田雅园1幢甲、丙单元加装2台电梯于6月交付使用后，召开全区既有

民警入户排查整治电线私拉乱接　　（供图 / 区融媒体中心　摄于2017年9月）

住宅加装电梯工作动员大会，印发《武进区既有住宅加装电梯工作方案》及前期工作参考文本（征求意见稿），在区房管中心、湖塘镇、牛塘镇及高新区北区分别设置加装电梯接待窗口。年内接待市民来访、来电咨询200余人次，发放申请表格材料90余份。

【住宅小区消防安全综合治理】 2021年，区房管中心根据武进区安全生产委员会工作部署，配合武进消防大队实施全区商品房住宅小区电动自行车消防安全综合治理，开展小区电线私拉乱接排查整治、打通"生命通道"集中攻坚行动、商品房住宅小区高层建筑消防安全专项整治及防火门安全使用专项检查治理等活动。指导、督促物业服务企业，推动电动自行车集中停放场所和充电设施建设。至12月，全区有物业公司管理的住宅小区224个，新增充电区域198处（充电棚121处、充电端口4814个），累计建成充电区域1693处（充电棚348处、充电端口44030个），全区住宅小区内电动自行车私拉电线充电、充电设施不足的现象得到改观。

【既有建筑安全隐患排查整治】 2021年，武进区高度重视既有建筑安全隐患排查整治工作，于12月成立武进区既有建筑安全隐患排查整治工作领导小组，制定《武进区既有建筑安全隐患排查整治的方案》。5月25日至6月7日，全区开展城镇既有建筑排查整治成效检查，共排查房屋1477栋、面积679.5万平方米。7—8月，重点排查违章搭建、违章加层加盖、违规改扩建、建造年代较长、建设标准较低、失修失养严重的房屋。经初步鉴定，C级房屋3栋、面积2160平方米，D级房屋1栋、面积610平方米，危险房屋均为闲置状态。9—11月，完成区内宗教活动场所安全排查面积12万平方米。全年没有发生既有建筑安全事故。

【房屋白蚁预防和灭治】 2021年，区房屋安全鉴定所受理新建房屋白蚁预防项目（受理单、正式合同）150个，面积368.7万平方米；白蚁危害报治331项；组织现场蚁害勘查和灭蚁服务291项。通过现场勘察和电话回访形式，完成建设项目蚁情回访659个，保障房屋住用安全。组织常州地区土白蚁饵剂应用技术培训，向国家知识产权局申报"新型土白蚁饵剂诱杀技术"发明专利1项，在国内核心期刊发表科技论文2篇。开展"守护红色基因、献礼建党百年"不可移动革命文物白蚁防治百日公益行动，完成王诤故居和中共太滆地委新四军南杨桥地下交通站旧址的蚁害全面治理并建立保护档案，切实保护和传承红色文化。

（杨　欣）

交通·水利

Transportations · Water Conservancy

栏目编辑　颜　赶

交　通

交通建设

【概况】 2021年，武进区推进实施南沿江城际铁路武进站综合交通枢纽、青洋路快速化（滆湖路—武进大道）、花海大道(南沿江城际铁路段)工程3个项目，南沿江城际铁路武进站综合交通枢纽项目基坑围护、土体加固及第一道混凝土支撑浇筑完成，青洋路快速化（滆湖路—武进大道）工程桥梁主体工程施工基本完成，花海大道（南沿江城际铁路段）工程有序推进，分别投资8亿元、9亿元、1.1亿元。南沿江城际铁路、苏锡常南部高速公路、锡溧漕河前黄枢纽工程3个项目，累计投资27.65亿元。其中，南沿江城际铁路建设投资15亿元，完成总工程量的85%，箱梁架设进入滆湖段；苏锡常南部高速公路建成通车，投资12.4亿元；锡溧漕河前黄枢纽工程建成投用，投资0.25亿元。常宜线前黄寨桥段驳岸加固工程（二期）、常宜线（坊前—南夏墅段）护岸工程及常溧线北干河口段疏浚工程完成。深化“至善吾径”农路品牌建设，改造农村公路桥梁8座，完成公路安全生命防护提升工程60千米，打造精品示范道路14条、98千米，建成美丽农村路7条、20千米，延政西路“红韵绿廊”党员驿站入选武进“十大红色打卡地”，环太湖“四好农村路”一体化全国示范路建设实施方案通过专家评审，环太湖路、环（滆）湖路分别获评2021年度江苏“美丽农村路”样板路、“平安放心路”样板路，凌波桥入选“水韵江苏”十大最美乡村桥，大涧河桥获评“水韵江苏”致富小康桥。至年底，全区县道公路技术状况指数（MQI）96.6，优良路率95%，三级（含）以上桥梁占比100%；乡、村道公路技术状况指数86.4，优良路率86.2%，三类（含）以上桥梁占比超99%。

全区公路里程1845.51千米，其中国道里程49.72千米、省道里程154.15千米、农村公路里程1641.65千米（县道361.67千米、乡道534.87千米、村道745.11千米）。按技术等级分：高速公路里程87.04千米，一级公路里程376.84千米，二级公路里程302.43千米，三级公路里程264.62千米，四级公路里程814.58千米。公路面积密度2.09千米/平方千米，公路人口密度24.44千米/万人。

全区航道总里程321.76千米，其中三级航道21.8千米、六级航道70.46千米、七级航道83.09千米、等外级航道146.41千米。全区拥有港口码头企业24家、泊位53个、岸线长度3876米，最大靠泊能力800吨级。

前黄镇联庆村新铺就的黑色沥青路面　（供图/区融媒体中心　摄于2021年2月）

【长三角交通中轴规划建设】 2021年，武进区积极贯彻落实市委“532”发展战略，结合《武进区综合立体交通网规划及“十四五”综合交通运输发展规划》，梳理编排重点交通项目32个，预计总投资约450亿元，全力打造长三角交通中轴。区交通运输部门积极推动7条铁路、8条高速、多个枢纽及区域重点交通工程的规划建设。

铁路建设　配合开展常泰铁路规划研究，促成项目纳入国家《长江三角洲地区多层次轨道交通规划》，着力打通与苏中、苏北、浙江地区的长三角中轴主通道。精心规划常州南站枢纽，开展项目勘察设计和前期调查，打造长三角

南沿江城际铁路 （供图/区融媒体中心 摄于2020年12月）

中轴枢纽的“第一门户”和城市“中央车站”。配合开展盐泰锡常宜铁路工程可行性研究和初设阶段前期工作，推进前黄站枢纽周边集疏运道路规划研究，确保按时序推进建设进程，推动跨江融合发展。配合开展常州市多层次轨道交通一体化发展规划研究，重点研究苏锡常城际铁路规划方案，助力武进融入上海大都市圈和苏锡常都市圈一体化发展。南沿江城际铁路武进段投入超2亿元，同步拆迁“夹心带”房屋248户、6.5万平方米，年内完成工程建设85%和滆湖段箱梁架设。

公路建设　苏锡常南部高速公路建成通车，该项目服务保障团队被省交建局评为“交通工程建设优秀团队”。沪武高速扩建和锡宜高速扩建获省发改委工可批复，成功争取沪武高速礼嘉互通。启动宁常高速、靖澄常宜高速和苏锡常南部高速西延规划研究。通过政府专项债等方式，累计争取资金7.95亿元，推进青洋路快速化（滆湖路—武进大道）、花海大道（南沿江城际铁路段）等重点工程建设，分别完成总工程量的77%和45%。312国道常州横林至湖塘东改扩建工程进入工可和初设阶段，262省道武进段（南环线—宜兴界）完成立项，开展施工图设计。环太湖“四好农村路”一体化全国示范路创建方案确定。

水运建设　11月18日，锡溧漕河前黄枢纽建成投用，成为全市首座双线交通船闸、省内同类型内河船闸中的千吨级船闸。完成常宜线前黄寨桥段驳岸加固工程（二期），加固老驳岸709米，修复倒塌驳岸84米，总投资660万元。完成常宜线（坊前—南夏墅段）护岸工程及常溧线北干河口段疏浚工程，新建护岸长度280米，疏浚土方3万立方米，投资300余万元。新建太湖加密航标1座。全年扫床总里程414.02千米。

【交通新冠肺炎疫情防控】　2021年，南京禄口机场和常州市先后爆发局部疫情，为迅速阻断疫情传播，区交通运输部门组织百余名交通党员干部连夜集结。分别在13个高速公路和国省干线疫情查验点开展24小时执勤值守，做到逢车必查、逢人必验，严格落实入常离常人员健康码、行程码查验及测温登记等措施，筑起疫情防控的坚强防线。其间，百余名交通党员冒酷暑战严寒，累计坚守46个日夜，查验20.57万辆次、29.90万人次。同时，对离常车辆启用新冠肺炎疫情防控应急物资及人员运输车辆通行证，区交通运输部门共发放通行证66份，全力保障疫情防控期间抢险救灾、生产生活等应急物资和重点人员的运输畅通。区交通运输局被评为全市抗击新冠肺炎疫情先进集体。

【环太湖“四好农村路”一体化全国示范路创建】　2021年，武进区推进环太湖“四好农村路”一体化全国示范路创建，召开第二次联席会议，通过《环太湖“四好农村路”一体化建设全国示范路实施方案》，形成以“漫享湖湾·至善吾径”为主题、以“一带·一环·一线”为载体的创建方案，明确8.99千米湖湾风光带的工作任务清单。“一带”即湖湾风光带，依托现有环太湖路，北接宜兴、南联无锡，打造常州环太湖“四好农村路”全长8.99千米样板段。“一环”即乡旅慢游环，全长16.5千米，由环太湖路往北延伸，经由太滆街、道南路（及南延段）、太北路、盘山路、环太湖路。“一线”即产镇风貌线，全长13.7千米，经由雪马线、雪湖路、雪雅线后接道南路。该方案明确2022年前，将完成“一线”9千米环太湖路道路提升及“一环”“一带”部分道路延伸和改造工程，计划投资1.5亿元。通过创建，打通环太湖沿线的“断头路”“瓶颈路”，打造“环湖农路＋全域旅游”品牌，把环太湖“四好农村路”一体化全国示范路建设成为风景优美的美丽农村路、管养高效的平安放心路、智慧服务的致富惠民路。

【智慧交通建设】　2021年，区交通运输部门坚持创新驱动引领，推进交通基础设施数字化、网联化、智能化，提升交通管理智慧化水平，打造智慧交通高地。深入推进青洋路快速化二期工程“智慧工地”建设，积极探索3D打印技术在城市快速化建设工程项目中的研究应用，《面向智能生产的公路无机固体废弃物利用技术研究》课题被纳入省交通运输科技项目计划。建成武进公路路网中心，集成路网信息资源，实现路网调度和出行服务双提升；完成交通流量自动观测点建设，在全省交通领域首次使用柔韧性水泥基渗透结晶防护材料进行桥梁防撞护栏预防性养护。进一步完善不停车预检系统、非法营运智能化模块、电子巡航等智能化系统在交通执法领域的运用，区内25家重点货运装载源头企业视频监控系统均接入监管平台。青洋路快速化（滆湖路—武进大道）工程采取“质量管理中心”“安全管理中心”双中心管理模式，在省内区一级公路水运工程建设中尚属首创。

（何秋斌）

交通运输与管理

【概况】　2021年，全区有普货运输车11264辆，集装箱运输车276辆，大件运输车314辆，冷藏保鲜运输车46辆，罐式运输车695辆；有5辆车以上的道路货运企业158家，10辆车以上的道路货运企业92家，50辆车以上的道路货运企业9家，100辆车以上的道路货运企业2家。有危险品运输企业9家，营运车408辆；水运企业2家，营运船舶12艘；货运代理等运输服务企业266家。有客运企业7家，客运车107辆；出租汽车公司3家，巡游出租汽车320辆；汽车租赁公司5家，租赁汽车426辆。有汽车综合性能检测站5家。全年完成社会货运量4484.8万吨，增长3.4%；货物周转量1228045.82万吨千米，同比增长88.5%；旅客周转量31097.02万人千米，同比下降50%；全区港口货物吞吐量1128万吨，同比增长20.6%。圩塘汽渡全年渡运车辆86.71万辆，比2020年增加9.19万辆。春运期间，圩塘汽渡安全渡运3586航次，渡运车辆8.3万辆，实现“平安春运”目标。

【交通行业安全监管】 2021年，区交通运输局以落实企业安全生产主体责任百日攻坚行动为重点，推动企业完善安全责任链条、充实安全生产队伍、健全风险管控制度。加大学习宣传力度，开展新“安全生产法”宣传贯彻、“百团进百万企业千万员工”安全生产宣讲等活动，创新开设安全培训“云课堂”。以安全生产专项整治三年行动为工作主线，集中开展危化品安全、道路运输安全、铁路和水上安全等专项整治，出动检查人员1759人次，检查企业1463家次，排查整改隐患205处。会同公安部门查处超限车辆392辆，监管卸驳载货物2567.56吨，对违法超限运输车辆计分累计2151分，辖区运输平均超限率0.056%，低于省控目标要求（0.5%），辖区危险品运输车辆挂靠清理实现动态清零。建成投用S342新治超站点，对辖区内25家重点货运源头企业累计检查515家次，实现称重检测数据和称重过程监控视频全部接入市级监管平台。落实企业车辆技术管理的安全主体责任，抽查“两客一危一货”车辆上线检测15辆。首创的《常州市武进区机动车维修行业危险化学品使用安全管理指南》在全市推广。开展平安交通建设，加大隐患排查治理力度，健全行业安全监管长效机制。全年未发生亡人生产安全事故，全区交通运输安全生产形势保持总体平稳。区交通运输综合行政执法大队被评为2020年度江苏省超限运输治理优秀集体。

【交通运输执法规范化建设】 2021年，区交通运输部门深化综合执法改革，开展岗位练兵、加大技术应用，推进交通运输执法领域突出问题专项整治行动，促进交通执法法治化、规范化、制度化。印发《交通运输行政执法人员应知应会手册》，强化道路运输、公路、水路、工程质量安全等法律法规学习，开展各类业务培训（学习）、执法风纪教育110余次；丰富拓展“执法讲坛”内涵，推进人性化执法实践；积极探索实践“三色安全监管”法，提升工作效能；推进“四基四化”建设，建立业务、管理、作风等方面规范清单，统一综合执法标志标识及着装；推进交通运输执法领域突出问题专项整治行动，完成自查自纠与整改，并开展整改“回头看”。全年查处各类非法营运案件52起，排查疑似非法营运线索226条。对55起非武进籍违规违法运输车辆信息实施源头抄告，将12辆7～19座非法营运客车列入江苏省道路运输第三方安全监测平台信用惩戒名单。进一步完善不停车预检系统、非法营运智能化模块、电子巡航、无人机航拍取证等智能化系统在交通执法领域的运用。全年办结交通行政处罚案件785件，并实现100%回访，收取罚没款386.25万元、赔（补）偿费1087.2万元。

交通执法人员利用“两客一危”非法营运智能化整治模块开展违法行为查处
（供图／区交通运输局 摄于2020年10月）

【行业服务及监管创新】 2021年，区交通运输部门结合党史学习教育，深入开展“我为群众办实事”实践活动，推出群众关切的实事项目18项，涵盖优化路网规划建设、推进农危桥改造、完善公交线网、交通污染防治和安全整治、强化对企帮扶等，切实解决群众的痛点、堵点、难点问题。深化“放管服”改革，落实“电子道路运输证”“普通货车道路运输证掌上自助审”“上门服务”“缩短办案时限”“延时服务”等便民举措。依托华渡水上服务区提供各类便民服务，打造“贴心服务”的船民之家。深入化解道路运输行业矛盾纠纷，成立常州市武进区道路运输服务质量行政调解委员会，打造道路运输服务质量“调解直通车”品牌，受理各类纠纷案319件，调解成功率66.7%，处理完成率100%，该项工作入选武进法治惠民实事项目。积极回应群众呼声期待，加强问题整改销号，在区人大评议中获“满意”结果，区交通运输局被评为2018—2020年度全省交通运输行业精神文明建设先进集体。强化“互联网＋监管”工作，制定行政执法监督检查计划，开展“双随机”检查，对企业实行分级分类动态监管。推进信用交通建设，制定信用体系建设工作要点，以信用风险分类开展“双随机”监管，推进严重失信问题专项治理，及时公示行业企业信用等级评定结果。举办道路运输车辆技术管理培训班，共吸引130多家企业3000多人次参加。做好客货运输车辆使用性质核定，检测营运车辆综合性能检测报告539份，完成货运车辆使用性质核定2996辆次、客运车辆使用性质核定11辆次，核定货运营运车辆档案133份。针对机动车维修行业危化品使用监管盲点，深入开展交通运输领域危化品使用安全专项治理，编写《常州市武进区机动车维修行业危险化学品使用安全管理指南》，为全区机修行业使用危化品提供规范操作指引。全面推行电子证照，制作《道路运输电子证照使用操作手册》和宣传展板，做好宣传推广，提升信息化服务水平。

【维修驾培行业管理】 2021年，武进区有维修业户725家，其中一类84家、二类121家、三类520家；机动车驾驶员培训机构14家，其中一级资质2家、二级资质6家、三级资质6家；教练车719辆，其中C1型594辆、C2型110辆、B2型（货车）15辆，教练员935人。实施机动车维修经营备案制，备案256家，对接汽修企业电子档案系统14家，清除注销停业汽修企业电子档案账号12个。提升尾气治理水平，M站（尾气治理站）治理尾气不合格车辆182辆次。完成驾培行业科目一开班审核246142人次，科目二开班审核20363人次。深入推进道路货物运输驾驶员从业资格考试制度改革，落实驾校培训和考核，实现学员“一次报名、一次培训、一次考核”。开展道路运输企业两类关键人员安全考核，开设“暖心考场”，共指导118家企业197人次“两类人员”完成考核。

（何秋斌）

水　利

水利建设

【概况】 2021年，武进区完成水利建设总投资9.7亿元。新孟河延伸拓浚工程（简称“新孟河工程”）46.57千米河道主体工程完成，34座新建桥梁投入使用，牛塘枢纽工程完成水下通水验收。永安河拓浚整治工程通过竣工验收，永安河省级水利风景区建成开放。环太湖大堤工程通过完工验收，区域防洪能力有效提升。围绕“两湖”创新区建设，有序推进滆湖治理，完成滆湖退田还湖二期暨近岸带水生态修复工程启动区建设任务，退田还湖面积0.84平方千米。组织编制《滆湖（武进）流域综合治理方案》，完成滆湖近水带生态修复启动区项目。坚持创新引领，推动“数字水利”向“智慧水利”转型升级，研发“武进区新孟河延伸拓浚工程建设管理云平台”并推广“四新”技术（新材料、新设备、新工艺、新技术）的应用，实施中小河流整治工程，完成省级农村生态河道建设9条，累计完成投资2397万元；完成市补农村生态河道建设3条，完成投资2033万元；完成区级农村生态河道建设7条，完成投资1998万元。通过省级生态河道考核河道33条（段）84.2千米，生态河道覆盖率提升至35.6%，同比提升12.05%。农田水利工程建设投入建设资金3750万元，完成农田水利建设土石方30万立方米，新建、改造排涝闸站9座和防洪除涝工程片区2个，新建圩堤1174米、排水沟1158米、护坡护岸21.62千米，疏浚河道25条共68.99千米。武进区水利建设工作获省政府真抓实干督查激励通报表扬，新孟河延伸拓浚工程建设管理处（简称“新孟河建设处”）创成全国区级首个“水利安全生产标准化一级单位”。

【新孟河工程建设】 2021年，新孟河工程完成投资3.47亿元，超额完成年度建设任务。该工程南延段、北干河、太滆运河及漕桥河共计实现全线通水河道46.57千米，南延段通过完工验收，新建投入使用桥梁34座。牛塘枢纽工程完成水下通水验收，4座新建口门控制节制闸基本完工。研发“武进区新孟河延伸拓浚工程建设管理云平台”并投入使用，通过定制个性化、可视化、实用化模块，监测材料质量、工地环境、安全动态、重大危险源控制，为项目施工过程提供准确的数据支持；推广箱梁不锈钢模板、智能变频砼振动器等“四新”技术的应用。“河道挡墙移动式铝侧模结合三段式止水螺栓施工技术”获得省级工法，QC课题《提高对拉止水螺栓施工挡墙外观合格率》入选水利部优秀QC成果奖。新孟河工程3个标段获得“江苏省水利工程文明工地”称号；“新孟河建设处”获评太湖治理工程建设管理先进单位，并创成水利部“水利安全生产标准化一级单位”，为县区级单位全省唯一。

【永安河拓浚整治工程通过竣工验收】 2021年12月，太湖流域永安河拓浚整治工程通过竣工验收，成为武进区“三河”工程中第二个通过竣工验收的工程。该工程于2016年开工建设，累计拓浚整治河道19.39千米，新建（加固）堤防36.78千米、堤顶防汛道路32.95千米、干河护岸38.75千米，加固利用桥梁12座，拆建跨河桥梁10座；永安河作为武进区运南片“三横三纵”骨干河道之一，是《太湖流域水环境综合治理总体方案》的重要组成部分。工程竣工，对提高区域内的防洪、除涝和水资源调度能力，改善太湖流域水环境和武进城市滨水景观具有重要意义。

拓浚整治后的永安河　　（供图/区融媒体中心 摄于2020年4月）

【滆湖（武进）流域综合治理启动】 2021年，围绕“两湖”创新区建设，区水利局组织编制《滆湖（武进）流域综合治理方案》，规划治理范围含武进区7个镇（街道），治理面积约580平方千米。通过系统统筹陆域、水域、近岸带“三大治理”，计划增加湖面15平方千米，恢复水生植物面积11.75平方千米，5年内实现滆湖水生态系统的初步建成和滆湖水环境质量的明显好转，实现滆湖“湖畅、岸绿、水清、景美”目标。年内，区水利局实施滆湖近岸带水生态修复启动区项目。作为全省首个获批的湖泊水生态建设项目——滆湖近岸带水生态修复启动区项目，结合滆湖退田还湖二期工程，开展湖底地形重塑和水生动植物系统重构，建设包括退圩还湖0.84平方千米（其中还湖面积0.51平方千米、排泥场面积0.33平方千米），水生态修复植栽0.38平方千米，新建堤防1560米、护岸2140米等。至年底，滆湖近岸带水生态修复启动区项目完成。

【环太湖大堤工程完工验收】 2021年12月，江苏省环太湖大堤剩余工程常州市境内工程单位工程暨合同工程（简称“环太湖大堤工程”）通过完工验收。该工程于2020年9月开工建设，批复概算4797万元。累计加固堤防5.99千米，包括加固护岸5.99千米、拆除重建损坏严重段驳岸200米；新建挡浪板长度5.56千米，修改建堤顶道路长度1.3千米。工程建成后，工程流域防洪标准提高为100年一遇，区域防洪标准提高为50年一遇，环太湖大堤的防洪标准得到巩固和提高，太湖防洪调蓄和水资源调控能力大幅增强。

（石贤锋）

水利工程与河湖管理

【概况】 2021年，全区环太湖岸线长8.08千米，环滆湖岸线长69.17千米，区、镇、村三级河道691条共1384.36千米，其中区级河道18条254.54千米、镇级河道255条752.03千米、村级河道418条377.79千米。区直管水利枢纽（闸站）23座。其中，环太湖水利枢纽2座，遥观南、北枢纽各1座，马杭枢纽1座，太湖流域武澄锡引排西控制线口门建筑物9座，中心城区水利枢纽7座、节制闸2座。镇、村管理闸站994座（灌溉站452座，排涝站380座，水闸162座）。圩堤134.22千米，灌区452个，塘坝5座。

水利工程管理。区水利部门推进完善水利枢纽社会化管护，除大通河东、西枢纽外，其他区直管水利枢纽、闸站全部实现社会化全委托管理，有效提升管理、技术、队伍保障。武进港、雅浦港枢纽通过安全生产标准化现场验收，区枢纽中心管理二所创成省二级安标单位。强化农村水利工程长效管理，对纳入长效管护的河道、圩堤、涵闸、泵站、灌区及塘坝实施动态管理，委托第三方开展季度综合考评，全年印发考核通报4期，雪堰镇、湖塘镇、洛阳镇、礼嘉镇位列考核第一等次。

江苏省环太湖大堤剩余工程常州市境内工程通过单位工程暨合同工程完工验收
（供图/区水利局 摄于2013年6月）

河湖管理。推进“智慧河湖”建设，完成武进港、采菱港智慧监控点位安装，完善城区河道视频监控系统监管调度。每月开展区级河道联合巡查，发现疑似违章问题112处，当场发放行政警示告知书22份。推进湖泊网格化管理，开展湖泊网格化巡查22次，对巡查发现的问题实行闭环整改。完成孟津河、夏溪河和湟里河生态状况评价工作。实施涉河涉湖工程建设监管，全年审批涉河建设项目31处，对涉河项目建设（含苏锡常南部高速、沿江高铁等重点监管项目）组织定期巡查，以函件、限期整改通知书、召开专项会议等形式推动整改落实。全年下达水利工程长效管护考核奖补金额1021.35万元，武进区连续五年获江苏省农田水利工程成效考核优秀等次和农村河道长效管护第一等次。实现美丽河湖向幸福河湖迭代升级，“大中小微”河湖水体连片治理成效明显，全区水环境幸福指数显著提升。推进中心城区河道水环境治理，年度“333”建设任务通过省、市验收，“一浜一策”推动支浜水质稳步提升。全区新增省级生态河道33条，省级生态河道总长84.2千米。完成小微水体整治1317个，建成高标准小微水体河长制示范村（社区）11个。9月，省水利厅厅长陈杰带队调研武进区镇村河道建设工作，先后对湟里镇葛庄村及河南村生态河道、小微水体建设等展开现场调研，对“共建、共治、共享”的全民治水氛围表示充分肯定，并为全市首个河长制主题公园揭牌。获评常州市“五好河道”河道3条、常州市小微水体河长制示范村（社区）6个，获评总数位列全市第一。武南河、新孟河获评江苏省示范幸福河湖，小微水体整治与示范点建设获评武进区“为民实事优胜成果”。

【推进联合河长制工作机制】 2021年，武进区继续推进联合河长制机制建设，实现跨界骨干河湖联合河长制机制全覆盖。3月，武进—金坛联合河长制工作机制实施方案签署，在全市率先建立跨县联合河长制工作机制。陆续与新北区、天宁区、钟楼区、常州经开区、无锡市宜兴市、无锡市滨湖区、无锡市惠山区

改造后的湟里镇西鲁村下许自然村的小微水体　（摄影 / 徐芊卉　摄于2021年8月）

实现联合，完成全区跨界骨干河湖联合河长制机制全覆盖，形成较为完善的区域一体化河湖治理制度体系。11月，雪堰镇与无锡市滨湖区胡埭镇、惠山区阳山镇相关部门共同启动实施全省首个镇级跨市联合河长制工作机制。武进区河长制工作获《人民日报》《新华日报》《中国水利报》等媒体专题报道，武进区企业河长制被省河长办推介至中国国际发展知识中心交流沙龙。

【小微水体整治】 2021年，武进区将小微水体整治列入区政府为民办实事项目。2月，区河长办印发《常州市武进区小微水体河长制实施细则》，明确小微水体整治标准。3月，区水利局、财政局、河长办联合印发《常州市武进区小微水体示范村（社区）建设资金奖补办法》，对满足条件的行政村（社区），根据整治效果、整治投入等方面给予15万～30万元不等的资金奖补。年末，全区完成问题小微水体整治344个，4229个小微水体被纳入长效管护体系；建成区级小微水体示范村（社区）11个，其中，湟里镇葛庄村、西鲁村、西墅村和雪堰镇城西回民村以及高新区北区马杭社区被评为常州市小微水体河长制示范村（社区）。

【长沟河专项治理】 2021年，为持续提升城区水环境质量，区水利局牵头对长沟河开展水质提升工作。围绕源头控制、末端治理、活水补水、岸坡清理、长效管理“五位一体”，落实市政管网疏通修复、工业企业接管整治、住宅小区排水整治、小散乱排水整治、重点排口整治、小微排口封堵、支浜综合治理、活水补水、岸坡清理、长效管护十项举措，对长沟河沿线实施专项治理，完成投资650万元。经整治，年末河道水质主要指标基本达Ⅴ类水以上标准。

（石贤锋）

水政·水资源管理

【概况】 2021年，区水利局贯彻最严格水资源管理制度，全面落实取水监管，征收水利规费3577.06万元，其中水资源费2903.12万元、水利工程水费673.94万元。加强地下水资源管理和水行政执法，编制完成《常州市武进区地下水监测与分析报告》，全年立案查处涉水违法案件12起，累计罚款57万元。聚焦节水型社会再提升，硬核实施武进区全民节水十大行动，广泛开展节水技改、合同节水及水效领跑者工作。创建省级、市级、区级节水型企业9家，省级节水型居民小区6个，市级节水型学校2所，市级节水型单位（机关）2家，市级节水型灌区1个。至年末，全区有节水型企业省级15家、市级14家，省级节水型小区43家，节水型学校（含高校）省级12所、市级37所，节水型灌区省级1个、市级2个，节水型单位（机关）省级3家、市级57家。武进区获评国家级节水型社会达标县，在常州市“十三五”实行最严格水资源管理制度情况考核中获优秀等次。

【地下水资源专项执法检查】 2021年3月，区水利部门针对洛阳镇戴溪地下水监测井水位发生异常下降的现象，组织开展地下水资源专项执法检查。执法检查范围以戴溪水位异常波动监测井为中心，半径1千米范围内的工业企业、农业生态园等重点用水户，结合企业用、排水情况，重点检查已封井的现状情况及未经批准擅自凿井、擅自取用地下水的行为。经过前期排查分析，共检查企业49家、农业用水户10户，查处违法取用地下水案件3起，对1家取用深层地下水的企业立案处理，填封浅层取水井16眼。在拉网式执法的同时，通过网络平台报道、公益短信发送、横幅张贴等方式加强地下水资源保护宣传力度。编制完成《常州市武进区地下水监测与分析报告》。全区43家持证取水户100%实行计量取水、计量收费。从10月起，洛阳镇戴溪监测井地下水位逐步回升。

【水源地长效管护】 2021年，区水利部门继续落实滆湖水源地日常巡查及长效管护工作，编制完成《滆湖备用水源地长效管理与保护评估报告》。强化水源地水质监测，严密监控饮用水源地水质变化，开展长江魏村、武进滆湖双水源地水质状况比对，完善与武进生态环境局水质信息共享机制，落实集中式饮用水源地日常巡查制度。举办2021年武进区安全供水应急防控演练，落实滆湖备用水源地应急度夏工作。按照省水利厅、省生态环境厅、省住房和城乡建设厅《关于开展集中式饮用水水源地规范化管理工作的通知》要求，与滆湖退田还湖二期工程一同实施，并完成滆湖备用水源地面貌提升建设。

【企业排水执法】 2021年，武进区严格落实企业排水验收工作，累计验收企业401家，完成整改396家。对污水处理厂来水重要节点、泵站、重点企业开展联合排查，累计排查企业139家，查明水质超标企业36家，落实整改30家，立案查处6家。通过严肃执法、媒体报道等一系列行动，有效营造排水违法重拳整治的社会氛围，减少水体源头污染。

（石贤锋）

生态环境

Ecologic Environment

栏目编辑 颜 赶

环境质量

【大气环境质量达到环境空气质量国家二级标准】 2021年，武进区制定国控站点专班运行方案，在武进监测站和武进经发区设立国控站点空气质量保障专班，组建国控站点联防联控指挥部，以国控站点涉及的乡镇板块为主，融合秸秆焚烧蓝天卫士监控系统、秋冬季颗粒物扫描雷达等科技手段，实行专班专职人员24小时值守，全力促进空气质量持续改善。全年优良天数281天，空气优良率77.0%。$PM_{2.5}$平均浓度为35.5微克/立方米，比2020年下降9.0%，实现年度目标，首次达到环境空气质量国家二级标准。

【水环境质量】 2021年，武进区17个国省考断面全部达到考核要求，其中优Ⅲ断面14个，优Ⅲ比例达82.4%，完成年度目标；3个未达到优Ⅲ的湖库断面中，太湖湖心区和太湖西部区为湖库Ⅳ类，滆湖北为湖库Ⅴ类，均达到2021年考核目标。武进港、太滆运河、漕桥河和雅浦港4条入太河道全部达到考核目标，为历史首次。

（万倩倩）

资源保护

【概况】 2021年，区自然资源和规划部门坚决贯彻党中央、国务院关于坚决遏制耕地"非农化"防止"非粮化"要求，构建"保护有力、集约高效、监管严格"的特殊保护格局，以"长牙齿"的硬措施落实最严格的耕地保护制度。全年新增耕地19.4公顷。武进区获"2020年度市级耕地保护工作"通报表扬，奖励新增建设用地计划指标13.33公顷；雪堰镇获评"2021年省级耕地保护激励单位""2020年度市级耕地保护激励单位"，获奖励资金300万元。深挖造林绿化潜力，全力推进绿化增量，完成绿化造林面积226.13公顷、四旁植树25万株，培育珍贵用材树种10万株，打造绿美村庄省级10个、区级7个，全区林木覆盖率、自然湿地保护率分别达26.5%、60.4%。推进退化湿地修复治理和滆湖（西岸片区）湿地保护小区、武南河湿地保护小区建设，建成西太湖塔下片区近岸带水生态修复工程54公顷及南夏墅街道南河社区小微湿地示范点。

大批野鸭、白鹭和鸬鹚在滆湖3333.33公顷"以渔控藻"生态修复试验区觅食、嬉戏 （摄影/蒋文泽 摄于2021年12月）

【土地资源节约集约利用】 2021年，区自然资源和规划部门开展批而未供土地处置和存量建设用地盘活利用工作，盘活存量建设用地279.87公顷，完成率112%；再开发低效用地279.87公顷，完成率131%；处置2008—2018年批而未供土地135.33公顷，完成率100%。完成标准厂房供应2宗，面积40.33公顷。开展"危污散乱低"出清提升行动，编制完成《常州市武进区低效用地再开发专项规划（2021—2025年）》。进一步落实"增存挂钩"制度，提高土地资源高效配置。加强对各镇（街道、开发区）高质量发展考核、开发园区集约用地督导，推动资源节约集约利用。

（常文涛）

节能减排

【工业节能降耗】 2021年，武进区有效推进节能降耗工作。持续开展节能宣传，推进重点用能企业"百千万"行动，压降能源消耗，全区规模以上工业（含常州经开区）综合能源消费量控制在1069.79万吨标准煤，单位GDP能耗比2020年下降0.91%。全年完成企业能源审计20家（含常州经开区3家）、清洁生产审核62家（含常州经开区45家）。

【工业绿色制造体系建设】 2021年，武进区加快构建绿色制造体系，强化节能目标管理、节能环保监管，推进清洁生产、循环经济和节能技改。江苏国茂减速机股份有限公司推动以“节能、降耗、减污、增效”为目的的清洁生产工作，被工业和信息化部评为绿色工厂；江苏南方通信科技有限公司被工业和信息化部评为绿色供应链示范企业；旷达汽车饰件系统有限公司、光宝科技（常州）有限公司、江苏欧堡纺织染整有限公司、江苏常宝钢管股份有限公司、中车戚墅堰机车车辆工艺研究所有限公司、江苏横山南方水泥有限公司6家企业被评为江苏省绿色工厂。至年底，武进区累计绿色工厂国家级10家（含常州经开区2家）、省级8家（含常州经开区3家）。常州碳孚新材料技术有限公司“石墨烯机油添加剂节能技术及应用”入选《国家工业节能技术装备推荐目录（2021）》。

（薛幸旦）

环境治理

【概况】 2021年，全区各级、各部门按照《2021年武进区深入打好污染防治攻坚战工作方案》《常州市武进区生态环境保护责任规定（试行）》《武进区2021年度太湖治理重点工程项目清单》，深入实施污染防治攻坚战，全力打好蓝天保卫战、碧水保卫战、净土保卫战，强化减污降碳源头治理、生态保护修复、危废与辐射管理，积极打造美丽江苏的“武进样板”。全年完成大气污染防控工程项目1272个，完成率94%；实现降尘浓度2.7吨／月·平方千米，武进区在全市排名并列第二。生态保护引领区创建工作通过省级终期评估。污染防治综合监管平台有效运行，录入线索6668件，办结6469件，办结率97.02%。

【大气污染防控】 2021年，武进区深入推进蓝天保卫战，深化VOCs治理，完成产业集群163家、18个园区涉气企业474家、重点行业企业300家、储罐5个、工程机械企业79家、交通工具整车及其零部件制造等重点行业企业VOCs综合整治。深化重点行业污染治理，完成东方特钢全流程超低排放改造评估与验收，42台工业炉窑排查、整治及建档和35家重点涉气企业“一企一策”综合整治。实施精细化扬尘管控，加大对码头和工地的扬尘治理，实现降尘浓度为2.7吨／月·平方千米。全面推进生活源治理，完成餐饮油烟企业整治642家，重点管控区域烧烤店及面积100平方米以上餐饮店安装在线监控178家。加强移动源污染防治，淘汰国三及以下排放标准的柴油货车3030辆，开展机动车入户监督检测9次，抽测车辆8123辆；对柴油车等机动车实施尾气检测远程监管，全年远程监管各类机动车15.35万辆，监督抽测移动机械121台，完成5000吨以上加油站在线监控联网10座。加强重污染天气应对，成立国控站点空气质量保障专班，积极运用热点网格技术，统筹协调属地开展联防联控，全天候、全范围保障国控站点空气质量持续改善。持续压减夏季臭氧污染，开展大气管控检查6858厂次，累计出动1.4万人次。加强烟花爆竹禁放、禁售管控，开展针对性检查355家次，立案罚款处罚6起8人，及时制止违规燃放行为23起。

【水环境治理】 2021年，武进区深入推进碧水保卫战，深化滆湖水环境治理、太湖流域水污染防治，建设生态河湖，提升全区水环境质量。

滆湖水环境治理　实施滆湖（武进）退田还湖二期暨近岸带水生态修复工程，于年底完成，成湖面积0.84平方千米，总投资1.4亿元；在滆湖建立“以渔控藻”生态修复先行试验区，通过净水鱼类放养降低水体富营养化程度，建成“以渔控藻”区3333.33公顷，至年底累计放养净水鱼类350万单位。推进退田还湖、湖体清淤等工程，稳固滆湖备用水源地安全。至年底，全区沿滆湖乡镇完成水产养殖清退面积1466.67公顷。启动支浜水环境治理等工程，同时推进洮滆片区水环境整治计划，加强河道长效管护，促进片区水环境持续向好。

太湖流域水污染防治　武进区作为全省率先利用太湖治理省级统筹资金专项支持的小流域综合治理试点，在全面完成自2016年年末开始实施的试点工程后，启动环太湖地区城乡有机废弃物处理利用示范区建设，陆续建设1个有机肥中心、1个农牧结合利用基地、1个藻泥资源化利用站、1个厨余废弃物综合利用资源工厂等9个项目及1个园林废弃物“收—储—运—用—回”体系，基本形成环太湖地区城乡有机废弃物处理利用“武进模式”。开展涉磷污染排查整治，全年完成涉磷企业入库填报2177家、现场审查249家。全区涉磷填报企业1150家，占比53%，居全市第二，整治涉磷印染企业39家。完成排水达标区建设6个、排污口规范化综合整治

3月，南夏墅街道三河村河道保洁员在大庆河打捞漂浮物　（摄影／陆　新）

105个。新孟河延伸拓浚工程完成省定建设目标。编制《武进区环太湖地区城乡有机废弃物规划》及建设方案，完成示范区试点建设年度任务。

中心城区水环境整治　深入推进以提升城区水环境全面消劣为主要目标，以“三消除”“三整治”“三提升”为主要内容的污水处理提质增效精准攻坚“333”行动，建成“污水处理提质增效达标区”6个、面积19.2平方千米。实施湖塘河、龚巷河、战斗河、武南河等城区主要河道沿线排口整治18处和“小散乱”排水整治121家，完成4所学校、14个老旧小区雨污分流改造。实施岸坡专项整治，开展河道乱种乱占清理复绿专项行动，完成中心城区大通河、长沟河、武南河、半夜浜、战斗河岸坡清理1.84万平方米，区级骨干河道圩堤清理8条39千米，复绿面积1.36万平方米。

河湖水质保护　编制完成S239省道桥等12个断面达标整治方案，完成雅浦河7条劣Ⅴ类支浜消劣整治，进行国省考断面沿线敏感支流支浜水环境整治，开展敏感支流整治18条。

（石贤锋　万倩倩）

【生态保护修复】 2021年，武进区完成生态源保护工程2个、生态廊道建设工程3个、生态绿道建设5个，完成武进西太湖塔下片区近岸带水生态修复工程，创建省级生态文明建设示范镇1个，创成生态文明建设示范村省级4个、市级6个，完成化工生产企业关停退出并通过区级验收8家。持续开展“危污乱散低”出清提升行动，排查企业13212家，排查出“危污乱散低”企业677家，其中“危”类106家、“污”类286家、“乱”类153家、“散”类85家、“低”类219家。至年底，整改完成661家，完成率97.64%。

（万倩倩）

【固废污染防治】 2021年，武进区深入推进净土保卫战，加强固废污染防治攻坚。提升固废处置能力，建成危废经营单位17家、一般污泥处置单位6家，严厉打击工业固废非法处置行为。加强危险废物管理，完成常州藤源可再生资源回收有限公司铅蓄电池收集转运和江苏泓嘉鑫环保再生资源利用有限公司小微企业危废收集的试点建设、江苏钦越环保科技有限公司油泥及乳化液和常州宇环再生资源有限公司线路板的处置项目许可证首次申领。累计完成跨省转移申请预审21批次、危废应急处置审核单位92家。纳入江苏省危险废物动态管理信息系统企业2861家，数量位于全省县（市、区）第二，申报率98.5%。更新调整全区危废重点源名单，共有重点源单位350家，根据危险废物分级分类管理要求，确定重点危废产生企业清单。对全区29家化工企业、169家省级以上重点源单位及15家危废经营单位开展危废专项排查暨一年小灶“回头看”，排查发现85家企业存在问题121个，全部督促完成整改。完成危废处置单位危险化学品使用排查，涉及单位2家，对存在的18个问题均督促整改。加强铝灰产生企业监管，全面调查铝灰产生情况，完成涉铝灰产废单位排查和规范化培训90余家。完成涉废矿物油企业排查整治463家。深入土壤污染防治，完成对土壤污染物超过一类风险管制值的地块调查工作计划16个，督促8家土地使用权人依法开展土壤污染状况调查，对在产的重点监管企业45家开展隐患排查及现场整改。加强遗留污染地块风险管控，完成金隆地块南区修复及效果评估，武南河南侧、凤栖路东侧地块内绿地用地规划区域风险管控工程完工，完成在产涉镉等重金属企业排查整治20家。开展固废历史遗留问题全面整治，完成雪堰镇徐建丰物料填埋场、南夏墅庙桥绿舟地块、雪堰镇楼村范家塘固废填埋地块处置工作，推进礼嘉镇贾家塘固废填埋地块应急处置工作。开展镇村全域垃圾分类试点，累计新建分类亭2100座，新增、更换分类投放、收集容器4.95万个，完成213个住宅小区、339家公共机构、135个行政村等场所的垃圾分类设施建设，城区建成区和行政村垃圾分类设施覆盖率均达100%。

地面硬化后的垃圾分类亭　（供图／区融媒体中心　摄于2021年1月）

【减污降碳源头治理】 2021年，武进区按照省、市减污降碳的工作要求，推进源头治理工作。发挥绿建区优势，开展绿色低碳和近零碳排放区试点示范。组织湖塘热电等火电行业企业试点开展碳交易。推进东方特钢物料运输公转水，船运比例突破50%。以武进纺织工业园为试点开展主要污染物“双减双控”，推动园区监测监控基础能力全方位提升。建成湖塘镇东华社区常州三金在线车辆维修服务有限公司汽车维修“绿岛”项目，形成年维修汽车10000台次的生产规模。实施“危污乱散低”出清提升行动，深入开展污乱类企业排查整治。推进排污口排查整治，核定全区太湖流域排污口1192个，同步完成排口整治379个，完成率31.8%。推进环太湖地区城乡有机废弃物处理利用示范区建设，《武进区环太湖地区城乡有机废弃物处理利用规划》于9月底编制完成，并通过评审，《武进区环太湖地区城乡有机废弃物建设方案》于12月印发，该项目被评为武进区2021年度党建服务“532”战略创新案例优胜成果。23家重点企业完成清洁生产工作，企业环境管理水平全面提升。

（朱小峰）

【农业农村污染治理】 2021年，区农业农村部门深入推进农业农村污染治理，全力促进农业农村可持续发展。

滆湖周边池塘养殖整治　实施水产养殖清退和池塘生态化改造，完成水产养殖清退面积1466.67公顷，指导雪堰镇新康村、前黄建国家庭农场、洛阳天井家庭农场、前黄元盛家庭农场完成区级生态化改造点4个，合计面积60.2公顷。

滆湖（武进）以渔控藻生态修复工程　完成净水渔业区防逃性拦鱼设施建设工程，构建净水控藻区3333.33公顷。在试验区开展净水鱼放养，投放鲢、鳙等净水鱼类夏花苗种250万尾。开展苗种池和水电路渠及养殖尾水净化生态化改造提升。在试验区网外合理布点，指导开展水质理化指标、浮游生物指标、底泥、放流生物的采样检测，对比评价，建立净水控藻区生态效益评估机制。

畜禽粪污资源化利用　统筹实施2020年畜禽粪污资源化利用整县推进项目和2021年畜禽粪污资源化利用项目，推进规模场粪污收集、贮存、处理设施设备提档升级，提高养殖粪污处理能力，实现养殖粪污就地就近消纳。开展规模养殖场养殖污染治理认定“回头看”，现场检查规模养殖场64家，包括粪污处理设施装备配套、畜禽粪污还田利用、环境管理等情况。各镇、街道畜牧兽医站结合日常工作开展养殖污染治理长效监管和指导服务，保障养殖场户畜禽粪污处理利用配套设施有效运行，粪污规范处理、高效利用。至年底，全区畜禽粪污综合利用率达98.5%。

农村生活污水治理　完善农村分散式生活污水处理工程PPP项目监管机制，覆盖村庄664个、农户3.7万户，486套污水处理设施全年运行稳定，累计处理农村生活污水400余万吨。

蓝藻打捞处置　完善全区蓝藻打捞处置系统，配有机械打捞船19艘、运输船15艘、吸藻车4辆、蓝藻围隔1.1万余米、藻水分离设备3套和资源化利用中心1座，日打捞处置能力4800吨。实施蓝藻打捞处置能力提升工程，建立武进蓝藻打捞处置信息管理平台，实现“两湖”（太湖、滆湖）蓝藻打捞处置信息化“一张图”布局。全年出动人员6725人次、船只1960船次、车辆407车次，打捞太湖蓝藻21.01万吨、水草垃圾72吨，产生藻泥3613.09吨，实现100%资源化利用。

“两废”回收处置　推进农药包装废弃物回收处置、废旧农膜（简称“两废”）回收利用，将农用包装废弃物回收工作纳入2021年度全区农业农村污染治理攻坚战考核。在雪堰、洛阳、嘉泽和湟里4个镇设立废旧农膜回收存放站，累计建成回收网点66个，其中省级“五有”废旧农膜回收网点4个，基本形成农膜使用重点镇（街道）的废旧农膜回收网络体系。全年回收废旧地膜41.4吨，回收率达94.9%。建立农药包装废弃物回收体系，155个农药经营部作为基层回收点，全年回收农药包装废弃物37.68吨，无害化处置率100%。

秸秆资源综合利用　各镇（街道）按照“政府推动、市场运作、企业牵头、农户参与”的原则，认真落实农作物秸秆综合利用任务，全区秸秆综合利用率97.2%。

商品有机肥推广施用　主要在雪堰、前黄、礼嘉、洛阳、嘉泽、南夏墅等镇（街道）推进商品有机肥推广项目，利用价格补贴机制引导林果、蔬菜、茶叶等种植户施用有机肥料，减少化肥使用量，提高农作物品质，改善土壤质量，减少农业面源污染。全年推广商品有机肥1.5万吨，较2020年增加50%。

（叶　帆）

【生态绿色交通建设】 2021年，区交通运输部门围绕绿色发展，全力打好行业污染防治攻坚战，实施“定向挖潜”“首季争优”“春夏攻坚”和城镇污水处理提质增效“333”行动，取得交通绿色转型明显成效。

优化运输结构　推进大宗货物运输公转水、公转铁绿色转型，指导运输单位提高水路货运比例，东方特钢总运输量606.8万吨，其中铁路、水路运输量为458.1万吨，占比75.5%，铁水运输比例比2020年增长11.5%。

清洁能源推广应用　推行“绿色车轮计划”，督促辖区新增和更新出租车

蓝藻实现100%资源化利用

（供图/区生态办 摄于2021年8月）

整治后的内河码头污染物接收点　（供图／区交通运输局 摄于2022年9月）

辆使用新能源或清洁能源汽车，新增新能源公交车96台，淘汰柴油公交车40台，全区在用清洁能源出租汽车328辆、公交车206辆，其中纯电动143辆。淘汰老旧柴油车，全年注销1304台老旧柴油车运营证。

港口码头污染治理　开展内河码头环境专项整治，指导督促全区22家港口码头企业完成环保问题整改，完善环评手续。推进内河码头污染物接收设施和岸电使用，确保船舶垃圾、污水"应交尽交、应收尽收"，形成收集、转运、处理闭环。全区内河码头船舶使用岸电共计20548度，增长25.9%。加强"双随机"监督检查，督促港口码头落实雾炮、喷淋、污染物接收等措施及设施，整改问题65个。

道路扬尘管控　强化在建交通工程扬尘管控，以青洋路快速化工程为重点，开展对标督查，推进环境监测设备联网应用，打造扬尘管控示范工地。

汽修业污染整治　严把市场准入关，对6家环保措施不合规的业户提出整改要求。紧盯重要时段、重点区域，对60余家涉及喷涂作业维修企业开展危废及VOCs处置专项治理，督促整改环保问题155个，立案查处9家，取缔6家。推进城镇污水处理提质增效"333"行动，完成87家洗车店、4S店雨污分流整治任务。

移动源污染防治　开展对渣土车、工程车等污染路面行为的专项治理，采取蹲点检查与突击检查结合方式，查处污染路面、抛洒滴漏案件207起和黑流动加油车37起。推进重型柴油车远程在线监控系统安装，完成OBD远程在线监控系统安装90余台。严格非道路移动机械管控，全面推行I/M制度，对52985辆营运车辆进行综合性能检测，治理超标车辆220辆次，有效治理汽车尾气排放超标现象。

（何秋斌）

环境监管

【概况】　2021年，武进生态环境局采取聚焦专项行动、聚焦信访调处、聚焦隐患排查、聚焦提质增效、聚焦排污许可、聚焦损害赔偿"六个聚焦"，推进精准执法监管，保障全区生态环境安全。优化审批服务，提升审批效率和服务水平，累计审批环评480个、登记备案2946个。加强对省、市重点项目的跟踪服务，完成省重点项目环保审批4个、市重点项目环保审批38个、区重点项目环保审批113个。与区应急管理局联合预审项目2个，移送安全问题线索82个，发放安全告知书9份，邀请安全专家技术评估项目17个。加强第三方管理，通报环评文件编制质量问题典型案例23个。结合"两在两同"建新功行动，建立服务（拟）上市企业工作专班，深入企业开展项目审批、内部管理、技术指导等服务，现场服务企业52家。

【推行"六个聚焦"精准执法监管】　2021年，武进生态环境局聚焦专项行动，开展太湖安全度夏专项执法行动、打击废水偷排直排违法行动、涉挥发酚专项行动、幕墙行业整治等专项行动32项，及时推进完成各类专项行动问题整改，保障专项行动取得实效。聚焦信访调处，将反复投诉举报、久拖不决和上级部门交办的10件环境信访积案作为为民办实事项目，落实局领导包案和带案下访。全年受理环境信访919件，下降0.8%。聚焦隐患排查，逐一梳理常州市"环境风险隐患问题清单"中涉及武进区的38件问题，明确责任部门与责任人，推进相关问题核实、整改，确保环境隐患应消尽消、环境风险可防可控。聚焦提质增效，开展污染防治设施提质增效专项行动，对重点区域、重点板块污染防治设施进行监测评估，对达不到效果或者治理效果差的设施开展提质增效，企业废气治理设施改造累计投资约5300万元，水环境治理投资约4300万元。聚焦排污许可，以登记管理的8000余家企业和已发证管理的1300家企业为主体，落实排污许可证管理制度，以点带面、规范管理。加强排污许可证单位培训，重点督促部分未完成整改的企业加快落实整改要求，以排污许可制为核心，有效捏合相关监管制度，形成"一证式"管理体系。聚焦损害赔偿，开展生态环境损害赔偿制度改革，制定生态环境损害赔偿磋商工作暂行办法和资金管理办法，探索实践损害赔偿磋商案例，累计开展生态损害赔偿案件27起。武进生态环境局再次获评全国环境执法大练兵表现突出集体，成为全国唯一六年中五次获得该荣誉的县级单位。

（朱小峰）

【生态文明宣传】　2021年，武进区深化生态文明宣传，加强与主流媒体的合作，生态文明宣传类信息被国家和省级媒体刊登报道超60篇。其中，治污攻坚微电影《追》被省攻坚办评为一等奖，《武进呵护"环境美"，助力打造"长三角最美湖湾城"》获《新华日报》专版报道。强化环境线索曝光，全年受理媒体曝光18期，其中市级、区级媒体曝光各9期，促进相关问题落实整改。举办武进区"六五"环境日主题活动暨"生态红盟"党建联盟启动仪式，积极向全社会传递绿色、低碳、节能、环保理念。

（朱小峰　万倩倩）

信息化建设

Information Construction

栏目编辑　颜　赶

信息基础设施建设

【概况】 2021年，武进区依托铁塔及电信、移动、联通、广电公司5家通信公司，稳步推进信息基础设施建设。年末，累计建成移动通信基站13642个，其中4G基站7514个、5G基站2717个，宽带端口127.34万个、光端口122.96万个，光纤到户（FTTH）用户61.62万户，无线局域网（WLAN）接入点（AP）数9872个。宽带接入能力城镇、农村均达1000兆，超过“宽带中国战略”中的发达城市水平。全区累计有固定电话用户16.10万户、移动电话用户162.50万户、移动互联网用户172.42万户、宽带用户73.60万户、数字电视用户27.20万户、高清电视用户14万户，以及IPTV用户32.75万户、手机电视用户44.74万户，有线电视入户率城镇79%、农村67%。

（许湘平）

【电信通信建设与服务】 2021年，区电信局立足于增强网络基础设施承载和服务能力，有序推进千兆光网部署，完善城区光缆网络，打造覆盖、速率、质量三领先的精品全光网，加快10G PON升级，聚焦高价值用户，结合5G覆盖形成3000兆能力，满足VR、云专线、智慧家庭业务发展。统筹行业发展和技术演进趋势，深化协同及共建共享，充分发挥各类资源优势，打造技术先进、覆盖广、效能高、体验好的5G精品网。加快2B市场发展，积极探索5G+行业的深度融合，发布“致远”“比邻”“如翼”三类5G定制网络服务，支持5G2B业务突破发展，助力政企深化改革，践行云改数转战略。全年投入约2.1亿元，新建5G基站及室分621个，累计963个。新建光端口3.5万个，累计54万个，实现全区城乡一体全光深度覆盖。用户引入端FTTH光覆盖半径小于100米，城市家庭千兆光纤网络覆盖率100%。新建万兆无源光网络（10G PON）及以上端口1万个，满足千兆用户快速发展。新建光缆4万纤芯千米，新建管道里程32.2千米、98孔千米。至年底，全区有电信实体门店114家，其中新建门店6家、合作厅改为自有厅4家；在岗一线销售人员180名。

（陈志伟）

【移动通信建设与服务】 2021年，中国移动通信集团江苏有限公司武进分公司（简称“武进移动”）推进区域内5G建设，建成5G基站近1500个，实现全区5G网络2.6G/700M双频立体组网全覆盖。开展4G、5G网络优化，全面提升用户感知，平均下载达到速率800M/s。移动通信用户超80万户，区域内用户规模第一，5G终端渗透率超45%，区域内5G用户规模第一。全面发展千兆宽带，提升用户宽带感知，90%以上的社区实现千兆宽带能力接入，千兆宽带新装占比超过50%，千兆用户超8万户，每年增幅超10%，电视用户规模超过15万户，区域内规模第一；树立家庭新业务品牌形象，推出安防、组网、面板等智家新产品，智家新产品用户超4万户，为家庭用户提供更优的产品体验。发挥5G“新基建”赋能百业的作用，与东方特钢合作“5G+原料厂堆取料机远程控制”项目，参与花东社区等老旧小区智能化改造项目。推进“智改数转”助力企业发展，与重庆理想汽车有限公司常州分公司、江苏小牛电动科技有限公司和万帮新能源投资集团有限公司等企业合作，打造“智造”企业。高效助力疫情防控，通过5G与AI智能相结合，为常州科教城、武进高新区等政府机构与科研院校提供核酸登记平台，有效提升武进新冠肺炎疫情防控效率。积极响应对中小微企业的提速降费，加力帮扶其信息化发展，帮扶中小微企业纾困解难。做好西太湖马拉松、嬉戏谷音乐节等大型活动网络信号保障，保障重大活动顺利举办。

（钱　洵）

【联通通信建设与服务】 2021年，中国联合网络通信有限公司常州武进区分公司（简称“武进联通”）围绕提升网络质量，加大基础设施建设投入，增强综合通信能力，完成投资7100万元。新建4G基站102个、5G基站792个，分别累计1156个、1098个；新建室内无线分布场点51个，累计150个；新增居民小区覆盖50个，累计205个。依托建设5G网络，与瑞声光电科技（常州）有限公司、江苏恒立液压股份有限公司、江苏常发实业集团有限公司联合建设5G全连接工厂。利用边缘计算，解决设备数据交互中的大带宽、广连接、低时延的需求。落实“企业上云”工程，与BATJ（百度、阿里、腾讯、京东）等拓展合作模式，为企业引入优势互联网企业云应用，提升云计算应用成效。与常州天正工业发展股份有限公司合作研发和推广智能制造应用服务，实现轻资产及灵活化，开辟企业融资新途径。至年末，有营业网点70余个、从业人员160人、联通手机用户32万户。

（陈江红）

信息化和工业化融合

【概况】 2021年，武进区加快工业互联网建设与应用，推进“企业上云”工程，全面推进企业信息化和工业化（简称“两化”）融合管理体系建设，深化制造业与互联网融合发展，积极引导企业信息化应用，推动企业数字化转型，促进工业电商创新发展、产业高质量发展。区工信局组织开展“两化”融合、“企业上云”系列培训和咨询诊断服务，引导企业推进信息化建设。年内，新增国家级“两化”融合管理体系贯标（老版）达标企业8家，累计57家，新增贯标（升级版）达标企业6家、省级“两化”融合管理体系贯标试点企业16家。常州天正工业发展股份有限公司“长三角区域一体化工业互联网特色服务平台”被认定为2020年工业和信息化部示范专业特色工业互联网平台，“天正工业数据分类分级试点项目”获得2021年工业和信息化部工业信息安全能力提升示范试点项目，常州康普瑞汽车空调有限公司被认定为省工业互联网标杆工厂。通过省“企业上云”星级企业认定五星级1家、四星级31家、三星级26家，累计五星级5家、四星级72家、三星级175家。常州市龙道电子商务有限公司、江苏焦点文化传媒有限公司获省工业电子商务发展解决方案类示范项目认定。江苏振邦智慧城市信息系统有限公司、常州科能电器有限公司入选省规划布局内重点软件企业培育库名单；江苏中盈高科智能信息股份有限公司进入省专精特新软件企业培育库名单。常州信息职业技术学院等4家单位被列入江苏省工业互联网资源池。

2021年武进区新增“两化”融合贯标企业情况表

表20

类别	公司名称	属地
工业和信息化部“两化”融合管理体系贯标（老版）达标企业	卡雷迪电气（常州）有限公司	武进高新区
	旷达汽车饰件系统有限公司	雪堰镇
	江苏今创交通设备有限公司	武进高新区
	常州市盛辉药业有限公司	礼嘉镇
	常州市美尔娜服饰有限公司	武进高新区
	常州今创风挡系统有限公司	武进高新区
	常州安康医疗器械有限公司	湖塘镇
	江苏巨联减速机有限公司	湖塘镇
工业和信息化部“两化”融合管理体系贯标（升级版）达标企业	江苏龙城精锻集团有限公司	武进高新区
	江苏瓯堡纺织染整有限公司	湖塘镇
	江苏南方通信科技有限公司	洛阳镇
	常州康普瑞汽车空调有限公司	牛塘镇
	苏文电能科技股份有限公司	西太湖科技产业园
	江苏国茂减速机股份有限公司	武进高新区

【长三角区域一体化工业互联网特色服务平台获示范专业特色工业互联网平台认定】 2021年1月，长三角区域一体化工业互联网特色服务平台被工业和信息化部认定为示范专业特色工业互联网平台。该平台由常州天正工业发展股份有限公司联合11家企事业单位共同建设。至年底，汇聚平台供应商36家，包含解决方案供应商、工业App供应商、平台供应商、行业合作伙伴、园区合作运营商等多种类型，累计为长三角区域480家中小制造企业提供核心设备上云；覆盖智能化、信息化、精益管理等能力，累计开展成熟度评价企业218家；建立解决方案资源池，汇聚各类解决方案135个。

【常州国际智造峰会暨国际创新成果发布洽谈会在武进举行】 6月18日，2021常州国际智造峰会暨国际创新成果发布洽谈会在武进举行，华中科技大学教授、中国工程院院士、中国机械工程学会理事长李培根，中国工程院院士、南京航空航天大学校长单忠德等专家出席，武进区领导李林、陈志良、江建文、石伟东、石旭涌、李磊参加。洽谈会上，与会专家、企业家围绕未来智造主题分别发表主旨演讲，江苏省产业技术研究院与武进区签订战略合作协议，《中国机器人认证白皮书》制定启动，Jitri—新誉联合创新中心揭牌，江苏龙城精锻集团有限公司新能源汽车轻量化零部件项目等10个智能制造重大项目签约，中国机器人产业联盟与武进区战略合作签约，常州市武进区智能制造专家咨询委员会成立。

6月18日，2021常州国际智造峰会暨国际创新成果发布洽谈会在武进举行

（供图/区融媒体中心）

【数据分类分级试点项目入选全国工业信息安全能力提升试点示范项目】 9月27日，常州天正工业发展股份有限公司的“数据分类分级试点项目”入选工业和信息化部工业信息安全能力提升方向试点示范项目。该项目以天正 I—Martrix 工业互联网平台为依托，根据平台服务运营模式、业务流程和系统设备，并结合行业要求、业务规模、数据复杂程度等实际情况，收集并梳理相关数据资源，按照工业数据分类维度分为平台运营数据域、企业管理数据域两大类，按照每个大类内部的数据关系，将每个大类的数据分为若干层级，最终对数据分类结果形成企业工业数据分类清单。同时将工业数据分为3个级别，一方面帮助行业企业全面了解自身数据资源情况，指导企业统筹部署防护策略，合理配置和高效利用安全资源；另一方面推动数据上云，探索跨行业、跨领域、跨区域数据共享，充分释放数据潜在价值，赋能机械制造行业高质量发展，引导更多企业特别是行业中小型企业建立工业数据分类分级体系，统一企业数据定义标准，提升数据管理和安全防护能力。

【康普瑞入选省工业互联网标杆工厂】 2021年11月25日，省工信厅公布2021年度江苏省工业互联网发展示范（标杆工厂类）名单，常州康普瑞汽车空调有限公司（简称“康普瑞”）名列其中。该公司成立于2006年，是一家致力于旋叶式汽车空调压缩机研发、制造、销售和服务，获评高新技术企业、江苏省五星级上云企业、江苏省示范智能车间等荣誉，通过国家级“两化”融合管理体系贯标认证的企业。该公司历时5年建成旋叶式车用空调压缩机工业互联网工厂，2019—2021年在平台和系统开发、智能设备购置、项目咨询、项目实施人员工资等方面投入2395万元。依托自建物联云控平台，综合运用数据采集与集成应用、建模分析与优化等技术，实现产品设计、工艺、制造、检测、采购、物流等各环节之间的全面互联互通，形成对产品生产流程的信息追溯能力，实现企业资源配置优化与整个供应链的可视化。ERP、MES与精益生产流程完美结合，实现多品种小批量的柔性生产，系统之间的深度互联，确保全环节可控。

表21

2021年武进区新增江苏省工业互联网标杆工厂、工业电子商务解决方案类示范项目和工业互联网发展示范企业（五星级、四星级企业上云类）情况表

类 别	企 业 名 称	属地
江苏省工业互联网标杆工厂	常州康普瑞汽车空调有限公司	牛塘镇
江苏省工业电子商务解决方案类示范项目	常州市龙道电子商务有限公司	武进高新区
	江苏焦点文化传媒有限公司	西太湖科技产业园
江苏省工业互联网发展示范企业（企业上云类）五星上云企业	万帮数字能源股份有限公司	武进高新区
江苏省工业互联网发展示范企业（企业上云类）四星上云企业	江苏欧密格光电科技股份有限公司	武进高新区
	江苏南方轴承股份有限公司	武进高新区
	贝内克长顺生态汽车内饰材料（常州）有限公司	武进高新区
	常州市大洋轴承制造有限公司	湖塘镇
	常州九天新能源科技有限公司	前黄镇
	常州凯泽环保科技有限公司	武进高新区
	常州回天新材料有限公司	武进高新区
	柳工常州机械有限公司	武进高新区
	江苏海鋆自动化技术有限公司	武进高新区
	常州市隽天汽车配件有限公司	武进高新区
	琉明光电（常州）有限公司	武进高新区
	新纶复合材料科技（常州）有限公司	西太湖科技产业园
	常州旷晶电子有限公司	西太湖科技产业园
	常州富丽康精密机械有限公司	西太湖科技产业园
	常州市锋杰机械有限公司	西太湖科技产业园
	常州飞泰机械有限公司	礼嘉镇
	常州贝瑟思机械有限公司	礼嘉镇
	常州市员之力机械有限公司	礼嘉镇
	常州市捷迅机械有限公司	礼嘉镇
	常州杰恩斯机械制造有限公司	礼嘉镇
	常州莫家精密机械有限公司	湖塘镇
	常州市永锻机械有限公司	湖塘镇
	常州焕然精密机械科技有限公司	湖塘镇
	江苏洛凯机电股份有限公司	洛阳镇
	常州市川锐机械科技有限公司	洛阳镇
	常州德克斯机械制造有限公司	雪堰镇
	常州市武进天宇液压件有限公司	雪堰镇
	常州市双鹏电器有限公司	牛塘镇
	常州欧肯机械科技有限公司	前黄镇
	常州市普帝诺智能机械科技有限公司	前黄镇
	常州铸鼎机械有限公司	前黄镇

（杨　燕）

【常州科教城入选省首批软件名园培育试点名单】 2021年9月，省工信厅公示首批软件名园培育试点名单，常州科教城名列其中。常州科教城先后被认定为国家火炬计划软件产业基地、江苏省互联网产业园，入驻涉软企业超200家，集聚天正工业、佰腾科技、三艾科技、青之峰、明月软件及铭赛机器人等特色优势软件企业。2021年，实现软件产业营业收入130亿元，较2020年增长26%，占园区比重达37%。重点软件企业主要集中在嵌入式软件、集成电路、人工智能等方面，发展态势良好。

（高　艳）

电子政务

【电子政务项目管理】 2021年，区政务数据发展领导小组办公室加强和规范全区电子政务项目管理，组织项目建设联合会审成员单位及有关专家评审通过2021年度电子政务项目17个，并验收通过10个。组织相关单位申报2022年度全区电子政务项目建设计划，有37个单位申报计划（包括运维计划）124个，对15个单位的16个建设项目计划实施答辩。

【区级电子政务平台建设和运维】 2021年，区电子政务中心开展区级电子政务平台运维和建设，全面建成区政务数据资源共享交换平台基础构架以及数据归集系统、数据治理系统、目录管理系统等模块，实现与13个区级部门24个自建系统的数据对接，同时接收市级平台下发的政务数据，经整理、比对和归类，形成可“即调即用”的政务数据322类超14亿条。向审批服务综合执法一体化平台、区域全民健康信息平台、财税大数据平台等重点应用共享24类535项近411万条政务数据。依托武进区政府门户网站，建成政务数据开放平台，开放32个单位147类6.6万余条数据。根据常州市数字法人一证通和电子印章统一建设要求，发放法人数字证书（CA）35995张，收集、整理、上报党政机关印章印模998份。加强区电子政务外网管理，开展日常巡检，及时修复问题、维护设备，协同接入单位开展网络安全检查，完成等级保护测评和风险评估，全年不间断运行8760小时。做好区行政中心电子政务外网用户和区级机关、镇（开发区、街道）等331个电子政务外网接入单位的网络维护保障工作。实施区政府网站页面风格、栏目设置等改版，增强移动端功能，提升信息服务质量。区政府门户网站全年发布信息21475条，其中政务动态信息17497条、信息公开3925条、概况类信息53条；制作专题16个、政策解读59条；组织在线访谈28期、民意征集28次、网上调查22期、新闻发布会14期、网上直播26期、热点回应8期，收到并办结网上来信681封。被省、市政府网站录用信息425条。获评2020年度中国政务网站领先奖（县区级全国第三名）、2020年度全省政府网站建设管理先进单位（县区级第三名）、2020年度常州市政府网站建设管理先进单位第一名。升级协同工作平台，同步实施网络安全等级保护（三级）和信息系统风险评估测评，解决平台访问缓慢、技术框架陈旧、存在安全隐患等问题。区协同工作平台全年发文14180份，新增电子印章57个，办理批示件110件、请示件168件。

（王一路）

2021年度武进区电子政务项目建设情况表

表22

类别	项目名称	建设单位	计划投资（万元）
2021年度电子政务评审通过项目	区人民法院电子质证及中间库项目	区法院	349.8
	区检察档案管理信息化系统	区检察院	48.8
	滆湖、太湖流域禁捕退捕信息化防控项目	武进公安分局	648
	公安分局情报指挥中心大屏改造项目	武进公安分局	1100
	350兆PDT数字集群通信系统维保和增建补盲基站项目	武进公安分局	180
	区财政一体化管理信息系统升级改造项目	区财政局	120
	区财税大数据平台项目	区财政局	654
	水利信息化提升项目	区水利局	198
	武进区农村宅基地综合管理系统建设项目	区农业农村局	70
	武进人民医院信息化提升项目	区卫生健康局	995
	武进人民医院PACS系统硬件更新和南院核心网络设备更新项目	区卫生健康局	335
	武进中医医院消毒供应中心追溯系统项目	区卫生健康局	40
	武进中医医院信息化提升项目	区卫生健康局	1510
	市场监管现场执法项目（一期）	区市场监管局	90
	市场监管现场执法项目（二期）	区市场监管局	180
	自然资源和规划局分局异地灾备建设项目	武进自然资源和规划分局	48
	南夏墅街道社区卫生服务中心信息化系统改造	南夏墅街道	88
2021年度电子政务验收通过项目	区电子政务外网数据备份系统	区电子政务中心	48.9
	区电子政务外网虚拟化软件及管理平台	区电子政务中心	36.9
	区社会治理视频云平台	武进公安分局	6500
	武进人社数据中心核心网络和监控系统升级改造项目（一期）	区人社局	257.38
	区医疗收费电子票据改造项目	区卫生健康局	87.6
	区重大危险源监测预警系统改造升级	区应急管理局	37.8
	区政务服务一体化平台升级改造项目	区行政审批局	293.6
	区政府采购交易管理系统	区行政审批局	65.5
	市场监管现场执法项目（一期）	区市场监管局	86.8
	自然资源和规划局分局异地灾备建设项目	武进自然资源和规划分局	46.2

网络安全和信息化

【网上正面宣传】 2021年，区委网信办坚持以“弘扬正能量、唱响主旋律”为主基调，广泛开展网上正面宣传。1月起，在武进新闻网开设“决战脱贫致富，决胜全面小康”“奋斗百年路、启航新征程”等重点专栏、专题23个，刊发各类专题报道500余篇，全年播出抗击新冠肺炎疫情新闻4000多篇，为全区疫情防控工作加油鼓劲、提振信心。2月，与区融媒体中心联合策划“此心安处，亦是吾乡”新闻行动，聚焦各行各业留在武进过年的外乡人，被“学习强国”学习平台采用短视频4个。5月，与区融媒体中心联合策划“红色印记铭党史”宣传活动，以瞿秋白、恽代英、张太雷等10位武进籍优秀共产党人的生平事迹为蓝本创作海报，在多个新媒体平台宣发。

【网络空间治理】 2021年，区委网信办扎实做好网络意识形态工作，有力保障建党100周年网络意识形态安全。4—12月，联合区公安、教育、市场监管、金融监管等部门开展“未成年人暑期专项清朗行动”“规范平台运营专项行动”“非法集资整治专项行动”“网剑专项行动”等行动。8—9月，开展首例违反《网络直播营销管理办法（试行）》的执法，联合区公安分局、商务局、文体广旅局现场执法，约谈违规接受未成年人出镜直播营销的超市负责人以及直播平台。组织网络文明志愿者在全网举报历史虚无主义有害信息和政治类有害信息，分数位列各辖市区第1名，区委网信办被评为2021年度全市互联网违法和有害不良信息举报工作先进集体。全力推进网络安全应急指挥中心县级试点建设，10月，在区新时代文明实践指导中心增挂区网络安全应急指挥中心牌子，增设相应职能，增核事业编制5个，由区委网信办负责指导和管理。

【网络文明传播】 2021年，区委网信办实施“清朗E起来”文明传播工程，从传播渠道、壮大队伍、开展活动中寻找并打造品牌亮点，初步建立区镇村联动、企业和社会志愿服务队共同参与的网络文明传播格局。多维度打造网络文明卡通形象，“武小安”“武小清”2个卡通形象完美融合互联网元素与武进元素；多方位建立“清朗网络”辟谣阵地，成功处置谣言9起；多领域开展“清朗网络”志愿服务，组织网络文明志愿活动70多场，覆盖7000多人次，被省级及以上微信公众号刊发相关做法信息18篇。5月，与常州科教城管委会、市委网信办联合开展互联网违法和有害不良信息举报进企业活动，江苏南方通信科技有限公司作为代表交流，“彩虹志愿服务队”取得良好效果。6月，开展“清朗护童心·厚植红色情”系列宣讲活动，进一步播撒红色种子，点燃网络文明火种。8月，开展“饭圈”乱象专项整治系列宣传活动，引导青少年粉丝群体向上向善。

【网络社会工作】 2021年，区委网信办坚持党管意识形态、党管互联网，构建形成一体统筹、协同共建的互联网行业党建格局。7月，组织武进区互联网行业党史学习教育“E企心向党”主题党日活动，发布武进区重点互联网企业党建VR地图阶段性成果及“E企当先锋”党建创优活动方案，开展互联网行业党史学习教育宣讲进基层送课活动。12月，开展“E企当先锋”党建创优活动成果集中评审，洛凯机电、嘉泽镇跃进村等8家单位的项目获评优秀党建项目，万帮新能源“星火互联”、南方通信“彩虹芯光”等5个党建品牌被评为特色党建品牌，常州科教城党群服务中心、绿建区绿建红馆及湖塘镇E+创智阵地获评重点党建阵地。年内，苏文电能科技股份有限公司获评2021年度苏网先锋先进集体，常州原疆电子商务刘斌获评2021年度苏网先锋先进个人。区委网信办获评2021年度全市互联网行业党建工作先进集体，万帮数字能源股份党支部“星火STAR红动万帮”、苏文电能科技党支部“红黄绿”三色党建法、嗨购科技党支部“Hi! Let's go，党建引领青春的律动”被评为2021年度全市互联网行业党建工作优秀品牌。

【网络安全防护】 2021年，区委网信办严格落实网络安全工作责任制，科学细化《2021年党委（党组）网络安全工作责任制落实情况检查实施方案》，对弱口令、超时修复、漏报资产等突出问题强化考核要求。建立武进区信息资产备案制度，实现全区各级党政机关、事业单位、国有企业及社会团体等单位所属域名、信息系统及互联网IP地址等信息资产备案全覆盖，全面掌握网络安全整体态势，备案单位333家，入库信息资产总数3264个。开展新建政务信息化项目网络安全专项检查（第一期），对2019年年内审核通过的政府信息化项目按照“新建政府信息化项目网络安全三同步评价表”进行综合评价。依托市监测平台，开展月度监测通报，分批对全区信息资产开展周期性监测，及时发现高危风险漏洞并通报整改，全年被通报的风险资产65个，占资产总数的2.0%，资产占比较2020年下降78.9%。对全区63个重要信息系统开展“网安2021”武进区弱点检测及渗透测试专项行动，发现风险漏洞288个，全部修复。10月，组织全区网络安全宣传周活动，发放宣传资料及宣传品9000余份，开展各类网络安全宣传活动20余场次。联合区教育局、融媒体中心开展“网安专车校园行”主题宣讲活动，覆盖全区中小学校10所，将网络安全知识送入校园、送进课堂。举办2021年武进区网络安全技能竞赛，有77支队伍、241名选手参赛。联合区电子政务中心，以实战攻防演练方式，开展2021年武进区网络安全应急演练。举办全区网络安全专题培训，遴选9名优秀学员组建武进区代表队参加常州市网络安全竞赛，获团体三等奖、优秀组织奖。武进区在全市网络安全工作责任制落实情况检查中连续三年获评优秀。

（沈　嫣）

【工业网络信息安全管理】 2021年，区工信局履行工业领域网络安全管理职责，开展重点工业企业信息安全诊断、工业信息安全业务培训，组织应对网络高危预警，开展工控网络安全宣传活动，夯实全区工业信息安全基础。组织网络安全专家深入9家重点工业企业，开展网络安全检查和评估检测，以点带面宣传网络安全工作要求。依托全区网络安全宣传周活动，牵头开展“工业信息安全宣传活动”，深入重点企业、重点镇村广泛宣传，发放宣传材料1000余份。全区列入省工控安全防护星级企业培育名单9家，获省工业信息安全防护星级企业认定2家。

（许湘平）

经济管理

Economic Management

栏目编辑　颜　赶

发展计划管理

【概况】 2021年，区发改局着眼“争当表率、争做示范、走在前列”，认真贯彻落实市委、市政府“532”发展战略及区第十三次党代会工作部署，紧紧围绕“争先奋进年”工作主题，紧扣“一区一城”发展定位，主动担当、敢于作为，积极推动全区社会经济高质量发展。全面落实全市“重大项目攻坚突破年”活动，建立重点产业项目联合会审制度，推动新增市重点项目26个、区重点项目115个，提高全区重大项目建设质效。全区十大产业链完成规模以上产值1593.4亿元，增长25.6%，超过全区规模以上工业总产值增幅1.9个百分点。全区战略性新兴产业规模以上企业完成产值1411.38亿元，增长36.9%，占全区规模以上工业企业总产值的46.9%（上报数）。培育发展战略性新兴产业，获省政府督查激励。获批建设工程研究中心企业市级6家、省级5家，获得省级产教融合试点企业2家。加快发展现代服务业，实现服务业增加值1297.47亿元，可比价增长9.5%，占GDP比重44%。向上争取扶持资金2.29亿元，18个项目获批国家专项债券32.47亿元。牵头做好镇、重点园区高质量考核工作，编发《2021年度镇、重点园区高质量发展考核实施方案》。扎实推进区级机关目标考核，有效提升高质量发展的成效水平。开展省、市高质量指标监测工作，在省、市高质量考核中“占前位”。武进区被市委、市政府评为“重大项目招引推进突出贡献地区”，并获得集体二等功。

（杨姗菁）

10月21日，全国首个知识产权保护示范园区在武进高新区启动

（供图/区市场监管局）

【政府投资项目管理】 2021年，区发改局围绕全区中心工作，紧盯目标任务，统筹推进疫情防控和经济社会发展，经济逐步趋稳向好。严格落实《武进区政府投资项目管理办法》，完善管理机制，提高政府投资项目决策管理水平，充分发挥政府投资效益。全年列入《武进区2021年政府投资项目建设计划》项目162个，总投资157.4亿元，年度计划投资55.24亿元，实际完成投资约40亿元，完成年度投资计划的72.4%。全年申报获批专项债券32.47亿元、中央预算内投资超1亿元。受多重因素影响，全年固定资产投资（含常州经开区）较2020年增长3.6%。其中，工业投资增长19.1个百分点，服务业投资下降9.9个百分点。

（汤　伟）

【重大项目推进】 2021年，武进区深入贯彻落实市“重大项目攻坚突破年”部署要求，坚持“以项目论英雄”理念，建立重点项目联合会审机制，启用全区重大项目管理服务系统，有效提升信息化、精细化、系统化管理水平。区发改局牵头构建“周督查协调、月调度评比、季签约开工”的项目推进机制，强化重大项目推进力度。用好重点项目建设“信用承诺制”和提前开工政策，实现项目推进“加速跑”。全年完成“1221”（1个百亿项目、2个50亿项目、2个30亿项目、1个超10亿现代服务业项目）重大项目招引目标，4个省重大项目全部开工建设，开工率、投资完成率均达100%；市、区重点项目分别完成投资191亿元、304亿元，新增市重点项目

表 23

2021 年武进区获批建设市级及以上工程研究中心情况表

类　别	平　台　名　称	承　担　单　位	建设地
省级工程研究中心	江苏省智能化土方机械工程研究中心	柳工常州机械有限公司	武进高新区
	江苏省高承载低噪音减速机工程研究中心	江苏国茂减速机股份有限公司	武进高新区
	江苏省轨道交通车辆风挡系统工程研究中心	今创集团股份有限公司	武进高新区
	江苏省能源动力高端装备工程研究中心	常州大学	常州科教城
	江苏省特种功能纺织材料工程研究中心	常州纺织服装职业技术学院	常州科教城
市级工程研究中心	常州市智能化土方机械工程研究中心	柳工常州机械有限公司	武进高新区
	常州市机器视觉工程研究中心	征图新视（江苏）科技股份有限公司	西太湖科技产业园
	常州市轨道交通车辆风挡系统工程研究中心	今创集团股份有限公司	武进高新区
	常州市介孔材料工程研究中心	常州优纳新材料科技有限公司	西太湖科技产业园
	常州市水处理膜工程研究中心	恩泰环保科技（常州）有限公司	武进高新区
	常州市高承载低噪音减速机工程研究中心	江苏国茂减速机股份有限公司	武进高新区

26 个、区重点项目 115 个，竣工市重点项目 16 个、区重点项目 100 个，全面完成重大项目推进年度目标任务。

（潘　茹）

【创投工作及债券管理】 2021 年，武进区新增主营业务中包括“股权投资、创业投资”的创投类企业 117 家，新增注册资本 184 亿元。全区风险创业投资机构累计 333 家，总资本规模 472.7 亿元。纳入“全国政府出资产业投资基金信用信息登记系统”基金 2 家，运行情况平稳。对处在债券存续期的 2 家企业开展定期检查，在本息兑付风险排查中风险级别均为正常。

（王晓丰）

【引导农村产业融合发展】 2021 年 3 月 24 日，国家发展和改革委员会等七部委联合印发第三批国家农村产业融合发展示范园创建名单，武进区农村产业融合发展示范园入选，成为常州市唯一上榜的县区。武进区按照“全国一流、全域一体”的农村产业融合发展示范园创建要求，以花木为主导产业，以功能拓展型为类别，合理规划示范园产业布局，建设形成示范园花木产业“两心、四带、六区”（两心即以夏溪花木市场与江南花都产业园为依托的综合服务中心。四带即风情园艺产业带、高端盆景产业带、名贵乔木产业带和精品花卉产业带。六区即以党建作为核心要素，统筹生产、生态、生活三大领域的党建红盟培育区；以“两地融合”“产村融合”“两新融合”三个融合为引领的农民住房集中居住区建设试点的改革试点先导区；以全面升级现代化智能化设施，引入传感器及物联网技术，实现无人、科学、高产种植的产业升级创新区；以打造独具一格的集科技、生态、休闲旅游、餐饮住宿等多功能于一体的综合性创意休闲现代乡村旅游的生态文旅休闲区；以因地制宜，加强本地农民培训，培养职业花农、电商人才、物流包装等技能型的新农人才引育区；以花为媒、以节促销，立足全国最大花木交易市场，与海内外花木企业交流互通、合作互助，共筑产业发展新格局的国际合作探索区）的空间格局，引导农业规模化、产业化发展，二、三产业集聚化发展，打造“互联网＋花木”电商经济形态，提高规模效益、综合竞争力和企业经济效益。出台《关于深化农村公共基础设施管护体制改革的工作方案》《农村公共基础设施管护清单》，健全农村公共基础设施管护机制，将各级财政投入建设的各类农村公共基础设施全部纳入管护范围，包含通信、养老、殡葬、社区服务、农村生活垃圾收集转运和处置、交通运输、农村水利、农田基础设施、文化、教育、卫生健康、广电、体育、电力、林业、邮政、快递等领域共 17 大项、22 小项。

【引导现代服务业转型升级】 2021 年，武进区贯彻落实市委、市政府“532”发展战略，突出重点，推进现代服务业重点项目建设。西太湖龙城金谷等 7 个项目入选省服务业重点项目清单，14 个项目获得国家、省、市服务业专项资金支持超 5000 万元，均位居全市第一。常州西太湖细胞治疗前沿技术研究院、中汽研智能及新能源汽车检验中心、非凡展览展示服务中心等项目开工建设，嘉浩美库冷链物流、拨云科技园、长江经济带（常州）绿色发展科技园等项目竣工投运。加强服务业龙头企业培育，新城控股集团股份有限公司、江苏明都汽车集团等 30 家服务业企业获评市级服务业星级企业，旷达科技集团股份有限公司等 3 家企业入选第二批市级区域性内资总部企业公示名单，常州天正工业发展股份有限公司等 2 家企业获批市级“三新”（新产业、新业态、新商业模式）经济示范企业，苏文电能等 6 家企业获批市级现代服务业领军企业，数量均位居全市第一。建设服务业集聚区，常州市武进绿色建筑产业集聚示范区等 6 个单位获批市级现代服务业集聚示范发展区，湖塘科技产业园、常州西太湖健康产业服务业集聚发展示范区等服务业集聚区申报省级现代服务业集聚示范区。全区有常州科教城、武进绿建区、西太湖互联网产业园、武进高新区津通产业园 4 个省级生产性服务业集聚示范区，总数位列全市第一。强化服务业人才培育，万帮数字能源股份有限公司高级副总裁刘明刚获第五届“江苏服务业专业人才特别贡献奖”，受到江苏省政府表彰。

（方丽媛）

规划中的宋剑湖创新智慧港　　（供图 / 区融媒体中心 摄于 2022 年 9 月）

【国家双创区域示范基地建设】 内容参见“专记”栏目 P1 同名条目。

【营商环境优化】 2021 年，全区深入实施《武进区大力优化营商环境行动方案》，按照《武进区 2021 年“打造一流营商环境”任务分解表》《武进区 2021 年“打造一流营商环境”提质增效“抓评价”目标任务清单》《武进区进一步优化营商环境若干措施（第一批）》《武进区进一步优化营商环境若干措施（第二批）》等一系列文件要求，进一步明确目标、压实责任、落实措施，推动营商环境持续优化，助力武进在全市“532”发展战略中争当表率，提前完成 130 项改革任务。加快落实跨区域通办，武进区分别与上海市宝山区、山东省济宁市金乡县签署跨区域通办协议，其中宝山区事项 26 个、金乡县事项 19 个。雪堰镇与无锡市滨湖区胡埭镇通办事项 9 个，湟里镇与南京市栖霞区燕子矶街道通办事项 28 个。提升“一网通办”服务功能，实现政务自助服务一体机镇（街道）全覆盖，上线各类政务服务业务 114 项，移动 App 累计上架应用 45 个，微信公众号上线事项 14 个，累计推出“一件事”套餐办 73 个。创新公共资源交易服务，在全省率先推行供应商资格承诺制，运用于政府采购项目超 60 个，累计减少投标单位证明材料超 1500 份。在全省率先上线“标证通”手机 CA，实现长三角投标互通互认一“码”通行，用户达 4279 家。在全省率先推出建设工程招投标“交易贷”。开展涉企收费专项检查，规范供水环节收取管网建设费行为，责令相关单位退还 37 家企业共计 700 余万元。“武进区电子保函代替投标保证金创新招标容缺受理举措”被省信用办作为创新举措在全省推广。

（杨　波）

【推进特色小镇建设】 2021 年，常州石墨烯小镇持续优化产业环境，加速集聚高端要素，不断完善功能配套，全面增强影响力。小镇构建集成化企业培育生态链，打造全国唯一的国家石墨烯新材料高新技术产业化基地，创造石墨烯领域 10 项“全球第一”，相关做法被国家发展改革委作为培育“单项冠军”典型列入《全国特色小镇情况通报》第 3 期，在全国推广。2021 年 9 月，获评 2020 年度省级特色小镇考核优秀。该小镇全年完成投资超 6 亿元，累计投资超 60 亿元。

【社会信用体系建设】 2021 年，区发改局打造武进区信用建设试点“2+N”（2 指地区试点 + 行业试点，N 指一批试点单位）品牌，确定“信用 + 园区”试点等 19 个。举办全区信用建设试点现场推进会暨嘉泽镇花木市场信用试点推进活动，推动全区信用建设试点工作。在全市率先启动镇级“双公示”信息归集，打通“双公示”报送“最后一公里”，全年报送“双公示”信息 45731 条。组织企业参加 2021 年度企业信用管理培训和示范创建申报，通过常州市企业信用管理培训企业 40 家，获评常州市信用管理示范企业 5 家。健全企业信用修复机制，举办 2021 年度武进区企业信用修复培训班暨《江苏省社会信用条例》宣贯会，近 140 家企业参加，武进企业诚信经营意识提高。

（沈　杨）

【能源物资管理】 内容参见“城乡发展”类目 P138 相关条目。

（金　婷）

财　政

【概况】 2021 年，区财政局克服疫情反复、结构性政策调整等不利因素，细化收入分析预测，加大收入征管力度，做好资金统筹平衡，支持产业发展和乡村振兴，保障疫情防控及各类社会民生事业发展、深化国资国企改革和财政管理改革，化解债务风险。全区（含常州经开区）完成一般公共预算收入 216.55 亿元，比 2020 年增收 21.34 亿元，增长 10.93%。其中，税收收入完成 188.16 亿元，增长 12.47%，占比 86.89%；非税收入完成 28.39 亿元，增长 1.73%。全区实现政府性基金收入 365.44 亿元、国有资本经营预算收入 1.6 亿元、社会保险基金收入 27.02 亿元。全区一般公共预算支出 209.40 亿元，增长 12.84%。完成政府性基金支出 393.65 亿元、国有资本经营预算支出 0.7 亿元、社会保险基金支出 25.83 亿元。全年预算收支平衡。区财政局牵头的“压降政府性债务率”项目被区委、区政府评为 2020 年度“创新创优奖”，其余 5 项工作被评为“创新创优奖”配合奖；“减税降费行动——实现减税降费超 90 亿元”项目被评为 2020 年武进区创建新时代“两个健康”先行区创建工作创建成效奖；“优化营商环境亮实招”入选全区“两在两同”建新功行动“十佳攻坚项目”。《常州武进：全力保障棚户改造，托起百姓“安居梦”》《常州武进：爱农为农助农，过别样“巾帼节”》被“学习强国”学习平台录用。沈彬被省人社厅、省财政厅授予“全省财政系统先进工作者”称号，张永锋被中共江苏省对口支援新疆伊犁州前方指挥部委员会、江苏省对口支援新疆伊犁州前方指挥部授予“优秀援疆人才”称号，武进高新区财政局金艳在全省财政系统“践行法治思想，勇担财政使命”主题演讲比赛中获市一等奖、省二等奖；区财政局获评2020年度综合考核区级机关部门第二类第一等次、“2020年武进区推进‘高质量发展’争先创优‘民生保障’先进集体”称号，被常州市财政局评为“2020年度常州市财政调研工作先进集体一等奖”，被财政部中国财政杂志社评为2021年度“三刊两鉴”宣传工作先进单位，获得“常州市武进区文明城市建设工作先进集体”等称号。预算编制审核中心被评为“2020年武进区推进‘高质量发展’争先创优‘科技创新’先进集体”。

【增收节支】 2021年，区财政部门深入贯彻执行综合治税理念，组织召开财税库行联席会议及镇、开发区收入分析会议，深入分析收入完成情况，科学进行收入预判，全面了解“双限双控”、减免退税等政策对收入的影响，常态性抓好重点税源、重点行业、重点企业税收入库情况摸排工作。启动财税大数据平台建设，发挥大数据在收入征管中的作用。主动配合省、市税务系统委托代征代开管理政策调整需要，全面终止乡镇、开发区委托代征协议。印发《关于做好

2021年武进区财政收入情况表

表24

收入项目	金额（万元）	比2020年（±%）	收入项目	金额（万元）	比2020年（±%）
一、一般公共预算收入	2165513	10.93	契税	157597	11.02
（一）税收收入	1881604	12.47	环境保护税	9006	−13.07
增值税	860413	14.39	其他税收收入	183	−75.20
企业所得税	349192	15.54	（二）非税收入	283909	1.73
个人所得税	104920	21.47	专项收入	98716	6.19
资源税	1		行政事业性收费收入	55981	−16.79
城市维护建设税	111703	5.18	罚没收入	26892	7.86
房产税	88292	11.25	国有资源（资产）有偿使用收入	95327	14.03
印花税	32392	29.22	其他收入	6993	−32.30
城镇土地使用税	64742	3.25	二、政府性基金收入	3654423	47.44
土地增值税	85020	−6.36	三、国有资本经营预算收入	16000	−60.00
车船税	14188	3.04	四、社会保险基金收入	270175	8.46
耕地占用税	3955	224.18			

2021年武进区财政分项支出情况表

表25

支出项目	金额（万元）	比2020年（±%）	支出项目	金额（万元）	比2020年（±%）
一、一般公共预算支出	2093994	12.84	商业服务业等支出	12069	30.90
一般公共服务支出	164884	14.80	金融支出	2378	123.08
国防支出	6161	175.41	援助其他地区支出	12597	1.53
公共安全支出	108456	26.57	自然资源海洋气象等支出	13488	−12.00
教育支出	371655	16.55	住房保障支出	86045	15.33
科学技术支出	138554	129.41	粮油物资储备支出	861	1384.48
文化、旅游、体育与传媒支出	17424	6.55	灾害防治及应急管理支出	7530	19.30
社会保障和就业支出	275862	22.45	预备费		
卫生健康支出	153212	16.86	其他支出	59	353.85
节能环保支出	83205	13.40	债务付息支出	27326	9.95
城乡社区支出	394809	−16.43	债务发行费用支出	202	104.04
农林水支出	127411	9.98	二、政府性基金支出	3936546	39.25
交通运输支出	13555	6.55	三、国有资本经营预算支出	7000	−82.50
资源勘探信息等支出	76251	41.85	四、社会保险基金支出	258331	1.51

全区协税护税人员管理体制调整工作的通知》，合理调整协税护税人员管理体制，实现协税护税人员队伍及个私税收征收工作“双稳定”。坚持“过紧日子”的原则，加强区级机关部门行政运营成本考核，督促各部门主动压减一般性支出、严控“三公”经费。9月，联合区机关事务管理中心制定出台《常州市武进区区级行政事业单位公物仓管理实施细则（暂行）》《区级行政事业单位通用办公设备和办公家具配置标准》《武进区区级行政事业单位办公家具集中统一采购实施意见》，进一步促进节约型机关建设。强化预算“硬约束”，从严控制预算调整追加事项，加大预算统筹，确保财政收支平衡。

【财政支持新冠肺炎疫情防控及医疗卫生事业高质量发展】 2021年，区财政局持续推进新冠肺炎疫情常态化防控，兑付疫情专项防控经费5000万元。根据《关于应对疫情影响重点支持服务业相关企业稳定发展的若干举措》精神，减免房屋租金、减轻税收负担，支持降低用工成本、要素成本，发放定额补助，切实回应社会关切，支持服务业企业应对疫情健康发展。根据《2021年春节期间鼓励外地员工留常过节的若干措施的通知》，累计发放留常过节专项补贴4803万元，其中外地员工专项补贴4318万元、用工企业补贴485万元。

兑付基层卫生院经常性收支差额区级补助、基本公卫补助、基层卫生院设备补助、村级医疗卫生机构提档升级建设项目“以奖代补”经费和大学生村医基层工作补助等资金2.2亿元，配合制定《关于深入推进武进区村级医疗卫生人才管理机制改革工作的实施意见（试行）》，推动武进区卫生健康事业高质量发展，提高居民看病就医的可及性和获得感。根据武进人民医院和武进中医医院创建三级甲等医院的考核标准，支持制定《常州市武进区高层次卫生人才引进培养实施办法（试行）》《武进区区级公立医院高层次卫生人才薪酬分配指导意见》，进一步完善区级公立医院绩效工资核定办法，采取“1+X”方式核定区级公立医院绩效工资。结合武进区儿童眼保健和感统训练需求，支持区妇幼保健和计划生育服务中心建设区儿童健康促进中心，优先打造儿童眼保健中心、儿童感统训练中心。

【财政支持乡村振兴】 2021年，武进区完善财政支农稳定增长机制，加大对乡村振兴、高标准农田、生态农业、农业科技的投入。积极向上争取支农资金4.12亿元，支持全区现代农业发展。其中，完成小型公益设施“一事一议”项目110个，总投资5580万元，争取上级资金1320万元，占全市总资金的60%以上。完善涉农资金统筹整合，精准对接农业产业发展实际需要，有力支持产业政策精准高效和导向性强、可操作性强。适度提高“三权”（土地承包经营权、林权和农村居民房屋产权）抵押贷款风险补偿基金规模，完善抵押贷款风险共担机制，增强金融机构对农业企业、集体经济组织授信意愿。创新财政支持方式，引导金融资本参与乡村振兴建设，累计为武进新型农业经营主体融资担保7.85亿元，在保余额3.42亿元，累计减免保费373万元。区财政于3月牵头成立常州市武进区农业保险工作小组，进一步完善农业保险工作机制，推动农业保险工作有序有效开展。立足“扩面、增品、提标”总目标，健全完善政策性农业保险制度，优化调整保险金额和补贴比例。自2021年1月1日起，将传统种植业农户自缴比例调整为零，其他种植业农户自缴比例调整为5%，养殖业农户自缴比例调整为10%；增开小麦种植保险、育肥猪养殖扩展保额保险、能繁母猪养殖扩展保额保险、仔猪养殖保险及内塘水产品养殖天气指数保险（气象类创新险种）等地方财政补贴型产品5个。全年完成政策性农业保险保费总额3599万元，农业保险深度、农业保险密度、三大主粮保险覆盖率等指标全部达标。

【财政扶持产业发展】 2021年，区财政部门积极落实各项减税降费政策，减免税费28.97亿元（含常州经开区），进一步释放经济发展活力。紧扣上一轮产业扶持方向，重点实施做大做强、特色企业、“两化”融合、科技创新、国际经济类五大领域的重大项目、重点企业和关键环节的扶持，兑现各类产业奖励政策资金16.51亿元。实时关注上级政策扶持企业发展的动向，帮助企业向上争取专项资金8.06亿元，支持增强地区经济发展新动能，培育发展新优势。发挥国有资本撬动效应，由国有企业联合出资，成立各类产业基金，引导和带动社会资本投向产业转型升级领域。8月，设立总规模1亿元的蒲公英科创人才基金，支持符合全区产业发展方向、处于种子期与初创期、拥有创新技术和创新商业模式、具有成长潜力的创新创业企业，重点支持领军型创新创业人才创办的科技型企业。9月，设立总规模5亿元的新武创创业投资基金，支持培育科技含量高、创新性强、上市前景好的企业及在战略新兴产业、重点产业和特色产业中具有竞争性、成长性、带动性的产业创新创业项目。12月，设立百亿规模的武进区产业投资基金（母基金），在区级层面以全区经济社会发展战略和产业政策为导向，重点围绕“95X”产业体系，遴选行业头部投资机构到武进设立参股子基金；在开发区层面，围绕开发区主导产业引进产业背景优质、投资业绩出色的基金进行配资，充分发挥国有企业地区经济创新引领作用。兑付领军型人才及“龙城英才”计划经费3200万元，支持“双招双引奔跑计划”实施。兑付职业技能、高技能培训补贴、社保补贴10470万元，以技能人才赋能高质量发展。支持搭建“武易贷”金融服务平台，为公共资源交易建设工程、政府采购等市场主体企业提供“中标贷款”“电子保函”等低成本、高效率、多渠道、全链条的信贷金融服务，创造性缓解中小企业融资难、融资贵、融资慢等问题，充分释放企业动能、激发交易市场活力。全年为4家企业发放贷款8笔，放贷金额2851万元。

【财政支持生态环境改善】 2021年，区财政部门统筹安排各类资金6.05亿元，重点支持污水处理、河道管护、“263”减化等环保治理项目推进，筑牢武进绿色屏障。指导农村分散式生活污水处理项目全面运营、污水处理厂网站“一体化”特许经营模式全面运转。严格实施区域开发生态补偿机制，集中用于支付板块补偿及农村生态补偿项目资金5667万元。科学使用省级生态补偿资金，深入推进生态保护引领区建设。加强对生态红线区的保护，妥善开展生态红线资金转移支付工作。持续指导银行业加大绿色信贷投入。至年底，全区绿色信贷余额394.48亿元，主要投向节能环保、生态环境、基础设施绿色升级等领域。创新支持绿色企业发债直融，成功新发中期票据1笔，融资5亿元。全力支持绿色企业上市融资和再融资，新增上市公司3家。继续关注环境污染责任保险试点情况，提升企业环境风险防控能力。

【财政支持提高社会保障水平】 2021年，区财政部门支持调整优化社保政策，完善社会保障体系。调整重残儿童救助政策，明确重病重残儿童按照社会散居孤儿基本生活保障标准的50%发放生活补贴。已纳入残疾人“两项补贴”、最低生活保障、特困人员救助供养等范围予以保障的，按照就高原则实行补差发放，不得重复享受。在保证现有荣军待遇不变的前提下，调整荣军医保模式，为全区所有1～6级残疾军人参加城镇职工基本医疗保险。自2021年1月起，城乡居保基础养老金补贴标准提高至350元／人·月，被征地农民第四年龄段人员保养金标准提高至970元／人·月，重度残疾人护理补贴提高至130元／人·月（其中低保内重残护理补贴210元／人·月）。自2021年7月1日起，城乡最低生活保障金水平提高至940元／人·月，农村特困人员基本生活标准提高至1222元／人·月，散居孤儿生活补助标准提高至2018元／人·月。兑付各类社保资金19.16亿元（含上解市社保基金13.37亿元），及时为各类优抚对象和弱势群体提供基本生活保障。

【财政支持社会事业发展】 2021年，区财政局支持启动教育新一轮三年行动计划，研究多元化投入保障机制，加大教育资源供给，安排重点教育工程项目建设经费2.3亿元。1月，会同区教育局、人社局制定《关于深化武进区教育系统学校绩效工资改革的实施办法（试行）》，明确从2019—2020学年度开始，全区公办教师及备案聘用教师实行“1+X”绩效考核。巩固完善中小学教师与本地公务员工资收入增长长效联动机制，吸引更多优秀人才长期从教、终身从教。安排文体事业发展资金9450万元，支持区融媒体中心、文化事业上台阶、城乡公共体育场地等重点文化体育事业建设，持续打造高品质文体惠民工程。安排粮油储备、肉品保供及生猪养殖发展扶持资金1815万元，研究储备粮储备规模调增、品种结构调优工作，落实扩储计划，切实保障地区粮食和重要农副产品供应安全。安排安全生产专项资金500万元，专项用于安全生产宣传、培训、执法人员装备、事故鉴定、公众责任险等支出，支持提升全区防灾减灾救灾能力和安全生产整体水平。追加自然灾害普查经费1500万元、自然灾害民生险投保经费348万元、安全示范城市创建工作经费288万元、应急救援指挥中心建设资金240万元，支持打造安全武进。修订《常州市武进区安全生产专项资金管理暂行办法》，规范安全生产专项资金的管理和使用，履行行业管理职能，强化国有企业及代理记账机构安全生产监管。

【国企改革三年行动计划启动】 2021年5月，区财政局印发《武进区国有企业改革三年行动计划（2021—2023年）》，擘画全区国有企业改革发展蓝图，筹集“三个更新”发展基金首期资金、东龙路片区旧城改造工程资本金，支持区委、区政府中心工作。

提升国有企业发展质效 继续推进子企业专项清理和重点企业混改工作，完成上海央地、恩泰环保、中汽研、绿建板业等6家子企业股权退出工作；大禹水务完成混改工作，成为全区首家引进外资参与混改的国有企业；恒基路桥年底增资扩股在常州产交所挂牌，新科汽车电子完成战略投资者接洽，绿和公司、道胜公司开展上市咨询策划。

提高国企风险防范能力 3月，制定《武进区“易企银”资金融通平台管理办法（暂行）》，积极对接金融机构，达成战略合作，提高资金融通调度能力。7月，印发《关于进一步明确国有企业经营投资风险管控的通知》，严控投资项目预算，提高国企投资决策全面性、科学性。落实中央、省、市关于债务管理的部署要求，严格遏制债务总量增长，不断调优债务结构，降低债务成本。2021年国有企业融资综合成本较2020年末下降59个基点。

深化体制机制改革 6月，武进区发出《关于进一步完善区级集团公司人员管理的通知》，进一步明确区级国有公司人员管理权限、任免程序等日常管理工作，深化国企选人用人机制改革。印发《武进区区级集团公司内部董事管理办法》，进一步加强区属集团公司董事队伍建设，创新董事选拔方式，建立健全董事选聘、考评机制，提升国企治理能力，维护国有资产出资人权益。印发《武进区区级集团公司外部董事管理办法》，进一步完善区级集团公司国有企业法人治理结构，优化董事会结构，加强外部董事管理。7月，按照“效益决定分配、效率决定收入、效能对标市场”原则，出台《武进区区属企业工资总额管理暂行办法》，分类管理企业工资总额预算，赋予企业更加充分的工资分配自主权，完成先行集团下属圩塘轮渡公司作为工资总额管理改革试点工作。

提升国有资产监管效能 6月，印发《关于明确开发区国有集团公司管理体制有关事项的通知》，明确委托武进高新区、西太湖科技产业园监管的国有企业国资管理权力和责任清单，理顺开发区国有集团公司管理体制。8月，印发《关于公布武进区财政局国资管理权力和责任清单（2021版）的通知》，准确把握监管职责，科学界定出资人监管边界。完善国资监管平台，建立区财政局与各级国有企业之间的联通协作机制。加强出资人监督，强化全面预算管理，严把全区国有企业投资项目预算控制，强化考核引导，将安全生产、资产负债约束、清理拖欠民营企业、中小企业账款等重点工作纳入企业负责人经营业绩考核。

【加强国有资产管理】 2021年，区财政部门积极清理盘活国有资源资产，处置闲置低效资产3.19亿元。扩大行政事业单位停车场委托运营范围，探索养老服务、教育产业、机关事务管理中心宿舍楼、人防停车位市场化运作运营途径，提高国有资产效益。组织行政事业单位编报资产年报，汇编国有资产综合报告，通过数据分析，挖掘资产价值。及时向区人大汇报国有资产管理情况，主动接受监督。组织《行政事业性国有资产管理条例》专题培训，扎实开展清产核资工作。12 月底，全面启用资产云平台系统，推进国资管理信息化发展。

【财政管理改革】 2021 年，区财政部门深入贯彻落实预算法实施条例，继续做好预决算公开工作，提高财政预决算及“三公”经费预决算透明度。按全省统一部署，于 12 月底前完成预算管理一体化系统上线前期准备工作。制定《武进区区级项目支出绩效评价管理暂行办法》《武进区区级部门预算绩效目标管理暂行办法》，完善预算绩效管理制度框架。组织完成 17 个区级政府专项项目绩效评价工作，提高财政资源配置效率。坚持问题导向，围绕预算管理中的薄弱环节，采用自查、抽查、核查等多种方式组织开展监督检查，促进财政资金规范使用。组织区级行政事业单位做好内部控制报告、综合财务报告编制工作。做好培训，指导开展镇级政府综合财务报告编制工作，提升乡镇政府财务管理水平。加强中央直达资金监管，强化从资金源头到使用末端的全过程、全链条、全方位监控。

有序推进财政电子票据和非税收入收缴电子化改革，实现财政票据管理和非税收入收缴全过程无纸化、电子化和便民化，推动财政“放管服”改革落地落实。3 月底，区公立医院全部实现医疗票据电子化。7 月，在区级行政事业单位全面推开非税电子化改革，至年底实现区级行政事业单位改革全覆盖。结合实际，制定《武进区政府非税收入专户代理银行考核暂行办法》，从非税收入收缴、非税专户付款、非税系统稳定等方面考核代理银行，进一步提升代理银行业务水平和服务质量，确保财政资金安全高效运行。根据《武进区本级财政专户资金存放管理暂行办法》等有关规定，采用竞争方式择选财政性资金存放机构，确保财政性资金规范管理、保值增值。全年组织开展资金招投标工作 3 次，累计资金存放规模达 94.4 亿元。9 月，制定《武进区预算单位银行账户管理办法》，进一步规范武进区预算单位银行账户开立、变更、撤销以及管理和监督。

联合区公共资源交易中心，在全省率先推出《政府采购实务操作手册》，构建政府采购主体诚信“新体系”，形成“标前信用承诺机制”约束采购人、“驾照式”记分管理办法约束代理机构、“评审专家管理办法”约束评审专家、“全生命周期评价机制”约束所有政府采购主体的全方位诚信约束机制，支持公共资源交易中心加速升级政府采购软件系统、加快更新硬件设备。4 月底，完成全区首个全流程电子化政府采购项目。5 月底，实施首个“不见面交易”政府采购项目。6 月底，实现“不见面交易”在各种采购方式的全覆盖。

遵循“依法合规、科学规范、简明高效、服务优质”的原则，组织完成“局机关基础管理提升年”活动，查出改进点 46 个，并落实改进。结合乡镇机构改革后财政与资产管理局的职能调整，编制完成《武进区基层财政业务标准化流程》《武进区基层财政业务操作手册》，进一步推进基层财政管理的规范化、法治化建设。完成对乡镇原基建管理软件的升级完善，组织开展操作培训，进一步优化基建业务管理流程，打破业务管理鸿沟，加快管理层和决策层获取信息的时效性和准确性。

【严格政府债务管理】 2021 年，区财政部门严格贯彻执行公益性项目市场化融资提级备案等债务管控新要求，压紧压实债务管控主体责任，发挥债务监管平台作用，加大考核力度，形成债务管控合力。严控政府性投资项目，严防政府债务过快增长。全年共安排政府投资项目 162 个，总投资 157.4 亿元。加大对区级政府性投资项目估算、概算审核，对武进人民医院南院二期改扩建、长三角一体化宜兴连接线、区道路监控网“3 · 20”三期维保和改造、卢家巷实验学校改扩建二期等 42 个重点项目，采用聘请第三方中介现场查看、部门会审、专家评审等审核方式，有效控制项目投资。优化债券项目储备库，积极向上争取债券资金 40.75 亿元（含常州经开区），保障道路交通、棚改等重大民实事项目建设。多渠道、多途径筹措资金，超额完成年度债务化解目标，提前压降政府性债务率至黄色区域（120% 至 200% 之间）。

【加强会计行业管理】 2021 年，区财政部门继续开展江苏省会计人员信息采集工作。至年底，累计采集信息 20917 人次。鼓励会计人员提升职业素养、提高职称等次，全年取得会计资格初级 1230 人、中级 500 人、高级 14 人，初、中、高级职称人数分别累计 10581 人、3688 人、250 人。积极开展代理记账公司备案工作，全年备案 89 家（含常州经开区），新办代理记账许可证 18 家。针对 10 家代理记账机构设立、运行是否合法，内部管理制度是否完善，代理记账业务会计核算、代理记账机构自身会计业务是否规范，办公场所是否符合安全生产要求等方面开展检查，未发现基本信息异常，基本参照内控制度执行，随机抽查的代理记账业务规范。对公司用工社保缴费不到位的，发放整改通知书，责成单位整改到位。

【财政系统党建与干部队伍建设】 2021 年，区财政局始终坚持全面从严治党，着力打造“牢记使命、理财为民”党建品牌，深入推进“五星联建创五优”“党建联盟护航乡村振兴”等活动。11 月，牵头组建成立“鑫丰红盟”。12 月，加入“粮 + 红盟”。将党史学习教育作为一项贯穿全年的重大政治任务。以“重实干、重实绩、重担当”为导向，选优配强基层财政领导班子，选拔任用优秀年轻干部。制定《常州市武进区财政局公务员平时考核办法（试行）》《关于财政青年干部能力素质提升工程的实施方案》《关于开展“师徒结对”的通知》《关于开展武进区财政系统 2021—2025 干部职称提升行动的通知》，组织开展“财政讲堂”等系列活动，通过“平时考核抓、能力素质提、师徒结对帮、职称学历上档次”等方式全方位锻造一支结构优化、能力卓越、蓬勃向上的财政干部队伍。离退休干部党支部书记龚国良《家乡的河》获评“全省离退休干部庆祝建党 100 周年主题征文”三等奖。区财政局党总支被区委授予“2020—2021 年武进区先进基层党组织”称号，离退休干部党支部获评江苏省“百佳离退休干部党支部”称号。

（陈　丹）

税　务

【概况】 2021 年，区税务局紧紧围绕地方新经济新业态，立足税收主责主业，

11月26日，区税务局开展税法宣传进校园活动（供图/区税务局）

积极发挥税收职能，全面服务地方经济发展大局。全区（含武进高新区，不含常州经开区）组织完成税费收入359.33亿元，其中税收收入249.02亿元、社保费103.16亿元、非税收入7.14亿元，完成一般公共预算收入132.11亿元。年内，办理各类退税60.72亿元，税收政策红利显现。聚焦经济税收热点，充分挖掘税收大数据内涵价值，撰写税收经济分析，服务地方经济和领导决策，其中《立足三重身份，税惠赋能高企高质量发展》获江苏省副省长马秋林批示，《绿建区经济税收发展调查研究》获常州市副市长、武进区委书记李林表扬性批示。

【税费征管】 2021年，区税务局深入贯彻中共中央办公厅、国务院办公厅《关于进一步深化税收征管改革的意见》精神，以“江苏方案”为指导，建立“1+2+7”（一个方案、领导小组及办公室、七个工作组）的运行机制，做好执行落实，精确执法、精细服务、精准监管、精诚共治，深化税收征管改革。

货劳税方面 利用网格化机制，稳步推行增值税电子专用发票上线；对照国家税务总局和省税务局增值税发票代开管理办法，检查全区16个代开点，提档升级发票管理；结合增值税发票领购风险、发票开具和抵扣风险核实，稳步推进增值税专用发票电子化风险防范工作。加强消费税、车购税等税种管理，平稳有序推进发票协查、稽查积案清理等工作。

财行税方面 以《土地增值税项目管理工作指引》为指导，规范开展房地产项目土地增值税管理工作。及时开展项目登记与清算单位确认“回头看”，依托以地控税系统的预售证信息第三方数据开展预售证与项目信息匹配工作，完成清算审核项目9个。配合市税务局完成常州市环境保护税信息共享平台的上线准备工作，切实提升武进区环境保护税征管质效。建立不动产税源联动管理机制，实现契税、房产税和土地使用税税源登记一体化。持续做好耕地占用税、城建税、印花税、车船税等税种的征收和管理工作。

所得税方面 采用直播和“政风热线”答疑等形式，向纳税人开展企业所得税汇缴和优惠新政的解读辅导，完成2020年度企业所得税汇算清缴和征收方式认定；分类分批办理个人所得税年度汇算，落实网格化管理责任制，通过各属地分局网格化管理员及时主动引导纳税人分类分批办理年度汇算，对全区9905户有税扣缴单位发送个人所得税综合所得汇算申报短信提醒，引导各类单位合理有序错峰办理年度汇算，申报率位于全市前列。

社保和非税方面 深度融入地方政府基层综合治理网格，稳妥做好企业社保费征收，机关事业单位养老保险、职业年金一体化申报缴费，全年组织社保费收入103.16亿元，平稳实现土地闲置费等6个非税项目的职能划转，征收非税收入7.14亿元。

国际税收方面 依托国际情报交换机制，跨境特许权使用费反避税调查取得新突破，累计纳税调整超5000万元。

【风险管理】 2021年，区税务局管控异常风险。对全区16个发票代开点开展全面检查，将1179户次非正常户纳入风险纳税人管理，依法依规复核增值税专用发票电子化快反任务，加强异常凭证、比对异常流程的管理，按月提取D级纳税人领购发票未限量疑点数据，全面提升发票风险防控能力。聚焦重点风险。加强对重点领域的风险防控，对名单内的成品油企业恢复归类认定和增版增量的核查；逐户核查名单内的企业增版增量，形成风险分析报告和供票建议；持续加强花木企业管理，落实“以地控税”系统升级工作、深化数据分析和应用、规范台账；每日扫描电子专票风险疑点数据，及时防范发票风险。建立专班管理制度。依托专项工作专班，加强对影视等行业，特别是疑似空壳经营纳税人的监管；对高收入高净值纳税人开展两轮短信提示，对重点纳税人“一对一”电话提醒，对个别纳税人开展约谈辅导；增强风险应对团队力量，充分发挥集约化效应，提升深度分析质量，2021年区税务局风险应对综合成效7.44亿元。

【税收执法】 2021年，区税务局深化依法行政，全面提升税务执法精确度，从行政执法公示、行政执法全过程记录和重大执法决定法制审核着手，提升税收执法透明度。落实执法制度，严格执行税收征管职责清单和省税务局征管业务工作规程，细化行政处罚自由裁量权标准，明确区税务局行政处罚口径，统一全局执法尺度。严格落实风险应对和土地增值税清算等执法关键环节的集体审议机制，先行先试政策确定性机制，建立部门联席会议制度，规范和统一全区政策执行口径。优化执法流程，强化税收执法区域内流程化、批量化处理，全面采用集中深度分析和提示提醒前置程序，增设全面预审、提示提醒函制作的集体审议节点，强化重点税源、出口退税、土地增值税清算和涉房交易等重大复杂、专业性强的税务执法，“聚焦科学精确执法、落实税收优惠政策”法治惠民实事项目获得武进区三等奖。年内，税警联手查处涉嫌虚开发票企业 11 户，挽回税款损失 3008 万元。

【纳税服务】 2021 年，区税务局持续拓展“非接触式”办税缴费，力推“预约办、错峰办、容缺办、延期办”服务。实施“我为纳税人缴费人办实事暨便民办税春风行动”，推出 10 个方面、38 类、122 条服务举措。深入落实国家税务总局“春雨润苗”专项行动，推行增值税发票增版增量线上办、大征期维稳保障、增值税电子专用发票上线、“江苏税务”App 全面推广等工作，落实政务服务“好差评”制度，好评率超 99%。建立“税费服务产品体验师”常态联络机制，邀请来自各税务相关行业的体验师对办税系统新功能开展先行测试，并对涉税事项提出工作建议。召开纳税人座谈会 9 次，邀请企业财会人员参与问卷调查，汇总合理需求。建立纳税人缴费人需求响应机制，依托 12345“一企来”、纳税特服号等服务热线，开通一键直达快速通道，实现简单诉求即时回复。提升线上咨询质量，征纳互动平台发送定向消息 12 万条，实现精准推送、智能咨询。优化金融机构与税收数据交互模式，实现纳税信用贷款“秒批”，推出“云税贷”“税 e 融”等信贷产品，全区共计 886 户纳税人获得信用贷款 6.29 亿元。组织开展本级第三方数据和互联网数据采集，实现“按需采集、采有所用”，向区住建、水利、交通等部门采集基建工程数据 1008 条，向区发改局提供楼宇经济分析数据 3380 条、外资企业销售比对数据 17 万条。创新宣传方式，依托“纳税人学堂”“常州税务”“今日武进”等平台和“建哥直播间”系列微视频宣传最新政策。拓展精细服务，打响“税收智囊团”服务品牌，为企业兼并重组、股改上市等复杂性事项提供涉税辅导，按户建立诉求归集分析和辅导机制，生成企业画像，切实做到精准辅导；为教育行业开展税收优惠政策辅导，帮助相关学校发现潜在涉税风险并及时自查整改，有效防范跨境涉税风险。

（方青恬）

土地资源管理

【概况】 2021 年，区自然资源和规划部门积极贯彻落实新修订的《中华人民共和国土地管理法》，高效保障土地资源。率先在全市启动成片开发方案编制，完成 2021-01 号土地征收成片开发方案报批，组织 2021-02 号土地成片开发方案编制，共完成 24 批次土地征收（农转用），新增建设用地 114.98 公顷。开展工业用地先租后让和弹性出让供地，全年供应弹性出让工业用地 16 宗，有效降低企业用地成本。保障重点项目用地，完成省、市、区 249 个重大项目的供地 221 个，合计 685.2 公顷，办理规划许可项目 203 个，基本实现“应保尽保”。实行“双合同”、合同履约保函（保单）、开竣工履约保函（保单）制度，落实土地全生命周期监管机制。集约节约用地，完成盘活存量建设用地 279.87 公顷，完成率 112%。再开发低效用地 279.87 公顷，完成率 131%；完成 2009—2018 年批而未供土地处置 135.33 公顷，完成率 100%。开展“危污散乱低”出清提升行动，编制完成《常州市武进区低效用地再开发专项规划（2021—2025 年）》。武进区获 2021 年度“江苏省自然资源节约集约利用模范县（市、区）”称号。

【违法用地查处】 2021 年，区自然资源和规划部门按照“严起来、零容忍”的要求，以三级动态巡查机制为基础，采取分片包干、责任到人、严防死守、杜绝新增等措施，在全区推广雪堰镇创新的土地执法共同责任制，确保涉地违法行为发现在初始、解决在萌芽。全年立案查处违法用地 9 宗，发出各类告知函 42 份、处分建议书 5 份。卫片执法检查问题图斑 854 个，面积 1098.12 公顷。“清零行动”通过市自然资源和规划局验收 85 宗、面积 16.18 公顷，项目整改到位率 90.43%，面积整改到位率 89.39%。整改违法用地综合整治“三年行动”项目 160 个，面积 53.49 公顷，项目整改到位率 96.39%，面积整改到位率 93.31%。高标准开展环境风险隐患问题排查整改、群租房安全管理、农村乱占耕地建房问题专项整治、挖田造湖专项整治等行动。

【审批流程优化】 2021 年，区自然资源和规划部门围绕“重大项目攻坚突破年”要求，做好重大项目服务保障，打造一流营商环境。推行工业项目建设工程设计方案与建设工程规划许可证合并审批，申报事项由 12 项减为 6 项，审批承诺时间由 4 天减为 2 天，材料精简率和压缩审批时限均达 50%，有效减轻企业申报负担。持续落实优化营商环境举措，江苏普世达精密科技有限公司项目实现“交地即发三证”，于交地当天取得不动产证、建设用地规划许可证、建设工程规划许可证，助力项目早落地、早开工、早投产。建成“多规合一”空间协同应用信息平台，实施项目规划前、中、后三阶段全流程服务对接。推进“标准地 + 承诺制”

5 月，武进自然资源和规划分局接受省厅 2021 年一季度卫片疑似图斑核查

（供图 / 武进自然资源和规划分局）

改革试点，江苏小牛电动科技有限公司等首批3个新建工业项目实现拿地即开工。进一步下放审批权限，实现园区项目园内办结的良好营商环境，2个园区中心所共办结工业、市政项目审批事项130件。通过实施告知承诺制取得建设工程规划许可证或乡村建设规划许可证建设项目75个。创新推出农村宅基地批准书和乡村建设规划许可证“二合一”集成化审批，嘉泽镇颁发全国首张农村宅基地和建房（规划许可）电子批准书。在武进区行政审批中心设立“多测合一”窗口，“五全五化”电子政务综合系统实现用途管制、土地利用、林业等业务网上报建、窗口在线接件和内网在线审批。“工业项目一站式办结”窗口共完成工业项目审批事项291件，均在承诺时限内办结。

【重点建设用地保障】 武进区（不含常州经开区）2021-01号土地征收成片开发方案12个片区，总面积425.68公顷，拟征收面积133.73公顷，于8月13日获省自然资源厅批准，在此基础上，启动2021-02号、2021-03号成片开发方案编制，2021-02号方案涉及4个片区，总面积210.53公顷，拟征收面积92.62公顷；2021-03号方案涉及7个片区，总面积433.42公顷，拟征收面积247.03公顷。

（常文涛）

市场监督管理

【概况】 2021年，区市场监管局以“三大攻坚解民忧”“千企走访促发展”为工作主线，一手抓监管执法、一手抓服务发展，实现了市场监管任务和服务高质量发展“两不误、两促进”的预期目标。5月，开展“学党史、促力行”千企走访行动，通过网络形式征集企业服务需求并迅速落实，先后走访各类企业1154家，解决需求1176条。全年新增市场主体2.49万家，累计18.37万家。其中，药品生产企业14家、药品经营企业582家；医疗器械生产企业202家、医疗器械经营企业（含批发、零售）753家；餐饮服务单位11434家、食品生产企业205家（含食品添加剂生产企业5家）。全区在用特种设备45155台（套），特种设备超期未检率降至0.2%。保护知识产权，全区获授权专利15594件，万人有效发明专利60.99件；申请商标11121件，新注册商标9679件，累计有效商标注册量50743件。武进高新区成为全省唯一获批承担江苏省知识产权保护示范区创建项目的园区。武进区被省政府列为2020年度知识产权工作督查激励单位。推进质量品牌建设，新增省长质量奖企业1家、市长质量奖企业3家、区长质量奖企业3家，分别累计2家、10家、21家；新增省质量信用AAA级企业3家，累计14家；组织企业完成国家标准7项、行业标准5项、省地方标准研制工作1项，获批省级标准化试点项目2个，省级标准化试点通过验收1项。全区共有已建和在建国家级标准化试点示范3个、省级标准化试点示范20个、市级标准化试点示范2个。深入实施民生工程，完成食品安全抽检13135批次，合格率98.02%；建成“安心菜场”1家，累计25家。区投诉举报中心及区消费者协会办结各类投诉举报18685件，办结率94.25%，为消费者挽回经济损失796.11万元。承接外资登记业务，服务外商投资企业423家，为企业提供收件、送件服务，提高服务效率。推进实施以“双随机、一公开”为基本手段、以重点监管为补充、以信用监管为基础的新型监管机制，强化抽查结果在信用联合惩戒工作中的运用，加强严重违法失信名单管理，清理长期未经营企业，将企业征信证明、企业档案查询与市场主体年报一同纳入信用监管，优化营商环境。全区市场主体2020年度年报率94%，位列全市第四，较2020年增长4.2个百分点。推进“证照分离”改革工作，确定改革事项14项，其中审批改备案1项、实行告知承诺3项、优化准入服务10项。

【质量强区建设】 2021年，区市场监管部门围绕全区高质量发展要求，夯实基础，推动全区质量建设。引导企业导入卓越绩效管理模式，推广先进质量管理方法，江苏龙城精锻集团有限公司成为常州市唯一一家获得2021年省长质量奖的企业；常州新奥燃气发展有限公司、万帮数字能源股份有限公司、江苏国茂减速机股份有限公司获市长质量奖；江苏唯德康医疗科技有限公司、常州腾龙汽车零部件股份有限公司、江苏华阳智能装备股份有限公司获区长质量奖企业；全区累计有省长质量奖企业2家、市长质量奖企业10家、区长质量奖企业21家。新增省质量信用AAA级企业3家，累计省质量信用AAA级企业14家、AA级企业27家。推进标准化建设，引导并推动企业开展技术标准研制工作，完成制（修）订国家标准7项、行业标准5项。引导企业申报省级标准化试点项目，发

表26

2021年武进区市场主体情况表

所属镇（街道）、开发区	市场主体数				
	私营企业（家）	国有（集体）控股企业（家）	外资及港澳台资企业（家）	个体工商户（户）	农民专业合作社（个）
总　数	56986	3371	1071	121823	488
武进高新区	12457	813	428	19145	18
西太湖科技产业园	4026	326	196	1943	3
雪堰镇	3448	203	36	10639	89
礼嘉镇	3329	246	33	6273	49
前黄镇	2661	116	23	6143	92
湖塘镇	19821	1172	232	45382	9
牛塘镇	5229	173	68	13221	5
洛阳镇	3030	122	19	5494	35
湟里镇	1497	82	16	6563	95
嘉泽镇	1488	118	20	7020	93

表 27

2021 年武进区企业参与制（修）订国家和行业标准情况表

企业名称	标准名称	标准编号
江苏德速智能机械股份有限公司	刀库和自动交换装置 性能试验方法	GB/T 39954—2021
江苏德速智能机械股份有限公司	刀库和自动交换装置 可靠性试验方法	GB/T 39829—2021
江苏河马井股份有限公司	雨水渗透、调蓄、储存用塑料模块	GB/T 40224—2021
江苏万帮德和新能源科技股份有限公司	电动汽车供电设备安全要求及试验规范	GB/T 39752—2021
江南石墨烯研究院	纳米技术 氧化石墨烯厚度测量 原子力显微镜法	GB/T 40066—2021
江苏汤姆智能装备有限公司	消毒剂灌装生产线通用技术条件	GB/T 40372—2021
新纶科技（常州）有限公司	硫化橡胶或热塑性橡胶 硬度的测定 第 3 部分：用超低橡胶硬度（VLRH）标尺测定试验力硬度	GB/T 39693.3—2021
江苏龙城精锻有限公司	共轨系统用喷油器壳体精密锻件 技术要求	JB/T 13849—2020
常州气弹簧有限公司	气弹簧用活塞杆 技术条件	JB/T 13755—2020
江苏常发农业装备股份有限公司	拖拉机 自动辅助驾驶系统 导航精度要求和试验方法	JB/T 14080—2021
常州凯达重工科技有限公司	热轧型钢轧辊	YB/T 4906—2021
新纶科技（常州）有限公司 新恒东薄膜材料（常州）有限公司	光学功能薄膜 热弯成型保护膜	HG/T 5880—2021

挥标准化试点企业示范带动作用，获批省级标准化试点企业 2 家，通过省级标准化试点项目验收 1 个，全区共有已建和在建国家级标准化试点示范 3 个、省级标准化试点示范 20 个、市级标准化试点示范 2 个。

【“双随机、一公开”抽查】 2021 年，武进区部门联合“双随机、一公开”监管联席会议办公室积极发挥组织协调作用，把联席会议成员单位从 16 个扩面到 30 个，并召开成员单位联络员工作会议。推动各成员单位开展本部门、跨部门联合抽查工作。区市场监管局深入实施以“双随机、一公开”为基本方式的新型监管机制，提高综合监管执法效能。区市场监管局各条线共自行组织开展各类“双随机”抽查 70 次，涉及食品餐饮、质量、广市网、信用、执法大队等业务部门，检查市场主体 826 家。收到上级下达的单一部门“双随机”任务 16 项，涉及广告、信用、商标专利、质量、食品等业务条线，检查市场主体 879 家，检查结果在国家企业信用信息公示系统（江苏）公示率达 100%。收到上级布置的跨部门联合抽查任务 6 项，涉及人社、金融、交通、财政、教育、税务等部门，涉及市场主体 45 家，检查结果在国家企业信用信息公示系统（江苏）公示率达 100%。牵头、配合开展区级部门联合“双随机”抽查任务 36 项，涉及道路运输、网吧、禁渔、安全生产、产品质量、快递、农资、培训机构、游泳场馆等，检查市场主体 2785 家，检查结果均在国家企业信用信息公示系统（江苏）公示，公示率 100%。

【食品安全监管】 2021 年，区市场监管部门实施食品安全两年攻坚行动，清理食品经营“僵尸户”3896 户，常态化开展专项整治，开展节日食品专项检查、“不老药”专项排查、央视“3 · 15”晚会曝光的瘦肉精羊肉及肉制品紧急排查、婴幼儿配方乳粉专项检查等专项活动 10 多次。在禁售长江流域非法捕捞渔获物专项行动中，检查食品生产经营单位 3500 多家次。在进口冷链食品专项检查行动中，排查进口冷链食品单位 500 多家，全面推行“江苏冷链”追溯系统使用。全面落实重点人群新冠病毒核酸检测“应检尽检”工作要求，督促 200 多名进口冷链食品（含外包装）从业人员按时限要求开展核酸检测。持续做好校园及周边食品安全监管，落实食品安全守护行动工作要求，检查各类学校食堂 212 家，优秀等级比例达 87%。

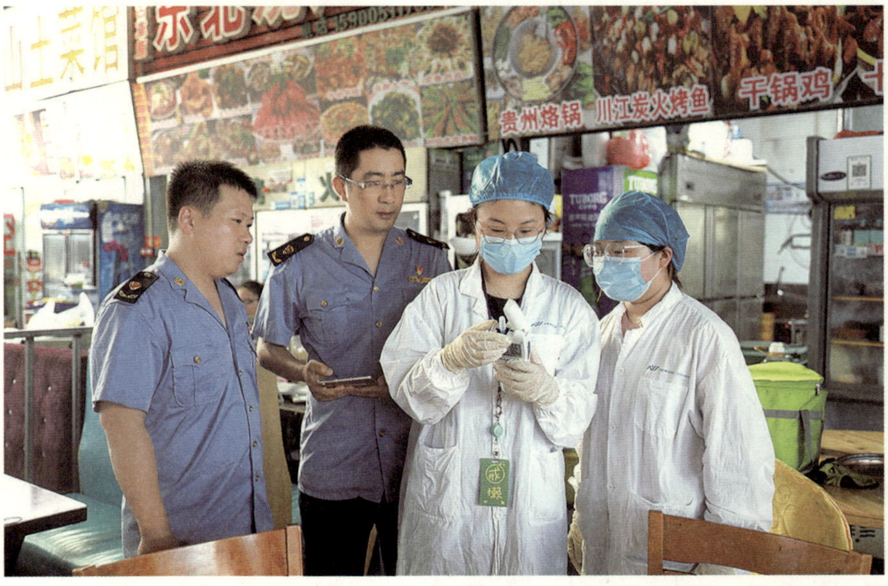

7 月 19 日，区市场监管局工作人员检查大排档食品安全 （供图 / 区融媒体中心）

表 28

2015—2021 年武进区持证餐饮服务单位情况表

年度	家数	增长（±%）	年度	家数	增长（±%）
2015	7168	7.95	2019	12016	15.68
2016	9914	38.31	2020	12206	1.58
2017	10823	9.17	2021	11434	-0.63
2018	10387	-4.03			

表 29

2015—2021 年武进区食品安全抽检情况表

年度	种植养殖（批次）	生产加工（批次）	市场流通（批次）	餐饮消费（批次）	总批次数（批次）	合格率（%）
2015	900	1013	2295	1937	6145	98.41
2016	780	668	2333	1899	5680	98.73
2017	600	649	2808	2393	6450	98.37
2018	700	607	3430	2463	7200	97.92
2019	600	464	3877	2979	7920	98.50
2020	407	399	3136	1683	5625	98.76
2021	1878	534	6594	4129	13135	98.02

持续推进食用农产品“追溯＋合格证”制度，各类农业主体累计开具合格证 67 万余张，印发合格证标签 100 万张。全年抽检各类食品 13135 批次，合格 12875 批次，合格率 98.02%。全区获评 2021 年度江苏省“名特优”食品小作坊 6 家，数量位列全市第二。实施民生工程，新建“安心菜场”1 家，具备“日日检”常态化检测能力的农贸市场 25 个，完成食用农产品快检 7.77 万批次。全区共登记民间厨师 325 名，有效健康证明持有率 100%；备案自办宴席 3953 户次、71154 桌次，就餐 64 万余人次。至年末，全区有持证餐饮服务单位 11434 户，总量较 2020 年减少 0.65%。

【药品及医疗器械安全监管】 2021 年，武进区完成药品抽样 150 批次，合格率 100%。开展新冠肺炎疫情相关单位质量安全检查。全年检查药品零售企业 605 家次，覆盖率 109.21%，比 2020 年增长 62.08%。全年检查医疗机构 218 家次，覆盖率 65.27%，比 2020 年增长 32.50%。全年完成二、三级医疗机构全覆盖检查和三级医疗器械批发企业全覆盖检查。检查疫苗使用单位 25 家，其中新冠疫苗接种点检查全覆盖 2 次。检查化妆品经营单位 53 家，发现药械化妆品违规行为 63 条，当场处罚 32 家，立案调查 14 件。开展药品流通领域专项、含兴奋剂药品专项、中药饮片等五类专项检查，检查第三方平台 5 家次、药品网络销售 17 家次、药品零售企业 399 家次、药品使用单位 110 家次。开展无菌和植入性医疗器械专项、新冠病毒诊断试剂专项和医疗器械质量安全风险隐患排查治理，检查医疗器械经营企业 591 家次、医疗机构 218 家次，未发现严重违法违规行为。

【特种设备安全监管】 2021 年年末，全区有特种设备 50606 台（套），其中在用设备 45155 台（套）（锅炉 254 台、压力容器 8679 台、起重机械 14870 台、电梯 14218 台、场内机动车辆 7068 台、大型游乐设施 66 台），另有气瓶 785542 个。有工业气体和液化石油气充装、检验单位 24 家，其中液化石油气充装单位 8 家、工业气体充装单位 13 家、工业气瓶检验单位 2 家、液化气瓶检验单位 1 家。全区特种设备超期未检率降至 0.2%，基本保障特种设备本体安全。2021 年，在 2020 年实施专项整治的基础上，区市场监管局实施特种设备两年攻坚行动，对全区特种设备使用单位开展全覆盖检查，全面排查特种设备安全隐患，“三年全覆盖”完成率 82.13%。出动检查人员 10894 人次，检查企业 4855 家次，检查特种设备 7359 台（套），发现隐患 20778 条，完成整改 19979 条，开具监察指令书 1468 份。至年底，共立案特种设备违法案件 98 起，结案 45 起，罚没合计 176 万元。办理特种设备安装开工告知书 5593 份，其中锅炉 55 份、压力容器 2372 份、电梯 1495 份、起重机 1560 份、压力管道 103 份、游乐设施 8 份。出动监察人员 10894 人次，现场监督检查企业 4538 家，发出特种设备监察指令书 1468 份；处理特检院转来的隐患告知单 275 份。开展压力管道、气瓶充装等领域的专项整治。全区累计登记压力管道使用单位 264 家，登记管道 160.03 千米。强化对充装单位的安全监管，共

表 30

2021 年武进区各镇（街道）、开发区在用特种设备情况表

乡镇	锅炉（台套）	压力容器（台套）	电梯（台套）	起重机械（台套）	场内机动车辆（辆）	游乐设施（台套）	合计
武进高新区	46	2628	3633	2813	1686	0	10806
西太湖科技产业园	34	541	1379	878	621	1	3454
雪堰镇	21	313	786	4197	724	31	6072
礼嘉镇	28	331	515	1149	684	0	2707
前黄镇	15	554	280	1123	680	0	2652
湖塘镇	34	2866	5633	1085	852	34	10504
牛塘镇	16	370	1023	606	479	0	2494
洛阳镇	26	434	484	1608	849	0	3401
湟里镇	30	591	212	1113	310	0	2256
嘉泽镇	4	51	273	298	183	0	809
合　计	254	8679	14218	14870	7068	66	45155

抽查充装单位39家，发现问题隐患45条，全部整改完毕。立案查处液化石油气充装单位3家，罚没合计13万元。同时，督促气瓶充装单位全面实施信息化监管，持续做好液化气瓶二维码登记工作，8家气瓶充装单位全年累计登记10.25万个。

【网络及广告市场监管】 2021年，区市场监管部门加强网络市场监管，依托省网络交易监测中心平台，掌握辖区网络主体情况。全区市场主体共开办网站6451个，设立网店（因数据导入原因，主要统计1688、天猫、淘宝、京东、亚马逊等主流平台）4659家，运营微博账号1040个、微信公众号1009个、移动App323个。突出广告导向监管，推进房地产、教育培训、金融等民生领域广告专项整治，监测排查各类广告11万余条次，发现违法线索169条。在全市率先牵头建立区网络市场监管部门联席会议制度，开展2021网剑行动，检查网站、网店3097个（家）次，督促网络交易平台删除违法商品信息127条，责令整改网站38个次。落实“双减”政策，开展校外培训机构广告、合同专项整治，会同区教育局联合检查校外培训机构216家，查处广告违法案件89件，罚没合计70万元。

【消费者权益保护】 2021年，区市场监管局开始实施消费维权两年攻坚行动。3月，举办以“守护安全、畅通消费”为主题的“3·15”线上宣传活动，发布“3·15”专辑2期、2020年度全区消费维权典型案例及消费提醒。结合学雷锋志愿服务活动，开展“3·15”宣传，发放《2020年消费维权典型案例》《江苏省消费者权益保护条例》《市场主体责任实用手册》《特种设备安全知识手册》等宣传资料和“守护安全、畅通消费”年主题折页2000余份，并为群众现场解读和答疑。3月15日，与武进电视台联合制作并播出一期消费维权年主题、当前消费热点及前黄分局消费投诉调解处置情况宣传报道，对群众进行消费提醒。参加武进电视台“政风热线”节目，宣传消费维权日主题，解答群众消费热点问题。依托局投诉举报复杂疑难事项会商工作机制，加强投诉举报处

表31

2021年武进区消费投诉公示情况表

类别		公示信息（条）	同类占比（%）	总量占比（%）
商品类	交通工具	2827	56.37	46.41
	食品药品	1028	20.50	16.87
	服装鞋帽	409	8.16	6.71
	家居用品	241	4.81	3.96
	预付卡	216	4.31	3.55
	装修建材	112	2.23	1.84
	首　饰	105	2.09	1.72
	通信产品	77	1.53	1.26
商品类合计		5015	100.00	82.32
服务类	餐饮住宿	548	50.88	8.99
	教育培训	319	29.62	5.24
	预付卡	210	19.50	3.45
服务类合计		1077	100.00	17.68
总量合计		6092	—	100.00

置工作，共登记、分流、转办各类投诉举报19824件，办结18685件，办结率94.25%，挽回经济损失796.11万元。通过区政府网站公开涵盖交通工具、食品药品、餐饮住宿等十类消费投诉信息6092条。

【稽查执法】 2021年，区市场监管局推进执法大队（机关）、区消保中心和区消协一体化运行，开发“现场执法系统”，推广“简案快办”模式，基本完成一期项目建设，实现食品安全现场监管执法等功能，提升现场监管执法效率。使用该系统现场监管3773户，现场实施行政处罚1964次。查处一般程序案件1420件、简易程序案件1359件，案值金额288万元，罚没合计1009万元。全局查办的一般程序案件中，监督检查发现案件1069件，占总案件的75%，罚没合计337万元；投诉举报发现案件177件，占总案件的13%，罚没合计507万元；监督抽验发现案件134件，占总案件的9%，罚没合计92万元；上级交办案件17件，占总案件的1%，罚没合计13万元；其他部门移送案件23件，占总案件的2%，罚没合计60万元。从2021年开始，区市场监管局重点推进三大领域（食品安全领域、特种设备安全领域、消费者权益保护领域）两年攻坚（2021—2022年）行动，实施执法办案扩面。全年办结食品类违法案件1062件，其中免予处罚35件、警告处罚864件、罚款处罚163件，罚没合计132万元，案件较2020年增长770%。办结特种设备违法类案件45件，罚没合计176万元，与2020年持平。办结重点领域的侵害消费者权益的违法案件1230件，罚没合计460万元，分别比2020年增长491%、26%。坚持合理行政，综合考虑违法行为的事实、情节、危害程度等，遵循处罚和教育相结合的原则，合理使用自由裁量权，作出减轻处罚案件374件，不予处罚案件49件。

【知识产权管理】 2021年，武进区强化知识产权工作，加强政产学研项目合作，在湖塘科技产业园建立南京理工大学知识产权学院校外实习基地，在武进绿建区设立南京理工大学知识产权与区域发展协同创新分中心，培育知识产权管理人才，促进专利成果转化。区市场监管部门组织申报常州市企业战推项目15个，市“正版正货”示范街区2个、示范行业2家，市专利奖31件、优秀发明人1人。开展全区企业知识产权贯标培训，规范企业知识产权管理，全区高新技术企业贯标备案率89.31%，58家企业被省知识产权局认定为知识产权

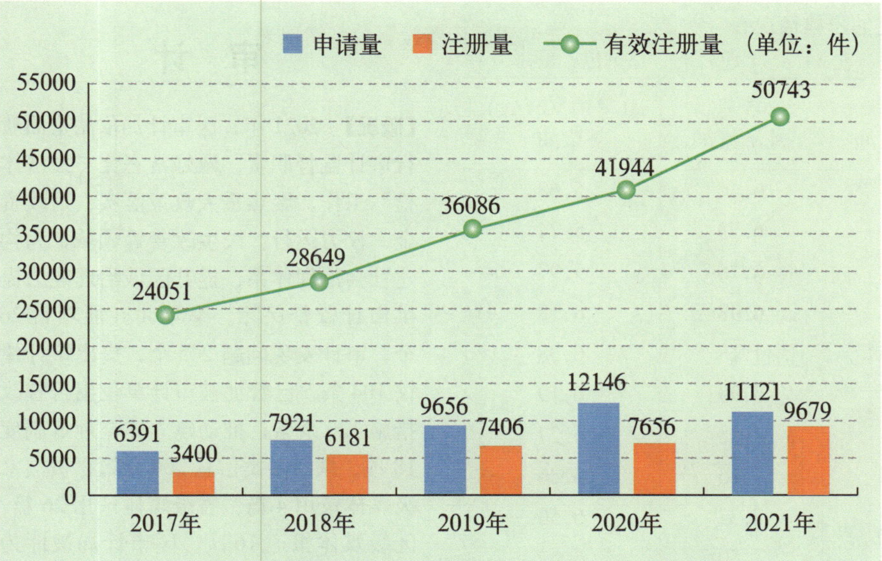

图 1　2017—2021 年武进区商标申请、注册、有效注册量图

贯标绩效评价合格单位。组织符合条件的 19 家企业开展知识产权管理体系评价，并通过专家现场审核。做好高知名度商标预警监测工作，向商标权利人反馈监测情况 86 件次，维护企业合法权益。探索通过政府购买服务的方式，委托第三方机构开展专利有效性监测，跟踪专利失效、流失、转让等动态变化，及时发出预警，尽可能减少因未交年费导致的专利流失。全区获授权专利 15757 件，其中发明专利 1624 件，累计有效发明专利 7832 件，万人有效发明专利 60.99 件。申请商标（含常州经开区）11121 件，注册商标 9679 件，累计有效商标注册量 50743 件，有效商标注册量在全省县（区）中位列第五，行政认定中国驰名商标 51 件，获第二十二届中国专利奖专利 6 件。常州红阳家居生活广场有限公司获批承担省"正版正货"示范街区项目，万帮数字能源股份有限公司获批承担省企业知识产权战略推进计划项目，江苏恒维智信息技术有限公司获批承担江苏省重点产业专利导航项目。武进高新区成为全省唯一获批承担江苏省知识产权保护示范区创建项目的园区。武进区被省政府列为 2020 年度知识产权工作督查激励单位。武进区知识产权工作获 2021 年全市高质量考核第一名。

【价格监管】 2021 年，区市场监管部门围绕服务保障民生，持续加强重点领域、重点时段价格监管。开展食盐市场价格和不正当竞争行为专项行动，检查市场主体 38 家，未发现违法违规行为。开展殡葬收费专项检查，先后于 3 月、10 月，对辖区内公墓、殡仪馆实施全覆盖检查，累计检查殡葬中介 42 家次。开展停车收费专项检查两次，共计摸排停车收费主体 334 户次，整改发现问题 29 个，立案 1 起。关注校外培训机构线上、线下价格行为，对有关教育培训机构线上价格、宣传、促销行为开展核查工作，同时配合开展线下校外培训机构检查，共检查学科类校外培训机构 10 家，对两家价格公示制度不规范的行为责令整改。在春节、"五一"、中秋节、国庆节期间，结合投诉举报热点和节日期间消费热点，认真组织节日市场价格监管工作，发放价格告知书、政策提醒函，督促市场主体签订价格承诺书。对口腔医院等民营医疗机构开展价格检查，依法处置违法行为。关注其线下价格行为的同时，针对民营医疗机构线上宣传手段多样化的特点，除了对其经营场所的检查外，还对其网站、微信公众号等平台进行排查。共计检查民营医疗机构 11 家，发现问题 4 个，立案 2 起。做好疫情防控各项工作。持续做好疫情防控常态化工作，对医疗机构、药店、超市、农贸市场的防疫用品和民生商品开展价格巡查检查工作，围绕保价稳供工作出动执法人员 425 人次，排查市场主体 201 户次，发放价格监管政策提醒函 122 份，签订价格承诺书 107 份，针对疫情防控期间防疫物资未明码标价简易程序案件 1 件。开展白酒市场秩序专项治理。对辖区内烟酒店、商超的白酒价格行为开展检查，共计检查市场主体 74 家次，出动执法人员 150 人次，发现未明码标价的行为 5 起，均已责令改正。与区住建部门联合开展全市普通商品住房销售行为专项检查，检查对象为全区 2020 年 1 月 1 日以来的在售楼盘。检查商品房销售企业 8 家，已清盘 1 家，存在房源信息不全、销控情况未公示等明码标价不规范问题 3 家，均已责令整改；存在价格欺诈行为 1 家，已立案。开展全市粮食市场秩序专项整治。对江苏奔牛国家粮食储备库等 3 家单位进行检查。在秋粮收购启动后，配合区发改局开展检查粮食购销企业联合检查。立足职能，及时约谈。9 月开学之际，会同区发改局、教育局及时约谈部分民办初中，解决反馈问题。停车收费专项整治中，约谈帮吾停等部分停车管理单位，普及停车收费相关政策，进一步规范停车收费行为。

（高文君）

价格管理

【概况】 2021 年，区价格管理部门聚焦价格关键领域改革，面对新冠肺炎疫情形势，落实各级降费减负价格政策，加强价格宏观调控，聚力民生价格管理服务。严格执行商品房宏观政策，审议商品房价格 67 个批次、面积 178 万平方米，普通住宅前期物业收费标准备案 10 个批次、面积约 101 万平方米，全区商品房价格相对稳定。完善平价商店管理，落实平价、惠民政策，全区平价商店累计 23 家。全年办理各类价格咨询、求助、投诉 299 件，全部按时办结。全年 CPI（居民消费价格指数）涨幅 1.5%，实现涨幅不超过 3% 的市级调控目标。根据省、市新修订的价格应急预案，结合全区实际，对原有应急预案修改、核实并征询相关单位修改意见，形成终稿报区政府，由区政府办正式发文。

价格临时补贴　2021 年，区价格管理部门在常州市各类主副食品价格出现上涨时，适时启动价格异动补贴，减轻物价上涨对低收入群体生活的影响。按照上级要求，在春节前先后对低收入群体发放临时补贴各 1 次（含价格临时补贴），12 月增发价格临时补贴 1 次，共对"低保、农村五保、城市三无、特困

2021年武进区成品油价格情况表

表32 单位：元/升

零售最高价格 规格 / 时间	89号国Ⅴ汽油	92号国Ⅴ汽油	95号国Ⅴ汽油	0号国Ⅴ（Ⅵ）柴油
1月15日	5.70	6.08	6.46	5.68
1月29日	5.75	6.14	6.53	5.74
2月18日	5.96	6.36	6.76	5.97
3月3日	6.15	6.57	6.98	6.18
3月17日	6.33	6.75	7.18	6.38
3月31日	6.16	6.57	6.99	6.19
4月28日	6.23	6.65	7.08	6.27
5月14日	6.31	6.73	7.16	6.36
6月11日	6.44	6.87	7.31	6.50
6月28日	6.61	7.05	7.50	6.69
7月12日	6.66	7.11	7.56	6.74
7月26日	6.59	7.03	7.48	6.66
8月23日	6.40	6.83	7.26	6.45
9月6日	6.50	6.94	7.38	6.57
9月18日	6.57	7.01	7.46	6.64
10月9日	6.83	7.29	7.75	6.93
10月22日	7.05	7.53	8.01	7.17
11月19日	6.98	7.45	7.93	7.10
12月3日	6.66	7.11	7.56	6.74
12月17日	6.56	7.00	7.45	6.63

职工”等10类人员31849人（户）次发放价格临时补贴约245万元。

天然气价格调整 有效疏导上游及市场天然气价格涨价的影响，武进区与常州市同步出台非居民用天然气冬季调价政策：中准价格由每立方米3.21元上调到3.58元，上浮不超过10%，下浮不限，执行时间为2021年11月1日到2022年3月31日。对合同购气量以外的非居民用管道天然气实行代购代销价格政策。

成品油及热力价格管理 落实国家成品油调价政策，及时关注市场动态并做好预警预报。武进区全年调整成品油价格20次，油价总体上涨18%。疏导煤热价格矛盾，按照煤热价格联动办法及时调整蒸汽到户中准价格，全年调价4次，价格由每吨186元调整为255元。

【价格监测】 2021年，区价格管理部门做好综合消费品市场居民食品零售价格等常规监测上报工作，对全区32个价格监测点、170余种商品，特别是与群众生活密切相关的肉、禽、蛋、蔬菜等近90个品种实行监测日报制，上报各类监测数据30000余条。增设礼嘉坂上、牛塘2个农贸市场监测点。督促、指导国家监测直报点众恒肉联按时、保质做好直报工作。

【收费管理】 2021年，武进区执行省发展改革委、省司法厅《关于降低部分公证服务收费标准的通知》和省医疗保障局、省卫健委《关于降低新型冠状病毒核酸检测价格的通知》。区价格管理部门落实收费清理政策，动态调整涉企收费目录清单，完善涉企收费目录和公示制度，规范行政事业性收费行为。组织辖区71家行政事业性、政府制定价格的经营服务性收费单位开展收费情况报告，报告率100%。全区2020年度行政事业性收费总额为58249.82万元，收费总额占一般公共预算收入的4%，比2020年同期减少6406.17万元，降幅为9.91%。

（杭　燕　唐君韬）

审　计

【概况】 2021年，区审计局依法全面履行审计监督职责，做好常态化“经济体检”工作，聚焦重大政策落实、财政资金、权力运行、民生改善等领域，为构建社会治理体系、提升区域治理能力提供审计监督保障。全年共开展项目26个，审计发现问题245个，提出审计建议104条，已督促被审计单位出台整改措施120余条，推动建立健全规章制度18项。撰写各类信息200余篇，被国家级媒体录用4篇、省级媒体录用26篇、区级媒体报道16次。区审计局被评为2021年全省审计通联先进单位，获区“完善监督体系保障高质量发展”创新创优奖，“吾审金盾”党建品牌获评区级机关十佳优胜党建品牌。

【重大政策落实情况跟踪审计】 2021年，区审计局开展社会保险基金审计。重点关注社会保险政策贯彻落实情况、应对疫情阶段性减免社会保险费情况、社保基金的筹集使用和运行管理情况等，揭示突出问题和风险隐患，促进社会保险基金高效运行。开展援疆资金及建设项目跟踪审计。到新疆伊犁州尼勒克县开展现场审计，重点审计2020年度援疆政策和援疆工作部署贯彻落实情况、2020年度援建项目实施及管理情况、2020年度已完成项目绩效情况和上年度跟踪审计发现问题整改情况等，通过审计发现问题和提出审计建议，推动援疆资金管理制度完善，促进援疆任务按时保质保量完成。开展武进区本级农业专项资金审计调查，走访和调查项目实施情况11个，对生活污水PPP运维、高标准农田建设、农民培训等方面开展审计监督，助力全区美丽乡村建设。

【预算执行和决算草案审计】 2021年，区审计局聚焦预算管理绩效，开展2020年度区本级财政预算执行和决算草案审计，同时对区政府债券发行使用情况融合开展审计，该项工作得到区领导及区人大的批示肯定。结合经济责任审计，对区财政局、交通运输局、市场监管局等6个部门开展2020年度部门预算执行情况审计。开展地方政府隐性债务化解情况专项审计调查2次，助力防范化解政府债务风险。

【民生审计】 2021年，区审计局结合党史学习教育“我为群众办实事”，发布“我为群众办实事”重点民生项目清单和惠民实事清单，开展民生审计。对武进中医医院开展综合改革政策落实情况专项审计调查，对医疗服务价格改革、医保支付方式改革、药品和医用耗材采购政策改革以及政府投入责任落实等方面开展重点审计，推动区卫健局出台2项制度，规范区三级公立医院总会计师选聘工作，健全完善公立医院管理机制。抽调审计骨干，配合区纪委、区民政局对全区养老机构进行专项联合检查。按照省审计厅部署，抽调10余名审计干部，到镇江开展为期2个月的中小学教育经费管理使用情况异地专项审计调查。以推动健全教育投入机制，提高教育经费管理使用绩效，保障学生权益为目标，重点关注基础教育改革发展政策措施落实、基础教育经费投入、学校收费支出管理、学校债务化解、工程建设及维修、教育资产统筹利用、教育用品采购与管理等情况。

【党政领导干部经济责任审计】 2021年，区审计局重点关注领导干部履行经济发展、生态保护、民生保障、债务管理和廉政责任等情况，完成16个部门（单位）的19位领导干部的经济责任审计，推动权力规范运行。对洛阳镇党政主要领导干部开展经济责任审计，首次探索将政府投资项目专项审计调查与领导干部经济责任审计、自然资源资产审计的有机融合，在项目安排和审计内容上坚持同部署、同实施，做到“一审多项”“一审多果”“一果多用”，实现政治责任、经济责任、生态责任同步监督。

【国有资本和国有企业监督审计】 2021年，按照市审计局《关于深化国有企业和国有资本审计监督的若干意见》，区审计局制定《关于深化全区国有企业和国有资本审计监督的实施意见》，计划从2022年起，将全区5家区级国企国资审计纳入审计计划，推进国企国资审计全覆盖。6月，经区委审计委员会同意、区委编办批复，区审计局增设国有企业监事会工作办公室（电子数据审计科），规范5家国有企业监事会相关工作。在全市率先试行向国企外派监事，推荐经验丰富的审计业务骨干转任国企监事会主席，实现“在监督中促进发展，在发展中促进监督”，帮助国有企业健康发展、国有资本安全运行。

（朱 怡）

统 计

【概况】 2021年，区统计部门围绕区委、区政府中心工作和上级统计部门工作部署，坚持疫情防控、经济发展“两手抓”“两手硬”，加强统计研究，拓展统计职能，推进统计改革，不断提高统计数据和服务质量。加强社会经济发展统计监测，开展经济发展预警预测、统计分析和统计调研，提升统计服务能力。3月，发布《2020年武进区国民经济和社会发展统计公报》。7月，编印《武进统计年鉴（2021）》，全面反映全区经济社会发展成果。全年印发《统计专报》21期、《统计内参》8期、《统计分析资料》43期、《统计政务信息》211期、《统计经济信息》217期，反映镇、开发区主要经济指标进展情况，为各级党政领导和有关部门提供参考。以“七个一”（一镇一园区一开发区一村一企业一条路一项目）为抓手，通过面对面、一对一上门走访，打通服务基层、服务企业、服务群众“最后一公里”。走进湖塘镇科技产业园、嘉泽镇、周庄村等园区、镇、村，实地走访指导企业200多家，现场解答统计业务问题35个。区统计局获第二届阳湖学习达人挑战赛区级机关优胜奖、“百姓名嘴”风采展示活动决赛二等奖，调研课题《武进区工业经济发展现状及相关产业分析》获区“调研成果优胜奖”、《浅谈做好县区劳动工资统计的几点思考》被国家统计局录用。武进区获评2020年度辖市（区）统计工作先进地区。

【重点领域统计方法制度改革】 2021年，区统计局有序推进GDP统一核算改革。深入研究《常州市季度地区生产总值统一核算方案》，结合新老方案，明确职责分工，及时共享资料，共同研判形势，确保统计数据在GDP统一核算改革过程中能客观真实反映武进区经济运行情况。贯彻落实国家和省统计局加强对限下批零住餐业抽样调查工作的指示要求，组织开展限下批零住餐业抽样调查工作，在前期开展规模以下服务业名录信息维护工作的基础上，逐一走访全区49家限额以下贸易样本单位，通过面对面交流、现场查看财务凭证等方式，逐个核实限下批零住餐企业经营状况，为样本单位答疑解惑，为取得第一手资料奠定基础；召开专题会议推进限额以下贸易抽样“1234”（主要内容为“一块牌子”“两项服务”“三个承诺”“四项工作责任制”）工作法，结合武进区实际，从经费保障、人员配备、统计管理、跟踪服务、规范调查入手，进一步细化“十四条”清单目录，为49家样本单位统一挂牌，做到经费保障迅速、责任单位清晰、时间节点明确，有效保证全区批零住餐业抽样调查数据质量。以服务企业为基本方针，编制《武进区劳动工资统计填报操作手册》，发放到全部联网直报企业，便于企业统计人员理解和学习，提升联网直报企业统计人员的劳动工资统计业务水平，为武进区劳动工资统计数据质量的提升打下良好基础。

【推进依法统计】 2021年，武进区认真贯彻落实习近平总书记关于统计工作重要讲话指示批示精神和《关于深化统计管理体制改革提高统计数据真实性意见》《统计违纪违法责任人处分处理建议办法》《防范和惩治统计造假、弄虚作假督查工作规定》。深化全区统计法律法规学习宣传。6月，区统计局与区委组织部、区委党校联合，把学习统计法律法规纳入党校领导干部培训必修课。通过统计工作会议、年报会议、专题讲座和印发宣传漫画、宣传折页等形式，宣传统计法律法规。扎实推进统计法治工作。区政府办印发《2021年全区统计工作要点》，区统计局印发《2021年全区统计法治工作意见》和《2021年全区统计监督检查计划》等文件，部署全年统计法治工作任务。年内，完成对武进高新区的统计督查；完成“双随机”执法检查企业18家，检查结果录入“江苏省统计依法行政管理”系统；完成国家、省、市要求的企业数据核查138家，10个板块工业、贸易业、服务业3个专业的企业数据核查100家。在全区营造学统计、懂统计、依法推进统计的浓厚氛围，举办统计法治专题讲座，对410家新增联网直报企业开展送法到企业活动，发放统计法治宣传漫画500份、统计法律法规知识宣传折页4000份，进一步落实“谁执法谁普法”的普法工作责任制。

（蒋利金）

3月31日，“前馨办·七彩政务”政务服务品牌创建启动　（供图/区融媒体中心）

行政审批服务

【概况】 2021年，区行政审批局围绕全区“争先奋进年”工作主题和“一区一城”决策部署，深入贯彻落实“放管服”改革要求，制定出台《2021年深化“放管服”改革工作要点》《进一步优化营商环境若干措施》，牵头开展“打造一流营商环境”专班工作，精心打造以“找最少的部门、跑最少的路、花最少的时间、交最少的材料”为核心内涵的“武易办”政务服务品牌，开创政务服务工作新局面。全年办结市场准入项目11661件、投资建设项目2185件、综合事务项目5031件，现场踏勘2268趟。政务服务中心窗口办件累计78770件，其中即办件53973件、承诺件24797件。公共资源交易中心完成项目3123个。其中，工程类标段164个，成交金额48.41亿元，节约资金9.91亿元；政府采购类364项，成交金额1.95亿元，节约资金2351.28万元；完成国有产权和农村产权交易项目1916项，增值金额1579.19万元；完成土地交易项目87宗，成交金额169.49亿元，溢价18.49亿元。4月，向常州中钢精密锻材有限公司颁发武进区首张取水许可电子证照，标志着武进区取水许可进入了数字化电子证照时代。《人民日报》手机客户端、“交汇点”移动客户端、“学习强国”学习平台、《常州日报》等国家和省、市媒体平台广泛宣传报道《“武易办”走心走实，解群众“急难愁盼”》《“武易贷”金融活水“贷”动中小企业发展“引擎”》和“标准地＋承诺制”改革、武进区加入“长三角＋”跨省通办阵营、武进发出全市首张电子食品经营许可证等工作成效。区行政审批局获得省政府真抓实干成效明显地方督查激励，获评常州市营商环境工作先进集体。区公共资源交易中心获评2021全国公共资源交易优化营商环境示范单位。武进区实现连续三年被《政府采购信息报》评为“全国政府采购百强县”。

【工程建设项目审批制度改革】 2021年，区行政审批部局深入推进“532”攻坚行动，压缩政府投资房屋建筑、线性工程项目、一般社会投资项目审批时限至45个工作日，压缩中小型社会投资项目审批时限至35个工作日、带方案出让土地项目审批时限至28个工作日，比规定时限全部再压缩10%。在全省率先开展工业项目“标准地＋承诺制”试点改革，实现“拿地即开工”。在武进高新区和西太湖科技产业园开展区域评估，形成整体性、区域性的共享共用评估成果，为区域内企业平均节省制度性交易成本10万元。优化《重点建设项目信用承诺审批实施方案》，38个区级及以上重大项目通过信用承诺审批模式先行进入项目技术审查环节，建设周期均缩短超3个月。

【“一网通办”服务功能提升】 2021年，区行政审批局升级改造政务服务一体化平台，优化网上预约、叫号系统、电子证照、电子印章、身份认证等功能。依托电子印章、电子证照等基础支撑，推出扫码登陆、扫码预约、网上亮证等功能，丰富用户的服务体验。动态调整江苏政务服务App上架应用，累计上线生活缴费、信用报告打印自助业务173个和移动应用95个。改版“武进e审批”微信公众号，整合区、镇138项业务，提供掌上预约、智能客服、掌上申办、便民查询、材料补正、掌上亮证等功能。按照长三角区域一体化发展需求，设立长三角“一网通办”专窗。按照对口帮扶城市通办合作要求，与陕西省安康市汉滨区行政审批服务局签署“跨省通办”合作协议，明确工作机制和办理流程，确定首批“跨省通办”事项140个。

【“一件事”套餐办改革】 2021年，区行政审批局结合基层审批服务改革，从高频事项入手，积极探索相关联业务的“套餐办”，不断丰富服务场景。至年底，推出包括“新生儿出生一件事”“退役士兵接收安置”等“一件事”套餐办73个，累计办件1.3万件。同步设置线上、线下“专栏”“专窗”，企业、群众办事申请材料精减超41%，办理时限压缩超71%，跑动次数减少超73%。

【“证照分离”改革】 2021年，区行政审批局按照国家及省、市关于“证照分离”改革相关工作要求，公布《武进区“证照分离”改革事项清单》，在全区范围内严格落实涉企经营许可事项清单管理，直接取消审批类7项，审批改为备案类5项，实行告知承诺类16项，优化审批服务类40项、监管清单类229项。大力推进“证照分离”平台应用，落实联络员工作机制，确保专人负责信息传递、平台维护、月报统计等工作。

【基层政务体系建设】 2021年，区行政审批局坚持区、镇、村三级政务体系一体化建设思路，指导各镇（街道）建好“全科窗口”“全科队伍”，健全全科政务服务模式，提升“审批服务一窗口”建设运行水平。聚焦“家门口办好事”实事项目，推动政务服务事项在镇、村两级政务服务中心“应进必进”，实现更多民生服务事项在基层就近办理。与区邮政和公安部门对接，将14个“警医邮”便民服务网点作为第一批政务服务便利站，提供业务直接办理或帮办代办，拓展服务范围和服务形式。推动镇、村政务服务示范点建设，通过政务服务示范点验收镇级5个、村级7个。推动各镇政务服务品牌建设，形成以“武易办”为引领的区、镇两级政务服务品牌矩阵。

【提升公共资源交易效能】 2021年，区行政审批局持续推进“互联网+工程招投标”深度融合，加快工程招投标电子化平台建设。交通、水利类项目“不见面”开标率100%，建设工程“不见面”开标率超90%。升级改造政府采购电子化交易的软硬件，实现各采购方式“不见面交易”全覆盖，全年政府采购公开招标全流程电子化率超80%。将网络竞价作为国有产权交易的主要方式，不见面交易率91.25%。推出“中标贷”服务，为中标企业发放贷款52笔、金额1.62亿元，有效解决中小微企业融资难、融资慢、融资贵问题。推行政府采购项目供应商资格承诺制，得到省信用办认可并在全省推行。在全省率先上线“标证通”手机CA，实现长三角地区投标“互通互认”、一“码”通行。建立健全随机抽查机制，与区住建、交通、水利、财政等部门对接沟通，监督检查工程招投标、政府采购领域交易项目，加强项目监督管理。

（蒋秋玉）

不动产登记交易管理

【概况】 2021年，常州市不动产登记交易中心武进分中心（简称“武进不动产交易中心”）深入实施“创新补短、登记为民”行动，优化营商环境，推进农房一体农村不动产登记，提升登记服务能力和水平。全年受理不动产登记查询类1.7万件，发放不动产证书10.6万本、证明3.2万份，生成电子证照9.9万份、电子证明2.8万份、电子证书7.1万份，办理水、电、气网等过户9769件，接听、处理咨询服务热线3971次。妥善处理不动产登记历史遗留问题，解决纳入省不动产历史遗留问题数据管理平台问题44个，涉及3.9万户。处理安置房办证历史遗留问题，办理安置房不动产权证1万套。落实《常州市武进区“交房（地）即发证”实施方案》，完成“交房即发证”业务项目3个，涉及房屋1878套；“交地即发证”业务项目16个，面积45.6万平方米。

【不动产登记“一流营商环境”建设】 2021年，武进不动产交易中心积极落实省、市“放管服”改革任务，打造不动产登记“一流营商环境”。依托市级3.0系统上线实现“一码”办理不动产登记业务，推出“一证一码、扫码见图”服务；按照营商环境评价指标，优化相关流程、环节和制度，实现不动产登记在一窗完成网签备案、登记、缴税、缴费、水电气，精简申请材料为申请书、不动产权属证书2件；个人存量房转移登记业务全流程1个工作日办结率100%，其中0.5个工作日办结率98%，平均用时0.51个工作日；执行全市统一办事标准，为群众、企业提供行政分区、服务不分区的“同城同质、受办分离、快递送达”的服务便利；推进“互联网+不动产登记+金融服务”，抵押权登记业务线上受理率99%，受理29638件，不动产登记电子证明100%发放；协同开展在线司法查控，完成线上查档2026份，查（解）封3243次；积极配合市级层面推进“线上苏小登”建设，依托“互联网+不动产登记一体化平台”及“我的常州”App，实现不动产查询、抵押权登记“跨省通办”。

【农村不动产确权登记】 2021年，武进不动产交易中心出台《武进区房地一体农村宅基地确权登记工作方案》，编发《武进区房地一体农村不动产确权登记工作手册》和《武进区农房确权登记问答》宣传折页，通过政府门户网站、“96510”热线、登记现场宣传农房登记政策。召集农房发证领导小组成员专题推进三级（组、村、镇）确认工作，及时制定在三级确认、公示公告、审核登簿等环节的具体措施和解决办法，统筹推进各项工作。率先在湟里镇葛庄村开展试点发证工作，完成12万宗（6个标段）招标工作后，组织6个标段作业队伍先后进驻全区128个自然村，年内完成收件8.7万宗、三级确认7.3万宗，审核登簿6.6万宗，实现应登尽登。

（姜　钰）

12月28日，全区首例“一码+”不动产登记融合“交地即发证”业务完成

（供图/武进不动产交易中心）

科技创新

Scientific and Technological Innovation

栏目编辑　陈　蓉

苏南国家自主创新示范区建设

【概况】 2021年，武进区持续健全区域创新体系，实施“科技创新燎原计划”，加快苏南国家自主创新示范区（简称“自创区”）建设，增强科技创新对经济社会发展的支撑引领作用。区委、区政府坚持创新推动高质量发展，召开创新发展大会，出台《关于推进武进区科技创新能级跃升的实施意见（2021—2023）》等文件，加速创新资源汇聚，加大武进高新区、西太湖科技产业园等重点板块创新投入力度，培育特色产业重要平台提档升级，突出中以常州创新园、绿建区、苏澳合作园区、“两湖”（西太湖、长荡湖）科创走廊等特色平台引领示范作用，加快集聚高质量发展新动能。年内，武进苏南国家自主创新示范区获省财政厅、科技厅苏南国家自主创新示范区建设专项资金高新区奖励资金2460万元，其中武进高新区获2050万元、西太湖科技产业园获410万元。江苏省中以产业技术研究院被列为2020—2021年江苏省苏南国家自主创新示范区重大科技平台（省科技厅牵头推进的重大平台）。企业积极融入全球创新网络，加强区域联动创新合作，借智借力开展协同创新和自主创新，入选苏南国家自主创新示范区独角兽企业1家、潜在独角兽企业8家、瞪羚企业27家。在自创区建设示范带动下，武进区有效高新技术企业增至836家，获市级及以上科技项目立项278个，其中国家级1个、省级92个，8个项目获省科学技术奖；获专利授权15757件，其中发明专利1624件，万人有效发明专利

表33　2021年武进区入选苏南国家自主创新示范区示范企业情况表

类型	企业名称	所在区域	类型	企业名称	所在区域
独角兽企业	万帮数字能源股份有限公司	武进高新区	瞪羚企业	常州节卡智能装备有限公司	武进高新区
				安费诺（常州）高端连接器有限公司	武进高新区
潜在独角兽企业	常州纵慧芯光半导体科技有限公司	武进高新区		江苏凯博传动设备有限公司	武进高新区
	常州世竟液态金属有限公司	武进高新区		江苏君华特种工程塑料制品有限公司	武进高新区
	江苏高凯精密流体技术股份有限公司	武进高新区		格力乐液压系统（常州）有限公司	武进高新区
	博睿康科技（常州）股份有限公司	武进高新区		常州市美纤膜技术有限公司	武进高新区
	常州富烯科技股份有限公司	西太湖科技产业园		创辉医疗器械江苏有限公司	武进高新区
	常州桐树生物科技有限公司	西太湖科技产业园		江苏顺风新能源科技有限公司	武进高新区
	常州朗合医疗器械有限公司	西太湖科技产业园		常州市瑞泰光电有限公司	武进高新区
	常州第六元素材料科技股份有限公司	西太湖科技产业园		常州瞻驰光电科技股份有限公司	西太湖科技产业园
瞪羚企业	机械科学研究总院江苏分院有限公司	常州科教城		常州磐诺仪器有限公司	西太湖科技产业园
	江苏高凯精密流体技术股份有限公司	常州科教城		江苏小牛电动科技有限公司	西太湖科技产业园
	江苏道金智能装备有限公司	常州科教城		江苏振邦智慧城市信息系统有限公司	西太湖科技产业园
	常州英诺激光科技有限公司	常州科教城		常州欧瑞电气股份有限公司	西太湖科技产业园
	常州罗盘星检测科技有限公司	常州科教城		江苏中科朗恩斯车辆科技有限公司	西太湖科技产业园
	江苏美森环保科技有限公司	常州科教城		常州富丽康精密机械有限公司	西太湖科技产业园
	常州铭赛机器人科技股份有限公司	常州科教城		征图新视（江苏）科技股份有限公司	西太湖科技产业园
	遨博（江苏）机器人有限公司	常州科教城		常州第六元素材料科技股份有限公司	西太湖科技产业园
	万帮数字能源股份有限公司	武进高新区			

拥有量60.99件；新增省级工程技术研究中心17个、市级工程技术研究中心35个，与省产业技术研究院共建企业联合创新中心5个，新增省级众创空间3个；全年实现科技成果技术转让1450项，成交额47.63亿元；组织产学研活动50余场，签订产学研合作协议210个，167个项目参加常州市创新创业大赛并获得一等奖5个、二等奖7个、三等奖26个。年内，武进区被省政府认定为2020年度推动科技政策落实和科技体制改革成效明显的地方、实施知识产权战略成效明显的地方，获相应督查激励；入选首批江苏省创新型示范县（市、区）建设名单，获2021年度全国科技创新百强区第1名；武进高新区连续五年位居全国县区级国家级高新区首位，获批创建省知识产权保护示范园区。

（张建忠）

【万帮数字能源股份有限公司被认定为独角兽企业】 内容参见“产业园区”类目P84相关条目。

（王晓芳）

【长三角双创示范基地联盟双创券兑付】 2021年，武进区贯彻长三角一体化发展国家战略，落实国务院打造“双创”升级版、纵深推进创新创业的决策部署，进一步发挥区域、高校科研院所、企业三类双创示范基地资源优势，与上海市杨浦区、浙江省嘉兴市南湖区、安徽省合肥高新技术产业开发区、浙江省宁波市鄞州区融合协同共享发展，促进各类基地资源共享、融通发展，共同推进长三角双创示范基地联盟双创券通用通兑，支持企业采购跨区域专业服务，共享大型科学仪器、创新服务等资源，改变过去直接发放补助资金扶持中小企业的粗放模式，降低中小微企业科研创新投入成本，提高创新资源利用率和共享水平。新增入驻平台科技服务机构8个，累计52个；企业发起订单27个（累计74个），订单总额748万元（累计订单总额1807万元），其中跨区域订单8个，占比29.6%。全年兑付双创券4批、订单46个，兑付金额499.47万元，武进区订单数量、合同金额、用券金额、兑付金额均为双创示范基地联盟第一。

（张建忠）

高新技术产业

【概况】 2021年，武进区贯彻落实省、市两级有关加快推进产业科技创新中心和创新型省份（城市）建设的政策，将培育高新技术产业发展作为促进新旧动能转换、实施创新驱动发展战略的重要举措，高新技术产业呈现较好发展态势。区科技部门聚焦先进装备及制造、先进碳材料、新能源、电子信息等产业，全面跟踪了解载体平台、龙头企业、领军人才情况，提升企业内生发展动力，推进企业产品结构转型，高新技术产业份额和水平不断提高，传统优势产业质量与效益同步提升。全年获高新技术企业认定306家，有效高新技术企业增至836家；组织申报备案省级民营科技企业127家，备案科技型中小企业735家；完成高新技术产业产值1614.9亿元，占规模以上工业总产值的53.7%，比2020年增长24.04%。瑞声光电科技（常州）有限公司、江苏恒立液压股份有限公司被评为江苏省百强创新型企业。持续发挥高新技术产品引导经济结构调整和产业结构优化作用，引导企业开发具有自主知识产权和自有品牌高新技术产品，新增市级高新技术产品766个，涵盖电子信息、航空航天、新材料、生物与新医药、新能源与节能、资源与环境、高技术服务和先进制造与自动化八大技术领域。以科技项目为抓手，引导企业加大研发投入，从税收优惠、研发奖励、贷款争取等方面鼓励高新技术企业研发创新，推进科技创新政策落实。全年有224家高新技术企业获减免企业所得税8.55亿元，1553家企业享受研发费用加计扣除额79.05亿元。区级财政向2020年纳入省级高新技术企业培育库的184家企业发放奖励资金920万元，向2020年认定的159家高新技术企业发放奖励资金4450万元。

【有效高新技术企业增至836家】 2021年，武进区坚持贯彻创新驱动发展战略，继续实施高新技术企业三年倍增工程，构建高新技术企业申报和后备企业“蓄水池”，培育壮大科技型中小企业群体，提升企业创新主体地位，激发科技型企业技术创新活力，强化高新技术企业“培育—股改—上市”裂变发展链条。全年组织申报高新技术企业591家，获认定306家，其中新认定177家、重新认定129家，累计有效高新技术企业836家，占全市高新技术企业总数的28.7%，涵盖电子信息、新材料、新能源、高端装备智造、高技术服务等领域。全区高新技术企业聚焦研发投入和成果产出，全年投入研发经费73.32亿元，完成产值1302.6亿元，实现营业收入1395.88亿元、净利润109.53亿元。其中，武进高新区、西太湖科技产业园分别有高新技术企业311家、142家，分别完成规模以上高新技术产业产值784.8亿元、163.3亿元，分别比2020年增长19.6%、10.5%，分别占武进区规模以上高新技术产业产值的48.6%、10.1%。

高新技术企业三鑫重工机械有限公司生产的齿轮 （摄影/陆新 摄于2021年8月）

表 34

2021 年武进区新认定高新技术企业情况表

企 业 名 称	所在地	企 业 名 称	所在地
常州巴乌克智能科技有限公司	常州科教城	常州楠菲微电子有限公司	武进高新区
常州博商信息科技有限公司	常州科教城	常州市瑞泰光电有限公司	武进高新区
常州德申环保工程有限公司	常州科教城	常州市武进凤市连接器有限公司	武进高新区
常州高谷物联网技术有限公司	常州科教城	常州硕腾精密科技有限公司	武进高新区
常州高凯电子有限公司	常州科教城	常州斯坦博电子科技有限公司	武进高新区
常州格势文化科技有限公司	常州科教城	常州源码科技有限公司	武进高新区
常州好安生物科技有限公司	常州科教城	常州昭辉机械有限公司	武进高新区
常州辉迈信息科技有限公司	常州科教城	德检（江苏）检测技术有限公司	武进高新区
常州集励微电子科技有限公司	常州科教城	迪赛福测量技术（江苏）有限公司	武进高新区
常州良福朗清生物科技有限公司	常州科教城	恩泰环保科技（常州）有限公司	武进高新区
常州润控智能装备有限公司	常州科教城	海日升汽车电子科技（常州）有限公司	武进高新区
常州市卓扬涂布设备有限公司	常州科教城	合翔（常州）电子有限公司	武进高新区
常州玺拓软件科技有限公司	常州科教城	江苏川羽高分子材料科技有限责任公司	武进高新区
常州旭禾自动化技术有限公司	常州科教城	江苏恩泽医疗器械有限公司	武进高新区
常州远望流体科技有限公司	常州科教城	江苏国科微电子有限公司	武进高新区
嘉楠（常州）智能技术有限公司	常州科教城	江苏今创交通设备有限公司	武进高新区
江苏超日净化科技有限公司	常州科教城	江苏锐凌焊割科技有限公司	武进高新区
江苏精科嘉益工业技术有限公司	常州科教城	江苏圣创半导体科技有限公司	武进高新区
江苏尚纯自动化技术有限公司	常州科教城	江苏西克传感器有限公司	武进高新区
江苏尚科环境工程有限公司	常州科教城	江苏兴诺迅自动化科技有限公司	武进高新区
江苏天佑路航认证检测有限公司	常州科教城	龙城电装（常州）有限公司	武进高新区
金川文化发展（江苏）有限公司	常州科教城	世特科流体动力系统（常州）有限公司	武进高新区
熔创金属表面科技（常州）有限公司	常州科教城	常州工利精机科技有限公司	武进高新区
三崛机器人（常州）有限公司	常州科教城	常州汉姆电机有限公司	武进高新区
遨博（江苏）机器人有限公司	常州科教城	常州今创风挡系统有限公司	武进高新区
常州创胜特尔数控机床设备有限公司	常州科教城	常州金信诺凤市通信设备有限公司	武进高新区
常州龙骏天纯环保科技有限公司	常州科教城	常州科乐为数控科技有限公司	武进高新区
常州市五洲化工有限公司	常州科教城	常州陆铭光电科技有限公司	武进高新区
常州市新墅机床数控设备有限公司	常州科教城	常州市莱特气弹簧有限公司	武进高新区
常州天正工业发展股份有限公司	常州科教城	常州市钱璟康复股份有限公司	武进高新区
常州旺童半导体科技有限公司	常州科教城	常州市双强机械制造有限公司	武进高新区
常州欣华天泰安全信息系统工程有限公司	常州科教城	常州市武进华瑞电子有限公司	武进高新区
常州英诺激光科技有限公司	常州科教城	常州市武进金城齿轮有限公司	武进高新区
江苏爱特恩高分子材料有限公司	常州科教城	常州市武进晶丰电子有限公司	武进高新区
江苏明朗星新能源科技发展有限公司	常州科教城	常州市武进升越模塑有限公司	武进高新区
江苏明月软件技术有限公司	常州科教城	常州武鼎地毯机械有限公司	武进高新区
晶傲威电气（常州）有限公司	常州科教城	常州武进长城工具有限公司	武进高新区
天峋（常州）智能科技有限公司	常州科教城	常州翔升农机有限公司	武进高新区
安菲腾（常州）光电科技有限公司	武进高新区	常州中车柴油机零部件有限公司	武进高新区
常州百利菲特防水设备有限公司	武进高新区	德召尼克（常州）焊接科技有限公司	武进高新区
常州诚宇智能科技有限公司	武进高新区	江苏艾为康医疗器械科技有限公司	武进高新区
常州恒创热管理有限公司	武进高新区	江苏持华轴承有限公司	武进高新区
常州华盈安广模具有限公司	武进高新区	江苏河马井股份有限公司	武进高新区
常州惠明精密机械有限公司	武进高新区	江苏恒立液压科技有限公司	武进高新区
常州凯泽环保科技有限公司	武进高新区	江苏恒鑫正宏科技有限公司	武进高新区
常州朗锐铸造有限公司	武进高新区	江苏华丽智能科技股份有限公司	武进高新区

续表 34

企 业 名 称	所在地	企 业 名 称	所在地
江苏今创车辆有限公司	武进高新区	常州克迈特数控科技有限公司	西太湖科技产业园
江苏久创电气科技有限公司	武进高新区	常州联德电子有限公司	西太湖科技产业园
江苏君华特种工程塑料制品有限公司	武进高新区	常州市华健药用包装材料有限公司	西太湖科技产业园
江苏凯博传动设备有限公司	武进高新区	常州市碳索新材料科技有限公司	西太湖科技产业园
江苏凯尔特医疗科技有限公司	武进高新区	常州市永明机械制造有限公司	西太湖科技产业园
江苏明及电气股份有限公司	武进高新区	常州腾龙汽车零部件股份有限公司	西太湖科技产业园
江苏南方轴承股份有限公司	武进高新区	常州玉宇电光器件有限公司	西太湖科技产业园
江苏汤姆智能装备有限公司	武进高新区	常州中进医疗器材股份有限公司	西太湖科技产业园
江苏轩瑞减振设备股份有限公司	武进高新区	国成仪器（常州）有限公司	西太湖科技产业园
江苏中汽高科股份有限公司	武进高新区	江苏创英医疗器械有限公司	西太湖科技产业园
柳工（常州）矿山机械有限公司	武进高新区	江苏福隆数齿科技有限公司	西太湖科技产业园
柳工常州机械有限公司	武进高新区	江苏海立普电力科技有限公司	西太湖科技产业园
上海振华重工（集团）常州油漆有限公司	武进高新区	江苏嘉轩智能工业科技股份有限公司	西太湖科技产业园
兴勤（常州）电子有限公司	武进高新区	江苏联储能源科技有限公司	西太湖科技产业园
中汽研（常州）汽车工程研究院有限公司	武进高新区	江苏耐玛鑫精密机械有限公司	西太湖科技产业园
安永医疗科技常州有限公司	西太湖科技产业园	江苏山由帝奥节能新材股份有限公司	西太湖科技产业园
宝东信息技术有限公司	西太湖科技产业园	江苏双辉环境科技有限公司	西太湖科技产业园
常州百韩科智能装备有限公司	西太湖科技产业园	江苏唯德康医疗科技有限公司	西太湖科技产业园
常州博帝汽车零部件有限公司	西太湖科技产业园	江苏小牛电动科技有限公司	西太湖科技产业园
常州博疆新材料科技有限公司	西太湖科技产业园	碳元科技股份有限公司	西太湖科技产业园
常州恩多科宁医疗器械有限公司	西太湖科技产业园	威世特汽车部件（常州）有限公司	西太湖科技产业园
常州光芯集成光学有限公司	西太湖科技产业园	新纶复合材料科技（常州）有限公司	西太湖科技产业园
常州海洛轴承制造有限公司	西太湖科技产业园	新纶科技（常州）有限公司	西太湖科技产业园
常州华祥碳材料科技有限公司	西太湖科技产业园	征图新视（江苏）科技股份有限公司	西太湖科技产业园
常州锦欣达纤维新材料有限公司	西太湖科技产业园	常州　汇动力科技有限公司	武进绿建区
常州旷晶电子有限公司	西太湖科技产业园	常州市森迈网业有限公司	武进绿建区
常州天衍环境科技有限公司	西太湖科技产业园	常州芝润电气有限公司	武进绿建区
常州永华医疗器械有限公司	西太湖科技产业园	传力智能机械（常州）有限公司	武进绿建区
常州优一机械有限公司	西太湖科技产业园	雅音新材料（常州）有限公司	武进绿建区
汉华易美视觉科技有限公司	西太湖科技产业园	常州凯润机械有限公司	雪堰镇
江苏江南烯元石墨烯科技有限公司	西太湖科技产业园	常州灵山铝业有限公司	雪堰镇
江苏科标医学检测有限公司	西太湖科技产业园	常州市绿保电动科技有限公司	雪堰镇
江苏仟渔网络技术有限公司	西太湖科技产业园	常州市腾怡机械有限公司	雪堰镇
江苏乾元生物科技有限公司	西太湖科技产业园	常州市伟达合金材料有限公司	雪堰镇
江苏天润雨水利用科技有限公司	西太湖科技产业园	常州市源长新材料科技有限公司	雪堰镇
江苏延汉材料科技有限公司	西太湖科技产业园	常州市振跃液压机械有限公司	雪堰镇
江苏益得康医疗器械有限公司	西太湖科技产业园	常州微泰格电子科技有限公司	雪堰镇
江苏优腾信息科技有限公司	西太湖科技产业园	常州自强金具机械有限公司	雪堰镇
上原石化设备（常州）有限公司	西太湖科技产业园	江苏恒东机械有限公司	雪堰镇
亿迅信息技术有限公司	西太湖科技产业园	江苏巨航环保设备制造有限公司	雪堰镇
常州百利锂电智慧工厂有限公司	西太湖科技产业园	常州旷达威德机械有限公司	雪堰镇
常州倍速智能科技有限公司	西太湖科技产业园	常州市康宁锻造有限公司	雪堰镇
常州常衡德宇粉体集成系统有限公司	西太湖科技产业园	常州市武进第二法兰锻造有限公司	雪堰镇
常州恒利宝纳米新材料科技有限公司	西太湖科技产业园	常州市武进环宇轴承有限公司	雪堰镇
常州科普动力机械有限公司	西太湖科技产业园	常州天兴环保科技有限公司	雪堰镇
常州克劳诺斯特种轴承制造有限公司	西太湖科技产业园	江苏德尔瑞环保机械有限公司	雪堰镇

续表 34

企 业 名 称	所在地	企 业 名 称	所在地
江苏苏新轴座有限公司	雪堰镇	常州腾睿机械有限公司	湖塘镇
江苏特一机械股份有限公司	雪堰镇	常州万泰天平仪器有限公司	湖塘镇
江苏万盛铸造有限公司	雪堰镇	常州西控自动化系统有限公司	湖塘镇
江苏武蕾机械有限公司	雪堰镇	常州欣迈克机械有限公司	湖塘镇
中铁建电气化局集团轨道交通器材有限公司	雪堰镇	常州旭特吉丰工具有限公司	湖塘镇
常州杰仕特网印机械有限公司	礼嘉镇	常州一道标识系统有限公司	湖塘镇
常州金奇雕数控机床有限公司	礼嘉镇	常州赢得为自动化科技有限公司	湖塘镇
常州市泓帆自动化设备有限公司	礼嘉镇	江苏巨联减速机有限公司	湖塘镇
常州市武进悦达电声器材有限公司	礼嘉镇	凯斯炉业科技江苏有限公司	湖塘镇
常州讯能新材料科技有限公司	礼嘉镇	麦麸智能科技（常州）有限公司	湖塘镇
常州永波电子有限公司	礼嘉镇	常州安康医疗器械有限公司	湖塘镇
江苏华裕机电科技有限公司	礼嘉镇	常州华旋传感技术有限公司	湖塘镇
常州百佳年代薄膜科技股份有限公司	礼嘉镇	常州骏嘉纺织科技有限公司	湖塘镇
常州常发制冷科技有限公司	礼嘉镇	常州赛瑞克包装机械有限公司	湖塘镇
常州市科协减速机制造有限公司	礼嘉镇	常州市常超电子研究所有限公司	湖塘镇
常州市武进顺达精密钢管有限公司	礼嘉镇	常州市久虹医疗器械有限公司	湖塘镇
常州市武起常乐电机有限公司	礼嘉镇	常州市武进永达机械轴承有限公司	湖塘镇
江苏泛亚微透科技股份有限公司	礼嘉镇	常州市中迈源纺织机械有限公司	湖塘镇
江苏丰顺新材料科技有限公司	礼嘉镇	江苏冠创医疗科技有限公司	湖塘镇
英特曼电工（常州）有限公司	礼嘉镇	江苏孜航精密五金有限公司	湖塘镇
常州窗友塑胶有限公司	前黄镇	旷达纤维科技有限公司	湖塘镇
常州九洲创胜特种铜业有限公司	前黄镇	常州丁丁纺织科技有限公司	牛塘镇
常州明业机械有限公司	前黄镇	常州桂之源智能科技有限公司	牛塘镇
常州三拓焊接设备有限公司	前黄镇	常州辉宏电子科技有限公司	牛塘镇
常州市华虹玻璃钢有限公司	前黄镇	常州惠武精密机械有限公司	牛塘镇
常州市嘉腾精密锻造有限公司	前黄镇	常州杰和机械有限公司	牛塘镇
常州市朗捷电子有限公司	前黄镇	常州鹏鼎精密模具有限公司	牛塘镇
常州威诺斯花辊有限公司	前黄镇	常州市光卓传动设备有限公司	牛塘镇
常州昀晖光伏科技有限公司	前黄镇	常州市维克托光电科技有限公司	牛塘镇
江苏越行机械科技有限公司	前黄镇	常州天涛通信设备有限公司	牛塘镇
常州金博兴机械有限公司	前黄镇	常州亿盛电子电器有限公司	牛塘镇
常州康普药业有限公司	前黄镇	常州永沛机电技术有限公司	牛塘镇
常州敏杰电器有限公司	前黄镇	江苏盖特钨业科技有限公司	牛塘镇
常州市武进武南管道设备有限公司	前黄镇	江苏立达安全防护技术有限公司	牛塘镇
江苏国星电器有限公司	前黄镇	江苏中力自动化科技有限公司	牛塘镇
江苏宏远科技工程有限公司	前黄镇	常州东仕豪机械制造有限公司	牛塘镇
江苏纵横优仪人造草坪有限公司	前黄镇	常州市武进大成工贸有限公司	牛塘镇
常州鼎堂传动科技有限公司	湖塘镇	常州东财机械制造有限公司	洛阳镇
常州格特拉克轴承有限公司	湖塘镇	常州方耀自动化科技有限公司	洛阳镇
常州冠日电器工具有限公司	湖塘镇	常州洛合精密机械有限公司	洛阳镇
常州牛顿力称重系统有限公司	湖塘镇	常州萨密得机电设备有限公司	洛阳镇
常州勤网信息科技有限公司	湖塘镇	常州市常联波纹管有限公司	洛阳镇
常州市晋纯环保科技有限公司	湖塘镇	常州市洛锐电器有限公司	洛阳镇
常州市康润汽车配件有限公司	湖塘镇	江苏高克锈机械有限公司	洛阳镇
常州市三字智能科技有限公司	湖塘镇	江苏聚荣制药集团有限公司	洛阳镇
常州索霖能源科技有限公司	湖塘镇	常州市蓝托金属制品有限公司	洛阳镇

续表 34

企业名称	所在地	企业名称	所在地
常州市联谊特种不锈钢管有限公司	洛阳镇	江苏龙富重工机械有限公司	湟里镇
常州市威普电子科技有限公司	洛阳镇	常州富桐纤维新材料有限公司	湟里镇
常州永和精细化学有限公司	洛阳镇	常州凯达重工科技有限公司	湟里镇
江苏华阳智能装备股份有限公司	洛阳镇	常州市武进长虹结晶器有限公司	湟里镇
江苏九洲包装科技有限公司	洛阳镇	江苏晨光涂料有限公司	湟里镇
江苏洛凯机电股份有限公司	洛阳镇	江苏金鼎电器有限公司	湟里镇
上药康丽（常州）药业有限公司	洛阳镇	江苏新福乐威涂料有限公司	湟里镇
幸立高车辆配件（常州）有限公司	洛阳镇	安达科（江苏）陶瓷有限公司	嘉泽镇
常州骏琥机械有限公司	湟里镇	常州市德威盛汽车部件有限公司	嘉泽镇
常州联能机械有限公司	湟里镇	江苏嘉杨机电配件有限公司	嘉泽镇
常州市腾辉电力器材有限公司	湟里镇	江苏玺俊景观规划设计有限公司	嘉泽镇
常州市武进东方除尘设备有限公司	湟里镇	江苏饮特尔节能科技有限公司	嘉泽镇
常州市新佳祺机械设备有限公司	湟里镇	常州嘉昊广播电视设备有限公司	嘉泽镇
常州市雄森压铸件有限公司	湟里镇	常州市建本医疗康复器材有限公司	嘉泽镇
江苏君盛轧辊有限公司	湟里镇	三鑫重工机械有限公司	嘉泽镇

【科技金融扶持中小企业】 2021年，武进区贯彻落实《江苏省推进高新技术企业高质量发展若干政策》要求，加大科技金融服务。全年发放科技贷款65笔、1.87亿元。其中，“苏科贷”21笔、6350万元，“武科贷”44笔、1.23亿元；工商银行发放贷款14笔、4338万元，农业银行发放贷款30笔、7970万元，2家银行放款额度均高于2020年。年内，通过下调“武科贷”贷款利率至央行基准利率，与其他贷款相比，“武科贷”优势更加明显，受欢迎度高。

（张建忠）

科技项目

【概况】 2021年，武进区坚持创新驱动发展战略，争取各级政策资源，鼓励企业自主创新，推介优质创新项目立项。申报市级及以上科技计划项目350个，获立项278个，获项目经费1.73亿元。其中，获立项国家级科技项目1个、省级科技项目92个，共获项目经费1.31亿元。区科技局编制区级科技计划项目指南，受理区级各类科技计划项目申报，组织专家评审，实施社会发展、软科学等合同类科技计划项目72个，下达项目经费824万元。至年底，完成项目验收36个，其中农业科技项目1个、科技基础设施项目1个、社会发展科技项目34个。

【农业科技项目获立项8个】 2021年，武进区以发展高效绿色生态现代农业科技为主题，围绕新品种选育推广、智慧农业、生态和生物农业、农产品深加工等高技术创新领域，加强新品种、新技术、新模式集成应用与引导示范，重点培育农业科技园区、农业科技型企业、科技型合作社等，开展农业关键技术攻关、农业科技人才引进培养，提升农业科技创新水平。年内，组织申报江苏现代农业项目2个、常州市农业科技支撑项目14个，获立项8个，获项目经费345万元。其中，常州江苏大学工程技术研究院承担的“无人拖拉机关键技术与耕深自适应调控系统研发”项目、江苏立华牧业股份有限公司承担的“立华牧业星创天地”项目获省现代农业重点研发计划立项。江苏（武进）水稻研究所承担的“优异粳稻种质资源NM58、农13的引进与改良”等6个项目获市重点项目研发计划（农业科技支撑）立项。常州市祝庄园艺有限公司、江苏绿浥农业科技股份有限公司被认定为江苏省农业科技型企业，武进区累计有省级农业科技型企业14家。

【社会民生领域项目获立项49个】 2021年，武进区围绕保障和改善民生的重大科技需求，发挥科技在卫生医疗、安全环境、教育、文化、现代农业等社会民生领域方面支撑作用，开展技术攻关、重点关键技术推广和示范。全年获立项省级项目1个、市级项目14个、区级项目34个，下达项目经费583万元。其中，常州康普药业有限公司承担的“盐酸异丙嗪片通过一致性评价并收载上市药品目录集”项目获省社会发展医药项目立项。常州西太湖细胞治疗前沿技术研究院承担的“PD-1抗体自分泌型CAR-γδT细胞治疗肿瘤”等14个项目获市科技计划（社会发展科技支撑）项目立项，江苏绿和环境科技有限公司承担的“基于建筑固废资源化利用高品质再生机制砂的关键技术及资源化利用研究”等34个项目获区科技支撑计划(社会发展)项目立项。鼓励企事业单位、科研机构针对新冠肺炎疫情开展科研活动，重点围绕精准防控、快速检测、防护物资（口罩、防护服、消毒机器人等)、医疗救治、医疗器械、药物和疫苗研发、临床治疗等领域，协调和掌握有效新技术、新产品、新服务，申报科技项目5个，获立项3个，获项目经费45万元。

【武进获省级科技项目立项92个】 2021年，武进区获省级科技项目立项92个，获项目经费1.31亿元。其中，省科技成果转化专项资金项目2个、省重点研发计划（产业前瞻与关键核心技术）项目3个、省科技人才类项目8个，分别获项目经费2400万元、440万元、700万元。

表 35

2021 年武进区新增省级科技项目情况表

项目类型	项目名称	承担单位
苏南国家自主创新示范区建设高新区奖励补助资金项目	2021 年苏南国家自主创新示范区建设专项资金高新区奖励补助	武进国家高新技术产业开发区
省科技成果转化专项资金项目	医卫防护用 3.2 ～ 5.4 米超宽幅非织造布纺熔复合智能装备研发及产业化	常州市武进广宇花辊机械有限公司
	高效智能自驱动永磁滚筒的研发及产业化	江苏嘉轩智能工业科技股份有限公司
省重点研发计划项目（产业前瞻与关键核心技术）	适用于太赫兹器件的 CVD 石墨烯制备及转移技术研发	江苏江南烯元石墨烯科技有限公司
	国产 48K 大丝束碳纤维氧化碳化关键技术研发	北京化工大学常州先进材料研究院
	用于芯片检测的大范围真空原子力显微镜研发	国成仪器（常州）有限公司
省重点研发计划(社会发展医药项目）后补助	盐酸异丙嗪片通过一致性评价并收载上市药品目录集	常州康普药业有限公司
省基础研究计划（自然科学基金）面上项目	可编程仿生软体机器人的设计及多场协同变形致动机理	常州江苏大学工程技术研究院
	金属基高分子复合材料关键性能及强化机理研究	机械科学研究总院江苏分院有限公司
省重点研发计划（现代农业）	无人拖拉机关键技术与耕深自适应调控系统研发	常州江苏大学工程技术研究院
	立华牧业星创天地	江苏立华牧业股份有限公司
省级工程技术研究中心	江苏省长三角环境工程技术研究中心	江苏长三角环境科学技术研究院有限公司
	江苏省薄层高质量石墨烯粉体工程技术研究中心	常州第六元素材料科技股份有限公司
	江苏省新能源发电、储能系统产品质量检测工程技术研究中心	常州华阳检验检测技术有限公司
	江苏省 5G 用轻型自承式架空光缆工程技术研究中心	江苏南方通信科技有限公司
	江苏省（顺风）高效太阳能电池工程技术研究中心	江苏顺风新能源科技有限公司
	江苏省充电安全大数据工程技术研究中心	万帮星星充电科技有限公司
	江苏省新型现代智能养殖装备工程技术研究中心	江苏华丽智能科技股份有限公司
	江苏省道路救援智能装备工程技术研究中心	江苏中汽高科股份有限公司
	江苏省高端激光器芯片工程技术研究中心	常州纵慧芯光半导体科技有限公司
	江苏省（中车柴油机）大缸径活塞组件工程技术研究中心	常州中车柴油机零部件有限公司
	江苏省安全防爆锂电池组件工程技术研究中心	常州武进中瑞电子科技股份有限公司
	江苏省轨道交通辅助供电设备工程技术研究中心	常州今创电工有限公司
	江苏省航空航天用高频低损耗电缆组件工程技术研究中心	常州金信诺凤市通信设备有限公司
	江苏省智能机床组合制造单元工程技术研究中心	常州创胜特尔数控机床设备有限公司
	江苏省（君华）高性能特种工程塑料工程技术研究中心	江苏君华特种工程塑料制品有限公司
	江苏省协作机器人工程技术研究中心	遨博（江苏）机器人有限公司
	江苏省智慧水务信息一体化工程技术研究中心	江苏中盈高科智能信息股份有限公司
江苏省产研院联合创新中心	江苏省产研院联合创新中心	新誉轨道交通科技有限公司
	江苏省产研院联合创新中心	江苏洛凯机电股份有限公司
	江苏省产研院联合创新中心	国创移动能源创新中心（常州）有限公司
	江苏省产研院联合创新中心	常州纵慧芯光半导体科技有限公司
江苏省农业科技型企业	江苏省农业科技型企业	常州市祝庄园艺有限公司
	江苏省农业科技型企业	江苏绿浥农业科技股份有限公司
省科技副总	周小芹	常州顺创电气科技有限公司
	黄小丹	常州大恒环保科技有限公司
	熊新娟	常州市亚森电子有限公司
	盛 扬	江苏晨光涂料有限公司
	徐小青	常州工利精机科技有限公司
	顾志刚	江苏瓯堡纺织染整有限公司

续表 35

项目类型	项目名称	承担单位
省科技副总	王　鹏	江苏优埃唯智能科技有限公司
	龙　兵	三艾（江苏）控股集团有限公司
	刘进福	遨博（江苏）机器人有限公司
	祁玉龙	江苏湘林嘉雨机械有限公司
	胡　坤	江苏常大绿恒环境工程有限公司
	刘冬明	湖大科瑞（江苏）检测技术有限公司
	褚　静	常州市智业医疗仪器研究所有限公司
	何大方	常州市碳索新材料科技有限公司
	潘雪涛	江苏勒捷特自控科技有限公司
	刘晓杰	常州市武进红光无线电有限公司
	顾卫杰	江苏大备智能科技有限公司
	杨凤丽	常州特丽特光电科技有限公司
	孙斐斐	江苏凯博传动设备有限公司
	厉筱峰	常州市钧达轴承有限公司
	胡圣尧	常州回回机械科技有限公司
	邹　平	江苏国色天香油用牡丹科技发展有限公司
	仲　蕾	常州天兴环保科技有限公司
	蔡福海	常州创胜特尔数控机床设备有限公司
	胡永旭	常州路航轨道交通科技有限公司
	奚红霞	江苏长三角环境科学技术研究院有限公司
	杨宏军	恩泰环保科技（常州）有限公司
	许　霞	江苏科标医学检测有限公司
	耿　犟	常州市武进建筑设计院有限公司
	陈双喜	江苏天佑路航认证检测有限公司
省双创人才项目（企业创新类）	陈博士（保密要求）	常州纵慧芯光半导体科技有限公司
	李博士（保密要求）	常州纵慧芯光半导体科技有限公司
	潘博士（保密要求）	常州联影智融医疗科技有限公司
	陈博士（保密要求）	常州桐树生物科技有限公司
	戴博士（保密要求）	深兰人工智能芯片研究院（江苏）有限公司
	赵博士（保密要求）	联泓（江苏）新材料研究院有限公司
	关博士（保密要求）	常州先趋医疗科技有限公司
省双创团队（科技类）	刘景全、刘国君、何佳龙、范尊强	江苏高凯精密流体技术股份有限公司
省政策引导类计划项目（国际科技合作）	新型高强耐蚀稀土改性合金钢的合作研发	常州凯达重工科技有限公司
	轻量化新型智能低碳两轮车的合作研发	江苏小牛电动科技有限公司
	基于大数据的智能养殖管理系统关键技术联合研发	江苏华丽智能科技股份有限公司
	300HP 全动力换挡变速箱的合作研发	常州华创航空科技有限公司
	基于区块链分布式账本的智慧充电解决方案的合作研发	万帮星星充电科技有限公司
	江苏恒立液压股份有限公司日本研发中心建设	江苏恒立液压股份有限公司
省软科学研究项目	数字技术赋能江苏传统制造业数字化转型升级模式与实现路径研究	常州机电职业技术学院
省科技型创业企业孵育计划资金项目	大连理工大学江苏智造产业技术育成中心	大连理工江苏研究院有限公司
	江苏武进科创园	常州市武进科创孵化园管理有限公司
	常州市武进区科创服务中心	常州市武进区科创服务中心
	津通国际工业园	江苏津通创业投资有限公司

续表 35

项目类型	项目名称	承担单位
省科技型创业企业孵育计划资金项目	武进国家高新技术产业开发区众创服务中心	武进国家高新技术产业开发区众创服务中心
	江南石墨烯高新技术创业服务中心	江南石墨烯研究院
	江苏武进西太湖国际智慧园	常州西太湖建设发展有限公司
	常州科教城国际创新基地孵化器	长江龙城科技有限公司
	江苏省绿色建筑创研中心孵化器	江苏绿弘科技发展有限公司
	常州大学科技创业园	常州常大科技园有限公司
	常州医疗器械创业服务中心	常州医疗器械产业研究院有限公司
	福隆医疗器械产业创业服务中心	福隆医疗器械集团有限公司
	上海交通大学（常州）科技园	常州慧谷科技园有限公司

【“医卫防护用 3.2 ～ 5.4 米超宽幅非织造布纺熔复合智能装备研发及产业化”项目】 9月，被省科技厅认定为省科技成果转化资金项目，获省资助经费 800 万元。该项目由常州市武进广宇花辊机械有限公司承担，产学研合作方为太原科技大学及常州工学院，新增投资 4600 万元，优化生产过程质量诊断模型和驱动数据，研发智能控制模块，实现生产过程闭环控制，提升产线效率和稳定性；采用虚实分析方法，分析和优化喷丝微孔流道，优化模头喷丝孔排列和结构设计，保证宽幅方向铺网均匀性；优化“阵列微孔电解＋磨粒流抛光复合加工”工艺技术，开发系列化微孔电解加工阴极，孔加工精度小于等于 0.2 微米；优化多传感调控的多模头复合成网工艺参数，提升成网过程工艺控制水平，成网速度提升到 1100 米／分；优化高线压力均匀轧辊结构，改进轧辊中高挠度智能控制策略，保证产品静水压力在 180 毫米水柱以上。项目实施期内，累计产销非织造布纺熔复合智能装备 80 台（套），实现销售 2.5 亿元。

【“高效智能自驱动永磁滚筒的研发及产业化”项目】 9月，被省科技厅认定为省科技成果转化资金项目，获项目经费 1100 万元、省资助经费 1400 万元。该项目由江苏嘉轩智能工业科技股份有限公司承担，产学研合作方为上海电器科学研究院，新增投资 8800 万元，研究永磁滚筒整距绕组、集中绕组结构改进，实现减小绕组节距、谐波损耗及铜损，提高运行效率；研究真空压力浸漆工艺，实现最大程度消除定子槽内孔洞和气泡，降低介质损耗；研究定转子中心定位工装，达到减少工装过程中磁钢表面镀锌层划伤的目的，实现提高产品质量提高，延长产品寿命；研究定子总成水套的焊接工艺改进，由原来的气保焊改为埋弧焊，实现降低焊接时间、提升效率；研究滚筒转子内打孔数控专机，缩短加工时间；研究逆止器疲劳测试平台，解决逆止器的质量的智能检测和验证问题，为设计及改进质量提供数据支撑。项目实施期内，累计产销智能型氮氧传感器总成 800 台（套），实现销售 4 亿元。

（张建忠）

科技奖励

【概况】 2021 年，武进区按照省科技厅《关于 2021 年度江苏省科学技术奖提名工作的通知》要求，组织推荐企业与科研院所申报省科学技术奖。全区获省科学技术奖项目 8 个，其中二等奖 4 个、三等奖 4 个，江苏恒立液压股份有限公司获省企业技术创新奖。

【“无菌自毁式疫苗注射器关键技术研发及产业化”项目获省科学技术奖二等奖】 该项目被省科技厅授予 2021 年度江苏省科学技术奖二等奖，由无锡市宇寿医疗器械有限公司、机械研究总院江苏分院有限公司、常州机电职业技术学院、弘知远扬科技服务（南京）有限公司联合承担。创新突破自毁及止误、注射针内缩自动偏斜、安全罩锁定、安全自毁、质量在线监测、异构生产数据融合、能耗实时管控等关键技术，实现使用后针尖自动屏蔽及产品自毁、筒体外套残留液体量小于 0.01 毫升，核心技术推广至胰岛注射和高压注射等领域。项目产品通过江苏省医疗器械检验所和上海生物材料研究测试中心检测，总体水平超国内同类产品，处于国际先进水平，出口至美国、德国等近百个国家，国内销售覆盖 32 个省(自治区、直辖市)。形成核心发明专利 23 件，其中国内授权 11 件、国外授权 12 件。

【“轨道交通车辆走行系统核心零部件关键铸造技术研发及产业化”项目获省科学技术奖二等奖】 该项目被省科技厅授予 2021 年度江苏省科学技术奖二等奖，由常州朗锐铸造有限公司、中车戚墅堰机车车辆工艺研究所有限公司、东南大学、常州机电职业技术学院联合承担。创新突破材料制备、组织评定、工艺控制、绿色铸造等关键难点，受载零部件满足了 −60℃极寒、900℃高热等复杂工况，产品应用于“复兴号”中国标准动车组、客运机车、城市轨道等，球铁齿轮箱、蠕铁制动盘国内市场份额分别在 70%、90% 以上。经中国机械工业联合会鉴定，项目成果总体达国际先进水平，其中超低温高强韧球铁材料制备达国际领先水平，获发明专利授权 28 件。项目单位参与制定国家和行业标准 6 项，主导制定国内首个铸造领域国际标准。

【“锂电池材料高效绿色生产智能成套装备的关键技术及应用”项目获省科学技术奖二等奖】 该项目被省科技厅授予 2021 年度江苏省科学技术奖二等奖，由常州百利锂电智慧工厂有限公司、南京航空航天大学、成都巴莫科技有限责任公司、江苏南大紫金科技有限公司联合承担。创新突破窑炉烧结全环节高效自动化生产装备技术、面向安全绿色生产的磁性杂质隔离与尾气高效回收利用技术、抗干扰自适应动态闭环精密配料技术、数字孪生产线全流程智能管控与运维技术等关键技术，实现成品磁性杂质含量小于 20ppb（十亿分比浓度）、配料精度 ±0.1%,国内市场份额占 80%以上。经行业专家鉴定，项目成果总体技术超国内同类产品，处于国际先进水平，形成核心发明专利 16 件、实用新型专利 44 件、计算机软件著作权 14 件。

【“环境中新污染物监测关键技术突破与示范应用”项目获省科学技术奖二等奖】 该项目被省科技厅授予 2021 年度江苏省科学技术奖二等奖，由常州磐诺仪器有限公司和江苏省环境监测中心、中国环境监测总站、中国科学院生态环境研究中心、中国科学院大连化学物理研究所、南京大学、南京科略环境科技有限责任公司联合承担。创新突破新污染物高通量非靶标筛查、新污染物的高精准定量监测、色谱定量干扰下化合物分离、高灵敏度氢火焰离子化检测器、高精度流量控制比例阀、VOCs 及臭氧污染源解析的在线化等关键技术，解决江苏省环境中新污染物底数不清、情况不明，新污染物监测标准缺乏且溯源困难，VOCs 监测设备过度依赖进口等“卡脖子”问题。经行业专家鉴定，项目研究和应用达国际领先水平，首次形成新污染物筛查和履约调查—监测方法国家标准化—监测设备及污染溯源软件平台国产化相结合的新污染物监测体系，制定国家标准 11 项（发布 7 项），获发明专利授权 14 件，形成产品 4 个，发表学术论文 100 余篇。

【“第三代核电站核级阀门电动装置关键技术研发及产业化”项目获省科学技术奖三等奖】 该项目被省科技厅授予 2021 年度江苏省科学技术奖三等奖，由常州电站辅机股份有限公司、上海核工程研究设计院有限公司、江苏大学、常州机电职业技术学院联合承担。常州电站辅机股份有限公司在对第一代、第二代核电机组阀门电动执行机构研制的基础上，对进口 AP1000 等第三代核电站阀门电动执行机构技术展开引进、消化、吸收和再创新，自主研发满足“华龙一号”“国和一号（CAP1400）”“国和一号（CAP1000）”等堆型第三代核电站要求的阀门电动执行机构，创新研发超长生命周期耐老化技术，高温、高压、湿热和腐蚀性环境下的多重密封技术，多安装方式、高加速度、宽频域抗地震技术，智能控制技术和工业物联网技术等关键技术。产品生命周期长达 60 年，多重密封技术能满足核电站在高温、高压、强酸腐蚀工况下确保安全功能，装置通过 ARM 平台(高级 RISC 微处理器)与云端数据交互、远程运维。经行业专家鉴定，项目成果总体技术可填补国内空白，处国际先进水平，形成核心发明专利 23 件、实用新型专利 46 件、计算机软件著作权 2 件。

【“薄壁复杂铸钢件自动化负压反重力铸造成套技术与装备开发”项目获省科学技术奖三等奖】 该项目被省科技厅授予 2021 年度江苏省科学技术奖三等奖，由机械科学研究总院江苏分院有限公司、科华控股股份有限公司联合承担。创新突破砂型真空负压精确调控、超高温铸造环境密封、液面精确伺服控制、激光在线高精度测量和压力伺服控制技术等关键技术及成套智能装备，提升复杂薄壁铸钢件性能和质量。经国内铸造专家鉴定，整体技术达国际先进水平，壳型叠箱铸造工艺达国际领先水平，形成核心发明专利 1 件、实用新型专利 26 件，发表论文 2 篇。

【“超薄超宽非织造布高速热轧成套装备研发及产业化”项目获省科学技术奖三等奖】 该项目被省科技厅授予 2021 年度江苏省科学技术奖三等奖，由常州市武进广宇花辊机械有限公司、常州工学院、南京航空航天大学联合承担。创新研发基于运维数据的高线压力均匀轧辊设计技术和基于数据驱动的智能柔性生产技术，突破国内热轧成套装备在智能化、速度、幅宽、线压力和疲劳寿命等方面的技术瓶颈。经行业专家鉴定，项目成果总体技术国内领先，部分性能指标达国际先进水平。获发明专利授权 19 件，其中国际发明专利 1 件、实用新型专利 6 件，软件著作权 5 件，制定行业标准 2 项、企业标准 4 项。

【“五轴联动数控电解机械复合加工技术及应用”项目获省科学技术奖三等奖】 该项目由常州工学院、新誉集团有限公司、瑞声光电科技（常州）有限公司、常州创胜特尔数控机床设备有限公司联合承担。高度集成数控、电解和机械磨削三者的优势，采用旋转的具有内喷、外喷功能的复合阴极为工具，解决复杂、薄壁、低刚度、高硬度、高耐磨、高强度、难加工材料零件存在的粗加工、精加工和抛光加工难题，开发五轴联动数控电解机械复合加工机床，加工精度 0.002 毫米，表面粗糙度达 Ra0.02 微米。应用于航空航天、轨道交通、模具和轴承等行业，突破航空发动机涡轮盘制造技术瓶颈，获发明专利授权 22 件。

【江苏恒立液压股份有限公司获省企业技术创新奖】 江苏恒立液压股份有限公司被省科技厅授予 2021 年江苏省企业技术创新奖。该公司始创于 1990 年，位于武进高新区，主要从事高压油缸、液压柱塞泵、液压控制阀、液压系统和高精密液压铸件等系列产品研发、生产与销售，是高新技术企业，2011 年 10 月 28 日在上海证券交易所主板上市。公司建有江苏省企业技术中心、江苏省博士后科研工作站，拥有大型高压油缸研发中心、省级超高压油缸小型化轻量化设计工程技术研究中心，在上海和德国柏林、美国芝加哥、日本东京分别建有液压研发中心 4 个、生产制造基地 9 个，有专业技术研发人员 592 人，占公司总人数的 15.83%，在高端装备工程机械液压件领域拥有自主核心技术，科研成果挖掘机核心液压元件关键技术、正负流量整体式液压多路控制阀、轴向柱塞并联变量泵经鉴定，达国际先进、国内领先技术水平，“挖掘机液压元件关键技术与产业化”获中国机械工业科学技术一等奖，“小型挖掘机用斜盘式轴向柱塞变量泵关键技术的研发及产业化”获江苏省科学技术奖二等奖，专利“吊机细长伸缩油缸”获 2021 年中国专利奖优秀奖，产品销往全球 20 多个国家和地区，服务企业 1200 多家。曾获工业和信息化部制造业单项冠军示范企业、国家知识产权示范企业、中国智能制造百强企业、国家行业标准制定单位等称号。2021年，企业研发投入4.25亿元，占总投入的6.51%；高新产品销售收入47.9亿元，占主营业务收入的70.87%；累计拥有有效专利446件，其中国外发明专利10件。

（张建忠）

国际科技合作

【概况】 2021年，武进区坚持开放创新与协同创新相融合，加快科技创新国际化步伐，瞄准重点合作国家和地区广开合作渠道，创新对外交流方式，引进和集聚国际科技创新资源，推进中以常州创新园、中德创新园、中欧（常州）绿色创新园等国际科技合作园区建设。全区获各级政策引导类计划（国际科技合作）项目立项25个，其中省级7个、市级18个，分别获项目经费640万元、500万元。《中以常州创新园“十四五”发展战略规划》经市政府常务会议审议通过，6月获批成为中国（江苏）自由贸易试验区联动创新发展区，江苏省中以产业技术研究院与常州大学共同建设的新型科教融合学院——中以科创学院揭牌。中德创新园引进江苏德石科技有限公司，建立Plug and Play（常州）国际产业创新服务平台，常州弗劳恩霍夫IOSB技术展示转化基地与常州大学共建的中德数字孪生联合实验室揭牌。年内，举办2021中以创新合作与产业投资大会、中以常州创新园共建计划推介会、常州智能制造跨境创新峰会、中欧技术合作会议等国际科技交流活动8场次。

【中以常州创新园】 成立于2015年1月。2021年，获批成为中国（江苏）自由贸易试验区联动创新发展区。借鉴以色列政府引导投资基金的运作模式，设立规模1亿元的中以天使投资专项资金，为园区企业提供资金支持。举办2021中以创新合作与产业投资大会，与以色列创新署建立定期沟通机制，推动共建计划持续走深走实，新增3家以色列企业签约落户园区，以色列江苏创新中心新增入驻企业4家。举办中以常州创新园共建计划推介会、以色列企业来华发展沙龙等对接及宣介活动4场，达成项目合作协议6个。新增签约落户高科技、

2021年武进区新增政策引导类计划（国际科技合作）项目情况表

表36

级别	项目名称	承担单位	所在区域
省级	基于大数据的智能养殖管理系统关键技术联合研发	江苏华丽智能科技股份有限公司	武进高新区
	300HP全动力换挡变速箱的合作研发	常州华创航空科技有限公司	武进高新区
	基于区块链分布式账本的智慧充电解决方案的合作研发	万帮星星充电科技有限公司	武进高新区
	江苏恒立液压股份有限公司日本研发中心建设	江苏恒立液压股份有限公司	武进高新区
	轻量化新型智能低碳两轮车的合作研发	江苏小牛电动科技有限公司	西太湖科技产业园
	新型高强耐蚀稀土改性合金钢的合作研发	常州凯达重工科技有限公司	湟里镇
	生物医用超细晶β钛合金及其表面改性技术合作研发	江苏宁辉生物医疗科技有限公司	礼嘉镇
市级	A/C轴双摆角高精度五轴铣头关键技术的合作研发	机械科学研究总院江苏分院有限公司	常州科教城
	中德PUSH众创空间孵化平台建设	常州普适信息科技有限公司	常州科教城
	用于检测HLA-B*15:02基因的叉指电极（IDE）传感芯片设计技术开发	常州先趋医疗科技有限公司	常州科教城
	常州中德国际合作弗劳恩霍夫IOSB技术展示及转化基地	常州旭泰克系统科技有限公司	常州科教城
	基于混合现实（MR）技术的医疗临床教学系统平台的研发	常州锦瑟医疗信息科技有限公司	常州科教城
	基于区块链与人工智能的电能交易系统的合作研发	国创移动能源创新中心（江苏）有限公司	常州科教城
	抗肿瘤微生物活药物的研发和给药策略研究	常州南京大学高新技术研究院	常州科教城
	微铣刀磨损在线监测与智能预报	常州虹濛信息技术有限公司	常州科教城
	中德技术转移与项目孵化服务平台	常州中德产业创新与合作中心有限公司	常州科教城
	医疗可食用软体机器人合作研发	常州工程职业技术学院	常州科教城
	全地形车混动轻量化、工业造型设计的联合研发	赛格威科技有限公司	武进高新区
	新型太阳能跟踪支架紧固连接件	江苏曦日新能源科技有限公司	武进高新区
	等温扩增仪技术研发合作项目	常州艾立贝医疗科技有限公司	武进高新区
	特种工业污水处理工程环保新设备的联合研发	江苏今创环境集团有限公司	武进高新区
	天然植物提取抗菌型染料及印染技术的联合开发	常州美胜生物材料有限公司	西太湖科技产业园
	内窥镜亚黏膜解剖器械的联合开发	江苏唯德康医疗科技有限公司	西太湖科技产业园
	风电叶片雨蚀测试系统合作开发	常州合欣达旭新能源科技发展有限公司	西太湖科技产业园
	医用纳米β钛合金及其表面改性技术联合研发	江苏宁辉生物医疗科技有限公司	礼嘉镇

国际化、"犹太 +"科技型项目 40 个。其中，入选"龙城英才计划"项目 10 个，获立项"江苏—以色列产业研发合作计划"第十七轮项目 1 个，获常州市创新创业大赛一等奖 1 个、三等奖 2 个，江苏曦日新能源科技有限公司成为园区首个成功孵化的产业化项目。中以产业技术研究院持续扩充人才团队，完成 2020 年度"青年博士创新计划"开放课题结题，申报发明专利 20 件，启动 2021 年度"青年博士创新计划"招募，吸收来自全国重点高校的新成员 20 人，常州骨科与运动康复创新中心完成骨科平台"以临床应用为导向的创新基金"项目征集，持续完善固立高端装备创新中心人才培养课程及场地建设。园区联合以色列本 · 古里安大学、常州大学开展新工科教育本硕一体化联合培养合作，与常州大学共同成为"新型研发机构科教融合培养产业创新人才"揭榜任务单位。部分内容参见"产业园区"类目 P84 相关条目。

【中德创新园】 位于常州科教城，是常州市与友好城市德国埃森市重点合作项目，于 2013 年启动建设，2016 年被国家发展改革委和欧盟驻华使团联合授予"中欧城镇化伙伴关系示范区"称号，拥有中德产业创新与合作中心（常州）、常州科技经济发展中心（埃森）、常州科教城创研港等平台，助推企业"引进来、走出去"，深化产业科技合作交流，促成科技成果落地转化。2021 年，坚持"对标德国创新体系，打造中德合作平台，引进国际先进技术，孵化创新创业项目，培育常州未来产业，提升苏南智造水平"目标定位，按照"高起点规划、高标准建设、高质量招商"要求，聚焦产业创新和合作交流两大功能，突出科技与教育融合发展，建设高教园区、研发园区和孵化园区，引进德国研发机构、高端人才和创新项目落户，推动科技成果转化和产业化，打造国际合作先行区。引进江苏德石科技有限公司、常州念磁科技有限公司、常州创胜特尔数控机床设备有限公司、常州锦瑟医疗信息科技有限公司、常州威乐汇铭国际技术转移有限公司等对德合作项目 10 个。常州弗劳恩霍夫 IOSB 技术展示转化基地与常州大学共建的中德数字孪生联合实验室揭牌。卡尔斯鲁厄理工学院（KIT）技术转移中心建成运营。举办常州智能制造跨境创新峰会暨 Plug and Play（常州）国际产业创新服务平台发布、2021 国际技术对接洽谈会等活动。常州旭泰克系统科技有限公司承担的"中德国际技术展示及转化基地""中德 PUSH 众创空间孵化平台建设"等 6 个项目获市级立项。

【中欧（常州）绿色创新园】 位于武进绿建区，2020 年 10 月成立，依托武进良好产业基础和武进绿建区绿色建筑产业集聚示范区，建立政府引导、市场主导、企业参与的中欧双边工作机制，打造联合国工业发展组织绿色创新发展国际示范区、中欧绿色伙伴关系常州样板，被列入市、区两级政府"十四五"发展规划。2021 年，围绕绿色低碳节能领域，加强中欧低碳产业合作，促进绿色低碳产业创新发展，重点在资源再生利用、零碳技术、清洁能源、智慧城市、建筑与建材数字化等产业领域，促成中欧技术合作，集聚中欧合作项目，形成涵盖绿色低碳全产业链的差异化特色产业形态。在中欧绿色产业项目方面，集聚并落户威卢克斯主动式建筑应用研究基地、中欧暖通人才创新港、欧本德弗（中国）装配式建筑设计研究院等中欧合作项目 10 余个。在中欧技术合作方面，与英国建筑设计研究院、瑞典环境科学研究院、加拿大特伦特大学等 14 个海内外高校及创新机构合作，达成克力空调西门子精密空调系统项目、施耐德电气绿色智能产线改造项目、营特泰克和德国 JOST 建筑垃圾振动分选项目、雅音新材料和奥地利罗杰德隔音材料项目等技术合作项目 10 余个。在中欧国际交流方面，与欧盟各国使领馆、联合国工业发展组织、中国欧盟商会、欧洲木业协会等组织机构以及重点企业建立合作关系，举办中欧低碳合作交流大会暨绿色创新发展国际示范区创建启动仪式、中国—瑞士绿色建筑发展论坛暨瑞士阿尔卑斯山区可持续建筑获奖作品展、"欧洲之星"系列投融资对接会等活动，搭建中欧绿色产业合作桥梁。在教育培训方面，与国内外相关高校、机构、企业全面合作，面向政府机构、企业高管、高级技能人才和技术工人，开展政策理念宣传、贯彻和实操培训等，打造中欧低碳教育培训研究基地；与德国中小企业联合会合作举办"2000 瓦社会"培训，宣传零碳社区管理理念，与威卢克斯（中国）有限公司共建 AH（Active House）成长学院，开展主动式建筑技术培训，与常州易家环境科技有限公司共建中欧暖通人才创新港项目，获工业和信息化部国际经济技术合作中心"中欧暖通人才创新港"授牌，培育暖通行业人才 1000 多人次。

【"基于大数据的智能养殖管理系统关键技术联合研发"项目】 8 月，被省科技厅认定为省政策引导类计划（国际科技合作）项目。该项目由江苏华丽智能科技股份有限公司承担，合作方为捷克 AGROSOFT Tabor，s.r.o. 公司，总投资 200 万元，获省资助经费 100 万元。依据新型现代智能养殖装备发展趋势，通过自主研发、产学研合作以及引进消化国内外先进技术，促进养殖装备生产全流程具有智能监控、防交叉污染、资源智能调度、质量追溯等功能，具备智能、高效、安全卫生等特点。项目期内，建立国内领先的江苏省新型现代智能养殖装备工程技术研究中心，培养一支集科研、设计、开发、检测与技术管理的复合型技术人才队伍，逐步向自主知识产权和专利技术靠拢，申请专利 5 件，开发新产品 2 个，打造江苏省乃至全国新型现代智能养殖装备工程技术研究开发的核心基地，为省内相关行业企业提供技术咨询、培训及成果共享，开展技术交流 2 次、项目合作 1 个。

【"300HP 全动力换挡变速箱的合作研发"项目】 8 月，被省科技厅认定为省政策引导类计划（国际科技合作）项目。该项目由常州华创航空科技有限公司承担，合作方为意大利 EMTB 有限公司，总投资 380 万元，获省资助经费 80 万元。研究突破全动力换挡总体结构设计技术、关键零部件设计评估技术、液压控制系统设计技术、动力换挡控制技术、全动力换挡变速箱试验技术，掌握全动力换挡变速箱设计和制造的全套技术，打破国外市场垄断，填补国内技术空白，推动国产大型拖拉机产品升级换代，提高作业效率和降低劳动强度，提升自主农机品牌国际竞争力，达到国际先进水平。项目期内，申请专利7件、软件著作权1件，可形成企业标准1项，发表论文1篇，建立全动力换挡装配生产线1条，形成新产品1个。

【“基于区块链分布式账本的智慧充电解决方案的合作研发”项目】 8月，被省科技厅认定为省政策引导类计划（国际科技合作）项目。该项目由万帮星星充电科技有限公司承担，合作方为德国OLI系统有限公司，总投资360万元，获省资助经费80万元。建立完整的绿电共享交易平台，实现充电站数据的实时记录和可视化，利用DLT技术实现对光伏系统的实时监控，显示充电消耗和发电量信息，开发协调充电功能，根据用户使用情况灵活调整功率输出，提高绿色能源使用率。项目期内，申请发明专利1件，发表论文1篇。

【“江苏恒立液压股份有限公司日本研发中心建设”项目】 8月，被省科技厅认定为省政策引导类计划（国际科技合作）项目。该项目由江苏恒立液压股份有限公司承担，境外合作单位为日本株式会社服部精工，总投资2000万元，获省资助经费80万元。主要研究工程机械领域混凝土泵车（50米以上）的闭式液压系统，建设海外研发中心，组建国内外项目研发团队，突破HP4VG175超高压大流量闭式回路柱塞泵泵体铸造、内部气蚀抑制、高超球面加工、高精度滑靴收口、减震降噪等关键技术，实现产品高转速、高流量、冲击大、换向频率高等工作性能，可替代进口。项目期内，申请专利8件，获发明专利授权1件、实用新型专利授权5件。

【“轻量化新型智能低碳两轮车的合作研发”项目】 8月，被省科技厅认定为省政策引导类计划（国际科技合作）项目。该项目由江苏小牛电动科技有限公司承担，合作方为以色列IRP Nexus Group LTD公司，总投资1650万元，获省资助经费100万元。将电动机及控制系统的技术引入传统电动车行业，研究整车设计，开发AI自学习BMS智能电池云管家，开发车身控制、移动通信、全球定位等模块，经中控芯片将整车数据传输到云端，实时反馈给用户，优化电动车动力学模型，开发新型高效、高功率电机，提升电动车科技含量与安全性。项目期内，产品形成小批量销售，申请发明专利1件、实用新型专利3件、外观设计专利2件。

【“新型高强耐蚀稀土改性合金钢的合作研发”项目】 8月，被省科技厅认定为省政策引导类计划（国际科技合作）项目。该项目由常州凯达重工科技有限公司承担，合作方为浦项制铁越南有限公司，总投资800万元，获省资助经费100万元。主要研究稀土对钴铤合金钢的固溶反应，稀土对合金钢组织、夹杂物的影响规律，稀土对合金钢相变、与合金元素的交互作用，稀土对不同pH值和H_2S浓度下合金钢的腐蚀敏感性的影响规律，通过在钴铤合金钢中添加稀土，获得新型高性能耐蚀钴铤合金钢系列产品，采用微分析技术联合各种分析技术澄清稀土元素效应，优化工艺，控制产品质量稳定。项目期内，申请高新技术产品认定1项，申报发明专利2件。

【“生物医用超细晶β钛合金及其表面改性技术合作研发”项目】 12月，被省科技厅认定为省政策引导类计划（国际科技合作）项目。该项目由江苏宁辉生物医疗科技有限公司承担，合作方为捷克ProSpon spol公司，总投资500万元，获省资助经费100万元。聚焦口腔颌面骨组织种植和修复，研发制备及检测技术，将可降解高聚物载体与BMP−2复合，血浆固形物与煅烧胎牛松质骨复合，有机结合在超细晶β钛合金表面，获得与骨骼的结合强度高、满足口腔颌面骨组织种植和修复的高性能复合材料。项目期内，发表研究论文5篇，申请发明专利3件。

（张建忠）

产学研合作

【概况】 2021年，武进区重点围绕“六大工程”（创新主体赋能工程、创新要素集聚工程、创新平台增效工程、创新生态优化工程、创新能力提升工程、创新合作攀升工程），加强科技创新和示范引领，引导企业与高校针对特色优势产业链，以校企合作、企业联合等产学研对接的合作形式实施一批关键核心技术攻关，加速科技成果转化。4月，围绕“生产线智能化改造”主题组织专场对接，区内18家企业与常州科教城8个科研院所初步达成产学研合作意向11个。6月，召开“科技燎原·校企同行”武进区校政企合作创新发展大会。10月，参与常州市“名城名校合作行，创新创业赢未来”活动武汉、南京专场产学研活动，各组织11家企业与当地高校院所产学研项目签约。6—10月，分别组织武进区酒店行业商会企业在江苏相城中等专业学校、电子行业商会企业在南昌大学、食品行业商会企业在江苏大学、轻工业商会企业在南京航空航天大学开展产学

6月23日，“科技燎原·校企同行”武进区校政企合作创新发展大会举行

（供图/区科技局）

研活动。全年获省级产学研合作项目立项24个，入选省科技副总30人，累计组织对接活动52场，其中高校进企业35场、企业进高校17场，签订产学研合作协议110个，合同金额6848万元。

【“科技燎原·校企同行”武进区校政企合作创新发展大会】 6月23日在武进九洲喜来登大酒店举行，高校、政府、企业代表共250人参加。全国16所高校和37家武进区企业负责人围绕科技创新、校企合作发展等方面开展交流研讨。武进区政府与河海大学、常州大学、江苏理工学院、常州工学院、常州信息职业技术学院、常州工业职业技术学院、常州工程职业技术学院、常州纺织服装职业技术学院、常州机电职业技术学院9所高校签署战略合作协议，区科协与常州南京大学高新技术研究院签约共建武进区科技成果转移中心，中国矿业大学、杭州电子科技大学、常州大学、常州工学院签约入驻武进区科技成果转移中心，江苏大学与碳元科技股份有限公司合作的“5G通讯用超薄均温板碳纳米管阵列吸液芯开发项目”等8个校企合作项目签约，合同总金额超1300万元。会上，武进区首次面向全球张榜十大企业关键核心技术项目需求，启动“百名专家进百企”行动，即组织百名高校专家教授走进百家创新型企业开展对接。

【省科技镇长团武进团第十三批团员产学研活动】 2021年8月，江苏省科技镇长团武进团第十三批团员22人完成任职，第十四批团员12人入驻武进。第十三批团员（任职时间2020年8月至2021年8月）紧扣武进发展需求和产业特色，促进一批科技人才、创业项目、金融资本向武进基层一线集聚。创造性开展工作，创新长效工作机制，成立武进科技镇团之家、团友创新创业基地，整合历届团友资源，持续导入优质资源，拓展武进区“双招双引”维度。自主开发武进科技镇长团云平台，走访科技型企业950余家，邀请专家到访武进467人次，帮助企业申报技术、人才、资金等方面需求180余项，签订技术开发及平台合作合同80余项，合同金额5.14亿元，实际到账1.34亿元；对接各类项目和科技成果转化需求300余项，协助引进优质创新项目42个；对接省双创计划项目5个、市“龙城英才计划”项目18个，常州市、武进区领军型创新人才项目8项。先后与省内外多家高校及科研院所开展政产学研合作和人才对接活动。其中，区科技局联合区人社局在西安高校招才引智，组织区内10家重点企业参加“双选会”活动；承办吉林大学、北华大学与常州武进科技对接洽谈会，签署技术中心和技术项目开发协议；在河南大学、四川大学、重庆大学、厦门大学等高校院所开展产学研交流对接，分别与河南省多酸化学重点实验室、河南省多酸化学国际科技合作基地达成合作协议，与四川大学科研院科技合作与技术转移部初步建立合作关系，与重庆大学环境物理研究所、重庆市污染场地治理修复技术研究中心达成初步合作意向。创新专家招引模式，创造性提出“专家团队计划”，促成吉林大学材料科学与工程学院、湟里镇政府、常州工程职业技术学院三方共建先进连接技术专家团队；邀请国内14所知名高校近30名就业处负责人到访武进，作为重点企业的“引才专员”，精准对接人才需求；协办首届武进人才周开幕式，主办“智汇武进、产学共赢”集中签约活动等，对接后方资源，促进派出单位与挂职板块建立紧密的产学研合作关系，推动后方单位与武进区企业共建校地、校企合作平台，建立教授工作站、特聘专家工作室、协同创新中心等平台，促进高校、科研院所更多科技成果在武进区转化落地。科技镇长团武进团与村企人才联动项目签约，成为开团后首次与村（社区）签订结对联建协议，通过经常性开展科技成果对接，提升区镇两级人才、科技管理和服务能力，助推村级经济发展；广泛联结金融资源，促成常州高投毅达创业投资基金（总规模10亿元，其中首期规模3亿元）落地西太湖科技产业园，助力西太湖科技产业园与宁波梅花天使投资管理有限公司开展金融、产业、技术合作。

（张建忠）

科技创新创业服务平台

【概况】 2021年，武进区加大创新投入力度，打造高能级双创平台，紧抓重要平台提档升级，突出特色平台引领示范。推进联东U谷、武智工研荟等载体建设及长三角青年创新创业港规划工作，加快大学科技园、产业研究院、创新中心等平台创新创业要素集聚，优化创新创业生态系统，引领各平台瞄准自身产业定位打造专业产业孵化载体，全年新增双创载体面积21.84万平方米。围绕重点区域、重点产业，引导和支持企业特别是大中型工业企业和规模以上高新技术企业建设科技创新服务平台，改善研发条件，培养和引进科技人才，持续产出创新成果，提升企业自主创新能力，推动长三角化合物半导体创新基地开工建设，常州骨科与运动康复产业创新中心正式运营。江苏省中以产业技术研究院、固高科技有限公司分别与江苏省产业技术研究院合作共建国别所和专业所。新誉轨道交通、国创移动能源、洛凯机电、纵慧芯光与省产研院完成联合创新中心签约。通过政策引导，强化市级及以上企业工程技术研究中心建设培育力度。加强企业研发平台承担单位管理，鼓励参与企业研发体系贯标。全年新建省级工程技术研究中心17个、市级工程技术研究中心35个、区级工程技术研究中心68个，新增市级以上工程技术研究中心26个。至年底，累计有市级及以上“二站三中心”550个，其中博士后科研工作站34个（含国家级12个、省级21个）、院士工作站1个、工程技术研究中心351个（含省级129个）、企业技术中心112个（含国家级2个、省级58个）、工程研究中心53个（含省级33个）。武进区大中型工业企业、规模以上高新技术企业研发机构建有率分别达100%、96%。扶持高新技术中小企业培育科技创业服务平台（科技企业孵化器、加速器、众创空间），集成共享科技资源，提供物理空间、基础设施和配套化服务，降低创业风险，提高创业成功率，促进科技成果转化，不断形成引领产业创新的科技创业平台体系。新增省级众创空间3个，新引进高水平孵化机构1个。至年底，累计拥有市级及以上科技企业孵化器29个（含国家级10个、省级6个、市级13个），市级及以上加速器8个（含省级3个、市级5个），市级及以上众创空间29个（含国家级6个、省级15个、市级8个），获市级及以上认证的载体面积累计221.6万平方米。

【3个众创空间入选省级众创空间】 2021年8月，畅空间Changspace、三艾云创空间、武智沃客众创空间被省科技厅纳入省级科技企业孵化器的管理服务体系。

畅空间Changspace　位于常发大厦，面积1330平方米，于2019年5月投运，由江苏常发实业集团有限公司打造，委托常州富隆企业管理有限公司运营管理。运用阿里钉钉人脸识别门禁系统、智能云管理等前沿技术，配套建设休息区和会议中心等，为初创项目和企业提供专业性、系统性孵化服务，包括场地及设备设施服务、物业服务、商务服务、创业辅导服务、政策宣讲服务、项目申报服务、市场推广与对接服务、媒体宣传服务、金融服务、知识产权服务等。主要面向文创类、新媒体、新材料研发类、服务业等行业领域，通过市场化机制、专业化服务和资本化途径，构建低成本、便利化、全要素、开放式、面向大众青年创新创业者的新型服务平台。

三艾云创空间　位于三艾科技大厦，面积1164平方米，于2019年9月投运，由江苏三艾云计算科技有限公司运营。坚持“产业链+孵化+加速+投资”的“一站式”服务模式，长期扶持互联网相关科技创新项目，与高校合作设立三艾云创空间孵化（种子）资金，吸引优质人才和项目入驻，推动科技成果转化，为各行业提供以ABC（人工智能、大数据、云计算）技术为一体的平台服务。组织各类创新创业活动、提供项目申报、政策咨询服务，帮助企业上云，为企业智能化改造和数字化转型赋能。至2021年年底，有在册企业13家，累计服务企业94家，举办创新创业活动11场，开展创业教育培训6场。

武智沃客众创空间　位于津通国际工业园内，面积5300平方米，建有联合办公空间，具有商务办公、公共会议、路演大厅、咖啡吧、书吧、健身中心等功能服务板块，于2019年9月投运，由常州工研荟科技有限公司建设运营，打破传统商务办公租赁模式，通过“一站式”服务和一价全含的核心优势，辅以政策及全方位服务体系，吸引优质服务业企业集聚。向入驻企业提供技术服务、宣传推广、人员招聘、金融服务、创投服务、培训交流、政策申报等十大专属服务，助力中小微企业发展，帮助创业者专注于产品研发和市场推广。至2021年年底，有入驻办公企业25家，累计服务企业700余家，4个项目获常州市“龙城英才计划”项目资助。

（张建忠）

科技人才

【概况】 2021年，武进区围绕国家创新驱动战略，以引进高层次创新人才为工作目标，深化“武进英才计划”，实施领军型创新人才“倍增工程”，构建高层次、创新型人才队伍体系。区科技局发布《常州市武进区科创基金管理办法（试行）》，实施《武进区引才合伙人奖励办法（试行）》，推出“揭榜挂帅”制度，首次面向全球张榜十大企业关键核心技术项目需求。武进区入选国家重大人才工程B类5人、国家高端外专项目1项，获项目经费80万元；入选省双创团队1个、省双创人才（企业创新类）7人，获项目经费700万元，居全市第一；获市领军型创新人才引进培育项目25个，获项目经费810万元；立项区领军型创新人才“倍增工程”项目22个，下达项目经费620万元；获市外国专家项目立项8个，外国专家工作室获省级认定3个、市级认定8个。线上举办武进人才周、“龙城英才推介会”等专场活动。至年底，武进区各类人才总量37万人，其中高技能人才突破11万人。累计入选国家重大人才工程B类13人、省“双创人才”54人、省“双创团队”9个。武进科技镇长团云平台于5月启动，年内入库专家近500人，收集各高校院所最新成果8000余项，为武进企业提供更多资源数据支撑。

（张建忠）

【“智汇武进、产学共赢”集中签约活动】 5月24日在常州新城希尔顿酒店举行。该活动由江苏省科技镇长团武进团主办，区人才工作领导小组办公室、科技局、工信局、人社局、地方金融监管局联合承办，知名专家、学者和高校院所代表、金融投资机构负责人、企业代表、历届科技镇长团武进团团员等100多人参加。活动现场，武进科技镇长团之家、武进科技镇长团云平台启动；东南大学仪器科学与工程学院院长、国家杰出青年基金获得者宋爱国等7名教授受聘为武进科技产业顾问；常州木结构研究中心、协同创新中心工作站等9个平台项目集中签约，合同总额超2亿元；花木容器苗种植基地无人机植保技术服务项目、石墨烯产业对接合作服务项目等15个政产学研项目签约；武进科技镇长团与中挪国际技术有限公司云签约，共同推进海外优质项目，合作招引高精尖人才走进武进区；武进科技镇长团东北工作站和西北工作站授牌成立；上海大学经济学院金融系李翔教授作“金融科技在中国资本市场的应用”的金融形势宣讲。

（吴志坚）

7月，2021“武进英才计划”长三角邀请赛举行　（供图/区科技局）

教育

Education

责任编辑　杨汉平

综　述

【概况】　2021年，武进区全面落实习近平总书记关于培养担当民族复兴大任时代新人的要求，出台《武进区教育"强弱项,补短板"三年行动方案(2021—2023)》，推进"资源配置优化""内涵质量提升""队伍建设强基"三大工程，努力"强治理、促公平、提质量"，全面统筹教育创新与事业稳健发展，为建设教育强区开好局、起好步。持续推进义务教育优质均衡发展，创成市新优质学校4所、常州市主动发展示范校7所。27所中小学获评2020—2021学年度义务教育阶段素质教育质量评估一等奖，28所获评二、三等奖。常州幼儿师范学校升格为幼儿师范高等专科学校。推进现代职教体系"5+2"（五年大专＋两年本科分段培养）、"3+4"（三年中专＋四年本科分段培养）试点和"3+3"（三年中专＋三年大专分段培养）分段培养项目10个，获江苏省教学成果奖2项。持续推进产教深度融合，新增遨博机器人产业学院和校企协同创新中心2个，开展新型学徒制项目5个。技能比赛、教学大赛成绩优异，获全国技能大赛金牌1个、省技能大赛奖47个、省教学大赛奖12个、省创新创业大赛奖11个。持续推进社区教育基础能力和品牌建设，创建江苏省社区教育品牌项目2个、常州市社区教育特色项目4个，2人在常州市首届社区教育教师技能大赛中获一等奖。聚焦落实教育部关于"双减"（减轻义务教育阶段学生作业负担和校外培训负担)、"五项管理"（中小学学生作业、睡眠、手机、读物、体质管理）等热点、难点问题，扎实开展挂牌督导和专项督导，全区省教育现代化建设水平监测继续保持在90分以上，义务教育优质均衡比例84.38%，比2020年提高18.75%，提升幅度位列常州市第一。学前教育普及普惠监测达标比例为69.2%，在全市位列第四。全区成立紧密型、联合型教育集团20个，义务教育阶段集团化覆盖面达100%。教育内涵质量实现新提升，中考、高考成绩始终保持全市前列，获评江苏省教育研究成果奖2项、省基础教育教学成果奖13项、全国艺体竞赛团体冠军2个。教师校长队伍建设取得新成效，新增江苏省特级教师4人、中小学正高级教师4人，新增常州市特级校长5人、高级校长7人、骨干校长8人。加快教育资源建设，提升教育现代化水平。全社会教育投入40.25亿元，新(改、扩）建学校项目31个，其中建成学校项目25个，增加学位7575个；全区90%的学校实现校园无线网络覆盖，新增省智慧校园合格校12所、省智慧校园示范校1所。全区智慧校园占比达65%。

表37

2021年武进区各类中小学校、幼儿园基本情况表

学校类别	学校数（所）	毕业生数（人）	招生数（人）	在校学生（在园幼儿）数	
				2021年（人）	占2020年(%)
普通高中	6	3706	4704	13331	106.21
职业学校（不含常州幼儿师范高等专科学校）	2	2599	3651	11176	98.91
初中（含一贯制及少体校）	28	10136	11752	34796	102.77
小学	38	12384	15872	89453	103.82
幼儿园（注册）	100	13885	12504	42431	104.32
特殊教育学校	1	40	40	174	107.41

表38

2021年武进区各类中小学校、幼儿园教职工情况表

学校类别	教职工总数（人）	其中：专任教师数（人）	达到规定学历的专任教师比例(%)
普通高中	1087	1022	100.00
职业学校（不含常州幼儿师范高等专科学校）	973	900	99.56
初　中	2666	2491	98.60
小　学	4758	4626	99.94
幼儿园	3770	2417	99.88

【地方教育经费投入】 2021年，武进区（不含常州经开区）国家财政性教育投入30.61亿元，其中一般公共预算安排教育经费30.59亿元、政府性基金预算安排教育经费174万元，一般公共预算安排的教育经费比2020年增加5.07亿元，增长19.87%。公用经费和专项补助经费7.07亿元，学校基本建设经费4.58亿元。全区普通学校小学生、初中生、高中生生均一般公共预算教育经费分别为1.72万元、2.29万元、3.47万元。按照《2021年武进区政府投资项目建设计划》，成立教育资源建设专班，精准落实政府教育财政投入，有序推进基建项目实施进度，重点加快中心城区和高新区等教育资源紧缺区域学校建设，补足教育资源短板。建成投用3所幼儿园；完成牛塘中心小学、南夏墅初中、省武高等8所学校改扩建工程；新增学位7575个，切实破解“大班额”“入学难”等问题。继续实施全学段教育资助，共计资助11722人，资助总金额1227.65万元，比2020年合计增加190.6万元。其中，1633人获得学前教育阶段资助，资助金额332.54万元；8272人获得义务教育阶段资助，资助金额687.30万元；1817人获得高中（含职中）及以上阶段资助，资助金额207.81万元。

【校长队伍建设】 2021年，区委教育工委紧抓有利于激发学校办学活力、深化教育改革关键的校长队伍建设，全面提升校长队伍整体素质和管理能力。严格执行干部选拔任用工作规定和《中小学校领导人员管理暂行办法》，坚持正确的选人用人导向，着力培养造就一支“政治坚定、德才兼备、治校有方、素质优良”，具备现代教育思想，掌握现代教育理论，具有较强的创新能力和管理能力的校长队伍。年内，提拔正职校领导6人、副职校领导28人，交流任用校级干部6人。创新培训方式，提升干部整体素质。鉴于大多数校长是从教学一线成长起来的，长于教学而短于办学，教育工委通过组织开展暑期教育干部培训班、中青年干部培养对象培训班等培训补短板，促进校长成长。严格落实校级领导“五个一”（担任一门学科教学、阅读一本专著、参与一项课题、撰写一篇文章、举办一次讲座）要求。发挥校长专业辐射和示范带头作用，启动第三届名校长工作室研究活动，12位名校长领衔人结对14所学校，带领150名学员开展系列教育教学实践研究。完善学校领导干部考核指标体系，在校长专项绩效考核中，充分结合办学实绩、管理教学、专业发展、勤政廉政等要素，建立优绩优酬激励机制。

【教师队伍建设】 2021年，武进区以推进教师队伍高质量发展为主线，促进教师素质提升和教学效能提高，加强师德师风建设，完善教师补充和合理流动机制，造就一支技艺精湛、师德高尚、充满活力的教师队伍，促进全区教育均衡优质发展。完善事业编制、备案聘用与编外聘用人员相结合的用人机制，继续实施“优才计划”，增加教师资源。招聘研究生、“双一流建设”高校本科生41人，中小学编制教师214人，幼儿园编制教师3人，中小学备案聘用教师197人，幼儿园备案聘用教师298人。组织教育集团、城乡结对学校之间及区内交流轮岗教师492人，与29名报考“双一流建设”高校师范专业的武进籍优秀高中毕业生签订培养协议。加强师德师风建设，弘扬师德师风正能量。建设市级“四有”（有理想信念、有道德情操、有扎实知识、有仁爱之心）好教师重点培育团队8个，评选区首批“新时代教师队伍建设先进学校”12所，表彰武进区“师德建设先进学校”20所和“双十佳三好教师”20人。完善教师绩效考核办法，区教育局、人社局、财政局联合出台《关于深化武进区教育系统学校绩效工资改革的实施办法（试行）》，深化教师绩效工资改革，义务教育阶段教师专项绩效人均5.64万元，普通高中教师专项绩效人均5.94万元，分别比2020年增长112%和123%。继续以培养骨干教师队伍为龙头项目，引导教师向“专精尖”方向发展。全区新增江苏省特级教师4人、中小学正高级教师4人，获评常州市第8批特级教师后备人才8人，常州市第10批教坛新秀73人和教学能手51人，累计有省人民教育家培养对象1人、省特级教师29人、省正高级教师职称28人、市特级教师后备人才26人、市学科带头人273人、市骨干教师407人，市教学能手、教坛新秀及区学科带头人、区骨干教师1996人；50人获评中小学高级教师职称、184人获评中小学一级教师职称；马杭中心小学沈小伟获批江苏省网络名师工作室领衔人，刘海粟小学江苏省张玲珑名师工作室成为省内唯一书法学科工作室，评选出区第三轮“名教师工作室”领衔人22名。加强班主任队伍建设，促进全区班主任队伍整体素质提高。全区获常州市班主任基本功竞赛一等奖3个、二等奖11个，获江苏省班主任基本功竞赛一等奖1个、二等奖1个；新增市特级班主任2人、市高级班主任10人、市骨干班主任24人；2人获评常州市“龙城十佳班主任”称号。充分发挥《武进区优秀教育人才奖励办法（试行）》的激励

9月10日，武进区教育系统表彰2021年“双十佳三好教师”（供图/区教育局）

作用，加快培育区内优秀教育人才成长步伐，发放2020年度优秀教育人才奖励542.5万元。

【教育科研】 2021年，武进区以教育科研为抓手，促进高素质、专业化、创新性、效能型教师培养，组织教育科研课题结题鉴定187项，其中省教育科学规划课题4项、省教研课题1项、市教育科学规划课题51项、区教研课题131项，立项江苏省“十四五”规划2021年度重点课题10项、一般课题12项。开展新课程培训、专题性研讨、课例研究、教研观摩研讨、同课异构联校教研活动、优质课评比、青年教师基本功比赛、学科带头人高级研修、名师工作室开讲研究课、常州市优质教师城乡牵手行动等活动290余场次。评选出武进区优秀教科研成果一等奖22项、二等奖46项，获江苏省教育研究成果奖特等奖3项、一等奖4项、二等奖2项、省基础教育教学成果奖13项，获奖成果数分别占全省和常州市获奖总数的3.25%、44.83%。创新科研导师聘任方式，确定送培基地17个，培训中小学道德与法治、初中生物与地理、小学科学五门相对薄弱的学科，“送培上门”培训教师7000余人次；通过区级“师训专家库”和“人才培育库”等资源、途径，提升教师专业发展水平。坚持面向全体、突出骨干、讲求实效、提高素质的原则，实施“名师大讲堂”暑期教师培训、农村学校骨干教师培育站、名教师工作室、中小学学科骨干教师专题培训、中青年干部培训、新教师集中培训、书法骨干教师书法培训、教师信息技术应用能力提升培训等项目，全年累计培训教师21万人次。这些教育科研活动对教师专业理论水平的提高、专业知识的拓展、专业能力的提高起到了直接的促进作用。

【核心价值观培育与核心素养培养提升】 2021年，全区教育系统重点围绕贯彻落实《中小学德育工作指南》精神，持续开展社会主义核心价值观教育、中华优秀传统文化教育、中小学生习惯养成教育、心理健康教育和劳动教育等内容的德育教育活动，扎实推进德育课程建设和德育项目建设，取得明显成效。组织“党旗飘飘，砥砺奋进”主题读书教育活动，开展关工委主题教育活动，深化未成年人思想道德建设。组建新时代大中小学一体化“星未来”思政课联盟，大力推进大中小学思政课一体化建设。星河实验小学、洛阳初级中学和江苏省前黄高级中学获评江苏省中小学思政育人特色学校。着力学生品格提升工程建设，创新中小学德育课教学，开发校本课程，推动社会主义核心价值观进教材、进课堂、进学生头脑。确立10个区级中小学生品格提升工程项目，其中9个项目获市级立项，星辰实验学校项目申报江苏省学生品格提升工程项目。江苏省前黄高级中学“前黄学子‘至诚’品格体悟式行动”项目接受省级中期调研，江苏省武进高级中学省级项目《公朴精神：基于名人资源的理想信念教育》结项，获评“精品项目”。全区获评常州市心理健康教育特色学校6所、江苏省中小学生劳动教育与综合实践优秀基地1个及常州市劳动教育示范学校7所、劳动教育优秀校本课程14门、劳动教育优秀指导教师150人、劳动教育优秀学生1200人。获批常州市首批中小学生食育实践基地1个，获评常州市食育改革示范学校9所。全区有4名学生、1个团队获评“常州市新时代好少年”称号，11名学生、1个团队获评“武进区新时代好少年”称号；涌现出省、市、区级三好学生和优秀学生干部447名，市、区先进学生集体120个。

【入选市级重点培育“四有”好教师团队8个】 2021年，武进区深入贯彻对照习近平总书记勉励广大教师要当“四有”（有理想信念、有道德情操、有扎实学识、有仁爱之心）好教师的四条标准，抓师德师风立根本，落实师德专题教育各项行动措施。组织开展省“最美乡村中学教师”、市师德标兵、区双十佳“三好教师”和师德建设先进学校评选，开展青年教师成长论坛、演讲比赛等活动，增强教师职业荣誉感和幸福感。全区共有8个好教师团队入选2021年第二批常州市重点培育名单，累计15个。

【“基础教育精品课”赛课】 按照教育部关于开展2021年“基础教育精品课”（简称“精品课”）遴选工作通知和省教育厅、市教育局要求，区教师发展中心组织开展“精品课”赛课活动，发动全区优师、名师及各级名师工作室发挥示范效应，参与“精品课”制作、遴选工作。同时加大激励保障机制，对评为部、省、市级奖项的“精品课”，可作为评定教学成果、评聘职称、评优评先等方面的重要参考依据，以示范和激励调动广大教师投身课堂教学的积极性、主动性、创造性，促进参赛教师充分挖掘自身内在的潜能、潜力，苦练内功，深入研究课程教材内容，融合应用现代信息技术，创新教学方式方法，提高课堂教学质量和教育教学能力，展现新时代武进人民教师教学才能。“精品课”以微课形式呈现，包括微课视频、教学设计、学习任务单、课件、作业练习和必要的实验演示，突出课堂实效，体现学科教学改革方向。全区有2件课例入选2021年部级“精品课”，10件课例获评省级“精品课”。

2021年第二批常州市“四有”好教师团队武进区上榜名单

表39

团 队 名 称	建 设 单 位
“观察者”好教师团队	武进区鸣凰实验幼儿园
“三好”好教师团队	武进区刘海粟艺术幼儿园
“和美”好教师团队	武进区刘海粟小学
“闳约深美”好教师团队	武进区星韵学校
“响当当”好教师团队	武进区湖塘桥第二实验小学
“五彩”好教师团队	武进区湟里中心小学
“阳光先锋”好教师团队	江苏省前黄高级中学国际分校
“筑梦领航·融赢未来”好教师团队	常州市高级职业技术学校

表 40

2021 年武进区入选省级及以上“基础教育精品课”情况表

	级别	学科	版　本	年级册	章　节	作　者	学校
小学阶段	部级	英语	人教 2011 课标版	五年级上册	Unit6 Chores（Lesson1）	蒋维燕	湖塘桥实验小学
	省级	语文	统编版小学语文教材	六年级下册	第一单元第四课藏戏	杨　静	采菱小学
	省级	语文	统编版小学语文教材	二年级下册	第一单元第三课开满鲜花的小路	徐　娜	刘海粟小学
	省级	道德与法治	《习近平新时代中国特色社会主义思想学生读本》	五年级	第六讲第二课宪法是国家的根本法	张云波	牛塘中心小学
初中阶段	省级	历史	人教 2011 课标版（统编）	七年级上册	第 13 课　东汉的兴衰	贲　浔	湖塘实验中学
	省级	物理	人教 2011 课标版	九年级全一册	第十八章　电功率	梅建芬	湖塘实验中学
	省级	物理	人教 2011 课标版	八年级下册	第 1 节　压强	鲍雪峰	前黄实验学校
	省级	化学	人教 2011 课标版	九年级上册	第四单元　自然界的水	高　敏	湖塘实验中学
	省级	音乐	人民音乐出版社	九年级	第三单元　西南情韵	高丽芬	淹城初级中学
高中阶段	部级	音乐（古典舞）	人民音乐出版社	高一	第四单元第八节　中国古典舞	严　婷	前黄中学国际分校
	省级	美术	人美 2017 课标版	必修　美术鉴赏	第四单元　无声之韵——建筑艺术	刘　艳	湟里高级中学
	省级	数学	人教 B 版 2017 课标版	高二　选择性必修	第二册　第四章　统计与概率 4.1.1 条件概率	王盈慧	前黄高级中学

（陆　琪　吴　英）

学前教育

【概况】 2021 年，武进区坚持把发展学前教育作为基础教育的基础和教育改革发展的根基来抓，加大财政投入，扩大学前教育资源，推进幼儿园内涵建设，实现普惠均衡发展，满足人民群众对优质学前教育的需求。新建成投入使用幼儿园 3 所。全区新增省、市优质幼儿园 9 所，通过省优质幼儿园现场复审 2 所，累计省、市优质幼儿园 62 所，优质覆盖率 80%。全区 100 所幼儿园全部纳入集团化管理，实现集团化办学全覆盖；在园幼儿 43316 人，其中在公办及普惠性民办幼儿园幼儿 40142 人，普惠覆盖率为 92.67%，全区学前三年毛入园率达 100%。全区有专任教师 3039 人，其中市、区级教学能手（骨干）及学科带头人 183 人，省特级教师 3 人。与 2020 年相比，全区幼儿园增加 100 所，幼儿减少 739 人，普惠率、优质率继续攀升，学前教育师资不断增强，专任教师增加 281 人。积极落实科学幼小衔接，10 月武进被列为常州市幼小衔接实验区，组建 1 对省级、2 对市级、11 对区级试点校（园），持续开展试点探索，推动幼儿园和小学深度合作，建立健全幼小科学衔接的长效机制。全区学前教育教学获批市、区级前瞻性教学改革实验项目立项 40 个，省、市、区级课程游戏化项目园 24 个，《“永远的儿童号”课程游戏化武进行动》被列为省级课程游戏化项目，幼儿园课程游戏化项目建设由点及面向区域化推进。成立武进区学前教育研学中心，组建 5 个研学中心，引领、助推各幼儿园齐头并进，加快内涵发展。12 月，鸣凰实验幼儿园获评常州市主动发展示范园。

【3 所幼儿园获评省优质幼儿园】 2021 年，武进区 3 所幼儿园被省教育厅评为江苏省优质幼儿园。

常州市武进区湖塘桥实验幼儿园融创园　隶属于湖塘阳光幼教集团，2018 年 8 月开园，开设班级 36 个，有在园幼儿 1253 人、教职工 137 人，其中 86 名专任教师大专达标率 100%。该幼儿园遵循“向着阳光生长”的办园理念，以“三精”（管理精细化、教学精致化、学校精品化）浸润“阳光”文化，打造阳光园所，赢得社会普遍赞誉。

常州市武进国家高新区火炬路幼儿园　又名常州市武进区机关幼儿园火炬路分园，是机关幼儿园教育集团成员校之一。2018 年 8 月开园，开设班级 39 个，有在园幼儿 1300 余人、教职工 158 人，其中 95 名专任教师均为大专以上学历。该园不断增强发展内驱，并在集团“全语言教育”课程特色基础上，创造性地开展家风课程、STEM 课程建设，厚实园本课程内涵，为集团“一园一品”个性化发展形成优秀实践样本。

常州市武进区前黄中心幼儿园文雅苑分园　隶属于前黄中心幼儿园，2017 年 9 月开园，开设 15 个班级，有在园幼儿 522 人、教职工 60 人；32 名专任教师均达大专以上学历达，其中有中学高级教师 2 人、小学高级教师 9 人、幼儿园一级老师 6 人，市、区学科带头人和骨干教师等 5 人。该园践行“尊重、关注每个幼儿的个体差异，促进每个幼儿健康向上、智慧成长”的教育理念，致力培养“健康、阳光、善思、乐创”的“景德好宝宝”。

【3 所幼儿园开园】 2021 年 9—10 月，全区有 3 所公办幼儿园建成使用。

常州市武进区湖塘桥实验幼儿园弘阳园　位于武进区湖塘镇运河北路 16 号，由常州华凤置业有限公司投资 9825 万元建设，占地面积 1.39 万平方米，建筑面积 1 万平方米，规划设置班级 24 个。该幼儿园由湖塘镇人民政府监督管理、湖塘阳光幼教集团一体化管理，9 月开设班级 6 个，有在园幼儿 170 人、教职员工 27 人。

常州市武进区湖塘桥实验幼儿园春秋园　位于武进区湖塘镇文秀路1号，由常州新城宏业房地产有限公司投资2.5亿元建设。占地和建筑面积均为1.2万平方米，规划设置班级18个。该幼儿园由湖塘镇人民政府监督管理、湖塘阳光幼教集团一体化管理，9月开设班级5个，有在园幼儿141人、教职工24人。

常州市武进国家高新区龚家幼儿园　位于武进区聚湖东路212号，由武进国家高新区投资9500万元建设。占地面积2.23万平方米，建筑面积1.68万平方米，规划设置36个班级。该园为武进区机关幼儿园教育集团紧密层园区之一。10月开园，开设小班10个，有在园幼儿262人、教职员工46人。

【幼儿教育成果展评】　2021年，全区幼儿园发挥各自优势，走主动发展和以特色为核心的内涵发展之路。武进区鸣凰实验幼儿园获评全国幼儿创意美术教育成果特等奖，在第四届“书报杯”全国幼儿教师教科研成果征集评选中获优秀教科研先进单位称号，获评第三批省级教师发展示范基地校和首届儿童生态教育成果线上展评活动优秀组织奖；武进区机关幼儿园被共青团常州市教育工作委员会评为常州市教育系统“示范团组织”，党支部书记、集团总园长蒋晓美被全国妇联授予“全国巾帼建功标兵”称号，被中央文明办、江苏省文明办分别授予“中国好人”“江苏好人”称号。湖塘桥实验幼儿园教师顾梦婷获评常州市幼儿园教师基本功大赛一等奖，前黄中心幼儿园教师王洁、南夏墅中心幼儿园教师吉雅、卢家巷幼儿园教师孙洁莉和新城阳光幼儿园教师吴静获评二等奖。

（陆　琪　吴　英）

义务教育

【概况】　2021年，武进区义务教育阶段学校明确义务教育阶段培养有理想、有本领、有担当时代新人培养目标和具体要求，切实减轻学生作业负担和校外培训负担，深度推进“5+2”（在中小学义务教育阶段，要求学校每周5天都要开展课后服务至少2个小时，课后服务时间要与当地正常下班时间相衔接），切实提升学校育人水平，促进学生全面健康成长。积极回应社会关切与期盼，有效缓解家长经济和精神负担。2021年秋学期，全区66所中小学坚持应教尽教，提高教学质量和作业管理水平，课后服务实现义务教育阶段学校全覆盖，惠及中小学生101779人，占义务教育阶段学生总数的87.27%。其中，自愿申请的小学生68234人，占比83.27%；自愿申请的初中学生33545人，占比96.76%。开设课后服务班级2341个，参与服务教师6942人，占比96.1%。全区各中小学校通过强化课后服务管理、丰富课程内容、积极引入校外资源等方式提高课后服务水平。巩固区域集团化办学全覆盖成果。进一步扩大城乡优质教育资源受益面，教育优质均衡发展取得阶段性成效。全区20个义务教育阶段教育集团通过加强班子建设、统筹师资管理、深化课程建设、推进教改科研等举措，推进义务教育城乡一体化发展，基本实现“一集团一特色、一校一品牌”的发展格局。星河实验小学教育集团、潘家小学教育集团获评示范教育集团，雪堰中心小学教育集团等17个集团获评优秀教育集团。创成常州市“新优质学校”4所，清英外国语学校、湖塘实验中学等5所学校获评2021年常州市学校主动发展示范校，卢家巷实验学校等26所学校分获武进区2021年学校主动发展优秀项目一、二、三等奖。全面实行公民办招生“四同步”（公办、民办学校招生同步、公告同步、报名同步、学籍注册同步），推动公办学校与新市民学校建立教育共同体。全区纳入积分入学的学校有58所，提供积分入学学位总计6490个（新增350个），其中公办小学4540个，初中850个，新市民学校1100个。实际受理流动人口子女积分入学申请5520人，其中有效申请5382人；发放入学准入卡5039张，其中，公办小学3997张（含统筹53张），公办初中800张，新市民学校242张。2021年度全区积分入学总录取率92.46%，其中公办学校录取率88.01%。全区小学适龄儿童、残疾儿童入学率100%，在校学生巩固率99.9%，毕业生升学率100%，初中入学率100%，在校学生巩固率99.8%。

【义务教育课程改革与科研】　2021年，武进区深化义务教育课程改革，优化课程设置，整合小学原品德与生活、品德与社会和初中原思想品德为“道德与法治”，进行九年一体化设计；改革艺术课程设置，以音乐、美术为主线，融入舞蹈、戏剧、影视等内容，科学、综合实践活动课程开设起始年级提前至一年级，将劳动、信息科技及其所占课时从综合实践课程中独立出来。重视学科知识、社会知识和学生经验整合，灵活、多样选择适应地方和社会发展的现实需要，开设校本课程。星辰实验学校《创世纪星城：“星光少年”的自主体验德育实践》、星河实验小学分校《好奇工场：指向儿童科学素养的学习创新实践》获评江苏省小学特色文化建设项目；淹城初级中

获评武进区2021年学校主动发展优秀项目一等奖学校——武进区卢家巷实验学校一景
（供图/区教育局 摄于2022年10月）

学《指向学科核心素养的初中语文课程基地建设》获评江苏省课程基地；人民路初级中学《指向学生审美素养的“艺术工坊”教学实践研究》等5个项目成功申报为常州市基础教育前瞻性教学改革实验项目；星河实验小学《七个习惯树：指向创想少年品格涵育的场域行动》等9个项目成功申报为常州市中小学品格提升工程项目；4所新优质学校成功申报常州市高品质项目。全区义务教育学校新立项江苏省“十四五”规划2021年度课题15项，常州市“十四五”规划第一批备案课题302项，武进区备案课题208项，常州市基础教育综合改革专项课题11项。在2021年江苏省基础教育教学成果奖评选中，星河实验小学庄惠芬主持的“学科育人：站起来的儿童数学”获一等奖，湖塘桥第二实验小学朱燕芬主持的“生长性阅读：基于儿童经验的语文学习实践探索”、区教师发展中心马伟中主持的“‘身体在场’：儿童具身数学学习的实践探索”、清英外国语学校奚亚英主持的“人类命运共同体视域下国际理解教育的创新实践”获二等奖。星河实验小学庄惠芬主持的“儿童创想学习范式的实践建构”、王素旦主持的“小学数学游戏化学习的实践建构”获2021年江苏省教育研究成果二等奖。在学科教师基本功比赛和优质课评比中，获江苏省一等奖11个、二等奖4个，并在2021年江苏省小学体育与健康优秀课评选活动中获得团体总分第一名；在常州市中学理化生小学科学实验教学技能大赛中获常州市一等奖11个、二等奖21个。区教育局举办“金钥匙”“机器人”“聪明算独”等科技竞赛，全区7000余名学生参与，2000余名学生获奖。武进区星河实验小学分校获评全国青少年人工智能特色单位，武进区洛阳初级中学被生态环境部授予“国际生态学校”绿旗称号，武进区星河实验小学、洛阳初级中学获评江苏省思政育人特色学校。

【中小学校体育艺术卫生教育】 2021年，武进区巩固中小学校体育艺术教育阵地，全区有全国青少年校园足球特色学校19所、篮球特色学校9所、排球特色学校3所，中国手球协会手球传统学校1所，江苏省体育传统项目学校11所，常州市校园足球示范学校11所、足球试点校12所，体育特色学校17所，深化学校体育改革实验学校4所。另有中华优秀传统文化艺术传承学校3所，江苏省书法特色学校4所，艺术特色学校7所，常州市书法示范学校8所、书法特色学校32所，市首届“墨香校园”11所，市戏曲进校园实验学校9所，区锡剧教育培训基地校5所。举办全区中小学生田径、篮球、排球、足球等近20项比赛，各级体育、艺术特色学校积极参加各级各类比赛，成绩突出。

体育竞赛　鸣凰中学获全国青少年U系列曲棍球锦标赛冠军；省武高获省第二十一届中学生田径运动会（苏南）冠军；星辰实验学校获省传统校和俱乐部乒乓球比赛小学U11组男团冠军；鸣凰中学获省曲棍球锦标赛女子甲组第一名和丙组第一名；刘海粟小学获省中小学生门球比赛小学组冠军。在市级体育竞赛中，武进区在常州市中小学生田径比赛中再次包揽小学、初中和高中3个组别的团体总分第一名。在篮球、排球、足球以及其他项目市级体育比赛中，武进区学校代表队勇夺团体冠军28个，3人获评“十佳常州校园体育之星”，2人获评“优秀常州校园体育之星”。

艺术比赛　武进区星辰实验学校学生吴煜晨摄影作品获评全国一等奖第一名。在江苏省中小学生艺术节展演中，武进区选送的《雨中彩虹》获评江苏省第七届中小学生艺术展演节目特等奖，并获一等奖7个，二、三等奖各5个，获评第十一届江苏省中小学“校园心理剧”创作剧目4个一等奖。在常州市中小学生艺术节展演中，武进区获特等奖7个、一等奖74个、三等奖123个。在“学党史、颂党恩、筑信念”常州市青少年书法作品展中，获一等奖63个，二、三等奖217个。

卫生工作　武进区采取扎实有效措施，加强卫生工作金、银牌学校结队指导工作，为学校搭建卫生工作成长平台。发挥优势学校引领作用，有10所学校接受“省健康促进学校”现场验收，其中获评银牌8所、铜牌2所；庙桥小学创建成江苏省红十字示范校。

【4所优质学校升级市“新优质学校”】 2021年，常州大学附属小学、李公朴小学、人民路初级中学、洛阳初级中学4所学校通过常州市“新优质学校”评审。

常州大学附属小学　有教学班45个，学生2179人；专任教师131名，其中高级职称16人，五级梯队教师26人。该校着重构建“和乐”课程体系，积极推进基于“尽责而学，学乐共生”的“乐学课堂”教学变革，全面促进教育高质量发展，先后获评全国五育融合联盟学校，获评江苏省体育特色学校、智慧校园，常州市优秀基层党组织、依法治校示范校、集团化办学先进集体、主动发展示范校，武进区师德建设先进学校等一系列称号；连续多年获评武进区义务教育阶段学校办学水平考核优秀级、素质教育质量评估一等奖。

12月6月，常州大学附属小学学生素养展示　（供图/区教育局）

李公朴小学 武进区实验小学教育集团成员校，有教学班37个，学生1845；专任教师107人，其中高级职称21人，五级梯队教师27人。学校依托名人资源，着重构建“公朴课程”体系，积极推进具有“自然、灵性、生成”教学特征的“灵动课堂”教学改革，创新实施以“公朴精神代代传”为主题的“红色德育”特色项目，全面促进教育高质量发展。学校先后获得江苏省教育工作先进集体、智慧校园、健康促进学校、优秀家长学校，常州市德育特色学校、艺术特色学校、“一校一品”党建品牌项目，武进区德育工作先进学校、先进基层党组织、教科研工作先进集体等称号，连续多年获评武进区中小学办学水平考核优秀级、素质教育质量评估一等奖。

洛阳初级中学 有教学班40个，学生2208人；专任教师126（备案18人）人，其中高级职称35人，五级梯队教师36人。学校办学7年中，实现“品质、特质、优质”接续跨越发展，获评国际生态学校，全国青少年校园足球特色学校，江苏省思政育人特色学校、智慧校园、书香校园、青少年科技教育先进学校，常州市集团化办学先进学校、劳动教育示范校等荣誉，连续5年获评武进区中小学办学水平考核优秀级，素质教育质量评估一等奖。

人民路初级中学 创办于2017年7月，是江苏省前黄高级中学教育集团成员校，2018年加入前黄实验学校教育集团。有教学班46个，学生2349人；专任教师171名，其中高级职称57人，五级梯队教师30人。该校坚持“把学校建设成为有内涵、有特色、高质量、高品位的现代学校”的办学目标，逐步形成了“开拓创新、追求卓越”的学校精神、“诚朴和谐、求真创新”的校风、“厚德爱生、博识精业”的教风和“求实向美、善学敏行”的学风。2021年建成常州市新优质学校。该校先后获评“全国青少年中华美德读书教育活动”优秀组织奖、“常州市教育系统先进基层党组织”“常州市依法治校示范校”“武进区德育工作先进学校”“武进区学校办学水平考核优秀级”“武进区素质教育质量评估一等奖”“武进区中小学德育工作项目优秀奖”“武进区师德建设先进学校”“武进区工会工作考核一等奖”等荣誉。

【特殊教育融合发展】 2021年，按照“全覆盖、零拒绝”的要求，结合残疾儿童少年的实际和家长意愿，区教育部门制定完善安置方案，确保建档立卡适龄残疾儿童少年安置到位，形成以特殊教育学校为骨干，以普通学校随班就读为主体，以送教上门为补充的特殊教育格局。至年底，区特殊教育学校有在校学生174人，涵盖学前、小学和初中学段。按照省定标准，推进融合教育资源中心建设，认定普通学校融合教育资源中心33个，实现学前、小学、初中、职高段全覆盖。教育与康复相结合，让残疾学生在学习的同时，保障每天康复训练至少半小时。全区有408名残疾儿童享受康复救助，救助总额776万余元。康复效果好的残疾儿童，经过评估进入普通学校随班就读的合计有297人。5月，由区教育局、残联牵头，启动“康教结合”工作。全区9个融合教育资源中心携手区内9家康复机构、1家心理咨询机构与特殊教育学校9名教师结对8名送教（康）上门对象，共同组建送教团队，进学校、入家庭，形成“送教上门”工作的武进模式，实现了“一个也不能少，个个都重要”的目标。

【张玲珑网络名师工作室挂牌省书法学科工作室】 4月19日，江苏省第二届网络名师工作室（常州）启动，刘海粟小学申报的江苏省张玲珑网络名师工作室挂牌，为江苏省唯一书法学科工作室。该工作室以“小学书法教育教学”为研究方向，以“传经典艺术，研书法教育，促教师发展，助学生成长”为建设宗旨，通过书法讲座、专家指导、沙龙切磋等形式，提升工作室成员书法艺术水平和专业素养；通过教学研讨、主题交流、微课制作等形式，提升工作室成员书法教育教学水平；通过课题研究、专业阅读、撰文投稿等形式，提高工作室成员的书法教育教学科研能力；通过专业研修、教学互助、科研共进等形式，工作室成员抱团成长，提升书法教师的专业发展层次。工作室以“线上和线下环境中，书法教师的艺术专业素养提升研究”“小学书法课堂教学的规范化和艺术性实施研究”“现代技术与书法教育教学的整合研究”为研究任务，以江苏智慧教育云平台为阵地，通过线上和线下活动的开展，带动书法教师的专业成长。2021年启动了武进区书法特色学校申报评选活动，评选出第一批武进区书法特色学校18所，2022将开展第二批武进区书法特色学校评选。2021年武进区11所学校获评常州市首届“墨香校园”称号。

【湖塘实验中学获评全国中小学信息技术创新大赛一等奖】 11月13日，湖塘实验中学学生张炫崟、胡天梣参加“第十九届NOC（AI未来派）全国决赛”，获评全国中小学信息技术创新与实践大赛一等奖，位列全国前三名，为常州市唯一、全国有293位学生参加角逐“恩欧希创新奖评奖”终评资格，最终52位胜出，张炫崟、胡天梣双双获评“恩欧希教育信息化发明创新奖”。全国中小学信息技术创新与实践大赛（简称NOC），列教育部公布的赛事白名单。恩欧希教育信息化发明创新奖（简称“恩欧希创新奖”）由国家科学技术奖励工作办公室批准设立，旨在表彰青少年学生完成的具有创新意义和一定科技含量的符合全国规范的科技作品，以及相关的科技与教育工作者，是全国中小学信息技术创新与实践大赛（NOC）的最高奖项。该校自2019年入选江苏省“人工智能”特色学校以来，在学校信息技术教师谢金贤组织和指导下成立学生社团，开展系列活动培养学生的创新实践能力和人工智能素养，并在多项科技类大赛中获奖。

【蒋维燕一课件获评“基础教育精品课”】 武进区湖塘桥实验小学教师蒋维燕执教的小学英语“Unit 6 Chores Lesson 1”获评2021年部级精品课。蒋维燕是武进区英语骨干教师、常州市黑布林英语绘本微课研究组成员。她从教12年，积跬步打磨课件设计和课堂教学细节，其教学特色之一是通过提问方式，用图片视频导入，调动学生学习兴趣，激活学生已有的图式，为阅读教学作铺垫；二是设计多种题型训练学生的阅读能力，贯彻学用结合、学以致用的原则，体现以学生为主体、教师为主导的新课程理论，使学习者处于相对自然的态势；三是小组讨论引导学生利用已知信息构想和创设新的信息，有利于培养学生综合运用语言的能力。其教学成果获评江苏省小学英语优质课二等奖，分别获评常州市、区小学英语优质课一等奖，两次获评江苏省“一师一优课”优课，多次开设区级讲座和执教省级示范课。

（陆　琪　吴　英）

普通高中教育

【概况】 2021年，武进区有普通高中5所：江苏省前黄高级中学（简称“省前中”）、江苏省前黄高级中学国际分校（简称“省前中国际分校”）、江苏省武进高级中学（简称“省武高”）、常州市武进区湟里高级中学（简称“湟里高中”）、常州市武进区洛阳高级中学（简称“洛阳高中”），完全中学有常州市武进区礼嘉中学（简称“礼嘉中学”），普通高中学生13285人。全区普高高考录取率达97%以上，其中本科录取率91%以上；高职单招（大专）录取645名。全区普通高中根据国务院《关于新时代推进普通高中育人方式改革的指导意见》，重点研究、把握新高考方向和任务，全面落实课改要求，优化新课程实施；规范开齐开足新课程新教材，构建德智体美劳全面发展育人体系。省前中国际分校1个音乐课件获评部级“精品课”，省前中获评省思政育人特色学校，礼嘉中学《依托“五云戏苑”，构建和雅艺术特色课程》、省前中《建设高水平学科发展中心，促进学校高品质发展》获2021年常州市基础教育内涵建设项目优秀实践案例二等奖，省武高获评“常州市武进区推进‘高质量发展’争先创优先进集体”。

4月16日，省前中举办以“基于核心素养的‘教学评一致化’研究”（供图/区教育局）

【新高考研究与指导】 2021年是江苏省新高考方案实施的第一年，高考采用“3+1+2”模式，其中，“3”是指语文、数学、外语3个科目；“1”是指在物理、历史两门选择性考试科目中所选择的1个科目；“2”是指在思想政治、地理、化学、生物4门选择性考试科目中所选择的2个科目。语文、数学、外语3门统考科目采用全国统一命题试卷；选择性考试科目由江苏省自行组织命题。高考总分750分，语文、数学、外语3门科目以每门150分计入总分，选择性考试科目每门均为100分，其中，物理、历史科目以原始分计入总分，其他科目以等级分计入总分。2021年是江苏省普通高中全面实施新课程、使用新教材的第二年。区教师发展中心组织高中部教研员参加省、市线上线下新课程培训，组织全体学科教师研究课程标准和新教材，提高统编教材专业化解读能力和课堂教学实施能力。举办全区培训32场，培训教师2300人次。推进学科教研组建设，指导学校围绕新课程实施过程中出现的重点难点问题开展深入研讨。在省前中举办以“基于核心素养的‘教学评一致化’研究”为主题的公开教学研训活动，开设公开课36节；在洛阳高中举办以“聚焦核心素养，构建生本课堂”为主题的公开教学研训活动，开设公开课33节；在湟里高中举办以“高效互动、合作共赢”为主题的公开教学研训活动，开设公开课28节。通过学校同题异构、城乡结对教研活动、学科专家送教下乡等多方联动，传递先进教育理念和教育管理信息，实现资源共享和优势互补，推进区域学校均衡协调发展。怀宁名班主任工作室和徐红芬名班主任工作室在省武高举行以“点燃我的梦，铸就中国梦”为主题的联合教研活动，开展学生励志教育主题班会活动；在礼嘉中学举办常州市优秀教师城乡牵手行活动，区高中物理教研员尹庆丰开设高二研究课“弹性碰撞和非弹性碰撞”；在湟里高中举办武进区高中化学谷莹莹名师工作室活动，市学科带头人、高中化学教研员周萍做“基于新高考评价体系下的高二化学教学研究”讲座；在省前中国际分校开展武进区高中语文陈荣名师工作室暨常州市优秀教师城乡牵手活动，省前中宋占波做“新评价背景下文学作品阅读教学的研究”讲座，加强对新高考研究，提高教学实效。2021年武进区高考，清华、北大录取4人，文科6位学生进入全省前100名。

【省武高省级中小学生品格提升工程获评省精品项目】 2019年4月，省武高《公朴精神：基于名人资源的理想信念教育》被列为江苏省中小学生品格提升工程项目。经过两年的规划、论证和实践，学校以“公朴精神”和“院士精神”为引领，以常州武进名人资源为切入点，通过建信念园、成长柱、星光道和共生圈四大任务群来涵育学生品格，以名人引路、活动搭桥、整体联动、多元建构为实施路径，整合学校德育活动，实现青年学生“重信、守责、尚智、争先”的品格要求，基本形成“信念园—成长柱—星光路—共生圈”四维一体的朴园德育范式。2021年4月27日，该项目结项评估。在朴园，调研专家组仔细聆听公朴志愿者关于李公朴事迹的宣讲；在学校阅览室，观摩一场主题为“飞扬青春激情，闪耀理性光芒”的辩论赛；在“我的未来不是梦”校园模拟招聘，让学生多角度了解社会要求，提升学生的职业意识；学生们汇聚阳湖书院，举行“不负韶华，悦读人生”读书报告会，品味读书的芬芳，分享阅读的快乐；在“弘扬公朴精神，做时代新人”道德讲堂活动上，调研专家组为该校“李公朴班”和“院士班”

授牌，结项评估组点赞此项目文化有根基，设计有系统，实践有创新，形成有鲜明省武高特色的坚定理想信念的校本表达、时代表达和青年表达。7月，该项目获评省中小学生品格提升精品项目。

【省武高残疾运动员沈俊彤打破女子S5级200米自由泳世界纪录】 10月22日晚上8时，全国第十一届残疾人运动会暨第八届特殊奥林匹克运动会在陕西西安开幕，省武高2名运动员取得优异成绩：高二年级沈俊彤获女子S5级200米自由泳银牌女子（20分）4×50米自由泳接力银牌，打破世界纪录，同时获女子S5级50米自由泳第六名；高一年级潘艺彤获女子S9级50米自由泳第五名，女子S9级100米自由泳第八名。

【省前中高品质高中学科建设经验分享】 省前中于2020年7月入选普通高中新课程新教材省级示范校以来，聚集基于学科本质的学科功能定位，在课程设置与开发、教学改革、校本教研、教师专业发展及学科组织创新等六个层面，促进高品质高中学科建设。学校聚力本位深耕，追寻“一个经验”的课程教学改革。一方面突出经验，体现各学科特点的教学模式，另一方面在课堂教学全过程实现“教—学—评”构建。在教学实施前运用设计思维，开展单元课时教学设计、学生学习设计和评价设计等三类设计；课堂教学结束后持续关注课后的精准化诊断，关注学生在已有基础上的“增值”。特质精进、探索项目，引领教科研社群发展。省前中在长期的实践探索中，形成了以项目引领为核心的教科研社群发展模式。物理学科发展中心确立教学成果奖培育的“启智行道：物理实验育人探索三十年”项目，历史学科发展中心借助地域文化资源，开展“延陵春秋博物馆课程基地建设”项目等。为促进项目引领的实效性，学校考核各类活动成果，鼓励教师撰写教后反思，发表学术论文，勇于提出教学主张，共享教学智慧等，还搭建学科交流平台，加强与高等学校、科技学会、教科研机构的交流合作，拓展学科教科研的广度与深度。6月，学校以“聚力学科建设，培育时代青年”为主题，汇报省前中提进高水平学科建设，实现高品质发展的实践与经验，其建设经验在12月《人民教育》上发表。

【严婷一课件获评部级精品课】 省前中国际分校严婷老师执教的《中国古典舞——反弹琵琶伎乐天》获评2021年“基础教育精品课”。省前中国际分校在国家课程校本化开发实施过程中进行有效探索和大胆创新，严婷老师的音乐素养课屡放异彩。严婷2009年毕业于南京师范大学音乐学院舞蹈系，被评聘为常州市教学能手、中学一级教师，2019年获评江苏省青年教师（高中音乐）基本功比赛一等奖；课件《中国古典舞蹈》获评教育部2018年“一师一优课”部级优课；《反弹琵琶伎乐天——敦煌舞》获“万叶杯”全国音乐教育微课比赛一等奖；主持武进区基础教育课题《国际理解教育背景下普通高中艺术教育的实践研究》，论文《教师提问策略》获评江苏省2020年教育学会论文评比一等奖，有15篇论文获评省级“五四杯”“教海探航”和省、市、区音乐教育学会论文一等奖，13篇论文发表于《艺术评鉴》《音乐教育与创造》《课程与教学》等部、省级期刊。

（陆 琪 吴 英）

中等职业教育

【概况】 2021年，武进区有常州市高级职业技术学校（简称“常州高职校”）1所。该校实施“一所学校、一套班子、多块牌子”管理模式，依托江苏联合职业技术学院武进分院、江苏省武进中等专业学校、武进技师学院、武进开放大学办学，是一所涵盖五年制高职教育、中职教育、技工教育和社会教育的综合性公办职业学校。全区有中职专任教师703人，具备高级及以上执业（职业）资格教师314人；年末在校学生8024人。全区职业教育落实省市苏锡常都市圈职教改革创新发展方案，常州高职校与常州机电职业技术学院签约结对融合发展，推进现代职教体系试点，“3+4”和“3+3”分段培养项目持续推进。年内申报省联院五年制高水平专业群2个，获江苏省教学成果奖二等奖1项。持续推进产教深度融合，有2个技能大师校园工作站，新增遨博机器人产业学院和校企协同创新中心2个。技能比赛、教学大赛成绩优异，获全国大赛金牌1枚，省技能大赛奖牌46枚，省教学大赛奖牌12枚，省创新创业大赛奖牌11枚；有10名学生获国家奖学金。

【常州高职校获省职业院校教学大赛奖项12个】 常州高职校十分重视教学大赛对提升教师教学视野和教学水平的促进作用，积极组织教师参加职业院校教学大赛，力求以赛促教，以赛促学，以赛促提高，全面推动教学模式改革。通过赛前辅导、赛中分享、赛后交流，在2021年江苏省职业院校教学大赛，获得6个一等奖、4个二等奖、2个三等奖，金牌数位列全省第一。

表41 常州高职校2021年江苏省职业院校教学大赛获奖情况一览表

组 别	姓 名	奖 项
体育与健康	钱 琴 金 乾 张人杰	省一等奖
商用车岗前技能综合实训与认证	张朋涛 徐 晨 王 飞 侯 俊	省一等奖
语文	朱玫蓉 尹静芳 陈春花 李 辉	省一等奖
数控车削技术训练	王小飞 钱 屹 沈 华	省一等奖
数学	龚黎媛 顾钱娟 肖文斌 奚竹青	省一等奖
物联网设备安装与调试	姚 强 沈荷英 王晓红	省一等奖
中职英语（5）	庄 敏 朱 静 路 梅	省二等奖
PLC编程与应用技术	陈 丽 严法高 邵美萍 邢栋华	省二等奖
机械测绘与CAD综合训练	张文叶 姚 青 陈 慧 汪 健	省二等奖
中国历史	许萍萍 蒋春霞 蒋建栋	省二等奖
施工组织与进度控制	沈 龙 罗 丹 孙竹良	省三等奖
市场营销	周雪艳 嵇大帅 唐 甜 程 媛	省三等奖

6月21日，获奖选手与指导教师领奖　（供图／区教育局）

【赵鑫佳、彭磊获2021年全国职业院校中职组“建筑CAD”大赛第一名】 6月19—21日，常州高职校建筑专业学生赵鑫佳、彭磊代表江苏省队参加2021年全国职业院校中职组“建筑CAD”比赛，以扎实的专业能力和职业素养表现出良好的竞技状态，夺得大赛第一，任顺利、张娇获优秀指导教师奖。“建筑CAD”大赛分别有“建筑施工图识图与理论”“建筑施工图绘制”和“房屋建筑工程建模”3个模块构成。其中，“建筑施工图识图与理论”模块由参赛选手独立完成，其余2个由两位选手合作完成。

【常州高职校获省职业院校技能“双创”比赛奖项60个】 常州高职校69名教师、学生选手参加江苏省职业院校技能大赛中职组7类22个赛项角逐，并承办工程算量（BIM）技术项目的赛点工作。学校共获7枚金牌：中职袁锡、章亮、龚雯雯团队“会计技能”，赵鑫佳、彭磊团队“建筑CAD”，丁亮“数字影音后勤制作”，金雨菲“艺术设计”，周超“艺术设计”和教师王平“汽车技术”、董玉芬“智能终端维护技术”获一等奖，中职、教师团队和个人获银牌17枚、铜牌15枚。

7月18—20日，“双创”决赛在江苏海事职业技术学院举行，常州高职校有4个项目入围参加决赛：陆文杰、陶骏涛、陆成达“基于FFT卷积的计算机故障检测云平台”项目获一等奖；钱博萱、姜科、朱涛“AGV定向自稳定云台系统”项目，吴婷婷、邱佳慧、吴若楠“客货车驾驶员智能安保系统——安全您带了吗”项目，李悦、蒋垚、张沈甜“绿色智能分类回收装置——智能垃圾分类回收领航者”项目分获二等奖。

（陆　琪　吴　英）

驻武进高（职）校

【常州大学】 2021年，常州大学有全日制本科生20642人，其中台湾籍学生5人，博士、硕士研究生3918人，学历外国留学生754人。有专任教师1557人，硕士及以上学位教师占比96.5%，博士学位占比64.1%。年内录取本科生6295人、硕士研究生1499人、博士研究生29人，首次招收推荐免试硕士研究生9人。2021届本科生毕业生就业率95.07%、研究生毕业生就业率97.23%。获批江苏省大学生职业生涯教育示范基地，入选江苏高水平大学建设高峰计划。签约高层次人才309人，其中双聘院士2人、国家级“百千万人才工程”入选者1人。新增省级人才54人、省级教学团队1个，入选全球高被引科学家榜单2人。与常州科教城管委会签订高层次人才双岗互聘协议，实现人才互聘33人，新增“龙城英才计划”29人。俄罗斯籍客座教授Igor Alexandrov、阿根廷籍教师斯蒂文（Esteban Zottele）分获2021年度江苏友谊奖、2021年度常州市荣誉市民称号。获评全国优秀共青团干部1人、全国活力团支部1个。

专业与学科建设　获批安全科学与工程一级学科博士学位授权点1个，应用经济学、马克思主义理论一级学科硕士学位授权点2个，国际商务、法律、社会工作等专业硕士学位授权点10个。化学、材料科学、工程学3个学科进入ESI前5‰，7个省级“十三五”重点学科通过省教育厅验收。化学、机械工程、化学工程、能源科学与工程4个学科上榜2021软科世界一流学科排名榜单，法学、化学、材料科学与工程等10个学科上榜2021软科中国最好学科排名榜单。化学、动力工程及工程热物理等8个一级学科获批“十四五”省重点学科。新增1个专业通过中国工程教育认证，21个专业入选省级一流本科专业建设点，9个专业入选江苏高校品牌专业建设工程二期项目，2个专业获批教育部备案，申请新增专业1个、撤销专业5个。

教学科研　成立常州大学课程思政教学研究中心，入选江苏省首批课程思政示范专业1个，课程思政建设示范课程1门。成立徐培晨美术馆和艺术研究院。加入长三角新文科教育专业认证联盟，会计学专业获长三角新文科教育专业认证受理。获批省研究生优秀教材1部，入选省级一流本科课程25门、省本科优秀培育教材7部，获批省级虚拟教研室建设培育点1个，获2021年省教学成果奖特等奖1项，二等奖6项。阿里云大数据学院入选国家级现代产业学院，应急管理科学与工程学院获批教育部应急安全智慧学习工场试点学校、江苏省重点应急管理学院，机器人产业学院入选省级重点产业学院，承担国家发改委、科技部2021年度新型研发机构培养产业创新人才重大任务，成立中以科创学院。获批江苏省新文科研究与改革实践重点培育项目2项。新增江苏省产业教授13人。以“工程技术＋技术转移知识”跨学科培养和“新一代信息技术＋技术转移服务能力”为培养特色的技术转移人才培养模式被教育部作为典型经验在全国推广。

科学研究　获批国家基金52项，其中自然科学基金31项、“十四五”国家重点研发计划课题1项、社科基金20项。获批教育部、江苏省科技厅、江苏省社科基金等省部级项目34项。全年实现科研到款2.31亿元。获批石油石化行业项目74项，其中重点项目27项。

获批省部级以上科技成果奖35项，其中江苏省科学技术奖一等奖3项，中国产学研合作突出贡献奖1项、中国产学研合作创新奖（单位）1项、中国石油和化学工业联合会科技进步奖一等奖2项、中国职业安全健康协会科学技术奖一等奖1项。申请国内发明专利738余件，获发明专利授权420件、实用新型专利31件；申请美国、欧洲等国家专利10件，获美国等外国专利授权4件；有效发明专利2212件。获软件著作权9项。发表科技类论文1100余篇，其中被三大索引收录论文1000余篇，CSSCI来源期刊及以上期刊论文90余篇。获江苏省理论成果奖1项，江苏省社科应用研究精品工程一等奖1项、二等奖2项。与中国石油天然气集团公司联合共建创新联合体，实施合作项目4项，预算研发金额1.3亿元。获批石油和化工行业动力电池安全与事故防控技术工程实验室，光伏科学与工程协同创新中心和先进催化与绿色制造协同创新中心通过二期建设绩效评估。1项调研报告被转化为全国政协十三届四次会议集体提案，1件智库成果被中国国民党革命委员会中央委员会采纳，1件智库成果获市领导批示。

竞技竞赛　启动创新创业大赛“禾苗计划”和“登峰计划”，获江苏省研究生科研与实践创新计划289项，其中科研计划149项、实践计划140项。《超级鲤盒——全国最大的盲盒第三方平台》项目获第七届中国国际“互联网+”大学生创新创业大赛全国总决赛主赛道成长组金奖，《宽“红”大量——100Gbps近红外无线激光通信设备制造商》等5项获主赛道铜奖。获江苏省“挑战杯”特等奖2项、一等奖2项、二等奖4项。获2021年全国大学生化工设计大赛一等奖1项、二等奖1项，全国大学生化工实验大赛华东区赛特等奖1项，全国大学生电子设计大赛二等奖2项。获2021年全国大学生英语竞赛特等奖3项、一等奖27项，全国大学生数学建模竞赛二等奖5项，“华为杯”第十八届中国研究生数学建模竞赛全国一等奖3项。

科技服务　编制《常州大学服务常州市经济社会发展五年行动计划（2021—2025）》，推动落实厅、市共建协议。与常州市第二人民医院签署《全面合作协议》《人才培养合作协议》。大学科技园招引地方产业特色企业16家。举办江苏省化工安全复合型人才高级研修班等培训30余期。与北京化工大学、黔南民族师范学院、巢湖学院等兄弟院校签订全面战略合作协议，构建教育合作共同体。

国际交流合作　获得汉语水平考试HSK考点资格。与美国华盛顿大学、以色列本古里安大学、泰国清迈大学、泰国披汶颂堪皇家大学、俄罗斯波波夫合唱艺术学院5所境外高校签署校际合作协议，加入江苏—俄罗斯高校联盟、中国—中东欧国家高校联合会、中德智能制造技术创新合作联盟。

（申　锋）

【江苏理工学院】 2021年，江苏理工学院有全日制在校本科生19000余人（含留学生）、硕士研究生700余人。有专任教师1200余人，其中高级职称教师近600人、博士学位教师近500人、博硕士研究生导师200余人。全年人才专项资金投入近2000万元，新增各类人才71人，柔性引进专家学者36人，其中特聘教授5人、兼职教授6人。新增研究生校内导师28人、企业导师28人、产业教授5人。首次获批国家级职业教育教师教学创新团队1个、省“双创”人才1人、省级人才项目25项，连续四年获评省“青蓝工程”优秀教学团队。选拔培育第一批中吴青年创新人才15人、创新团队2支。招收硕士研究生327人，录取江苏考生2857人，2021届学生中统招生源考研达线率超20%，毕业生就业率97%。成人高等教育招收学生4322人，学历继续教育在籍人数超11000人。

专业与学科建设　设有机械工程学院、化学与环境工程学院等教学科研单位21个，建有中兴通信信息工程学院、智能网联汽车产业学院、新能源汽车学院等16个行业产业学院和研究院，开设62个本科专业，招收教育、机械、资源与环境硕士研究生，获批硕士学位授权点3个。获批省研究生实践创新计划34项，新增研究生发明专利83件。7个“十三五”省重点建设学科通过验收。新增国家级一流本科专业建设点4个、省级一流本科专业建设点11个，3个专业通过教育部工程教育（师范教育）专业认证，2门课程入选教育部“宏志助航”计划、22门课程入选省级一流本科课程和课程思政示范课程。成立炎培实验班，探索本硕一体化培养。新增与德国SRH柏林应用技术大学合作办学项目数字媒体技术专业，首批加入苏港澳高校联盟、苏韩大学联盟，举办海峡两岸“人工智能，产教融合”高等教育论坛。

教学科研　获批国家级科研项目21项、省部级项目44项，获第六届全国教育科学研究优秀成果二等奖、三等奖各1项。获批省级虚拟教研室1个、省重点教材4部，3部教材入选首批江苏省优秀培育教材。获2021年江苏省教学成果奖4项，其中高等教育类、职业教育类特等奖各1项。教师科研经费

10月19日，江苏理工学院思政课程入选省级示范　（供图/区教育局）

15397万元，比2020年增27%。技术合同认定358份，认定合同金额14402万元，比2020年增81%。申请发明专利150件，获授权265件、转移转化55件，单件专利转让合同额突破500万元，转让到账经费161.7万元。获批苏锡常都市圈职业教育研究所、中国检验检测学会常州科技创新服务站2个平台。组建成立高等教育研究会，主办2021年江苏职业教育高质量发展论坛。在第七届"互联网+"大学生创新创业大赛中获国家级银奖。出台校城融合总规划，启动实施新校区优质建设行动、产教协同育人行动等八项重点任务。

（史华梅）

【常州幼儿师范高等专科学校】 2021年4月29日，省政府发出《关于同意设立常州幼儿师范高等专科学校的批复》。11月11日，教育部办公厅发函同意常州幼儿师范高等专科学校备案。常州幼儿师范高等专科学校经教育部批准设置为全日制公办普通高等专科学校，隶属常州市人民政府管理。年底，常州幼儿师范高等专科学校在校学生2796人，其中师范专业学生2348人、非师范专业学生448人。有教职工201人，其中专任教师189人，副高级以上职称69人，双师素质专业教师64人，硕士研究生99人。

专业设置与办学特色 学校有学前教育、数字媒体艺术设计、旅游管理三个专业，其中主干专业五年制学前教育为江苏省品牌专业，数字媒体艺术设计专业为江苏省特色专业，形成以师范专业为主、非师范专业为辅的专业格局。在课程设置上突出学前专业特色的校本课程，开设礼仪、健美、心理健康、手工、舞蹈、钢琴等课程，突出培养弹、跳、说、唱、画等多项技能。与国际接轨，创办国际班，与国（境）外高校开展校际交流，进一步加强国际理解教育。

办学成效 学校在全国、全省各类比赛中表现优异，教育教学质量始终名列同类学校前茅。学校被评为江苏省文明单位，获评江苏省师范生教学基本功大赛优秀组织奖、2020—2021学年常州市职业学校办学单项特色奖。《基于校－园联盟的五年制学前教育专业"三环四能"课程体系的构建与实践》获评2021年江苏省职业教育类教学成果奖一等奖。获江苏省职业院校技能大赛、微课大赛三等奖各1个，获常州市职业学校教学大赛二等奖4个，获联院比赛一等奖1个、二等奖3个、三等奖5个。获得第十届师范生教学基本大赛2金2银2铜，江苏省职业院校技能大赛1金2银4铜，常州市职业院校技能大赛2金5银7铜。16级转本班本科录取率达86.7%，在全国教师资格证笔试考试中18级学大班单科通过率97.72%，双通率为94.42%。应用成果《学前教育专业人才培养共同体建设的研究与实践》已出版。

（徐晨琳）

【常州工程职业技术学院】 2021年，常州工程职业技术学院有全日制在校学生13977人，其中招收全日制新生4225人。2021届毕业学生3630人，年终就业率97.85%、升学率15.34%。有专任教师562人，其中正高职称52人、副高职称210人、博士96人（含在读）、全国技术能手3人、江苏工匠1人。柔性引进省级产业教授等高层次人才14人、产业导师6人。有国家级教师教学创新团队2支，省级优秀教学团队9支，省级科技创新团队3支，省级教学名师、省级有突出贡献中青年专家等各类人才81人。学院"思创融合主题化、专创融合项目化、科创融合平台化、产创融合多元化"创新创业教育模式入选教育部2020年度高职院校创新创业教育特色典型案例。

专业与课程建设 对接江苏省十三个重点产业集群和常州市十大先进制造业集群，构建以应用化工技术、智能焊接技术专业群为龙头，建筑工程技术、光伏材料制备技术、检验检测认证专业群为支撑的"2+3+N"专业发展体系。主持制定教育部专业简介和教学标准6项，应用化工技术、焊接技术与自动化、建筑工程技术、光伏材料制备技术4个专业群入选省高等职业教育高水平专业群。化工医药虚拟仿真实训基地入选省级示范性基地培育项目。获首届全国优秀教材职业教育与继续教育类一等奖、二等奖各1项。省级课程思政示范课2门、"助力乡村振兴，千门优课下乡"省级在线开放课程6门。

产教融合 新增校企合作企业113家，其中新增紧密合作型企业28家、深度合作型企业37家，与上海城建、阿朗新科等龙头企业开展现代学徒制、订单班26个，获企业捐赠4638万元。立项市厅级以上项目124项，科研成果获奖20项，知识产权授权125件，其中发明专利24件、实用新型专利81件。年度纵向项目167项、横向项目185项，纵横向科研到账经费2205万元，技术开发、技术转让、技术咨询、技术服务到账金额5726.5万元。技术转移中心与产业园区对接，全年服务地方企业200余家，技术转移转化到账金额1206万元。年度开展培训班120个，累计培训30785人次。组织国家开放大学石化学院建设课程资源52门，服务全国40个学习中心13465名在籍生。

国际交流合作 与巴基斯坦巴中青年华侨联谊会、巴基斯坦信息学院共建海外"郑和中心"，输出专业教学标准和核心课程。对接"走出去"中资企业，在巴基斯坦世纪钢铁有限责任公司、常州天虹纺织有限公司（越南）建设学生海外实习基地暨海外人才培养基地。组织应用化工技术、智能焊接技术、建筑工程技术3个专业开展UK NARIC专业国际认证。联合德国国际传媒艺术与新媒体学院开设"平面设计""室内设计课程"2门国际教学课程。向缅甸分校输出"国际汉语"（初级）教学标准，培养汉语预科学生17人。

竞技竞赛 获全国职业院校技能大赛化工生产技术赛项（高职组）团体15连冠；获创新创业省级以上奖项28项，其中中国国际第七届"互联网+"大学生创新创业大赛全国总决赛金奖1项、省选拔赛1金3银9铜；全国TRIZ杯大学生创新方法大赛一等奖1项、三等奖2项。

（万　劼）

【常州信息职业技术学院】 2021年，常州信息职业技术学院有全日制在校学生12606人，招收全日制新生3792人，毕业学生3761人，毕业生年终就业率97.77%。有专任教师598人，其中正高职称62人、副高职称259人、博士（含在读）78人。全年引进教师66人，其中博士10人；新增国家级教师教学创新

4月28日，区人力资源市场在常州信息职业技术学院举办毕业生专场招聘会

（供图/区融媒体中心）

团队1个、省产业教授4名、省级高层次人才10名、省级教科研团队4个，享受国务院特殊津贴专家2人；聘任高级职称人员36人，其中正高级职称教师9人。入选省“青蓝工程”优秀教学团队培养对象1个、学术带头人2名、骨干教师3名，获评江苏省技术能手2人、江苏工匠1人。

专业与课程建设　新增2个省级高水平专业群立项，3个省级骨干专业通过验收。更新和推广2个国家级教学资源库，推进5个校级专业群教学资源库建设。推动3门国家级在线开放课程资源更新和推广，建成16门省级立项课程，立项建设校级在线开放课程35门，3门课程被评定为江苏高校助力乡村振兴省级在线开放课程。获首届全国教材建设奖优秀教材一等奖2项、二等奖1项；获工业和信息化部“十四五”规划教材立项7部、省级重点教材立项3部。获全国职业院校技能大赛教学能力比赛一等奖1项，省级教学能力大赛一等奖6项、二等奖2项、三等奖5项，省级教学成果特等奖、一等奖、二等奖各1项。

产教融合　全年科技服务到账经费3464.14万元；技术交易合同99件，技术交易额1409.7万元。全年专利授权135件，其中发明专利授权45件；专利成果转化46项。市厅级以上纵向课题立项83项；发表北大核心期刊以上论文75篇，其中EI、SCI检索论文29篇；出版专著3部。工业互联网资源池被省工信厅确认为“五星级”工业互联网配套服务商；“智慧定位技术融合创新中心”获省工信厅2021年度江苏省“数动未来”融合创新中心立项；EMC实验室完成512万元设备交付；参与制定国家标准3个、团体标准2个。合作企业增至54家；新增校外基地128个；开展订单培养、工学交替培养学生28批次1575人。新增2个现代学徒制培养试点项目，新建3个产业学院。推进3个省级产教融合平台建设，与企业共建智能制造协同创新中心，获赠2521万元进口设备。全年通过线上线下融合方式开展培训43369人次，各类技能培训鉴定2474人次。学生在各级各类技能竞赛中获奖336项，其中代表江苏省参加全国职业院校技能大赛获一等奖3项；获第七届中国国际“互联网+”大学生创新创业大赛国赛金奖1项、铜奖1项。

对外交流合作　转变留学生招生模式，开展中泰“1+2”“1.5+1.5”分段合作人才培养并招收留学生31人；制定到华留学生全英文人才培养方案。全年培训南非“鲁班工坊”师资3人、南非学生37人。线上培训印尼两所院校2批次336人次。

（唐　凯）

【常州机电职业技术学院】 2021年，常州机电职业技术学院有全日制在校学生13000余人，招收全日制新生4562人、留学生86人，毕业学生3577人，年终就业率99.03%。有专任教师549人，其中高级职称教师226人、博士学位教师69人、有“双师”素质专任教师497人。新增博士30人、国家特殊人才支持计划教学名师1人、省青蓝工程中青年学术带头人培养对象1人、优秀青年骨干教师4人、省产业教授5人。

教学科研服务　获评全国首届教材建设奖二等奖1部，分别入选工信部“十四五”规划教材、省“十四五”重点立项教材8部。获2021年省教学成果特等奖、一等奖、二等奖各1项。教师获全国职业院校信息化教学能力大赛二等奖1项、省赛奖项12项、省微课教学比赛奖项4项。获江苏省政府科学技术奖一等奖1项、二等奖2项、三等奖1项，占全省高职院获奖数量的80%，位列全省高职院校第一；获批教育部人文社会科学研究项目3项，立项省科技厅产学研合作项目等省级科研项目38项；入选首批江苏省知识产权信息公共服务平台、江苏省高校优秀科技创新团队；完成技术合同认定66项，认定技术交易额4237万元。开发国家级、省级师资培训项目34个、企业新型学徒制培训23个，实现社会培训49335人次。15门课程被认定为江苏省“乡村振兴”在线开放课程，获江苏省中等职业教育教师培训“优秀项目”等。推进五大产业学院建设，培育重大成果21项，服务企业350家，1项成果入选中国高等教育博览会“校企合作、双百计划”典型案例。

对口援建　加大对新疆伊犁职业学院等4所西部职业院校的对口支援力度，援助建设8个专业和相关实训基地；选派4名干部、2名教师开展对口援疆工作，组团式援疆工作合作完成伊犁州重点调研课题1项，相关成果入选全国教育扶贫典型案例、第十一届中国县域现代农业高层会议乡村振兴优秀案例。

国际交流合作　与英国诺桑比亚大学等4所高校签订“3+1”专升硕合作办学。电子商务专业入选江苏省“十四五”高校国际化人才培养品牌专业；入选江苏省外国专家工作室，获批常州市外国专家工作室2个；获评江苏省来华留学生教育先进单位。推进海外学院建设，学校当选中非（南）职业教育联盟副理事长单位，《“五助五促”，助力江苏德龙镍业高质量“走出去”》获中国高等教育学会职业院校对外合作与交流优秀案例。

竞技竞赛　获第七届中国国际“互联网+”大学生创新创业大赛国赛银奖2项、省赛奖项12项。获全国职业院校技能大赛一等奖1个、省职业技能大赛奖15个、全国行业职业技能竞赛一等奖1个、全国物流服务师职业技能竞赛学生组一等奖1个；1名学生获省大学生知识竞赛（理工科组）总决赛一等奖。获首届全国NSTL原文传递大赛唯一的团队一等奖、全国高职院校信息素养大赛三等奖。

（甘迎春）

【常州工业职业技术学院】 2021年，常州工业职业技术学院有在校学生14123人，招收全日制新生4822人，毕业生年终就业率98%。面向社会人员开展全日制学历教育，招生178人。有专兼职教师1147人，其中校内专任教师545人。专任教师中有副高以上职称比例38.71%，硕、博士学位比例80.56%，具有“双师”素质的专任教师比例90.32%。全年新增江苏高校“青蓝工程”中青年学术带头人1人、中青年骨干教师2人、江苏省产业教授2人、在读博士生13人、高级职称人才25人；1人入选江苏省“双创博士”、1人获评“江苏工匠”，3人获评江苏省技术能手，16人获评江苏省科技副总；柔性引进大国工匠、全国劳模、全国技术能手7人，省“333”工程、省双创人才、江苏工匠、省技术能手11人；引进优秀博士人才21人。学校入选江苏省中国特色高水平高职学校建设单位。

专业与课程建设　与常州大学、盐城工学院、南京工业职业技术大学合作举办机电一体化技术、数控技术等4个专业高职—本科“3+2”分段培养项目，与常州刘国钧高等职业技术学校、江苏省张家港中等专业学校等35所学校联合开展工业机器人技术、酒店管理与数字化运营等29个专业65项中高职“3+3”分段培养项目。学校“1+X证书”项目试点专业34个，占学校专业总数比例68%，成立常州工业职业技术学院金坛分院，探索与金坛中等专业学校中高职结对发展新路径。立项省级课程思政示范课程1门；立项江苏省高等学校重点教材3部、江苏省高等学校优秀培育3部；入选“十四五”首批职业教育国家规划教材10部；教育部人文社科课题立项3项、省科技厅产学研项目立项16项、省教育厅自然科学面上项目立项3项、江苏省知识产权局软科学计划研究项目1项、厅级人文社科课题立项34项、厅级科研成果奖2项；省市级教学改革课题15项。

产教融合　与国家体育总局水上运动管理中心、中天钢铁集团、无锡地铁集团等单位共建水上运动休闲产业学院、中天钢铁学院、无锡地铁工匠学院、常州智能物联与精密制造协同创新中心等3个企业学院、2个产业学院和1个协同创新中心，完成41项校企深度合作项目立项。政行校企共建现代学徒制特色的西太湖现代服务业学院获评中国高等教育博览会“校企合作 · 双百计划”典型案例。获专利授权213件，专利转化49件，师生专利转化119.3万元。与西太湖科技产业园联合建设现代服务业学院和退役军人人力资源开发基地。产学研服务企业771家，技术合同认定99项，技术合同成交额3663.6万元，比2020年增长48.8%。

竞技竞赛　获中国国际“互联网+”大学生创新创业大赛全国总决赛银奖，江苏省职业院校创新创业大赛一等奖3项、二等奖3项、三等奖6项，全国“挑战杯”大学生课外学术科技作品竞赛“黑科技”专项赛“行星级”作品奖，江苏省“挑战杯”大学生课外学术科技作品竞赛特等奖1项、一等奖2项、二等奖4项、三等奖2项。

国际交流合作　与马来西亚吉隆坡大学、印度尼西亚泗水国庆大学等9所境外大学签署校际合作交流协议和师生交流培训项目；成立常州工业职业技术学院印度尼西亚泗水分院、马来西亚分院、中泰中文+职业技能培训中心，联合培养自费留学生406人，校企合作境外办学项目培养留学生92人；与俄罗斯佛拉基米尔国立大学合作举办软件技术专业“3+2”项目。与南京信息工程大学、江苏理工学院等本科高校开展合作，推荐26名留学生升学至国内本科高校。

（王淑芳）

【常州纺织服装职业技术学院】 2021年，常州纺织服装职业技术学院有在校学生11438人，年内招收全日制新生3703人，毕业学生3121人，毕业生就业率95.82%。校内专任教师475人，引培博士8人，新增在读博士13人，新增高级职称教师26人，省“青蓝工程”教学创新团队1个、学术带头人1名、优秀骨干教师2人；选聘江苏省产业教授3人、产业导师2人，新增省高端研修2人、青年教师企业实践项目3人、省紫金文化优青1人，常州市双岗互聘5人。学校入选江苏省中国特色高水平高职学校建设单位。武书连2021中国高职高专排行榜上毕业生就业质量排名第18。

产教融合　新增省发改委江苏省工程研究中心1个、省教育厅自科项目立项3项，其中重大项目1项、省科技厅产学研合作项目2项。立项人文类纵向课题93项。新增江苏省科技副总3人。技术服务项目119项，纵横项合同金额946.45万元。专利申请210项，授权109项，成果转化18项。新增合作企业98家，校企共建校外实习实训基地319家。成立江苏婴幼儿发展职业教育集团。新建红豆服装产业学院、中检纺织检测产业学院、巨细智能织造大数据产业学院等3个产业学院。共建现代学徒制试点专业14个，培养学徒1169人。3个工种获批第三方评价机构（江苏省纺织工业协会）的省职业技能等级认定考核点。立项省级大学生实践创新训练计划项目33个，学校获全国首批校企协同就业创业创新示范实践基地建设单位。完成创业基地改造建设工程，引进12个创业项目入驻基地。《核武人》在第十七届“挑战杯”大学生课外学术科技作品竞赛中获红色专项赛全国一等奖，“藏鲜达”项目获第七届江苏省“互联网+”大学生创新创业大赛“青年红色筑梦之旅”赛道一等奖，其他项目获省赛一等奖、二等奖各1项和三等奖7项。

国际交流　招收“一带一路”沿线国家学历留学生22人。建设常纺丝路学院（华利达越南中心）项目，制定“常纺标准”，探索国际化人才培养模式。加入江苏德国高职教育联盟和“一带一路”国际艺术教育联盟，与英国国家学历学位评估认证中心研讨专业国际化认证，将美国ESB创新创业国际认证引入学校。

（陈　思）

社会教育

【概况】 2021年，武进区坚持以提升培训服务能力为目标，加强内涵建设，促进社区教育均衡发展，形成武进区开放大学、社区培训学院和镇（街道）社区教育中心10个、居（村）民学校202所的三级社区教育办学网络。全区社会教育机构立足城乡成人教育，深入实施农村劳动力转移培训、职工岗位培训和继续教育、农民实用技术教育、新市民教育，并以老年智能手机培训为抓手拓展老年教育，积极服务地方经济社会发展。全区有社区教育志愿者1.57万人，非学历教育机构109个。常年协助开展各级各类培训，城乡居民社区教育活动参与率58.8%。武进社区培训学院联合10个社区教育中心成立常州市首批社区教育科研基地，以课题引领提升社区教育品质。洛阳镇御阳果业有限公司创成市级教育服务“三农”高水平示范基地，洛阳镇友谊村学习苑“楹联文化”案例获评江苏开放大学学习苑“学党史、办实事”主题风采优秀案例。

【职业技能和社区教育】 2021年，全区各级社会教育机构加强职业技能和社区教育，继续实施就业培训保民生，完成各级各类培训69.15万人次。职业学校联合区市场监管局、区应急管理局、区人社局、区农业农村局等单位开展行业安全生产业务、职业技能、食品安全管理等培训，参训15439人。10个社区教育中心贯彻落实省、市关于促进就业的各项政策，开展保育员、育婴员、茶艺师、中式烹饪师、西式面点师、楼宇智能化管理员、电工、医药商品购销员等公益职业技能培训，培训超过6500人次。组织参加省“5112”教育富民工程（通过职业教育与成人文化技术培训，转移500万名农村劳动力，培养100万名农村致富骨干，重点推广1000个农村科技致富示范项目，培训200万名下岗转岗职工，全面提高城乡劳动者科学文化技术素质，使接受教育培训人员年收入高于全省从业人员年均收入的10%以上）培训，参训7.1万人次，其中农村新增劳动力和剩余劳动力转移教育培训2.68万人次、农村致富骨干培训1.09万人次、下岗（失业）转岗职工培训3.28万人次。武进开放大学推进永定社区“开大学堂”“开大繁星计划”“阳湖韵社教之声”等特色项目，受益1.2万人次。“方太幸福家”学习体验基地入选江苏省社会教育学习体验基地，钱孟伟、王红益被评为江苏省“社区教育先进工作者”；武进社区培训学院被市教育局立项为首批常州市社区教育科研基地；“老来笑”共学养老项目和“学习强国进家庭，共建和谐社区”项目被认定为“常州市社区教育促进社区治理”优秀项目；“前黄大米邀您来干饭！”研学活动等4个项目被评选为常州市社区教育特色项目。全区参加成人考试10040人，比2020年增加362人；参加自学考试24616人次。

【“智慧助老赋能银龄”老年人智能手机专项培训】 5月，贯彻落实国家、省、市相关部门关于切实解决老年人运用智能技术困难的文件精神，常州高职校联合武进区卫健局在全区开展“智慧助老、赋能银龄”主题培训行动。至年底，全区10个镇（街道、开发区）90多个社区有6000余人次参训。常州高职校继续教育学院组建一支教师志愿者团队，开发适合老年人学习的社区面授系列课程和微课，不断提升老年人的获得感和幸福感。该项目于9月获评常州市开放大学中期检查“优秀项目”，实施团队于12月获评江苏省社会教育服务指导中心“智慧助老、赋能银龄”社区教育专项行动先进集体。

【推进社区教育服务“项目化”“精准化”】 2021年，武进社区培训学院面向湖塘镇45个社区，整合镇、社区内教育资源，联合社区、湖塘镇体育总会、武进区夕阳红康乐中心及地方职业院校，首次开展社区教育项目化运作。服务领域包含教育惠老、惠少、惠社、惠特，涵盖书法绘画、歌舞乐器、体育健身、智能手机、党史学习、家庭教育等内容。有12个项目被评定为“重点项目”，15个项目被评定为“立项项目”。通过项目引领，提供从“摇篮”到“拐杖”的精准服务，推动教育惠民政策落到实处，提高社区教育专项经费使用绩效。武进社区培训学院还调研老年居民学习兴趣爱好需求，结合教师专业特长，组建“老来笑”共学养老项目，开拓老年教育新途径。聘请5位社区教育专职管理人员担任核心成员，每人负责组建、指导一个社区老年学习共同体，学习内容涵盖乐器舞蹈、智能技术、书法绘画、癌症术后患者的康复保健及与养老院的“养教联动”，为不同特点的老年群体提供适当的学习方法和教育活动，使广大老年居民在共同学习中“笑”对人生。“老来笑”共学养老项目被评定为“常州市社区教育促进社区治理”优秀项目，旗下子项目“星光萨克斯”被评定为2021年“常州市示范性社区学习共同体”。

（陆　琪　吴　英）

武进社区培训学院开展“养教联动”活动　（供图 / 区教育局 摄于2022年9月）

文 化

Culture

责任编辑　张怡菁

文学艺术

【概况】 2021年，武进区围绕人民群众精神文化需求，组织开展文艺创作，推动文艺繁荣和文化兴盛。举办庆祝中国共产党成立100周年系列文艺演出活动、“红颂百年”艺术作品展、“日出阳湖”征文大赛、“笔墨芳华”——女子七人书法雅集等主题性文艺活动20场次，参与2万人次。组织文化惠民、送戏下乡演出200余场，覆盖13个镇（街道）、30多个村（社区），观众20万人次。刊发《武进文艺》2期，作家协会吴亚频小说《冬日暖阳》、书法家协会徐勇书法作品、摄影家协会黄孝亚摄影作品等文艺作品47件获省级及以上奖项。

【庆祝中国共产党成立100周年“红颂百年”系列主题文艺活动】 内容参见“群众团体”类目P56同名条目。

表42　2021年武进区文艺创作主要成果情况表

所属协会	艺术门类	作品名称	作　者	展出、获奖情况
摄影家协会	照片	《赶海》	丁　婷	入选丽水国际摄影节
	照片	《追梦少年》	黄孝亚	入选丽水国际摄影节
	照片	《灿放的沙滩》	梁　红	入选“美丽江苏”摄影大展
	照片	《未来园艺家》	许正宏	入选“美丽江苏”摄影大展
	照片	《牟家新农村》	张海峰	入选“美丽江苏”摄影大展
	照片	《龙城高架旋舞曲》	姚明其	入选“美丽江苏”摄影大展
	照片	《阳羡风情小镇》	邵惠芬	入选“醉美陶都，乐游宜兴”全国摄影大展
	照片	《游乐场的年轻人》	顾　明	入选“百年·百姓”——中国百姓生活影像大展（1921—2021）
	照片	《颗颗红星齐向党》	黄孝亚	入选“记录辉煌”——庆祝中国共产党成立100周年全省艺术摄影大展
	照片	《希望的田野》	丁　婷	江苏首届“味稻田园”摄影大赛特等奖
	照片	《赶海》	丁　婷	“庆祝中国共产党百年华诞”——江苏开发区高质量发展摄影大赛二等奖
	照片	《守护》	黄孝亚	2021年江苏省社区摄影大赛三等奖
电影电视艺术家协会	视频	《美丽乡村、遇见未来》	武进广播电视台	第十四届小康电视节目工程优秀作品
工艺美术家协会	留青竹刻	《凝芳》	沈华强	江苏省文艺大奖·第六届民间文艺奖
戏剧曲艺家协会	锡剧	《城里城外》	杨　雪　曾丽军　薛平鸽	第五届江苏省文华奖优秀节目奖
	锡剧	《高老爹接站》	高忠伟　任　亚　范仙琴	入选第五届江苏省文华奖优秀舞台艺术作品展演
作家协会	小说	《冬日暖阳》	吴亚频	“新时代的中国”第二届网络文学现实题材主题征文大赛优秀奖
	诗集	《骑鲸记》	刘　康	入选“21世纪文学之星丛书”2020年卷

【文艺惠民系列活动】 内容参见“群众团体”类目P56同名条目。

【2个工作室获评省乡土人才大师工作室】 2021年7月7日，区工艺美术协会徐文博、王明盛2个工作室入围省人社厅公布的江苏省乡土人才大师工作室名单。徐文博为江苏省工艺美术大师、常州市留青竹刻非遗传承人、常州市工艺美术家协会副主席、武进区工艺美术家协会主席，于2018年创办徐文博留青竹刻艺术馆,代表作品《清白传家》《鹰》《碧波帆影》等获国家级奖项。王明盛为国家级非遗保护项目常州牙刻市级代表性传承人、江苏省工艺美术大师、常州市工艺美术家协会副主席兼秘书长，于2019年创办“澄怀阁”王明盛浅刻艺术工作室，代表作品《佛音今昔》获第二届东方工艺美术之都博览会精品展江苏工艺美术最高奖“迎春花奖”、首届中国工艺美术大师提名奖金奖。

（葛 岩）

公共文化

【概况】 武进区有镇（街道）文化站10个、村（社区）文化室或图书室215个、农家书屋208个，有专职文化工作者94人、业余文化工作者6775人。2021年，全区文旅部门以人人参与文化、人人享受文化、人人创造文化为目标，强化公共文化建设，提升公共文化服务能力。举办“红船精神，薪火相传”全区群众文艺接力活动、武进区第九届市民艺术节、第15届“花都水城·浪漫武进”文化旅游节暨“龙城夜未央·武夜尽欢畅”夜生活节、第二届非遗购物节等群众性文艺活动。区凤凰艺术团送综艺节目下乡200场，区锡剧团送戏下乡200场，区图书馆组织流动图书车送书下乡借阅100余次、“阳湖大讲堂”12场。礼嘉镇华渡村、武进高新区北区喜盈门社区、湖塘镇三勤社区创成常州市四星级示范农家书屋。实施农村电影“2131”工程（21世纪，在农村实现一村一月放映一场电影），全年放映电影2520场。推进全民阅读推广活动，全民阅读指数达76.85。武进区人均接受文化场馆服务次数达4.02次，位列全市第一。

（朱丽春 贾韵泓）

【“红船精神，薪火相传”全区群众文艺接力活动】 4月29日，“永远跟党走，奋进新征程”武进区凤凰艺术团基层巡演首演仪式暨“红船精神，薪火相传”全区群众文艺接力活动启动仪式在湖塘镇南都社区举行。基层巡演首演《我在秋白书苑等你》《当善良遇上善良》《我和祖国一起出发》《理论领航新时代》等节目10个，全面开启“红船精神，薪火相传”全区群众文艺接力活动。该活动由区委宣传部、区文体广电和旅游局主办，围绕庆祝中国共产党成立100周年、全面建成小康社会和开启全面建设社会主义现代化国家新征程的主题，创新设置火炬传递环节，以镇为单位在全区组织群众文艺演出12场。

【武进区第九届市民艺术节】 10月9日，“日出阳湖·风雅江南”武进区第九届市民艺术节在武进区第二图书馆开幕，于10月9—31日推出“全民艺术普及周”“艺美武进、民星大舞台”才艺大赛、锡剧大家唱文化走亲活动、“永远跟党走”业余群众文化团队展演等群众文化活动39项、300多个，开展残疾人文化周活动，满足群众多元化文化需求，营造“平等、参与、共享”的文化氛围。

（杨东溟）

【区文化馆公益性培训】 2021年，区文化馆实施“艺起来”全民艺术普及工程，通过线上、线下相结合和馆内、馆外相补充等形式，提供公益性培训服务。发布在线课程2课时，原创作品展播3期。公益性培训联盟春、秋季班共开设素描、钢琴、演讲口才、中国舞等专业240余个，招收学员3200多人，受益群众超3万人次。公益性培训班3季共开设萨克斯、二胡、书法、国画、堆花糕团等专业46个，培训6470人次。特色公益性培训班开设茶道、花艺、朗诵、梳篦制作、瑜伽、围棋等特色课程21门，培训2910人次。社区公益培训推出书法、古筝、形体、堆花糕团等课程，受益群众超1000人次。

（钱 峰）

文化场馆建设

【概况】 2021年，武进区加强公共文化服务阵地建设，建成开放武进第二图书馆，构建设施完善、服务到位的城乡公共文化服务体系。8月，区文化馆、湖塘镇综合文化服务中心上榜2021年度江苏省“最美公共文化空间”打造对象名单。图书馆、文化馆、博物馆、书画院4个公益性文化场馆免费开放，全年接待群众142万人次。滆湖民俗博物馆、湖塘博物馆等6个民间博物馆，全年接待群众7万人次。

武进区图书馆 位于延政中大道65号，建筑面积5000余平方米，馆藏图书65万余册。年内，新增“阳湖书房”前黄、江苏省武进高级中学、武进区城东小学服务点3个，新增“阳湖微书房”智能借阅柜服务点10个。接待

区文化馆开展堆花糕团公益性培训 （供图/区文体广电和旅游局 摄于2022年8月）

读者79.6万人次，外借图书52万册次，开展线上线下阅读推广活动350余场次。

武进区文化馆　位于淹城丰乐坊1号，建筑面积6675平方米。开展公益性培训，受益群众超4万人次。举办2021“万象更新”——迎新春春联书法邀请展、江苏省庆祝中国共产党成立100周年“百年百场”优秀群众美术书法摄影作品巡展、“颂歌献给党”红歌比赛、“百年风华·翰墨高歌”青少年书画精品展等活动20余场次。年内，累计服务群众32万人次。凤凰艺术团开展送综艺下乡演出200场，受益群众超20万人次。区文化馆组织创作书法小楷作品《诗经》入选翰墨盛世——江苏省群文书法精品邀请展，中国画《美丽家园·生生不息》入选江苏省第八届新人美术作品展，歌曲《我和你——献给妈妈的歌》、中国画《望穿流霞》等作品9件获首届常州市公共文化“青果奖”。

武进区博物馆　位于春秋淹城旅游区内，建筑面积8728平方米，馆藏文物3696件。推出线上微课堂11场次、云讲解活动10期，举办“扬中华美学，弘同心文化”全国高校书法专业优秀作品展等线下展览19场次。结合“5·18”国际博物馆日、中国“文化和自然遗产日”等节日，开展教育活动138场次，参与超7万人次。有志愿者90人，义务讲解58批次，参与展览、社教活动等服务共计1340个小时，受惠公众近2万人次。年内，接待群众29.8万人次。区博物馆被省文旅厅评为江苏省文化和旅游系统先进集体。“红色印记”——常州革命文物史料展被省文物局评为2021年度“弘扬优秀传统文化、培育社会主义核心价值观”主题展览推荐项目。

武进书画院　位于凤凰谷，建筑面积3000平方米。馆藏书画136件，陈列版画作品及藏书票300多件。举办公益性美术培训活动11期，主办、承办“第六届国际版画（藏书票）博览交流会大赛展”“风华百年、翰墨盛世——庆祝中国共产党成立100周年书画展”等书画展览近10期，参与活动1万多人次。年内，武进书画院近40件作品入围入展省级及以上展览。

（朱丽春　王晓刚　钱　峰　金霆蔚　张　锐）

武进第二图书馆　（供图/区文体广电和旅游局　摄于2022年8月）

【武进第二图书馆建成开放】　7月3日，武进第二图书馆建成开放。该图书馆位于火炬北路1号，总投资5200万元，建筑面积8600平方米，设有低幼儿借阅室、少儿借阅室、阳湖书房、咖啡吧、电子阅览室、VR视频点播室等功能室10多个，馆藏图书20万册。年内，图书馆将专业优势和学校硬件优势有机结合，提前介入武进区人民路初级中学规划设计，按照国家一级图书馆建设标准扩大馆舍面积，购置图书馆智能化设备和图书等，设计独立入口和学校物理隔离，在保证校园安全前提下，向社会开放，成为“馆校合作、资源共享”典型案例。至年末，外借图书15万余册，服务读者30万余人次。

（王晓刚）

【西太湖美术馆举办特色艺术展12场】　西太湖美术馆位于西太湖畔，建筑面积约2000平方米，展线近500米，2015年9月25日开馆。2021年，共举办特色艺术展12场，累计参展人数近7万人次。

“宽唐扇语——蔡小枫、傅小宁成扇展”　5月12—31日举行，展出享受国务院特殊津贴专家、国家一级美术师、陕西国画院花鸟画院执行院长蔡小枫和傅小宁夫妇成扇作品170余件，是两人成扇的首次集中展示。

“锦绣年华”——常州花鸟画研究会作品展　6月24日至7月15日举行，展出常州花鸟画研究会艺术家讴歌党、讴歌人民、讴歌伟大时代美好生活画作138幅。

“‘纸’上乾坤”——当代纸艺巡回展　10月29日至11月27日举行，展出29位中外艺术家纸艺作品近70件，呈现纸上艺术世界的多重可能。

（周　健）

【环太湖艺术城承办文化艺术展8次】　环太湖艺术城位于春秋淹城遗址公园西侧，占地面积20余公顷，由江苏环太湖文化艺术城集团有限公司投资建设，总投资36亿元，2016年对外运营。2021年，承办文化艺术展8次，参观展览1万余人次。

江苏沧海2020十周年特邀精品展　2020年12月30日至2021年1月5日举行，展出徐悲鸿、张大千、刘海粟等名画家作品30件。

“同在旗帜下”——常州盟员美术作品展　4月28日至5月9日举行，展出常州民盟盟员油画、国画、书法等类别作品110余件。

“畅和新安”——安徽省书画院长三角地区书画作品巡展（常州）　6月17—20日举行，展出安徽书画院29位书画家和33位特聘画家作品100件。

（邵　勤）

文化遗产保护

【概况】　2021年，武进区推进文化遗产保护利用，增强优秀传统文化生命力和影响力。有不可移动文物218处、非物质文化遗产（简称“非遗”）项目97项。其中，文物保护（简称“文保”）单位国家级2处、省级6处、市级42处，未公布为文保单位的不可移动文物168处，非遗项目国家级1项、省级5项、市级17项、区级74项。区文保部门加强文保管理，做好日常巡查，网上录入信息和上报、现场复核不可移动文物218处，修缮市级文保单位2处。

【文物遗迹保护】 2021年，区文保部门落实《武进区文物消防安全专项整治三年行动实施方案》，开展不可移动文物和文博单位安全检查，完成不可移动文物现存状况摸底调查和红色文物调查，完成省级及以上文保单位监控系统安装，完成《春秋淹城遗址公园西北片区环境整治工程》建设方案、五洞桥和恽南田纪念馆修缮方案审批工作，完成李公朴故居和港桥修缮、王诤故居保养维护。配合常州市考古研究所完成考古勘探并通过江苏省文物局验收地块12处，基本完成现场考古勘探地块7处。武进高新区开展5个片区、16.55平方千米文物资源区域评估，其中南夏墅街道集镇区地块等4个文物资源区域现场评估完成并通过省级验收。

（黄建峰）

【非遗传承和保护】 2021年，武进区坚持传播普及非遗传统文化，提升非遗保护传承工作水平。区文体广电和旅游局完成第六批区级非遗项目申报、评审及第四批市级非遗项目代表性传承人申报工作。组织非遗进校园活动，与武进开放大学、武进区实验小学、武进区实验小学教育集团人民路小学等学校合作，开展堆花糕团、剪纸等非遗项目活动。推进非遗进景区，引进象牙浅刻、常州烙画、雅浦酿酒等非遗项目进驻淹城春秋乐园、环球动漫嬉戏谷、中华孝道园等景区，设计制作“武进区非遗进景区宣传册”向游客免费提供。举办“我们的节日·端午”——常州市非物质文化遗产展示展演展销暨武进区第二届非遗购物节，展销展演象牙浅刻、调犟牛等非遗项目43个。依托区文化馆举办“齐梁夜宴”非遗项目沉浸式体验，组织观众体验听琴、闻香、投壶等游戏技艺，观赏融入非遗元素的音诗画和情景剧，品尝湟里牛肉、常州大麻糕等非遗美食。年内，区文体广电和旅游局协助区纪委监委拍摄非遗廉政视频《巧手堆花寓清廉》被中纪委网站录用。

（钱 峰）

文化产业与管理

【概况】 2021年，武进区创新文化产业内容形式、载体渠道、业态模式等，优化文化产品供给质量。有规模以上文化企业177家，完成文化产业增加值119.6亿元，占GDP比重6.13%。捷成华视网聚（常州）文化传媒有限公司和江苏时光信息科技有限公司分别获2021—2022年度中央文化产业发展专项资金（推动对外文化贸易发展项目）68万元和28万元，均入选国家文化出口重点企业，“捷成华视网聚全力打造海外影视融媒体传播项目”入选国家文化出口重点项目。4家企业获2021年度常州市市级文化产业发展引导专项资金，其中汉华易美视觉科技有限公司、常州市阳湖文化创意有限公司各获30万元，常州康姆科创发展有限公司、常州市毕升印务厂各获20万元。12个影院及3个实体书店获2021年度常州市新冠肺炎疫情专项补助33.5万元。有网吧85个、歌舞娱乐场所54个、电子游艺场所7个。区委宣传部加强文化行业管理，全年年检印刷企业316家、出版物零售单位213个。

（贾韵泓）

【西太湖影视产业基地获评国家AAA级旅游景区】 内容参见“旅游业”类目P124同名条目。

（周 健）

区文体广电和旅游局组织非遗项目展演

（供图/区文体广电和旅游局 摄于2022年8月）

融媒体

【概况】 2021年，武进区加强主流媒体意识形态主阵地建设，推进媒体深度融合，为高质量发展提供坚强保障。区融媒体中心有电视综合频道、综合广播、《武进日报》、武进新闻网，以及“两微一端”（微博、微信、新闻客户端）5个平台，发挥新闻宣传作用，做好庆祝中国共产党成立100周年报道，围绕“十四五”规划营造浓厚宣传氛围，集聚报道新冠肺炎疫情信息助力疫情防控。组织开展“百年阳湖红、奋进新征程”融媒体新闻行动、“学史力行、阳湖逐梦”第二届阳湖学习达人挑战赛等活动86个，依托云直播，与央视联合推出“云上品鉴大会”，与区政协联合打造直播协商议事模式。电视台播出6716小时；武进广播电台播出6570小时；发行《武进日报》3.5万份，招募小记者2913人；武进新闻网访客量350万人次；“今日武进”官方微信公众号、“微武进”官方微博等“两微”发布文章3504篇，有关注人数17.8万人；“爱武进”App新闻客户端拓展政务服务功能，开通房地产管理、掌上医院等服务窗口20个。

表 43　2021 年武进区融媒体中心作品获省级及以上奖项情况表

类别	作品名称	作者	奖项	授奖部门
广播电视类	《战役进行时》	陈　军　谈敏超	全省县级广播电视节目共享平台2020年度最佳栏目奖	江苏省广播电视局
	《92岁的中国好人储振民圆梦入党》	陈　军　张小波	2020年度江苏电视新闻奖短消息二等奖	江苏省广播电视局、江苏省广播电影电视协会
	《书画装裱师：为书画“做嫁衣”》	陈寒秋　秦瑞刚	2020年度江苏电视新闻奖对外电视·专题三等奖	江苏省广播电视局、江苏省广播电影电视协会
	《森林狂想曲》	王　瀚	2020年度江苏广播剧奖单本剧（含短剧）三等奖	江苏省广播电视局、江苏省广播电影电视协会
	《停课不停学，如何上好网课》	张文亚　贺敏伟　陈伟强	2020年度江苏省广播电视少儿精品奖少儿广播节目三等奖	江苏省文明办、江苏省广播电视局
	《这是最后的斗争》	秦　琳　顾爱国　顾　琳	江苏省广播电视政府奖广播节目录制技术质量提名奖	江苏省广播电视局
报纸类	《一份职工提案，获联合国开发计划署认可》	鞠燎原　徐维庆　方雪梅	2020年度江苏省好新闻（文字作品）消息三等奖	江苏省新闻工作者协会
	《国内首座“邻利型”垃圾发电厂全新亮相》	沈彭彭　诸丽琴　陆　卓　张　丽	江苏省报纸好新闻三等奖	江苏省新闻工作者协会
	《嘉泽八旬老人自办家门口的“文化站台”》	王　宁　吕丹丹	江苏省报纸好新闻三等奖	江苏省新闻工作者协会
	《每年“牺牲”5000万元换回1.5万亩湿地》	鞠燎原　徐梦超	2020年度江苏省县市报好新闻三等奖	江苏省县市报（融媒）研究会
	《89岁老党员生命中最后一笔党费》	诸丽琴	2020年度江苏省县市报好新闻三等奖	江苏省县市报（融媒）研究会
	《武进日报》9月21日4、5版	陆　卓　吕丹丹　刘文燕	2020年度江苏省县市报好版面奖	江苏省县市报（融媒）研究会

全年播发电视新闻4069篇，被市级及以上媒体录用221篇；广播电视、《武进日报》分别有作品68个和13个在市级及以上创优评比中获奖。连续第15年开展“圆梦行动”，累计帮助贫困学生471人，发放救助资金近1000万元。年内，区融媒体中心通过省级验收。

【“十四五”规划专题宣传报道】 2021年，区融媒体中心围绕“十四五”规划发展，推出《三个更新》《共同富裕，武进探索》等专题报道栏目12个，展现武进各级各部门奋斗精神、学习成效、实践业绩。从2月26日起，推出《奋进“十四五”、基层在行动》系列报道15期，走访各园区、平台、乡镇，采访主要领导，畅谈新思路，展现武进奋斗新征程的精神面貌和奋进“十四五”规划的务实举措。从12月起，在报纸、电视、新媒体矩阵同时开设《“532”乘势而“进”！》栏目，反映武进在内联外通、创新发展、产业跃升、绿色发展、文旅融合、共同富裕、城乡融合等方面奋勇争先的各项举措，全年累计发稿28篇。

【融媒体助力新冠肺炎疫情防控】 11月2日，武进区湖塘镇御城小区1名居民新冠病毒核酸检测阳性，御城全面实施封闭管理。区融媒体中心发挥主流媒体作用，通过协同宣传、全媒体联动等方式，为疫情防控阻击战助力。11月3日上午广播节目中，区融媒体中心主持人直播连线御城小区内居民，第一时间让群众了解封控防疫情况，确保疫情防控信息公开。年内，发布“隔离不隔爱，温暖一直在”“风雨有我在，人民请放心”“温暖”“坚守”等主题短视频、海报等，营造防疫正能量，取得良好宣传效果。“今日武进”短视频平台《今天御城被一条“狗”圈粉了》《武进加油，御城加油》《孤灯不孤，万家灯火，等你归来》等获点击503.3万次、点赞5.7万次、转发评论4.7万次，引发强烈社会反响。区融媒体中心被人民网微博、央视新闻、交汇点新闻、江苏新闻等媒体转载或跟进武进防疫宣传报道20篇，新闻资讯阅读量超726万人次。

【“百年阳湖红、奋进新征程”融媒体新闻行动】 3月19日，“百年阳湖红、奋进新征程”融媒体新闻行动在洛阳镇王诤故居启动。该行动由区委宣传部联合区委组织部、统战部、党史工委共同策划组织，发动区融媒体中心，围绕庆祝中国共产党成立100周年和推进党史学习教育，聚焦“十张照片忆初心”“十大红色打卡地”“十项品牌展风采”等“十个十”行动具体开展实施。推出“十名先辈铭党史”融媒体系列报道，通过讲述瞿秋白、恽代英、张太雷等10名武进先辈英雄事迹，教育引导人们传承红色基因、发扬红色传统。策划实施“十位书记亮项目”采访行动，展示基层党建书记项目成效、基层党建丰硕成果。开设百年党史解读系列专栏《听吾说·党史》，推送党史知识，讲述本土红色故事，多平台宣传扩大党史学习教育成效。推出庆祝中国共产党成立100周年主题特刊，全景展现武进百年辉煌成就，振奋全区人民奋进新征程、谱写新篇章的精气神。

【“学史力行、阳湖逐梦”第二届阳湖学习达人挑战赛】 4—6月，由区委党史学习教育领导小组指导，区委组织部、宣传部主办，区融媒体中心、区委党史工委、区文联承办，以“四史”（党史、新中国史、改革开放史、社会主义发展史）为竞赛题切入点，将中共十九届五中全会精神、全区中心工作等知识内容贯穿其中。比赛穿插文艺节目，先后在前黄、牛塘、洛阳、西太湖、嘉泽等地举办15场，并设金融系统、区级机关、先行集团和经发集团专场4个。6月25日，总决赛在湟里镇西墅村举行，14支战队现场角逐。最终，经发集团星火战队夺冠。其间，通过微信、网络、电视、广播等5个平台直播，线上、线下观众超100万人次。

【区融媒体中心通过省级验收】 2021年4月12日，区融媒体中心通过省级验收。2020年12月4日，省委宣传部、省委网信办、省广播电视局会同专家团队通过审核资料、听取汇报、实操演练、提问交流等，综合评估区融媒体中心建设情况。区融媒体中心总投资3600万元，总面积1360平方米，有员工近300人，采用技术平台化、业务产业化、服务生态化高标准建设路线，设有融媒体指挥中心、采编办公区、演播室、总控室等功能区，实现整合组织架构优化、策采编发流程再造、移动传播矩阵构建、“媒体+”综合功能拓展等重点目标，融合生产能力高、综合服务能力好、可持续发展能力强。

【广电网络宽带建设与服务】 2021年，武进广电网络公司贯彻“融创跨越年”要求，坚持“抓用户、强管理、促发展”。发展智慧广电乡村145个；新签约智慧社区21个，累计145个（制作并上线124个）。推广广电智能家居，安装智能锁1500余套，累计销售额130余万元。至年末，武进区数字电视用户达22.03万户；发展互动用户2.65万户，总户数16.62万户；发展宽带用户3.58万户，总户数8.32万户。有线电视双向覆盖用户数57.24万户，双向覆盖率98.47%。

（杨晓新）

编史修志

【概况】 2021年，武进区以党史学习教育为契机，加强地方党史、志书和地情资料研究宣传，推进地方史志成果转化。加强地方党史征编，编好红色家谱，联合区委组织部启动组织史资料（第三卷）编写。推进党史和年鉴编纂，《武进抗战纪事》于7月由红旗出版社出版，《武进年鉴（2021）》于年底由方志出版社出版。创新史志编修载体，开发即时性记录——《武进印记》,《武进印记（2020）》《武进印记（2021）》分别于3月、12月出版发行。实施中国、江苏名镇名村志工程，推进中国名镇志《雪堰镇志》编修，完成江苏名镇志《湖塘镇志》出版前修改、审核工作。武进区累计出版部门（行业）志25部、村志16部。年内，《武进年鉴（2020）》获全国一等年鉴和江苏省一等年鉴称号。“充分发挥职能作用，‘点线面网’协同推进党史学习教育”经验得到中央党史和文献研究院、“学习强国”学习平台宣传推广。

【武进党史宣传】 2021年，武进区持续推进党史宣传，讲好红色故事，开展红色资源普查。联合区委组织部、宣传部等策划“百年阳湖红，奋进新征程”融媒体新闻行动，参与评选武进“十大红色打卡地”，主办“阳湖学习达人挑战赛”“红歌里的党史故事”等活动10多场次，推出“十名先辈铭党史”“十件大事燃岁月”等系列宣传内容。联合区委宣传部开展“阳湖之光”红色书柜规范化建设，分2批列出红色书单共200本，至年底，基层单位建设红色书柜200余个。精选《中国共产党武进历史》《常州市武进区革命老区发展史》《阳湖印记》等武进党史著作成果，形成“武进党史系列读本”,向镇（街道）、村（社区）、机关、学校、企业、图书馆等捐赠党史书籍近万册，覆盖党支部2188个。发挥职能优势，参与编写武进区党史学习教育宣讲通稿，开发党史精品课程4个，组建宣讲团，开展主题宣讲50多场次，直接受众1万余人次。联合区老促会专题调研红色资源保护、利用、开发等情况，排摸红色资源40多处，汇编红色资源资料2.5万字、图片130多张，完成调研文章《武进红色资源保护利用情况调研》。

【《武进抗战纪事》出版】 2021年7月，《武进抗战纪事》由红旗出版社出版。该书由区政协教文卫体和文史委、区委党史工委、区档案馆联合编纂，采取全景记录及人物小故事特写方式，详细记述1931年“九一八”事变至1945年抗战取得最后胜利阶段，武进抗日军民誓死抵抗侵略、维护民族尊严的历史，是反映地方抗战的纪事体著作。全书31万字，

区融媒体中心采编办公区 （供图/区融媒体中心 摄于2020年9月）

设专题22个，收录亲历者回忆录7篇和图片120余张。

【《武进年鉴（2021）》编纂出版】 2021年11月，《武进年鉴（2021）》由方志出版社出版。该书由区委、区政府主管，区委党史工委、区地方志办公室主办，围绕突出地方、年度特色，优化专题图片，丰富记述内容，记载2020年度武进区经济社会发展基本情况，反映全面深化改革和实施重大项目提质、重点平台提档、镇村活力提振等“六提”工程成效及抗击新冠肺炎疫情工作阶段性成果。全书92.6万字，设栏目34个、分目（子分目）221个，收录条目1110个、照片265幅（随文照片198幅）、表格102个。

【《武进印记（2021）》编纂发行】 2021年12月，《武进印记（2021）》编纂发行。该书由区地方志办编纂，设专题聚焦、年度热词、时事概览、新政速递、数说发展、第一唯一、地道风物七大板块，创新融合声音、视频等媒体功能，是高效、全面反映武进经济社会发展成效的即时性记录，服务区人大、政协两会召开和人大代表、政协委员，取得良好社会效果。全书22万字，收录图表95张、视频86个。

（张新辉）

档案管理

【概况】 2021年，武进区规范档案收集、整理，加强档案保护和利用。区档案馆有馆藏全宗222个，馆藏档案460525卷、666579件，资料15730册，代保管档案30350卷、3280件，向社会开放全宗128个、7952卷。2021年，区档案馆优化档案利用服务，实施民生档案“一网通查、即时出证”便民服务，方便群众就近利用档案。加强档案资源建设，做好出生医学证明、“不忘初心、牢记使命”主题教育等档案接收工作，建成武进疫情防控和脱贫攻坚档案专题数据库，报送至省档案馆。实施综合档案馆业务建设评价，完善全宗卷内档案数量统计，根据新方法重新整理。推进档案室规范化建设，加强指导监督，验收复查档案工作三星级单位78个。开展档案法治宣传，联合区融媒体中心推出“讲述百年红色档案，践行党史学习教育”专题报道、播放家庭建档故事。组织开展“百村万户”口述史料研究，基本完成《乡村记忆》编纂工作。7月，档案工作服务农村基层社会治理试点通过省级验收。

6月24日，红色档案专题展在武进区实验小学展出　（供图/区档案馆）

【档案利用服务】 2021年，区档案馆围绕组织史编写、干部人事档案专项审核全覆盖等工作，积极做好查档接待利用服务，接待查档利用14675人次，比2020年增长150%。其中，接待现场查询11754人次，电话查询2710人次，远程利用服务211人次。提供档案8340卷2392件，复印23243页。推进民生档案“一网通查、即时出证”，依托政务一体化平台，开通“民生档案一网通查”便民服务，与长三角民生档案一体化平台和江苏省民生档案利用平台对接，实现民生档案查询跨省跨部门“网上办”，年内“一网通查”167人次。做好馆藏目录数据和全文数据共享，共享目录数据66.6万条，档案数字化副本大小920吉字节。

【档案资源建设】 2021年，区档案馆接收档案8682卷、1583盒、104574件，照片1360张，光盘24张，实物82件。征集宗谱、图书、摄影集、视频等档案资料42种、244册，其中，宗谱16部，长春档案文献13册，冯仲云照片10张、视频3条。组织走访武进籍新四军老战士陆道南，整理陆道南文书档案资料480件、书籍资料179册、照片40余张，为研究武进革命斗争史和党史提供珍贵红色档案。根据省、市新冠肺炎疫情防控档案工作要求，对接区防疫指挥部、卫健局，加强防疫图片、音视频档案收集，开展微信公众号电子档案采集，共形成文书档案905件、数码照片4118张、视频244分钟。开展精准扶贫档案归档工作，明确归档范围和整理要求，共形成文书档案8597件。建立出生医学证明专题档案数据库，安全接收武进中医医院和武进人民医院出生医学证明档案56554件。重新整理扫描原安家乡1998年二轮土地承包档案并完成档案数据导入挂接处理，丰富民生档案资源数据库。

【开展综合档案馆业务建设评价】 2021年，区档案馆根据江苏省综合档案馆业务建设评价要求，对照考评标准，成立综合馆业务建设工作专班，召开协调会，制定责任清单，明确完成时限。认真梳理各项工作台账，完善全宗名册、馆藏数量统计、政府公开信息统计等台账10余种，新增消杀工作记录、进出库登记表等台账10种；做好馆藏档案清点核对，推进核查问题整改。按照新《中华人民共和国档案行业标准全宗卷规范》，补充完善全宗卷内容，重新整理80余个单位全宗卷；核对核心数据库数据，完成全文数据刻录备份1360吉字节。

（吴　杰）

体 育

Sports

责任编辑　张怡菁

群众体育

【概况】 2021年，武进区制定并印发全民健身实施计划（2021—2025年），开展新时代体育强区建设，推进全民健身“6个身边”（完善群众身边的体育健身组织，建设群众身边的体育健身设施，丰富群众身边的体育健身活动，支持群众身边的体育健身赛事，加强群众身边的体育健身指导，弘扬群众身边的体育健身文化）工程，拓展公共体育设施网络。新增社会体育指导员431人，累计5434人（国家级64人、一级186人、二级759人、三级4425人），每万人拥有社会体育指导员42人（国家级文明城区标准≥10人／万人）。有体育协会32个（AAAAA级1个、AAAA级7个、AAA级12个、AA级4个）、镇级单项体育社团73个、体育类民办非企业12个。全年组织全国农村大联动门球甲乙级联赛“谁是球王”羽林争霸赛、江苏省老年人体育节武进分会场活动、社区健康老人象棋赛等赛事92场次，其中区级品牌赛事10项。创新开展线上体育活动，举办“阳湖杯”传统武术线上交流活动，节约办赛成本，减少疫情传播风险。建立体育类培训师人才库，推进实施江苏省青少年体育“5621”计划（至少推动运动项目5个，每个项目至少布局小学6所、初中2所、高中1所）和学校体育综合改革，完成国民体质监测3500人和参加《国家体育锻炼标准》测试300人计划目标。区文体广电和旅游局、武进曲棍球训练基地、奇峰水上运动俱乐部获2017—2020年度全国群众体育先进单位称号。雪堰镇城西回民村体育公园获评2021年度江苏省最美乡村健身公园。

【体育设施建设】 2021年，武进区投入体育场地设施建设补助资金876.86万元。其中，投入302万元扶持体育公园建设，新增体育公园14个，累计46个；投入290万元更新健身路径塑胶场地和器材，新建和更新全民健身路径162套；投入107.76万元扶持健身步道等公共体育场地设施建设；验收新建小区公共体育场地22个。增加体育面积21.68万平方米，总体育场地面积623.36万平方米，人均体育场地面积3.67平方米。

（叶　波）

【武进区获“2017—2020年度全国群众体育先进单位”3个】 2021年9月，区文体广电和旅游局、武进曲棍球训练基地、奇峰水上运动俱乐部被国家体育总局表彰为“2017—2020年度全国群众体育先进单位”。

区文体广电和旅游局　出台《常州市武进区全民健身实施计划（2016—2020年）》，城乡一体“10分钟体育健身圈”村（社区）建成率100%，学校体育场地向社会开放率97%。承办第七届亚洲杯青年女子曲棍球赛、第二届国际龙舟联合会世界杯及中华龙舟大赛等赛事，区级每年开展各类人群体育比赛40余次，镇、村（社区）开展活动每年300余项次。镇体育总会、老年人体育协会、农民体育协会、社会体育指导员协会覆盖率100%。武进区国民体质测定合格率93%以上。

武进曲棍球训练基地　始建于2004年，2013年易地新建于西太湖畔，占地面积8公顷，有标准球场3个，通过国际曲联测试认证，是国家级曲棍球训练基地。2017—2020年，承办女子曲棍球四国邀请赛、女子曲棍球世界冠军杯赛等国内外重大赛事约20场次。

奇峰水上运动俱乐部　成立于2018年，位于西太湖畔，培训场地由陆上建筑2000平方米和水上码头2000平方米组成，是集水上运动培训、水上运动推广体验、水上运动器材维修改装等功能于一体的综合性水上俱乐部。组织开展公益性培训活动、国家队开放日等活动，开展水上体育运动摩托艇综合培训，2021年培训青少年和水上运动爱好者等3000余人次。与国家体育总局水上运动管理中心、常州工业职业技术学院等3个单位共建水上运动休闲产业学院，将水上体育运动项目融入教育教学活动，培训师生1275人次。

（朱丽春　何伟明）

竞技体育

【概况】 2021年，武进区以备战江苏省第二十届运动会为重点，克服新冠肺炎疫情影响，加强体育和教育融合，推进青少年体育和体育竞赛工作。有在训运动员326人、教练员22人，省队区办体育运动队1支，市队区办体育运动队6支。全年承办西太湖半程马拉松暨大运河马拉松系列赛（常州站）、第十四届全运会女子曲棍球资格赛暨全国女子曲棍球冠军杯赛、全国轮滑大联动青少年体育俱乐部联赛暨中国轮滑巡回赛等全国赛事4项次，省青少年举重（县组）锦标赛、省青少年乒乓球锦标赛、省青少年网球锦标赛、省青少年女子曲棍球锦标赛等省级赛事5项次。举办区级中小学生比赛20项（次），69所中小学的6434人参赛。输送2020年东京奥运会选手6人，其中，赵帅担任开幕式中国体育代表团旗手并获得男子跆拳道68公斤级铜牌。40名武进籍运动员参加中华人民共和国第十四届运动会，获金牌10枚、铜牌2枚。在武进区鸣凰中学设立常州体育运动学校武进办学点（中专班），便于市队区办体育运动队及区青少年业余体校学生运动员开展学历教育。

【2021“江南农村商业银行”常州西太湖半程马拉松暨大运河马拉松系列赛（常州站）】 10月17日，在武进西太湖开赛。该赛事由江苏省委宣传部、江苏省体育局、常州市政府主办，武进区政府、常州市体育局、江苏省体育竞赛管理中心、常州西太湖科技产业园管委会、江苏有迈体育发展有限公司承办，中国田径协会提供技术认证，设置半程马拉松、10千米跑和迷你跑（5千米），总规模1.5万人。经过角逐，安徽选手吴向东、青海选手贾俄仁加、贵州选手岑万江分获男子组冠军、亚军和季军，成绩均打破赛会中国籍男子半程马拉松纪录；江苏常州选手刘壮、贵州选手王敏、江苏宿迁选手刘梦分获女子组冠军、亚军和季军。

【承办2021年江苏省少儿羽毛球冠军赛（第二站）】 5月14—16日，2021年江苏省少儿羽毛球冠军赛（第二站）在常州信息职业技术学院举行。该赛事是省内最高级别少儿羽毛球竞技赛，由江苏省体育局、省教育厅主办，武进区政府、常州市体育局承办，分9岁、10岁、11岁3个组别，省内29支代表队、400名运动员和教练员参赛。南京选手夏俊龙、扬州选手李俊贤和杨博分获男子9岁、10岁和11岁组冠军，无锡选手强启涵、孙睿遥、周韵瑶包揽女子9岁、10岁和11岁组冠军。

【承办2021年江苏省青少年举重（县组）锦标赛】 5月24—28日，2021年江苏省青少年举重（县组）锦标赛在武进区星河实验小学分校举行。该赛事由江苏省体育局、省教育厅主办，武进区政府、常州市体育局承办，采用国家体育总局最新审定的《举重竞赛规则》，分11～12岁、13～14岁2个组别，省内29支县（市、区）代表队、360多名运动员和教练员参赛。经过角逐，张家港市、武进区、响水县代表队分获团体总分第一、第二和第三名。

【承办2021年江苏省青少年乒乓球锦标赛】 12月3—6日，2021年江苏省青少年乒乓球锦标赛在常州纺织服装职业技术学院举行。该赛事由江苏省体育局、省教育厅主办，武进区政府、常州市体育局承办，为15～17岁组别，设男单、女单、男双、女双、男子团体和女子团体6个项目，省内11支代表队、110多名运动员参赛。经过角逐，徐州市和泰州市代表队分获男子和女子团体第一名，无锡市代表队俞明皓和盐城市代表队胡漪澄分获男单和女单第一名，徐州市代表队李天阳、贾子元组合和泰州市代表队陈馨洋、王心宇组合分获男双和女双第一名。

【承办2021年江苏省青少年网球锦标赛】 12月7—9日，2021年江苏省青少年网球锦标赛在常州网球中心举办。该赛事由江苏省体育局、省教育厅主办，武进区政府、常州市体育局承办，为15～17岁组别，设男单、女单、男双、女双、男子团体和女子团体6个项目，省内13支代表队、100多名运动员参赛。经过角逐，连云港市代表队包揽男子和女子团体第一名，南通市代表队李时源和常州市代表队沈悠然分获男单和女单第一名，南通市代表队魏澄贤、李泽组合和成思睿、吴竹筠组合包揽男双和女双第一名。

（钟文平）

体育产业

【概况】 2021年，武进区持续夯实国家体育产业基地基础，建设体育产业发展平台，培育示范单位和示范项目，扶持具有积极作用的体育产业项目。“不止骑·2020第八届24H单车环太湖认证赛”和“英式马术培训”2个项目获省体育产业发展专项资金130万元。区体育产业发展专项资金共扶持项目9个，下达专项资金95万元。常州市钱璟康复股份有限公司被国家体育总局认定为国家体育产业示范单位，环球动漫嬉戏谷被省体育局认定为第四批江苏省体育服务综合体。年内，新增体育彩票网点14个，累计225个，实现销售总额78111万元（含常州经开区）。武进区体育彩票管理中心入选全国区县体彩机构表扬名单，被省体育彩票管理中心评为2021年度体育彩票销售工作成绩突出单位。

（朱丽春）

【常州市钱璟康复股份有限公司获评国家体育产业示范单位】 2021年4月，常州市钱璟康复股份有限公司被国家体育总局认定为国家体育产业示范单位。该公司创办于1996年，致力于康复器材、辅具、康复医疗器械及体育运动设备研发及产业化，开发多体位运动康复训练机器人、运动损伤智能上肢康复训练机器人、等速运动康复模式综合肌力测试训练器等产品，广泛应用于运动受伤后康复评定、康复训练、康复治疗。联合江苏省产业技术研究院成立“JITRI—钱璟康复联合创新中心”，推出新型智能上肢康复机器人、儿童下肢康复机器人等产品填补国内空白，引导全球顶尖医疗康复创新项目落地常州并实现产业化，获得国家知识产权示范企业、国家智慧健康养老示范企业、国家级博士后科研工作站等称号。2021年，下辖子公司22家，实现销售收入2.04亿元。

【环球动漫嬉戏谷入选省体育服务综合体】 2021年9月，环球动漫嬉戏谷被省体育局认定为江苏省第四批体育服务综合体。环球动漫嬉戏谷位于太湖湾旅游度假区内，占地面积约100公顷，总投资约30亿元，其中体育设施投资12亿元，体育场地服务项目总面积9万平方米，拥有射击、射箭、冰雪、水公园、赛车、电竞项目等体育场馆6个，室内外体育场地设施能够满足5.2万人同时运动（活动），获得国家电子竞技中心、江苏省体育示范单位、2021中国体育旅游精品景区等称号。2021年，接待游客63.5万人次，实现综合营业收入9804万元。

（周　勇）

卫生健康

Hygiene and Health

责任编辑　张怡菁

综　述

【概况】 2021年，武进区做好新冠肺炎疫情防控，改革创新医疗卫生系统，完善卫生健康服务体系，筑牢公共卫生安全防护网。至年末，有医疗卫生机构405个，其中市级公立医院1个、区级公立医院3个、区级卫生机构3个、乡镇卫生院12个、社区卫生服务中心3个、村卫生室100个、社区卫生服务站49个、民营医院11个、护理院6个、医学检验实验室1个、医学检验所1个、个体诊所（门诊部）189个、企事业单位医务室（卫生所）26个。有医疗床位7249张，其中市级公立医院床位2216张、区级医疗卫生单位床位2530张、镇级卫生院（社区卫生服务中心）床位1111张、民营医院床位871张、护理院床位521张。有医疗卫技人员10061人，其中执业（助理）医师3886人、注册护士4802人。武进第四人民医院、武进第五人民医院、武进第六人民医院、雪堰镇中心卫生院达到优质服务基层行建设活动国家推荐标准。武进第五人民医院、武进第六人民医院、雪堰镇中心卫生院创成江苏省农村区域医疗卫生中心。武进第四人民医院创成江苏省社区医院。武进人民医院胸痛中心通过中国房颤中心认证、肿瘤科创成省级临床重点专科、肾内科创成市级重点专科、卒中中心在全国县区级医院中排名前列。武进第四人民医院骨科、雪堰镇中心卫生院消化科、牛塘镇卫生院呼吸内科、马杭社区卫生服务中心口腔科创成市级基层特色科室。武进区卫生经费支出11.67亿元，占预算内财政支出的7.36%；基本药物采购2.9亿元。

区卫健局所属各级医疗机构总诊疗量675.46万人次。其中区级医院163.83万人次、镇级卫生院（社区卫生服务中心）286.99万人次、村卫生室（社区卫生服务站）83.96万人次、一级及以下社会办医疗机构140.68万人次，镇、村医疗机构总诊疗量占比54.92%。区域内就诊率92.78%。住院99658人次，其中区级医院76888人次、镇级卫生院（社区卫生服务中心）19536人次、区级民营医院3234人次。住院病人手术45185例，其中区级医院41148例、镇级卫生院（社区卫生服务中心）3933例、民营医院104例。武进区医疗机构病床使用率67.8%，出院者平均住院日9.1天。全年门诊转诊894人次，急诊转诊371人，住院上转260人次、住院下转151人次。区域集中消毒供应中心为各基层医疗机构提供灭菌包裹合计36.1万个；区域心电会诊中心会诊477人次；2个区三级医院集中临床检验中心共检测上送标本16077人次；区域PACS影像诊断中心远程影像会诊49543次；病理诊断中心累计诊断上送标本9324份。

【医疗卫生机构基础设施建设】 2021年，武进区加快推进医疗卫生机构基础设施建设。2月，武进人民医院南院二期建设启动。新增规划用地6.87万平方米，建筑面积12万平方米，新增床位1000张，总投资12亿元，年内基本完成拆迁征收和可行性研究报告批复。4月底，礼河卫生院易地新建工程主体封顶，开展室内外装饰施工。武进第五人民医院病房楼扩建工程主体封顶，开展室内外装饰施工。6月底，武进人民医院综合楼7个病区及1～4层裙楼修缮工程完成。武进中医医院内科病房楼交付使用，康复院区病房扩建改造和高压氧建设工程建成投用。武进第三人民医院原址扩建工程主体封顶，开展室内外装饰施工。武进第四人民医院、武进第五人民医院、武进第六人民医院、雪堰镇中心卫生院规范化发热门诊建成投用。12月，嘉泽镇卫生院易地新建工程室内外装饰完成，基本竣工。年内，新（改、扩）建嘉泽镇观庄村、礼嘉镇秦巷村、湖塘镇中凉社区卫生服务站3个。

【卫技人才队伍建设】 2021年，区卫健局招聘各类卫技人才313人，其中高层次紧缺专业人才50人、一般工作人员24人、备案制人员170人、备案制村医40人和驻村护士29人。累计有医疗卫技人员10061人，其中高级职称2087人、中级职称2791人。出台《关于深入推进武进区村级医疗卫生人才管理机制改革工作的实施意见》，实行村级医疗机构人员“区招、镇聘、村用”，形成人才同质化招引、培养和区镇村统筹使用“一体化”管理模式。招录备案制大学生村医7人、驻村护士29人、农村订单定向免费培养医学生10人。区疾控中心加强人才队伍建设，公开选聘预防医学专业人员15人，经培训后下沉基层医疗机构。根据《武进区高层次卫生人才引进培养实施办法（试行）》《武进区区级公立医院高层次卫生人才薪酬分配指导意见（试行）》，11名高层次卫生人才申请资助和奖励，其中柔性引进2人、在职培养9人。组织14人申报省第六期“333高层次人才培养工程”培养对象，武进人民医院特聘专家莫乃新入选“武进英才”荣誉工程。组建卫健系统年轻干部“雄鹰计划”训练营，40人参训。选派武进人民医院和武进中医医院卫技人才5人参加为期一年半的第十批援疆（中期轮换）工作。选派武进人民医院大外科、普外科主任戎亚雄到尼勒克县人民医院开展学术交流，并担任长期特聘专家。

【入选省级农村区域性医疗卫生中心3个】 11月，武进第五人民医院、武进第六人民医院、雪堰镇中心卫生院被省卫健委评为省级农村区域医疗卫生中心。

武进第五人民医院　位于前黄镇，下辖运村分院和村卫生室9个，有卫技人员188人，服务人口30万人，是武进南部农村区域医疗中心。该院于2019年被评为江苏省健康促进医院，是江苏省首批、武进区首家基层慢阻肺综合防治点，妇产科和呼吸内科被确认为常州市基层卫生医疗机构特色科室。2021年，开放床位150张，门急诊28.15万人次，实现业务收入5690.04万元。

武进第六人民医院　位于洛阳镇，下辖戴溪门诊部及村卫生室13个，有卫技人员127人，服务人口10.78万人，是武进东部农村区域医疗中心。该院是全国群众满意乡镇卫生院、江苏省健康促进医院，儿科创成江苏省基层卫生医疗机构特色科室、妇科创成江苏省基层医疗机构中医特色专科。2021年，开放床位127张，门急诊24.06万人次，实现业务收入4298.51万元。

雪堰镇中心卫生院　位于太湖湾旅游度假区，下辖潘家、雪堰2个院区和南宅分院及村卫生室14个，有卫技人员165人，服务人口25万人，是武进东南部农村区域医疗中心。该院于2020年12月创成二级综合医院，获评江苏省示范乡镇卫生院、全国群众满意乡镇卫生院；妇产科创成江苏省基层医疗卫生机构特色科室；消化内科创成常州市基层医疗卫生机构特色科室。2021年，开放床位110张，门急诊31.7万人次，实现业务收入5438万元。

【武进第四人民医院创成江苏省社区医院】 2021年11月，武进第四人民医院被省卫健委评为江苏省社区医院。该院是二级综合医院，由总院、湟里镇东安院区和湟里镇村前门诊部组成，服务湟里镇及周边5个镇近30万人。有卫技人员122人，其中中级及以上职称111人（含主任医师1人、副主任医师21人、副主任护师16人、副主任药师2人）。科室设置齐全，建有独立急诊科，中医科是江苏省乡镇卫生院示范中医科，针灸科、妇产科是常州市特色专科。该院分别于2015年和2020年建成全国群众满意乡镇卫生院、省级农村区域性医疗中心，与武进人民医院、常州市第二人民医院建立医疗联合体，是常州市中医实践能力教学医院。2021年，开放床位150张，门急诊36.08万人次，实现业务收入8048.7万元。

【武进人民医院房颤中心通过中国房颤中心认证】 2021年11月25日，武进人民医院房颤中心通过中国房颤中心认证。该院房颤中心成立于2020年10月，同年被中国心血管健康联盟、中国房颤中心联盟确定为第四批中国房颤中心建设单位。在组织构建与责任落实、配套功能区域规划与标识设置、房颤筛查及诊断、房颤患者综合评估治疗标准及流程制定与实施、随访数据库填报与管理、各级各类人员培训、房颤分级诊疗及区域协同救的网络建设、房颤疾病知识大众普及教育等方面，严格按照房颤中心总部制定标准推进，每年为房颤患者近2000人提供规范化诊疗与长期管理服务，开展房颤射频消融术近200例，常规开展左心耳封堵术预防卒中。

【智慧医疗二期建设启动】 10月26日，武进人民医院、武进中医医院与江南农村商业银行银医合作项目签约，启动智慧医疗二期建设，银医合作项目投资1850万元，用于三级甲等医院创建和信息化建设。2021年，根据省、市卫健委要求，武进区积极推进武进人民医院和武进中医医院互联网医院建设，推进在线诊疗、处方流转、在线核酸申请缴费、云影像数据查询等服务，将挂号、缴费、取药、检查检验报告查询、常见病和慢性病复诊、检查预约、健康咨询等服务由线下转移到线上，将线下医疗资源延伸到线上，拓展医疗服务空间和内涵，打通就诊闭环流程。武进人民医院、武进中医医院于9月底全部接入省卫健委健康信息平台，获得互联网医院电子牌照。至年末，武进人民医院互联网医院注册用户7359人，开设内分泌科，在线医生2人，日访问量最高达230余次。武进中医医院互联网医院计划于2022年9月正式运行。

（郑冰研）

10月29日，武进人民医院房颤中心接受中国房颤中心认证专家组现场认证
（供图/区卫健局）

疾病防控

【概况】 2021年，武进区加强突发公共卫生事件应急处置、病原检测、健康大数据分析利用和调查处置等能力，坚持“外防输入、内防反弹”新冠肺炎疫情防控总策略和动态清零总方针，建立覆盖全生命周期的健康管理和疾病预防控制体系。规范开展12类、47项国家基本公共卫生服务，基本公共卫生服务项目人均补助经费由80元提高至88元。武进区居民期望寿命83.41周岁，其中男性为81.30周岁、女性为85.57周岁。全年无甲类传染病发生，乙类传染病发病1055例，发病率82.58/10万，比2020年下降7.42%。16个医疗机构成立健康管理中心，累计建立居民电子化健康档案94.40万份，电子化建档率90.42%，可开放查询56.33万份。强化儿童免疫规划，全年免费接种一类疫苗23.33万针次，接种率95%以上，为2.21万名适龄儿童免费接种水痘疫苗，组织14万名中小学生参加视力筛查。开展儿童口腔疾病干预项目，筛查13622人次，实施儿童窝沟封闭治疗8932人次。推进医防医养融合，建设武进“5+3+2”家庭医生签约服务创新模式（家庭医生团队配备核心成员5个、服务工作载体3个、就诊服务小组2个，提供合理用药、科学辅助检查及预约住院等指导和帮助），完成全人群签约33.95万人、重点人群签约21.56万人、特殊人群签约9866人，个性化有偿签约服务包10.99万个，结合长期护理险政策和智慧养老服务平台，家庭医生开展预约上门5682次，开设家庭病床496张。12月，常武麻风科普陈列馆改扩建工程完成。

【新冠肺炎疫情防控】 内容参见“专记”类目P4～5相关条目。

【重大传染病防控】 2021年，武进区经结核病定点医院排查，确诊肺结核病人245例，其中阳性病人158例。报告手足口病发病1056例，比2020年上升232.08%。报告境外输入和本土确诊新冠肺炎各1例，治愈出院2例，全区重点人群核酸检测应检尽检累计完成77.84万人次，接种新冠病毒疫苗263.92万剂次。完成血防查螺调查面积506.49万平方米，未发现有螺条块，药物巩固灭螺面积4.05万平方米。发现艾滋感染者和病人76人，美沙酮药物维持治疗门诊服药人员74人，服药1.60万人次。无麻风现症病例。

【突发公共卫生事件应急管理】 2021年，区卫健系统突发公共事件卫生应急组织调整，组建区级医院紧急救援医疗队2支共50人、区疾控中心突发公共卫生事件应急处置队1支、21人，承担武进区突发事件紧急医疗救援和突发公共卫生事件应急处置任务。年内，武进区发生突发公共卫生事件8件。区卫健部门规范高效处置学校和幼托机构等人群聚集场所流感、诺如病毒感染、手足口病等重点急性传染病疫情138件，完成中高考、西太湖半程马拉松赛等重大活动和体育比赛医疗卫生保障任务36项，出动医务人员336人次。开展卫生应急预案培训演练5次，参训2680人。武进人民医院、武进中医医院承担武进区4个院前急救分站任务，全年急救转运病人14012人次。

（郑冰研）

公共卫生监督

【概况】 2021年，武进区加大重点行业职业病危害专项整治力度，加强医疗卫生机构医疗服务质量监督管理。累计出动卫生监督员3680人次，监督检查单位2625家次，依法实施行政处罚122件。出动监督人员450余人次，“双随机”（在监管过程中随机抽取检查对象，随机选派执法检查人员）监督抽查单位199家，合格率98%。在日常监督2625家单位和查处行政处罚案件122件过程中，实施行政执法全过程记录。推行移动执法系统应用，通过移动执法终端完成监督检查946户次。推进卫生监督协管信息平台使用，协管员通过平台巡查4546户次，更新1275个单位本底信息，发现违法线索33条。每季度监督检查江河港武水务（常州）有限公司礼河水厂、武进水厂2个集中供水单位，建立动态档案，确保“两证”（卫生许可证和健康证）齐全、台账规范、水质符合标准要求。日常监督江河港武水务（常州）有限公司所辖二次供水点31个，实施量化分级评分、随机采样抽检，抽检合格率100%。

【职业健康监管】 2021年，区卫健系统开展职业健康检查15.5万人次。监督检查企业职业卫生情况243家，开具卫生监督意见书120份，立案查处违反职业病防治相关法律法规的企业17家，罚款48.8万元。监督检查放射诊疗机构70个，查处存在问题单位4个，全部完成整改。开展尘肺病随访调查257例、尘肺病主动监测209人、工作场所职业病危害因素主动监测企业24家，完成2018—2020年辖区内职业病诊断病例工伤保险落实情况核查112例。常州市新誉庞巴迪牵引系统有限公司获评2021年度江苏省健康企业。

【非法行医打击】 2021年，区卫生监督部门开展深化医疗秩序整顿、打击非法行医专项行动。实行每季度分片包干巡查，联合公安、城管等长效监管成员单位，形成“两法衔接”（行政执法与刑事司法衔接）、执法联动工作机制，加大非法行医者打击和移送力度，加强重点地区、重点领域、重点案件查处，形成“政府牵头、部门联动、各司其职、各负其责、综合治理”监管格局。全年立案查处非法行医行为20件，罚没款79.79万元，查处取缔单位（个人）209户次，移送公安机关9人。

（郑冰研）

妇幼保健

【概况】 2021年，区卫健部门推进妇幼健康分级服务、妇幼健康医联体建设、云上妇幼健康服务建设，加强基层妇幼保健机构临床指导，提升妇幼服务能力。复核爱婴医院4个，合格率100%。完成医疗机构“母婴保健执业许可证”变更4个，按行业规范管理母婴保健执业机构21个以及助产技术人员、计划生育技术服务人员，依法规范执业行为，持证上岗率100%。发放出生医学证明8943份。新增区级妇幼健康规范化门诊1个，累计建成市级妇幼健康规范化门诊13个、区级妇幼健康规范化门诊1个。辖区医疗机构共建成母婴室20个。新增备案托育机构2个（省普惠托育机构1个），累计备案托育机构4个（省普惠托育机构2个）。

【妇幼卫生服务】 2021年，武进区加强妇幼基本公共卫生服务，完成孕产妇早孕建册7421份，早孕建册率88.10%；产前健康管理8423人，健康管理率99.00%；产后访视8340人，产后访视率98.03%；新生儿访视8418人，新生儿访视率98.94%。孕产妇系统管理率96.56%，3周岁及以下儿童系统管理率94.22%，7周岁及以下儿童保健管理率96.89%。新生儿遗传代谢病筛查率99.88%。孕产妇死亡率为0，婴儿死亡率2‰，5周岁及以下儿童死亡率3.41‰，严重多发致残出生缺陷发生率0.35‰。完成妇女“两癌”（宫颈癌、乳腺癌）筛查3.1万人、孕妇产前唐氏筛查3388人、新生儿先天性心脏病筛查7611人、新生儿听力筛查7369人。孕前、孕早期妇女补服叶酸5321人。推进艾滋病、梅毒、乙肝母婴传播阻断项目，检查孕妇9865人，检测率100%，筛出孕妇梅毒阳性19例、HIV阳性2例；筛查产妇7587人，检测率100%，筛出梅毒阳性16例、乙肝表抗阳性221例，全部实施母婴阻断。接受免费婚检1752人，婚检率90.59%。孕前优生健康检查1136人。

【漕桥幼儿园托育中心获评省级普惠托育机构】 2021年11月23日，漕桥幼儿园托育中心被省卫健委确认为省级普惠托育机构。漕桥幼儿园是江苏省优质幼儿园、江苏省卫生保健示范园、常州市融合教育试点学校，于2020年成立漕桥幼儿园托育中心，配备工作人员18人（专任教师4人、持证育婴员2人），从2021年起开展普惠托育服务，开设托班2个，招收2～3周岁幼儿16人，提供全日托课程服务，收费标准为1500元／人·月（不含餐费）。该托育中心机构设置规范完备，人员管理专业稳定，运营管理科学规范，通过环境创设、生活活动、集体活动、区域活动与家园共育，多途径开展婴幼儿托育活动。

（郑冰研）

爱国卫生

【概况】 2021年，区爱国卫生运动委员会推动健康教育和健康促进深入社区、农村、家庭，广泛开展公共卫生科普活动，树立“预防为主”卫生健康观，提高群众健康素养水平。举办健康知识普及行动区级巡讲12场，受众6000人次。推广使用“居民健康素养评估学习系统”，参与学习单位137个、4万余人次。4月，开展全国第33个爱国卫生月、江苏省第25个健康教育宣传月活动，编发健康知识入户资料132万份。围绕爱国卫生月、世界无烟日等主题开展大型公众健康咨询活动，通过市、区、镇三级联动和线上、线下齐参与等模式，扩大宣传效应。开展健康镇（街道）、村（社区）、单位建设，嘉泽镇建成江苏省健康镇，湟里镇东安村等10个村（社区）建成江苏省健康村（社区）。开展卫生创建巩固活动，洛阳镇国家卫生镇、南夏墅街道江苏省卫生镇，及雪堰镇太滆村、礼嘉镇蒲岸村等14个江苏省卫生村全部通过复审。加强禁烟控烟宣传和监督，推进无烟党政机关、无烟学校等无烟支持性环境建设，加强医疗卫生机构控烟监督管理，巩固无烟医疗卫生机构建设成果。推进病媒生物防治，加强社区居民院落环境卫生综合治理，新建灭鼠毒饵站6000余个，投放鼠药1.5万千克、黏鼠板5万余张、喷洒消杀药近1万千克。

【健康武进行动】 2021年，区爱国卫生运动委员会开展健康武进行动，组织实施提升全民健康素养、提高全民身体素质、防控重大疾病、保护重点人群健康、发挥中医药优势、健康全民医疗保障、保障食品药品安全、促进健康环境、促进健康产业发展、促进“智慧健康”建设10个方面、27个专项行动。区财政在卫生健康方面投入5.04亿元，支持健康武进建设。全区以健康乡村（社区）行活动为基础，组织开展讲座、公众健康咨询活动1200余场次，印发资料190万余份。推进控烟行动，区级无烟党政机关建设比例100%，武进人民医院申报建设国家级戒烟门诊。贯彻健康中国战略和全民健身国家战略，完成《国家体育锻炼标准》达标测验任务，建成开放雪堰镇城西回民村体育公园、嘉泽镇闵市村体育公园，开放永安河二期水利党建生态健身步道4.6千米。推进医养结合，基层医疗卫生机构老年康复、护理、安宁疗护等床位占比达21.7%，老年友善医疗卫生机构占比57%。武进区在健康常州行动试考核中获39项指标考核优秀等次。

【礼嘉镇卫生院创成省级健康促进医院】 2021年4月，礼嘉镇卫生院通过省级健康促进医院创建工作评估组评估验收，受到省卫健委通报表扬。该院创建于1950年，占地面积13340平方米，总建筑面积9500平方米，核定床位60张，是一所集医疗、预防保健于一体的综合医院。将健康促进与医院日常工作紧密

漕桥幼儿园托育中心　（供图／区卫健局 摄于2016年10月）

结合，从组织建设、制度建设、环境建设、健康促进与健康干预活动、健康教育技能与职工保健、无烟医院建设等方面开展工作，改善诊疗服务，提高医院职工、患者、家属、社区居民健康素养水平。2021 年，设有科室 16 个，其中妇产科为江苏省乡镇卫生院特色科室。有卫技人员 95 人，其中主任医师 2 人、副主任医师 13 人、主治医师 20 人。门急诊 198560 人次，出院 647 人次，出院病人（服务对象）综合满意率 96.01%。

（郑冰研）

中医中药

【概况】 2021 年，武进区整合中医医疗资源，培育中医特色优势，加强中医药标准化和信息化建设，提升中医科技创新和转化能力，完善中医预防保健服务体系。有三级乙等中医医院 1 个，设有中医科的三级综合医院 1 个、乡镇卫生院 12 个、社区卫生服务中心 3 个、社会办中西医结合医院 1 个、中医门诊部 19 个、中西医结合门诊部 1 个、中医诊所 48 个（含 35 个中医备案诊所）。武进中医医院通过三级乙等中医医院复评。武进第四人民医院、武进第五人民医院和武进第六人民医院中医馆被市卫健委确认为四级中医馆，武进第四人民医院、武进第六人民医院中医馆被市卫健委向省中医药管理局推荐为五级中医馆。开展第十一届“中医药就在你身边”中医文化科普巡讲活动 22 场次，开展“岐黄校园行”“武进中医膏方节”等活动。举办中医药适宜技术推广培训班 3 期，培训 400 余人次；6 人被确认为第五批常州市孟河医派百人传承培养工程培养对象。

【武进中医药文化科普宣传教育基地成立】 11 月 28 日，武进中医药文化科普宣传教育基地在武进中医医院挂牌成立。该基地由武进中医医院与武进区红十字会联合打造，分为中医药文化长廊、中药标本及中医药器具展示厅、中医宣传视频活动室三部分，宣传科普中医典故和发展历史、孟河医派、中医抗疫、针灸推拿、四季养生等中医药文化知识，提供望闻问切体验活动，传播中医药服务理念，传承中医药文化，促进中医药知识普及宣传。将中医药文化融入武进中小学特色教育，以寓教于乐方式，开展传承中医药文化活动，丰富中医药文化教育内涵。至年末，接待学生 100 人。

（郑冰研）

医学教育与科研

【概况】 2021 年，区卫健系统以科研创新和人才队伍为支撑，提升医疗卫生服务能力。获科研立项 71 项，其中国家级 1 项、省级 10 项、市级 14 项、区级 18 项。获江苏省医学新技术引进奖 1 项、常州市医学新技术引进奖 3 项，获批国内外专利 144 件。区级医疗卫技人员全年在核心期刊及以上发表论文 49 篇，其中 SCI 34 篇、中华级 3 篇、核心期刊 12 篇。基层医疗卫生单位发表省级及以上论文 17 篇。

【武进人民医院获批设立省博士后创新实践基地】 2021 年 12 月，武进人民医院被省人社厅批准设立江苏省博士后创新实践基地，成为武进区首个获批设立省级博士后创新实践基地的医疗卫生单位。武进人民医院强化人才创新驱动战略，加强科研和学科平台建设，建成江苏省临床重点专科、常州市区共建重点学科等平台，是江苏大学武进临床医学院、徐州医科大学武进临床学院、南京医科大学常州临床医学院成员单位。2021 年，对照常州市重点实验室标准要求，新建中心实验室总面积 800 平方米，配备流式细胞仪、多功能酶标仪、倒置荧光显微镜、超灵敏多功能成像仪、高速冷冻离心机、实时荧光定量等先进仪器，设备总价值 500 万余元，为医院研究人员提供一流科研条件，累计引进博士后 2 人、在职培养博士 14 人，有在读博士 19 人，获批常州市博士后创新实践基地。2017—2021 年，获科研课题立项 222 项、科学技术奖 14 项、省市医学新技术引进奖 15 项，发表 SCI 论文 151 篇、中华及北图核心级论文 84 篇、统计源论文 171 篇、省级论文 1192 篇，出版学术专著 13 部，获国家发明专利 2 件、实用新型专利 246 件。

【武进人民医院药物临床试验机构获国家药物临床试验资质】 2021 年 4 月，武进人民医院药物临床试验机构（GCP）顺利通过检查，获国家药物临床试验资质。武进人民医院注重药物临床科研能力与用药管理水平提升，组织医务人员参加院内、国内 GCP 质量管理规范及相关知识培训、GCP 知识沙龙分享，于 2020 年 6 月成立药物临床试验机构，设办公室、会议室、药物储存室、档案室、受试者接待室、临床研究协调员办公室等，严格按照 GCP 原则运用信息化平台规范化管理试验药物，于 2021 年 2 月完成国家药品监督管理局网上备案。至 2021 年年末，武进人民医院肿瘤科可承接 I～IV期药物临床试验。

（郑冰研）

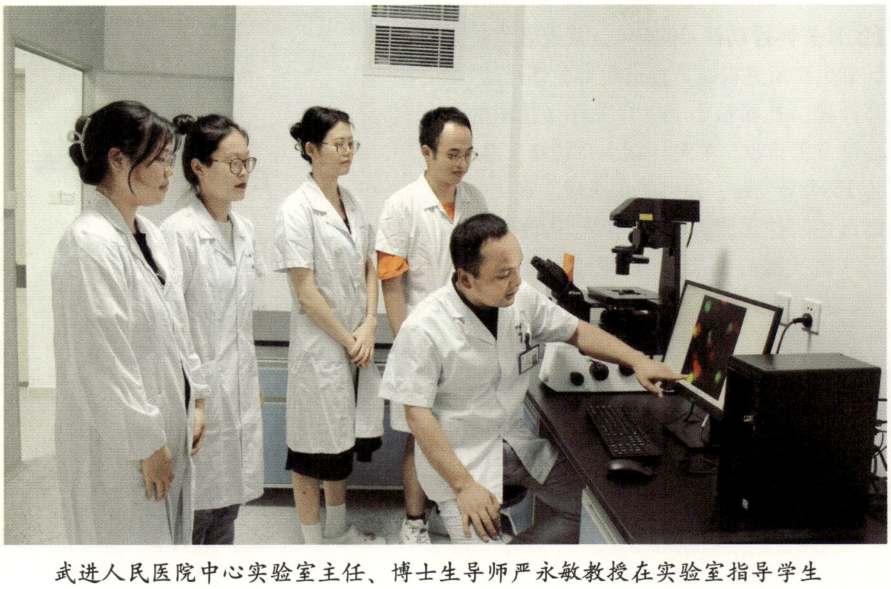

武进人民医院中心实验室主任、博士生导师严永敏教授在实验室指导学生

（供图 / 区卫健局 摄于 2022 年 8 月）

社会生活

Social Life

责任编辑　张怡菁

计划生育

【概况】 2021年，武进区促进人口长期均衡发展，实施三孩生育政策，出生4747人，其中，二孩出生1999人，占出生人口42.1%，自然增长率−0.77‰（含部分流动人口）。全年办理生育服务联系单5837例，为511对夫妇提供免费孕前优生健康检查服务。落实计划生育奖励扶助政策，发放农村部分计划生育家庭奖励扶助金、计划生育家庭特别扶助金、持独生子女父母光荣证退休的企业职工一次性奖励金和城镇非从业居民一次性奖励金共计6.5万人次。计划生育政策兑现率达100%。严格执行凭证定点引产制度，促进社会性别比自然平衡。宣传普及出生缺陷预防知识，配合做好病残儿鉴定工作，提高出生人口素质。

【生育关怀行动】 2021年，武进区维护计划生育家庭权益，推进生育关怀行动，嘉泽镇、礼嘉镇2个生育关怀帮扶基地通过市级验收。关爱计划生育特殊家庭，为1597个失独、独生子女伤残家庭父母赠送住院护理服务保险，西湖街道创成国家级“暖心家园”，湟里镇创成省级“暖心家园示范点”。5—9月，区卫健局分别在湟里镇、牛塘镇、湖塘镇、洛阳镇开展“常州市健康促进行动——健康知识大讲堂”活动，邀请专家名医传播健康知识，普及健康生活方式，受益约300人次。9—10月，开展中国老年健康和家庭幸福影响因素跟踪调查，完成调查问卷近100份。

（郑冰研）

就业创业

【概况】 2021年，区人社部门继续实施就业优先战略和更加积极的就业政策，推进援企稳岗政策落实，确保就业形势稳中向好。全区新增就业岗位12.3万个（含常州经开区），新增城镇就业4.2万人，城镇登记失业率1.67%。城镇失业人员再就业2.5万人，新增农村劳动力转移就业610人，扶持创业5436人，创业带动就业2.2万人，发放创业扶持资金150万元。开展“名城名校合作行，创新创业赢未来”系列活动，组织武汉、南京“名校优才”校园招聘会、宣讲会，提供岗位2140个。举办2021年“英才汇龙城、携手共奋进”校政企人才合作暨第九届长三角（常州）百校百企人才交流洽谈会武进专场活动，高校60余所与企业100余家达成初步合作意向。建成全省首个技能人才服务产业园——江苏（武进）技能人才服务产业园以及全市首个就业驿站——南湖家苑就业驿站，为外来务工人员提供就业推荐、技能培训、临时食宿等服务，受益求职者2400余人。开展全省首批“G42+”重点民营企业人才人事综合改革（江苏在G42沪宁高速沿线5个市及南通市，遴选重点民营企业12家作为全省首批民营企业人才人事综合改革示范基地），指导新誉集团有限公司完善自主技能人才评价体系，获职业技能等级认定127人，相关做法在全省推进会议上推介。

【就业帮扶】 2021年，区人社局落实《关于2021年春节期间鼓励外地员工留常过节的若干措施》，推动留常补贴、职业技能培训券发放，向43179人发放补

10月18日，区人社局在南京理工大学举行“名校优才”校园招聘会

（供图／区人社局）

贴4317.9万元。落实企业稳岗返还政策，向1.9万家企业发放稳岗返还补贴3810万元，惠及企业职工25.9万人。落实以工代训政策，向1.3万家企业发放以工代训补贴4474.82万元，惠及企业职工11.8万人。开展"两节慰问""春风行动"等就业困难人员援助活动，走访慰问就业困难人员2000余人，发放补助金67.8万元。通过招聘会、政策宣讲会等活动加大就业创业优惠政策宣传力度，开发公益性岗位，解决就业困难人员再就业问题，帮助脱贫人口就业304人。新增认定就业困难人员3236人，发放灵活就业人员社保补贴1971.67万元，向5所高职院校643名2021届毕业生发放补贴96.45万元。开展"六个一"（成立一支"百名"用工服务专员队伍、开展一期企业用工调查监测、组织一系列主题招聘活动、对接一批市外劳务基地、实施"一揽子"就业创业服务举措、举办一连串政策信息宣传活动）助企用工留人专项行动，调查重点企业用工需求情况，设立用工服务专班11个，与重点企业100余家建立结对关系，提供"一对一"用工服务。加强与陕西省安康市、贵州省兴义市等劳务基地对接协作，采取点对点包机方式，将安康市务工人员150人直送至区内8家企业就业。发挥武进人力资源市场和武进人力资源网平台作用，开展现场招聘、委托招聘、网络招聘、直播招聘等活动，共举办招聘会175场，提供岗位14.3万个。"武进人力资源网"注册企业会员1.3万家、个人会员10.57万人，网站、微信关注人数4.7万人次。

【创业扶持】 2021年，区人社局支持成功自主创业5436人，创业带动就业2.2万人，其中引领大学生创业1047人、扶持农民自主创业1649人。新建省级创业示范基地2个、市级创业基地2个、区级创业基地2个。发放各类扶持资金150万元，其中创业对象扶持资金100万元、创业基地扶持资金50万元，向371个单位发放创业担保贷款8035万元。报送省、市级大学生优秀创业项目33个，其中获评优秀创业项目省级17个、市级3个。报送第五届常州市大学生创业大赛项目30个，区人社局获评优秀组织奖。征集区级大学生优秀创业项目52个，认定20个。报送第四届"创响江苏"常州市初赛标兵、项目共34个，入选省级决赛项目2个。

【职业技能培训和鉴定】 2021年，区人社局持续实施职业技能提升行动，加强职业技能培训，举办职业技能培训班596期，培训3.43万人次，其中培训城乡劳动者就业技能1.03万人、新生代农民工职业技能5930人。深化线上、线下培训课程融合度，搭建集技能人才培养、评价、配置等功能于一体的武进区职业技能云平台，新开设保育员、家政服务员技能工种课程2门，累计开设课程20门，全年线上培训1.2万人次。创业培训820人，企业新型学徒制预审报17家992人，审核技能提升培训及岗前培训2.95万人次，发放培训补贴1405.59万元。组织日常职业技能等级认定178场次，职业技能鉴定申报6679人、取证6482人。新增高技能人才2513人，新增技能等级认定试点企业21家，企业技能等级认定取证2430人。举办"技行武进"2021年武进区职业技能大赛，包括物流服务师和装配式建筑省级技能大赛2场，以及银行业、茶艺师等区级技能大赛10场，2513名选手获得职业技能资格晋升。

【江苏（武进）技能人才服务产业园开园】 5月20日，由江苏省人社厅、常州市人社局、武进区政府三级联动共建的全省首个技能人才服务产业园——江苏（武进）技能人才服务产业园开园。该园位于武进区行政中心西侧，占地面积近7000平方米，投资近1000万元，由1个核心园区，智能制造园、绿色建筑园、轨道交通园等8个功能园区，科教城工业中心、大学城高职院校实训中心以及纳入功能园区相关企业内的实训基地构成，提供技能人才引进、培养、使用、评价、流动、激励等服务，开展保育员、茶艺师、家政服务员等工种职业技能等级认定。依托区职业技能培训云平台、阿里认证平台、"58同城大学"等，与常州腾龙轻合金材料有限公司、光宝科技（常州）股份有限公司等重点企业合作建成云学院11个。年内，引进服务机构28个，开展技能培训超3万人次，鉴定技能人才6482人次，服务技能人才超10万人次。

（张连惠）

劳动监察与仲裁

【概况】 2021年，武进区深化和谐劳动关系示范区建设，推进根治欠薪，强化劳动关系矛盾系统治理、依法治理、源头治理，坚持化解存量风险和防范增量风险并举，确保劳动关系领域平稳可控。构建和谐劳动关系，区人社局、武进高新区开展第一批省级深化构建和谐劳动关系综合配套改革试点，区预防劳动争议协会组织劳动法律法规培训36场次，参训2.7万人次。加强劳动者合法权益保障，区人社局全年认定工伤4264件，组织劳动能力鉴定12次，受理工伤等

江苏（武进）技能人才服务产业园　　（供图/区人社局 摄于2021年5月）

级和护理程度鉴定等4094人次。提供劳动纠纷法律援助服务，接待群众咨询9500余人次。培育和谐劳动关系企业省级4家、市级17家。创成省级金牌劳动人事争议调解组织2个。

【和谐劳动关系构建】 2021年，区人社局探索构建和谐劳动关系先行机制，与武进高新区开展第一批省级深化构建和谐劳动关系综合配套改革试点，打造劳动关系工作体制样板区、劳动关系治理体系先行区、产业工人技能提升示范区、劳动关系公共服务体验区，以及特殊工时审批清单式改革、人力资源服务机构信用评价管理体系创新、薪酬分配指引试点等“四区五新”劳动关系现代化治理新模式，构建“区域示范、机制联动、点面结合、统筹推进”和谐劳动关系，该改革试点工作获省、市人社部门高度肯定。规范和优化企业劳动用工指导及服务，加强企业工资收入分配宏观指导，组织薪酬调查和人工成本监测企业122家，健全企业职工工资正常增长机制；推进集体合同网上审查，扩大集体合同覆盖面，审查集体合同2962份；委托第三方人力资源服务机构评估企业劳动关系，为38家企业提供劳动关系诊断服务。完善劳动关系三方协调机制，开展和谐劳动关系示范区与劳动关系和谐企业创建，江苏恒立液压股份有限公司等4家企业获评江苏省优秀劳动关系和谐企业，2人获评江苏省金牌劳动关系协调员，常州市久虹医疗器械有限公司等9家企业获评常州市创建和谐劳动关系先进企业。

【劳动者合法权益保障】 2021年，区劳动监察机构接受职工投诉举报2008件，收到上级根治欠薪平台欠薪线索1378条，立案2274件，全部结案。作出限期改正指令110件，退还拖欠、克扣职工工资等待遇2012.05万元；补办社保登记13人；行政处罚8次；以涉嫌“拒不支付劳动报酬罪”移送公安机关追逃案件3件，涉及职工25人，欠薪金额48.77万元；通过报纸、网站等方式向社会公布重大劳动保障违法行为1件。受理江苏人社一体化经办平台“12333”投诉举报案件586件，“12345”政府公共服务平台工单56件。实行劳动仲裁案件案前调解，监管案件处理流程，加强网上案件调处力度，累计调解网上案件1069件，占线下案件量50.81%。区劳动仲裁机构受理劳动人事争议案件2104件（含乡镇巡回庭受理696件），受案总金额8438.11万元，其中集体案件19件，涉及劳动者305人、涉案金额1066.31万元。审结2070件（含2020年度未结107件），结案率92.2%。各调解中心受理案件4035件，结案4035件，结案率达100%。年内，牛塘镇和湟里镇劳动人事争议调解中心创成省级金牌劳动争议调解组织。

（张连惠）

居民收支

【全体居民人均可支配收入增长9.1%】 2021年，全区全体居民人均可支配收入58296元（含常州经开区），比2020年增长9.1%。城镇居民人均可支配收入68775元，增长8.4%。其中，工资性收入45527元、经营性净收入8096元、财产性净收入6307元、转移性净收入8845元，分别增长7.4%、7.3%、9.2%、14.6%。农村居民人均可支配收入37901元，增长10.5%。其中，工资性收入20055元、经营性净收入11965元、财产性净收入1429元、转移性净收入4452元，分别增长11.4%、6.5%、12.0%、17.5%。工资性收入是推动全体居民人均可支配收入增长的主体。

【全体居民人均生活消费支出增长20.2%】 2021年，全区全体居民人均生活消费支出34535元（含常州经开区），比2020年增长5810元，增长20.2%。其中，城镇居民人均生活消费支出38697元，增长19.2%；农村居民人均生活消费支出26435元，增长22.3%。八大类消费支出呈正增长。其中，全区全体居民人均食品烟酒消费支出10104元，衣着消费支出2258元，居住消费支出6857元，生活用品及服务消费支出1856元，交通通信消费支出5559元，教育、文化、娱乐消费支出4345元，医疗保健消费支出2668元，其他商品和服务消费支出888元，增幅分别为18.7%、29.3%、11.8%、23.0%、

2021年武进区城镇、农村居民家庭每百户年末耐用消费品拥有量情况表

表44

指　标	单　位	数　值	
		城　镇	农　村
人均年末住房面积	平方米	57	85
家用汽车	辆	64	56
摩托车	辆	4	10
助力车	台	131	150
洗衣机	台	104	127
电冰箱（柜）	台	109	122
微波炉	台	96	90
彩色电视机	台	189	203
空调	台	271	260
热水器	台	104	113
洗碗机	台	2	2
排油烟机	台	91	70
固定电话	线	18	22
移动电话	部	246	255
计算机	台	71	53
照相机	台	11	3
中高档乐器	架	4	2
健身器材	台	8	7
空气净化器（含新风系统）	台	10	3
吸尘器	台	21	10

注：表中数据含常州经开区

17.6%、28.7%、28.9%、35.8%。全区全体居民恩格尔系数为29.3%，比2020年下降0.3个百分点。

（袁美霞）

社会保险

【概况】 2021年，武进区加快构建多层次社会保障体系，完善社保制度，提升社保水平，扩大社保范围，养老、失业、工伤保险参保人数分别达54.1万人、46.59万人、53.3万人（含常州经开区）。医疗、生育保险参保人数分别达118.8万人、48.3万人。社保卡首次申领3.56万张、补卡2.27万张、换卡9326张，累计制卡159.44万张。

【社保征缴扩面】 2021年，武进区开展全民参保提质增效活动，促进社保范围扩大，企业职工养老、失业、工伤保险分别净增3.99万人、3.94万人、4.05万人（含常州经开区），参保总人数分别达54.1万人、46.59万人、53.3万人，征缴收入分别达58.96亿元、2.44亿元、1.89亿元，支出115.37亿元、1.89亿、2.77亿元（含上解支出），累计结余50.75亿元、3.89亿元、0.28亿元。医疗、生育保险分别净增4.1万人、4.6万人，参保人数分别达118.8万人、48.3万人。职工医保含生育保险征缴收入35.53亿元，支出24.47亿元，累计结余50.46亿元。居民医保征缴收入8.15亿元、支出7.98亿元，累计结余1.74亿元。

（张连惠　卢　草）

【社保待遇提升】 2021年，武进区企业退休人员月均养老金2088元／人·月（含常州经开区）。城乡居民基本养老保险基金政府补贴标准由300元／人·月提高至350元／人·月；城镇老年居民养老补贴标准由440元／人·月提高至490元／人·月；被征地农民第四年龄段人员保养金标准由900元／人·月提高至970元／人·月。区人社局对65周岁及以上享受城乡居民基本养老保险待遇人员给予高龄补贴，年满65周岁不满75周岁、年满75周岁及以上高龄补贴标准分别是5元／人·月和10元／人·月。失业保险金发放最低标准由1350元／人·月提高到1410元／人·月，最高标准由2020元／人·月提高到2280元／人·月。向0.98万人发放失业保险金0.97亿元、代缴医疗保险金0.27亿元。向3655人次零星报销工伤保险2.34亿元，向7545人次发放工伤保险定期待遇0.16亿元。

【社保制度完善】 2021年，武进区落实《江苏省被征地农民社会保障办法的通知》《企业职工基本养老保险遗属待遇暂行办法的通知》《常州市城乡居民基本养老保险实施办法》等政策，推动省人社一体化信息平台社保业务板块上线运行，保障各类人员基本权益。推进机关事业单位养老保险制度改革，区人社局完成2020年“退休中人”（2014年10月之前参加工作并退休的机关事业单位人员）养老保险待遇申领、核定工作，核定304人、补发607.81万元；完成退役军人养老保险转移接续；完成职业年金记实工作，向省归集职业年金财政贴息1.03亿元；推进参保编外人员规范化处理，移交新北区、钟楼区、天宁区和常州经开区参保编外人员75人。推进“工伤一件事”全链条改革，从工伤参保、申报认定、鉴定申请，再到保险支付“一窗式”办理，优化办事流程、简化办事材料、推进数据赋能，保障劳动者权益。

【社保基金监管】 2021年，区人社局转变社保稽核内控方式，由纸质稽核、现场稽核、外部式定期稽核变为数据稽核、远程稽核、嵌入式实时稽核，系统筛查疑点数据7次10380条（含常州经开区），核出违规数据37条，全部整改完成，挽回损失92万元。做好关于社保基金债权申报、投诉举报及上市企业稽核工作。核查破产企业社保欠费数据58家，申报债权159万元。受理“12345”平台关于社保参保缴费相关问题投诉14件，投诉办结满意度100%。受理上市企业稽核43家，核查3.1万人，完成达标5家，整改后达标38家。

（张连惠）

住房保障

【概况】 2021年，武进区加大保障性住房政策扶持力度，解决城镇中低收入家庭住房困难，实施青年人才租房资助政策，建立健全住房保障体系，优化人才居住环境。超额完成棚户区改造目标任务，新开工棚户区改造项目2062套，基本建成3930套。申报棚户区改造专项债额度5.4亿元，获得中央保障性安居工程专项资金补助资金648.5万元、省级保障性安居工程建设引导资金85.8万元，“南河花园四期保障性经济适用房项目”获保障性安居工程2021年第一批中央预算内投资计划404万元。扩大保障性租赁住房供给，解决新市民、青年人居住需求，筹集保障性租赁住房项目2个、1743套，其中常州科教城人才公寓项目获得保障性安居工程2021年第三批中央预算内投资计划5067万元；建设（筹集）人才公寓项目14个、4696套。继续开展异地移建款清算工作，本年度收取异地移建款2117.66万元。落实“青春留常”计划，实施青年人才“生活居住双资助”政策，对符合要求的博士研究生、硕士研究生和高级技师、全日制本科生和技师分别给予每月800元、600元、500元租房补贴，连续补贴3年，审核通过291人次，发放租房补贴209万元。完成老职工住房制度改革补差审批8人次，面积516.26平方米，收缴接轨费15488.5元。配合查询住房制度改革档案104人次。

【公共租赁住房和经济适用住房管理】 2021年，武进区调整住房保障收入线标准，降低准入门槛，扩大住房保障覆盖面。低收入、中等偏下收入公共租赁住房和经济适用住房申请家庭人均月可支配收入分别由2435元调整为2643元（含）以下、3890元调整为4229元（含）以下、3890元调整为4229元（含）以下。至12月，武进区有公共租赁住房在保家庭119户（租金补贴92户、实物配租27户），累计保障中低收入住房困难家庭269户（租金补贴217户、实物配租52户）。全年发放公共租赁住房租金补贴63.95万元，收取实物配租租金150.37万元。

（杨　欣）

【住房公积金管理】 2021年，武进区开展灵活就业人员参加住房公积金制度试点工作，扩大制度覆盖面和政策受益面。全区新增灵活就业人员缴存住房公积金

住房公积金管理中心武进分中心宣传推介“零号窗口”
（供图/住房公积金管理中心武进分中心 摄于2022年7月）

2668人（含常州经开区），累计1.58万人。坚持做精做优服务，简化办事手续，全流程优化业务，实现“贷款房源管理”项目零材料申报，优化后办理期房贷款房源预售准入项目43个，完成楼栋放款审批手续179幢。推进住房公积金“放管服”改革，住房公积金高频办理事项8项实现“跨省通办”，设立“零号窗口”解决“急愁难盼”问题，柜面业务推行“无纸化”办理；推行住房公积金“网上办”，全年网上办理单位业务49.35万笔、个人业务6.3万笔，年末线上签约人数达23.28万人。全年住房公积金新增缴存单位2334家、职工5.8万人，归集42.34亿元，提取30.7亿元，发放住房公积金贷款（含公转商贴息贷款）4190户、18.82亿元，上缴地方政府廉租住房建设补充资金1.35亿元，累计7.22亿元。至年末，全区有应缴单位1.58万家、缴存人数29.4万人，归集余额106.73亿元，贷款余额100.01亿元。

（骆海荣）

医疗保障

【概况】 2021年，武进区坚持以人民为中心，落实医保政策，提高保障待遇，解决医疗保障发展不平衡、不充分问题。深化医疗保障制度改革，职工基本医疗保险和生育保险全部与常州市本级并轨，执行统一标准。城乡居民基本医疗保险除基金管理外实现常武一体。提高医保基金使用效率，职工基本医疗保险和城乡居民基本医疗保险政策范围内住院医疗费用基金支付比例分别达88.74%、79.78%（含常州经开区），城乡居民基本医疗保险人均财政补助标准达954元，大病保险政策范围内报销比例达67.39%。完善医保经办服务网络，推动医保经办业务下沉。推进国家谈判药品“双通道”（通过定点医疗机构和定点零售药店2个渠道，满足谈判药品供应保障、临床使用等方面合理需求）及单独支付政策，受益1917人次，医保基金支出850万元。医疗救助11万人次，救助基金支出1271.76万元。足额上解新冠肺炎疫苗采购资金1.15亿元，拨付接种疫苗服务费2292万元。

【医保改革】 2021年，武进区继续推进长期护理保险先行试点，开创家庭病床和医疗专护服务新模式，实现参保人群、保障年龄、保障待遇全覆盖，共受理长期护理保险申请6949人（含常州经开区），完成失能评定6937人，发放待遇金额9567.47万元。持续推进按病种付费（DRGs）项目，武进人民医院、武进中医医院2个三级医院实施DRGs付费结算，常州谱瑞眼科医院、常州金东方医院、武进第四人民医院等10个二级医院全面启动DRGs数据测算和项目试运行工作，武进区结付医保基金11.48亿元，结付率102.08%。落实药品阳光采购政策，督促17个公立医疗机构按时完成采购报量、合同签约、线上采购等工作，累计采购金额12.9亿元，二级及以上公立医疗机构药品和高值耗材网上采购率均在95%以上。落实药品集中采购医保资金结余留用政策，考核17个医院国家第一批集中采购药品医保资金结余留用情况，发放集中采购医保结余留用资金418.2万元。

【医保基金监管】 2021年，武进区健全医保基金监管机制，打击欺诈骗保行为。武进医保分局贯彻《医疗保障基金使用监督管理条例》，完善执法程序、执法文书等规范标准，健全廉政风险防控机制和违规处理集体会商制度。加大监管力度，配合常州市医疗保障局开展“三假”（假病人、假病情、假票据）问题专项治理行动、打击定点医疗机构医用耗材违规收费专项行动等六大专项行动和民营医疗机构专项整治行动，实现全区医保定点医药机构医保基金监管全覆盖。实地稽查定点医药机构713个，暂停7个药店医保定点资格，解除3个药店医保定点资格，依据协议约定拒付定点单位费用982.27万元，其中违约金108.94万元。受理投诉举报28件，发放举报奖励1769元。加强与纪检、卫健、公安等部门衔接，制定《关于落实武进医保基金监管派驻督导制度工作方案》，建立信息共享、联合处罚等机制，推进专项治理行动，年内发布打击欺诈骗保典型案例22个。

【医保经办优化】 2021年，武进区优化医保经办模式，提升便民服务水平。开展医保公共服务专项治理、“三位一体”医保服务站建设、“五镇八村”家门口办好事示范点建设和“15分钟医保服务圈”市级示范点建设，推动医保经办业务24项下沉至镇、村。武进医保分中心实施综合柜员制，推行“前台综合受理、后台分类审批、统一窗口出件”服务新模式，实现参保群众由“多头办理”变成“一窗通办”。加快“互联网+医保经办服务”，推广医保电子凭证应用，激活医保电子凭证54万个（含常州经开区），激活率58.56%。完善异地就医政策，扩大联网结算范围，异地就医住院费用直接联网结算覆盖全国统筹地区，门诊费用直接结算扩大至27个省（自治区、直辖市），累计联网结算4.58万人次、1.73亿元。落实医保经办政务服务事项清单制度，统一服务事项和办事指南，优化医疗保障政务服务营商环境，提升服务事项网上办理及“一网通办”能力，医保政府服务事项网上可办比例和满意率均达100%。

（卢　草）

民政事务

【概况】 2021年，武进区践行“民政为民，民政爱民”工作理念，增强民政保障能力，提高社会治理水平，增强基本社会服务供给，推动现代民政事业高质量发展。精准规范社会救助，利用“一门受理”便民服务窗口、村（社区）公示栏等载体，宣传社会救助政策及低保专项治理工作。提升养老改革成效，养老机构床位数增至6285张，全年发放尊老金1874万元，惠及老年人2.75万人。选优培强村（社区）自治组织班子，完成第十二届村委会、第六届社区居委会换届选举。加强城乡社区治理，完成礼嘉镇华渡村等5个城乡社区综合服务中心改造提升或新建工程。规范社会组织发展，排查社会组织运营情况，开展非法社会组织专项整治和“僵尸”社会组织检查。加强社会事务管理服务能力，批准地名32条，办理婚姻登记8367件，销售福利彩票1.56亿元，免除基本丧葬服务费515万元。11月，完成《武进区政区图》修订，修订政府驻地1处、村镇地名28处。

【村（社区）换届选举】 2021年，武进区村（社区）换届选举首次“任期3年改5年”、村和社区“两委”（党组织委员会、村居民委员会）换届同步推进。135个村、98个社区依法完成第十二届村委会和第六届社区居委会换届选举，参选率分别达97.95%和94.5%，共选出村委会成员653人、居委会成员492人。其中，连选连任298人，占比46%；中共党员1005人，占比87.7%；大专及以上文化程度950人，占比82.9%；女性450人，占比39.3%；村委会主任平均年龄50岁，居委会主任平均年龄45岁。

【城乡社区治理】 2021年，区民政部门推进基层治理与服务，完成礼嘉镇华渡村、南夏墅街道南塘社区、雪堰镇夏墅村3个省级，前黄镇坊前村、湟里镇村西村2个市级城乡社区综合服务中心改造提升或新建项目。开展“讲好社区故事、共建和美家园”主题活动，评选表彰优秀城乡社区服务品牌，组织雪堰镇阖闾城村、湖塘镇丰乐社区等3个社区和2个村参加全市城乡社区服务品牌展演。落实社区组文明城市建设工作，实地督查和台账检查12个迎检社区样本点6次，办理城乡社区建设及基层社会治理区人大代表建议6件、区政协委员建议4件。完成湖塘镇、牛塘镇等11个镇级社会工作站建设。全区新增持证社工20人，累计453人，每万人有持证社工9人，发放社区持证社会工作者职业资格补贴88.37万元。年内，雪堰镇阖闾城村等10个村（社区）获评2021年度常州市平安法治和谐示范村（社区）。

礼嘉镇华渡村便民服务中心　　（供图/区民政局 摄于2022年8月）

【社会组织培育和管理】 2021年，武进区有社会组织2365个，每万人拥有社会组织13.5个。新增前黄镇级社会组织培育发展服务中心1个，累计10个。区民政部门推进社会组织规范运行，开展涉嫌非法社会组织排查整治5次，开展民政和残联系统“僵尸”社会组织排查先行先试，注销“僵尸”社会组织5个，试点完成率100%。提升社会组织参与公益慈善项目能力，公益慈善项目26个获得区财政扶持资金47万元。搭建社会组织购买服务平台，购买社会组织服务项目约30万元。

【最低生活保障与救助】 从2021年7月1日起，武进区城乡居民最低生活保障标准由每人每月900元提高至940元。区民政部门全年发放最低生活保障金1327万元，惠及低保家庭1235户、1576人（城镇居民250人、农村居民1326人）。同步提高特困人员、孤儿等困难人员保障标准。全年发放孤儿保障金59万元，农村“五保”（保吃、保穿、保医、保住、保葬）供养经费429.44万元，城市“三无”（无劳动能力、无收入来源、无法定赡养人）老人保障金35.01万元；发放困难残疾人生活补贴和重度残疾人护理补贴6813.13万元，惠及残疾人1.2万人。从2020年7月起，根据省、市民政部门“低收入家庭中重病、重残对象纳入低保，单独享受”要求，实施相对困难家庭成员重病患者单独施保（简称“单人保”），其中，一、二级重度残疾人和三级智力、精神残疾人，按低保标准65%发放保障金；大重病患者，按低保标准100%发放保障金。至2021年12月，有“单人保”5人，发放保障金6.18万元。实施慈善救助，武进区全年新增慈善资金7075万元，发放慈善救助金6060余万元，惠及困难群众56643人次。

【婚姻登记与收养登记】 2021年，区民政部门办理结婚登记5353件、离婚登记1742件，补办结婚登记1115件、离婚登记157件，婚姻登记合格率100%。武进区社会救助和捐助中心为符合条件的2户家庭办理收养登记。

【地名管理】 2021年，区民政局批准地名31条。其中，新命名居民区10条，

表 45 2021 年武进区新命名地名情况表

类别	新命名地名	所属镇（街道）	地址
居民区	悦雅花园	礼嘉镇	位于礼嘉镇东南部，东至礼乐河（嘉熙园），西至礼百路（礼乐花园），南至北浜河，北至百兴路
	嘉熙园	礼嘉镇	东至陆庄村秦家塘村民小组，西至悦雅花园，南至北滨河，北至百兴路
	坂上雅苑	礼嘉镇	位于坂上村，东至坂上村江家塘村民小组，西至坂上村殷家浜排涝站，南至常州杰之美电声器材有限公司，北至武南河
	香聚雅苑	湖塘镇	位于聚湖社区，东至玉塘路，西至长沟路，南至聚湖东路，北至金鸡东路
	悦澜雅园	洛阳镇	位于戴溪社区，东至戴溪河，西至戴溪综合市场，南至荷花西路，北至戴溪河
	晴川花园	湟里镇	位于湟里镇湟里社区，东至粮管所（暂定），西至虞家浜，南至经纬一路（暂定），北至桃园路以南
	翰美雅园	南夏墅街道	位于学府家苑社区，东至新平路，西至龙运路，南至西湖东路，北至龙运路
	月桂江南里	西湖街道	位于湖滨社区，东至绿杨路，西至北十字河，南至东十字河，北至菱香路
	都市森林花园	西湖街道	位于湖滨社区，东至长天路，西至凤苑南路，南至东十字河，北至稻香路
	聚新家园	西湖街道	位于聚新家园社区，东至蠡河，西至滕龙路，南至长虹西路，北至长顺路
建筑物	云升阁	西湖街道	位于滆湖社区，东至祥云路，西至春晓路，南至永嘉河，北至渔哥路
道路	礼盛路	礼嘉镇	位于新辰村，东至礼政路，经礼盛花园，西至新辰村尹家塘村民小组，全长 625 米
	礼政路	礼嘉镇	北至交通运输综合行政执法大队礼嘉中队，南端由通利桥（大河桥）向南延伸至新长铁路，全长 7.3 千米
	礼坂路	礼嘉镇	北端由东堰向北延伸至武南东路，南至交通运输综合行政执法大队礼嘉中队，全长 3.6 千米
	文德路	前黄镇	位于前黄镇政府西，南至前灵路，经前黄文体中心，北至景德西路，全长 1.5 千米
	文隽路	前黄镇	位于前黄镇政府北，南至景德东路，经前黄村委，北至敬业路，全长 300 米
	景宁路	前黄镇	位于前黄镇政府东北，东至常武南路，西至文隽路，途经常州蓝天瑞奇纺织品有限公司，全长 600 米
	景和路	前黄镇	位于前黄镇政府东北，东至前黄村南庄村民小组，西至前奋路，途经前黄中心幼儿园北门，全长 800 米
	景安街	前黄镇	位于前黄镇政府东北，东至书院街，西至前灵路，途经前黄实验幼儿园，全长 800 米
	文贤路	前黄镇	位于前黄镇政府北，南至景德西路，北至前黄村园里村民小组，全长 1 千米
	景明路	前黄镇	位于前黄镇政府西，东至文德路，西至丁舍村庙头村民小组，途经梁颂雅苑南门，全长 300 米
	礼运路	前黄镇	位于前黄镇政府西，东至常州市武进永茂五金厂，西至运村民心桥（暂定），全长 280 米
	永富路	湖塘镇	位于府南社区，东至莱蒙领尚，西至凤凰谷儿童职业体验馆，南至永胜中路，北至延政中大道，全长 400 米
	永祥路	湖塘镇	位于湖塘镇府南社区，东至莱蒙城公园里，西至莱蒙城铂郡，南至永胜中路，北至延政中大道，全长 400 米
	小庙西路	湖塘镇	位于府南社区，东至环府路西，西至武宜中路，南至莱蒙城公园里，北至武进图书馆，全长 300 米
	博文路	湟里镇	位于湟里村、北隍村，南至南环线（暂定），经晴川花园东大门，北至桃园路，全长 300 米
	埠南路	湟里镇	位于湟里村、北隍村，东至北隍河，西至交通运输综合行政执法大队湟里中队，全长 600 米
	龙起路	南夏墅街道	位于戴家头村，东至环湖东路，经湖岸木墅南门，西至清影路，全长 300 米
	长天路	西湖街道	位于滆湖社区，南至揽月路，北至稻香路，全长 2 千米
	学朴巷	武进高新区北区	位于古方社区公朴路北，东至东村路，西至常武北路，全长 200 米
	永晋巷	武进高新区北区	位于古方社区学朴巷北，东至东村路，西至常武北路，全长 200 米

建筑物 1 条，道路 20 条。出具“地名命名勘察意见书”28 份。排查、宣传红色地名 20 余处，其中王诤故居入选常州市首批红色地名。

【福利彩票管理】 2021 年，武进区新增福利彩票电脑销售站点 10 个，累计 145 个。销售福利彩票 1.56 亿元，其中电脑票 1.07 亿元、即开票 4853 万元。福利彩票公益金支出 1628.88 万元，用于居家养老、机构养老等社会福利类项目 1125.1 万元，用于“三老中心”运行经费等社会事务类项目 205.94 万元，用于困境儿童救助等社会救助类项目 147.05 万元，用于社会组织类项目 150.79 万元。

【殡葬管理】 武进区有殡仪馆 2 个、骨灰寄存室 110 个。2021 年，火化遗体 10764 具，其中横林殡仪馆火化 6968 具、武南殡仪馆火化 3796 具。区民政部门按照《常州市殡葬基本服务项目费用免除办法》，对城乡低保对象等 4429 名死者免除基本丧葬服务费 515 万元。

（缪　苗）

退役军人事务

【概况】 2021年，区退役军人事务部门以服务经济社会发展和国防军队建设为目标，以保障退役军人合法权益为宗旨，做好退役军人移交安置、就业创业、优抚褒扬、权益维护、双拥共建、志愿服务等工作。推进区、镇（街道）、村（社区）三级退役军人服务保障体系建设，镇级退役军人服务站全国示范型创建100%达标，建成213个村级退役军人服务站。拓展退役军人就业创业渠道，擦亮“戎创武进”就业创业品牌。拓展拥军优抚范围，协调商铺200余个加盟“常军优服”服务联盟，开展线上“清明祭英烈”活动，为2名烈士成功寻亲。深化双拥共建，通过省级双拥模范区实地考评。开展矛盾化解攻坚，信访办结率100%。加强退役军人志愿服务，组建“武进老兵”志愿服务支队，参加疫情防控、文明城市创建、综合治理和扶贫救助等志愿服务4000余人次。年内，武进高新区北区“退役先行”退役军人志愿服务队、南夏墅街道“戎耀龙城常有爱”退役军人志愿服务中队获评2021年度全省“百支优秀退役军人志愿服务队”，东安实验学校退休教师华再清获评首届江苏最美拥军人物，系全市唯一。

【退役军人就业创业】 2021年，区退役军人事务局出台《常州市武进区退役军人就业创业扶持激励实施办法（暂行）》，明确退役军人经济补助、就业创业培训、就业政策扶持等措施，指导退役军人开展特色项目创业，帮助年度退役士兵实现稳定就业。实施“戎装兴村”工程，定向招录退役士兵在村（社区）任职。推动退役军人参与乡村振兴，鼓励退役军人创办特色家庭农场、农业示范合作社，分别给予达到区级示范标准的晗艺果品专业合作社、秀水湾特种水产品养殖专业合作社等7个退役军人创业项目各2万元奖励。9月，举办武进区第二届退役军人创业创新大赛，推荐的“色质谱及其全自动样品前处理设备研发与产业化”项目获省级二等奖和市级二等奖，“杰记水果加盟创业项目”和“飞行互动体验模拟器项目”获市级二等奖、三等奖。11月，开展武进区首届退役军人创业创新模范和创业创新之星评选，通过基层推荐、公开投票、现场考核等流程，徐志平、胡巧生等12人分别获评退役军人创业创新模范和创业创新之星。

【退役军人优抚褒扬】 2021年，区退役军人事务部门根据武进区拓展拥军优抚范围的政策，为优抚对象和无军籍职工、遗属发放定期抚恤补助3100余万元，为优抚对象减免水、电、煤气、有线电视费194.5万元，为优抚对象1600余人办理优抚市民卡。协调商铺200多个加盟“常军优服”服务联盟，为武进万达广场“拥军商城”揭牌，授挂“拥军商户”牌子30余个。开展“清明祭英烈”活动，开设武进烈士陵园网上展厅，线上祭扫5000多人次，为2名烈士成功寻亲。巩固军政、军民关系，组织开展党政军新春座谈会，走访慰问驻常州和武进部队，赠送慰问品价值64万元；投入经费76万元，开展军地互办实事10项；协调军人子女优先入学15人。

【江苏丰顺“戎耀之家”入选省优秀“戎耀之家”】 2021年11月，江苏丰顺“戎耀之家”被省退役军人事务厅、省总工会联合命名为江苏省优秀“戎耀之家”。江苏丰顺“戎耀之家”位于礼嘉镇华渡村，由江苏丰顺新材料科技有限公司于2020年12月启动建设，2021年4月30日开馆，分为退役老兵活动中心和主题展馆上、下两层，总面积2000平方米，累计投资100多万元。通过展示中国共产党、人民解放军艰苦发展历程，以及开国元勋、革命先烈和退役军人模范，展望辉煌未来建设，成为传播红色文化、开展革命传统教育和党建教育的重要阵地。年内，举办老兵政治生日会等活动8次，接待参观3000多人。

（杨永强）

民族与宗教事务

【概况】 2021年，武进区贯彻落实中央民族会议、全国宗教工作会议精神，坚持宗教中国化方向，维护民族和睦、宗教和顺、社会和谐良好局面。全区有户籍登记的少数民族族别36个，常住少数民族人口3400多人，外来流动少数民族人口1.6万人。有回民聚居村1个（雪堰镇城西回民村）、回民聚居组1个（雪堰镇夏墅村后承村组）。有清真餐饮店200多家，清真食品基本供应点1个（雪堰镇城西回民村伊清阁清真餐馆）。有武进区佛教协会、道教协会、天主教爱国会、基督教“三自”爱国运动委员会4个爱国宗教团体；有依法登记的宗教活动场所41个，其中佛教25个、道教5个、基督教11个；有经过资格认定的宗教教职人员80人，其中佛教44人、道教19人、基督教17人。有省五星宗教场所1个、四星宗教场所5个、三星宗教场所7个；有省三星档案宗教场所16个。

【少数民族发展服务】 2021年，区民宗部门以铸牢中华民族共同体意识为主线，开展民族团结进步创建活动。6月，开展民族团结进步宣传月活动，向省民宗

江苏丰顺“戎耀之家” （供图/区退役军人事务局 摄于2021年3月）

委成功申报雪堰镇城西回民村城西工业园物业工程项目1个，获得中央财政衔接推进乡村振兴补助资金400万元。7月，召开“红石榴家园”创建座谈会。年底，创成江苏省第二批“红石榴家园”2个（雪堰镇城西回民村、武进区前黄中心小学）、常州市首批“红石榴家园”2个（嘉泽镇、牛塘镇）。7月，常州红石榴家园武进工作站“疆心比心、情系河南”捐款仪式在湖塘镇府东社区举行，募集爱心款项1.53万元。9月，开展“民族团结迎国庆石榴盛放文明花”新时代文明实践活动，普及民族知识，增强文化认同，宣传民族政策与法律法规。推进少数民族流动人口市民化和基本公共服务均等化，帮助解决少数民族子女入托、入学38人，为清真餐饮店出具从业人员免费体检材料70多份，为回族等少数民族居民656人发放清真食品补贴11.81万元。

【宗教领域平安创建】 2021年3月31日，武进区召开民族宗教工作会议，将民族宗教工作纳入镇、街道绩效考核，加强基层党委政府对民族宗教工作的领导和管理。宗教团体和宗教活动场所规范佛道讲经说法、基督教义工传道等行为。区民宗局加强宗教场所新冠肺炎疫情防控，平稳完成场所“双暂停”（暂停对外开放、暂停集体宗教活动）。引导宗教团体和宗教活动场所发挥优势服务社会，劝导信众积极理性应对疫情，主动参与志愿服务，充实基层防疫力量，宗教界全年募捐105万元。开展宗教活动场所建筑安全专项整治，投入资金200万元，引入第三方专业机构，排查出消防、建筑安全隐患219处，计划于2022年全部整改完成。指导各镇（街道）和开发区、宗教团体、宗教活动场所围绕宗教活动场所安全生产、民族团结进步、网络安全等六大类、18项具体内容开展“大排查、大整治、大提升”专项行动。

（王友天）

老龄事务

【概况】 2021年，武进区积极应对人口老龄化，探索建立老年健康服务体系，增强老年人获得感和幸福感。60周岁及以上户籍老年人口为19.18万人，占户籍总人口的25.07%，其中70～79周岁老年人口75108人、80周岁及以上老年人口2.8万人（百岁老人86人）。整合医疗和养老服务资源，发展医养结合机构，提升医养结合服务质量，新增医养结合机构3个，累计11个。维护老年人合法权益，为老年人解决经济纠纷、赡养矛盾等权益保障问题130余件，为老年人挽回经济损失96.28万元。年内，牛塘镇金东方社区被命名为全国示范性老年友好型社区；华再清获评常州市第六届“十佳老有所为人物”，吴豪杰、李卫琴获评常州市第七届“十佳孝星”。

【老年人健康服务】 2021年，武进区构建老年人健康服务体系。优化老年人健康服务，综合医院、中医医院、护理院和乡镇卫生服务中心（卫生院）合计21个医疗机构启动老年友善医疗机构创建，落实老年人医疗服务优待政策。开展老年人慢病综合防治，全区65周岁及以上老年人健康体检10.32万人，健康管理率80%，家庭医生签约13.24万人，签约率98%，共开设家庭病床416张。开展老年人心理关爱项目，累计完成6个乡镇项目点心理调查，第二批老年人心理关爱项目为3200名老年人提供心理关爱服务。12月2日，南夏墅街道大学新村三社区心理关爱服务站成立，为社区老年人提供心理健康服务。年内，武进人民医院、雪堰中心卫生院、牛塘净慧护理院等12个医疗机构获评省级老年友善医疗机构。

【老年人优待福利】 2021年10月全国敬老月期间，武进区以“实施积极应对人口老龄化国家战略，乐享智慧老年生活”为主题，组织开展健康义诊、发放重阳糕、照料护理、捐助等公益献爱心活动60余次，举办健康知识讲座、孝老爱亲宣讲等主题活动20余场次。组织慰问老年人57841人，发放慰问品、慰问金合计846万元。区老龄办实施“智慧助老”行动，开展老年人运用智能技术专项普及培训6090人次。联合中国人寿武进支公司实施“安康关爱行动”，老年人意外伤害保险共投保保额1600余万元，理赔980余万元。

（白　洋）

【养老服务】 2021年，武进区建有居家养老服务中心11个，实现镇级、社区

2021年武进区医养结合机构情况表

表46

机构名称	机构人员总数（人）	医疗服务人员数（人）	养老服务人员数（人）	机构床位总数（张）	医疗床位总数（张）	养老床位总数（张）	医养结合方式
常州九洲金东方护理院	188	60	103	424	150	274	开办护理院
武进区夕阳红护理院	82	16	40	360	128	232	开办护理院
康惠护理院	48	12	23	300	99	201	开办护理院
武进区净慧护理院	43	25	18	191	85	106	开办护理院
武进区牛塘净慧颐养中心	28	15	13	286	200	86	开办护理院
康民护理院	19	7	6	98	70	28	开办护理院
武进区玖玖江南护养中心	49	6	43	230	0	230	内设医务室
大慈安养院	20	4	8	316	0	316	内设医务室
武进区康福老年公寓	13	2	11	110	0	110	内设医务室
武进区福星老年护养中心	120	105	15	206	120	86	由医疗机构开办养老机构
鼎武中西医结合医院	82	51	31	200	100	100	由医疗机构开办养老机构

表 47　2021 年武进区百岁老人情况表

所在地	姓　名	性别	出生日期
雪堰镇	陆凤金	女	1915 年 12 月
	陈菊娣	女	1916 年 10 月
	李赛松	男	1917 年 7 月
	朱榴珍	女	1919 年 7 月
	陆玉秀	女	1919 年 8 月
	陈彦铨	男	1920 年 1 月
	周爱珠	女	1921 年 4 月
	朱林梅	女	1921 年 7 月
	王秀英	女	1921 年 9 月
	刘惠珍	女	1921 年 11 月
礼嘉镇	汤炳耀	男	1913 年 11 月
	蒋新宝	女	1918 年 10 月
	王全娣	女	1919 年 10 月
	徐永达	男	1919 年 11 月
	王珍秀	女	1920 年 1 月
	史凤妹	女	1920 年 11 月
	王兴法	男	1921 年 1 月
	许秀梅	女	1921 年 4 月
	许秀珍	女	1921 年 10 月
前黄镇	朱凤大	女	1918 年 3 月
	曹大龙	男	1919 年 1 月
	石菊娣	女	1919 年 9 月
	邵生凤	女	1920 年 11 月
	吕银仙	女	1921 年 4 月
	魏介英	女	1921 年 5 月
	浦永娣	女	1921 年 7 月
	蒋菊华	女	1921 年 9 月
	杨福光	男	1921 年 9 月
	王庭槐	男	1921 年 11 月
	周荣娣	女	1921 年 11 月
牛塘镇	许留秀	女	1917 年 2 月
	袁素琴	女	1919 年 7 月
	冯春根	男	1919 年 12 月
	戴小妹	男	1920 年 10 月
	陆　琪	男	1921 年 4 月
	冯林秀	男	1921 年 8 月
	汤林海	男	1921 年 8 月
	刘产凤	男	1921 年 10 月
嘉泽镇	蔡荣大	女	1919 年 10 月
	钱珍娣	女	1919 年 12 月
	孙洪娣	女	1921 年 2 月
	吴爱华	女	1921 年 11 月
	徐锡凤	女	1921 年 11 月
湖塘镇	管杏英	女	1915 年 2 月
	张全妹	女	1917 年 10 月
	庄根洪	男	1919 年 12 月
	高正海	男	1920 年 2 月
	刘玉凤	女	1920 年 5 月
	岳全妹	女	1920 年 5 月
	陈和秀	女	1920 年 6 月
	李桂兰	女	1920 年 10 月
	钮　心	男	1920 年 10 月
	范锡全	男	1921 年 6 月
	蒋阿曼	女	1921 年 9 月
	周一纯	女	1921 年 12 月
洛阳镇	沈桂英	女	1915 年 12 月
	徐阿梅	女	1917 年 2 月
	秦杏妹	女	1919 年 8 月
	许爱娣	女	1921 年 2 月
	邵法荣	男	1921 年 6 月
	虞锡裁	男	1921 年 12 月
湟里镇	马所海	男	1918 年 9 月
	蒋小昌	男	1919 年 11 月
	赵瑞华	女	1920 年 3 月
	葛阿华	女	1920 年 6 月
	赵正大	女	1920 年 10 月
	吴招伢	女	1921 年 1 月
	储纪良	男	1921 年 2 月
	张兰英	女	1921 年 3 月
	邹兰凤	女	1921 年 10 月
	蒋友凤	女	1921 年 12 月
南夏墅街道	陆珍宝	女	1917 年 1 月
	黄云娣	女	1918 年 1 月
	陈志学	男	1919 年 4 月
	严兴元	男	1919 年 7 月
	瞿杏娣	女	1920 年 3 月
	潘杏林	男	1920 年 6 月
	曹和娣	女	1920 年 9 月
	李雪兴	男	1921 年 9 月
西湖街道	徐桂英	女	1918 年 8 月
	杨香华	女	1921 年 1 月
	周文锦	女	1921 年 4 月
	杭惠英	女	1921 年 10 月
武进高新北区	华　询	女	1917 年 10 月
	费凤宝	女	1921 年 5 月
	贾全珍	女	1921 年 9 月

全覆盖。有养老机构18个，机构养老床位6285张（由社会力量举办或经营5563张），其中有护理型床位5689张。推进居家养老服务，完成湟里镇、嘉泽镇、雪堰镇3个居家养老服务中心提升改造。年内，为2.1万名老年人提供生活照料、家务料理、精神慰藉等居家养老上门服务，累计上门服务近30万人次，通过居家养老适老化改造竣工验收300户。发放居家养老援助和补助对象资金约746万元，惠及32万人次。促进养老机构医养结合，大慈安养院新增内设医务室，累计有医养结合机构11个。开展养老服务机构等级评定，福星老年护养中心被评定为三级养老机构，玖玖江南护养中心和夕阳红康乐中心被评定为四级养老机构。全年发放尊老金1874万元，惠及老年人2.75万人。

（缪　苗）

【牛塘镇金东方社区被命名为全国示范性老年友好型社区】 2021年10月，牛塘镇金东方社区被国家卫健委、全国老龄办命名为全国示范性老年友好型社区。金东方社区位于牛塘镇滨湖路99号，是常州市积极应对人口老龄化，构建居家养老、文化养生、机构服务、医养融合“四位一体”的综合性社区，占地面积17.67公顷，总建筑面积约32万平方米，公建配套面积约7万平方米，居住老人2000多人。2021年，该社区组织医务工作者进社区接种新冠肺炎疫苗、入楼栋提供健康管理服务，举办庆祝中国共产党成立100周年主题晚会、金水湖畔中秋赏月等活动，全面满足老人“医、食、住、乐、安”需求。获得“亚洲国际住宅人居环境奖”“中国养老产业最具文化底蕴标杆品牌”“国家级居家养老社区”等称号。

（白　洋）

慈善事业

【概况】 2021年，武进区围绕解决民生领域“急难愁盼”问题，发挥慈善在第三次分配中的作用，推进慈善事业成为社会救助和兜底保障体系中的重要补充。稳固慈善资源，全区新增慈善资金7075万元（含常州经开区），总量达14.46亿元，直接下拨救助资金、社会公益事业补助资金6548.41万元，直接救助困难群众42.34万人次。提升救助实效，坚持按需施救，将传统救助与创新救助紧密结合。区慈善总会积极响应抗击新冠肺炎疫情倡议，搭建爱心平台，向防疫点和隔离点赠送慰问物资价值39.14万元。巩固脱贫成果，实施武进区“幸福家园”村社互助工程，选定洛阳镇岑村村作为全市首个试点单位，筹集总资金93.38万元。区慈善总会获评全省脱贫攻坚暨对口帮扶支援合作先进集体。

【区慈善总会第四届全体会员大会】 7月8日，在区行政中心召开。市、区领导李林、陈志良、张小虎，常州经开区管委会副主任冯晖出席，参会代表204人。大会听取、审议并通过《武进区慈善总会工作报告》《武进区慈善总会第三届理事会财务收支情况的审计报告》。选举产生第四届理事会理事151人、常务理事41人，张建新当选会长。评选表彰武进区“第三届慈善事业突出贡献奖”21个和武进区“第三届慈善事业最具爱心奉献奖”186个。从2016年5月到2021年7月第三届理事会期间，全区慈善资金总量从10.12亿元增长到13.75亿元，净增3.63亿元，区慈善总会开展慈善大病救助、贫困大学生“圆梦行动”等慈善品牌活动50多次，直接下拨救助资金、社会公益事业补助资金2.21亿元，救助困难群众34万人次。

【慈善资金募集】 2021年，区慈善总会创新募捐形式，拓展筹资渠道，增强慈善实力。9月慈善月，参与腾讯“99公益日”网络募捐活动，上线发布“有情无碍，情暖重残”助残项目、“照亮孤独，暖心行动”助孤项目、“点亮梦想，圆梦武进”助学项目、“情暖武进”助困项目以及“大病险送大爱”助医项目，与“慈善一日捐”活动相结合，把部分“慈善一日捐”善款以线上捐赠方式助力“99公益日”项目，共筹得慈善资金865.56万元。9月5日，全区200多个单位参加“慈善一日捐”活动，募集善款653.91万元（含常州经开区），比2020年增加3.93%。有效组织认捐收缴，集聚各类慈善资源，新增慈善资金7075万元，总量达14.46亿元。

【慈善救助和帮扶】 2021年，武进区开展多种形式的慈善救助活动，为困难群众排忧解难。开展慈善助困，春节前夕向全区7103户低收入困难家庭发放1065.45万元（含常州经开区）。开展慈善助医，向因病致贫困难人群发放救助金1858.25万元，救助90516人次。开展慈善助学，向208名学生发放慈善助学金90.46万元。开展慈善助老，向42名“三老”（老地下工作者、小乡干部、地下党员）人员发放6.3万元，向298名“五保”（保吃、保穿、保医、保住、保养）老人发放29.8万元。开展慈善助残，向一户多残、依老养残的困难家庭拨款30万元。开展慈善助孤，向12名散居孤儿发放救助金6万元。开展专项救助，向幼儿园教育建设基金拨款14万元，向区抗癌协会癌症患者拨款康复资金19万元，向86678人次尿毒症病人发放救助金321.38万元，向3名省贫困家庭儿童重大疾病患儿发放慈善补助2.69万元。加强精准帮扶，定向向河南水灾灾区、对口帮扶的陕西省安康市汉滨区等捐赠946.54万元。

【慈善项目实施】 2021年，区慈善总会认领“慈善爱老暖心行”“有情无碍，情暖重残”“慈善助残阳光行”三大类公益慈善项目，共计扶持资金79.16万元。其中“慈善爱老暖心行”由区群英文艺协会、繁星公益服务中心等7个社会组织承担，通过定期上门生活照料、陪伴聊天、康复护理、安全检查、心理辅导等，给予空巢老人和失独老人心理支持。实施老年人意外伤害保险及小额人身保险，共计发放保费补贴364.51万元，救助165155人次。根据《武进区居家养老服务实施办法（试行）》，援助60周岁及以上生活不能自理的低保户、残疾军人、失独家庭老人等，补助80～90周岁符合条件的老人，共计服务157229人次，发放补助金314.46万元。实施“武有吾善，童乐同享”——困境儿童帮扶计划，拨款24.11万元，助力开展困境儿童调查、困境儿童主题营会、家长学校等特色活动。

（赵　晶）

应急管理

Emergency Management

栏目编辑 张怡菁

防灾减灾

【概况】 2021年，武进区坚持以防为主、防抗救相结合，坚持常态减灾和非常态救灾相统一，健全完善防灾减灾体制机制。所有镇（街道）、开发区成立防灾减灾救灾工作领导机构，设置区、镇（街道）、村（社区）三级灾害信息员277人。储备救灾帐篷、被装、服装、折叠床、救生艇等救灾物资2.8万件（套），设置受灾人员转移安置点52个，可安置5.2万人。区应急管理部门组织开展自然灾害综合风险普查，以及承灾体、公共设施清查工作，日均派出外业调查组20人左右。加强应急救援力量建设，制定《常州市武进区应急救援队伍建设管理实施办法》，建成区级专业救援队24支、板块综合救援队12支，以及武进区蓝盾应急服务中心等民间救援队3支。完善应急预案体系，组织开展实战演练97场。年内，武进高新区北区十里社区创成全国综合减灾示范社区。

（杨　键）

【防汛抗洪】 2021年，武进区汛情总体平稳，汛期（5—9月）降水量较常年略多，降水空间分布不均，总体南部多于北部。全区6月13日入梅，7月11日出梅，梅雨期28天。梅雨量总体略多，平均梅雨量达251.1毫米。全年无明显汛情、旱情。各镇（街道）、开发区防汛抗旱工作领导小组调整成员，由各地主要领导任组长。区防汛抗旱指挥部修订印发《常州市武进区防汛防旱预案》《常州市武进区防御台风应急预案》，研究制定《武进区水情旱情预警发布管理实施办法》，明确区级发布蓝、黄、橙、红四级预警发布条件和程序。各防汛责任单位成立防汛抢险队伍207支、4679人，其中区级专业保障队伍11支、250人，承担工程施工抢险、排涝抢险、物资运输储备任务。实施重点防洪工程，环太湖大堤工程完成投资4797万元，新建挡浪板5.56千米，加固堤防5.99千米。6个重点圩区重新调整落实承包部门，明确责任到人。全区存储袋类62.28万个、桩木68.17立方米、毛竹3300支、铁丝2725千克、圆钉740千克。汛期，区水利部门科学调度水利工程，启动新沟河沿线遥观南北枢纽、马杭枢纽和大通河东、西枢纽等泵站抢排涝水，共开机1191台时，排涝4205万立方米，开启环太湖口门武进港枢纽、雅浦港枢纽2次，累计向太湖泄洪3613万立方米。年内，区水利局被省委、省政府评为江苏省防汛抗洪先进集体。

2021年，武进区开展防汛应急演练　　（供图/区融媒体中心）

【抗击台风“烟花”】 7月初，武进区抽调区水利局、应急管理局、住建局、交通运输局、农业农村局、文体广电和旅游局等部门23人组成督导组6个，与市督导组在镇（街道）、开发区督查指导防汛防台工作，加强下沉式通道防台风期间安全管理工作，落实应急排涝措施。7月24—29日，受台风“烟花”影响，武进区大部分地区累计降水量达100～200毫米，局部250毫米以上。7月25日13时，区防汛抗旱指挥部启动全区防台风二级应急响应。防御台风期间，区防汛抗旱指挥部通过移动、电信平台向101.25万人次发布防御台风通告；镇（街道）和开发区出动1158人次，沿太湖、滆湖以及重要骨干河湖巡堤527.8千米；区水利部门及时发布水雨情信息，抢抓积水点疏通清理，科学调度工程排涝防洪。

全区未发生长时间、大面积积水情况，未出现人身伤亡事故，汛情总体平稳。

【城市内涝防御】 2021年，武进区加强城市排水系统建设，提升内涝防御能力。实施积水点改造工程，完成湖塘镇烈帝社区312国道易涝点和中心城区积水点改造14个。累计疏通城区雨水管网472千米，清理雨水井2.15万个，更换雨水井检查井盖421套（块）、收水井盖866套（块）。区水利部门定期抽检雨水管网健康运行情况，聘请第三方单位随机抽查已疏通雨水管道，发现问题及时整改，保障排水通畅、安全。区防汛抗旱指挥部组织实施青洋路下穿沿江高速等下沉式通道专项检查，持续动态排查城市易涝点、地下空间。年内，未发生明显城市内涝情况。

（石贤锋）

【地质灾害防治】 2021年，武进自然资源和规划分局落实地质灾害“三查”（汛前排查，汛中巡查，汛后复查）制度，全面检查地质灾害隐患点14处；动态跟踪地质灾害隐患点稳定性及变化情况，做到排查不留死角、不漏盲区；开展地质灾害风险普查，完成野外地质灾害调查885平方千米（含重点区雪堰镇104.38平方千米），包括地形地貌、地质构造、工程地质岩组、易崩易滑地层野外调查等，完成13处崩塌、滑坡、采空塌陷地质灾害隐患点野外航拍调查和地理位置、规模等级、威胁人数等信息更新采集。全面试运行地质灾害预警系统，为全市开展地质灾害“技防”积累经验，为创建全市首批省级安全发展示范城市奠定基础。

【森林灾害防范】 2021年，武进自然资源和规划分局推进现代林业可持续发展，加强森林灾害防范。推进安全生产“三年大灶”专项整治，开展专项督查19次，检查森林经营单位、林缘单位22个，出具森林防火安全隐患整改通知书2份，督促整改火灾隐患9处；查处违法祭祀用火行为1件；设立“防火码”单位4个。运用“云臻森林”平台实行林木全过程质量监管，实现“人防＋技防”有机融合。开展森林火灾风险普查，完成森林可燃物6个预选标准地的现地核实、森林可燃物6个标准地和1个大样地的外业调查，以及全区森林野外火源点、历史灾害、减灾能力等综合普查数据采集。布设林业有害生物监测点220个，开展林业有害生物幼虫踏查8次，药物防治面积2500公顷，发放宣传册2500份，掌握林业有害生物防控主动权。以“训战一致、突出重点、分类指导”为原则，组建雪堰镇森林消防突击队。通过配备高低扬程水泵、移动照明、个人防护装备等物资，定期开展林火理论、体能训练、器材装备使用等训练科目，提高队员政治素质、业务素质和执行灭火任务综合能力。年内，开展实战演练1次。

（常文涛）

【防震管理】 2021年，区住建（地震）部门加强防震管理，提升地震灾害风险防治能力和防震减灾公共服务能力，保障地震管理系统和设备正常运行。配合区应急管理局做好震情会商工作，围绕省、市重大任务开展防震减灾科普活动，应用“12322”地震灾情速报系统5次，举办灾情速报员业务培训，定期开展灾情短信测试。

（徐亚芬）

安全生产管理

【概况】 2021年，武进区落实应急管理体制机制改革，开展安全生产专项整治三年行动，全区安全生产形势持续稳定向好。加强安全生产责任体系建设，建立安全生产专业委员会主任会议和重点时段风险研判制度，区安全生产委员会专业委员会由13个调整至16个，梳理制定党政领导干部和部门、企业安全生产责任清单。区应急管理局落实安全生产专项整治“三年大灶”，省、市巡查和督导反馈问题全部整改到位。创建安全发展示范城市，在全市率先启动省级安全发展示范城市创建工作，加强源头治理，健全防控机制，提升监管效能，强化保障能力，完善应急体系，提升城市本质安全水平。推进“危污乱散低”出清提升行动，运用“大数据＋网格化＋铁脚板＋联防联控”模式，精准落实处置措施。创新开展全天候监管服务，每个工作日夜间和节假日期间，清单式检查重点企业和高风险企业，消除事故隐患2526条。优化监管执法机制，深化“全员＋全系统”执法，事前立案545件，罚没1944.85万元，分别比2020年上升70.85%和76.25%。营造浓厚安全生产氛围，组织开展“百团进百万企业千万员工”专题宣讲205场，覆盖企业12810家次。

2021年，武进区发生生产安全事故35件，死亡14人，事故起数和死亡人数分别下降40.7%和22.2%。其中，道路运输事故30件，死亡9人，事故数和死亡人数分别下降43.4%和10.0%；工矿商贸事故5件，死亡5人，事故数和死亡人数分别下降16.7%和37.5%。

【深化安全生产专项整治三年行动】 2021年，区应急管理局按照《武进区开展安

9月24日，洛阳镇月仙冷藏设备有限公司开展危险化学品突出事故应急处置演练
（供图／区应急管理局）

全生产专项整治三年行动》要求，制定出台《武进区关于进一步深化安全生产三年专项整治工作的实施意见》《武进区全面落实国务院安委会开展深化江苏安全生产专项整治指导工作实施方案》，明确具体工作任务区级27项、重点行业领域81项、各板块55项。推进工业企业安全生产风险报告，编发工作指导手册2万份，成立专家团队轮训指导企业风控工作。深化重点领域治理，督促燃气企业入户安检245346户，累计完成智慧燃气监管平台餐饮用户数据导入4061条，新奥燃气物联网表使用17442户；健全完善水上交通安全管理体制机制，督促企业执行客船恶劣天气条件下禁限航和夜间0时至3时禁止渡运规定；开展农村桥梁安全风险隐患排查整治，完成整治15座。年内，消除安全生产隐患69401条，责令停产整改企业43家、关闭取缔3家。

【危险化学品使用专项治理】 2021年，区应急管理局推进危险化学品使用安全专项治理，研究制定"1+19"实施方案（总方案1个、行业领域子方案19个），通过专委会例会、联席会议定期调度重点工作，组织联合执法检查等形式，督促各地各部门落实危险化学品生产、经营、储存、运输、危废处置等环节。加强源头管控，严格执行省、市关于化工项目准入条件，以及禁止、限制和控制危险化学品目录；出台危险化学品企业法人记分管理办法，量化评估企业主要负责人安全生产主体责任；建成投用重大危险源和危险化学品生产企业"五位一体"（重大危险源监测预警系统、可燃有毒气体监测报警系统、企业安全风险分区系统、生产人员在岗在位系统和企业生产全流程管理系统）信息化平台，列入本质安全诊断治理名单企业均完成全流程自动化控制改造使用；组织摸排生产经营单位使用危险化学品情况6220个，督促整改隐患8151条，立案处罚企业12家。

【"危污乱散低"出清提升行动】 2021年，武进区按照全市统一部署，制定"危污乱散低"出清提升行动工作和深化实施方案，提高本质安全水平。成立由区长为组长的整治工作领导小组，抽调力量成立工作专班，组织召开工作推进会5次、督查检查3次。各板块对照"关停取缔、规范提升、整合搬迁、转型升级"四类标准，运用"大数据＋网格化＋铁脚板＋联防联控"模式，拉网式排查安全条件差、污染程度高的"小散乱"企业，坚持动态排查、动态清零。全区共排查企业13212家，发现存在问题企业677家，其中"危"类106家、"污"类286家、"乱"类153家、"散"类85家、"低"类219家（部分企业兼为"危""污"类等），完成整治提升646家，完成率95.42%。

【应急系统全天候监管服务】 2021年，武进区应急系统创新实施全天候监管服务模式，将安全监管职能由传统工作时间向一周7天、一天24小时延伸拓展，解决夜间和假期监管空白、事故高发多发问题。工作日夜间和节假日期间，区应急管理局安排相关工作人员清单式检查重点企业和高风险企业，形成区带镇、镇带村的一级带一级24小时全域联动监管服务模式。建立主副班制度，每天安排局领导2人带队值班，主班领导在指挥中心负责上级点调和突发事件指挥调度，副班领导带队夜查，确保全天候、全时段应急工作正常运转。年内，夜间和假期检查企业602家，消除事故隐患2526条，夜间和假期事故数比2020年下降54.4%，死亡人数下降58.3%。武进区全天候监管工作被应急管理部编入工作简报向全国推广。

武进人民路"安大叔"品牌卡通形象墙绘

（供图/区应急管理局 摄于2021年10月）

【安全生产与应急管理宣传教育】 2021年，区应急管理局拓展宣传渠道，创新宣传手段，提升宣传质效，在全社会营造浓厚安全发展氛围。武进电视台新闻频道播出《应急在线》栏目57期，武进广播电台播出《应急之窗》栏目44期，《武进日报》刊发《应急管理》专版12期，"武进应急"微信公众号推送信息1027条。开展"安全生产月"、安全宣传"五进"（进企业、进农村、进社区、进学校、进家庭）、落实企业主体责任"春风行动""百团进百万企业千万员工"宣讲等活动，打造"安大叔"品牌卡通形象、绘制安全文化墙。依托常州工程职业技术学院、武进新天地公园分别建设武进区公共安全体验馆、公共安全主题公园，普及公共安全知识，增强公共安全防范意识。强化企业安全培训服务，在原主要负责人、安全员培训基础上，下沉2级，将高危行业企业班组长和一线员工列为重点培训对象，组织涉爆粉尘、金属冶炼、有限空间等高危企业班组长培训班20期，一般工贸企业培训154期，培训13494人次。

（杨　键）

消防救援

【概况】 2021年，武进区贯彻上级关于安全生产及消防安全决策部署，制定出台《关于进一步加强全区消防工作的实施意见》，推进消防安全责任体系、消防安全综合治理、公共消防基础建设等。区消防救援部门强化火灾隐患排查治理，开展电动自行车、出租屋、沿街商铺、住宅小区等领域消防安全隐患专项整治。加强消防基础建设，合理规划消防站点布局，组织开展消防技术服务机构专项整治，召开约谈会4次，组织签订行业自律承诺书7份并落实常态化监管。推进消防宣传教育，开展消防宣传“五进”活动,以消防站开放活动为契机,邀请重点单位、社区居民、中小学师生6500余人次参观。增强应急救援能力，提升公共消防安全水平，开展人员密集场所、大型商业综合体、景区、不放心区域等熟悉演练512家次。年内，接警出动2793起（火灾扑救1033起），抢救被困人员37人，疏散被困人员26人，抢救财产价值1543.37万元，火灾死亡人数比2020年下降80%，全区消防安全形势持续稳定。

【消防安全责任落实】 2021年，武进区通过政府常务会议、消防工作会议，分析研判消防安全形势，研究部署消防重点工作。调整充实区消防安全委员会成员并明确工作职责，印发《关于进一步明确镇级消防管理职责的通知》，明确基层消防工作归口管理部门及工作职责。区消防救援部门固化商场和市场等13类重点场所火灾隐患排查整治信息共享、情况通报、联合执法等机制，组织行业部门开展联合督导检查50余次，发送工作建议函30余份。发动社会单位开展“三自主两公开一承诺”（自主评估风险、自主检查安全、自主整改隐患，向社会公开消防安全责任人、管理人，承诺本场所不存在突出风险或者已落实防范措施）活动，分批次培训消防安全责任人等8类重点人群。结合“双随机、一公开”消防监督检查，依法依规追责问责违规单位和个人270个（人）次。全年检查单位3514个（次），督促整改火灾隐患7107条（处），发出临时查封决定书52份，责令“三停”（停止施工、停止使用、停产停业）单位41个，提请公安机关拘留4人。

【消防安全隐患整治】 2021年，区消防救援部门围绕文明城市、安全发展示范城市“双创”工作,以确保“小灶”转“大灶”无缝衔接为目标，开展电动自行车、出租屋、沿街商铺、住宅小区等领域消防安全隐患专项整治，召开整改推进会4次、约谈提醒会15次。推进沿街商铺消防安全专项整治，发挥“大数据＋网格化＋铁脚板”优势，研发沿街商铺消防安全专项整治App，采取动态监管机制和分色管理制度，实施“一铺一单”管理，共检查沿街商铺18795个，发现隐患32814处，督促整改27796处，整改率84.7%。整治农贸市场、住宅小区消防设施问题维修改造和消防车通道占堵问题，定期开展住宅小区消防车通道整治行动12次，组织消防宣传车实地宣传培训，规范小区停车管理。落实庆祝中国共产党成立100周年系列活动安保防控措施，确保革命文物建筑、相关场所等领域消防安全。

【消防基础建设】 2021年，武进区推进消防队站装备建设，编发《常州市武进区消防专项规划》《常州市武进区“十四五”消防事业发展规划》，落实“十四五”规划车辆器材更新经费7360万元，推进三勤、鸣凰、湖塘镇北、前黄、洛阳、嘉泽等消防队站建设。至年末，共有消防队站8个，有供水泵组车、101米登高车等车辆31辆。区消防救援部门深化消防安全重点单位达标创建，完成达标创建14个，组织召开消防大型商业综合体、高层建筑标准化管理达标创建等现场会5场，规范管理情况纳入“双随机”必查项。深化智慧消防建设，推广应用社会单位消防安全管理系统，组织开展专题培训,通过“线上＋线下”“远程＋现场”指导方式,引导落实“1234+N”（“一完善”：完善消防安全制度和操作规程；“二确定”：确定消防安全责任人和管理人、消防安全重点部位；“三规范”：规范灭火和应急救援预案、消防档案、消防安全标识；“四落实”：落实防火巡查、检查，落实消防设施、器材定期检验、维修,落实消防演练,落实员工教育培训；“N推进”：推进落实其他消防安全职责）管理机制，318个二级消防安全重点单位全部接入管理系统。

【消防宣传教育】 2021年，区消防救援大队推进消防宣传“五进”（进社区、进学校、进企业、进农村、进家庭），每天向抖音关注用户10余万人次推送消防提示，开展消防宣传月、政风热线等系列活动。打造“蓝精灵”消防安全小卫士教育平台，丰富“基地＋队站”“必训＋选训”“虚拟＋现实”“家庭＋学校”“荣誉＋激励”“五位一体”活动形式，接待并授予“蓝精灵”消防小卫士称号5000余人。联合麦当劳餐厅在路劲又一城建立全国首家“蓝精灵”消防主题餐厅暨消防教育培训基地，引导群众学习消防安全知识，掌握救援逃生技能。组织走街串巷、敲门入户式消防宣传，开展“百团进百万企业”“百名指挥长讲安全”活动21场次，组建消防安全宣讲小分队8支，宣讲35次。联合区教育局、应急管理局编发《安全教育》读本16万册，组织开展“消防安全开学第一课”、绘制家庭逃生路线图、“蓝精灵”消防小卫士演讲大赛等活动，起到“教育一个孩子、带动一个家庭、影响整个社会”的良好效应。获“学习强国”刊文12篇，被央视《今日说法》《新闻直播间》等栏目录用稿件65篇，入选江苏卫视等省级及以上媒体报道120余篇。

（李小琛）

“蓝精灵”消防小卫士冬令营开营　（供图 / 区消防救援大队 摄于2022年1月）

镇·街道

Towns & Sub-district Offices

栏目编辑　万向阳

雪堰镇

【概况】 雪堰镇位于武进区东南部，东接无锡马山，西临宜兴，南濒太湖，总面积104.83平方千米，辖行政村25个、社区4个。2021年年末常住人口11.28万人。境内有太湖岛屿大、小椒山，春秋阖闾城，宋代龟山书院，南山寺，吴稚晖故居等人文景观，以及国家级太湖湾旅游度假区、环球动漫嬉戏谷、中华孝道园等景区、景点。农特产品有稻米、水蜜桃、葡萄、柑橘、杨梅和绿茶等。获得“国家级生态镇”“国家卫生镇”“国家园林城镇”和“江苏省文明乡镇”“江苏省健康镇”“江苏省生态文明示范镇”等称号。

产业发展　围绕农业质态优化升级，完善农业基础设施，实施新康村39.33公顷省级生态型高标准农田建设试点项目、浒庄村66.67公顷省级高标准农田建设项目和周桥村33.33公顷区级高标准农田建设项目；推进省级农业现代产业园建设，建成新康优质稻米园稻田综合种养、南农大水稻新品种繁育、生态循环示范基地和冷链加工物流园（一期）项目，夏庄电商服务平台、桃果科技服务中心、新品展示基地建成投用，开展“阳湖”水蜜桃推介、水果休闲采摘等活动，扩大“阳湖”区域公用品牌影响力。全镇茶果种植面积2041.27公顷，实现总产量28650吨、总产值30256万元。有工业企业2254家，规模以上工业企业176家，全年完成规模以上工业产值153.35亿元，占全镇工业总产值66.56%。推进重点项目建设，新增入库区重点项目7个，柯海华煜、圣贤锻造项目竣工，中南高科、宝路建设、醇通机械等项目进展顺利。开展智能制造试点示范，江苏万盛铸造有限公司获市级示范智能车间授牌，江苏特一机械股份有限公司获市级首台套重大装备及关键部件认定，中铁建电气化局集团轨道交通器材有限公司和旷达汽车饰件系统有限公司获市级专精特新中小企业认定。培育高新技术企业，累计在库高新技术企业45家；新增高新技术企业12家，全镇累计有高新技术企业54家。全年完成高新技术产业产值59.82亿元，占全镇规模以上工业产值的39%。江苏圣贤锻造有限责任公司“大型护环产品制造及产业化”项目获批立项。积极创建国家级全域旅游示范区，举办“花开雪堰、追梦桃源”2021第七届雪堰桃花节暨太湖湾淘春季，推出“论道新雪堰”“精英联盟荟”“桃源迎春跑”“美丽乡村行”“凡尔赛懒人节”“太湖湾音乐节”“单车环太湖认证赛”等活动14项，发布湾镇“七色”旅游地图和雅浦村、城西回民村“网红”赏花点。

镇村建设　抓住长三角一体化战略机遇，顺应湾镇融合发展，制定新一轮国土空间规划。推进苏锡常南部高速公路、800千伏特高压直流输电工程、道南路南延工程等重点项目，完成房屋拆迁101户、41473.33平方米。实施农危

太湖湾《一湾山水》　（摄影 / 徐敏峰 摄于2018年7月）

表 48　　2021 年雪堰镇主要经济社会指标完成情况表

指　标	单　位	数　值	比 2020 年（±%）
地区生产总值	亿　元	119.8	12.6
公共预算收入	万　元	6.02	16.6
农业总产值	亿　元	6.08	0.4
多种经营产值	亿　元	5.70	−0.5
粮食总产量	万千克	1015.3	13.9
工业销售收入	亿　元	224.48	14.7
实际利用外资及港澳台资	万美元	1003	0.3
自营出口额	万　元	—	—
第三产业增加值	亿　元	51.7	8.8
居民人均可支配收入	万　元	5.4	10.5

桥改造和道路修复，开展公路沿线综合整治，提升农村公路治理能力。推进农民自建区 12 个，其中 8 个自建区农民自建房房屋主体建成，11 个自建区道路、雨污水工程招投标完成。保护生态环境，提升空气质量，完成 3 个工业园区涉气企业排查和“一企一策”综合治理 51 家，江苏恒意隆电力科技有限公司等 3 家企业完成太阳能发电装置安装；提升水质生态，完成黄土沟河、黄墅河、马大头浜生态河道整治和薛家浜截污工程、浦沟头活水工程、大浜头浜及张墓浜清淤整治，开展 8 条入湖河道一级支浜整治，城西回民村、新康村分别创成市、区级小微水体示范村。推进美丽村庄建设，新康村小巷上等 8 个自然村和雅浦村雅浦自然村、南山村张墓自然村被纳入常州市精品美丽乡村示范项目，新康村创成省级生态文明建设示范村，城湾村前潘组、城西回民村富巷组、共建村龙泉湾组分别通过省级绿美村庄市、区验收。

社会事业　发展教育事业，投入 500 余万元设立中小学校（幼儿园）基建和设备项目库，南宅实验学校教学楼改（扩）建工程获得立项，南宅实验学校过渡教室建成投用，雪堰中心小学、潘家小学分别创成常州市义务教育“新优质学校”，并获武进区素质教育质量评估一等奖，莱德民办幼儿园创成常州市优质幼儿园。围绕庆祝建党 100 周年，举办“翰墨颂党恩”大型书画展、“红船精神、薪火相传”文艺演出等文艺活动，开展“读党史、感党恩、跟党走”“美好新时代、阅读正当时”等全民阅读活动。加强民生保障，新增就业 1898 人，实现城乡就业困难人员再就业 189 人；企业新增社保开户 227 家，社保扩面净增 1668 人；发放低保补助金、困难群众临时救助金、困难群体物价补贴累计近 200 万元；签约审批居家养老服务 2646 人，累计发放尊老金 176 万元。落实现役军人家属优抚政策，并发放优待金和奖励。

【第七届雪堰桃花节暨太湖湾淘春季】 3 月 20 日，2021 第七届雪堰桃花节暨太湖湾淘春季开幕式在太湖湾露营谷举行。开幕式上发布了七彩文旅线路及雅浦村、陡门塘等赏花点，向雪堰丰香果园家庭农场授牌爱心果园。该活动由武进太湖湾旅游度假区主办，以“花开雪堰、追梦桃源”为主题，从 3 月持续至 6 月，推出露营谷“凡尔赛懒人节”（4 月）、太湖湾音乐节（5 月 1—3 日）、第九届不止骑 · 2021 中国 24H 单车环太湖认证赛（6 月）、“美丽乡村行”活动、“论道新雪堰”和“点亮微心愿，春风暖人心”大型新时代文明实践活动、微心愿认领、爱心果园公益活动等 14 项，吸引广大游客参与，为创建国家级全域旅游示范区发挥积极作用。

【雪堰农业休闲观光产业联合体组建成立】 2021 年 12 月 20 日，雪堰农业休闲观光产业联合体挂牌成立，第一批 18 家成员单位加入。该联合体为全区首个农业休闲观光产业化联合体，由常州市龙凤谷生态旅游有限公司牵头组建，以“自愿平等、互信互利、精诚合作、共同富裕”为宗旨，提供多样化、差异化的产品与服务，完善利益联结机制，推动雪堰农业休闲观光产业化进程，推进农村一、二、三产业融合发展，对于扩大雪堰镇农业休闲观光产业规模、提高乡村休闲旅游业的服务质量和品牌附加值、增强乡村休闲旅游业经营主体的市场竞争力发挥积极作用。

【武进供销雅浦村综合服务社开业】 12 月 20 日，武进供销雅浦村综合服务社在武进现代农业产业示范园开业。该服务社作为全省供销合作社唯一的促进共同富裕工作试点单位，集乡村物流、农村电商、

雪堰生态葡萄园　　（摄影 / 许正宏　摄于 2019 年 8 月）

农产品展示展销、农民培训、日用品销售、乡村旅游、社区团购等功能于一体，是“农产品进城、日用品下乡”的乡村物流站点，也是供销社开展新型农业社会化服务的基层网点。通过构建上下贯通、由点及面、线上线下融合发展的供销新型为农服务网络体系，为促进农村一、二、三产业融合发展和助推城乡经济循环、助力乡村振兴发挥积极作用。

【风电设备关键零部件等2个重点项目竣工】 风电设备关键零部件项目 由常州市柯海华煜机械有限公司实施，租用厂房3125平方米，购置数控落地镗、数控龙门、数控立车等共计21台（套），总投资4000万元，于2020年5月28日开工，2021年10月29日竣工，建成后可形成年产风电设备900套、齿轮箱机械零部件200套的生产能力。

机械零部件加工项目 由江苏圣贤锻造有限责任公司实施，用地6566.67平方米，新建厂房7569平方米，购置数控龙门铣床、立式车床、数控加工中心等设备25台（套），于2020年8月8日开工，2021年6月竣工，总投资6000万元，达产后可形成年产机械零部件2万件的生产能力。

【雪堰新增高新技术企业12家】 2021年12月，雪堰镇12家企业被全国高新技术认定管理工作领导小组办公室认定为高新技术企业，全镇累计有高新技术企业54家。

【西肇巷民宿版群租房示范点获国务院安全生产督导组肯定】 雪堰镇企业众多，外来务工人员数量多且流动性大，部分村民将民居改造成群租房缓解企业住房压力，但也产生了群租房安全问题。从2020年4月起，按照《武进区群租房安全隐患整治标准》，雪堰镇对雪东村西肇巷1号群租房实施整改，每间群租房都配有独立卫浴和厨房，水电一户一表，停车场、走道宽敞整洁，配备消防设施，电路隐蔽走线，统一使用电磁炉，电动车可于室外集中免费充电，受到租户欢迎。2020年8月11日，应急管理部消防救援局副局长、党委成员曹奇带队考察西肇巷民宿版群租房，肯定群租房建设“雪堰”模式。

2021年雪堰镇新增高新技术企业基本情况表

表49

企业名称	占地面积（平方米）	建筑面积（平方米）	产值（万元）
常州市绿保电动科技有限公司	20136.5	8796	6371
江苏巨航环保设备制造有限公司	3600	4500	4018
常州灵山铝业有限公司	4200	2300	4462
常州市源长新材料科技有限公司	4490.54	4000	3084
常州市振跃液压机械有限公司	7474.5	8500	4437
常州微泰格电子科技有限公司	1000	1500	1563
常州自强金具机械有限公司	4100	3500	667
常州凯润机械有限公司	5000	4000	2084
常州市腾怡机械有限公司	15921	14000	1656
常州市伟达合金材料有限公司	4500	3000	3754
江苏恒东机械有限公司	3960	3300	2728
常州旷达威德机械有限公司	29294	25000	49430

2021年雪堰镇各村（社区）基本情况表

表50

村（社区）名	户数（户）	户籍人口（人）	党组织书记	村委（社区居委会）主任	集体经济收入（万元）
共建村	1909	4526	杨晓丰	杨晓丰	377.28
雪东村	1898	3183	管立新	管立新	410.08
南山村	1168	2964	吕　峰	吕　峰	206.87
绣衣村	1150	3310	胡亚伟	胡亚伟	444.01
雪西村 雪西社区	3010	4109	高中琴 吴雪良	高中琴 吴雪良	413.95
雅浦村	1009	2693	陆育峰	陆育峰	260.46
阖闾城村	1215	2722	蒋荣刚	蒋荣刚	488.26
谢家村	9553	3031	秦伟新	秦伟新	123.67
太滆村	897	2794	单小兵	单小兵	450.38
圣烈村	1345	3110	蒋　钧	蒋　钧	200.11
曹家村	3660	3596	汪云飞	汪云飞	502.85
城东村	1089	2093	许高峰	许高峰	121.06
周桥村	1678	3509	钮建明	钮建明	123.25
城西回民村	1060	3008	吴卫丰	吴卫丰	420.30
城湾村	1175	2015	钱小群	钱小群	307.12
凤凰村	714	1865	王曙东	王曙东	192.09
夏墅村	780	2112	丁卫东	丁卫东	118.75
王允村	1316	4031	周文良	周文良	332.71
夏庄村	1870	3680	赵蕴炜	赵蕴炜	481.47
楼村村	2031	3395	边伟光	边伟光	395.91
新康村	1951	3568	金建新	金建新	537.81
浒庄村	856	2595	缪林香	缪林香	124.94
潘家村 潘家社区	2120	2729	李惠全 唐晓峰	李惠全 唐晓峰	284.33
南宅村 南宅社区	2103	4296	杨国仪 杨学军	杨国仪 杨学军	117.80
漕桥村 漕桥社区	1610	3228	顾立军 许盛伟	顾立军 许盛伟	387.73

说明：村（社区）党组织书记、村委（社区居委会）主任“一肩挑” （龚　泳）

礼嘉镇

【概况】 礼嘉镇位于武进区东南部，东临洛阳镇，西接武进高新区，南靠锡溧漕河，北依武进中心城区，总面积57.84平方千米，辖行政村14个、社区3个。有葡萄、水蜜桃等名特农产品。获得“国家卫生镇”“国家级生态镇”“全国环境优美镇”等称号。

表51　2021年礼嘉镇主要经济社会指标完成情况表

指　　标	单　位	数　值	比2020年(±%)
地区生产总值	亿　元	113.19	11.2
公共财政预算收入	万　元	35761	-2.9
农业总产值	亿　元	6.154	3.78
多种经营产值	亿　元	—	—
粮食总产量	万千克	1169	-0.34
工业销售收入	亿　元	273.41	25.64
实际利用外资及港澳台资	万美元	1037.06	3.69
自营出口额	万　元	—	—
第三产业增加值	亿　元	35.67	8.6
居民人均可支配收入	元	55427	9.26

产业发展　发展“精品农业”，建设高标准农田293.33公顷，志华牧业生猪养殖项目持续推进，“一亩田”创成市级科普教育基地，“毛家店”乡村创客中心加速建设，“休闲礼嘉2.0”项目打造“礼小淘”“礼＋盒子”等八大品牌，“礼嘉优农”电商平台、“两微一抖”同步上线。坚持先进制造业和新兴产业双轮驱动，新增规模以上企业36家，累计201家，全年完成规模以上工业总产值201.11亿元，占全镇工业总产值的72.9%。推进项目攻坚，招引重点项目12个，协议投资总额17.4亿元，其中投资亿元及以上项目9个，到账外资及港澳台资1037万美元。泛亚微透（氢燃料）项目申报省重点项目，常发农装（传动系统）项目入库市重点项目，玖靡科技等7个项目入库区重点项目。10个结转项目全部开工，竣工项目7个，其中百佳年代项目提前两年竣工。推进科技创新，新增高新技术企业认定7家，累计53家，完成高新技术产业产值164亿元，占全镇规模以上工业产值的81.5%；江苏常发农业装备股份有限公司获评省级专精特新“小巨人”企业，与江苏泛亚微透科技股份有限公司均创成市级重大科技创新平台，常州百佳年代薄膜科技股份有限公司与东南大学、常州恒创热管理有限公司与哈尔滨工业大学等产学研项目落地。

镇村建设　加强城乡一体化规划，国土空间规划、村庄规划加快编制，产业发展、城镇更新、园区更新等专项规划编制基本完成。完善功能配套，礼坂路（集镇段）、遥坂路全面升级，政前路改造启动，坂上桥、坂东桥、中兴桥改建通车，新增停车泊位900余个，新装天然气用户980户。推进拆迁安置，泛亚微透项目（新辰村段）民房签约基本完成，苏南沿江城际铁路夹心带等7个项目全面清零，安置房二期主体建成，全年完成征迁119户、9万平方米。构建城乡统筹产权基础，认定宅基地保障资格权1.2万户，完成农村宅基地房地一体确权登记8500余宗；何墅村宅改自建区项目76户农房全部封顶，成为全区样板；通过美丽乡村建设“一村一景”复验13个，秦巷村、毛家村、礼嘉村建成市级“精美小菜园”，何墅村、蒲岸村通过区级“精品美丽乡村”验收。保护生态环境，攻坚污染治理，改善生态基础，提优环境质量。全年发放生态补偿资金321万元，农业承保面积达1600公顷；完成企业排查1105家、整治62家和锅炉低碳改造48台，综合治理挥发性有机物企业、铸造企业88家，集中治理餐饮油烟单位62个，集镇区域内黑臭水体、污水直排口、单位庭院排水口等问题全面整改到位，“首季争优”定向挖潜、省生态环境保护专项督察等发现15个问题均整改完成；政平大河综合整治加速推进，北浜河治理工程基本完成，张家河、南浜河市级生态河道治理工程全面完成，43个自然村生活污水治理项目稳妥推进；毛家村月家湾、大路村潘家塘创成省级绿美村庄。与区生态办、武进生态环境局联合创作的污染防治攻坚微电影《追》获评省级一等奖。加强城乡精细化管理，推进人居环境综合整治行动，开展省级文明镇村争创活动，通过全国、省级文明城市创建测评。

社会事业　发展教育事业，礼嘉中心小学教育集团挂牌成立，政平小学晨曦楼建成投用，政平幼儿园与武进区机关幼儿园开展集团化办学，2所民办幼儿园创成市级优质园，“积分入学”“双

礼嘉中心幼儿园　（供稿/礼嘉镇 摄于2020年9月）

减政策”全面落实。发展文体事业，新时代文明实践所（站）和“秋白书苑”礼嘉华渡馆建成开放，礼嘉公园智慧化升级完成，蒲岸、何墅、华渡、建东、陆庄5个体育公园建成投用，全年开展庆祝建党百年、送文艺下乡等文艺活动百余场。发展光彩事业，新增环保千万光彩基金、“七色光”教育光彩基金、政平村百万光彩基金等公益基金5个。发展卫健事业，全镇家庭医生服务重点人群签约率超75%，康民护理院获批成立，居家养老服务人数超1800人，嬉乐湾建成全省首个红十字文化主题公园、市级生育关怀帮扶基地。提升民生保障水平，全年新增就业1269人，支持创业超200人，累计发放低保金、救助金、尊老金等救助补贴逾1200万元。加大退役军人保障力度，江苏丰顺“戎耀之家”建成开放，创成全区首个省级“戎耀之家”。创优“润礼居嘉、服务到家”政务服务品牌，办理全市首张电子食品经营许可证，开设民生档案“一网通查”服务，礼嘉镇为民服务中心、政平村便民服务中心均创成市级示范点。

【礼嘉7个重点产业项目竣工】 *新科人居智能舒适系统（一期）项目* 由江苏新科环保科技有限公司实施，一期用地11.33公顷，新建厂房18万平方米，购置生产流水线10条及配套能效、环保排放、安全等测试设备，于12月竣工，形成年产空气能及煤改电17万台、智能空调350万台、空气净化器及新风设备170万台的生产能力。

百佳特种功能性聚酯薄膜项目 内容参见“工业”类目P111相关条目。

恒创散热片项目 由常州恒创热管理有限公司实施，利用自有厂房8273.32平方米，购置双点冲床、落料清洗线、自动氩弧焊机、热轧机、光纤激光切割机等主辅设备370台（套），于11月竣工，形成年产新能源汽车用和通信基站用散热片3000万片的生产能力。

蓝马整套搅拌装置项目 由蓝马机械有限公司实施，用地1.9公顷，新建厂房2.5万平方米，购置数控车床、钻床等主要设备67台（套），于4月竣工，形成年产搅拌轴、搅拌器、中间轴承、底轴承等整套搅拌装置4000吨的生产能力。

常发大马力智能拖拉机项目 由江苏常发农业装备股份有限公司实施，利用自有厂房2万平方米，购置装配线、底漆喷涂线、表面处理线等设备92台（套），与原有钣金、焊接等产线设备相配套，于9月竣工，形成年产大马力智能拖拉机1万台的生产能力。

顺达冰箱制冷配件项目 由常州市武进顺达精密钢管有限公司实施，用地1.39公顷，新建厂房1.9万平方米，购置高频制管机组、下料机组、成型机组等设备69台（套），于12月竣工，形成年产冰箱制冷用配件1000万套的生产能力。

志华牧业生态养殖项目 由常州市志华牧业有限公司实施，租用江苏武南现代农业产业园土地，建设猪舍及相关配套辅助设施，于12月竣工，可形成年存栏母猪5000头的饲养能力。

【礼嘉新增入库投资上亿元重点产业项目6个】 *昊润交互触控一体机项目* 由江苏昊润电子科技有限公司实施，利用现有土地1.33公顷，新建车间、办公楼及辅助配套设施面积1万平方米，购置自动化装配线、背板线、贴膜机、压泡机等设备114台（套），总投资1亿元。该项目达产后可形成年产交互触控一体机3万台的生产能力。

翊翔炭/炭复合材料项目 由常州翊翔炭材科技有限公司实施，租赁厂房1.8万平方米，购置沉积炉、高温炉、滑阀真空泵等主要设备83台（套），总投资2亿元。该项目达产后可形成年产炭/炭复合材料刹车片2万片和炭/炭复合材料坩埚1.6万个的生产能力。

常发农装拖拉机用精密齿轮项目 由江苏常发农业装备股份有限公司实施，利用现有厂房1万平方米，购置数控车床、滚齿机、插齿机、剃齿机、立式加工中心、花键铣床等设备共计172台（套），总投资1.5亿元，建成后可形成年产齿轮2万套的生产能力。

泛亚微透 SiO_2 气凝胶及膜复合材料项目 由江苏泛亚微透科技股份有限公司实施，利用自有厂房及土地新建车间3500平方米，新增 SiO_2 气凝胶制造产线设备、精密涂布机等32台（套），总投资1.23亿元，达产后可形成新增 SiO_2 气凝胶1604立方米、气凝胶与膜复合材料24万平方米的生产能力。

玖摩科技电动自行车项目 由江苏玖摩科技有限公司实施，用地1.33公顷，新建车间3.2万平方米，购置流水线、空压机、空气冷冻干燥机、自动轮胎安装机、自动轮胎充气机、吹气式自动螺丝锁紧机等设备321台（套），总投资1亿元，达产后可年产电动自行车15万台。

常发农装300马力柴油机及高效传动系统项目 由江苏常发农业装备股份有限公司实施，利用现有厂房，购置大马力加载磨合台、轮胎拧紧机、制动器壳体自动线、变速箱壳体自动线、伞齿配对检查机、龙门加工中心等设备共计383台（套），与原有产线和设备相配套，总投资4亿元，建成后可形成年产全自动动力换挡重型拖拉机500台的生产能力。

【礼嘉新增高新技术企业7家】 2021年，礼嘉镇7家企业被全国高新技术认定管理工作领导小组办公室认定为高新技术企业，全镇累计有高新技术企业53家。

2021年礼嘉镇新增高新技术企业基本情况表

表52

企业名称	占地面积（平方米）	建筑面积（平方米）	产值（万元）
常州市泓帆自动化设备有限公司	1826.4	1500	1200
常州讯能新材料科技有限公司	1500	3000	2137
常州市武进悦达电声器材有限公司	4868.5	10000	2130
江苏华裕机电科技有限公司	9000	15000	7150
常州杰仕特网印机械有限公司	1530	2130	3461
常州金奇雕数控机床有限公司	10041	15000	1411
常州永波电子有限公司	4450	2973.91	2600

【常发农装获批省专精特新“小巨人”企业】 12月17日，省工信厅公示2021年度省专精特新“小巨人”拟认定企业名单，江苏常发农业装备股份有限公司（简称“常发农装”）获批。该公司成立于2003年9月，是国内农机行业的领军企业，产品涵盖农用柴油机、精密齿轮、传动系统等核心零部件和拖拉机、插秧机、收割机等整机，获得国家高新技术企业、国家知识产权示范企业、商务部供应链创新与应用试点企业、江苏省创新型企业、江苏省农业科技型企业等称号，建有“国家认定企业技术中心”“江苏省农业装备工程技术研究中心”“江苏省企业院士工作站”“江苏省工业设计中心”和“重大科技创新平台建设单位”等创新和研发平台，并单独组建“常发研究院”，拥有国际先进的进口测试设备，具备国际先进水平的农机装备成套试验、检测实力，具有较强的科技创新和新品开发能力，被列入“2021常州市重大科技创新平台”。

【礼嘉新增公益基金5个】 *政平村百万光彩基金* 1月设立，致力于政平村美丽乡村建设，年内累计收到捐款10万元。

环保千万光彩基金 3月设立，致力于礼嘉环保事业健康发展，年内累计收到捐款151万元。

“七色光”教育光彩基金 8月设立，致力于礼嘉中心幼儿园教育事业发展，年内累计收到捐款37万元。

礼嘉中学丰华同心惠民百万教育光彩基金 10月设立，致力于礼嘉中学教育事业发展，年内累计收到捐款67万元。

礼嘉镇顺达同心惠民教育光彩基金 8月，由常州市武进顺达精密钢管有限公司捐款设立，致力于礼嘉教育事业健康发展，年内累计捐款127万元。

【礼嘉创成省级绿美村庄2个】 2021年10月，礼嘉镇毛家村月家湾、大路村潘家塘入选省级绿美村庄。

毛家村月家湾 位于礼嘉镇毛家村西北角，距离镇区2.1千米，东临毛家村九家村，西临博源路，南临贝庄大河，北临毛家村工业园，占地总面积6.7公顷，有村民66户、常住人口260人。2021年，该自然村以创建省级绿美村庄为契机，组织村庄整体绿化环境提档改造，实施绿化景观带设计和河道、村组道路绿化带补植等工程，种植水杉、香樟、红叶石楠等10多个花木品种，完成村庄绿化总面积2.67公顷、公共绿地面积1.2公顷，绿化覆盖率达40%。

美丽乡村邢溪桥 （供稿/礼嘉镇 摄于2021年9月）

大路村潘家塘 位于礼嘉镇大路村西南角，距离镇区6.4千米，常武南路贯穿整个村庄，东临大路村孔家塘，西临前黄镇朱郎坝，北临大路村舍沟上，占地总面积5.8公顷，有村民65户、常住人口275人。2021年，该自然村以创建省级绿美村庄为契机，结合人居环境长效整治，组织实施村庄整体绿化建设和美化提升，因地制宜对沿河、村组道路两边和房前屋后种植石楠、紫薇、香樟等30多个花木品种，完成绿化总面积2.53公顷、公共绿地面积0.8公顷，绿化覆盖率达43%。

【江苏丰顺“戎耀之家”建成开放】 内容参见“社会生活”类目P227相关条目。

2021年礼嘉镇各村（社区）基本情况表

表53

村（社区）名	户数（户）	户籍人口（人）	党组织书记	村委（社区居委会）主任	集体经济收入（万元）
新辰村	1023	3440	黄文杰	黄文杰	283.89
秦巷村	898	2740	杨　勇	杨　勇	246.26
礼嘉村	841	2699	李　强	李　强	201.63
建东村	1174	3735	沈锡忠	沈锡忠	244.38
陆庄村	807	2714	史仕兴	史仕兴	338.19
毛家村	1080	3415	陈文波	陈文波	145.32
何墅村	823	2661	何文超	何文超	106.22
蒲岸村	1020	3344	殷静波	殷静波	369.55
武阳村	1205	3724	吴振宇	吴振宇	303.84
坂上村（社区）	657	1823	李建一	李建一	201.37
大路村	1306	3956	李晓峰	李晓峰	502.95
庞家街村	777	3012	庞新良	庞新良	104.79
华渡村	1188	3757	谢永良	谢永良	105.68
政平村（社区）	1183	3849	范平益	范平益	252.87
礼嘉社区	408	923	史一平	陆　超（—7月） 周伟良（11月任）	—

说明：村（社区）党组织书记、村委（社区居委会）主任“一肩挑”

【礼嘉金球驿站创成全省首批安置帮教阳光帮扶基地】 2021年12月，常州金球轴承厂阳光帮扶基地被省司法厅认定为全省首批30家安置帮教阳光帮扶基地之一，为全市唯一。该帮扶基地位于常州金球轴承厂，由区公检法司等部门于2014年3月在此设立区观护帮教工作站——金球驿站，逐渐建成集技能培训、就业安置、教育帮扶等功能于一体的安置帮教基地，面积500平方米，配套图书馆、心理辅导室、体育活动室、模拟法庭等设施，并陆续导入社区矫正工作点、巡回法庭、未成年人法治教育基地、大学生青年志愿者服务站等机构，强化专业化和社会化服务功能，到2021年年末累计帮扶800余名学员成功走向社会，取得良好社会效应。

（谈海燕）

前黄镇

【概况】 前黄镇位于武进区南部，东临太湖，西濒滆湖，南与宜兴市和桥镇接壤，北依武进高新区，总面积103.6平方千米，辖行政村20个、社区4个。境内有新长铁路货运站点，沪宁高速苏锡常南部通道、常宜高速，常武路、南环线、湖滨公路等区域交通干道，以及太滆运河、武宜运河、锡溧漕运河等水运等级河道。素有“鱼米之乡”之称，“前黄”优质大米、“绿天使”食用菌、“红高”螃蟹、“碧水”青虾、“寨桥”老鹅等品牌农产品远近闻名。获得“国家级生态镇”“江苏省外向型农业生产基地”“无公害蔬菜生产基地”和“江苏省教育名镇”等称号。

表54　2021年前黄镇主要经济社会指标完成情况表

指　标	单　位	数　值	比2020年（±%）
地区生产总值	亿　元	109.55	10.2
公共预算收入	万　元	34328	6.1
农业总产值	亿　元	13.01	9.3
多种经营产值	亿　元	—	—
粮食总产量	万千克	1743.8	2
工业销售收入	亿　元	171.11	36.71
实际利用外资和港澳台资	万美元	1008	—
自营出口额	万美元	—	—
第三产业增加值	亿　元	45.34	11
居民人均可支配收入	元	54280	9.26

产业发展　稳固农业基础，新增高标准农田533.3公顷，累计1133.3公顷；三麦、水稻种植面积分别达579.4公顷、1403公顷，蔬菜瓜果、林果、花卉苗木种植面积分别达737.7公顷、856.2公顷、280.5公顷，水产养殖面积达1699.8公顷。发展农村经济，灵台现代农业产业园规划完成，一期水产园区建设全面启动；引导农业合作社、家庭农场、农业企业发展“三品”农产品（无公害农产品、绿色食品、有机农产品），绿色食品、有机农产品企业分别增至48家、76家，常州市祝庄园艺有限公司获省科技型农业企业认定；举办首届稻米文化节、第四届桑葚采摘节，扩大前黄特色农产品影响力。有工业企业1295家，新增规模以上工业企业20家，累计124家，全年完成规模以上工业产值140.29亿元，占全镇工业总产值的82%。江苏鑫和泰机械集团有限公司等10家企业被列入区重点企业、高成长企业行列，常州康普药业有限公司盐酸异丙嗪片通过一致性评价并被载入上市药品目录。新增高新技术企业10家，累计62家，全年完成高新技术产业产值56.16亿元，占全镇规模以上工业产值的40.03%。获授权发明专利15件，有效发明专利累计106件。发展现代服务业，完成投资6.57亿元，实现增加值增长12%、社会消费品零售总额增长28%。

苏锡常南部通道前黄枢纽　　（供稿/前黄镇 摄于2021年10月）

镇村建设　完善城镇一体化规划，优化调整镇土地利用总体规划和前黄园区控制性详细规划，完成前黄集镇片区开发方案编制。完善基础设施，苏锡常南部通道、潘巷路、凤林路等建成通车，敬业路、工业路、湖滨路拓宽等工程顺利推进，永安桥、西沿桥等3座农危桥改造完成，永胜河、武进浜、农场浜排涝站全面完工。加强集镇建设，建成交付梁颂雅苑小区，启动金科玖璋府建设，实施人行道板改造、道路标线划设，新增停车位500余个。推进拆迁安置，完成湖滨路拓宽、敬业路河、白鱼庙浜等项目拆迁2万平方米，建设运村二期、文雅苑续建三期安置房812套和红星、丁舍、运村自建区自建房161套。开展农村宅基地制度改革试点，基本完成宅基地资格权认定入库和“房地一体”宅基地登记确权。开展“精品”美丽乡村创建，祝庄、丁舍、联庆、前进4个村通过区级验收，坊东村通过省级绿美村庄验收。保护生态环境，推进蓝天保卫战，完成寨桥工业集中区18家重点企业综合

治理、32家铸造企业“一企一策”治理、42台工业炉窑整治建档、40家餐饮企业油烟整治，秸秆综合利用率达98%以上；开展碧水保卫战，完成盛利浜、新运小桥浜等4条农村河道生态整治和永胜河清淤1.2千米及小微水体整治115个，前进村获评区小微水体示范村；推进净土保卫战，全面实施垃圾无害化处置，科学防治农业面源污染，完成农药废弃物包装3.6吨和农膜100吨回收；建设生态绿城，建成盛利浜景观公园、南垰市民公园，丁舍村通过市级生态文明村现场验收。推进人居环境整治，前黄镇人居环境考核成绩位居全区前列。

社会事业　优化学校软硬件设施，寨桥幼儿园辅楼建成投用，坊前教学点撤并完成，前黄中心幼儿园通过省优质幼儿园验收，前黄初中、前黄实验学校获得区素质教育质量评估一等奖。前黄成人学校成为“江苏3D+”区域终身学习发展共同体成员单位，“绿色·艺术生活引领”基地获批社区教育省优质项目基地。开展庆祝中国共产党建党百年和社区天天乐、送戏下乡等文艺活动，丰富群众文化生活。提升公共卫生服务能力，完成武进第五人民医院发热门诊、新综合大楼主体建设，寨桥卫生院牵手常州第二人民医院创成专科型医联体。全面落实疫情防控常态化举措，全镇18周岁及以上群众首针接种率102.18%，全程接种率95.24%。关注民生保障，新增就业1900人，帮助失业人员再就业316人；筹措社会保障资金6000余万元，发放计生奖扶金183万元和重残、低保、尊老金等补助资金2600万元，实现五保户集中供养率100%，居家养老服务对象签约率、覆盖率和服务人数均居全区第一。退役军人服务站全面建成，退役军人保障持续提升。

【风光互补能源基地等9个项目开（竣）工】　九金裕风前黄风光互补能源基地　由常州九金裕风新能源有限公司实施，用地4801平方米，建设12台单机容量2.5兆瓦的分散式风力发电机组及配套设施，总投资2.28亿元。该项目于2020年11月开工，建成后可实现年上网发电量7218万千瓦时、节约标煤2.19万吨，与现有鱼塘水面光伏电站形成风光互补能源基地。

敏杰电梯用物联网系统　由常州敏杰电器有限公司实施，利用原有土地，建设厂房8500平方米，购置SMT全自动贴片机、全自动线束加工线、MES制造执行管理系统等设备60台（套），总投资6500万元。该项目于2021年4月开工，12月竣工投产，达产后可形成年产电梯及自动扶梯物联网系统10万套的生产能力。

瑞而普汽车零部件　由常州瑞而普金属科技有限公司实施，租用厂房8117平方米，购置数控车床、全自动喷淋线、机器人喷塑线等生产设备62台（套），并对厂区装修改造，总投资5000万元。该项目于2021年5月开工，10月竣工投产，建成后形成年加工汽车零部件2万吨、机械零部件500万件的生产规模。

南亚精密减速机制造　由常州市南亚金属制品有限公司实施，购置土地1.67公顷及厂房6000平方米，新建车间8000平方米，购置数控车床、立式加工中心、数控磨齿机等设备27台（套），总投资1亿元。该项目于2021年1月开工，11月竣工，建成后形成年产精密减速机5万台的生产能力。

九天光伏配件　由常州九天新能源科技有限公司实施，利用企业现有厂房1.4万平方米，租用厂房5265.3平方米，对厂房装修改造，购置键合机、自动焊锡机、汇流条一体机等设备153台（套），总投资3000万元。该项目于2021年10月开工，12月竣工，达产后可形成年产光伏模块二极管3800万个、光伏接线盒5000万套、光伏电缆600万米、光伏焊带10000吨的生产能力。

常英新能源汽车铝合金部件　由常州市常英机械有限公司实施，利用自有土地2.71公顷，新建厂房及配套设施约2万平方米，购置挤压机、热剪炉、牵引机等设备118台（套），总投资3亿元。该项目于2021年12月开工，达产后可形成年产新能源汽车铝合金部件3.5万吨的生产能力。

音迪汽车发动机配件　由常州市音迪服饰有限公司实施，用地1公顷，新建厂房8500平方米，购置螺旋压力机、数控冲床等设备40余台（套），总投资1亿元。该项目于2021年10月开工，建成后可形成年产汽车发动机配件2万吨的生产规模。

佳博电动自行车电控系统　由常州市佳博机械制造有限公司实施，用地面积0.83公顷，建设厂房1.6万平方米，新增绝缘纸插入机、双工位电动车绕线机等设备180台（套），总投资7000万元。该项目于2021年7月开工，建成后可形成年产电动自行车电控系统100万套的生产能力。

宏远新材料桥梁防撞设施　由江苏宏远科技工程有限公司实施，利用现有厂房，购置空气等离子弧切割机、激光切割机等设备223台（套），总投资3000万元。该项目于2021年11月开工，达产后可形成年产新材料防撞设施500套的生产能力。

【前黄新增高新技术企业10家】　2021年，前黄镇10家企业被全国高新技术认定管理工作领导小组办公室认定为高新技术企业。

2021年前黄镇新增高新技术企业基本情况表

表55

企业名称	占地面积（平方米）	建筑面积（平方米）	产值（万元）
常州九洲创胜特种铜业有限公司	47000	30000	42000
常州明业机械有限公司	13150	19497	5000
常州三拓焊接设备有限公司	2400	2300	1000
常州窗友塑胶有限公司	5800	4500	2500
常州市华虹玻璃钢有限公司	11014	1459	1500
常州市嘉腾精密锻造有限公司	4200	3680	3500
常州市朗捷电子有限公司	3980	11000	3711
常州威诺斯花辊有限公司	10000	12500	4687
江苏越行科技机械有限公司	13175	13175	9000
常州昀晖光伏科技有限公司	10000	10000	9856

10 月 11 日，前黄镇开展首届稻米文化节活动　（供稿 / 前黄镇）

【前黄特色农业节庆活动】 2021 年 5 月 9 日，前黄镇“百年薪火、耕读印记”红色文旅项目启动仪式暨前黄镇第四届桑葚采摘节开幕。该镇注重桑葚产业发展，在丁舍等地推进桑葚种植规模化、集中化，桑葚种植面积达 8 公顷，打造集桑果采摘、熬制桑葚膏、酿造桑葚酒、晒成桑葚干等于一体的桑葚品牌，于 2018 年举办首届桑葚采摘节，带动全镇桑葚产业快速发展，为农业增效、农民增收搭建良好平台。第四届桑葚采摘节持续到 5 月底，累计吸引常州及周边地区游客 6000 余人次，到丁舍桑葚园采摘桑葚。

10 月 11 日，前黄镇首届稻米文化节暨“耕读红盟”成立仪式在联庆村举行，推出网络主播走进田间地头、特色农产品品鉴和钓螃蟹、割稻子、稻草手工制作等亲子体验活动，以及田埂小板凳全民阅读等活动，展示前黄稻米文化、农耕文化、民俗文化和历史文化，进一步扩大前黄农产品的市场影响力。

（唐建安）

2021 年前黄镇各村（社区）基本情况表

表 56

村（社区）名	户数（户）	户籍人口（人）	党组织书记	村委（社区居委会）主任	集体经济收入（万元）
运村村 运村社区	785	2850	史春杰 王有玉	史春杰 王有玉	319.84
农场村	878	2723	胥建定	胥建定	189.7
祝庄村	846	2580	叶建兴	叶建兴	207.66
谭庄村	899	2734	胥国华	胥国华	214.84
杨桥村	1775	5131	朱志刚	朱志刚	255.2
大成村	997	3596	蒋　旭	蒋　旭	203.82
丁舍村	1475	5226	王洪法	王洪法	234.78
前黄村 前黄社区	1374	4646	王　强 杨春凤	王　强 杨春凤	355.37
红旗村	916	2823	陈新元	陈新元	209.21
前进村	821	2447	徐志成	徐志成	281.96
漳湟村	876	3083	鲍建中	鲍建中	182.97
坊东村	1197	3387	柏益平	柏益平	334.65
联庆村	1086	4110	蒋立成	蒋立成	225.98
灵台村	1752	5218	张建兴	张建兴	293.24
寨桥村 寨桥社区	1005	3075	吴明亚	吴明亚 史雪莲	479.79
观咀村	965	3281	陈　刚	陈　刚	242.18
高梅村	912	2780	杨国兴	杨国兴	225.31
坊前村	986	2950	王建强	王建强	248.09
红星村 红星社区	825	2570	堵小南	堵小南 吴　波	247.14
蒋排村	722	3023	赵　杰	赵　杰	394.17

说明：村（社区）党组织书记、村委（社区居委会）主任“一肩挑”

湖塘镇

【概况】 湖塘镇为武进区城关镇，总面积 59.04 平方千米，辖社区 45 个。2021 年年末常住人口 42.89 万人。境内有全国重点文物保护单位——春秋淹城遗址和恽南田纪念馆、李公朴故居。有“中国百强乡镇”“中国乡镇之星”“中国织造名镇”之称，获得“全国环境优美镇”“国家级生态镇”“中国纺织面料之都”“中国针织面料基地”“中国纺织品贸易基地”“棉纺织产业集群创新发展示范地区”和“江苏省健康乡镇”“江苏省生态文明建设示范乡镇”等称号。2021 年，名列全国千强镇第 19 位。

产业发展　建设社区性农村集体经济，累计建成股份经济合作社 37 个。有工业企业 2550 余家，其中规模以上工业企业 169 家，全年完成规模以上工业产值 169.4 亿元，占全镇工业总产值的 49.3%。深入实施创新创业计划，湖塘科技产业园生产性服务业集聚区项目入选省重点服务业项目、第一批市级现代服务业集聚发展示范区；武进科创园新增入驻企业 3 家，累计入驻企业 43 家。新增高新技术企业 19 家，累计 81 家，全年完成规模以上高新技术产业产值 48.5 亿元，占全镇规模以上工业产值的 28.7%；申报专利 1318 件，有效发明专利拥有量 346 件；完成产学研合作项目 20 余个，入选“龙城英才”项目 3 个。发展现代服务业，17 幢主要楼宇和 6 家专业市场出租率全面回升，完成服务业增加值 231.26 亿元，增长 8.5%。

城市建设　实施城市更新，完成阳湖净水厂、武进医院南院二期、江苏理

表 57

2021 年湖塘镇主要经济社会指标完成情况表

指　　标	单　位	数　值	比 2020 年（±%）
地区生产总值	亿　元	327.28	9.0
公共预算收入	万　元	18.7	-4.0
农业总产值	亿　元	0.08	-22.60
多种经营产值	亿　元	—	—
粮食总产量	万千克	3.9	-18.75
工业销售收入	亿　元	341.51	10.38
实际利用外资及港澳台资	万美元	2086	-65.2
第三产业增加值	亿　元	231.26	8.5
居民人均可支配收入	元	58864	9.25

工学院新校区等征收项目，累计盘活土地资源 123.33 公顷；启动采菱片区开发，完成彩虹公园初步设计；实施中凉、花东社区等部分老旧小区改造，惠及居民 2418 户。做好香聚雅苑分房工作，涉及随园地块、聚湖路北侧地块等项目 14 个、被征迁户 1181 户，共计分配安置商品房 2244 套、面积 25.7 万平方米，是武进中心城区采用新的货币化商品房安置模式以来，最大规模的一次集中分房。保护生态环境，实施镇级河道生态治理 12 条，完成杨家浜整治及长沟河、武南河等排口整治 22 个，启用全区首个河道净水设施——半夜浜、战斗河高效污水净化站，镇域黑臭河道全面消除；推进大气污染治理，深入开展 VOCs、国控点周边、铸造行业等重点领域污染排查治理，探索运行全市首个汽修喷涂“绿岛”工程，试点澳新风情街、滆湖路城市餐饮油烟综合整治；加强绿化建设，至年末全镇林木覆盖面积 1486 公顷，林木覆盖率 25%。坚持城市长效管理与典范性文明城市创建相结合，深入实施基础设施提升、公共环境整治、公共秩序规范、社会诚信建设、文明宣传引导“五大行动”，创建省、市级垃圾分类达标小区 20 个，完成文明城市创建市级季度测评、省级测评及国家级测评任务，晓柳社区、北街社区、永定社区、府东社区、府南社区获评“江苏省文明社区”。推进清朗网络空间建设，实施“清朗侠”志愿服务项目，成立“清朗侠”志愿服务队，共筑全民网络安全防线。

社会事业　优化配置教育资源，弘阳实验幼儿园、春秋幼儿园建成开园，流动人口子女积分入学 1557 名。发展卫生健康事业，常州市第一人民医院与马杭社区卫生服务中心成立口腔专科医联体，新增家庭医生签约 53320 人，新建居民健康档案 19380 人。开展常态化疫情防控，核查重点人员 2.4 万名，落实集中隔离和居家隔离累计 685 人；完成社区 236 个采样点全员核酸筹备工作，累计接种疫苗超 70 万剂次。加强民生保障，完成民生实事项目 10 个，新增城镇再就业人员 5862 人、困难再就业人员 903 人，办理社保补贴优惠 1964 人；落实各项救助政策，发放低保、孤儿等困难对象最低生活保障金 123 万元和残疾人两项补贴 560 万元；完善养老服务体系，开展“互联网 +”智慧居家养老援助服务，购买居家养老服务 170 万元，服务老人 2800 余名；完成老年人体检 15926 人。建成退役军人服务保障体系，镇退役军人服务站创成全国示范型退役军人服务站和全省百家红色精品退役军人服务站。

【弘昌新能源汽车电控及连接系统等重点项目建设】　弘昌新能源汽车电控及连接系统项目　由常州弘昌环境科技有限公司实施，用地 2.6 公顷，新建厂房、办公楼、研发中心等建筑面积 4.85 万平方米，购置精密车床、CNC 加工中心、自动装配线、振动试验台、高低温冲击试验箱、空压机、环保设备等 950 台（套），于 2021 年 6 月开工，总投资 22675 万元，达产后可形成年产高压配电箱 5 万套、集成控制器 5 万套、电控连接系统 30 万套的生产能力。

孜航医用吻合器及关键组件项目　由江苏孜航精密五金有限公司实施，用地 1.94 公顷，规划建设生产车间和辅助用房 3.4 万平方米，购置卧式注塑机、纵切机、加工中心等设备 1318 台（套），于 2021 年 4 月开工，总投资 3.02 亿元，

湖塘镇貌　（供稿 / 湖塘镇 摄于 2022 年 9 月）

达产后可形成年产医用吻合器及关键组件200万套的生产能力。

再创纺织机械及高档服装材料项目　由常州市再创科技有限公司实施，利用企业现有土地面积6247平方米，新建厂房1.36万平方米，购置卧式数控机床、立式数控机床、高速经编机等设备55台（套），于2021年9月开工，总投资5000万元，达产后可形成年产经编机200套、园织机100套、高档经编服装材料300吨的生产能力。

苏艺高端红木工艺品项目　由常州苏艺工艺品有限公司实施，用地3740平方米，建设办公楼、展厅等建筑面积9260平方米，于2021年7月开工，12月竣工，总投资3500万元。

恒盈动力多功能水下探测设备项目　由江苏恒盈动力科技有限公司实施，租用厂房1.26万平方米，购置卧式加工中心、立式加工中心等生产设备48台（套），于2021年10月开工，总投资3000万元，达产后可形成年产多功能水下探测设备200件的生产能力。

神蝶装饰智能家具项目　由常州市神蝶装饰材料有限公司实施，租用厂房4.2万平方米，购置开料机、推台锯、拼板机等设备283台（套），于2021年8月开工，12月竣工，总投资5500万元，达产后可形成年产智能家具3.5万套的生产能力。

4月9日，河海大学—安康医疗智能医疗装备创新研发中心揭牌　（供稿/湖塘镇）

【湖塘镇新增高新技术企业19家】　2021年12月，湖塘镇19家企业被全国高新技术认定管理工作领导小组办公室认定为高新技术企业，全镇累计有高新技术企业82家。

表58　2021年湖塘镇新增高新技术企业基本情况表

企业名称	占地面积（平方米）	建筑面积（平方米）	产值（万元）
常州市晋纯环保科技有限公司	1000	3000	1000
常州市康润汽车配件有限公司	3000	2000	1300
常州市三字智能科技有限公司	1060	1060	1000
常州索霖能源科技有限公司	3250	3250	1850
常州腾睿机械有限公司	1000	1000	2700
常州赢得为自动化科技有限公司	1500	1500	1200
凯斯炉业科技江苏有限公司	2000	2000	3000
常州格特拉克轴承有限公司	1000	2000	600
常州勤网信息科技有限公司	800	800	8196
常州旭特吉丰工具有限公司	1600	1600	900
常州一道标识系统有限公司	8060	8060	2379
江苏巨联减速机有限公司	3800	3800	2600
常州鼎堂传动科技有限公司	1800	1800	2000
常州牛顿力称重系统有限公司	3000	3000	2500
常州万泰天平仪器有限公司	1800	1800	1000
常州西控自动化系统有限公司	800	800	500
麦麸智能科技（常州）有限公司	1100	1200	600
常州冠日电器工具有限公司	19000	19000	13711
常州欣迈克机械有限公司	2000	2000	3000

【开展产学研（政产学研）合作项目2个】　河海大学—安康医疗智能医疗装备创新研发中心揭牌成立　4月9日，河海大学与常州安康医疗器械有限公司签署战略合作和项目协议，揭牌成立河海大学—安康医疗智能医疗装备创新研发中心，在高层次人才培养、产业技术创新、科技成果转移转化等方面开展合作，实现校企双方资源共享、优势互补。按照协议，常州安康医疗器械有限公司每年向智能医疗装备创新研发中心投入研发经费不低于1000万元，三年总投入不低于5000万元，用于解决研发新品的技术难题。

南京理工大学知识产权学院校外实习基地落户湖塘科技产业园　4月29日，南理工知识产权学院、湖塘镇人民政府、武进区市场监督管理局三方在湖塘科技产业园签署合作协议，揭牌南理工知识产权学院校外实习基地。按照协议，三方开展政产学研合作：联合开展人才培养与培训，培养实务型、复合型知识产权人才；协同创新，联合申报国家级、省部级项目和奖项；互聘专家，建立专家交流和聘任机制；充分发挥世界知识产权组织技术创新与支持中心和南京理工大学专利中心的作用，开展社会服务与业务合作，服务区内企业。

【湖塘镇被评为江苏省生态文明建设示范乡镇】　2021年年末，湖塘镇被省生态环境厅命名为江苏省生态文明建设示范乡镇。该镇严格按照武进区污染防治攻坚战和生态保护引领区建设的部署要

表 59

2021 年湖塘镇各社区基本情况表

社区名	户数（户）	户籍人口（人）	党组织书记	社区居委会主任	社区名	户数（户）	户籍人口（人）	党组织书记	社区居委会主任
湾里社区	2774	7301	王国妹（—12 月）	王国妹（—12 月）	采菱社区	1175	3377	管建新	沈伟刚
东方社区	2531	7083	朱　晖	鞠　波	龙潭社区	457	1283	徐春元	徐春元
降子社区	2798	7071	徐　春	徐　春	江村社区	141	397	王丽娟	王丽娟
南街社区	6832	18176	陈产文	王　华	东升社区	554	1809	沈小利	杨雪锋
中凉社区	3414	8540	蒋　克	蒋　克	东新社区	875	2442	李忠新	李忠新（2 月任）
聚湖社区	5387	13665	王建方	王　承	三勤社区	1032	3031	刘　宇	曹燕方（—7 月）
新天地社区	1569	3990	叶坚峰	叶坚峰					刘　宇（7 月任）
夏雷社区	1626	4342	袁刚平	袁刚平	永定社区	2667	6891	庄亚娟	庄亚娟
北街社区	1674	4231	周太娣	周太娣	南都社区	1940	5013	吴洁莲	蒋焕青
花东社区	2156	5363	严惠忠	严惠忠	淹城社区	1350	3445	曹建浩（—10 月）	曹建浩（—10 月）
花园社区	2592	6639	李曙霞	李曙霞				窦小峰（10 月任）	窦小峰（10 月任）
马家巷社区	729	2071	马敏波	马敏波	何留社区	1154	3061	何庆丰	何庆丰
沙塘岸社区	448	1378	吴东伟	吴东伟	张家坝社区	608	1612	许浩明	许　宁
华家社区	489	1501	卞黎霞	卞黎霞	鸣南社区	1504	3271	朱伟其	朱伟其（2 月任）
周家巷社区	884	2301	吴　振	邹　健	鸣北社区	1131	2847	丁志超	张伟兴
湖塘社区	1240	3353	张立荣	张立荣	大学新村一社区	775	2000	夏　英	史析清
烈帝社区	879	2312	盛超英	徐洪兴（—6 月）	大学新村二社区	973	2730	陆宁宇	陈　渝
				盛超英（6 月任）	永安社区	2034	5402	张　炜	张　炜
蒋公岸社区	1119	3112	张亦婷	周冬兴	晓柳社区	1402	3752	周孝波	张春燕
星河社区	2527	6204	夏　伟	夏　伟（2 月任）	丰乐社区	1537	4918	马　涵	马　涵（2 月任）
长安蒋湾	2217	5760	周国明	周国明	北庙桥社区	1028	2551	孙正新	孙正新
长安大巷	1307	3272	诸素琴	诸素琴	府东社区	632	1580	徐小琴（-10 月）	徐小琴（-10 月）
南田社区	700	1958	吴　松	吴　松				沈　虹（10 月任）	沈　虹（10 月任）
东华社区	1048	2859	张华新	张华新	府南社区	2126	5096	邹　松	邹　松
长虹社区	1102	3197	宋建国	宋建国					

说明：村（社区）党组织书记、村委（社区居委会）主任“一肩挑”

求，把创建生态文明建设示范镇作为破解资源环境约束、提升湖塘综合竞争力的重要举措，坚持以人为本、生态优先、差异发展，加强生态环境保护和生态文明建设。推进大气污染防治，深入开展VOCs、国控点周边、铸造行业等重点领域污染排查治理；推进水环境治理，对12条河道实施生态治理，完成杨家浜整治和长沟河、武南河等主要河道排口整治22个；建立“河长”巡河机制，形成企业“河长”武进样板。2021年，启用全区首个河道净水设施——半夜浜、战斗河高效污水净化站，探索运行常州首个汽修喷涂“绿岛”工程，试点澳新风情街、滆湖路城市餐饮油烟综合整治，建成智能垃圾分类回收箱、永安河景观步道等生态文明建设重点项目。9月，湖塘镇通过市生态文明建设考核组考核验收。

【湖塘镇退役军人服务站创成全国和全省退役军人服务站】 2021年7月，湖塘镇退役军人服务站获评全国示范型退役军人服务站和全省百家红色精品退役军人服务站。湖塘镇退役军人服务站坚持“党建引领＋大数据＋网格化”的工作思路，依托社区网格，强化信息管理，围绕退役军人就业创业扶持、扶贫帮困、走访慰问等职能，优化工作服务。挖掘“红色基因”，完善服务保障体系，在湖塘镇45个社区分别建设“七心花”“红珊瑚”“红柳”等党群服务品牌，并与新时代文明实践站相结合，在双拥、优抚和退伍军人就业及生活等方面发挥积极作用。实施“戎装兴村”工程，拓宽退役军人就业渠道，助力5名退役士兵入选社区队伍；深化双拥共建，在吾悦、万达等商业综合体先后创成退役军人驿站和双拥模范单位，营造全社会拥军优属的浓厚氛围。

（张　骅）

牛塘镇

【概况】 牛塘镇东临武进中心城区，西连西太湖科技产业园，南接武进高新区，北依常州主城区，总面积34.6平方千米，辖行政村9个、社区5个。2021年年末常住人口9万余人。

产业发展 建设现代农业，实施5家农民专业合作社提档升级，常州市卢西红豆杉专业合作社入选区级示范专业合作社。全镇有工业企业1300余家，其中规模以上企业84家，全年完成规模以上工业产值84.4亿元，占全镇工业总产值的85.1%。推进项目建

设，14个市、区重点项目年内完成总投资11.07亿元，中力全自动配料系统项目、康普瑞森车用空调压缩机项目、海盟车用高端齿轮项目、明光高端智能电光源项目、远屏电磁屏蔽设备项目、龙骏艾柯可降解环保包装项目竣工投运。推进科技创新，新增高新技术企业21家，累计64家，全年完成高新技术产业产值28.1亿元，占全镇规模以上工业产值的33.5%；签订产学研合作协议20余项，培育市级工程技术研究中心1家、区级工程技术研究中心6家。中俄科技产业园、创客家创新创业基地洽谈跟踪初创项目20个，新入驻企业4家，滚动孵化企业1家。

2021年牛塘镇主要经济社会指标完成情况表

表60

指　标	单　位	数　值	比2020年（±%）
地区生产总值	亿　元	111.7	10.3
公共预算收入	亿　元	5.2	-21.5
农业总产值	亿　元	0.88	10
多种经营产值	亿　元	0.87	8.75
粮食总产量	万千克	0.01	-23.1
工业销售收入	亿　元	95.35	5.25
实际利用外资及港澳台资	万美元	1030	-6.7
第三产业增加值	亿　元	63.1	9.7
居民人均可支配收入	元	68774	8.4

城镇建设　结合新一轮国土空间规划编制，完成镇国土空间规划中间性成果编制以及村庄规划编研工作，挂牌出让东宝南路西侧、横溪路南侧以及新城金越西侧2处经营性地块。完善城镇功能，完成丫河桥、冯家桥防碰撞及桥梁栏杆改造以及镇政府1号楼改造工程项目，建设人才公寓180套。推进江理工异地新建项目牛塘范围的搬迁工作，完成亚邦物流园一期、二期、四期共292789.9平方米、亚邦停车场3886.62平方米、牛化厂（湖滨路厂区）10818.97平方米的搬迁工作。推进征迁安置，完成卢家花苑、长虹花苑等安置房办证518套。保护生态环境，推进“危污乱散低”出清行动，严控道路、工地等重点区域的扬尘污染，完成企业整改88家，整改完成率达96.7%；全面贯彻河湖长制，推广“河长通”App，完成小微水体整治和农村黑臭水体排查，统筹漕溪浜（西段）等生态河道建设；推进4个土壤污染物超标遗留地块及7家关停化工企业的土壤采样，完成牛塘助剂、金雅化工等企业的“两断三清”工作，对244家企业开展危险废物专项整治“回头看”。推进丫河、塘口精品美丽乡村示范点建设，实施漕溪、青云美丽乡村建设项目，塘口村创成省级绿美村庄。加强城市长效管理，开展城市综合管理“百日攻坚”专项行动，强化集贸市场及周边环境治理、废品收购站清理，完成湖滨新街停车位改造工程，推进虹光路环境整治，创建横溪路精品街道以及人民路、湖滨路精品示范道路，不断促进人居环境提升。

社会事业　坚持党史学习教育与精神文明建设、新时代文明实践相结合，举办第二届牛塘站“阳湖学习达人挑战赛”，开展第五届读书节系列活动，完成村（社区）“实境课堂”巡讲接力及党史学习教育专题道德讲堂。庆祝中国共产党成立100周年，牛塘镇组织开展了大型文艺晚会、工艺美术、书画作品展、职工歌手和舞蹈大赛等一系列文化庆祝活动。推进教育卫生均等化发展，牛塘中心小学、卢家巷实验学校一期改扩建工程竣工投用，卢家巷实验学校二期如期开工，牛塘实验学校图书馆、体育馆及实验楼封顶，东龙实验学校新建工程前期工作基本结束，武进第三人民医院改扩建工程、牛塘卫生院病房改造有序推进。加强新冠肺炎疫情防控，核酸检测采集10689人次，新冠疫苗接种98626人。发展光彩事业，成立“同心惠民教育共建百万光彩基金”3个、“城乡共建光彩基金”1个，开展“慈善一日捐”“99公益日”“大病险送大爱”网络捐赠和大病救助活动。保障和改善民生，组织2期共计180人参加高技能人才培训，新增就业岗位2495个，实现城镇失业人员再就业510人、就业困难人员再就业118人，全镇城乡基本养老保险覆盖率100%，基本医疗保险和生育保险实现省级统筹。落实帮扶纾困惠民政策，全年发放民政保障救助款772.15万元。

4月23日，牛塘镇第五届读书节开幕　　（供稿/牛塘镇）

【中力全自动配料系统等8个重点项目建设】　**中力全自动配料系统项目**　由江苏中力自动化科技有限公司实施，利用现有厂房，购置拉丝机、切割机、气保焊机、角磨机、折弯机等生产设备50台（套），于2021年1月开工，8月竣工投运，总投资5100万元，达产后形成年产全自动配料系统50套的生产能力。

康普瑞森车用空调压缩机项目　由江苏康普瑞森新能源科技有限公司实施，租用厂房3500平方米，新增组装生产线4条和氦检设备、电控阀检测设备、噪声试验台等127台（套），于2021年1月开工，8月竣工投运，总投资5000万元，达产后形成年产活塞及涡旋式车用空调压缩机65万台的生产规模。

海盟车用高端齿轮项目 由常州市海盟传动机械厂实施，购买土地及厂房，改造翻建厂房约8500平方米，购置高端数控车床、精密磨床行车等设备188台（套），于2021年5月开工，12月竣工投运，投资5300万元，达产后形成年产新能源汽车用高端齿轮及相关配套产品100万个（套）的生产能力。

明光高端智能电光源项目 由常州市武进明光电光源有限公司实施，利用自有土地拆除老厂房约5000平方米，翻建生产车间约8000平方米，购置手套箱、点焊机、排气车、全自动排气车、单头封口机、多头封口机、装头机、老炼台、扭力仪，测光球、光谱仪、变压器等设备73台（套），并对水、电、气等实施适应性改造，于2021年5月开工，12月竣工投运，投资5600万元，达产后形成年产高端智能电光源280万个的生产能力。

伟琪绿色建筑织物项目 由常州伟琪纺织品有限公司实施，利用自有厂房，购置高效织造智能化经编机、智能织物分割机、全自动整经机等设备162台（套），并对生产场地、水、电等实施适应性改造，于2021年10月开工，投资5300万元，达产后形成年产新型织物6000吨的生产能力。

远屏电磁屏蔽设备项目 由常州市远屏电子有限公司实施，购置创智云谷产业园厂房2栋和剪板机、折弯机、测试系统等设备92台（套），改造高端实验室、保密室，并对水、电实施适应性改造，于2021年7月开工，12月竣工投运，投资3088万元，达产后形成年产高新电磁屏蔽室100台的生产能力。

龙骏艾柯可降解环保包装项目 由常州龙骏艾柯环保科技有限公司实施，租用厂房面积约2600平方米，购置生物降解吹膜机组、制袋机组、印刷机等主要设备50台（套），于2021年7月开工，12月竣工投运，投资3000万元，达产后形成年产环保塑料袋3000吨的生产能力。

康普瑞车用环保制冷压缩机项目 由常州康普瑞汽车空调有限公司实施，利用现有厂房，购置钻攻中心、数控车床、钻床、自动组装线、耐久测试台、一拖二桁架机器人、精益生产电子看板等设备105台（套），于2021年11月开工，投资3066万元，达产后可形成年产车用制冷空调压缩机（使用环保制冷剂）95万台的生产规模。

【牛塘新增高新技术企业21家】 2021年，牛塘镇21家企业被全国高新技术认定管理工作领导小组办公室拟认定为高新技术企业，全镇累计有高新技术企业64家。

2021年牛塘镇新增高新技术企业基本情况表

表61

企 业 名 称	占地面积（平方米）	建筑面积（平方米）	产 值（万元）
常州桂之源智能科技有限公司	2160	2160	1000
常州辉宏电子科技有限公司	260	800	1960
常州惠武精密机械有限公司	2700	2200	3600
常州鹏鼎精密模具有限公司	360	360	570
常州市森迈网业有限公司	10000	20000	5000
常州亿盛电子电器有限公司	1571	1571	1780
常州永沛机电技术有限公司	1580	1580	1890
传力智能机械（常州）有限公司	2450	3159	2140
常州东仕豪机械制造有限公司	34347	34652	18001
常州市武进大成工贸有限公司	5800	5800	12000
常州丁丁纺织科技有限公司	4200	6500	3688
常州市光卓传动设备有限公司	3000	2500	3047
常州市维克托光电科技有限公司	1800	4000	2000
常州鋐汇动力科技有限公司	1758	2266	2526
雅音新材料（常州）有限公司	2713	4926	1400
常州芝润电气有限公司	12000	8000	2500
江苏立达安全防护技术有限公司	1480	2960	451
江苏中力自动化科技有限公司	2678	3493	1345
常州天涛通信设备有限公司	1200	1200	1653
江苏盖特钨业科技有限公司	20000	20000	3000
常州杰和机械有限公司	9600	11000	780

2021年牛塘镇各村（社区）基本情况表

表62

村（社区）名	户数（户）	户籍人口（人）	党组织书记	村委（社区居委会）主任	集体经济收入（万元）
牛塘一社区	1377	4633	贺永康	邵 强	706.31
牛塘二社区	1567	3880	贺永康	蒋丽娜	—
竹园社区	897	2637	许 峰	贾东峰	509.01
沈家弄村	814	1986	郭玉峰	郭玉峰	375.48
漕溪村	1067	3294	薛玉明	薛玉明	288.67
白家社区	836	2556	王 健	王 健	715.68
青云村	1046	3421	蒋文清	蒋文清	836.84
丫河村	1042	3180	张伟东	张伟东	342.57
厚恕村	931	3040	张亚平	张亚平	201.46
塘口村	913	3097	王建强	王建强	418.98
卢家巷村	2395	6495	杨国丰	杨国丰	529.09
卢家巷社区	—	—	杨国丰	王九峰	—
高家村	2086	5538	万如生	万如生	341.54
卢西村	1198	3941	徐 伟	徐 伟	626.91

说明：村（社区）党组织书记、村委（社区居委会）主任“一肩挑”

金东方养老社区　　（供稿/牛塘镇 摄于2022年9月）

【牛塘新增光彩基金4个】 2021年，牛塘镇积极响应“美丽武进，幸福家园”同心惠民教育共建光彩行动号召，由镇青商会会长单位普罗斯电器（中国）有限公司和副会长单位常州惠武精密机械有限公司、江苏克力空调有限公司分别出资100万元，设立“同心惠民、教育共建”百万光彩基金3个。经专题协商虹光路沿线交通安全和环境面貌提升问题，结合“我为群众办实事”实践活动，于11月设立虹光路“城乡共建”光彩基金，常州龙腾太阳能热电设备有限公司、常州东仕豪机械制造有限公司、常州市武进牛塘华润机械厂、常州市苏迅电子有限公司、常州市吉凯针纺织品有限公司、常州群达纺织原料有限公司、中南高科、常州市旦盛纺织品有限公司、江苏雅迪装饰工程有限公司、常州宏维达纺织有限公司10家企业合计捐资108万元，用于虹光路路面改造、道板改造、管线改造、绿化修补和停车位建设。

【金东方社区获评全国示范性老年友好型社区】 内容参见“社会生活”类目P230相关条目。

（叶红媛）

洛阳镇

【概况】 洛阳镇位于武进区东南部，东临无锡市，西接礼嘉镇，南靠雪堰镇，北依横林、遥观镇，总面积55.75平方千米，辖行政村18个、社区3个。有淡水珍珠、水蜜桃、葡萄、戴溪青鱼等名特农产品。先后获“全国千强镇”“全国小城镇建设示范镇”“全国群众体育先进单位”“国家卫生镇”“国家园林城镇”“中国冷链保温装备生产基地”等称号。

产业发展 建设现代农业，完成4千亩高标准农田设施建设，创建国家级示范合作社1家、市级示范合作社4家、市级示范家庭农场7家，洛阳镇创成江苏省绿色优质农产品（葡萄、水蜜桃）基地，镇农产品质量安全监管站获评江苏省“五星级农产品质量安全监管站”。有工业企业2152家，其中规模以上企业114家，全年完成规模以上工业产值302.9亿元，占全镇工业总产值的75.4%。推进项目建设，引进投资3亿元以上项目1个、亿元以上项目5个，在库市、区重点项目12个开工建设。推进科创驱动，新增高新技术企业8家，通过高新技术企业复审9家，累计45家，全年完成高新技术产业产值254.66亿元，占全镇规模以上工业产值的84.1%；获授权专利836件，其中发明专利16件。江苏洛凯机电股份有限公司、上药康丽（常州）药业有限公司、江苏常美医疗器械有限公司获评省级专精特新企业，江苏南方通信科技有限公司新建江苏省5G用轻型自承式架空光缆工程技术研究中心，多维电器和常美医疗两家市级工程技术研究中心通过验收。发展现代服务业，推广电商企业和三产企业发展“互联网+”电子商务新型模式，参加南京923全球农产品直播电商节，实现全镇社会消费品零售总额增长35.8%。

镇村建设 统筹推进城乡融合，完善基础设施，规划洛阳精品示范路建设，启动东都东路提档升级工程，建成马鞍路提档升级、新昇桥改造等重点工程和天井村红旗河闸站、新科南北排涝站改造等防洪除涝工程，岑村华塘线创成美丽农村路。保护生态环境，持续攻坚“蓝天、碧水、净土”三大保卫战，实现降尘量月均低于3.8吨/平方千米，圻庄村东洋岸河创成市级五好河道，瞿家村俞家塘浜创成区级生态河道，圻庄村、谈家头村创成小微水体示范村，戴溪集镇区水环境及圻庄街浜、同家桥浜河道综合整治工程完成，智慧污水处理管网

2021年洛阳镇主要经济社会指标完成情况表

表63

指　　标	单　位	数　值	比2020年（±%）
地区生产总值	亿　元	141.92	12.2
公共预算收入	万　元	44664	−1.9
农业总产值	亿　元	3.95	14.5
多种经营产值	亿　元	3.77	14.9
粮食总产量	万千克	390	5.3
工业销售收入	亿　元	398.8	36.2
实际利用外资及港澳台资	万美元	1000	—
自营出口额	亿　元	—	—
第三产业增加值	亿　元	52.61	12.2
农村居民人均可支配收入	元	41979	10.5

数据平台建成投用，马鞍村、天井村分别创成省、市级生态文明建设示范村。聚焦乡村振兴，深化农村集体产权制度改革、新一轮宅基地制度改革，开展宅基地资格权认定入库工作，累计完成“三级确认”审核10125宗；推进人居环境整治，加强城镇长效管理，建立健全镇村联动、信息共享、多方保障的综合协调机制，完成行政村垃圾分类亭建设294个，改造公厕25座，夯实省级全域垃圾分类试点镇争创基础。洛阳镇创成江苏省乡村振兴先进集体，圻庄村市级美丽乡村示范点创建通过验收。

社会事业　推进教育事业发展，洛阳初级中学创成市新优质学校，东方红幼儿园创成市优质幼儿园，5所普惠性幼儿园通过督查验收。开展“‘洛’英百年红、昂‘阳’新征程”建党百年主题系列庆祝活动、“读百年党史、学王诤精神、聚奋进力量”主题演讲比赛、“翰墨颂百年、丹青绘盛世”书画作品展，《王诤精神、薪火相传》“冬训微课”视频获评全市冬训微课视频优秀作品二等奖，王诤故居创成“常州市爱国主义教育基地”，洛阳镇获评“2020年度全省基层党员冬训工作示范镇”。实施民生实事工程，完成镇休闲公园一期提升改造，新建马鞍、瞿家2个镇级体育公园，戴溪农贸市场改造投用。均衡公共卫生资源，武进第六人民医院创成省农村区域性医疗卫生中心，民丰村创成江苏省健康村。加强社会保障，举办农业实用技术培训、企业技能提升培训，通过“龙城洛阳”微信公众号累计提供工作岗位1100个，向特殊困难群众发放保障金、救助金累计450余万元，发放尊老金115万元，老年人意外保险参保率超90%。洛阳镇退役军人服务站创成省级“百家红色精品退役军人服务站”。

【洛阳镇创成省绿色优质农产品（水蜜桃）基地】 2021年12月，洛阳镇被省绿色优质农产品基地审定委员会办公室认定为江苏省绿色优质农产品（水蜜桃）基地。洛阳镇是武进区四大重点林果发展片区之一，自1984年起种植葡萄，主推早熟夏黑、中熟醉金香、中晚熟阳光玫瑰、晚熟魏可葡萄等品种，于2020年12月创成江苏省绿色优质农产品（葡萄）基地。20世纪50年代，开始种植水蜜桃，主导白花、雨花露、湖景、白凤等品种，到2021年拥有水蜜桃绿色食品认证5个、森林认证2个、自有水蜜桃商标6件。镇党委、政府高度重视江苏省绿色优质农产品（水蜜桃）基地创建工作，组建工作领导小组、基地建设办公室，设立基地建设专项资金，严格按照基地建设方案开展工作，加大培训力度，广泛宣传发动，认真落实“五统一”（统一优良品种,统一生产操作规程，统一投入品管理和使用，统一生产管理，统一销售）生产管理制度，开展基地环境建设、组织管理、生产管理、投入品管理、技术服务、监督管理、产业化及融合发展七大体系建设。2021年，全镇葡萄种植基地面积319.93公顷，有生产单元17个，实现产量5916吨；水蜜桃种植基地面积593.33公顷，有生产单元18个，实现产量13350吨。

【汽车车身及底盘部件等4个重点项目建设】 汽车车身及底盘部件项目　由常州达亚汽车零部件有限公司实施，改建厂房1.5万平方米，新建厂房2.4万平方米，购置SPR铆接设备、M01焊接线、悬挂焊枪等设备114台（套）及专用工装夹具、高速冲床、激光切割机、数控折弯机、数控车床、机械压力机、直线7轴机器人高速系统、多工位机械手三次元、送料机、双线废料输送线、发那科R-2000iC/210F机器人等设备，主体工程于2021年12月完工，总投资51455.2万元，形成年产汽车底盘零部件、车身零部件、模具、检具、焊接夹具等汽车零部件1亿件的生产能力。2021年，公司完成产值2.2亿元。

冷库材料项目　由江苏亿沣冷链科技有限公司实施，占地面积1.67公顷，建设厂房1.8万平方米，引进金属面硬质聚氨酯夹芯板自动连续生产线、行车等设备共12台（套），主体工程于2020年12月完工，总投资1.18亿元，形成年产金属面硬质聚氨酯夹芯板300万平方米的生产能力。2021年，公司完成产值1.5亿元。

汽车零部件项目　由常州市众立机械科技有限公司组织实施，总投资7500万元，新建厂房1.5万平方米，引进4000千瓦变电站1座、铝制品表面处理自动化7条，自建日处理污水300吨污水处理站1座，购置污水蒸发器、中水回用处理、污水中和沉淀池、大型压榨机等设备80余台（套），于2020年7月建成部分工程，并实现两条生产线试生产，计划主体工程于2022年6月建成，可形成年产电机端盖2000万套、高端汽车卡钳250万套和工业铝型材加工2000吨的能力。

展览展示服务中心项目　由常州非凡展览展示器材有限公司实施，总投资1.2亿元，占地面积1.63公顷，建设厂房1.79万平方米，引进数控裁板锯、雕刻机、封边机、推台锯、手持打磨机、喷塑流水线、空压机、面漆房、底漆房、晾干房、手持打磨机、剪板机、刨槽机、激光切割机、冲床、钻床、焊机、金属圆锯机、数控切割机、自动组立机、抛丸机、行车、矫正机、火焰切割机、伸缩式喷漆房、集尘设备等设备71套，主体工程于2021年6月完工，形成年产钢板展示柜3000套、板材展示柜2000套及钢结构加工100套的生产能力。2021年，公司完成产值4900万元。

【洛阳新增高新技术企业8家】 2021年12月，洛阳镇8家企业被全国高新技术

2021年洛阳镇新增高新技术企业基本情况表

表64

企业名称	占地面积（平方米）	建筑面积（平方米）	产值（万元）
常州市常联波纹管有限公司	5253	2652	2028.2
常州东财机械制造有限公司	11000	8000	5865.4
常州方耀自动化科技有限公司	—	2700	2300
江苏聚荣制药集团有限公司	30000	19800	21463
江苏洛合精密机械股份有限公司	46000	88000	83929.75
常州市洛锐电器有限公司	3000	6000	1100
常州萨密得机电设备有限公司	800	1600	1964.75
江苏高克锈机械有限公司	4200	3000	790

认定管理工作领导小组办公室认定为高新技术企业，全镇累计有高新技术企业45家。

【洛阳镇获评全省基层党员冬训工作示范镇】 2021年9月，根据省委宣传部、省委组织部《关于2020年度全省基层党员冬训工作综合评价情况的通报》，洛阳镇入选2020年度全省基层党员冬训工作示范镇。洛阳镇按照2020—2021年党员冬训工作要求，立足基层党员学习工作实际，融合中国共产党成立100周年系列庆祝活动、“十四五”规划开局、基层党组织换届等中心重点工作，聚焦广大党员理论力提升、基层党组织凝聚力提升、干部队伍战斗力提升，在组织动员、方案设置、提质创新上做到“六个更”，即组织动员更快速度、更广范围，方案编制更准定位、更接地气，组训抓训更深融合、更高质量，切实引导党员干部把思想统一到全会精神上来，把力量汇聚到奋战“十四五”规划开局各项工作任务上来，以优异成绩献礼党的百年华诞。作为全区第一个召开冬训工作会议的镇（街道），洛阳镇党员冬训工作在2020年12月下旬全面启动，到2021年4月基本结束，53个基层党组织、2661名党员全员参训、全情投入、全面提升。

【洛阳镇农产品质量安全监管站创成省五星级农产品质量安全监管站】 2021年6月，洛阳镇农产品质量安全监管站被省农业农村厅认定为江苏省五星级农产品质量安全监管站。该站以创建工作为契机，推行农产品质量安全监管标准化。全面贯彻落实农产品质量安全宣传推广工作，倡导全民参与和共享、共建、共治理念；加强农产品质量安全监管体系建设，健全网格化监管工作机制，提升乡镇农产品质量安全监管水平；遴选出村级服务站6家，覆盖全镇农产品品类，充分利用各站点特色，全面推广及提供农产品质量管理服务；加强“两废”（农药包装废弃物和废旧农膜）及秸秆回收利用，宣传推广葡萄、水蜜桃、蔬菜秸秆还田模式。2021年，监管站对1608家入网主体开具农产品承诺达标合格证，实现监督检查和产品检测全覆盖，累计开具合格证470555张，合格证开具率100%；监督检查1950次，检查覆盖率100%；监测产品总数达2440个，监测覆盖率100%。

水美乡村成为圻庄村生态“金招牌” （供稿/洛阳镇 摄于2022年9月）

【民丰村创成省健康村】 2022年1月，民丰村被省爱国卫生运动委员会认定为2021年江苏省健康村。该村位于洛阳镇南端，距镇区10千米，总面积2.77平方千米，辖自然村16个，有村民小组23个和户籍人口2100余人、流动人口1900余人，事业单位60多家。积极开展江苏省健康村创建，建有室外健身广场5处、室内活动室1处；发展健康生活方式指导员5人，全村使用卫生厕所家庭达100%，自来水普及率100%，居

表65 2021年洛阳镇各村（社区）基本情况表

村（社区）名	户数（户）	户籍人口（人）	党组织书记兼村委（社区居委会）主任	集体经济收入（万元）
洛阳村（社区）	844	2924	支俊杰	646.8
洛东社区	—	—	朱永平	—
洛东村	1198	3704	於志杰	367.1
戴溪社区	—	—	张东卫	—
天井村	1012	3309	高　阳	298.65
管城村	1333	3861	邵益斌	421.4
岑村村	992	3101	蒋　健	1314.2
东尖村	365	1093	沈建忠	298.54
戴溪村	689	2102	窦沛城	159.71
汤墅村	780	2511	王建平	320.6
阳湖村	607	2269	费益方	155.26
朝安村	1045	2769	沈国忠	201.87
谈家头村	1202	3551	马晓峰	438.87
小留桥村	586	2258	朱金良	228.8
圻庄村	978	3370	杨红亮	276.71
瞿家村	656	2386	沈朝阳	397.07
民丰村	649	2125	杨迪宇	272.77
马鞍村	1006	2645	郁　军	270.47
虞桥村	804	2546	蒋建洪	283.54
友谊村	1171	3819	上官立	572.13

4 月 23 日，“桂花树下小课堂”党史宣讲工程现场　　（供稿 / 洛阳镇）

民健康档案建档率达 96.8%，65 岁及以上老年人健康管理率达 86.5%，老年人中医药健康管理率达 49.6%，0 ～ 36 月龄儿童中医药健康管理率达 46.2%，高血压患者规范化管理率达 75.39%，糖尿病患者规范化管理率达 66.2%，严重精神障碍患者管理率达 100%；全村居民医疗保险、养老保险参保率均达 99% 以上，从 2020 年开始为 60 周岁及以上老年人、特殊五类人员全额购买意外保险。

【岑村村团支部获评全国五四红旗团支部】 2021 年五四青年节之际，岑村村团支部被共青团中央表彰为全国五四红旗团支部。该村团支部深入学习贯彻习近平新时代中国特色社会主义思想，牢牢把握围绕中心、服务大局的工作主线，加强自身建设，在乡村振兴、基层社会治理、决战决胜脱贫攻坚和疫情防控等方面做出应有贡献。以庆祝建党百年为契机，邀请专家、学者等为团员集中授课，开展“青年大学习”系列活动，组织参观王诤故居、岑村政治生活馆等教育基地，深入开展党史学习教育；探索建立村级青年茶社议事会议制度，稳步推进非公企业团建工作，规范落实“三会两制一课”和主题团日等组织生活；成立村级青年志愿者服务队，青年防疫志愿者积极参与疫情防控志愿服务；组织青年网格员开展直播带货，帮助农户完成水蜜桃销售收入 11 万元。获得江苏省五四红旗团支部、常州市五四红旗团支部等称号。

（刘懿婧）

横林镇

【概况】 横林镇位于常州经开区东部，东临无锡市，西接遥观镇，南靠洛阳镇，北依横山桥镇，总面积 46.68 平方千米，辖行政村 15 个、社区 6 个。2021 年年末常住人口 102163 人。获得“中国百强乡镇”“全国小城镇综合改革试点镇”“中国强化木地板名镇”“中国强化木地板之都”“中国强化木地板出口基地”“国家外贸转型升级专业型示范基地”“全国优质强化木地板生产示范区”“国家级出口地板质量安全示范区”“全国环境优美镇”“国家卫生镇”等称号。2021 年，横林镇名列全国千强镇第 241 位，跃升 14 名。

产业发展 推进现代农业发展，全面启动 300 公顷高标准农田建设，打响“狄坂”大米、“余巷”火龙果、“津津乐”食品、“阳湖”鹅业等优质农产品品牌，“鹅王爷爷”致富故事、狄坂村民点赞乡村振兴分别在央视《致富经》《新闻联播》“朝闻天下”同步播出。有规模以上工业企业 192 家，全年完成规模以上工业产值 223.5 亿元，占全镇工业总产值 66.1%。建设重点项目，佳辰智能数据中心高端新材料等项目开工建设，凯迪车辆驾驶智能辅助系统等 13 个项目竣工投产。新增高新技术企业 15 家，全镇累计有高新技术产业 54 家，全年完成高新技术产业产值 74.2 亿元，占全镇规模以上工业产值的 33.2%；新增“龙城英才”项目 9 个、发明专利 63 件，全镇累计有“龙城英才”项目 18 个、发明专利 219 件。推进企业股改上市，贝尔家居、慕林电器、丰树新材料等 21 家企业完成股改，汇联地板 IPO 报会，奥琳斯邦挂牌“新三板”。第十五届（中国 · 横林）国际地板博览会成功举办，横林镇绿色家居产业示范园区获第二批国家林业产业示范园区认定。横林电商产业年交易额突破 50 亿元，横林镇荣获“江苏省首批电子商务示范镇”“江苏省农村电子商务十强镇”“江苏省电子商务示范基地”称号。

镇村建设 统筹城乡发展，冯仲云教育基地建成开放，阳湖广场全新亮相，横林市民文化中心、秋白书苑和瑞丰“精品社区”、3C 人才公寓亮相在即，古槐晓园等 9 个生态停车场建成投用，横林、崔桥综合市场改造完成。推进集镇形象提升改造工程，中吴大道、顺通路、公

2021 年横林镇主要经济社会指标完成情况表

表 66

指　标	单　位	数　值	比 2020 年（±%）
地区生产总值	亿　元	190.62	10.8
公共预算收入	亿　元	7.28	17.7
农业总产值	亿　元	0.9	−0.2
多种经营产值	亿　元	0.81	−0.3
粮食总产量	万千克	235.1	−9.0
工业销售收入	亿　元	328.07	15.2
实际利用外资及港澳台资	万美元	2757	91.3
自营出口额	万美元	175481	8.1
第三产业增加值	亿　元	93.38	10.6
居民人均可支配收入	元	55708	9.3

园路创成市级精品街道，三观路获评背街小巷整治省级示范道路，镇区主要道路在“整店招、提设施、增绿化、优步道、靓景观”中变身精美长廊。全面启动农村人居环境整治三年行动计划，南方村、双蓉村创成人居环境综合整治市级示范村。推进新型农民集聚点建设,双蓉“梦启苑”一期完成，狄坂农民集聚点一期启动。加强城市长效管理，横林镇获评“江苏省2019—2021年度文明乡镇”。

社会事业　推进“教育强镇”工程，宋庆龄幼儿园、横林实验小学等新校区竣工投用，横林实验初中、田舍幼儿园、江村幼儿园主体完工，崔北幼儿园项目启动；推进基础教育优质均衡，横林实验小学增挂市教科院第二附属小学，横林中心小学更名冯仲云小学，横林高中获评省教育工作先进集体、省文明单位。开展党学习教育和群众文化活动，“槐滩理赞”理论宣传品牌全面打响，“古槐花开新时代”等文艺晚会成功举办，横林镇宣传曲《又见槐花》如期上线,“槐滩理赞”理论宣讲点获评2021年全市基层理论宣讲示范点。推进公共卫生事业设施提档、服务提质、品牌提优，横林医院新病房大楼投用，创成二级中西医结合医院,横林镇创成“江苏省健康镇”，并通过“国家卫生镇”复审。提升民生保障，新增就业3374人，重点企业开发就业岗位4750个，城镇登记失业率在3%以内；社会保险净增3034人，住房公积金净增1094人；城乡居民养老保险、医疗保险参保人员分别达15796人、27586人，实现全覆盖。

9月15日，“槐滩理赞”理论宣讲进企业　（供稿/横林镇）

【横林镇绿色家居产业示范园区获国家林业产业示范园区认定】 2021年年末，根据国家林业和草原局《关于公布第二批认定命名国家林业产业示范园区名单的通知》，横林镇绿色家居产业示范园区获第二批国家林业产业示范园区认定。横林镇绿色家居产业园脱胎于地板产业集聚区，历经近30年的发展，产业基础雄厚，配套服务体系完备，为园区产业转型发展奠定基础。镇政府于2016年制定《横林镇绿色家居产业园规划》，规划建设绿色家居产业园，被常州经济开发区列为八大特色产业园区之一，通过整治“散乱污”企业、低效企业，做大做强骨干企业，引进绿色重大项目，有效盘活存量资源，推进产业集聚化、高效化、绿色化发展。到2021年已形成地板、家具、饰面纸三大特色产业、10多个细分行业，拥有相关企业680余家，产业总量占到全镇的半壁江山，获评国家外贸转型升级基地等荣誉。

【佳辰智能数据中心高端新材料等重点项目开工】 佳辰智能数据中心高端新材料项目　由佳辰控股集团有限公司实施，整合低效用地4.67公顷，新建厂房5万平方米，购置面板开平剪切生产线、四柱式全自动成型机、上下托板级进模生产线以及辅助设备等80台（套），于6月开工，投产后可形成年产金属地板200万平方米、GRC地板85万平方米的生产能力。

聚智物理交联聚乙烯制品项目　由常州市聚智新材料科技有限公司实施，利用存量土地，新建厂房1.8万平方米，购置搅拌密炼机、切粒机、塑料挤出机、氮气发泡生产线及辅助设备等45台（套），于4月开工，达产后可形成年产物理交联聚乙烯塑料制品6000吨的生产能力。

汇联半导体净化车间和5G数据机房配套装备项目　由江苏汇联活动地板股份有限公司实施,新增用地3.67公顷，建设厂房6.6万平方米，购置铝压铸机、机器人、网络板生产线、镀锌板铆合线、切边生产线17台（套），于9月开工，投产后可形成年新增半导体净化车间和5G数据机房配套装备500万平方米的生产能力。

华一OA型全钢活动地板项目　由常州市华一防静电活动地板有限公司实施，新增用地3.33公顷，建设厂房6万平方米，购置铝压铸机、网络板生产线、镀锌板铆合线、切边生产线20台（套），于9月开工，投产后可形成年产钢地板400万平方米、铝地板20万平方米的生产能力。

天启·文璞君樾　由常州市天悦置业有限公司实施，新增用地2.78公顷，总建筑面积92316平方米，建设住宅楼5幢、商业建筑及配套设施2万平方米，于3月开工。

【凯迪车辆驾驶智能辅助系统等13个重点工业项目竣工】 凯迪车辆驾驶智能辅助系统项目　由常州市凯迪电器股份有限公司实施，新增用地11.4公顷，新建研发大楼、标准厂房等30万平方米，新增生产流水线等设备，于10月竣工，达产后可形成年产智能车身稳定系统、车身电子稳定系统及主动刹车系统共500万套的生产能力。

协和FPC柔性电路板项目　由江苏协和电子股份有限公司实施，新增用地3.33公顷，新建厂房8万平方米，购置德国数控钻等设备96台（套）和双轴钻孔机、X-ray检查机、VCP镀铜线等国产设备357台（套），于6月竣工，达产后可形成年产高密度多层印刷电路板100万平方米的生产能力。

佳饰家薄膜新材料项目　由江苏佳饰家新材料有限公司实施，新增用地4.57公顷，新建厂房及辅房、办公大楼等8万平方米，购置浸渍纸生产线20条、层压机生产线5套、PVC木纹膜生产线4套，于8月竣工，达产后可形成年产装饰纸PVC膜3.5万吨、浸渍纸1亿张、压延膜3.2万吨的生产能力。

翰琪电机高速电主轴扩能项目　由常州市翰琪电机有限公司实施，整合低效用地1.33公顷，新建厂房3.1万平方米，购置国外先进数控外圆磨床、卧式硬支持平衡机5台（套）以及国产加工中心、磨床、车床等206台（套），于12月竣工，达产后可形成年产高速电主轴20万台的生产能力。

贝美新型环保装饰板项目　由常州市贝美家居科技有限公司实施，利用原有厂房5.4万平方米，购置江苏贝尔装饰材料有限公司设备以及PVC挤出生产线、SPC石塑地板生产线、纵（横）向双端铣，配套全自动PVC挤出生产线、SPC石塑地板生产线，机器人（机械手）、全自动设备系统、XYJ-3/2000自动线等设备235台（套），于10月竣工，达产后形成年产2000万平方米新型环保装饰板的生产能力。

丰树新型环保同质透芯商用卷材项目　由江苏丰树新材料科技有限公司实施，整合低效地块3.23公顷，新建厂房2万平方米，购置压延生产线、鼓式生产线、块材生产线和原材料自动计量输送等设备155台（套），于5月竣工，达产后可形成年产新型环保同质透芯商用卷材500万平方米、防静电塑胶地板300万平方米的生产能力。

赛欧高端卫生防护材料项目　由江苏赛欧防护用品科技有限公司实施，利用现有厂房，购置塑料机械、产业用纺织机械、全自动生产口罩线、一次性卫生用品生产线及包装消毒辅助设备等35台（套），于12月竣工，投产后可形成年产熔喷布1000吨、无纺布2000吨、口罩5亿个、一次性卫生用品5亿片的生产能力。

双爱智能家具提升改造项目　由常州市双爱家私有限公司实施，利用自有厂房3.2万平方米，购置先进数控折弯中心、数控多工位冲床、焊接机器人、全自动切管机及其他生产设备共73台（套），于10月竣工，达产后可新增年产智能家具200万套的生产能力。

筑友商用智能导购机器人项目　由常州市筑友展示科技股份有限公司实施，利用存量用地，新建建筑面积1.72万平方米，购置多功能金属加工生产线、多功能木工生产流水线设备及辅助配套设施18台（套），于8月竣工，达产后可形成年产展示器材10万套、多媒体导购机3万套、商用智能导购机器人5000套的生产能力。

慕明智能家具多功能架项目　由江苏慕明智能科技有限公司实施，租赁慕林电器厂房1.2万平方米，购置焊接机器人、金属圆锯机、可倾压力机、冲床等设备49台（套），于12月竣工，达产后可形成年产功能架200万套的生产能力。

赛拉弗主栅大硅片高效组件项目　由江苏赛拉弗光伏系统有限公司实施，租赁新鸿联集团厂房4万平方米，改造车间和仓库2.8万平方米，购置层压机5台、串焊机18台、无损划片机5台、AI自动识别系统6套、翻板机9套、流水线等设备676台（套），改造升级原有部分设备流水线和生产工艺，于12月竣工，投产后可形成年产主栅大硅片高效组件1200兆瓦的生产能力。

曼多林齿轮及齿轮减、变速箱项目　由常州市曼多林精密机械科技有限公司实施，租赁厂房4000平方米，购置进口数控旋风切削、数控滚齿机、数控加工中心、国产数控车床、数控磨床等50台（套），于12月竣工，投产后可形成年产齿轮及齿轮减、变速箱5万套的生产能力。

欧伯娜智能办公家具项目　由常州欧伯娜家居有限公司实施，租赁贝丽装饰厂房4800平方米，购置电子锯、手推锯、磨圆机、大型冲孔机、机器人、萱宸喷淋设备等设备100台（套），于10月竣工，投产后可形成年产办公家具35万套的生产能力。

【横林新增高新技术企业15家】 2021年，横林镇15家企业被全国高新技术认定管理工作领导小组办公室认定为高新技术企业，全镇累计有高新技术企业54家。

【第十五届（中国·横林）国际地板博览会】 3月23—26日，在上海浦东新国际展览中心举办。该届博览会由常州经济开发区管委会、中国林产工业协会地板专业委员会、江苏省木材行业协会地板专业委员会主办，武进区横林镇人民政府、常州市地板协会、常州市新型装饰板材料生产力促进中心、常州地板协会公平贸易工作站承办，以“横林地板，源于绿色，创新无限”为主题，设置展位面积3000多平方米，横林绿色产业集群企业56家参展，展示涵盖地板产品、地板辅料、地板设备，以及SPC、PVC、新型防水强化木地板产品280余款，引领产品从底材类延伸到墙面类的绿色低碳、科技创新发展，推动横林地板产业转型升级。

表67　2021年横林镇新增高新技术企业基本情况表

企业名称	占地面积（平方米）	建筑面积（平方米）	产值（万元）
常州市武进中天机房设备有限公司	41412	32000	25682
常州柏繁电气有限公司	10920	10920	15100
常州鼎泰新材料科技有限公司	6153	2500	13985
常州布鲁科技有限公司	20000	20000	16057
江苏左美包装科技有限公司	8373	8373	2375
常州市中久电子科技有限公司	2000	2000	3500
常州裕丰新材料科技有限公司	4000	4000	3311
常州欧普莱机械制造有限公司	4000	4000	900
常州市凯程精密汽车部件有限公司	5000	5000	8069
常州博安和达电器有限公司	11383	20000	1657
江苏佳饰家新材料有限公司	59663	85570	70000
江苏可道智能科技有限公司	1500	1500	418
江苏洛基木业有限公司	31223	15923	12500
江苏奥琳斯邦热能设备有限公司	20600	20600	13000
常州东炬电气科技有限公司	6000	4500	5545

表 68

2021 年横林镇新增发明专利情况表

企业（个人）名称	发明专利产品
江苏天润盛凯新材料股份有限公司	一种不燃装饰板的制作方法
	一种新型黑板及其制作方法
江苏昇昌家居新材料股份有限公司	一种耐刮隔音皮革墙板
江苏赛拉弗光伏系统有限公司	一种 MWT 电池片、MWT 电池串及制备方法
江苏慕林智能电器有限公司	虚拟场景配置方法、系统及电动沙发的虚拟场景配置方法
	故障诊断呈现方法及系统、控制模块
	沙发场景分组方法、UE 设备、组合沙发及其布局方法
江苏洛基木业有限公司	一种地板无线锁扣连接元件
	无醛柔性浸渍单板浸渍处理方法
江苏博大新材料科技股份有限公司	一种高抗冲型 A 级不燃高压装饰板及其制备方法
佳辰地板常州有限公司	一种网络钢地板的输送系统
	一种网络钢地板的输送设备
	OA 网络地板一体化生产装置
常州勇前机电科技有限公司	间隙可调式磁悬浮电主轴
常州协和光电器件有限公司	一种耐腐蚀的车灯用线路板总成
	线路板总成分拣输送装置及其工作方法
	一种线路板总成
	线路板总成用折线机及其工作方法
	一种使用寿命长的车灯用线路板总成
	车灯用线路板总成自动化处理系统
	一种便于固定线路的线路板总成
	一种定位效果良好的车灯用线路板总成
	车灯用线路板总成处理系统
	线路板总成用剥线倾倒折线机
	一种固定良好的线路板总成
	线路板总成用剥线收集折线机
常州市武进中天机房设备有限公司	一种铝蜂窝防静电地板组件及其地板的制作工艺
常州市双进电子有限公司	一种线路板用挂踢机构
	一种线路板总成检测系统
常州市凯迪电器股份有限公司	一种管内壁润滑脂涂油装置
	一种线性致动器
	四连杆尾门电撑杆输出力的计算方法一种致动器

企业（个人）名称	发明专利产品
常州市华腾活动地板有限公司	一种高效输送机及输送换向方法
	一种切割组件及其使用的切割台
	一种收料装置及切割设备
常州市多朋机械有限公司	一种高强度滚丝轮组件及使用该滚丝轮组件的滚丝工艺
	一种滚丝轮组件及运用该滚丝轮组件的滚丝工艺
	一种加强冷却的滚丝轮及运用该滚丝轮的滚丝工艺
常州市从江再生资源利用有限公司	一种垃圾焚烧炉渣资源化利用的方法
	一种从生活垃圾焚烧炉渣中回收金属的生产系统
常州市昌隆电机股份有限公司	一种电机轴用下料装置及生产工艺
	一种电机轴用单个下料装置及生产工艺
	一种电机控制器板用治具及其定位方法
	一种电机控制器板用加工治具
	一种电机轴输送线
	一种电机轴输送系统
	一种电机轴输送装置
	一种智能化系统及其工作方法
	一种机壳除尘系统
	一种机壳贴标系统
	一种电机线圈检测系统
	一种电机线圈检测设备
常州市贝美家居科技有限公司	一种防水蜡、地板拼接处的防水处理方法及拼接地板
常州欧普莱机械制造有限公司	一种汽车加油管喷塑生产线
	一种喷房及烘道钢结构节点锁定结构
常州鸣轩自动化设备有限公司	交互式智能化 PIS 集成管理方法
常州捷乾机电科技有限公司	双向波超声波自动换刀电主轴
吴海燕	一种钠离子电池凝胶态电解质的制备方法
王顺方	一种柔性导电纱线的制备方法
唐文夺	一种用作密度纤维板防水涂层的防水剂及其制备方法
沈福昌	精对苯二甲酸残渣无害化回收焚烧处理方法
	精对苯二甲酸残渣资源化回收焚烧处理方法

【横林电子商务产业园入围省电子商务示范基地】 2021年6月，横林电子商务产业园被省商务厅认定为2021—2022年度江苏省电子商务示范基地。横林镇作为全国强化木地板和SPC地板产业集聚区，加快平台建设、提升服务能力，重点建设绿色家居特色产业公共服务平台、跨境电商产业园及国际物流园，搭建起绿色家居行业工业互联网平台，促进产业集聚集约、行业发展模式从线上交易向“线上＋线下＋制造”转型，形成以地板产业为主导和家居行业、农副产品行业与新兴产业共同发展的新格局，实现绿色家居产业园年产值规模近150亿元。

【奥琳斯邦挂牌“新三板”】 2021年12月22日，江苏奥琳斯邦装备科技股份有限公司（简称“奥琳斯邦”）挂牌“新三板”，股票代码“873647”。该公司位于横林镇新东方村长虹东路29号，成立于2004年，专业从事压力容器和碳纤维制品的研发设计、生产制造和销售服务，是一家集科研设计、生产销售、安装售后服务于一体的高新技术企业，先后获得国家D级压力容器制造许可证、B级锅炉制造许可证和美国NB、欧盟CE、加拿大CRN等认证，拥有多项国家授权发明及实用新型专利，被评为江苏省高新技术企业、江苏省知识产权示范企业、江苏省民营科技企业、江苏省中型科技型企业，是中国加气混凝土协会会员、中国建筑玻璃与工业玻璃协会会员，产品出口到美国、加拿大、法国、英国、俄罗斯、澳大利亚、瑞典、新西兰、马来西亚、伊朗、印度等国家和地区。

【冯仲云教育基地落成】 2021年5月29日，冯仲云教育基地落成仪式在冯中云小学举行，常州市委常委、宣传部部长陈涛，中央党史和文献研究院研究员石雷，常州经开区党工委书记顾伟国，横林镇党委书记江春明共同为基地落成揭幕，冯仲云家属、亲友以及一同战斗、工作过的单位代表、研究单位代表应邀出席。该基地位于常州经开区朝阳路和横玉路交界处的冯仲云小学西南角，总占地面积1100平方米，总建筑面积2200平方米，是集文物陈列、展览参观、学术研讨、党性锻炼于一体的综合性教育基地。内设展厅6个，以铸忠心·胸怀家国、明初心·求索真理、固信心·抗日救亡、映丹心·白山黑水、秉公心·励精图治、持恒心·奉献忘我、系真心·英雄情长、诉忠心·英雄不朽为主题，全面展示冯仲云将军身上矢志不渝的爱国主义精神、不畏险阻的艰苦奋斗精神、舍生忘死的革命英雄主义精神。年内，接待观众上万人次，获评常州市爱国主义教育基地、中共常州市委党校党性教育基地、常州市首批党史教育基地以及哈尔滨工业大学学生实践基地、河海大学大学生德育教育基地。

5月29日，冯仲云教育基地落成仪式举行　　（供稿／横林镇）

表69

2021年横林镇各村（社区）基本情况表

村（社区）名	户数（户）	户籍人口（人）	党组织书记	村委（社区居委会）主任（召集人）	集体经济收入（万元）
余巷村	466	1349	胡卫春	胡卫春	251.64
狄坂村	485	1458	吴寿波	吴寿波	678.67
顺庄村	527	1543	单　飚	单　飚	196.49
江村村	921	2961	周正虎	周正虎	476.98
红联村	858	2350	李　明	李　明	387.41
牛塘社区	987	2342	朱洪亮	朱洪亮	288.04
横林社区	1057	2564	戚晓峰	戚晓峰	265.35
林南村	715	2270	周秉诚	吴　芳	494.32
南方村	844	2544	王　超	王　超	251.64
新东方村	1281	3640	周立新	周立新	904.94
青司塘村	855	2548	赵耀祖	赵耀祖	609.29
镇西村	912	2517	钱孝明	钱孝明	549.01
崔桥村	739	2330	吴海峰	吴海峰	604.92
崔桥社区	272	510	濮俊伟	濮俊伟	—
庆丰村	1139	3586	丁卫忠	丁卫忠	400.22
卫星村	787	2509	沈国武	沈国武	577.78
双蓉村	1198	3736	谢　杨	谢　杨	870.64
崔北村	1022	3536	周　平	周　平	1023.86
昌盛社区	888	2365	徐　俊	徐　俊	—
下塘社区	1101	2734	王银丹	王银丹	—
瑞丰社区	590	1836	钱文红	钱文红	—

说明：村（社区）党组织书记、村委（社区居委会）主任“一肩挑”

冯仲云（1908年3月至1968年3月），横林余巷村人，东北抗联著名将领。少时就读于余巷小学（今冯仲云小学）。1926年考入清华大学，1927年加入中国共产党。1930年到东北抗日，历任中共满州省委秘书长、东北抗联第三路军政委、北满临时省委书记、松江省主席兼哈尔滨工业大学校长、北京图书馆首任馆长、水电部副部长等职。1955年9月27日，在中国人民解放军首次授衔授勋典礼上，毛泽东亲自授予冯仲云“一级八一勋章”和“一级独立自由勋章”。

（邵心钰）

遥观镇

【概况】 遥观镇位于武进区东南部，东临横林镇，西接湖塘镇，南靠洛阳镇，北依横山桥镇，总面积44.7平方千米，辖行政村15个、社区7个。获得“全国先进基层党组织”“国家新型工业化产业示范基地”“国家卫生镇”“国家生态镇”“全国环境优美镇”“中国轨道交通产业集群名镇”等称号。2021年，在全国千强镇排名中跃升至55位。

2021年遥观镇主要经济社会指标完成情况表

表70

指　标	单　位	数　值	比2020年（±%）
地区生产总值	亿　元	227	8.9
公共预算收入	亿　元	10.6	2.7
农业总产值	亿　元	0.55	−5
多种经营产值	亿　元	0.48	−4
粮食总产量	万千克	216	−4.1
工业销售收入	亿　元	496.8	14.1
实际利用外资及港澳台资	万美元	1329	−58.6
第三产业增加值	亿　元	73.23	9
居民人均可支配收入	元	55061	9.3

产业发展 发展高效农业，拥有常州市中舜生态农业科技有限公司、常州市蒋记食品有限公司、常州骆马湖食品有限公司等农业龙头企业和“蒋凤记”“清道夫”“品益味”等品牌农产品，累计创成绿色食品6个、名特优农产品5个。有工业企业2600余家，其中规模以上工业企业184家，全年完成规模以上工业产值445亿元，占全镇工业总产值的78%。推进重点产业项目建设，新增入库市重大项目4个、区重点项目10个，龙东、信合久等17个项目竣工投产，长海、哈焊所华通等12个项目加快建设，联东U谷·宋剑湖创新智慧港项目签约入驻。新观点省级众创空间累计入驻企业134家，承办“让全国看见你”江苏省青年创新创业项目路演，获评全市青年双创项目路演基地。新增高新技术企业11家，全镇累计有高新技术企业75家，全年完成高新技术产业产值152亿元，占全镇规模以上工业产值的34%。光大环保能源（常州）有限公司获评全国十佳环保设施开放单位、省“企业绿色发展领跑者；光大环保技术装备（常州）有限公司“生活垃圾焚烧发电一体化处理装备绿色设计平台”入选工业和信息化部、财政部《绿色制造系统集成项目典型案例》，强力新材项目获评中国感光学会科学技术进步奖一等奖，宏达数控项目获评国家产学研合作创新与促进二等奖，江苏雷利电机股份有限公司减速永磁式步进电动机、江苏长海复合材料股份有限公司高性能玻璃纤维短切原丝毡入选工业和信息化部拟认定第六批制造业单项冠军企业和单项冠军产品名单；今创集团有限公司入选中国民营企业制造业500强、省百强创新型企业、省四星级上云企业，江苏雷利电机股份有限公司入选省民营企业创新100强，灵通展览系统股份有限公司入选省首届民营文化企业30强；俞金坤入选第八届江苏省道德模范及提名奖，钱晓春获评省科技创新发展奖先进个人。推进企业上市，哈焊所华通（常州）焊业股份有限公司IPO过会，江苏飞扬粉末科技股份有限公司“新三板”挂牌。发展现代服务业，引进星巴克、50岚、百分茶等知名餐饮企业入驻大润发商圈。

镇村建设 优化城镇规划，完成两轮控制性详细规划调整，编制镇村布局规划和渔庄实用性村庄规划，完善水系路网用地布局，为省、市重大项目落地提供坚实保障。谋划精品街道、特色田园、美丽乡村等系列研究性规划方案编制，建设宜居、宜业的创新型特色智创小镇。推进基础设施建设，观景路二期、观澜路等4条道路完工，观湖路、人民路改扩建工程等5条道路加快建设；实施农村天然气全覆盖工程，新增天然气入户799户。加强城镇经营，推进经营性地块挂牌出让4个和312国道板凳桥、中吴大道教育地块片区等征迁项目

宋剑湖俯瞰　　（供稿／遥观镇 摄于2020年3月）

8个，涉及民房259户、企业36家，共计建筑面积30.5万平方米。推进污染防治，完成广电东路污水泵站及管网改向工程、企业污水接管60家，建成投运观景苑污水提升泵站、农村生活污水治理设施8个，基本实现行政村生活污水治理设施全覆盖。开展“危污乱散低”出清提升行动、铸造行业专项综合整治、涉水企业专项整治，严格监管危废固废处置，219家重点企业纳入危险废物全生命周期系统。聚焦生态湿地修复和水质提升，投资5500万元，完成宋剑湖水环境综合整治（三期）工程，宋剑湖生态修复入选江苏省首届“最美生态修复案例”，成为全市山水林田湖草类唯一入选案例。建设美丽乡村，勤新村精美小菜园建成。加强城市精细管理，全区首个镇级垃圾分类科普宣教中心建成投运，垃圾中转站改造提升工程完工，实现易腐垃圾闭环清运、处置和资源再利用。开展市容整治专项行动，临津路精品街道、涟漪路综合整治提升工程基本完成。推进农村人居环境整治，农村公厕改造提升基本完成，市级暗访反馈问题整改完成率100%。

社会事业　推进教育事业发展，新建云禾幼儿园，成立“英赛思”百万教育奖励基金，遥观初级中学、剑湖实验学校、南塘桥小学3所学校创成省智慧校园，遥观初中创成全省“诵读学传”工作示范校。推进文体场馆建设，宋剑湖环湖塑胶跑道（一期）完工，秋白书苑遥观光大环境馆获评省最美公共文化空间，承办常州经开区群众文化艺术节，开展王兰英戏剧周、风筝节等活动。推进镇卫生院改扩建工程，建成村“中医阁”3个。筑牢疫情防控安全防线，完成全程接种新冠疫苗75079人，遥观镇获评全市抗击新冠肺炎疫情先进集体。深化社会治理，实施法治“社区合伙人”培育工程，镇指挥中心一体化平台2.0升级版、“遥无忧”基层治理App投入使用，建成“平安前哨”工作站14个，勤新村创成全国民主法治示范村，洪庄村、通济村2个村获评省民主法治示范村。加强民生保障，新增就业岗位3288个，扶持自主创业662人，带动就业1003人；社保提质扩面，新增参保人员2430人。开展慈善救助活动，发放困难群众补贴172万元。留道退役军人服务站创成“江苏省百家红色精品退役军人服务站”，退役军人蒋明峰获评“江苏好人”。

【龙东光刻胶研发生产基地等2个重点项目建成投运】　龙东光刻胶研发生产基地　为市重大项目，由江苏龙东新材料有限公司实施，新增用地1.87公顷，新建厂房8442平方米，总投资3.09亿元。该项目于2020年12月开工，2021年12月建成投运，形成年产平板显示用光刻胶4000吨、半导体芯片光刻胶1000吨、清边液1.2万吨、剥离液1.2万吨的生产能力。

信合久车身轻量化零部件及高性能合金材料项目　由常州市信合久复合材料科技有限公司实施，新增用地2.67公顷，新建生产车间4万平方米，总投资3.5亿元，该项目于2020年9月开工建设，2021年12月建成投运，形成年产高性能聚碳合金复合材料1.5万吨、汽车轻量化零部件20万套的生产能力。

【宏亿汽车安全系统精密零部件等4个重点项目开工】　宏亿汽车安全系统精密零部件项目　为市重大项目，由江苏宏亿钢管有限公司实施，新增用地6.67公顷，新建智能化工厂、研发办公楼等建筑6万平方米，购置汽车安全系统管件生产线、精密无缝管生产线、精密焊管及焊拔管生产线及其他生产设备264台（套）。该项目于6月开工建设，建成后可形成年产汽车安全系统精密零部件1000万套、精密钢管10万吨的生产能力。

华联智能电网成套设备项目　为市重大项目，由常州市武进华联电控设备有限公司实施，整合用地2.55公顷，新建厂房及研发办公楼共5.9万平方米，购置数控冲床、数控折弯机、数控剪板机、全自动上料机等国产设备209台（套）。该项目于11月开工建设，建成后可形成年产5G通信智能装备6万套、电气控制设备用柜体6万套、机械零部件160万件的生产能力。

剑湖金城5G智能化厨房配套装备项目　为市重大项目，由常州剑湖金城车辆设备有限公司实施，利用存量土地，建设实验室及生产车间2万平方米，对现有厂房1万平方米升级改造，购置激光切割机、折弯机、数控冲床、螺杆空气压缩机、油压机、工业设备软硬件等设备405台（套）。该项目于9月开工建设，建成后可形成年产5G智能化厨房配套装备2万台（套）的生产能力。

成丰流量仪表项目　由常州市成丰流量仪表有限公司实施，新增用地1.33公顷，新建车间、甲类仓库、乙类仓库、危废仓库、应急池等总建筑面积约2万平方米，购置切割机、数控车床、玻璃成型机、焊机、抛丸机等主辅设备126台（套）。该项目于6月开工，建成后可形成年产流量仪表7万个、物位仪表2000个的生产能力。

【遥观新增高新技术企业11家】　2021年，遥观镇有11家企业被全国高新技术认定管理工作领导小组办公室认定为高新技术企业。

2021年遥观镇新增高新技术企业基本情况表

表71

企业名称	占地面积（平方米）	建筑面积（平方米）	产值（万元）
常州市泰润塑业有限公司	12800	15000	8800
常州戴雅托普机械有限公司	680	4500	1794
常州市湖东机电设备有限公司	4130	2600	1324
美氟新材料科技（常州）有限公司	4000	4681	15000
常州市腾创机械科技有限公司	1620	1320	592
常州卓睿管业有限公司	11664	12636	15378
常州市新拓工具有限公司	3220	5800	6400
常州市新墅机床数控设备有限公司	19438	15900	8724
常州市信合久复合材料科技有限公司	26000	41000	4600
常州益广自动化设备有限公司	350	380	120
锐卡常州科技有限公司	3000	650	480

【宋剑湖生态修复案例入选省首届最美生态修复案例】 2021年6月，省自然资源厅通报江苏省首届最美生态修复案例，宋剑湖生态修复案例入选。宋剑湖生态修复工程始于2017年，主要分三期实施，在规划设计上遵循人与自然和谐共生的生态文明理念，以山水林田湖草整体保护、系统修复和综合治理的理念为出发点和落脚点，开展宋剑湖区域退地还湿、退渔还湿，入河湖污水管网改建，疏浚河道，清淤湖底等先导工程，采取湿地修复、水源净化、水质恢复、湖岸带植被恢复与重建等措施，为鸟类、鱼类、两栖类等湿地动物提供栖息地，提升生态系统质量。到2021年，区、镇两级财政累计投入资金6亿多元，治理修复湖区及周边范围面积100公顷。

【"匠心车间理论课堂"入选省冬训优秀项目】 2021年6月，"匠心车间理论课堂"入选省冬训优秀项目，遥观镇获评江苏省基层党员冬训先进集体。遥观镇着力引领产业工人学党史、听党话、跟党走，结合工业强镇特色，于1月开设"匠心车间理论课堂"，发挥"授课＋阅读＋交流"的多重功能，结合"工业智造名镇"建设，在常州首创打造"匠心"车间理论课堂，利用企业党群服务中心、新时代文明实践点、厂区车间等空间，打造今创党群服务中心、钱晓春书记工作室等特色基层理论宣讲阵地，邀请名师、名嘴以及企业的党务工作者走进车间一线，为工人代表宣讲党的理论知识，打通宣传、教育、服务企业党员干部群众的"最后一公里"。

【勤新村获评全国民主法治示范村】 2021年3月，遥观镇勤新村被司法部、民政部命名为第八批全国民主法治示范村（社区）。勤新村位于遥观镇北部，总面积2.5平方千米，辖自然村11个、村民小组23个，常住居民924户、2731人。有工商企业135家，其中规模企业19家、"新三板"挂牌企业1家，股改企业3家和产值超亿元企业4家。从2019年起，该村作为遥观镇首批法治营商环境试点村，聚焦中小微企业，组建企业法律服务团、企业法人微信群，以防控法律风险、化解法律问题为方向，每年深入企业开展普法讲座20余场次，每日推送法治信息；开展无偿法治"体检"，精准对接企业需求，在线提供个性化、定制化的普法产品；积极参与"法润遥观护企行"系列活动，实现中小微企业常态化法律服务全覆盖，提升企业"信任指数"和"安全指数"，以法治"硬核"护航企业高质量发展。

今创匠心车间　　（供稿/遥观镇 摄于2022年9月）

表72　**2021年遥观镇各村（社区）基本情况表**

村（社区）名	户数（户）	户籍人口（人）	党组织书记	村委（社区居委会）主任	集体经济收入（万元）
渔庄村	338	1538	周　斌	周　斌	166
桥南村	723	2121	吴政国	吴政国	278
塘桥村	713	2511	黄建国	黄建国	284
东方村	895	3021	居学良	居学良	228
洪庄村	480	1628	董国华	董国华	436
建农村	595	2016	周海良	周海良	495
东村村	638	2348	居震民	居震民	572
遥观村	1330	3665	刘华伟	刘华伟	294
薛墅巷村	560	1937	吴景伟	吴景伟	227
通济村	480	1766	吴南武	吴南武	340
剑湖村	1000	3235	邹　文	邹　文	245
前杨村	616	2177	杨　军	杨　军	427
新南村	1225	3923	王　赟	王　赟	623
勤新村	860	2731	周建明	周建明	640
郑村村	558	1885	杜骏华	杜骏华	333
印墅社区	580	1851	戴　勤	戴　勤	200
芳庄社区	539	1477	张中海	张中海	143
留道社区	480	1766	戚建平	戚建平	312
钱家塘社区	545	1583	奚赛明	奚赛明	417
遥观社区	967	2198	刘建春	刘建春	—
剑苑社区	61	146	戚建峰	戚建峰	—
剑湖社区	3327	9896	洑兆伟	洑兆伟	—

说明：村（社区）党组织书记、村委（社区居委会）主任"一肩挑"　（周　银）

横山桥镇

【概况】 横山桥镇位于武进区东北部，东临无锡市，西接潞城街道，南靠横林镇，北依天宁区郑陆镇，总面积58.23平方千米，辖行政村19个、社区5个（新增山水社区1个）。2021年年末常住人口92817人。境内横山风景区有大林寺、白龙观等景点15处，有“横山”百页、“横山”肉松、“横山”芹菜、“常润”栝楼籽、“芙蓉”鲜螺、“芙蓉”珍珠等名特农产品。先后获得“全国重点镇”“全国小城镇综合改革试点镇”“全国农业旅游示范点”“全国环境优美镇”“国家卫生镇”和“江苏省健康镇”等称号。

表73

2021年横山桥镇主要经济社会指标完成情况表

指　　标	单　位	数　值	比2020年（±%）
地区生产总值	亿　元	193.93	12.88
公共预算收入	万　元	71083	7.88
粮食总产量	吨	2925	−5
工业销售收入	亿　元	341.41	18.83
利用外资及港澳台资	万美元	2673.1	140.82
第三产业增加值	亿　元	76.8	0
居民人均可支配收入	元	36874	51.28

产业发展　夯实粮食生产基础，推进高标准农田建设，东洲、双庙一期33.33公顷土地平整全面启动，新安、朝阳等村166.67公顷农田附着物清表基本完成。有工业企业2125家，其中规模以上企业187家，全年完成规模以上工业产值322.98亿元，占全镇工业总产值的91.7%。推进重点产业项目建设，引进顺丰智慧物流（电商）产业园、恒耐创智天地等优质项目11个，25个区级及以上重点产业项目全面启动，省级重点项目顺丰智慧物流（电商）产业园项目开工，树杰保护膜等10个结转项目竣工投产，薛巷智能保护器等15个项目加快建设。推进科技创新，新增高新技术企业16家，全镇累计有高新技术企业77家；常州市龙鑫智能装备有限公司、常州市武进晨光金属涂料有限公司通过省级专精特新“小巨人”企业认定，江苏日盈电子股份有限公司被认定为省工业互联网发展示范企业，常州海登赛思涂装设备有限公司、江苏绿联环境科技有限公司分获省战略性新兴产业、省级现代服务业发展专项资金。推进企业股改上市，常州诚磊阀门科技股份有限公司挂牌“新三板”，常州宏昌电子有限公司启动上市股改，全镇累计有“新三板”挂牌企业3家。发展现代服务业，横山桥汽车城新进驻品牌4S店2家，规模以上服务业和十大行业服务业营收增速分别达30.2%和139.8%，服务业增加值占地区生产总值总量的45.1%。

镇村建设　优化城镇布局，完成镇域国土空间规划及实用性村庄规划修编，通过验收复垦土地4.94公顷。完善基础设施，推进常芙路、柳三路、横芙路等主干道路改造，开工建设园东路、山水路，兴隆南路改（扩）建、沿江高铁涉铁道路修复工程竣工通车。推进征迁安置，完成房屋征迁面积30万平方米，顺丰项目、医院南侧、中邦地块全面清零，横山桥派出所西侧地块顺利出让；新庄花苑、紫霞三期、悦榕雅苑等安置性项目全面启动，雍景园、芙蓉新天地、玖著雅苑等商住项目有序推进，颐景苑二期、天宸苑竣工交付。开发重点片区，芳茂山生态修复工程一期项目全面启动，芙蓉片区梁家桥周刘家村一期房屋基本结顶。保护生态环境，农村生活污水治理、菱沟河综合整治等专债一期项目全面竣工，劣Ⅳ类河道动态消除，精细化工地块土壤治理修复工程全面完工，对145家企业实施涉磷整治、铸造提标、VOCs综合治理，实现月均降尘量（3.69吨／平方千米）有效达标，空气优良天数明显增加。加强镇村长效管理，推进精致集镇、美丽乡村建设，实现集镇核心区雨污分流、美士隆街区道路提档出新、潞横河滨河绿道全面贯通，横芙路、常芙路沿线整治持续推进，西崦路、潞横路精品街道全面建成，五一村获评常州市美丽乡村示范点，《走进芙蓉圩、品尝江南“水八仙”》入

横山桥镇俯瞰图　　（供稿／横山桥镇 摄于2019年7月）

选央视新闻频道（CCTV-13）《丰收中国》特别栏目。

社会事业　围绕庆祝中国共产党成立100周年，积极开展党史学习教育，在全省范围内发起寻访江苏“第一党支部”系列活动，推动成立江苏“第一党支部”党建联盟，举办横山桥镇党建品牌发布暨“恒善”教育卫生千万基金成立仪式、“永远跟党走幸福舞起来”广场舞大赛、“丹青书伟业，翰墨颂党恩”第三届横山人书画展、“红色经典”全民阅读推广活动等群众性文化活动。持续发展教育、卫生事业，芙蓉初中、新安小学改扩建工程竣工投用，山水实验小学开工建设，芙蓉湖畔幼儿园新建和横山初中、芙蓉卫生院改（扩）建工程启动，“恒善”教育卫生基金组建成立，横山桥人民医院创成江苏省社区医院，其与常州市第二人民医院的紧密型医联体建设案例入选2021年全国县域医共体典范单位榜单。开展新冠肺炎疫情防控，承担设立常州经开区医学观察点3个，横山桥人民医院、芙蓉卫生院分别承建全市“黄码”医院和“黄码”人员核酸检测点。加强民生保障，举办企业用工专场招聘会5场次，提供就业岗位4731个；建设星辰人才公寓，落实政策性租赁住房1000余套；推进村级退伍军人服务站建设，筹建居家养老服务中心。

9月29日，顺丰智慧物流（电商）产业园开工仪式举行　　（供稿/横山桥镇）

【树杰功能膜保护膜等10个结转项目竣工投产】　树杰功能膜保护膜项目　由常州树杰塑业有限公司实施，新建厂房2.5万平方米，购置吹膜机、分切机、流延机等设备。该项目于2020年4月开工，2021年8月竣工，达产后可形成年产汽车功能膜3000吨、电子保护膜5000吨的生产能力。

大澳伺服电机生产线提升改造项目　由大澳电器（江苏）有限公司实施，利用新建厂房3万平方米，购置大型液压机、自动绕线机、自动嵌线机等设备。该项目于2020年4月开工，2021年9月竣工，达产后可形成年产伺服电机500万台的生产能力。

诺达无纺布项目　由江苏诺达卫生材料有限公司实施，整合存量土地1.07公顷，改建净化、辅助用房2万平方米，购置开松机、冷风、净化等设备，该项目于2020年7月开工，2021年12月竣工，达产后可形成年产一次性卫生护理用品1万吨的生产能力。

日盈车用电子电器智能制造项目　由江苏日盈电子股份有限公司实施，利用自有厂房1.5万平方米，购置加工中心、注塑机、激光焊接机等设备。该项目于2020年4月开工，2021年9月竣工，达产后可形成年产车用电子传感器450万件、车用洗涤系统500万件、线束900万件、注塑件1000万件的生产能力。

薛巷智能断路保护器项目　由常州市薛巷电讯元件集团有限公司实施，利用自有厂房1万平方米，购置高速拉丝机、注塑机、自动车床等设备。该项目于2020年4月开工，2021年9月竣工，达产后可形成年产智能断路保护器1000万条的生产能力。

琪联华赫工业自动化智能系统项目　由江苏琪联华赫智能装备科技有限公司实施，利用存量土地0.47公顷，改建研发中心7700平方米，购置工业机器人、剪板机、折弯机等设备。该项目于2020年12月开工，2021年12月竣工，达产后可形成年产自动化粉体包装、液体灌装、码垛智能系统设备55套的生产能力。

江山新型环保建筑材料提升改造项目　由常州市江山新型建筑材料有限公司实施，利用存量土地，新建生产用房、密闭储料仓3600平方米，购置粒径分选机、板链式提升机等设备。该项目于2020年3月开工，2021年3月竣工，达产后可形成年产110万立方米加气混凝土制品的生产能力。

炯毅商用车制动系统核心阀板项目　由常州市炯毅包装有限公司实施，整合存量用地0.73公顷，新建厂房6960平方米，新增冲床、真空焊接炉、抛光机、清洗机、剪板机等国产设备44台（套）。该项目于2020年3月开工，2021年12月竣工，达产后可形成年产商用车制动系统核心阀板100万套的生产能力。

航弘电机生产线自动化制造项目　由常州市航弘机电有限公司实施，利用自有厂房1.2万平方米，购置电机自动化产线等设备。该项目于2020年4月开工，2021年6月竣工，达产后可形成年产电机400万台的生产能力。

犇坤内燃机配件项目　由常州市犇坤铁路机械配件有限公司实施，总投资5160万元，整合存量用地新建厂房，新增激光切割机、自动电焊机、全自动剪板机、全自动滚筒式折纸机，圈圆机等生产设备14台（套）。该项目于2020年3月开工，2021年12月竣工，达产后可形成年产4000件小单元分体式惯性滤清器、1000件空滤箱成套、5000件空滤芯、4000件机械过滤器、内燃机车机车配件的内燃机车模块化滤清器系列产品、机车配件的生产能力。

【顺丰智慧物流（电商）产业园项目开工】　内容参见“产业园区”类目P76相关条目。

【横山桥入选专精特新“小巨人”企业3家】　2021年7月，江苏兰陵高分子材料有限公司（简称“兰陵高分子”）获评第三批国家级专精特新“小巨人”企业。兰陵高分子是国家重点高新技术企业、常州市国家新型涂层材料产业化基地龙头企业，在新型防火防腐功能涂层材料领域市场占有率达15%，位居全国第一。12月，常州市龙鑫智能装备有限公司（简称“龙鑫智能装备”）、常州市武进晨光金属涂料有限公司（简称“晨光金属涂料”）通过省级专精特新“小巨人”企业认定。龙鑫智能装备主营微纳米材料研磨装备，产品广泛应用于油墨、涂料、日化、皮塑、电子、铅笔、颜料、食品等行业，在国内市场占有率达70%。晨光金属涂料是为中国汽车行业打造民族自主名牌、提供配套产品服务的公司，生产的车用涂料在重卡行业市场占有率超过35%，与一汽集团技术中心联合研发的《车身一体化涂装的应用研究》于2008年获中国汽车工业科学技术进步二等奖，自主研发的“三维立体涂料”填补国内空白。

【日盈电子获评省工业互联网发展示范企业】 2021年11月，江苏日盈电子股份有限公司（简称“日盈电子”）获评江苏省工业互联网发展示范企业（标杆工厂类）。该公司以工业互联网标识解析体系为底座，将企业人机料法环等管理对象标识化、数字化、透明化、协同化，实现各要素资源在工业互联网平台上跨部门、跨企业、跨行业的高效协同，具有需求精准识别、产品个性化设计、定制化生产、订单快速交付以及客户智能服务等特点。

【横山桥新增高新技术企业16家】 2021年12月，横山桥镇16家企业被全国高新技术认定管理工作领导小组办公室认定为高新技术企业，全镇累计有高新技术企业77家。

【诚磊阀门挂牌“新三板”】 2021年10月19日，常州诚磊阀门科技股份有限公司（简称“诚磊阀门”）挂牌“新三板”，股票代码：873631。该公司自主研发生产的Q（S）系列阀门电动执行器，广泛应用于电站、石油、化工、建筑、水处理、城市建设等行业，通过接入专用网络实现对阀门的集中控制和管理、远程无线监控控制。

表74　2021年横山桥镇新增高新技术企业基本情况表

企业名称	占地面积（平方米）	建筑面积（平方米）	产值（万元）
常州市步步干燥设备有限公司	7659	4500	1800
常州市恒邦新材料股份有限公司	6389	2200	6468
常州市龙鑫智能干燥科技有限公司	7000	6000	6843
常州市丰国金鳄电缆有限公司	7326	6500	8200
常州市武进信和精密机械有限公司	3000	2800	1500
江苏力库塑料托盘制造有限公司	11000	10800	16000
常州市鹏瑞自动化设备有限公司	1600	1400	812
常州绿资环保设备有限公司	1500	1000	396
常州海纳环保科技有限公司	6660	5328	5600
常州酷睿智能科技有限公司	280	260	331
常州市易尔通电子有限公司	8872	8000	10000
江苏昌盛轨道交通电气科技有限公司	1500	1000	1070
常州澳能自动化设备有限公司	3000	2000	500
常州市武进新邦涂料有限公司	1686	406	3155
常州埃姆基冷冻设备有限公司	5460	4000	6500
常州恒锌禹晟智能装备股份有限公司	7200	7083	10000

【“恒善”教育卫生千万基金成立】 2021年6月26日，“恒善”教育卫生基金成立，江苏江南实业集团有限公司、常州市薛巷电讯元件有限公司、常州市武进晨光金属涂料有限公司等17家企业共捐助善款1470万元，用于支持教育、捐资助学和改善医疗条件。9月26日，由该基金出资700万元购置的西门子1.5T核磁共振仪在横山桥人民医院投入使用。

【“水润横山”红石榴家园创成省级“红石榴家园”】 2021年12月，省民族宗教事务委员会公布全省第二批“红石榴家园”创建活动获评名单，“水润横山”红石榴家园名列其中。“水润横山”红石榴家园位于横山桥镇省庄村，依托三都水族自治县驻常州联络服务部为阵地，结合三都水族外来务工人员（2万余人）生产生活需求，通过党建引领、网格管理、服务惠民、文化交融等方式，促进水族群众与当地社会的大融合、共发展。6月，三都水族驻常州党支部与省庄村党总支成立“党建联合　工学共建”党建联盟。6月24日，常州经开区与贵州三都水族自治县两地“跨省通办”政务服务开通，解决在常州务工的三都户籍群众办事难、办事繁、往返跑等问题。

【《走进芙蓉圩、品尝江南“水八仙”》入选央视新闻频道《丰收中国》特别栏目】 2021年9月10日，央视新闻频道（CCTV-13）《丰收中国》特别栏目组走进横山桥镇“十万八千亩芙蓉圩”，品尝江南“水八仙”，讲述丰收故事。芙蓉片区位于横山桥镇东部，面积约22平方千米，水圩资源丰富、农业特色鲜明，主要种植有“水八仙”之称的莲藕、菱角等水产农作物。横山桥镇紧抓农业农村现代化建设，充分发挥芙蓉片区自然资源优势，大力发展休闲农业，使美丽乡村建设成为农民增收、乡村振兴的有效途径。东周村种植珍珠藕面积达66.67公顷，亩产1500千克左右，采摘的莲藕主要销往常州、无锡等地批发市场。菱角的采摘期一般持续到霜降，最多可采8～10次，村民种植菱角每年能增收3万～4万元。

表 75　　2021 年横山桥镇各村（社区）基本情况表

村（社区）名	户数（户）	户籍人口（人）	党组织书记	村委（社区居委会）主任	集体经济收入（万元）
东洲村	2018	5039	张中华	张中华	399.9
横山桥村	2133	5176	吴庆峰	吴庆峰	376
芳茂村	629	3913	李网度	李网度	885
西崦社区	703	2152	殷金兴	殷金兴	370
星辰村	1672	5232	王银瑞	王银瑞	582
省庄村	912	4953	方晓军	方晓军	947
金丰村	1355	4850	金文华	金文华	463.1
奚巷村	1089	3425	章晓伟	章晓伟	1010
五一村	2055	7178	徐　洁	徐　洁	2167
新安村	3328	8667	刘志叶	刘志叶	1782
东城湾村	560	2106	吕　俊	吕　俊	236
东风村	1082	3218	程　金（兼）（—11 月） 丁耀强（11 月任）	丁耀强	715
双庙村	903	3106	岳阳波	岳阳波	223
东周村	1270	4015	王　蓓（兼）	王　蓓（兼）	380
东柳塘村	685	2470	单立波	单立波	185
西柳塘村	853	2992	刘建群	刘建群	800
梁家桥村	779	2852	梁晓东	梁晓东	280
芙蓉村	918	2912	汤建斌	汤建斌	620
蓉湖村	896	2915	殷文杰	殷文杰	377.7
朝阳村	889	2818	王　年	王　年	516
横山桥社区	1425	3123	刘常羽	刘常羽（兼）	—
山水社区	706	1470	包英华（5 月任）	包英华（兼）（6 月任）	—
新安社区	568	1058	管建本（—5 月） 范本东（5 月任）	管建本（—5 月） 范本东（兼）（5 月任）	—
芙蓉社区	571	1016	陆海峰	陆海峰（兼）	—

说明：村（社区）党组织书记、村委（社区居委会）主任“一肩挑”　（许亦皎）

嘉泽镇
（武进现代农业产业园）

【概况】 嘉泽镇（武进现代农业产业园）位于武进区西南部，东临西太湖（滆湖），西接金坛区尧塘街道，南接湟里镇，北靠钟楼区邹区镇，总面积 101.48 平方千米，辖行政村 19 个、社区 5 个。2021 年年末常住人口 9.5 万人。239 省道、金武路、长虹西路、延政西路、宁常高速贯穿境域，扁担河、夏溪河、成章河和孟津河等水道在境内形成天然良港，拥有西太湖湖岸线 12 千米，多为自然保护湿地。获得“中国花木之乡”“全国环境优美镇”“全国美丽宜居小镇”“全国花卉生产示范基地”“全国科普示范基地”“全国农业旅游示范点”“国家卫生镇”和“中国花博镇”“绿色生命的摇篮”、省级生态文明建设示范镇等称号。2021 年 10 月，嘉泽镇（苗木）入选第十一批全国“一村一品”示范村镇、全国乡村特色产业十亿元镇。

产业发展　完善嘉泽花木产业规划，以“三花三惠（花海花都花市，惠园惠村惠民）、三产融合”为主题定位，发展“农业＋旅游”“农业＋节会”“农业＋文化”“农业＋电商”的模式，拓展可持续发展的产业融合新业态，形成规模大、层次深、领域宽、业态多的农村产业融合发展新格局。推进项目建设，列入重点项目 7 个，其中壹方创意休闲现代乡村旅游产业园被列为市重点项目，全区首个“园区更新”试点项目——嘉泽智造创业中心项目全面启动，森茂园林、云越花卉等项目稳步推进。新增规模以上企业 25 家，累计 51 家，全年完成规模以上工业总产值 28.22 亿元，增长 22.4%。发展现代服务业，全年实现限额以上社会消费品零售总额增长 30%、限额以上贸易业销售额增长 40.45% 和规模以上服务业营业收入增长 16.3%。

镇村建设　完善基础设施，推进南沿江城际铁路（嘉泽段）、新孟河延伸拓浚工程嘉泽段和花海大道南延新建工程，做好丹金高速等项目前期准备工作。完善防汛防台风体系，盛家闸站建成运行，完成花海大道等 6 条道路抢修工程、葛家桥桥梁改造及维修、嘉兴河清淤 2.3 千米及村塘清淤 46.67 公顷。推进天然气入户安装，实现餐饮场所天然气泄漏安全保护装置安装全覆盖。拓展公共文化体育空间，建设跃进村、士桥村体育公园，立牌紫薇园体育公园，完成年度全镇健身路径新建与更新。实施集镇更新，抓住高标准打造“嘉乡红盟”党建阵地“嘉乡红仓”“嘉创蓝湾”为契机，从管线入地、道路拓宽、沿街景观、基础设施、党建文化建设等方面，着力打造“状元坊—嘉兴路”特色精品街区，集镇容貌有效提升。大力发展观光农业、餐饮民宿和园艺体验等休闲旅游产业，打造具有花木特色的休闲旅游乡村，跃进村入选第二批常州市级乡村旅游重点村。实施农村人居环境整治五年提升行动，开展环滆湖片区生态环境治理、“绿美乡村”创建，提升村容村貌，实现整洁型村庄全覆盖，创成区级美丽型村庄 2 个、康居型村庄 50 个。推进河（湖）长制，成章村、跃进村获评区小微水体示范村，士桥浜入选区生态河道。加强镇村长效管理，推进垃圾分类试点和“厕所革命”，建成观庄村垃圾分类综合站和公厕 6 座，探索三星自建区农村垃圾分类市场化运行，有效规范重点路段和区域流动摊点、占道经营、乱堆放等问题。

2021 年嘉泽镇主要经济社会指标完成情况表

表 76

指　　标	单　位	数　值	比 2020 年（±%）
地区生产总值	亿　元	109.27	11.82
公共预算收入	万　元	28135	14.07
农业总产值	亿　元	11.61	5
粮食总产量	万千克	8.1	150
工业销售收入	亿　元	28.57	11.41
第三产业增加值	亿　元	70.34	11.8
居民人均可支配收入	元	40777	10.5

社会事业　重点推进夏溪初中改扩建项目、嘉泽中心幼儿园扩建项目及夏溪幼儿园异地新建项目，夏溪小学获评区素质教育督导优秀。依托镇、村（社区）新时代文明实践所（站）、道德讲堂等平台，组织开展文体活动 30 余场，承办武进区第四届运动会“钓鱼比赛”“全民秧歌展演”等活动。严格落实“不见面”审批改革要求，办理全国首张农村宅基地和建房（规划许可）电子批准书，全年累计办理公共服务事项 2 万余件，按时办结率 100%。加强民生保障，促进失业、困难人员就业 146 人，新增社会保险参保人员 515 人，办理被征地农民社会保障 2400 人，全镇养老、医疗保险覆盖率保持在 98% 以上。落实低保、重残生活救助、孤儿养育等政策，为 9816 人次发放生活救助金 1208.8 万元；发放慈善救助金 194.45 万元，惠及困难群众 1065 人次；发放尊老金 193.6 万元，惠及 80 周岁及以上老人 2900 人。关爱民政、优抚对象，累计发放生活救助金 1074.2 万元。

【嘉泽镇获评全国级荣誉 2 项】　2021 年 10 月，农业农村部发布第十一批全国“一村一品”示范村镇、全国乡村特色产业十亿元镇亿元村名单，嘉泽镇（苗木）分别入选。花木产业是嘉泽镇主导产业，始于 20 世纪 70 年代，到 2021 年，花木种植面积达 5200 公顷，占全镇耕地面积的 95% 以上；有花卉苗木企业 400 多家（含上规模的园林绿化企业 100 余家），其中农业高新科技企业 6 家——万臻生态科技有限公司、常州花香缘园艺有限公司、常州世华花卉科技有限公司、常州市扶苏农业科技有限公司、常州家绿林果园艺有限公司、常州市万川园林绿化工程有限公司，花木经纪人 1 万多名；有花木专业股份合作社 18 个，涉及农户 1.8 万户，建有大型苗圃、盆景园和大树基地 200 多个；形成以夏溪花木市场、江南花都产业园为核心的花木服务体系、以嘉满线名贵苗木产业带、239 省道草盆花及盆景产业带、花海大道休闲观光旅游产业带、新孟河沿线容器苗产业带为基础的花木生态体系和产品多元化配套的产业化经营格局。2021 年，完成花木总产值 220.62 亿元。

【嘉泽智造创业中心等重点项目建设】　嘉泽智造创业中心项目　位于嘉泽镇满墩村，为全区首个园区更新项目，于 2021 年 9 月通过规划审批，由常州锦泽运营管理有限公司投资建设，总占地面积 6.27 公顷，建设包括单层厂房、多层厂房、定制厂房、研发中试楼和生产企业总部、配套设施等内容，引进高端装备、智能制造、医疗器械等优质产业项目，打造集生产制造、研发设计、中试成果转化、生产企业总部、产品展示及生产配套功能于一体的先进产业集聚地。

新嘉商业步行街项目　位于嘉泽镇 239 省道西侧、成章新街北侧地块，由常州市新嘉置业有限公司投资建设，规划用地面积 2.27 公顷，开发建设独立商业街，配套建设道路、停车位等辅助设施，总建筑面积 2.35 万平方米，于 2021 年 5 月开工，计划总投资 1.4 亿元。

三鑫铸钢件项目　由三鑫重工机械有限公司投资建设，于 2021 年 9 月开工，计划总投资 5300 万元，达产后可形成年产精加工铸钢件 5000 吨的生产能力。

【全国首座碳中和加油站在嘉泽建成投用】　2021 年 5 月，全国首座碳中和加油站——嘉泽加油站建成投用。该加油站位于嘉泽镇环湖西路与嘉城路交叉口，占地面积 3400 平方米，是江苏石油首座分布式光伏发电站，采用“自发自用，余电上网”模式，实现与国家电网的无间断切换，在满足站内用电需求的同时，余电外供。经测算，该加油站光伏发电项目年发电量为 12.7 ~ 14.7 万千瓦时，可减排二氧化碳量 91.2 ~ 105.6 吨，最低年发电量能够抵消年电力消费量，碳减排量能够抵消碳排放量，且二氧化碳净减排量达 20.1 ~ 34.5 吨，实现碳中和。

【花海驿站创业服务平台入选全国农村创业园区（基地）目录】　11 月 12 日，

位于嘉泽镇的武进区国家农村产业融合发展示范园

（供稿 / 嘉泽镇 摄于 2021 年 11 月）

表77 2021年嘉泽镇各村（社区）基本情况表

村（社区）名	户数（户）	户籍人口（人）	党组织书记	村委（社区居委会）主任	集体经济收入（万元）
嘉泽村	2580	8660	索卫中	索卫中	1173.9
观庄村	1035	2903	王　凯	王　凯	110.4
丰杨村	1012	2980	吴建林	吴建林	301.4
士桥村	930	2412	李向阳	李向阳	189.8
夏庄桥村	1765	5030	吴文龙	吴文龙	270.2
闵市村	1666	5051	田卫忠	田卫忠	335.9
西城村	1676	5352	周林峰	周林峰	219.9
成章村	2338	6437	庄旭东	庄旭东	298.9
晨山村	1952	5696	胡　彬（—1月） 薛文伟（1—6月） 张　斌（6月任）	胡　彬（—1月） 余　伟（3月任）	1512.7
捕捞村	188	588	沈祥根	沈祥根	101.3
甘荡村	1047	3005	王　栋	王　栋	181.7
夏溪村	2896	7556	薛哪昌	薛哪昌	712.1
跃进村	794	1906	毛建玉	毛建玉	730.1
南庄村	1153	3241	高　华	高　华	234.5
周庄村	740	2082	江建昌	江建昌	242.2
三星村	889	2513	王　华	王　华	395.4
厚余村	1323	3519	强小军	强小军	199.3
朝东村	2052	5620	朱洪全	朱洪全	528.7
满墩村	1515	3396	汤政伟	汤政伟	219.1
嘉泽社区	—	—	索卫中	樊　贤	—
夏溪社区	—	—	薛哪昌	薛哪昌	—
厚余社区	—	—	强小军	秦春霞	—
成章社区	—	—	庄旭东	金　美	—
嘉新社区	—	—	顾　晔	顾　晔	—

说明：村（社区）党组织书记、村委（社区居委会）主任“一肩挑”，嘉泽、夏溪、厚余、成章4个社区的户数、户籍人口数以及集体经济收入与相应村算在一起

农业农村部办公厅公布《全国农村创业园区（基地）目录（2021）》，常州市花海驿站创业服务平台有限公司（简称“花海驿站创业服务平台”）入选。该公司位于嘉泽镇跃进村，由常州市武进区新农菁英青年创新创业服务中心、常州市田园花木园艺专业合作社联社和青年电商代表三方筹建，是一家致力于培育乡村电商人才、帮助花农增收致富、助力嘉泽花木产业转型升级的电商企业，通过构建“平台、团队、市场、生产、运营、管理”一体化电商运营保障体系，吸引50多家花木电商企业入驻，2021年实现销售额约5000万元。

（王亚莉）

湟里镇

【概况】 湟里镇位于武进区西南部，东濒滆湖，西接金坛区，南与宜兴市隔涨河港相望，北临嘉泽镇，总面积86.1平方千米，辖行政村16个、社区3个。2021年年末常住人口85582人。湟里又名杨柳埠，俗称埠头，是全国闻名的水产养殖和花卉苗木生产基地，获得“第五届全国文明村镇”“全国环境优美镇”“国家级卫生镇”“国家级生态示范镇”“全国科学发展千强镇”等称号。2021年11月，湟里镇政府被省委、省政府授予“全省脱贫攻坚暨对口帮扶支援合作先进集体”称号。

产业发展　推进现代农业建设，完成新孟河工程南延段及北干河拓浚段18座灌溉站施工、46处水利工程设施检修，建成武宜村、葛庄村40公顷区级高标准农田项目，与常州大学等院校合作开展土壤绿色增肥修复研究，助力农业转型升级。有工业企业576家，新增规模以上13家，全镇累计有规模以上企业98家，全年完成规模以上工业产值356.1亿元，占全镇工业生产总值的93.4%。推进项目建设，新增区重点项目12个，新建项目11个，长虹高精度结晶器、联同定制包装材料、东方除尘环保设备等6个项目竣工投运。推进科技创新，新增高新技术企业8家，全镇累计有高新技术产业38家，完成规模以上高新技术产业产值33.6亿元，占全镇规模以上工业产值的9.4%。马拉兹（江苏）电梯导轨有限公司获评省专精特新“小巨人”企业，常州市武进长虹结晶器有限公司获评省级服务型制造企业，江苏联同纸业科技有限公司获评省级智能车间，吉林大学湟里焊接中心平台实现实质性运作。发展现代服务业，完成服务业投资3.9亿元，实现限额以上批零住餐销售额267.2亿元、规模以上服务业16.9亿元，分别增长52.8%、102%。

镇村建设　坚持镇村统筹，开展国土空间规划编制，盘活存量建设用地24.6公顷。完善基础设施，完成人民西路、香泉线、西市线、新瑞线、晶鑫南路、晶鑫北路、兴旺路等道路修复改造和夏田桥、尧渎大桥、东安桥、镇隆桥、步云1号桥5座桥梁维修加固，以及天然气改造1300户，埠新路沿街立面全面出新，镇区交通标识标线优化更新，镇级货车集中停车场、武进第四医院停车场建成投用。保护生态环境，推进节能减排，关闭“危污乱散低”企业3家，完成企业挥发性有机物治理21家、铸造企业产能清理和综合整治21家，污染源信访监管平台结案率100%；开展城镇污水处理提质增效精准攻坚“333”行动、支浜支流综合整治，启动东安片区水环境综合整治项目，完成湟里污水处理厂改（扩）建，清退沿湖养殖池塘面积387.87公顷，北隍河、上马槽、西鲁浜获评省级生态河道，小微水体整治达标366个，河南村建成全市首个河长

2021 年湟里镇主要社会经济指标完成情况表

表 78

指　标	单　位	数　值	比 2020 年（±%）
地区生产总值	亿　元	195.8	8.9
公共财政预算收入	亿　元	5.9	57.2
农业总产值	亿　元	9.6	1.1
多种经营产值	亿　元	9.5	0.9
粮食总产量	万千克	16.9	31.0
工业销售收入	亿　元	401.4	9.5
第三产业增加值	亿　元	84.4	11.4
居民人均可支配收入	元	55357	9.3

制公园，全镇 5 个省考断面优Ⅲ类水质达 100%。深入实施乡村振兴战略，全力提升农村人居环境，葛庄村下场、西墅村里墅创成省级绿美乡村，西墅村获评常州市“美丽庭院”示范村，河南村塘墩上建成市级美丽乡村示范点，村前村后村、香泉村南舍片区通过区级“精品美丽乡村”考评，蒋堰村南星完成区级“绿美乡村”建设。

社会事业　发展教育事业，成立常州东方润安教育基金会，推进村前幼儿园异地新建工程、湟里幼儿园前期规划设计，湟里高中本科达线率 90.5%，湟里镇获评常州市履行教育职责成效明显镇。深入开展“文化进万家”活动，举办红色经典“阿甲戏曲文化节”、阳湖学习达人挑战赛等活动 80 余场。提升公共卫生服务，武进第四人民医院启用发热门诊楼，创成全区首个省级社区医院。加强民生保障，新增就业岗位 1000 个，帮助就业困难人员再就业 411 人、失业人员再就业 360 人；深入实施全民参保计划，各项保险参保率持续走高，发放“4050”“4555”人员社保补贴 265 万元和优抚经费 949 万元；发放残疾人“两项补贴”770 万元，为 1993 名残疾人免费办理残疾人综合险。开展慈善救助活动，累计发放慈善救助金、大病救助、临时帮困等帮扶资金 373 万元。开展居家养老服务，提供居家养老上门服务 3.4 万次，镇“暖心家园”被评为省级示范点。

【长虹高精度结晶器等 11 个工业重点项目竣工】　长虹高精度结晶器项目　由常州市武进长虹结晶器有限公司实施，利用原有厂房，购置数控立式加工中心、数控卧式加工中心、高精度龙门加工中心等主要设备 65 台（套），于 2020 年 5 月开工，12 月竣工，总投资 1.2 亿元，达产后可形成年产高精度结晶器铜管 3 万支的生产能力。

6 月 2 日，“在湟里 · 好办理”服务品牌发布　（供稿 / 湟里镇）

东方除尘环保设备项目　由常州市武进东方除尘有限公司实施，用地 1.44 公顷，新建厂房 8355 平方米，购置激光切割机、等离子切割机、袋笼自动化生产线等设备 72 套，于 2021 年 1 月开工，12 月竣工，总投资 1 亿元，达产后可形成年产除尘器袋笼 25 万套的生产能力。

联同定制包装材料项目　由江苏联同纸业科技有限公司实施，租用厂房 1 万平方米，购置三色印刷开槽模切机、全自动钉箱机、YYS-Ⅳ 型切纸机、三色印刷机等设备 24 台（套），于 2021 年 1 月开工，12 月竣工，总投资 1 亿元，建成后可形成年产定制纸包装类产品 60 万个的生产能力。

大展电缆设备项目　由江苏大展电缆附件科技有限公司实施，用地 1.27 公顷，新建厂房 1.2 万平方米，购置数控加工中心、车床、吹膜机组、拌料机等设备 65 台（套），于 2021 年 1 月开工，总投资 7800 万元，达产后可形成年产电缆设备 500 台、电线电缆用包装膜 1 万吨的生产能力。

辐劲机械链条项目　由常州辐劲机械有限公司实施，用地 1.56 公顷及厂房 4900 平方米，新建厂房 3500 平方米，搬迁原有设备并购置冲床、淬火回火炉、加工中心等主要设备 138 台（套），于 2021 年 6 月开工，11 月竣工，总投资 1 亿元，达产后可形成年产链条 1 万吨的生产能力。

海思安一次性无菌医用手套项目　由江苏海思安医用科技有限公司实施，租用江苏恒德机械有限公司厂房 1.5 万平方米，购置乳胶自动生产线、全自动检测设备等设备 45 台（套），于 2021 年 3 月开工，12 月竣工，总投资 2 亿元，建成后可形成年产一次性无菌医用手套 12 亿只的生产能力。

肽晟堂小分子多肽粉及复配产品研发生产项目　由肽晟堂生物科技（常州）有限公司实施，租用江苏方舟电器有限公司厂房，建设 5 套 10 万级无尘车间，购置多肽粉流水线、口服液流水线、压片机等设备 58 台（套），于 2021 年 6 月开工，计划于 2022 年 6 月竣工，总投资 6000 万元，建成后可形成年产多肽粉 500 吨、复合固体多肽营养素 12 万盒、压片糖果 300 万盒、复合夹心软糖 3 万盒、次抛型口服液 3 万盒、多肽酒伴侣

60万盒的生产能力。

华微ITO柔性光学膜项目 由江苏华微薄膜科技有限公司实施，租用江苏晨光涂料有限公司车间9000平方米，购置磁控溅射真空镀膜设备、普发超高真空角阀、深冷机组、真空检漏仪、涡轮分子泵等设备101台（套），于2021年9月开工，计划2022年3月竣工，总投资6000万元，建成后可形成年产ITO（氧化铟锡）柔性透明导电光学膜180万平方米的生产能力。

盛杰合力合成纤维项目 由常州市盛杰合力化纤有限公司实施，租用常州市亿之源医疗科技有限公司标准车间，购置化纤丝生产线、环保设备等设备19台（套），于2021年9月开工，计划2022年8月竣工，总投资6000万元，建成后可形成新增年产丙纶丝2万吨的生产能力。

雄森机械零部件智能车间项目 由常州市雄森压铸件有限公司实施，租用常州通邦车辆部件厂标准厂房6667.8平方米，购置加工中心、超声波清洗线、喷塑流水线等设备359台（套），于2021年10月开工，计划2022年3月竣工，总投资1.2亿元，建成后可形成年加工铝合金电动工具配件、汽配件5000吨、注塑件3000吨的能力。

富桐特种色母粒项目 由常州富桐纤维新材料有限公司实施，租用江苏泽天新材料有限公司车间，购置切粒机、双螺杆混炼挤出机组、磨粉机等设备186台（套），组成自动化生产线7条，于2021年11月开工，计划2022年10月竣工，总投资3.2亿元，建成后可形成年产特种色母粒8万吨的生产能力。

【湟里新增高新技术企业8家】 2021年12月，湟里镇8家企业被全国高新技术认定管理工作领导小组办公室认定为高新技术企业，全镇累计有高新技术企业38家。

【东方润安集团入围中国企业500强】 9月25日，2021中国企业500强榜单发布，东方润安集团有限公司（简称“东方润安集团”）以年营业收入453.79亿元首次入围，位居第431位。该公司位于湟里镇东方路5号，成立于2010年，是集特钢制造、机械加工、工业服务于一体的产业集团，有常州东方特钢有限公司、马拉兹（江苏）电梯导轨有限公司、常州同泰高导有限公司等分公司5家，先后建成精品棒材线、精品型材线、高速电梯导轨线等生产线，配备德国普瑞特PRIMETALS连铸机、意大利达涅利连轧机、摩根轧机、全自动精校检测机、SCR-7000连铸连轧机等进口生产设备，主要生产合金钢、弹簧钢、轴承钢、齿轮钢、电梯导轨钢、铜管等产品，应用于汽车、石油、电力、交通、机械、汽车线、电子线、光伏线等领域。2010—2019年，实施装备升级、结构调整战略，总投资45亿元，先后改造烧结、炼铁、炼钢、轧钢系统，完成除尘环保、排放治理、节能降耗工程项目。先后获评中国优特钢行业最具影响力生产企业、江苏百强民营企业、江苏省民营企业就业先进单位、江苏省管理创新优秀企业、江苏省节水型企业等称号。2021年，完成营业收入555亿元，利润总额14.4亿元，上缴税收7.8亿元。

2021年湟里镇新增高新技术企业基本情况表

表79

企业名称	占地面积（平方米）	建筑面积（平方米）	产值（万元）
常州骏琥机械有限公司	13852.55	6585.84	2550.24
常州市雄森压铸件有限公司	6844.9	6508	5997.67
常州市武进东方除尘设备有限公司	35948.32	18777	11938
江苏君盛轧辊有限公司	7000	7470	3012
常州市新佳祺机械设备有限公司	3330	2050	2780
常州市腾辉电力器材有限公司	6500	2000	6756
江苏龙富重工机械有限公司	30504.29	10610.17	5123
常州联能机械有限公司	6440	3660	4610

2021年湟里镇各村（社区）基本情况表

表80

村（社区）名	户数（户）	户籍人口（人）	村（社区）书记	村（社区）主任	集体经济收入（万元）
东安村	2029	5855	陈建良	陈建良	340.49
武宜村	696	2092	曾志丰	曾志丰	180.61
西安村	853	2474	万新东	万新东	195.66
五巷村	914	2826	张树华	张树华	203.58
蒋堰村	1328	4164	许国军	许国军	336.26
香泉村	1135	3588	王永泉	王永泉	305.04
村前村	2301	6048	王金泉	王金泉	506.62
岗角村	1934	5138	孙泽云（1—2月） 沈勤军（3—12月）	孙泽云（1—2月） 沈勤军（3—12月）	234.77
西墅村	1434	4645	季文斌	季文斌	694.64
河南村	973	2778	蒋中君	蒋中君	205.25
北隍村	843	2578	吴卫忠	吴卫忠	207.34
后坊村	1022	3066	徐田明	徐田明	177.19
西鲁村	945	2612	薛云杰	薛云杰	190.00
葛庄村	787	2222	蒋红明	蒋红明	546.84
村西村	966	2785	鞠 峰	鞠 峰	177.84
湟里村	2611	6813	周 锋	周 锋	356.17
湟里社区	—	—	储留保	储留保	—
东安社区	—	—	陈建良	许逸枫	—
村前社区	—	—	王金泉	钱维力	—

说明：村（社区）党组织书记、村委（社区居委会）主任“一肩挑”

【武进第四人民医院创成省级社区医院】 内容参见“卫生健康”类目P216相关条目。

【常州东方润安教育基金会成立】 2021年5月28日，常州东方润安教育基金会获批成立。该基金会坚持发展湟里镇教育事业的宗旨，加强与社会各界的联系与合作，多渠道筹集资金，支持学校建设与发展，促进教育质量和学术水平提升。年内，接受东方润安集团有限公司捐赠1.1亿元。

（许昕睿）

南夏墅街道

【概况】 南夏墅街道位于武进区湖塘镇南，总面积70平方千米，辖行政村12个、社区10个。2021年年末常住人口129482人。

城乡建设 推进拆迁安置，启动城际铁路枢纽、河东地块、南塘路征迁项目3个，化解拆迁遗留户3户，完成安置房办证7083套。按照建设美丽型、康居型和整洁型村庄的要求，深入实施人居环境整治，在12个村、108个自然村开展人居环境提升工作。推进新联、华阳村雨污分流，全年累计巡查河道89千米，完成黑臭河道整治7条、小微水体整治32个和涉河问题整改10个，出清“危污乱散低”企业26家。构建全方位文明实践矩阵，完成农家书屋、道德讲堂、理论宣讲工作室、志愿服务站（点）等场所规范化建设和村（社区）文明实践站（点）优化，打造龙颜路、南塘路沿线、文化站广场和桐庄党建公园等宣传阵地，提升新时代文明实践所（站）功能。

表81

2021年南夏墅街道各村（社区）基本情况表

村（社区）名	户数（户）	户籍人口（人）	党组织书记	村委（社区居委会）主任	集体经济收入（万元）
戴家村	585	2038	朱玉明	朱玉明	155
河东村	712	2465	朱玉峰	朱玉峰	134
华阳村	745	2964	潘建卫	潘建卫	244
九华村	1132	3972	周　新	周　新	484
庙桥村	1123	3582	庄伟兴	庄伟兴	250
南夏墅村	700	2125	钱　辉	钱　辉	108
三河村	1015	3420	岳建波	岳建波	237
胜西村	869	2734	卞小中	卞小中	184
塘洋村	1110	3380	蒋雪峰	蒋雪峰	137
桐庄村	1018	3638	田秋兴	田秋兴	502
万塔村	662	2123	陈永俭	陈永俭	233
新联村	628	2156	杨同庆	杨同庆	155
庙桥社区	223	595	恽　湘	莫小国	—
南苑社区	3544	6051	时进峰	邹　强	—
南河社区	1868	6643	潘　林	潘　林	—
学府东苑社区	935	2708	周曙光	贺　龙	—
南湖家苑社区	386	1160	恽钰虎	恽钰虎	—
大学新村三社区	612	2233	岳效忠	岳效忠	—
南夏墅社区	591	2186	朱效平	王晓波	—
南淳社区	624	2351	刘　刚	吴　强	—
学府家苑社区	520	1524	李　健	周萍娟	—
南塘社区	631	2185	朱玉峰	胡春峰	—

说明：村（社区）党组织书记、村委（社区居委会）主任“一肩挑”

5月20日，开展市（区）人大代表集中接待群众月活动　（供稿/南夏墅街道）

社会事业 实施“我为群众办实事”项目，完成充电桩改造、天然气改造、安置房办证、教学楼扩建、居家养老、文体活动等民生和社会事业项目十大类200余件。开展“学、讲、育、乐、帮”五大文明实践活动，实施“我的红领巾STYLE”“居家关爱”等新时代文明实践所项目20个和“同在蓝天下”“蒲公英计划”等村（社区）新时代文明实践站项目22个，举办南风讲坛8期、道德讲堂8期。创新社会治理，与常州大学、常州市社会治理学院合作成立常州市社会治理学院南夏墅实训基地，设立村级实训点6个，建设集社会治理理论研究、队伍培训和实践创新于一体的综合阵地。开展新冠肺炎疫情常态化管控，做好重点地区返回常州的信息核查、集中隔离工作，完成核酸检测14600多人次，18岁以上全程接种率92.5%，12～17岁全程接种率102.4%。加强民生保障，向428户困难家庭发放慈善救助金64.2

5 月 15 日，常州市社会治理学院南夏墅实训基地成立　（供稿 / 南夏墅街道）

万元、342 户困难家庭发放光彩基金救助金 51.3 万元，发放低保金 401272 元、定补金 51.86 万元，按时足额发放孤儿每月生活补贴，向 29 名重病重残儿童发放保障金 149827 元，向 2538 名 80 周岁及以上老人发放尊老金 131.91 万元，发放残疾人两项补贴共计 541.38 万元。

【常州市社会治理学院南夏墅实训基地揭牌成立】 5 月 15 日，常州市社会治理学院南夏墅实训基地揭牌成立，南苑社区、南河社区、大学新村三社区、学府家苑社区和万塔村、庙桥村 6 个村级实训点同时设立。该基地由南夏墅街道与常州大学、常州市社会治理学院合作成立，通过产学共建、校地共建，紧贴实战需求、聚集难点问题，在教学模式、培训内容、管理方式、保障机制等方面积极探索，努力打造成为社会治理理论研究、队伍培训和实践创新的综合阵地和具有南夏墅特色的社会治理现代化体系。年内，先后 3 次与常州大学开展现场调研，确定网格化管理和反电信诈骗 2 个社会治理研究项目。

【南夏墅街道获评省产权交易工作成效显著单位】 2021 年 10 月，南夏墅街道被省农业农村厅评为江苏省产权交易工作成效显著单位。该街道于 2019 年被确定为常州市农村集体资产监管平台试点单位，通过整合账务处理系统、资金管理平台、“三资”信息化监管平台、产权交易平台等功能，建成农村集体资产监管平台。编发监管平台“操作手册”，开展专题培训，实现 22 个村（股份合作社）资金、资产、资源系统建设的全覆盖，保障平台资金管理系统、资产管理系统、资源管理系统、产权交易系统、廉政预警系统、综合查询等系统全数据无缝对接、全资金在线管控、全流程实时监管，为全市集体资产监管平台的覆盖提供经验路径。年内，接待省委政策研究室、省农业农村厅、大连市农业农村局、苏州市农业农村局等省内外领导考察 500 余人次。

（徐松华）

西湖街道

【概况】 西湖街道位于武进区西太湖畔，东临牛塘镇、武进高新区，西接中国花木之乡嘉泽镇，南靠西太湖，北依钟楼区邹区镇，总面积 48.35 平方千米（管辖面积 70.5 平方千米），辖行政村 2 个、社区 5 个（西湖街道河头村和鑫河社区于 1 月撤村并居）。2021 年年末暂住人口 3.3 万人。

产城融合　围绕保障园区发展、项目建设，推进拆迁安置，完成拆迁剩余户搬迁 16 户和张家村民房搬迁 69 户；实现河头物流园区、塔下项目地块项目“清零”，合计面积 24034 平方米；完成安置房结算 1120 户，办理安置房权证 1287 套。优化区域环境，实施张家塘、武南河入湖口、永嘉河清淤整治工程，完成云杉路东侧、花博园沿线观景平台施工改造工程和西中沟河、园区河、田里村河黑臭整治招投标工程。推进城市精细管理，壮大联动执法力量，优化“网格 + 警格 + 综合执法 + 联动联勤”的统一调度框架，形成巡查、监督、执法一张网，实现城市管理“传达零延误、点位零错误、处置零失误”，城市长效管理考核成绩位于全区第一、全市第二。

民生事业　实施民生工程，完成湖滨花苑消防设施整改、聚新家园社区住宅 B 区道路维修、塔下新苑单门楼墙面改造等 113 项，集中整改各类防汛隐患。推进农村产权交易，完成产权交易项目 19 宗，成交金额 80.73 万元。结合庆祝中国共产党成立 100 周年、党史学习教育，开展“‘西’流汇聚，湖光溢彩”——“百年历史，学思践悟守初心”“百尺竿头，精益求精为民生”“百花齐放，心怀赤诚颂党恩”“百舸竞流，乘风破浪勇争先”等系列活动，举办“百团颂百年，永远跟党走”“百灵颂歌献给党”“文化进万家”和“鑫河杯”篮球邀请赛、

表 82

2021 年西湖街道各社区（村）基本情况表

村（社区）名	户数（户）	户籍人口（人）	党组织书记	村委（社区居委会）主任	集体经济收入（万元）
聚新家园社区	3650	8849	曹志健	曹志健	803
鑫河社区	2356	7506	钱伟明	蒋志凯	654
湖滨社区	10905	4250	邓　达	邓　达	—
塔下社区	705	2198	黄小平	王佳可	205
滆湖社区	6880	359	田明江（—11 月） 黄　昕（11 月任）	—	—
长汀村	646	2218	吴　辉	吴　辉	812
仕尚村	645	2631	展　毅	展　毅	207

说明：村（社区）党组织书记、村委（社区居委会）主任“一肩挑”

12月23日，开展"党建服务'532战略'"成果展示暨西湖街道"C湖红盟"品牌深化活动

（供稿/西湖街道）

"长汀杯"乒乓球赛、送电影下乡等活动200余场次。探索新型城市社区建设，优化多元共治格局，以党建为引领、以网格为基础、以科技为支撑，推进"两单一响应"试点工作（社区点单、街道下单、部门响应），切实保证基层事情有人问、有人办、快速办。深化新时代文明实践所（站）建设，街道新时代文明实践所、长汀新时代文明实践站分别通过区优秀文明实践所（站）评估验收，繁星公益基金被评为区优秀新时代文明实践组织。加强民生保障，全年发放社保卡1397张，办理城乡居民医疗保险和长期护理险累计11000余人次；落实救助、帮扶政策，发放救助金、补助金750余万元，救助、补助18000余人次。居家养老服务中心站点有序开放，审批援助对象100人次，补助对象643人次；开展"我的身体我知道——义诊活动""端午飘香，爱心入家"等活动14次，覆盖老人400余人次。

【武进区"党建服务'532战略'"成果展示暨西湖街道"C湖红盟"品牌深化活动】 12月23日举行，武进区党建引领基层治理创新实践基地揭牌，"C湖红盟"品牌深化行动启动，并向2021年度武进区党建服务"532"战略"五个十佳项目"颁奖，《西太湖建设"两湖"创新区节点城市的路径思考》和《国际人才社区》分别获评"十佳调研成果"和"创新案例优胜成果"，展现武进"干则一流，出则精品"的硬核力量。西太湖街道结合常州市委"532"战略，建设"两湖"创新区、最美湖湾城等契机，组织开展"五聚"工程、行业党建联盟开展"四心"工程、非公企业党组织开展"三亮三有"工程，深化"C湖红盟"品牌行动，以"智库领盟、生态绿盟、产城融盟、科教润盟、法制安盟、社区悦盟"六大支盟为支撑，致力于促进资源共享、深度融合，以高质量党建引领经济社会高质量发展。

（是刘佳）

戚墅堰街道

【概况】 戚墅堰街道位于常州经开区中心地带，总面积4.73平方千米，下辖社区7个。2021年年末常住人口4.7万人。

产业发展 依托地域优势，做优项目招引，引进科技、教培、餐饮等行业单位22家入驻金贸大厦，全年新增市场主体67家，累计717家；精准对接医药、文旅等产业科技人才项目，组织"生活垃圾智能分拣＆收集平台"项目申报第十七批"龙城英才"计划，并初步整合人才公寓资源818套。开展"名特优"食品小作坊提档升级暨"名特优"食品小作坊培育工作，复兴卫民点心店成功申报江苏省"名特优"食品小作坊，沙裕昌变蛋被列入江苏省地标美食名录。全年完成地区生产总值34.62亿元，实现限额以上贸易销售额3.35亿元、限额以上消费品零售额2.92亿元、规模以上服务业营业收入2.71亿元，分别增长10%和20.71%、19.83%、28.27%。

城市建设 实施城市更新，推进梅港、站北、工房南区三大片区改造，完成梅港片区改造面积3.4万平方米，站北片区整治提升工程于9月底启动，工房南区改造所涉楼道出新、停车场增设、充电桩安装、"废线"整治等工程在建；畅通道路微循环，公园西路、新河路先后建成通车，延陵东路整治提升项目基本完工；完善人居环境，老小区首台加装电梯在圩墩新村落成，同步启动另外5台电梯加装，完成天然气安装256户，新增机动车车位412个。保护生态环境，深入实施污染防治攻坚战和扬尘、河道治理，组织52家餐饮单位开展油烟污染专项整治，投入使用雾炮车加大降尘力度，陈储河整治工程和宛沿河、潢河整治工程先后完成。推进生态修复，实现公园西路、包装容器厂地块等区域覆绿面积10.33公顷。加强城市长效管理，围绕典范性文明城市创建，积极探索"1+3"（一支综合执法队伍，城市管

2021年戚墅堰街道各社区基本情况表

表83

社区名	户数（户）	户籍人口（人）	党组织书记兼村委（社区居委会）主任
花苑社区	2764	5209	朱　琴
花溪社区	3027	4791	肖慧玲
站北社区	1351	3864	曹　玉
东方社区	2316	5896	陈卫华
戚大街社区	2452	5421	陈苞芳
河苑社区	3306	5726	方　雷
圩墩社区	2439	6517	恽建美

圩墩公园俯瞰 （摄影 / 陈峻桥 摄于 2019 年 7 月）

家、物业、第三方三股力量）老城区城市管理模式，开展“幸福家园、精细管理”百日攻坚行动。

社会事业 创新社会治理，在常州经开区首创“智慧社区”管理模式，为80周岁及以上独居老人安装智能水表、门磁和烟感，建成智能化安全标准化车库2个，在出租房安装智能门禁、门锁、充电桩等设施。开发推广“戚事一网通”小程序，着重解决群众身边小事，“741”微“智”理模式被《人民日报》《新华日报》和央广网等主流媒体宣传推广。坚持党史学习教育与庆祝建党100周年相结合，开展知识竞赛、志愿服务和庆祝中国共产党成立100周年系列活动，启动社区党群服务中心“点亮工程”，解决站北天然气入户、十三区自来水管改造等遗留问题17个，花溪小红馆等党员学习阵地累计接待省内外参观人员1000余人次，湖港名居党支部创成党建引领物业管理服务工作省级示范点。举办“道德讲堂”及非遗作品展等群众文化活动，怡情书画协会入选江苏省“千支优秀群众文化团队”。增进民生福祉，为45户困难老年家庭实施适老化改造，建成常州经开区首个“梦想小屋”和“未成年人关爱服务中心”及社区退役军人服务站精品型2家、标杆型1家、示范型3家，花苑社区获评江苏省关心下一代工作优秀集体、常州市优秀校外教育辅导站。筑牢安全防线，建成常州经开区首个社区消防救援工作站、Ⅱ类公共安全体验馆。

【梅港片区整治提升项目完成】 2021年，戚墅堰街道积极践行“两在两同”建新功行动（“同人民想在一起、干在一起，风雨同舟、同甘共苦，在现代化新征程上建新功”行动），实施梅港片区整治提升项目，包括梅港新村、河苑东村（北）小区改造提升。打造精品亮点工程，在做好屋面防水修缮、建筑外立面出新、雨污分流改造、架空杆线入地等基础建设的同时，将小区道路全部升级为沥青路面，并新建梅港新村西侧一条彩虹道路；充分尊重民意，将梅港新村2幢北侧一块闲置土坡改造成健身活动场地；提升居民生活品质，落实“液改气”和停车位、非机动车充电桩等配套设施建设，新增天然气用户88户。该项目累计改造面积3.4万平方米，惠及住户548户。

（孙 江）

潞城街道

【概况】 潞城街道东临横山桥镇，西接天宁区青龙街道，南靠丁堰、戚墅堰街道，北依天宁区郑陆镇，总面积16.77平方千米，辖社区6个。2021年年末常住人口5万余人。

经济发展 推进轨道交通产业园建设，43个重点项目完成投资122亿元，欣盛芯片载带、百利来轧辊等项目建成投产，日盈电子、博瑞总装基地等项目有序推进。产业化基地入驻企业超80家，东方智慧产业园项目全面启动。推进企业股改上市，常州长登焊材有限公司、常州市潞城燃气设备有限公司、常州市博沃智能科技有限公司3家企业完成股改，江苏鼎智智能控制科技股份有限公司挂牌“新三板”。深化创新创业工作，加大高新技术企业培育和招才引智，有效高新技术企业增至57家，轨道交通车站污水处理一体化装备等9个项目入选龙城英才创业类项目。全年完成规模以上工业总产值191.8亿元、全社会固定资产投资118.4亿元、限额以上贸易销售总额13.1亿元、规模以上服务业营业收入9.5亿，分别增长18%、7.8%、35.1%、49.4%；实际到账外资及港澳台资5508万美元，占据常州经开区主导份额；实现一般预算收入7.1亿元，增长18.6%，增速、任务完成率均在常州经开区排名第一。

2021年潞城街道各社区基本情况表

表84

村（社区）名	户数（户）	户籍人口（人）	党组织书记兼社区居委会主任
兴东社区	2630	3089	王国飞
公园壹号	4519	4458	潘国联
潞城社区	1585	4620	曹青娣（主持工作）
曙兴社区	2926	1564	张春芙
华丰社区	4440	3972	赵伟刚
青洋社区	3012	2648	陈维格

潞城风貌　　（供稿/潞城街道 摄于2020年8月）

城市建设　完善基础设施，贯通新秀路，实施枫尚路（东方大道—东方二路）、山水路（东城路—常青路）、尚安路（山水路—东方二路）等项目设计、招标；潞横河（华丰路－东城路）南侧驳岸河道整治工程和北庄村、沙河浜村生活污水治理工程，戴王家村生活污水治理工程、潞城花苑片区整治工程先后竣工；110千伏青东、芳潞线等4条高压线迁改完成，220千伏东芳线迁改工程建成送电。推进生态建设，全力保障大气国控站点工作专班运行，集中排查整治国、省控站点周边3千米范围重点区域，实现问题及时处理率100%；实施餐饮油烟整治公示管理，实现辖区餐饮行业油烟数字化治理全覆；推进“危污乱散低”治理、污水处理提质增效整治行动，完成涉企搬迁整治22家，革新河入选2021年度常州市“五好河道”。加强城市长效管理，开展市容环境专项整治、垃圾分类治理，推进“精品道路”创建和文明城市创建，东城路创建市级“精品街道”，福康宁、政新花苑、龙东花园3个小区创成江苏省生活垃圾分类达标小区。

社会事业　实施为民实事项目，常州经开区实验初中、实验幼儿园项目稳步推进，街道卫生服务中心扩建项目和青洋、曙兴社区2个卫生服务站及潞城社区养老服务站、华丰社区社会组织发展中心建成投用，潞横北路交通整治等6个社区书记项目、馨宇残疾人之家提升改造和市级社区康复示范点建设工程完成，福康宁老旧小区改造工程通过竣工验收，安置房分配妥善开展，实现中心城区居住环境有效提升。

【潞城重点项目建设】　智能电网研发总装基地二期项目　由常州博瑞电力自动化设备有限公司实施，利用存量用地7.47公顷，新建厂房、辅助用房等建筑面积约12万平方米，新增智能配网产品装配流水线、全自动线束加工机设备、直流测量装置测试平台等主辅设备42台（套），于2021年6月开工建设，总投资6.5亿元，达产后可形成年产储能变流器装置500套、流体冷却系统200套、静止无功发生器100套、地铁再生电能回馈系统50套、特高压直流换流阀模块150套、柔性直流换流阀段400套、直流测量装置200台、一两次融合产品1万套、直流配电网成套装置10套的生产能力。

高特专用半导体辅助新材料项目　由常州高特新材料股份有限公司实施，用地1.2公顷，新建厂房等建筑面积1.5万平方米，于2021年9月开工建设，总投资3.1亿元，投产后可形成新增年产专用半导体辅助新材料5.5万吨的生产能力。

澳华医用内窥镜项目　由澳华医疗科技（常州）有限责任公司实施，新增用地1.33公顷，新建厂房1.7万平方米，新增支架编织模具、支架涂膜模具、激光切割机等设备，2021年12月主体竣工，总投资44680万元，投产后可形成年产消化道支架4万套、一次性扩张球囊3万个的生产能力。

（蒋盼盼）

丁堰街道

【概况】　丁堰街道地处常州东部新老城区交接段、经开区主城区，总面积10.18平方千米，辖社区6个。2021年年末常住人口约3万人。

产业发展　推进产业项目提质扩能，17个重点项目全年完成投资21.21亿元，完成年度计划的110%。联东U谷一期主体完工、二期（新兴拉丝地块）开工建设，祥明智能风机改扩建项目基本建成，荣玖机械、涵云液压等11个技改项目竣工。加快制造业转型发展，中国南车集团戚机公司完成氢燃料电池机车研制，获评省服务型制造示范企

表85　2021年丁堰街道各社区基本情况表

村（社区）名	户数（户）	户籍人口（人）	党组织书记兼社区主任
常丰社区	1117	3042	刘小芳
丁堰社区	1142	2937	唐　峰
梅港社区	1086	2698	吴文进
芳渚社区	1047	2775	吴志亮
蓝山湖社区	528	1320	周　莉
港龙社区	1578	3870	蒋一波

业；江苏常宝钢管股份有限公司高钢级套管填补国内技术空白。建设科创平台载体，联东U谷实现整体招商进度超60%，戚机公司双创园区新增入驻企业10余家，检验检测分园运作步入正轨，天虹省级功能性总部经济示范性效应增强。深化科技创新，规模以上企业研发投入超3亿元，有效高新技术企业25家；每万人发明专利超200件。新增省级智能示范车间2个，累计3个，入围省两化融合贯标3A级企业2家。开展科技创新项目路演、校企合作等活动，通过"龙城英才"项目申报10个。振兴现代服务业，提升工业文旅能级，戚机公司创成国家级第五批工业遗产项目，天虹大明1921创意园创成省工业旅游区，"常州经开区大运河红色工业旅游线"入选江苏"运河百景"标志性运河文旅产品，运河公园民国风情商业街业态日渐丰富。全年实现地区生产总值84.63亿元、规模以上工业总产值137.4亿元、限额以上贸易业销售总额155亿元，分别增长7.5%、14.5%、24.6%；实际到账外资及港澳台资1500万美元，超额完成年度目标的50%。

城市建设　实施城市更新，完善基础建设，潢浜路、联东路、艾普路竣工通车，五一路城市设施更新及沿线4个自然村人居环境提升工程加快收尾，常州经开区电网改造一期35千伏震华线戚冶线芳水线入地迁改完成，14个自然村燃气入户工程陆续开通。开展防汛抗涝，实施马过头、贺家塘低洼片区整治和五一泵站提升等水利防汛工程8项。推进项目征迁，挂牌成交五环、爱琴海南侧（东）、大明安置区、联东U谷二期地块4个，完成征迁签约民房280户、企业62家，万科潮起东方项目开工建设。深化生态环保攻坚，落实大气管控，统筹水域整治，加强土壤修复，完成企业VOCs专项整治33家和企业源头替代3家，以及庄基河、机厂河、梅港河和潢河4条主要支浜水质消劣奔Ⅲ整治，芳渚河水环境治理、芳渚赵大圩路污水支管网及沿线11家企业的污水接管工程、14个自然村及街道庭院周边污水治理工程完工，河肖皮桥覆绿和节点绿化提升工程实施。推进运河文旅提档升级，延陵东路（大明路—三号桥）景观提升二期和市容整治工程全面完工，运河党建公园基本建成，秋白书苑（丁堰·运河公园馆）、大明厂百年工业历史馆建成开放。推进城市长效管理，完成垃圾分类全域市场化市级试点，蓝山湖等3个小区通过垃圾分类省达标小区验收，港威花园小区创成省级物业管理示范项目，东城路创成市级精品街道。

社会事业　实施民生工程，丁堰小学改（扩）建项目全面展开，宛泊河地块幼儿园项目基本完工，街道综合文化活动中心、残疾人之家及居家养老服务中心等项目建成开放。坚持党史学习教育与"我为群众办实事"实践活动相融合，走访群众227户、企业82家，完成民生实事项目10项。围绕庆祝建党100周年，以"勇当先行开新篇，献礼建党百周年"为主题，开展"理论宣讲进百户、党员群众结百对、志愿服务到百家、红色文艺送百场、先锋评选庆百年"五个"一百"特色活动，召开社会各界人士100周年座谈会，举办"访百年名企·寻入党初心"主题道德讲堂、"回眸百年峥嵘岁月·恰是丁堰时代风华"文艺会演、"寻访运河红色记忆"摄影大赛，承办常州经开区党史学习挑战赛暨"我为群众办实事"深化行动等大型活动。常抓不懈新冠肺炎疫情防控，累计疫苗接种完成率111.5%、全程接种率107.3%。

运河党建文化公园俯瞰　　（供稿/丁堰街道 摄于2022年9月）

【联东U谷·常州智能智造科技园等重点项目建设】　联东U谷·常州智能智造科技园项目　位于丁堰漕上路南侧，4月21日开工建设，总规划用地6.15公顷，建筑面积10.6万平方米，总投资10亿元，结合区域主导产业特点，重点引进轨道交通、电子信息、智能制造等产业。在开工仪式上，盛奥华环保、瑞工液压、思捷光电等8家企业签约入驻，中国建筑节能协会与联东集团签约合作打造建筑节能减排、绿色产业研究智库。

万科潮起东方项目　位于丁堰东方二路以南，2021年8月20日开工建设，规划用地3公顷，建筑面积8万平方米，总投资11亿元。

（李佳蔚）

武进高新区北区

【概况】　武进高新技术产业开发区北区（简称"高新区北区"）位于武进中心城区东北部，总面积10平方千米，辖社区10个（含涉农社区7个）。2021年年末常住人口超10万人。

城市建设　优化基础设施，完成立志苑、新苑老旧小区改造工程和中天名园二次供水改造、长安三村房屋顶层维修工程，实施李公朴幼儿园3个园区、邱墅家园、夏城花园、丽华南村以及贺北第一工业园、贺北工业园、龚西工业园等消防设施改造工程。推进拆迁安置，完成26号地块拆迁签约企业27家、民房21户和3-3地块、龚家工业园区、龚杭路西段拆迁任务。推进水环境治理，完成小微水体整治21条和邱墅路、南洋路污水管网改造及马杭菊花路污水管

龚巷河小微水体治理完成　　（供稿/武进高新区北区 摄于2022年9月）

网建设、贺北第一工业园雨污分流建设工程，建成3.63平方千米“333”达标区，马杭社区创建成市、区两级小微水体示范社区；加强大气污染管控，开展汽车零部件制造企业、金属制品企业、铸造企业“一企一策”方案编制及现场整治，完成重点区域内100平方米以上餐饮单位及烧烤店用电监管设施安装、国控站点周边3千米范围内餐饮单位油烟净化装置安装、家具企业粉尘收集装置及废气处理设施安装、干洗店回收冷凝装置安装和天然气锅炉低氮改造；推进土壤污染防治，完成污染源超标地块调查，实现重点行业环保设施安全评估全覆盖。推进城市长效管理，实施生活垃圾提标治理，投放生活垃圾、厨余垃圾智能化设备17台，创成省级生活垃圾分类达标小区10个；提升街道、社区、小区、菜场、背街小巷等点位的文明城市建设标准，全面完成市、区城市长效管理平台举报案卷整改，建成区级示范道路2条和红色物业示范点省级1个、示范项目市级1个，古方路创成市级精品街道，高新区北区通过文明城市测评复检。

社会事业　发展集体经济，涉农社区集体经济收入实现稳步增长，农村产权交易成交122个项目，当年成交额1182万元，排名全区第三。坚持党史学习教育与基层党建相结合，开展“奋斗百年路，共建幸福城”主题活动、“我为群众办实事”实践活动，“1+1+X”党建工作法获得《党的生活》点赞，“百件民生实事”成为为民服务新样板。推进新时代文明实践，实现新时代文明实践所（站）全覆盖，打造“温暖+1℃，幸福100%”志愿服务品牌，累计服务群众达5万人次，成功承办“文明实践常有爱，志愿同行常有我”常州市新时代学雷锋志愿服务行动启动仪式。创新社会治理，于4月出台《武进国家高新区北区城市社会治理三年行动计划实施方案（2021—2023年）》，建成社区网格党组织40个，梳理完成职责清单200项、创新清单52项、问题清单51项，重点解决难点问题29项，创新发展项目26个，“退役先行”退役军人志愿服务队获评江苏省“百支优秀退役军人志愿服务队”，东庄社区“三分三定”矛盾纠纷化解法（分类定性、精细解剖矛盾，分解定向、精准落实任务，分工定责、精确赋能网格）获得全区区域社会治理创新项目三等奖。优化公共保障，新建龚家幼儿园，与区机关幼儿园集团合作办学，促进优质教育资源供给；建成“十站一中心”居家养老服务体系、“十站一院”卫生服务体系，实现社区居家养老线下援助全覆盖。加强社会保障，新增城镇再就业1835人，发放灵活就业人员社会保险补贴122.5万元，新增社保参保人员1633人，城乡居民医疗保险、长期护理保险参保人数均达19883人。开展社会救助，发放救助、补助资金314.5万元。

【骏马园民生工程入选区级党建服务532战略“十佳攻坚项目”】　2021年12月，马杭社区骏马园民生工程入选区级党建服务532战略“十佳攻坚项目”。2020年年初，马杭社区按照“整合资源、量力而行、分段实施”的建设目标，以“为群众办实事、解难题”为落脚点，利用沿采菱港800米长的防洪墙周边边角土地，实施骏马园民生工程，到2021年10月初步建成，总投资近850万元。骏马园占地面积5.3公顷，绿化面积2.8万平方米，水域面积近1万平方米，建有党建宣传长廊、大运河法治文化苑和社区卫生服务站、居家养老服务站及警务室，配套建设健身小道2100余米、体育项目场所9个和休闲亭2座。

2021年武进高新区北区各社区基本情况表

表86

社区名	户数（户）	户籍人口（人）	党组织书记	社区居委会主任	集体经济收入（万元）
贺北社区	1925	6254	蒋瑞坤	蒋瑞坤	1106
十里社区	2179	2577	周小平	周小平	639
邱墅社区	2030	5300	华玉萍	马　益	1454
古方社区	1865	5043	周萍华	张未荣	423
龚家社区	1913	2237	龚文忠	龚文忠	600
东庄社区	2895	8106	崔济安	华建钢	300
马杭社区	1685	3280	蒋元兴	蒋元兴	422
新城域社区	3930	5810	孙春玲	孙春玲	—
香溢澜桥社区	3254	7843	贾　建	孙　燕	—
喜盈门社区	5851	6984	吴寅峰	吴寅峰	—

说明：社区党组织书记、居委会主任“一肩挑”

（周　蓉）

人物·荣誉栏

Figures & Honors List

栏目编辑　周小红　颜　赶

新任区级领导

乔俊杰

2021年7月，任中共常州市武进区委书记，武进国家高新区党工委书记。8月，任常州市武进区人武部党委第一书记。9月，任常州市委常委。10月，任常州市科教城党工委书记（兼）。11月，任常州市武进区委党校校长（兼）。

江苏泰兴人，1974年1月出生。厦门大学数学系应用数学专业本科毕业。1994年5月加入中国共产党。1996年8月，在常州市国税局工作，2001年11月任常州市国税局教育处副处长。2004年12月，任常州市武进区国税局副局长。2006年2月，任常州市国税局监察室主任。2007年7月，任常州市天宁区区长助理。2008年6月，任常州市天宁区副区长。2010年12月，任常州市天宁区委常委、茶山街道党工委书记。2012年8月，任常州市天宁区常务副区长。2014年4月，任常州市旅游局党委副书记、局长。2017年4月，任常州市财政局党组书记、局长。2018年12月，任常州高新区党工委副书记、管委会主任和新北区委副书记、区长。

恽淇丞

2021年7月，任中共常州市武进区委副书记，常州市武进区人民政府党组书记、副区长、代区长。11月，任常州市武进区行政学校校长（兼）。2022年1月，任常州市武进区人民政府区长。

江苏常州人，1974年6月出生。南京大学经济学系经济管理专业本科毕业。1996年8月，在常州市信息技术贸易总公司工作。从1998年4月起，历任常州市信息中心科员、预测科副科长、科长。2001年9月，任常州市委办信息处工作人员。2001年12月，任常州市委办信息处副处长。2002年6月加入中国共产党。2005年3月，任常州市委办信息处处长。2008年8月，任常州市委办秘书处处长。2010年4月，任常州市委办副主任。2012年1月，任常州市委副秘书长。2017年4月，任常州市机关事务管理局党组书记、局长。

李德森

2021年7月，任中共常州市武进区委常委，统战部部长。8月，任常州市武进区人民政府副区长人选。9月，任常州市武进区人民政府副区长、党组成员。11月，任常州市武进区政协党组副书记。

辽宁朝阳人，1981年2月出生。复旦大学国际关系与公共事务学院国际政治专业本科毕业。2006年3月加入中国共产党。2004年8月起，先后在常州市戚墅堰区委组织部、戚墅堰区对外贸易经济合作局、戚墅堰区潞城街道办事处工作。2009年3月，任常州市戚墅堰区潞城街道农经站站长，2010年1月，任戚墅堰轨道交通产业园管委会办公室主任，2010年11月，任戚墅堰经济开发区党工委委员、潞城街道党工委宣传委员、统战委员。2012年4月，任常州市戚墅堰区戚墅堰街道党工委副书记、办事处主任。2015年6月，任常州市武进区戚墅堰街道党工委副书记、办事处主任。2015年10月，任常州经济开发区金融发展局局长。2019年10月，任常州市地方金融监督管理局副局长、党组成员。

戴志华

2022年1月，任常州市武进区人大常委会副主任、党组成员。

江苏常州人，1968 年 10 月出生。中央党校经济管理专业本科毕业。1991 年 1 月加入中国共产党。1991 年 8 月参加工作，任武进县运输管理处办公室科员。1995 年 10 月，任武进市（县）交通局运输管理处办公室主任，1998 年 10 月，任武进市交通局运输管理处副处长，2001 年 4 月，任武进区（市）交通局公交总公司党委书记，2002 年 10 月，任常州市武进区交通局公交总公司总经理，2006 年 6 月，任武进公交有限公司党支部书记、总经理，常州城际客运有限公司党支部书记、总经理，2007 年 9 月，任常州市武进区交通局运输管理处处长，2008 年 4 月，任常州市武进区交通局副局长、党委委员。2010 年 4 月，任常州市武进区交通运输局副局长、党委委员。2012 年 1 月，任常州市武进区嘉泽镇党委副书记、镇长，武进现代农业产业园区党工委副书记、管委会主任（其中，2012 年 1 月至 2013 年 3 月，任武进区西太湖生态休闲区党工委副书记）。2015 年 3 月，任常州市武进区牛塘镇党委书记，2017 年 8 月，任常州西太湖科技产业园（江苏省武进经济开发区）管委会主任，2017 年 9 月，任常州西太湖科技产业园（江苏省武进经济开发区）党工委副书记。2019 年 10 月，任常州西太湖科技产业园（江苏省武进经济开发区）党工委书记。

朱 岩

2021 年 11 月，任常州市武进区人民政府副区长、党组成员。

河南南阳人，1980 年 10 月出生。南京师范大学法律专业研究生毕业。2002 年 12 月加入中国共产党。2003 年 8 月参加工作，历任常州市公安局新北分局三井派出所见习民警、科员。从 2005 年 8 月起，历任常州市公安局新北分局政治处科员、副主任。从 2008 年 2 月起，历任常州市公安局办公室科员、副主任。2013 年 7 月，任常州市公安局办公室政委。2015 年 3 月，任常州市公安局组织人事处处长。2018 年 1 月，任常州市公安局钟楼分局政委。2019 年 10 月，任常州市妇联副主席、党组成员。

贾 东

2021 年 7 月，任常州市武进区人民政府副区长、党组成员。

江苏常州人，1977 年 12 月出生。江苏省委党校经济管理专业本科毕业。1999 年 12 月参加工作，历任武进市奔牛镇政府科员、团委书记。从 2002 年 5 月起，历任常州市武进区委办公室秘书、综合科（综合督查科）副科长、综合督查科科长。2005 年 6 月加入中国共产党。2008 年 3 月，任常州市武进区委研究室副主任。2009 年 7 月，任常州市武进区委办公室副主任，2010 年 9 月，任常州市武进区委研究室主任。2014 年 1 月，任常州市武进区委办公室主任。

张征宇

2022 年 3 月，任常州市武进区人民政府副区长。

江苏常州人，1973 年 3 月出生。武汉理工大学工商管理专业本科毕业。1996 年 8 月参加工作，历任武进市 21 世纪议程项目管理中心科员、武进市（区）市政工程管理处科员、武进区建设局城镇建设管理科副科长、武进市政工程管理处主任。1999 年 6 月加入中国共产党。2007 年 11 月，任常州市武进区建设局副局长、党委委员。2010 年 4 月，任常州市武进区住建局副局长、党委委员。2013 年 12 月，任武进高新区规划建设和城市管理局副局长（主持工作）。2014 年 10 月，任武进高新区规划建设和城市管理局局长。2015 年 8 月至 2021 年 2 月，历任常州市武进区住建局党委副书记、书记，局长。2020 年 12 月，任常州市武进区湖塘镇党委书记。

祝正庆

2022 年 1 月，任常州市武进区政协副主席。2 月，任常州市政协副主席。

江苏常州人，1970 年 2 月出生。南京大学环境科学系环境化学专业本科毕业。农工党党员。1992 年 8 月，在常州市环境监测中心站参加工作。从 2001 年 9 月起，历任常州市环保研究所副所长、所长。2006 年 3 月，任常州市环保局污控处处长。2007 年 12 月，任常州市环保局副局长，2009 年 8 月，兼任常州市太湖水污染防治委员会办公室副主任。2010 年 2 月，兼任常州市太湖水污染防治办公室副主任。2014 年 1 月，任常州市发展和改革委员会副主任。2017 年 4 月，任武进国家高新区管委会副主任（正处）。

徐　宁

2022 年 1 月，任常州市武进区政协副主席。

江苏常州人，1967 年 11 月出生。苏州城建环保学院建筑工程专业本科毕业。1987 年 12 月加入中国共产党。1988 年 9 月参加工作，历任武进市建筑设计院副院长、副书记。从 1999 年 8 月起，历任武进市（区）城乡规划管理处副主任、副书记，武进市（区）城乡规划设计院副书记。从 2003 年 1 月起，在常州市规划局武进分局工作，历任建筑管理科科长、监察科科长，2003 年 8 月任武进城乡建设测量队副队长。从 2005 年 6 月起，常州市规划局武进分局副局长、主任科员，2009 年 6 月兼任武进区城乡规划设计院院长，2010 年 5 月，兼任武进区规划与测绘院院长。2012 年 4 月，任武进绿色建筑产业集聚示范区党工委副书记、管委会主任。2015 年 3 月，任武进绿色建筑产业集聚示范区党工委书记，2016 年 6 月，任武进高新区绿色建筑产业园管理办公室主任，2017 年 6 月，任武进绿色建筑产业集聚示范区管委会主任。

朱红兴

2022 年 1 月，任常州市武进区政协副主席。

江苏常州人，1968 年 4 月出生。扬州大学应用化学专业本科毕业。1989 年 8 月参加工作，任武进化肥厂技术员。1991 年 12 月，在武进县环境监测站工作。1993 年 5 月，在武进市（县）环境监理大队工作。1999 年 3 月，任武进区（市）横林环境监察中队中队长。2000 年 12 月加入中国共产党。从 2003 年 9 月起，历任常州市武进区环保局管理科科长、计划科科长。2007 年 11 月任常州市武进区环保局副局长、党组成员，2011 年 3 月任常州市武进区环保局党组副书记，2011 年 4 月任常州市武进区环保局局长、武进区太湖水污染防治办公室主任（兼），2011 年 6 月任常州市武进区环保局党组书记。2012 年 1 月任常州市武进区遥观镇党委副书记、镇长（2012 年 3 月选举）。2014 年 8 月任常州市武进区洛阳镇党委书记，2017 年 12 月任常州市武进区洛阳镇人大主席。2021 年 4 月，任常州市武进区政协经济科技和农业农村委员会主任。

谈　胜

2022 年 1 月，任常州市武进区政协副主席。

江苏常州人，1969 年 4 月出生。中央党校经济管理专业本科毕业，民建会员。1990 年 8 月参加工作，历任武进县（市）交通局审计员和财审科办事员、副科长，1997 年 9 月任武进市交通局局长助理，1997 年 10 月任武进市交通局企管科科长，1999 年 11 月任武进市交通局财审科科长，2001 年 7 月任武进市交通局副局长，2004 年 11 月任武进交通产业发展有限公司董事长、总经理。2010 年 4 月任常州市武进区交通运输局副局长，2013 年 7 月任武进交通产业发展有限公司总经理、江苏先行建设有限公司总经理，2013 年 9 月任常州市武进区交通运输局主任科员。2015 年 12 月，任江苏先行控股集团有限公司董事长、总经理。

（王　艳）

先进个人

全国先进个人

马瑞青

江苏苏豪国际集团丝线实业有限公司车间挡车工。2021 年 11 月，被人力资源和社会保障部、中国纺织工业联合会授予“全国纺织工业劳动模范”称号。

常州武进人，1980 年 7 月出生。马瑞青 1996 年进入江苏苏豪国际集团丝线实业有限公司工作，凭借吃苦耐劳、顽强拼搏的奋斗精神，快速成长为操作能手，出色地完成各项工作任务。2005—2021 年，其所在编织车间累计生产各类医用外科缝合线 19.5 亿米，每年为公司创造净利润 200 多万元，产品连续 10 多年被美国强生公司评为质量最佳。

（方志天）

尹　玲

常州凤凰国际旅行社总经理、常州原木酒店负责人。2021 年 11 月，尹玲家庭被中央宣传部、中央文明办、全国妇联评为“全国最美家庭”。

常州金坛人，1979年11月出生。2020年年初，尹玲主动捐出自家酒店作为新冠肺炎疫情隔离观察点，带领全家人动手改造酒店。通过旅游+援疆的模式，持续多年资助新疆贫困地区的孩子，捐款捐物累计价值30余万元，带动当地牧民增收120余万元。尹玲的事迹被中央电视台、《中国妇女报》《新华日报》等媒体报道，尹玲先后获评助人为乐“江苏好人”、江苏省疫情防控优秀志愿者称号。

（濮梦佳）

史欣兵

江苏恒立液压科技有限公司精密零部件事业部经理，数控车高级技师，中共党员。2021年1月，被国务院农民工工作领导小组授予“全国优秀农民工”称号。

山东济宁人，1985年6月出生。史欣兵扎根基层13年，从事高端液压元件机械工艺设计、生产、研发工作，始终秉持“严格、踏实、上进、创新”的工作精神，坚持以工匠精神带领团队开展技术革新、工艺难题攻关，时刻以追求完美的态度对待每个细节，持续提升高端液压元件生产创新能力。积极培养新人，并借助“史欣兵技能大师工作室”平台实现“传、帮、带”机制，向200余人无私传授技能，授课300余课时，为企业发展和新产品开发做出贡献。先后获得济宁市数控技能比武第一名、常州市突出贡献人才、常州市技能大师工作室领办人、山东省科学进步一等奖、江苏省“双创计划”高技能类创新人才、中国液气密行业协会科学进步三等奖、改革开放40年“中国机械工业百名工匠”等荣誉。

（张连惠）

杜爱祥

江苏智思控股集团有限公司董事长，中国民主建国会会员。2021年12月，被中央统战部评为“各民主党派、工商联、无党派人士为全面建成小康社会作贡献全面建成小康社会作贡献”先进个人。

江苏淮安人，1963年2月出生。2012年10月，杜爱祥成立智善公益基金会，创建中国梦·脊梁工程、慈善幸福村、君子文化研究等公益慈善项目，持续为全面建成小康社会贡献力量。智善公益基金会累计向全国（不含港澳台）31个省（市、自治区）的4584名脊柱侧弯患者捐赠手术费超1亿元，其中国梦·脊梁工程项目成为全国救助脊柱侧弯患者的最大项目，荣膺慈善领域最高奖项——中华慈善奖。杜爱祥铭记社会责任，致力脱贫攻坚和公益慈善工作，至2021年11月底，智善公益基金会累计捐赠善款1.6亿元。曾获得民建脱贫攻坚突出贡献奖、民建全国社会服务工作先进个人等荣誉。

（方志天）

李志强

常州经开区司法局横山桥司法所所长。2021年10月，被司法部评为全国司法所模范个人。

常州天宁人，1970年10月出生。李志强长期从事政法条线工作，以强烈的工作责任感和使命感，积极开展人民调解工作。先后获评江苏省安保工作先进个人、司法部“大排查早调解护稳定迎国庆”专项活动先进个人、司法部“全国模范人民调解员”等称号；荣立个人三等功3次。

（许亦皎）

何春明

常州市武进区税务局洛阳税务分局局长，中共党员。2021年6月，被国家税务总局评为全国税务系统百佳税务所长（书记）。

常州武进人，1970年2月出生。何春明扎根基层34年，坚持以创新、担当诠释为民服务的先锋本色。20世纪90年代，参与打造乡镇企业股份制改制“税务样板”，牵头组建全国首批办税服务大厅。2011年，在全省乃至全国率先建立联合办税大厅，实现国地税业务“一窗通办”，被中央电视台《新闻联播》报道。将办税时间由14分钟缩短至2分钟，针对窗口无法解决的重大涉税事项及疑难杂症问题组建“税收智囊团”，助力地方经济高质量发展。先后被常州市税务局嘉奖8次，荣立三等功4次。

（方青恬）

陈　刚

横林镇政法和应急管理局工作人员，中共党员。2021年4月，被中国长安网、中央政法委长安剑评为全国“平安卫士”。

南通海安人，1977年2月出生。陈刚从事维护社会稳定工作近20年，始终兢兢业业、埋头苦干，肩负横林镇禁毒工作重任，对涉毒人员信息逐一核对，严格落实吸毒人员一人一档管理、吸毒人员分级分类管理、外出务工人员协查管理、社会面吸毒人员交叉排查管控、监狱服刑和强戒所的无缝衔接管理。坚守反邪教工作一线，精心组织各项反邪教宣传活动，消除邪教发展根基，经手的邪教人员转化率达95%。参与铁路护路工作，多次协助铁路部门做好矛盾纠纷化解工作。坚守在疫情防控第一道防线，参与横林镇安全生产专项整治活动，促进全镇安全生产。先后获得武进区先进禁毒个人、七五普法先进工作者等称号。

（邵心钰）

陈　娟

武进区疾病预防控制中心主治医师。2021年10月，被中国疾控中心麻风病控制中心评为2019—2020年全国麻风病防治管理信息系统工作先进个人。

常州武进人，1980年9月出生。从2009年起，陈娟接手麻风病防治工作，负责麻风病症状监测、现症病人诊疗，并指导辖区内各医疗机构开展治愈者随访，保障相关工作信息及时准确上报国家麻风防治管理信息系统。撰写《武进区消除麻风病危害规划（2011—2020年）》终期评估报告，为政府部门制定社会经济发展规划、优化资源配置提供科学依据。在省级期刊发表论文1篇。获2021年常州市艾滋病防治技能竞赛现场处置项目个人二等奖、2021年常州市艾滋病防治岗位能手、常州市技术能手、常州市五一创新能手等荣誉。

（郑冰研）

邵丹薇

星星充电创始人，万帮数字能源董事长，高级经济师。2021年3月，被全国妇联评为“全国巾帼建功标兵”。

江苏常州人，1982年8月出生。2014年，创办星星充电，成立万帮新能源投资集团有限公司。开创性采用“云—管—端”即“硬件＋软件＋服务”的商业模式，成为数字能源生态的中国样本。2020年，首创“移动能源网”概念，利用充电网、智能微网、移动能源网三张网的战略纵深布局和云管端协同的先进商业模式。邵丹薇获得21届中国青年五四奖章提名奖、哈佛商业评论年度人物、安永中国2020年度企业家称号，担任全国十三届青联委员、江苏省第十二届政协委员，入选国家“万人计划”专家、科技部创新人才推进计划科技创新创业人才。

（濮梦佳）

金海莲

武进区妇幼保健计划生育服务中心副主任。2021年12月，被国家卫生健康委计划生育药具不良反应监测中心评为2021年度全国避孕药具不良反应监测工作先进个人。

常州武进人，1979年6月出生。从2020年起，金海莲负责分管全区的避孕药具管理，开展避孕药具不良反应／不良事件收集与上报工作，配合区卫健局制定《武进区避孕药具不良反应监测实施方案》，修订完善监测工作制度和指标要求，每年两次对监测点人员开展业务培训，规范医疗保健机构工作职责，保障监测工作高质量完成。2012年，被评为武进区妇女儿童工作先进个人。2013年，被武进区政府记三等功。2013年、2014年、2018年，分获武进区政府嘉奖。

（郑冰研）

周　华

湖塘镇行政审批局副局长、文广体岗主管，中共党员。2021年8月，被国家体育总局评为2017—2020年度全国群众体育先进个人。

常州武进人，1977年11月出生。1996年8月至2020年6月，先后任职于湖塘桥中心小学、湖塘镇政府文化站、湖塘镇行政审批局。周华在全镇群众文化体育工作中守正创新、探索前行，从2011年开始持续推进全民健身阳光工程、文化惠民雨露工程、全民阅读燎原工程、文体队伍建设工程，全镇45个社区在全市率先全面建成“十分钟体育健身圈”示范社区、配优配齐社区专职文体管理员，完成高质量场地普查、社区健身场地扩面工作和规范运管维护工作，打造形成群众文化体育“湖塘模式”。曾获武进区推进“高质量发展”争先创优先进个人、江苏省群众体育先进个人、江苏省群众文化“百千万”工程优秀文艺骨干等称号。

（朱丽春）

赵美娟

武进区残疾人联合会副主席、副理事长，中共党员。2021年7月，被国务院残疾人工作委员会评为全国残疾人工作先进个人。

常州武进人，1971年11月出生。赵美娟十年如一日坚守在扶残助残岗位，致力推进全区残疾人教育、就业、扶贫、文体和社会保障工作高质量发展，切实提升残疾人安全感、幸福感和获得感。带领工作人员全心全意为残疾人服务，牵头制定《武进区残疾人上门评残制度》，每月对符合条件的残疾人提供上门鉴定服务，用实际行动为残疾人带去温暖和实惠，赢得广大残疾人赞誉和社会各界好评。多次获得区委、区政府嘉奖，曾获评江苏省残工委残保金征收工作先进个人。

（恽　苗）

顾俊伟

洛阳镇政法和社会综合治理局副局长，中共党员。2021年12月，被中央宣传部、司法部、全国普法办评为“2016—2020年全国普法工作先进个人”。

常州武进人，1971年9月出生。顾俊伟于2016年从事司法行政工作，始终把百姓装在心里，把责任扛在肩上，履职尽责、任劳任怨。先后参与调解纠纷400余起，为百姓排忧解难；组织开展各类普法活动、讲座50余场，营造浓厚的法治氛围；打造洛阳镇“民生茶社”品牌，推动乡村治理法治化现代化；先行先试，整合全镇法治文化资源，打造洛阳特色法治文化小镇。荣获“六五”普法武进区先进个人称号，3次获评武进区优秀司法行政干警。

（刘懿婧）

徐晓辉

常州市小域智能科技有限公司总经理。2021年5月，被共青团中央评为全国优秀共青团员。

安徽安庆人，1994年5月出生。徐晓辉坚持自主创新研发满足市场要求、国家需要的智能装备，从事、参与和主导无人机领域数十个项目，拥有包括发明专利20余件专利，小域智能在无人机及航空器市场的应急伞降系统名列前茅，产

品远销欧美市场。2020年年初，与顺丰科技合作在武汉地区使用无人机运送医疗物资，保障抗疫前线物资供应。2020年年末，在常州海关武进综合保税区内率先实施常州第一单跨境保税维修业务，成功填补常州地区的业务空白。先后获得“创青春”江苏省二等奖、“创青春”初创组铜奖。

（陆旻雯）

高水平

武进区科协科普部部长。2021年12月，被中国科协评为全民科学素质工作先进个人。

常州武进人，1971年7月出生。2008年任区科协办公室副主任，2012任科普部部长。积极贯彻实施《全民科学素质行动计划纲要》，认真钻研业务理论，创新工作方法，整合优势资源，深入基层，牵头组织各类科普宣传活动，为提升全区公众科学素质做出贡献。“十三五”期间，武进区公民科学素质达标率由11.5%上升到16.3%，年均增长1.2%，增长幅度位列全市首位。

（戴冬蕾）

黄亚惠

前黄镇李臣家庭农场负责人，武进区第一位女插秧机手，区妇联执委。2020年12月，黄亚惠家庭被全国妇联评为第十二届全国五好家庭。

常州武进人，1970年10月出生。黄亚惠家庭是当地有名的“种田大户”。1993年，黄亚惠和丈夫承包无人耕种的抛荒田、边远田、低产田5.3公顷，开始种植水稻，逐渐发展为拥有种植面积20公顷的家庭农场和作业面积333公顷的农机专业合作社。2006年，承担农业部优质水稻区域生产服务中心建设项目，成立全区首家农民专业合作社。2015年，随着大学毕业的儿子回到家中帮着拓展业务，黄亚惠家庭带着周边的乡亲一起走上机械化、信息化发展道路，发展合作社社员110户，直接带动周边100多名农民就业。

（濮梦佳）

符小宝

武进区党员教育中心电教科科长，中共党员。2021年，被中央组织部评为全国组织系统“优秀网宣员”。

常州武进人，1991年7月出生。符小宝在工作中善于思考，撰写各类评论文章200余篇，多篇文章被《人民日报》《新华日报》和人民论坛网、组工e评等省级及以上媒体刊载。开拓创新，鼓励带动全区年轻干部参与评论工作，并多次受邀到省信息宣传培训班和苏州、无锡等地组织系统授课。

（王　艳）

蒋　丽

武进区妇女联合会党组书记、主席，苏澳合作园区建设办公室副主任(兼)。2021年12月，被全国妇联评为全国维护妇女儿童权益先进个人。

常州武进人，1980年6月出生。蒋丽于2015年8月起从事妇女儿童工作，推动保障农村妇女宅基地资格权的独立性和使用权的共享性改革，作为唯一的县区妇联代表在全省婚姻家庭纠纷预防化解工作会议上交流发言，创新打造全市首批校园家风馆得到全国妇联肯定，牵头成立全区首个“圆梦”百万光彩基金帮扶困境妇女儿童，到2021年共为400百余名妇女提供小额贴息贷款和创业贷款超2亿元，“数智妇联”建设推动全区妇女儿童工作创新领先走在前列。获得2019年江苏省妇女儿童工作先进个人、2021年江苏省巾帼建功标兵称号。

（濮梦佳）

蒋　健

洛阳镇岑村村党委书记、主任，常州欧凯电器有限公司董事长，中共党员。2021年6月，被中共中央评为“全国优秀党务工作者”。

常州武进人，1971年2月出生。蒋健积极服务百姓、服务发展。2019年，蒋健捐出当村书记12年的所有工资100多万元，用于帮扶岑村困难群众。组织开展“万企联万村、共走振兴路”活动，累计投入超5000万元用于生态建设，推动岑村工业园面貌焕然一新，为1000余位村民提供就业岗位，村民人均纯年收入超过5万元，村总资产近1亿元，集体经济年收入突破2000万元，探索出符合岑村发展的乡村振兴之路。蒋健先后担任武进区第十三届、十四届、十五届人大代表，武进区十六届政协委员，常州市第十五届、十六届人大代表；获江苏省优秀党务工作者、江苏好人、常州市劳动模范等称号。

（王　艳）

蒋晓美

武进区机关幼儿园教育集团党支部书记、总园长，中共党员。2021年3月，被全国妇联评为“全国巾帼建功标兵”；9月，被中央文明办评为“中国好人”。

常州武进人，1970年12月出生。蒋晓美扎根幼儿教育事业30年，发扬无私无畏、敢为天下先的闯劲和干劲，不断推进武进机关幼儿园成长、发展，形成“15址”规模的教育集团，围绕增强幼儿教育的内生力和辐射力，着力推动所有园区高位、均衡、优质发展，打造武进幼儿教育品牌。

（吴　英）

蒋彩琴

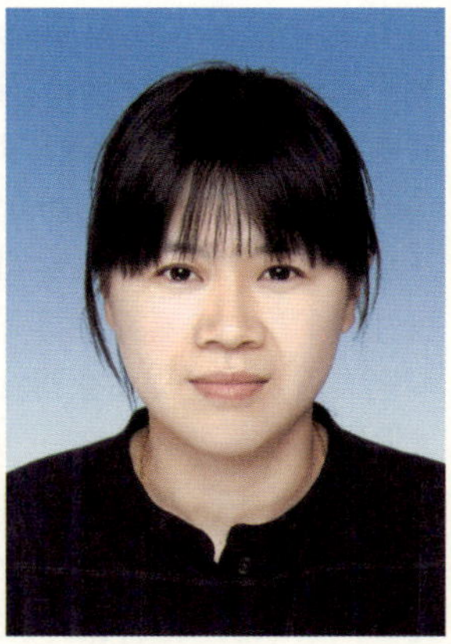

中天钢铁集团有限公司天车内训师。2021年1月，被国务院农民工工作领导小组授予“全国优秀农民工”称号。

江苏泰兴人，1986年12月出生。2009年，进入中天钢铁集团，成为钢轧三分厂连铸生产线上一名天车工。蒋彩琴作为钢铁厂为数不多的女性操作工，用心练习天车稳勾、绕杆、定点停车等操作规程，充分发挥女性细心、耐心、有责任心的优势，圆满完成各项工作任务。除了实操练习，蒋彩琴时刻不忘学习，短短四年就拿到天车工的高级证书，并竞聘成为天车二级技师。2019年，被集团选拔为天车内训师，参与编制《天车工上岗必修手册》《天车工技能等级培训方案》等。从2013年起，先后获评常州市五一巾帼标兵、常州市技术能手、常州市“五一创新能手”等称号。

（任　可）

全省先进个人

万　水

常州经开区党政办公室副主任、党组成员，中共党员。2021年10月，被省委、省政府评为全省脱贫攻坚暨对口帮扶支援合作先进个人。

江苏常州人，1980年11月出生。2019年11月至2021年7月，万水挂职陕西省安康市平利县政府办公室副主任。其间，积极投身平利县脱贫攻坚及东西部协作工作，深入贫困山区、积极开展对接，促进两地在产业发展、社会帮扶、消费扶贫等方面开展交流协作。协助平利县实施苏陕协作项目67个，引进东部企业6家，吸引投资7164.5万元；开展消费扶贫活动，累计向东部地区销售平利特色农产品2511万元，吸纳东部地区企业及个人爱心捐赠391万元，用于资助贫困学生学习、基础设施短板及疫情防控等，有效助力平利县取得脱贫攻坚战全面胜利。

（任　可）

万银洁

武进区星韵学校副校长，中小学高级教师，中共党员。2021年12月，被省政府授予江苏省小学语文学科特级教师称号。

常州武进人，1982年10月出生。2015年，任武进区星韵学校副校长。万银洁积极探索语文课堂改革，致力于语文本真课堂的研究，从课程视野的角度，开展有关语文综合性学习的实践，探索出语文综合性学习的校本化实施模式，先后获得江苏省小学语文青年教师课堂教学评优课特等奖、华东六省一市小学语文教学观摩活动特等奖、江苏省“杏坛杯”青年教师课堂教学展评一等奖。研究成果《小学语文综合性学习的校本化探索》获江苏省教育科学成果二等奖，在省级及以上刊物发表论文20余篇，连续三年获省教海探航论文评比一等奖。万银洁先后被评为武进区名教师工作室领衔人、常州市优秀教育工作者、常州市教育管理拔尖人才。

（吴　英）

王丽雯

武进人民医院医务处副主任、主任医师，中共党员。2021年10月，被省委、省政府评为全省脱贫攻坚暨对口帮扶支援合作先进个人。

常州武进人，1972年12月出生。2010—2020年，王丽雯3次援疆，先后抢救危重患儿100余例，诊治患者6000余人次，完成伊犁州科研项目1项，引进新技术、新项目10余项，主持开展各类业务讲座40余期，培训各类医护人员2000余人次，下乡巡回义诊40余次。在日常工作中兢兢业业、处处以身作则，将自己临床经验毫无保留地传授给当地医生，助力尼勒克县新生儿死亡率从10年前的25‰降至2019年的4.02‰。援疆结束后，也未间断对尼勒克县各族人民的牵挂，积极通过远程医疗为尼勒克县医疗事业贡献力量。

（雷　蕾）

王洪法

武进区前黄镇丁舍村党总支书记，中共党员。2021年10月，被省委、省政府评为全省脱贫攻坚暨对口帮扶支援合作先进个人。

常州武进人，1961年12月出生。王洪法以特色果品产业为切入点，带领全村近一半果农实现从传统种植到观光农业的转变，村民年均收入从过去的1.8万元增至2.9万元。先后投入近千万元，建设西塘美丽乡村、南降精品村。带头组织企业共同募捐，帮助丁舍村5个村小组实现与主干道的相通。捐出工资用于建设南降主干道路灯，完成丁舍路灯亮化工程。实施“村居通”书记项目，改善7个自然村人居环境。对全村13户低保户采取一对一帮扶措施，完成5户低保户危房改造。每年资助村里困境青少年2名，表彰奖励村里优秀学子25名。补贴全村老年人参加健康体检。

（唐建安）

韦叶平

江苏省武进高级中学副校长，高级教师。2021年12月，被省政府授予江苏省特级教师称号。

常州金坛人，1982年1月出生。韦业平担任2021届高三大班主任和高三(7)班小班主任。坚持静心教书、治班有法、育人有方，以个人的学术魅力和人格修养感染学生，培养“尊重时间、专注学习、肯定自我、懂得谦逊、坚持到底”的新时代青年，所带班级多次获常州市先进班集体等荣誉，2021年被评为常州市特级班主任。作为常州市韦叶平名教师工作室领衔人、首批常州市龙城十佳教师、江苏省“333”高层次人才培养对象，获首届江苏省高中物理教学基本功大赛第一名，2次在江苏省“教学新时空·名师课堂”授课。主持多个省级重点课题，在核心期刊发表论文近20篇。2021年主持的《指向素养发展的物理课堂转型与重构》获江苏省基础教育教学成果奖特等奖。

（吴　英）

夷建良

武进区发展和改革局党组书记、局长，中共党员。2021年10月，被省委、省政府评为全省脱贫攻坚暨对口帮扶支援合作先进个人。

常州武进人，1969年1月出生。夷建良认真贯彻落实中央和省、市、区关于扶贫开发、对口支援决策部署，做好武进区扶贫开发、对口支援等工作。对照市定标准，严格按照精准识别要求，完成3142户、5201人低收入农户建档立卡工作，组织全区2266名党员与建档立卡低收入户结对，实现结对帮扶全覆盖。2019年，全区建档立卡低收入农户全部脱贫，率先高质量完成脱贫攻坚任务。践行“懂农业、爱农村、爱农民”工作要求，将贫困户的冷暖放在心头，把带领农民脱贫致富摆在首位，取得工作完成质量高、群众口碑好的业绩。在产业支援、项目支援等方面主动作为，多次到对口支援地区协调对接，推进重点项目建设，对口帮扶平利县受到国家、省表彰。到2021年，累计完成消费扶贫300余万元，2次筹集资金支持云南省昭通县5个村乡村振兴工作。

（雷　蕾）

庄惠芬

武进区星河实验小学校长，中共党员。2021年4月，被省委、省政府授予江苏省先进工作者称号。

常州武进人，1973年10月出生。庄惠芬从教29年、先后任教6所学校，专注儿童数学学习恐惧感、障碍感、分化感的突破研究，形成“站起来的儿童数学”教育思想，并出版相关专著。领衔的“儿童创想课程”的整体建构与实践创新课程获全国第四届教育教学改革创新优秀校长奖、江苏省教育科研成果一等奖。首创家校社融合，作为常州市示范性劳模（工匠）创新工作室领衔人，带领工作室成员自费到新疆维吾尔自治区、西藏自治区等地义务送教，筹集资金在西部建成流动图书站70多个。开启“四有好教师”种太阳计划，自发设立学科乡村培育站16个，做强优势学科，促进乡村骨干教师成长。组建江苏省新学校发展联盟、中国儿童创想课程联盟，辐射推广成果。承担省级及以上课题9项，发表论文200余篇，出版专著3部，获得省级及以上成果奖6项。省教育厅举行“庄惠芬教育思想报告会”，其事迹被中央电视台新闻频道、上海东方卫视等媒体专题报道。庄惠芬先后获得全国优秀教育工作者、全国教育改革创新优秀校长奖、江苏省特级教师、江苏省五一劳动奖章、江苏省三八红旗手等荣誉。

（储家浩　吴　英）

庄献锋

常州市公安局武进分局刑事警察大队三级警长，中共党员。2021年4月，被省委、省政府授予江苏省先进工作者称号。

常州武进人，1978年4月出生。庄献锋从警20余年，坚持扎根于刑侦工作第一线，关注攸关民生案件侦破，提出“监控连成圈，大圈包小圈”监控布置更换的思路，提升案件侦破水平。2014—2016年，辖区内入室盗窃案发案率呈连年下降趋势，直接或间接帮助老百姓挽回经济损失数百万元。总结出“盯串碰审”四字战法、“搜、研、捕”三步技战法等，先后破获刑事案件1.19万起，抓获各类犯罪嫌疑人3100余人，实现辖区内连续10年命案全破、“八类案件”破案率达95%以上、接触性侵财类案件破案率突破60%。

（储家浩）

刘明刚

万帮数字能源股份有限公司高级副总裁，中共党员。2021年10月，被省政府授予“江苏服务业专业人才特别贡献奖”。

常州武进人，1981年6月出生。刘明刚是万帮数字能源股份有限公司联合创始人之一，开创充电领域“能源互联网＋工业互联网＋产业互联网”三网融合的先河，提出互联网化数字化充电设施运营模式，先后入选国家能源局充电标准委员会专家委员与江苏省推广专家小组，担任2018年国家绿色制造项目负责人，拥有发明专利10项。2020年，公司实现销售收入30亿元，连续4年纳税超亿元。作为万帮数字能源股份有限公司党委书记，充分发挥党员先锋模范作用，做实、做强企业公司党建工作。

（方志天）

严　成

新誉集团有限公司焊接技师，中共党员。2021年4月，被省委、省政府授予江苏省劳动模范称号。

常州武进人，1975年12月出生。2003年，严成入职新誉集团成为一名普通焊工。2004年，经过哈尔滨焊接培训中心培训成为国际焊工，拥有国际焊接证书7张，覆盖碳钢、不锈钢、铝合金三种材料及MIG、MAG、TIG三种焊接方法。2010年，考取国际焊接技师，成为一名焊接监督。2018年，成立以严成名字命名的劳模创新工作室，于2020年被评为常州市示范性创新工作室。严成积极参加工会组织的师徒结对活动，将所学知识、技术、经验传授给其他员工，为公司培养焊工150多名、班长6名、技师12名。撰写的论文《TIG焊接铝合金箱体焊缝氢气孔的预防》获第三届中国中车通用技术论坛大赛三等奖。先后获评武进区首届工匠、常州市劳动模范、龙城技能标兵、江苏省首席技师等称号。

李　杰

武进广宇花辊机械有限公司售后专员。2021年4月，被省委、省政府授予江苏省劳动模范称号。

连云港东台人，1968年2月出生。李杰于2003年加入武进广宇花辊机械有限公司，积极投入企业技术改造。2019年，面对公司上马的 ϕ1.5米×8米长镜面磨生产设备面临设备昂贵、交付期长的困难时，主动请缨，带领4人团队，在没有图纸和同规格机床研制经验的情况下，提前半个月完成组装任务。调任售后服务部后，数年间跑遍国内20多个省（市）、自治区和10多个国家、地区。先后获得武进区五一劳动奖章、常州市五一劳动奖章、常州市劳动模范等荣誉。

（储家浩）

李桂旺

江苏省前黄高级中学物理学科发展中心主任、中学物理正高级教师，中共党员。2021年12月，被省政府授予江苏省特级教师称号。

盐城亭湖人，1974年8月出生。2016年，任常州市教科院兼职科研员、“城乡牵手”行动领衔教师，担任班主任工作22年，完成高中循环教学8轮。从事物理奥赛辅导20年，辅导学生4人进入奥赛冬令营，200余人获江苏省一等奖，获评江苏省杰出教练员。积极参与学科活动指导，注重信息技术应用，设计制作教学软件获江苏省一等奖。重视教学实践成果凝练，主持省级课题研究2项，参与国家级和省级课题研究5项，参编著作4部，30余篇论文在省级期刊发表或省、市评比中获奖。获得江苏省名师教学大赛一等奖、2021年江苏省基础教育教学成果特等奖，获评常州市现代教育技术先进个人、常州市突出贡献人才、常州市优秀教育工作者、江苏省优秀科技辅导员。

（吴　英）

杭　莉

遥观镇生态和农村工作局工作人员，中共党员。2021年10月，被省委、省政府评为全省脱贫攻坚暨对口帮扶支援合作先进个人。

江苏常州人，1979年11月出生。杭莉从事农村工作近20年，认真做好脱贫攻坚工作。对全镇困难家庭开展调查摸底，每季度更新和按时上报相关信息。及时排摸未脱贫贫困户，对每个年度脱贫确实存在困难的贫困户发放补助资金。积极借助镇慈善分会平台，2017—2021年7月镇慈善分会累计救助因病致贫、因残致贫等困难家庭84户，帮助8名贫困生圆梦大学。开展农业科技培训、讲党课等活动，助力精神扶贫。遥观镇于2019年年底实现贫困户全部脱贫。

（周　银）

季文斌

湟里镇西墅村党总支书记、村委会主任，中共党员。2021年4月，被省委、省政府授予江苏省劳动模范称号。

常州武进人，1965年10月出生。季文斌于2005年担任村党组织书记，坚持发挥优势，推进产村融合。2011—2015年，投资超2500万元，基本完成全村农田水利沟渠、路、电、泵站等配套体系建设，改善人居环境、生产条件，集体存款突破2000万元。2016—2020年，根据西墅村被列为全国首批农村土地三项制度改革试点村，优化村庄规划体系，加快推进中心村集居点建设，对6个特色村按美丽乡村建设标准实施提档升级，村级收入由2005年的30万元增至2020年的500万元，集体存款提升至4000万元。获得常州市劳动模范、江苏省百名示范村书记、江苏省农村基层党建工作突出贡献奖等荣誉。

（储家浩）

秦亚平

江苏省武进高级中学生物教研组长正高级教师。2021年12月，被省政府授予江苏省特级教师称号。

常州武进人，1969年8月出生。秦亚平致力于追求教育与教学、知识与能力、科学性与艺术性的统一，成为一名有教育思想、独具教学风格的科研型、学者型、专家型教师。坚持“教学即科研、科研即教学”的理念，在核心期刊上发表教科研论文20多篇，主持完成省级规划课题3项，参与省级规划、教研课题6项；作为江苏省奥赛高级教练员，辅导的学生获全国联赛奖10多名、省一等奖30多名，多名学生考取清华大学、南京大学、哈尔滨工业大学等名校。先后被评为首届武进区名教师、首届常州市教育领军人才、首届龙城十佳教师、九三学社常州市委先进个人、江苏省首届教学名师、江苏省333高层次人才、江苏省教科研先进教师。

（吴　英）

钱卫东

武进中医医院主任医师、大内科主任，南京中医药大学兼职副教授、江苏省中医药学会心血管疾病专业委员会常务委员，中共党员。2021年4月，被省委、省政府授予江苏省先进工作者称号。

常州武进人，1970年11月出生。钱卫东曾在上海中山医院心内科进修深造一年，从事中西医结合心血管内科工作20多年，潜心研究心内科常见病、多发病，积累疑难杂症的诊治临床经验。发挥中医药的特色和优势，带领团队开展常见心血管病常见证型复方配方颗粒协定方研究，先后参与国家级科研2项，主持完成省、市科研项目4项，获江苏省中医药科技进步三等奖2项，发表SCI论文2篇、中文核心期刊论文10余篇。先后获得常州市劳动模范、常州市突出贡献人才、常州市卫生高层次领军人才、江苏省五一劳动奖章等荣誉。

（储家浩）

徐　洁

横山桥镇五一村党委书记、村委会主任，中共党员。2021年4月，被省委、省政府评为江苏省乡村振兴先进个人。

常州武进人，1982年10月出生。徐洁于2019年担任五一村党委书记，带领村两委班子走出一条工业立村、集体强村、三产兴村的发展路子。2021年，全村拥有企业100多家，包括上市企业1家，形成了以塑钢型材、化工涂料为主导的特色支柱产业群。率先实施农村资产股份制改革，通过资产合作参股经营使村民增加股份收益，确保集体资产保值升值，实现村民股权收益最大化。重视就业问题，实现全村1300多名富余劳动力100%就业，并为邻村提供就业岗位3000多个。

（许亦皎）

徐　锋

常州新奥燃气发展有限公司董事长，中共党员。2021年4月，被省委、省政府授予江苏省劳动模范称号。

常州武进人，1976年8月出生。徐锋始终将安全、服务作为工作的出发点和落脚点。在推进天然气配套过程中，组织召开专题协调会，优化工作流程，确保质量安全，提升服务水平，累计为经营区域内233个行政村（社区）、13.7万户农村居民通上天然气，超额完成区下达为民办实事指标。全力配合全区“禁燃”工程，助力节能减排和生态文明建设，组织市场、工程设计等部门为各镇定制不同的天然气配套方案，完成煤改气项目400多个。带领全体职工积极抗击新冠肺炎疫情，多管齐下保障供气，全面提升安全管理。积极践行社会责任，累计捐赠数千万元，获评武进区优秀企业家、常州市劳动模范、常州市工业明星企业家等称号。

（储家浩）

徐治国

武进区人民政府副区长，中共党员。2021年10月，被省委、省政府评为全省脱贫攻坚暨对口帮扶支援合作先进个人。

江苏常州人，1978年12出生。徐治国根据全区脱贫攻坚工作要求，积极构建全方位、立体式扶贫援疆机制，组织制定《武进区对口支援尼勒克县脱贫攻坚挂牌督战工作方案》，推动扶贫项目落到实处。实施农村健康卫生生活方式培养项目，对建档立卡贫困户、边缘户按600元／户的标准补助。探索拓展“电商+消费扶贫”模式，依托传统商超、电商平台放大消费扶贫效应，为受援地农特优产品销售提供更加广阔的市场。筹办武进—尼勒克消费扶贫年货节，强力带动受援地农特优产品销售，累计完成销售收入300多万元。实施苏布台乡旱田镶产业提升、尤喀克买里村村庄环境整治、野酸梅产业化种植等项目，稳就业、促增收、带脱贫。主动与少数民族结亲戚，经常性开展走访活动，捐赠鸡苗、树苗，开展庭院环境整治等帮扶。

（雷　蕾）

郭志平

武进区畜牧兽医管理服务中心（湟里分中心）高级兽医师，中共党员。2021年10月，被省委、省政府评为全省脱贫攻坚暨对口帮扶支援合作先进个人。

常州武进人，1963年5月出生。郭志平扎根基层畜牧兽医服务工作43年，从事农民技能培训、动物防疫检疫、畜禽规范养殖与管理等工作，恪守服务零距离，满意全方位，深得地方干群信赖。2021年10月，临近退休的郭志平第二次接受委派，到汉滨区农业农村局畜牧兽医中心开始为期一年的对口支援工作。援陕期间，进入深山驻村调研畜牧生产，为当地脱贫攻坚、乡村振兴提供新举措。牵头参与的“陕南白山羊”兴牧富民帮扶探索，得到汉滨区政府肯定及推广，带动当地养殖户300余户；编制“富硒跑山黑猪”养殖与营销方案，发掘大山里的地方黑猪种优势，促进“富硒跑山黑猪肉”在常州打开市场。曾获评江苏省优秀共产党员。

黄小国

江苏枫华农业集团有限公司董事长，中共党员。2021年10月，被省委、省政府授予全省脱贫攻坚暨对口帮扶支援合作先进个人称号。

常州武进人，1979年9月出生。黄小国于2003年开始从事养猪事业，2009年创办江苏枫华农业集团有限公司，逐步发展成为农业产业化国家重点龙头企业、农业农村部生猪标准化示范场，拥有全资子公司5家，其中江苏康乐农牧有限公司是国家生猪核心育种场。在做大做强企业的同时，积极履行社会责任，回报社会，为森庄村、周庄村、屯甸村等企业周边村庄修筑水泥道路、沟渠，累计投入300多万元，每年捐款10多万元用于大病救助及帮助贫困户脱贫致富。2020年，获评常州市劳动模范。

（叶　帆）

梁泽锋

常州旷达威德机械有限公司旋压工。2021年4月，被省委、省政府授予江苏省劳动模范称号。

无锡宜兴人，1980年1月出生。梁泽锋针对旋压封头制作要求高、时间长、难度大，在工作中反复实践、总结，摸索出高超的旋压技术和操作流程，对使用材料、产品设计、生产技术和工艺流程发表独到见解。经常与技术、质保人员探讨相关成形工艺和技术标准，勇挑试制重任，为公司参与封头国家标准修订提供实践依据。参与的9Ni钢大型高性能封头的整体成形加工技术项目，在常州市创业创新大赛中获三等奖。于2018年成立梁泽锋劳模创新工作室，逐步形成合理化建议—改进提案—质量改进与技术攻关课题—科研项目—申报国家专利或高新技术产品的创新工作路径，取得授权专利10件，其中发明专利6件、实用新型专利3件，完成技术攻关项目41项，取得科研成果21项，累计自主研制或改进设备8台（套），获评高新技术产品2个，节约采购经费930万元，创造价值8000万元。获得武进区劳动模范、首批“武进工匠”和江苏省五一劳动奖章等荣誉。

（储家浩）

董国材

国成仪器（常州）有限公司董事长。2021年11月，被省政府授予“江苏留学回国先进个人”称号。

黑龙江人，1981年5月出生。董国材2012年作为常州市“龙城英才计划”领军型创业人才，先后创办常州碳维纳米科技有限公司和国成仪器（常州）有限公司，并担任江南石墨烯研究院副院长。与江苏石墨烯研究院联合建设石墨烯生长机理实验室，共同开发冷壁石墨烯生长设备和高端石墨烯检测设备及其他科学仪器，同时主导石墨烯领域国家及地方标准制定。开展多项应用原型产品研发和商业化产品的转化，技术水平居于国际前沿水平。在国内外著名期刊发表论文9篇，获发明专利5件。承担政府间科技合作重点研发计划、国家自然科学、江苏省科技支撑计划、江苏省自然科学基金等科技项目，获2021江苏省标准创新贡献奖。

（方志天）

蒋中敏

东方润安集团有限公司董事长，中共党员。2021年6月，被省委授予“江苏省优秀共产党员”称号。

常州武进人，1966年8月出生。蒋中敏于2009年年底临危受命，收购年产量不足100万吨粗钢的破产企业，组建东方特钢有限公司，倡导“中道共享”的企业文化，不断推动企业发展成为集钢铁、导轨、铜业于一体的制造业集团。积极回馈社会，先后出资1000多万元用于地方学校建设、帮困助学；发起设立“常州东方润安教育基金会”，首期捐资1.1亿元，专门用于支持地方教育事业发展；向武进区红十字会捐赠1000万元，全力支援防疫抗疫工作；向湟里医院捐赠一台价值1000万元的核磁共振器，有效缓解当地百姓进城就医检查难的问题。先后获常州市优秀共产党员、常州市五一劳动奖章、常州市工业明星企业家、常州市杰出企业家、改革开放40周年常州市杰出民营企业家等荣誉。

（许昕睿）

蒋亚州

武进区礼河实验学校副校长，中小学高级教师。2021年10月，被省委、省政府评为全省脱贫攻坚暨对口帮扶支援合作先进个人。

常州武进人，1981年1月出生。2019年6月至2021年7月，蒋亚州先后带领两批援疆教师团队在新疆伊犁州尼勒克县开展教育援疆，出色完成支教任务。作为受援学校校长，全面规划学校教育教学各项工作，将一所新学校初步带入正轨。积极开展师徒结对、学科组研讨、教师示范课等活动，并创新开展县直初中集中阅卷工作，浓厚学校教研氛围，促进教师专业发展走上良性轨道。利用礼河实验学校的校园足球特色，在受援学校打造“礼实”版校园足球。关爱少数民族学生，为方便腿部有残疾的维吾尔族女孩上课，把教室从四楼搬到一楼。发动亲朋好友、支教团老师为当地教育事业捐钱捐物，共计价值51万多元。

（吴　英）

蒋红明

湟里镇葛庄村党总支书记、主任，中共党员。2021年4月，被省委、省政府评为江苏省乡村振兴先进个人。

常州武进人，1971年2月出生。蒋红明于2009年担任葛庄村党总支书记，团结带领全村党员干部和群众，紧跟时代步伐，实施土地制度改革、全域美丽乡村建设，加强党建工作，取得各项工作成绩。葛庄村先后被评为江苏省水美乡村、江苏省绿美乡村、江苏省民主法治示范村、江苏省文明村、江苏省美丽家园省级示范点、江苏省特色田园乡村。蒋红明先后获评江苏省乡村振兴先进个人、全省“千名领先”村书记、全省“百名示范”村（社区）书记等称号。

（许昕睿）

先进集体

武进区获得的综合荣誉（省级条线以上）

荣誉名称	授予单位
全国投资潜力百强区第 1 名	中国中小城市发展指数研究课题组、国信中小城市指数研究院
全国科技创新百强区第 1 名	中国中小城市发展指数研究课题组、国信中小城市指数研究院
全国新型城镇化质量百强区第 1 名	中国中小城市发展指数研究课题组、国信中小城市指数研究院
全国综合实力百强区第 3 名	中国中小城市发展指数研究课题组、国信中小城市指数研究院
中国城区经济高质量发展水平百强区第 13 名	赛迪顾问城市经济研究中心
中央财政支持普惠金融发展示范区	财政部
中国工业百强区第六位	中国信息通信研究院
全国第四批节水型社会建设达标县（区）	水利部
2021 年全国县域农业农村信息化发展先进县	农业农村部信息中心
全国营商环境百强榜第 25 位	工信部研究院赛迪顾问
2021—2025 年度全国科普示范县（市、区）创建单位	中国科协
2020 年度知识产权工作督查激励单位	省政府
2021 年度江苏省自然资源节约集约利用模范县（市、区）	省自然资源厅
2021 年度江苏省自然资源节约集约利用资金奖励地区	省自然资源厅
2021 年度土地执法模范县（市、区）	省自然资源厅
2020 年度农村人居环境整治工作评估第一等次	省农村人居环境整治联席会议办公室
江苏省创新型示范县（市、区）	省科技厅

全国（条线）先进集体

荣誉名称	获得单位	授予单位
全国工人先锋号	万桦（常州）新材料科技有限公司干法车间	全国总工会
国家卫生镇（2019—2021）	横林镇	全国爱卫会
国家卫生镇（2019—2021）	雪堰镇	全国爱卫会
国家林业产业示范园区	国家常州经开区绿色家居产业示范园区	国家林业和草原局办公室
首批 5C 自驾车旅居车营地	太湖湾露营谷	文化和旅游部
中国体育旅游精品景区	环球动漫嬉戏谷	国家体育总局体育文化发展中心
全国残联专职委员知识竞赛“区县级组织奖”	区残联	全国残联办公厅
全国税务系统文明单位	区税务局第一税务分局	国家税务总局
全国青年文明号	区税务局第一税务分局	共青团中央办公厅（中青联）
全国职工书屋	洛阳镇职工服务中心职工书屋	全国总工会
2018—2020 年度中国人民银行文明单位	人民银行武进支行	人民银行党委、人民银行
水利安全生产标准化一级单位	武进区新孟河延伸拓浚工程建设管理处	水利部
全国巾帼文明岗	江苏龙城精锻有限公司终检站	全国妇联
民进全国反映社情民意信息工作先进集体	民进武进区委	民进中央
农工党脱贫攻坚先进集体	农工党武进区委	农工党中央
2020—2021 年度全国五好县级工商联	区工商联	全国工商联
中国红十字会总会报刊宣传先进集体	区红十字会	中国红十字会
抗击新冠肺炎疫情先进民营企业	中天钢铁集团有限公司	全国工商联
抗击新冠肺炎疫情先进民营企业	东方润安集团有限公司	全国工商联
全国五一劳动奖状	中天钢铁集团有限公司	全国总工会
全国文明村镇	湖塘镇	中央文明委
全国文明村镇	洛阳镇岑村村	中央文明委

荣誉名称	获得单位	授予单位
全国文明村镇	遥观镇勤新村	中央文明委
全国示范性劳模和工匠创新人才工作室	刘云清劳模创新工作室	全国总工会
全国五四红旗团委（团支部）	江苏新誉集团有限公司团委	共青团中央
全国五四红旗团委（团支部）	洛阳镇岑村村团支部	共青团中央
全国五四红旗团委（团支部）	柳工常州机械有限公司团总支	共青团中央
2017—2020 年度全国群众体育先进单位	区文体广旅局	国家体育总局办公厅
2017—2020 年度全国群众体育先进单位	江苏省武进曲棍球训练基地	国家体育总局办公厅
2017—2020 年度全国群众体育先进单位	奇峰水上运动俱乐部	国家体育总局办公厅
2021 年度体育彩票销售工作成绩突出单位	区体育彩票管理中心	国家体育总局体育彩票管理中心
国家农民合作社示范社	常州市常洛果品专业合作社	农业农村部
水利安全生产标准化一级单位	武进区新孟河延伸拓浚工程建设管理处	水利部
2020 年度国际生态学校	洛阳初中	生态环境部宣教中心
公益先锋机构	武进人民医院	中国红十字基金会
江苏省足球工作先进幼儿园	戴溪幼儿园	教育部办公厅
2021 年全国示范性老年友好型社区	牛塘镇金东方社区	国家卫生健康委、全国老龄办
全国信息化示范校	洛阳中心小学	微校教育研究院
全国民主法治示范村社区	湟里镇西墅村	司法部、民政部
全国绿色建筑创新二等奖	武进绿建区管委会	住房和城乡建设部

省级（条线）先进集体

荣誉称号	获得单位	授予单位
全省脱贫攻坚暨对口帮扶支援合作先进集体	区人社局	省委、省政府
全省脱贫攻坚暨对口帮扶支援合作先进集体	湟里镇政府	省委、省政府
全省脱贫攻坚暨对口帮扶支援合作先进集体	江苏立华牧业股份有限公司	省委、省政府
全省脱贫攻坚暨对口帮扶支援合作先进集体	区慈善总会	省委、省政府
全省脱贫攻坚暨对口帮扶支援合作先进集体	常州经开区经济发展局	省委、省政府
全省脱贫攻坚暨对口帮扶支援合作先进集体	区委组织部	省委、省政府
江苏省乡村振兴先进集体	洛阳镇党委	省委、省政府
全省防汛抗洪工作先进集体	区水利局	省委、省政府
江苏省先进基层党组织	新誉集团党委	省委
江苏省农业技术推广奖二等奖、三等奖	区农业技术推广中心	省政府
全省基层党员冬训工作示范镇	洛阳镇党委	省委宣传部、组织部
江苏省机关党建工作先进集体	区委政法委党支部	省委省级机关工委、省人社厅
2020 年江苏省大中专学生志愿者暑期文化科技卫生“三下乡”社会实践优秀团队	常州市高级职业技术学校	省委宣传部、省文明办、省教育厅、团省委、省学生联合会
江苏省文化产业基地	嬉戏族集团有限公司	省文旅厅
江苏省中小学劳动教育与综合实践优秀基地	太湖湾教育大营地	省教育厅办公室
华侨华人创新服务中心	常州西太湖科技产业园	省委统战部、省政府侨务办
2021 年度江苏省企业技术创新奖企业	江苏恒立液压股份有限公司	省科技厅
2018—2020 年度全省交通运输行业文明单位	区交通运输局	省交通运输厅
2018—2020 年度全省交通运输行业文明示范窗口	区运输事业发展中心	省交通运输厅
2021 年中国农民丰收节江苏活动组织实施工作表现突出单位	区农业农村局	省农业农村厅
2020 年度江苏省农村产权交易市场监测评价优秀单位	区农业农村局	省农业农村厅
农业科技网络书屋学习竞赛县级优秀组织单位	区农业农村局	省农业农村厅科教处
2021 年中国农民丰收节江苏活动组织实施表现突出单位	区文体广旅局	省农业农村厅
2021 年江苏省职业院校技能大赛团体优胜奖	常州市高级职业技术学校	省教育厅、省发展改革委、省工信厅
江苏省健康促进金奖学校	洛阳中心小学	省教育厅

荣誉称号	获得单位	授予单位
第二十七届省青少年科技模型大赛（常州赛区）小学组团体二等奖	洛阳中心小学	省教育厅
第二十届江苏省青少年机器人竞赛团体二等奖	洛阳中心小学	省教育厅
江苏省青少年科技教育协会人工智能教育示范基地	洛阳中心小学	省教育厅
江苏省第七届科普剧大赛二等奖	洛阳中心小学	省教育厅
2021 年度巩固深化“强基础、转作风、树形象”专项行动表现突出单位	区城市管理综合行政执法大队	省住建厅
江苏省生产性服务业优秀服务机构	江南石墨烯研究院	省工信厅
江苏省小型微型企业创业创新示范基地	江南石墨烯研究院	省工信厅
全省自然资源系统法治建设和普法工作成绩优秀单位	常州市自然资源和规划局武进分局	省自然资源厅
省级宜居示范居住区	花东二村 C 区	省住建厅
2018—2020 年度全省交通运输行业精神文明建设先进集体	区交通运输局	省交通运输厅
2018—2020 年“全省交通运输行业文明示范窗口”	区运输事业发展中心	省交通运输厅
2020 年度全省超限超载运输治理工作优秀集体	区交通运输综合行政执法大队	省交通运输厅、省公安厅
2020 年标准化社区教育中心	西湖街道社区教育中心	省教育厅
第十五批省级“民主法治示范村（社区）”	横山桥镇星辰村	省司法厅
2021 年度全省司法行政系统“高质量发展争先进位奖”	区司法局	省司法厅
2021 年全省信息工作成绩突出集体	区司法局	省司法厅
全省公共法律服务工作成绩突出集体	常州市武进公证处	省司法厅
江苏省优秀司法所	区司法局湟里司法所	省司法厅
全省“双争双创”活动先进司法所	区司法局嘉泽司法所	省司法厅
全省公共法律服务工作成绩突出集体	江苏正气浩然律师事务所	省司法厅
全省法律援助十优办案单位	江苏远舟律师事务所	省司法厅
全省公共法律服务工作成绩突出集体	区财政局	省司法厅
全省法律援助十优办案单位	区劳动监察大队	省司法厅
江苏省五一劳动奖状	湖塘镇总工会	省总工会
江苏省工会职工书屋示范点	湖塘镇职工服务中心	省总工会
江苏省巾帼志愿服务十大优秀社区	高新区北区喜盈门社区	省妇联
全省妇联优秀融媒体工作案例	区妇联	省妇联
第三届江苏女性融媒体创意大赛全国邀请赛优秀组织奖	区妇联	省妇联
2019—2021 年度江苏省文明乡镇	湖塘镇	省文明委
2019—2021 年度江苏省文明乡镇	牛塘镇	省文明委
2019—2021 年度江苏省文明乡镇	洛阳镇	省文明委
2019—2021 年度江苏省文明乡镇	湟里镇	省文明委
2019—2021 年度江苏省文明乡镇	雪堰镇	省文明委
2019—2021 年度江苏省文明乡镇	前黄镇	省文明委
2019—2021 年度江苏省文明乡镇	礼嘉镇	省文明委
2019—2021 年度江苏省文明乡镇	横林镇	省文明委
2019—2021 年度江苏省文明村	南夏墅街道戴家头村	省文明委
2019—2021 年度江苏省文明村	雪堰镇雅浦村	省文明委
2019—2021 年度江苏省文明村	雪堰镇太滆村	省文明委
2019—2021 年度江苏省文明村	雪堰镇城西回民村	省文明委
2019—2021 年度江苏省文明村	前黄镇谭庄村	省文明委
2019—2021 年度江苏省文明村	前黄镇杨桥村	省文明委
2019—2021 年度江苏省文明村	洛阳镇岑村村	省文明委
2019—2021 年度江苏省文明村	洛阳镇圻庄村	省文明委
2019—2021 年度江苏省文明村	湟里镇河南村	省文明委
2019—2021 年度江苏省文明村	湟里镇葛庄村	省文明委

荣誉称号	获得单位	授予单位
2019—2021 年度江苏省文明村	湟里镇西墅村	省文明委
2019—2021 年度江苏省文明村	西湖街道长汀村	省文明委
2019—2021 年度江苏省文明村	牛塘镇丫河村	省文明委
2019—2021 年度江苏省文明村	嘉泽镇南庄村	省文明委
2019—2021 年度江苏省文明村	嘉泽镇跃进村	省文明委
2019—2021 年度江苏省文明村	礼嘉镇蒲岸村	省文明委
2019—2021 年度江苏省文明村	礼嘉镇何墅村	省文明委
2019—2021 年度江苏省文明单位	五洋纺机有限公司	省文明委
2019—2021 年度江苏省文明单位	江河港武水务（常州）有限公司	省文明委
2019—2021 年度江苏省文明单位	新誉集团有限公司	省文明委
2019—2021 年度江苏省文明单位	常州新奥燃气发展有限公司	省文明委
2019—2021 年度江苏省文明单位	江苏恒诺农业科技发展有限公司	省文明委
2019—2021 年度江苏省文明单位	东方润安集团有限公司	省文明委
2019—2021 年度江苏省文明单位	区市场监管局	省文明委
2019—2021 年度江苏省文明单位	武进税务局	省文明委
2019—2021 年度江苏省文明单位	武进税务局第一税务分局	省文明委
2019—2021 年度江苏省文明单位	武进高新区税务局	省文明委
2019—2021 年度江苏省文明单位	武进税务局前黄税务分局	省文明委
2019—2021 年度江苏省文明单位	区人社局	省文明委
2019—2021 年度江苏省文明单位	区交通运输局	省文明委
2019—2021 年度江苏省文明单位	区运输事业发展中心	省文明委
2019—2021 年度江苏省文明单位	区公路事业发展中心	省文明委
2019—2021 年度江苏省文明单位	区检察院	省文明委
2019—2021 年度江苏省文明单位	区委党校	省文明委
2019—2021 年度江苏省文明单位	区烟草专卖局（分公司）	省文明委
2019—2021 年度江苏省文明单位	常州市公安局武进分局	省文明委
2019—2021 年度江苏省文明单位	区教育局	省文明委
2019—2021 年度江苏省文明单位	农业银行武进支行	省文明委
2019—2021 年度江苏省文明单位	常州市住房公积金管理中心武进分中心	省文明委
2019—2021 年度江苏省文明单位	区房地产管理处	省文明委
2019—2021 年度江苏省文明单位	区财政局	省文明委
2019—2021 年度江苏省文明单位	区劳动监察大队	省文明委
2019—2021 年度江苏省文明单位	区农业农村局	省文明委
2019—2021 年度江苏省文明单位	区市政公用事业管理处	省文明委
2019—2021 年度江苏省文明单位	区港航事业发展中心	省文明委
2019—2021 年度江苏省文明单位	常州幼儿师范学校	省文明委
2019—2021 年度江苏省文明单位	区妇幼保健计划生育服务中心	省文明委
2019—2021 年度江苏省文明单位	常州市公安局武进分局交通警察大队	省文明委
2019—2021 年度江苏省文明单位	江苏龙城精锻集团有限公司	省文明委
2019—2021 年度江苏省文明单位	武进区机关幼儿园	省文明委
2019—2021 年度江苏省文明社区	湖塘镇永定社区	省文明委
2019—2021 年度江苏省文明社区	湖塘镇府东社区	省文明委
2019—2021 年度江苏省文明社区	湖塘镇府南社区	省文明委
2019—2021 年度江苏省文明社区	武进高新区古方社区	省文明委
2019—2021 年度江苏省文明社区	武进高新区邱墅社区	省文明委
2019—2021 年度江苏省文明社区	湖塘镇晓柳社区	省文明委
2019—2021 年度江苏省文明社区	湖塘镇北街社区	省文明委
2020 年度全省信访系统“人民满意窗口”建设质量工程示范单位	西湖街道人民来访接待中心	省信访局
省农业科技型企业	常州市祝庄园艺有限公司	省科技厅

荣誉称号	获得单位	授予单位
省农业科技型企业	江苏绿浥农业科技股份有限公司	省科技厅
江苏省文化产业基地	江苏龙城精锻集团有限公司	省文化和旅游厅
江苏省2021年度城乡建设系统优秀勘察设计评比三等奖	常州市武进建筑设计院有限公司	省住建厅
江苏省中小学劳动教育与综合实践优秀基地	太湖湾教育大营地	省教育厅办公室
江苏省统计信用红名单企业	上药康丽（常州）制药有限公司	省统计局
江苏省中小学思政育人特色学校	洛阳初中	省教育厅
五星级乡镇农产品质量安全监管机构	洛阳镇农产品质量安全监管站	省农业农村厅
第七批江苏省园艺作物标准园	洛阳盛唐家庭农场	省农业农村厅
金牌劳动人事争议调解组织	牛塘镇劳动人事争议调解中心	省人社厅、省总工会等单位
金牌劳动人事争议调解组织	湟里镇劳动人事争议调解中心	省人社厅、省总工会等单位
最美公共文化空间	湖塘镇综合文化服务中心	省文旅厅
最美公共文化空间	区文化馆	省文旅厅
江苏省“名特优”食品小作坊	区机关幼儿园	省食品安全委员会办公室、省市场监管局
江苏省百佳离退休干部党支部	区财政局离退休干部党支部	省委老干部局、省委离退休工委
2021年江苏省工业旅游区	江苏省绿色建筑博览园	省文旅厅
江苏省文化和旅游系统先进集体	区博物馆	省人社厅、省文旅厅
2021年度全省红领巾读书征文评奖活动组织奖	区图书馆	省文旅厅、省文明办、省少工委
江苏省社区社会组织高质量发展案例	坼庄村	省民政厅
江苏省五四红旗团委	区卫健局团委	团省委
江苏省五四红旗团委	江苏省武进高级中学团委	团省委
江苏省五四红旗团支部	南夏墅街道南河社区团支部	团省委
江苏省五四红旗团委（团工委）	江苏省横林高级中学团委	团省委
全省共青团工作先进单位	团区委	团省委
江苏省工程造价咨询信用5A级企业	江苏阳湖建设项目管理有限公司	省工程造价管理协会
交通工程建设优秀团队	苏锡常南部高速、常宜高速公路建设项目常州市服务保障团队	省交通工程建设局党组
江苏省“名特优”食品小作坊	常州嬉戏谷品悦度假酒店有限公司	省食品安全委员会办公室、省市场监管局
江苏省2020年度卫生健康执法优秀案例一等奖	区卫生监督所	省卫健委办公室
江苏省重点职业病监测先进单位	区疾控中心	省疾控中心
江苏省“百家红色精品服务站”	横林镇退役军人服务站	省退役军人事务厅
江苏省生态文明建设示范乡镇	横林镇	省生态环境厅
江苏省第七次全国人口普查工作成绩显著集体	横林镇政府	省第七次全国人口普查领导小组办公室、省统计局
江苏省2021—2022年度电子商务示范基地	横林电子商务产业园	省商务厅
江苏省五一劳动奖状	湖塘镇总工会	省总工会
2021年江苏省工会职工书屋示范点	湖塘镇职工服务中心	省总工会
十佳消防救援站	区农业农村局	省消防救援总队
基层建设先进大队	区市政公用事业管理处	省消防救援总队
调查研究工作先进基层单位	区港航事业发展中心	省消防救援总队
先进基层党组织	常州幼儿师范学校	省消防救援总队党委
五四红旗团支部	区妇幼保健计划生育服务中心	省消防救援总队政治部
江苏省勘察设计质量管理先进单位	常州市武进建筑设计院有限公司	省勘察设计业协会
江苏省工程勘察设计行业诚信单位	常州市武进建筑设计院有限公司	省勘察设计业协会
第六届“江苏十大见义勇为好司机”群体	常州市公交集团公司公交车驾驶员周丰、钱元清、何晓良、王卫、龚俊、陈烨	省见义勇为基金会
江苏省健康村	洛阳镇民丰村	省爱国卫生运动委员会

荣誉称号	获得单位	授予单位
人工智能教育示范基地	洛阳中心小学	省青少年科协
江苏省青少年科技教育示范基地	洛阳中心小学	省青少年科协
江苏省百家红色精品退役军人服务站	洛阳镇退役军人服务站	省退役军人服务站
全省计生工作突出单位	洛阳镇洛东社区	省计生协会
2021 年度卫生科普先进集体	区疾控中心	省健康教育协会
2021 年江苏省青年医师科普（视频）大赛优秀组织奖	区疾控中心	省健康教育协会医院健康教育专业委员会
江苏省巾帼文明岗	武进高新区北区新城域社区居委会	省城镇妇女“巾帼建功”活动领导小组、省妇女“双学双比”竞赛活动领导小组、省妇联
江苏省巾帼文明岗	新誉庞巴迪牵引系统有限公司电机线圈班	省城镇妇女“巾帼建功”活动领导小组、省妇女“双学双比”竞赛活动领导小组、省妇联
江苏省巾帼示范专业合作组织	常州市丽之丰花木专业合作社	省妇女“双学双比”竞赛活动领导小组
美丽家园省级示范点	嘉泽镇跃进村	省妇女“双学双比”竞赛活动领导小组
2020 年度农村人居环境整治工作评估第一等次	区农业农村局	省农村人居环境整治联席会议办公室
2021 年度太湖安全度夏应急防控工作表现突出集体	区农业农村局	省防控太湖蓝藻应急处置工作领导小组
2021 年度江苏省农机推广工作先进单位	区农业科技服务站	省农业机械技术推广站
2021 年度江苏省农民教育培训工作先进集体	区农业科技服务站	省农业广播电视学校
江苏省渔业技术推广系统先进集体	区水产技术推广站	省渔业技术推广中心
2020 年动物疫情信息报送工作优秀单位	区畜牧兽医中心	省动物疾病预防控制中心
江苏省农学会科技奖技术推广奖一等奖	江苏（武进）水稻研究所	省农学会
“苏韵乡情”乡村体育休闲赛事基地	太湖湾露营谷	省体育竞赛协会
全省系统 2021 年优秀质量管理小组成果（三等奖）	武进烟草局（分公司）	省烟草专卖局（公司）
2021 年全省“扫黄打非”进基层示范点	湖塘镇花东社区	省“扫黄打非”工作领导小组
江苏省文明风采大赛最佳组织奖	常州幼儿师范学校	省中等职业学校文明风采竞赛组织委员会
2021 年度省管湖泊管理与保护先进单位	区水利局	省太湖地区水利工程管理处
江苏省优秀劳动关系和谐企业	江苏恒立液压股份有限公司	省协调劳动关系三方委员会
江苏省优秀劳动关系和谐企业	新誉集团有限公司	省协调劳动关系三方委员会
江苏省优秀劳动关系和谐企业	江苏恒诺农业科技发展有限公司	省协调劳动关系三方委员会
江苏省优秀劳动关系和谐企业	常州市武进广宇花辊机械有限公司	省协调劳动关系三方委员会
江苏省优秀劳动关系和谐企业	江苏天启控股集团有限公司	省协调劳动关系三方委员会
第四批江苏省生态文明示范村（社区）	湟里镇武宜村	省生态环境厅
江苏省第七次全国人口普查工作成绩显著的集体	湟里镇西鲁村	省第七次全国人口普查领导小组办公室、省统计局
江苏省计划生育协会工作成绩突出单位	湟里镇行政审批局卫生健康岗	省计划生育协会
江苏省暖心家园示范点	湟里镇行政审批局卫生健康岗	省卫健委、省计划生育协会
江苏省优秀司法所	湟里镇政法和社会综合治理局司法岗	省司法厅
江苏省校园足球工作先进学校	东安实验学校	省教育厅
江苏省关心下一代工作优秀集体	湟里镇关工委	省关工委、省文明办
江苏省第七次全国人口普查工作成绩显著集体	横林镇政府	省第七次全国人口普查领导小组办公室、省统计局

荣誉称号	获得单位	授予单位
江苏省生态文明建设示范乡镇	横林镇	省生态环境厅
江苏省2021—2022年度电子商务示范基地	横林电子商务产业园	省商务厅

市级先进集体

荣誉名称	获得单位	授予单位
常州市推进“五大明星城”建设先进集体	区安全生产监察执法大队	市委、市政府
常州市推进“五大明星城”建设先进集体	武进太湖湾旅游度假区管理办公室	市委、市政府
常州市推进“五大明星城”建设先进集体	横林镇政府	市委、市政府
常州市推进“五大明星城”建设先进集体	江南石墨烯研究院	市委、市政府
常州市推进“五大明星城”建设先进集体	江苏小牛电动科技有限公司	市委、市政府
常州市推进“五大明星城”建设先进集体	湖塘镇政府	市委、市政府
常州市推进“五大明星城”建设先进集体	区农业农村局	市委、市政府
常州市推进“五大明星城”建设先进集体	区发改局	市委、市政府
常州市推进“五大明星城”建设先进集体	戚墅堰街道党工委	市委、市政府
常州市推进“五大明星城”建设先进集体	区教育局	市委、市政府
常州市推进“五大明星城”建设先进集体	横山桥镇党委	市委、市政府
常州市推进“五大明星城”建设先进集体	区文体广旅局	市委、市政府
常州市推进“五大明星城”建设先进集体	丁堰街道办事处	市委、市政府
常州市推进“五大明星城”建设先进集体	常州经开区农业农村工作局	市委、市政府
常州市推进“五大明星城”建设先进集体	区生态办	市委、市政府
常州市推进“五大明星城”建设先进集体	区住建局	市委、市政府
常州市推进“五大明星城”建设先进集体	区行政审批局	市委、市政府
常州市推进“五大明星城”建设先进集体	万帮数字能源股份有限公司	市委、市政府
常州市推进“五大明星城”建设先进集体	中天钢铁集团有限公司	市委、市政府
常州市推进“五大明星城”建设先进集体	区工信局	市委、市政府
常州市推进“五大明星城”建设先进集体	江苏恒立液压股份有限公司	市委、市政府
常州市推进“五大明星城”建设先进集体	东方润安集团有限公司	市委、市政府
常州市推进“五大明星城”建设先进集体	礼嘉镇政府	市委、市政府
常州市推进“五大明星城”建设先进集体	武进高新区管委会	市委、市政府
常州市推进“五大明星城”建设先进集体	遥观镇政府	市委、市政府
常州市建设全国文明城市工作先进集体	湖塘镇	市委、市政府
全市抗击新冠肺炎疫情先进集体	区交通运输局	市委、市政府
常州市先进基层党组织	湖塘镇永定社区党总支部	市委
常州市先进基层党组织	南夏墅街道南河社区党委	市委
常州市先进基层党组织	西湖街道聚新家园社区党委	市委
常州市先进基层党组织	江苏恒立液压股份有限公司党委	市委
常州市先进基层党组织	苏文电能科技股份有限公司党支部	市委
常州市先进基层党组织	南夏墅派出所党支部	市委
常州市先进基层党组织	区税务局机关党委	市委
常州市先进基层党组织	区市监局机关党委	市委
常州市先进基层党组织	嘉泽镇南庄村党总支部	市委
常州市先进基层党组织	南夏墅街道三河村党总支部	市委
常州市先进基层党组织	前黄镇大成村党总支部	市委
常州市先进基层党组织	武进高新区香溢澜桥社区党支部	市委
常州市先进基层党组织	湖塘镇府南社区党总支部	市委
常州市先进基层党组织	牛塘镇丫河村党总支部	市委
常州市先进基层党组织	湟里镇党委	市委
常州市先进基层党组织	横林镇党委	市委

先进个人

全国（条线）先进个人

姓　名	单位职务	荣誉名称	授予单位
蒋　健	洛阳镇岑村村党委书记、村委会主任	全国优秀党务工作者	中共中央
符小宝	区党员教育中心电教科科长	全国组织系统“优秀网宣员”	中央组织部
李志强	常州经开区司法局横山桥司法所所长	全国司法所模范个人	司法部
赵美娟	区残联副主席、副理事长	全国残疾人工作先进个人	全国残联
杜爱祥	江苏智思控股集团有限公司董事长	“各民主党派、工商联、无党派人士为全面建成小康社会作贡献”先进个人	全国工商联、民建中央
顾俊伟	洛阳镇政法和社会综合治理局副局长	2016—2020年全国普法工作先进个人	中央宣传部、司法部
蒋晓美	武进区机关幼儿园集团总园长	全国巾帼建功标兵	全国妇联
		中国好人	中央文明办
史欣兵	江苏恒立液压股份有限公司精密零部件事业部经理	全国优秀农民工	国务院农民工工作领导小组
蒋彩琴	中天钢铁集团有限公司天车内训师	全国优秀农民工	国务院农民工工作领导小组
何春明	区税务局第一分局局长	全国税务系统百佳税务所长	国家税务总局
蒋　丽	区妇联主席	全国维护妇女儿童权益先进个人	全国妇联
邵丹薇	万邦数字能源股份有限公司董事长	全国巾帼建功标兵	全国妇联
尹　玲家庭		全国最美家庭	中央宣传部、中央文明办、全国妇联
黄亚惠家庭		第十二届全国五好家庭	全国妇联
陈　刚	横林镇政法和应急管理局工作人员	全国“平安卫士”	中国长安网、中央政法委长安剑
马瑞青	江苏苏豪国际集团丝线实业有限公司车间挡车工	全国纺织工业劳动模范	人力资源和社会保障部、中国纺织工业联合会
高水平	区科协科普部部长	全民科学素质工作先进个人	中国科协
周　华	湖塘镇行政审批局副局长、文广体岗主管	2017—2020年度全国群众体育先进个人	国家体育总局办公厅
陈　娟	区疾控中心科员	2019—2020年全国麻风病防治管理信息系统工作先进个人	中国疾控中心麻风病控制中心
金海莲	区妇幼保健计划生育服务中心副主任	全国避孕药具不良反应监测工作先进个人	国家卫生健康委计划生育药具不良反应监测中心
徐晓辉	常州市小域智能科技有限公司总经理	全国优秀共青团员	共青团中央

省级（条线）先进个人

姓　名	单位职务	荣誉名称	授予单位
徐　洁	横山桥镇五一村党委书记	江苏省乡村振兴先进个人	省委、省政府
蒋红明	湟里镇葛庄村党总支书记	江苏省乡村振兴先进个人	省委、省政府
徐治国	区政府副区长	全省脱贫攻坚暨对口帮扶支援合作先进个人	省委、省政府
万　水	常州经开区经济发展局副局长	全省脱贫攻坚暨对口帮扶支援合作先进个人	省委、省政府
王丽雯	武进人民医院医务处副主任	全省脱贫攻坚暨对口帮扶支援合作先进个人	省委、省政府
王洪法	前黄镇丁舍村党总支书记	全省脱贫攻坚暨对口帮扶支援合作先进个人	省委、省政府
夷建良	区发改局局长	全省脱贫攻坚暨对口帮扶支援合作先进个人	省委、省政府
蒋亚洲	礼河实验学校副校长	全省脱贫攻坚暨对口帮扶支援合作先进个人	省委、省政府
郭志平	湟里畜牧兽医站高级兽医师	全省脱贫攻坚暨对口帮扶支援合作先进个人	省委、省政府
黄小国	江苏枫华农业集团有限公司董事长	全省脱贫攻坚暨对口帮扶支援合作先进个人	省委、省政府
杭　莉	遥观镇生态和农村工作局工作人员	全省脱贫攻坚暨对口帮扶支援合作先进个人	省委、省政府
严　成	新誉集团有限公司焊接技师	江苏省劳动模范	省委、省政府
季文斌	湟里镇西墅村党总支书记	江苏省劳动模范	省委、省政府

姓　名	单位职务	荣誉名称	授予单位
梁泽锋	常州旷达威德机械有限公司旋压工	江苏省劳动模范	省委、省政府
李　杰	武进广宇花辊机械有限公司售后专员	江苏省劳动模范	省委、省政府
庄献锋	武进公安分局刑事警察大队三级警长	江苏省先进工作者	省委、省政府
庄惠芬	武进区星河实验小学党支部书记、校长	江苏省先进工作者	省委、省政府
钱卫东	武进中医医院大内科主任	江苏省先进工作者	省委、省政府
蒋中敏	东方润安集团有限公司董事长	江苏省优秀共产党员	省委
周立成	新誉集团有限公司董事长	江苏省科技创新发展奖先进个人	省政府
李宇光	区农业综合管理服务中心副主任	江苏省农业技术推广奖二等奖	省政府
朱龙粉	区农业综合管理服务中心植保科科员	江苏省农业技术推广奖三等奖	省政府
董国材	国成仪器（常州）有限公司董事长	江苏留学回国先进个人	省政府
刘明刚	万帮数字能源股份有限公司副董事长	江苏服务业专业人才特别贡献奖	省政府
李桂旺	江苏省前黄高级中学物理学科发展中心主任	江苏省特级教师	省政府
韦叶平	武进高级中学副校长	江苏省特级教师	省政府
秦亚平	武进高级中学生物教研组长	江苏省特级教师	省政府
高　婷	区委组织部办公室科员	全省组织部门“优秀网宣员”	省委组织部
蒋　健	洛阳镇岑村村党委书记、村委会主任	江苏省“百名示范”村（社区）书记	省委组织部
季文斌	湟里镇西墅村党总支书记、村委会主任	江苏省“百名示范”村（社区）书记	省委组织部
蒋红明	湟里镇葛庄村党总支书记、村委会主任	江苏省“百名示范”村（社区）书记	省委组织部
贺敏伟	区融媒体中心广播部主任	“崇德守信”江苏好青年	团省委
庞　莉	区税务局第一分局四级主办	“崇德守信”江苏好青年	团省委
潘　林	南夏墅街道南河社区党委书记	“乡村振兴”江苏好青年	团省委
顾　峰	武进公共资源交易中心副主任	“爱岗敬业”江苏好青年提名	团省委
邱　韬	江苏东晟律师事务所执业律师	“崇德守信”江苏好青年提名	团省委
丁毅桂	常州市高级职业技术学校信息工程学院学生	“勤学上进”江苏好青年提名	团省委
罗　敏	西湖街道聚新家园社区第九网格网格长	江苏省最美网格员	省委政法委
刘饮海	区司法局人民参与和促进法治科科长	全省最受欢迎人民调解员	省司法厅
刘饮海	区司法局人民参与和促进法治科科长	全省政法先进典型	省委政法委
顾忠泽	武进区纪委常委、区委巡察办主任	全省纪检监察系统先进工作者	省纪委监委、省人社厅
陆　斌	新誉轨道交通科技有限公司高级工程师	江苏省职工十大科技创新成果	省总工会、省科技厅等
叶菁倩	区税务局四级主办	江苏省五一创新能手	省总工会
陈锡泰	区税务局团委书记	江苏省优秀共青团干部	团省委
沈凌云	区税务局机关党委副书记	江苏好人	省文明委
姚　强	常州市高级职业技术学校教师	江苏省五一创新能手	省教育厅、总工会、妇联
王　平	常州市高级职业技术学校教师	江苏省技术能手	省人社厅
张　华	马杭初级中学副校长	江苏省中小学金钥匙科技竞赛优秀校长	省教育厅
杭丽群	马杭初级中学教师	江苏省中小学金钥匙科技竞赛先进个人	省教育厅
王　敏	马杭初级中学教务处副主任	江苏省中小学金钥匙科技竞赛优秀辅导员	省教育厅
张永锋	区财政局信息中心副主任	江苏省第十批优秀援疆专业技术人才	省对口支援新疆伊犁州前方指挥部委员会、省对口支援新疆伊犁州前方指挥部
沈　彬	区财政局党组成员、区政府国有资产监督管理办公室副主任	全省财政系统先进工作者	省人社厅、省财政厅
金　艳	武进高新区财政局综合科副科长	全省财政系统“践行法治思想，勇担财政使命”主题演讲比赛二等奖	省财政厅
刘国芳	区司法局公共法律服务科科长	全省公共法律服务工作成绩突出个人	省司法厅
姚洁清	区司法局洛阳司法所所长	江苏省优秀司法所长	省司法厅
周　骏	区司法局社区矫正管理科副科长	全省社区矫正和安置帮教工作先进个人	省司法厅
董　婷	区司法局工作人员	全省信息工作成绩突出个人	省司法厅

姓　名	单位职务	荣誉名称	授予单位
黄小锋	区司法局礼嘉司法所工作人员	全省社区矫正和安置帮教工作先进个人	省司法厅
华再清	湟里镇东安实验学校退休教师	江苏最美拥军人物	省退役军人事务厅、省总工会
徐　涛	区府东路消防救援站政治指导员	十佳基层指挥员	省消防救援总队
徐　涛	区府东路消防救援站政治指导员	三等功	省消防救援总队
陈　翔	区镜湖路消防救援站政治指导员	三等功	省消防救援总队
魏　凯	区府东路消防救援站二级消防士	三等功	省消防救援总队
翟艳东	区消防救援大队中级专业技术职务	嘉奖	省消防救援总队
李小琛	区消防救援大队初级专业技术职务	模范共产党员	省消防救援总队党委
陈　翔	区镜湖路消防救援站政治指导员	优秀共产党员	省消防救援总队党委
徐　涛	区府东路消防救援站政治指导员	优秀党务工作者	省消防救援总队党委
滕　振	区府东路消防救援站站长	优秀团干部	省消防救援总队政治部
张　静	区消防救援大队消防文员	优秀女消防文员	省消防救援总队
蒋晓美	区机关幼儿园集团总园长	江苏好人	省文明办
王　卓	湖塘桥第二实验小学课程研发部副主任	江苏省五一创新能手、江苏省技术能手	省总工会、省人社厅
沈小伟	马杭中心小学信息中心主任	网络名师工作室领衔人	省教育厅
殷立新	洛阳中心小学信息中心主任	青少年科技模型大赛（常州赛区）小学组优秀科技辅导员	省教育厅
瞿志坚	洛阳中心小学信息中心副主任	青少年科技模型大赛（常州赛区）小学组优秀科技辅导员	省教育厅
张　琪	区交通运输综合行政执法大队科员	全省道路旅客运输安全严管严控工作优秀个人	省交通厅、省公安厅
陆　斌	新誉轨道交通科技有限公司高级工程师	江苏省职工十大科技创新成果	省总工会、省人社厅
刘　俊	武进人民医院应急办主任	江苏省事业单位脱贫攻坚专项奖励记大功	省人社厅
彭利民	江苏恒立液压股份有限公司职工	全省优秀农民工	省农民工工作领导小组
蒋　丽	区妇联党组书记、主席	江苏省巾帼建功标兵	省城镇妇女“巾帼建功”活动领导小组、省妇女“双学双比”竞赛活动领导小组、省妇联
徐洁芬	江苏（武进）水稻研究所高级农艺师	江苏省巾帼建功标兵	省城镇妇女“巾帼建功”活动领导小组、省妇女“双学双比”竞赛活动领导小组、省妇联
		江苏省农学会科技奖一等奖	省农学会
徐玉峰	江苏（武进）水稻研究所	江苏省农学会科技奖技术推广奖一等奖	省农学会
朱邦辉	江苏（武进）水稻研究所	江苏省农学会科技奖技术推广奖一等奖	省农学会
张　庆	江苏（武进）水稻研究所	江苏省农学会科技奖技术推广奖一等奖	省农学会
涂荣文	江苏（武进）水稻研究所	江苏省农学会科技奖技术推广奖一等奖	省农学会
于　健	江苏（武进）水稻研究所	江苏省农学会科技奖技术推广奖一等奖	省农学会
胡菁菁	区妇联办公室主任	全省优秀妇女工作通讯员	省妇联
吴锁金家庭		江苏省最美家庭	省妇联
周维芬家庭		江苏省最美家庭	省妇联
陈柳敏	区生态办科员	江苏省 2021 年度深入好污染防治攻坚战宣传工作先进个人	省打好污染防治攻坚战指挥部办公室
刘　杰	武进烟草局专卖科稽查员	2020 年度全省卷烟打假工作成绩突出个人	省烟草局、省公安厅
吴宏锦	武进烟草局办公室主办科员	全省系统“安全隐患人人随手拍”优秀奖	省烟草局安全管理处
周　俊	区交通运输局党委书记、局长	苏锡常南部高速公路常州段劳动竞赛有功个人	省交通工程建设局党组
袁文娟	区交通运输局组织人事科科长	全省交通运输行业优秀共产党员	省交通运输行业委员会
毛　娟	区公路事业发展中心主任	全省公路系统优秀党员	省交通运输厅公路事业发展中心
恽鹏翔	区交通重点工程建设指挥部办公室主任	苏锡常南部高速公路常州段劳动竞赛先进个人	省交通工程建设局党组
冯　辉	区公路事业发展中心办公室主任	全省公路系统优秀党务工作者	省交通运输厅公路事业发展中心
沈宇峰	区人社局政策法规科副科长	江苏省金牌劳动关系协调员	省协调劳动关系三方委员会
徐继伟	南夏墅街道行政审批局科员	江苏省金牌劳动关系协调员	省协调劳动关系三方委员会
叶　波	区文体广旅局公共服务科科长	2018—2021 年度全省群众体育先进个人	省体育局

姓　名	单位职务	荣誉名称	授予单位
丁陈丽	区疾控中心防制科副科长	江苏省艾滋病防治技能竞赛个人一等奖	省卫健委
		江苏省五一创新能手	省卫健委
		江苏省五一巾帼标兵	省卫健委
		江苏省艾滋病防治岗位能手	省卫健委
夏雪飞	西太湖科技产业园健康产业发展中心副处长	参政议政突出成果奖	农工党省委
华再清	湟里镇东安实验学校退休教师	首届“江苏最美拥军人物”	省双拥工作领导小组
陈　丹	区疾控中心副主任	江苏省重点职业病监测先进个人	省疾控中心
周一超	区疾控中心职业病防制科副科长	江苏省尘肺病项目先进个人	省疾控中心
徐一呈	礼嘉镇秦巷村委副主任	江苏省优秀共青团干部	团省委
张雅清	湖塘镇团委负责人	江苏省优秀共青团干部	团省委
顾羚�	武进区天阳机械厂工作人员	江苏省优秀共青团员	团省委
顾　湘	常州大学附属小学教师	江苏省少先队辅导员少先队活动辅导技能展示少先队专业基础知识测试二等奖	团省委
		江苏省少先队辅导员少先队活动辅导技能展示红领巾校外研学活动案例展示特等奖	团省委
强　君	常州市武进清英外国语学校教师	江苏省少先队辅导员少先队活动辅导技能展示红领巾校外研学活动案例展示特等奖	团省委
		江苏省少先队辅导员少先队活动辅导技能展示少先队专业基础知识测试二等奖	团省委
蒋文丽	武进区湖塘桥实验小学教师	江苏省少先队辅导员少先队活动辅导技能展示红领巾校外研学活动案例展示一等奖	团省委
谢　皓	横山桥镇芳茂村团总支书记	江苏省优秀共青团干部	团省委
周焱杰	横林镇党政办办事员	江苏省优秀共青团员	团省委
陈　丹	武进人民医院主治医师	ICU 之“最”讲述活动二等奖	省医师协会、重症医学医师分会
曹　卢	区农业综合管理服务中心水产技术推广科科员	江苏省渔业技术推广系统先进个人	省渔业技术推广中心
宋彦顺	区农业农村局农田建设管理科副科长	江苏省农田建设“最美科技工作者”	省农业资源开发协会
邹建芬	区农业综合管理服务中心主任	2021 年中国农民丰收节江苏活动组织实施工作表现突出个人	省农业农村厅
王　烨	区供销合作联合社副主任	2021 年中国农民丰收节江苏活动组织实施工作表现突出个人	省农业农村厅
顾建国	农业综合行政执法大队副大队长	2021 年中国农民丰收节江苏活动组织实施工作表现突出个人	省农业农村厅
蒋建华	湟里镇离退休干部党支部书记	江苏省关心下一代工作优秀个人	省关工委，省文明办
钱维力	湟里敬老院院长	江苏省第三届百佳孝星	省文明办、省老龄办、省老龄协会

市级先进个人

姓　名	单位职务	荣誉名称	授予单位
薛玲华	区生态农业服务站站长	常州市推进“五大明星城”建设先进个人	市委、市政府
祁婷立	西太湖科技产业园规划建设局规划管理科科长	常州市推进“五大明星城”建设先进个人	市委、市政府
刘成钢	西太湖科技产业园科学技术局局长	常州市推进“五大明星城”建设先进个人	市委、市政府
徐　洁	横山桥五一村党委书记、村委会主任	常州市推进“五大明星城”建设先进个人	市委、市政府
刘志东	横山桥镇经济发展局副局长	常州市推进“五大明星城”建设先进个人	市委、市政府
徐亚萍	横山桥镇副镇长、行政审批局局长	常州市推进“五大明星城”建设先进个人	市委、市政府
金文华	横山桥镇生态和农村工作局局长	常州市推进“五大明星城”建设先进个人	市委、市政府
张毌左	横林镇党委副书记	常州市推进“五大明星城”建设先进个人	市委、市政府
吴晓冬	横林镇经济发展局局长	常州市推进“五大明星城”建设先进个人	市委、市政府

姓　名	单位职务	荣誉名称	授予单位
赵耀祖	横林镇行政审批局局长	常州市推进“五大明星城”建设先进个人	市委、市政府
汤　焱	区发改局副局长	常州市推进“五大明星城”建设先进个人	市委、市政府
赵　璐	区投资促进服务中心综合科副科长	常州市推进“五大明星城”建设先进个人	市委、市政府
石旭涌	区委常委，武进高新区党工委副书记、管委会副主任	常州市推进“五大明星城”建设先进个人	市委、市政府
朱国良	江苏武进不锈股份有限公司董事长	常州市推进“五大明星城”建设先进个人	市委、市政府
朱慧峰	礼嘉镇党委副书记、镇长	常州市推进“五大明星城”建设先进个人	市委、市政府
乔　强	常州经开区经济发展局局长	常州市推进“五大明星城”建设先进个人	市委、市政府
沈钱巍	遥观镇政府副镇长	常州市推进“五大明星城”建设先进个人	市委、市政府
章旭峰	区市监理局信用监管科科长	常州市推进“五大明星城”建设先进个人	市委、市政府
宰　娟	武进自然资源和规划分局副局长	常州市推进“五大明星城”建设先进个人	市委、市政府
薛阿庚	武进生态环境综合行政执法分局太湖湾所所长	常州市推进“五大明星城”建设先进个人	市委、市政府
陈　伟	常州经开区生态环境综合行政执法分局横山桥所副所长	常州市推进“五大明星城”建设先进个人	市委、市政府
王洪新	区卫健局党委书记、局长	常州市推进“五大明星城”建设先进个人	市委、市政府
徐小琴	湖塘镇府东社区党总支部书记、居委会主任	常州市推进“五大明星城”建设先进个人	市委、市政府
王孝金	遥观镇行政审批局副局长、为民服务中心副主任	常州市推进“五大明星城”建设先进个人	市委、市政府
蒋　哲	区旅游公共服务中心副主任	常州市推进“五大明星城”建设先进个人	市委、市政府
许　寅	南夏墅街道经济发展局副局长	常州市推进“五大明星城”建设先进个人	市委、市政府
戚清萍	区委宣传部副部长、区文明办主任	常州市推进“五大明星城”建设先进个人	市委、市政府
黄志鹏	武进公安分局交通警察大队五中队副中队长	常州市推进“五大明星城”建设先进个人	市委、市政府
俞小平	常州经开区公安分局交通警察大队副大队长	常州市推进“五大明星城”建设先进个人	市委、市政府
金文华	横山桥镇金丰村党总支书记、村委会主任	常州市推进“五大明星城”建设先进个人	市委、市政府
寿　春	常州经开区社会事业服务中心文体旅科科长	常州市推进“五大明星城”建设先进个人	市委、市政府
陈建良	湟里镇东安村党总支书记	常州市抗击新冠肺炎疫情先进个人	市委、市政府
陶俊烨	横林镇行政审批局副局长	常州市抗击新冠肺炎疫情先进个人	市委、市政府
万如生	牛塘镇高家村党总支书记	常州市优秀共产党员	市委
蒋红明	湟里镇葛庄村党总支书记	常州市优秀共产党员	市委
黄小国	常州市枫华牧业有限公司董事长	常州市优秀共产党员	市委
杨红亮	洛阳镇圻庄村党总支书记	常州市优秀共产党员	市委
张腊方	区纪委监委第一派驻纪检监察组副组长	常州市优秀共产党员	市委
徐洁芬	江苏（武进）水稻研究所高级园艺师	常州市优秀共产党员	市委
严伟俊	区交通运输局副局长	常州市优秀共产党员	市委
杨伟峰	区政府办行政管理科科长	常州市优秀共产党员	市委
申晓明	常州滨湖建设发展集团有限公司董事长、总经理	常州市优秀共产党员	市委
管仲建	江苏丰顺新材料科技有限公司董事长	常州市优秀共产党员	市委
金介刚	横林镇综合行政执法局局长	常州市优秀共产党员	市委
蒋晓美	区机关幼儿园集团总园长	常州市优秀共产党员	市委
马晓峰	洛阳镇谈家头村党总支书记	常州市优秀党务工作者	市委
陈　杰	武进高新区党群工作部部长	常州市优秀党务工作者	市委
李曙霞	湖塘镇花园社区党总支书记	常州市优秀党务工作者	市委
夏　英	湖塘镇大学新村一社区党总支书记	常州市优秀党务工作者	市委
王洪法	前黄镇丁舍村党总支书记	常州市优秀党务工作者	市委
李晓锋	礼嘉镇大路村党总支书记	常州市优秀党务工作者	市委
丁卫东	雪堰镇夏墅村党总支书记	常州市优秀党务工作者	市委
朱　敏	南夏墅街道党工委副书记	常州市优秀党务工作者	市委
何晓玲	区城市管理局机关党委副书记	常州市优秀党务工作者	市委
沈　叶	区文体广旅局副局长	常州市优秀党务工作者	市委
纪佩来	区委离退休干部工委副书记	常州市优秀党务工作者	市委
高　波	区商务局党支部副书记	常州市优秀党务工作者	市委
张正浩	区就业服务中心党总支书记	常州市优秀党务工作者	市委
郭海英	横林镇四级主任科员	常州市优秀党务工作者	市委

附 录

Appendices

栏目编辑　颜　赶　万向阳

组织机构与负责人名录

(2021.4.1—2022.4.30)

中共常州市武进区第十三届委员会

书　　记　乔俊杰（2021.7任）　李　林（2021.7止）
副 书 记　恽淇丞（2021.7任）　陈志良（2021.7止）
　　　　　丁　一
常　　委　（书记、副书记在常委中不重复列名）
　　　　　杨国成（2021.7止）　唐家中
　　　　　石旭涌（2021.7止）　赵天晟　刘志峰
　　　　　王照江　薛红霞※　徐治国（2021.7任）
　　　　　张　龙（2021.7任）　李德森（2021.7任）
委　　员　（按姓氏笔画为序）
　　　　　丁　一　王宏强　王晓航　王照江
　　　　　石伟东　田　华　朱小平
　　　　　朱文俊（2021.7—2021.10）
　　　　　乔俊杰　刘志峰　江建文
　　　　　江春明　李　磊※（2021.7）　李德森
　　　　　沈　涛　宋文良　张　龙　武为锋
　　　　　金旭兵　赵天晟　施小平（2021.12止）
　　　　　恽淇丞　贾　东　顾伟国　徐　俊
　　　　　徐治国　唐家中　曹雄伟　蒋　丽※
　　　　　薛红霞※　石旭涌（2021.7止）
　　　　　吉晓阳※（2021.7止）杨国成（2021.7止）
　　　　　李　林（2021.7止）　陈志良（2021.7止）
　　　　　秦汉明（2021.7止）　蒋志龙（2021.7止）
　　　　　蒋国强（2021.7止）
候补委员　（按姓氏笔画为序）
　　　　　龚新宇　冷亚春　张文伟　潘英姿※
　　　　　殷宏远　潘　林　张征宇（2021.7止）
　　　　　张卫星（2021.7止）　徐　宁（2021.7止）
　　　　　何　勇（2021.7止）　秦春华（2021.7止）
　　　　　万如生（2021.7止）

常州市武进区第十七届人民代表大会常务委员会

主　　任　石伟东（2022.1任）　江建文（2022.1止）
副 主 任　孙金才　张　美※（2022.1止）
　　　　　蒋国强（2022.1止）　刘云英（2022.1任）
　　　　　周仲华（2022.1止）　周庆中
　　　　　戴志华（2022.1任）
委　　员　（按姓氏笔画为序）
　　　　　丁　坤（2022.1止）　丁晓瑾※（2022.1任）
　　　　　万如生（2022.1任）　马东方（2022.1任）
　　　　　王元兵　王爱军※（2022.1止）
　　　　　王　乾（2022.1任）　王中元（2022.1任）
　　　　　王腊美※（2022.1任）石剑舫（2022.1止）
　　　　　叶　平（2022.1任）　朱丽莎※（2022.1任）
　　　　　冯　民（2022.1任）　冯冠华（2022.1任）
　　　　　许岳兴（2022.1止）　许勤丰（2022.1止）
　　　　　杨永清（2022.1任）　李国栋（2022.1任）
　　　　　吴小铭（2022.1任）　沙　芳※（2022.1止）
　　　　　吴武装（2022.1任）　何泽宇（2022.1任）
　　　　　闵贤俊（2022.1任）　陈　刚（2022.1任）
　　　　　陈炜晴※（2022.1任）吴晓东（2022.1止）
　　　　　张亚萍※（2022.1止）张伟贤（2022.1止）
　　　　　陆为农（2022.1止）　陈方根（2022.1止）
　　　　　陈建荣（2022.1止）　尚金萍※（2022.1止）
　　　　　季文斌（2022.1止）　金　刚（2022.1止）
　　　　　周　萍※（2022.1止）胡文伟（2022.1任）
　　　　　赵晓青※（2022.1止）俞建东（2022.1止）
　　　　　贾国建（2022.1止）　贾少波（2022.1任）
　　　　　顾忠泽（2022.1任）　钱　涛（2022.1任）
　　　　　徐　锋（2022.1任）　徐玉峰（2022.1任）
　　　　　徐亚娟※（2022.1任）徐晓东（2022.1任）
　　　　　高国华（2022.1任）　陶春健（2022.1任）
　　　　　顾　群（2022.1止）　徐成大（2022.1止）
　　　　　徐晓杰（2022.1止）　谈　胜（2022.1止）

黄盛英※　曹志健　符　伟
蒋新明（2022.1 止）　蒋一波（2022.1 任）
蒋中敏（2022.1 任）　黄惠涛（2022.1 任）
储　军※（2022.1 任）　强　雨※
蔡兰芬（2022.1 任）　潘志峰（2022.1 止）
薛亚清（2022.1 止）

中共常州市武进区人大常委会党组

书　记　石伟东（2021.12 任）　江建文（2021.12 止）
副书记　孙金才　蒋国强（2022.1 止）

常州市武进区人民政府

区　长　恽淇丞（2022.1 任）　陈志良（2021.7 止）
代理区长　恽淇丞（2021.7 至 2022.1）
副区长　恽淇丞（2021.7 至 2022.1）
刘志峰　李德森（2021.8 任）
王晓航　徐治国（2021.7 止）
张小虎　施小平（2021.12 止）
李　磊※（2021.7 止）　朱　岩※（2021.11 任）
徐　俊　贾　东（2021.7 任）
张征宇（2022.3 任）　郑孝义（2021.8 止）
王　栋（2021.10 任）　朱书阳（2022.1 任）

中共常州市武进区人民政府党组

书　记　恽淇丞（2021.7 任）　陈志良（2021.7 止）
副书记　刘志峰

政协常州市武进区第十五届委员会

主　席　郑政平（2022.1 任）　石伟东（2022.1 止）
副主席　郑政平（2022.1 止）　祝正庆（2022.1 任）
单骏初（2022.1 止）　蒋红英※
刘云英※（2022.1 止）　郑全伟（2022.1 止）
徐　宁（2022.1 任）　朱红兴（2022.1 任）
谈　胜（2022.1 任）
秘书长　刘宗凉（2022.1 止）
常　委　（按姓氏笔画为序）
丁文柯（2022.1 任）　万琴凤※
万卫新（2022.1 止）　马建立（2022.1 任）
王　燕※　王云芬※　戈建鸣（2022.1 任）
方　姣※（2022.1 任）　方沛琪　计小良
王中元（2022.1 止）　冯旭江（2022.1 止）
朱志伟（2022.1 止）　刘宗凉
朱宏英※（2022.1 止）　朱丽娜※（2022.1 任）
朱红兴（2022.1 任）　庄　军（2022.1 任）
许国大（2022.1 任）　孙　煜※（2022.1 任）
李　婷※（2022.1 止）　羌晓丹（2022.1 止）
张　云（2022.1 止）　张军亮（2022.1 止）
陈飞燕※（2022.1 止）　陈　凌（2022.1 止）
狄旭东　陈　新（2022.1 止）
杜国栋（2022.1 任）　李　峰（2022.1 任）
李德森（2022.1 任）　杨康健
杨鑫才（2022.1 止）　吴文英※（2022.1 任）
吴嘉禄（2022.1 任）　余　克（2022.1 任）
汪立平　张　群※（2022.1 任）
张　影※（2022.1 任）　张兰平（2022.1 任）
张克强　张晓宇　陆雅芬※（2022.1 止）
陆　怡※（2022.1 任）　陆　鹏（2022.1 任）
陆惠萍※　岳翠军（2022.1 止）　金宏平
郑全伟（2022.1 任）　周建清（2022.1 止）
周　灵（2022.1 任）　周　铖（2022.1 任）
周　敏※（2022.1 任）　周义红
周嫣倩※（2022.1 任）　单骏初（2022.1 任）
赵丽君※　胡　鹤（2022.1 任）
查伟明（2022.1 任）　闻　洁※（2022.1 任）
茹正伟（2022.1 止）　俞　瑜※（2022.1 止）
夏荣伟（2022.1 止）　徐世中（2022.1 止）
陶　可（2022.1 止）　陶春健（2022.1 止）
袁　涛　夏建飞（2022.1 任）　钱　臣
徐红秀※　徐国忠　徐晔彦（2022.1 任）
唐昊骏（2022.1 任）　桑　遥※
梅泽锋（2022.1 止）　黄小国
萧晨凯（2022.1 任）　曹　金（2022.1 任）
曹　毅　戚国强　戚清萍※（2022.1 任）
萧剑波（2022.1 止）　龚　黎※（2022.1 止）
韩家兴（2022.1 止）　蒋建明（2022.1 止）
蒋南春（2022.1 止）　蒋洁艳※（2022.1 任）
鲁　培※（2022.1 止）　路军方　慧　闻
薛红良

中共常州市武进区政协党组

书　记　石伟东（2021.12 止）　郑政平（2021.12 任）
副书记　郑政平（2021.12 止）　单骏初（2022.1 止）
李德森（2021.11 任）

中共常州市武进区纪律检查委员会

书　记　唐家中
副书记　符毅梅※（2021.7 止）　王明源
莫建刚（2021.7 任）
常　委　（书记、副书记在常委中不重复列名）
姜震宇（2021.7 止）　莫建刚（2021.7 止）
周　栋（2021.11 止）　顾忠泽
窦　敏（2021.11 任）　丁文柯（2021.7 任）

谈亚玉※（2021.7任）唐丽娜※（2021.4任）

委　　员（按姓氏笔画为序）

丁文柯（2021.7任）　王明源

叶　青（2021.7任）　朱志伟（2021.7止）

许　斌（2021.7止）　严晓国（2021.7任）

张乃佳※（2021.7任）杨云飞（2021.7止）

陆红林（2021.7任）　何　涛（2021.7任）

张居一（2021.7止）　张继洪（2021.7止）

周仲华（2021.7止）　周庆中（2021.7止）

周　栋　　武华忠（2021.7任）

单虎林（2021.7止）　姜震宇（2021.7止）

唐家中　　莫建刚　　顾忠泽

钱　涛（2021.7任）　谈亚玉※（2021.7任）

符毅梅※（2021.7止）窦　敏（2021.7任）

常州市武进区监察委员会

主　　任　唐家中

副主任　符毅梅※（2021.7止）王明源

莫建刚（2021.7任）

委　　员　姜震宇（2021.11止）　丁文柯　　窦　敏

陆红林（2021.11任）

常州市武进区人民法院

院长、党组书记　宋文良

党组副书记　许中伟（2021.4止）

副　院　长　许中伟（2021.4止）邵建荣（2021.12止）

金　峰　　吴　婷※　章　毓※（2022.2任）

政治部主任　许敏华

专职委员　吴文亮　　潘建伟

常州市武进区人民检察院

检察长、党组书记　张　娟※（2021.10任）

朱文俊（2021.10止）

党组副书记　唐黎刚

副检察长　杨康健　唐黎刚　王云涛

专职委员　陈志东

政治部主任　钱继东

中共常州市武进区委工作机构及直属单位

区委办公室

主　　任　冯　宇（2021.11任）　贾　东（2021.11止）

副主任　黄晓铭　梁云波　周嫣倩※

区档案局

副局长　谈亚东

区委组织部

部　　长　赵天晟

常务副部长　张　群※（2021.12任）　王元兵（2021.12止）

副部长　张　群※（2021.12止）　冯　宇（2021.12止）

钱　涛

区委党的建设工作领导小组办公室

主　　任　王元兵（2021.11止）

副主任　任　捷

区委非公有制企业和社会组织工作委员会

书　　记　张　群※

区委区级机关工作委员会

书　　记　冯　宇（2021.11止）

副书记　符一波（2021.11止）

区公务员局

局　　长　钱　涛

区考核工作委员会办公室

副主任　宋志盛（2021.5任）

区委宣传部

部　　长　薛红霞※

常务副部长　戚清萍※（2021.11任）

副部长　戚清萍※（2021.11止）　何泽宇

区精神文明建设指导委员会办公室

主　　任　戚清萍※（2021.11止）

副主任　王　芳※

区政府新闻办公室

主　　任　何泽宇

副主任　俞　伟

区新闻出版局
（区版权局）

主　　任　何泽宇

区委统一战线工作部

部　　长　李德森（2021.7任）　杨国成（2021.7止）

常务副部长　夏建飞（2021.11任）　龚　黎※（2021.11止）

副部长　陈月波※　　蒋金标　　杨美英※

蒋建平（2021.11任）　赵忠明（2021.11止）

区民族宗教事务局

局　　长　蒋金标

副局长　皇甫海鸥※（2021.11止）

区委台湾工作办公室
区政府台湾事务办公室

主　　任　陈月波※

副主任　皇甫海鸥※（2021.11任）　李　新（2021.5止）

区政府侨务办公室

主　　任　杨美英※

副主任　许晓东　徐晓燕※

区归侨侨眷联合会

主　　席　杨美英※

副主席　张　茹※

区委政法委员会

书　　记　丁　一
常务副书记　朱鹏程
副 书 记　王晓航（兼）　巢　鹰　陈科伟（2021.11 任）
专职委员　吴　焰　徐小江

区网格化服务管理中心（区域社会治理现代化指挥中心）

副 主 任　陈炜晴※

区委研究室

主　　任　严　超（2021.11 任）
副 主 任　严　超（2021.11 止）

区委全面深化改革委员会办公室

副 主 任　王　斌

区委网络安全和信息化委员会办公室

主　　任　左燕钢
副 主 任　沈　嫣※

区委机构编制委员会办公室（区事业单位登记管理局）

主　　任　钱　涛（2021.12 任）　王元兵（2021.11 止）
副 主 任　叶彩萍※
副 局 长　曹法南

区委巡察工作办公室

主　　任　顾忠泽（2021.11 任）符毅梅※（2021.11 止，兼）
副 主 任　张乃佳※　袁　杰
巡察组组长　陆　浩　胡新诚　董云峰
　杨云飞　夏征征※（2021.11 任）
巡察组副组长　秦黎亮　周南臣（2021.5 任）
　刘　毅　徐寒芬※　丁映宇　郑小悟※
　顾维娜※　陆维剑※

区委老干部局

局　　长　张　群※（2021.11 任）冯　宇（2021.11 止）
副 局 长　史红金

区委离退休干部工作委员会

书　　记　张　群※（2021.11 任）冯　宇（2021.11 止）
副 书 记　纪佩来※

区档案馆

馆　　长　陶　可
副 馆 长　张晓燕※　姚文虎

区委党史工作委员会 区地方志办公室

主　　任　孔令君
副 主 任　朱建刚　罗　燕

区委党校（区行政学校） 区社会主义学院

区委党校校长　乔俊杰（2021.11 任，兼）
　李　林（2021.11 止，兼）
区行政学校校长　恽淇丞（2021.11 任，兼）
　陈志良（2021.11 止，兼）
常务副校长（副院长）　冷亚春
副 校 长（副院长）　钱颖旦※　陆茹英※　刘　江

区融媒体中心

党委书记、主任　顾　芳※
党委副书记、总编辑　顾枫华
副　主　任　陆卫东　钱小松　杨富春
　陈伟强　姚汗龙
纪委书记　吴旭东（2021.11 止）

常州市武进区人大常委会工作机构

办公室

主　　任　符　伟
副 主 任　强　雨※　黄盛英※

研究室

主　　任　黄盛英※（2021.6 任）

财政经济工作委员会

主　　任　胡文伟（2021.4 任）
副 主 任　潘一沁※

农业和农村工作委员会

主　　任　高国华
副 主 任　张　颖※

法制和内务司法（民族宗教侨务）工作委员会

主　　任　徐晓东
副 主 任　王　峰

城市建设环境资源工作委员会

主　　任　冯　民（2021.4 任）
副 主 任　周亚明

教育科学文化卫生工作委员会

主　　任　王腊美※
副 主 任　任争辉

人事代表工作委员会

主　　任　陈　刚（2021.4 任）
副 主 任　丁晓瑾※

常州市武进区人民政府工作部门及直属单位

区政府办公室

主任、党组书记　田　华
副　主　任　蒲启城（兼）　陈建东　程　锦※
　贺　丹　王今丰　王世康

区外事办公室

副 主 任　荆　成

区大数据管理局

副 局 长　陈国栋（2021.12 任）　梁　源（2021.12 止）

区对外联络中心

主　　任　袁丽萍※
副 主 任　沈惠芬※

区电子政务中心

主　　任　曾文军

副主任　杨　烁

区发展和改革局

局长、党组书记　夷建良

副　局　长　潘一航（2021.6止）　张庆九　宦庆辉　汤　焱　万宣东（2021.12止）　梁　源（2021.12任）

区委教育工委

工委书记　曹雄伟

工委副书记　符一波（2021.11任）

区教育局

局　　长　曹雄伟

副局长　谢建伟（2021.12止）　李昇学　周　敏※

区科学技术局

局　　长　张卫星（2021.6任）　李　婷※（2021.4止）

党组书记　张卫星

副局长　王　卿※（2022.1任）　夏坚远　欧毅华※　张卫星（2021.6止）

区工业和信息化局

局长、党组书记　张文伟

副　局　长　陈　敏　高　明　周法根（2021.12止）　倪文达

常州市公安局武进分局

局长、党委书记　王晓航

党委副书记、政治委员　张继洪

副　局　长　张建伟　王敏东（2021.11止）　张冬琴※　苏建中　张立南（2021.12任）　马　承（2021.12任）

副政治委员　徐建方（2021.11止）

督　察　长　王晓航

政治处主任　孙曙光

区民政局

局长、党组书记　李　荣

党组副书记　虞钟清

副　局　长　许如新（2021.6止）　陆俊阳　陈　鹰※

区司法局

局长、党组书记　薛健峰

副　局　长　沈　隽　赵铁军（2021.12止）　吴晓峰　熊　琦※（2022.1任）

法治办副主任　严　征

区财政局

局长、党组书记　叶　青

副　局　长　单志伟　朱国栋　恽晓明（2021.6任）

区政府国有资产监督管理办公室

副　主　任　沈　彬　王伟国

区人力资源和社会保障局

局长、党组书记　武华忠

副　局　长　杭　琰※　周晓忠　毛冬霞　潘　军（2021.12任）

区住房和城乡建设局

局长、党委书记　谈正刚

党委副书记　管向阳（2021.4止）

副　局　长　李　媛※　郭建军　唐昊骏　张　巍（2021.5任）

区人民防空办公室

副　主　任　梁　强　王　伟

区城市资源管理研究中心

副　主　任　包文晖（2022.1任）　王仕满

区城市管理局

局长、党组书记　殷海峰

副　局　长　刘培良　杨　磊　卜万青

综合行政执法局副局长　凌国锋

区交通运输局

局长、党委书记　周　俊

党委副书记　凌光旭

副　局　长　凌光旭　顾　青　严伟俊　张晓军

总工程师　薛　飞（2022.1任）

区水利局

局长、党组书记　刘建荣※

党组副书记　王卫东

副　局　长　徐　芳※（2022.1止）　巢俊杰　庄代远（2021.12任）

总工程师　恽文荣

区农业农村局

局长、党组书记　诸东海

副　局　长　周小宇　顾　文　蒋小刚　姚志平　朱丽娜※

总农艺师　管红良

区委农村工作领导小组办公室

副　主　任　李治国

区商务局

局长、党组书记　王　勇

副　局　长　王保华　周志青（2022.1止）　徐宏杰

区投资促进服务中心

主　　任　马　洁※

副　主　任　巢云方　张红霞※　潘晓宇　邹　蕾※

区文体广电和旅游局

局长、党组书记　居敏俊

副　局　长　陈海明　张志杰（2021.12任）　薛　鑫（2021.12止）　吴海涛　陈亚娣※（2021.12止）　卞曙光　沈　叶※　叶馨远※

区卫生健康局

局长、党委书记　王洪新

副　书　记　何　东

副　局　长　顾东武　姚绍洋　周义红

区退役军人事务局

局　　长　王　丹（2021.5 任）　张军亮（2021.5 止）
党组书记　王　丹（2021.4 任）　张军亮（2021.4 止）
副 局 长　杨育才　芮　洋（2021.4 任）

区应急管理局

局长、党委书记　金旭兵（2021.7 党组改为党委）
副 局 长　尤霄峰（2021.5 止）　巢鸿泉　杨志海
刘红玉　潘金俊（2021.12 任）
朱晓波（2021.6 任）
总工程师　姜　涛（2021.6 任）
安委办副主任　高　军

区审计局

局长、党组书记　严晓国
副 局 长　王泽南　毛　兴　周　斌
总审计师　李　达（2022.1 任）

区政府研究室

副 主 任　王　健

区行政审批局

局长、党组书记　祁　斌
副 局 长　聂亚玉※　王　芳※　赵匡吉（2021.11 止）
顾　峰（2021.12 任）

常州市公共资源交易中心武进分中心

主　　任　祁　斌
副 主 任　吴文英※　顾　峰（2021.12 止）　潘文杰

区市场监督管理局

局长、党组书记　朱小平
党组副书记　朱正东（2021.11 止）
副 局 长　王金熔　濮文伟　张宝康　陆　俊
张利萍※　束建刚（2021.5 止）

区统计局

局长、党组书记　陈　江
副 局 长　陆亚健　谢伟洪
总统计师　罗腊梅※

区信访局

局长、党组书记　蒲启城
副 局 长　李　俊　王丽莉※（2021.6 任）
莫春晓（2021.12 任）

区地方金融监督管理局

局长、党组书记　刘　宇
副 局 长　王阿娣※　邵　云※
金融办副主任　顾虎清（2022.1 任）

常州市医疗保障局武进分局

局长、党组书记　左朝辉
副 局 长　周培根　秦　羽（2021.12 任）

区机关事务管理中心

主任、党组书记　王亚杰
副 主 任　吴奋明（2021.4 任）　钱平南（2022.1 止）
李　峰

区房屋征收与补偿管理中心

主任、党组书记　王卫洪

副 主 任　雍　军　沈　轲※　胡　鹤

区生态文明建设办公室

主　　任　于　乐（2021.12 任）　周建江（2021.12 止）
副 主 任　庄　敏（2021.6 任）

江苏常州经济开发区

书　　记　顾伟国
主　　任　周永强（2022.04 止）
丁　一（2022.04 任）
副 书 记　周永强（2022.04 止）
丁　一（2022.04 任）
冯旭江（2021.11 任）
副 主 任　张云逸
马建立（2021.11 止）
何　勇
冯旭江（2021.11 止）
王文一　盛世麟　冯　晖
江春明（2021.11 任）
纪工委书记、监察工委主任　毛建国
纪工委副书记、监察工委副主任　钱莉芳※
王　成（2021.8 提名）

武进高新技术产业开发区

书　　记　李　林（2021.8 止）　乔俊杰（2021.8 任）
主　　任　陈志良（2021.8 止）
副 书 记　陈志良（2021.8 止）　石旭涌（2021.7 止）
张　龙（2021.7 任）
副 主 任　石旭涌（2021.7 止）　祝正庆　王伟华
谢群丰　恽益明　李建平（2021.11 任）
张　超（2022.4 任）　姚　祥（2021.11 止）
蒋志龙　裴晓冬　周明俊（2021.11 任）
纪工委书记　朱志伟
纪工委副书记　管勇钢

中以常州创新园管理办公室

主　　任　李　磊※（2021.8 止）
副 主 任　庄　铿　陈顺明
部　　长　高　吉※　许成凯

常州西太湖科技产业园（江苏武进经济开发区）

书　　记　戴志华
主　　任　武为锋
副 书 记　徐新波
副 主 任　顾琴仙※　胡延红※　黄哲斌　王晓东
纪工委书记　刘荣光（2021.4 止）　周　栋（2021.11 任）

武进国家高新技术产业开发区绿色建筑产业园管理办公室

（武进绿色建筑产业集聚示范区整合为武进国家高新技术产业开发区绿色建筑产业园管理办公室）

主　　任　徐　宁
副 主 任　贺　军　谢　健

武进绿色建筑产业集聚示范区

书记、主任　徐　宁

副　主　任　周永银

武进太湖湾旅游度假区管理办公室

（武进太湖湾旅游度假区整合为武进太湖湾旅游度假区管理办公室）

主　　　任　王宏强

副　主　任　李文俊　殷旭东

武进太湖湾旅游度假区

副　书　记　薛　锋（2021.5止）

副　主　任　李云辉　吴小杰　殷正良

纪工委书记　车勤峰

武进中国春秋淹城旅游区管理办公室

（武进中国春秋淹城旅游区整合为武进中国春秋淹城旅游区管理办公室）

主　　　任　薛　鑫（2021.12任）

副　主　任　刘　坚（2021.12任）

武进中国春秋淹城旅游区

副　主　任　张志杰（2021.12止）　刘　坚（2021.12止）

纪工委书记　蔡　华※（2021.5止）

江苏省武进现代农业产业园区管理办公室

（江苏省武进现代农业产业园区整合为江苏省武进现代农业产业园区管理办公室）

主　　　任　张军亮　钱勤东（2021.4止）

副　书　记　钱勤东（2021.4止）　薛文伟（2021.4止）

副　主　任　查亚新（2021.4任）　叶　平（2021.4任）

戚墅堰轨道交通产业园管理办公室

主　　　任　赖岩松（2021.9止）　殷　清（2021.09任）

副　主　任　殷　清（2021.9止）　钱　瑜

江苏武进经济发展集团公司

董　事　长　李建平

总　经　理　何雪峰

党委书记　李建平

党委副书记　何雪峰

副总经理　薛泽孟　羊晓清（2021.12止）
　　　　　路　锦　冯剑玉※（2021.12止）

纪委书记　刘海琴※

江苏武进先行控股集团有限公司

董事长、总经理　谈　胜

党委书记　王　鸣

副总经理　王　鸣　诸小平　钱　岗　谢　健
　　　　　王建松（2021.12止）

纪委书记　蒋黎国

江苏武进国经控股集团有限公司

党委书记、董事长、总经理　徐亚娟※

党委副书记　翟华萍※

副总经理　王中方　刘祝全
　　　　　卞建荣（2021.12任）

纪委书记　翟华萍※

武进工贸资产经营管理有限公司

党委书记　秦明方

董　事　长　徐亚娟※

总　经　理　刘祝全

党委副书记　徐亚娟※　黄文耀　刘祝全

纪委书记　赵寅洁※

副总经理　卞建荣（2021.12任）

常州滨湖建设发展集团有限公司

党委书记　申晓明（2021.11任）

董　事　长　申晓明

总　经　理　申晓明

伟驰控股集团有限公司

党委书记　梅可佳（2021.4任）

党委副书记　王建松（2021.4任）

董　事　长　梅可佳

总　经　理　王建松

开放大学、国家级重点职业高中、省重点高中、医院

常州市高级职业技术学校

校　　　长　李昇学（2021.11任）　张伟贤（2021.11止）

党委书记　张伟贤

江苏省前黄高级中学

校　　　长　黄惠涛

党委书记　黄惠涛

江苏省武进高级中学

校　　　长　宋海永

党委书记　张国良

武进人民医院

党委书记　奚剑波

院　　　长　金建华

武进中医医院

党委书记　杨　波

院　　　长　曹蕊芸※

中共常州市武进区委协助管理的单位

常州市自然资源和规划局武进分局

局长、党委书记　孔和生

副　局　长　曹　荣　卢翼波　汪志南※
　　　　　贾建东　蔡　剑　宰　娟※

常州市住房公积金管理中心武进分中心

主　　　任　章　钧

副主任　章蔚达

国家税务总局常州市武进区税务局

局长、党委书记　狄欣荣

党委副书记　张志杰

副　局　长　张志杰　陈志斌（2021.4止）
　　　　　金　红※（2021.4止）　杜　俊
　　　　　王贤方　陆玉学　张　良（2021.6止）

王士花（2021.6 任）
纪检组长 蔡剑洪

常州市武进生态环境局

局长 周建江（2021.7 止） 于乐（2021.8 任）
分党组书记 周建江（2021.5 止）
党组书记 周建江（2021.7 止） 于乐（2021.9 任）
副局长 顾咏梅※ 林春雷 张杰
执法分局局长 于乐

常州市武进区邮管局

局长 廖海春（2021.5 止） 武绍光（2021.6 任）

武进电信局

局长 江敏
副局长 蒋云峰 蔡琦炜（2021.11 止）
陈翔（2021.11 任） 张婷婷※

武进烟草专卖局

局长 徐晟
副局长 许卫群 李霓彬

常州海关驻武进办事处

主任 李旭敏（2021.5 止） 李博（2021.5 任）

中国人民银行常州市武进支行

行长 翟晓佳
副行长 高立华 戴晏
纪检组长 戴晏

政协常州市武进区委员会工作机构

办公室

主任 袁涛
副主任 张磊 顾燕※

研究室

主任 闻洁※

提案和委员工作委员会

主任 查伟明

教文卫体和文史委员会

主任 王云芬※
副主任 姚国强

经济科技和农业农村委员会

主任 朱红兴
副主任 万家东

社法民宗和港澳台侨委员会

主任 万琴凤※
副主任 鲜艳梅※

环境资源和城乡建设委员会

主任 张晓宇

群众团体

武进区总工会

主席 沈涛
党组书记 沈涛
副主席 陆惠萍※ 张勇 朱宏英※

共青团武进区委员会

副书记 蒋雨晨 周铖

武进区青年联合会

副主席 蒋雨晨 周铖 朱慧峰 许健
金磊 潘林

武进区妇女联合会

主席 蒋丽※
党组书记 蒋丽※
副主席 赵英※ 赵丽君※ 李秋萍※

武进区科学技术协会

主席 刘云英※
党组书记 陶春健
副主席 陶春健 吴健

武进区文学艺术界联合会

主席 龚黎※（2021.11 任） 夏征征※（2021.11 止）
副主席 周晓东 羌云庆

武进区红十字会

会长 张小虎（兼）
副会长 狄旭东 承文明

武进区工商业联合会

主席 桑遥※
党组书记 蒋建平（2021.11 任） 赵忠明（2021.11 止）
副主席 赵忠明（2021.11 止） 蒋建平 莫珺※

武进区残疾人联合会

名誉主席 薛红霞※（2021.5 任） 郑政平（2021.5 止）
主席 张小虎（兼）
副主席 李洪兴 赵美娟※ 王燕※
党组书记 李洪兴
理事长 李洪兴
副理事长 赵美娟※ 王燕※

镇、街道

雪堰镇

书记 王宏强
副书记 孙洋 张英娟※
人大主席 许文涛
镇长 孙洋
副镇长 唐海锋 陈世华 曹冰
孙俊（2021.11 任）
王薇※（2021.11 任）
纪委书记 符辛竹

礼嘉镇

书记 丁亚英※
副书记 朱慧峰 秦能达
人大主席 吴小铭（2021.4 止） 冯冠华（2021.4 任）
镇长 朱慧峰

副　　镇　　长　何庆伟　冯冠华（2021.4止）
　　　　　　　　张　巍（2021.4止）　姚安华　尤　敏※
　　　　　　　　管翼波（2021.11任）
政协工委主任　秦能达（2021.4止）
纪　委　书　记　陈建纲

前黄镇

书　　　　　记　龚新宇
副　　书　　记　葛　炎（2021.04任）　唐晓明
人　大　主　席　李国栋
镇　　　　　长　葛　炎（2021.11任）
副　　镇　　长　孙　俊（2021.11止）　蒋　轩　张永相
　　　　　　　　潘　艳※　赵匡吉（2021.11任）
政协工委主任　唐晓明（2021.4止）
纪　委　书　记　王　懿※

湖塘镇

书　　　　　记　张征宇
副　　书　　记　王　芳※　陶兴龙　时培红（2021.4任）
人　大　主　席　贾少波
镇　　　　　长　王　芳※
副　　镇　　长　张建军　陈坚强（2021.11止）　徐　敏
　　　　　　　　上官欣　吴旭东（2021.11任）
　　　　　　　　王轶锋（2021.5任）　陈一奇（2021.11任）
纪　委　书　记　杨文杰

牛塘镇

书　　　　　记　杨志明
副　　书　　记　汤　枫　翁路英※
人　大　主　席　马东方
镇　　　　　长　汤　枫
副　　镇　　长　周小成　丁洪伟　冯　甦（2021.11任）
　　　　　　　　沈　超（2021.11任）
纪　委　书　记　叶　庆

洛阳镇

书　　　　　记　蒋志刚
副　　书　　记　吴小铭（2021.4至2021.11）　潘宏杰
　　　　　　　　薛文伟（2021.4任）　杨红明（2021.11任）
人　大　主　席　王　丹（2021.4止）　吴小铭（2021.4任）
镇　　　　　长　潘宏杰（2021.4任）
副　　镇　　长　查亚新（2021.4止）　王小虎　葛长青
　　　　　　　　陈　萍※　谭文俊　沈立人（2021.5任）
政协工委主任　潘宏杰（2021.4止）
纪　委　书　记　许　芸※

湟里镇

书　　　　　记　朱军华
副　　书　　记　丁　涛　陈　鹏　葛永丰
人　大　主　席　蔡兰芬
镇　　　　　长　丁　涛
副　　镇　　长　眭岳明　吴　柯※　张　钦
　　　　　　　　周　锋（2021.11任）
纪　委　书　记　杨　军

嘉泽镇

书　　　　　记　张军亮
副　　书　　记　钱勤东　王　乾
人　大　主　席　王　乾（2021.11任）
镇　　　　　长　钱勤东
副　　镇　　长　宋丹峰（2021.11止）
　　　　　　　　诸文洁※（2021.3至2022.4）　张　斌
　　　　　　　　王红明　王铁成（2021.11任）
纪　委　书　记　巢丽云※

南夏墅街道

书　　　　　记　周文彬
副　　书　　记　张永波　朱　敏※　雷　成（2021.5任）
人大工委主任　吴晓东（2021.4止）
人大工委副主任　武　佳※（2021.11止）
办事处主任　张永波
办事处副主任　臧伟良　郑　鑫　宋春花※　周　慧
　　　　　　　　张　念（2021.6止）　周　军（2021.6止）
　　　　　　　　蒋海珍※　庄春潮※　张伟强（2021.6任）
　　　　　　　　蒋　涛（2021.6任）
政协工委主任　朱　敏※（2021.4止）
纪工委书记　许　斌

西湖街道

书　　　　　记　黄铁梅※
副　　书　　记　闵贤俊（2021.5任）
办事处副主任　高　波　徐菊燕※（2021.5止）
　　　　　　　　周　军（2021.6任）　恽晨雁　田明江
人大工委主任　闵贤俊
人大工委副主任　金小庆（2021.5止）
纪工委书记　蒋轶佶

横林镇

书　　　　　记　江春明
副　　书　　记　姚鸿波　张毋左　吴志建（2021.4任）
人　大　主　席　姚　鸿（2021.4止）
　　　　　　　　王美姣※（2021.4提名）
镇　　　　　长　姚鸿波
副　　镇　　长　张晓强（2021.4止）　吴志建（2021.4止）
　　　　　　　　王美姣※（2021.4止）　陈　峰（2021.4止）
　　　　　　　　王　红（2021.4提名）
　　　　　　　　卜冰洋（2021.4提名）
　　　　　　　　吴寿波（2021.4提名）
　　　　　　　　承晓培（2021.4提名）
纪　委　书　记　郭　平

遥观镇

书　　　　　记　冯　晖（2021.4止）　王伟强（2021.4任）
副　　书　　记　王伟强（2021.4止）　薛　飞（2021.4任）
　　　　　　　　任义权　刘伟强（2021.4任）
人　大　主　席　叶　平
镇　　　　　长　王伟强（2021.4止）　薛　飞（2021.4提名）
副　　镇　　长　诸立群（2021.4止）　刘伟强（2021.4止）

邹　优　张　波　沈钱巍（2021.4 提名）
史俊华（2021.4 提名）

纪 委 书 记　荆　涛

横山桥镇

书　　　记　徐　海
副　书　记　姚　贺　孙亚明　程　金（2021.4 任）
人 大 主 席　徐春来（2021.4 止）　诸立群（2021.4 提名）
镇　　　长　姚　贺
副　镇　长　陆冬芳※（2021.4 止）　陈建波　庄　跃
缪　飞　徐亚萍※（2021.4 提名）
纪 委 书 记　魏　胜

潞城街道

书　　　记　赵文明
副　书　记　潘　俊（2021.9 止）　赖岩松（2021.9 任）
周明珠※（2021.4 任）
人大工委主任　薛　康※（2021.6 止）
朱丽莎※（2021.9 提名）
主　　　任　潘　俊（2021.9 止）　赖岩松（2021.9 任）
副　主　任　钱哲峰（2021.4 止）　沈齐乐　陈益伟
夏海峰（2021.4 任）　孙　燕※（2021.4 任）
纪 委 书 记　王永斌（2021.4 止）　赵　飞（2021.4 任）

丁堰街道

书　　　记　蒋政剑
副　书　记　林　霄※　蒋一波（2021.4 止）　石剑虹
人大工委主任　蒋一波
办事处主任　林　霄※
办事处副主任　朱忠明（2021.4 止）　徐　熠
刘　敏※（2021.4 止）董　庆（2021.9 止）
高　攀（2021.4 任）　周　莉※（2021.4 任）
纪 委 书 记　赵　飞（2021.4 止）　梁晓波（2021.4 任）

戚墅堰街道

书　　　记　梁文菊※（2021.4 止）潘　俊（2021.9 任）
副　书　记　姜祖胜　顾　群（2021.4 止）　陈　尧
人大工委主任　顾　群（2021.6 止）　杨永清（2021.4 提名）
办事处主任　姜祖胜
办事处副主任　符锡宝（2021.4 止）　杨永清（2021.4 止）
刘晓莲※　苏澄宇（2021.4 任）
黄可人（2021.4 任）
纪 委 书 记　梁晓波（2021.4 止）　王永斌（2021.4 任）

说明：①中共 ×× 镇纪律检查委员会书记，简称纪委书记。
②局和镇党委下的基层和村级党委不收其领导名录。
③各银行、保险公司、电信、税务、烟草、自然资源和规划、生态环境等部门的领导，由其上级业务主管部门任免，区委协助有关部门管理。
④右上角带 ※ 号者为女性。
⑤乡镇镇长、副镇长、人大主席、人大副主席的任职时间为提名时间。

（王　艳　任　可）

文献摘要

贯彻“532”发展战略，争当现代化建设标杆，以高质量发展优异成绩向党的二十大献礼

——在区委十三届二次全会上的报告（摘要）

中共常州市委常委、武进区委书记　乔俊杰

（2021 年 12 月 29 日）

这次会议的主要任务是：全面贯彻党的十九届六中全会和中央经济工作会议精神，贯彻落实省、市党代会精神以及市委十三届二次全会精神，回顾总结今年工作成绩，研究部署明年工作任务，动员全区上下乘势而上、开拓进取，坚决扛起“争当表率、争做示范、走在前列”光荣使命，全面贯彻“532”发展战略，奋力谱写“强富美高”新江苏现代化建设武进篇章。

一、勇于争先奋进，“十四五”发展实现精彩开篇

今年来，全区上下坚持以习近平新时代中国特色社会主义思想为指导，按照中央和省委、市委决策部署，立足新发展阶段，贯彻新发展理念，融入新发展格局，在创新、产业、城乡、民生、营商环境五个方面争先奋进，经济社会保持稳中向好态势，成功实现了“十四五”发展精彩开篇。预计全年实现地区生产总值2950亿元，增长9.5%；一般公共预算收入216.2亿元，增长10.8%；实际使用外资9.6亿美元，进出口总额突破千亿元关口；居民人均可支配收入增长9%。武进荣获2021年全国投资潜力百强区、科技创新百强区、新型城镇化质量百强区“三个第一”，位列“中国工业百强区”第六，连续8次获评全国综合实力百强区第三名。

1. *产业兴旺彰显实力。*始终把做强产业作为推动高质量发展的主抓手，坚守主业、深耕实业，产业综合竞争力实现新跨越。*一是质效稳步提升，发展根基更牢固。*工业经济逆势上扬，预计全年规上工业总产值增长超23%，规上工业增加值增长超12%。其中，高端装备产业规模突破1000亿元，智电汽车产业规模突破500亿元。由江南石墨烯研究院牵头的常州市新型碳材料集群，成功入围国家先进制造业集群竞赛决赛，成为全市唯一决赛优胜者。服务行业提质扩容，全年服务业增加值增长8.6%，社会消费品零售总额增长10%，创成市级“三新”经济示范企业2家，总量连续三年保持全市第一，新增写字楼超10万平方米。全年争取上级服务业发展专项资金超5000万元，总量占全市一半以上。现代农业亮点纷呈，12个水稻新品种通过省级以上审定，全区粮食生产全程机械化率保持在96%以上。武进获评2021年全国县域农业农村信息化发展先进县，现代农业产业示范园入选首批省级示范园，嘉泽镇荣获全国“一村一品”示范镇。*二是项目攻坚突破，发展后劲更充足。*长海高性能玻纤、恒立高性能电动缸、汇川新能源汽车等重大项目顺利落户，高质量完成重大项目招引任务，太阳诱电、移远通信等76个重大项目顺利开工，江苏理工学院新校区项目进展顺利，区重点项目完成投资555亿元。*三是金融活水涌流，发展环境更优越。*龙城金谷（南区）集聚各类金融机构468家、注册资本348亿元。全国县区首个上市公司指数“中证武进发

展指数”成功发布，总规模50亿元的国经创投基金正式启动。全区新增上市企业3家，累计达42家，总量蝉联全市第一。

2. *改革创新注入活力*。坚持把改革创新作为引领发展的关键一招，持续深化改革，强化创新驱动，武进入选江苏省首批创新型示范县（市、区）建设名单。*一是创新园区提档升级*。武高新在国家级高新区的综合排名上升至第35位，全国首个知识产权保护示范园区建设顺利启动，与中以常州创新园、苏澳合作园区一起被纳入中国（江苏）自由贸易试验区联动创新发展区。西太湖科技产业园在全国医疗器械国际创新园考评中排名第一，石墨烯小镇连续三年获评省级优秀特色小镇。绿建区获批国家级公共机构节能示范单位和国家小型微型企业创业创新示范基地。*二是创新平台能级跃升*。中以常州创新园集聚企业155家，保持合作机制、合作模式、合作成果三个全国领先，被习近平总书记称为中以创新合作的标志性项目，40个“高科技、国际化、犹太+”科技型项目成功落户。苏澳合作园区建设有效突破，苏澳双方签署“十四五”框架合作协议，达成项目化发展合作共识，商业保理项目正式签约。*三是创新要素加速集聚*。全年新增高新技术企业405家，新认定潜在独角兽企业10家、瞪羚企业27家，万人有效发明专利拥有量达56.1件，7家企业被认定为国家级专精特新“小巨人”企业，4家企业上榜全国制造业单项冠军，恒立液压获得省企业技术创新奖，4家企业被评为省百强创新型企业。“非武不栖 进无止境”人才工作品牌进一步打响，全省首家技能人才服务产业园正式开园，人才公寓竣工9700余套，新增入选省双创人才20名、双创团队1个，高技能人才总数突破11万。*四是改革红利深度释放*。科学推进宅基地制度改革和新型职业农民制度改革，房地一体农村宅基地确权登记工作基本完成，颁发全国首张农村宅基地和建房电子批准书，武进入选第四轮省农村改革试验区。基层管理体制持续创新，湟里镇为全市“三整合”改革打造了新样板。营商环境改革持续深化，“打造一流营商环境”第一批任务清单高质量完成。国企改革三年行动启动开展，大禹水务混改工作全面完成。

3. *城乡融合焕发魅力*。坚持把统筹协调作为目标导向，注重生态优先，突出互动融合，城乡面貌展现新风采。*一是城市建设更有品质*。“两湖”创新区核心区城市设计形成初步性成果，城市展示馆建成开放。南沿江城际铁路和武进站建设进展顺利，苏锡常南部高速如期完成，青洋路二期、花海大道一期、环太湖“四好农村路”一体化全面示范路等加速推进。武宜路、花园街等21条精品街道焕然一新，中凉、福康宁等12个老旧小区完成改造，惠及3000余户居民，文明城市测评指数稳居省市前列。“增存挂钩”[1]制度进一步落实，372万平方米征迁工作有序完成，有效盘活存量建设用地超7000亩，武进荣获省自然资源节约集约利用模范区，湖塘镇创造“签约百万、不留一户”的佳绩。南夏墅街道、西湖街道有效提升现代服务功能配套和社会治理能力，为高质量服务开发区建设作出了积极贡献。*二是乡村振兴更有韵味*。切实尊重农民意愿，因地制宜创造“更舒适的居住条件”，礼嘉镇何墅村、洛阳镇岑村村等5个农民自建区开工建设，雪堰镇城湾村、前黄镇坊东村、牛塘镇塘口村等12个省级绿美村庄通过验收，武进农村人居环境整治工作荣获全省第一等次，嘉泽镇跃进村入选全国乡村治理示范村。农村集体经济组织全部完成股改，在全市率先实现了平台财务核算初始化村级全覆盖。*三是生态环境更有颜值*。全面推进省级生态环境保护专项督察反馈问题整改工作，$PM_{2.5}$平均浓度下降15.8%，国省考断面中优Ⅲ类水质断面占比78.9%，滆湖湖区“以渔控藻”生态修复工程先试先行并在全省推广，武南污水处理二厂一期进水试运行，新孟河主体工程基本完成，永安河水利风景区建成开放，镇村小微水体面貌焕然一新，我区连续14年实现太湖安全度夏，获评国家级节水型社会建设达标区，碧水蓝天绿地逐渐成为武进新常态。

4. *幸福宜居激发潜力*。坚持以人民为中心的发展思想，对标人民群众的共同期盼，持续增进民生福祉。*一是民生保障筑实筑牢，获得感成色更足*。千方百计扩大就业促进增收，全年新增就业岗位12.3万个，城乡居民人均可支配收入达5.8万元。深入实施全民参保计划，企业退休人员养老金实现“十七连增”。武进成为全市长期护理保险唯一试点，多层次医疗保障制度基本形成。全年下发慈善救助资金、社会公益事业补助资金6547万元。*二是公共服务提标提质，幸福感更可持续*。持续解决民生领域突出问题，10大类重点民生实事项目高质量完成。用心用力用情办好人民满意的教育，实施新建、改扩建学校25所，全年预计增加学位超8000个。创新开展积分入学工作，严格落实“双减”工作，课后服务实现义务教育阶段学校全覆盖。公共医疗服务能力显著提升，武进人民医院通过“三甲”医院评审，武进四院创成江苏省社区医院，4家卫生院创成省级农村区域医疗卫生中心。养老服务提档升级，全区养老床位总量达7269张，提供居家养老上门服务32.9万人次，金东方创成全国示范性老年友好型社区。深入开展“文化进万家”活动，武进第二图书馆投入运行，“秋白书苑”建成7家，西太湖半程马拉松赛等活动成功举行。*三是社会治理更深更实，安全感更有保障*。区域社会治理持续推进，成功打造“一牌一点”、政务服务“一企来”等网格治理品牌。深入推进安全生产三年专项整治，生产安全事故起数和死亡人数分别下降43.9%、23.3%，我区通过省级安全发展示范城市创建现场评议。平安武进建设成效更加显著，圆满完成建党100周年和省、市、区党代会等重大安保维稳任务。

5. *党的建设坚强有力*。全面落实新时代党的建设总要求，党的领导核心作用得到充分发挥。*一是党史学习教育深入开展*。把党史学习教育作为贯穿全年的重大政治任务，持续推动党史学习教育走深走实，全年组织理论中心组学习近2000次、交流研讨近3400次、集中学习超8200次。坚持把“两在两同”建新功行动与“我为群众办实事”实践活动有机融合、一体推进，全区172个重点项目、339件惠民实事、45件县处级以上党员领导干部领办项目全部完成。创新理论学习形式，深入推进“七个一百”，打造党史“实境课堂”，实施“红帆领航”计划，创新推出“听吾说”理论宣讲品牌。*二是思想政治建设切实加强*。深入学习宣传贯彻党的十九大和十九届历次全会精神，引领全区上下坚定捍卫“两个确立”，坚决做到“两个维护”。广泛开展意识形态领域风险隐患集中排查整治专项行动，政治安全和意识形态安全更加牢固。*三是基层组织基础不断夯实*。高质量完成区委、镇党委、村（社区）“两委”换届工作，有序推进人大、政府、政协换届工作。健全“一核四域”[2]基层党建工作体系，深化“红盟矩阵”建设，累计建成各类红盟40余家，在全市率先发布党建联盟建设“十条标准”、成立城市党建“头雁”学院、开展首届“领航计划”训练营，进一步打响武进党建工作品牌。四是干部培养管理科学有效。坚持为发展选干部、凭实绩用干部，选优配强各级领导班子。全面启动青年干部人才选育“菁选计划”，举办“武进讲坛”“吾进大学堂”“微澜论坛”等主体班次，全区党员干部能力不断提升。五是党风政风作风持续向好。深入开展政法队伍教育整顿，专项工作得到中央第六督导组充分肯定。深入开展粮食购销领域腐败问题专项整治，坚决遏制耕地“非农化”、防止“非粮化”。高质量完成区委巡察全覆盖，查处力度全面提升，源头治理不断深化，廉政教育持续加强，“不敢腐、不能腐、不想腐”一体推进机制有力构建。六是各界智慧力量广泛凝聚。区人大及其常委会深化监督方式创新，“四式监督法”获得中央政治局委员、全国人大常委会副委员长王晨的肯定。区政协充分发挥政治协商、民主监督和参政议政作用，得到全国政协副主席张庆黎的充分肯定，获评全市唯一全省政协系统先进集体。最广泛的统一战线进一步巩固，新时代“两个健康”先行区创建工作得到全国工商联充分肯定。人武、老干部、档案、党史、党校、机关后勤、群团、关心下一代、援疆援陕等工作也都取得了新成绩。

6. 大战大考展现合力。面对突发疫情，我们迅速响应、果断决策，抢抓黄金“24小时”处置期，全区上下众志成城、守望相助，各级干部敢打硬仗、能打硬仗，高效彻底打赢疫情防控歼灭战，得到省、市领导高度肯定。一是组织领导有力有序，创造了“武进速度”。迅速激活应急指挥体系，第一时间成立区新冠肺炎疫情防控战时指挥部，同步建立战时指挥部例会制度，33个小时阻断社区传播链，有效控制住疫情蔓延。二是管控措施落细落实，体现了“武进力度”。严格做好封控区、管控区、重点场所和重点人员的管理，属地、部门、单位、个人四方责任全面压实，真正做到“平转急”高效精准，“急转平”科学有序。三是干群携手同心同德，传递了“武进温度”。累计组织医务人员、公安干警、社区工作人员、机关干部和各类志愿者3.85万人次下沉防疫一线，全力确保群众所盼第一时间响应、群众所想第一时间落实，受到各界一致好评。

7. 经开发展积极助力。紧扣创建国家级经开区总目标，扎实开展“勇当先行攻坚年”主题活动，经济社会发展迈上新台阶，省级经开区综合排名跃居全省第4位。一是产业培育扎实有效。大力实施工业智造“8843”计划，四大特色产业实现产值1460亿元，同比增长25%，占规上工业总产值比重达64%。获批全国绿色产业示范基地、整县屋顶分布式光伏开发试点。工业园区更新全力推进，宋剑湖创新智慧港、绿色家居产业园等试点项目全面启动。重点项目攻坚连续突破，累计签约总投资540亿元的53个项目，集中开工总投资390亿元的32个项目。二是城乡建设推进有力。东方新城建设全面铺开，首批总投资52亿元的8个城市功能性项目实现开工。6条重点道路建设，加快提升交通能级。完成征迁面积140万平方米，创历史新高。美丽乡村建设扎实推进，55个规划发展村庄启动美丽宜居村庄创建，双蓉村、狄坂村、芙蓉片区等农房集聚点建设顺利推进，五一村被列为市级美丽乡村示范点。三是社会事业积极有为。“教育强区”建设成果丰硕，16个项目开工建设，中小学、幼儿园实现集团化办学全覆盖。高标准建成常州大运河工业遗产展览馆，新增1个国家工业遗产和1个省工业旅游区，“工业旅游看经开”品牌日益打响。

总结成绩的同时，我们也要清醒地看到，我区经济社会发展中还存在一些不容忽视的问题，比如：产业层次总体还不高，自主创新能力亟须加强；资源环境瓶颈仍需突破，生态环境高质量指标仍待提升；公共服务供给的精准性和协同性还不够；党员干部主动进取的闯劲、勇争一流的拼劲、克难攻坚的韧劲还需进一步增强。对此，我们要高度重视，认真解决。

二、深刻领会把握，汇聚现代化建设智慧力量

党的十九届六中全会是在我们党百年华诞的重要时刻，在“两个百年”奋斗目标历史交汇的关键节点上，召开的一次具有重大历史意义的会议。会议回顾总结了党的百年奋斗历程和重大成就，概括了具有根本性和长远指导意义的历史经验，生动呈现了中国特色社会主义进入新时代的历史性成就和历史性变革。全会审议通过的《中共中央关于党的百年奋斗重大成就和历史经验的决议》，是一篇马克思主义纲领性文献，是新时代中国共产党人牢记初心使命、坚持和发展中国特色社会主义的政治宣言，是以史为鉴、开创未来，实现中华民族伟大复兴的行动指南，对于推动全党统一思想、统一意志、统一行动，团结带领全国各族人民在新时代更好坚持和发展中国特色社会主义，具有重大而深远的意义。刚刚结束的省第十四次党代会，深刻阐述了习近平总书记赋予江苏的三大光荣使命，提出了“六个显著提升”的目标任务和九个方面的重点工作；市第十三次党代会提出，要建设国际化智造名城、打造长三角中轴枢纽，奋力走在社会主义现代化建设前列，为我们奋进新时代、谱写新篇章指明了前进方向，注入了强大动力。

各级党组织和广大党员干部要把学习贯彻十九届六中全会精神、省第十四次党代会精神和市第十三次党代会精神，作为当前和今后一个时期的重大政治任务，切实增强政治自觉、思想自觉和行动自觉，确保总书记重要指示精神和中央、省委、市委决策部署在武进不折不扣落地见效。一是要坚定政治立场，坚决对党忠诚。全区上下每一个党组织、每一个共产党员，都要自觉做习近平总书记的坚定维护者和忠实追随者，自觉做习近平新时代中国特色社会主义思想的坚定信仰者和忠实实践者，不忘初心、牢记使命，为实现中华民族伟大复兴的中国梦，埋头苦干、勇毅前行，坚定捍卫“两个确立”，坚决做到“两个维护”。二是要强化思想引领，锚定前进方向。我们要始终坚持把习近平新时代中国特色社会主义思想作为思想指引和行动指南，确保武进各项事业始终沿着习近平总书记指引的方向前进，努力把中央和省委、市委的各项部署变成武进实实在在的发展成果。三是要牢记“国之大者”，增强行动自觉。对于武进来说，胸怀“国之大者”，就是要自觉践行以人民为中心的发展思想，不断满足人民群众对美好生活的向往。全区各级领导干部既要身先士卒带头落实，又要以上率下带动落实，始终与全区人民想在一起、干在一起，风雨同舟、同甘共苦。

“察势者智，驭势者赢。”市党代会期间，市委对武进提了“八个勇当先锋”的殷切期望，首当其冲的就是“在势的把握上勇当先锋”。下一阶段，我们要坚决扛起三大光荣使命，围绕区党代会提出的“高标准打造‘一区一城’，全方位争创‘第一唯一'”的发展主题，审时度势、因势而谋，把打造“一园一城一示范”[3]作为武进应势而动、乘势快上的最大契机和最好着力点，以敢为人先、当争一流的胆识豪情，以真抓实干、迎难而上的担当作为，努力为“生态滨湖区”增加底色，为“现代智造城”争创特色，为“第一唯一”提升成色，奋力走在现代化建设最前沿、谱写高质量发展新篇章。

一要辩证把握“危”与“机”，抢抓机遇、争创优势，全力做强中以常州创新园。向外看，百年未有之大变局加速演变，世界进入动荡变革期，面临的挑战前所未有，但我们的机遇和挑战并存；向内察，面临经济下行“三重压力”“三大影响”，关键核心技术“卡脖子”问题比较突出，但我们的底气和潜力兼具。我们要看到，江苏在共建“一带一路”中形成了陆海内外联动、东西双向互济的开放新格局，省委经济工作会议提出，要全面推进产业链创新链融合，这为我们危中见机、转危为机指明了方向。更加难得的是，11月17日，国家主席习近平同以色列总统赫尔佐格通电话，把中以常州创新园作为两国合作的标志性项目，这为我们“构建创新生态”“深化对外合作”带来了重大机遇、打开了重要窗口。我们打造“一园”，必须要抢抓机遇，迎难而上，既要学会借势，更要迅速成势，既然站上“风口”，就要“一飞冲天”，不断开辟国际合作的新高度，真正带动武进创新能级、产业能级和城市能级的大幅跃升。

二要科学研判“时”与“势”，保持定力、勇开新局，全力建设“最美湖湾城”。进入新时代，“两山理论”深入人心，“双碳”战略势在必行，“绿色发展、低碳经济”成为时代主题，“有风景的地方就有新经济”成为普遍共识。当前，“两湖”创新区已经成为市级层面的重要战略，上升到了“承载常州未来和希望”的高度，可以说，加快建设“最美湖湾城”正当其时，时不我待。环滆湖片区作为武进未来发展的一张“王牌”，多年来积蓄了丰富生态资源、空间资源，一大批重大基础设施将在这里迅速崛起，一大批优质创新要素将在这里交织汇聚。我们既要看大势、明优势，更要干大事、成大势；既要谋划长远、谋定后动，更要马上就干、干在当下。要坚决守牢环滆湖片区的生态本底，以世界眼光科学规划、以国际标准推进建设，来一次“科产城人”融合发展的“最美诠释”。

三要统筹谋划“竞”与“合”，联动协作、融合发展，全力争当“长三角一体化”高质量发展的示范。当前，城市间的竞争日趋“白热化”，“千帆竞发”“百舸争流”成为新常态，“竞”的态势愈演愈烈。但我们更要看到，随着区域经济融合步伐的加快，越来越多的城市正选择从过去的单兵作战、各自为政转变为区域抱团、协同发展，“合”的趋势不可阻挡。长三角一体化发展，是习近平总书记亲自谋划、亲自部署、亲自推动的国家重大战略，事关江苏发展全局，事关武进发展未来。我们必须始终坚持以习近平总书记关于长三角一体化的重要讲话精神为行动指南，置身于长三角大坐标系中考量谋划，在“合”中找定位、明路径，在“竞”中求突破、快发展，以交通的高速连接、产业的有效承接、服务的无缝对接，拓展更大空间、争取更大主动，为打造“长三角中轴枢纽”贡献武进力量，让高质量发展成为武进最鲜明的标识。

同志们，武进发展的接力棒已经交到了我们这代人手里，时与势都在我们一边，这是定力和底气所在，也是决心和信心所在。武进的事业，没有等出来的成功，只有干出来的精彩。我们要努力做到“同心同向同担当”，把思想和意志统一到学习贯彻中央和省委、市委的最新精神上来，把“争当现代化建设标杆”作为全区上下的共同追求，把该挑的担子挑起来，把该扛的责任扛起来，肩负起我们这一代人的使命担当，真正把城市定位干成发展地位，不断开创武进改革发展的新辉煌。

三、聚力全面跃升，争当现代化建设标杆

明年是党的二十大召开之年，也是全面落实省市党代会精神、贯彻“532”发展战略的关键之年，做好明年工作意义重大。全区上下要进一步燃起“争当标杆”的昂扬斗志，在现代化新征程上敢于创新、善于探索，铆足干劲、开足马力，推动各项目标任务全面落实落地，努力以更多现代化建设的领先指标、过硬成果和群众认可，来全面提升“标杆”的含金量、匹配度和说服力。

明年工作的总体要求是：坚持以习近平新时代中国特色社会主义思想为指导，全面贯彻党的十九大和十九届历次全会以及中央经济工作会议精神，深入落实省党代会、省委经济工作会议，以及市党代会、市委全会精神，大力弘扬伟大建党精神，坚决扛起“争当表率、争做示范、走在前列”光荣使命，坚持稳中求进工作总基调，完整、准确、全面贯彻新发展理念，深入贯彻“532”发展战略，全面深化改革开放，坚持创新驱动发展，统筹抓好疫情防控和经济社会发展，统筹发展和安全，扎实抓好“六稳”“六保”工作，持续改善民生，促进共同富裕，高标准打造“一区一城”，以“一园一城一示范”为着力点，全面实施“六个跃升行动”、全力争当现代化建设标杆，以高质量发展优异成绩迎接党的二十大胜利召开。

综合考虑各方面因素，明年经济社会发展主要目标是：地区生产总值增长6.5%以上，总量迈上3000亿元台阶；规上工业增加值增长7.5%以上，一般公共预算收入增长6%以上，固定资产投资增长8%以上；进出口总额稳中提质、实际使用外资增长10%以上；居民人均可支配收入与经济增长基本同步；生产安全事故起数和死亡人数持续下降；主要污染物减排、单位GDP能耗下降，大气、水环境质量完成上级下达任务。

根据上述目标，我们要重点抓好以下六个方面：

1. 实施创新活力跃升行动，打造创新发展标杆。坚持把创新作为武进发展的第一动力，把人才作为武进发展的第一资源，把实体经济作为武进发展的看家本领，全力推动科技创新“关键变量”加快转化为高质量发展的“最大增量”，勇当全省科技和产业创新的开路先锋。一要优化创新布局。深化苏南国家自主创新示范区建设，积极融入沿沪宁产业创新带，落实共建环太湖科技创新圈协议，加快建设能级更高的创新平台。要牢记总书记嘱托，全力建设好中以常州创新园，抢抓中以建交30周年契机，努力在规格升级、机制优化、要素集聚、载体建设、政策支持、成果落地等方面实现重大突破，持续提升创新浓度、创业热度、人才密度，打造“标志性项目”中的“标杆示范”。要加强与常州科教城的融合发展，在人才培养上“聚力”、科研攻关上“聚势”、产教融合上“聚能”、创新项目上“聚焦”，推动更多科创成果在武进落地转化、发扬光大。要围绕放大效应、发挥作用，进一步建好用好细胞治疗前沿技术研究院、医疗器械产业园等创新平台，积极参与智能制造龙城实验室和智能装备、石墨烯国家级制造业创新中心等创新载体创建，加快推进南京医科大学常州校区、江苏理工学院等优质功能布局，全力构筑“吸引一批人才、落地一批项目、孵化一批成果、打响一批品牌”的创新链条，明年要培育高端创新创业平台10个。*二要培育创新主体*。突出企业的创新主体地位，牢牢把握江苏省创新型示范区建设机遇，大力实施高新技术企业培育“小升高”行动[4]，深入落实全市高企培育计划、上市企业倍增计划和上市后备企业“双百”行动，组建“产业链上中下游贯通、大中小企业融通”的创新联合体，加快突破一批关键核心技术，培育更多“链主”企业、单项冠军企业和专精特新“小巨人”企业，努力形成“既有高原、又有高峰”“既有大树参天、又有小树成林”的生动局面，力争明年新增高新技术企业400家、上市挂牌企业7家。*三要营造创新生态*。深入贯彻省委人才工作会议精神，全面落实全市创新政策，以“包容十年不鸣、静待一鸣惊人”的格局和胸襟，系统谋划全区双创人才引育工作，特别是高度重视培养引进战略科学家、学术带头人、卓越管理者等国内外高端人才。要抢抓“两湖”创新区、长三角青年创新创业港等建设机遇，优化配置国际社区、国际学校、国际医院、文体休闲等特色功能，迭代升级“武进英才计划”，推出最有区域竞争力的人才政策，营造与一线城市“无代差”的创业环境，让各路英才在武进生活无忧、放手去搏，明年要建设人才公寓7000套以上。要深化打造龙城金谷（南区），积极发挥股权投资基金作用，着力构建覆盖科创企业生命全周期、成果转化全过程、产业发展全链条的科技金融体系，推动科技、产业和金融良性循环，让“开放、包容、协同、有序、可持续”成为武进创新生态的“最靓名片”。*四要释放改革活力*。把企业发展的重点、堵点、难点作为持续改进服务的重点，持续深化“放管服”改革，全力做好新时代“两个健康”先行区创建工作，加快建立制度化、常态化政企沟通渠道，用心用情帮助企业解难题、渡难关。要完善“标准地＋承诺制”、信用承诺预审政策，支持高新区创建省知识产权保护示范区，加快建设市场化法治化国际化的一流营商环境。要深化国资国企改革，进一步优化国资战略布局，促进国企做优做强，为现代化建设注入更强动能。

2. 实施产业能级跃升行动，打造智造强区标杆。主动顺应城市竞争重归产业主赛道的大势，坚守实体经济，保持战略定力，加快动能转换，努力打造全省乃至全国智造强区的标杆。*一要高标准引进项目*。全面推进《关于优化招引工作机制、加快项目攻坚突破的实施意见》，聚焦打造“更有影响力的地标产业、更有支撑力的优势产业、更有爆发力的未来产业”，坚持“一把手”抓招商、围绕产业链抓招商，优化驻点招商、资本招商、基金招商、以商引商机制，进一步加强与重点央企、世界500强、实力民企、头部基金、大院大所的合作对接，增强产业“预判性”、把好项目“入口关”，既招引一批体量大、分量重的好项目，也引进一批“小而优”、补链强链的高端项目，以优质项目落地提升发展稳定性，全年力争招引总投资100亿元或10亿美元项目1个、总投资50亿元或5亿美元项目5个、总投资30亿元或3亿美元项目3个、总投资10亿元或1亿美元现代服务业项目2个。要全力做好项目要素保障，扎实推进土地节约集约利用，各镇、开发区要动态持有200亩以上的收储土地，确保所有土地做到“熟地”出让。*二要高起点建设园区*。充分发挥园区主阵地作用，优化功能定位，加快提档升级，努力实现争先进位。高新区要对标昆山、江阴等先进高新区，进一步做大、做强、做优、做精园区发展，力争在智能制造、产城融合、创新生态、国际开放、机制改革等方面取得新突破。西太湖要全力推进“两湖”创新区核心区、先导区建设，努力建成国际化、现代化、特色化的创新型、生态型、人文型“最美湖湾城”。绿建区要加快打造长三角建筑科技创新中心，努力成为“中欧绿色伙伴关系常州样板”“绿色创新发展国际示范区”。苏澳合作园区要全面落实“十四五”江苏—澳门合作框架协议，积极推进长三角青年创新创业港等重点项目。*三要高质量集聚产业*。聚焦重点产业链、优势产业链、卓越产业链，进一步梳理供应链图谱、增强供应链韧性，深入落实“产业强链”三年行动计划[5]、区领导挂钩联系特色优势产业链工作机制，全面推进产业链创新链融合，着力催生一批新技术、新产业、新业态，打造一批先进制造业和战略性新兴产业集群，加快培育高端装备、智电汽车2个千亿元级地标产业。*四要高水平推进转型*。抢抓数字化、网络化、智能化融合发展的战略机遇，以数字产业化、产业数字化作为主攻方向，统筹数字经济、数字政府、数字社会生态体系建设，实施数字经济核心产业加速和制造业数字化转型升级行动，大力推动工业互联网串起产业链上下游、实现全链条协同，着力打造一批“两业”融合集聚区，加快培育一批综合效益显著的“灯塔工厂”，明年新增省级智能车间10家以上。要大力发展研发设计、检验检测等现代生产性服务业，深化高新区、西太湖石墨烯国家科技服务业聚集区行业试点，加快从“生产型制造”向“服务型智造”转变。

3. 实施民生福祉跃升行动，打造共同富裕标杆。把满足人民群众对美好生活的向往作为一切工作的出发点和落脚点，探索建立经济发展、财力增收与群众获益之间的长效联动机制。*一要多措并举推动富民增收*。强化就业优先导向，突出抓好创业带动就业、多渠道灵活就业、重点群体就业，加快推动江苏（武进）技能人才服务产业园提档升级，加强高素质技能人才培训，着力提高就业质量，明年确保新增城镇就业3.5万人以上、创业带动就业1.5万人以上。要发挥分配的功能和作用，积极探索“调高”“扩中”“提低”分配机制，大力拓宽居民经营性、财产性收入渠道，深入推进全民参保提质增效工程，稳步提高各类社会保险待遇，切实发挥慈善“第三次分配”作用，确保居民人均可支配收入继续走在省市前列。*二要多管齐下优化公共服务*。坚持尽力而为、量力而行，聚焦民生建设的重点领域，聚焦“急难愁盼”问题，办好“雪中送炭”实事，用“微民生”托起“大服务”。要把解决“一老一小”问题作为重要抓手，统筹考虑老龄事业发展和“银发产业”发展，深入推进全省居家和社区养老服务改革创新试点，加大托育服务供给，促进人口长期均衡发展。要认真落实“双减”政策，深化集团化办学，精心挑选、全力培育首批3～5个品牌响、引领强的核心名校教育集团，促进优质教育资源均等化水平再上新台阶。要围绕“优质资源扩容”和“区域均衡布局”两手发力，深入推进分级诊疗和医联体建设，加快引进高等级、国际化医院，大力开展三甲医院和重点专科创建，让老百姓家门口就有好大夫、好医院。*三要多点发力丰富文化生活*。坚持“口袋富”与“脑袋富”同步发力，深化创建典范性文明城市、构建新时代文明实

践体系、推进公民道德建设，不断提升文化软实力，塑造社会新风尚。要持续完善文化惠民基础设施，深化“书香武进”建设，加快推进武进图书馆、武进博物馆等场馆品质提升，扎实办好市民艺术节等文化惠民活动，努力满足群众多元文化需求。

4. 实施城乡品质跃升行动，打造城乡融合标杆。深入贯彻全市城乡建设发展大会精神，按照城乡融合发展示范区建设要求，精心打造“规划有高度、建设有厚度、管理有精度、城乡有温度”的高品质特色美丽宜居家园。一要拉开交通“大框架”。积极融入全市交通布局，重点实施常泰铁路、盐泰锡常宜铁路及常州南站、苏锡常城际、轨道交通5号线、312国道快速化、花海大道、常州大道（腾龙路快速化）等项目，持续优化“两湖”创新区核心道路框架，完善核心区路网功能，打造链接航空、高铁、市域铁路、城市轨道、城市公交、城市慢行的综合交通体系。要按照长三角中轴枢纽的“第一门户”和城市“中央车站”的定位，高水平规划建设常州南站，努力打造集枢纽功能性和城市融合度于一体的“城市客厅”。要围绕现代化物流中心建设，加快推动高铁物流基地、“两湖”物流园、“公铁水”多式联运枢纽等项目落地。二要开拓城市“新中心”。深入贯彻长三角一体化发展战略，立足区情实际，突出重点、锻造长板、贡献长板，围绕实施一体化发展“三年行动计划”和三省一市达成的共识[6]，在重点工作重点事项上勇于先行探索，更加有力服务长三角一体化发展战略。要瞄准长三角“生态创新区、最美湖湾城”的定位，聚焦“引领全市重塑区域格局、改变城市命运、提升城市能级主引擎”的功能，做好大规划、拿出大手笔，加快完成环滆湖战略规划和重点片区城市设计，编制重点项目清单，精心组织实施，加快推进核心区建设，着力打造生态之城、秀美之城、科技之城、创新之城、青年之城、未来之城。要坚持连片开发与“微改造”并举，适度超前布局基础设施建设，以市场化思路统筹城市更新与建新，深入实施老旧小区综合整治工程，开工建设湖滨自来水厂，加强市政管网等基础设施的更新改造，下绣花功夫做好城市精细管理，努力让城市更整洁、更舒适、更精致。三要扮靓乡村“风景线”。深入实施农村人居环境整治提升五年行动，有力有序推进现代化宜居农房、特色田园乡村、美丽乡村建设，鼓励推动一二三产融合发展，打造更多具有江南韵味、武进特色、形态各异的美丽乡村示范样板，明年要建成农民自建区10个，改造更新农房1500户以上。要深入实施种业振兴行动，充分发挥江苏（武进）水稻研究所粳稻育种优势，为国家粮食安全作出武进贡献。要持续深化国家农村宅基地制度改革试点，围绕释放“人”的活力、激活“地”的潜力、激发“产”的动力探索创新举措，促进资金、人才、技术等要素双向流动，推动形成功能互补、发展互促的融合发展新格局。四要推进文旅“深融合”。紧扣全市“长三角文旅中轴、休闲度假中心”建设要求，按照“吃得放心、玩得开心、住得舒心”的“三心”标准，进一步打响文旅品牌、提升综合效益、创新体制机制，高质量打造“吃住行游购娱”的武进文旅名片，力争成为长三角乃至全国节日度假的上选之地。

5. 实施生态文明跃升行动，打造绿色低碳标杆。深入践行习近平生态文明思想，牢固树立抓生态就是抓发展、抓生态就是抓民生的理念，持续促进人口资源环境均衡发展、永续发展。一要着力提升绿色能级。正确认识和把握碳达峰碳中和，坚决遏制“两高”项目盲目发展，坚持降碳、减污、增绿、增长协同推进，倒逼企业出清腾挪、节能降耗、提质增效，增强绿色经济新动能，加快实现产业生态化、能源绿色化、生活低碳化、城市电动化，为全市争创碳达峰试点城市提供武进支撑。各板块要充分用好各自禀赋优势，因地制宜探索“治理—修复—发展”和生态优先保护、绿色循环发展等绿色发展路径。二要持续改善环境质量。高标准推进各级环保督察问题整改，持续强化精准治污、科学治污、依法治污，标本兼治提升区域环境水平。要深入打好蓝天、碧水、净土保卫战，着力解决$PM_{2.5}$、夏秋季臭氧污染等突出空气质量问题；扎实抓好长江“十年禁渔”，全力实施滆湖退田还湖二期和生态清淤一期工程，启动中心城区防洪除涝及武南片区活水工程，加快城区污水厂东迁、滨湖污水厂二期和工业污水厂建设，确保国省考断面水质稳定达标；扎实推进土壤污染防治，有序开展建设用地土壤治理与修复。三要全面打响生态品牌。以“践行习近平生态文明思想示范区”创建为统领，全面深化生态绿城建设，提升生态系统碳汇功能，规划建设百里环湖绿道、西太湖中央公园、孟津河生态廊道等重点项目，加快探索“绿水青山”与“金山银山”的双向转换通道，努力留住金山银山、重现绿水青山。

6. 实施治理水平跃升行动，打造安全发展标杆。强化忧患意识，坚持底线思维，时刻保持“问题无处不在、成绩每天归零”的危机感，积极防范化解重大风险，持续提升区域社会治理现代化水平，为全市创建国家安全发展示范城市贡献“武进样板”。一要筑牢公共安全防线。压紧压实党政领导、部门监管、属地管理、企业主体和员工岗位责任，落实“三管三必须”要求[7]，推动安全生产与业务工作同研究、同部署、同落实、同检查、同考核。要聚焦重点领域，加强系统治理，持续推进安全生产专项整治“三年大灶”“危污乱散低”企业出清提升行动，全面提高防灾减灾救灾能力，强化食品安全智慧监管，加快公共安全体系建设，提升本质安全水平，全力实现高质量发展和高水平安全良性互动。二要织密疫情防控网络。慎终如始抓好“外防输入、内防反弹”疫情防控，严格落实“四早”要求和“四方责任”，全面加强公共卫生应急管理体系建设，紧盯重点人群、重点场所和重点环节，全面提升核酸检测、医疗救治、社区管控等能力建设，加快构建城市“免疫系统”，全力守护人民群众生命安全和身体健康。三要健全基层治理体系。学习借鉴上海“一张网”基层治理经验，高标准建设区镇两级社会治理现代化指挥中心，配齐配强专职网格员队伍，做大做强“网格+”文章，推动资源、服务、管理下沉社区、纳入网格，真正打造以社区治理为基础、网格系统为主导的社会治理现代化体系，加快实现“一屏观全域、一键控全链、一网掌全城”的工作目标。四要维护和谐稳定大局。按照“稳定大局、统筹协调、分类施策、精准拆弹”方针，抓好风险处置工作，认真开展金融、房地产、大型企业生产经营等领域风险隐患大排查，牢牢守住不发生系统性风险底线。要常态化开展扫黑除恶斗争，健全完善现代治安防控体系，严厉打击整治电信网络诈骗等突出违法犯罪，一体推进法治武进、法治政府、法治社会建设，努力建设更高水平的平安武进。要紧盯党的二十大、北京冬奥会、“两会”等重要节点，前瞻部署、系统谋划，进一步压实信访工作责任制，努力把矛盾和问题化解在基层、消除在萌芽状态。

四、全面从严治党，为现代化建设提供坚强政治保证

我们必须始终保持“赶考”的清醒和定力，大力弘扬伟大建党精神，纵深推进全面从严治党，不断增强各级党组织政治领导力、思想引领力、群众组织力、社会号召力，充分汇聚全面建设社会主义现代化的强大合力。

1. 坚定“旗帜鲜明讲政治”的忠诚信仰。党的领导是一切工作的根本保证。要深入学习贯彻习近平新时代中国特色社会主义思想，深刻领会、自觉落实“两个确立”伟大意义和实践要求，进一步提高政治判断力、政治领悟力、政治执行力，真正把“四个意识”“四个自信”“两个维护”内化于心、外化于行。要认真总结党史学习教育的成功经验，建立常态化、长效化制度机制，不断巩固拓展党史学习教育成果。要继续完善党委（党组）理论学习中心组巡学旁听制度，实施理论武装铸魂工程，引导党员干部更好地将党的创新理论转化为坚定的理想信念、正确的政治立场、科学的思维方式和有效的政策举措。要与时俱进做好新形势下意识形态工作，发扬斗争精神、提高斗争本领，聚焦学校、宗教、互联网等重点领域，加大舆情线上线下双闭环处置力度，层层压紧压实意识形态工作责任。

2. 激扬“勇立潮头敢为先”的豪情壮志。广大领导干部要大力弘扬“勇争一流、耻为二手”的常州精神，保持干大事、创大业的昂扬姿态，加快学先进、争一流的赶超步伐。各级各部门要把自身发展融入区域发展、时代发展大格局，放眼全省全国，确立学习的榜样、赶超的目标，合力推动争先进位、再攀高峰。要坚持聚焦“八种本领”“七种能力”，勤学苦练、厚植内功，不断夯实干事成事坚强基础。要切实发挥“关键少数”的示范引领作用，坚持一级带着一级干，一级干给一级看，带头把心思放在谋改革上，把劲头放在抓项目上，把精力放在促发展上，形成“立说立行、说了就办、定了就干”的良好氛围。要突出抓好考核机制“指挥棒”，创新延伸“三项机制”运用，肯为实干者鼓气，敢为善为者撑腰，努力锻造忠诚干净担当的高素质干部队伍。

3. 夯实“真金不怕火来炼”的战斗堡垒。党的事业根基在基层、血脉在基层、活力在基层。要牢固树立“党的一切工作到支部”的鲜明导向，全面加强各层级各领域党组织建设，完善上下贯通、执行有力的组织体系。大力推进基层党建阵地“点亮工程”，全力打造“两带三圈”红色地标集群，实施推进“百千万”党员教育培训进阶计划，推动全区基层党组织全面进步、全面过硬。要坚持正确选人用人导向，健全以德为先、任人唯贤、人事相宜的选拔任用体系，持续完善年轻干部选拔培育机制，全面加强干部队伍思想淬炼、政治历练、实践锻炼、专业训练，不断优化领导班子和干部队伍。要深化村干部专职化管理体系、社区工作者职业体系建设，打造一支懂经济、善治理、会管理的村（社区）党组织书记队伍，通过育强“雁阵”队伍引领基层发展。要全面深化“红盟矩阵”建设，深入实施农村党建“蝶变计划”、城市党建“守望计划”、“两新”党建“领航计划”、机关党建“强翼计划”、国企党建“星耀计划”，推动各领域党建整体提升，努力打造一批在全市有地位、全省有影响的党建品牌。

4. 涵养“风清气正纪律严”的政治生态。纪律严明是我们党不断从胜利走向胜利的重要保障。要深化运用监督执纪“四种形态”，从严落实“一岗双责”，全面深化政治巡察，做到强化监督有态度、执行纪律有力度、治病救人有温度，努力实现政治效果、纪法效果、社会效果相统一。要紧盯全区各级“一把手”和领导班子，聚焦关键领域和环节，扎牢拒腐防变制度“笼子”，着力从体制机制上铲除腐败滋生土壤。要零容忍惩治腐败，强高压破除“四风”，全力整治群众身边的不正之风和腐败问题。要把严惩腐败与严密制度、严肃教育紧密结合起来，常态化抓好警示教育，不断健全“不敢腐、不能腐、不想腐”一体推进机制，构建风清气正的政治生态。

5. 凝聚“风雨同舟共奋进”的发展合力。人心是最大的政治，共识是奋进的动力。要充分发挥区委牵头抓总、协调各方的领导核心作用，支持人大及其常委会依法加强法律监督和工作监督，支持政协发挥协商民主重要渠道和专门机构作用，更好地协调关系、服务大局。要完善大统战工作格局，以“梧桐同心”品牌为载体，发展充满活力的政党、民族、宗教、阶层、海内外同胞关系，画好最大同心圆。要加强新时代党管武装工作，不断巩固和发展军政军民团结的良好局面。要健全基层群众自治制度，创新群众工作体制机制，激发工会、共青团、妇联、科协、文联、残联、工商联等群团组织活力，在全社会凝聚朝气蓬勃、昂扬向上的最强正能量。

政府工作报告

——在常州市武进区第十七届人民代表大会第一次会议上

武进区代理区长　恽淇丞

（2022 年 1 月 5 日）

2021 年和本届政府工作回顾

刚刚过去的 2021 年，是武进改革发展进程中不平凡的一年。一年来，区政府高举习近平新时代中国特色社会主义思想伟大旗帜，全面落实上级和区委决策部署，团结带领全区人民同时间赛跑、同疫情较量、同困难斗争，贯彻落实“532”发展战略，精心谋篇“两湖”创新区、启动建设“最美湖湾城”，“十四五”和现代化建设实现良好开局。全年预计实现地区生产总值 2950 亿元，增长 9.5%；一般公共预算收入 216.2 亿元，增长 10.8%；规上工业增加值增长 12%；居民人均可支配收入增长 9%。中以常州创新园成为中以合作的标志性项目，得到习近平总书记肯定。恒立液压作为行业标杆，李克强总理实地考察、寄予厚望。我区荣获全国综合实力百强区第三名、全国投资潜力百强区第一名，6 项工作获省政府督查激励。

1. 科技创新能级加速跃升。创新载体建设不断加强，高新区、中以常州创新园、苏澳合作园区被纳入中国（江苏）自由贸易试验区联动创新发展区，细胞治疗前沿技术研究院、常州轨道交通创新中心、骨科与运动康复产业创新中心建成投运，6 家企业与省产业技术研究院共建联合创新中心。创新型企业规模持续壮大，万帮数字能源获评全区首家独角兽企业，恒立液压获得省企业技术创新奖，瑞声光电、中车戚研所等 4 家企业被评为省百强创新型企业，新认定潜在独角兽企业10家、瞪羚企业27家，高新技术企业达1131家；全省首家商业秘密保护基地孵化中心正式成立，8个项目获得中国专利奖，万人发明专利拥有量达56.1件。“武进英才”品牌进一步打响，高层次人才服务联盟组建成立，全省首家技能人才服务产业园开园，西太湖国际人才社区建成运营，建成人才公寓9700余套；入选省双创人才20名、双创团队1个，高技能人才总量突破11万人。金融活水作用充分发挥，武进金融超市上线运行，股改基金、人才基金相继设立，龙城金谷南区集聚投资机构458家、注册资本346亿元，全区本外币存贷款余额分别较年初增长11.5%和17.5%，普惠小微贷款余额较年初增加100亿元。企业上市工作再创佳绩，中证武进发展指数成功发布，易电行在美国纳斯达克上市，理想汽车在香港联交所上市，苏文电能、晶雪节能在深交所创业板上市，常辅股份成为首批登陆北交所的企业，全区累计上市企业42家。我区入选首批江苏省创新型示范县（市、区）建设名单。

2. *产业发展质效稳步提高*。工业经济焕发新活力，加快培育20条特色优势产业链[8]，高端装备产业规模突破1000亿元，智电汽车产业规模突破500亿元，机器人、石墨烯等产业品牌持续打响；开展特色企业“赋能领航”培育计划，龙城精锻荣获省长质量奖，海鸥冷却塔、长海股份等4家企业上榜全国制造业单项冠军，快克智能装备、征图新视等7家企业被认定为国家专精特新“小巨人”企业，中天钢铁、旷达股份等16家企业通过国家级两化融合管理体系贯标评定，2家企业成为省级工业互联网标杆工厂，14家企业车间获评省智能制造示范车间。现代服务业量质齐升，服务业增加值增长8.6%；各类消费促进活动拉动作用明显，社会消费品零售总额增长10%；绿色建筑博览园被评为省工业旅游区，太湖湾露营谷入选国家5C自驾车旅居车营地，钱璟康复被认定为国家体育产业示范单位，捷成华视网聚被认定为国家文化出口重点企业。农业基础性地位更加稳固，首届滆湖赶湖节、第十三届阳湖果品节成功举办，阳湖水蜜桃成为国家农产品地理标志产品，新增高标准农田2.4万亩，12个水稻新品种通过省级以上审定；武进现代农业产业示范园被认定为省级示范园，嘉泽镇荣获全国“一村一品”示范镇。

3. *项目攻坚突破成效显著*。扎实开展“重大项目攻坚突破年”活动，建立“周督查协调、月调度评比、季签约开工”的项目推进机制和项目招引专家评审机制，设立长三角、大湾区协同创新中心，长海高性能纤维、恒立电推杆、汇川新能源汽车等重大项目落户，累计引进总投资3000万元以上项目超300个。启用重大项目管理综合服务系统，太阳诱电、移远通信等项目进展顺利，区重点项目完成投资555亿元，170个项目建成投产。优化项目投资结构，技改投入占工业投资的53%。江苏理工学院新校区项目拆迁工作进入收尾阶段。围绕贯彻落实全市“532”发展战略，启动实施十大类、总投资超3300亿元的重点项目。

4. *改革开放事业亮点纷呈*。清单式滚动推进优化营商环境重点任务，“标准地＋承诺制”改革试点取得突破，证明事项告知承诺制全面推行，“一证一码、扫码见图”提高不动产登记服务效率，“一件事套餐办”服务事项增加至73个。新时代“两个健康”先行区创建17个专项行动有序实施，形成20项创新成果。国有企业改革三年行动启动开展，国有资产运营管理效益不断提高，大禹水务混改工作全面完成。农村综合改革成果丰硕，房地一体农村宅基地确权登记工作基本完成，农村集体经济组织全部完成股改，水稻稳产保供生态补偿和农产品质量安全精准监管两项改革被列入国家农村改革试验任务，我区入选第四轮省农村改革试验区。对外开放全方位深化，实际使用外资9.6亿美元，进出口总额突破千亿元关口；核准境外投资项目31个，中方协议投资额2.9亿美元，墨西哥恒立有限公司成为全区首个超亿美元境外投资项目。

5. *常州经开区发展再创佳绩*。扎实开展“勇当先行攻坚年”主题活动，综合排名上升至全省开发区第4位，成功获批省级开发区唯一产业知识产权运营中心。持续开展重大项目攻坚活动，累计签约总投资540亿元的53个项目，集中开工总投资390亿元的32个项目。实施工业园区更新，宋剑湖创新智慧港、跨境电商产业园等试点项目先行启动。实施工业智造“8843”计划[9]，获批全国绿色产业示范基地、整县屋顶分布式光伏开发试点。新城建设全面铺开，首批总投资52亿元的8个城市功能性项目顺利开工，商业街、江南集团总部等一批高质量项目签约落地。专班推动312国道、232省道快速化改造等6条重点道路建设，市轨道交通2号线正式开通，交通能级加快提升。完成征迁面积140万平方米，创历史新高。全力实施“教育强区”三年行动计划，实现中小学、幼儿园集团化办学全覆盖。全面启动“卫生强基”三年行动计划，东方青年人才社区成为全市首个高标准青年＋人才公寓综合体，新增国家工业遗产、省工业旅游区各1个。

6. *重点园区平台迸发活力*。常州科教城“创新之核”作用更加凸显，产教融合、校企合作人才培养经验在全国推广，新增产学研合作项目365个。高新区在国家级高新区的综合排名上升至第38位，连续四年排名居全国县区级国家高新区首位，启动建设全国首个知识产权保护示范园区。中以常州创新园领航地位得到巩固提升，“共建计划”走深走实，“新工科”创新创业人才联合培养工作创新开展，中以国际创新村如期建成，新增落户科技型项目40个。西太湖科技产业园在省级经济开发区综合排名上升3位，在全国医疗器械国际创新园考评中排名第一，石墨烯小镇获评省级优秀特色小镇。绿建区打造低碳发展“三基地”案例入选生态环境部绿色低碳典型案例，绿色建筑产业园获评国家小微企业双创示范基地。苏澳双方达成苏澳合作园区项目化发展合作共识，商业保理项目正式签约。

7. *城乡环境面貌绽放新姿*。加快推进城镇更新、园区更新、农村更新，高效开展国土空间规划编制工作，“两湖”创新区概念规划、核心区城市设计形成初步成果，城市展示馆建成开放。完成征迁面积366万平方米，盘活存量建设用地7100亩，荣获省自然资源节约集约利用模范区，创建海绵城市示范城市通过省级验收。基础设施网络更加完善，苏锡常南部高速建成通车，南沿江城际铁路和武进站建设进展顺利，青洋路二期、花海大道一期等工程按序实施。文明城市测评指数稳居省市前列，新时代文明实践“一所一品牌、一站一特色”加速形成。城市精细化管理十大专项行动启动开展，武宜路、花园街等21条精品街道面貌切实改善，3家菜市场完成提质改造，新增公共停车位1415个，新改扩建公厕58座。群众居住品质持续提升，中凉、福康宁等12个老旧小区完成改造，建成开放口袋公园13个。乡村振兴战略迈向纵深，农村人居环境整治工作荣获全省第一等次，雪堰镇新康村被评为全国首批生态农场。

8. 绿色生态底色更加鲜明。加快淘汰落后产能，坚决遏制“两高”项目盲目发展，全面推进省级生态环境保护专项督察反馈问题整改工作，连续14年高质量实现太湖安全度夏，常州洮滆片区获批全国流域水环境综合治理与可持续发展试点，$PM_{2.5}$平均浓度下降13.9%，国省考断面中优Ⅲ类水质断面占比78.9%。重点区域餐饮油烟行业整治成效初显，汽车喷涂绿岛项目率先建成，1448家企业完成挥发性有机物综合治理。水环境治理力度加大，滆湖近岸带水生态修复启动区项目完成建设，新孟河主体工程基本完成，“以渔控藻”生态修复工程成效明显，镇村小微水体面貌焕然一新，跨界骨干河湖全部建立联合河长制；获评国家级节水型社会建设达标区。武南污水处理二厂一期试运行，城镇污水管网空白区基本消除，全区污水处理能力提高到55.6万吨／日。中心城区生活垃圾中转运输实现一体化，建成区和行政村实现生活垃圾分类设施全覆盖，建筑垃圾治理和资源化利用工作经验被住建部在全国推广。

9. 各项民生事业协调共进。10大类重点民生实事项目高质量完成。实施助企用工留人专项行动，新增城镇就业4.2万人。长期护理保险惠及4500余人，发放慈善救助资金、社会公益事业补助资金6547万元。办理安置房不动产权证1万套，发放住房公积金贷款18.5亿元。启动实施教育“强弱项、补短板”三年行动，完成新改扩建学校28所，增加学位超8500个、托位944个；省前中和省武高获得省基础教育类教学成果特等奖，常州幼儿师范学校升格为高等专科学校，义务教育阶段课后服务实现全覆盖。医疗卫生服务能力不断增强，武进人民医院通过“三甲”医院现场评审，经开区卫生服务中心、嘉泽卫生院基本竣工，4家卫生院创成省级农村区域医疗卫生中心。养老服务体系更加健全，提供居家养老上门服务32.9万人次，护理型床位占养老机构床位的比重达到88%。文体事业繁荣进步，小戏《城里城外》荣获省文华奖，武进第二图书馆建成开放，建成“秋白书苑”7家，西太湖半程马拉松赛、区运动会、市民艺术节等活动成功举行。武进烈士纪念馆完成升级改造。对口协作、机关事务管理、工会、妇女儿童、关心下一代、红十字、残疾人、双拥、档案、地方志等工作再上新台阶。

10. 社会治理水平不断提升。坚持人民至上、生命至上，慎终如始抓好“外防输入、内防反弹”，持续提高常态化全链条精准防控水平；出现突发外地关联病例疫情后，抢抓黄金处置期，坚决高效、干净彻底打赢疫情防控歼灭战，为常州市成为全国多点散发疫情中首个没有续发病例城市作出了武进贡献；建成核酸检测“火眼”实验室，18周岁以上人群新冠肺炎疫苗全程免疫接种率超95%。圆满完成建党100周年等重大安保维稳任务，有效遏制电信网络新型违法犯罪高发势头，成功化解一批信访积案和重点领域信访事项。深入推进安全生产三年专项整治，所有工业企业完成安全生产风险报告，整治提升“危污乱散低”企业882家，出租房安全整治工作、城镇燃气居民安全使用专项行动顺利推进，生产安全事故起数、死亡人数分别下降43.9%和23.3%；我区通过创建省级安全发展示范城市现场评议。“八五”普法启动实施，行政复议体制改革稳妥开展。村（社区）“两委”换届工作圆满完成。嘉泽镇跃进村入选全国乡村治理示范村。

各位代表，过去一年，我们高度重视政府自身建设，深入开展党史学习教育，严格落实党风廉政建设和意识形态工作责任制，政府系统广大干部积极参与“两在两同”建新功行动，法治、诚信、务实、廉洁的行政环境加速构建。自觉接受区人大及其常委会的法律监督、区政协的民主监督，办理人大代表建议106件、政协委员提案218件。深化政务公开，公开政府信息近5000条，举办政风热线40场。完成审计项目26个，各项规章制度日趋完善。政府性债务管控力度持续加大，债务率进一步降低。持续纠治重点领域不正之风，政风行风更加清朗。

各位代表，2021年各项目标任务的顺利完成，标志着本届政府工作圆满收官。回首过去五年，我们牢牢抓住机遇，科学应对挑战，全区经济社会发展取得历史性成就，高水平全面建成小康社会目标如期实现，为奋进社会主义现代化建设新征程奠定了坚实基础。

这五年，我们全力扩总量提质效，综合实力迈上新台阶。地区生产总值累计增长40.7%，总量接近3000亿元，稳居全省市辖区第一；一般公共预算收入迈上200亿元台阶，累计增长46.6%；外资跨国公司地区总部、功能性机构达到15家，累计实际使用外资近40亿美元，外贸进出口总额累计增长39.2%。我区连续两年获评全省推进高质量发展先进区，连续八年登上全国综合实力百强区第三名。

这五年，我们致力办大事抓关键，区域影响力得到新提升。中以常州创新园建设发展成效得到多位党和国家领导人高度肯定，国家双创示范基地建设获得国务院表彰；“三块地”改革入选新中国成立70周年成就展，试点经验被写入新《土地管理法》；积极融入长三角一体化，与周边地区在环境治理等领域的合作进一步加强；春秋淹城旅游区创成国家5A级景区，太湖湾旅游度假区升格为国家级。

这五年，我们合力促转型调结构，产业发展赢得新优势。战略性新兴产业、高新技术产业产值占规上工业总产值的比重分别达到36.8%和43.5%，智能装备制造和新材料产业规模持续壮大，轨道交通产业在新基建风口下驶入发展快车道，智电汽车产业强势崛起，工业机器人本体产量占全国近1/4，石墨烯产业赢得“全国石墨烯看江苏、江苏石墨烯看武进”的美誉，医疗健康产业加速集聚。科技创新持续赋能，高新技术企业、上市企业总量均实现翻番，专精特新“小巨人”企业、上市企业数量均占全市一半以上，全社会研发经费支出占GDP的比重达3.28%以上。实体经济优势巩固扩大，“四上”企业[10]超3400家，国家工业强基工程项目、中国驰名商标数量居全省前列。

这五年，我们聚力重建设强管理，城乡面貌展现新气象。常州轨道交通1、2号线开通运营，常宜高速、金武快速路、青洋快速路一期、大明路、潞横路等建成通车，现代化综合立体交通框架全面拉开，“153060”通达目标[11]基本实现。累计完成征迁面积1219万平方米，改造老旧小区77.7万平方米，打造美丽宜居村庄424个。我区荣登全国新型城镇化质量百强区首位，一座宜居宜业宜游的现代化滨湖新城正加速崛起。

这五年，我们倾力控源头抓治理，生态文明绘就新画卷。全区 $PM_{2.5}$ 平均浓度累计下降31.1%，空气优良天数增加26天，入太河道水质均达到Ⅲ类标准，省级水功能区达标率100%，国省考断面水质优Ⅲ比例达到新世纪以来最好水平。民间河长、小微水体治理的经验做法被《人民日报》等媒体点赞，新沟河、永安河、新孟河工程基本完成，新增造林绿化面积1.6万亩，完成农村分散式生活污水处理项目。全省生态保护引领区创建工作通过终期评估，我区成为省级首批生态文明建设示范区。

这五年，我们着力优供给补短板，群众生活实现新改善。民生实事逐年推进，民生支出占一般公共预算支出比重保持在76%以上；新增城镇就业16.5万人，建档立卡低收入农户提前一年脱贫，居民人均可支配收入累计增长50%；医保基金累计支付超120亿元；办理安置房不动产权证3.9万套；教育投入超210亿元，增加学位5.2万个；居民平均预期寿命提高至82.8岁，实现城乡一体"10分钟体育健身圈"全覆盖；安全生产形势持续稳定好转，政府性债务率持续下降，群众安全感列全市第一、全省前茅。

各位代表，盘点五年发展历程，成绩令人振奋，奋斗充满艰辛，经验弥足珍贵。我们深刻体会到：只有始终坚持党的领导，才能做到无坚不摧、无往不胜。党的领导是实现高质量发展的根本保证。只要我们始终沿着习近平总书记指引的方向奋勇前行，坚持不懈用习近平新时代中国特色社会主义思想武装头脑，不断提高政治判断力、政治领悟力、政治执行力，主动适应社会主要矛盾的变化，趋利避害，扬长补短，就一定能走出一条具有武进特色、彰显时代特征的现代化新路，持续扩大"武进影响"。只有始终坚持解放思想，才能做到开拓创新、彰显特色。思想引领方向，思路决定出路。只要我们保持永不自满、永不停步、永不懈怠的精神状态，在"没有先例"的方面率先探索、在"普遍在做"的方面形成特色、在"具有优势"的方面作出示范，就一定能争创更多"第一唯一"，积极创造"武进精彩"。只有始终坚持发展为要，才能做到真抓实干、奋勇争先。发展是永恒的主题，抓住"大有可为"的机遇方能拼出"大有作为"的成绩。只要善于发现机遇、切实用好机遇，持续深化改革攻坚，全面激发开放活力，不断增强创新动能，就一定能快人一拍把握主动权、先人一步跑出加速度、胜人一筹抢占制高点，持续彰显"武进作为"。只有始终坚持执政为民，才能做到民生优先、造福群众。江山就是人民，人民就是江山。只有坚守为民初心，切实维护好最广大人民的根本利益，更好地暖人心、聚民心、筑同心，才能在用脚步丈量民生、用真情赢得民心、用实干凝聚民意中，全面展现"武进温度"。

各位代表，过去五年的成绩来之不易，这是以习近平同志为核心的党中央领航掌舵的结果，是上级党委政府和区委坚强领导的结果，是全区广大干部群众奋力拼搏的结果。在此，我谨代表区人民政府，向全区人民、广大建设者，向人大代表、政协委员，向各民主党派、无党派人士、工商联、人民团体和离退休老同志，向在武直属单位和驻武部队、武警官兵、公安干警、消防指战员、应急救援队伍，向所有关心支持武进发展的各界人士、海内外朋友，表示衷心的感谢！

同时，我们也清醒认识到，全区经济社会发展还存在不少困难和问题。主要是：高质量发展基础尚不稳固，创新支撑力不够强，特色优势产业规模还偏小；城市能级有待提升，功能品质还需完善，综合竞争力与长三角先进城市相比还有差距；回应群众美好生活诉求的力度有待加大，教育、医疗、养老等公共服务优质化均等化水平还不够高，公共卫生、安全生产、生态环境、社会治理等领域存在短板；政府职能转变还不到位，部分干部的担当精神、专业素养和服务意识不足。对此，我们将高度重视，采取有力措施认真加以解决。

未来五年奋斗目标

站在新的历史起点，中国特色社会主义进入了新时代，世界百年未有之大变局加速演进，新冠肺炎疫情影响深远，新一轮科技革命和产业变革浪潮滚滚向前，中华民族伟大复兴不可逆转，我国开启了全面建设社会主义现代化国家新征程。面对动荡变革的外部环境，我们既面临需求收缩、供给冲击、预期转弱三重压力，也拥有产业特色鲜明、平台载体高能、交通便捷顺畅、人口加速集聚等比较优势。立足新的历史起点，必须在现代化建设征程中担当新使命。现代化建设，既承载殷切希望，也提出时代课题。我们必须牢牢把握"强富美高"的目标追求，坚决扛起"争当表率、争做示范、走在前列"三大光荣使命，高点谋划，积极有为，奋力在社会主义现代化建设新征程中争当先行表率、交出优异答卷。必须在贯彻新发展理念中创造新业绩。我们必须完整、准确、全面贯彻新发展理念，把创新、协调、绿色、开放、共享的理念贯穿到经济社会发展各个方面，努力实现更高质量、更有效率、更加公平、更可持续、更为安全地发展。必须在贯彻"532"发展战略、打造"最美湖湾城"中争当新标杆。"532"发展战略是社会主义现代化建设的常州探索，打造"最美湖湾城"是全体武进人孜孜以求的美好愿景。我们必须在全市实施"532"发展战略中当标杆，在建设"两湖"创新区中做先锋，在打造"最美湖湾城"中挑大梁，围绕建设"一区一城"，高标准打造"一园一城一示范"，努力成为全国区域经济社会高质量发展的典范。

未来五年，是建设现代化新武进开好局、起好步的关键时期。总的目标是：

区域经济高质量发展。"在全市挑大梁、在全省当先行、在全国占前位"的地位进一步巩固，主要经济指标总量稳居全省前列，地区生产总值突破4000亿元，一般公共预算收入再上新台阶，在全国区域竞争中实现位次巩固提升。

"最美湖湾城"高标准建设。环滆湖地区重点片区功能日趋完善，美丽天际线逐渐成形，枢纽武进建设取得丰硕成果，重大创新平台、重要基础设施加快布局，滆湖流域综合治理取得显著成效，一座生态之城、秀美之城、科技之城、创新之城、青年之城、未来之城全面成势，"长三角最美湖湾城"形成品牌效应。

产业强区高台阶跨越。中以常州创新园成为国际开放创新合作"领航者"，自主可控、安全高效的现代产业体系和科技创新体系基本建立，"95X"产业[12]规模持续壮大，数字经济和实体经济深度融合，战略性新兴产业、未来产业成为高质量发展的重要支撑。

生态环境高颜值展现。美丽宜居城市和美丽田园乡村建设成效明显，山水林田湖草协同治理全面推进，清洁能源体系、绿色制造体系、低碳生活体系不断完善，安全高效的生产空间、舒适宜居的生活空间、碧水蓝天的生态空间基本形成。

人民群众高品质生活。紧紧围绕共同富裕奋斗目标，聚焦“八个更”要求，中等收入群体比重明显提高，在“幼有善育、学有优教、劳有厚得、病有良医、老有颐养、住有宜居、弱有众扶”上取得新成效，全区人民过上更加体面、更有尊严的幸福生活。

社会治理高效能开展。城市治理科学化、精细化、智能化水平全面提高，法治武进、平安武进建设取得明显成效，防范化解重大风险体制机制不断健全，本质安全水平、社会文明程度持续提升，群众安全感、满意度保持全国领先。

2022 年工作安排

2022 年是党的二十大召开之年，是“十四五”规划承上启下的重要一年，必须迈好关键步、展现新气象。政府工作的指导思想是：坚持以习近平新时代中国特色社会主义思想为指导，全面贯彻党的十九大和十九届历次全会以及中央经济工作会议精神，深入落实省党代会、省委经济工作会议，以及市党代会、市委全会、区委全会精神，大力弘扬伟大建党精神，坚决扛起“争当表率、争做示范、走在前列”光荣使命，坚持稳中求进工作总基调，完整、准确、全面贯彻新发展理念，深入贯彻“532”发展战略，全面深化改革开放，坚持创新驱动发展，统筹抓好疫情防控和经济社会发展，统筹发展和安全，扎实抓好“六稳”“六保”工作，持续改善民生，促进共同富裕，高标准打造“一区一城”，以“一园一城一示范”为着力点，全面实施“六个跃升行动”、全力争当现代化建设标杆，以高质量发展优异成绩迎接党的二十大胜利召开。

综合考虑各方面因素，建议今年全区经济社会发展的主要预期目标为：地区生产总值增长 6.5% 左右，总量迈上 3000 亿元台阶；规上工业增加值增长 7.5% 以上，一般公共预算收入增长 6% 左右，固定资产投资增长 8% 以上，社会消费品零售总额增长 7% 以上，居民人均可支配收入与经济增长基本同步，安全生产形势稳定向好，外资、外贸、能耗和环境指标完成上级下达任务。

为实现上述目标，我们将突出七个重点，抓好七个方面工作：

（一）突出核心引领，乘势而上建设“两湖”创新区

“两湖”创新区承载着常州的未来和希望。武进作为“两湖”创新区建设的主阵地，最艰巨的挑战在“两湖”，发展的最大机遇也在“两湖”。作为“两湖”创新区建设的重要参与者，我们将以对历史和人民高度负责的态度，高质量、高标准、高水平推进环滆湖一体化建设，让“长三角最美湖湾城”在我们这一代人手中逐步成为现实。

强化顶级的规划设计。积极融入全市“两湖”创新区战略规划，按照“两湖四带、五片八组团”[13]的总体空间结构，聚焦新城市、新产业、新人才，打造秀美生态的品质湖区、开放创新的未来湖区、青春多元的活力湖区。重点谋划环滆湖地区整体规划设计，有序开展片区城市空间、产业空间、生活空间设计，结合确定的 160 个、总投资超 3000 亿元的重大工程、重点项目，提前梳理整合资源，开展前瞻性研究。强化环滆湖规划与全区整体规划的有机衔接，以交通路网、公共基础设施布局为纽带，推动各功能组团的融合发展。

构建便捷的交通体系。大力建设“轨道上的武进”，加速推进南沿江城际铁路和武进站综合交通枢纽建设，开工建设常泰铁路，以站城一体思维规划建设常州南站，打造长三角中轴枢纽的“第一门户”和城市“中央车站”。完善高速公路架构，开工建设丹金高速、沪武高速扩建等工程。完善内部交通循环网，建成青洋路快速化二期、花海大道一期等工程，开工建设 262 省道武进段、花海大道二期等项目。加快畅通“毛细血管”，积极建设环太湖一体化“四好农村路”全国示范路。开展中心城区疏堵保畅行动，推进“全域绿波”等重点工程，提高道路通行效率。创建城乡公交一体化、城乡物流服务一体化达标县。

厚植适宜的创新沃土。积极参与龙城实验室建设，加强武进与常州科教城的融合发展，实施沟南片区整体改造，串点成线建设科创走廊；谋划布局滆湖科学城，启动建设长三角青年创新创业港，大力引进一批知名高校开展合作办学，加快江苏理工学院新校区建设进度，开工建设南京医科大学常州校区；借助中以产业技术研究院、细胞治疗前沿技术研究院等平台，导入全球优质创新资源，推动科技成果转化和产业化。强化企业创新主体地位，鼓励企业参与各级“揭榜挂帅”项目，支持重点企业与高校院所、社会资本共建平台、共享成果，新增高新技术企业 400 家。加强创新载体建设，加快推进与华中科大等创新平台的合作，培育一批高端创新创业平台。

提供优质的生态环境。全面启动滆湖流域综合治理，紧盯水安全、水环境、水生态三大重点，统筹陆域、近岸带、湖泊“三位一体”治理，序时推进沿岸污染源整治、活水引水等方面 41 个重大项目，擦亮“两湖”创新区绿色生态底色，绘就滆湖碧水清波新画卷。全面推行林长制，推进生态绿城项目建设，开展林地、绿地、湿地、自然保护地“四地”共建，新增造林面积 3100 亩，修复生态湿地 1000 亩。全过程、精细化管控固体废弃物，推动长三角地区固体废弃物处置和资源综合利用产业协同发展，全力打造“无废城市”。

（二）突出提质增能，精准发力推动转型升级

城市竞争已重回产业主赛道。我们将全面打好产业基础高级化、产业链现代化攻坚战，围绕产业链叠加人才链、导入资本链，让实体经济的体型更美、体质更好、体能更强，助力武进成为长三角一体化发展的强劲活跃增长极。

发挥项目的支撑作用。接续开展“重大项目攻坚突破年”活动，构建高质的招引机制、高频的推进机制、高效的考核机制，在全区持续掀起重大项目建设热潮。聚焦特色优势产业进一步固链强链、新兴产业集群进一步做大做强，突出产业链招商、科技招商、基金招商、平台招商融合，招引总投资 100 亿元或 10 亿美元项目 1 个、50 亿元或 5 亿美元项目 5 个、30 亿元或 3 亿美元项目 3 个，新增地区总部和功能性机构 3 个，区级重点项目完成投资 550 亿元。健全招商资源全区统筹和跨区域利益共享机制，建立招引项目评审工作机制，明确工业园区产业项目准入条件，从源头上把控项目质量。推广复制工研荟模式，为科技型中小企业提供发展空间。

*发挥产业的基础作用。*围绕“95X”产业体系，持续壮大高端装备等传统优势产业，打响智电汽车、机器人、集成电路、石墨烯、医疗健康等特色产业品牌，超前布局数字经济、军民融合、绿色低碳等未来产业，推动产业集群在“高原”之上再攀“高峰”。智电汽车产业加快优化全产业链布局，引育一批动力电池、驱动电机、电控系统等优质企业，打造长三角最具影响力的智电汽车品牌高地。机器人产业打好设计、研发、制造、集成、应用组合拳，打造“雨林式”机器人产业生态圈。医疗健康产业推动重大科技成果转化落地，在生物医药、细胞治疗等领域取得新突破。把数字经济作为转型发展的关键增量，全面推进产业数字化、数字产业化，深入实施“智改数转”[14]战略，促进互联网、大数据、人工智能同先进制造业深度融合发展，建设数字经济产业园，新增省级智能车间10家以上，建成20个数字化标杆项目。培育壮大军民融合产业，打造军民融合高技术产业集群。鼓励规模企业做大做强，引导优势企业设立服务端、研发端和总部型机构，大力引育瞪羚企业、独角兽企业，新增国家专精特新“小巨人”企业5家以上。加快发展现代服务业，提升养老、商贸等生活性服务业品质，推动金融服务、智慧物流等高端生产性服务业融合发展。

*发挥人才的引领作用。*瞄准世界科技前沿，面向经济建设主战场，用好全球创新资源，拓展以赛引才、以资引才、以才引才等渠道，引进顶尖人才（团队）4个，新增领军型创新创业人才140人。完善人才服务体系，深入实施高层次人才联盟服务焕新行动，提档升级武进英才“荣誉工程”，高标准办好武进人才周，建设人才公寓7000套，擦亮“非武不栖 进无止境”人才工作品牌。进一步健全创业服务体系，创业带动就业1.5万人，省技能人才服务产业园引进各类机构40家以上。启动建设青年发展友好型示范城区，推进汇智、优创、港湾、乐享、国际五大板块建设，实现青年高质量发展与城市可持续发展的良性互动。

*发挥金融的杠杆作用。*组建运行百亿元规模的产业投资基金，围绕战略性新兴产业、未来产业，实行招投联动，发挥基金在金融生态、产业培育、双招双引、激发动能等方面的撬动作用。加快企业股改上市步伐，鼓励已上市企业开展再融资、落地新项目，新增上市挂牌企业7家。常态化开展政银企对接活动，引导金融机构量体裁衣开发金融产品，扩大重大项目贷、人才贷等产品规模。加快建设龙城金谷南区，丰富武进金融超市、“武易贷”融资平台服务功能，开展金融支持科技创新、金融服务保链强链等专项行动，持续增加实体经济信贷投入。

（三）突出激发活力，坚持不懈深化改革开放

融入新发展格局、扩大改革开放是新时代的必答题。我们将借势两个循环，持续向改革要红利、向试点要效益、向开放要活力，破除体制机制障碍，激发内生发展动能。

*更高标准打造一流营商环境。*全力打响武进营商环境品牌，打造市场化法治化国际化一流营商环境标杆城市。始终坚持用户思维，勇于先行先试，大胆实践探索，滚动实施优化营商环境任务清单，最大限度减环节、优流程、压时限、提效率。加快推进涉企服务集中管理，增强政务服务中心“一站式”承载能力，逐步实现企业办事全部“进一个门”；启用政务数据共享交换平台，推广电子证照应用，推进部门政务服务事项“上一张网”；严格落实告知承诺、首问负责、限时办结等制度，整合形成帮办代办“一支队伍”，真正做到“服务吾优、办事无忧”。提高便民服务水平，推动线下办事集成服务、线上办事“一网通办”，实现民生类高频“一件事”全覆盖。推广“标准地＋承诺制”供地模式，深化信用武进建设。

*更远追求做强特色园区平台。*中以常州创新园围绕中国以色列创新合作领航者定位，抢抓中以建交30周年契机，加强规划设计，启动核心区建设，引育各类项目20个，中以共建创新平台2个，培养“新工科”创新创业人才100名。常州经开区以创建国家级经开区为目标，完成“对标一流、争先进位”高质量发展三年作战计划，加快建设先进制造业集聚区、产城融合样板区、生态宜居示范区、改革创新引领区。高新区积极创建国家级知识产权保护示范区，加快产城融合步伐，完善现代化、高端化功能设施，全力构建良好产业生态，做强“一车一人一芯”[15]特色产业集群，引进总投资100亿元或10亿美元项目1个，50亿元或5亿美元项目2个，在国家级高新区中持续争先进位。西太湖科技产业园放大生态禀赋优越和创新资源集聚优势，积极拥抱“两湖”创新区建设，承接好重大工程项目，集聚更多龙头型、基地型、平台型重大项目，引进50亿元或5亿美元项目2个。绿建区积极推广近零能耗、零碳建筑的集成应用，创建服务全省的碳金融发展新中心，争当建筑领域绿色发展领跑者。苏澳合作园区全面落实江苏—澳门合作框架协议。做大做优做强各镇优势产业，构建区镇联动的产业和创新支撑体系，加大存量资源整合力度，培育“一镇一特色”的产业集群。

*更广格局加快对外开放步伐。*深度融入长三角一体化、上海大都市圈，创新跨区域合作机制和模式。做强以色列江苏创新中心，设立驻日、驻德功能机构，提高国际化招商效能。加快企业“走出去”步伐，鼓励外贸企业强化技术攻关和产品创新，加大出口信保、国际参展等方面的扶持力度，支持龙头企业境外投资、跨国并购，培育具有全球资源整合能力的本土跨国公司。加快外贸创新示范基地建设，推动综保区功能转型、监管创新，全力稳住外贸基本盘。聚焦国际化功能布局，加快推进国际学校、国际医院、国际社区、国际金融建设。积极推进高新区创建国家外贸转型升级基地和中日（常州）创新合作示范区，支持中欧（常州）绿色创新园争创省级国际合作园区。

*更大力度深化重点领域改革。*深化国资国企改革，全口径清查、全覆盖管理国有资产，持续做强主营业务、加大混改力度，激发经营活力，提高产出效益。做好新时代“两个健康”先行区创建工作，总结成果、放大实效。开展全国农村宅基地制度改革和农村改革试验区试点任务，形成更多制度样本和典型案例。创新合作经营方式，引导社会资本全方位参与片区开发、环境治理、乡村振兴、社会事业等重点工作。

（四）突出能级跃升，内外兼修统筹城乡发展

城乡面貌是综合实力的展示窗口。我们将整体推进功能重构、形象再造、品质提升，提高城市能级，促进产城融合，深化乡村振兴，建设一座有特色的宜居美丽现代化城区。

*以工匠精神建设品质之城。*编制完成国土空间规划，不断完善国土空间规划一张图。全面完成新孟河工程建设任务，启

动中心城区防洪除涝和武南片区活水工程，筑牢防汛度汛根基。科学经营城市资源，加快开发淹城南侧、长沟河西侧等片区。深入开展城市精细化管理十大专项行动，推进精品街道和精品示范道路建设，完成聚湖等15个老旧小区改造，对府北新村、长安家园等4个安置小区开展环境综合提升，新增公共停车位2300个，10家菜市场达到二星级以上标准，全面提升城镇长效综合管理水平。新改扩建东港、马杭生活垃圾转运站，启动建设夹山静脉产业园。积极争创全国文明典范城市，深化拓展新时代文明实践中心建设，刷新城市“文明指数”新高度。

以全域理念打造文旅高地。争创国家全域旅游示范区，精耕细作“吃住行游购娱”旅游六要素，努力打造长三角微度假、休闲游的首选地。融入环太湖旅游经济圈建设，促进露营谷丰富内涵、集聚人气，加速太湖湾旅游度假区与雪堰镇一体化发展步伐。稳步推进春秋淹城遗址公园改造提升工程，积极打造国家文化公园。引入专业团队和先进理念，提升重点景区运营管理效益。策划包装一批特色文旅新品，借力重大赛事、节庆活动，讲好武进故事，提升对外影响力。

以创新路径促进乡村振兴。加快美丽农房建设，实施第二批农房自建区试点，改造农房1500套以上。深入整治提升人居环境，推进村庄清洁行动。深化美丽乡村建设，加快打造太湖湾片区雅浦板块、新孟河沿线等美丽乡村精品工程。加快农业转型升级步伐，全力建设东南部果蔬、中南部稻麦、西部花卉苗木、环湖水产养殖、城郊都市三产融合“五大片区”。增加粮食种植面积，新建1.7万亩高标准农田，高起点建设前黄灵台水产水稻万亩示范园区，精心培育“阳湖果品”“滆湖鲜”等特色品牌。统筹推进粮食仓储基础设施建设，增强粮食储备保障能力，规划建设粮食物流园二期项目。

（五）突出绿色发展，千方百计擦亮生态底色

绿水青山就是金山银山。我们将坚定不移走生态优先、绿色发展道路，深入打好污染防治攻坚战，使美丽生态从外在颜值转化为内在气质，让蓝天白云、绿水青山成为美丽武进的鲜明底色。

持续推动碳达峰碳中和。综合运用法律、市场、行政等手段，深化“危污乱散低”出清提升行动，淘汰低端落后产能，支持重点企业自主改造，探索开展铸造行业高质量发展省级先行先试工作，盘活利用存量土地资源，推动重点园区、重点片区提档焕颜。加快制造业清洁生产、节能改造，筹建同行业“绿岛”项目，培育部省级绿色工厂7家。坚持减污降碳协同增效，坚决遏制“两高”项目盲目发展。深化高新区、西太湖生态工业园建设，支持中欧（常州）绿色创新园争创绿色创新发展国际示范区。

深入开展污染防治。更高标准打好蓝天、碧水、净土保卫战。以“抬头见蓝”为目标精准治气，狠抓 $PM_{2.5}$ 和臭氧“双控双减”，全面推行餐饮油烟整治，加大天然气工业炉窑低氮改造力度，强化重点领域扬尘管控。以“低头见鱼”为目标持续治水，精准攻坚城乡污水治理提质增效行动，建设阳湖生态净水厂、滨湖污水处理厂（二期）和武高新工业污水处理（一期）项目；完成建成区“小散乱”排水整治任务，加快规划发展村和自然村污水治理设施建设；继续开展河道水系“大中小微”连片综合治理。以“推窗见绿”为目标稳慎治土，全面压实耕地保护责任，加强危废全生命周期管理，抓好关闭化工、电镀企业土壤污染修复，有效防范环境风险。

不断加强生态保护。把解决突出生态环境问题摆到重要位置，高质量完成省级环保专项督察反馈问题整改任务，着力建章立制，坚决不留隐患。坚持监管全覆盖、执法全天候原则，开展各类环境执法专项行动，打造生态安全高地。建设环太湖地区城乡有机废弃物处理利用示范区，探索农作物秸秆、蓝藻资源化处置新途径。推进跨界河湖协同共治，发挥民间河长示范引领作用，凝聚全民治水护水合力。构建生态环境治理全民行动体系，推动形成全社会共同参与环境保护的良好风尚。

（六）突出共建共享，全力以赴增进民生福祉

民之所忧，我必急之；民之所盼，我必行之。我们将始终牢记政府前面“人民”二字，实施富民惠民安民、推动共同富裕新举措，切实加大民生投入，着力办好民生实事，让人民群众获得感、幸福感、安全感更加充实、更有保障、更可持续。

织密社会保障网络。实施更加积极的就业政策，突出抓好高校毕业生等重点群体就业，新增城镇就业3.5万人。健全防止返贫监测和帮扶长效机制，发放慈善救助金、社会公益事业补助资金6000万元。促进全民参保提质增效，积极实施长期护理险提标扩面政策。加快发展3岁以下婴幼儿照护服务，实施三孩生育政策及配套支持措施，多渠道降低婚嫁、生育、养育、教育成本，积极争创全国未成年人保护示范区。拓展生活照料、康复护理、精神慰藉等养老服务，建成投用2家养老服务机构。基本完成安置房办证任务，住房公积金扩面5万人。完善退役军人服务保障体系，建设一批标杆型、精品型退役军人服务站。

提升公共服务质量。提高教育普惠化、高端化、集团化办学水平，完成牛塘实验学校、星河实验小学分校、卢家巷实验学校二期等新改扩建项目，增加学位超1万个；开展名校品牌孵化、乡村教育振兴、优质学校成长三大行动，激发学校办学活力，促进教育优质资源共享，打造省市优质园11所、市新优质学校8所；推进省前中高品质示范高中建设，深入实施职业学校领航计划；稳妥开展新市民学校整治工作，保障随迁子女享受公平教育权利；规范发展民办教育，认真做好“双减”工作。深入实施健康武进行动，推进常州二院阳湖院区二期、武进人民医院南院二期项目，建成投用武进三院、礼河卫生院和嘉泽卫生院；创新村级医疗卫生人才管理机制，深入推进全域医共体建设。持续丰富群众文体生活，建设长沟河体育公园和西太湖体育公园，支持博物馆争创国家一级博物馆，建成武进第三图书馆。

增强区域治理能力。积极开展常态化疫情防控工作，健全疫情防控机制，启动建设区公共卫生检验检测中心，持续提升疫情监测预警、应急处置等能力，确保疫情可知可控。不断健全重大风险防控机制，形成风险防范治理闭环，升级完善立体化现代化治安防控体系，打好信访突出问题化解攻坚战，努力建设更高水平的平安武进。严格把关镇、街道属地管理事项，加强专属网格治理，完善“三官一律”[16]进网格制度，为基层减负增效。大力推动区镇两级社会治理现代化指挥中心建设，实施基层社会治理、网格服务管理“双链”创建工程。纵深推进安全生产专项整治“三年大灶”，常态化排查治理危化品、交通运输、城镇燃气、既有建筑、出租房屋、食品药品、消防等

重点行业领域风险隐患，严防各类生产安全事故。推进应急指挥中心标准化建设，建强应急救援专业队伍，科学应对突发事件。

（七）突出自身建设，奋发有为争当先行表率

新时代开启新征程，新使命展现新作为。我们将倍加珍惜时代赋予的历史使命，营造唯实唯先、善作善成的团队文化，加快政府职能优化、方式转变、作风提升，打造一支政治过硬、能力过硬、执行过硬、廉洁过硬的政府干部队伍。

把稳思想之舵。学懂弄通做实习近平新时代中国特色社会主义思想，不断提高政治判断力、政治领悟力、政治执行力，增强“四个意识”，坚定“四个自信”，捍卫“两个确立”，做到“两个维护”，推动上级和区委各项决策部署落地生根。巩固拓展党史学习教育成果，始终牢记初心使命，将伟大建党精神融入血脉、注入灵魂。完善上下贯通、执行有力的组织体系，提升政府治理体系和治理能力现代化水平。

增强法治能力。积极践行习近平法治思想，自觉运用法治思维和法治方式开展工作，争创全省法治政府建设示范区。深入开展“八五”普法，落实重点人群学法用法制度，提升公民法治素养。提高人大代表建议和政协委员提案办理质效，认真听取民主党派、工商联、无党派人士和人民团体意见。完善信息发布和政策解读机制，加大政务公开力度，切实增强政府公信力。

扛牢责任担当。牢固树立正确政绩观，坚持出实招、办实事、求实效，更大力度惠企利民。通过加强思想淬炼、政治历练、实践锻炼、专业训练，推动干部积极投身“两在两同”建新功行动，提高“七种能力”，增强“八项本领”。加强智慧政府建设，努力打破“数据孤岛”“信息壁垒”“业务障碍”，精准高效开展政府管理服务。坚决整肃庸政懒政怠政，大力破解“中梗阻”“最后一公里”等问题，形成雷厉风行、真抓实干的良好风尚。加强政府性债务管理，严守不发生系统性区域性金融风险底线。

建设廉洁政府。持续加强党风廉政建设，认真落实中央八项规定及其实施细则精神，驰而不息纠治“四风”。落实“过紧日子”要求，加强公共机构节能管理，严控“三公”经费预算，提高财政资金使用绩效。加强重大政策落实、重点工程项目跟踪审计，推进国企国资审计全覆盖。教育引导干部坚定理想信念，深入开展政德、法纪和家风建设，营造风清气正的政治生态。

缩略语注释：

[1]“增存挂钩”：新增建设用地计划指标分配与存量建设用地消化相挂钩，并实施奖惩的一种工作制度，旨在提高土地集约利用水平。

[2]“一核四域”：以“红盟矩阵”党建品牌建设为核心，分别以蝶变、守望、领航、强翼为主题，深化拓展农村、城市、“两新”、机关等四大领域基层党建工作。

[3] 高新技术企业培育“小升高”行动：自2019年起，省政府逐年出台《江苏省高新技术企业培育“小升高”行动工作方案》，旨在促进科技型中小微企业加速成长为高新技术企业，做大做强高新技术企业群体。

[4]“产业强链”三年行动计划：2021年12月22日，在省委经济工作会议上，省委吴政隆书记指出，要深入推进“产业强链”三年行动计划，全力打造生物医药、人工智能、集成电路等战略性新兴产业集群以及物联网、高端装备、智能电网、工程机械、节能环保等世界级先进制造业集群，提高集群整体竞争力。

[5]“一园一城一示范”：“一园”即中以常州创新园，“一城”即“长三角最美湖湾城”，“一示范”即“长三角一体化”高质量发展示范。

[6] 实施一体化发展“三年行动计划”和三省一市达成的共识：2021年5月26日，长三角地区合作与发展联席会议在无锡召开。会议审议通过了长三角一体化发展新一轮三年行动计划、重点合作事项清单和年度工作计划等文件，三省一市常务副省（市）长共同见证了共建长三角科创产业融合发展带、联合开展产业链补链固链强链行动等5个重大合作事项的签约。

[7]“三管三必须”要求：管行业必须管安全、管业务必须管安全、管生产经营必须管安全。

[8] 20条特色优势产业链：新材料、农业机械装备、新型电力装备、特种冶金、智电汽车、工业软件、集成电路、医疗器械、纺织机械、太阳能光伏、轨道交通、纺织服装、工程机械、生物医药、工业互联网、工业机器人、节能环保、5G通信、数控机床、车联网等20条产业链。

[9] 工业智造“8843”计划：壮大育强800亿元先进交通装备产业集群、800亿元功能新材料产业集群、400亿元绿色家居产业集群和300亿元智能电机产业集群。

[10]“四上”企业：规模以上工业、有资质的建筑业和全部房地产开发经营业、限额以上批发零售业和住宿餐饮业、规模以上服务业法人单位。

[11]“153060”通达目标：各镇15分钟到达高速公路道口、30分钟到达中心城区、60分钟抵达对角线乡镇。

[12]“95X”产业：9指高端装备、智电汽车、新一代信息技术、新材料、新能源、医疗健康、节能环保、纺织服装、绿色精品钢九个重点产业，5指机器人、智电汽车、集成电路、医疗健康、以石墨烯为代表的碳材料五张产业名片，X指数字经济、军民融合等未来产业。

[13]“两湖四带、五片八组团”：“两湖”即滆湖、长荡湖；“四带”即常金创新带、湖链生态带、中轴创新带、新孟河生态带；“五片”即中央活力区、创新产业区、国际智造区、城乡融合区、水乡绿苑区五大功能区；“八组团”即中央商务区组团、武高新组团、科教城组团、未来产业组团、华高新组团、钟楼高新区组团、钱资新城组团、水乡生态客厅组团八个重点组团。

[14]“智改数转”：智能化改造、数字化转型。

[15]“一车一人一芯”：智电汽车、机器人和芯片。

[16]“三官一律”：法官、检察官、警官和律师。

国民经济和社会发展第十四个五年规划和二〇三五年远景目标纲要

（2021 年 6 月 16 日）

“十四五”时期，是武进区全面开启建设社会主义现代化征程的起步期，是推动高质量发展、全面建设现代化经济体系的重要阶段，也是争当“美丽常州”建设率先示范、“强富美高”新武进建设的新时期。本规划纲要是引领和指导“十四五”时期武进经济和社会发展各项工作的行动纲领。

第一篇　决胜高水平全面建成小康社会取得决定性胜利，奋力开启社会主义现代化建设新征程

第一章　现实基础

1. 发展成效

“十三五”时期，既是我区发展史上经受重大挑战和严峻考验的时期，更是我区经济社会发展取得巨大成就和可喜变化的时期。“十三五”规划实施以来，面对错综复杂的宏观环境和前所未有的风险挑战，在区委、区政府的坚强领导和全区人民的共同努力下，全区经济社会建设取得了显著成效，疫情防控取得重大战略成果，决胜高水平全面建成小康社会取得决定性胜利，高质量发展走在全省前列，“强富美高”新武进建设取得重大阶段性成果，“一区一城”建设迈出铿锵步伐。

“十三五”时期，是我区经济综合实力持续增强的五年。五年来，武进区委、区政府团结和带领全区百万人民，始终坚持发展第一要务，全区经济运行总体平稳、稳中有进，主要经济指标保持了稳健增长势头。“十三五”期间，全区地区生产总值增长 45.1%，保持全省 GDP 最高的市辖区地位不动摇，人均 GDP 超过 17 万元；一般公共预算收入增长 39.1%。有效投入不断加大，发展后劲稳步增强，连续开展重大项目系列活动，累计完成 33 个省重点项目、339 个市重点项目、1523 个区重点项目，完成投资分别为 378 亿元、1147 亿元、2582 亿元。发展质效不断提升，在全市率先提出“亩产论英雄”理念，工业企业亩均开票销售和亩均税收均年均增长 10% 以上。武进名片不断擦亮，连续荣获全国综合实力百强区第三名、全国投资潜力百强区第一名、中国工业百强区前十强，同时连续两年获评全省推进高质量发展先进县（市、区）等。

“十三五”时期，是我区产业创新水平持续提高的五年。五年来，全力推动发展方式转变，加快优化经济结构，促进产业转型升级，全区产业创新水平进一步提升。积极探索以“创新＋资本＋人才＋开放＋融合”为主要特征的“新苏南模式”，努力争创新时代“两个健康”先行区，全区市场主体总数超过 22 万户，全力推动全区产业创新水平迈上新台阶。现代农业稳步提升，国家现代农业示范区建设加快推进，5 年新审定水稻品种 23 个，武进粮食物流园正式启用，农业产业化国家重点龙头企业达 3 家，立华牧业实现全省畜牧业、全市农业企业 A 股上市“零”突破，创成国家农产品质量安全示范区，“阳湖”果品大步跨进北京、上海、南京、嘉兴等一线城市，并获评全国县域数字农业农村发展水平评价先进县。工业经济质态良好，十大产业链企业产值占规模以上工业总产值比重达 38%，智能制造装备产业产值达 542.1 亿，规上工业企业超 2000 家，国家工业强基工程项目总量占全省近 1/5，省级以上隐形冠军类企业达 76 家，工业开票销售收入占全市比重达 40.8%，中车戚研所公司获得我国工业最高荣誉“中国工业大奖”。现代服务业提档升级，服务业增加值迈上千亿台阶，占地区生产总值比重提高到 45%，房地产市场保持稳定，武进创成省级全域旅游示范区，太湖湾旅游度假区入围年度全省唯一的国家级旅游度假区，城西回民村获评全国乡村旅游重点村，全区旅游接待人次、总收入分别较“十二五”增长 29%、45%。创新能力不断增强，全社会 R&D 经费支出占 GDP 的比重达 3.54%，拥有高新技术企业 978 家，有效发明专利达 7918 件，新誉集团、恒立液压等一批企业被认定为国家级企业创新平台。全国双创示范基地建设成效显著，武进“双创”工作获得国务院表彰，共同发起创建长三角双创示范基地联盟，创新推出长三角双创券通用通兑，为全国县区打造“双创”升级版提供样本和经验。企业上市持续发力，全区上市企业累计达 39 家，资本市场“武进板块”不断壮大。

“十三五”时期，是我区对外开放步伐持续加快的五年。五年来，坚持开放发展，创新思路、攻坚克难、开拓进取、扎实工作，全区开放型经济工作取得了显著成效。产业招商硕果累累，“十三五”以来，累计招引超 100 亿元项目 7 个，实际利用外资累计达 39 亿美元，新增理想汽车、国科微、太阳诱电等一批行业龙头企业，全区世界 500 强企业已超 20 家。外资结构进一步优化，制造业及生产性服务业占实际到账外资的比重超过 80%，全区首家外资创业投资企业成功设立。对外贸易稳步增长，年进出口总额近 800 亿元人民币，始终保持正增长，一般贸易占比超过 86%，贸易往来国别和地区达 202 个，年均外贸进出口总额占全市比重超过 35%。以“一带一路”产业合作为契机，推动优势企业走出去、富裕产能转出去、技术标准带出去，全区新增境外投资项目 142 个，中方协议投资额 11.23 亿美元，其中，投资“一带一路”沿线国家的项目 46 个，增长 228.6%，中方协议投资额 4.3 亿美元，增长 733.63%。对外开放平台不断夯实，常州经开区全面开启建设“先进制造业集聚区、产城融合样板区、生态宜居示范区、改革创新引领区”新征程，在全省省级经济开发区综合排名中列第 6 位；武进国家高新区“一车一人一芯”产业名片彰显特色，国家级海智基地正式落户，获批国家知识产权示范园区等一批国家级平台，不断深化与科教城联动，在全国国家高新区综合排名中列 38 名；西太湖科技产业园高标准打造高品质“花都水城”，互联网产业园获批省级生产性服务业集聚示范区，石墨烯小镇入选国家发改委“第二轮全国特色小镇典型经验”，在省级高新区综合评价中列第 6 位。中以常州创新园移址扩容提级，以争当中以创新合作领航者为使命，展现了新作为；苏澳合作成效显现，苏澳融资租赁公司成功设立；绿建区金字招牌不断擦亮，获工信部授牌中欧（常州）绿色创新园。

“十三五”时期，是我区城乡发展面貌持续彰显的五年。五年来，全力打造现代新城，加快城乡一体化步伐，深入推进国家级产城融合示范区建设，探索出了一条具有武进特色的产城融合发展之路。基础设施建设加快完善，现代化综合立体交通框架全面拉开，常宜高速建成通车，地铁 1 号线正式投入运

营，长虹西路快速化改造、青洋路一期等一批工程建成投用，南沿江城际铁路武进站综合交通枢纽启动实施，苏锡常南部高速建设加快推进；内河航道持续改善，新沟河、永安河工程完成竣工验收，新孟河工程武进段全线通水。城乡精细管理取得突破，“精品街道”示范创建全面推开，路长制、流动红黄旗等创新举措不断推出，重点区域“脏乱差”现象得到有效解决，城市长效综合管理水平进入全市第一方阵，城市文明程度和市民文明素质有效提升，助力常州顺利荣膺全国文明城市“四连冠”，全面建成17个新时代文明实践所、315个文明实践站，社会文明程度测评指数位列全省前列。乡村振兴战略深入实施，“3+N”的政策体系逐步健全，“万企联万村、共走振兴路”行动启动实施，农村人居环境整治三年行动圆满收官，建成美丽宜居乡村288个，走在全市前列。

“十三五”时期，是我区生态文明建设持续加力的五年。五年来，始终坚持生态优先战略，以创建全省生态保护引领区为目标，坚决打好污染防治攻坚战。着力打好蓝天保卫战，各类扬尘得到严格管控，企业挥发性有机物得到有效治理，$PM_{2.5}$浓度较“十二五”末下降了31%，年度空气质量优良率提高12.4个百分点；着力打好碧水保卫战，生态河湖建设行动扎实开展，河道水系沟通、岸坡整治和生态修复进一步强化，入湖河道水质持续改善，国省考断面三类水体比例达到75%，三条入太河道水质均达到三类，企业河长、滆湖网围整治入选全省生态环境先进典型案例，沿太湖3公里水产养殖污染整治、长江流域重点水域退捕任务全面完成，农村分散式生活污水处理工程作为武进首个农业PPP项目全面建成并建立稳定运行机制，全区黑臭河道基本消除；着力打好净土保卫战，垃圾分类集中处理率达90%，固废安全处置能力不断提升，编制完成生态红线区域保护工作方案和生物多样性保护设施方案。稳步推进生态绿城建设，林木覆盖率、自然湿地保护率分别达26.4%和53.6%，一批城市绿肺、干线绿廊和乡村绿脉加快形成，武进生态绿城名片不断擦亮。大力推动绿色发展，荣膺中国绿色发展百强区第二名，海绵城市建设全面展开，空间、产业、能源结构得到全面优化提升，新增绿色建筑近2000万平方米，成功创建国家级建筑产业现代化示范城市。

“十三五”时期，是我区重点领域改革持续深化的五年。五年来，全力推进重点领域改革，不断激发区域发展的深层活力。第二批国家级农村改革试验区试点任务通过验收，水稻收入保险试点经验被全国推广，并成为新一轮省农村改革试验区。农村土地制度改革三项试点成效明显，完成集体经营性建设用地入市8.7万亩，占全国33个试点地区入市面积的78%，实现土地增值收益36亿元，为全国建立城乡统一的建设用地市场提供“武进样本”，改革举措被吸收进《中华人民共和国土地管理法》。营商环境改革持续深化，《武进区大力优化营商环境行动方案》出台，30项重点工作稳步推进；高效推进机构改革，区级涉改单位按时完成班子组建、职能划转、人员转隶、资产移交；行政审批制度改革持续深化，区镇两级行政审批局组建运行，全区各级政务服务大厅覆盖率达100%，“一门、一网、一窗”改革全面实施，“2345”服务品牌不断擦亮；公共资源交易平台整合实现全覆盖；社会诚信体系加快建设，全区540家企业被评为常州市信用管理贯标企业，61家企业被评为常州市信用管理示范企业，3家企业被评为省级信用管理示范企业。全方位深化国资国企改革，推动区镇国有企业一体化运行管理，探索乡镇建设发展新模式，推进区级国有企业股权多元化改革，国企综合竞争力不断提高。

“十三五”时期，是我区社会民生事业持续改善的五年。五年来，全力提升公共服务体系的共建能力和共享水平，人民群众的获得感和幸福感明显提高，获评中国最关爱民生县（区）和中国最具幸福感城市，城乡居民人均可支配收入达5.34万元，累计增长48.9%。五年累计完成民生实事项目123个，每年用于保障和改善民生的支出占一般公共预算可用财力76%以上。教育事业均等化步伐加快，集团化办学、城乡学校结对共建机制作用凸显，新建、改扩建52所学校，五年累计新增学位2.8万个。医疗服务资源更加丰富，每千常住人口医疗床位增加到5.4张，居民平均预期寿命提高至82.7岁，智慧医疗项目加快建设，创新推出村级医疗卫生人才“区管镇用”机制，荣获国家级慢性病综合防控示范区、省基层卫生十强县（市、区）称号。就业创业政策体系逐步健全，累计城镇新增就业18.1万人，期末城镇登记失业率1.68%。社会保障网进一步织密扎牢，城乡基本养老保险覆盖率达到100%，人员参保率99.82%以上，稳步推进基本医疗保险和生育保险市级统筹，不断提高医疗保障待遇。慈善救助、光彩事业、阳光扶贫、对口支援工作成效显著，建档立卡低收入农户脱贫率达100%，提前一年完成脱贫任务。文艺精品不断繁荣，8部作品在市级以上获奖，6部作品获常州市第九届精神文明建设“五个一工程”奖，武进区获组织工作奖，获奖数量位列常州第一。文体事业蓬勃发展，市民艺术节、西太湖国际半程马拉松赛等大型活动成功举办，奥运金牌实现零的突破，基层综合性文化服务中心实现全覆盖，主动融入国家大运河文化带，加快建设淹城遗址公园。养老服务提质增效，在全市率先制定出台长期护理保险制度，老年助餐点实现城市社区全覆盖。

“十三五”时期，是我区社会治理方式持续创新的五年。五年来，不断创新治理方式，推动政府治理和社会调节、居民自治良性互动，促进共建共治共享。社会治理创新项目多点开花，积分入学、平安卡工程、民生茶社等项目在全省乃至全国范围内宣传推广，在全市首推网格化集成管理模式，构建了富有武进特色的“四梁八柱”网格化集成管理工作格局，荣获全市唯一的2015—2018年度全省社会治安综合治理先进集体称号。全面深化平安建设，全区社会治安状况持续向好，我区连年获评全省平安区，群众安全感达99.33%，位居全市第一、全省县（市、区）第三；扫黑除恶专项斗争取得胜利，全区社会治安环境显著改善，区扫黑办被评为“全省扫黑除恶专项斗争成绩突出集体”；群租房安全管理“武进模式”得到省、市肯定，一批安全隐患及时消除，火灾及各类案件警情压降率明显提高，形成36个管理示范点。法治建设稳步推进，“七五”普法取得显著成效，获评全省法治建设示范区荣誉称号。安全生产、食品安全、互联网金融、大棚房、违建别墅等专项整治深入开展、成效明显。建立信访“两函两表一单”工作机制，信访积案化解工作深入开展。基层基础建设更加有力，社区减负增效、政社互动成果继续巩固，全区社会组织累计达2869家。新冠肺炎疫情防控工作及时有效，重大突发事件的应急管理水平显著增强。

2. 宝贵经验

通过“十三五”发展实践，我们深化了对做好新时代经济社会发展工作的规律性认识，形成了工作特色，积累了宝贵经验。

一是始终坚持新思想理念定向领航。对标对表习近平新时代中国特色社会主义思想和习近平总书记对江苏工作的重要讲话指示精神，持续深入解放思想、统一思想，切实破除思维定式和路径依赖，努力做到知其然、知其所以然、知其所以必然。

二是始终坚持高质量发展工作导向。坚定践行新发展理念，坚持稳中求进工作总基调，根据高质量发展目标考核体系，全面开展“六个高质量”工作，以极大定力转方式、调结构、抓创新、促转型，高质量发展步伐更加坚实稳健。

三是始终坚持结合实际创造性落实。按照中央及省、市要求，把服务国家战略与推动武进发展紧密结合起来，运用系统思维，注重规律把握，深化改革创新，努力展现武进发展的探索性创新性引领性。

四是始终坚持以人民为中心谋发展。把增进人民福祉、促进人的全面发展作为各项工作的出发点和落脚点，持续排查解决突出民生问题，不断增强群众获得感幸福感安全感。

五是始终坚持团结拼搏的工作作风。加强政府自身建设，加大职能转变力度，提高政府服务基层、服务企业、服务群众的针对性和精准度，不断优化营商环境，全区上下形成一股砥砺奋进的工作氛围。

第二章　发展背景

第一节　发展环境

1. 国际国内形势

从国际环境看，世界面临着百年未有之大变局，新冠肺炎疫情促使大变局加速变化，世界经济低迷，保护主义、单边主义上升，中美战略博弈成为常态，国际环境日趋复杂，不稳定性不确定性明显增加。同时也应看到，和平与发展仍是时代主题，经济全球化和区域一体化是大势所趋，新兴经济体和发展中国家正在群体性崛起，新一轮科技革命和产业变革深入发展，产业布局导向由成本市场向安全可控转变、产业链供应链组织由离岸向近岸在岸转变，全球重要生产网络区域内部循环更加强化。必须强化全球视野和前瞻思维，深度融入全球创新链，培育国际竞争合作新优势，在新的国际坐标系中谋划更高质量发展，加快在一些关键领域实现从跟跑到并跑、领跑。

从国内环境看，我国已转向高质量发展阶段，处在转变发展方式、优化经济结构、转换增长动力的攻关期，社会主要矛盾发生变化带来新特征新要求，提升工业化城镇化质量、加快新旧动能转换、国家治理体系和治理能力现代化、生态优先绿色发展、构建国内国际双循环相互促进的新发展格局等要求也更为紧迫。尽管发展面临结构性、体制性、周期性问题相互交织所带来的困难和挑战，但我国制度优势显著，治理效能提升，经济长期向好，物质基础雄厚，人力资源丰富，市场空间广阔，发展韧性强大，社会大局稳定，继续发展具有多方面优势和条件。必须深刻认识战略机遇期的内涵变化，准确把握构建新发展格局的重大取向，立足当前、着眼长远，以我为主、自主谋划，率先探索社会主义现代化建设路径，在服务国家战略中提升能级、实现更大发展。

从区域环境看，长三角区域一体化发展已经上升为国家战略并全面实施，上海都市圈、苏锡常都市圈加快构建，高层级的战略叠加为区域发展带来了新机遇。“强富美高”新江苏建设深入推进，六个“高质量发展”目标更加明确，各地围绕高质量发展的竞争将更加激烈；常州市将围绕“国际化智造名城、长三角中轴枢纽”的发展定位，全力建设五个“明星城”。必须认识和把握发展规律，弘扬常州精神，树立底线思维，保持战略定力，在危机中育先机、于变局中开新局，推动高质量发展走在前列，加速迈上更高发展台阶。

2. 机遇和挑战

“十四五”发展面临的机遇。经过“十三五”时期的奋斗，我区综合实力和发展水平又上了一个大台阶，高水平小康社会全面建成，为现代化建设开局起步打下了坚实基础；厚实的实体经济、丰富的创新资源、深厚的文化底蕴，是现代化建设的重要支撑；产业结构调整、区域格局优化、新旧动能转换、治理能力提升，正在积蓄高质量发展新的势能；“一带一路”建设、长三角区域一体化发展等叠加，赋予我区率先形成新发展格局、争当科技和产业创新的开路先锋、加快打造改革开放新高地的新的历史使命，为我区未来发展提供了重大契机、打开了广阔空间。

“十四五”时期面临的挑战。一是产业转型步伐仍需加快，科技创新还没有成为驱动经济发展的主要动力，高新技术产业产值占规模以上工业产值比重偏低，与周边先进地区仍有较大差距；服务业亮点尚未真正形成，农业品牌价值还需提升，经济提质增效的基础有待进一步加强。二是城、镇、村可持续发展能力仍需增强，城、镇、村经济发展面临制约，城市功能、镇区颜值、农村人居环境均有待提升。三是资源环境瓶颈仍需突破，全区大气污染防治、水环境污染形势依然严峻，生态环境高质量指标仍待提升；全区建设用地开发强度偏高，劳动力成本不断攀升，经济增长面临着资源环境要素约束考验。四是公共服务能力仍需提升，随着城乡发展一体化的不断深入，基础医疗、公共教育、社会保障覆盖人群快速扩大，特别是向农村地区逐步延伸，基础建设不完善、人员配备不足、质量不均衡的问题越来越突出。五是社会治理体系仍需完善，社会治理体系和治理能力现代化水平还不够高，社会治安、安全生产、公共卫生等领域将持续面临较大挑战。六是营商环境仍需持续优化，投资环境有待进一步改善，中小企业融资难、融资贵的问题依然存在；政府职能转变还需加快，管理体制机制仍需优化。

总体判断，“十四五”时期武进区发展仍处于重要战略机遇期，但机遇蕴含在挑战之中，危与机同生并存。应对变局、抓住机遇，考验着我们的信心、眼界和能力；克服挑战、破解难题，取决于我们的定力、智慧和担当。必须审时度势、把握规律，发挥优势、补齐短板，勇于开顶风船，善于化危为机，努力实现更高质量、更有效率、更加公平、更可持续、更为安全的发展，奋力夺取“十四五”时期武进发展新胜利。

第二节　发展阶段

对照内外部环境变化趋势，初步判断“十四五”期间武进区的发展主要呈现如下趋势特征：

重大战略叠加机遇期。“十四五”时期，长三角一体化、长江经济带、苏南国家自主创新示范区等多重战略叠加交汇，为区域发展带来历史性机遇。武进应主动融入国家规划战略，积极抢抓规划实施带来的国家政策和改革红利，在新一轮的发展中赢得主动权、构建新优势。

现代化建设的奋斗期。“十四五”时期，社会主义现代化建设的新征程将全面开启。站在新的历史起点，武进应积极贯彻中央和国家要求，在省、市的统一部署下，全面构建社会主义现代化的建设体系，加快打造现代化的经济发展、生态环境、城乡建设、公共服务、社会治理等格局，为全省乃至全国探索现代化建设的道路。

高质量发展的攀升期。“十四五”时期，面对资源要素的倒逼压力，高质量发展将向纵深推进。武进应始终坚持新发展理念，将高质量发展贯穿“十四五”发展全过程，紧紧围绕六个“高质量”的核心任务，全力打造高质量发展的武进样板。

城乡融合发展突破期。“十四五”时期，充分挖掘滨湖资源，加快打造新城市中心，是时代赋予的历史任务。武进应加快推进城市西进战略，构建完善环滆湖地区交通体系，进一步畅通环滆湖地区与全市乃至全省重大交通设施的链接，全力提升环滆湖地区产业、人口、资源集聚水平，打造城市新名片。加快推进城乡融合发展，深入实施乡村振兴战略，打造一批美丽宜居乡村和精品村落，塑造城乡一体化发展新格局。

生态文明建设加速期。“十四五”时期，无论是现代化建设的要求，还是人民对美好生活的需求，都对生态文明建设提出了更高的要求。武进应全面巩固“十三五”时期生态环境治理取得的成绩，牢固树立“绿水青山就是金山银山”的发展理念，系统推进发展方式转型、资源高效利用和生态修复治理，全力推进生态文明建设迈上新台阶。

第三章　指导思想和发展定位

第一节　指导思想

高举中国特色社会主义伟大旗帜，深入贯彻中共十九大，十九届二中、三中、四中、五中全会精神和中央经济工作会议精神，以习近平新时代中国特色社会主义思想为指导，全面落实习近平总书记重要讲话指示精神，按照省、市委统一部署要求，坚持稳中求进工作总基调，以“争当表率、争做示范、走在前列”为总目标、总纲领、总要求，立足新发展阶段，坚持新发展理念，构建新发展格局，以推动高质量发展为主题，以深化供给侧结构性改革为主线，以改革创新为根本动力，以满足人民日益增长的美好生活需要为根本目的，聚焦“生态滨湖区、现代智造城”，大力弘扬“勇争一流、耻为二手”的常州精神，在“强富美高”新武进建设框架内，积极探索社会主义现代化建设新路径，努力争当“全市智造名城主引擎、全省现代化建设排头兵”。

必须遵循以下原则：

——*坚持党的全面领导*。坚持和完善党领导经济社会发展的体制机制，坚持和完善中国特色社会主义制度，不断提高贯彻新发展理念、构建新发展格局的能力和水平，为实现高质量发展提供根本保证。

——*坚持以人民为中心*。坚持人民主体地位，坚持共同富裕方向，坚持把增进人民福祉、促进人的全面发展作为各项工作的出发点和落脚点，不断满足人民群众日益增长的美好生活需要，持续提升人民群众的获得感、幸福感、安全感。

——*坚持新发展理念*。坚持把创新、协调、绿色、开放、共享的发展理念贯穿于发展全过程和各领域，着力解决发展不平衡不充分不可持续问题，努力在固根基、扬优势、补短板、强弱项等方面取得实质突破，破解发展新难题，厚植发展新优势。

——*坚持“争当表率、争做示范、走在前列”*。对标先进、提升标杆，更加彻底推动改革、更高水平推进创新，在高质量发展上争当表率；着力推进高水平开放，构建双循环重要节点，在服务全国构建新发展格局上争做示范；加快提升经济、科教、城市、生态、文化、社会和人的现代化，在率先实现社会主义现代化上走在前列。

——*坚持系统观念*。坚持遵循经济社会发展规律，统筹发展和安全，准确把握近期目标和长期发展的平衡点、经济社会发展和改善人民生活的结合点，注重防范化解重大风险挑战，实现发展质量、结构、规模、速度、效应、安全相统一。

第二节　战略定位

“十四五”时期，武进区的总体定位是：“生态滨湖区、现代智造城”。按照这一总体定位的要求，力争通过五年时间的努力，着力将武进区打造成为“四个地”，即创新开放高地、智能制造基地、滨湖生态宝地、安居乐业福地。

——*创新开放高地*。以更大力度的改革创新来引领“强”的方向，深度融入国内国际“双循环”，建设更高水平开放型经济新体制，努力推动城市经济、楼宇经济、文旅经济、“五型”经济蓬勃发展，中以、苏澳、石墨烯、医疗健康、中欧绿色创新等开放合作品牌更加响亮，“双创”示范基地排名稳居全国前列，基本形成以高层次创新园区、高效率成果转化、高层次人才支撑、高水平政策保障为支撑的创新生态体系。

——*智能制造基地*。以更具竞争力的实体经济来夯实“富”的根基，引领优势产业加速向集群化、智能化、高端化、品牌化方向迈进，“未来产业”加快培育、高速成长，逐渐成为高质量发展的新增长点、新动力源，传统产业智能化转型成效显著，数字经济赋能优势更加明显，武进成为长三角领先、国内外驰名的智能制造基地，以新兴产业为主导、先进制造业为基础、现代服务业为支撑的现代产业体系更加成熟完善。

——*滨湖生态宝地*。以更加绿色协调的“两湖”特色来确保“美”的成色，推动西太湖、太湖湾空间保护开发格局持续优化，滨湖生态景观、休闲旅游、高端服务、文化创意等现代城市功能显著增强，全区生态环境质量、产业结构占比、资源利用效率大幅改善，“生态保护引领区”的品牌影响力和城市美誉度更加彰显，良好生态成为发展能级提升、产业人才集聚、人居环境改善的重要基石，成为高质量发展走在前列的比较优势。

——*安居乐业福地*。以更加均衡发展的民生事业来提升“高”的水平，推动城乡发展深度融合、内外交通不断优化、居民收入持续改善、城市文明程度显著提升，低收入群体增收成果巩固拓展，优质教育医疗资源更加均衡，社会保障体系更加完善，网格化社会治理、“平安武进”建设取得新进展，以人为核心的新型城镇化全面推进，人民群众的安全感和满意度稳步提升，基本实现幼有善育、学有优教、劳有厚得、病有良医、老有颐养、住有宜居、弱有众扶。

第三节　发展战略

1. *以“提升创新能力，打造产业强区”为目标的创新发展战略*。坚持创新在现代化建设全局中的核心地位，牢牢把握苏南国家自主创新示范区、中以创新园、双创示范基地、科创长廊建设的机遇，推动科技创新，培育现代产业，使产业层次更高、质量效益更好、内生动能更强、市场活力更足，全面增强区域经济核心竞争力。

2. *以“立足长三角、融入大上海”为主题的融合发展战略*。紧紧抓住长三角区域一体化发展的重大战略机遇，构建融入上海都市圈高质量发展新时代，全面参与苏锡常一体化、常泰融合等建设，加速区域一体化发展，积极参与区域产业分工协作，打破“行政区经济”束缚，打通要素流通“看不见的边界”，不断拓展跨区域合作的深度和广度，全力打造长三角知名的跨国界、跨区域、跨产业的融合发展示范区。

3. *以“构建国际国内双循环”为要求的开放发展战略*。全面落实开放发展理念，借力上海都市圈开放发展资源，以更大力度实施新一轮全方位高水平对外开放，稳定产业链供应链，持续推进产业链垂直布局，不断提升产业基础高级化、产业链现代化水平，深度融入国内大循环为主体、国内国际双循环相互促进的新发展格局，全力构建创新型、引领性和自主性的开放合作体系。

第四章 发展目标和总体布局

第一节 二〇三五年远景目标

落实党的十九届五中全会精神，二〇三五年武进区经济社会发展的远景目标是：

高质量发展走在全国前列，率先基本实现现代化，高水平建成生态滨湖区、现代智造城。综合实力保持全国领先，人均地区生产总值在2020年的基础上实现翻一番以上，力争达到5万美元以上。建成现代化经济体系，基本实现产业链现代化，创新能力显著提升，率先实现新型工业化、信息化、城镇化、农业现代化。率先实现区域治理体系和治理能力现代化，建成法治政府、法治社会。人的全面发展充分展现，居民收入在2020年基础上实现翻一番以上，基本公共服务全面均等化，建成教育强区、文化强区、健康强区，人民群众过上现代化的高品质生活，社会文明程度走在全国前列。广泛形成绿色生产生活方式，生态系统良性循环，生态环境根本好转，在“美丽常州”建设作出武进示范的基础上，完美展现“强富美高”新武进的现代化图景。

第二节 “十四五”经济社会发展目标

“十四五”时期，武进将在高水平建成小康社会的基础上，全面开启社会主义现代化建设，要紧紧围绕推动高质量发展走在前列的目标，进一步巩固优势、补齐短板、筑牢底线，全力向“生态滨湖区、现代智造城”目标奋进。

1. *改革创新更加深入*。坚持创新发展战略，加大改革开放力度，不断激发区域发展的深层活力。创新体系不断完善，创新能力不断增强，大众创业、万众创新的体制机制更加健全，高新技术企业数超2000家，R & D经费占地区生产总值比重达3.5%，高新技术产业产值占规模以上工业总产值比重达51%。深入推进农村土地、营商环境等重点领域改革，持续完善外资管理体制，深化“放管服”改革，全面落实外资准入国民待遇负面清单，进一步做好安商稳商，营商环境便利度达到全省第一方阵，在关键环节取得有效突破，不断释放改革红利。

2. *综合实力更加强劲*。经济运行保持在合理区间，对标赶超先进地区的步伐不断加快，综合实力始终保持在百强区前列，地区生产总值在“十三五”末的基础上力争增加1000亿元，一般公共预算收入确保增加60亿元，力争增加80亿元，上市企业数达到70家以上。产业发展质效进一步提升，现代化产业体系有效构建，主导产业竞争力明显增强，千亿级特色产业集群有效突破，工业战略性新兴产业产值占规上工业总产值比重达40%左右，着力打造“智慧武进”。

3. *开放合作更加全面*。全面扩大对外开放，不断提高区域合作水平，加快推进自贸区建设，深化“一带一路”合作发展，推动服务贸易创新发展；加快区域合作步伐，主动融入长三角一体化等重大战略，深度融入国内大循环为主体、国内国际双循环相互促进的新发展格局，推动开放合作朝着全方位、宽领域、深层次的方向发展。

4. *城乡面貌更加靓丽*。深入推进环滆湖地区的规划建设，全力打造新城市中心，加速推动科创新城建设，着力提升“泛淹城”文化圈品质。加快城乡一体化发展向纵深推进，空间格局和生产力布局更加优化，构建城乡融合发展新格局。大力完善城乡基础设施，持续提升城市精细管理水平，深入推进文明城市建设，不断提升武进美誉度和知名度。乡村振兴战略加快实施，不断优化农村人居环境，着力培育一批特色美丽乡村。

5. *生态环境更加优美*。绿色发展成为鲜明特质，生产方式、生活方式的绿色低碳水平明显提升。能源资源开发利用效率大幅提高，主要污染物排放总量持续减少，城镇污水处理率达95%，全区生态环境质量持续改善，绿树成荫、碧波荡漾、空气清新、移步即景的江南水乡风貌更加彰显。生态文明制度体系更加健全，全社会环境意识显著增强。

6. *人民生活更加幸福*。居民收入稳步提升，城乡居民可支配收入年均增速与经济增长同步。保障体系更加健全，社会就业更加充分，城镇调查失业率控制在1.7%。社会事业蓬勃发展，教育、医疗、文体、养老、社会救济等公共服务体系更加健全，均等化水平持续提高，普惠型幼儿园覆盖率达94%，每千名老人拥有养老床位数达54张。加大民生事业投入力度，全力办好民生实事，解决一批群众“急难愁盼”问题，着力提升“幸福武进”建设水平。

7. *社会治理更加高效*。坚持共建共治共享理念，围绕治理体制、工作布局、治理方式三项重点，加快推进社会治理体系和治理能力的现代化建设。扎实推进全面依法治区、平安武进建设，法治建设满意度、群众安全感持续提升。贯彻安全发展观，全面加强安全生产管理，不断降低安全生产事故发生率。应急管理体系不断完善，到“十四五”末，单位地区生产总值生产安全事故死亡率较2020年明显降低，应对公共安全事件的能力不断提升。

第三节 总体布局

“十四五”时期，按照全区“东西联动、南北互融”的总体思路，向东加强与无锡、向西与金坛等地联动发展，高水平建设“两湖”科创长廊的核心区，全力打造贯穿经开区、武高新、科教城、中以园、绿建区、西太湖的科创走廊；向北主动融入常州主城区，打造常州南部副中心；向南积极融入太湖湾科创带，推进苏锡常一体化发展。围绕活力城区组团、常州经开组团、高新智造组团、滨湖科创组团、太湖文旅组团等“五大组团”，努力打造成为城市能级新标杆、产业升级新典范、工业智造新引擎、创新开放新中心、文旅休闲新名片，全面构建各具特色、功能互补、均衡发展的产业协同新格局。

1. 活力城区组团。范围包括湖塘镇、高新区北区、牛塘镇、绿建区，是武进区商务商贸中心和人口集聚中心。“十四五”期间，积极向北融入常州主城区，大力发展以都市工业和三新经济为核心的城市经济，提升现代服务业水平，为常州提升城市能级树立新标杆。湖塘镇以打造“科创高地、宜居之城”为目标，按照“两园一区”的建设思路，重点依托湖塘科技产业园、武进科创园两个“国家级孵化器”，培育战略新兴产业；打造“高、新、尖”的纺织印染集聚区；引导生产性服务业向专业化和价值链高端延伸、生活性服务业向精品化和多元化升级。高新区北区以打造“品质生活、精致城市”为目标，加快融入主城区，大力发展生活性服务业。优化社区管理服务，实施基础设施提升工程，城市管理更加精细，全面提升城市功能。牛塘镇以构建“融合产教城、人文金牛塘”为目标，按照“一智造一高校一康养”的总体思路，聚焦智能制造，推广中南高科武进创智云谷建设的经验做法，加强与绿建区的错位联动发展；聚焦校地融合，以江理工升级搬迁为契机，打造产业平台；聚焦康养结合，依托金东方省级养老示范基地，拓展以康养为主的生活性服务业。绿建区以打造“绿色建筑特色产业品牌”为目标，紧紧围绕碳达峰、碳中和发展主题，依托商务楼宇和中欧（常州）绿色创新园等“一楼一园”，按照“一核引领、全区联动、辐射长三角”的思路，大力培育绿色建筑研发设计、检验检测等生产性服务业。

2. 常州经开组团。范围涵盖整个常州经开区，是常州融入上海大都市圈的桥头堡和“苏锡常一体化”先行军，全市体制机制创新先行区，常州东部城市副中心和人口集聚中心，兼具文化旅游、职教科研、生活居住、都市工业等功能。“十四五”期间，要按照“全市第一流、全省有位次、全国有影响”的要求，加快推进产城融合，为常州产业转型升级打造新典范。重点发展“先进交通装备、功能新材料、绿色家居、智能电机”四大特色产业，打造以城乡协调、产城融合为重要标志，先进制造业、现代服务业协调发展，“数字经济”“新能源”等战略性新兴产业加速壮大的高质量发展新格局，全面提升整个片区的综合实力、承载能力、发展活力和生态魅力，争取创成国家级经济技术开发区。

3. 高新智造组团。范围包括高新区、科教城、中以常州创新园、前黄镇、礼嘉镇、洛阳镇，是武进区产业发展的主阵地。“十四五”期间，深化与科教城的融合，加快推进“科创走廊”建设，高标准建设中以常州创新园，进一步放大“创新之核”的辐射带动作用，推动主导产业提质、新兴产业壮大，注重链式发展壮大产业集群，为常州工业智造、科教创新、国际合作等提供新引擎、新样板。高新区以打造“滨湖科创城、智造武高新”为目标，继续在全区产业发展中挑重担、当先行，起到风向标、主引擎的作用，提升发展高端装备、电子和智能信息、节能环保、新型交通等四大主导产业，做大做强“一车一人一芯”产业；依托常州科教城的科研优势，打造省级生产性服务业集聚示范区和省级两业融合示范区。科教城按照“科教创新明星城”建设要求，强化辐射带动作用，坚持“经科教联动、产学研结合、校企所共赢”发展理念，建设“国际合作、创新研发、成果转化、人才集聚、产业培育、高职教育”六个新高地。中以常州创新园以争当“中国以色列创新合作领航者”为目标，按照“一院一村两平台”的建设思路，打造机器人及智能制造、生命健康、新一代信息技术等公共服务平台。前黄镇以建设“千年水乡、耕读前黄”为目标，放大“一园一基地”的示范效应，充分发挥九洲创投园的创业服务功能；做大做强以有色金属精密部件为主的高端装备产业；做大农副产品基地，加快提升以优质水稻、特种水产为主的特色农业；持续提升物流服务业。礼嘉镇以打造“创新智造产业名镇、崇文尚德和美礼嘉”为目标，按照“三业一园”发展思路，提升农业装备、绿色智能家电、功能性薄膜等产业体系；加速发展现代农业和农产品深加工，提档升级武南现代农业产业园。洛阳镇以打造“龙城洛阳、魅力桃乡”为目标，按照“两园一果”建设思路，着力推进电机电器产业园、冷藏冷链装备产业园建设；加快特色林果产业发展；加快向北与经开区比翼发展，共建新材料产业园；向东与无锡联动发展，加快区域合作。

4. 滨湖科创组团。范围包括西太湖科技产业园、苏澳合作园、嘉泽镇、湟里镇，是武进未来的新城市中心。“十四五”期间，加快实施环滆湖片区战略规划，推动“科创走廊”向西延伸，积极打造“两湖”科创长廊的核心区和示范区，助推常州“未来科创城”建设；持续推进苏澳合作园区建设，高水平打造长三角青年创新创业港和国际高教合作区；加快推进高效便捷、互联互通的重大区域交通设施建设。努力打造长三角、全国乃至全世界有辨识度的区域，成为环境最好、业态最优、活力最强的“美丽核心”，为常州创新开放打造新中心。西太湖以打造“最美湖湾城、城市新空间”为目标，坚持产城融合发展路径，重点推进“一港一谷一镇一区一园”建设，即长三角青年创新创业港、龙城金谷、石墨烯小镇、国际教育集聚区、医疗健康国际创新园，高标准打造“一高三新”产业集群。苏澳合作园区以“国际创新合作引领区、青年创新创业示范区、中葡合作项目集聚区”为目标，着力推进“一港一区一平台”（长三角青年创新创业港、国际教育医疗集聚区、中葡贸易投资便利化综合服务平台）建设，努力打造成全市建设长三角产业科技创新中心的核心引擎。嘉泽镇以打造“江南花都、缤纷湖湾”为目标，大力发展花卉苗木产业，高标准创建国家农村产业融合发展示范园区，推动以苗木种植、工程施工、园艺设计为主的苗木一、二、三产业融合，壮大以家庭园艺为主的花木电商产业发展。湟里镇以打造“实力中心镇、美丽西大门”为目标，推动“一钢一车”特色产业发展壮大，依托东方特钢特种钢深加工产业优势，促进产业链延伸，推动特钢材料产业发展；进一步发展壮大汽车零部件产业；积极发展供应链物流，着力打造西部片区物流中心。

5. 太湖文旅组团。范围包括雪堰镇和太湖湾，是苏锡常一体化发展的重要枢纽，兼具文化旅游、生态涵养等功能。“十四五”期间，实施湾镇一体化发展战略，全面提升湾镇统筹、协同、共享水平。加快融合步伐，主动融入大拈花湾建设、太湖湾科创带，整合太湖湾旅游资源，深入实施乡村振兴战略，为常州建设文旅休闲明星城展示新名片。雪堰镇以建设“太湖之滨、吴韵雪堰”为目标，推动“一村一桃一业”特色产业发展壮大。全力发展乡村旅游业，协同推进太湖湾美丽乡村片区发展；积极发展特色林果，打造生态农业产业示范区；进一步做强做大精密机械制造产业，积极融入太湖湾科创带建设，提升产业创新发展水平。太湖湾以打造“太湖湾明珠”为目标，充分发挥“旅游＋”“生态＋”“体育＋”效应，以“一旅一康养”（旅游业、康养产业）为发展重点，依托研学基地，探索教育培训发展新模式。充分发挥常州沿太湖发展桥头堡的独特作用，主动融入大拈花湾建设，努力打造国内一流、国际知名的旅游目的地和康养胜地。

第二篇　打造创新开放高地

第五章　提升科技创新驱动力

坚持创新在现代化建设全局中的核心地位，牢牢把握苏南国家自主创新示范区建设的机遇，加快打造科创长廊，向科技要效益、向创新要动力。

第一节　加强创新主体培育

增强企业自主创新能力。引导企业从战略层面系统加强创新谋划和规划，完善创新体制机制，促进企业加强技术创新能力建设，开发新技术和新产品。引导创新要素向企业聚集，建立以企业为主体、市场为导向、产学研结合的技术创新体系，增强企业原始创新、集成创新和引进消化吸收再创新能力，支持企业打造工程技术研究中心，全面提升企业技术研发能力、成果转化和产业化能力。

强化企业创新主体地位。实施高新技术企业倍增计划，聚焦集成电路、生物医药、人工智能等重点领域和关键环节，建立企业主导产业技术研发创新的体制机制，支持有条件的企业牵头组织实施产业目标明确的重大科技、重大产学研合作等项目，大力推动科技创新与产业创新深度融合，使企业成为创新要素集成、科技成果转化的生力军。大力培育特色企业梯队，着力打造一批行业“小巨人”“隐形冠军”“单打冠军”等“专精特新”企业。

提升产业核心竞争能力。引导企业瞄准产业技术前沿，制定创新发展战略规划，建设技术创新体系。围绕产业链部署创新链，围绕创新链布局产业链，突破产业技术瓶颈，攻克一批重大关键核心技术，储备一批新技术，制定行业技术标准，实施品牌战略，加强知识产权创造、运用和保护，建立健全知识转移和技术扩散机制，加快科技成果转化应用，提高产业技术水平，推动产业升级。

第二节　壮大创新人才队伍

创新人才引进方式。在全面落实全市人才引进政策升级版的基础上，进一步优化“武进英才计划”政策，创新“引才合伙人”机制，扩大“武进人才周”影响，进一步打响“非武不栖、进无止境”品牌，把武进打造成为海内外人才实现梦想、成就事业的“创新梦工场”。深度推进产才融合，重点围绕智能制造、碳材料、集成电路、医疗健康等特色产业加强“双招双引”。完善社会化引才机制，加强引才激励，以更强力度、更高层次、更大规模，引进更多深耕武进、成长性好、贡献突出的领军型人才。

创新人才培养模式。加快产业工人队伍建设，加大特色产业专业人才的引进和培养力度；建立以企业为主体、产学研结合的创新人才培养机制。以产业建链、强链、补链为支撑，培育更多人才上市企业，打造科技企业集群。积极发挥院士工作站、博士后工作站等平台作用，努力在高等教育、科技研发等平台引进培育上取得新进展。坚持梯队化平台载体构建，夯实各类众创空间、科创园区、产业集聚区建设，促进人才链与创新链、产业链、资金链、信息链深度融合，带动创新能力有效提升。

创新人才服务生态。构建人才金融服务体系，强化资本全过程跟投；建好人才服务“专家库”，提供项目评审、技术咨询、运营把脉等智力支撑。完善人才安居保障体系，加快推进人才公寓连锁化、标准化、品牌化建设，优化人才宜居环境。提升武进英才“荣誉工程”服务水平，打造一站式、全周期的高品质人才服务系统，持续营造尊才爱才氛围。

第三节　提升创新平台载体

优化公共研发平台。全力争取国家实验室、国家级制造业创新中心落户武进，为全市筹建“龙城实验室”贡献武进力量。重点推进西太湖细胞治疗前沿技术研究院、石墨烯创新中心等联合创新服务平台和江苏省产业技术研究院企业联合创新中心建设。

做强创新合作平台。发挥常州科教城“创新之核”的引领作用，加强武进与科教城、本地大专院校的双向对接，促进创新平台和功能的双向共享，充分吸收科教城的外溢效应，促进更多创新成果从实验室走向市场。加快打造中以常州创新园“一院一村两平台”，持续推进苏澳合作园区、中欧（常州）绿色创新园建设，通过高能级的创新平台建设，打造吸引人才、集聚资源、融通内外的“创新策源地”。

提升科技服务平台。重点面向中小企业需求，以完善公益资源服务、专业技术服务、转移转化服务三大功能为核心，加强资源共享服务平台、专业技术服务平台、科技中介服务机构等平台的建设，扩大平台服务功能，提高平台服务质量和水平。

第六章　构建创新创业源动力

优化区域双创布局，鼓励开展各具特色的双创活动，构建大众创业万众创新体制优势。注重双创示范，发挥带动效应，激发各板块双创活力，形成各具特色的双创模式和经验。

第一节　积极推进国家双创示范基地建设

融入长三角双创大格局，加强知识产权保护和运用，积极向上争取支持，全面加快双创示范基地建设，在更大范围、更高层次、更深程度开创双创工作新局面，更好发挥双创在全区经济高质量发展中的引领作用。深度参与建设长三角双创示范基地联盟，加强与上海杨浦区等双创区域战略合作，推动创新平台在联盟内部开放共享。用好双创券通用通兑政策，支持企业向市场购买专业化科技服务。瞄准高质量发展，利用中以创新园等平台，打造产业化、集群化、国际化创新创业基地。

第二节　构建完善双创生态

完善新型孵化生态链，优化科研创新环境，构建开放式创新生态链，打造“苗圃－孵化器－加速器－科技园区”科技创业孵化链条。加强科技金融服务体系建设，更好发挥科创基金的支点撬动作用，推动创业者、创业项目与创业载体、金融资本更好耦合，不断拓展金融机构跨境服务功能，不断提升科创企业境外投融资能力，全面提升国际科创资金使用效率。建立“互联网＋”创业服务平台，推进众创空间建设提档升级，加快众创空间集聚区建设，支持各类众创空间之间的合作联动与资源开放共享，加强示范推广。

第三节　加强双创文化建设

以科研人员、海外人才、企业高管、大学生、农民等为创业重点人群，形成全民创业、百花齐放的生动局面和“创意＋创新＋创业＋创富”的双创文化氛围，厚植双创沃土，激活发展引擎。组织开展形式多样的创新创业活动，营造“勇立潮头、宽容失败”的双创氛围。建设武进双创展示交流中心，搭建向社会集中展示武进双创成果和经验的平台，全力办好创响中国“常州站”系列活动，进一步扩大具有武进特色的双创品牌影响力

第七章　融入双循环新发展格局

深刻把握世界经济格局调整演变趋势，找准在双循环中的着力点和突破口，率先探索有利于促进全面构建新发展格局的有效路径，在畅通双循环上成为省、市示范。

第一节　深度融入国内大循环

扩大有效投资。发挥投资对优化供给结构的关键性作用，加大招商引资力度，支持企业扩大有效投资，优化政府投资方向和结构，确保投资稳定增长。加强重大项目储备，积极抢抓长三角区域一体化发展等国家战略，瞄准产业发展前沿，紧盯国家、省、市产业布局和投资方向，深入研究我区资源优势、产业方向、市场预期，围绕产业升级、基础设施、生态环保、公共服务等重点领域，科学精准谋划和储备一批事关长远发展的重大项目；及时更新项目，建立储备项目信息动态更新机制，不断提高储备质量；加快环滆湖片区、江理工片区、大运河古淹城文化带片区、江南印象城片区、科创新城片区、沿江城际高铁武进站片区、长沟河滨水生态宜居片区等七大片区项目开发进度，为全区经济社会高质量发展奠定良好基础。强化重大项目服务，在项目服务上持续强化攻坚，切实提高服务专员工作水平，持续提高代办专员服务规范化水平，为重大项目提供专业、高效的全流程代办服务，确保项目的成功率和转化率。加强重大项目扶持力度，强化资源保障，探索推进“标准地”改革，强化“亩产论英雄”导向，突出对重点项目建设的全周期管理，健全重大项目建设领导挂钩制，完善重点项目巡查督查考核机制，进一步提高项目服务效率。

培育消费亮点。加快衣食住行实物消费品质发展，开展批发零售业提质增效行动，推动传统商贸和实体商业转变经营模式、创新组织形式、增强体验服务，积极推广智慧商超、智慧餐厅等新零售，打造一批高品质专业市场。促进文旅休闲、健康养老、家政幼托、教育培训等服务消费提质扩容，释放网络消费、绿色消费、智能消费、时尚消费等新兴消费潜力，培育壮大在线教育、互联网健康医疗服务、在线文娱、智慧旅游、智能体育等业态，积极发展体验经济、首店经济、无接触式消费等新模式。实施线上线下融合消费双向提速工程，支持互联网平台企业向线下延伸拓展，加快传统线下业态数字化改造和转型升级，鼓励实体商业通过直播电子商务、社交营销开启“云逛街”。加强农村消费网络建设，促进消费新业态向农村市场拓展，引领农村消费梯次升级。完善消费激励引导机制，探索发放惠民消费电子券，培育惠民消费季等品牌活动。完善消费领域信用体系，推行诚信经营和诚信消费。强化消费市场监管，畅通消费者维权通道，完善产品、服务跟踪反馈评估体系，健全质量安全风险监测评估制度。

第二节　持续扩大对外开放

加快“引进来”。围绕产业发展前沿，加大龙头型、旗舰型产业项目引进力度，重点瞄准世界500强、国内大型企业和上市公司，着力引进一批产业链长、经济效益好的优质项目，创新完善项目招引体制，建立“大招商”机制，不断提升项目、技术、人才的集成招引水平。立足我区产业基础和产业特色，瞄准产业链薄弱环节，大力开展产业链招商。加快打造一批产业链集群，加快产业国际化，对接国际产业资源，做强本土优势产业，拓宽对外开放领域。积极引进优质教育资源和高水平、国际化的医疗机构，支持外资在武进区探索医疗与旅游、文化与互联网等多产业深度融合发展新模式，加强城市、园区国际化进程，支持武进高新区、西太湖等载体加快国际化步伐。

积极“走出去”。加快企业国际化步伐，加快发展区域总部经济，制定完善支持外资项目总部经济发展意见；支持本土龙头企业加快全球布局和兼并重组，培育一批具有国际竞争力的跨国公司，推动企业境外上市，通过扩大出口、对外投资等方式对接国际产业资源，鼓励本土企业参与全球产业分工。积极参与“一带一路”建设，进一步深化与“一带一路”沿线国家、地区的经贸往来和产能合作，进一步优化“走出去”战略布局。

提高外贸质效。深化国际产能合作，扩大双向贸易和投资，推进贸易创新发展，增强贸易综合竞争力，抢抓江苏自贸区建设机遇，充分发挥武进综保区功能，复制推广自贸区自主创新成果，不断提升投资贸易便利化水平。顺应外贸发展新趋势，加快跨境电子商务外贸综合服务平台发展步伐，推动服务贸易进一步发展。

提升特色平台。中以常州创新园加快“一院一村两平台”建设投运步伐，按照《创新体系建设方案》要求，加快与科教城融合发展，推进省中以产业技术研究院运营工作，完成中以国际创新村项目建设，最大限度集聚以色列优质创新资源，争当中以创新合作领航者。苏澳合作园区围绕“国际创新合作引领区、青年创新创业示范区、中葡合作项目集聚区”的发展方向，全力推动项目招引和载体建设，有效迈出园区实质性建设步伐，全力争当内地与澳门以及葡语国家互利合作的示范表率。绿建区按照长三角建筑科技创新中心的定位，加快中欧绿色创新园建设，推动苏锡常固体废弃物处置和资源综合利用产业协同发展，提升区域环境绿色发展水平，打造世界一流、全国领先的绿色建筑产业集聚区、建筑科技集成创新区、绿色生活推广示范区、低碳技术国际合作区，开创中欧绿色伙伴关系的“常州样板”。

第三节　全面推进区域合作

主动承接产业转移。借助长三角一体化促进产业布局优势互补，着力建设科技创新、高端制造、现代服务、人力资源、金融资本协同发展的现代产业体系，精心培育一批明星产业、明星企业、明星产品，努力打造具有核心竞争力的长三角高端制造新高地。大力引进高校、科研院所等创新资源，充分发挥武进制造能力、配套能力较强的比较优势，谋求成为上海、南京、杭州、深圳等区域核心城市创新成果产业化转移转化的基地，推动优秀科技创新成果到武进转化落地。瞄准产业发展的重点领域和关键环节，发挥产业基础优势，主动承接上海非核心功能产业转移，深度融入上海都市圈产业链分工，谋划发展“飞地经济”。

全面对接公共服务。加强公共服务领域的对接，深化教育、

医疗、文化等公共服务合作，协同创新跨区域服务机制，建立健全异地就医直接结算信息沟通和应急联动机制，推进电子健康档案信息平台跨区域联通，完善住院费用异地直接结算，开展异地就医门、急诊医疗费用直接结算试点工作。加强基本公共卫生服务合作，推进重大传染病联防联治。推进社会保险异地办理，开展养老服务补贴异地结算试点，促进异地养老。推进政务服务“跨省通办”，共同推动区域政务数据资源共享共用，探索协同构建长三角区域基本公共服务平台。大力引进优质教育资源、医疗机构、高端文化设施等公共服务类合作项目，吸引各类公共服务机构到武进设立分支机构，打造公共服务延伸共享地。

积极开展对口支援。深化全方位、精准对口支援，着重改善受援地基础教育、基础医疗服务能力，强化智力支持与园区共建，推进与新疆伊犁州尼勒克县、重庆云阳县的对口支援帮扶工作。深入实施东西部扶贫协作，加快推进消费扶贫，广泛动员社会力量参与深度贫困地区脱贫攻坚，积极引导企业到对口帮扶的陕西安康市汉滨区和平利县投资兴业。推动武进高新区阜宁工业园、武进经开区射阳工业园争创省级南北共建园区高质量发展特色园区，鼓励更多园区开展合作共建。

第八章　全面坚持深化改革

围绕全面深化改革总目标，认真落实中央、省、市改革部署，加快推进有利于提高资源配置效率的改革、有利于提高发展质量和效益的改革、有利于调动各方面积极性的改革，充分释放发展活力、动力、创造力，为推动武进现代化建设走在前列提供坚实制度保障。

第一节　持续优化营商环境

营造更一流的投资环境。持续提高企业开办效率，实现企业开办全流程“1.5 个工作日常态化、0.5 个工作日最优化”。推动工程建设项目审批制度改革，全面优化工程审批机制，高标准建成全国统一的工程建设项目审批和管理体系。完善不动产登记制度，分类压缩不动产登记办理时限，进一步优化办理流程。改进市政公用服务，全面实施“一站式”集成服务和统一规范管理。

营造更便捷的政务环境。深化“一门、一窗、一网”改革，推进政务服务标准化建设，加快实现“一网通办”。优化纳税服务，推行纳税人“全程网上办”及“最多跑一次”清单，高频税收业务实行“套餐式”办理。建立统一开放、竞争有序的公共资源交易市场，统一制度规则、技术标准和数据规范，完善创新交易监管体制。强化用地服务，创新产业用地供应模式，支持存量建设用地挖潜增效，鼓励企业自有低效用地再开发。完善跨境贸易服务，落实国际贸易“单一窗口”国家标准版应用，实施全程无纸化通关。

营造更公平的市场环境。统筹开展综合行政执法体制改革试点，赋予镇（开发区）执法主体资格，逐步下放城管、劳动保障等领域各类执法事项。加强事中事后监管，实现市场监管领域“双随机、一公开”检查事项全覆盖。强化安全生产监管服务，开展安全生产专项整治行动，管控各类风险隐患。加快执行案件和破产案件办理，进一步缩短结案平均用时，推动企业破产处置工作市场化、法治化、常态化运行。

营造更良好的信用环境。坚持“以诚兴城”，树立政府诚信良好形象，推动企业和社会机构信用制度建立，增强公众信用意识，全力打造“信义武进”。加快推进政务诚信建设。严格履行政府向社会作出的承诺，把政务履约和守诺服务纳入政府绩效评价，把发展规划和政府工作报告关于经济社会发展目标落实情况以及民生实事工程的践诺情况作为评价政府诚信水平的重要内容，建立政府失信治理长效机制，进一步完善政务诚信约束和问责机制。深入推进商务诚信建设。加强生产、流通、金融等各领域信用体系建设，实施分级分类信用监管，开展各行业市场主体诚信承诺活动，加大诚信示范宣传和典型失信案件曝光力度，引导市场主体增强社会责任感，强化信用自律，改善商务信用生态环境。全面推进自然人诚信建设。突出自然人信用建设在社会信用体系建设中的基础性作用，进一步完善自然人在经济社会活动中的信用记录。探索自然人信用积分管理和应用，依托市民卡、社保卡等，建立自然人信用信息基础数据库，并在公共服务、社会综治等领域推广应用。

第二节　深化重点领域改革

加快政府职能转变。巩固拓展机构改革成果，推进机构、职能、权限、程序、责任法定化，优化政府决策、执行、组织、监督体制，完善分工协作机制，优化归口管理机制，理顺权责关系。完善政府市场监管、社会管理、公共服务、生态环境保护等职能，落实政府权责清单制度，依据法律法规对清单实行动态调整，厘清政府和市场、政府和社会关系。深化财税体制改革，促进绩效管理融入预算编制、执行、监督、决算全过程。

全面激发市场活力。深化国资国企改革，推进国有资本优化重组，积极稳妥推进国有企业混合所有制改革，支持国有企业上市。建立健全支持民营经济、外商企业发展的市场、政策、法治和社会环境，破除制约市场竞争的各类障碍和隐性壁垒，营造各种所有制主体依法平等使用资源要素、公开公平参与竞争、同等受到法律保护的市场环境。完善民营企业融资增信支持体系，健全民营企业直接融资支持制度。构建降本减负长效机制，健全支持中小企业发展制度和服务体系。

第三篇　打造智能制造基地

第九章　提升制造业竞争力

坚持以高端化、智能化、绿色化、服务化、品牌化为引领，抢抓新工业、新能源、新基建、新动能机遇，巩固壮大主导产业集群，提高产业链现代化水平。

第一节　巩固壮大主导产业集群

打造 1 大高端支柱产业。高端装备产业，实施高端装备制造业提升工程，依托现有基础，重点打造智能制造装备、轨道交通装备、智能农机和工程机械等高端装备制造产业链，鼓励引导骨干企业提升主导产品档次，努力建成国家级智能制造基地，力争“十四五”末实现产值 1000 亿元，力争 1200 亿元。

巩固 6 大新型支撑产业。新能源汽车及汽车核心零部件产业，重点发展电动汽车智能化核心技术，力争“十四五”末实现产值 1000 亿元。新一代信息技术产业，逐步建设集成电路芯片设计、制造、封装测试完整产业链，力争“十四五”末实现产值 800 亿元。前沿新材料产业，发展以石墨烯为引领的新材料产业，力争“十四五”末实现产值 200 亿元。新型电力（新能源）产业，突出光伏、光热、风电综合运用，力争“十四五”末实现产值 350 亿。新型医疗器械产业，重点发展以植入物、手术机器人、体外诊断等产业，探索发展以治疗性疫苗、基因药物等细分领域的生物医药产业，力争“十四五”末实现产值300亿元。新型节能环保产业，重点开发和推广高效节能绿色电器、建材等新产品，水和大气污染防治、城市垃圾和危险废弃物处理处置、环境检测技术及成套装备和关键产品，力争“十四五”末实现产值200亿元。

提升2大传统优势产业。新型纺织服装，通过质量提升、品牌提升、效益提升，由产业中低端向中高端迈进，力争“十四五”末实现产值200亿元。绿色精品钢,以中天钢铁、东方润安等龙头企业为核心，加快结构调整和技术进步，不断扩展规模，提升行业竞争力，推动钢铁冶金行业实现由大到强的转变，力争“十四五”末实现产值1500亿元。

第二节　提高产业链现代化水平

深入实施“建链、补链、长链、强链、固链”工程，把增强产业链供应链自主可控能力摆到突出位置，充分发挥区领导挂帅服务的“链长制”作用，努力搞出更多“独门绝技”、打造更多“高峰”“高原”，全力打造产业链供应链畅通的制造枢纽、内外循环有效贯通的市场枢纽和培育新消费新业态的商业变革枢纽。加强产业链精准招商，重点打造智电汽车、机器人、芯片、新材料、生物医药等标志性产业链。支持产业链龙头企业加强产业链垂直整合、兼并重组，提高全球产业链、价值链关键环节的控制力。促进产业链优势企业与专业配套企业集群协同发展，加强供应链协同、生产资源流通，鼓励共享制造等新型生产组织方式。

第三节　提档升级产业园区

常州经开区。以优化调整管理体制为新起点，充分发挥轨道交通、绿色机电、新材料、智能电力装备等专题园区主力军作用，加快集聚产业高质量发展新动能，争当常州融入上海大都市圈的桥头堡，争创国家级经济技术开发区。

武进国家高新区。聚焦“滨湖科创城、智造武高新”的区域定位，力争在中以合作、科创走廊、产城融合、中轴枢纽等方面取得新突破，继续在全区发展中挑重担、当先行，朝着全国30强的目标迈进。高质量打造现代产业体系，提升发展四大主导产业，不断深化“一车一人一芯”产业布局。

西太湖科技产业园。瞄准长三角技术创新与转化中心、国家产城融合示范区目标，深化创新战略，推进环滆湖经济带一体化，打造“最美湖湾城、城市新空间”，不断提升在省内开发区中的综合竞争力，早日建成省级高新区。精耕细作高端医疗健康、石墨烯新材料、新智造、新经济等“一高三新”特色产业，筑牢产业发展根基。

第四节　加快新时代“两个健康”先行区创建

准确谋划创建路径。紧密结合苏南模式转型升级示范区创建，在铸魂领航、创新驱动、要素支撑、营商环境、企业家精神“五个方向”上求突破,夯实我区民营经济发展基础。打响“两个健康”最优品牌，努力打造全省的率先样板，全面营造依法保护企业家合法权益的法治环境、公平竞争诚信经营的营商环境和尊重激励企业家干事创业的良好氛围。鼓励引导全区企业家进一步弘扬企业家精神，在爱国、创新、诚信、社会责任和国际视野等方面做好先锋表率。

引导龙头企业做大做强。壮大龙头企业发展规模，按照高质量发展要求，鼓励支持重点产业的标杆企业做强主业，通过并购扩张等方式提高产业集中度和拓展市场份额。发挥引领集聚效应，引导龙头企业牵头组建企业联盟，实现企业资源信息共享，带动中小企业加快崛起。全力加快企业股改上市步伐，推动产业资源优势加速转化为资本优势和竞争优势。鼓励引导龙头企业牵头产业链上下游的横向联合、纵向整合，持续推进产业链垂直布局,不断提升产业基础高级化、产业链现代化水平。

鼓励中小企业加快发展。实施中小企业梯次培育，通过搭建助力初创企业快速成长的赋能式平台，支持企业大力瞄准前沿关键技术、战略支撑技术、终端消费革新等开展定向创新、做精做强。支持中小企业围绕“专精特新”加快发展，将高企培育、股改、上市作为一个链条打造,培育更多产业链龙头企业、隐形冠军企业和瞪羚企业，壮大一批高科技、高成长性、高附加值的科技小巨人和行业排头兵，培育更多占据细分市场主导地位的行业隐形冠军企业。

第十章　推动先进制造业与现代服务业深度融合

构建“三区三业三经济”现代服务业发展体系，提升“两业”融合发展水平。

第一节　做强服务业发展平台

依托夏溪花木市场等大型专业市场、吾悦广场等城市综合体、淹城商业街等特色街区打造现代商贸区。抓住成功入选国家级产城融合示范区的重要机遇，以满足城乡居民日益增长的多层次文化生活需求为基础,进一步提高商贸业的功能和档次，不断提升城区中心商圈的集聚度和辐射度。大力发展专业市场、现代物流园等生产性服务业，努力把武进打造成区域性商贸物流中心依托太湖湾嬉戏谷、淹城春秋乐园、淹城动物园、嬉乐湾生态公园、西太湖揽月湾等旅游景点打造休闲文化旅游区。充分挖掘武进特有的春秋遗迹和阳湖文化内涵，结合西太湖、太湖湾、宋剑湖和芳茂山等特有的山水生态景观资源，大力发展生态旅游、文体体验、康养旅游，坚持以“文化旅游融合、康养产业突破”，打造全域长三角生态文化旅游后花园。

依托高新区等省级双创示范基地、石墨烯研究院等创新载体、恒立液压等创新型企业，打造科技创新区。加快建设一批公共科技服务载体和电子商务平台，培育引进企业管理总部和地区金融机构，推动科技创新、金融产业、总部经济互动共生、融合发展，将武进区打造成为引领苏南、面向国际的科技商务中心。

第二节　提升服务业发展水平

以适应消费需求、提高服务质量为导向，提升养老、商业、住餐等生活性服务业，促进生活性服务业高品质精细化发展。进一步强化文化创意服务，推动设计产业创新发展，加快发展数字创意产业；进一步强化健康养老服务，推进康养产业集群发展，促进医养深度融合发展；进一步强化旅游休闲服务，大力推进旅游资源配套，积极促进乡村旅游发展。

以引领转型升级、推动产业融合为导向，发展研发、设计、检验检测等生产性服务业，促进生产性服务业向价值链高端攀升。进一步强化科创服务，大力推进研发设计服务业，加强科技服务模式创新；进一步强化商务服务，积极打造电子商务生态圈，推动总部经济建设；进一步强化物流服务，拓展物流产业发展新模式。

以坚持创新驱动、增强发展活力为导向，发展会展、楼宇、金融等新兴服务业，促进现代服务业向高质量迈进。进一步加强会展业品牌建设，完善以西太湖国际博览中心、嬉戏谷动漫会展博览中心、武进莲花会展中心为重点的大型会展场馆布局，加快探索展会发展新模式；进一步强化金融服务，培育绿色金融业态，推动金融产业集聚发展。

第三节　培育服务业发展亮点

大力发展以大数据、互联网平台、新一代信息技术为代表的数字经济，全面提升制造、农业、物流、金融、商务、家居、医疗、教育等行业和领域智慧化水平。培育壮大数字经济核心产业，实施数字产业倍增计划，重点发展新型电子、集成电路、工业和能源互联网等特色优势产业，积极培育大数据、物联网、云计算、人工智能、区块链及数字终端产业链；推进产业数字化转型升级，实施制造业数字化转型升级和工业企业上云行动，推进生产装备智能化改造和网络化互联，建设一批智能车间和智能工厂，培育一批星级上云企业，推动贸易、金融、物流、文旅、设计、零售等行业数字化创新发展；加快新型数字基础设施建设，实施5G网络建设发展工程，加快推进5G基站建设布局，基本建成覆盖全区、深度应用的5G网络，推动物联网有序健康发展，率先布局车联网（智能网联汽车）基础设施和服务平台，推动高效协同计算设施建设，支持有条件的企业开展基于国家未来网络重大基础设施（CENI）关键技术攻关和通用设备研制。

加速发展以知识技能分享、资金分享、生产能力分享等为代表的共享经济，提升生产服务、流通服务和消费服务资源优化和整合水平。拓展共享消费新空间，推动形成高质量的生活服务要素供给新体系；打造共享生产新动力，充分挖掘闲置存量资源的应用潜力；探索生产资料共享新模式，提高资源利用效率。

提升发展以新媒体、会展广告、创意设计等为代表的创意经济，全面激发创意市场活力。充分利用微博、抖音等新技术手段，开启新媒体营销推广新模式，率先实现全方位智能化服务和管理；鼓励创意产业与生产制造、文化教育、旅游体育、健康医疗与养老、智慧农业等领域融合发展，建设一批创意产业集群，提供VR旅游、创意设计等多元化消费体验。

第四节　加快推进“两业”融合

突出企业全生命周期服务和制造业全产业链条嵌入，积极培育“两业融合”发展新业态、新模式，推进实施“两业”深度融合试点示范工程，以龙头骨干企业、产业集群、区域集聚发展等融合试点构建产业链双向融合互动耦合机制，培育一批集“智能制造＋增值服务”功能为一体的“两业”深度融合的标杆企业，打造一批“两业”深度融合的优势产业链条、新型产业集群、融合示范载体和产业生态圈，大力提升“制造业服务化”和“服务业制造化”水平。优化营商环境，在创新管理方式、完善工作机制和创新用地、统计、市场监管等方面先行先试探索可行模式路径。

第四篇　打造滨湖生态宝地

第十一章　持续改善生态环境质量

打好打赢生态文明攻坚战，对照各项目标任务，推进生态文明创建，加强污染防治攻坚，从生态系统整体性和流域系统性出发开展生态环境修复和保护，力争在生态环境质量提升上取得优异成绩。

第一节　推进生态文明创建

明确接续奋斗目标，在巩固提升省级生态文明建设成效的基础上，加快国家生态文明示范区创建步伐，不断彰显生态文明建设成效，放大生态文明建设效益。持续稳固生态保护引领区成果。通过生态创建工作的稳步实施，带动区域整体生态环境基础设施的完善，促进环境管理水平的提升，逐步构建生态安全空间格局。

第二节　加强污染防治攻坚

全力打赢升级版蓝天保卫战。以降低PM2.5污染为空气质量改善的核心目标，持续开展秋冬季大气污染综合治理攻坚，严防“散乱污”企业反弹，以质量改善目标引领大气污染防治布局，实现全区空气质量持续改善，守护“武进蓝”。持续推进VOCs治理攻坚，实施“一行一策”“一企一策”精细化治理；推动重点行业治理升级与提标改造，提高行业治污水平；强化餐饮油烟污染、烟花爆竹等生活污染防治；推进大气治理与应对气候变化统筹和协同减排，到2023年，全区单位GDP二氧化碳排放为0.745万吨，并达到碳排放峰值；到2025年，全区碳排放总量进一步降低。

全力推进“三水统筹”共治。以滆湖、太湖为核心，统筹推进全区流域水环境治理体系建设工程，进一步提升水质、涵养水源，确保国省考断面水质达标，地表水达到或好于三类水体比例持续提高，全面推进武进美丽河湖建设。全力推进水环境综合治理，加强工业污染防治，强化生活污水治理，落实河湖岸线分区管控，加强入河排污口管控；扎实推进精细化水资源管理，加强重点河湖生态流量管理；全面落实区镇村三级“河长制”，进一步推进企业“河长制”，将“河长制”工作向村塘沟浜等小微水体延伸，推动流域控制单元精细化管理。

巩固提升净土保卫战成果成效。加强农业面源污染防治，深入开展土壤环境污染状况调查，加强工业固体废物、危险废物污染防治，科学稳步推进土壤污染防治。保障农产品供给安全，强化农用地分类管理；强化建设用地土壤环境管理，持续开展建设用地调查评估，分用途明确管理措施，有序开展治理与修复；开展地下水污染防治，实现地下水环境质量持续改善。

第三节　实施生态环境修复

加强“两湖”流域水生态修复。进一步加强外源减量与内源减负；实施“两湖”生态清淤，保护和修复水生态系统；统筹协调江、湖、河生态调水，增加区域水环境容量，促进区域总体水质的提升；清退滆湖围网养殖，实施新一轮“退渔还湖”工程，推动环湖绿色廊道和湿地带建设。

加强主干河网水生态修复。有效去除水体有机物和氮、磷污染物；全面打通河流水系，打通断头浜；开展河道清淤，打造生态护岸，实施河坡绿化；鼓励生活污水处理设施排污口建设人工湿地生态缓冲带，实现尾水生态净化；全面推进生态河湖行动，建设一批“五好河道”“生态河道”。

加强“小流域”系统治理。全面推进流域水环境保护精细化管理，打造以水系为基底的小流域河浜清洁网络和以生态要素关联的生态健康网络；进一步谋划推广小流域开展水环境综合治理，开展水域岸线系统整治；进一步推动小流域或重点区域精准化、系统化、定量化治理的创新模式，推动智能流域管理。

第十二章　大力实施绿色低碳发展

坚持绿色发展理念，加快绿色产业建设步伐，在注重末端治理的同时强调源头预防，着力从根本上解决环境问题。

第一节 加快产业绿色转型

不断优化能源结构。做好碳达峰、碳中和工作，严格控制能源和煤炭消费总量，实行煤炭减量替代；不断推进节煤提效，推进钢铁、电力、化工、建材等传统行业及建筑、交通、商贸、公共机构等重点领域实施一批节能技改项目。大力发展清洁能源和可再生能源，积极发展能源互联网新技术、新模式和新业态，推动能源消费向清洁化、低碳化方向转型，进一步推广分布式光伏发电、“渔光互补”发电，推动工业园区和企业应用天然气分布式能源。到“十四五”末，提高电煤使用比重，削减非电工业行业用煤总量。

推进工业绿色发展。持续提升绿色技术创新能力，突破一批绿色制造设计、末端治理等核心技术，培育一批绿色企业技术中心和绿色技术创新企业，支持绿建区打造长三角建筑科技创新中心。积极培育绿色企业集群，加大企业绿色技术改造力度，对高耗能行业，实行更严格的差别化电价政策，推动工业企业实施技术改造，持续推进常州经开区、武进高新区和西太湖科技产业园循环化改造。

第二节 营造绿色低碳氛围

打造绿色消费新引擎。大力推广绿色消费理念，增强绿色供给，限制使用一次性产品，完善创新绿色消费政策体系；开展绿色出行创建活动，提高城市公共交通、步行、自行车等绿色出行水平；完善绿色产品市场准入和追溯制度，推广生产者责任延伸制度，加快形成安全、便利、诚信的绿色消费环境；倡导餐饮企业提供小份餐饮、自主餐饮和分餐制等节俭用餐服务，杜绝“舌尖上的浪费”。

倡导绿色生活新方式。通过开展节约型机关、绿色家庭、绿色学校、绿色社区、绿色出行、绿色商场、绿色建筑等创建行动，广泛宣传推广简约适度、绿色低碳、文明健康的生活理念和生活方式，建立完善绿色生活的相关政策和管理制度，推动绿色消费，促进绿色发展，支持绿建区参与全国碳排放权交易市场江苏中心建设。到“十四五”末，绿色生活创建行动取得显著成效，生态文明理念更加深入人心，绿色生活方式得到普遍推广，通过宣传一批成效突出、特点鲜明的绿色生活优秀典型，形成崇尚绿色生活的社会氛围。

第三节 推动资源高效利用

加强土地资源节约集约和高效利用。实行最严格的节约用地制度，实施建设用地总量和强度“双控”行动，严格土地用途管制。提高工业用地准入门槛，有序推进低效城镇用地和产业用地再开发，提高单位建设用地产出效率，形成产业高质量发展新格局。积极盘活农村存量建设用地，推动村庄闲置地、废弃地整理和复垦。健全以“亩均效益”为导向的资源要素优化配置机制，完善节约集约用地激励约束机制和考核体系。

严格水资源节约利用和保护。严格落实水资源管理“三条红线”，完善以总量与效率控制为核心的水资源利用管理机制。优化水资源结构，统筹利用江河湖库水资源，推进再生水、雨洪等非常规水利用。深入开展节水行动，推动重点工业行业节水改造，积极推行先进适用的农业节水灌溉技术。

完善固废管理和利用处理。健全再生资源回收利用网络，规范完善废钢铁、废旧轮胎、废旧纺织品与服装、废塑料、废旧动力电池等综合利用行业管理，加快落实一般工业固废、危险废物等综合利用能力建设。实现化肥农药零增长，实施循环农业示范工程，推进秸秆高值化和产业化利用。推进蓝藻变废为宝，通过制成有机肥用于花卉苗木等农业生产，实现循环利用。

第十三章 继续完善基础设施体系

基础设施不仅是支撑区域经济社会发展的重要要素，也是城市品位和建设水平的一种体现，要积极推动重大基础设施项目建设，构建现代化的基础设施体系。

第一节 构建综合交通体系

做好对外“大交通”的规划研究，争取更多项目纳入省、国家盘子，加快实现长三角核心城市“2 小时”连通、苏锡常都市圈核心城市“1 小时”连通、常州市域及临近市（区）“45 分钟”连通、武进主城区至各个乡镇实现“30 分钟”连通。

加快建设高效便捷的公路网。构建纵横交错的高速公路网络，持续推进苏锡常南部高速建设，确保“十四五”期间建成通车，积极推进宁常高速、丹金高速、东部高速、江宜高速武进段、沪武高速、沪宜高速常州段扩建；构建内通外联的国省干线网络，有序推进花海大道南延、武南路东延、朝阳路南延等项目建设，优化区域联系主要通道；构建连贯东西、互通南北的快速路网络，持续推进青洋路快速化二期、南环线快速化等重大工程，打造枢纽经济。

加快打造互联互通的轨道网。完善干线铁路网络布局，加快推进沿江城际铁路建设，确保“十四五”期间顺利建成通车；推进城市轨道交通建设，争取轨道交通 1 号线南延段、5 号线、6 号线一期在“十四五”期间开工建设。

坚持公交优先发展战略。优化公交线网、班次密度，满足群众出行需求，努力将我区的交通体系打造成全方位的快捷交通网络。

第二节 构建水利水运体系

着力提升水利综合保障能力。积极推进环太湖大堤剩余工程（武进段），巩固并提高环太湖控制线防洪能力；依托流域防洪工程体系，加快推进武宜运河等区域骨干河道整治，提升区域防洪能力；完善城市及周边圩区防洪排涝体系，重点保障中心城区防洪除涝安全，构建标准较高、协调配套、安全可靠的水利基础设施网络体系。健全农村水利工程体系，加快推进农村水利标准化和现代化建设，建成高标准农田水利基础设施和高效农业节水农业生产体系，进一步提高农村水利管理能力和管理水平。加强水管理服务支撑体系，以建设管理规范、保障有力的水管理服务和水利发展支撑体系为目标，加强水利规划管理，强化水利依法行政和改革创新。

全面提升航道网络通达水平。充分发挥内河高等级航道与长江黄金水道的海江河联运优势，构建以锡溧漕河为骨干，其他航道为补充的干线航道网络，促进运输结构不断优化。“十四五”期间，重点推动常宜线和常溧线航道整治工程。加强航道养护，加强“大动脉”干线航道及“毛细血管”支线航道的养护，确保航道安全与畅通，实现内河航运的可持续发展。根据航道在武进区、江苏省航道网的功能及作用，结合航道建设规划，合理推进航道养护工作。

第三节 构建能源保障体系

根据国家和省能源发展战略，结合武进清洁能源发展基础，科学规划布局电力、燃气等能源基础设施，积极探索清洁能源、“互联网＋”智慧能源发展策略，加快构建安全、稳定、经济、清洁的现代能源产业体系。加快电力体系布局，以保障社会经济发展、满足城市建设需求、提高居民用电水平为目标，适度超前规划建设电网，加快重大电力基础设施建设，构建高效、清洁、灵活的智能电网。把发展新能源与可再生能源作为调整优化能源结构的重要抓手，继续加快光伏、光热、生物质能等可再生能源发展，加快布局发展“能源互联网”，为“十四五”期间全区能源结构调整提供有力支撑。

第四节 着力打造智慧武进

大力推进“互联网＋”行动，加快布局5G网络，探索区块链技术场景应用，构建互联创新的现代信息体系，促进信息技术在智慧武进建设中的深度融合，优化提升城市运转、市民生活、经济运行和政府服务的智能化应用，全力促进城市信息化水平迈上新台阶。高质量推进未来社区建设，以群众美好生活新需求为导向，深度融合数字经济、社会治理、创新创业与生态文化，增强社区全生活链服务供给能力，规划建设一批和谐共治、绿色智慧的未来社区。构建共享的应用支撑平台，建成一批服务全区的基础数据库和专题数据库。加快推进智慧政务、智慧产业、智慧民生建设，支持举办各类专业论坛、专业会展、智慧产业创业大赛等活动，形成全社会支持智慧城市建设的良好氛围。

第五篇 打造安居乐业福地

第十四章 强化城乡一体化发展

按照人口资源环境相均衡、经济社会生态效益相统一的原则，科学合理规划区域生产空间、生活空间、生态空间，提高中心城区品质和密度，推动产城融合发展，推动乡村与城市一体化发展，形成空间协调的发展格局。

第一节 打造现代新城市中心

高质量完成西太湖片区规划和城市设计，通过片区开发、沿湖风光带打造、天际线设计、跨滆湖大桥建设等工作，让这块宝地更具特色、更具美感、更具魅力。

坚持绿色生态优先。依托“城湖一体、水绿相依”的独特滨湖生态资源，持续推进西太湖生态环境综合治理工程，加快沿湖生态管控、水环境整治、岸线改造、道路基础设施贯通、绿化景观建设，进一步优化空间结构、强化功能布局、美化生态环境，将西太湖地区打造成环境最好、业态最优、活力最强的“美丽核心”。

培育高端特色产业。因地制宜、精心布局科技研发、现代服务、文化创意、休闲旅游等高端产业，打造高端服务业集聚区。鼓励企业跨界整合，全力构建长三角高质量的产业生态圈，打造长三角技术创新与转化中心。石墨烯创新中心积极参与长三角石墨烯联合创新中心建设，落户一批石墨烯龙头项目；医药科技国际创新中心加快完善全方位的创新服务体系，加速形成效应和品牌，集聚创新合作、技术转移和公共平台等。

全面完善功能配套。加快完善环滆湖地区重大基础设施建设，努力构建长三角区域性交通枢纽，促进沿江高铁与地铁1号线、盐泰锡常宜高铁与地铁1号线、常泰高铁与地铁5号线的无缝衔接。围绕交通主干网规划布局“三生”空间，加强市、区级重要公共设施倾斜投入，加快完善教育、医疗、文体等公共服务体系，打造商务办公、精品酒店、特色餐饮为一体的商业街区，优化改善城市品质，加快人气集聚和活力提升。

第二节 提升中心城区品质

优化中心城区形态。大力推动城市更新再造，打造集中连片的商业、商务中心区。织补串联零散的生态游憩、休闲空间，构建分级多元的居住空间和社区生活圈。片区定位体现差异化、特色化，有序开发长沟河西侧、淹城南侧等片区城市资源，加强重点区域教育、生态、商业等设施规划布局。优化城区空间格局，根据城市中心区空间发展特征，构建合理的城市功能单元，明确各功能单元发展重点，打造协调互动、开放包容、充满活力的城市空间。积极推进旧城更新改造和省级宜居住区项目创建，促进工业用地转型提升，对老住宅小区、老商业街区以及城郊接合部进行整体功能和环境提升，完善旧城改造机制，优化提升老城区的功能和品位。结合国土空间规划编制，明确拆迁提升与保留提升区域，加大保留提升区域财政投入，让群众切实享受城市更新红利。

提升城市功能品质。坚持“公园城市”“韧性城市”理念，高品质做好规划设计，推动淹城等公园建设，串联文旅资源，推动文旅共兴、产业振兴、商业复兴，推动发展创新型、服务型、开放型、总部型、流量型的“五型经济”。统筹规划中心城区地上地下空间开发，完善城区防空减灾工程体系，完善城市路网系统，均衡公园绿地分布，推动商业、办公、居住、生态空间与交通体系合理布局。不断提升中心城区的现代化水平，充分发挥科创新城的创新引领作用，继续提升定安路、花园街和人民路三大现代购物商圈，大力吸引银行、证券、保险等金融机构和企业总部、分支机构、投资公司入驻，着力提升中心城区商贸购物和金融服务，着力打造区域性金融中心和楼宇经济集聚区。加快完善学校、医院、邮局、银行等生活服务设施建设，推进城市与周边城镇基础设施连接和公共服务共享，提升区域辐射带动功能。

强化城市精细管理。构建常态化、网格式管理机制，下“绣花”功夫提高城市精细化管理能力，着力解决城市管理突出问题，进一步提高城市环境质量、人民生活质量和城市竞争力，不断提升市民对城市管理的满意度，为推动城市更新和转型发展、建设和谐宜居之城提供坚强保障。推动城市管理向城市治理转变，构建权责明晰、服务为先、管理优化、执法规范、安全有序的城市精细化管理体系，使之与城市功能定位相适应、与经济社会发展相协调。持续推进街道靓化、广告净化和停车序化行动，不断提升市容水平，营造干净、整洁、有序、便利的整体环境。普遍实行生活垃圾分类和资源化利用制度，加快形成生活垃圾分类全过程管理系统，逐步提升城乡生活垃圾分类质量，推动再生资源回收利用行业转型升级，实行统一的生活垃圾分类类别，城市生活垃圾回收利用率达到35%以上。

第三节 全面推进乡村振兴

创新区镇联动机制。建立开发区与镇挂钩扶持机制，利用开发区资源助力各镇引入企业、做大做强，支持各镇与开发区共建合作园区。推动新一轮区镇共建，统筹开发区部分收入反哺特色强镇建设，研究建立区级各类资源的统筹匹配机制，逐步形成统一、普惠、均衡、规范的政策体系，探索一区多园、共融发展的格局。深入推进区镇国有企业一体化运行管理改革，为国资平台参与乡镇建设开辟有效渠道。

提升镇域承载能力。高标准建设特色强镇，坚持规划为先、特色为魂、产业为基、市场为体、富民为本“五路并进”，大力推进园区更新，培育激活镇域经济的新引擎。统筹考虑地理区位、交通条件、产业基础、功能定位，合理确定各镇总体发展思路、发展规模和空间布局，做大做强优势产业，做优做美人居环境，做精做亮文化品牌，全力打造差异化、个性化的经济强镇、生态美镇和创新活镇。

推进强村富民进程。按照“一村一品”要求，因地制宜发展高效农业、生态农业、休闲观光农业，进一步壮大农村集体经济。加快健全完善村级集体经济长效机制，持续发展壮大农村合作社，全力拓宽村集体增收途径。大力推进农村更新，继续加大美丽宜居乡村建设力度，坚持以点带面、连线成片，全面提升乡村建设水平，最终形成点上出彩、线上成景、面上美丽的全域美丽乡村骨干体系，精心打造“有品质更有亮点”的全域美丽乡村。

提升农业产业水平。建设都市现代农业，优化农业农村发展功能、产业、空间布局，切实加强农业生产空间管控，进一步打造一、二、三产交叉融合发展的典范。构建现代农业生产体系，加强高标准农田建设，新建高标准农田5万亩以上，以基本农田保护区、粮食生产功能区和重要农产品生产保护区为重点，大幅度提升高标准农田建设水平。构建现代农业经营体系，大力发展家庭农场，提升发展农民合作社，发展壮大农业龙头企业，大力推进农业经营主体联合。健全农业社会化服务体系，优化农业公共服务，发展专业性合作服务，发展农业中介服务，完善涉农金融保险服务，不断加大农业信息服务。

加快推进农村改革。持续推进农村土地制度改革，因地制宜有序推进“多规合一”实用性村庄规划，继续深化农村土地经营权入股发展农业产业化经营改革试验，完善政策制度、扩大试点面积；深化农村集体产权制度改革，全面完成农村集体产权制度改革和农村集体经济组织登记赋码工作，探索拓宽农村集体经济发展路径，强化集体资产管理，健全农村产权流转交易服务体系；探索建立新型职业农民制度，构建包括教育培训制度、认定管理制度和扶持政策体系等一套制度体系，委托有关农业院校为农村基层培养知农、爱农、务农的未来高素质农民。

第十五章　创造幸福美好新生活

坚持人民利益至上，聚焦习近平总书记民生工作“八个更”要求，谋民生之利、解民生之忧，尽力而为、量力而行，不断提高人民生活品质，促进人的全面发展和社会全面进步。

第一节　稳步提升民生福祉水平

健全就业促进机制。深入落实就业优先政策，通过优化产业结构、培育壮大新动能，开发更多优质就业岗位。完善全方位就业服务，加强人力资源市场、网络招聘平台建设，发挥市场机制在人力资源配置中的基础作用，健全专业化、智能化服务体系，提高劳动力匹配效率。探索创新新形势下的就业扶持政策，加强对贫困人员、退役军人等重点群体的就业扶持力度。加强职业技能培训，提高劳动者就业能力，建立健全终生职业技能培训制度，提升劳动者素质。到“十四五”末，新增就业岗位32万个，城镇新增就业8万人以上，城镇登记失业率控制在1.7%以内。

完善社会保障体系。深入推进社保扩面提标，不断提高社会保障覆盖范围和保障水平。建立完善城乡居民基本养老保险待遇和基础养老金正常调整机制，深入推进长期护理保险工作。完善公平适度的医疗待遇保障机制，加强医保基金监管力度，提升医保公共服务标准化规范化水平，促进医疗保障和医药服务高质量协同发展。深入实施被征地农民社会保障政策，做到即征即保、应保尽保、分类施保、逐步提高。增加财政投入，提高社会保障占GDP的比重，提高社保基金抗风险的能力。到“十四五”末，城乡基本养老保险覆盖率达到100%、人员参保率达到99.85%以上。

加大社会救助力度。千方百计扶持困难群众，推进贫困家庭解困脱贫工作，对贫困家庭实行精准帮扶。健全完善社会救助体系，加大重点群体的救助力度。积极发展慈善事业，加强为失业者、老年人、困境儿童、残疾人、失独家庭、优抚群体的福利服务，逐步扩大社会福利涵盖范围，实现福利标准与经济发展同步增长，不断提升慈善救助的社会效益。推进社会保障、社会救济、社会福利、社会互助制度衔接，健全最低生活保障制度，保障特殊群体生活水平。

第二节　完善优质均衡教育体系

科学布局教育资源。按照“城市功能、人口规模、学校布局、优质资源”四位一体原则，结合区域经济社会发展状况，坚持教育配套优先并适度超前原则，深入实施教育补短板三年行动计划，加大教育投入，使区内城乡中小学形成覆盖全面、规模合理、高效集约的空间布局，实现全区教育资源优质均衡。科学合理地规划学前教育设施布局，完善城乡幼儿园结构体系，多渠道扩大学前教育的资源供给。

公益普惠发展学前教育。聚焦普惠性学前教育资源供给缺口和城镇化进程对学前教育的新需求等问题，大力发展公办幼儿园，科学规划普惠性学前教育资源布局，规范小区配套幼儿园建设使用，提升学前教育资源供给能力，到“十四五”末，普惠性幼儿园覆盖率达94%。健全学前教育管理机构，充实管理力量，严格幼儿园准入管理，指导督促民办幼儿园进一步规范办园行为，清理所有无证幼儿园。加大优质幼儿园的创建力度，教育集团化办学覆盖全区所有幼儿园，努力提升省市优质园的比例和覆盖率。

优质均衡发展义务教育。以课程改革落实立德树人目标，以课堂变革推进育人方式转型，以评价改进提升教书育人品质，提高教育教学质量。促进义务教育内涵发展，努力创建“新优质学校”，深入实施集团化办学，扩大优质教育资源的覆盖率和共享度。推行城区公办义务教育热点学校“六年一学位”入学管理试点工作，全面实行公民同招，严格执行免试入学要求。对全区新市民学校分类处置，加快推进整治提升工作，努力为流动人口随迁子女提供良好的就学环境。到“十四五”末，高标准创建成全国义务教育优质均衡发展区，促进义务教育高水平优质均衡发展。

特色多样发展普通高中。加快普通高中新校区建设，缓解高中学位紧缺压力，提高设施设备配置标准，高质量完成教室、宿舍、功能室、实验室改造与提升。深入研究江苏“3+1+2”新高考模式，推进课程、教学、评价一体化改革，增强高中学生综合素质评价工作的科学性、客观性和透明度。聚焦课堂教学，培育教学风格，丰富教学样态，提高教育教学质量。突出德育时代性，强化综合素质培养，拓宽综合实践渠道，创新人才培养模式，促进学生全面而有个性发展。到2025年，全区江苏省四星级普通高中比例力争达到100%。

转型升级发展职业教育。融入苏锡常都市圈职业教育改革创新，突出中高职一体化办学优势，深化五年制高职办学改革，实施高等职业教育创新发展卓越计划，常州高职校积极创建以五年制为主的独立设置高职院校，支持常州幼儿师范学校高质量特色发展。鼓励和支持企业参与职业教育人才培养全过程，创新实训基地建设方式，研制推广学徒制工作规范和教学标准，深化产教融合、校企合作。强化职业高中与普通高中双向融通，认真做好对口升学考试工作。

第三节　完善高效便捷健康体系

深化医疗卫生体制改革。优化卫生资源布局，充分利用好阳湖医院等市级优质医疗资源，推进武进人民医院南院二期建设，推动武进人民医院医疗服务功能重心南移，支持武进人民医院和武进中医医院创建“三甲”医院、市七院建设现代化三级医院，巩固提升内涵能力。调整完善基层医疗卫生资源配置，持续改善就医环境。提升疫情医疗救治能力，规范二级以上医院发热门诊建设。深化公立医院改革，建立现代医院管理体系，创新人员管理模式，健全完善薪酬制度。提升医疗服务保障，加快实施智慧医疗项目，深入实施分级诊疗制度，提高居民享受优质医疗服务的便利性。开展与常州医疗一账通平台对接，逐步实现就医一卡通、医疗一账通，实现与常州市医疗机构互通结算。

完善多元养老服务体系。把握人口深度老龄化的基本区情，积极构建养老、孝老、敬老政策体系和社会环境，加快推动养老事业发展，让广大老年人过上幸福的晚年生活。统筹区域养老资源，构建以居家为基础、社区为依托、机构为补充、信息为辅助的社会化养老服务体系。推进医养融合模式，推进基层医疗卫生服务融入社区、家庭，实现居家养老服务全覆盖。推进居家养老上门服务和服务中心（站点）社会化运营，改造提升农村敬老院，不断提高护理型床位占比。壮大现代养老产业，鼓励民间资本和境外资本投资建设养老服务项目，扩大养老服务有效供给，探索构建长期照护保障体系。提升智慧养老品质，大力发展“互联网＋健康养老”等新兴业态，推动健康养老向信息化、智能化方向发展。加强老年人权益保障，丰富老年人精神文化生活，建设老年友好型社会。

大力推进健康武进建设。大力推进健康促进行动，将健康融入各项政策。加快健全公共卫生应急管理体系，强化公共卫生依法保障，改革完善疾病预防控制体系和重大疫情防控救治体系，健全重大疾病医疗保险和救助制度，不断完善应急物资保障体系。构建更高水平的全民健身公共服务体系，建立运动促进健康新模式，促进群众体育和竞技体育全面协调发展。大力实施全民健身工程，完善公共体育设施网络，提升“10分钟体育健身圈”功能。建立健全健康教育体系，普及健康知识，引导群众树立正确健康观，培育体育健康文化。深入开展爱国卫生运动，促进全民养成文明健康生活方式，大力发展健康产业，推动健康与医疗、养老、休闲养生、文体等有机融合。

第十六章　始终坚持文化自信

坚定文化自信，坚持以社会主义核心价值观引领文化建设，加强社会主义精神文明建设，围绕举旗帜、聚民心、育新人、兴文化、展形象的使命任务，实现满足人民文化需求和增强人民精神力量相统一。

第一节　提高社会文明程度

持续深化社会主义核心价值观教育引导。坚持落细落小落实，从最能形成共识的“爱敬诚善”入手，通过立体化宣传、通俗化阐释、形象化解读、故事化表达，让人们听得懂、易接受、入得心。深化各类先进典型的选树推介、学习宣传。做精做优道德讲堂，制度化、常态化开展“四化一角”（标准化、生活化、工作化、节庆化和百姓视角）讲堂活动。广泛开展志愿服务，培育一批武进本土化特色项目和志愿服务组织。以立德树人为根本，通过理想信念教育、“八礼四仪”养成教育等，切实加强未成年人思想道德建设。

深入推进文明城市建设。转变发展观念，从突击性的“创”转为长久性的“建”，推动文明城市建设向纵深推进、全域覆盖，不断提升公共秩序、公共环境、公共设施、窗口行业、社区管理、人文关爱、氛围营造等方面的建设水平，全面展现优美靓丽、整洁有序、文明和谐的城市形象，确保我区城市文明程度指数位列全省、全市第一方阵。健全文明城市建设和城市管理长效机制，有效破解停车难、交通拥堵、老旧小区改造、背街小巷治理等一批“城市病”难题，一针一线绣出城市生活新面貌。

全域推进新时代文明实践中心建设。深化拓展新时代文明实践“中心、所、站”三级体系建设，实现全覆盖，发动全民参与、抓好统筹协调、立足走心走实，积极开展理论宣讲、教育助学、文化体育、卫生健康、科技科普、法律服务、扶弱济困等志愿服务活动，打通宣传群众、教育群众、关心群众、服务群众的“最后一公里”。深度推进全媒体融合发展，构建立体多样、融合发展的现代传播体系。

提升公众科学素质。按照“政府推动，部门联动，全民参与，提升素质”的工作方针，面向基层，关注民生，求真务实，勇于创新，全力推进《全民科学素质行动计划纲要》的贯彻落实。

第二节　优化公共文化服务

完善文化服务体系。健全人民文化权益保障机制，完善基本公共文化服务需求分析、评估反馈和动态调整机制，因地制宜创新服务内容和服务方式，增强公共文化服务供需匹配。持续完善文化惠民基础设施，创建特色公共文化空间，重点完善镇村综合性文化服务中心，精心打造文化载体，实现服务设施高品质覆盖和高效能使用。创新“互联网＋”公共文化服务，推动公共文化数字资源覆盖各类终端用户。深化“书香武进”建设，优化城乡文化资源配置，鼓励社会力量参与公共文化建设。推动档案事业新发展，大力推进档案馆新馆建设。全面谋划修志工作，拟定武进区第三轮修志总体规划。

推进群众文化活动。着力打造具有武进特色的群众文化活动品牌，在现有市民艺术节等活动的基础上，打造具有浓郁武进地方特色的全区性群众文化节庆活动。加大基层文化供给力度，组织开展群众性文化娱乐活动，为群众搭建现代化的文化娱乐舞台。推进全民阅读阵地建设，完善镇级图书室基础设施，不断提升乡镇（街道）公共文体服务功能效率，推进村级（社区）图书室、农家书屋与区级图书馆通借通还功能，全民阅读指数达74以上。

塑造武进文化标识。围绕国家历史文化名城建设要求，传承历史文化基因，全面彰显江南文化的内在气质。继续做好淹城遗址保护工作，推动淹城遗址加快融入国家大运河文化带建设，提升淹城周边环境风貌，打造运河文化武进品牌。加快打造一批高端展会、学术论坛、品牌载体和众创空间，实现历史与现代文化的互通互融。大力推动武进文化走出去，打造高层次、特色化的对外文化交流品牌和平台。

第三节　发展特色文化产业

推动文化产业升级。坚持把社会效益放在首位、社会效益和经济效益相统一，健全现代文化产业体系和市场体系，完善文化产业规划和政策，文化产业增加值占 GDP 比重达 6.5%。加大传统艺术门类转型扶持力度，围绕“科技＋”“媒体＋”“金融＋”“网络＋”“旅游＋”，培育一批现代文化企业、特色文化产业园和新型文化消费业态，激发和满足广大群众对文化产品的服务需求。

做好文艺精品创作。始终坚持以人民为中心的文化艺术创作导向，持续推出一批优秀原创作品，围绕全面开启社会主义现代化建设新征程等一系列重大主题，创作一批讴歌党、讴歌祖国、讴歌人民的精品力作。完善文艺精品创作生产激励机制，实施文化产品创作经典化战略，推动更多名家大师向武进集聚、更多文化人才向高峰攀登，推出更多能代表武进的标识性精品力作。

实现文旅深度融合。深度挖掘武进文化底蕴、内涵、价值，推动文化与旅游、影视、演艺等相关产业融合发展。围绕全域旅游示范区建设要求，加快春秋淹城旅游区和太湖湾旅游度假区提档升级，打造一批具有浓郁地方特色的文化旅游产品，创新扩大和引导文旅市场消费机制。

第十七章　推进区域治理现代化

聚焦重点领域和关键环节，着力固根基、扬优势、补短板、强弱项，加快探索符合实际、系统完备、运行高效的制度体系，不断提升治理体系和治理能力现代化水平，为“强富美高”新武进建设提供有力制度保证。

第一节　积极探索社会治理创新

优化提升网格化集成管理。坚持和完善“大数据＋网格化＋铁脚板”治理机制，大力推进网格化治理集成改革，整合各类社会治理平台，打造一体化统一指挥平台，建立社会治理现代化综合指挥中心，建立以“12345”为主叫号码的基层社会治理联动响应机制，形成以网格化治理为载体的联动共治体系。整合各类数据信息系统，加快大数据中心建设，形成以大数据应用为内核的赋能服务体系。完善网格工作力量体系和绩效评价制度，建立完善“三官一律”（法官、检察官、警官和律师）进网格制度，形成以“铁脚板”落地为导向的力量组织体系。深化“警格＋网格”融合治理，推动社区警务室与网格工作站一体运作，发挥各级社会治理平台实战作用。

全面深化政法领域改革。深化行政执法与刑事司法“两法衔接”，完善执法司法监督制约机制，推进司法建议、检察建议落实到位，开展公益诉讼。深化镇域综合执法体制改革，加大行政执法三项制度规范化建设，建立区镇统一、上下贯通的综合监管执法两级指挥平台，完善综合执法机构与业务主管部门、行政审批部门之间衔接，强化事中事后监管。落实国家法治宣传第八个五年规划，完善分类、分业、分众法治宣传教育机制，全民法治宣传教育普及率超过 80%。统筹推进公共法律服务“实体、网络、热线”三大平台建设，建成覆盖城乡、便捷高效、均等普惠的公共法律服务网络，实现区镇两级党委政府法律顾问、公职律师制度全覆盖。

着力提升乡村善治水平。健全党组织领导的自治、法治、德治相结合的城乡基层治理体系，围绕基层党组织构建公共服务圈、群众自治圈、社会共治圈。深入推进“万村善治”工程，推进乡村治理体系建设试点和示范村镇建设，深化平安乡村建设，完善乡村治理体系，维护农村社会和谐稳定。充分发挥群众参与自治的主体作用，积极培育一批乡村治理示范村，切实发挥其引领示范和辐射带动作用，促进建设充满活力、和谐有序的乡村社会。

第二节　深入推进全面依法治区

坚持全面依法行政。依法全面履行政府职能，健全完善行政决策制度，加强权力清单管理，推动严格规范公正文明执法，提高依法行政水平，提升政府公信力和执行力。强化干部队伍法治观念，大力弘扬法治精神，善于运用法治思维、法治方式谋划发展，破解难题。通过领导干部出庭应诉、参加行政复议听证等多种方式，增强领导干部的法治意识，做到法定职责必须为、法无授权不可为。

加强民主法治建设。着力加强民主监督制度建设和民主监督能力建设，着力提升民主监督水平。全面落实司法责任制，深化诉讼制度改革，坚决守牢公正司法底线，努力让人民群众在每一个司法案件中感受到公平正义。健全保障宪法实施的体制机制，维护宪法权威和尊严。扎实推进民法典的宣传实施工作，强化对实施情况的监督，更好保障人民权益。

推进法治社会建设。增强全民法治观念，提升全民法律素养，建立完备的法律服务体系，形成办事依法、遇事找法、解决问题用法、化解矛盾靠法的良好氛围。完善普法教育机制，创新法治宣传机制和手段，大力弘扬法治意识，建设法治文化。深化社区、社会组织、社会工作专业人才“三社联动”，建强全要素管理服务网络。搭建更有效的矛盾争议化解平台，促进各类纠纷的实质性化解。

第三节　打造更高水平平安武进

全面防范化解矛盾风险。深入贯彻总体国家安全观，紧紧抓住影响国家政治安全的风险点，打好维护国家政治安全主动仗。建立健全风险防控“四项机制”，深入排查化解社会矛盾和风险隐患，防范化解经济金融风险、社会矛盾风险、个人极端风险。深化信访制度改革，推进信访法治化标准化建设，努力实现群众合理诉求“最多访一次”。坚持和发展新时代“枫桥经验”，完善调解、仲裁、行政裁决、行政复议、诉讼等有机衔接的多元化纠纷解决机制。拓展行业性、专业性、区域性调解组织建设，健全人民调解、行政调解、司法调解联动工作体系。健全社会心理服务体系和疏导、干预机制，将社会心理服务纳入城乡基本公共服务体系，培养自尊自信、理性平和、积极向上的社会心态。

完善社会治安防控体系。坚持立体化、法治化、专业化、智能化方向，开展新一轮社会治安防控体系建设。创新经济犯罪、网络犯罪打击机制，推动扫黑除恶常治长效，深化重点行业整治，加强社会治安重点地区挂牌整治，加强前科劣迹人员重点管控，试点推广湖塘镇“房＋人”管理经验，提升人房管理水平。深化群租房专项治理，规范出租房管理。深入总结疫情防控中联防联控、群防群治的经验，坚定不移走专群结合之路。加大社会组织培育力度，开展问题青少年关心帮扶、重点人员教育疏导以及困难群众关爱救助，有效减少社会不安定因素。加强流动人口管理服务，创新落实非户籍人口配套政策，完善非户籍人口落户、教育、就业、医疗、社保、住房等配套措施。

健全公共安全体制机制。牢固树立安全发展理念和“全周期管理”意识，把好公共安全风险“源头、监测、管控”三大关口，提高风险预测预警预防能力。加快建立健全安全生产责任和管理制度体系、隐患排查治理和风险防控体系，强化交通等安全隐患常态化治理，完善消防体系建设，加强对寄递物流、危爆物品等行业监管，防范遏制重特大安全事故。科学防控公共卫生风险，完善重大疫情防控体制机制，健全公共卫生应急管理体系。健全区镇两级应急指挥平台，完善突发案事件应急处置机制，加强应急处置和社会救援力量建设，构建实战化、扁平化、合成化应急处置模式。

第六篇 加强规划组织实施完善保障机制

第十八章 坚持和加强党的全面领导

坚持党对一切工作的领导，充分发挥党总揽全局、协调各方的领导核心作用，把党的领导落实到“十四五”规划组织实施的各方面各环节。

第一节 加强思想政治引领

坚持马克思主义在意识形态领域指导地位的根本制度，用习近平新时代中国特色社会主义思想定向领航，完善理论武装工作体系，创新传播手段和表达方式，办好阳湖讲坛系列课堂，推动理想信念教育常态化、制度化，推进党的创新理论通俗化大众化。

第二节 坚持全面从严治党

坚定不移深化全面从严治党，健全党统一领导、全面覆盖、权威高效的监督体系，形成决策科学、执行坚决、监督有力的权力运行机制，营造风清气正的良好政治生态。构建“不忘初心、牢记使命”长效机制，增强“四个意识”，坚定“四个自信”，做到“两个维护”，推动干部作为担当，打造忠诚干净担当的高素质干部队伍，汇聚现代化建设与高质量发展强大正能量。

第三节 强化基层党组织建设

落实中央基层党建要求，加强基层党组织和基层政权建设，打造以人民为中心的基层党建共同体，构建条块协同、上下联动、共建共享的基层党建新格局。加强党对基层工作的全面领导，充分发挥党组织战斗堡垒作用和党员先锋模范作用，巩固和发展最广泛的爱国统一阵线，团结全区人民为实现“十四五”规划目标共同奋斗。

第十九章 创新规划实施和保障机制

突出重大项目支撑引领，强化政策统筹协调，加强和改善宏观调控，推进规划实施评估考核，健全保障规划实施的长效机制。

第一节 完善政策协同体系建设

完善统一规划体系。强化发展规划统领作用，建立健全以发展规划为统领、空间规划为基础、专项规划和板块规划为支撑的区域规划体系。健全规划管理衔接协调机制，统筹规划全程管理，完善目录清单、衔接审核、实施备案等管理制度，全面履行规划编制规范化程序，构建纵向衔接、横向协调的规划衔接机制。

明确规划实施责任。区政府统一组织本规划的实施工作，制定规划实施方案，落实牵头单位和工作责任，明确实施进度和推进措施，逐项落实目标任务。本规划提出的发展目标、重点任务和重大项目，应纳入经济社会发展年度计划，并分解到区有关部门和各板块。专项规划编制单位组织各重点专项规划的实施工作，制定实施方案，明确进度要求和具体政策，确保规划目标任务有计划、按步骤得到落实。

编制成片开发方案。依据国土空间规划（土地利用总体规划和城乡规划），编制实施期限不超过5年的土地征收成片开发方案。充分考虑自然条件，以具体地形和地物为边界，并结合拟实施项目建设需要，划定集中连片、相对完整的土地征收片区。通过土地征收成片开发，优化城镇用地布局，升级产业结构，促进产业集聚，完善片区开发功能，提高土地利用效率。

突出重大项目支撑。坚持以规划确定项目、以项目落实规划，发挥重大项目的支撑带动作用，在产业发展、科技创新、基础设施、生态环保、公共服务、社会民生等领域，组织实施一批关系全局和长远发展的重大项目，加强重大项目实施管理，为实现武进持续高质量发展提供保障。

第二节 强化规划评估考核机制

加强规划监测评估。开展对规划指标、政策措施和重大项目实施情况的跟踪监测分析，强化动态管理，提高规划实施的效果。强化指标约束，把约束性指标分解落实到区有关部门、各板块，实行规划目标责任制。强化规划中期评估，自觉接受人民代表大会及其常委会的监督检查。完善规划调整制度，按规定程序依法对规划进行调整或修订。

严格规划监督考核。建立规划实施定期考核机制，按照规划实施的目标责任和任务分工，全面考核各有关部门、各板块的贯彻落实情况。坚持单位自评和统计部门监测相结合，综合运用定量考核与定性评估方法，探索引入第三方评估，提高规划评估考核的科学性、客观性。完善规划实施监督机制，畅通监督渠道，发挥纪委监委、组织人事等部门的监督作用，完善政府向人大、政协的报告和沟通机制。

第二十章 广泛团结凝聚全社会力量

坚持开门问策、集思广益，把加强顶层设计和坚持问计于民统一起来，切实加强公众参与和社会监督，努力营造全社会共同参与和支持规划实施的良好氛围。

第一节 加强完善顶层设计

坚持以习近平新时代中国特色社会主义思想为引领，贯彻习近平总书记对“十四五”规划编制实施工作的重要指示，按照十九届五中全会部署，提高政治站位，确保有关工作任务落实。加强顶层设计和统筹协调，实现规划编制体系目标与举措高度统一，促进党的政治理论转化为自觉行动。

第二节 始终坚持问计于民

坚持开门问策、集思广益，把加强顶层设计和问计于民统一起来，完善协商民主制度和工作机制，充分听取专家学者、人民群众、企业家和“两代表一委员”意见，吸收有益的新观点和新建议。健全专家咨询论证制度，形成规范化的规划决策咨询机制。充分发挥科研机构、智库等对规划编制实施的辅助支持作用。

第三节 切实强化社会监督

发挥社会各界对规划实施情况的监督作用，畅通公众参与规划实施与监督渠道，积极开展公众评价。统筹运用传统媒体和新兴媒体，创新规划宣传工作，增强公众对规划的认知、认可和认同，调动全社会力量共同参与规划实施。

文件选录

关于推进智造名城主引擎建设的实施意见（2021—2023年）

武发〔2021〕11号

为深入贯彻党的十九届五中全会精神，落实省委、市委关于推动制造业高质量发展的决策部署，对标“两争一前列”新要求，高标准建设“一区一城”，创建全国“两个健康”先行区，抢占发展“智”高点，争创更多第一唯一，打造国际化智造名城主引擎，制定以下实施意见。

一、总体要求

坚持以习近平新时代中国特色社会主义思想为指导，立足新发展阶段、贯彻新发展理念、融入新发展格局，以打造“生态滨湖区、现代智造城”为总体目标，坚持“以智为先、以造为基、以城促产、以产兴城”的发展定位，以高端化、智能化、绿色化、服务化、品牌化为引领，夯实先进制造产业基础，擦亮智能制造产业底色。突出“抓创新、强主体、拓开放、促融合”，打造国内国际双循环重要节点，推动产业链、创新链、人才链、政策链相互贯通。进一步聚焦重点、强化优势、突破短板、完善生态，把“武进智造”打造成为长三角领先、国内外驰名的先进制造业品牌。

二、主要目标

（一）链式培育，集群发展。巩固壮大特色支柱产业、聚焦培育战略新兴产业、持续发展传统优势产业，加快建设高质量的现代产业体系。重点培育20条以上特色优势产业链，以链式培育促集群发展，形成“162”发展新态势：一大支柱产业，即高端装备产业；六大新型支撑产业，即新能源汽车及汽车核心零部件、新一代信息技术（集成电路）、新材料、新型电力（新能源）、新型医疗器械、新型节能环保产业；两大传统优势产业，即特钢材料、高端纺织产业。九大产业规模突破2500亿元，其中高端装备产业规模突破900亿元；集成电路、机器人、石墨烯等3个产业链实现卓越提升。

（二）做大做强，创优创精。进一步壮大骨干企业规模优势、挖掘中小企业发展潜力。培育主营业务收入超500亿元企业（集团）1家、超100亿元企业（集团）6家。着力打造30家以上产业链带动作用明显、资源配置能力较强的“链主企业”。培育国家级制造业单项冠军10家以上，省级以上专精特新“小巨人”企业累计达到60家以上。规上工业企业数占全市比重力争达到30%，规上工业总产值突破3000亿元。境内外上市企业总数突破40家。

（三）自主可控，产业创新。加快构建自主可控的先进制造业体系，高端装备产业和6大新型支撑产业研发投入占主营业务收入比重超4%。重点培育30家技术创新型领军企业，培育超40个首台（套）重大装备及关键部件，工业强基工程累计突破8个，推动80项关键核心技术攻关工程建设。加快建设高水平的新型企业创新载体，培育企业“三中心”120家以上，打造产业协同创新平台10个以上。

（四）智造升级，模式转型。全区智能制造生态体系建设取得明显成效，培育10家市级以上智能工厂，省、市智能车间总数累计突破170家。智能制造核心技术供给和系统集成能力进一步提升，省级智能制造领军服务机构累计突破15家。坚持以诊断促改造，为超100家企业提供智能制造诊断服务。推动工业互联网创新发展，培育3个省级工业互联网平台，推进3000家企业、30000台设备上云。推动先进制造业和现代服务业深度融合发展，培育服务型制造示范企业15家。

（五）生态引领，要素集聚。产业链上下游衔接协同更加紧密，技术、人才、资本等要素配置更加协调，产业结构布局更加优化，开放融合优势持续增强，绿色安全发展底色更加明显。培育市级以上绿色工厂超15家，其中国家级绿色工厂2家以上，完成单位GDP能耗下降目标。释放高水平对外开放“强动力”，实际使用外资15亿美元以上。整体推动开发区高质量发展，进一步增强我区重点平台现代产业集聚区和高质量发展示范区的功能作用。全面提振乡镇工业园区，推动8个工业园区优化升级。

三、重点任务

（一）打造高质量的现代产业集聚区

培育特色优势产业链。构建“区领导挂帅、多方面聚力、全方位协同、高质量发展”的产业链发展模式。每个产业链制定一个推进工作方案、成立一个专家智库、建立一个服务团队、培育一批龙头骨干企业、建设一批重点项目、发展一批服务（创新）平台、建立一个招商指导目录以及建立一张核心技术短板长板动态表。以链式培育推动集群发展，着力构建“162”产业集群发展态势，明确高端装备“一号产业”地位，加快建设“常州芯未来”，全力打造长三角集成电路产业基地。高端装备产业产值年均增速10%以上，集成电路产业链规模突破150亿元。战略性新兴产业占规上工业总产值的比重达到52%左右。

智造重点平台提档。武进国家高新区着力优化重点片区功能形态，不断深化“一车一人一芯”产业布局，充分发挥高层次平台载体作用，全力打造长三角知名的产教城融合示范区和智能制造产业高地。西太湖科技产业园聚焦高端医疗健康、新材料、新智造、新经济等“一高三新”特色产业，加速绘城“现代宜居城、科技创新城、生态文明城”的发展蓝图。苏澳合作园区有效迈出园区实质性建设步伐，打造长三角国际创新创业港和国际高教合作区。紧抓常州“科创走廊”建设契机，深化武进区、科教城融合发展体制机制。高标准建设中以常州创新园，争当“中国以色列创新合作领航者”。加快龙城金谷南区建设，培育全周期基金产业集群，集聚各类金融要素，尽快形成科创资本高地。武进国家高新区和西太湖科技产业园规上工业产值分别突破1500亿元、350亿元。

构建集群发展生态。打造武进产业协作配套平台，推动由企业、科研机构、中介机构、金融机构、行业协会等组成的横向核心网络层之间的知识、信息、资源的传递。探索建立产业供需对接平台、加工能力与实验测试服务共享平台、系统解决方案平台和科技成果转化平台，构建大中小企业创新协同、产能共享、供应链互通的新型产业生态。力争做到小集中大配套，有效释放产业关联效应与空间外溢效应，促进大中小企业融通发展。探索成立一批新型集群发展促进机构，发挥知识流、信息流、人才流、资金流在先进制造业集群中的桥梁纽带和润滑剂作用。

重大项目强链补链。充分发挥重大项目对产业发展的带动作用，优化招引项目质量和产业投资结构。聚焦先进制造业集群进一步做大做强，聚焦特色优势产业链进一步补链强链，出台“一链一策”招商引资政策。着力招引一批关联度高、带动力强的“高精尖”产业项目，积极招引落户一批前瞻型、引领型“三新经济”项目，谋划布局“云大物移智”等未来产业，补好软件和信息服务业短板。新增招引超30亿元或3亿美元项目不少于12个、超100亿元或10亿美元项目不少于3个。新实施设备投入亿元以上技改项目不少于20个。

（二）打造高品质的企业培育活力园

壮大龙头骨干企业。实施“领航计划”，构建龙头骨干企业分级培育机制，加快形成一批根植武进，自主创新能力、品牌知名度、资源整合能力、企业家影响力达到或接近世界级水平的领军型企业。培育一批高成长性的独角兽和瞪羚企业，着力打造“链主”企业，强化“链主企业”产业链掌控力。支持龙头企业瞄准产业链关键环节和核心技术，实施高端并购、强强联合；鼓励龙头企业在全球布局研发中心、生产基地和营销网络，加速全球产业链关键资源整合。

培育特色中小企业。促进中小企业走专业化、精细化、特色化、新颖化发展之路，鼓励更多中小企业专注核心业务，以高质量的产品和服务在细分市场中占据优势。打造一批“专精特新”小巨人和制造业单项冠军企业，培育形成一批行业细分领域的隐形冠军企业。支持开发区建设产业融通发展平台载体和中小企业公共服务平台。鼓励小微企业做大做强，提升“小升规”企业培育精准度，不断增强发展后劲。年均新增规上工业企业数保持全市第一。

加快企业股改上市。积极抢抓以注册制为代表的历史机遇，推动资本市场“武进板块”扩容提质再出发。分层次、分类别、分梯队建立股改企业名单，努力形成规模较大、结构合理、接续有力、特色鲜明的上市后备企业队伍。按照“多层次市场并举、境内外市场并重”原则，坚持分类指导、因企制宜，加快企业上市挂牌进程。积极为股改上市企业搭建专业化服务平台，引导中介机构提供优质服务，全面提升企业股改上市工作质效。

（三）打造高水平的产业创新生态圈

提升产业持续创新动力。围绕产业链重点发展方向，推进以企业为主导的“三站三中心”、技术创新中心、产业创新中心和协同创新中心等新型研发机构建设。鼓励相关企业积极布局研发网络，开展前沿先导技术研发和重大战略产品研发，深化产学研协同创新攻关，进一步打通科技成果快速转化通道，抢占未来发展高地。探索多元化解决机制，进一步完善知识产权保护体系。重点支持产业链龙头企业，联合上下游，整合创新资源要素，组建“企业＋联盟”协同创新的制造业创新中心，突破关键环节核心技术短板，实现产业链水平整体跃升。推动省级制造业创新中心跃升发展，力争创建国家级制造业创新中心1家。

完善产业创新生态体系。充分发挥常州科教城“创新之核”作用，高标准推进中以常州创新园和江苏省中以产业技术研究院建设。推动固立高端装备创新中心、中科院智能院、江南石墨烯研究院等创新平台载体高质量发展。争取重大科技基础设施、产业研究院和科研院所分支机构等加快落地，加快建设创业苗圃、众创空间、孵化器、加速器等创业载体以及中小企业公共服务平台、标准化技术平台等产业创新服务平台。集聚利用异地创新要素，打造“科创飞地”。推动重大科技设施、高校实验检测平台向企业开放，实现创新资源共用共享。

支持关键核心技术攻关。实施关键核心技术攻关工程，鼓励骨干企业对标国际同行业先进水平，开展自主可控技术攻关。强化关键共性技术供给，支持企业研制先进制造业发展急需、能够有效补齐做强产业链的短板产品；产业化、市场化前景良好，能够快速形成产业发展新优势的新兴产品。支持研制单位和应用单位联合实施首台（套）示范应用项目，促进自主创新产品示范推广应用。实施工业强基工程，提升产业基础能力，围绕“四基”领域，加快工业强基重点项目建设。形成优势关键核心技术100项以上，常州市制造业创新产品累计超200个。

（四）打造高标准的工业智造新高地

推动智能制造全面发展。以“产品智能化”为突破口，支持推广数字化产品、大规模定制、个性化生产、产品远程运维服务等新模式发展。以“生产智能化”为风向标，大力推进企业生产过程智能化改造，深入开展智能示范车间、智能工厂创建。以“智造集成化”为新方向，培育一批综合比较优势显著的智能制造系统解决方案供应商。通过政府采购服务等方式，为企业免费提供智能制造诊断服务。培育市级智能车间40家以上，培育主营业务收入超10亿元的智能制造系统集成商3家以上。

促进制造与服务融合发展。大力发展和推广总集成总承包、个性化定制、共享制造、供应链管理等服务型制造新模式，引导企业以服务产品全生命周期为目标，从主要提供产品向提供“产品和服务”转变，打造一批服务型制造领军企业。推动制造业企业和金融服务、科创服务、数字创意、智慧物流、电子商务等高端生产性服务业融合发展。支持企业建设高水平的工业设计中心，搭建网络化设计协同平台。实施3个服务型制造升级重点项目，培育市级以上工业设计中心10家以上。

推进工业互联网创新发展。推动互联网、大数据、人工智能与制造业深度融合，支持信息技术在企业生产经营各环节的深度融合和集成应用，培育一批工业互联网应用标杆和产业示范基地，打造一批带动能力强的工业互联网平台，持续打造好工业与能源互联网品牌。加快推动工业互联网标识解析节点建设与应用。支持骨干制造业企业、云计算企业联合牵头搭建面向制造业特色领域的工业云平台，培育“云制造”模式。支持中小企业使用云服务，进一步提升上云水平。培育6家工业互联网标杆工厂，三星级以上上云企业突破300家。

（五）打造高层次的持续发展标杆城

提升绿色发展水平。构建绿色制造体系，推动全产业链和产品全生命周期绿色发展。开展绿色产品设计示范、绿色供应链示范、绿色制造试点示范。组织实施节能和循环经济改造工程，提高能源资源利用效率。培育一批绿色制造示范园区，分类创建一批绿色工厂。深入贯彻“生态优先、绿色发展”理念，持续优化空间保护开发格局，打好污染防治攻坚战，把更多“工业锈带”打造成“生态秀带”，全区环境质量明显提高，主要污染物排放总量大幅减少。

深化开放协同合作。深度融入长江经济带、长三角一体化等重大战略布局，全力打响中以、苏澳等开放合作品牌，以高水平对外开放增创竞争新优势。以以色列江苏创新中心为重点，打造国际协同创新窗口，培育离岸创新平台，支持国内企业和机构开展离岸研发、离岸孵化和离岸加速等业务，促进国际优质创新资源集聚。引导央企和跨国公司项目加快在我区落户，支持跨国公司地区总部和功能性机构集聚我区，推动功能性企业从单一功能向多种功能叠加转型，鼓励外资企业融入产业创新的重点领域和环节，在我区布局建设研发中心、技术中心。持续实施“走出去”战略，鼓励企业建立国际营销及服务体系，建立全球产业链体系，提高国际竞争力。发挥世界工业和能源互联网博览会、常州工业装备博览会等平台作用，鼓励举办专业化博览会、高端论坛等活动，集聚开放要素，促进合作交流。

优化产业结构布局。聚焦产业结构调整和产业布局优化，坚持“三个更新”，统筹推进“六大组团”建设，尽快形成以原有产业基地为点，以四大联动发展片区为面的板块化、网络化发展态势。加快清理低效闲置工业用地，制定盘活利用方案，提高土地资源配置效益。贯彻“一镇一业”发展要求，引导乡镇工业园区优化升级，全面提升乡镇工业园区发展活力。整体推动开发区高质量发展，逐步形成环滆湖地区一体化发展新格局，为打造长三角“会客厅”提供空间支撑。坚持有进有退，注重科学发展，加快改造提升传统产业，推动全区现有产业实施新一轮技术改造。利用综合标准依法依规退出一批过剩产能、淘汰一批落后产能、改造一批低效产能。

四、保障措施

（一）加强组织领导。成立武进区智造名城主引擎建设工作专班，专班负责统筹推进智造名城主引擎建设工作，统筹谋划发展过程中的重大决策、重大工程和重大工作安排，及时协调解决发展过程中的突出问题。专班由区政府办、工信局牵头，对目标任务进行年度分解，构建可量化、可操作、可考核的评价体系，建立统一推进机制，专班各责任单位根据目标任务和职责分工，加强协同合作，落实政策措施，形成工作合力。

（二）强化政策支持。认真贯彻落实国家、省、市相关产业发展扶持政策，支持企业积极承担国家和省市重大专项，积极组织企业申报国家和省市重点项目计划和专项资金。对重点产业链领域的创新制造、智能制造、绿色制造、服务型制造、公共服务平台建设等项目给予重点支持和资金配套。调整和完善我区支持工业经济高质量发展的各项政策，区财政每年安排一定的增量资金，专项支持产业链培育，实施“一链一策”，研究落实产业链“个性化政策包”。聚焦完善政府采购支持创新产品政策，将更多拥有自主技术、自主品牌的武进制造产品纳入政府采购目录。

（三）强化人才支撑。围绕重点产业链领域，精准引进产业领军人才；围绕主导产业，绘制重点领域人才地图。创新合伙引才方式，多途径、多形式引进高层次人才和紧缺人才，高水平建设国际化人才社区或人才公寓，探索“人才贷”和“人才投”风险补偿机制，营造“引得进、用得上、留得住”的良好环境。鼓励高校院所针对重点产业链开设相关专业，支持职业院校建设人才技能实训基地，培养产业发展亟须的技能型人才。强化企业经营管理人才和专业技术人才培训，分行业建立企业人才培训阵地，组织推进企业家素质、企业员工素质提升计划。发挥产业链专家智库作用，为全区智造名城主引擎建设提供专业化咨询。

（四）强化要素保障。切实提升金融服务实体经济发展能力，鼓励金融机构创新金融产品和服务，积极探索开展装备租赁和融资租赁业务，强化对中小微企业融资支持，有效缓解中小微企业融资难、融资贵问题。及时掌握生产要素保障信息，加强生产要素协调，帮助重点企业和重点项目解决煤电油气运等生产要素供应。实施重大项目审批核准一站式绿色通道。利用工业企业资源集约利用综合评价，推动各地盘活存量建设用地，推动土地要素保障向先进制造业发展一线倾斜。

（五）优化发展环境。全力打造国际一流营商环境，持续深化推进“放管服”改革。推动“一网通办”，实现行政审批全程提速、政务服务全线通办。进一步优化惠企政策发布平台功能，实现惠企政策“一号通晓”。举办产业融合发展对接大会，搭建多种形式的产业互动交流平台，在开放合作中打造更强创新力、更高附加值的产业链。探索建立产业集群治理机制，成立一批由产业联盟、骨干企业、行业协会、高校院所共同参与的新型产业发展服务平台。

全区农村人居环境整治提升五年行动实施意见（2021—2025 年）

武政发〔2021〕55 号

为持续巩固农村人居环境整治成果，进一步提升农村环境质量水平，按照中央和省、市工作部署要求，决定在全区启动实施农村人居环境整治提升五年行动，切实打造山清水秀、天蓝地绿、村美人和的水韵江南景象。

一、总体要求

以习近平新时代中国特色社会主义思想为指导，认真贯彻习近平总书记关于改善农村人居环境系列重要指示批示精神，深入落实乡村振兴战略部署，坚持“大美武进、宜居福地”理念，全面推进以“美丽乡村建设”为引领、“清理农村垃圾、清洁水体环境、清理公共空间”为核心、“整治厕所区域、沿线区域、边缘区域、庭院区域”为重点、“有制度、有队伍、有经费、有示范引领、有督查评价”为保障的“一美、三清、四治、五有”农村人居环境整治提升行动，加快形成点上出彩、线上成景、面上美丽的全域美丽乡村骨干体系，为武进争当全省现代化建设排头兵提供有力支撑。

二、主要内容

（一）持续推进美丽乡村建设

按照“一次规划、分类实施、梯度推进”的建设路径，积极推进全区农村更新农房改善建设试点，加快实现全区农村住房条件根本性改善，提高房屋的安全性、美观性、实用性。到 2025 年，全区形成集聚规模的自建区 25 个以上，完成村庄改造提升类25个，全区20%以上的村庄完成农房更新改善。积极参考省特色田园乡村和市美丽乡村示范项目要求，切实按照“高标准、高颜值、高价值、高品质、高普惠”的原则，全面实施精品美丽乡村建设，加快建成一批立足乡土社会、富有地域特色、承载乡韵乡愁、体现现代文明的美丽乡村特色典型，串点成线、连线成片、特色鲜明的美丽乡村风景基本形成。到2025年，全区共建成精品美丽乡村15个，省特色田园乡村10个，太湖湾片区核心区建设全面完成并成为集自驾游赏、农家体验、休闲采摘多元活动于一体的特色美丽乡村示范片。规划发展村庄按照美丽宜居乡村建设标准，大力推进农房修建翻建和环境整体提升，打造生产生活生态融合、人与自然和谐共生、自然人文相得益彰的美丽宜居乡村新风貌。

（二）深入开展“三清”专项活动

1. 清理农村垃圾。清理村庄农户房前屋后和村巷河岸的柴草杂物、积存垃圾和塑料袋等白色垃圾，确保村域范围内无垃圾死角，处处彰显干净整洁。推进村镇全域生活垃圾分类，建立生活垃圾分类收运处理体系。推动农村生活垃圾资源化利用，鼓励有机废弃物综合处理设施建设，探索农村有机垃圾就地生态处理，原则上以行政村为单位，配建小型机站；鼓励镇（街道）建设与区域有机垃圾产生量相适应的大型有机易腐垃圾处理站，农村地区生活垃圾集中收运处理率达100%。清理农业投入品包装物、废旧农膜等农业生产废弃物，到2025年，主要农作物秸秆综合利用率、畜禽污染综合利用率均达到97%以上，农膜回收率90%以上。

2. 清洁水体环境。因地制宜采用污染治理与资源利用相结合、工程措施与生态措施相结合、集中处理与分散治理相结合的建设模式和处理工艺，加快推动城镇污水管网向周边村庄延伸覆盖，持续推进农村分散式生活污水处理设施建设，到2025年，全区规划发展村生活污水治理覆盖率达100%，处理设施运行率达90%以上。推进农村河道疏浚和水系沟通，加强农村河塘沟渠排查，常态化清理水域漂浮物，及时治理断头浜、死水塘，提高水体自净能力，建设生态清洁小流域。到2023年底前，全面完成小微水体整治任务，取得阶段性成效，并打造一批小微水体示范村、示范点。同时，各镇要积极打造一批“河道通畅、水体清澈、岸坡绿化、景色优美”的生态河道，进一步改善农村水环境，提升农村河道面貌。到2025年，全区农村黑臭水体基本消除。

3. 清理公共空间。积极理清农村公共空间界线范围，加强对公共空间的治理，突出整治私搭乱建、私植乱种、乱堆乱放、垃圾污水乱倒乱排等非法侵占公共资源或公共空间的行为，切实促进公共空间的有效治理。在严格保障原宅基地农户资格权的同时，积极放活使用权，探索建立废旧房屋、残垣断壁的修葺修缮和拆除利用机制，鼓励对无保护价值的废弃、漏顶房屋、残垣断壁进行拆除并综合利用，促进农村建筑风貌得到整体提升。

（三）着力突出“四治”核心重点

1. 整治厕所区域。推进农村“厕所革命”，继续巩固农村户用厕所无害化建设改造成果，保障三格式化粪池设施完善、盖板完好、无渗漏情况。继续推动行政村村部、规模较大规划发展村、有乡村旅游发展等实际需求的村庄配建三类以上（含三类）水冲式公厕，全面加强农村公厕和三格式化粪池的日常保洁和维护管理，确保不形成卫生死角。建立根治露天粪坑和旱厕清零的长效机制，做到根治、动态清零，厕所粪污全面得到无害化处理或资源化利用。

2. 整治沿线区域。进一步完善“畅、安、舒、美”农村公路网络体系，推进农村道路提档升级。配合做好全国“四好农村路”示范市创建工作，推进环太湖农村公路一体化建设全国示范路，不断改善农村公路通畅状况、安全条件，切实提升沿线绿化、亮化、美化水平。做好村道建、管、养、运工作，接通农村断头路，及时修复破损路，规范设置路牌路标、公益宣传牌和公交站台，进村主干道沿途无豪华墓地等违规建设殡葬设施。

3. 整治边缘区域。重点排查农房后面、村庄边缘、沟渠边角等卫生死角重点地带，及时清理陈年废弃垃圾，加强常态化监管，彻底解决垃圾“围村”和村内“脏乱差”问题，实现村庄内外无垃圾积存、街头巷尾干净通畅、房前屋后一样整洁。

4. 整治庭院区域。积极开展美丽庭院行动，及时整理农家庭院、房前屋后、墙根角落的家什杂物，整齐堆放生产工具、生活用品、农用物资等物品，促进庭院内外整洁有序，确保农房庭院与周边景致和环境协调一致。

（四）建立完善“五有”工作机制

1. 有制度。健全组织体系，坚持属地管理、分级负责，强化责任落实，坚持统筹协调、部门联动，形成工作合力。健全目标体系，分解细化目标任务，实施进展情况调度和工作通报。健全网格体系，整合各部门资源，将每一村组、每一农户全面纳入管理网格，细化管理单元，实施动态管理。健全评价体系，从组织领导、实施推进、资金保障、工作成效等方面明确具体要求，加强效果评价。

2. 有队伍。按照全域覆盖、分类指导要求，因地制宜健全完善镇级统一组织实施或以各行政村为单位实施的长效管护工作体系，鼓励引进有管理能力、专业水准的第三方实施长效管护，实行依效付费，加快建立规模化、专业化、社会化运营机制。也可按照常住人口2‰－4‰的比例或每个自然村不少于1人的标准配备村组管护人员，组建专业化长效管护队伍。

3. 有经费。加大对农村人居环境整治提升与维护所需经费保障力度，各镇（街道）要对农村人居环境整治提升与维护安排经费，纳入镇财政预算，确保专款专用。鼓励农村集体经济组织通过多途径发展集体经济，探索个人适当缴纳部分环卫保洁费，筹措资金用于农村人居环境整治提升与维护。区级以督查评价激励方式，对成绩突出的行政村和有功人员进行奖励。

4. 有示范引领。将农村人居环境整治有关要求作为美丽乡村、美丽庭院的基本要求，纳入文明镇、文明村、文明家庭创建体系，开展创建活动，推选一批典型。依托新时代文明实践所、站，发挥共青团、妇联等基层群团组织和乡贤作用，组织开展文明实践志愿服务活动。完善村规民约，明确村民维护村庄环境的责任和义务，通过道德讲堂、“民生茶室”、百姓议事会和乡贤参事会协商解决群众身边事，形成共建共享共识。开展家风建设，倡导文明健康生活方式，逐步改变村民影响人居环境的不良习惯。实行“门前三包”责任制，发动村民自觉维护房前屋后卫生、绿化、秩序，打造美丽庭院。借助民智民力齐抓共管，提高农村人居环境整治提升与维护的成效。

5．有督查评价。采取暗访检查与现场督查相结合的模式，对农村人居环境整治提升与维护情况测评与抽查，全年实现行政村督查考核全覆盖，在年终汇总分析并形成通报。各镇（街道）要结合实际，开展自然村全覆盖、常态化巡查。积极健全群众监督机制，鼓励聘请义务监督员，切实加强巡检力度。

三、组织保障

（一）加强组织领导。实行党委统一领导、政府具体落实，区委农村工作领导小组办公室、区农业农村局负责总牵头，并从住建局、城管局、水利局、卫健局、生态环境局等部门抽调人员组建农村人居环境整治提升工作专班，统筹协调工作推进。各镇、街道要切实承担主体责任，将农村人居环境整治工作纳入党委政府重要议事日程，及时制定工作方案，组建工作班子，明确职责分工，落实责任人员，确保各项工作落到实处。各行政村履行属地管理职责，立足实际，创新举措，扎实做好具体实施工作。

（二）严格考核奖惩。将农村人居环境整治提升与维护工作纳入区高质量发展评价指标考核体系。区农村人居环境整治提升工作专班定期组织督查指导和考核评估，并按照“奖优罚差”原则，将行政村划分成示范村、优秀村、合格村、不及格村四个档次，其中评选示范村 20 个、优秀村 50 个；对于不及格村，将责令属地镇（街道）进行整改、提升，并在一定范围通报，年终各镇（街道）所有行政村平均得分为各镇（街道）考核得分。

（三）营造良好氛围。积极运用传统媒体和新兴媒体，采取农民群众喜闻乐见的方式广泛开展宣传教育，大力宣传农村人居环境整治的重要意义、政策措施，引导村民深刻理解并积极参与农村人居环境整治提升与维护管理。鼓励镇、村组织开展各种类型的环境卫生评比活动，切实增强村民改善和保护农村人居环境的荣誉感，进一步唤醒广大村民主人翁意识。加强媒体和社会监督力度，通过聘请义务监督员、设立举报投诉热线等渠道，曝光村庄环境卫生死角、脏乱差反弹及不文明现象，主动接受社会各界监督，加快形成全社会关心和支持农村人居环境整治的良好氛围。

表 87 附件：全区纳入农村人居环境整治提升行政村名单

单位	个数	名单
雪堰镇	25	雅浦、南山、谢家、雪东、阖闾城、雪西、共建、绣衣、太滆、城西、城湾、城东、曹家、潘家、周桥、圣烈、南宅、王允、夏墅、凤凰、漕桥、楼村、夏庄、浒庄、新康
礼嘉镇	14	新辰、秦巷、礼嘉、建东、陆庄、毛家、何墅、蒲岸、武阳、坂上、华渡、政平、庞家街、大路
前黄镇	20	大成、丁舍、红旗、前进、前黄、漳湟、坊东、联庆、寨桥、灵台、观咀、高梅、坊前、红星、蒋排、杨桥、谭庄、祝庄、农场、运村
牛塘镇	8	卢西、高家、漕溪、卢家、青云、厚恕、丫河、塘口
洛阳镇	18	洛东、岑村、汤墅、阳湖、朝安、马鞍、虞桥、谈家头、小留桥、友谊、洛阳、天井、管城、戴溪、东尖、民丰、圻庄、瞿家
湟里镇	16	村前、岗角、西墅、河南、北隍、后坊、湟里、葛庄、村西、东安、武宜、西安、五巷、蒋堰、西鲁、香泉
嘉泽镇	19	嘉泽、观庄、丰杨、士桥、夏庄桥、闵市、西城、成章、晨山、捕捞、甘荡、夏溪、跃进、南庄、周庄、三星、厚余、朝东、满墩
南夏墅街道	12	华阳、九华、桐庄、河东、戴家头、塘洋、万塔、胜西、南夏墅、三河、庙桥、新联
合计	132	

重要文件题录

表 88 区委文件题录

文件号	文件名	文件号	文件名
2 号	关于武进区第十六届人民代表大会第五次会议和政协武进区第十四届委员会第五次会议选举结果的报告	10 号	关于推进武进区科技创新能级跃升的实施意见（2021—2023）
4 号	关于给予王子潇等 8 位同志嘉奖奖励的决定	11 号	关于推进智造名城主引擎建设的实施意见（2021—2023）
9 号	关于表彰 2020 年度经济工作先进单位和先进个人的决定		

续表 88

文件号	文　件　名	文件号	文　件　名
12 号	关于开展 2021 年全区“重大项目攻坚突破年”活动的实施意见	35 号	2021 年武进区深入打好污染防治攻坚战工作方案
15 号	关于对 2020 年度“阳湖先锋”通报表扬的决定	36 号	关于命名武进区“第三届慈善事业突出贡献奖”和武进区“第三届慈善事业最具爱心奉献奖”的决定
17 号	关于制定《常州市武进区国民经济和社会发展第十四个五年规划和二〇三五年远景目标》的建议	37 号	关于表彰 2020—2021 年度武进区优秀共产党员、优秀党务工作者和先进基层党组织的决定
18 号	关于开展党史学习教育的实施方案	39 号	武进区关于推进城镇更新、园区更新、农村更新的实施意见的通知
20 号	武进区委常委会 2021 年工作要点		
21 号	关于通报表扬武进区文明城市建设工作先进集体和先进个人的决定	43 号	关于表彰 2020 年常州市武进区推进“高质量发展”争先创优先进集体和先进个人的决定
23 号	关于加强新时代人大工作和建设的实施意见	44 号	关于选举产生武进区出席中国共产党常州市第十三次代表大会代表的情况报告
27 号	武进区创建典范性文明城市三年行动计划（2021—2023 年）		
29 号	关于建立 2021 年区级领导工作专班推进重点工作的实施意见	49 号	关于在全区党员干部中开展“两在两同”建新功行动的实施意见
30 号	关于中国共产党常州市武进区第十三次代表大会代表选举工作的通知	50 号	关于成立区人大、政府、政协换届选举工作领导小组的通知
32 号	武进区“双招双引奔跑计划”三年行动方案（2021—2023 年）	51 号	关于表彰 2020 年度镇综合考核先进个人的决定
		55 号	关于通报表扬陈正元等 23 名村（社区）干部的决定
		56 号	武进区贯彻落实“532”发展战略的实施意见
33 号	关于表彰 2020 年度区级机关目标管理创新创优工作、担当作为个人和服务标兵的决定	57 号	关于巡察指导督导反馈问题整改的工作方案
		60 号	关于优化招引工作机制加快项目攻坚突破的实施意见
34 号	关于全面推进乡村振兴加快农业农村现代化的实施意见		

表 89

区政府文件题录

文件号	文　件　名	文件号	文　件　名
1 号	《2021 年政府工作报告》目标任务分解落实方案	81 号	关于授予赵海明等 10 位同志“武进区见义勇为先进个人”荣誉称号的决定
4 号	关于对一批政务服务事项动态调整的通知		
7 号	2020 年法治政府建设工作报告	82 号	关于深化农村宅基地制度改革 加快推进农房更新改善工作的意见
11 号	2021 年武进区重点民生实事项目责任分解落实方案		
13 号	关于表彰 2020 年度武进区区长质量奖和质量管理先进单位的决定	95 号	关于给予许岳兴等 208 位同志记三等功奖励的决定
		114 号	关于应对疫情影响重点支持服务业相关企业稳定发站的若干举措
16 号	关于提请审议武进区 2021 年第一批政府投资项目建设计划的议案	133 号	关于区政府统一行使行政复议职责有关事项的通告
28 号	关于支持设立“中欧（常州）绿色创新园”的函	137 号	健康武进行动实施方案
40 号	武进区加快推进现代农业产业高质量发展实施意见（2021—2023 年）	152 号	深入推进武进区村级医疗卫生人才管理机制改革工作的实施意见（试行）
41 号	关于命名第二届“武进工匠”的决定	156 号	关于“十三五”期间耕地保护责任目标履行情况的自查报告
55 号	全区农村人居环境整治提升五年行动实施意见（2021—2025 年）	165 号	关于报备第四轮省农村改革试验方案的函
71 号	武进区国民经济和社会发展第十四个五年规划和二〇三五年远景目标纲要	173 号	关于深化“危污乱散低”出清提升行动的意见
		201 号	武进区第六批非物质文化遗产保护名录
73 号	关于上报武进区生态保护引领区建设规划终期评估的报告	208 号	关于进一步严格执行《江苏省化工生产企业关闭退出验收标准》的通知
78 号	关于提请审议武进区 2021 年第二批政府投资项目建设计划的议案		

表 90

区委办公室文件题录

文件号	文件名	文件号	文件名
1号	关于2020年武进区重点（专项）课题验收结果的通知	36号	关于进一步明确镇、街道政协工作联络机制有关事项的通知
2号	关于调整常州市武进区新型冠状病毒感染的肺炎疫情防控应急指挥部的通知	37号	关于开展“勇创第一唯一、争当阳湖先锋”活动的意见
3号	武进区教育“强弱项补短板”三年行动方案（2021—2023年）	39号	关于区委常委会开展党史学习教育的方案
		41号	关于进一步完善区级集团公司人员管理的通知
7号	关于加强出租房安全管理工作的实施方案	42号	关于“聚焦产业腾飞、聚力能级跃升全面推进高质量发展”的实施意见
8号	武进区委关于落实全面从严治党党委（党组）主体责任的实施意见	44号	关于进一步加强新时代基层“党建带关键”的实施意见
9号	2021年武进区关心下一代工作意见		
10号	2021年区级重点产业项目投资计划表	46号	关于开展全区红色资源普查工作的方案
11号	关于明确镇（街道）“属地管理”事项的实施意见	47号	《关于创新驱动高质量发展的实施意见》武进区重点任务分工方案及目标任务分解表、2021年工作进度安排表
12号	2021年武进区安全生产工作要点		
13号	武进区关于进一步深化安全生产三年专项整治工作的实施意见	52号	关于开展全区年轻干部“建功十四五、奋进新征程”实践锻炼活动的实施意见
16号	2021年全区干部（人才）教育培训工作要点		
17号	中共常州市武进区委全面深化改革委员会2021年工作要点	54号	关于做好基层选举机构组建工作的通知
		59号	统筹整合财政资金优先支持武进区农村产业融合发展示范园建设意见
18号	武进区政协2021年工作要点及年度协商计划		
19号	关于鼓励退出领导岗位干部参与服务中心重点工作的实施方案	60号	武进区2021年度对口支援协作合作工作要点
		61号	关于举办第九届市民艺术节的通知
21号	关于开展“美丽武进、幸福家园”同心惠民教育共建光彩三年行动的实施意见	62号	2021年度武进区全面从严治党责任清单
		64号	关于调整常州市武进区新冠肺炎疫情防控指挥部的通知
22号	关于开展2020年度全区推进“高质量发展”争先创优先进集体和先进个人评选表彰工作的通知	66号	关于推进全区政协系统“有事好商量”协商议事平台建设及常态长效的实施意见
25号	武进区2021年打造“一流营商环境”任务分解表		
26号	武进区创建省级安全发展示范城市实施方案	67号	关于做好村（社区）股份经济合作社换届工作的指导意见
27号	武进区重点道路全面推行“路长制”实施方案		
28号	关于武进区2020年度综合考核结果的通报	68号	2021年武进区区级机关职能工作目标考核实施细则
29号	武进区创建典范性文明城市考核办法（试行）	70号	关于全面推行林长制的实施意见
31号	2021年全区督察检查工作计划	71号	2021年武进区军队转业干部安置计划
32号	武进区国有企业改革三年行动计划（2021—2023年）	75号	关于改革完善社会救助制度的实施方案
33号	2021年开发区党工委管委会、镇党委政府、街道党工委办事处和区安委会成员单位履行安全生产工作责任考核评价指标	78号	武进区贯彻落实省第十八安全生产巡查组反馈意见整改实施方案
		80号	武进区公共安全体系建设实施方案

表 91　　区政府办公室文件题录

文件号	文　件　名	文件号	文　件　名
1号	关于建立武进区网络市场监管部门联席会议制度的通知	52号	武进区全面落实国务院安委会开展深化江苏安全生产专项整治指导工作实施方案
2号	武进区新型职业农民认定管理办法（试行）	53号	武进区重点建设项目信用承诺审批实施方案
3号	城区污水处理厂东迁项目推进工作方案	59号	武进区 2021 年第二批政府投资项目建设计划
5号	武进区集成电路产业链跃升发展实施方案（2021—2023）	60号	武进区设施农业用地管理及常态长效监管机制
6号	武进区机器人产业链卓越发展实施方案（2021—2023）	62号	2021 年度常州市武进区政府重大行政决策事项目录
7号	2021 年全区主要经济社会发展预期目标任务分解表	63号	武进区菜市场改造提升及规范管理三年行动方案（2021—2023 年）
9号	关于加快农业保险高质量发展的实施意见	64号	武进区区长质量奖管理办法
10号	武进区精品示范道路创建三年行动方案（2021—2023年）	65号	武进区引导化工生产企业转型发展的若干意见
13号	关于优化调整部分政策性农业保险保费财政补贴政策的通知	66号	关于公布调整后相关建制镇和开发区相对集中行使的行政处罚权目录清单的通知
14号	武进区 2021 年第一批政府投资项目建设计划	67号	武进区长江及太湖流域入河排污口分类整治工作方案
15号	关于切实做好 2021 年自然资源和规划工作的意见	68号	武进区改革完善医疗卫生行业综合监管制度实施方案
18号	2021 年武进区城乡生活垃圾分类工作实施方案	70号	武进区突发地质灾害应急预案
19号	2021 年武进区金融工作要点	71号	武进区地震应急预案
21号	武进区绿色建筑产业集聚示范区管理委员会、区财政局、住建局、水利局、交通运输局、城市管理局关于推广使用建筑垃圾再生建材产品的意见（试行）	72号	武进区森林火灾应急预案的通知
		73号	武进区应急管理“十四五”规划
		74号	关于区政府统一行使行政复议职责有关事项的通知
23号	关于分解下达 2021 年度城镇保障性安居工程、人才公寓建设目标任务的通知	75号	《常州市武进区国民经济和社会发展第十四个五年规划和二〇三五年远景目标纲要》指标任务分解方案
24号	关于授予 2020 年度常州市武进区“双招双引能手”称号的决定	77号	武进区自然灾害救助应急预案
		78号	武进区关于深化农村公共基础设施管护体制改革的工作方案
28号	武进区驻外协同创新中心建设实施方案（试行）		
29号	2021 年粮食生产目标	82号	武进区价格异动应急预案
30号	武进区防汛防旱应急预案	83号	武进区“十四五”社会消防事业发展规划
31号	武进区防御台风应急预案	86号	武进区红十字会改革实施方案
32号	武进区防止耕地“非粮化”稳定粮食生产工作方案	88号	武进区镇（街道）权力清单
33号	武进区“危污乱散低”出清提升行动实施方案	89号	关于进一步规范行政执法加强行政执法监督工作的实施意见
35号	2021 年武进区太湖、滆湖安全度夏应急防控实施方案		
36号	2021 年武进区统计工作要点	90号	关于区政府行政复议、行政应诉案件处理程序有关问题的通知
37号	武进区应急救援队伍建设管理实施办法		
38号	关于进一步加强全区消防工作的实施意见	91号	武进区环太湖地区有机废弃物处理利用规划
39号	武进区促进 3 岁以下婴幼儿照护服务发展实施方案	92号	武进区火灾事故应急预案
40号	武进区船舶碰撞桥梁隐患治理专项行动实施方案	94号	武进区新型职业农民扶持办法（试行）
41号	2021 年武进区优势农产品推广方案	95号	武进区“十四五”市场监督管理发展规划（2021—2025）以及食品安全、知识产权发展专项规划
44号	武进区“大棚房”问题专项清理整治行动“回头看”工作实施方案		
		98号	武进区既有建筑安全隐患排查整治专项行动实施方案
46号	关于公布一批实行告知承诺证明事项清单的通知	99号	武进区智电汽车产业高质量发展工作方案
48号	武进区 2021 年度地质灾害防治方案	102号	武进区天然气供应应急预案
50号	武进区 2021 年政务公开工作要点		

调研报告选编

聚焦产业腾飞、聚力布局优化

——关于武进区各板块产业定位及片区协同发展的思考和建议

产业，是全区发展的主导线、主引擎。今年是“十四五”开局之年，如何进一步巩固优势、补齐短板、筑牢底线、勇攀高峰，优化全区生产力布局，明晰各板块产业发展定位，实现全区产业腾飞、能级跃升，成为新时期推动我区高质量跨越式发展的重要课题。本文将从全区各板块产业定位及片区协同的角度出发，对全区生产力布局作深入思考。

一、我区产业定位布局现状

“十三五”期间，我区围绕“一中心、三片区、特色镇”总体布局，大力推进“强富美高”新武进建设，取得了重大阶段性成果。五年来，我区全力转变发展方式，加快优化经济结构，促进产业转型升级，积极探索以“创新＋资本＋人才＋开放＋融合”为主要特征的“新苏南模式”，全力推动我区产业创新水平迈上新台阶。主要体现为“四个强”：

1. 镇域经济“承载力”强。“十三五”时期，我区围绕“一中心、三片区、特色镇”发展定位，明确了“强镇”的核心目标，厘清了“特色”的关键路径，持续做大做强做优优势特色企业、特色空间形态、特色民俗文化。在今年公布的中小城市高质量发展指数研究成果中，全区所有乡镇入选全国千强镇，其中湖塘镇列全国第 19 位。

2. 现代农业“品牌力”强。现代农业稳步提升，国家现代农业示范区建设加快推进，5 年新审定水稻品种 23 个，武进粮食物流园正式启用，农业产业化国家重点龙头企业达 3 家，立华牧业实现全省畜牧业、全市农业企业 A 股上市“零”突破，创成国家农产品质量安全示范区，“阳湖”果品大步跨进北京、上海、南京、嘉兴等一线城市，并获评全国县域数字农业农村发展水平评价先进县。

3. 工业经济“竞争力”强。产业特色鲜明，机器人产业集聚了包括整机、核心零部件等在内的产业链项目，全区机器人本体产量占全省 70%、占全国近 1/4；轨道交通产业产品几乎涵盖了轨道交通车辆装备的整个系统，拥有今创、新誉等知名企业；石墨烯产业在全国行业领域中具有较强影响力，形成 14 项全球首创成果；新能源智电汽车产业集聚了车和家、中汽研华东院等优质项目，去年销售突破百亿元。

4. 服务产业“带动力”强。创成省级全域旅游示范区，“一古一今一生态”的旅游产业格局魅力显现，春秋淹城旅游区成为国家 5A 级景区，太湖湾旅游度假区升格为国家级旅游度假区，城西回民村获评全国乡村旅游重点村，全区旅游接待人次、总收入分别较“十二五”增长 29%、45%。

二、我区产业发展及布局面临的挑战和机遇

1. 发展形势变化对产业布局提出新的要求。今年是“十四五”规划开局之年，我区需要科学识势，把握大势，顺势而为、应势而变，需要紧抓“十四五”乘势而上加快发展的重要战略机遇期，立足新发展阶段，贯彻新发展理念，科学重整发展战略、发展体系、发展布局，将更多精力聚焦到重点区域、重点领域、重点载体上寻求更大突破，向着更高目标攀登。通过聚焦特色优势产业、区镇联动发展、城市功能品质等，打造高质量发展的更多增长极，高标准建设“一区一城”，打造长三角“最美湖湾城”。

2. 城镇发展瓶颈对片区协同提出新的要求。开发区作为产业发展的主阵地，承担着全区经济发展主引擎作用，相比之下镇级发展动力不足，镇、村可持续发展能力仍需增强，城、镇、村经济发展面临制约，城市功能、镇区颜值、农村人居环境均有待提升，区镇发展不平衡不充分的问题仍然比较突出。

3. 产业跃升不足对提质增效提出新的要求。产业转型步伐仍需加快，科技创新还没有成为驱动经济发展的主要动力，核心技术和关键环节“卡脖子”问题亟待突破，产业链供应链安全稳定亟待加强，高新技术产业产值占规模以上工业产值比重偏低，与周边先进地区仍有较大差距。服务业亮点尚未真正形成，农业品牌价值还需提升，经济提质增效的基础有待进一步加强。

4. 新的发展机遇对产业腾飞提出新的要求。常州市第十三次党代会把“两湖”创新区建设上升到“承载常州的未来和希望”的高度，我区要抢抓新一轮发展的最大机遇，作为再造一个新武进的最重要的承载点，着力打造“生态之城、秀美之城、科技之城、创新之城、青年之城、未来之城”。在产业中轴建设上，常州市提出要在聚力高端化发展中增创新优势，打造“产业地标”，展现“产业高度”，要求我区进一步擦亮重点产业名片，加速产业腾飞，加快打造长三角最具竞争力的先进制造业基地。

三、“十四五”时期我区产业定位及片区协同的对策建议

紧扣我市“国际化智造名城、长三角中轴枢纽”城市定位，深入贯彻落实市、区第十三次党代会精神，大力实施“532”发展战略，抢抓“两湖”创新区历史性机遇，统筹优化资源要素配置、公共设施建设和生产力布局，坚定不移做大做强做优实体经济，全力建设产业科技创新中心，加快创新企业集群发展，推动各板块差异发展、特色发展、协同发展，全面构建特色鲜明、功能互补、均衡发展的新格局。在全市“532”发展战略中担当作为，在“势”的把握上等 8 个方面勇当先锋，在“两湖”创新区建设上当先行，在“长三角中轴崛起”上作表率，努力争当“全市智造名城主引擎、全省现代化建设排头兵”。

（一）全区产业定位

深入实施产业基础再造工程和质量提升行动，深化推进产业链、供应链协同发展，推动“162”九大先进制造业集群整体提升，着力打造智能装备制造（机器人）、新能源汽车及汽车核心零部件（智电汽车）和新医药及生物技术（大健康）等产业标杆，全面增强制造业竞争能力；以提升生产性服务业、生活性服务业为重点，全力构建现代服务业发展体系；以一二三产业融合发展为目标，全力提升农业产业水平。主要做到“四个全面”：

1. 全面提升现代工业核心竞争力。以建设现代智造城为重点，以高端化、智能化、绿色化、服务化、品牌化为引领，重点打造“162”产业，即：倾力打造 1 大高端支柱产业，即高端装备产业；全力巩固6大新型支撑产业，即新能源汽车及汽车核心零部件产业、新一代信息技术（集成电路）产业、新材料产业、新型电力（新能源）产业、新型医疗器械产业，新型节能环保产业；着力提升2大传统优势产业，即特钢材料、高端纺织产业。形成1000亿级的高端装备产业、新能源汽车及汽车核心零部件产业集群2个；500亿级的新一代信息技术（集成电路）、特钢材料产业集群2个，加快建设高质量的现代工业体系。着力三大重点发展产业，即机器人产业，实施高端装备制造业提升工程，打好机器人设计、研发、制造、集成、应用组合拳，推动机器人产业链创新能力不断增强、品牌效应明显提升、产业规模持续扩大，力争到“十四五”末，产业规模超300亿元；智电汽车产业，发挥汽车整车制造业的强大辐射带动效应，培育一批动力电池、驱动电机和电控系统等汽车核心部件研发生产企业，形成从关键零部件到整车的完整产业体系和技术支撑体系，实现智电汽车产业关联配套和区域联动发展，力争到“十四五”末，产业规模突破2000亿；大健康产业，依托西太湖科国际医疗产业园和国际医疗器械城优势，以及雪堰“东方药谷”的打造，加快承接国家重大新药创制等重大科技专项实施成果，吸引国内外先进生物技术和产业资本，打造全球骨科植入器械的重要生产基地和一次性医疗器械生产企业集聚地。重点发展以植入物、手术机器人、体外诊断等产业，探索发展以治疗性疫苗、生物医药等细分领域的大健康产业，力争到“十四五”末，产业规模达500亿元。

2. 全面加快服务业转型升级步伐。以改造升级传统服务业、提升发展“两业”融合服务业水平为重点，积极发展现代服务新产业、新业态、新模式，构建优质高效、充满活力、竞争力强的武进服务产业新体系。大力促进产业金融、供应链物流、检验检测等生产性服务业向专业化和价值链高端延伸；积极推动文旅休闲、高端康养、教育培训等生活性服务业向精细化和高品质方向转型。到2025年，服务业增加值占GDP比重达到50%，生产性服务业增加值占全区服务业增加值比重达45%，服务业税收占全区税收收入比重达45%左右。

3. 全面推进现代农业高质量发展。加力实施乡村振兴战略，推进农业产业现代化，以不断丰富“米袋子、菜篮子、果盘子、花盆子”为重点，不断优化农业发展功能、产业和空间布局，推动林果、花木产业转型升级。推进建设东南部果蔬、中南部稻麦、西部花卉苗木、环湖水产养殖、城郊都市三产融合“五大片区”。到2025年，新建高标准农田5万亩以上，全区粮食作物年播种面积稳定在10万亩，水稻面积6万亩，水产养殖面积4.5万亩；全区常年性蔬菜基地面积稳定在3万亩，年种植面积达7.5万亩；全区果树面积稳定在6万亩左右；全区花卉苗木面积稳定在12万亩左右。

（二）全区产业布局

聚焦“生态滨湖区、现代智造城”，坚持“生态优先、创新引领、空间优化、品质提升”发展战略，以“共商、共建、共享、共赢”为原则，按照全区“东西联动、南北互融”的总体思路，统筹“四大组团”建设，推动开发区“做大做新做强”、各镇“做特做活做强”，深入实施“532”发展战略，在建设产业中轴上勇当先锋，全面构建特色鲜明、功能互补、均衡发展的新格局。主要做到“四个围绕”：

1. 围绕“宜居宜业”，建设活力城区组团。范围包括湖塘镇、高新区北区、牛塘镇、绿建区，是武进区商务商贸中心和人口集聚中心。积极向北融入常州主城区，大力发展以都市工业和三新经济为核心的城市经济，提升现代服务业水平，为常州提升城市能级树立新标杆。湖塘镇以打造“科创高地、宜居之城”为目标，依托区位优势，围绕城市经济，重点发展高端服务业、智能装备关键部件等产业，着力打造集约化发展样板镇。高新区北区以打造“品质生活、精致城市”为目标，加快融入主城区，大力发展生活性服务业。牛塘镇以构建“融合产教城、人文金牛塘”为目标，按照“一智造一高校一康养”的总体思路，以智能制造为主引擎，以江理工升级搬迁为契机，以康养结合为特色，在城市西进战略中谋划新思路、展现新作为。绿建区以打造“绿色建筑特色产业品牌”为目标，围绕“两湖”创新区建设发展，聚焦“碳达峰、碳中和”发展主题，重点围绕绿色建材、创新平台等产业和载体发展建设，打造绿色建筑全产业链特色园区。

2. 围绕“现代智造”，建设高新智造组团。范围包括高新区、科教城、中以常州创新园、前黄镇、礼嘉镇、洛阳镇，是武进区产业发展的主阵地。深化与科教城的融合，加快推进“科创走廊”建设，高标准建设中以常州创新园，进一步放大“创新之核”的辐射带动作用，推动主导产业提质、新兴产业壮大，注重链式发展壮大产业集群，为常州工业智造、科教创新、国际合作等提供新引擎、新样板。高新区以打造“滨湖科创城、智造武高新”为目标，继续在全区产业发展中挑重担、当先行，起到风向标、主引擎的作用，提升发展四大主导产业，做大做强“一车一人一芯”产业；依托常州科教城的科研优势，持续优化提升现代金融、科技孵化、检验检测等生产性服务业。科教城按照“科教创新明星城”建设要求，强化辐射带动作用，全力打造贯穿经开区、武高新、科教城、中以园、绿建区、西太湖的科创走廊。中以常州创新园以争当“中国以色列创新合作领航者”为目标，按照“一院一村两平台”的建设思路，打造机器人及智能制造、生命健康、新一代信息技术等公共服务平台。前黄镇以建设“千年水乡、耕读前黄”为目标，围绕配套武高新，放大“一园一基地”的示范效应，充分发挥九洲创投园的创业服务功能，提升创新平台能级；进一步做大做强以有色金属精密部件为主的高端装备产业，加快企业创新发展步伐；努力打造区镇协作产业强镇，发挥古村、水乡、文化等特色资源优势。礼嘉镇以打造“创新智造产业名镇、崇文尚德和美礼嘉”为目标，按照“三业一园”发展思路，提升农业装备、绿色智能家电、新材料等产业体系；加速发展现代农业和农产品深加工，提档升级武南现代农业产业园。洛阳镇以打造“龙城洛阳、魅力桃乡”为目标，向北加强与常经开的联动发展，向东与无锡加强区域合作，按照“两园一果”建设思路，加快做大做强智能电机电器、冷链物流装备产业；加快水蜜桃等特色林果产业发展。

3. 围绕“创新未来”，建设滨湖科创组团。范围包括西太湖科技产业园、苏澳合作园、嘉泽镇、湟里镇，是武进未来的新城市中心。加快实施环滆湖片区战略规划，推动“科创走廊”向西延伸，积极打造“两湖”科创长廊的核心区和示范区，助推常州“未来科创城”建设，打造未来“硅谷”科创高地；持续推进苏澳合作园区建设，高水平打造长三角青年创新创业港和国际教育集聚区；加快推进高效便捷、互联互通的重大区域交通设施建设。努力打造长三角、全国乃至全世界有辨识度的区域，成为环境最好、业态最优、活力最强的“美丽核心”，为常州创新开放打造新中心。西太湖以打造“科技之城、创新之城、生态之城、青年之城、未来之城”为方向，瞄准产业集聚新中心建设目标，重点围绕生命健康、先进碳材料产业和“五型”经济发展，积极引领“两湖”创新区发展，全力推进“长三角最美湖湾城”核心区建设。苏澳合作园区以“国际创新合作引领区、青年创新创业示范区、中葡合作项目集聚区”为目标，着力推进“一港一区一平台”（长三角青年创新创业港、国际教育医疗集聚区、中葡贸易投资便利化综合服务平台）建设，努力打造成全市建设长三角产业科技创新中心的核心引擎。嘉泽镇以打造“江南花都、缤纷湖湾”为目标，积极融入“两湖”创新区建设，加强与西太湖联动协同，围绕“花盆子”，大力发展花卉苗木产业，高标准创建国家农村产业融合发展示范园区，推动以苗木种植、工程施工、园艺设计为主的苗木一、二、三产业融合，延伸产业链条，实现花木产业转型升级。湟里镇以打造“实力中心镇、美丽西大门”为目标，推动“一钢一车”特色产业发展壮大。依托东方特钢特种钢深加工产业优势，促进产业链延伸，推动特钢材料产业发展；依托东方龙、骏宇汽配等企业，进一步发展壮大汽车零部件产业。

4. 围绕“生态文旅”，建设太湖文旅组团。范围包括雪堰镇和太湖湾，是苏锡常一体化发展的重要枢纽，兼具文化旅游、生态涵养等功能。实施湾镇协同发展战略，全面提升湾镇统筹、协同、共享水平。加快融合步伐，主动融入大拈花湾建设、太湖湾科创带，整合太湖湾旅游资源，深入实施乡村振兴战略，为常州建设文旅休闲明星城展示新名片。雪堰镇以建设“太湖之滨、吴韵雪堰”为目标，推动“一村一桃一业”特色产业发展壮大。持续加大美丽宜居乡村建设力度，协同推进太湖湾美丽乡村片区发展，形成以点带面的全域休闲旅游发展格局；积极发展特色林果，彰显品牌价值，打造生态农业产业示范区；依托苏锡常一体化和太湖湾科创带建设，加强与无锡马山生命科技园产业对接，引进聚荣、丽珠等制药企业，规划建设“东方药谷”，打造苏锡常产业融合发展示范区；夯实精密机械制造、节能环保设备等产业基础，提升传统产业发展水平，打造成为长三角绿色经济生态转型示范名镇。太湖湾以打造“太湖湾明珠”为目标，以“一旅一康养”为发展重点，依托研学基地，探索教育培训发展新模式；以“精品高端及绿色生态”为发展定位，依托“一古一今一生态”（“一古”即吴文化、“一今”即“三谷一园”、“一生态”即“一渔一桃”）等资源，以核心景区带动，城市公园、山水田园、民居风情、生态景观、历史文化协同发展；主动融入大拈花湾建设，完善旅游配套服务功能体系，推进智慧旅游建设；充分发挥常州沿太湖发展桥头堡的独特作用，做强核心旅游产品，努力打造国内一流、国际知名的旅游目的地和康养胜地。

（三）主要工作重点

各镇、开发区特别是各镇要按照“一镇一园、一特色产业、一产业研究院、一科创中心（研发中心）、一产业基金”的“五个一”发展思路和要求，推动特色产业链式集聚发展。主要做到“六个化”：

1. 资源配置高效化。各相关板块要根据各自实际，有序开展各类资源特别是土地存量资源的有效盘活，为区域发展腾出更多的发展空间和土地资源。各相关镇要腾挪出200亩以上基本连片集中的土地资源，围绕三大重点产业编制好产业发展规划，标准化配置产业发展、基础设施、公共配套等方面的空间资源、土地资源，着力打造一到两个特色产业园。各开发区要规划建设好相关专题产业园，把“园中园”打造成助推产业跃升的核心引擎。

2. 项目招引精准化。积极构建“大招商”机制，统筹全区重大项目布局。各相关板块要牢牢把握机器人、智电汽车、大健康三大产业重点发展方向，以智能制造为主攻方向，对三大产业进行链式招商，加速形成产业集聚效应。在招商重点区域上，境内要更加积极主动地对接和实施“长三角一体化”战略，深化国际合作，重点瞄准沪苏杭宁，承接“大好高”项目的辐射、溢出和转移。

3. 产业培育链条化。结合三大产业上中下游发展实际，对各产业梳理出一批具有系统集成能力、较高市场占有份额、产业拉动作用较强的企业作为头部企业，分别成立机器人、智能汽车、大健康产业三个发展联合体，协同谋划、推进产业快速、跃升发展。支持头部企业、发展联合体围绕自身技术和市场需求，引进和培育产业链条其他环节的高成长性企业。要依托头部企业或重点龙头企业，联络一批高校院所，成立或创建技术研发中心、工程研究中心、工程实验室或产业研究院等，并努力向上申报争取或申领一批牌子，为产业培育提供技术支撑。

4. 生活配套高质化。各相关板块要以产城融合发展要求，通盘考虑产业周边的空间、环境和社会等因素。从总体上把握方向，把工业园区及其周边配套打造成产、学、研产业集群的产城融合园区，在城镇生活区基础设施基本齐全的基础上，要高标准配套文化设施、娱乐设施、生活设施等，全面改善区域环境、提升区域人才吸引力和竞争力。

5. 基金引导专业化。根据产业发展需要，构建相应的产业引导母基金，使外部资金能够与三大产业无缝对接。可由国经公司下属公司作为普通合伙人，国投公司、经发集团、先行集团、国经公司、高新区滨湖集团、西太湖伟驰集团等六家国资公司共同出资成立，主要投向区内三大产业相关的上市后备企业、高成长性企业、优质项目或相关基金，培育一批上市前景好、科技含量高、创新性强的本土企业。

6. 日常服务团队化。成立区级层面的工作专班，由区领导牵头，区发改、财政、工信、商务、人才、科技、统计、金融监管等部门高度协调配合，形成合力，研究出台配套的支持政策，立足区位、资源、产业优势，按照龙头带动、链式布局思路，优化各相关区域的分工定位和布局，积极打造区域优势产业集群，为推进产业中轴建设提供支撑。工作专班要与产业发展联合体、头部企业建立联系制度，及时了解产业发展联合体、头部企业诉求，采取“一业一策”“一企一策”“一事一议”等方式，帮助协调解决产业链提升工作中有关问题。在工作专班下可设若干服务小组，为板块、企业提供专业、高效的团队化服务。

（课题组成员：夷建良　潘　凌　潘冬兰　杭　燕）

武进文化产业集群发展的对策研究

站在“两个一百年”奋斗目标的历史交汇点上，党中央将文化建设放在全局更加突出的位置，其中最重要的就是明确提出了到 2035 年建成文化强国，这是党的十七届六中全会提出建设文化强国以来，中央首次明确建成文化强国的具体时间表。推动文化产业集群发展，既可以满足人民多样化、个性化和精品化的文化需求，又是激发文化企业活力，进一步推进建设文化强国的必然选择。因此，在面对国内经济大循环加快调整、数字经济集群高速发展、产业跨界融合发展趋势突出等背景下，文化产业结构不断优化，相关产业之间彼此交叉、相互渗透，文化产业已成为促进新消费的动力源和经济高质量发展的重要引擎。

研究如何在政策优化、要素保障、重点领域发展、产业平台建设等方面重点着力，对武进加快推动文化产业高质量发展，构建特色鲜明、附加值高、原创性强、成长性好的现代文化产业体系有着重要的意义。今年以来，区委宣传部在听取西太湖、高新区等重要板块情况汇报的基础上，多次实地走访了捷成华视网聚、视觉中国、环太湖艺术城、西太湖影视基地等重点文化企业，并积极听取了省统计局对于武进文化产业的发展建议，积极探索“十四五”时期文化产业集群的发展路径，现将调研情况和思考建议报告如下：

一、不辱使命，负重奋进，文化产业发展迎来黄金期

武进文化产业从 2010 年开始起步、探索，特别是“十三五”以来，全区文化产业迎来快速发展的黄金期，经济体量逐步壮大，发展业态不断丰富，产业结构日趋优化，呈现出稳中有进、有序发展的良好态势。

这五年，政策红利持续释放，总体规模稳步增长。文化产业市场主体的做大做强离不开顶层设计和政策法规支撑。武进区文化产业发展工作领导小组及办公室的成立，《武进区文化产业三年跃升行动》《武进区区级文化产业发展引导专项资金管理办法》等一系列政策法规的出台和实施，以及区级文化产业发展引导专项资金、影视文化产业专项扶持资金等重点资金的支持，极大推动了我区文化产业发展。近五年来，全区充分发挥各级引导资金的导向和激励作用，区级引导资金累计超过 3000 万，争取国家和省、市自已超 5000 万元。2020 年，全区（不含经开区）完成文化增加值 88.89 亿元，文化企业数量超 3000 家，规模以上企业达 187 家，文化产业增加值占 GDP 比重从 2% 增长到 5.98%，始终保持着较高的增长速度，文化产业增加值多年来稳居全市前列。

这五年，产品供给丰沛高质，集聚效应初步呈现。根据文化产业的基本内涵结合目前发展阶段和现状，全区目前已形成 9 大类、43 中类和 146 小类的行业体系，其中包含了新闻信息服务、创意设计服务、文化投资运营、文化娱乐休闲服务等核心层，以及文化消费终端生产、文化装备生产、文化辅助生产和中介服务等文化相关领域。从空间集聚规模上看，全区形成了“东—中—西”格局，东部以“国家级旅游度假区”太湖湾旅游度假区、“省级文化产业示范基地”环球动漫嬉戏谷等一批重点文旅项目构成，中部以“全国春秋文化旅游品牌创建示范区”春秋淹城旅游区、“国家级大运河文化带重点项目”淹城春秋遗址、环太湖艺术城等文娱服务构成，西部则以“江苏互联网产业园”西太湖电子商务产业园、“市级文化产业示范园区”西太湖影视产业基地、“国家文化出口重点企业”捷成华视网聚等互联网新兴企业组成。武进文化产业已呈现规模发展，产业集群集聚效应不断提升，逐渐形成主业突出、各具特色、示范引领、充满活力的挂杆企业和文化产业园区。

这五年，融合发展迅猛提速，品牌优势初步彰显。文化产业与旅游、体育、商贸等都属于服务业或体验经济，彼此间具有很强的关联性，可以在产品、时间和空间、设施等物质资源上实现共享，也可以在创意、管理运作与组织形式、技术等非物质资源上实现互动交融。我区通过创新文化体制、深化文化供给侧结构性改革，引领文化产业深度融合，向数字化、智能化和价值链高端延伸，逐步实现社会效益和经济效益相统一。通过“文旅 +”结合，打造了“一古一今一生态”的旅游品牌，将传统文化资源与现代产业资源优势相融合，强化文化产业发展的融合功能；在“互联网 +”领域，发挥市场在文化资源配置中的积极作用，优化数字文化服务供给网络，强化文化产业发展的消费功能，形成了一批具有核心竞争力的优秀文化品牌，如拥有国内最大的视觉内容互联网版权交易平台视觉中国、跨境电商平台嗨购科技等；围绕“活动 +”，我区定期举办各类节庆活动，集中展示独特的地域文化和民俗风情，连续 15 年举办“花都水城 · 浪漫武进”旅游节，打造“龙城夜未央 · 武夜尽欢畅”夜生活节，西太湖音乐节、太湖湾音乐节逐步成为长三角崭新的音乐旅游名片。此外，不断加快文化“走出去”步伐，强化文化产业发展的辐射功能，打造具有武进特色的系列文化出口产业链，捷成华视网聚成为中国最大的新媒体发行公司，在全国文化出口占有重要地位，武进不断鼓励更多的企业成为文化“走出去”的突破口，增强出口文化产品和服务的质量和技术含量，提升国际竞争力。

二、着眼大局，认清形势，不断加深文化产业新认识

纵观国内国际环境，“十四五”是一个重要的历史转折期，是我国全面建成小康社会、实现第一个百年奋斗目标之后，乘势而上开启全面建设社会主义现代化国家新征程、向第二个百年奋斗目标进军的第一个五年。同时，世界正经历百年未有之大变局，新一轮科技革命和产业变革深入发展，国际环境和经济环境日趋复杂。武进文化产业在未来五年的发展期依然受制于时代大背景下各种要素的制约与影响，需要科学地、宏观地、全面地、精准地把握理解其时代背景。

1. *新使命：全面助力 2035 年文化强国建设*。党的十九届五中全会从战略和全局上对文化建设作出重要部署，《建议》中明确提出“到 2035 年建成文化强国”。近年来，在党中央和各级政府的规划和引导下，文化产业快速形成规模化、集约化、数字化发展态势，在全球疫情的重创下快速恢复至正增长，成为国民经济社会的支柱性产业。文化产业始终坚持把社会效益放在首位，社会效益与经济效益相统一，在推动经济社会发展的同时，更大程度上承担着国家文化发展的历史使命。只有高质量发展的文化产业，才能使其成为解决我国当前社会主要矛盾的重要基底。把高质量发展作为“十四五”我国文化产业发展战略定位来确立，是时代发展的需要，是建设社会主义文化强国的需要。

2. 新形势：全面应对后疫情时代的发展态势。经济全球化遭遇逆流，疫情对文化产业尤其是发展规模和增速产生显著冲击。在后疫情时代，市场需求恢复相对滞后，债务和经济增长的缺口将进一步拉大。因此，文化产业将呈双向交错发展的态势。一方面，线上经济、直播带货、社区团购、无接触服务等消费新模式快速发展。线上经济蕴藏着巨大的市场潜力和社会价值，刺激着传统的消费方式，需要加快研发出更多具有特色的文化产品，不断满足消费者个性化、定制化、高端化的消费需求。另一方面，文化产业贯穿在经济社会各领域各行业中，呈现出多向交互融合态势，其更多地聚焦在创意设计、数字经济等前沿领域，并借此推动产业高质量升级换代，加快催生出工业设计、数字文博、电音娱乐、民宿休闲、旅游观光等一批新型融合型发展业态。

3. 新格局：全面助推双循环文化产业体系建设。2020年7月30日的中央政治局会议提出加快形成以国内大循环为主体、国内国际双循环相互促进的新发展格局，文化产业的高质量发展在此能够发挥重要的助力作用。一方面，在国内大循环中，科技力量能促进文化创意产业链、供应链加速循环，文化产业内循环的加速发展能对推动实体经济内循环起到提档升级和转型增效的驱动性作用。另一方面，在外循环中，我国实体经济贸易一直占据主要地位，文化产业出海发力不足，未来可借助互联网、高科技等手段，全力推动文化产业出海，使其与实体贸易一起全力提升我国的核心竞争力。

4. 新动向：全面助推“文化产业+”深度融合。文化科技融合正处于新一轮爆发式增长阶段，催生出一些新的文化业态，进一步延伸了文化产业链。随着5G网络、人工智能、大数据中心、工业互联网、云计算等“新基建”的加快布局和突破应用，会有更多的科技被应用到面向大众的产品生产和公共服务中。以网络直播、短视频、游戏行业等为代表的文化科技融合发展重点行业来分析，网络直播为经济民生各领域全面赋能，短视频成为互联网底层应用，游戏行业成为文化出海排头兵。2020年我国网络直播市场规模达1930.3亿元，同比上升63.4%；短视频市场规模达1302.4亿元，直播用户规模达6.17亿元；自主研发游戏在海外营收达154.5亿美元，同比增长33.25%，继续保持高速增长态势。

三、回顾历史，总结经验，充分认识存在的客观问题

武进文化产业从起步至今已有十年的时间，从无到有，从小到大，取得了不错的成绩。但是对照文化强区和文化高质量发展的目标，产业发展仍然存在一些困境，有些有其历史性、结构性，有些则带有极强的探索性，主要有以下几个方面原因：

1. 主体抓手较弱，总体规划略显滞后。文化产业发展是一项长期的复杂系统工程，需要加强顶层设计与科学指导。从目前我区顶层运行机制来看，运营主体部门由宣传部门负责，文体广旅局产业科承担相关业务指导，但文化产业发展需要投资、招商、贷款、土地等各项专业的配套政策，宣传、文化部门的主要精力都在新闻宣传和文化事业上，对文化产业发展实在是顾及不暇。此外，从我区虽然在整个文化产业的发展浪潮中，先后起草出台了系列文件，但是这些政策宣传力度不够，加之前些年有关文化产业方面政策的缺失，无法在第一时间起到助推剂的作用。目前在文化产业未来发展方面也缺乏整体协调规划，文化项目无法与城市优势产业形成紧密结合，以至于政府对获取整个文化产业的发展态势还存在一定的滞后性，在一定程度上错过了发展文化产业的最佳时机。

2. 产业结构单一，经济总量规模偏小。产业结构比例失衡，表现为文化制造业比重偏高，批发零售业和服务业比重偏低，2021年1—6月，规模以上文化制造业占总营收比重达50.9%。从文化制造业内部结构来看，劳动力密集型和资源密集型行业所占比重较大，而引领文化产业发展的设计服务、文创等行业占比较低。同时，现有文化产业规模偏小，千万元以上的企业仅占6%，亿元以上的大型企业仅有24家，缺少能够规模主导、产业关联度高，具有影响力、体现原创力和武进特色的主导产业和龙头企业，对区域整体经济发展的带动作用不明显，难以有效推动区域经济结构的调整和产业规模的升级。

3. 融资渠道单一，配套服务亟须完善。在文化企业筹集资金的方式中，银行贷款是目前文化企业筹集资金的主要途径。但目前的金融产品和金融服务较少，其他中介配套金融服务运用比例较低，文化产业的“轻资产”“高风险”天然属性与资本趋利避险的矛盾没能有效化解，对于文化企业知识版权等无形资产进行质押的金融产品更是稀缺，创意和版权估值难的问题尚未彻底破局。一方面金融机构与文创企业之间掌握的信息不对称，版权评估机构和文化交易市场缺乏，金融业对文化企业实际的资金需求不够了解。另一方面金融服务产品和系统不能适应区域文创产业的融资需求，有针对性的贷款项目创新不足，政府和专业担保机构在对小微型文化企业的融资增信上投入有限。此外，就公共服务而言，市场拓展、技术支持等相关增值服务发展滞后，中介机构数量有限和服务功能不强，难以满足企业需求。

4. 文化人才稀缺，品牌保护意识淡薄。作为文化产业中最重要的资源，人才资源对于创新显得尤为重要。由于文化产业行业入行门槛较高，缺乏懂专业知识和专业技能的人才，多数从业人员属于半路出家，最重要的是缺少既熟悉市场经济又能进行文化经营的复合型文化产业经营人才。此外，我区在发展文化产业过程中注重产品的开发、销售，而缺乏品牌意识，我区拥有不少地方文化产业，如牛塘的象牙浅刻、留青竹刻等共计81个非遗项目，但在整个文化市场中竞争力较弱、产品层次相对较低，更是缺乏知名品牌，即使有些企业在本地有一定的知名度，但走出武进，很难获得外界的品牌认可，导致很多优质的资源没有得到充分开发和推广，在一定程度上导致了品牌资源的浪费。

5. 资源开发不足，市场运行活力不足。目前，我区文化产业存在着“小、散、乱、弱”的现象，规模化、集约化程度不高，对于文化资源的利用率低，无法起到聚合的作用，进而导致产品缺乏市场竞争力，对城市经济的拉动相对疲弱。一方面，相较于传统产业而言，文化产业需要在产品这个外壳的基础上突出其独有的文化性、艺术性、思想性，而我区大多数文化产业只注重产品而忽视了文化。另一方面，企业管理和市场调控能力等方面的不足，行业之间互“挖人才”、打价格账等恶性竞争现象存在；文化产业资源整合程度不够，很难组成拳头产品形成合力，造成文化产业缺乏市场竞争力和运行活力。

四、明确目标，落实责任，开创产业集群发展新局面

随着文化产业发展转向高质量发展，我区要对照“十四五”发展的总体思路进行适时调整，通过发挥政治、经济、文化各方因素的共同作用，实现文化企业地理空间上的集聚，在集聚区内实现“高增长”向“做实总量、做优结构、做好要素、做高效率”转变。

（一）“规划为王”：树立产业集群整体发展理念

根据“十四五”文化产业发展规划和国内外发展趋势，结合武进实际，科学制定文化产业中长期发展规划，明确文化产业发展的总体目标、空间布局、配套设施，确保优势文化产业得到较快发展。

1. 科学制定规划，完善管理体制。根据文化产业发展的战略要求，制定武进区“十四五”产业发展规划，从全局层面对全区的功能定位和产业布局提出引导要求，调整优化产业结构，大力发展区域优势文化产业。建立健全“领导小组＋园区管理机构＋社会组织／协会”的管理体制。一是提升武进文化产业领导小组的统筹协调能力，重点解决涉及全局性的重大事项和关键问题。完善部门间的沟通协调机制，建立规范高效的规划管理体系，加强跟踪管理，强化规划权威，纳入政绩考核体系，确保规划落实。二是加强重点文化产业功能集聚区的专业化管理。按照“重心下移、上下贯通”的原则，在发展潜力强、集聚程度好的集聚区建立专门的管理机构进行专业化管理。三是充分发挥各类社会组织的决策咨询作用。从行业组织、龙头企业、科研院所等各类机构中以遴选、推荐、特邀等方式组建武进文化产业发展咨询委员会，大力培育行业协会、产业联盟、联席会议等社会组织和行业组织，为其参与决策提供平台和渠道。

2. 明确集群定位，构建特色平台。准确定位，是文化产业发展最坚实的基础。武进文化产业集群多以政府主导型的发展机制为主，最为代表的就是淹城旅游度假区和太湖湾旅游度假区。在文化产业集群的未来发展过程中，武进应当根据实际情况，充分发挥宏观调控能力，因地制宜做出准确的集群发展定位。企业也应根据自身实力和市场趋势，明确长处和短板，循序渐进，进行合理规划，发挥比较优势，集中优势资源建立不同类型的文化产业园区。产业集群要有核心主题，产业类型范围不能过于宽泛，不能盲目跟风，忽视实际情况一概而论。例如，以互联网为核心的西太湖互联网文化产业，要依托高校和科研机构，进一步打造“产学研”一体的产业集群，充分利用新技术促进文化集群发展。因此，要根据不同的文化企业所需要的要素禀赋、创新环境、文化基础等建立不同的文化产业集群平台，充分挖掘武进印记，放大本土元素，建立各具特色、和而不同的文化产业集群。

3. 完善运营模式，提供增值服务。文化产业集聚区的建设与一般的产业园区一样，必须高度重视运作效率，追求市场认可的程度，在竞争中形成优胜劣汰的发展载体。即使是政府主导的集聚区，也应把讲求效益、追求利润、着眼长远放在首位。要着力寻找文化产业的经营逻辑，探索文创产品市场化的路径，形成自身良好的资本循环，在生存的基础上发展，在发展的进程中提高。相关板块在推进各类集聚区的打造过程中，不能只是简单的“二房东”，而是要围绕文化企业最大限度地提升各类服务水准，特别是要在政策咨询、品牌推广、人才招聘、展示交流以及对接其他城市资源主体方面主动作为，比如可以设立“基金会”“产业联盟”等多种方式，为集聚区的企业以及人才提供增值服务，帮助企业走向市场，这样才能使得文化产业的上游与下游、创新主体与消费群体、创意企业与金融企业、创业人才与其他人才之间形成良好的沟通和协调机制。

4. 完善政策扶持，发挥集聚效应。以政策引导和重大项目带动文化产业向功能区集聚。积极落实国家、省、市、区支持文化产业的各项规划、法规和优惠政策，研究制定功能区相关条例，提供各种优惠政策，加大对文化创意产业在财政、税收、土地使用等方面的扶持力度，如放宽准入门槛、简化审批程序、减免税收等。巩固发展文化产业集聚区，改革与文化机制不适应的地方，完善集聚区内投资核准、银行贷款、土地使用、税收优惠、上市融资、发行债券、对外贸易和申请专项资金等各项扶持政策。

（二）“企业为核”：打造产业集聚发展龙头项目

项目、企业、园区是产业发展的三大要素，是推动产业的核心。实现文化产业的高质量发展，必须推进一批重大项目落地，支持一批中小微企业，培育一批潜力企业，不断壮大我区文创产业的整体实力。

1. 加大重点项目推进力度。重点发展“西太湖影视产业基地”“江苏互联网产业园”等新兴文化产业基地，加大对光宝科技、百佳年代薄膜、捷成华视网聚、视觉中国、巨流量文化传媒等一批产业业态优、投资规模大、投资主体强的航母级项目的政策扶持力度，重点建设国家级基地、省级园区和重点项目，特别是西太湖影视产业基地二期项目。完善文化产业招商引资的工作常态化联系机制，加快组织实施一批成熟度高、成长性好，具有先导性的重点项目。系统梳理全区重点文化产业项目，建立重点项目库。

2. 促进中小微型企业发展。落实好国家有关支持小微企业发展的各项政策，依托文化产业集聚区，为其提供创业创新平台。一方面着力培育一批符合武进产业导向的骨干文化企业，建立动态骨干龙头企业库。争取到 2025 年，培育 5 家大型骨干性文化企业集团，文创类企业比重不断提升，挂牌上市公司争取达到 2 家。另一方面重点培育、扶持一批市场潜力大、创新能力强的文化创意小微企业，建设武进文创产业“众创空间”，探索在文化市场领域建立负面清单的管理模式，减少政府对市场的干预，在新闻出版、广播电影电视、文化艺术服务等领域，坚持引入竞争、打破垄断的原则，在不同环节、不同层次上开放市场准入，拓展文化产品和服务推介交易渠道，规范行业组织发展。

3. 培育多元化的投资主体。文化是事业，更是产业。在文化产业的发展过程中，政府的作用重在引导各类投资主体进入文化产业领域，形成多元化的投资态势。一是要在各类园区规划和招商的过程中选择专业化程度高，具有国际视野、具备综合营运能力的民营企业，放手让其进行整体规划及招商。二是选择一批成长性比较好的文化企业，实施重点扶持，为其提供资金、人才、规划以及场租方面的优惠政策，助其做强做大。三是注重引进国外具有成熟品牌优势的规模企业，吸收其先进的创新理念及推广经验，嫁接并改造国内的各类中小园区。

（三）“服务为翼”：提供完善文化配套服务支持

实现文化产业持续健康发展，还需要同步完善配套服务和行业自律准则，为文化企业的稳健发展不断注入活力。

1. 拓宽金融融资渠道。构建融资配套机制和服务体系，充分发挥银行业、证券公司和基金等金融机构资源优势，探索开展“文化＋金融”主题的文化项目或投融资对接会等活动，鼓励优质文化企业参加武进创新发展大会，支持龙城金谷南区各类投资机构开发多样化的特色文化金融产品和金融服务，培育一批优秀的文创企业上市，支持文化创意产业基金、商业银行、证券公司等形成服务于文化创意产业的金融链条，帮助企业多途径筹集资金。金融机构也应该进一步转变理念，在对文创企业提供的服务中，努力提高像投资银行业务、财务顾问、咨询业务、国际业务、评估业务等综合性业务的能力和服务水平，满足文化企业多元化的融资需求。同时，政府也可以出台鼓励金融机构支持文创产业发展的相关政策，以奖励、贴息、资助等方式扶持文创产业项目和企业，设立文化产业投融资基金，形成政府、金融机构和文创企业相结合的发展机制。

2. 加强文化人才供给。人才是推动文化产业发展壮大的关键，必须建立完善“引得进、留得住、用得上”的人才招引保障机制。一是加强文化创意产业高层次人才的培育引进。将文化人才纳入“龙城英才计划”，举办武进文创人才专场招聘会，完善文化创意产业领域各类从业资格、职称评定的考核认定机制，合理提高从业人员的地位、待遇。规划建设一批文创名人园、名人工作室、名人俱乐部，大力吸引文创名家、艺术大师和高层次文创领军人物。二是重点培养一批本土创意专家，扩大象牙浅刻、常州烙画等大师工作室建设的规模和培养领域，抓好“大师带徒”等青年人才培养项目，让乡土艺术家在市场上“红”起来。制定文艺创作表演人才、文化创意设计人才、文化传承研究人才的扶持政策，建立武进文化人才“名人库”，积极引导培育一大批德艺双馨的名家大师。三是着力挖掘一批青年基层文化人才，加强与常州大学、纺织学院等高校的交流与合作，开办文创学院、文创专业，培养、储备文化创意产业人才梯队，打造武进的文化创意产业智库。鼓励大学生等青年人才创新创业，主动对接“万名青年人才来武就业创业三年行动计划”，打造文化人才集聚区，搭建动漫游戏、数字内容、艺术创作生产等文化领域的“众创空间”，定期对全市文化创意产业的从业人员进行管理培训、职业培训。选拔重点领域、重点业态的优秀人才赴外学习交流。

3. 加强知识产权保护。文化产业的发展核心以及动力均与知识产权保护的范围及力度有着密切关系。各种创意资源及各类创意产品只有得到最好的知识产权保护，创意人才的创意活力才能得到最根本的尊重。建议由科技局牵头，引入专业的知识产权中介机构，组建面向全区文化企业的统一知识产权公共服务平台，实现知识产权保护平台与其他投融资平台、交易平台的对接。产业集聚区尽可能聘请知识产权方面的权威律师定期提供法律咨询服务及相关讲座，帮助文化创意企业和人才维权和护航。对于有特色的文创产品，要及时申请外观专利及其他专利，并跟踪其产品的销售轨迹，防止侵权行为发生。所有园区都应该将知识产权保护作为园区发展的第一要务，并以此吸引更多的创意人才以及创业企业落户园区。

（四）“统筹市场”：构建武进特色文化市场体系

健全武进文化产业体系和市场体系，是“十四五”文化产业高质量发展的必由之路。不仅要立足国内新发展格局，深挖扩大国内消费需求，同时突破市场壁垒，积极与国外市场开展良性互动。

1. 深化产业深度融合，在培育业态中打造“新动能”。实施“互联网＋”战略，推进文创与科技、旅游、体育等深度融合，培育壮大产业转型发展新动能。一是推动文化创意产业深度融合。大力挖掘武进本土文化资源，推动文化融入相关产业发展，使文化符号、文化理念、文化创意等内涵嵌入研发、设计、营销等高端价值链环节，提升产业产品附加值。二是培育文化创意产业新业态。抢抓新一轮科技革命和产业变革的重大机遇，主动迎接以5G、大数据、物联网、云计算、人工智能、区块链等为代表的新一代信息技术，加快实施文化产业数字化战略，加快发展新型文化企业、新型文化业态，创新文化消费模式，建设文化科技融合产业集聚区，重点培育传统文化产业转型、新型文化业态孵化器。三是引导传统文化企业与新媒体的融合。依托新兴媒体平台，将电视广播、数字出版、动漫游戏等行业的虚拟技术和现实生活体验融为一体，推动文化与科技的有机结合。努力把融媒体中心建设成形式多样、技术先进、竞争力强的新媒体集团，更好更快提升全区企业和行业整体发展水平。

2. 引导文化消费热点，在宣传推广中培育“新优势”。运用大数据细分市场，积极培育文化消费热点，打造优质多元的文化消费平台，提高公众对文化产品和服务的认可度。一是加强武进品牌塑造。以长三角一体化为契机，着力塑造武进文化特色，实现武进文化品牌的构建和价值放大。二是开展文化活动交流合作。提升国际展会活动的创意策划能力和专业服务水平，办好恽南田双年展、西太湖马拉松、文化产业创意周等大型赛事节会，争取更多重大节庆赛事活动在武进举办或落户，大力推动武进文创企业、产品、服务“走出去”，扩大武进国内外影响力。三是加强与媒体深度合作。探索建立选题策划、亮点汇集、沟通对接等工作机制，建强区属传媒平台，加强与国内外主流媒体、专业机构、业内名人等合作，结合文学创作、影视制作和文艺演出等形式，加强武进文化IP植入和文化推介，全面提升成都文化创意产业的影响力、辐射力和集聚力。

3. 加快对外贸易步伐，在开放创新中实现“走出去”。服务国家“一带一路”倡议，让更多文化企业“走出去”。首先，要培育出一批能担当出口大任的具有国际化水平的文创企业队伍，努力打造“阳湖”特色文化品牌。其次，要不断拓展对外文化贸易的目标市场。不但要经营美国、日本、欧盟等发达国家和地区市场，而且要大力开发东南亚等新兴经济体和发展中国家市场，加大品牌推广力度。最后，在扩大开放的同时还要注重知识产权体系的完善、相关法律法规的健全以及适应文化创意产业相应财税政策的制定等，如减免文创企业税负、适当给予财政补贴等，降低文化创意企业融资成本，鼓励具有国际影响力的文创企业、机构甚至外国投资机构进驻武进，强化对外平台建设力度，优化文化贸易的环境。

（课题组成员：何泽宇　石栋文　贾韵泓）

统计资料

2021 年武进区国民经济主要指标统计表

表 92

指　　标	单位	2021 年	2020 年	指　　标	单位	2021 年	2020 年
年末户籍总人口	万人	99.51	98.66	工业利税总额	亿元	507.04	404.73
常住人口	万人	171.72	169.79	工业利润总额	亿元	368.84	293.53
国内生产总值	亿元	2951.58	2607.23	年末工业固定资产原值	亿元	2038.37	1791.88
第一产业增加值	亿元	39.38	40.6	社会消费品零售总额	亿元	876.61	736.54
第二产业增加值	亿元	1614.73	1393.81	实际利用外资	万美元	96279	81072
工　业	亿元	1510.72	1297.9	自营出口总额	亿元	740.30	593.30
第三产业增加值	亿元	1297.47	1172.82	一般公共预算收入	亿元	216.55	195.21
人均国内生产总值	元	172857	153889	一般公共预算支出	亿元	209.40	185.56
粮食总产量	吨	56921	56665	金融机构年末存款余额（本外币）	亿元	4087.65	3670.25
肉类产量	吨	9285	15744	个人存款（本外币）	亿元	1672.29	1483.08
水产品产量	吨	33612*	39536	金融机构年末贷款余额（本外币）	亿元	3448.92	2977.47
农机总动力	万千瓦	22.78	22.77	全体居民人均可支配收入	元	58296	53412
工业总产值	亿元	6250.35	5124.77	城镇居民人均可支配收入	元	68775	63434
工业销售收入	亿元	6823.04	5453.59	农村居民人均可支配收入	元	37901	34290

注：带“*”数据不含常州经开区

2021 年武进区社会发展主要指标统计表

表 93

指　　标	单位	2021 年	2020 年	指　　标	单位	2021 年	2020 年
科技项目及经费 *				电视台	座	1	1
立项	项	302	933	广播电台	座	1	1
资助金额	万元	17441	24717	有线电视用户	万户	26.72	33.26
高新技术产业				区属卫生机构合计			
国家认定的高新技术企业	家	1131	978	机构 *	个	41	40
科研成果				床位 *	张	7249	7099
科技进步奖 *	项	8	5	卫生从业人员	人	12084	11682
专利申请及授权				诊所、卫生室、医务室、门诊部			
当年授权	件	21455	16460	机构 *	个	215	184
年末有效发明专利拥有量	件	9748	7918	卫生从业人员	人	1381	1033
学校	所	224	206	社区卫生服务站			
教职工	人	18889	17651	机构 *	个	149	148
在校学生	人	238971	232690	卫生从业人员	人	394	364
幼儿园（注册）	所	122	104	体育场 *	个	1	1
影剧院 *	个	14	14	室内游泳池 *	个	46	46
剧团	个	1	1	全民健身工程（点）*	个	910	906
文化馆	个	1	1	年末等级社会体育指导员	人	5434	5003
区级图书馆	个	2	1	业余体校 *	个	1	1
博物馆	个	1	1	专职教练 *	人	15	14
新华书店 *	个	12	12	体育彩票销售额	万元	78111	57323*

续表 93

指　标	单位	2021 年	2020 年	指　标	单位	2021 年	2020 年
企业养老保险				基本医疗保险费支出额	万元	231639	171321
已参保单位	个	36952	31923	城乡居民医疗保险			
已参保职工	人	584793	549443	参保人员	人	476570	479188
基本养老保险费实际收缴额	万元	592473	312370	合计筹资（包括市级财政投入）	万元	81508	72813
基本养老保险费支出额	万元	410919	380606	失业保险			
机关事业养老保险				参加失业保险职工人员	人	465951	425045
年末参保单位*	个	504	479	失业保险费实际收缴额	万元	24393	12356
年末参保职工*	人	19299	19786	失业保险费支出额	万元	18925	31442
基本养老保险费实际收缴额	万元	63755	51512	工伤保险			
基本养老保险费支出额	万元	100841	94987	参加工伤保险职工人员	人	533047	441956
城乡居民社会养老保险				年内工伤保险费实际收缴额	万元	18886	6170
年末参加城乡居民社会养老保险人员	人	42699	46898	工伤保险费支出额	万元	23147	20393
年末领取基础养老金人员	人	144395	144587	生育保险			
城镇职工医疗保险				参加生育伤保险职工人员	人	483103	441774
年末已参保人员	人	704694	666289	生育保险费实际收缴额	万元	19783	16122
基本医疗保险费实际收缴额	万元	312188	216279	生育保险费支出额	万元	13101	14453

注：带“*”数据不含常州经开区

表 94

武进的一天统计情况表

指　标	单位	2021 年	2020 年	指　标	单位	2021 年	2020 年
一、每天创造的财富				肉类	吨	119	96
地区生产总值（当年价）	万元	80865	71235	蔬菜	吨	613	542
第一产业增加值	万元	1079	1109	家禽	吨	51	50
第二产业增加值	万元	44239	38082	蛋类	吨	48	55
工业增加值	万元	41390	35462	食糖	吨	6	7
第三产业增加值	万元	35547	32044	酒	吨	24	25
一般公共预算收入	万元	5933	5334	卷烟	箱	266	245
粗钢	吨	44044	44069	电力	万千瓦时	6466	5746
钢材	吨	44907	42832	工业用	万千瓦时	5386	4803
电子元件	万只	208	209	三、每天其他经济活动			
复合木地板	平方米	68872	112729	社会消费品零售额	万元	24017	20124
液压元件	件	10592	8164	实际利用外资	万美元	264	222
液晶电视机	台	517	631	自营出口额	万元	20282	16210
光缆	芯千米	6029	6898	专利授权数	件	59	45
工业机器人	套	59	41	发明专利授权数	件	5	4
粮食	吨	156	155	四、每天户籍人口变动			
出栏生猪	头	178	182	出生人数	人	16	21
出栏家禽	万羽	0.83	0.94	死亡人数	人	20	21
水产品产量	吨		108	迁入人数	人	37	31
二、每天消费				迁出人数	人	10	10
粮食	吨	643	564				

（蒋利金）

索引

Indexes

栏目编辑　万向阳　颜　赶　周小红　张怡菁

说　明

1. 本索引采用主题分析方法，按主题词汉语拼音顺序排列。
2. 标引词后的数字标示内容所在页码，字母 a、b、c 分别标示左栏、中栏、右栏。
3. 栏目、分目、子目标题款目用小五号黑体标示，正文款目用小五号书宋标示。
4. 本索引编有附见系统和参见系统，附见款目放在主款目下行缩 1 字编排；第二个页码开始为参见位置。
5. 索引标引词采用中心词简称，武进区区级党政机关、社会团体名称采用通行简称。

条目主题索引

A

B

C

E

F

G

H

J

K

L

M

N

O

P

R

S

T

X

Y

Z

表格索引

B

C

D

G

H

J

L

N

Q

随文图片索引

人名索引

书名索引